Das Drogenproblem vergrößert sich seit Jahren drastisch. Entsprechend zugenommen hat auch das Bedürfnis nach umfassender Information über alle Aspekte der Drogen. Präventive Aufklärung ist die effektivste Hilfe bei der Bewältigung dieses Problems.

Das »Handbuch der Rauschdrogen« ist zugleich ein Nachschlagewerk und ein Lesebuch. Dieser doppelte Aspekt spiegelt die beiden Extreme der schillernden Drogen- und Rauschwelt wider: Auf der einen Seite Bedrohung des Lebens, auf der anderen eine faszinierende Fülle kulturgeschichtlicher Details. Im ersten Teil dieses Handbuchs werden in Stichworten sämtliche Rauschdrogen und Genußmittel von »Alkohol« bis »Zukunfts-Drogen« behandelt, ihre Herkunft, ihre Geschichte, Wirkungsweise und Gefahren dargestellt. Auch zahlreiche Medikamente, die suchtmäßig mißbraucht werden oder Rauschzustände hervorrufen, sind hier berücksichtigt. Neu entwickelte oder in Mode gekommene Drogen sind bei der Überarbeitung aufgenommen worden. Fünf Rahmenartikel behandeln die kulturellen, sozialen, wirtschaftlichen, seelischen und medizinischen Hintergründe des Drogenkonsums und geben Hinweise zur Therapie und Rehabilitation Drogenabhängiger.

Eine Zeittafel der Rauschdrogen zeigt den Gebrauch der Drogen von den Anfängen bis heute. Ausführliche Drogen-, Namen- und Sachregister ergänzen das Handbuch zu einem fachlich kompetenten und in seiner Vielfalt einmaligen Nachschlagewerk.

Wolfgang Schmidbauer / Jürgen vom Scheidt

HANDBUCH DER RAUSCHDROGEN

Wolfgang Schmidbauer
Jürgen vom Scheidt

HANDBUCH DER RAUSCHDROGEN

nymphenburger

Die Autoren danken folgenden Verlagen und Kollegen für die freundliche Erlaubnis zum Nachdruck:
dem S. Fischer Verlag, Frankfurt a. M. (Zitate aus S. Freuds Werken); dem Limes Verlag, München (Gottfried Benns Gedicht »Kokain«); dem Suhrkamp Verlag, Frankfurt a. M. (»Meskalinrausch«, aus Henri Michaux' *Turbulenz im Unendlichen*); dem Verlag Klett-Cotta, Stuttgart (Zitate aus Albert Hofmanns *LSD mein Sorgenkind* und Rudolf Gelpkes *Der Rausch im Orient und Okzident*); Klaus Lea, München, für die Genehmigung zum Abdruck seines Gedichtes »Die Hand«.

Sonderproduktion

Schutzumschlag: Schlotterer & Partner, München
Satz: ew print & medien service, Würzburg
Gesetzt aus Stone Serif, System Apple Macintosh
Druck und Binden: Westermann Druck Zwickau GmbH
Printed in Germany
ISBN 3-485-00767-6

Inhalt

Wo finde ich was? . . . 6
Vorwort zur Neuausgabe 1997 . . . 7
Aus der Einleitung zur ersten Auflage 1971 . . . 32

ERSTER TEIL
51 Stichworte zu über 100 Substanzen . . . 35
Von »Alkohol« bis »Zukunfts-Drogen« . . . 36

ZWEITER TEIL
Aspekte der Rauschdrogen – fünf Rahmenartikel . . . 375
I: Kulturgeschichte . . . 377
II: Moderne Gesellschaft und Politik . . . 393
III: Psychologie . . . 457
IV: Therapie und Rehabilitation . . . 509
V: Medizin und Pharmakologie . . . 585

Zeittafel . . . 619
Drogenregister . . . 665
Sachregister . . . 665
Namensregister . . . 689

Wo finde ich was?

Die Informationen in diesem Handbuch sind auf mehrfache Weise miteinander vernetzt. Zunächst alphabetisch, durch die Stichwort-Artikel; anschließend thematisch in den Rahmenartikeln; drittens chronologisch durch eine Zeittafel; viertens alphabetisch nach Quellen (Autorennamen) in den Bibliographien, die man jeweils im Anschluß an die Artikel findet. Die drei ausführlichen Register erschließen zusätzlich Suchmöglichkeiten.

1. Wer sich über eine bestimmte Droge informieren möchte, schlage zunächst im »Verzeichnis der Stichworte« auf S. 36 nach. Dort stehen die wichtigsten Drogen, die in einem eigenen Artikel behandelt werden, verzeichnet mit der Seitenangabe für den unmittelbar darauf folgenden Ersten Teil »Von Alkohol bis Zukunfts-Drogen«.
2. In diesem Ersten Teil gibt es zudem eine Reihe von Verweisen (z.B. *»Liebesdrogen«* → *»Aphrodisiaka«*)
3. Wer dort nicht fündig wird, schlage nach im Anhang unter Drogenregister, ab S. 654. Dort sind eine Fülle weiterer Mittel verzeichnet (z.B. *Disulfiram,* das bei der Behandlung von Alkoholikern eingesetzt wird, oder das Eibengift *Taxin*), gleich in welchem der beiden Teile dieses Buches sie erwähnt werden.
4. Ebenfalls im Anhang findet man im Sachregister alle wichtigen Begriffe, die keine Drogennamen sind, und im Namenregister alle erwähnten Personen.
5. Quellenangaben und weiterführende Literatur findet man jeweils am Schluß der einzelnen Drogen-Stichworte und der Rahmenartikel.
6. Vernetzen diese Beiträge das Drogenthema alphabetisch (in den Stichwörtern und den drei Registern) und mittels übergeordneter Gedanken (in den Rahmenartikeln), so kann die Zeittafel (ab S. 619 dazu beitragen, sich die chronologischen Entwicklungen und Zusammenhänge bewußt zu machen.

Vorwort zur Neuausgabe 1997

»Die Wachenden haben eine einzige und gemeinsame Welt, von den Schlafenden aber wendet sich ein jeder seiner eigenen zu.«

HERAKLIT

Die Erfolgsmeldungen im »Kampf gegen die Rauschgiftsucht« haben eine fatale Ähnlichkeit mit den Nachrichten über siegreiche Schlachten in einem verlorenen Krieg. In den Industrieländern hat sich ein Gleichgewicht eingependelt; wenn das Innenministerium in einem Halbjahr ein Sinken bestimmter Indexzahlen (z.B. der Todesfälle durch Heroin) angibt, meldet es im nächsten wieder ein Ansteigen. Von einer drogenfreien Umwelt sind wir weiter entfernt denn je, wie die wachsenden Umsätze der Psychopharmaka beweisen. Es ist kein Trost für die Chronisten, daß sie diese Entwicklung vorausgesehen haben, als 1971 die erste Auflage dieses *Handbuchs* erschienen ist. Als ob das durch die Sucht geschaffene Elend nicht genug sei, sind neben den Homosexuellen auch die Opiatsüchtigen besonders von Aids bedroht. Aids* wird durch ein Virus übertragen, aber es hängt von der seelischen und körperlichen Abwehrlage des Organismus ab, wann (und vielleicht: ob überhaupt) die latente Infektion lebensbedrohlich wird. Psychosoziale Faktoren spielen also eine wesentliche Rolle. Falsch verstandene Hilfsmaßnahmen, welche die soziale Existenz der Infizierten bedrohen, können also die gegenteilige Wirkung haben: Mit der Hoffnung und durch den zusätzlichen Streß schwinden die emotionalen Widerstandskräfte, die angebliche Rettung wird zum Fluch.

Eine makabre Prophezeiung

Es gibt eine Voraussage über die Zukunft unserer Zivilisation, die auf einfachen Hochrechnungen einer in verschiedenen Industrielän-

---

* Die ausführliche Bezeichnung dieser Abkürzung (Aquired Immun Deficiency Syndrome – Erworbenes Immunschwäche-Syndrom) besagt etwas über den zentralen Angriffspunkt dieser neuen Volksseuche: das Immunsystem. Da die Immunabwehr des menschlichen Körpers in hohem Maße psychisch beeinflußt wird (s. die junge Forschungsdisziplin Psychoneuroimmunologie) wird verständlich, weshalb manche Forscher bei der Ansteckung mit Aids auch die psychische Komponente in Betracht ziehen.

dern statistisch belegten Entwicklung beruht: Wenn es so weitergeht, dann wird etwa im Jahr 2100 die Zahl der Süchtigen in der Gesellschaft die Zahl der Nichtsüchtigen übertreffen. Noch sind es vor allem Alkoholiker, welche diesen Trend so bedrohlich werden lassen. Doch liegt das zum Teil nur daran, daß die Mehrzahl der Menschen, die von Schlafmitteln und anderen Psychopharmaka abhängig sind oder es zu werden drohen, nicht statistisch erfaßt wird. Die bisherigen Möglichkeiten, sich gegen diese Bedrohung zu wehren, scheinen nicht erfolgversprechend. Die Zahl der Süchtigen steigt fast parallel zu den Maßnahmen, die ergriffen werden, um sie zu vermindern. Der nicht unmittelbar betroffene und daher emotional distanzierte Betrachter erinnert sich an ein Beispiel, das Ivan Illich in seiner Kritik des Medizinsystems in den Industriestaaten bringt: Während in den Vereinigten Staaten die Kosten der medizinischen Versorgung seit 1950 um bis zu 500 Prozent stiegen, sank die Lebenserwartung erwachsener Männer im selben Zeitraum deutlich ab. Es liegt in dieser Situation nahe, einen Teil des Drogenproblems herauszugreifen und nach dem Motto zu verfahren, den Sack zu schlagen, ohne dem Esel weh zu tun. Dieses Vorgehen sieht etwa so aus: Die rein mengenmäßig viel bedrohlichere Abhängigkeit von Alkohol und Medikamenten – den legalen Suchtgiften – wird verdrängt und beschönigt, ist doch das Suchtgeschehen durch die Kriminalisierung der Heroinsüchtigen ungleich dramatischer darzustellen. Für die Konsumgesellschaft sind »Die Kinder vom Bahnhof Zoo« ein pikanteres Thema als die erheblich zahlreicheren Hauptschüler, die ihren Alltag ohne Alkohol nicht mehr bewältigen. Aber auch was die Süchtigen selbst angeht, den harten Kern der Fixer, sucht man durch Abspaltung und Verdrängung die gesellschaftliche Bedeutung des Drogenproblems zu verkleinern (womit naturgemäß seine reale Gefahr für uns und unsere Kinder ständig steigt, was die Zahlen der Herointoten ganz eindeutig beweisen). Das geschieht dadurch, daß die »unschuldigen, verführten Opfer« – nämlich die Fixer – als therapiebedürftig entlastet werden, die »mörderischen Händler« jedoch angeprangert. Darin mag eine Teilwahrheit stecken, aber eben nur eine solche. Tatsächlich haben viele jugendliche Fixer gar keine andere Wahl als zu *dealen,* d. h. mit dem Stoff zu handeln. Wie sollen sie sonst am Tag bis zu DM 150 verdienen? Und gerade sie, die durch den Druck der Sucht unvorsichtig geworden sind, fallen dann der Polizei in die Hände und sind jene Rauschgifthändler, an denen sich der gerechte Volkszorn austoben möchte. Die kapitalkräftigen Spitzenleute des illegalen Drogenhandels bleiben fast immer unentdeckt. Aber selbst der – höchst seltene – polizeiliche Erfolg des Zerschlagens einer ganzen Handelsorganisation ist für das Drogenproblem ebensowenig eine Lösung, wie sich etwa das Verbot einer Zigarettenmarke eignen würde, um die Zahl der Tabakgeschädigten zu vermindern. Die Ausschaltung eines Konkurrenten belebt das Geschäft für die übrigen. Sie gibt bisher untergeordneten Profis die Gelegenheit zu expandieren, während amateurhaft am Rand der Drogenszene Tätige sich vielleicht entschließen, bei den steigenden Preisen und der zuverlässigen Nachfrage vollberuflich einzusteigen.

»Droge« kann vieles sein

Medizin, Verbrechensbekämpfung und die von diesen beiden großen Schwestern beeinflußte Behandlung des Drogenproblems haben in der industrialisierten Gesellschaft bis heute nicht den Anschein widerlegen können, daß sie Krankheit, Kriminalität und Sucht nicht wirklich vermindern. Ivan Illich hat mit vielen Daten belegt, daß der größte Teil der heute explosionsartig ansteigenden Medizinkosten auf Formen der Diagnose und Therapie entfällt, die in ihrer Wirksamkeit mindestens zweifelhaft sind. Alle 24 bis 36 Stunden schlucken zwischen 50 und 80 Prozent der Erwachsenen in den Vereinigten Staaten und in England eine ärztlich verschriebene chemische Droge. Unnötige chirurgische Eingriffe sind so häufig, daß die meisten Menschen schon von solchen Fällen aus ihrem Bekanntenkreis erzählen können. Es gibt genügend Hinweise darauf, daß viele Menschen durch ärztliche Maßnahmen nicht gesund werden, sondern allenfalls ein trügerisches Gleichgewicht in einer schon vorher zerstörerischen Lebenssituation gewinnen – etwa die Raucher und Trinker, die Vielesser und Bewegungsverweigerer, die dann wegen ihrer Stoffwechsel- und Kreislaufstörungen Medikamente erhalten. Das liegt nicht zuletzt an dem von den Ärzten oft beklagten, aber wenig veränderten Zustand, daß die Krankheiten erst dann behandelt werden, wenn sie sich äußern. Wir haben eine Krankheitsmedizin, keine Gesundheitsmedizin, und es ist nicht einmal zynisch, sich an das alte Wort Leonardo da Vincis zu erinnern: »Wenn du krank bist, hüte dich vor den Ärzten!« Illich sagt es nicht viel anders: »Die Überzeugung der Menschen, sie könnten ohne ärztliche Hilfe mit ihrer Krankheit nicht fertig werden, verursacht mehr Gesundheitsschäden, als die Ärzte je anrichten können, indem sie den Leuten ihre Wohltaten angedeihen lassen.«* Die von Manipulation und Kontrol-

* I. Illich, *Die Nemesis der Medizin,* Hamburg 1977, S. 69 [4. Aufl. München 1995].

le besessene Industriegesellschaft glaubt, auch Krankheit und Tod beherrschen zu können. Die Folge ist eine ernstliche Verminderung von Gesundheit (die 50 bis 80 Prozent Tablettenschlucker können sich gar nicht mehr gesund fühlen) und eine vollständige Vernichtung der Würde des Todes in den Krankenhäusern, wo ein unbewußter Allmachtswahn die hochtechnisierte Medizin dazu führt, Menschen am Sterben zu hindern, statt ihr Leben zu erhalten.
Mit der Kriminalität ist es anders, aber nicht besser. Auch hier geht die technokratische Gesellschaft davon aus, daß die beste, am meisten mit Geld und Macht auszurüstende Waffe gegen unerwünschtes, zerstörerisches Verhalten ein ausgefeiltes Ermittlungs- und Strafsystem ist. Dabei ist längst durch viele Statistiken bewiesen, daß der Aufenthalt in einem Gefängnis, das zur »Besserung« der kriminellen Abweichler dienen soll, die Rückfallgefahr erhöht. Der Strafrechtslehrer Franz von Liszt hat bereits zu Anfang dieses Jahrhunderts festgestellt: »Wenn ein Jugendlicher oder auch ein Erwachsener ein Verbrechen begeht, und wir lassen ihn laufen, so ist die Wahrscheinlichkeit, daß er wieder ein Verbrechen begeht, geringer, als wenn wir ihn bestrafen.« Von Liszt vermutete damals, vernünftige Einwände wie dieser würden genügen, den Bankrott der Strafrechtspflege zu erweisen. Arno Plack hat in seinem »Plädoyer für die Abschaffung des Strafrechts« über siebzig Jahre später gezeigt, wie wenig sich geändert hat, und auch versucht, herauszufinden, warum sich so wenig ändern konnte, warum die Gesellschaft sich so irrational verhält, daß sie mit großem finanziellem Aufwand Verbrecher produziert, deren Zahl sie doch zu ihrem Schutz gerne vermindert sehen möchte.*
Diese Beobachtungen machen nicht eben optimistisch, wenn die Frage gestellt wird, wozu denn Aufklärung über Rauschdrogen nützlich sein kann. Die Stimme der Vernunft ist leise, aber sie setzt sich oft doch endlich durch, hat Sigmund Freud einmal gesagt. Diese Hoffnung hat sich in den drei Jahrzehnten, die wir uns mit dem Drogenproblem auseinandersetzen, nicht erfüllt. Sicherlich, es sind mehr Therapieeinrichtungen geschaffen worden, aber die grundlegenden Irrtümer des medizinischen und polizeilichen Umgangs haben sich nur wenig vermindert. Nach wie vor liegt das Schwergewicht auf der Strafverfolgung und der Entgiftung in geschlossenen Nervenheilanstalten. Vorbeugende Maßnahmen treten demgegenüber vollständig zurück. Es wird übersehen, daß der entscheidende

---

* A. Plack, *Plädoyer für die Abschaffung des Strafrechts,* München 1974. Das Liszt-Zitat findet sich dort, S. 113.

Auslöser einer »Drogenkarriere« keine verführerische Potenz eines Rauschmittels ist, sondern eine Störung der Persönlichkeit, die bereits in der Kindheit begonnen hat und die ihrerseits eine Störung in der Gesellschaft widerspiegelt. Diese Störung hängt mit der Entwicklung der Industriegesellschaft eng zusammen, an deren Anfang ja die Ausgrenzung der im Mittelalter und in den Primitivkulturen noch durchweg integrierten Narren, Krüppel, Trunkenbolde, Verbrecher in besondere Gettos und Institutionen stand.

Bedrohliche Teufelskreise
Mit dem Zunehmen der verinnerlichten moralischen Kontrolle und der Leistungskonkurrenz in der modernen Gesellschaft steigerte sich auch der Anpassungsdruck auf die Kinder. Die hochgezüchtete, bürokratisch überwachte Leistungsbereitschaft führte dazu, daß periodische Rückkehr in kindliche Zustände (wie sie das Wesen des Rausches ausmachen) gesellschaftlich ebenso geächtet wurden wie das spontane Verhalten der Kinder und die Narrheit der seelisch Gestörten (in der das Mittelalter noch vielfach einen besinnlichen Hinweis auf die menschlichen Lebensbedingungen allgemein gesehen hatte).
Die Verbote steigerten wiederum die Suchtgefahr. Die zur Industriegesellschaft gewordene bürgerliche Gesellschaft geriet immer tiefer in einen Teufelskreis von Progressionszwang und Regressionssehnsucht. Diese Ausdrücke beziehen sich auf das progressive, fortschrittsorientierte Prinzip einerseits, das immer größere Lebensbereiche einer immer mehr vervollkommneten Kontrolle unterwirft, und auf das regressive Bedürfnis nach Spiel, Zärtlichkeit, Phantasie, Traum, Schlaf und Kreativität andererseits. Im gesunden Menschen – zu dem ja eine gesunde Gesellschaft gehört – sind beide Prinzipien miteinander verknüpft. Sie stehen sich nicht feindlich gegenüber. Beim gestörten Menschen ist es anders. Das eine Prinzip sucht das andere zu unterdrücken, Macht über es zu gewinnen.
Der erfolgsbetonte Leistungsmensch hält Spielerei und Passivität für Zeitverschwendung. Doch er ist von einer Krankheit bedroht, die man Depression nennt. In ihr erlöscht der Antrieb zur Aktivität, jede Tätigkeit gelingt nur unter Druck und ohne innere Freude. Das abgespaltene und unterdrückte Bedürfnis nach Regression rächt sich sozusagen, indem es das auf Progression abgestellte Leistungssystem lahmlegt. Für viele an Depressionen leidende Menschen ist es kennzeichnend, daß sie immer dann eigentlich ausruhen und sich zurückziehen möchten, wenn sie vielmehr arbeiten und aktiv sein sollten, während sie andererseits ihren Schlaf und ihre Gelegenheit zur

Entspannung selbst dadurch zerstören, daß sie von zahllosen »du müßtest« und »du solltest« überschwemmt und gequält werden.

In den sogenannten »primitiven« Gesellschaften sind Zustände des Rausches in den Gesamtzusammenhang des sozialen Lebens eingebettet. In ihnen gibt es zwar Rauschmittel, aber keine Suchtgifte in dem Sinn, daß ein nennenswerter Prozentsatz der Bevölkerung sich durch die Zufuhr solcher Drogen selbst schädigt – und es gibt auch bemerkenswert wenige Depressionen. Die soziale Einbettung der Droge hat viel damit zu tun, daß der Drogenkonsument sich sein Mittel selbst produziert – er braut sich etwa sein Hirsebier für das Tanzfest selbst. In der Industriegesellschaft sind diese Zusammenhänge zerrissen, bis zum Extremfall des Heroinsüchtigen, der ein Produkt der chemischen Industrie mit einem technischen Mittel – einer Injektionsspritze – benützt, um einen seelischen Zustand zu bekämpfen, der sich am einfachsten als *innere Leere* charakterisieren läßt. Dieses Zerfallen des Zusammenhangs zwischen Produktion und Konsum ermöglicht erst die Kriminalisierung des Süchtigen, der sich beispielsweise durch Raubüberfälle oder Einbrüche die Mittel beschafft, um das Gift zu kaufen, von dem er abhängig geworden ist.*

Die Rauschgifte werden in der Leistungsgesellschaft so wichtig, weil sie die seelische Situation und mit ihr die Anpassungsfähigkeit verändern. Sie wirken in der Art einer Ersatzbefriedigung oder einer Krücke: Das Unerträgliche wird scheinbar erträglich und dadurch verfestigt; die Krücke wird unentbehrlich und dadurch endlich so überlastet, daß sie keine Hilfe mehr bringt, sondern noch zusätzliche Schwierigkeiten schafft. Damit sind auch die Rauschdrogen »entfremdet«. Sie haben ihren sozialen Sinn verloren, ihre ursprüngliche Bedeutung, die in einen religiösen oder mythischen Kontext eingebettet war – in einen Zusammenhang, der noch beides umfaßt: die progressive Wirklichkeit der Alltagsbewältigung und die periodische Rückkehr zu Rausch, Schlaf und Traum. Ebenso wie ein Stahlwerk oder ein Atommeiler schlafen auch bürokratische Systeme nicht. Die Industriekultur kennt – im Gegensatz zur Primitivkultur – nicht mehr die Wohltat eines zeitweiligen Stillstands, einer Entspannung, eines Auslöschens perfektionierter Normvorstellungen. Doch der Mann, der die Schalttafeln und Fließbänder der Industrie überwachen muß, kann oft nach dieser ihm fremden, winzige Bereiche sei-

* Daher ist es auch absurd, wenn die Polizei einen Hippie verhaftet, der sich die Marihuana liefernde Hanfpflanze zum Eigengebrauch (nicht Verkauf) auf dem Balkon züchtet!

ner Person entfaltenden Arbeit nur noch mit Hilfe von Rauschdrogen »abschalten«.

Angepaßte und Unangepaßte
Unter diesem Suchtaspekt läßt sich unsere Bevölkerung in vier Gruppen teilen:

- die ohne Rauschdrogen Angepaßten,
- die mit Rauschdrogen Angepaßten,
- die ohne Rauschdrogen Unangepaßten und
- die mit Rauschdrogen Unangepaßten.

Fesselnd scheint uns dabei die Überlegung, daß die ohne Rauschdrogen Angepaßten reibungslos in einem System funktionieren, das als Ganzes süchtig ist, süchtig nach der Ausbeutung und Zerstörung dieses Planeten, der ihm – wenn sich hier nichts ändert – kaum mehr ein Jahrhundert standhalten kann. Der amerikanische Politiker, welcher angesichts drohender Ölknappheit vorschlägt, doch mit Waffengewalt die ölbesitzenden Länder zu plündern, unterscheidet sich hauptsächlich durch seine größere persönliche Sicherheit und soziale Anerkennung von dem Fixer, der mit vorgehaltenem Revolver einem Passanten den Geldbeutel abverlangt. Die mit Rauschdrogen Angepaßten sind die zahlreichen noch nicht dekompensierten Alkoholtrinker, über die unter diesem Stichwort Näheres nachzulesen ist, aber auch die Nikotinabhängigen und die etwa 50 Prozent der Erwachsenen, die dauernd Medikamente nehmen (wovon schätzungs-

Tabelle 1 »Angepaßte und Unangepaßte«

	ohne Rauschdrogen	mit Rauschdrogen
Angepaßte	ohne Drogen Angepaßte	mit Drogen Angepaßte
Unangepaßte	ohne Drogen Unangepaßte	mit Drogen Unangepaßte

Die Bevölkerung läßt sich schematisch in vier Gruppen einteilen, je nachdem, ob Rauschdrogen genommen werden oder nicht und ob jemand an das gesellschaftliche System angepaßt ist oder nicht.

weise die Hälfte auf die verschiedenen Psychopharmaka, d. h. die Beruhigungs-, Schlaf-, Anregungs- und ähnliche Mittel entfällt). Sie machen den bei weitem größten Anteil unter den Drogenkonsumenten aus, sind aber nicht so auffällig wie die nach dem Bild der Massenmedien »typischen« Rauschgiftsüchtigen, die sozial unangepaßt sind und in der Regel illegale Drogen nehmen. Daß es auch hier noch sehr notwendig ist, zwischen den verschiedenen Rauschmitteln zu unterscheiden, haben wir bereits in der Einleitung von 1971 betont (s. S. 32f.). Wie notwendig solche Differenzierungen sind, zeigt etwa die häufig wiederholte, dadurch aber nicht zutreffendere Behauptung, Haschisch sei eine Einstiegsdroge zum Heroinmißbrauch, weil hierzulande 80 Prozent der Fixer vorher Haschisch geraucht haben. Das ist kein besonderer Effekt von Haschisch, sondern vor allem eine Folge der Gesetzgebung, die Haschischhandel ähnlich bestraft wie Heroinhandel und damit den auf Haschisch neugierigen Jugendlichen in dieselbe Subkultur treibt, in der er auch auf Fixer treffen kann und in der er die weichen Drogen von demselben Händler kauft, der vielleicht ein andermal Heroin anbietet.

Um die Bedeutung der Rauschdrogen für den Menschen wirklich zu verstehen, ist es also notwendig, neben den auffälligen, unangepaßten Süchtigen die angepaßten Drogenabhängigen zu sehen. Erst dann wird mehr sichtbar als die Spitze eines Eisbergs, der wahrscheinlich bis zum Grund der gegenwärtigen ökologischen Krise des Menschen reicht. Einer von uns (J.v.Sch.) hat dafür das Wort Innenweltverschmutzung geprägt, welche er der Umweltverschmutzung* gegenüberstellt. Wenn wir in die Zukunft schauen, scheinen uns – äußerlich widersinnig – die unangepaßten Süchtigen eher hoffnungsvoll zu stimmen als die angepaßten, die ohne Leidensdruck und Krankheitseinsicht weiterhin die Umwelt zerstören. *Homo consumens* – so der ursprüngliche Buchtitel** – ist heute, wie einst der Dinosaurier, zum Aussterben verurteilt. Die Frage, ob Homo sapiens diese Katastrophe als lebendige und entwicklungsfähige Art überstehen wird, scheint gegenwärtig offen.

In den Polemiken gegen die Kriminalisierung des Drogenkonsums wird häufig argumentiert, sie beruhe auf ungenügenden Informatio-

---

* J. vom Scheidt, *Innenwelt-Verschmutzung* (1973), Frankfurt a. M. 1988.

** W. Schmidbauer, *Homo consumens,* erw. Neuauflage unter dem Titel *Weniger ist manchmal mehr,* Reinbek 1985.

Ders., *Jetzt haben, später zahlen. Die seelischen Folgen der Konsumgesellschaft,* Reinbek 1995.

nen. Diese Interpretationen erklären nicht, weshalb Aufklärung in diesem Bereich auf massive Haßreaktionen stößt, daß z.B. ein Richter* und seine Familie mit ernsthaften Morddrohungen verfolgt werden, weil dieser die Gleichbehandlung von Alkohol und Cannabis gefordert und verfassungsrechtliche Bedenken gegen die gängige juristische Praxis angemeldet hat.

Solche heftigen Reaktionen auf den vernünftigen Zweifel sprechen für eine Verdrängungsdynamik. Die Kriminalisierung der Rauschdrogen soll sicherstellen, daß die Gesellschaft sie nicht wahrnehmen muß und die Verführbarkeit ihrer Mitglieder nicht als allgemeines Problem, sondern als stoffgebundene Reaktion hinstellen kann. Der Drogenkonsum soll mit Hilfe der Kriminalisierung unsichtbar gemacht werden. Der Junkie ist der Sündenbock für den Konsumenten; an ihm kann dieser bekämpfen, was ihm in Augenblicken der Einsicht als eigenes Problem bewußt wird. Daher beeindruckt es die Verfechter der Kriminalisierung auch nicht, wenn sie beobachten, daß im Strafvollzug, in den am besten überwachten Einrichtungen der modernen Gesellschaft, der Drogenhandel blüht. Denn was im Knast geschieht, bleibt unsichtbar.

Die Verstofflichung des Problem stützt die Rationalisierung, daß es sich um ein dingliches und nicht um ein menschliches Problem handelt. Deshalb wird sie trotz der rechtlichen Unlogik (der Süchtige schädigt primär sich selbst, während das Strafrecht die Rechtsgüter Dritter schützen soll) mit gewundenen Rationalisierungen, aber auch mit heftigsten Affekten und Unterstellungen verteidigt. Ein Beispiel für die erste Argumentationsform ist der Versuch, die Gleichstellung von Cannabis und Alkohol mit der Begründung abzulehnen, daß Cannabis nur zu Rauschzwecken verwendet werde, während Alkohol eine viel breitere Anwendung aufweise.** In Wahrheit ist Cannabis eine außerordentlich vielseitig verwendbare Pflanze; erst die Kriminalisierung hat dazu geführt, daß sie nur zu Rauschzwecken verwendet wird. Personen, die sie anders verwenden könnten, sind durch die gesetzlichen Maßnahmen daran gehindert. Diese Behinde-

---

* Mitteilung von Richter Wolfgang Nescovic während der Podiumsdiskussion der Humanistischen Union »Drogenfreigabe – Konkurs der Drogenmafia« (Sonntag, 19. Juni 1994). Das Urteil ist in der nächsten Instanz wieder abgeschwächt worden.

** Verlautbarung der Pressestelle des Bundesverfassungsgerichts, Nr. 18/1994, S. 2: »Es sei jedoch zu beachten, daß Alkohol eine Vielzahl von Verwendungsmöglichkeiten habe, denen auf Seiten der rauscherzeugenden Bestandteile und Produkte der Cannabispflanze nichts Vergleichbares gegenüberstehe. Es domi-

rung wird zirkelschließend verwendet, um ihren Fortbestand zu rechtfertigen.

Die Drogendebatte erinnert an die Abtreibungsdebatte. Auch hier werfen sich die Befürworter einer Kriminalisierung in dem Bewußtsein in die Brust, alles gegen etwas Böses getan zu haben, und greifen die Befürworterinnen der Entkriminalisierung mit dem Argument an, sie würden Mord am ungeborenen Leben fördern. Aber abgetrieben wird, ob verboten oder erlaubt, nur ist es im einen Fall heimlich, im anderen offenkundig. Und die Heimlichkeit, das Bestehenbleiben der Verdrängung, wird mit einer »guten Lösung« identifiziert; die Betrachtung der Realität und der Versuch, Schaden in ihr zu minimieren, mit einer Förderung des Bösen, das nicht wahrgenommen werden darf. Kein Befürworter einer Entkriminalisierung der Abtreibung ist für die Abtreibung, jeder aber muß damit rechnen, daß ihm das unterstellt wird. Ähnlich will kein Befürworter einer Entkriminalisierung des Drogenkonsums die Sucht fördern. Aber auch er muß damit rechnen, daß ihm das unterstellt wird. Der Bote wird für die Botschaft verurteilt.

Daß Rausch und Sucht als gesellschaftliches Problem definiert werden, ist nicht selbstverständlich. Es hängt stark damit zusammen, wie hoch organisiert die Gesellschaft ist und wie viele Disziplinierungen nicht von der natürlichen Umwelt, sondern von kulturellen Forderungen ausgeübt werden. Die Störung durch den Rausch wurde erst an einem Punkt der gesellschaftlichen Entwicklung zum Problem, als die Leistungsforderungen an die Individuen wuchsen und die untüchtigen Individuen zunehmend ausgegrenzt wurden.

In den archaischen Gesellschaften war die Droge immer auch ein spirituelles Element, ein Pflanzengeist, den der Stammesangehörige – nahezu jeder Erwachsene verfügt in den altsteinzeitlichen Kulturen über jenes Repertoire, das in entwickelteren Gesellschaften dann dem Schamanen als herausgehobenem Amt eignet – zu sich nahm, um über die Begrenzungen der eigenen Erlebniswelt hinaus in neue Bereiche vorzudringen. Diese Bereiche, und mit ihnen der Rausch,

---

niere eine Verwendung des Alkohols, die nicht zu Rauschzuständen führe; die berauschende Wirkung des Alkohols werde durch soziale Kontrolle überwiegend vermieden. Dagegen stehe beim Konsum von Cannabisprodukten typischerweise die Erzielung einer berauschenden Wirkung im Vordergrund.« Im Jahr 1993 gab es in Deutschland ungefähr 2,5 Millionen Alkoholiker und 40 000 Alkoholtote, aber keinen einzigen nachweislichen Todesfall durch Cannabis. Dennoch sieht der Gesetzgeber keinen Handlungsbedarf gegen Alkohol und Nikotin. In den Medien ist der typische *Drogentote* ein Fixer, nicht ein Alkoholiker.

waren rituell geordnet; der Berauschte wußte zwar nicht genau, was ihn in der Welt des Rausches erwartete, aber er verfügte über vorformulierte Bilder, die ihm halfen, sich zurechtzufinden. Vor allem aber war er kein Konsument; es gab nicht die Droge als Ware, wer sie nahm war damit in die natürlichen Zyklen eingebunden, mußte seine Pilze selbst suchen, seine Lianen selbst zerstampfen, seine Trauben selbst keltern.

Auch der Krieg war in den archaischen Kulturen bis hin zur Feudalgesellschaft noch teilweise ritualisiert. Das menschliche Maß an Körperkraft und Geschick in der Waffenführung bestimmte, was geschah. Im Sezessionskrieg und vor allem im Ersten Weltkrieg zerbrach diese Welt der militärischen Ritualisierungen. Die Maschine dominierte den Krieg, der Mensch wurde zum Opfer maschinellen Mordens, er konnte daran verzweifeln, wie es Erich Maria Remarque in »Im Westen nichts Neues« schildert, oder sich daraus eine neue narzißtische Bestätigung holen, wie es Ernst Jünger in seinem Essay »In Stahlgewittern« versucht. Parallel entglitt auch in der Sucht der Berauschte den sozialen Bindungen und wurde zum isolierten Junkie, zum sozialen Problem. Es ist auch kein Zufall, daß gerade die Opfer des Krieges die chemisch reine, maschinenmäßig produzierte, blitzschnell wirkende Droge am meisten brauchten. Es wäre naiv, anzunehmen, daß es nur die Wundschmerzen der amerikanischen Veteranen des Sezessionskrieges waren, die sie mit Opiaten und/oder Alkohol betäubten, wie es in manchen historischen Darstellungen zu lesen ist. Der moderne Krieg ist sozusagen ein Konzentrat aller Schrecknisse und Belastungen der Maschinenwelt, und die betäubenden Mittel, welche helfen sollen, die Traumatisierung durch ihn zu bewältigen, haben in allen Berichten über die seelischen Folgen der Frontsituation, von Ypern, Verdun und der Somme bis zu Vietnam eine wesentliche Rolle gespielt.

Im Frieden der Konsumgesellschaft sind die Häufigkeit und Intensität solcher Bindungen einerseits unauffälliger geworden als bei den trinkenden Grabenkämpfern oder den heroinspritzenden Vietnamveteranen, andererseits haben sie sich multipliziert; ihre destruktiven Qualitäten bleiben oft lange Zeit unerkannt und werden selbst dann noch verleugnet, wenn sie für Außenstehende unübersehbar sind. Der einzelne Konsument ist an seine Ware gebunden und dankt ihr einen Teil seiner Identität. Die gesellschaftlichen Strukturen, in denen diese Ware produziert wird, sichern diese Identität, so daß eine kollektive Abwehr gegen die Einsicht in die Destruktivität des individuellen Handelns aufgebaut und aufrechterhalten werden kann.

Besonders bedrohlich erscheint in diesen Prozessen die Gewöhnung. Sie funktioniert auf einer chemischen Ebene so, daß eine zunächst ausreichende, den gewünschten Effekt (z.B. der Stimmungsaufhellung, der Betäubung) sichernde Gabe einer Droge nach einiger Zeit nicht mehr ausreicht, falls die einzelnen Dosen so schnell hintereinander gegeben wurden, daß sich der Organismus nicht wieder auf sein Normalniveau zurückregeln konnte. Auf der Warenebene sehen solche Prozesse so aus: Das neue Automodell läßt das alte, das seine Funktion gerade so gut erfüllte, unbefriedigend erscheinen. Noch deutlicher ist das bei den Personalcomputern zu sehen. Immer höhere Komfortansprüche werden immer jüngeren Schichten der Bevölkerung selbstverständlich. Die Stereoanlagen müssen perfekter, die Fernreisen weiter, die Fernsehprogramme tabubrechender werden. Es darf in diesen Konsumfortschritten keine Pausen geben. Sie ersetzen schließlich den Glauben an eine menschenwürdige Zukunft.

In den Anfängen der Industrialisierung war klar, daß die Versorgung aller Menschen mit lebensnotwendigen Gütern harte Arbeit und ständiges Ringen mit Widerständen der Materie und mit rückständigen sozialen Strukturen voraussetzt. Gleichzeitig machte sich der Optimismus geltend, daß der wissenschaftliche und technische Fortschritt moralische Fortschritte ermöglichen, ja erzwingen würde. Anders als die neolithische Umwälzung durch Ackerbau und Viehzucht beruhte die industrielle Revolution auf durchdachten Projekten. Das weckte den Glauben, daß es möglich sein müßte, auch die Humanität zu planen und zu verwirklichen.

Mit dem Schritt zur Konsumgesellschaft hat sich diese Situation grundlegend geändert. Ihre Anfänge liegen in den Desillusionierungen des Ersten Weltkriegs. In den Materialschlachten starben Millionen für die Borniertheit eines autoritären Systems. Die Idee einer Gemeinschaft aller Gebildeten war verloren. Der Totschlag zählte mehr als das Argument (»Jeder Schuß ein Ruß, jeder Stoß ein Franzos, jeder Tritt ein Brit«).* Die siegreichen Länder bewältigten diese Enttäuschung durch die Orientierung an den neuen Werten des Konsums – allen voran die Vereinigten Staaten.** Bei den Verlierern entstanden

---

* Eine Maxime der deutschen Kriegspropaganda, die auch Karl Kraus in *Die letzten Tage der Menschheit* zitiert.

** In diesen Zusammenhang gehört auch die plötzliche Beliebtheit einer trivialisierten Psychoanalyse in der Zeit nach dem Ersten Weltkrieg: „Enthemmung der Triebe“, die Freud nicht propagiert hat, wurde zur wirtschaftlich verwertbaren Maxime.

Faschismus, Nationalsozialismus und Stalinismus. Es gab keinen Plan für einen Fortschritt der Menschheit mehr, aber es gab die Vision, die eigene Gruppe auf Kosten anderer Gruppen größer und stärker zu machen.
Strukturen, in denen Produktion und Verbrauch weit auseinander liegen, überfordern eine Moral, die sich an emotionalen Beziehungen orientiert. Ähnlich wie Konstrukteure und Arbeiter der Waffenfabriken weitab von den potentiell blutigen Folgen ihres Fleißes leben und empfinden, sind im modernen Krieg Täter und Opfer durch Entfernungen getrennt, die verläßlich vor Schmerzensschreien schützen. Der Krieg eines Kampfpiloten unterscheidet sich vom trojanischen Krieg wie ein Videospiel von einem Schlachthof. Dasselbe gilt für die Produzenten der modernen Drogen und für ihre Opfer.
In der Gegenwart hat sich die Funktion der Drogen gewandelt: Der Rausch dient nicht mehr einer Erweiterung des Erlebens, sondern einer Zentralisation. Auch hier fällt eine Parallele zu typischen Kriegstraumatisierungen auf. Der Begriff der Zentralisation, den ich hier einführen will, stammt aus der Unfallmedizin. Wenn der Kreislauf eines Menschen gefährdet ist, sei es durch Blutverlust, durch Durst oder durch Verwundungen, erfolgt eine nervöse Umschaltung, durch die nurmehr die Organe durchblutet werden, welche für ein Fortbestehen des Lebens absolut unentbehrlich sind: Gehirn, Herz und Lunge. Gliedmaßen, Verdauung, Nieren, Genitalien werden nicht mehr ausreichend versorgt. Auf diese Weise kann der Organismus noch etwas länger überleben. Der Preis dafür sind Schäden der vernachlässigten Organe, die – je nach Dauer der Zentralisation – umkehrbar sind oder bestehen bleiben.
In den Berichten der Soldaten von der Front wird deutlich, daß nach einigen Monaten Einsatz in den industrialsierten Mordmaschinerien der Idealismus, das übergeordnete Kriegsziel, das Vaterland auf der Strecke geblieben sind. Politiker, Redner, Dichter, die große Worte über den Krieg machen, werden von den Praktikern des Kampfes verachtet. Man hört und spricht nicht mehr von der Verteidigung der Heimat oder von Eroberung, sondern von dem eigenen, beschränkten Horizont: das eigene Leben, die Kameraden, das Regiment.*

* »Wir (waren) uns alle einig, daß nach wie vor der Regimentsstolz der stärkste moralische Rückhalt sei, um ein Bataillon als kampffähige Einheit in Form zu halten, und stellten ihn insbesondere dem Patriotismus und der Religion gegenüber«, sagt Robert Graves (*Strich drunter!*, Reinbek 1990, S. 225.)

Persönliche Gefühle sind wie ein Luxus, den sich die wenigsten erlauben. Ihr Wunsch richtet sich darauf, im Überleben Haltung zu bewahren, »es durchzustehen«, nicht vor den Kameraden zu versagen. Selbst Militärgeistliche reden kaum mehr von Religion. Diese Zentralisation funktioniert eine Weile leidlich. Der Soldat an der Front mußte sich auf seine neue Lage einstellen; vorher war er nicht als Kämpfer zu verwerten, sondern nur als Kanonenfutter. Robert Graves, der einen der besten Berichte über den Ersten Weltkrieg geschrieben hat, gibt Zeiträume an: »In den ersten drei Wochen war ein Offizier noch kaum zu gebrauchen. Er war nicht ortskundig, kannte die Lebens- und Sicherheitsregeln noch nicht und hatte noch nicht gelernt, die verschiedenen Grade von Gefahr zu unterscheiden. Zwischen dem dritten und dem vierten Monat war er auf seinem Höhepunkt, sofern er nicht einen besonders bösen Nervenschock oder eine Serie von Schocks erlitten hatte. Nach sechs Monaten war er noch immer halbwegs tragbar. Doch wenn er dann nicht einige Wochen Ruhezeit bekam – durch Teilnahme an technischen Kursen oder durch einen Lazarettaufenthalt –, wurde er nach neun oder zehn Monaten in der Regel eine Last für die anderen Kompanieoffiziere. Nach einem oder eineinviertel Jahren war er oft weit mehr als unbrauchbar.«*

In diesem Zustand war der Soldat betäubt, apathisch. Er konnte noch Wache stehen, sah aber nichts mehr, er konnte noch kommandieren, verstand aber nicht mehr, welche Folgen seine Befehle hatten. Er verrichtete seinen Dienst wie ein Zombie. Diese Entwicklung lief nach Graves Urteil bei Offizieren mit ihrer höheren psychischen Belastung ungefähr doppelt so rasch ab wie bei Mannschaften. Viele dieser ausgebrannten Soldaten wurden alkoholabhängig. »Ich kannte drei oder vier Offiziere, die es bis auf zwei Flaschen Whisky am Tag brachten, ehe sie das Glück hatten, verwundet oder sonstwie in die Heimat geschickt zu werden. Ein solcher Zwei-Flaschen-Kompanieführer ... hatte in drei aufeinanderfolgenden Unternehmungen seine Kompanie sinnlos vernichtet, weil er nicht mehr fähig war, klare Entschlüsse zu fassen.«**

Diese Beobachtungen liefern Hinweise darauf, unter welchen Lebensumständen die kreativen Potentiale des Rausches verschwinden und er nur noch einer Betäubung angesichts unerträglicher innerer

---

* Graves a.a.O., S. 205 f.

** Graves a.a.O., S. 206.

und äußerer Lebensumstände dient. Moderne Süchtige benutzen die Droge, um sich selbst in den Zustand der Zentralisation zu bringen. So schalten sie seelische Differenzierungen und Entwicklungsmöglichkeiten, die ihnen nur Kränkungen einbringen, die sie verletzlich machen, einfach aus. Im Extremfall des Großstadtjunkie ist die ganze Welt auf die Frage reduziert: Wie bekomme ich den Stoff für den nächsten Schuß.

Betrachten wir demgegenüber altsteinzeitliche Kulturen, etwa die Buschmänner in Südafrika. Es gibt keinen Lärm, alles hat menschliche Maße, der innere Druck ist gering, der äußere – genügend Pflanzen und Tiere zu finden und zu erbeuten – hingegen groß, aber sinnlich nachvollziehbar und für alle gleich. Und es wird deutlich, daß in beiden Situationen Drogen höchst unterschiedliche Funktionen haben. Die Jägerkulturen sind von Anthropologen wegen mancher »modernen« Qualitäten gelobt worden: demokratische Herrschaftsprinzipien, Konfliktlösungen nicht mit Gewalt, sondern durch räumliche Trennung, Kindererziehung ohne Prügel.* Das liegt auch daran, daß die Paläolithiker es sich leisten konnten, Regressionen zu akzeptieren. Ein ausgewogenes Verhältnis zur Progression war durch die Lebensumstände gegeben. Aufeinander abgestimmt, erzwangen die eigenen Bedürfnisse und die begrenzten Ressourcen einen zyklischen Wechsel von Ruhe und Anstrengung. Hier ist die Droge integriert, es gibt keine Sucht, solange nicht der weiße Mann Suchtgifte einführt, die von der Kultur nicht vorgesehen sind und sie dann auch sehr schnell zerstören können. Dann zeigt sich, daß Jäger und Sammler durch solche fremden Rauschmittel – es war immer in erster Linie der Alkohol – extrem gefährdet sind. Der Mensch hat keine angeborenen Hemmungen, die ihn hindern, sich zu überfressen oder zu berauschen. Als kalifornische Indianer von den Missionaren einen Sack Zucker geschenkt bekamen, aßen einige von ihnen soviel davon, daß sie später an einem hypoglykämischen Schock starben. In den Indianerreservaten der USA ist Alkoholismus (trotz interner Prohibition) ein großes Problem; der Fusel hat wohl mehr zum Aussterben vieler Stämme beigetragen als das Schießpulver.

In den traditionalistischen, agrarischen Gesellschaften, in denen es schon Vorräte an Nahrung gibt und das Saatgut aufgespart werden muß, werden Regressionen hingegen durch aggressiv bestimmte zwi-

---

* R. Lee und I. DeVore (Hsg.), *Man the Hunter,* Chicago 1969. W. Schmidbauer, *Jäger und Sammler. Als sich die Evolution zum Menschen entschied,* Planegg 1973.

schenmenschliche Verhältnisse verhindert. »Das Ohr des Schülers sitzt auf seinem Rücken. Er hört nur, wenn man ihn schlägt«, lautet ein altägyptischer Text. »Zerschlage seine Rippen, solange er noch klein ist«, heißt die verwandte Botschaft der Bibel (im Buch *Jesus Sirach*). Äußere Drohungen sind notwendig, um eine nicht mehr durch die eigenen Bedürfnisse, sondern durch feudale Zwänge motivierte Arbeitsleistung zu erbringen. Die Drogen werden hier durch soziale Regeln integriert. Der Jäger und Sammler muß keine inneren Konsum-Barrieren haben, weil er auch kein Saatgetreide hat, das er nicht aufessen darf. Deshalb ließen sich Jäger und Sammler auch so selten als Plantagenarbeiter verwenden. Sie starben unter den Arbeitszwängen oder ergriffen die Flucht in den Busch. An ihrer Stelle wurden in die Neue Welt die bereits agrarisch geprägten Afrikaner eingeführt.*

In der Industriegesellschaft sind die äußerlichen Zwänge – Hunger, Eisen und Peitsche – durch verinnerlichte Zwänge ersetzt. Die Logik dieser Entwicklung liegt darin, daß die hochwertigen Geräte, mit denen in den Fabriken um der Konkurrenzfähigkeit willen produziert werden mußte, nur von gut ausgebildeten und motivierten Arbeitern bedient werden konnten. Mit zunehmender Entwicklung der Industrie- zur Dienstleistungs- und Konsum-Gesellschaft wachsen die Progressionsforderungen immer weiter an, so sehr, daß heute viele Menschen den natürlichen Zyklus von Progression und Regression (Anspannung und Entspannung, Arbeit und Ruhe, Wachen und Schlafen) nicht mehr ohne medikamentöse oder psychotherapeutische Hilfe bewältigen können.

Arbeitsmöglichkeiten wie das klassische Handwerk, die durch ihre Struktur ein ausgewogenes Verhältnis von Progression und Regression erleichtern, sind selten geworden. Die Handwerksberufe haben durch einen hohen Grad der Maschinenhilfe ihr Gesicht völlig verändert. Die Arbeitsplätze in der Industrie gleichen sich in der Forderung nach konzentrierter Steuerung eines technischen Geschehens mehr und mehr. Ein Erdarbeiter, der einen Bagger lenkt, ein Schlosser, der einen Industrieroboter programmiert, ein LKW-Fahrer, ein Sachbearbeiter am Bildschirm – für sie alle ist ein ausgewogenes Verhältnis körperlicher und geistiger Anstrengung ebenso erschwert wie ein rhythmischer Wechsel von Anspannung und Erholung, von Progression und Regression.

Zugleich wachsen die Verantwortungen: Der Baggerführer sollte

---

* Claude Lévi-Strauss, *Traurige Tropen*, Köln 1958.

während der Arbeit stocknüchtern und hochkonzentriert sein; sein Vorgänger aus vorindustrieller Zeit, der Arbeiter mit Hacke und Schaufel, mußte sich nicht derart kasteien. Wer mit einer Motorsäge oder Motorsense arbeitet, findet den Unterschied zur Arbeit mit Handsäge und Handsense schnell heraus. Die Maschine verändert den Arbeitsrhythmus. Sie zwingt, sich auf ihre Erfordernisse einzustellen und ihre Abgase einzuatmen. Die Ausdauer steigt; die körperliche Ermüdung setzt später ein als die nervöse Erschöpfung.

In der Industriegesellschaft wurde die Arbeitswoche von vielen regressiven Elementen gereinigt. Die Pausen wurden kürzer, die innerbetrieblichen Kontaktmöglichkeiten vermindert, wie es die Maschinen und das Fließband geboten. Der letzte und vielleicht einschneidendste Einsamkeitsschub gehört bereits in die Konsumgesellschaft: der Bildschirm. Zu dieser Entwicklung gesellte sich ein regressiv geprägter Anspruch: sich am Wochenende konzentriert zu erholen.

Der Kopfarbeiter sucht nachts – nervös erschöpft, aber körperlich nicht müde – angestrengt nach Schlaf, weil er sich sonst nicht genügend für die Anforderungen des kommenden Tages ausruht. Eine ähnliche Blockade realistischer Regressionsmöglichkeiten durch Überforderung signalisiert der charakteristische Wochenendstreit zwischen Eheleuten. Die während der Arbeitstage gemäßigten Ansprüche an die befriedigenden Qualitäten der Beziehung steigern sich zu explosiven Enttäuschungen: »Wenn ich schon die ganze Woche arbeite, dann will ich am Wochenende wenigstens etwas von dir/ der Familie/ den Kindern haben.«

Die neue Qualität der Konsumgesellschaft läßt sich durch die parallele Stimulation progressiver und regressiver Tendenzen umschreiben.* Höhere Leistungen zu erzielen, ohne auf Glück, Ausgeglichenheit oder Charme zu achten, war die Dogmatik der Industriegesellschaft. Sie hat sich in vielen Bereichen erhalten. Eine neue Tendenz ist aber hinzugetreten: Jetzt soll auch die Lust zur Höchstlust gestei-

---

* Eine parallele Entwicklung läßt sich bei den psychoanalytischen Theorien des menschlichen Selbstgefühls verfolgen. Nach der alten, dem Industriezeitalter verbundenen Auffassung Freuds verhalten sich narzißtische Libido und Objektlibido wie eine Flüssigkeit in getrennten Gefäßen: Je mehr sich jemand selbst liebt, desto weniger Liebe empfindet er für andere. Nach der neueren Auffassung von Kohut handelt es sich um kommunizierende Röhren: Je mehr sich jemand selbst liebt, desto mehr Liebe empfindet er auch für andere. Vgl. S. Freud, *Zur Einführung des Narzißmus,* GW X, Frankfurt 1946, S. 137f., u. H. Kohut, *Narzißmus. Eine Theorie der psychoanalytischen Behandlung narzißtischer Persönlichkeitsstörungen,* Frankfurt 1973.

gert werden. An dieser Stelle hat sogar die Rauschdroge – vor allem das Kokain – soziales Prestige.
In einst regressive Bereiche implantierte Leistungstendenzen – das *fast food* und der *quickie* sind typische Errungenschaften der Konsumgesellschaft – vermischen auf eigentümliche Weise Progression und Regression. Der Konsument kann eine Steigerung seiner regressiven Erfüllungen phantasieren, indem er möglichst viele aneinanderreiht. Wer, statt in Ruhe zu essen und zu trinken, eine Pizza hinunterschlingt, kann in der so gesparten Zeit noch in eine Boutique oder in den Videoverleih gehen. Viele diszipliniert arbeitende Menschen sammeln ein inneres Regressionskonto an, bis die Summe so groß ist, daß sie unmöglich eingelöst werden kann. Sie arbeiten in der Hoffnung, irgendwann richtig ausspannen zu können. Die Konsumgüterindustrie stabilisiert solche Lebenspläne durch Angebote, welche regressive Potenzen vorspiegeln. Je stärker eingeengt die Spielräume der Individuen werden, desto beliebter sind beispielsweise Off-road-Fahrzeuge: Der Jeep mit Ledersitzen und Klimaanlage wird zwar niemals im Gelände fahren, aber er festigt den Traum von der Dschungelsafari noch im Ampelstau.
Nun noch ein Wort zur speziellen Situation der in den Konsumgesellschaften besonders bedrohten Altersgruppe. Auch hier unterscheidet sich unsere Lage von der in traditionellen Gesellschaften, in denen Droge und Rausch Sache der Erwachsenen sind. In der Konsumgesellschaft wird die Droge zunehmend zu einem Mittel, das halten soll, was die Medien versprechen.
Der Jugendliche lebt in zwei Welten: in seinem Alltag zwischen Elternhaus und Schule und in einer Idealwelt, die heute vor allem durch die optischen Massenmedien bestimmt ist. Für das Kind hat diese Idealwelt spielerische Qualitäten. Es gibt keine dauerhaften, kritischen Schranken zwischen ihr und dem Alltag, sondern einen spielerischen Genuß beider Welten. Kinder spielen in ihr und mit ihr, wenn sie mit Plastikfiguren die Kämpfe zwischen *He-Man* und *Skeletor* nachstellen und in der Entscheidungsschlacht um Castle Grayskull noch einmal die Welt vor dem Untergang retten. Sie tun dasselbe wie die Helden auf dem Bildschirm, diese sind ihnen untertan, und es gibt keinen Grund, sich damit schlecht zu fühlen.
Für den Jugendlichen hat sich diese Situation radikal verändert. Er muß wirklich ein Erwachsener werden, darf nicht mehr einfach erwachsene Heldenrollen nur spielen, das wäre lächerlich. Der Druck dazu wird als wachsendes Schamgefühl erlebt. Er muß seinen Platz in der Realität finden. Er soll die in ihm noch diffusen Bereiche der

Sexualität und des beruflichen Erfolges ausfüllen. Die Zukunft erscheint ihm lockend, aber auch bedrohlich, die Instabilität der Welt, in der Katastrophen drohen, erzeugt eine Art Torschlußpanik. Gleichzeitig fühlt er sich den Anforderungen nicht gewachsen, denn er mißt sich nicht an den eintönigen und aus seiner Sicht oft armseligen Elternbildern, sondern am perfekten Schein der Erfolgs- und Liebesszenen, die auf Bildschirm und Leinwand so fesselnd auftreten.

Die neuen Wünsche richten sich stark auf das Innere, das nun in den ersten Formen der Reflexion, des Grübelns über die eigene Person entdeckt wird. Heftige Unsicherheiten sind die Folge. In den Medien sind Gefühle immer deutlich und stark. Was ich aber in mir finde, ist unsicher, verschwommen, gemischt, von Zweifeln durchsetzt. Der Heranwachsende würde gerne mit seinen Eltern über diese Situation sprechen. Aber sehr oft hat sich eine Schicht von Ansprüchen und Enttäuschungen zwischen ihn und sie geschoben. Sie sind so unfähig, an seinen Idealen teilzunehmen, wie er sich fühlt, diese Ideale zu erfüllen; sie werden ihn nicht verstehen, und wenn sie sich Mühe geben, muß er sie am Ende noch darüber trösten, daß sie so ahnungslos sind.

In dieser Situation gewinnen Drogen eine unheimliche Faszination. Sie versprechen, das Innenleben zu verändern. Gefühle und Empfindungen, die sonst von Selbstzweifeln zersetzt werden, können durch sie – so läßt sich eine zentrale Hoffnung beschreiben – endlich klar werden, gereinigt und verstärkt. Weil der Jugendliche erfahren hat, daß seine Gefühle ohnehin nicht viel gelten und nicht gut genug sind, wenn er sie an den perfekten Darstellungen mißt, die er tagtäglich miterlebt, verdrehen sich seine Urteile. Er hält das, was er wirklich erlebt, für eine Lüge und die Lügen, die um ihn herum sind, für die Wahrheit. Es kann doch nicht sein, daß die vielen Szenen, die er täglich verfolgt, allesamt übertrieben sind, nein, er selbst ist verschlafen, stumpf und muß durch die Droge verändert und bereichert werden. Die Droge hält, was die Medien versprechen, sie wird sein schwächliches, von Unsicherheiten und Traurigkeiten bestimmtes Erleben packen, mitreißen und auf ein höheres Niveau heben.

Er kennt die Drogen aus den Medien. Die Berichte über sie sind verlogen, wie das meiste, was ihm eingetrichtert wird. Da ist von traumhaften Gefühlen die Rede, von einem Orgasmus im Gehirn, von ozeanischen Erlebnissen, entzückenden Visionen, ungeahntem sexuellem Genuß. Die Qualität der Berichterstattung ist so, als würde jemand behaupten, daß jeder, der Alkohol trinkt, heute eine Himmelfahrt und übermorgen ein Delirium tremens erleben wird. Da Alkoholräusche in ihrer Banalität überall bekannt sind, würde sich ein solcher Reporter lächerlich machen. Schreibt er aber über die Designerdroge Ecstasy oder über Heroin, dann weist ihm niemand so leicht den Unsinn nach, den er da von sich gegeben hat.

Da die Drogen verwendet werden, um die Lügen, die sich Jugendliche aus den Medien aneignen und über sich selbst erzählen, endlich glauben zu können, ist es ebenso absurd wie beliebt, die Aussagen dieser Jugendlichen über ihre Drogenerlebenisse für bare Münze zu nehmen. Aber warum sollte nicht gelogen werden, um eine Lüge zu rechtfertigen? Wie anders lassen sich Lügen aufrechterhalten als durch neue Lügen?

In Wahrheit sind Drogen immer Werkzeuge der Verstümmelung, nicht der Bereicherung. Das verbindet sie mit anderen Konsumgütern, die ebenfalls Prothesen sind, welche an die Stelle gesunder Organe gesetzt werden. Ihre Wirkungen beruhen darauf, daß sie weite Bereiche der geistigen Funktionen lahmlegen. Die Empfindungen von Glück und Bereicherung wurzeln darin, daß diese Erlebnisfelder dem Konsumenten sonst sagen würden, wie illusionär das ist, was er treibt. Glücklich machen Drogen nur den, der in einem so kümmerlichen Zustand lebt, daß es ihm um so besser geht, je weniger er spürt und wahrnimmt. Wo solche Elendszustände vermieden werden können, ist auch der Drogenkonsum vermeidbar.

Je weniger das Umfeld der Jugendlichen in der Lage ist, ihnen zu einer angemessenen Sinnhaftigkeit und Tragfähigkeit ihrer Gefühle und Erlebnisse zu verhelfen, desto größer wird die Gefahr, daß sie Drogen brauchen. Mit Hilfe einer intensiven Produktion von Kritiklosigkeit und Selbstbetrug verschaffen sie dem Jugendlichen die trügerische Sicherheit, ohne innere Warnungen und Zweifel für eine Weile an den Illusionen der Medienwelt teilzuhaben. Er fürchtet sich nicht mehr vor den Anforderungen, erwachsen zu werden; er steht längst über allen flachköpfigen Spießern.

Wer sich für eine einzelne Droge interessiert, muß im alphabetischen Stichwortteil nachschlagen. Findet er sie dort nicht, hilft ein Blick ins Drogen- und Sachregister weiter. Dem Stichwortteil folgen umfangreiche Rahmenartikel (RA), in denen die wichtigsten Aspekte des Rauschdrogenproblems erörtert werden:

RA I: Kulturgeschichte
RA II: Moderne Gesellschaft und Politik
RA III: Psychologie

RA IV: Therapie und Rehabilitation
RA V: Medizin (Physiologie) und Psychopharmakologie

Wir haben uns zunächst überlegt, in einem sechsten Rahmenartikel auch noch auf die »Botanik« der Rauschdrogen einzugehen, nachdem – mit Ausnahme von Alkohol (den auch der menschliche Körper produziert) und Bufotenin (das auch von Kröten abgesondert wird) sowie dem mineralischen Arsenik – nahezu alle diese Substanzen pflanzlicher Natur sind, soweit sie nicht inzwischen synthetisch in Laboratorien hergestellt werden (→ Kokain, → LSD, → Opiate, → PCP usw.). Aber ein solcher RA VI hätte nicht nur den Rahmen dieses Buches gesprengt – der Ethnobotaniker Richard E. Schultes und der LSD-Entdecker Albert Hofmann haben überdies ein farbenprächtig ausgestattetes, durch Pflanzenlexikon und Bildatlas ergänztes Werk vorgelegt, das genau diese Aufgabe eines botanischen Überblicks unübertrefflich bewältigt. In *Pflanzen der Götter** werden nicht nur die in unserem *Handbuch der Rauschdrogen* vorgestellten Substanzen beschrieben und bildlich vorgestellt, sondern noch Dutzende anderer, bislang nur wenigen Experten bekannte Pflanzen mit ihren Wirkstoffen behandelt, ergänzt durch seltene kulturhistorische Fotos und Zeichnungen (lediglich der Coca-Strauch wird arg stiefmütterlich abgetan).

Zum Fragenkreis *Drogen und Gesellschaft* (RA II) gehört auch eine kulturgeschichtliche Skizze des Rausches. Der psychologische Rahmenartikel konzentriert sich auf die innere Situation eines heute typischen Drogenkonsumenten, nämlich des Jugendlichen. Der fünfte Rahmenartikel hingegen erläutert grundlegende Fragen der psychophysischen Wirkung, der Gewöhnung, Abhängigkeit und Sucht.

Die Fülle des neuen Materials über soziologische und politische Aspekte hat es nötig gemacht, aus dem RA I einen eigenständigen Rahmenartikel über *Soziologie und Politik* herauszulösen; entsprechend ist der ursprüngliche RA III über die medizinischen und pharmakologischen Fragen inzwischen an die fünfte Stelle gerutscht.

Drei mögliche Blickwinkel

Wer sich dem Thema »Rauschdrogen« nähert, tut dies in der Regel mit einer Haltung des »Entweder-Oder«. Entweder ist er (oder sie) fasziniert von den Möglichkeiten, die sich der menschlichen Phantasie durch Räusche erschließen und die sich in der reichhaltigen Kul-

---

* R. E. Schultes und A. Hofmann, *Pflanzen der Götter,* Bern und Stuttgart 1980.

turgeschichte der Drogen widerspiegeln, oder man hat die Legionen von Süchtigen und Toten vor Augen, die die Opiate Jahr für Jahr als Opfer leichtsinniger Drogenneugier fordern und die den Alltag von Rauschgiftfahndern, Drogentherapeuten und betroffenen Eltern bestimmen.

Die berechtigte Angst vor der steigenden Drogenflut wird gerne auch auf die Literatur übertragen, die sich mit diesem Phänomen befaßt. Wer allerdings differenziert und nicht einseitig berichten, wer der Vielschichtigkeit des Themas gerecht werden möchte, der darf nicht bloß Warntafeln aufstellen (die sicher überall berechtigt sind!), sondern muß auch dokumentieren, daß in wahrscheinlich jeder Kultur dieses Planeten irgendeine Rauschdroge eine zentrale Rolle spielte,* daß Drogenmißbrauch erst eine Entgleisung der Neuzeit ist. Ob man Albert Hofmanns Vorschlag diskutiert, sein »Geschöpf« LSD-25 in einem neuen Mysterienkult nach Art der Einweihungsriten von Eleusis einzusetzen,** oder ob man an die fast 20.000 Todesfälle denkt, die Heroin schon 1970 in der Bundesrepublik forderte – immer wird man sich daran erinnern müssen, daß die Drogen und die Räusche dieses verwirrende Doppelantlitz zeigen.

Die Welle der Drogenliteratur begann mit Schriften, die die kreative, anregende, mystische Seite betonten, mit Autoren wie Aldous Huxley, Rudolf Gelpke und Timothy Leary. Sie schrieben begeistert von den Möglichkeiten eines neuen »erweiterten« Bewußtseins. Und sie taten das sehr einseitig, ohne die möglichen Gefahren zu beachten, denen vor allem junge Drogenkonsumenten ausgesetzt sind. Diese erste Publikationswelle Anfang der sechziger Jahre wurde abgelöst von einer Fülle kritischer, warnender, verurteilender Bücher, die auf die »dunkle« Rückseite dieses Janus-Kopfes der Drogen hinwiesen – aber, nicht weniger einseitig, eben nur auf sie. Wer jedoch, beispielsweise, einem drogenneugierigen Jugendlichen nur dieses düstere Antlitz malt, wird unglaubwürdig. Und darf sich nicht wundern, daß den unqualifizierten Behauptungen »erfahrener« Freunde und umsatzorientierter *Dealer* mehr Glauben geschenkt wird. Geradezu sträflich einseitig ist in dieser Hinsicht das Material, das eine Anfang 1980 gegründete »Anti-Drogen-Koalition (ADK)« in der Bundesrepublik und anderen Ländern unter die Leute brachte; aus einer

---

* Das Rautenstrauch-Joest-Museum für Völkerkunde in Köln zeigte im Sommer 1981 eine Ausstellung, die sich erstmals mit diesen kulturgeschichtlichen Zusammenhängen befaßte.

** A. Hofmann, *LSD – mein Sorgenkind,* Stuttgart 1979 (Kap. 15).

politisch deutlich extrem konservativen Grundhaltung wird jedermann angegriffen, der sich irgendwann einmal für andere als nur die gefährlichen Aspekte der Rauschdrogen interessiert hat, mit diffamierenden Tiefschlägen besonders für liberale und »linke« Denker und Forscher, bis hin zu – wenngleich wohl gutgemeinten – Fälschungen historischer Zusammenhänge (Näheres hierzu s. RA I, S. 456).
Es gibt schließlich noch einen dritten Aspekt, der die Beschäftigung mit den Rauschdrogen, speziell den Halluzinogenen und hier ganz besonders dem LSD, lohnt und der hinter den Aufregungen um Heroin- und Cannabis-Mißbrauch nahezu untergegangen ist, obgleich hier wahrscheinlich bahnbrechende Erkenntnisse gewonnen wurden. Vor allem Stanislaw Grof und Claudio Naranjo* haben inzwischen die Ergebnisse mehr als zehnjähriger Forschungen vorgelegt, bei denen sich LSD und andere Halluzinogene als hochwirksame Instrumente zur Erforschung des Unbewußten erwiesen, vergleichbar vielleicht mit dem Teleskop und dem Mikroskop der Naturwissenschaften. Die Bezeichnung »Rauschdroge« scheint, zumindest in solchem verantwortungsvollen wissenschaftlichen Kontext, nicht mehr recht zutreffend (Näheres s. → LSD, Schlußkapitel).
Angesichts dieser komplizierten Zusammenhänge haben wir versucht, in diesem Handbuch eine Balance zu finden zwischen einem sachlich informierenden Nachschlagewerk einerseits und einem Lesebuch andererseits, das auch in die farbige Kulturgeschichte und aktuelle Weltsituation der Drogen und der Räusche einführt.
Wir wollen aufklären, ohne die vorhandenen Gefahren zu verzerren und aufzubauschen. Wir wollen auch unterhalten – aber ohne zu verharmlosen.
Einer von uns (W.S.) hat die Beschäftigung mit den Rauschdrogen vor allem in einer kritische Auseinandersetzung mit der Konsumgesellschaft und mit den ambivalenten Folgen der Professionalisierung mitmenschlicher Hilfsbereitschaft (einer spezifischen Form der Arbeitssucht) weiterentwickelt, während der andere (J.v.Sch.) dem Thema enger verbunden blieb; die Überarbeitung von 1988 wurde daher zu zwei Dritteln von Jürgen vom Scheidt geleistet.
1996 vor die Aufgabe einer erneuten Aktualisierung gestellt, haben wir das Verhältnis von einem zu zwei Dritteln beibehalten und uns bemüht, den etwas uferlos gewordenen Text wieder zu straffen. Wir haben auch beschlossen, daß es diesmal die letzte Revision aus unse-

---

* S. Grof, *Topografie des Unbewußten,* Stuttgart 1978; C. Naranjo, *Die Reise zum Ich,* Frankfurt a. M. 1979.

rer Hand sein wird. Das Drogenthema hat uns eine Generation lang begleitet; damit soll es sein Bewenden haben.
Unser besonderer Dank gilt an dieser Stelle Monika Schulenberg, die uns bei der neuerlichen Überarbeitung sachkundig geholfen und das neue Stichwort* über »Ecstasy« verfaßt hat. Sie wird in Zukunft die Redaktion des Handbuchs übernehmen: in ihrer doppelten Funktion als Pharmazeutin und Journalistin ist sie dazu bestens geeignet.
Weiterhin möchten wir den aufmerksamen Lesern danken, die uns auf Fehler hinwiesen und Ergänzungsvorschläge machten.

---

* Weitere neu hinzugekomme Stichwörter: »Sakrale Drogen«, »Schnupfdrogen« und »Speed«.

Aus der Einleitung zur ersten Auflage 1971

Jeder, der selbst einmal Marihuana oder Haschisch geraucht hat, wird erkannt haben, daß zunächst keine bedrohlichen Folgen auftreten.* Die wissenschaftlichen Untersuchungen bestätigen diesen persönlichen Eindruck. Der Jugendliche, der einmal *gekifft* hat, wird deshalb Warnungen vor Marihuana oder Haschisch in den Wind schlagen, wenn sie nicht sehr detailliert und wahrheitsgemäß vorgetragen werden. Auf gefühlsmäßige Argumente reagiert er ohnehin allergisch.

Vor allem wird der Jugendliche dann annehmen, daß die Warnung vor anderen Drogen wie Heroin oder LSD ebenfalls nicht fundiert ist. Und er wird nicht glauben, daß extrem häufiger Drogengenuß zu anderen Folgen führt als gelegentlicher Genuß, wenn man es ihm nicht detailliert beweist.

Angesichts dieser Situation genügt die herkömmliche, medizinisch-informierende Literatur über Rauschdrogen nicht mehr. Es reicht einfach nicht mehr aus, das Gespenst des ausgezehrten Opiatsüchtigen oder des krakeelenden Alkoholikers möglichst dramatisch darzustellen. Medizinische und pharmakologische Informationen sind zwar keineswegs überflüssig geworden: Ihnen wird in diesem Handbuch der gebührende Platz eingeräumt. Doch diese beiden Aspekte versagen, wenn man das ganze Drogenproblem in den Griff bekommen will.

Psychologische, soziologische, pädagogische und literarische Aspekte des Rauschmittelkonsums müssen gleichfalls einbezogen werden, will man zu einer kritischen und gültigen Aussage kommen. Vorschnelle Urteile in positiver wie in negativer Hinsicht sind gefährlich und irreführend. Besonders die Rahmenartikel im zweiten Teil sollen demonstrieren, daß sich auch die für den normalen Bürger so schwer

---

* Dies soll nicht heißen, daß wir Marihuana und auch nicht das wesentlich stärkere Haschisch für ungefährlich halten, schon gar nicht für harmloser als Alkohol, wie immer wieder zu hören ist (s. Näheres hierzu im Stichwort-Artikel »Cannabis«, insbesondere den Verlgiech auf S. 78).

einfühlbaren Wünsche, Phantasien und Verhaltensweisen Drogenabhängiger durchaus verstehen lassen. Erst auf dieser Grundlage ist es möglich, ein abgewogenes Urteil zu fällen.
Wer wie manche Kriminologen geneigt ist, so verschieden wirkende Drogen wie Haschisch und Heroin über denselben Kamm zu scheren, wird der gegenwärtigen Situation ebensowenig gerecht wie die Extremisten der anderen Richtung, welche der Menschheit goldene Zeiten voraussagen, sobald nur jeder gründliche Erfahrungen mit den *trips,* den Reisen in eine andere Welt mit Hilfe der Drogen, gesammelt habe.
Während die Vertreter des einen Extrems am liebsten jeden Gammler mit einem Gramm Haschisch in der Hosentasche hinter Schloß und Riegel bringen wollen, übersehen die LSD- und Haschisch-Freunde oft, daß die Wirkung einer Rauschdroge nie konstant ist. Man kann einem naturgemäß unreifen, wenig gefestigten Jugendlichen nicht deshalb den Drogengenuß erlauben (was genausoviel ist, wie ihn zu empfehlen), weil ein hochintelligenter, in den verschlungenen Windungen seines Innenlebens gut orientierter Schriftsteller (vielleicht!) keine nachteiligen Wirkungen von diesem Genuß verspürt hat.
Aber dieses Handbuch wurde nicht nur für Jugendliche und ihre Erzieher geschrieben. Studenten und ältere Erwachsene, die das Neue, Geheimnisvolle reizt, das die Drogen umgibt, benötigen ebenfalls fundierte Informationen, ehe sie sich entschließen, auf einen *trip* zu gehen. Wer sich ans Steuer eines Rennwagens* setzt, tut ja auch gut daran, sich vorher über technische Details, Straßenverkehrsordnung und den eigenen psychisch-physischen Gesundheitszustand zu informieren. Und wir geben uns keinen Illusionen hin, daß diese Neugierigen, Experimentierenden, Ungläubigen, Besserwissenden einmal aussterben könnten!
Unsere Zusammenarbeit ist harmonisch verlaufen. Beide sind wir über Selbstversuche dazu gekommen, uns wissenschaftlich mit den

* Ergänzung 1997 – Bei Verkehrsunfällen mit Autos kommen jedes Jahr in der Bundesrepublik mehr als 8000 Menschen ums Leben – viermal soviel wie durch Heroinmißbrauch (1996: 2012). Es lohnt sich, einmal darüber nachzudenken, inwieweit die »Droge Auto« diesen Preis wirklich mehr wert ist als das »Rauschgift« Heroin – womit nicht dem Heroin- oder irgendeinem anderen Drogenkonsum das Wort geredet werden soll, sondern auf die Doppelmoral aufmerksam gemacht werden soll, mit der gefährliche Dinge von der Gesellschaft behandelt werden.

Problemen des Drogenkonsums und des Rausches zu befassen. Und beide sind wir heute davon überzeugt, daß ein guter (und vielleicht der beste) Weg, das Drogenerlebnis in den Alltag einzubauen, darin besteht, auf weitere Versuche zu verzichten. Auch derart intensive Erlebnisse können durch zu häufige Wiederholung leer und entwertet werden.

Dr. Wolfgang Schmidbauer, Dipl. Psychologe
Dr. Jürgen vom Scheidt, Dipl. Psychologe

Erster Teil
51 Stichwort-Artikel zu über 100 Substanzen

Von »Alkohol« bis »Zukunfts-Drogen«

Inhalt

Verzeichnis der Drogen-Stichworte mit eigenem Artikel

Außer den 51 detaillierten Artikeln findet man noch Verweise auf weit über 100 andere Substanzen, Pflanzen oder Synonyme, die in den einzelnen Artikeln näher behandelt werden.

Alkohol 37
Aphrodisiaka 63
Appetithemmer 69
Arsenik 72
Banisteriopsis caapi 74
Bufotenin 76
Cannabis 78
Cohoba 125
Crack 126
Designer-Drogen 129
DMT 133
Ecstasy 134
Endorphine 140
Epéna 142
ET 143
Ether 144
Fliegenpilz 147
Genuß-Drogen 152
Harmalin 171
Hexensalben 172
Ibogaïn 180
Kanna 182
Kath 182
Kawa-Kawa 184
Kokain 186
Lösungsmittel 204
LSD 207
Magic Mushrooms 242
Mandragora 243
MDA 245
MMDA 247
Medikamente 247
Meskalin 255
Muskatnuß 268
Nachtschatten-Drogen 271
Ololiuqui 277
Opiate 280
PCP 310
Polamidon 318
Psilocybin 321
Rote Bohnen 327
Sakrale Drogen 329
Schlafmittel 336
Schnupfdrogen 343
Ska Maria Pastora 346
Speed 347
STP 348
Wahrheits-Seren 351
Weckamine 352
Zauber-Drogen 360
Zukunfts-Drogen 362

A

Alkohol

(Ethylalkohol, Ethanol)*

1. Geschichte

Offensichtlich hat der Mensch schon in prähistorischer Zeit entdeckt, daß kohlehydrathaltige Flüssigkeiten durch einen Gärungsprozeß in berauschende Getränke verwandelt werden können – Honigwasser in Met, Getreideabkochungen in Bier, Traubensaft in Wein. Ist ein bestimmter Alkoholgrad erreicht (10 bis 15 Vol. %), vergiftet der Alkohol jene Hefepilze, denen er seine Existenz verdankt. Weder Naturwein noch Bier noch irgendein anderes durch natürliche Gärung entstandenes Getränk können also einen Alkoholgehalt haben, der dieses Maß übersteigt.

Die ersten geschichtlichen Hinweise auf alkoholische Getränke kommen aus dem Zweistromland. Offensichtlich haben schon die Sumerer vor 4000 Jahren Bier gebraut. Die Ägypter übernahmen dieses Gewerbe von dort. Der Wein wird ebenfalls seit mythischer Zeit kultiviert. Die hebräische (Noe) und die griechische Mythologie (Dionysos) schildern seine Effekte ebenso wie seinen Siegeszug durch alle Länder, in denen die Rebe gedeihen konnte.

In der *Odyssee* und der *Ilias* Homers werden Zechgelage geschildert; Wein, mit Mehl und geriebenem Käse vermischt, erhielt der Besucher in den Zelten der Achäer vor Troja.

Als erste entdeckten die Araber im Mittelalter, daß der berauschende Stoff im Wein destilliert und dadurch konzentriert werden konnte. Sie nannten ihn Alkohol, »das Feinste von etwas«. Wein und Brot waren die gebräuchlichsten Nahrungsmittel des Menschen im Mittelmeerraum; im Christentum sind sie zu Sakramenten erhoben worden, wobei man anmerken muß, daß die frühen Christen keineswegs jene Mäßigkeit walten ließen, welche später ihren deutlichsten Ausdruck in der Kommunion unter nur einer Gestalt (der des Brotes) fand. Paulus mußte gegen regelmäßige Weinfeste einschreiten, in denen man sich, wie in den meisten Mysterien, vom Rausch eine Vorwegnahme der Unsterblichkeit erwartete (1. Kor. 11, 21, Eph. 5, 18).

Auch in den Dionysos-Mysterien galt Wein als das Blut des Gottes. Wenn heute der Alkoholrausch durchweg profan geworden ist, sollten uns doch diese wenigen Hinweise erinnern, daß es nicht notwendig so war. Der älteste Ritus des Christentums war die Wiederholung des Abendmahls – ein einfaches Gastmahl, in dem man brüder-

---

* Die früher übliche Schreibweise mit Ä statt E (Äthylalkohol, Äthanol) wurde der heute üblichen Form angeglichen (s. auch *Ether* statt Äther).

lich zusammen Wein trank und Brot aß.

Die Alkoholmengen, welche lange Zeit in vielen Ländern üblich waren und es teilweise noch sind, belegen die Beliebtheit und die außerordentlich große »therapeutische Breite« des Alkohols. Es gibt nur wenige Chemikalien und keine andere Rauschdroge, die ein Mensch in einer Konzentration von bis zu fünf Promille in seinem Körper toleriert. Wenn die Berichte auch übertrieben sein mögen, wonach in der Renaissance die Hofdamen in England pro Tag einen Liter Branntwein tranken und adlige Klosterfrauen sich sechs bis zehn Liter Bier genehmigten, so hat sich die Ansicht, Alkohol sei unentbehrlicher Bestandteil der täglichen Nahrung, sehr lange gehalten. Bis vor kurzem erhielt noch jeder Gemeine in der englischen Marine täglich 100 bis 125 Gramm starken Rum (traditionsgemäß vor elf Uhr vormittags). Manche Ausfahrer der bayerischen Brauereien sollen jeden Tag mindestens 20 Liter Bier konsumiert haben, ehe der schneller werdende Straßenverkehr solche Trinkleistungen noch lebensgefährlicher machte, als sie es ohnedies schon sind. Statistiken reden eine für die heutige Zeit verbindliche Sprache. In Frankreich trinkt jeder Erwachsene, jeden Tag durchschnittlich 64 Gramm reinen Alkohol – das sind rund sechs Gläser Wein. 1994 tranken die Deutschen im Jahresdurchschnitt 11,2 Liter reinen Alkohol, das entspricht 24,2 Gramm täglich, und waren damit an zweiter Stelle hinter den Franzosen. In Frankreich trinkt man Wein zu den Mahlzeiten; wenn in Frankreich dennoch erheblich mehr konsumiert wird, so liegt es an den zweieinhalb Millionen *bouilleurs de cru,* den staatlich lizenzierten Schnapsbrennern, die wegen ihrer Bedeutung für die Wahlen auf dem Land bisher Protektion genossen haben.

Beispiel Frankreich

Ein aufsehenerregender Bericht des angesehenen Gelehrten Prof. Jean Bernard (1980) macht am Beispiel Frankreichs und des Alkohols die enge Verflechtung von Drogen und Gesellschaft deutlich. Demnach sind zwei Millionen Franzosen behandlungsbedürftige Alkoholiker; für drei weitere

Der Wein

Bring ihn, den Wein, er könnte sein: Rubin, geschmolzner Edelstein;
ein Schwert, gezückt der Sonne zu: darin gespiegelt Funkelschein;
er könnte sein für den Zecher wie Rosenwasser im Becher, so fein und so rein;
mag scheuchen den Kummer und tropfen den Schlummer in schlafloses Auge hinein;
es sei sein Pokal wie Gewölk, und ein Regen voll Segen der Wein;
ein erhörtes Gebet mag er sein, mag Seligkeit sein nach der Pein.
Gäbe es *ihn* nicht, den Wein, wären Herzen nur Wüstenein;
wär' auch der Körper entseelt, es beseelte ihn wieder der Wein.
Doch entführte ein Adler ihn heim, und ließe er uns hier allein,
damit ihn kein Mund, der gemein, mehr könnte entweihn: möge es sein!

Rudaki (ca. 900)

Millionen bringt der Alkohol schwere gesundheitliche Risiken mit sich (nach Kreislauf- und Krebskrankheiten ist er die dritthäufigste Todesursache). 20.000 bis 30.000 Menschen sterben jährlich allein an Leberzirrhose, Delirium tremens und Nephritis. Bernards Bericht macht aber auch für die meisten Fälle von Mund- und Rachenkrebs, ein Drittel der tödlichen Tuberkulose-Fälle, die Hälfte der Kapitalverbrechen, ein Viertel der Selbsttötungen, ein Drittel der tödlichen Autounfälle und für 15 Prozent der Arbeitsunfälle den Alkohol bzw. seine Trinker verantwortlich.

»Es steht fest, daß bereits eine Teillösung des Alkoholismus-Problems für sich allein genügen würde, die finanziellen Nöte der Sozialversicherung zu lindern«, heißt es in dem Bericht: 20 bis 50 Prozent der Krankenhausbetten seien regelmäßig mit Patienten belegt, deren Leiden sich auf das Trinken zurückführen lassen. Die sozialen Kosten dieser Sucht werden auf »Dutzende von Milliarden Franc pro Jahr« geschätzt. Aber das Problem ist kaum lösbar, denn:

- der Weinbau macht wertmäßig elf Prozent der französischen Landwirtschaft aus,
- mehr als 200.000 Bauernfamilien leben nur von der Rebe,
- 400.000 weitere bewirtschaften Weinberge nebenher als Zusatzerwerb,
- der jährliche Wert der Weinproduktion beträgt 17 Milliarden Franc, und
- jeder zehnte Franzose lebt direkt oder indirekt vom Alkohol!

Jeder Versuch, das Problem politisch zu lösen, wird durch eine Lobby blockiert, die quer durch alle Parteien der Republik ihre Anhänger hat. (Der Alkoholmißbrauch ist übrigens interessanterweise in den Weinanbaugebieten selbst relativ selten.)

Auch andere Länder haben ihre Probleme mit diesem Rauschgift par excellence: Den Schweizern entstehen jährlich wirtschaftliche Lasten durch Alkohol, die bereits 1972 auf rund 1,3 Milliarden Franken geschätzt wurden; Alkoholiker bleiben zum Beispiel ihrem Arbeitsplatz 2,6 mal häufiger fern als ihre Kollegen (Solms 1980).

In Schweden haben sich im Sommer 1980 alle Parteien, die Kirchen und die Sportverbände zu einer großangelegten Kampagne gegen den Alkohol zusammengetan, weil die Folgen der Trunksucht die öffentlichen Kassen des Landes 1,3 Milliarden Mark pro Jahr kosten und nahezu jeder fünfte Schwede über seine Abhängigkeit besorgt ist (*Südd. Zeitung* vom 27. 6. und 13. 8. 1980).

In der Bundesrepublik macht man sich Sorgen um steigenden Alkohol- und Haschisch-Konsum der Soldaten. Der frustrierende, langweilige und mit sinnlosen Routinen angefüllte Dienst wird offenbar durch Saufgelage und Kiffen nach Feierabend ausgeglichen (Dederichs 1980, Schenk 1980): Die Institution der Bundeswehr liefert damit einen schlagenden Beweis für die sozialen Ursachen von Drogenmißbrauch, wie auch die amerikanischen Streitkräfte ihn – in noch viel schlimmerem Maße – im Gefolge des Vietnam-Krieges mit Heroin und Haschisch erlebten oder heute mit steigenden Süchtigenzahlen ihrer in Übersee stationierten Truppen. Auf breiter Ebene hat ein interdisziplinäres Team den sozialintegrierten Alkoholkonsum und den süchtigen Alkholismus in Deutschland und Österreich untersucht; »Normales Trinken und

Suchtentwicklung« (Antons u. a. 1976, 1977) legt in 14 Studien die komplizierten Zusammenhänge von Trinksitten und -normen in ihrer Abhängigkeit von sozialen und kulturellen Mustern dar.
Herbert Ziegler (1980) von der Deutschen Hauptstelle gegen die Suchtgefahren weist an anderer Stelle darauf hin, daß 60 Prozent der Jugendlichen in der BRD (man schätzt die Zahl der offenkundigen Alkoholiker unter ihnen auf 100.000) ihre ersten Erfahrungen mit Alkohol im Elternhaus machen, daß ihr Trinkverhalten im wesentlichen also von Vater und Mutter bestimmt wird.

2. Chemie und Effekt

Die moderne Forschung hat gezeigt, daß der berauschende Alkohol in Wein und Bier nur ein Glied einer großen chemischen Familie ist, in der zwei Kohlenstoffatome (C_2) mit fünf Wasserstoffatomen (H_5) und einer Hydroxylgruppe (OH) verbunden sind. Ethylalkohol (früher: Äthylalkohol), den man heute häufig auch Ethanol (Äthanol) nennt, ist der Alkohol schlechthin. Seine nächsten chemischen Verwandten, der einfachere Methylalkohol (CH_3OH) und der Propylalkohol (C_3H_7OH), werden manchmal mit ihm verwechselt. Beide wirken ebenfalls, wenn auch schwächer, berauschend. Doch ist vor allem der Methylalkohol (Methanol), den man auch Holzsprit nennt, viel giftiger. Er führt in hohen Dosen zum Tod, in geringeren zu Blindheit, da er ein viel gefährlicheres Nervengift ist als Äthanol. Schon 30 bis 50 Gramm können tödlich sein.
Bier enthält durchschnittlich zwei bis vier Prozent Alkohol, Exportbier vier bis fünf Prozent, englischer Porter und Doppelbockbier bis zu acht Prozent. Wein enthält in der Regel acht bis zehn, schwere Rotweine wie Burgunder zwölf bis vierzehn Prozent. Süßweinen (Portwein, Sherry) ist reiner Alkohol hinzugefügt (18 bis 20%). Whisky, Rum, Gin und Kognak enthalten in der Regel 35 bis 45 Prozent Ethanol.
Will der Gerichtsmediziner ermitteln, wieviel reinen Alkohol jemand getrunken hat, so fragt er einfach nach der Zahl der »Gläser«. Dieser alte Wirtshausbegriff hat seinen guten Sinn, da die Größe des Glases wohl rein empirisch dem Alkoholgehalt der Getränke angeglichen wurde. Jedes »Glas« enthält dabei rund zehn bis elf Gramm reines Ethanol. Der Kohlensäuregehalt von Bier und vor allem von Champagner beschleunigt den Übertritt von Alkohol ins Blut. In manchen schlechten Branntweinen sind flüchtige Öle (Fuselöle) enthalten, die unabhängig von der Giftigkeit des Alkohols Leber und Gehirn schädigen.

3. Physiologie

Alkohol wirkt beim Menschen vorwiegend auf das Nervensystem, und zwar weniger auf niedere, vegetative Funktionen als auf die höheren, das Bewußtsein und die Emotionen steuernde Zentren. Wie stark und wie lange dieser Effekt ist, hängt von der Alkoholkonzentration im Organismus ab, den man anhand der Promille im Blutserum ermittelt.
Oberste Grenze sind vier Promille. Die meisten Todesfälle in akuter Alkoholvergiftung wiesen einen Blutalkoholspiegel von 1,8 bis 6,7 Promille auf.

Die tödlichen Konzentrationen liegen bei fünf bis acht Promille; dabei sterben mehr als 90 Prozent der Betroffenen (Kaye und Haag 1957).
Eine Art makabren Rekord mit 5,86 Promille stellte, nach Meinung der Polizei, ein Dortmunder auf. Der 41jährige, 80 Kilo schwer, war von Beamten in seinem halb auf dem Gehweg, halb auf der Fahrbahn mit laufendem Motor abgestellten Auto besinnungs- und reaktionslos gefunden worden, überlebte aber diese Selbstvergiftung (*Südd. Zeitung* vom 27. 6. 1980).
Um in solchen Fällen von Vergiftung ein prompt wirkendes Gegenmittel zu haben, aber auch um einen Schwips zu neutralisieren (ein solches Präparat wäre wahrscheinlich ein riesiger Verkaufserfolg), hat man schon viel unternommen. Aber nicht einmal die im Krankenhaus benützten Medikamente in akuten Notfällen* können bislang zuverlässig einen Rauschzustand in kurzer Zeit so weit dämpfen, daß man, beispielsweise, sich unbesorgt ans Steuer eines Autos setzen könnte. Britische Wissenschaftler haben allerdings ein Präparat entwickelt, das einem solchen »Ernüchterungsmedikament« nahezukommen scheint. William Jeffcoate (1980) war aufgefallen, daß manche Symptome akuter Alkoholvergiftung einer Opiatvergiftung sehr nahekommen. Deshalb probierte er aus, ob der Opiat-Antagonist Naloxon, der die psychochemischen Folgeerscheinungen von Morphium und Heroin aufhebt, auch bei Alkohol wirksam wird. Naloxon »besetzt« dieselben Rezeptoren im Gehirn (→ RAV), an denen das Gift sich anlagert und seine Wirkung entfaltet.
Im Experiment erzielten mit Naloxon behandelte Versuchspersonen dieselben Ergebnisse, die in einem Kontrollversuch von Nüchternen erbracht worden waren. Damit scheint bewiesen, daß Naloxon zumindest die psychomotorischen Effekte des Alkohols blockieren kann.
Der Organismus verbrennt jede Stunde einen bestimmten Bruchteil des aufgenommenen Alkohols, worauf die sogenannte Rückrechnung in der Gerichtsmedizin beruht. Beispiel: Ein Autofahrer verschuldet einen Unfall. Um 18 Uhr wird ihm eine Blutprobe entnommen. Sie ergibt 1,25 Promille. Der Fahrer behauptet, er habe um zwölf Uhr zwei Schnäpse getrunken, das wären nach der Gläser-Rechnung 22 Gramm Alkohol, die – wenn man zugrunde legt, daß sie sich in nur 50 Prozent seines Körpergewichts verteilen – höchstens ein Promille Alkohol unmittelbar nach der Einnahme ergeben. Inzwischen sind aber sechs Stunden vergangen. Der Blutalkoholspiegel müßte um 0,1 Promille pro Stunde gefallen sein, insgesamt um 0,6 Promille. Wenn der Fahrer nun statt 0,4 Promille deren 1,25 hat, muß er erheblich mehr getrunken haben, als er vorgibt.
Wenn Alkohol verbrannt wird, entwickelt er wie andere Nahrungsmittel Energie. Ein Glas Schnaps nährt soviel wie ein Ei. Bei chronischen Trinkern oder Süchtigen (Alkoholikern) tritt früher oder später ein Vitaminmangelzustand auf, weil sie einen großen Teil ihrer Nahrung in Form von Alkohol zu sich nehmen, der selbst keine Vitamine enthält, zu dessen Verbrennung aber Vitamine erforderlich sind.

* In der Regel sind allerdings keine medikamentösen Behandlungen nötig. Meistens genügt eine Magenspülung, in der Schlafphase bei schweren Vergiftungen gibt man eine Infusion von sog. Plasmaexpandern sowie Schnellinfusionen von 30–50%iger Glukoselösung (Näheres bei Feuerlein 1979, S. 134).

4. Der Kater

Die Konsequenzen einer durchzechten Nacht sind wohl jedermann geläufig: ein handfester »Kater«. Dieser ist meistens gekennzeichnet durch starken Druck im Gehirn, bis hin zu intensiven »Kopfschmerzen« (die man eigentlich Hirnschmerzen nennen müßte, weil das Gehirn in Mitleidenschaft gezogen ist, speziell das Neuhirn im Stirnbereich), durch erhöhte Nervosität bzw. leichte Erregbarkeit durch Sinnesreize, raschere Ermüdung bei körperlichen Anstrengungen sowie verstärkte Schweißabsonderung und allgemein durch ein Gefühl starker Erschöpfung wie nach einer schweren Erkältung.

Obgleich Alkohol vom Körper ziemlich rasch abgebaut wird – 0,1 Promille pro Stunde – sind seine Folgen noch wesentlich länger zu spüren. Körperliche (physiologische), seelische und soziale Effekte verstärken sich dabei. Ein Kollege berichtet aus eigener Erfahrung:

»Wir hatten in geselliger Runde gebechert, ohne viel nach den Mengen zu schauen. Ich trank etwa vier bis fünf Glas eines guten französischen Rotweins, das mögen vielleicht 50 Gramm reinen Alkohols, also etwa ein Promille, gewesen sein. Aber mein Kopf am anderen Morgen! – Er kam mir schwer wie ein Stein und mindestens einen Meter dick vor. Den ganzen Tag war ich nicht zu gebrauchen. Selbst am übernächsten Morgen fühlte ich mich noch ziemlich reduziert, wie krank. Ich war überempfindlich gegen Geräusche, Licht, plötzliche Bewegungen ...«

Man schätzt, daß bei einem Vollrausch Hunderttausende von den etwa 15 Milliarden Gehirnzellen zerstört werden. Bei chronischem Mißbrauch werden Teile des Neuhirns beeinträchtigt, bis hin zur Hirnatrophie (Feuerlein 1975, S. 105 f.). Andererseits scheinen sich relativ starker Alkoholkonsum und geistige Produktivität über viele Jahrzehnte hin zu vertragen, wenn die Exzesse vermieden werden – Goethe etwa soll täglich ein bis zwei Flaschen Wein getrunken haben.

5. Psychologische Effekte

Bei keiner anderen Rauschdroge ist das Wirkungsbild so gut erforscht wie beim Alkohol, weiß man so gut über die schädlichen Effekte und die Suchtgefahr Bescheid. Jeder ist wohl schon Menschen begegnet, die über eine Leistungssteigerung durch Alkohol berichteten. Man kann solchen Behauptungen, auf welches Gebiet sie sich auch beziehen mögen, bei Alkohol wie bei fast jeder Rauschdroge eine Feststellung entgegensetzen, die sich in wissenschaftlichen Experimenten immer wieder bestätigt hat: Nicht die Leistung steigt, sondern die Selbstkritik nimmt ab, und damit wird die Kritik der eigenen Leistung vermindert.

Alkohol wirkt narkotisch, und wie bei anderen Narkosemitteln – Ether, Chloroform, Lachgas – erlebt der Berauschte ein sogenanntes Erregungs-(Exzitations)-Stadium, ehe die betäubende Wirkung einsetzt. Diese Erregung läßt sich allerdings ebenfalls eher negativ – durch das Fortfallen von Hemmungen – definieren als positiv, etwa als tatsächlich gesteigerter Antrieb. Während die grobe Muskelkraft (sie wird am Ergographen gemessen, der Häufigkeit und Stärke der Kontraktion einzelner Muskelgruppen festhalten kann) nach geringen Mengen Alkohol eher ansteigt, da das Müdigkeitsgefühl während des Erregungsstadiums herabgesetzt ist, wird die Leistungsfähigkeit für komplizierte Aufgaben – etwa Perleneinfädeln oder Autofahren – schon durch kleine Gaben merklich verschlechtert. Sie führen dazu, daß zum Beispiel eine geübte Stenotypistin langsamer schreibt und mehr Fehler macht.

Die psychische Enthemmung, verbunden mit der Herabsetzung der muskulären Koordination, der Reaktionsgeschwindigkeit und der Beherrschung komplexer Leistungen, macht den Alkohol im Straßenverkehr so gefährlich. Nicht nur die Leistungsfähigkeit wird verringert, sondern vor allem auch die Fähigkeit, die eigene Leistung zu bewerten. Ein tüchtiger und routinierter Autofahrer mag selbst mit einer alkoholbedingten Verminderung seiner Reaktionsgeschwindigkeit und Koordinationstüchtigkeit um 25 Prozent noch besser fahren als der frischgebackene Führerscheinbesitzer. Aber weil er nicht merkt, daß er schlechter fährt als sonst, sondern im Gegenteil glaubt, er fahre erheblich besser, wird er zu einer Gefahr für sich selbst und seine Mitmenschen.

Verminderte Selbstkritik ist nur eine der Folgen, die man als typisch für den Alkoholgenuß ansprechen kann. In einem mittleren Wirkungsbereich, den man im allgemeinen mit »Schwips« umschreibt, obschon er (je nach der Persönlichkeit des Trinkers) die verschiedensten Namen und Wirkungsbilder hat, beherrscht die Enthemmung das Bild. Erziehung und Wissen um die Reaktion der Mitmenschen auf bestimmte Worte oder Taten führen bei jedem Menschen dazu, daß er ständig ein bestimmtes Maß an Hemmungen aufrechterhält und zahlreiche Triebimpulse unterdrückt, die ihm in der Regel gar nicht bewußt werden. Schon kleine Alkoholdosen schwächen diese Kontrolle ab. Hemmungen schwinden, das »Über-Ich«, wie Sigmund Freud die sozialen Vorschriften nannte, die sich der einzelne zu eigen gemacht hat, verliert teilweise seine Macht. Man ist zufriedener mit sich selbst. »Wer Sorgen hat, hat auch Likör«, sagte Busch dazu.

Die Enthemmung ist aber nur selten vollständig (Volltrunkenheit, wobei Unzurechnungsfähigkeit angenommen wird). Glücklicherweise führen Alkoholkonzentrationen, die vollständig enthemmen und unkontrolliertes Ausleben aggressiver Impulse erlauben würden, in der Regel zu einer so weitgehenden Betäubung, daß der Betreffende nicht mehr imstande ist, zu tun, woran ihn nichts mehr hindern würde. Eine eingebaute Sicherung im Alkoholrausch also, welche in der Regel gut funktioniert und viel dazu beigetragen hat, daß Ethanol in vielen Ländern die einzige sozial anerkannte Rauschdroge ist.

Man hat früher geglaubt, daß Alkohol in kleinen Dosen anregend und erst in großen lähmend wirkt (Louis Lewin, dem sich noch Erich Hesse anschließt). Skandinavische Forscher wie Erik Jacobsen betonen hingegen, daß Alkohol auch in kleinen Dosen ausschließlich lähmend wirkt. Man kann die geistigen Funktionen des menschlichen Gehirns mit einem Orchester vergleichen: Wenn man die Streicher ausschaltet, hört man die Bläser deutlicher; dennoch ist das Orchester als Ganzes beeinträchtigt worden.

Auch die, wie man sagt, anregende Wirkung des Alkohols auf Stimmungen und Gefühle erklärt sich durch Enthemmung, verbunden mit sozialer

Suggestion. Wie viele Rauschdrogen erhöht auch Alkohol die Suggestibilität. Da er die Selbstkritik vermindert, sieht der Berauschte von ihm erfüllt, was er von ihm erwartete: Erwartet er Munterkeit, so wird er munterer; erwartet er Ruhe, so wird er ruhiger. Bei Alkoholversuchen im Laboratorium fehlen solche Zeichen einer anregenden Wirkung meist völlig; in der Regel – so Jacobsen – sind die Versuchspersonen während des Alkoholeinflusses übler Laune.

Besonders deutlich wird die Labilität der Stimmungen und die große Suggestibilität beim Betrunkenen: Er kann bald heiter lärmen, bald in Tränen zerfließen und sein verpfuschtes Leben bereuen. Der Alkohol erheitert oder bedrückt ihn nicht, sondern er setzt nur die regulierenden Mechanismen außer Kraft, welche normalerweise die Schwankungen des Gefühlslebens ausgleichen. Zuerst fallen diese Hemmungen fort; dann fehlt die Fähigkeit zu geistiger und körperlicher Präzisions-

Rang Trinkanlässe	Gesamt in Prozent	Biertrinker in Prozent	Weintrinker in Prozent	Spirituosentrinker in Prozent	Sekttrinker in Prozent
1 Abends in gemütlicher Runde	62	67	68	56	67
2. Bei geselligen Anlässen	61	58	65	62	53
3 Nach Abendbrot/vor Schlafengehen	39	51	35	35	28
4 Nach gutem Essen/zum Kaffee	34	38	412	34	22
5 Zur Entspannung	20	28	15	18	17
6 Vor dem Essen	6	6	8	6	11
7 Morgens, nach dem Frühstück	3	4	3	11	5

Anlässe zum Trinken (nach: Arbeitskreis Alkohol, *Materialien zum Alkoholmißbrauch,* 1979, S. 28.

arbeit; schließlich wird auch die gröbere Muskelarbeit (wie Gehen und Sprechen) beeinflußt; gleichzeitig trübt sich das Bewußtsein immer mehr. In sehr hohen Gaben bewirkt Alkohol eine vom normalen Schlaf deutlich unterschiedene Narkose, aus der der Berauschte kaum erweckt werden kann (daher seine einstmalige Verwendung vor chirurgischen Eingriffen, ehe man wirksamere Narkotika wie → Äther entdeckte). Noch höher dosiert, ist Alkohol ein tödliches Gift. Da die Dosis pro Kilogramm Körpergewicht bemessen werden muß, kann für ein Kind eine halbe Flasche Kognak tödlich sein. Der Tod erfolgt durch zentralnervöse Störungen: Das Atemzentrum im Gehirn wird gelähmt, Herz und Kreislauf versagen. Andere Organe werden durch Alkohol erheblich schwächer beeinflußt. Das Herz schlägt etwas rascher, der Blutdruck steigt; beide Effekte sind aber zu schwach, als daß man Alkohol wirklich als Therapeutikum gegen niedrigen Blutdruck verordnen könnte. Ausgeprägt ist die Alkoholwirkung auf die Blutgefäße, die erweitert werden (»rote« Augen, blühendes Aussehen).

Gleichzeitig werden aber die Blutgefäße im Körperinneren kontrahiert, um den Blutdruck konstant zu erhalten. Da das Blut an der Körperoberfläche rascher auskühlt, beschleunigt Alkohol die Wärmeabgabe. Gleichzeitig lähmt er das Wärmezentrum im Gehirn, welches die Körpertemperatur reguliert.

Diesem komplexen Mechanismus sind schon viele Alkoholiker zum Opfer gefallen, die im Freien übernachten wollten und erfroren. Man muß zwischen dem subjektiven Wärmegefühl im Magen, wie es höher konzentrierte Alkoholika hervorrufen (es beruht auf Irritation der Magenschleimhaut), und dem objektiven Wärmeverlust durch die vermehrte Durchblutung der Haut sorgfältig unterscheiden. Die Bernhardinerhunde, welche mit dem Rumfäßchen um den Hals im Schnee Verirrte suchen, können Todesengel sein, wenn der Betreffende zu zechen anfängt, ohne eine schützende Behausung zu erreichen. Ist er einmal dort, kann er ruhig trinken, ja es handelt sich hier um die einzige »echte Indikation« für Alkohol vom medizinischen Standpunkt aus. Weil die Blutgefäße der Haut erweitert werden, kommt die Zirkulation dort rascher in Gang; Erfrierungen werden auf ein Minimum beschränkt.

Wenn bei Infektionskrankheiten – etwa einer beginnenden Erkältung – Alkohol empfohlen wird, so muß man dazu sagen, daß hier allenfalls eine Suggestion wirksam werden kann, nicht aber die Droge. Die Bakterien werden durch die minimalen Alkoholkonzentrationen im Organismus nicht abgetötet; Experimente haben erwiesen, daß die körpereigene Abwehr (Immunisierung) durch Alkohol eher beeinträchtigt als gefördert wird.

6. Pathologischer (abnormer) Rausch

Wie alle Rauschdrogen kann auch Alkohol, je nach der körperlichen und seelischen Situation des Menschen, der ihn trinkt, ganz unterschiedliche Wirkungen haben. So vertragen lang aufgeschossene, magere Menschen (»Leptosome« nach Ernst Kretschmer, »Ektomorphe« nach William Sheldon) in der Regel Alkohol schlechter als dickliche oder vierschrötige »Pykniker« (bzw. »Meso«- und »Endomorphe« nach Sheldon). Alkohol reizt sie und macht sie nervös, während er die Pykniker entspannt. Allerdings läßt sich dieser konstitutionelle Einfluß schlecht vom rein seelischen trennen. Es kann sein, daß ein Mensch auf die alkoholbedingte Enthemmung mit überschießender Triebkontrolle und Angst reagiert, während ein anderer nur ihre angenehmen Seiten auskostet. Die große Unbekannte in allen Drogen-Wirkungs-Gleichungen ist immer das Individuum.

Ein von der gewöhnlichen Alkoholwirkung stark abweichendes, durch besonders schwerwiegende Folgen für den Trinker und seine Umwelt charakteristisches Bild nennt man einen *pathologischen Rausch.* Er kann schon nach geringen Dosen bei entsprechend vorbelasteten Menschen auftreten, und zwar sowohl bei chronischen Alkoholikern als auch bei Individuen, die bisher immer nüchtern blieben. Besonders oft findet man ihn bei Hirnverletzten und Epileptikern; aber auch äußerlich völlig normal wirkende Menschen mit unbewußten, starken Spannungen können von ihm betroffen werden.

Die abnormen Symptome treten oft schon nach dem Konsum einer kleinen Menge und ganz plötzlich auf. Der Betroffene weist deshalb nicht die gewöhnlichen, leicht erkennbaren Zeichen des Betrunkenen auf (den schwankenden Gang, die lallende Sprache), doch ist sein Bewußtsein stark getrübt. In diesem Zustand, der oft nicht leicht erkannt werden kann (der Betroffene scheint gefaßt, er spricht normal, ist aber geistesabwesend wie ein Schlafwandler), kann ein bisher unbescholtener Bürger sinnlose Delikte vom Diebstahl und der Sachbeschädigung bis zum Mord begehen; er kann eine Frau, die er zufällig sieht, vergewaltigen oder in sinnloser Wut seine Wohnungseinrichtung zertrümmern.

Wie er begonnen hat, endet der pathologische Rausch plötzlich. Der Betroffene *erwacht,* meist ohne Erinnerung an das, was mit ihm geschehen ist. Manchmal schließt sich ein epileptischer Anfall an, wie überhaupt das psychopathologische Bild des abnormen Rausches eng mit dem einer psychomotorischen Epilepsie verwandt ist. Diese Form der Epilepsie äußert sich nicht in Krampfanfällen, sondern in sinnlosen, oft aggressiven Akten, die in einem Zustand verminderter Bewußtseinsklarheit vollbracht werden. Jose Delgado und seine Mitarbeiter haben solche Anfälle durch in das *Limbische System** implantierte Elektroden experimentell auslösen können.

Das Hirnstrombild (Elektro-Enzephalogramm = EEG) muß nicht immer die abnormen elektrischen Impulse des Epileptikers aufweisen, da neuere Experimente zeigen konnten, daß man sie oft erst durch Tiefenelektroden (die durch die Schädeldecke in das Stammhirn geführt werden) registrieren kann.

7. Sekundärer und primärer Alkoholismus

Schätzungsweise zwei Drittel der Alkoholiker haben vor den Verhaltensproblemen, die durch ihre Abhängigkeit entstanden, keine sozialen oder psychologischen Auffälligkeiten gezeigt. Wer würde zum Beispiel annehmen,

---

* Das Limbische System ist eine für die affektive Steuerung unentbehrliche Struktur des Hirnstamms.

daß nach neuesten Untersuchungen (Herschbach 1995, Sonneck 1995) zwischen 16 und 65 Prozent zweier befragten Ärztegruppen* angaben, massive Alkoholprobleme zu haben!
Ein Drittel der Alkoholiker überhaupt litt bereits vor dem übermäßigen Alkoholkonsum an psychiatrischen Störungen, wobei sich nach Marc A. Schuckit zwei große Gruppen identifizieren lassen:
1. Primär antisoziale Persönlichkeit mit sekundärem Alkoholismus. Hier lassen sich in der Lebensgeschichte zahlreiche Auffälligkeiten in vier Lebensbereichen (Familie, Schule, Gesetz, Altersgenossen) nachweisen, die erst im späteren Leben durch zusätzlichen Alkoholkonsum verschärft werden. Gewalttätigkeit und Kriminalität kommen häufig vor. Die Prognose einer Behandlung ist erheblich schlechter als bei primären Alkoholikern. Nach Schuckit gehören etwa 20% der männlichen und 5% der weiblichen Alkoholiker in diese Gruppe.
2. Primäre Affektstörung mit sekundärem Alkoholismus. Hier läßt sich vor dem übermäßigen Trinken eine in ihrer Stimmungslage gestörte Persönlichkeit beobachten, die entweder an Depressionen allein oder (seltener) abwechselnd an Depressionen und Phasen krankhaft gesteigerter Aktivität (Manie) leidet. Solche bereits vor dem Alkoholismus bestehenden Depressionen müssen von denen unterschieden werden, die häufig in den mittleren Perioden einer Alkoholikerkarriere auftreten. Nach verschiedenen Statistiken leiden ungefähr 20% weiblicher und 5% männlicher Alkoholiker an affektiven Primärstörungen, müssen also als sekundäre Alkoholiker eingestuft werden.
Kaum eine Grenze wird sorgfältiger verschleiert als jene zwischen dem sozialen Trinken, das als alltäglich und normal gilt, und dem beginnenden Alkoholismus. Im Auftrag der Weltgesundheitsorganisation hat der ungarische Psychiater E. M. Jellinek den Alkoholismus je nach Schweregrad in Stadien unterteilt und auch einen Fragebogen für die Selbstdiagnose zusammengestellt. Jellinek teilt die Trinker in fünf Stadien ein, die er mit griechischen Buchstaben bezeichnet:
Alpha-Trinker schauen bei guter Gelegenheit gern tief ins Glas, weil sie sich leicht berauscht sehr wohl fühlen. Sie können aber mit dem Trinken aufhören, sobald sie wollen (Wirkungs- und Erleichterungstrinken ohne Sucht).
Beta-Trinker trinken häufig, viel und regelmäßig, etwa beim Stammtisch, vor dem Fernsehapparat, bei der Arbeit. Sie sind nicht süchtig, können also aufhören, wann sie wollen; doch wegen des hohen Alkoholverbrauchs bekommen sie organische Alkoholschäden (Leberzirrhose, diffuse Fettle-

* Der Wiener Medizinsoziologe Gernot Sonneck kam bei einer Befragung von 56 Ärzten zu dem Ergebnis, daß 62 Prozent ein Alkoholproblem hatten und die meisten von ihnen zusätzlich medikamentenabhängig waren. Der Münchner Psychologe Peter Herschbach fand unter 300 Ärzten 16 Prozent, die angaben, zu viel Alkohol zu konsumieren. Das Resultat ergab im Vergleich, daß »Alkoholmißbrauch unter Ärzten elfmal höher als im Bevölkerungsdurchschnitt« vorkommt.
Die Ursachen: 42 Prozent der Mediziner gaben an, unter Müdigkeit bis chronischer Erschöpfung und an Depressionen zu leiden, elf Prozent hatten keine Lust mehr an Sexualität. Die Hauptursache für dieses vermutete Burnout-Syndrom der Ärzte wird darin gesehen, daß sie mit anfänglich hoher Einsatzbereitschaft und Idealismus in ihren Beruf gehen, diesen großen Ansprüchen an sich selbst aber angesichts der auslaugenden Realität des beruflichen Alltags nicht gewachsen sind.

ber, Pankreatitis, Herzverfettung und Myokardnekrose). Alpha- und Beta-Alkoholismus können jederzeit in einen süchtigen Gamma- beziehungsweise Delta-Alkoholismus übergehen, wobei beim Beta-Alkoholismus die Gefahr etwas geringer ist. Beim Gamma-Alkoholiker paßt sich der Stoffwechsel an die chronische Alkoholzufuhr an. Trinkt der Alkoholiker nicht mehr, dann leidet er an Entziehungssymptomen und verlangt dranghaft nach Alkohol (körperliche Abhängigkeit). Andererseits verliert er schon durch kleinste Mengen Alkohol völlig die Kontrolle über sein eigenes Trinken (daher die Gefahr der »guten Freunde«, die »nur ein Gläschen« vorschlagen). Er muß weitertrinken, bis er am Boden liegt.

Der Delta-Alkoholiker schließlich wird völlig unfähig, Widerstand zu leisten. Um den Abstinenzsymptomen zu widerstehen, muß er ständig einen bestimmten Alkoholspiegel aufrechterhalten. Er denkt nur noch daran, wie er sich genügend Alkohol verschaffen kann.

Der Epsilon-Trinker setzt diese Kette nicht fort, sondern bildet einen Typus sui generis. Es handelt sich um den sogenannten Dipsomanen oder »Quartalsäufer«, der in periodischen Abständen – etwa jeden Monat oder jedes Quartal (Vierteljahr) plötzlich rastlos und gespannt wird, weder arbeiten noch schlafen kann. Nicht selten konsumiert er zuerst alkoholfreie Getränke, um einen quälenden Durst zu stillen. Schließlich aber trinkt er massenhaft, oft über mehrere Tage hin, gibt meist große Summen aus und setzt das Zechen fort, bis er entweder betäubt ist oder kein Geld mehr hat. Ist der Anfall überstanden, kann aus ihm wieder ein nüchterner und ruhiger Mensch werden. Während die Intervalle zunächst Monate, ja Jahre dauern können, häufen sie sich vielfach nach und nach: Dipsomanie geht in chronischen Alkoholismus über.

Der Dipsomane benützt Alkohol quasi als Medikament (Psychopharmakon) gegen periodisch auftretende Spannungszustände und Depressionen. Oft bezeichnen sich chronische Trinker, die gelegentlich mehr trinken als sonst und dann wieder für einige Zeit mäßiger sind (aber immer noch trinken), als Dipsomane, weil es besser klingt. Die kürzeren Intervalle und die Fortdauer alkoholbedingter Symptome in den angeblich »freien« Zeiten erweist dem genauen Beobachter die richtige Diagnose.

»Warum trinkst du?« fragt der kleine Prinz in Saint-Exupérys gleichnamigem Buch den Alkoholiker. »Weil ich mich schäme!« – »Und warum schämst du dich?« – »Weil ich trinke!« Hier ist der Teufelskreis klar formuliert, in den der Alkoholiker immer unauflöslicher verstrickt wird. Der Alkohol spendet Trost, statt die Probleme zu lösen; als Tröster unentbehrlich, wird er bald zum größten Problem des Trinkers. Dieser wird erst behandlungsbereit, wenn er seinen persönlichen Tiefpunkt erreicht hat – zerrüttete Familie, Verlust der Arbeit, Konflikt mit dem Gesetz. Die Begegnung des Trinkers mit seinen Mitmenschen ist selten von viel Ehrlichkeit getragen. Der Kranke verspricht viel, verkleinert sein Problem – er trinkt ja kaum etwas, die paar Gläser sind nicht der Rede wert, außerdem hat er schon aufgehört, er wird nie wieder trinken. Halten kann er diese Versprechen nicht. Selbst für den Arzt liegt die Versuchung nahe, in ihm einen demoralisierten Charakterschwächling zu se-

Sind Sie Alkoholiker?
Nach einem Bericht der WHO von Prof. E. M. Jellinek

Vorstadium
1. Leiden Sie an Gedächtnislücken nach starkem Trinken?
2. Trinken Sie heimlich?
3. Denken Sie häufig an Alkohol?
4. Trinken Sie die ersten Gläser hastig?
5. Haben Sie wegen Ihres Trinkens Schuldgefühle?
6. Vermeiden Sie in Gesprächen Anspielungen auf Alkohol?

Kritische Phase
7. Haben Sie nach den ersten Gläsern ein unwiderstehliches Verlangen, weiterzutrinken?
8. Gebrauchen Sie Ausreden, warum Sie trinken?
9. Zeigen Sie ein besonders aggressives Benehmen gegen die Umwelt?
10. Neigen Sie zu innerer Zerknirschung und dauerndem Schuldgefühl wegen des Trinkens?
11. Versuchten Sie periodenweise, völlig abstinent zu leben?
12. Haben Sie ein Trinksystem versucht (z.B. nicht vor bestimmten Zeiten zu trinken)?
13. Haben Sie häufiger den Arbeitsplatz gewechselt?
14. Richten Sie Ihre Arbeit und Ihren Lebensstil auf den Alkohol ein?
15. Haben Sie einen Interesse-Verlust an anderen Dingen als an Alkohol bemerkt?
16. Zeigen Sie auffallendes Selbstmitleid?
17. Haben sich Änderungen im Familienleben ergeben?
18. Neigen Sie dazu, sich einen Vorrat an Alkohol zu sichern?
19. Vernachlässigen Sie Ihre Ernährung?
20. Wurden Sie wegen des Alkohol-Mißbrauchs schon einmal in einer Klinik aufgenommen?
21. Trinken Sie regelmäßig am Morgen?

Chronische Phase
22. Haben Sie mitunter tagelang hintereinander getrunken?
23. Beobachten Sie einen moralischen Abbau an sich selbst?
24. Wurde Ihr Denkvermögen beeinträchtigt?
25. Trinken Sie mit Personen, die weit unter Ihrem Niveau stehen?
26. Trinken Sie gelegentlich technische Alkoholprodukte (Haarwasser oder Brennspiritus)?
27. Wurde die Verträglichkeit für Alkohol geringer?
28. Beobachten Sie morgendliches Zittern?
29. Wurde das Trinken zum Zwang?
30. Hatten Sie bereits ein Alkoholdelir?

Bestimmen Sie selbst, in welcher Phase des Alkoholismus Sie sich befinden!

hen. Damit verkennt er aber nicht nur das Wesen der Sucht, sondern verbaut sich auch den Weg zu einer Therapie. Vertrauen ist unerläßlich; Moralisieren ist schädlich (der Kranke trinkt »erst recht«). Man kann auch nicht den Alkohol wegnehmen, ohne die emotionale und soziale Situation des Trinkers entscheidend zu verändern, denn sonst tritt mit fast absoluter Sicherheit ein Rückfall ein.

Verbindliche Aussagen über die seelische Struktur des zum Alkoholismus disponierten Menschen fehlen. Emotionale Unreife, eine Neigung, die Lösung schwieriger Probleme eher passiv abzuwarten als aktiv anzustreben, und ähnliche Züge findet man praktisch bei allen Süchtigen. Oft handelt es sich um selbstunsichere, neurotisch gespannte Menschen, die anfänglich durch Alkohol eine angenehme Entspannung und erhöhte Leistungsfähigkeit (durch den Wegfall von Hemmungen) spüren. Später wird das Trinken dann zu einem Schlüssel, der alle Probleme lösen soll. Die erlernte Verbindung zwischen Spannungszustand und spannungslösendem Alkoholkonsum wird auf alle Lebenssituationen verallgemeinert.

8. Körperliche Schäden

Es gibt bestimmte Personenkreise, für die Alkohol auch in geringen Mengen bereits enorm schädlich ist: Patienten, deren Leber oder Bauchspeicheldrüse bereits krank ist; Zuckerkranke (Diabetiker) und Epileptiker.

Anhaltender Alkoholmißbrauch schädigt:

- das Nervensystem (Polyneuritis, Pachymeningitis, Großhirn- und Kleinhirnatrophie, Krämpfe),
- den Magen-Darm-Trakt (Gastritis, Durchfälle, Magengeschwüre, Oberbauchbeschwerden),
- die Leber (Zirrhose, Fettleber),
- das Herz (Myokardverfettung),
- die Bauchspeicheldrüse (Pankreatitis).

Folgeleiden des Alkoholismus sind weiterhin:

- Alkoholembryopathie (Schädigung des ungeborenen Kindes durch den Alkoholmißbrauch der schwangeren Mutter)
- Krebsarten der oberen Verdauungswege (Speiseröhre, Magen).

Was die Alkoholembryopathie angeht, so nimmt man inzwischen an, daß jährlich in der Bundesrepublik rund 3.000 Kinder mißgebildet zur Welt kommen, weil sie vom Alkohol geschädigt wurden, den ihre Mutter (die Zahl der Trinkerinnen wird auf 300.000 geschätzt) ständig zu sich nahm. »Dofonos«, die zentrale Sammel- und Auskunftsstelle für ungewöhnliche und neuartige Krankheitsbilder in Frankfurt, hat die Ärzteschaft auf den besorgniserregenden Anstieg der Fälle von Mißbildung dieser Art aufmerksam gemacht. Der Leiter der Institution, Prof. Bernd Leibel, spricht von einer Mißbildungswelle, die der Contergan-Katastrophe Ende der 50er Jahre mit 6.000 mißgebildeten Kindern innerhalb von zwei Jahren vergleichbar sei. Es sei ebenfalls noch viel zuwenig bekannt, daß bereits eine tägliche Menge 60 bis 80 Gramm reinen Alkohols (sechs Flaschen Bier oder ein halber Liter Wein), von der Mutter während der ersten drei Schwangerschaftsmonate konsumiert, beim Embryo zu schweren Hirnschäden oder Mißbildungen von Herz, Augen, Gelenken und Genitalien führen kann.

Alkohol-verbraucher / Verbrauch in Alkohol-Gramm	Alkohol-Gramm täglich	
	Gramm	in Prozent
Schwach-Trinker	1 – unter 40 gr.	76
Mittel-Trinker	40 – unter 80 gr.	10
Stark-Trinker	80 gr. und mehr	3
Nicht-Trinker	0 gr.	11
Gesamt	–	100

Trinker-Typen: Wer trinkt wieviel? (nach: Arbeitskreis Alkohol, *Materialien zum Alkoholmißbrauch, 1979, S. 10*)

9. Alkoholpsychosen

Neben diesen vielfältigen körperlichen Schäden führt Alkoholismus zu einer Reihe krankhafter seelischer Veränderungen.

1. Delirium tremens: Während man im Volksmund gern über dieses Leiden scherzt, in dem die vielbelachten »weißen Mäuse« erscheinen, handelt es sich tatsächlich um ein recht gefährliches Syndrom. Es tritt nach jahrelangem Genuß meist hochprozentiger Alkoholika auf, wahrscheinlich auch deshalb, weil dann Alkohol einen großen Teil der täglichen Nahrung stellt und so der Vitaminstoffwechsel aus dem Gleichgewicht gerät. Unmittelbarer Anlaß ist dann entweder exzessives Trinken oder körperlicher Streß (etwa eine Grippeinfektion).

Der Kranke weiß nicht mehr, wo er ist, er wird von Stimmen verfolgt, die ihn ängstigen, verkennt seine Umwelt und hat Halluzinationen. In der Regel sind es eingebildete kleine Tiere, Spinnen, Flöhe, Mäuse oder Eidechsen, die sich unaufhörlich bewegen, ihm über den Weg laufen und ihn erschrecken. Unbehandelt dauert ein Delirium tremens rund fünf Tage. Früher war es oft tödlich; dank eines neuen, zentral dämpfenden Medikaments (Chlorethiazol = Distraneurin, Hemineurin) ist die Sterblichkeit sehr stark gesunken.

2. Korsakowsche Krankheit: Der russische Psychiater Korsakow hat eine Form der chronischen Geisteskrankheit beschrieben die sich nach jahrelangem Alkoholmißbrauch entwickeln kann. Der Korsakow-Kranke ist verwirrt und desorientiert, weil seine Merkfähigkeit, vor allem das Frischgedächtnis, stark geschwächt ist. Der Patient vergißt alles, was er täglich erlebt, was er gehört hat und was er sah. Deshalb weiß er nicht, wo er ist und was er gestern getan hat; da er diesen Mangel (der ihn ängstigt) nicht eingestehen will, erfindet er alle möglichen und unmöglichen Geschichten, er »konfabuliert«, wobei er von Hinweisen seiner Umgebung – etwa einer zufällig hingeworfenen Bemerkung – ausgeht und sie weiterspinnt. Im Gegensatz zum Delirium ist die Korsakowsche Krankheit recht langwierig zu behandeln. Nach völliger Abstinenz sind aber vielfach entscheidende Besserungen beobachtet worden.

3. *Alkoholwahn:* Eine weitere mögliche Folge chronischen Alkoholkonsums, wohl verbunden mit einer entsprechenden (eventuell ererbten oder lebensgeschichtlich bedingten) Veranlagung ist die Alkoholparanoia. Anlaß geben vielfach sexuelle Schwierigkeiten, die entweder in der Impotenz, zu der chronischer Alkoholismus führen kann, wurzeln oder in einer Weigerung der Frau, sich dem betrunkenen Mann hinzugeben. Der Alkoholparanoiker sieht darin einen Beweis, daß die Frau Verbindungen zu anderen Männern hat, und sammelt weitere, sein krankhaftes Mißtrauen erregende »Zeugnisse« – ein zerknülltes Sofakissen, sonderbare Blicke, Unähnlichkeit seiner Kinder. Der Alkoholparanoiker kann zornig und erregt werden, wüste Drohungen ausstoßen (manchmal kommt es sogar zum Mord aus wahnhafter Eifersucht), er kann seine Frau heimlich belauern und ihr Fallen stellen. Durch Abstinenz verschwinden die paranoischen Symptome in der Regel; bei erneutem Konsum flackern sie wieder auf.

4. *Alkoholhalluzinose:* Eine letzte Form der Alkoholpsychosen schließlich manifestiert sich in ausschließlich akustischen Halluzinationen, die den Kranken erheblich länger verfolgen als die ähnlichen Symptome des Delirium tremens. Die Halluzinose (durch Wahnvorstellungen gekennzeichnete Geisteskrankheit) kann plötzlich auftreten, oft nach längerer Schlaflosigkeit. Was der Alkoholiker zu hören glaubt, ist selten erfreulich: Man beschimpft ihn grob, nennt ihn einen Säufer, ein Schwein, das von der Polizei festgenommen, geprügelt oder erschlagen gehört. Man kann solche Stimmen psychodynamisch als Äußerungen des »Überich«, gewissermaßen als ein in die Außenwelt verlegtes (weil innerlich unerträgliches → RA III) »schlechtes Gewissen« verstehen.

10. Alkohol und Gesellschaft

»Jedermann setzt zuerst den guten Wein auf, und erst wenn die Gäste trunken sind, den geringeren. Du hast den guten bis jetzt aufbewahrt!« Dieser Kommentar des Speisemeisters zur wunderbaren Verwandlung des Wassers in Wein bei der Hochzeit zu Kanaa zeigt, daß es schon in biblischer Zeit bei bestimmten Gelegenheiten zur guten Sitte gehörte, gegen Ende eines Festes betrunken zu sein. Die Tatsache, daß Alkohol eine derart »soziale« Rauschdroge ist, erschwert die Therapie des Alkoholikers (der nicht als Kranker erkannt, sondern als Saufkumpan gefeiert wird) ebenso, wie sie bisher jeden Versuch vereitelt hat, die Rauschdroge Alkohol wie andere Suchtgifte gesetzlich zu kontrollieren.

Immerhin hat man schon früh die verheerenden sozialen Folgen des Alkoholismus erkannt und ihn – freilich mit ungeeigneten Mitteln – zu bekämpfen gesucht. Die Geschichte der Prohibition in den Vereinigten Staaten ist geradezu ein Lehrbeispiel. Die erste Temperenz-Vereinigung der USA wurde 1809 in Saratoga gegründet, mußte aber bald wieder schließen. Erfolg hatte erst die 1826 in Boston begründete »American Temperence So-

ciety«, die das Schlagwort prägte: »Mäßige Trinkerei ist der kürzeste Weg zur Trunksucht.« In wenigen Jahren zählte diese Gesellschaft eine Million Mitglieder.
Die Abstinenzbewegung dehnte sich auf viele Länder aus. In Irland hatte sie großartige Erfolge: In den Jahren 1839 bis 1844 ging der Whisky-Verbrauch von 56 auf 25 Millionen Liter, die Zahl der Morde von 247 auf 105, die der Raubmorde von 725 auf 257 zurück. Ähnlich günstige Wirkungen auf die Häufigkeit alkohol-mitbedingter Delikte und Krankheiten hatten die drastischen Preiserhöhungen, welche man in vielen europäischen Ländern durch eine Alkoholsteuer erreichte. Dadurch ging in vielen Ländern der Alkoholkonsum stark zurück – in Schweden auf die Hälfte, in Dänemark sogar auf ein Viertel. Gleichzeitig verminderte sich auch die Zahl der chronischen Alkoholiker und der Patienten mit Delirium tremens sehr stark (in Dänemark von rund 40 pro 100.000 Einwohner im Jahr 1910 auf zwei im Jahre 1935).

Verbote und Besteuerung
Man kann drei behördliche Maßnahmen gegen den Alkoholismus unterscheiden: das Totalverbot, die Monopolisierung und Rationierung sowie hohe Steuern. Die einschneidendste Maßnahme, das vollständige Verbot des Alkohols, hat sich dabei als am wenigsten wirksam erwiesen. Das erste europäische Land, das ein Totalverbot beschloß, war Finnland. Schon 1907 faßte der Landtag einen entsprechenden Beschluß, den aber der Zar – damals Großherzog der Finnen – nicht unterschrieb. Er wurde erst 1919 zum Gesetz, und das Gesetz wurde 1931 nach einem völligen Mißerfolg wieder aufgehoben. Den Alkoholismus hatte es nicht verringert, vielmehr verdoppelte sich bis 1930 der vor dem Verbot mit einem Liter pro Kopf und Jahr sehr geringe Alkoholverbrauch, da ungeheure Mengen über Estland und per Schiff eingeschmuggelt wurden. In Helsingfors, dem heutigen Helsinki, wurden jährlich 25.000 Menschen wegen Trunkenheit arretiert – ein Drittel der erwachsenen Männer. 40 Prozent aller Unfälle ließen auf eine Mitbeteiligung von Alkohol als Ursache schließen; 25 Prozent davon waren Messerstechereien. Die Alkoholiker stellten vor dem Verbot acht, bei seiner Aufhebung 28 Prozent der Insassen in den Nervenkrankenhäusern.
In den USA waren die Folgen der Prohibition ähnlich. Als die Temperenzler 1917 das Verbot durchsetzten, organisierte sich sehr rasch der Schmuggel; in der Folge entstanden die großen, bis heute mächtigen Gangs. Die Zahl der Todesfälle infolge Alkoholismus nahm zu, auch deshalb, weil sehr schlechte Gemische, oft mit hohem Gehalt an Methylalkohol, fabriziert und verkauft wurden. Als das Verbot (1933) aufgehoben wurde, sank etwa in New York die Zahl der Alkoholtoten von 794 (1931) auf 509 (1935). Offensichtlich hat ein Totalverbot nur dann Sinn, wenn wirklich die überwiegende Mehrheit der Bevölkerung bereit ist, sich daran zu halten. Jedenfalls haben sich die Rationierung und vor allem hohe Steuern als sehr viel wirksamere Mittel erwiesen.

Neuer Kolonialismus?
Zu einer neuen Drogengefahr entwickelt sich der Alkoholismus in den Ländern der Dritten Welt. Er breitet sich wie ein Buschfeuer unter Afrikanern, Asiaten und Lateinamerikanern

aus, die bislang mit ihren einheimischen Drogen ganz gut zurechtkamen, dem neuen Gift aber nicht gewachsen sind – nicht zuletzt deshalb, weil mit dem Alkohol auch neue, kulturell nicht verankerte Gewohnheiten einbrechen. Epidemiologische Untersuchungen des Londoner Suchtforschers Griffith Edwards zeigen, wie verheerend neben den sich langsam aufbauenden psychischen und sozialen Veränderungen, der Auflösung kultureller und religiöser Bindungen (die in einer Art Teufelskreis wiederum den Hang zum Alkoholkonsum fördern) auch die sich rascher einstellenden medizinischen Schäden zunehmen, vor allem die Leberzirrhose.

Eine indirekte Folge des Alkoholismus ist Unterernährung, weil die ohnehin schon geringen Einkommen für Gebrautes und Gebranntes ausgegeben werden *(Der Spiegel* Nr. 44, 1979, S. 265). Besonders unter den Armen jener Länder fordern Killerdrinks immer wieder Todesopfer: Sie können sich nur mit Lack oder Insektiziden versetzte Alkoholika leisten; durch Frustration und Armut werden gerade diese Bevölkerungsgruppen vermehrt zu solchen gefährlichen Bräuchen verleitet.

Krasses Beispiel für eine Weltgegend, in der kulturelle Veränderungen und gesellschaftlicher Umbruch mit steigendem Alkoholgenuß einhergehen, ist Alaska. Der Erdöl-Boom brachte die dortigen Eskimos in Kontakt mit Alkohol, nun nicht als Folge wachsender Armut, sondern steigender Wohlhabenheit. Inzwischen (1979) betreffen schon 60 Prozent aller Todesfälle in Zusammenhang mit Alkohol diese Eingeborenen, obgleich ihr Anteil an der Gesamtbevölkerung nur 17 Prozent ist.

Noch mal anders ist die Situation in Japan, wo steigende Einkommen, Beschleunigung des Lebenstempos und Frustrationen an den modernen industriellen Arbeitsplätzen, aber auch Schulstreß und Verlust alter Traditionen zu Rekordumsätzen bei Bier und Whisky geführt haben. Eine Art »gesellschaftlicher Zwang« zum Alkoholkonsum, vor allem im Kollegenkreis, fördert diese Entwicklung noch. »Wer nach Dienstschluß die allabendliche Runde nicht mitmacht, wird scheel angesehen: Er fürchte sich wohl, heißt es dann, daß seine wirklichen Gefühle offenbar würden.« (*Der Spiegel* Nr. 42, 1977.)

In Indien hat die vom ehemaligen Ministerpräsidenten Morarji Desai aus moralischen und religiösen Gründen forcierte Prohibition – wie von allen Fachleuten erwartet – zum genauen Gegenteil geführt. Zahllose Inder beteiligten sich offenbar an Schmuggel und Schwarzhandel mit illegalem Alkohol, und die Korruption nahm ungeheure Ausmaße an. Nach drei Jahren vergeblichen Bemühens der von Desai geführten Regierung wurde die Kampagne gegen den Alkohol Anfang 1980 von der wiedergewählten Indira Gandhi, als eine ihrer ersten Amtshandlungen, kurzerhand beendet. Jetzt kann sich, beispielsweise, im Bundesstaat Tamil Nadu im Süden Indiens, der die rigorosesten und grotesken Bestimmungen gegen den Alkohol erzwungen hatte, jeder Mann über dreißig Jahre eine Trinker-Lizenz ausstellen lassen. Bisher hingegen durfte die Polizei jeden einsperren, der nach Alkohol roch.

Wie bei den Indianern Nordamerikas hat unter den australischen Ureinwohner der Alkohol ganze Stämme ausgerottet. Auf das Ausmaß, in welchem die Droge diese mit gut 50.000 Jahren älteste Kultur des Planeten, ja überhaupt die gesamte Existenz der Aborigines bedroht, hat in spektakulärer Weise im Juni 1996 der 75jährige Jack Jugari aufmerksam gemacht. Der alte Mann nahm mit dem 61jährigen deutschen Überlebensspezialisten Rüdiger Nehberg und dem 35jährigen amerikanischen Marathonläufer Dave Covey an einem Fußmarsch durch australischen Busch und Wüste teil. Am Ende dieser 600 mörderischen Kilometer, bei denen jeder nur auf sich selbst und allereinfachste Hilfsmittel gestellt war, erwies sich der Aborigine als deutlich überlegen. Befragt, weshalb er sich in seinem hohen Alter dieser Tortur unterworfen habe, erklärte er:

»Damit wollte ich meinen Söhnen zeigen, daß unsere Kultur noch etwas anderes zu bieten hat als den Alkohol.«

All diese Tendenzen in den Ländern der Dritten Welt fördern heute, nachdem der Kolonialismus alten Stils längst zu Ende gegangen scheint, ein Erbe jener Zerstörung der alten Kulturen und Nationen durch Europa zutage, das an den vom »Feuerwasser« dezimierten Indianern Nordamerikas schon ein Jahrhundert zuvor durchexerziert worden war. Wo die Konquistadoren einer früheren Epoche Gold und andere Bodenschätze jener fernen Zonen plünderten, da stellen heute die (vor allem) ausländischen Brauereien und Schnapsbrennereien ihre Abfüllstationen auf und plündern nicht nur die Einkommen ganzer Nationen, sondern auch ihre Lebenssubstanz: die körperliche und seelische Gesundheit.

Alkoholgenuß, Alkoholprobleme, Alkoholismus

In den westlichen Industriegesellschaften gehört Alkoholtrinken zur Durchschnittspersönlichkeit im statistischen Sinn. Von diesen »Durchschnittstrinkern« hat jeder vierte irgendwann in seinem Leben, vorwiegend während seiner jungen Jahre, vorübergehende Alkoholprobleme wie: Streit mit Freunden, Fehlzeiten in der Arbeit, Führerscheinentzug wegen Trunkenheit am Steuer. Solche Symptome, oft undifferenziert als »Jugendalkoholismus« beschrieben, erlauben keine Voraussage für späteren Alkoholismus. In der Mehrzahl der Fälle vermindern die Betreffenden ihren Alkoholkonsum mit fortschreitendem Alter.

Von Alkoholismus im engeren Sinn sollte man sprechen, wenn eine Person viel trinkt und durch das Trinken in ihrer Lebensführung ernstlich beeinträchtigt ist. Diese Kriterien sind wichtiger als z. B. körperliche Abhängigkeit. Während die typische Person mit gutartigen Alkoholproblemen ein junger Mann zwischen 18 und 25 Jahren ist, der später sein Trinken auf ein normales Maß zurücknimmt, werden die meisten Alkoholiker erst in den frühen 40ern »reif« für eine Behandlung, obwohl sie dann schon eine Dekade alkoholbedingter Schwierigkeiten hinter sich haben. Solche Trinker werden in der Bevölkerung auf 5 bis 10% geschätzt, bezogen auf erwachsene Männer. Chronisch Kranke leiden, wegen der schweren körperlichen Folgeschäden durch langjährigen Alkoholmißbrauch, zu 20 bis 30% an Alkoholismus. Nach Behandlungsbeginn leben Alkoholiker (wenn wir von der Durchschnittsentwicklung ausgehen) noch fünfzehn bis zwanzig Jahre, wenn es ihnen nicht gelingt, zu diesem Zeitpunkt mit dem Trinken aufzuhören.

Umstritten ist die Frage, ob kontrolliertes Trinken eine mögliche Form der

Behandlung sein kann. Es scheint, daß nur 5% aller Alkoholiker über längere Zeit hin gleichmäßig eine unschädliche Menge trinken. Für den Rest – rund 95% – ist nach wie vor die vollständige Abstinenz das einzig realistische Therapieziel. Alkoholismus ist eine sehr ernste, aber keine hoffnungslose Krankheit. Etwa 10 bis 30% der Alkoholiker lernen auch ohne eine Behandlung, ihr Trinken wieder zu kontrollieren. Die Möglichkeiten dafür sind günstiger, wenn dieselben Faktoren vorliegen, die auch für eine gute Therapieprognose sprechen: Arbeit haben, in einer festen Bindung leben, keine Vorstrafen.

Statistik Alkohol: Soziale Folgelasten
Das enorme Anwachsen des Alkoholkonsums schlägt sich auch in den Folgekrankheiten nieder. So teilte die Barmer Ersatzkasse im Februar 1976 mit, daß in absehbarer Zeit jeder zweite Bundesbürger über 16 Jahre Gefahr läuft, sich infolge übermäßigen Alkoholgenusses eine Trinkerleber zuzuziehen. Man hat ausgerechnet, daß fast 50 Prozent der über 16jährigen Bundesbürger täglich mehr als 80 Gramm reinen Alkohols konsumieren, eine Menge, die nach Ansicht von Fachleuten allmählich einen Leberschaden hervorrufen muß. (Als kritischer Grenzwert gelten 65 Gramm reinen Alkohols pro Tag bei Männern, aber bereits 20 bis 30 Gramm bei Frauen.* Bei Jugendlichen muß man diese Grenzwerte niedriger ansetzen, weil der noch wachsende und sich entwickelnde junge Körper entsprechend anfälliger für Beeinträchtigungen und Schädigungen ist – ganz abgesehen von den Störungen des seelischen Wachstums!)
Man sollte sich bei der Beurteilung solcher Angaben nicht davon beeinflussen lassen, daß es immer wieder Menschen gibt, die weit höhere Dosierungen vertragen, offenkundig sogar ohne Schäden. Der Durchschnittskonsument wird ganz sicher durch jene extremen Alkoholmengen sehr bald dauerhaft beeinträchtigt, die der Würzburger Wissenschaftler Prof. Werner Strik bei einem Patienten feststellte. Ehe dieser Gastwirt krank wurde, nahm er während eines Zeitraums von 36 Jahren pro Tag etwa 260 Gramm Alkohol zu sich – das sind zum Beispiel sechs Liter Bier. Insgesamt trank er in diesem Zeitraum also rund 3,5 Tonnen reinen Alkohols – »Die Leber des Gastwirts blieb dabei gesund« (Strik, *Südd. Zeitung* vom 6. 5. 1980).
Der Freiburger Wissenschaftler Volker Faust hat festgestellt, daß der typische Jugendliche heute seinen ersten Alkoholrausch vier bis sechs Jahre früher erlebt als sein Großvater. Alkohol ist eine Wohlstandsdroge, wie nicht nur der Boom teuerer Weine, Weinbücher und hochprozentiger Alkoholika zeigt, sondern auch die Tatsache, daß sich seit den fünfziger Jahren der Verbrauch in Deutschland vervierfacht hat. Mit durchschnittlich zwölf Litern reinem Alkohol pro Jahr liegt der deutsche Konsum in Europa neben Frankreich an der Spitze. Nach vorsichtigen Schätzungen machen die Kosten des Alkoholkonsums für die Gesellschaft ungefähr das Doppelte der jährlich rund zwanzig Milliarden aus, welche die Branntweinsteuer dem Staat einträgt. Sie setzen sich aus den Krankheitskosten, den alkoholbedingten

---

* Pro-Kopf-Verbrauch von Alkohol in der Bundesrepublik Deutschland (aus W. Feuerlein und F. Dittmar, *Wenn Alkohol zum Problem wird,* Stuttgart 1978).

Fehlzeiten am Arbeitsplatz und den enormen Kosten für die alkoholbedingten Unfälle zusammen: Jede sechste Kündigung hat mit Alkohol zu tun, mindestens ein Viertel aller Unfälle kommen unter Alkoholeinwirkung zustande, und zwar am Arbeitsplatz wie auf der Straße. Die Zahl der Abhängigen wird 1995 auf rund zweieinhalb Millionen geschätzt; doppelt so viele Menschen sind zwar nicht süchtig, schaden aber durch den Alkoholkonsum ihrer Gesundheit.

Die gefährlichen Langzeitwirkungen des Alkohol hängen mit seinem Stoffwechsel zusammen: Er durchdringt die Schleimhäute von Magen und Darm, gelangt über die Blutbahn in alle Organe, und wird in der Leber durch das Enzym Alkoholdehydrogenase abgebaut. Dabei entsteht als ein relativ stabiles Abbauprodukt Acetaldehyd, das sich an die Lebereiweiße bindet und sie schädigt. Die Darmwand beginnt allmählich in ihrer Barrierewirkung zu versagen; der Trinker leidet häufiger an Infektionen, sein Immunsystem reagiert auf die Darmgifte. Die körperliche Folgeschäden sind auf S. 50 beschrieben.

Frauen reagieren deutlich empfindlicher auf Alkohol, mehr, als ihr geringeres Körpergewicht erklären kann. Das scheint daran zu liegen, daß die männliche Schleimhaut in Magen und Darm stärker mit dem Enzym Alkoholdehydrogenase versorgt ist, so daß bei Männern mehr Alkohol bereits vor dem Durchschreiten der Darm-Blut-Barriere abgebaut wird.

Literarische Bewältigungsversuche
Schon die Sänger der Antike rühmten – oder verfluchten – den Wein. Der persische Dichter Rudaki besang ihn um 900 n. Chr. (s. Anfang dieses Stichworts). Autoren späterer Jahrhunderte kennen dann mehr und mehr die Schattenseiten des Alkohols und seines Mißbrauchs, beschreiben ihn als einen ständigen Kampf gegen einen lockenden Dämon, meist aus eigener Anschauung. E. T. A. Hoffmann (1776–1822) liebte den Punsch und hatte seinen einschlägigen Erfahrungen im Ratskeller zu Bremen wahrscheinlich manchen schnurrigen Einfall zu seinen phantastischen Erzählungen *Die Elexiere des Teufels* (1815/16) und *Lebensansichten des Katers Murr* (1820–22) zu verdanken.
Vor allem in unserem Jahrhundert wird der Alkoholismus dann zu einem typischen Thema. Ein Klassiker ist Jack Londons (1876 bis 1916) »König Alkohol« (1913), der des Verfassers lebenslangen Kampf mit der Droge und der Sucht festhält. Francis Scott Fitzgerald (1896–1940), selbst dem Trunk verfallen, schildert das Wüten des Alkohols unter seinen amerikanischen Zeitgenossen, zum Beispiel in *The Crack-Up* (1945 postum ersch.). Eugene O'Neill (1888–1953) stellt sie in seinen Dramen auf die Bühne, die Alkoholiker und Morphinisten, ungeschminkt und eigenen Erfahrungen nachgestaltet, zum Beispiel in dem eindrucksvollen *Eines langen Tages Reise in die Nacht,* das gerade wegen seiner autobiographischen Anspielungen erst drei Jahre nach seinem Tod aufgeführt werden durfte.
Von deutschen Autoren sei Hans Fallada (1893–1947) genannt, dessen *Der Trinker* (1950, postum) ebenfalls stark autobiographische Züge trägt.
Truman Capote sagt großspurig von sich: »Ich bin Alkoholiker, ich bin drogensüchtig. Ich bin Homosexueller. Ich bin ein Genie.« In seinem Drehbuch zu dem Film *Baby Doll* (1956) behandelt er das traurige Schicksal eines trunksüchtigen Baumwollfarmers; Säufer geistern auch durch die Szenen seiner anderen Stücke. Während eines Fernsehinterviews sagt er, man möge doch nicht vergessen, daß alle schöpferischen Menschen in der einen oder anderen Form süchtig wären; er kenne nur einen einzigen Autor, der nicht saufe: »Arthur Miller! Und Mailer? Ach, Norman, der trinkt viel mehr als ich, aber Alkoholiker ist er nicht. Hingegen Hemingway, Fitzgerald, Faulkner... die ganze Garnitur...« (*Südd. Zeitung* vom 20. 8. 1980).
Sicher haben viele große Schriftsteller geschrieben, ohne den Alkohol oder irgendeine andere Droge zur Stimulierung ihrer Kreativität zu benötigen; dieses Stimulans ist sicher erst in neuer Zeit notwendig geworden, aus welchen Gründen auch immer (→ RA III). Den komplizierten und erniedrigenden Weg in die Trunksucht hinein und, durch eine Therapie, wieder heraus hat eindringlich Ernst Herhaus in seinem Lebensbericht *Kapitulation – Aufgang einer Krankheit* dokumentiert; besonders interessant unter medizinischen Aspekten ist, was er über die verheerenden Folgen der Selbstmedikation des Alkoholismus mittels Disul-

firam sagt – dieses Gemisch sei »Sprengstoff für die Leber« (1976).

11. Therapie

Nach verschiedenen Schätzungen werden nur ein bis drei Prozent der Alkoholiker psychotherapeutisch behandelt. Diese Situation läßt sich durch die spezifischen Qualitäten der Alkoholsucht verstehen: Der Trinker konsumiert ein gesellschaftlich sehr anerkanntes Mittel, das aus unserer Freizeit kaum wegzudenken ist. Trinkfest zu sein, mithalten zu können, sind hohe soziale Werte; wer immer nur Wasser oder Saft konsumiert, gilt in vielen Kreisen als Weichling. Alkohol hat eine Doppelwirkung auf das Selbstbewußtsein: er baut es scheinbar auf, untergräbt es aber in der Realität. Der Trinker kann, da er über ein Mittel verfügt, das Selbstkritik benebelt und Größenphantasien stimuliert, sich gar nicht selten recht gut an soziale Forderungen anpassen, manchmal sogar den Eindruck besonderer sozialer Kompetenz, eines tollen Selbstvertrauens machen. Das unterscheidet ihn erheblich von den Konsumenten illegaler Drogen, die von Anfang an entweder ihren Konsum geheimhalten oder auf eine Fassade der Anpassung verzichten müssen.
Um so heftiger ist die Scham, mit der Personen, die »gelegentlich ein Alkoholproblem« haben, sich gegen die Zumutung der Diagnose wehren, sie seien Alkoholiker. Aber auch wenn, wie nach einem ersten Klinikaufenthalt zur Entgiftung, diese Einsicht kaum mehr abzuwehren ist, bleiben die Größenphantasien des trockenen Alkoholikers erhalten. Jonathan Hömes schreibt 1996 in einem Erfahrungsbericht: »Nach den ersten Entgiftungen glaubt man noch, man könne und werde es schaffen, da denkt man noch: Jetzt hab' ich's aber begriffen. Auf der Entgiftungsstation versteht man unter »begriffen haben« noch »nie wieder Alkohol«; nach der Entlassung wird daraus allmählich wieder: »Nur noch in Maßen und stärkster Selbstkontrolle.« Womit der nächste Aufenthalt praktisch schon gebucht ist.«
Auf die naheliegende Frage, woher dieses immense Potential zur Selbsttäuschung kommt, beschreibt Hömes die grandiose Fassade des Alkoholikers. »Ich war über lange Zeiten eifriges und überzeugtes Mitglied der Anonymen Alkoholiker, ich stand hinter jedem Wort, das dort gesagt wurde, auch dahinter, daß der Alkoholiker dem Alkohol gegenüber chancenlos ist – und war doch gleichzeitig überzeugt davon, ich könnte der einzige, die große Ausnahme sein, dem es gelingt, kontrolliert zu trinken.«
Nicht weniger eindrucksvoll beschreibt Hömes die Faszination des Alkohols nach der Entgiftung. Selbst wenn der Körper nicht mehr nach dem Alkoholspiegel giert, weil sonst Zittern, Brechreiz und Panik kaum zu bändigen sind, bleibt das psychische Verlangen bestehen. »Es ist deshalb die übelste Erfahrung der ersten nüchternen Zeit die allmähliche Erkenntnis, daß man sein bisheriges Allheil-, Allhilfs- und Alltrostmittel verloren hat und häufig seinen Alleinunterhalter noch dazu. Wo immer sich bisher Frust und Probleme aufgetan hatten, sei es aus Streß oder aus Langeweile, ich konnte sie lösen. Ein einfacher Griff zur Flasche, und selbst massive Anspannung, Trauer, Angst lösten sich binnen Minuten auf. Wenn ich es gut

traf, wuchs mir dann sogar das zu, wonach ich mich immer gesehnt hatte: lockeres, leichtes Selbstbewußtsein. Zumindest aber bot mir der Alkohol das wärmende Gefühl, daß alles gar nicht so schlimm sei.«

Wenn wir diese Situation betrachten, wird das große Dilemma der Alkoholikertherapie deutlich. Die Entgiftung ist meist nicht das Problem; sie versetzt den Kranken, da sie heute meist medikamentös abgepuffert wird (auch um das Risiko eines Delirs zu bekämpfen), in einen Zustand wohliger Realitätsferne und zumindest in den ersten Phasen der Überzeugung, daß es von jetzt an aufwärts gehen wird, er von jetzt an den Alkohol und sein Leben meistern wird. Die Spannungen setzen nach der Rückkehr in die Familie und an den Arbeitsplatz ein: Dort hat der trockene Alkoholiker sehr häufig erst einmal den Scherbenhaufen aufzuräumen, den er während der letzten Phase vor der Entgiftung aufgetürmt hat. Er begegnet, auch wenn die Beteiligten ihn stützen wollen, zahlreichen Kränkungen, die er nun ohne das vertraute Hilfsmittel bewältigen soll. Bei jedem Menschen, dem er begegnet, muß er sich fragen, ob er ihn nicht während der Zeit seines exzessiven Trinkens beleidigt oder sich vor ihm blamiert hat. Ehepartner, Kinder, Freunde haben mit letzter Kraft und in der Hoffnung, nach der Entgiftung sei der Trinker wieder jener Mensch, der zu sein er sich selbst und anderen vormacht, bei ihm ausgehalten. Jetzt melden sie Ansprüche an. Diese Belastungen zu verarbeiten, würde gewiß häufig auch einer Person mit gefestigtem Narzißmus größte Schwierigkeiten bereiten. Um so schlimmer ist es mit dem früheren Trinker, der genau zu wissen meint, was seine Leiden sofort beheben kann, während er sich noch sehr lange vorzumachen weiß, daß er diesmal besser aufpaßt, daß er diesmal wirklich nur für eine kurze Überbrückungszeit »etwas braucht«.

Angesichts dieser komplexen Problematik sind therapeutische Erfolge nicht von einem einzelnen technischen Mittel zu erwarten, sondern von einer Synergie unterschiedlicher Maßnahmen auf sozialem, psychotherapeutischem und medikamentösem Gebiet. Medikamentöse Versuche richten sich entweder darauf, den Alkoholiker durch ein Gegengift von den wohltätigen Wirkungen des Alkohols zu befreien, die ihm so unentbehrlich geworden sind (»Antabus«, ein Medikament auf der Basis des chemischen Wirkstoffs Disulfiram, der allein gut verträglich ist, in Kombination mit Alkohol jedoch zu sehr unangenehmen Vergiftungserscheinungen – vor allem Übelkeit – führt). Nachteile dieser Methode sind die toxischen Wirkungen des Schutzmittels vor allem auf die vorgeschädigte Leber sowie die Tatsache, daß der trockene Alkoholiker sich eben nicht in der oben beschriebenen Weise überschätzt und den chemischen Warner absetzt. Daher gilt Disulfiram auch als veraltet; die modernen Versuche richten sich darauf, das Begehren (engl. *craving*) nach Alkohol zu vermindern. Die am besten erforschten Anti-Craving-Stoffe sind Naltrexon und Calcium-Acetyl-Homotaurinat; dazu werden auch antidepressive und angstlösende Mittel eingesetzt. Alle diese Substanzen haben in klinischen Versuchen über kurze Zeit signifikante Verbesserungen in Bezug auf den Rückfall gezeigt; Naltrexon ist inzwischen auch von der amerikanischen Gesundheitsbehörde zugelassen worden.

Aber die Hoffnung auf eine echte medikamentöse Therapie des Alkoholismus sind ebenso illusionär wie die auf eine chemische Behandlung der Drogensucht. Medikamente können eine soziale und psychologische Rehabilitation unterstützen; sobald der Süchtige und sein Therapeut glauben, sie könnten diese ersetzen, bereiten sie den nächsten Rückfall vor. Historisch hat sich immer wieder gezeigt, daß die zunächst gefeierten Mittel gegen ein Suchtgift selbst Suchtgifte sind (wie → Heroin und → Kokain, die beide als Medikamente gegen gegen den → Morphinismus eingesetzt wurden) oder aber von suchtdisponierten Personen dann abgesetzt werden, wenn diese aufgrund ihrer Persönlichkeitsstörung den spezifischen, d.h. euphorisierenden Effekt der Droge suchen.

In der Psychotherapie des Alkoholikers ergibt sich zunächst das Dilemma, daß der Alkoholkonsum gewissermaßen über Nacht die Strukturen wieder auflöst, welche die therapeutische Arbeit am Tag geschaffen hat. Wir kennen Alkoholiker, die mehrjährige Analysen ohne Veränderung ihres Trinkverhaltens absolvieren, andere, die sogar mehrere Therapeuten »verschleißen«, weil sie einerseits therapeutische Hilfe wollen und in gewissem Umfang auch von ihr profitieren, anderseits aber nicht bereit sind, das Trinken aufzugeben. Viele Therapeuten lehnen deshalb die Behandlung von Alkoholikern ab, die nicht bereit sind, trocken zu leben und parallel zur Psychotherapie an einer Selbsthilfegruppe teilzunehmen.

Diese radikale Einstellung wird den Opfern nicht gerecht. Hilfreicher ist ein Vorgehen, das Karl Mann, Leiter der Suchtforschung an der Psychiatrischen Klinik in Tübingen, 1995 auf einem Kongreß der Europäischen Gesellschaft zur Biomedizinischen Forschung auf dem Gebiet des Alkoholismus (ESBRA) den »qualifizierten Entzug« genannt hat. Während der Entgiftung versucht ein psychosoziales Team (Ärzte, Psychologen, Sozialarbeiter) die Kranken für eine gründliche Behandlung zu motivieren. Wenn es gelingt, die illusionären Hoffnungen des Alkoholikers auf ein realistisches Maß zu bringen und ihm gleichzeitig einen Weg aus der Abhängigkeit anzubieten, lassen sich rund die Hälfte der sonst therapieunwilligen Alkoholiker bewegen, doch an ihrer Persönlichkeitsproblematik zu arbeiten. In einem therapeutischen Setting dauert die stationäre Phase etwa ein halbes Jahr; daran schließt sich ambulante Betreuung.

In den meisten Fällen kompensiert der Alkoholismus eine narzißtische Persönlichkeitsstörung mit ihren Leitsymptomen der gesteigerten Verwundbarkeit, der diffusen Mißstimmung und der kompensatorischen Größenphantasie. In einer gelingenden Psychotherapie können Therapeut und Patient gemeinsam den Weg finden, die alten, nur durch Drogenhilfe fassadenhaft erreichten Ansprüche an die eigene Person aufzugeben und mit bescheideneren, aber realistischen Positionen drogenfrei zu leben.

Als Punkt der Umkehr wird vielfach der Eindruck des Trinkers beschrieben, gänzlich gescheitert zu sein, keinerlei Zukunftschance mehr zu haben, wirklich an jener Wegkreuzung zu stehen, auf die alle schwer Süchtigen irgendwann treffen: Ein Weg fürhrt in den Selbstmord, ein zweiter in die geschlossene Einrichtung (Gefängnis oder Krankenhaus), ein dritter in die Rehabilitation ohne Drogen. Jonathan

Selbsthilfe-Organisationen für Alkoholkranke

Die wichtigsten überregionalen Organisationen für Alkoholkranke und Drogenabhängige jeder Art sind: Anonyme Alkoholiker (AA), Deutscher Guttempler-Orden, Blaues Kreuz in Deutschland e. V. Es gibt jedoch von Ort zu Ort eine Fülle weiterer Einrichtungen (wie ConDrops und Daytop), die sich teilweise sehr spezialisiert haben. Dazu gehören auch die Behandlungszentren der Gesellschaft für Psychosomatische Therapie (GPT) sowie des »Verbands der Fachkliniken für Abhängigkeitskranke« und die Behandlungszentren des Verbands der Fachkrankenhäuser für Suchtkranke.
Da sich Telefonnummern und Adressen von Beratungsstellen immer wieder ändern, geben wir hier nur die zentrale Adresse für Deutschland an, bei der man aktuelle weiterführende Hinweise auf die wichtigsten zentralen und lokalen Kontaktstellen bekommt:*

Deutsche Hauptstelle gegen die Suchtgefahren (DHS)
Westring 2, (59065) Hamm/Westfalen, Tel. 02381/9015-0

Große Bedeutung kommt den Selbsthilfe-Organisationen zu. Adressen von Selbsthilfegruppen (→ auch RA IV, S. xxx 584) vermittelt ihre zentrale Kontaktstelle:

Deutsche Arbeitsgemeinschaft Selbsthilfegruppen e.V.
Friedrichstr. 33 (35392) Gießen – Tel. 0641-74503

Hömes beschreibt seinen Weg aus dem Alkoholismus so:
»Wo beim einzelnen dieser (Tief)Punkt ist, bleibt ganz verschieden, ich hatte ihn jedenfalls erst erreicht, nachdem ich bereits im »Aus-der-Klinik-direkt-an-den-Kiosk«-Stadium angelangt war. Dafür war ich aber so völlig außen vor, daß der Versuch, mich in bestehende Verhältnisse einzugliedern, völlig sinnlos war. Dadurch fiel auch der Zwang weg, mich immer wieder zu arrangieren, aufs neue die alten Kompromisse schließen zu wollen. Oft genug einfach deshalb, weil es nichts mehr gab, mit dem ich mich arrangieren, niemanden mehr, mit dem ich Kompromisse hätte schließen können ... Weiterleben war jetzt nicht mehr der verzweifelte, aber vergebliche Versuch, Verlorenes wiederzuerlangen, Zerschlagenes zu kitten, alte Zustände wiederherzustellen. Weiterleben buchstabierte sich mit einem Mal ganz einfach: weiter leben ... Nie käme ich aber auf die Idee, auf diesen Neustart mit dem Stolz des Tüchtigen zurückzublicken, mit dem markigen Motto: wer es wirklich will, schafft es auch. So zu denken, hieße, immer noch nicht viel begriffen zu haben. Denn alle, die es geschafft haben, wissen, daß sie jenen, die aufgegeben haben, vor allem eines voraushatten: Glück.« (Hömes 1996)

* Im Ausland gibt es entsprechende Stellen, vor allem die Anonymen Alkoholiker, die sich über die Telefonauskunft erfragen lassen

Literatur:
Antons, K., u. a., *Normales Trinken und Suchtverhalten,* Göttingen 1976 (Bd. 1) und 1977 (Bd. 2)
Arbeitskreis Alkohol (Haseloff, Stoltz), *Materialien zum Alkoholmißbrauch in der Bundesrepublik Deutschland einschließlich Westberlin,* Bonn 1979
Arend, Horst, *Alkoholismus – Ambulante Therapie und Rückfallprophylaxe,* München 1994
Beil, H., und R. Beil-Heyerhoff, »Erfahrungen bei der stationären Betreuung Alkohol- und Suchtkranker mit Apomorphin«, Vortrag: gehalten beim *25. Internationalen Seminar zur Verhütung und Behandlung des Alkoholismus* in Tours/Frankreich vom 18.-22. 6. 1979
Bernard, J., zit. n. Chimelli, R., »Das Gift, von dem so viele leben«, in: *Südd. Zeitung* vom 26. 7. 1980
Bundesminister für Jugend, Familie und Gesundheit (Postfach 200490, 5300 Bonn 2), *Drogenberatung wo?,* 4. Aufl. Herbst 1978
Dederichs, M. R., »Deutschlands müde Krieger«, in: *Stern Magazin* Nr. 34, 14. 8. 1980
Edwards, G., zit. n. *Der Spiegel* Nr. 44, 1979, S. 265
Feuerlein, W., *Alkoholismus – Mißbrauch und Abhängigkeit,* 2. Aufl. Stuttgart 1979
Ders. und F. Dittmar, *Wenn Alkohol zum Problem wird,* 3. Aufl. Stuttgart 1989
Ders., *Akoholismus: Warnsignale, Vorbeugung, Therapie,* München 1996
Herhaus, E., *Kapitulation – Aufgang einer Krankheit,* München 1976
J.Hömes, »Das Gift des Scheiterns. Spiralweg des Entzugs – Bericht eines Alkoholabhängigen«. In: *Südd. Zeitung* v. 23./24. März 1996, S.VI
Idris, E., »Alkoholismus ist eine Krankheit«, in: *Selecta* 11, 1969, S. 2159
Jacobsen, E., »Physiologie und Pharmakologie des Alkohols«, in: Møller, 1951, S. 160-199
Jeffcoate, W., zit. n. Gergely, St. M., »Naxolon macht wieder nüchtern«, in: *Südd. Zeitung* vom 26. 8. 1980
Jugari, J. in: »Die Wüste des Todes«, *ZDF-Sendung* am 19. Jan 1997, 19.30 h
Kaye, S., und H. B. Haag, »Terminal Blood Alcohol Concentration in Ninetyfour Fatal Cases of Acute Alcoholism«, in: *Journal of the American Medical Association* 165, 1957, S. 451
Keup, W., »Jugendalkoholismus – seine Definition und seine Folgen«, in: *Der Weggefährte* Nr. 5, 1980
Krystal, H. und Raskin, H. A., *Drug Dependence – Aspects of Ego Function,* Detroit 1970
Leibel, B., zit. n. *Die Welt* vom 26. 3. 1977
London, J., *John Barleycorn, Alcoholic Memoirs* (1913), dt.: *König Alkohol,* Zürich 1925.
Manhart, R. M., »Sucht, eine Krankheit mit suizidaler Potenz«, in: *Selecta* Nr. 21, 1980, S. 2190-2201
Mantek, M., »Alkoholismus bei Frauen«, in: *Psychologie heute* Okt. 1977, S. 39-46
Møller, K. (Hrsg.), *Rauschgifte und Genußmittel,* Basel 1951
Möller, M. L., *Selbsthilfegruppen,* Reinbek 1978
Neuendorff, Steffen-Luis und Jürgen Schiel, *Die Anonymen Alkoholiker,* Weinheim 1989
Petry, Jörg, *Alkoholismustherapie,* Weinheim 1993
Rudaki, »Der Wein« (zit. n. Gelpke, R., *Vom Rausch im Orient und Okzident,* Stuttgart 1966, S. 63)
Rußland, R. und S. Plogstedt, *Sucht-Alkohol und Medikamente in der Arbeitswelt,* Frankfurt a. M. 1986
Schenk, J., zit. n. *Südd. Zeitung* vom 21. 8. 1980
Schuckit, M. A., *Drug and Alcohol Abuse,* New York 1985
Smith, J. Chr., »Alkoholismus«, in: Møller 1951
Solms, H., zit. n. Manhart, R. W., S. 2201
Spode, Hasso, *Die Macht der Trunkenheit. Kultur- und Sozialgeschichte des Alkohols in Deutschland,* Leverkusen 1993
Stössel, J. P., »Wege weg vom Alkohol«, in: *Südd. Zeitung* vom 9. 11. 1977
Trojan, A., »Epidemiologie des Alkoholkonsums und der Alkoholkrankheit in der Bundesrepublik Deutschland«, in: *Suchtgefahren* 26, 1980, S. 1-17
Weden, Georg, *Eine versoffene Gesellschaft. Warum die Deutschen soviel trinken,* Hamburg 1993

Alraun
→ Mandragora

Amanita muscaria
→ Fliegenpilz

Amphetamine
→ Weckamine

Analgetika
(→ Schmerzmittel) → Medikamente, → Opiate

Aphrodisiaka
(Liebesdrogen)

Vermutlich sind alle der in diesem Handbuch referierten Substanzen bereits als Liebesdrogen verwendet worden.* Sei es, um die eigene sexuelle Potenz oder erotische Ansprechbarkeit zu aktivieren, sei es um einen ersehnten Liebespartner zu verführen. Die Weltliteratur ist voll von Beispielen.

Ein nur wenig bekanntes ist die Novelle vom *Gläsernen Lizenziaten* von Cervantes. Der spanische Dichter veröffentlichte sie 1613, auf der Höhe seiner Schaffenskraft, zwischen den beiden Teilen des *Don Quichote.* In dieser Erzählung wird der Jurist Tomás Rodaja von einer »Dame lockeren Lebenswandels« begehrt. Als er ihren Wünschen nicht nachkommt, verabreicht sie ihm eine toledanische Quitte, einen »Liebeszauber« *(comida amatoria).* Allerdings erzielt sie nicht die gewünschte Wirkung: Tomás bekommt Tobsuchtsanfälle, die von starrkrampfähnlichen Erscheinungen abgelöst werden, magert erschreckend ab und ist ein halbes Jahr bettlägerig. Auch nach der Gesundung des Körpers bleibt er geistig gestört, verfügt nun allerdings über eine Art Hellsichtigkeit, und da er seine Erkenntnisse über andere Menschen nicht für sich behalten kann, gerät er in allerhand Kalamitäten. Er bildet sich ein, er sei aus Glas und lebt in ständiger Furcht, er könne durch irgendeine unvorsichtige Berührung sterben.

Intuitiv hat Cervantes hier die Wirkung eines hochwirksamen Rauschgiftes beschrieben und zugleich die verheerenden Folgen einer erzwungenen Liebesbereitschaft vorgestellt: Das Opfer wird seiner seelischen Abwehrmechanismen (zu denen man seine Schüchternheit der stürmischen Dame gegenüber zählen darf) beraubt und dadurch schutzlos, »gläsern« durchsichtig. Eduard von Jan hat untersucht, um welche Droge es sich gehandelt haben könnte, und tippt auf → Ololiuqui oder Peyotl (→ Meskalin), eventuell auch → Rote Bohnen. Während letztere in Spanien schon länger bekannt gewesen sein dürften, hat Cervantes von den beiden anderen Präparaten der Neuen Welt eventuell durch Schriften von Francisco Hernández, dem Leibarzt Philipps II., erfahren.

Im Sommernachtstraum läßt Shakespeare den Oberon zu Puck sagen:

»Doch merk ich auf den Pfeil, wohin er fiele.
Er fiel gen Westen auf ein zartes Blümchen,
Sonst milchweiß, purpurn nun durch Amors Wunde,
Und Mädchen nennen's: Lieb im Müßiggang.
Hol mir die Blum! Ich wies dir einst das Kraut;
Ihr Saft, geträufelt auf entschlafne Wimpern,
Macht Mann und Weib in jeder Kreatur,
Die sie zunächst erblicken, toll vergafft ...«

Wahrscheinlich meint Shakespeare eines der → Nachtschattengewächse; die Solanazeen wurden schon immer gerne als Liebesanreger eingesetzt – und sei es auch nur als *Belladonna* (Ital. → Tollkirsche), das – wie der Name schon sagt – die »Frau schön« werden läßt, genauer: die Augen glänzend und die Pupillen (durch die Atropinwirkung) größer macht.

Klassische und moderne Präparate

Zumba vital nennt sich, mit urigen afrikanischen Assoziationen spekulie-

* Benannt nach Aphrodite, der griechischen Göttin der Liebe.

rend, ein Medikament, das man vor einigen Jahren im Schaufenster jeder zweiten Apotheke angepriesen bekam. Die Kleinanzeigen-Spalten der Illustrierten waren voll von solchen Mitteln, die speziell die sexuelle Potenz der Männer anheben sollten. Zum Glück sind es in der Regel völlig harmlose Pillen (sonst dürften sie gar nicht ohne Rezept verkauft werden), meist mit irgendeinem milden Stimulans nach Art des Coffeins angereichert, das den abgeschlafften Ehegatten nach einem arbeitsreichen Tag etwas aufmuntern soll und ab und zu durchaus kann. Eine gute menschliche Beziehung zur Partnerin, in der Erotik sich auch ohne künstliche Anregung einstellt, braucht selten ein Hilfsmittel. Und wenn schon, dann genügt der Klassiker unter den Aphrodisiaka: der Alkohol. Wo wirkliche menschliche Bezogenheit im Spiel ist, da genügen freilich noch mildere Anregungen: Ein 40jähriger Mann mit bewegter erotischer Vergangenheit erzählte mir (J.v.Sch.), die schönste Liebeserfahrung seines Lebens habe er, ohne jede Rauschdroge, gehabt, nachdem er mit seiner Partnerin in einer Nachtvorstellung einen erotischen Film des italienischen Regisseurs Pier Paolo Pasolini sah.

Ein Glas Wein, bei schöner Musik und Kerzenbeleuchtung getrunken, und vor allem mit der inneren Bereitschaft, sich für den anderen zu öffnen, tut manchmal Wunder. Ein Glas zuviel bewirkt freilich leicht das Gegenteil, wegen der grundsätzlich betäubenden Wirkung des → Alkohols.

Dasselbe gilt für die → Opiate, von denen ohnehin nur das gerauchte Opium als Anreger von Erotik und Sexualität geschätzt wurde, so bei den Chinesen und Persern, wo es die Rolle unseres Alkohols spielte. Bei den Persern diente es wahrscheinlich vor allem als Aphrodisiakum unter Männern (s. Gelpke). Morphium und Heroin schalten das körperliche Empfinden so drastisch aus, daß allenfalls narzißtische erotische Phantasien, wenn überhaupt, ins Bewußtsein treten.

Anders verhält es sich mit den → Cannabis-Drogen. Speziell Marihuana vermag die erotische Imagination anzuregen, entsprechend auch das stärkere → Haschisch, obgleich hier, ähnlich wie bei stärkeren Alkoholdosen oder bei Opium das selbstbezogene Träumen näher steht als eine Beziehung zu einem anderen Menschen. Hannelore von Canitz beschreibt in ihrer Fallstudie *Droge und Sexualität* das Verhalten einer jungen Arbeiterin, deren Sexualität durch Haschisch enorm aktiviert wurde. Vergleichbares berichtet Günter Amendt aus einer Interview-Studie unter deutschen Jugendlichen.

Ein Gewährsmann berichtete dem Autor (J.v.Sch.) folgendes Erlebnis nach Haschisch-Konsum: Er fühlte beim Verkehr mit seiner Freundin viel intensiver als sonst, insbesondere sein Penis erschien ihm wie ein völlig neu entdecktes, geradezu übersinnliches Wahrnehmungsorgan. Das Vorspiel war für beide ungemein zärtlich und lustvoll und – nicht zuletzt wegen des Zeitdehnungseffekts – ungewöhnlich lang. Aber es blieb beim Vorspiel; der Mann schaffte nicht den Schritt aus dem Stadium der Zärtlichkeit zum Orgasmus. Der – ebenfalls bekifften – Frau ging es ebenso. Beide waren jedoch keineswegs enttäuscht, sondern zufrieden mit dieser Erfahrung.

Allerdings malt sich die Phantasie des Bürgers solche sexuellen Drogenerfahrungen mangels eigener Erlebnisse gerne viel zu bunt und grell aus, angeheizt durch entsprechend sensationell aufgemachte Berichte in den Massenmedien. Häufig beschränkt sich der aphrodisiakische Effekt auf eine, unter Umständen allerdings erstaunlich intensive und eindrucksvolle, Aktivierung der Fähigkeit, den Partner in seiner Ganzheit wahrzunehmen und zärtlich zu ihm zu sein bzw. Zärtlichkeiten selbst anzunehmen. Der eigentliche Geschlechtsakt kann dann oft gar nicht mehr vollzogen werden, weil der Übergang von der oralzärtlichen Phase, im Freudschen Sinne, zur genitalen Phase nicht gelingt, vielleicht, weil Cannabis leicht jene aktiven bzw. aggressiven Tendenzen unterdrückt, die zum Geschlechtsakt selbst nun einmal nötig sind.

Aus diesem Grund hat wohl – wenn die Überlieferungen stimmen – der »Alte vom Berge«, der Großmeister der Assassinen, die Anhänger seiner Mörder-Sekte mit Hilfe von Haschisch erst einmal ins »Paradies« versetzt und ihnen die Liebesdienste der dort auf sie wartenden Huris vorgegaukelt, ehe er sie auf ihre terroristischen Missionen im Vorderen Orient schickte (→ Cannabis). Der sexuelle Vollzug war dazu nicht nötig – wäre wahrscheinlich sogar hinderlich für die eigentlichen Absichten gewesen.

Eher ein modernes Aphrodisiakum war – und scheint erneut zu werden – das → Kokain. Zunächst war es, in der weit schwächeren natürlichen Form des Kauens von Coca-Blättern, bei den südamerikanischen Indios bekannt und beliebt: »Der Indianer beginnt ... in früher Jugend mit dem Gebrauch des Genußmittels, den er bis an sein Lebensende fortsetzt. Wenn er einen beschwerlichen Weg zu gehen hat, wenn er eine Frau nimmt, überhaupt wenn eine größere Anforderung an seine Kräfte gestellt wird, vermehrt er die gewohnte Dosis.« (Freud 1884)

In einem Brief, den Freud an seine damalige Verlobte Martha Bernays während einer schmerzlichen Trennungszeit von vier Jahren schrieb, schwingt etwas von diesem verführerischen, überwältigenden Aspekt des Aphrodisiakums mit:

»... wenn Du unartig bist, wirst Du sehen, wer stärker ist, ein kleines sanftes Mädchen, das nicht ißt, oder ein großer wilder Mann, der Cocain im Leib hat ...« (2. 4. 1884, zit. n. Jones).

Aber Freud spielte nur mit Phantasien, die erst andere in die Realität umsetzen sollten. In den 20er Jahren war *Koks* oder *Schnee* (→ Kokain) in bestimmten Kreisen nicht zuletzt deshalb so beliebt, weil man sich, als sexuelles Stimulans, viel von ihm erwartete. Aber die damaligen Enttäuschungen, die sich – wie bei jedem dieser magisch-phantastisch aufgeladenen angeblichen Wundermittel – zwangsläufig einstellen, scheinen längst vergessen zu sein. Neue Generationen Neugieriger laufen denselben dummen und kriminellen Versprechungen nach. Angeheizt von Sensationsberichten, deren warnender Nebenton oft nur eine Art Pflichtübung zu sein scheint: »Manchmal habe ich es schon verflucht, daß ich immer was bereitliegen habe«, bekennt der Kokainhändler Michael B. aus Frankfurt. »Ein Gramm fege ich jeden Tag rein, mindestens, ich mach fast nichts mehr ohne ... Über Koks werden viele Märchen erzählt, zum Beispiel, daß du sexuell unheimlich gut drauf bist. Okay, am Anfang vielleicht, weil es Hemmungen abbaut, aber nach einer Weile kannst du gar nicht mehr. Man denkt, man funktioniert besser, man denkt, man hätte das alles im Griff. Hat man nicht ...« (Sülberg 1980).

Was bleibt, ist der *post coke blues* – der Kokain-Kater.

Hält LSD-25, was Alkohol, Haschisch, Kokain nur versprechen, genauer: was ihnen angehängt wird?

Auch LSD hat man mächtige aphrodisiakische Eigenschaften nachgesagt, wie jeder neu ins Blickfeld rückenden oder wieder ausgegrabenen Rauschdroge. Wahrscheinlich wurde in den USA das Mutterkorn-Präparat in den 60er Jahren nicht zuletzt deshalb ein derart großer Hit, weil man sich viel für die Anregung der Sexualität versprach. Die jungen Leute befreiten sich damals mehr und mehr von den viktorianischen Tabus, die gerade in den Vereinigten Staaten besonders rigide herrschten. Vor allem Timothy Leary (→ LSD) hat mit seinen großsprecherischen Publikationen viel zu dieser verhängnisvollen Entwicklung beigetragen. Denn natürlich ist auch LSD nicht das Zaubermittel für die Heilung einer Misere, deren Ursache mächtige seelische und soziale Verdrängungen sind.

»In einer sorgfältig vorbereiteten, liebevollen LSD-Sitzung kann eine Frau mehrere hundert Orgasmen haben«, sagte Leary in einem Interview des *Playboy* im September 1966. Als wenn ein einziger schöner sexueller Höhepunkt (oder ein paar Orgasmen, was ja auch ohne Drogenhilfe für eine Frau durchaus möglich ist) nicht genügte. »Mehrere hundert« müssen es sein...

Bei Grof finden sich auf 272 Druckseiten drei kurze Stellen, an denen die Sexualität erwähnt wird. Immer wieder betont er, daß jede Wirkung der Drogen, auch und gerade auf die partnerschaftliche Sexualität, nur vor dem Hintergrund der therapeutischen Erfahrung und nicht losgelöst als mechanische Wirkung eines mächtigen Stimulans auf eine Menschmaschine verstanden werden darf.

Ähnlich kritisch äußert sich Albert Hofmann, der Entdecker von LSD. Nach seiner Auffassung trug die Vorstellung, daß es »das mächtigste Aphrodisiakum sei, das die Menschheit je entdeckt habe«, zur raschen Ausbreitung des LSD-Konsums unter der jungen Generation bei. Aber er schränkt ein: »Gegensätzlich sind ... die Berichte über die Beeinflussung des sexuellen Erlebens unter dem Einfluß von LSD. Da die Stimulierung aller Sinnesempfindungen ein wesentliches Merkmal der LSD-Wirkungen ist, kann der Sinnenrausch des Geschlechtsaktes ungeahnte Steigerungen erfahren. Doch sind auch Fälle beschrieben worden, in denen LSD nicht in das erwartete erotische Paradies, sondern in ein Fegefeuer oder gar in die Hölle eines schrecklichen Absterbens jeglicher Empfindungen und in tote Leere führte.« (1979, S. 115)

Im 8. Kapitel seiner Lebenserinnerungen führt Hofmann das Protokoll eines LSD-Erlebnisses letzterer Art an. Es stammt von einem Kunstmaler, der mit seiner Freundin Eva in einem einsamen Bergtal der Schweiz ein besonderes Liebeserlebnis mit Hilfe der Droge suchte und dabei die entsetzlichste Nacht seines Lebens durchmachte: Er wurde mit seiner Selbstsucht konfrontiert, die »mich von den Menschen getrennt ... und in die innere Vereinsamung geführt« hatte.

Hinter den Partnerschwierigkeiten und Störungen eines natürlichen sexuellen Genusses, den man mit Rauschdrogen zu beheben versucht, steckt ja häufig gerade eben diese innere Ver-

einsamung und Isolation. Und da Halluzinogene wie LSD oder Haschisch den Konsumenten immer am stärksten mit sich selbst konfrontieren, ist eher ein Horror-Trip zu erwarten als ein paradiesischer.
Wie sagte vor mehr als einem Jahrhundert schon Charles Baudelaire? »Der Mensch hat träumen wollen, der Traum wird über den Menschen Herr sein, doch dieser Traum wird deutlich der Sohn seines Vaters sein.«

Exotische Liebesdrogen
Von einem Besuch bei der mexikanischen Heilerin Maria Sabina berichtet Hofmann übrigens auch, daß die Teonanacatl-Pilze, mit ihrem Wirkstoff → Psilocybin, offensichtlich gleichfalls erotisieren. Bei einer Sitzung in der Hütte der Curandera notiert der Schweizer Forscher: »Dem Gebet und Gesang von Maria Sabina antworteten die Töchter inbrünstig ... Wollüstig schmachtendes Stöhnen von (den beiden Töchtern) Apolonia und Aurora machte den Eindruck, das religiöse Erleben der jungen Frauen im Drogenrausch sei mit sexuellsinnlichen Empfindungen verbunden.« (1978, S. 165)
Von den vielen Präparaten, in denen man aphrodisiakische Stimulantien sah oder vermutete, seien noch einige exotische oder in Vergessenheit geratene genannt, die an anderer Stelle, in anderen Zusammenhängen, in diesem Buch ausführlicher behandelt sind.
Die Alraun oder → Mandragora spielte vor allem im Mittelmeerraum in der Antike und im Mittelalter, ja selbst noch in der Renaissance eine Rolle. Da ihr entspannender und betäubender Effekt überwiegt, sind ihre sagenhaften Wirkungen wohl eher auf eine dem Opiumrausch verwandte Anregung der narzißtischen erotischen Phantasien zurückzuführen als auf wirkliche Erlebnisse.
In Litauen hat man die Wurzeln der *Scopolia carnicola* als »Liebeszauber« benützt (→ Nachtschatten-Drogen).
Die → Roten Bohnen wurden in Nordmexiko und bei den Indianern der südlichen Ebenen primär rituell verwendet, ehe dieser Kult durch den Peyotl-Kaktus (→ Meskalin) ersetzt wurde. Heute gelten sie bei den mexikanischen Prostituierten als Aphrodisiakum. Im Amazonasgebiet gewinnen die Indios aus der Liane *Paullinia Cupana* das stark coffeinhaltige Guarana (→ Genuß-Drogen). Sie verwenden es, wie die alten Peruaner die Coca-Blätter, als Stimulans und Aphrodisiakum.

Ein spezifisch afrikanische Liebesdroge ist das Yohimbin. Chemisch gesehen handelt es sich um ein Indol-Alkaloid (s. RA V). Aufgrund seiner speziellen Struktur ordnet man es mit dem Rauwolfia-Alkaloid Reserpin der eigenständigen Gruppe der Yohimban-Alkaloide zu. Es ist enthalten in den Pflanzen der Gruppen Rauwolfia, Catharantus und Vinca (Immergrün). Beispielsweise ist Yohimbin in einer Pflanze enthalten, die in den USA wegen ihrer aphrodisierenden, euphorisierenden und psychedelischen Wirkung gut bekannt ist und entsprechend auch verwendet wird: Catharantus lanceus (verwandt dem Catharantus roseus*, welcher → Ibogain produziert).
Die Yohimbin-haltige Wurzelrinde des in Westafrika heimischen Yohimbe-Baumes wird, aus nunmehr verständli-

* Diese auf der östlich von Afrika gelegenen Insel bekannte und deshalb Madagaskar-Immergrün genannte Pflanze wird von den Einheimischen in Form getrockneter Blätter geraucht und ist geschätzt wegen der erotisch gestimmten Halluzinationen.

chem Grund, unter der anschaulichen Bezeichnung *Potenzholz* in alle Welt exportiert.
»Yohimbin ist schließlich auch in der Rinde des ebenfalls in Afrika beheimateten, zur großen Familie der Euphorbien (Wolfsmilchgewächse) zählenden Alchornea floribunda enthalten, die gleichfalls als psychotrope Pflanze bekannt ist, sowie in Aspidosperma quebrancho-blanco und Mitragyna stipulosa.« (Geschwinde 1996) Letztere wird als stimulierendes Mittel unter anderem in Thailand und auf den Philippinen verwendet.

Ein Sonderkapitel stellen die → Hexensalben bzw. → Nachtschatten-Drogen dar, weil bei ihnen neben pharmakologischen und individuell-psychischen Effekten auch noch uralte Traditionen matriarchaler Gesellschaften eine wichtige Rolle gespielt haben, in deren Fruchtbarkeitsritualen der Sexualität eine besondere Wichtigkeit beigemessen wurde. Speziell die Flugsensationen (daher auch die Bezeichnung *Flugsalben*) hängen vermutlich mit frühen Formen sexueller Erlebnisse, also der oralen Phase und der Hauterotik im psychoanalytischen Sinne, zusammen.
Claudia Müller-Ebeling und Christian Rätsch haben in ihrem Buch *Isoldes Liebestrank* die sinnliche Dimension der Rauschpflanzen ausführlich beschrieben; ob man mit den angeführten Rezepturen ans Ziel kommt, hängt nicht zuletzt davon ab, wiefern man die jeweiligen Ingredienzien bekommt.
Eher versteckt sind die Hinweise auf Liebeszauberdrogen in einer Reihe von Märchen. Sergius Golowin nennt sein volkskundliches Buch über Hexendrogen und Feenkräuter nicht zuletzt deshalb *Die Magie der verbotenen Märchen.* Viele zusätzliche Hinweise findet man in einem zweiten Buch zur selben Thematik, in Michael Küttners *Psychedelische Handlungselemente in den Märchen der Brüder Grimm.*
Letztendlich weiß Mephistopheles ganz genau, worum es bei den Aphrodisiaka geht, wenn er zu Faust sagt: »Du siehst mit diesem Trank im Leibe/ Bald Helenen in jedem Weibe.«

J.v.Sch.

Literatur:

Amiendt, G., *Haschisch und Sexualität,* Stuttgart 1974
Baudelaire, Ch., »Le Haschisch – de L'Idéal artificiel« (1858), dt. in: Ders., *Die künstlichen Paradiese,* Reinbek 1964
Canitz, H.-L. von, *Droge und Sexualität,* München 1973
Freud, S., »Über Coca« (1884), unveränderter Nachdruck in: Freud, S., *Schriften über Kokain,* Frankfurt a.M. 1996
Gelpke, R., *Vom Rausch im Orient und Okzident,* Stuttgart 1966
Golowin, S., *Die Magie der verbotenen Märchen,* Hamburg 1973
Grof, S., *Topographie des Unbewußten,* Stuttgart 1978
Hofmann, A., *LSD – Mein Sorgenkind,* Stuttgart 1979
Jan, E. von, »Rauschgift bei Cervantes«, in: *Wissenschaftliche Zeitschrift der Friedrich-Schiller-Universität Jena,* 1954/55, *Mathematisch-naturwissenschaftliche Reihe,* Heft 1, S. 97–100
Jones, E., *Das Leben und Werk von Sigmund Freud,* Bd. I, Bern und Stuttgart 1960–1962, S. 109
Küttner, M., *Psychedelische Handlungselemente in den Märchen der Brüder Grimm,* Wetzlar 1995
Müller-Ebeling, C. und Chr., *Isoldes Liebestrank,* München 1986

Appetithemmer

(Schlankheitsmittel)

Statistik Appetithemmer

400 bis 500 Millionen Menschen in der Dritten Welt hungern oder sind unterernährt, stellte schon 1980 der

Generaldirektor der Ernährungs- und Landwirtschaftsabteilung der UNO fest (Saouma). Ungefähr ebensoviel, vor allem die Menschen in den hochindustrialisierten Ländern des Westens, sind in ständiger Gefahr, zuviel zu essen. Fast jedes vierte Kind in der Bundesrepublik ist übergewichtig – vor allem, weil es zu viel Süßigkeiten nascht. Allein 1976 setzten die führenden 300 größeren Industriefirmen auf diesem Sektor in der BRD rund acht Milliarden Mark um.

Medizinische und psychosoziale Aspekte
Die Professoren Hans Teuteberg und Otto Neuloh, der eine Sozialhistoriker, der andere Soziologe, warnen in ihrer Studie *Ernährungstod im Wohlstand* vor den gravierenden Problemen, die sich da für die Zukunft anbahnen. Was bei den jüngeren Jahrgängen erst jetzt ins Blickfeld rückt, ist bei den Erwachsenen längst bekannt. Es wird zuviel gegessen – wobei *gefressen* der passendere Ausdruck wäre.
Die Wurzeln der Adipositas (Fettsucht) sind bekannt; fast immer handelt es sich um eine Sucht im eigentlichen Sinne, mit ähnlicher Problematik im Hintergrund wie bei den Spielarten der Drogensucht (→ RA III). Drei Millionen Kinder werden in Deutschland wegen ihres Übergewichts ärztlich behandelt. Sie kommen, weil sinnvolle Therapien vor allem in entsprechenden Gruppen mit geschulten Leitern kaum verfügbar sind, früh in Kontakt mit Medikamenten. Die Eltern zeigen diesen Trend noch verstärkt: 78% leiden an Übergewicht, jeder sechste hat mehr als 30 Pfund zuviel, 70.000 Bundesbürger sterben jährlich an den Folgen der Überernährung (Fischer und Roberts 1980, S. 132). Und sie sind es, die gerne zu appetithemmenden Mitteln oder Abführtabletten greifen. Beide führen leicht in eine Sucht, weil das Übel nicht an der Wurzel, das heißt bei den seelischen und sozialen Ursachen der Freßgier, gepackt wird, und beide ziehen entsprechende Schäden nach sich:

- Mit kaum einer anderen Präparatgruppe wird derartiger Mißbrauch getrieben wie mit den Abführmitteln, die nicht gegen Übergewicht helfen (sie wirken auf den Teil des Darms, in dem die Hauptarbeit der Verdauung bereits geleistet ist) und zudem noch die Darmnerven zerstören (Riemann 1980). Trotzdem nimmt nach Schätzungen der Westberliner Verbraucherzentrale jeder Dritte Abführpillen oder -tees zu sich (*Südd. Zeitung* vom 19. 5. 1979).
- Eine direktere Hilfe verspricht sich der Übergewichtige von Appetithemmern, die gerne auch als »Schlankheitsmittel« angepriesen werden. Gefährlich waren – und sind zum Teil noch – Präparate auf Amphetamin-Basis oder den Amphetaminen chemisch verwandte Substanzen (→ Weckamine). Amphetamin ist dem Adrenalin ähnlich (→ RA V), das die Darmbewegungen hemmt. Früher benützte man – was heute als ärztlicher Kunstfehler gilt – das mehr aufs Gehirn und seine Steuerungszentren wirkende Preludin als Appetitzügler bei Schlankheitskuren. Da es – wie das heute noch im Handel erhältliche Ritalin* – Euphorie auslöst,

* Ritalin gibt man heute (1997) nur noch hyperaktiven Schulkindern bei Konzentrationsschwierigkeiten. Eine höchst umstrittene Indikation, vor allem wenn es sich dabei um – unerkannte – unterforderte Hochbegabte handelt, die eigentlich psychologisch beraten und betreut werden müßten.

führt es bei anfälligen Menschen leicht zu einer Sucht.

Die Gefahren der Amphetamin-Präparate sind seit langem bekannt; deshalb werden sie in Apotheken nur gegen Rezept abgegeben (was niemanden, der sich ernsthaft bemüht, daran hindert, sich für die Befriedigung seiner Suchtbedürfnisse welche zu verschaffen, sei es auf dem Schwarzmarkt, sei es ganz legal über einen unvorsichtigen Arzt).

Ein völlig anderes Problem stellte eine Weile ein Appetithemmer dar, vor dem ab 1980 immer eindringlicher gewarnt wurde, obwohl diese Dragees und Tropfen davor bereits seit 15 Jahren rezeptfrei im Handel erhältlich waren: X-112.

Im Mai 1980 warnte ein kurzer Bericht in der Fachzeitschrift *Kriminalistik* unter der Überschrift »Schlankheitsmittel: rezeptfreie Droge« vor dem Präparat. Kurz vorher hatten der Rechtsmediziner Hans Joachim Mallach und der Drogenarzt Knut-Ingomar Pedal aus Tübingen in der *Medizinischen Welt* (1980, S. 220–223) auf das Mittel hingewiesen. Pedal zufolge wurde der Schlankmacher schon nach wenigen Wochen körperlich als Suchtmittel erlebt. Heroinsüchtige spritzten sich die Tropfen, wenn sie kein Opiat hatten; für sie war es eine Weile das »Ausweichmittel schlechthin« , wie der Ulmer Drogenfahnder Fried-Mandera dem *Spiegel* mitteilte. Schüler mischten X-112 gerne mit Cola-Limonade. Der Hauptbestandteil des Appetithemmers, Norpseudoephedrin, macht rasch hellwach, verschafft gute Stimmung und aktiviert den Rededrang, genau wie die klassischen Amphetamine. Wird die Droge intravenös injiziert, setzt die Wirkung sofort ein und hält stundenlang an. Sie wird von Fixern als »nicht so gut wie ein guter Schuß, aber auf jeden Fall besser als ein schlechter« beschrieben.

Die Tropfenform wurde allerdings, weil sich die Beschwerden häuften, im Juli 1980 unter Rezeptpflicht gestellt. Die Dragees sind weiterhin frei erhältlich – nach Mallach ein Schildbürgerstreich, weil man nur die Deckschicht abkratzen müsse (was jeder Junkie weiß), damit man X-112 pur erhält, es auflösen und dann spritzen kann.

Die Folgen bei längerem Mißbrauch sind bekannt. Herzanfälle, Leberschäden (auch durch verunreinigte Spritzen), regelrechte toxische Angstpsychosen, Nervenzusammenbrüche. In Ulm sahen zwei Mädchen tatenlos zu, wie ihr Zimmer ausbrannte. Sie wurden im letzten Moment gerettet. Unter dem Einfluß des X-112 waren sie nicht mehr in der Lage gewesen, eine umgefallene Kerze zu löschen. Wochenlanger Konsum hatte sie schließlich in den Wahn versetzt, der flammenlodernde Raum sei eine wunderschön blühende Wiese.

X-112 mag heutzutage, Ende der 90er Jahre, nicht mehr der große Hit sein, insbesondere seit die Versorgung mit billigem Heroin solche Umwege über die Apotheke fast unnötig macht. Aber was solche und ähnliche Drogen für Heroinsüchtige doppelt fatal macht, ist der irrige Glaube, wenn sie derartiges spritzen, seien sie clean, also »gar nicht richtig süchtig«.

X-112 mag – auch ohne aktuellen Anlaß – als Chiffre dafür dienen, daß passende Rauschgifte in einer vom leichtfertigen Umgang mit

Medikamenten und anderen »technischen« Hilfsmitteln verwöhnten und verseuchten Gesellschaft jederzeit entdeckt werden. Man könnte alle Mohn- und Hanffelder der Welt zerstören – die Spirituosenregale der Lebensmittelläden und die Pillenschränke der Apotheken, die illegalen Kleinlabors von *underground*-Chemikern (→ Ecstasy, ET, LSD, STP) und die völlig legalen Großlabors der pharmazeutischen Industrie (→ PCP) werden jederzeit und mühelos für Nachschub sorgen.

Findige Köpfe, die die Deckschicht von Dragees kratzen, wie in früheren Jahren bei X-112, oder durch Überdosierungen neue Effekte produzieren, wie Anfang der 60er Jahre bei Romilar* (→ Opiate), gibt es genug. Und die »Buschtrommel« der Drogenszene sorgt binnen kurzem dafür, daß jeder informiert ist, der es sein möchte. Die Zukunft wird wahrscheinlich weit mehr von – zum Teil auf einfache Weise umgewandelten – synthetischen Drogen nach Art des X-112 und des wahrhaft höllischen *Engelstaubs* (→ PCP) bestimmt werden als von mühsam angebauten, in der Natur aufwachsenden Cannabis und Opium südamerikanischer, afrikanischer und asiatischer Felder (→ auch Zukunftsdrogen).

Das beste Mittel gegen Übergewicht ist übrigens ganz einfach, kostenlos und den Menschen aller Kulturen seit Urzeiten vertraut: Verzicht auf jede feste Nahrung, also strenges Fasten. Es ist die einfachste Sache der Welt, wenn man es richtig macht. Wenn Magen und Darm einmal frei sind von festen Nahrungsstoffen (was sich zu Beginn des – in der Regel fünftägigen – Fastens mit Hilfe von aufgelöstem Glaubersalz leicht erreichen läßt), entfallen Darmbewegungen und Magensaftproduktion, also jedes körperliche Hungergefühl (Näheres bei Buchinger und bei Lützner).

J.v.Sch.

* Das Mittel wurde in Deutschland längst aus dem Verkehr gezogen, ist jedoch (1997) in Spanien und der Türkei nach wie vor auf dem Markt. Offensichtlich wurde der Gehalt an Dextromethorphan (auf 15 Milligramm) herabgesetzt, wohl um Mißbrauch zu minimieren. Hingegen enthalten bei uns gängige Mittel wie Wick MediNait und Tuss Hustenstiller bis zu viermal soviel Dextromethorphan (60 mg).

Literatur:

Buchinger, O., *Das Heilfasten und seine Hilfsmethoden als biologischer Weg,* 18. Aufl., Stuttgart 1979

Fischer, C., und Roberts, Th., *Süchtig – die gefährliche Illusion,* München 1980

Lützner, H., *Wie neugeboren durch Fasten,* München 1976

Mallach, H. J. (zit. n. *Der Spiegel* Nr. 37, 980, S. 55: »Pfundig abnehmen«)

Riemann, J. F. (zit. n. *Südd. Zeitung* vom 24. 6. 1980: »Abführmittel zerstören Darmnerven«)

Pedal, K.-I. (zit. n. *Der Spiegel* Nr. 37, 1980, S. 55: »Pfundig abnehmen«, sowie n. *Kriminalistik Nr. 5, 1980, S. 199:* »Schlankheitsmittel: rezeptfreie Droge«)

Saouma, E. (zit. n. *Südd. Zeitung* vom 23. 9. 1980: »Wettlauf zwischen Menschen und Möglichkeiten«)

Teuteberg, H., und Neuloh, O., *Ernährungstod im Wohlstand,* im Druck (zit. n. *Der Spiegel* Nr. 52, 1977, S. 53-65: Titelgeschichte »Die süße Sucht«)

Arsenik

Das Metall Arsen (chemische Bezeichnung As) verbindet sich mit Sauerstoff (O) zu Arseniksäure-Anhydrid (As_2O_3), das man auch Arsentrioxyd, weißes Arsen, Weißglas oder Hüttenrauch (nach seiner Gewinnung aus dem »Rauch« von Arsenerzen in den soge-

nannten Gifthütten) nannte. In der Regel meint man dieses Anhydrid der Arseniksäure, wenn man von Arsenik spricht. Es ist ein berüchtigtes Gift, das zum Beispiel von den Borgia-Päpsten verwendet wurde, um reiche Kardinäle zu töten und anschließend zu beerben. In sehr geringer Dosis von etwa 0,002 Gramm genommen, erregt Arsenik ein Wärmegefühl in der Magengegend (indem es, ähnlich wie Alkohol, die Schleimhaut reizt), steigert den Appetit und das Wohlbefinden. Diese Effekte haben in manchen Gegenden – in Österreich vor allem in der Steiermark und in Tirol, in den USA in den Südstaaten, wo man die Arsenikesser *dppers* nannte – zu regelmäßigem Arsenikgenuß geführt. Arsenik ist wohl das einzige Rauschgift der anorganischen Chemie. Durch bisher noch nicht völlig geklärte physiologische Vorgänge (geringere Aufnahme des Giftes im Darm?) erwirbt der Arsenikophage die sogenannte Arsenikfestigkeit. Er verträgt Dosen, die für nicht an das Gift gewöhnte Menschen tödlich sind, ohne weitere Reaktion, ja gedeiht besonders gut dabei, sieht blühend aus und nimmt an Gewicht zu (was die Roßtäuscher darauf brachte, magere und müde Pferde mit kleinen Arsenikdosen zu rascher Gewichtszunahme anzuregen). Die Giftfestigkeit des Arsenikessers schützt ihn gleichzeitig vor Giftmord, was dem Konsum dieser Droge vor allem in der Antike zu einiger Beliebtheit verholfen haben mag (Mithridates, König von Pontos, soll sich auf diese Weise geschützt haben).
Plötzlicher Entzug des Arseniks führt bei dem Süchtigen zu nicht unbedenklichen Abstinenzsymptomen, nämlich Müdigkeit, Unfähigkeit, sich zu konzentrieren, und Abgespanntheit.
Es sind Arsenikesser beschrieben worden, die täglich 0,3 Gramm des Giftes aßen, eine Menge, die sonst tödlich wirkt. Arsenik schädigt in toxischer Dosis vor allem die feinen Blutgefäße (Kapillaren). An nicht durchbluteten Körperteilen werden auch hohe Dosen gut vertragen, wie auf der Hornhaut des Auges. Die Arsenikvergiftung beruht ebenfalls auf der kapillarlähmenden Wirkung des Giftes. Der Vergiftete leidet an schweren Leibschmerzen und erbricht; durch reiswasserähnlichen Stuhlgang verliert sein Körper rasch lebensnotwendige Mineralstoffe. Bleiben die Symptome unbehandelt, kommt es im Anschluß an die Durchfälle zu Bluteindickung und Kreislaufkollaps. Nur in sehr hohen Dosen wirkt Arsenik direkt auf das Gehirn (Schwächegefühl, Bewußtlosigkeit, Koma und Tod). Bei der chronischen Vergiftung findet man eine verdickte Hornschicht der Haut; außerdem verschwinden Falten, das Kopfhaar wird fülliger und glänzender. Werden toxische Dosen erreicht, entzünden sich die Mund- und Augenschleimhäute; chronische Durchfälle, Magenbeschwerden und Nervenentzündungen treten auf. Arsenik als Suchtgift wird heute nirgends mehr verwendet. In Österreich soll sich die Sitte bis zum Zweiten Weltkrieg gehalten haben.

W. S.

Literatur:
Buchanan, W. D., *The Toxicity of Arsenic Compounds,* Amsterdam 1962
Hesse, H., *Rausch-, Schlaf- und Genußgifte,* Stuttgart 1966

Äther
→ Ether

Asthmazigaretten
→ Nachtschatten-Drogen

Ayahuaska
→ Banisteriopsis caapi

B

Banisteriopsis caapi

(Ayahuaska, Caapi, Banisteria, Yajé Yagé)

Schon früh haben Reisende im Amazonasgebiet berichtet, wie die Angehörigen zahlreicher Indianerstämme dort aus der Liane Banisteriopsis caapi ein Getränk zubereiteten, dem zahlreiche magische Effekte zugeschrieben werden: Es soll sie befähigen, Kontakt mit der Geisterwelt aufzunehmen, verlorene Gegenstände wiederzufinden, entlaufene Tiere aufzuspüren oder militärische Aktionen eines Gegners vorauszusehen. Der Trank – in der Regel eine eingedickte Abkochung – hat bei den Stämmen viele verschiedene Namen: Caapi, Ayahuaska, Yajé, Yagé. Er wird aus Stengeln, Blättern und Wurzeln der Liane zubereitet.

Chemie und Wirkung

Man hat dem wichtigsten Alkaloid, das man aus Banisteriopsis isolieren konnte, verschiedene Namen gegeben: Telepathin, Yagein und Harmin. Durchgesetzt hat sich heute die Bezeichnung Harmin. Das Alkaloid enthält ebenso wie die eng verwandten Stoffe Harman und Harmalin einen Indolring (→ RA V). Man findet Harmin außer in Banisteriopsis auch in der Steppenraute, *Peganum harmala,* die von Südeuropa (Balkanländer) bis nach Tibet gedeiht, aber – soviel man weiß – bisher noch nicht als Rauschdroge benutzt worden ist. Ihre Samen werden in der Volksmedizin als Mittel gegen Würmer und zur Blutreinigung benutzt.

Die Hauptalkaloide der Steppenraute (Harmin) und der Liane (Banisterin) sind pharmakologisch chemisch und kristallographisch identisch, wenngleich noch Lewin meint: »Ersatzmittel für Banisterin gibt es nicht. Das mit ihm identisch sein sollende Alkaloid Harmin leistet klinisch nicht das, was (von mir) geschildert wurde«. (1929, S. 18)

Harmin bildet farblose, seidenglänzende Prismen, löst sich in Alkohol und Ether, nicht in Wasser, schmilzt bei 256 °C, wobei es sich zersetzt, und färbt reine, konzentrierte Schwefelsäure rosa. Bei Tieren steigert es die Erregbarkeit der Reflexe; so macht es Hunde beißlustiger. Warmblüter beginnen heftig zu zittern und können sich nur mit Mühe aufrecht halten. Das Benehmen der Hunde, an denen man Harmin/Banisterin erprobte, war so auffällig, daß man annehmen mußte, die Tiere hätten Sinnestäuschungen; so bellte eines ohne Grund eine Tür an.

Beim Menschen ist reines Harmin ein wirksames Halluzinogen, wirkt also ebenso wie → Meskalin und → LSD. Der Ethnologe Koch-Grünberg hat die von den Indianern aus Banisteriopsis caapi zubereitete Rauschdroge konsumiert, in der wahrscheinlich noch eine Reihe weiterer, in der Struktur nicht erforschter Alkaloide enthalten ist. Er sah rote Flammen vor seinen Augen huschen und ein grellfarbiges Flimmern. Andere Selbstversuche ergaben die charakteristischen Visionen nach Halluzinogen-Konsum: schöne landschaftliche Bilder, farbige Schmetterlinge, kaleidoskopartige, bunte Ornamente.

Bereits im vorigen Jahrhundert hat der spanische Geograph Villavicendo wiederholt Ayahuaska (»Liane der Geister« in der peruanischen Quechua-Sprache) genommen: »Jedesmal ... empfand ich Schwindel; manchmal machte ich eine Luftreise, während welcher ich mich erinnere, die bezauberndsten Ausblicke gehabt zu haben, große Städte, hohe Türme, prachtvolle Parks und andere herrliche Objekte. Manchmal habe ich mir auch eingebildet, ich befände mich allein in einem Walde, von wilden Tieren angefallen, gegen die ich mich verteidigte« – also zum Teil ein *bad trip* in der Sprache des heutigen Konsumenten von Halluzinogenen. Der Rausch endete jeweils mit starkem Schlafbedürfnis; am Morgen erwachte Villavicendo mit Kopfschmerzen und Übelkeit.

Besonders verdient gemacht um die Erforschung und Erprobung des Banisteriopsis-Alkaloids hat sich einer der bedeutendsten Drogenforscher im deutschsprachigen Raum, Louis Lewin. Er nennt die Substanz *Banisterin.* In seiner kleinen, aber umfassenden Studie »Banisteria Caapi – ein neues Rauschgift und Heilmittel« beschreibt er schon 1927 die biochemische Darstellung des Mittels, Tierversuche (zu deren genereller Problematik RA V, Schlußteil) und Erfahrungen und Experimente an Menschen sowie Vorschlägen zur medizinisch-therapeutischen Anwendung. Wie es auch anderen Drogenforschern immer wieder passierte, glaubte offenbar auch Lewin, mit Banisterin *das* Heilmittel für ein bestimmtes Leiden entdeckt zu haben. Zumindest die Fachwelt hat seine Begeisterung für die Erfolge bei schwersten Bewegungsstörungen nicht ganz teilen können, obgleich Harmin bzw. Banisterin heute noch bei enzephalitischen Zuständen, bei Parkinson-Kranken und bei Paralysis agitans eingesetzt wird (Hesse S. 95).

Es liest sich fast wie eine Wunderheilung, wenn Lewin von einer an massivem postencephalitischen Parkinsonismus leidenden Frau (S. 18) berichtet, sie »liegt ständig steif wie ein Stock und unbeweglich im Bett, kann weder selbständig essen, noch irgendeine nennenswerte Bewegung machen. Ständige Zuckungen der Zunge ...«

Zwei Stunden später, nach subkutaner Injektion von 0,05 Gramm Banisterin in Lösung: »Spontan spricht die Kranke mit viel lauterer Stimme als sonst: ›Herr Doktor, ich kann meine Zunge jetzt stillhalten!‹ Die Zunge liegt tatsächlich ganz ruhig im Mund. Sprache wieder erheblich gebessert. Gesichtsausdruck viel lebhafter als sonst. Eine solche Unmittelbarkeit des Helfens von Bewegungsstörungen durch ein Arzneimittel war bisher unbekannt ...« Und kurz darauf schreibt Lewin: »Meiner Überzeugung nach kann das Banisterin dazu berufen sein, noch weitere große medizinische Überraschungen in bezug auf die Beeinflußbarkeit gewisser krankhafter Gehirnstörungen zu liefern ...«

Wie gesagt, diese Hoffnung wurde enttäuscht. Die eigentlichen Heilmöglichkeiten von Banisteriopsis caapi scheinen auf dem Gebiet der Psychotherapie zu liegen. Ähnlich wie Leuner

(1962) und Grof (1978) LSD einsetzten, benützt Claudio Naranjo, ein chilenischer Psychiater und Gestalttherapeut, ein Banisteriopsis-Alkaloid für seine Arbeit mit seelisch gestörten Patienten, allerdings nicht Banisterin/Harmin, sondern das verwandte Harmalin (Naranjo 1979; → Harmalin).

W. Sch.

Literatur:
Efron, D. H. (Hrsg.), *Ethnopharmacologic Search for Psychoactive Drugs,* Washington 1967
Grof, S., *Topographie des Unbewußten,* Stuttgart 1978
Hesse, H., *Rausch-, Schlaf- und Genußgifte,* Stuttgart 1966
Leuner, H., *Die experimentelle Psychose,* Berlin 1962
Lewin, L., *Banisteria caapi – ein neues Rauschgift,* Berlin 1929
Naranjo, C., *Die Reise zum Ich – Psychotherapie mit heilenden Drogen,* Frankfurt a. M. 1979
Reinburg, P., »Contribution à l'étude des boissons toxiques des Indiens du nordouest de l'Amazone«, in: *Journal de la Société des Américanistes de Paris,* Bd. 13, Paris 1921
Villavicendo, *Geographia de la Republica del Ecuador,* New York 1858

Barbiturate

→ Schlafmittel

Betelnuß

→ Genuß-Drogen

Bilsenkraut

→ Nachtschatten-Drogen

Blätter der Hirtin Maria

→ Ska Maria Pastora

Bufotenin

Geschichte

Die moderne Chemie hat viele synthetische Rauschdrogen geschaffen, so das → LSD, das → Polamidon und → PCP. Aus der Fülle der Alkaloide, welche die Natur dem Menschen bietet, ragen drei besonders hervor. Anders als die übrigen werden sie nicht (nur) von Pflanzen produziert – wie beispielsweise das Haschischharz vom weiblichen Hanf (→ Cannabis), sondern eines ist ein Mineral, das Arsen, und → Alkohol und Bufotenin sind die beiden einzigen bekannten Nervengifte, die auch von Tieren erzeugt werden.

Alkohol produziert sogar die menschliche Leber durch Verarbeitung von Kohlehydraten. Bufotenin hingegen ist in den Drüsensekreten giftiger Kröten zu finden. Wie der Alkohol vom Weinstock wird Bufotenin auch von einigen Pflanzen produziert, so von *Piptadenia peregrina* (→ Cohoba) und – wenngleich nur in winzigen Spuren – vom → Fliegenpilz *Amanita muscaria.*

Aber die Tatsache, daß es von Kröten abgesondert wird, hat Menschen offenbar weit mehr beeindruckt, und das schon sehr früh. So war das Wahrzeichen von Argos, mit der Hauptstadt Mykene, ebenso wie vom mexikanischen Tlalóc eine Kröte (Hinweis auf das Wissen um die halluzinogenen Effekte des Bufotenins im Rahmen spiritueller Zeremonien?).

Die Entdeckung des Bufotenin als wirksamer Substanz im Krötengift hat einem alten Aberglauben einen wahren Kern verliehen, nämlich der Annahme, daß »Krötenfett« besondere magische Kraft besitze. Diese Vorstellung hat sich bis auf den heutigen Tag erhalten, zum Beispiel in, wenn auch auf ins Lächerliche gezogener Art, einem Donald-Duck-Heft: In einer Geschichte verkleidet sich der *Große Böse Wolf* als Zauberer, der zu den von ihm verfolgten *Drei Kleinen Schweinchen* sagt: »Ich suche eine Kröte für meinen Zaubertrank!«

Vielleicht war solches *Krötenfett* (wahrscheinlich: das giftige Krötensekret mit dem Bufotenin) auch in den → Hexensalben enthalten, die ja angeblich auch allerhand andere berauschende Substanzen vereinigten, wie Bilsenkraut, Schierling und → Haschisch.

Wirkung

Die Substanz ist ein Halluzinogen, mit ähnlichem Wirkungsbild wie → LSD und → Meskalin. Seine Effekte auf die Wahrnehmung (kurzfristige Sinnestäuschungen einfacher Art wie Flammenhuschen, Lichtblitze) werden überschattet durch unangenehme vegetative Symptome (Brechreiz, Schwindel, Blutandrang im Kopf, Pupillenerweiterung).

Die wirksame Dosis liegt bei 18 bis 20 Milligramm, wenn intravenös injiziert wird (Hesse 1971, S. 102). Bufotenin ist ein Indol (→ RA V), und zwar das 5-Hydroxy-3-(2-dimethylaminoäthyl-) Indol.

J.v.Sch.

Literatur:

Disney, W. (Hrsg.): »Der Kleine Wolf: Abrakadabra«, in: *Donald-Duck-Taschenbuch* Nr. 102, Stuttgart 1980, S. 63

Hesse, E., *Rausch-, Schlaf- und Genußgifte,* 4. Aufl., Stuttgart 1971

Schmidbauer, W., »Halluzinogene in Eleusis?«, in: *Antaios* 10, 1996, S. 38.

Stromberg, V. L., »The Isolation of Bufotenin from Piptadenia peregrina«, in: *Journal of the American Ghemical Society* 76, 1954, S. 170.

Sülberg, H., »Kokain – der weiße Riese«, in: *Stern Magazin* Nr. 22, 1980

C

Cannabis

Gäbe es den Hanf und seine Drogen Haschisch bzw. Marihuana nicht – sie müßten erfunden werden. Denn wie nur wenige andere dient diese uralte Nutzpflanze den Menschen nicht nur als Grundstoff für unzählige Gebrauchsgegenstände, z.B. Seile und Gewebe (die ersten Gutenberg-Bibeln wurden auf Hanfpapier gedruckt). Durch ihre zweite Existenz als Drogenlieferant verschafft sie nicht nur unzähligen Menschen Genüsse (so ihre Befürworter) und Probleme (so ihre Gegner) – sondern liefert auch den Massenmedien unerschöpflich kontroversen Stoff.

1. Vorbemerkung

Inzwischen soll sogar in einer so harmlosen Substanz wie dem Weihrauch THC nachgewiesen worden sein. Und in der Schokolade und dem Kakaopulver (→ Genuß-Drogen) hat man einen Wirkstoff entdeckt (Anandamid), der ähnlich wie THC wirken soll. In früheren Jahren wären solche Funde niemals über die hinteren Seiten eines biochemischen Fachblattes hinausgedrungen – heute werden daraus groß aufgemachte Berichte für Tageszeitungen. Und das alles nur, weil sich eine Nähe zum verkaufsträchtigen Reizwort *Cannabis* herstellen läßt.

Dasselbe gilt für die politische Diskussion: Wirft jemand das Thema »Legalisierung von Haschisch« in die parlamentarische Arena, kann er oder sie gewiß sein, daß der eigene Name bis auf die Titelseiten und in die Fernseh-Nachrichten gerät.

Von den mehr als 100 Substanzen, die in diesem Handbuch beschrieben werden, ist Cannabis nach wie vor ohne Zweifel die umstrittenste. Das hat – wie weiter unten noch detailliert ausgeführt wird – vielfältige Ursachen. Es zeigt sich zunehmend, daß man *gelegentliche Versuche* (auch im Sinne von Selbst-Erfahrung und Selbst-Erforschung, ähnlich wie bei der psycholytischen und psychedelischen Therapie mit → LSD, s. auch Grof 1979) und chronischen *Mißbrauch* klar voneinander unterscheiden muß.

Letzerer, dafür sprechen alle Forschungsresultate eine klare Sprache, ist sowohl für den Körper wie für das Seelenleben des Konsumenten, und natürlich in der Folge auch für sein soziales Verhalten, enorm schädlich.

Anders als der chronische Mißbrauch vermag das gelegentliche Marihuana-Rauchen oder Haschen – wenn auch nicht zuverlässig – ausgesprochen angenehme Zustände herbeizuführen, in deren Gefolge, neben sehr subjektiven Projektionen, vertiefte Einsichten in das eigene Wesen wie auch in die Beschaffenheit der Umwelt zugänglich werden. Wer dieses Faktum unterschlägt, macht sich, gerade bei jungen Leuten, mit Recht unglaubwürdig.

Solche Einsichten sind, im Licht der Persönlichkeitsentfaltung und individuellen Weiterentwicklung höchst wünschenswert. Es besteht für uns aber kein Zweifel, daß sie auch ohne Drogen, ohne Cannabis, möglich sind und deshalb auch ohne sie erzielt werden sollten. Wir wissen aber ebenfalls, daß Selbsterfahrung viel Geduld erfordert und daß Ekstase ohne Halluzinogene für den Ungeschulten nur schwer erreichbar ist: und nicht unbedingt für jedermann notwendig.

Da die Selbsterfahrung zudem viel Zeit und Gelassenheit verlangt (s. auch vom Scheidt 1980, Schmidbauer 1979), darf man hinter dem Gebrauch von Rauschdrogen stets die Absicht vermuten, diesen Prozeß zu beschleunigen und abzukürzen – was ein Widerspruch zum Wesen und Ziel jeder Selbsterfahrung ist (→ RA III).

Bei schwacher Ich-Struktur kann sich diese »Abkürzung« als sehr trügerischer Umweg erweisen, kommen doch in den Rauschzuständen mit regelmäßiger Sicherheit Erinnerungen und Phantasien aus dem Unbewußten ins Bewußtsein, für die man noch nicht aufnahmebereit ist und die man unter Umständen viele Jahre verarbeiten muß.

Letztendlich handelt es sich bei der sog. Selbsterfahrung um einen lebenslangen Prozeß, schon deshalb, weil der Mensch im Verlauf seiner Entwicklung ständig mit neuen Situationen konfrontiert wird. Pubertät, Partnerschaft, Schwangerschaft, Geburt und Sterben sind solche Zeiten des Übergangs und der – wenn der Übergang glückt – schöpferischen Krise.*

Während dieser *Übergänge* ändert sich offenbar die Struktur der menschlichen Persönlichkeit, zumindest in Teilbereichen. Deshalb ist gerade dann von einer zusätzlichen Labilisierung und Verunsicherung durch intensive Räusche dringend abzuraten: »Bruchstellen sind nicht nur Fundstellen, sondern auch Sprungstellen« (Ernst Jünger 1961).

In der Jugend (und die kann heutzutage bis weit ins dritte Lebensjahrzehnt reichen) und schon gar in der Kindheit sind Halluzinogene in jedem Fall seelisches Gift, auch bei seltenem Gebrauch.

2. Der Hanf und seine Produkte

Die Rauschdroge Cannabis wird in zwei Variationen gebraucht: in den Ländern Amerikas vor allem als Marihuana, in Asien und Afrika häufiger als Haschisch, in Europa sind beide Varianten gebräuchlich.

Jedes Mal handelt es sich um Verarbeitungen des Hanfs, und zwar der blühenden weiblichen Pflanzen. Unter Marihuana versteht man dabei ein tabakartiges Gemisch aus den getrockneten Blättern und Blüten, während das wesentlich stärkere Haschisch das reine, unveränderte Harz aus den Blütenspitzen ist.

Das wahrscheinlich stärkste Hanfgewächs ist der in Südindien heimische *Cannabis sativa var. indica.* Je weiter nördlich er wächst – je schwächer also die Sonnenbestrahlung ist –, um so ge-

---

* Die Kulturanthropologen und Soziologen sprechen von *rites of passage,* von Durchgangsritualen (Näheres bei Seger 1970, S. 96). Aus entwicklungspsychologischer und psychoanalytischer Sicht hat Erik H. Erikson dazu Grundlegendes gesagt, so in *Kindheit und Gesellschaft* (1950, dt. 1968). Näheres hierzu auch → RA I und RA II.

Hanfpflanze

ringer ist der Anteil an Cannabinolen (so nennt man die berauschenden Wirkstoffe) und um so milder ist der Rausch.
Auch in unseren nördlichen Breiten kann man den ein bis zwei Meter hohen Hanfstauden begegnen; man sieht sie gelegentlich in Vorgärten, wo sie mit ihren fingerförmig gefiederten Blättern und den dicken Blattbüscheln im oberen Sproßbereich ins Auge fallen. Inzwischen hat sich herumgesprochen, daß in heißen Sommern auch der europäische Hanf halluzinogene Substanzen entwickelt. Weil jedoch in unserem Klima selten die nötige hohe mittlere Tagestemperatur erreicht wird, werden Haschisch und Marihuana eingeführt – aufgrund der herrschenden Gesetze illegal.
Heute ist es auch in Deutschland üblich geworden, daß viele Schüler, als eine Art biologisches Hobby, Cannabis-Pflanzen züchten – wahrscheinlich weniger wegen der (kümmerlichen) THC-Ausbeute, sondern weil der Hanf ausgesprochen ästhetisch anzusehen ist und mit seinem raschen Wachstum ein mindestens so beeindruckendes Beispiel für Zuchterfolge ist wie die üblicherweise von Schülern angebauten Bohnen.

Haschisch stammt, in Form gepreßter Harzplatten, aus dem Vorderen Orient (Türkei, Libanon), Afghanistan, Nepal,

Indien, Pakistan, Vietnam oder Nord- und Zentralafrika, während das schwächere Marihuana manchmal aus Mexiko kommt. Je nach Anbaugebiet, das der Kenner – sofern das Haschisch rein ist – meist schon der Farbe entnehmen kann, unterscheidet man zwischen *Grüner Türke, Roter Libanese* (zwei mildere Sorten), *Schwarzer Afghane* und *Dunkelbrauner Pakistani* (zwei starke Sorten). Es gibt Marihuana-Sorten *(Kongo-Gras, Kenia-Gras),* die kräftigem Haschisch an Wirkung kaum nachstehen, während andere *(Acapulco Gold)* wesentlich milder sind.

Ein Fachmann wie C. W. Waller weist darauf hin, daß die berauschende Potenz von Hanfpflanzen, die er im US-Staat Mississippi analysierte, zwischen den schwächsten und den stärksten Exemplaren schon um den Faktor 70 differierte; bei einem Vergleich auf internationaler Ebene dürften ähnliche Stärkeunterschiede zutage treten.

In Indien, das die Hanfdroge seit Urzeiten kennt, haben sich drei Namen eingebürgert, die für verschiedene Stärkegrade stehen: Bhang, Charas und Ganja (s. auch Kasten S. 82).

Das begehrte Harz stammt aus den mikroskopisch kleinen Drüsenköpfchen der Blüten und oberen Laubblätter. Wenn diese durch Überdruck platzen, fließt das Harz aus und überzieht die Blättchen mit einem klebrigen Film. Die Bauern gehen zur Blütezeit mit Lederschürzen oder Lederhosen durch die Hanffelder. Dabei bleibt das Harz am Leder kleben und kann mit dem Messer wieder abgeschabt werden. Dann wird es zu größeren Stücken geknetet und in Leinen eingenäht. Für den Genuß werden Stückchen der harten Haschisch-Platte, am besten in einem Metallöffel über einer Kerzenflamme, erwärmt und zerbröselt. Ungefähr ein Gramm dieser Krümel vermengt man dann mit etwas feingeschnittenem Tabak und dreht die Mixtur wie eine gewöhnliche Zigarette *(joint)* oder raucht die Haschischkrümel auch pur in einer Spezialpfeife mit kleinem Tonkopf und langem Holzstiel, in der komplizierten Wasserpfeife oder aus einer kleinen Glaspfeife. Weitere Genußmöglichkeiten sind, das Harz mit Wein oder anderen Flüssigkeiten vermengt zu trinken, es dem Essen beizumischen oder es in Plätzchen zu verbacken. Hermann Hesse jedenfalls läßt seinen *Steppenwolf* die – nur aus den geschilderten Umständen näher zu erratende – Droge ganz modern mittels einer Zigarette inhalieren und dann in ein verwirrendes *Magisches Theater* eintreten: »Angenehm duftete der süße schwere Rauch, ich fühlte mich ausgehöhlt und bereit, ein Jahr lang zu schlafen ...« (1971, S. 236) Weitere anschauliche Beschreibungen von (offenbar selbst erlebten) Haschisch-Ritualen und -Räuschen findet man bei Fitz Hugh Ludlow (1980).

Kaltes Marihuana bzw. Haschisch hat einen eigentümlichen, schwer zu beschreibenden Geruch, der bei Erhitzung noch wesentlich intensiver wird und entfernt an Thymian oder verwandte Gewürze erinnert. Besonders trainierte Hunde *(Hasch-Hunde)* können noch kleinste Spuren der Cannabis-Drogen schnuppern. Der in München eingesetzte Polizeihund Dingo konnte sogar in den Hohlräumen von Autos eingeschweißtes Haschisch aufzuspüren (*Südd. Zeitung* vom 18. 7. 1980). Den wahrscheinlich besten Spürsinn für Cannabis haben aber die weiblichen Kohlweißlinge. Dieser Schmetterling vermag sogar die einzelnen Sorten zu unterscheiden, und

Die bekanntesten Cannabis-Produkte

So wie es unzählige Anbaugebiete für Wein, viele Sorten Schnaps und noch eine ganze Reihe anderer Alkoholprodukte gibt, die die Beliebtheit dieser Rauschdroge als Genußmittel und »Sorgenbrecher« widerspiegeln, so kennen die Cannabis-Freunde entsprechend viele Bezeichnungen ihrer Droge, zu der noch einige wissenschaftliche Namen hinzukommen. Die folgende Zusammenstellung soll nicht zuletzt auch die bedeutende Rolle der, nach dem Alkohol, zweitwichtigsten Rauschdroge auf der Erde in Kulturgeschichte und Folklore festhalten.

Acapulco Gold: Marihuana aus Mexiko
Bhang: indisches Getränk (mit Blattspitzen der weiblichen Hanfpflanze, Gewürzen und Fruchtextrakten – das Gemisch kann auch geraucht werden)
Blue Sky Blond: Marihuana aus Kolumbien
Brauner (dunkelbrauner) Pakistani: Haschisch-Sorte aus Pakistan
Bremer Gerichtsrat: eine in der Umgebung Bremens (illegal) gezüchtete Marihuana-Sorte, die hier nur als Beispiel für viele Versuche genannt sei, Cannabis auch in der Bundesrepublik, illegal, heimisch zu machen. Diese Sorten kommen, schon wegen der viel zu geringen Ausbeute kaum jemals auf den (Schwarz-)Markt, obgleich ihr THC-Gehalt, beispielsweise im heißen Sommer 1976, erstaunlich hohe Werte auch in unseren sonnenarmen Breitengraden zu erreichen vermag
Cannabinol: zähflüssiges Öl (das genaugenommen eine ganze Gruppe von Cannabinolen enthält, darunter allein 80 Abkömmlinge des Tetrahydrocannabinol)
Cannabis sativa var. indica: botanischer Name des indischen Hanf, eines der stärksten Hanfgewächse
Charas: das in Indien übliche Haschisch (reines Harz der weiblichen Blüten, das durch Auspressen und Auskochen gewonnen wird)
Ganja: etwa dreimal stärker als Bhang, wird aus besonders gezüchteten Hanfpflanzen gewonnen
gras: amerik. Slang für Marihuana
Grüner Marokkaner, Grüner Türke: Haschisch-Sorten aus Marokko bzw. der Türkei
Haschisch: das (meist gepreßte) Harz der weiblichen Hanfpflanze
Haschisch-Öl: hochkonzentrierte Haschisch-Lösung, die ungefähr zehnmal so viel THC enthält wie normales Haschisch in Plattenform, und somit bis zu hundertmal stärker angereichert ist als Marihuana
Humboldt Homegrown: Spezialzüchtung des kalifornischen (ursprünglich aus Hawaii stammenden) → Sinsemilla
Kenia-Gras: Marihuana kräftiger Sorte aus Äquatorial-Afrika
kif: (arab.) tabakartige Mischung aus Blüten und Blättern der weiblichen Hanfpflanze; davon abgeleitet kiffen = Cannabis rauchen.

Marihuana: tabakähnliches Gemisch aus den Blüten und Blätterspitzen der weiblichen Hanfpflanze (abgeleitet von dem Kosenamen **Mary Jane** bzw., spanisch **Maria Juana**)
Nepalese: Haschisch (meist in Plattenform mit Herkunftsstempel) aus dem nepalesischen Hochtal am Rande des Himalaya
Netherweed: Niederländische (daher der Name »Nether-«) Züchtung der 90er Jahre mit ungewöhnlich hohem THC-Anteil
pot: amerik. Slang für Haschisch (von mexik. »potague« = Hanf)
Roter Libanese: Haschisch von libanesischen Feldern (wo man von der mehr und mehr schwindenden Kontrolle durch die schwache Regierung profitiert)
Schimmelafghan: sehr starke Haschisch-Sorte aus Afghanistan mit schimmelähnlichem Überzug
shit: (wörtl.: Scheiße) Slang für Haschisch
Sinsemilla: diese Marihuana-Sorte wird in der Wildnis der kalifornischen Nordküste angebaut, vor allem in den Counties Mendocino und Humboldt, und weist durch Hochzüchtung einen besonders hohen Gehalt an THC auf
Synhexyl: synthetisches Tetrahydrocannabinol, das vor allem bei wissenschaftlichen Tier- und Menschenversuchen eingesetzt wird, weil sein THC-Gehalt gut kontrolliert werden kann
Tee: deutscher Slang für Marihuana
Tetrahydrocannabinol: der halluzinogene Wirkstoff in Marihuana und Haschisch (genau: Delta-9-Tetrahydrocannabinol)
THC: Abkürzung für Tetrahydrocannabinol

zwar durch seine unterschiedliche Abneigung gegen diesen Geruch: Nach Untersuchungen zweier britischer Forscher ist die Abneigung gegen mexikanischen *Stoff* zwanzigmal größer als gegen türkischen, auf dem sie ihre Eier nur ablegen, wenn sonst kein Nistplatz geboten wird (*Südd. Zeitung* vom 7. 6. 1980).

3. Geschichte

Abgesehen vom Alkohol gibt es keine Rauschdroge, die so weit verbreitet ist und die Menschheit schon so lange begleitet wie die Cannabis-Produkte. Man schätzt die Zahl ihrer Konsumenten aufgrund einer Untersuchung der Vereinten Nationen im Jahr 1950 auf weit über 200 Millionen*, die vor allem in Asien und Afrika leben (Grinspoon). Entsprechend gilt, was der Basler Psychiater Thomas A. Haenel im März 1970 schrieb: »Die Tatsache, daß fast jedes Land seine eigene Geschichte über dieses Rauschmittel aufweist, sowie das Wissen, daß Hanf schon seit Jahrhunderten existiert, bedingen eine lückenhafte und unvollkommene Betrachtung.«

* Im Vergleich dazu: Die Zahl der Alkoholsüchtigen auf der ganzen Welt wird auf über 20 Millionen geschätzt, die Zahl der nichtsüchtigen Alkohol-Konsumenten dürfte etwa eine Milliarde betragen.

Das liest sich etwas unlogisch, verweist aber aber die verschiedenartigen Ideologien und Weltanschauungen, die in solchen Traditionen oft unlösbar verwoben sind:

- eine Kultur wie die islamische, welche den Alkohol ablehnt (ja bis auf den heutigen Tag in den fundamentalistisch regierten Ländern wie in Pakistan und Libanon schwer bestraft) und den *Kif* toleriert bis wertschätzt,
- oder das Kauen der Coca-Blätter integriert hat wie die Landbevölkerung der Andenländer von Bolivien bis Peru,
- wird solche Drogen anders bewerten als das bier- und weinselige Abendland.

Vor fast 5000 Jahren wurde Cannabis erstmals in der Literatur erwähnt: in dem Arzneimittel-Buch des chinesischen Kaisers Shen-Nung. Er empfahl bereits 2737 v. Chr.«* die Droge gegen Verstopfung, Rheuma, Malaria und andere Beschwerden. Es ist deshalb merkwürdig, daß Cannabis in China nie eine wichtige Rolle spielte – ganz im Gegensatz zum anders wirkenden Opium. Im »Rhy-ay«, einem chinesischen Botanikbuch aus dem 15. vorchristlichen Jahrhundert, wurden die berauschenden Eigenschaften der Hanfpflanze nicht einmal erwähnt.

---

* Haenel vermutet allerdings, daß dieses Buch erst aus dem 1. Jahrh. v. Chr. stammt.

Ein Haschischrausch

Nach einigen Minuten überfiel mich eine allgemeine Steifigkeit. Mein Körper schien sich aufzulösen und durchsichtig zu werden. Das Haschisch, das ich gegessen hatte, sah ich sehr deutlich in meiner Brust in Form eines Smaragds, der Millionen kleiner Fünkchen sprühte. Meine Augenlider verlängerten sich ins Unendliche und schienen wie Goldfäden auf kleinen elfenbeinernen Rollen, die sich ganz von allein mit einer verblüffenden Schnelligkeit drehten. Rings um mich war ein Rieseln und Einstürzen von Steinmassen in allen Farben und in stetem Wechsel, das nur mit dem Spiel des Kaleidoskops verglichen werden kann. In manchen Augenblicken sah ich nur noch meine Kameraden, jedoch verändert, halb Mensch, halb Pflanze, mit dem nachdenklichen Aussehen des Ibis, auf dem Fuße eines Vogels Strauß stehend, mit den Flügeln schlagend. Alles dies war so seltsam, daß ich mich vor Lachen in meiner Ecke kaum halten konnte und daß ich schließlich meine Kissen in die Luft warf, sie wieder auffing und mit der Schnelligkeit eines indischen Jongleurs herumwirbelte, um mich der Tollheit des Schauspiels anzuschließen ...

Die erste Phase näherte sich dem Ende, und ich war ganz ruhig, ohne Kopfschmerzen oder sonst irgendeines der Symptome, die den Weinrausch begleiten, und war sehr überrascht über das, was vorgegangen war. – Nach einer halben Stunde verfiel ich von neuem wieder der Wirkung des Haschisch. Dieses Mal waren die Visionen sehr viel komplizierter und ungewöhnlicher. Milliarden von Schmetterlingen, deren Flügel wie Fächer rauschten, flogen mit dauerndem Summen in einer merkwürdig erleuchteten Luft umher. Gigantische Pflanzen und Blumen mit kristallenen Kelchen, enorme Pfingstrosen, goldene und silberne Betten stiegen auf und breiteten sich rings um mich aus mit einem Knistern, das an Feuerwerk erinnerte. Mein Gehör hatte sich merkwürdig gesteigert, ich hörte das Geräusch der Farben. Grüne, blaue, gelbe Töne kamen in scharf unterschiedenen Wellen zu mir. Ein umgeworfenes Glas, ein Ächzen des Stuhles, ein leise ausgesprochenes Wort vibrierten und widerhallten in mir wie Donnergetöse. Meine eigene Stimme schien mir so laut, daß ich nicht zu sprechen wagte aus Angst, die Mauern umzuwerfen oder selbst wie eine Bombe zu krachen. Mehr als 500 Uhren sangen mir die Zeit mit flötenden, kupfernen und silbernen Stimmen. Jeder gestreifte Gegenstand tönte wie eine Harmonika oder eine Äolsharfe. Ich versank in einem Ozean von Wohllauten, in dem wie Inseln einige Bruchstücke aus *Lucia* oder dem *Barbier* auftauchten. Noch nie hatte ich solches Glücksgefühl erlebt. Ich löste mich auf, war so weit entfernt von mir, meiner selbst so entledigt, dieses widerwärtigen Zeugen, der einen stets begleitet, daß ich zum ersten Mal die Existenz der Elementargeister verstand, der Engel und der vom Körper getrennten Seelen. Ich war wie ein Schwamm mitten im Meer. Jede Minute durchzogen mich Wellen von Glück, die durch meine Poren ein- und ausgingen; denn ich war ja durchdringbar geworden, und bis ins letzte hinein nahm ich die Farbe der phantastischen Umgebung auf, in die ich versetzt war. Töne, Düfte, Licht kamen durch unzählige schmale Kanälchen, so fein wie Haare, zu mir, in denen ich die magnetischen Ströme pfeifen hörte. – Nach meiner Berechnung dauerte dieser Zustand ungefähr 300 Jahre, denn die Empfindungen folgten sich dermaßen zahlreich und rasch, daß eine Zeitwahrnehmung unmöglich schien. Nachdem dieser Zustand vorüber war, merkte ich, daß er nur eine Viertelstunde gedauert hatte...

Eine dritte Phase, die letzte und zugleich bizarrste, beendigte meine orientalische Sitzung. In dieser verdoppelte sich mein Blick. Zwei Bilder jedes Gegenstandes spiegelten sich in meiner Netzhaut und erzeugten eine vollständige Symmetrie. Aber bald nachdem die magische Substanz vollständig verzehrt war und nun noch intensiver auf mich zu wirken begann, war ich für eine Stunde vollkommen von Sinnen. Alle pantagruelischen Träume durchzogen meine Phantasie: Einhörner, Greifen, Riesenvögel usw., kurz, die ganze Menagerie der Traumungeheuer trippelte, funkelte, flatterte und klapperte durch das Zimmer. Die Erscheinungen waren so barock, daß ich den Wunsch hatte, sie zu zeichnen, so daß ich in weniger als fünf Minuten das Bild des Dr. X entwarf, wie er mir erschien, am Klavier sitzend, als Türke gekleidet, eine Sonne auf dem Rücken. Die Noten entschlüpften dem Klavier als Raketen oder kapriziös auseinandergezogene Spiralen. Ein anderer Entwurf, der die Geschichte eines Lebewesens der Zukunft darstellen sollte, zeigte eine lebendige Lokomotive mit einem Schwanenhals, der in einem Schlangenrachen endigte, aus dem Rauchwolken mit ungeheuerlichen Füßen hervorsprudelten, aus Rädern und Rollen bestehend. Jedes Paar Füße von einem Flügelpaar begleitet, und auf dem Schwanz des Tieres sieht man den alten Merkur sitzen, der sich trotz seiner geflügelten Ferse besiegt davonmacht. Dank der Wirkung des Haschisch konnte ich das Portrait eines Koboldes naturgetreu wiedergeben, während ich diesen bislang nur nachts in meinem alten Büfett hatte ächzen und rumoren hören.

Théophile Gautier (1843)

Um 800 v. Chr. tauchte die Droge in der indischen Literatur auf. Es wird angezweifelt, ob das vielzitierte Soma mit dem Haschisch identisch ist (→ Fliegenpilz). In der indischen (ayurvedischen) Medizin wurde Cannabis gegen eine Vielzahl von Krankheiten eingesetzt. Erstaunlich modern mutet an, daß man es häufig verwendete, um psychosomatische Leiden (Schlaflosigkeit, Migräne u. a.) zu bessern, denen man ja auch in unserer Epoche gelegentlich mit Halluzinogenen in der Psychotherapie beizukommen sucht (→ LSD). Auch im religiösen Bereich war die Droge fest integriert. Im Gegensatz zum Alkohol ist den Brahmanen der Genuß von Haschisch nicht verboten (Carstairs). Es ist jedoch sicher unzutreffend, daß die erstaunlichen Leistungen der indischen Kultur dem Cannabis zu verdanken sind, wie manche Haschisch-Freunde meinen (→ RA III).

Bei großen Feiern, wie dem Vishnu-Fest, gab man jungen Priesterinnen Haschisch; im Rausch sahen sie das Gesicht des Gottes und weissagten (Kaempfer 1712). Bei den Festen zu Ehren der blutrünstigen Göttin Kali flößte man den Opfern ein haschischhaltiges Getränk ein und stieß sie dann unter die riesigen Räder des Prunkwagens, auf dem das Standbild der Göttin thronte. Andere warfen sich im Rausch vor die Füße der heiligen Elefanten und ließen sich zermalmen. Nach einer Schätzung aus dem Jahre 1806 soll die Zahl derartiger Opfer bei diesen Festlichkeiten jährlich 20 000 betragen haben.

Reclus berichtet über einen indischen Fruchtbarkeitskult, bei dem Haschisch von den Auserwählten eingenommen wurde, damit sie nicht im letzten Moment schwach wurden. »In trunken-ekstatischem Zustand begab sich dann das Opfer zum Altar, wo ihm so der Hals durchschnitten wurde, daß die Erde sein Blut trank. Dann stürzten die religiös-fanatisierten Gläubigen über den noch zuckenden Leichnam. Sie rissen mit den Nägeln, mit den Zähnen, mit dem Messer einen Fleischfetzen heraus, um ihn auf ihrem Felde zu vergraben, sich so einer guten Ernte versichernd.«

In verschiedensten Zubereitungsformen und Stärkegraden ist das Mittel in Indien so sehr fester Bestandteil des Brauchtums, daß die Regierung sich bis auf den heutigen Tag weigert, das Haschischverbot der Weltgesundheitsorganisation durchzuführen. Sie kontrolliert jedoch den Anbau und die Verteilung. In diesem Land spielt Cannabis noch immer eine Rolle als Medikament; so setzt man es mit Erfolg als Appetitanreger ein (Ismail 1965).

(Der Verfasser dieses Beitrags erfuhr während einer Indienreise 1975/76, daß auf dem Subkontinent inzwischen, wie im Westen, Alkohol als das weit größere Problem als Cannabis betrachtet wird. Daß in Indien – als einzigem Land der Welt, weil für medizinische Zwecke – 150.000 Farmer in 7.000 Dörfern ganz offiziell Opium anbauen und sich in Ghazipur die größte Opiumfabrik befindet, sei hier ebenfalls nur am Rande vermerkt.)

Vordringen nach Westen

Ähnlich wie bei Soma wird auch angezweifelt, daß Haschisch im Alten Testament oder in der homerischen *Odyssee* (*Nepenthes* → Opiate) eine Rolle spielte. Hingegen steht fest, daß es die Assyrer bereits 900 v. Chr. als Weihrauch kannten. Auf ihre Wörter *qunubu* und *qunabu,* womit sie gewisse

Räucherungen benannten, wird der heutige Ausdruck Cannabis zurückgeführt. In den Tontafel-Archiven des alten Mesopotamien steht vermerkt, daß man Drogen systematisch an Sklaven erprobte, und so entdeckte man vermutlich auch die berauschende Wirkung des Hanfs (Thorwald).

Um 800 v. Chr. war die Droge noch weiter in den Westen vorgedrungen. Herodot berichtet von dem asiatischen Reitervolk der Skythen. »Die Samenkörner dieses Hanfes nehmen die Skythen, kriechen damit unter Filzdecken und legen sie auf glühende Steine. Diese fangen an zu rauchen und erzeugen einen so starken Dampf, daß wohl kein griechisches Schwitzbad dieses Dampfbad übertrifft. Die Skythen ... heulen vor Lust.« Es handelt sich dabei um ein religiöses Ritual, mit dem man in Ekstase zu kommen suchte.

Mircea Eliade erwähnt, daß »die durch Hanfrauch hervorgerufene schamanische Ekstase« auch im alten Persien, ja in ganz Zentralasien bekannt war. Allerdings weist er darauf hin, daß es andrerseits hochachtungsvoll vermerkt wurde, wenn ein Weiser »ohne Trance und ohne Hanf« war. Im Buch *Vidêvdât* wird der Hanf sogar als *dämonisch* abgelehnt. Das steht sehr im Widerspruch zu der hervorragenden positiven Rolle, die der Orientalist Rudolf Gelpke (1966) dem Cannabis in der persischen Mystik zuschreibt.

Im September 1975 fand der griechische Archäologe Sotiris Dakaris unter den Ruinen des Totenorakels von Ephyra im Norden Griechenlands zahlreiche Klumpen Haschisch. Philipp Vandenberg entwickelte aus diesem und anderen Hinweisen die Theorie, daß die Pythia des Orakels zu Delphi wie auch andere Hellseherinnen und Prophetinnen der Antike sich der Rauschdroge als Hilfsmittel bedienten, um in Trance zu gelangen, bzw. daß die Priester den Hilfesuchenden Haschisch verabreichten, um ihnen *lebende Leichname,* die von den Decken der Höhlen schwebten, und anderes mehr vorzugaukeln. So interessant diese Theorie sich anhört, so sehr muß man jedoch bezweifeln, ob sie sich wirklich aufrechterhalten läßt. Wahrscheinlich spielte Haschisch oder auch Opium allenfalls beim Niedergang eines solchen Kultes eine Rolle, wenn die natürlichen Fähigkeiten vielleicht nicht mehr ausreichten und mit Drogenräuschen die Phantasie stimuliert werden mußte.

Der Archäologe Hermann Busse öffnete bei seinen Ausgrabungen 1896 in der Nähe des brandenburgischen Fleckens Wilmersdorf eine Bestattungsstelle. In einer ihrer Urnen fand der Botaniker Ludwig Wittmaack Überreste von Hanfsamen und zog daraus den Schluß, daß die Pflanze bereits im Germanien des fünften vorchristlichen Jahrhunderts bekannt war.

Im frühen Mittelalter erhielten die Araber Kenntnis vom Hanf. Um 500 n. Chr. erschien er in Europa. Unter der Bezeichnung *Hanofsamo* wird er auf zwei deutschen Rezepten aus dem achten Jahrhundert erwähnt. Zur gleichen Zeit war der Mißbrauch von Haschisch in Ägypten schon so weit verbreitet, daß sein Genuß unter Androhung des Zähneausreißens verboten wurde. Auch im übrigen Orient war die Droge mehr als beliebt, was nicht zuletzt die *Märchen aus Tausendundeiner Nacht* bezeugen.

Im 12. Jahrhundert empfahl Hildegard von Bingen den Hanf zur lokalen Anwendung bei offenen Wunden und

Geschwüren. Zusammen mit der → Mandragora, dem Stechapfel (→ Nachtschatten-Drogen) und dergleichen tauchte er dann in den → Hexensalben des späten Mittelalters auf.

Die Assassinen

Ein ganzes Buch könnte man über eine Entwicklung schreiben, die mittlerweile im Vorderen Orient stattfand. Vom Ende des 11. Jahrhunderts bis weit ins 13. Jahrhundert hinein verbreitete der Geheimbund der Assassinen* Angst und Schrecken, sowohl unter den christlichen Kreuzrittern als auch unter den mohammedanischen Bewohnern des Irak, Palästinas, Persiens und Syriens, gegen die sie einen Zweifrontenkrieg führten. Rudolf Gelpke hat detailliert untersucht, wieweit die Berichte über den *Alten vom Berge,* das Oberhaupt jener Sekte, und die Vorgänge auf seiner Festung Alamut Tatsachen oder schlichte Folklore sind. Immer wieder, zuerst wohl von Marco Polo, wurde berichtet, daß die Assassinen unter Einfluß von Haschisch politische Gegner per Attentat ausschalteten, weil die Truppen von Alamut im offenen Kampf zahlenmäßig weit unterlegen gewesen wären. Zum anderen soll ihr Führer ihnen unter dem Einfluß der Droge geschickt das leibhaftige Paradies vorgeführt haben, in das sie nach ihrem Tod eingehen würden (→ RA I).

Nach Gelpkes Meinung ist es »durchaus möglich (aber weder erwiesen noch von entscheidender Bedeutung), daß das Haschisch in Alamut die Rolle einer *sakralen Droge* gespielt hat«. Selbst wenn es sich bei diesem Bericht um schlichte Erfindung handelt, bereichert er doch die an farbigen Ereignissen gewiß nicht arme Geschichte des Haschisch um ein spannendes Detail.

Zwei in kulturhistorischen Kreisen angesehenere Werke über die Assassinen stammen von M.G.S. Hodgson (1955) und Bernhard Lewis (zu dessen deutscher Ausgabe 1989 sehr kritisch angemerkt wurde, daß sie zu leichtfertig Parallelen zu modernen islamistischen Attentäter-Gruppen ziehe – s. Halm 1990).

Speziell mit Hasan Ibn Sabbah, dem geheimnisumwitterten Großmeister des Assassinen-Ordens, befaßte sich B. Bouthol (1936).

Wir begegnen der Droge wieder im *Kräutlein Pantagruelion,* dessen Wirkungen der französische Arzt und Schriftsteller François Rabelais (1494–1553) sehr kritisch zu beschreiben weiß – und keineswegs »enthusiastisch«, wie man ihm immer wieder nachsagt. Damals konnte sich das *Kräutlein*** in Europa nicht durchsetzen.

Erst 300 Jahre später, nachdem vermutlich die Soldaten Napoleons die Droge aus Ägypten mitgebracht hatten, machte sie sich allmählich breit. Der Nervenarzt Moreau de Tours verfaßte 1845 ein grundlegendes Werk darüber und führte sie bei einigen befreundeten Schriftstellern ein. Diese gründeten einen *Club des Haschischins* und machten im Hotel Pimodan auf

---

* Das Wort soll von *Haschischin,* also »Haschischbenützer«, abgeleitet sein.

** Es sei in diesem Zusammenhang angemerkt, daß der gängige Ausdruck, etwas sei »starker Toback«, mit einer gewissen Berechtigung auf das gerauchte Hanfkraut bezogen wird – was ein weiterer Hinweis darauf wäre, daß es sich bei Haschisch und Marihuana keineswegs um »kulturfremde Drogen« handelt, daß man sie vielmehr »vor nicht einmal fünfzig Jahren als *Rauschkraut* in bayerischen Bauernpfeifen qualmte« (Behr 1992). (S. hierzu auch die märchenkundlichen Studien von Golowin und Küttner).

einer der Seine-Inseln Selbstversuche, die sie literarisch verarbeiteten: Charles Baudelaire (1858), Theophile Gautier (1843), Gerard de Nerval und Arthur Rimbaud. Obwohl sie den Rausch in glühenden Farben schilderten und das Präparat selber in Apotheken leicht erhältlich war, blieb sein Gebrauch auf einen kleinen Zirkel von Eingeweihten in Frankreich beschränkt. Der Reiz des Neuen flaute bald ab, und auch im übrigen Europa, mit Ausnahme Griechenlands, gab es kein Haschisch-Problem.

In Griechenland trug der Erste Weltkrieg dazu bei, den Mißbrauch der Droge zu fördern; nicht zuletzt deshalb, weil der umfangreiche Hanfanbau erst 1920 verboten wurde. Die Durchführung der Gesetze wurde jedoch immer wieder hinausgezögert. Erst Ende 1936 wurden die vorhandenen Bestände von mehr als 50 Tonnen, die bei 160 Händlern lagerten, verbrannt.

Ähnlich war die Entwicklung in Ägypten, wo schon in nachnapoleonischer Zeit das »Rauchen des Hanfsamens« durch einen französischen General verboten und die Türen der Kaffeehäuser, in denen man ihn genoß, zugemauert wurden. Erst nach langem Hin und Her zwischen den Behörden und den einflußreichen Schmugglerorganisationen wurde im März 1879 das Verbot durchgesetzt – freilich bis auf den heutigen Tag mit orientalischer Großzügigkeit. Im Kongo passierte genau das Gegenteil. Wissmann (1901) berichtet von der erzwungenen Verbreitung des Haschischgenusses durch den Häuptling Kalamba Mukenge. »Mit Gewalt wurde nun der von Osten eingeführte Riambakultus verbreitet ... Die alten Fetische und Zaubermittel wurden ... zerstört und öffentlich verbrannt. An ihrer Stelle sollte Riamba (Hanf) als Universalzauber- und Schutzmittel gegen alle Unbilden treten und ein geheiligtes Symbol des Friedens und der Freundschaft werden.«

Alle Feste wurden mit Riamba-Rauchen gefeiert, und die Riamba-Pfeife, gefertigt aus einem Flaschenkürbis von nicht selten einem Meter Umfang, fehlte bei keinem wichtigen Geschäftsabschluß. Verbrecher wurden zu einer bestimmten Anzahl von Pfeifen Hanf verurteilt die sie unter Aufsicht bis zur Bewußtlosigkeit rauchen mußten.

Verbot und Besteuerung

In sämtlichen mohammedanischen Ländern nimmt Haschisch als Genußmittel die Stellung ein, die bei uns dem → Alkohol zukommt (den Mohammed seinen Gläubigen streng verboten hat). In den amerikanischen Gebieten war das Halluzinogen schon zur Zeit vor Columbus bekannt (anderen Quellen zufolge wurde es erst durch die Spanier eingeführt). Die Azteken verwendeten es bei religiösen Zeremonien im frühen 16. Jahrhundert, vermutlich schon eher. Anfang des 17. Jahrhunderts ließen die Engländer im heutigen Virginia Hanf anbauen, dessen Fasern industriell genutzt wurden. Als Rauschmittel spielte er damals jedoch keine Rolle. Aus Tagebuchnotizen geht hervor, daß auch George Washington die Pflanze anbaute, und zwar aller Wahrscheinlichkeit nach, weil er an dem halluzinogenen Wirkstoff interessiert war – und nicht, um Hanfseile zu drehen (Andrews). Fest steht, daß die Droge zu Beginn unseres Jahrhunderts aus Mexiko – wo man sie unter anderem zum Dopen von Corrida-Stieren und

Kampfhähnen einsetzte – nach den USA importiert wurde. Allerdings wird dort nicht das konzentrierte Harz benützt, sondern Marihuana.
Bereits Bayard Taylor hatte die Droge in Selbstversuchen erforscht und ein Buch darüber geschrieben (1855). Später versuchten Jazzmusiker, mit Cannabis ihre künstlerischen Fähigkeiten zu steigern (Mezzrow 1956), so wie es heute die Mitglieder vieler Musikgruppen tun.
Mit dem *Marihuana Tax Act* von 1937 versuchten die Vereinigten Staaten, den Cannabis-Mißbrauch einzudämmen. Nach diesem Gesetz wurde der Erwerb von Marihuana so hoch besteuert, daß für eine einzige Unze (28 g) allein an den Fiskus 100 Dollar bezahlt werden mußten. Wer das Finanzamt umging, mußte mit einer Strafe bis zu 2000 Dollar und bis zu fünf Jahren Gefängnis rechnen, falls er ertappt wurde. Timothy Leary, der Prophet der amerikanischen Drogenbewegung, bekam das am eigenen Leib zu spüren: Er wurde zu 30 Jahren Freiheitsentzug und 30 000 Dollar Strafe verurteilt, weil man bei ihm einige Gramm Marihuana für seinen persönlichen Gebrauch fand. Allerdings erklärte der Oberste Gerichtshof dieses groteske Urteil für verfassungswidrig (Pillard 1970). Statt dessen kam Leary wegen Heroinhandels ins Gefängnis.
Inzwischen ist Cannabis in den USA längst zu einem nationalen Problem geworden. Man schätzt, daß ein gutes Drittel der Universitätsstudenten und Hunderttausende von College- und High-School-Schülern bereits Marihuana geraucht haben (Farnsworth 1968).
Vor Jahrzehnten war die Situation wie beim Alkoholismus: Beide Drogen wurden vor allem in den Elendsvierteln und unter der farbigen Bevölkerung gebraucht. Die Beliebtheit bei den Jugendlichen und Heranwachsenden heute hat andere Gründe; ihnen dient sie mehr als Wohlstandsdroge, als Mittel des Protests gegen die ältere Generation und nicht zuletzt als Medikament gegen depressive und andere neurotische Zustände, gelegentlich auch als Instrument (vermeintlicher?) Bewußtseinserweiterung (→ RA III).

Kampf dem Haschisch!

Die Entwicklung während des 20. Jahrhunderts ist vor allem durch den zunehmenden Kampf der Regierungen aller Länder gegen Handel und Genuß von Haschisch wie Marihuana gekennzeichnet. Das Beispiel Kubas mag die Lage verdeutlichen: 1946 sollen dort etwa 80 Prozent aller Rauschmittelkonsumenten Marihuana-Raucher gewesen sein (Reininger). Man sollte allerdings bei der Bewertung solcher Zahlenangaben zurückhaltend sein. So wie nicht jeder Deutsche, der (gelegentlich) Wein trinkt, gleich zu den Alkoholikern gezählt werden darf, waren sicher nicht fünf Viertel der Kubaner cannabisabhängig!
Verständlich, daß die Weltgesundheitsorganisation sich ständig bemühte, den Konsum dieser Droge unter Kontrolle zu bekommen. 1961 einigte man sich im Rahmen der internationalen Vereinbarung Single Conventions Treaty, daß Cannabis unter die gefährlichen Drogen eingereiht und verboten werden soll.
Gleichzeitig mit der modischen Verbreitung unter der westlichen Jugend wurden jedoch immer mehr Stimmen laut, die nach einer genaueren wissenschaftlichen Untersuchung des Wirkmechanismus und der immer wieder zitierten Gefahren der Cannabis-Produkte verlangten. Zu widersprüchlich

waren die Argumente, die sowohl von seiten der Cannabis-Freunde wie der Cannabis-Gegner kamen; zu widersprüchlich waren auch die Maßnahmen der Polizeibehörden und der Justiz. (Siehe auch weiter unten: *Legalisierung von Haschisch?*)

Eine deutliche Sprache sprechen allerdings die Mengen illegal eingeführten Marihuanas und Haschisch. Waren es in den 50er Jahren Gramm-Portionen, die beschlagnahmt wurden, und in den 60er Jahren Kilo-Mengen, so ist das Schmuggelgut in den 80er und 90er Jahren noch einmal um drei Zehnerpotenzen angewachsen, und den Zeitungen sind nur noch konfiszierte Mengen von Zentnern und Tonnen eine Meldung wert:

November 1977: 2,8 Tonnen Haschisch und 83 kg Haschisch im Freihafen von Emden sichergestellt.

Oktober 1978: 450 kg Haschisch auf dem Flughafen Frankfurt am Main entdeckt.

Februar 1979: Bei verschiedenen Razzien werden im mitteleuropäischen Raum insgesamt 120 Zentner Haschisch beschlagnahmt.

April 1979: Türken versuchen vergeblich in einem Kühlwagen 32 Zentner Haschisch bei Kiefersfelden in die BRD einzuschmuggeln.

Mai 1979: Zehn Dealer versuchen vergeblich 100 kg Grüner Marokkaner, in Autoreifen versteckt, illegal in der BRD abzusetzen.

November 1979: Zwei Schmuggler aus Düsseldorf werden ertappt, als sie in einem Lastzug vier Zentner Haschisch aus Ankara in die BRD transportieren wollen.

Der lange Zeit spektakulärste Fang gelang der britischen Polizei, die Mitte 1979 in London und Cornwall insgesamt 4,5 Tonnen Haschisch mit einem geschätzten Marktwert von 40 Millionen Mark sicherstellte.

Die Tabelle auf dem Stand von 1995 zeigt, daß dies nur der Anfang einer explosionsartigen Entwicklung war. Bisheriger Höhepunkt sind die 1992 europaweit konsfiszierten 402 Tonnen, und dabei handelt es sich, wie gesagt, um das, was beschlagnahmt wurde. Wieviel man nicht entdeckt hat und wieviel von den Konsumenten geraucht wurde, bleibt der Spekulation überlassen.

Berücksichtigt man, daß die Dunkelziffer auf 1:10 geschätzt wird, also wahrscheinlich die zehnfache Menge des beschlagnahmten Schmuggelgutes unterwegs ist, so läßt sich wenigstens erahnen, welche Proportionen der illegale Haschisch- und Marihuana-Handel seit seinen bescheidenen Anfängen vor drei Jahrzehnten bei uns angenommen hat!

Aber solche Erfolge der Fahndungsbehörden werden natürlich ins Lächerliche gezogen (und gleichzeitig wird die Doppelbödigkeit der Moral im Hintergrund sichtbar), wenn die Fahnder selbst beschlagnahmtes Haschisch rauchen – und sei es nur aus Jux. So ist im Sommer 1980 bekanntgeworden, daß ein Beamter der Frankfurter Kriminalpolizei, ein gelernter Bäcker, während eines Betriebsausflugs an seine ahnungslosen (?) Kollegen vom Rauschgiftdezernat selbstgebackenen Kuchen, in den er Haschisch gemengt hatte, verschenkte. (*Südd. Zeitung* vom 2. 7. 1980). Fünf der Beamten mußten nach dem unfreiwilligen Anschauungsunterricht über den Cannabis-Rausch wegen Vergiftungserscheinungen, Übelkeit und Erbrechen in ein Krankenhaus eingeliefert, andere ambulant behandelt werden. (Diese stark negativen Reaktionen de-

Sicherstellungen von Cannabis-Produkten 1963–1996

Jahr	*Cannabis (kg)*	*Jahr*	*Cannabis (kg)*
1963	38	1984	5646
1968	380	1985	11498
1970	4331	1986	2678
1973	4732	1987	3002
1974	3913	1988	11350
1975	6628	1989	12073
1976	5326	1990	13641
1977	9822	1991	12344
1978	3724	1992	12167
1980	3200	1993	13210
1981	6696	1994	25694
1982	3155	1995	14248
1983	4606	1996	9367

Sicherstellungen von Cannabis von 1963 bis Ende 1996. Marihuana, Haschisch (meist in Plattenform) und Haschischkonzentrat (Haschischöl) sind dabei zusammengerechnet. Für 1996 schlüsseln sich die Mengen folgendermaßen auf: Marihuana 6,901, Haschisch 3,46 und Haschischkonzentrat 1,8 Kilogramm (Quelle: Bundeskriminalamt 1997).

Pessimistische Schätzungen gehen davon aus, daß die tatsächlich im Umlauf befindliche Menge aufgrund der hohen Dunkelziffer rund zehnmal so groß ist.

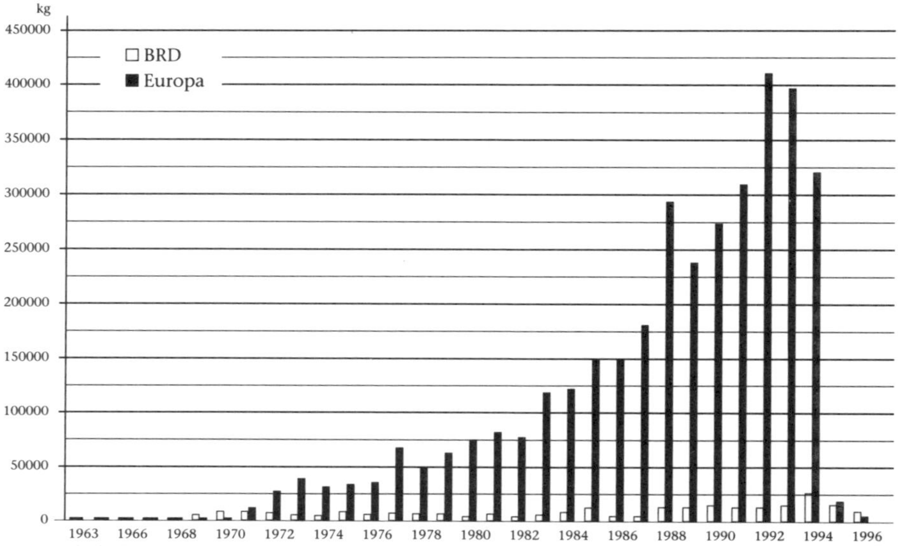

(Quelle: Bundeskriminalamt 1997)

monstrieren sehr plastisch, welche hervorragende Rolle Umgebung und innere Verfassung des Konsumenten bei der Drogenerfahrung spielen – geübte Kiffer hätten derselben Vergiftung wahrscheinlich höchsten Genuß abgewinnen können, und sei es nur als intensiver Horror-Trip!). Die Ermittlungen ergaben, daß in den Teig 300 Gramm Haschisch eingerührt worden waren – eine Menge, mit der man gut 300 Personen auf eine Drogenreise hätte schicken können, vor allem, weil eingenommenes Cannabis stärker wirkt als gerauchtes (bei dem bereits ein Teil der Wirkstoffe zerstört wird). Es handelte sich um Teile einer sichergestellten Gesamtmenge von 30 Kilogramm; das Rezept hatte der – inzwischen vom Dienst suspendierte Beamte – einem *Hasch-Kochbuch* entnommen, wahrscheinlich dem von H. G. Behr (1970).

Auf jeden Fall gilt, daß Haschisch – trotz Vordringens des Kokains ab der zweiten Hälfte der 70er Jahre – in Deutschland »mengenmäßig das dominierende Rauschgift in der Szene« blieb (Mellenthin, S. 4). Das heißt: Selbstverständlich ist das Rauschgift Nr. 1 nach wie vor der Alkohol!

4. Die Erforschung der Droge

Im Gegensatz zur aufregenden Geschichte des Cannabis-Konsums sieht die Geschichte der Erforschung seiner Wirkungen eher mager aus. Oriana Josseau Kalant spricht von etwa 2000 Arbeiten über die Droge, von denen 377 vor der Jahrhundertwende verfaßt wurden. Es ist interessant, zu sehen, in welchen Sprachen sie erschienen sind: Englisch (1073), Französisch (309), Deutsch (232), Portugiesisch (116), Spanisch (85), Italienisch (38) und andere (111). Bis auf Deutschland handelt es sich bei den Staaten, in denen die Forscher arbeiteten, vorwiegend um Kolonialländer. Die Forschungsergebnisse wurden also vorwiegend an den Bewohnern fremder Kulturen oder im Laboratorium gewonnen; Insassen von psychiatrischen Kliniken dürften die meisten Versuchspersonen gestellt haben. Die Problematik derartiger Methoden wird weiter unten noch diskutiert.

a) Chemische, physiologische und psychische Wirkung

Versuche, die psychoaktiven Substanzen zu finden, gab es seit 1895. Man isolierte aus Cannabis-Harz ein zähflüssiges Öl, Cannabinol genannt, das man zunächst für den Rauscherzeuger hielt. Die endgültige Strukturaufklärung und schließlich die Synthese von Cannabinol (bzw. einer ganzen Gruppe von Cannabinolen) gelang Forschern in England und in den USA erst während des Zweiten Weltkriegs. Die untersuchte Substanz erwies sich jedoch als nahezu wirkungslos, genau wie das verwandte Cannabidiol. Erst beim Tetrahydrocannabinol (THC) war man auf der richtigen Spur. Von diesem THC wurden etwa 80 Abkömmlinge isoliert.

Verglichen mit den anderen Rauschdrogen gehört Cannabis in eine eigene Klasse. Es ist weder ein Stimulans, Beruhigungsmittel (Tranquilizer), Halluzinogen noch ein Narkotikum – obwohl es von allen etwas besitzt. So verlängert es im Mäuseversuch* einerseits die Schlafdauer nach Barbituratgaben und erhöht andrerseits die Er-

---

* Zur Problematik solcher Tierversuche → RA V.

regung, wenn Amphetamine verabreicht werden. Bei großen Dosen treten Halluzinationen auf, aber Cannabis hat keine Kreuztoleranz zu den echten Halluzinogenen → LSD, → Psilocybin, → STP, → DMT und → Meskalin, während diese Drogen untereinander sehr wohl Kreuztoleranz zeigen und sich in der Wirkung beeinflussen.
1965 entdeckten R. Mechoulam und Y. Gaoni von der Hebräischen Universität in Jerusalem den Hauptwirkstoff: das Delta-Eins-Tetrahydrocannabinol (1-THC).* Zwei Jahre später gelang es Mechoulam, dieses THC auch synthetisch herzustellen. Dadurch wurde die Haschischforschung einen großen Schritt weitergebracht. Beispielsweise kann man in Wasser gelöstes THC in winzigen Mengen gezielt in die Hirnzentren von Versuchstieren spritzen und deren Reaktionen messen.
Placebo-Versuche ergaben 1968, daß THC vor allem in den Blütenspitzen der weiblichen Hanfpflanzen enthalten ist; in den Blättern findet man nur wenig, in den Stengeln gar nichts.
Die Substanz wirkt in erster Linie auf das Serotonin, einen im Gehirn erzeugten Wirkstoff aus der Gruppe der biogenen Amine (→ RA V). Dieses Amin läßt sich zwar überall im Gehirn nachweisen, ist jedoch im Limbischen System (Riechhirn) und im *Retikulären System* am stärksten konzentriert.
Bei niedrigen Cannabis-Dosen steigt der Serotonin-Spiegel zunächst massiv an. Nervöse Vorgänge werden verlangsamt; daher schneiden die Konsumenten in psychologischen Leistungstests schlechter ab. Gleichzeitig nimmt die Bewußtseinshelligkeit gegenüber äußeren Reizen ab. (Die Drogenbenützer sind allerdings der Meinung, daß statt dessen die Bewußtheit gegenüber inneren Sinneseindrücken und Abläufen *[Innere Universums]* zunimmt.) Auge und Ohr können sich nicht mehr so exakt orientieren, die Assoziationsgeschwindigkeit ist gestört, das Sprechen verlangsamt und ebenfalls weniger exakt. Bei häufigem Gebrauch tritt allerdings eine Art Gewöhnung auf. Das ist wohl auch ein Grund dafür, daß die Dosis, die man zur Erzielung eines Rausches benötigt, gesteigert werden muß.
Einen anderen möglichen Grund haben S. Agurell und seine Kollegen (1969) genannt: Bei Ratten- und Kaninchenversuchen stellten sie fest, daß die Tiere innerhalb von 24 Stunden nur 17 bis 40 Prozent des – radioaktiv markierten – THC ausscheiden und selbst nach einer Woche noch nicht einmal die Hälfte der Substanz (THC-Metaboliten) den Körper verlassen hat.

Lange Speicherung von THC

Weitere Experimente dieser Art durch J. Axelrod haben gezeigt, daß auch der Mensch THC ungewöhnlich lange speichert: Noch nach einer Woche lassen sich seine Spuren im Organismus in Form von Metaboliten nachweisen (Lemberger et al. 1970), → Alkohol hingegen wird wesentlich schneller abgebaut: pro Stunde 0,1 Promille; d.h. von einem Vollrausch ist nach 24 Stunden nicht mehr viel nachzuweisen (zumindest nicht im Blutkreislauf – hingegen zeugt der *Kater* sehr nachhaltig von Spätwirkungen auch beim Alkohol).
Cannabis dämpft jedoch nicht nur, sondern regt gleichzeitig bestimmte Hirnstrukturen im Limbischen System zu erhöhter Aktivität an. Dieses Para-

---

* In einer anderen Nomenklatur auch Delta-Neun-THC genannt.

THC (Haschisch, Marihuana) harmloser als Alkohol?

Die beiden Nervengifte Alkohol und THC sind eigentlich nur in einer einzigen Hinsicht miteinander vergleichbar: Beide erzeugen sie Rauschzustände. Aber bereits bei der Beschaffenheit und Intensität dieser Zustände hört jede Ähnlichkeit auf. In folgenden Punkten unterscheiden beide Substanzen sich ganz wesentlich (wobei innerhalb beider Gruppen noch einmal die unterschiedliche »Ladung« der verschiedenen Produkte mit dem Gift beachtet werden muß: Wein und Weinbrand unterscheiden sich an Alkoholgehalt ebenso wie Marihuana und Haschisch an THC-Gehalt):

Aspekte	Alkohol	THC
Verwandschaft mit körpereigenen Substanzen?	A. ist eine körpereigene Substanz: Die Leber produziert ständig kleine Mengen davon aus Kohlehydraten	Körperfremde Substanz
Verweildauer im Körper?	Pro Stunde werden rund 0,1 Promill A. abgebaut – ein Rausch von 2,0 Promille ist demnach theoretisch auf biochemischer Ebene nach rund 20 Stunden »verarbeitet«	Metaboliten (chemische Abbau- und Umbauprodukte) des THC lassen sich noch nach einer Woche und länger nachweisen (G. Nahas: sogar noch nach 30 Tagen)
Anlagerung und Anreicherung im Körpergewebe?	Nein	Vorstellbar, aber noch nicht ausreichend erforscht (wichtig wegen der Frage, ob die → Toleranz beeinflußt wird)
Krebsauslösend?	Verdacht auf karzinogene Einflüsse im Bereich des oberen Verdauungstrakts	Verdacht auf karzinogene Einflüsse in den Atemwegen und in den Lungen
Weitere krankheitsfördernde Effekte bei längerem Gebrauch?	Vielfältige und gut erforschte Pathogenität (Details s. S. 108–114)	Pathogenität noch nicht hinreichend erforscht, aber Verdacht in mancherlei Hinsicht (Details s. S. 106)
Schädigung des werdenden Lebens bei Schwangeren?	Starker Verdacht auf Embryopathie	Noch nichts bekannt (G. Nahas: starker Verdacht)

Aspekte	Alkohol	THC
Einstiegsdroge?	Schwer abzuschätzen: Alkohol wie Marihuana/Haschisch spielen in der Biographie von Drogenabhängigen jeder Form oft eine wichtige Rolle, aber wohl mehr als »psychische Vorbereitung« auf stärkere Rauschwirkungen, die unbewußt gesucht werden. A. kann so zum Vorbereiter für Marihuana werden, dieses zum Haschischrauchen verleiten, dann zum Fixen usw. Feststehen dürfte, daß die wichtigste »Einstiegsdroge« das Nikotin ist, das ein erstes rauschähnliches, stimulierendes Erlebnis überhaupt verschafft (→ Genußdrogen).	
Therapiemöglichkeiten?	Je nach Methode werden 5 bis 60 Prozent »trocken« (aber Problem der leichten Verführbarkeit zum Rückfall, weil A. überall und jederzeit verfügbar)	Größere Therapie-Resistenz, weil die Persönlichkeit des THC-Abhängigen wahrscheinlich massiver vorgeschädigt ist (frühkindliche Defizite usw.)
fördert körperliche Abhängigkeit durch Auftreten von Entzugserscheinungen?	Ja, bis hin zu schwersten Ausfallerscheinungen	Bisher nur Verdacht, daß längerer THC-Konsum auch eine Art Entzugserscheinungen und damit physische Abhängigkeit hervorruft
fördert seelische Abhängigkeit durch Gewöhnung an spannungslösende Wirkung etc. (Selbst-Medikation, Selbst-Therapie)	Ja	Ja (wahrscheinlich stärker als A.)
Intensität der Auswirkungen auf das Seelenleben	Relativ gering und oberflächlich	Wesentlich intensiver als bei A. (es werden tiefere Schichten des Unbewußten zugänglich, und eine Art »Sog nach innen«, eine »Inflation unbewußter Inhalte« droht)
Balance von Außenwelt und Innenwelt?	Die Orientierung zur Außenwelt bleibt, bei aller Störung des Realitätssinnes, erhalten	Die Orientierung verschiebt sich bei längerem THC-Konsum zunehmend zur Innenwelt, mit entsprechenden Problemen im Hinblick auf Bewältigung der äußeren Realität

Aspekte	Alkohol	THC
Gefahr von toxischen Psychosen?	Ja (Alkoholdelir usw.)	Ja (Haschisch-Psychose als Folge zunehmender Verwirrung und Störung des Bezugs zur äußeren Realität)
Bezug zu gesellschaftlichen und kulturellen Traditionen?	A. ist seit Jahrtausenden in die europäische Kultur integriert	Haschisch und Marihuana sind kulturfremde Drogen in Europa (s. S. 88, FN)

doxon gilt als typischer Effekt des THC und der eigentlichen Halluzinogene. Gleichzeitig feuern die Neuronen des Hungerzentrums – daher der sprichwörtliche Heißhunger vieler Haschischraucher. Der Hirnstamm steuert auch das Zeitgefühl (Gefühl der Zeitdehnung beim Berauschten: »Tausend Jahre vergehen wie ein Tag«) und die Gefühlsintensität (Farben werden leuchtender, Töne klarer und schöner, selbst einfachste Speisen schmecken köstlich, Gerüche können zu überwältigenden Erlebnissen werden).

Was ist eine Halluzination?

Mit *Halluzinogen* bezeichnet man eine Substanz wie Haschisch oder Meskalin, die *Halluzinationen* hervorruft. Halluzinationen sind, im gängigen Sprachgebrauch wie innerhalb der psychiatrischen Fachterminologie, Sinnestäuschungen: D. h., der Halluzinierende nimmt – unter Einfluß einer Droge oder aufgrund psychotischer Zustände – Dinge und Gefühle wahr, die ein nüchterner oder nicht geistesverwirrter Mensch nicht sieht, hört, riecht usw.

Die gängige Meinung ist dabei: Das, was *halluziniert* wird, existiert gar nicht real, sondern nur in der Phantasie des Berauschten oder Kranken. Nun hat schon Sigmund Freud in seiner *Traumdeutung* (1900) die Eigenständigkeit der seelischen Realität, der Phantasie, der Traumwelt, der inneren Wirklichkeit betont:

»... muß man wohl sagen, daß die *psychische* Realität eine besondere Existenzform ist, welche mit der *materiellen Realität* nicht verwechselt werden soll.« (S. 625)

Der Berauschte nimmt auf seinem Cannabis- oder LSD-Trip also zunächst einmal Vorgänge und Gegenstände außerhalb seiner selbst wahr, die aus seiner seelischen Innenwelt stammen und die er nach draußen projiziert. Das ist aber nur ein Aspekt. Eine andere Sichtweise könnte sein, daß die Halluzinationen Vorgänge erfassen, die tatsächlich existieren, also nicht nur »eingebildet« sind. Ein Beispiel: Ein junges Mädchen läuft bekifft durch eine Straße in München und sieht plötzlich die Seelenlosigkeit des Autoverkehrs, wo Menschen hinter Glas und Blech voneinander und von den Fußgängern, insbesondere von ihr selbst, abgekapselt sind; sie nimmt auch die Häßlichkeit der sterilen Betonfassaden und die Maskenhaftigkeit der Gesichter, die Angst und Verzweiflung der ihr begegnenden Menschen wahr. Und sie begreift, daß sie all dies

viele Jahre, durch Gewöhnung, verdrängt hatte.
Auf ähnliche Weise kann der unter Halluzinogen-Einfluß Stehende auch andere Einsichten gewinnen, zum Beispiel in umfassendere soziale, kulturelle, technische Zusammenhänge, die er bislang nur aus der Literatur kannte. Auf Trip nimmt er sie leibhaftig wahr. Grof (1978) hat verschiedene solcher Wirklichkeiten, die beispielsweise LSD zugänglich machen kann, differenziert beschrieben, desgleichen Naranjo (1979).
Schon die Römer wußten: »Im Wein ist Wahrheit.« Obgleich der Alkohol keine halluzinogenen Wirkungen nach Art des LSD oder Cannabis hervorruft, vermag auch er »Wahrheiten« zugänglich zu machen, die sonst im Unbewußten versteckt liegen.
Wenn also Befürworter der Drogen behaupten, diese Substanzen würden ihnen »den Durchblick« verschaffen, so kann man diese Behauptung nicht einfach vom Tisch wischen. Sie trifft sicher zu, sonst wäre eine Psychotherapie mittels Halluzinogenen überhaupt nicht denkbar (→ LSD, → RA III). Allerdings gibt es in diesem Zusammenhang zwei große Probleme, die die Befürworter der Halluzinogene, gerade auch des Marihuana und Haschisch, gerne vernachlässigen:
1. Es muß stets – wie auch bei intuitiven Einsichten ohne Drogen – abgeklärt werden, inwieweit nicht Wunschdenken und Kritiklosigkeit den »Durchblick« trüben und verzerren oder gar verfälschen. Da aber jeder Rausch gerade die Kritikfähigkeit drastisch herabsetzt (Alkohol am Steuer!), ist das gar nicht so einfach.
2. Mit Halluzinogenen gewonnene Einsichten, sie mögen noch so wahr sein, verführen leicht dazu, Mißstände auch nur halluzinierend, etwa nach Art des Tag- oder Nachttraums, zu »bewältigen«, nicht aber aktiv handelnd anzugehen. Besonders die Eigenschaft des Cannabis, wie ein Tranquilizer die Motorik und die psychische Handlungsfähigkeit zu dämpfen, muß hier deutlich gesehen werden. Und vor allem:
3. Einsichten lassen sich auch ohne Drogen gewinnen. Allerdings mühsamer und mit weit mehr Zeitaufwand. Aber genau darum geht es, wie bei anderen modernen Hilfsmitteln auch, etwa dem Auto, die alles *schneller* machen – aber zu welchem Preis?

Eine gleichzeitige Dämpfung und Reizung wichtiger Gehirnzentren wird als Ursache der psychischen Labilität betrachtet, die den Berauschten von einem Gedanken zum anderen springen läßt, Lachsalven in Tränenausbrüche verwandelt und die merkwürdigsten körperlich-seelischen Wechselspiele verursacht. Die Vermutung liegt deshalb nahe, daß Menschen, deren psychisches Gleichgewicht ohnehin nicht sehr stabil ist, durch den Cannabisgenuß noch labiler werden.
Ein Gedicht eines 25jährigen Halluzinogenkonsumenten (s. S. 99) veranschaulicht vielleicht am besten eine Eigenschaft des Cannabis, die viel dazu beigetragen hat, daß gerade intellektuell Neugierige sich seiner bedienten. Das THC lockert die Zensurschranke, hebt Verdrängungen auf und kann bislang verschlossene Bereiche der Persönlichkeit öffnen. Der Student Jörn F. erlebte während eines intensiven Haschischrausches zum ersten Mal bewußt einen alten Haß auf den Vater, den er seit Kindheitstagen mit sich herumschleppte und längst vergessen glaubte – in Wahrheit aber

nur verdrängt hatte. Nach jahrelangen Depressionen erlebte der Berauschte, welche Aggressionen und welche Ängste sich hinter den melancholischen Verstimmungen verbargen. Ähnlich wie bei der LSD-Therapie (→ LSD) könnte man prinzipiell auch Cannabis zu therapeutischen Zwecken einsetzen, wenn das Mittel besser zu steuern wäre und nicht gerade der neurotisch verspannte Mensch, der die Therapie sucht, zur unkontrollierten Selbst-Therapie verführt würde (s. auch Grof 1978, Naranjo 1979).

Selbsterkenntnis
Ich habe den Spiegel gefunden
in meinem Schädel
bleiern blank:
mein Gesicht von Fleisch
eine Maske
gefüllt mit dem Haß
und der Angst
mein Rumpf ein
knöcherner Käfig
belebt vom Herz
und den Lungen
Meine Beine wie Säulen
auf endloser Straße

Jörn F. (1965)

Sobald das Interesse des Berauschten für die Außenwelt (zu der der Kontakt ja bereits infolge der physiologischen Wirkungen des THC gestört ist) abnimmt und er sich statt dessen seiner Innenwelt zuwendet, nimmt erfahrungsgemäß auch seine Kritikfähigkeit ab. Dafür wird sein Verständnis für unbewußte Vorgänge gesteigert – eine Beobachtung, die schon Moreau de Tours vor 100 Jahren machte. Diese Wirkung tritt zwar bei allen Rauschdrogen mehr oder minder eindrucksvoll auf, Cannabis nimmt jedoch insofern eine Sonderstellung ein, als die *Modellpsychose* einerseits nicht so persönlichkeitsauflösend wirkt wie bei → LSD, andererseits aber die Grenze zum Unbewußten hin stärker gelockert wird als durch Alkohol (der zudem das Bewußtsein stärker trübt).
So lassen sich die eigenen Träume, eben durch eine Lockerung der innerpsychischen Zensur, im Haschischrausch wesentlich besser verstehen; man ist nicht gezwungen, erst lange zu *deuten,* sondern kann (durchaus echte) Einsichten ohne Reflexion erhalten. Ein Erlebnis, das infolge seines Evidenz-Charakters sehr beeindruckend ist. Problematisch wird dieses Verfahren, durch Cannabis-Räusche die Persönlichkeit zu erweitern, erst dann, wenn die kritische Reflexion völlig aufgegeben wird – ein Verhalten, das leider sehr häufig zu beobachten ist, vor allem bei Jugendlichen, denen die nötige Lebenserfahrung fehlt, mit der sie die Rauscherlebnisse in ihre Persönlichkeit integrieren könnten (→ RA III). Das Serotonin ruft auch die typischen *Kaninchen-Augen* des Cannabis-Konsumenten hervor. Es führt zu einer Erweiterung der Gefäße der Bindehaut; sie röten sich infolge erhöhter Blutzufuhr. Bei exzessivem Rauchen kann daraus eine chronische Entzündung (Konjunktivitis) entstehen. Gleichzeitig verengt Serotonin die Blutgefäße der Gliedmaßen; daher die ebenfalls typischen kalten Hände und Füße des Haschischrauchers.

Vier Wirkungsbereiche
Neuere Forschungsergebnisse (1975/76) lassen erkennen, daß die erwähnten physiologischen Effekte keines-

wegs immer und bei jeder Versuchsperson auftreten. So spürte bei einem Experiment nur jeder zweite Hunger, während die anderen eher appetitgebremst waren. Man unterscheidet vier Wirkungsbereiche:

- Gehirn (äußert sich vor allem in den seelischen Veränderungen),
- Hals und Lunge (die Hemmung der Speicheldrüsen trocknet Mund und Hals aus; die Bronchien werden erweitert; der größere Teergehalt des Marihuana, das hierin selbst die stärksten Zigaretten übertrifft, vermehrt das Krebsrisiko),
- Kreislauf (sofortige Erhöhung der Pulsfrequenz und damit des Herzschlags um fast ein Drittel – sehr gefährlich für Herzkranke!),
- Muskulatur (die Muskelkraft soll, nach kanadischen Experimenten, durch Cannabisgenuß leicht herabgesetzt werden – aber dies könnte auch ein psychologischer Effekt sein, etwa infolge eines Gefühls der Wurstigkeit).

Eine ausgesprochene Giftwirkung wurde bislang nicht beobachtet. Es liegen keine bestätigten Berichte über Todesfälle vor, die auf eine Überdosis Marihuana oder Haschisch zurückgehen (während man an einer Alkoholvergiftung sehr wohl sterben kann). Eine Cannabis-Intoxikation äußert sich als schwere, psychoseähnliche Persönlichkeitsveränderung, die aber meistens gemeinsam mit dem Rausch abklingt. Erst bei Dauerkonsum steigt die Gefahr einer (toxischen) Haschisch-Psychose, die bestehen bleiben kann und mit typischen Charakterveränderungen einhergeht.

Der Haschisch-Kater

Ein ausgeprägter Haschisch-Kater im Anschluß an einen THC-Rausch wird selten beobachtet oder als solcher wahrgenommen. Dafür wird tagelanges, manchmal sogar mehr als eine Woche anhaltendes Gefühl der Wurstigkeit, Interesselosigkeit bis hin zu lustloser Apathie festgestellt, bei gleichzeitig durchaus angenehmem (entspanntem) körperlichen Zustand. Dies scheint sich bei Dauerkonsum zu verändern, und zwar weicht das entspannte Nach-Gefühl mehr und mehr nervösen Zuständen, in denen die innere, meist neurotisch bedingte, Verspannung des Users zum Ausdruck kommt. Entspannung wird dann nur noch im akuten Rausch erlebt – deshalb wird dieser immer öfter herbeigeführt.

Man sollte allerdings bei der – positiven wie negativen – Bewertung solcher Zustände berücksichtigen, in welchem Bezugsrahmen man sein (Vor-) Urteil abgibt. Der Haschisch-Freund wird nach der angenehmen Seite hin übertreiben und es begrüßen, daß der Rausch, wie auch der Nach-Rauschzustand, ihm hilft, aus dem üblichen sozialen Rahmen mit seinem Streß, seinem Leistungsanspruch und seinem Konkurrenzdenken auszusteigen. Der Haschisch-Gegner wird genau dies übel vermerken, nicht zuletzt, weil er – mit Recht – fürchtet, daß das ihm vertraute soziale Netzwerk ernsthaft gefährdet wird, wenn immer mehr daraus aussteigen.

Wirkungen aufs Gehirn

Die Wirkungen des Cannabis aufs Gehirn lassen sich folgendermaßen zusammenfassen: Cannabis wirkt auf wichtige Gehirnzentren in massiver Weise ein und beeinflußt von dort indirekt auf höchst verwickelte – und noch keineswegs ausreichend erforschte – Art

- die Hirnrinde (Sitz des Bewußtseins und der Verstandesfunktionen),
- die Sinneswahrnehmung (Aufnahme und Verarbeitung von Informationen, Gefühlsqualitäten),
- das vegetative Zentrum (Grundstimmung, Atmung, Herz, Magen-Darm-Trakt).

Ein großes Problem ist deshalb die Dosierung der Droge. Die Haschisch-Gegner bestehen auf einem strengen Verbot der Cannabis-Produkte, weil sie der Meinung sind, daß bei freiem Verkauf bald auch die sehr starken Haschisch-Sorten aus Südindien und Zentralafrika* den Weg zu uns finden – und daß es dann mit den eigentlichen Problemen erst losgehen wird. Angegriffen wird auch das Argument, Cannabis sei harmloser als Alkohol, weil der Alkoholrausch auf seinem Höhepunkt nicht mehr gesteigert werden kann (der Betrunkene schläft ein), wohingegen ein relativ milder Cannabis-Rausch bereits etwa an diesem Höhepunkt einsetzt und sich noch enorm verstärken läßt. Die Hauptbedenken zielen in die Richtung, daß bei häufigen hohen THC-Dosen die Gefahr der Geisteskrankheit (*Haschisch-Psychose* durch Intoxikation) gegeben ist (siehe auch weiter unten).

Die Haschisch-Freunde halten diesen Vorwürfen entgegen, daß eine starke Persönlichkeit die Droge ebensowenig mißbrauchen wird wie etwa ein Weinkenner den Alkohol. Letzten Endes komme es auf eine Entscheidung des einzelnen an.

b) Die klassischen Cannabis-Studien

Cannabis-Konsumenten führen zur Verteidigung ihrer Gewohnheit immer wieder die drei großen Studien über die Droge ins Feld: den Report der *Indischen Hanf-Kommission* (1894), den *La-Guardia-Bericht* des Bürgermeisters von New York (1944) und die Studie der englischen *Cannabis-Kommission* (1968).

Was dabei gerne übergangen wird, ist die Tatsache, daß alle drei Studien nicht den wissenschaftlichen Ansprüchen genügen, die man heute stellt. Wie Oriana Josseau Kalant in ihrem Sammelreferat über die bisher erschienene Cannabis-Literatur betont, gilt diese Kritik für nahezu alle älteren Arbeiten auf diesem Gebiet: Sie »leiden daran, daß entsprechend ausgewählte Kontrolluntersuchungen von Nichtkonsumenten unberücksichtigt blieben«.

Der indische wie der englische Bericht enthalten rein statistische Erhebungen an Konsumenten und Experten, beide bringen also keine eigenen experimentellen Forschungsergebnisse. Bei dem fast 90 Jahre alten indischen Bericht kommt noch hinzu, daß er in keiner Weise den heutigen Standards der Statistik genügt und außerdem an einer Bevölkerung, eben der indischen, erarbeitet wurde, die nicht mit der Bevölkerung der USA oder der Bundesrepublik vergleichbar ist. Und schließlich kannte man bis vor wenigen Jahren noch nicht das spezielle Problem der jugendlichen Cannabis-Raucher, die heute das Gros der Konsumenten stellen.

Gegen eine andere wichtige Arbeit über Haschisch, nämlich die vielzitierte von Stringaris (1939, Überarbeitung 1972), müssen ähnliche Bedenken erhoben werden. Er machte seine Beob-

---

* Inzwischen wird auch in Nordamerika eine Cannabis-Sorte angebaut, die sogar die indischen und zentralafrikanischen noch zu übertreffen scheint, etwa das kalifornische *Sinsemilla;* und auch in den Niederlanden soll es seit den neunziger Jahren schon ungewöhnlich kräftige Sorten gezüchtet worden sein.

achtungen in der Landes-Nervenheilanstalt von Athen und in den griechischen Marinegefängnissen, also wiederum an einer Menschengruppe, die sich kaum mit den heutigen Drogengefährdeten der nördlichen Länder gleichsetzen läßt. Geisteskranke und Kriminelle sind bestimmt nicht die geeignete Gruppe, mit der man ausflippende Studenten, Oberschüler und Lehrlinge vergleichen kann. Das schmälert allerdings nicht den wissenschaftlichen Status der Stringarisschen Arbeit, die neben klinischen Beobachtungen und Fallstudien viele kulturhistorische Details bietet.

Ähnliche Bedenken lassen sich gegen den *La Guardia Report* anführen. Seine Ergebnisse sind ebenfalls nur sehr gewaltsam auf die heutige Situation übertragbar. Ein Gutteil des darin zusammengetragenen Materials stammt auch hier von Kriminellen beziehungsweise aus einer (höchst zweifelhaften) soziologischen Feldstudie in den New Yorker Slums. Mit Recht kritisiert deshalb E. R. Bloomquist (1968), daß von den Cannabis-Verteidigern mit Vorliebe diese soziologische Studie genannt wird, wenn ein Beweis erbracht werden soll, daß Cannabis harmlos sei. Der »Klinische Teil« des Reports allerdings, der zum Teil ganz massive Bedenken gegen die Droge anmeldet, wird in der Regel geflissentlich übergangen.

Rudolf Walter Leonhardt hat die drei erstgenannten klassischen Studien in seinem *Haschisch-Report (1970)* in deutscher Sprache auszugsweise zugänglich gemacht. Es genügt, selbst diese gekürzten Versionen aufmerksam zu studieren, um zu dem Schluß zu kommen, daß sie keineswegs geeignet sind, über Harmlosigkeit oder Gefährlichkeit der Cannabis-Produkte zu entscheiden. Hält man ihnen die in die Hunderte gehenden Berichte aus Kliniken und Laboratorien sowie die Feldstudien entgegen, die in den letzten Jahren gemacht wurden, so ergibt sich ein weit bedenklicheres Bild, als immer wieder vorgegeben wird.

c) Wichtige neue Untersuchungen

Eine endgültige Entscheidung über Cannabis kann noch nicht getroffen werden – das ist eigentlich bis jetzt das stärkste Argument gegen die Droge. Zu vielfältig sind die beteiligten Faktoren, zu kompliziert sind sie miteinander verflochten: chemische und pharmakologische Effekte, Persönlichkeit des Konsumenten, Kindheitserlebnisse, Milieu, gesellschaftliche Bedingungen, Motivationen, momentane Stimmung ...

Ehe die Beziehungen des Cannabis-Konsums zur Kriminalität, zu Geisteskrankheiten (Haschisch-Psychose), das *Umsteigen* auf härtere Drogen wie Heroin, die Möglichkeit von Entzugserscheinungen bei chronischem Mißbrauch und dergleichen nicht völlig geklärt sind, bedarf es noch vieler gründlicher Einzeluntersuchungen, die den heutigen wissenschaftlichen Anforderungen entsprechen müssen. Es genügt auch nicht, oberflächliche Erscheinungen wie Merkfähigkeit, Konzentrationsfähigkeit, Zeitgefühl daraufhin zu testen, wieweit sie durch einen einmaligen Rausch im Laboratorium verändert werden. Vielmehr müßte man eine Fülle derartiger Tests mit entsprechenden (tiefenpsychologischen) Langzeit-Studien bei denselben Personen verbinden, damit man beurteilen kann, wie sich chronischer Mißbrauch auf die Persönlichkeit auswirkt (→ RA III). Nur so lassen sich sekundäre Effekte wie Vitaminmangel, schlechte Ernährung, sozialer Druck, neurotische Fehlhaltungen (unbewußte Ängste und Schuldgefühle), gesellschaftlicher Abstieg infolge künstlicher Kriminalisierung (»Verstoß gegen das Opiumgesetz«) mit einiger Sicherheit ausschließen und die Wirkungen der Droge selbst herausfinden.

Immerhin gibt es einige grundsätzliche Experimente, die geeignet sind, das Dunkel um Cannabis etwas aufzuhellen. Daß ihre Ergebnisse nicht selten äußerst widersprüchlich sind, unterstreicht nur das oben Gesagte. Ein Hinweis ist dabei noch von großer Bedeutung:

Die amerikanischen Experimente – und das sind weitaus die meisten – wurden durchwegs mit Marihuana (oder dem entsprechenden synthetischen THC Synhexyl) durchgeführt. Haschisch, das bis zu zehnmal stärker sein kann, spielt in den USA praktisch keine Rolle. Trotzdem werden diese Marihuana-Ergebnisse (wenn sie günstig ausgefallen sind!) bei uns immer wieder zur Verteidigung des Haschisch verwendet. Entsprechend vorsichtig müssen die folgenden Resultate interpretiert werden!

- Weil, Zinberg und Nelsen (1968) führten mit Bostoner Studenten folgenden Doppelblindversuch (→ RA V) aus: Feingehackte Hanfblätter wurden in selbstgedrehten Zigaretten geraucht, wobei der Marihuana-Gehalt 0,25 Gramm (entspricht etwa 4,5 mg THC) bis 1,0 Gramm (18 mg THC) betrug. Die Kontrollgruppe erhielt nur wirkungsloses Rindenmaterial von den Stengeln männlicher Pflanzen. Zur Maskierung des ausgeprägt süßen Marihuana-Geruchs wurden alle Proben mit einigen Minzeblättern vermischt. Physiologisch und psychologisch wurde mit den cannabishaltigen Zigaretten nach einer halben Stunde die maximale Wirkung erreicht; sie nahm nach einer Stunde ab und war nach rund drei Stunden verschwunden. Es handelte sich also um einen typischen THC-Rausch.

  Die unerfahrenen Versuchspersonen, die mit der Droge zum ersten Mal in Berührung kamen, spürten zunächst überhaupt keine Wirkung – auch das ist typisch. Erst bei Wiederholung der Prozedur »lernten« sie auf irgendeine Weise, den Rausch zu spüren. Selbst dann waren die subjektiven Erlebnisse – auch bei starker Dosierung – nur schwach ausgeprägt, während die erfahrenen Konsumenten ein entsprechendes *high*-Gefühl hatten. Typisch verschieden waren auch die Reaktionen bei den Intelligenztests und den psychomotorischen Aufgaben. Trotz gehobener Stimmung zeigten die Erfahrenen eine geringere Leistungsminderung als die Unerfahrenen.

  Die körperlichen Reaktionen waren in sämtlichen Fällen nur geringfügig: leicht beschleunigter Pulsschlag, während die Atemgeschwindigkeit gleichblieb. Die viel kolportierte »Vergrößerung der Pupillen« konnte nicht festgestellt werden; sie tritt wohl dann in Erscheinung, wenn die Droge in verdunkelten Räumen (wie meist üblich) genossen oder wenn eine Cannabis-Zigarette zusätzlich mit → Nachtschatten-Drogen präpariert wird, was früher in den USA gelegentlich vorkam.

  Insgesamt kamen Weil und seine Kollegen zu dem Ergebnis, daß Marihuana eine verhältnismäßig schwache Rauschdroge von kurzer Wirkzeit ist.

- Lincoln Clark und Edwin Nakashima wiederholten 1968 die Experimente des »Klinischen Teils« des *La Guardia Report*. Wiederum handelte es sich bei der Droge um Marihuana – diesmal in der Form eines Extrakts –, das ebenfalls geraucht wurde. Statt inhaftierter Krimineller dienten jedoch Freiwillige (Studenten der Medizin, Pharmazie, Psychologie u. ä.) als Versuchspersonen. Auffälligstes Ergebnis war die breite Streuung der Resultate, sowohl zwischen den einzelnen Personen (interpersonell) als auch bei verschiedenen Experimenten bei derselben Person (intrapersonell). Das bestätigte statistisch einwandfrei eine Beobachtung, die jeder kritische Cannabis-Konsument kennt und die schon Baudelaire 1858 bei seinen Selbstversuchen machte:
»Möchten die Laien und die Unerfahrenen, die auf die Bekanntschaft mit unerhörten Freuden begierig sind, es sich doch eindringlich gesagt sein lassen, daß sie im Haschisch durchaus nichts Wunderbares finden werden, durchaus nichts anderes als die gesteigerte eigene Natur! Das Gehirn und der Organismus, auf die das Haschisch wirkt, werden nichts ergeben als ihre gewöhnlichen individuellen Äußerungen, vermehrt allerdings wie an Zahl so an Stärke, stets aber ihrem Ursprung getreu. Der Mensch wird der Bestimmung seines physischen und moralischen Temperaments nicht entwischen; das Haschisch wird für die Eindrücke und die vertraulichen Gedanken des Menschen ein Vergrößerungsspiegel sein – aber ein klarer Spiegel.«
Kein Cannabis-Rausch gleicht dem anderen, und es ist nicht voraussagbar, welche Rauschart man haben wird, einen *good* oder einen *bad trip,* auch *horror trip* genannt.
Am stärksten wurden, nach Clark und Nakashima, durch den Einfluß der Droge die Reaktionen bei komplizierten Aufgaben gestört. Aber selbst dabei gab es noch große Differenzen zwischen den einzelnen Personen. Die Forscher warnen deshalb: »... schon allein die Unmöglichkeit einer Vorhersage der Wirkung von Marihuana bei verschiedenen Personen und bei derselben Person zu verschiedenen Zeitpunkten und unter verschiedenen Bedingungen erhöhen das Risiko des Konsumenten.«
- Bedenklich ist auch eine Beobachtung von Martin H. Keeler (1968), daß bei einigen Fällen lange nach dem eigentlichen Rausch, oft erst nach mehreren Tagen, plötzlich ein rauschähnlicher Zustand auftrat, der so stark und beängstigend werden konnte, daß die betreffende Person ärztliche Hilfe in Anspruch nehmen mußte. Bisher kannte man derlei Erscheinungen (Flashback) nur von → LSD.

Widersprüchliche Ergebnisse

Zwei weitere Arbeiten, diesmal aus Deutschland, lassen zunächst vermuten, daß Cannabis (diesmal in Form von Haschisch) eher harmlos ist.

- Peter Kirchgässer (1969) untersuchte 20 Konsumenten in deren gewohnter Umgebung. »Es zeigte sich«, schreibt er zusammenfassend, »daß in keinem der Fälle Sucht-, Abstinenzerscheinungen, endogene und exogene Psychosen, Katatonien oder paranoide Symptome nachzuweisen waren. Ebenso keine kriminellen Delikte, die eine

Folge des Haschisch-Genusses gewesen wären.« Allerdings räumt er dann ein, daß die Droge im Bereich der weniger massiven (neurotischen) Persönlichkeits-Störungen als Fluchtmittel eine wichtige – und verstärkende – Rolle spielt:
»In 18 (von 20) Fällen waren seit früher Jugend, meist durch ein *broken home*,* starke Spannungen und Konflikte aufgetreten, die von den einzelnen nur schwer ertragen werden konnten. Diese Konflikte dürften in vielen Fällen mit eine Ursache und objektive Motivation für den Haschisch- und Marihuana-Genuß gewesen sein.«

- Erich Lennertz untersuchte 1969 mit Fragebogen das Persönlichkeitsbild von jugendlichen Haschischkonsumenten und Nichtkonsumenten. Er konnte dabei keinen erhöhten Neurotizismus feststellen – angesichts der anderslautenden Feststellungen vieler neuer Studien ein eher merkwürdiger Befund. Außerdem fand Lennertz: »Die allgemein weitverbreitete Ansicht, Konsumenten von Haschisch und Marihuana seien psychisch labile Personen, die sich durch eine Abhängigkeit vom ... indischen Hanf gegenüber ihrem sozialen Umfeld abkapseln und sich in eine unwirkliche Isolation begeben, indem sie sich anti-sozial verhalten bzw. ihr Ich-Ideal anders als die Gesellschaft formulieren, konnte in der vorliegenden Studie nicht bestätigt werden.«
Aufgrund der Tatsache, daß Jugendliche durch die Auswirkungen der Pubertät schon von Natur aus psychisch labil sind, muß auch diese Feststellung sehr vorsichtig betrachtet werden – genau wie die nächsten Aussagen: »Insbesondere darf man ... den beruhigenden Schluß ziehen, daß das Haschischrauchen an sich noch kein Hinweis für eine bedenkliche soziale Abkapselung oder gar für eine psychoneurotische Auffälligkeit ist. Anderslautende Befunde scheinen wesentlich auf den Umstand zurückzuführen zu sein, daß das benutzte diagnostische Klassifikationsverfahren den strengen Anforderungen der Psychometrie nicht entspricht.«

Hierzu kann man nur feststellen, daß unbewußte Vorgänge, die gerade beim Rausch eine eminente Rolle spielen (→ RA III), durch Fragebogen nicht verläßlich erfaßbar sind. (Selbst bei einer Psychoanalyse, die in diesem Fall als Forschungsinstrument weit geeigneter ist, dauert es oft Monate und Jahre, bis unbewußte Motivationen und Persönlichkeitsstörungen klar zutage treten.)
Für eine Verteidigung von Cannabis sind die Ergebnisse von Richard C. Pillard (1970) weit geeigneter. Er verglich das Ausmaß des Marihuana-Genusses bei Medizinstudenten mit ihren Ergebnissen bei Prüfungen. »Wir überlegten uns, daß erfolgreiche Aneignung der medizinischen Kenntnisse genau jene Art von Erfolg und Kapazität beim Durchführen komplexer Pläne beinhaltet, Frustrationen auferlegt, die Befolgung von Routinen und die Meisterung neuen Wissensstoffes verlangt, die der Gebrauch von Marihuana zu stören scheint.« Diese Annahme erwies sich als unzutreffend. Es konnte kein Zusammenhang zwischen Drogenkonsum und Noten gefunden werden. Allerdings betont Pillard, daß seine Versuchspersonen nur unregelmäßig rauchten.

* Darunter versteht man massiv gestörte Familienverhältnisse.

Zahlreiche Beobachtungen an chronischen Cannabis-Mißbrauchern, auf die gleich noch eingegangen wird, sprechen massiv gegen die ausschließlich soziologische und sozialpsychologische Interpretation des Cannabis-Problems, zu der auch Lennertz neigt. Das gleiche gilt für Lennertz' Behauptung: »Die ›Sucht nach Haschisch‹ ist allenfalls als *eine Sehnsucht* zu umschreiben, die darin besteht, einer bestimmten sozialen Gruppe anzugehören ...«
So einfach lassen sich sämtliche neurotischen, rein persönlichen Ursachen des Drogenmißbrauchs nicht vom Tisch wischen; ganz abgesehen davon, daß dieses Phänomen keineswegs auf eine »bestimmte soziale Gruppe« beschränkt ist (was immer Lennertz damit meint), sondern inzwischen quer durch alle sozialen Schichten verläuft. Darüber geben die Polizei- und Klinikstatistiken beredtes Zeugnis.

5. *Chronischer Mißbrauch und seine Folgen*

Allerdings kann man auch nicht wie Erich Hesse (1966) behaupten: »Die regelmäßige Aufnahme des Giftes (Haschisch) führt zur Sucht und auf die Dauer zu schweren psychischen Schäden. Psychomotorische Unruhe, manische Zustände leiten über eine zunehmende Verblödung zu einer unheilbaren Demenz über. Daueraufenthalt im Irrenhaus ist das Ende.« Das ist zwar sehr populär und abschreckend gesagt, ist aber gleichzeitig nach dem heutigen Stand der Wissenschaft in dieser krassen, pauschalen Form einfach falsch. Bereits die Formulierung »regelmäßige Aufnahme des Giftes« reizt zum Widerspruch. Es gibt Haschisch-Konsumenten, die über viele Jahre hinweg mäßig, aber regelmäßig ihren Joint rauchen, vielleicht jedes zweite Wochenende, ohne auch nur den geringsten Schaden davonzutragen oder in ihren beruflichen und sozialen Leistungen nachzulassen.
Es gibt allerdings eine Reihe von Arbeiten, die die Auffassung von Hesse stützen. Sie stammen durchwegs aus tropischen Ländern mit anderer sozialer Struktur und anderen psychischen wie physischen Voraussetzungen (mangelhafte Ernährung!), als sie bei uns herrschen. Der Cannabis-Konsum erreicht in diesen Fällen in der Regel so extreme Werte, daß die Folgen nicht verwundern.
Untersuchungen in Indien und Nordafrika haben bei starkem Mißbrauch einen täglichen Konsum von zwei bis sechs Gramm Haschisch ergeben – das entspricht wenigstens 10 bis 30 der üblichen Marihuana-Zigaretten! (Chopra 1939, Soueif 1967). Aus solchen Konsumenten dürften sich jene Haschisch-Psychotiker rekrutieren, von denen etwa Benabud (1957) aus Marokko berichtet. Dort stellte man bei 25 Prozent von 2300 Männern, die mit geistigen Störungen in eine psychiatrische Klinik eingeliefert wurden, eine *Cannabis-Psychose* fest. 70 Prozent der Patienten dieser Klinik gaben zu, Cannabis (in Form von Haschisch) zu rauchen, und ein Drittel waren regelmäßige Konsumenten.
Andere Forscher führen an, daß das dreifache Überwiegen der männlichen Geisteskranken über die weiblichen in jenen orientalisch-afrikanischen Ländern (in Deutschland überwiegen die Frauen ein wenig) eine Folge des Haschisch-Genusses sei, der traditionsgemäß den Männern vorbehalten ist.
Zu diesen Ergebnissen nehmen im *American Journal of Psychiatry* William

H. McGlothlin und Louis J. West (1968) Stellung: »Diese Untersuchungen stimmen nicht mit den Befunden in diesem Land (den USA) überein, und viele westliche Autoritäten bezweifeln sowohl die Brauchbarkeit der Diagnosen als auch die Methode jener Studien.«
Völlig ohne Bedenken sind jedoch auch diese beiden Psychiater nicht. Sie weisen auf das *amotivational syndrome* hin, das vor allem bei jüngeren Konsumenten infolge andauerndem Cannabis-Mißbrauchs auftreten soll und das sich in vermehrter Passivität und Unproduktivität äußert. Auch dabei ist es schwer, genau festzustellen, ob das Marihuana (bzw. das Haschisch) ursächlich verantwortlich ist oder ob es genommen wurde, um eine schon bestehende passive Glückserwartung zu befriedigen.

Wesensveränderung
Immerhin darf man solche Effekte nicht ganz ausschließen. So berichtet J. Angst von der Forschungsabteilung der Psychiatrischen Universitätsklinik Zürich: »Ein chronischer Mißbrauch führt zu einer toxischen [d.h. durch das Gift verursachten, J.v.Sch.] Wesensveränderung mit Lethargie und Vernachlässigung der persönlichen Belange. Vor allem führt der Haschischmißbrauch zu einem Rückzug auf sich selbst ... Karriere, Heim und Familie nehmen nur noch eine sekundäre Rolle ein ... Apathie, Verlust der Leistungsfähigkeit, Willensschwäche, Versagen des Durchhaltens und Unfähigkeit, Frustrationen zu erdulden, paaren sich mit gedanklichen Störungen, Wortfindungsstörungen, Verschwommenheit des Denkens, Konzentrationsunfähigkeit und Gedächtnisstörungen. Die verstärkte Introversion führt zu einer Einengung der Erlebnissphäre auf Kosten künftiger Ziele.«
Angst weist schließlich auf die auffallende Tendenz zur infantilen Regression hin, die sich auch in einem kindlichen, magisch-religiösen Denken widerspiegeln kann (→ RA II). »Auf alle Fälle ist Haschisch nicht harmloser als Alkohol« (Angst 1970).
Wie man sieht, sind die Widersprüche groß. Die Ursachen dafür sind vielfältig. Klinische Diagnosen von Geisteskranken lassen meist nicht erkennen, wieweit in der Vorgeschichte eines Cannabis-Mißbrauchers soziale Umstände eine Rolle spielten, die vielleicht seine Erkrankung weit mehr beeinflußten als die Droge. Mangelerscheinungen vielfältigster Art sind gerade in den afrikanischen und asiatischen Ländern, die so viele angebliche Haschisch-Psychosen melden, sehr häufig. Hier könnte die Droge vielleicht als letzter auslösender Anstoß dienen – während sie bei wohlgenährten Europäern weit harmloser wirkt. Ein Sonderfall liegt sicher bei Jugendlichen vor.* Sluga und Mader stellten 1970 fest: Bei den Jugendlichen, die schon seit mehreren Jahren Haschisch rauchen, ist der Allgemeinzustand sehr schlecht. Die Wiener Psychiater sahen erstmals bei Hippies schwere Abstinenzsyndrome, wie man sie sonst nur von Opiat- und anderen Alkaloid-Süchtigen kennt. Wenn sie auch nicht länger als sechs Tage dauerten, so zeigten diese Syndrome doch, daß neben der deutlichen psychischen Abhängigkeit auch bei Cannabis-Produkten

* Das bestätigen die Erfahrungen des Verfassers (J. v. Sch.) in der Drogenberatungsstelle der Stadt München und in seiner früheren eigenen Privatpraxis.

fließende Übergänge zur physischen Abhängigkeit auftreten können. Selbst klassische Symptome regelrechter Sucht (Dosissteigerung, Entzugssymptome), wurden beobachtet. Allerdings läßt sich in solchen Fällen ein kombinierter Haschisch-Opiat-Mißbrauch meist nicht ausschließen. Beimengungen von Morphin zu Haschischproben kommen, nach Angaben von Kriminalbeamten, allerdings nicht vor (verschiedene mündliche Mitteilungen sowie Mellenthin 1979, S. 7).

6. Wie gefährlich ist Marihuana, wie gefährlich Haschisch?

Diese widersprüchlichen Veröffentlichungen wurden bewußt buntgemischt zitiert. Nur so läßt sich zeigen, wie unklar im Bereich der Cannabis-Forschung noch manches ist. Man verfährt wohl am vernünftigsten, wenn man sich der Empfehlung der britischen Cannabis-Kommission (1968) anschließt: »Wir sind der Meinung, daß die nachteiligen Effekte, die der Cannabisgenuß selbst in kleinen Mengen bei einigen Leuten hervorrufen kann, nicht als unerheblich vernachlässigt werden sollten.«

Je jünger und lebensunerfahrener der Konsument ist, um so eindringlicher wird die Warnung ausfallen müssen. Das bekräftigten schon vor zwei Jahrzehnten die Ergebnisse der Berliner Erkundungsstudie von Friedrich Bschor, Jan Herha und Nils Dennemark (1970) an 94 Haschisch-Rauchern: »Es sammelt sich, daran besteht nach den Feldbeobachtungen gerade der letzten Monate kein Zweifel, eine immer größere Zahl junger Menschen an, die in ihrer Entwicklung in bestürzender Weise durch chronischen Rauschmittelkonsum beeinträchtigt worden sind oder in absehbarer Zeit zum Kreis der manifest Opiatsüchtigen stoßen.«

Sowohl Paul Kielholz (1970) wie Hans-Joachim Bochnik (1970) bestätigen diese Warnung.

Was für den Jugendlichen zutrifft, der sich noch mitten in der körperlichen wie geistig-seelischen Entwicklung befindet (→ RA III) und für den deshalb auch Cannabis zum Rausch-»Gift« werden kann, muß aber noch lange nicht für den erwachsenen Konsumenten mit entsprechender Lebenserfahrung zutreffen, der sich die Droge gelegentlich und unter geeigneten Umständen zuführt.

Auf diese Sachlage dürfte die Kritik gemünzt sein, die der amerikanische Cannabis-Forscher E. Leong Way, Pharmakologe und Toxikologe, in einem Interview der Ärztezeitung *Praxis-Kurier* übte (1970). Er wies daraufhin, daß die Untersuchungen erst am Anfang stehen. »Wir wissen noch zu wenig über den akuten Effekt von Haschisch, von dem chronischen ganz zu schweigen.«

Auch 1997 ist diese Sachlage noch nicht wesentlich anders.

Wird Kriminalität gefördert?

Zwei der wichtigsten Fragen, nämlich wieweit Cannabis die Kriminalität fördert und wieweit es zum Konsum härterer Drogen animiert, werden wohl nie zuverlässig beantwortet werden können.

Die drei indischen Forscher Chopra (1942) stellten aufgrund einer umfangreichen Arbeit fest: Der Konsum von Cannabis-Produkten »... führt nicht nur nicht zu Gewalttaten, sondern wirkt vielmehr als Dämpfungsmittel. Die Wirkung der Droge beruhigt und betäubt, so daß keine Ten-

denz zur Gewalttätigkeit mehr vorhanden ist.«
W. Bromberg und T. C. Rodgers schließen sich dieser Auffassung nach eigenen Untersuchungen an (1946), wohingegen E. Marcovitz und H. J. Myers (1944) sowie S. Charen und L. Perelman (1946) Soldaten mit psychopathischer Persönlichkeit fanden, bei denen Marihuana ».... das Selbstvertrauen stärkt, dessen ein Krimineller bedarf«.
Man weiß, daß der mexikanische Revolutionär Pancho Villa seine bewaffneten Horden zwang, Marihuana zu rauchen, damit sie die Todesangst vor dem Kampf überspielen konnten. Er verbot ihnen die Droge jedoch in der übrigen Zeit mit großem Nachdruck »wegen ihrer gefährlichen Wirkungen« (Wolff 1942). Andererseits ist bekannt, welch friedliches Bild sich den französischen Truppen unter Marschall Burgeaud bot, als sie 1844 nach der Schlacht von Isly in Marokko das feindliche Lager stürmten: Die meisten gegnerischen Kavalleristen lagen, vom Haschisch berauscht, auf ihren Teppichen und träumten von allem möglichen, nur nicht vom Krieg (Bouquet 1912).
Welche Folgen – und Ursachen – der hohe Marihuana-Konsum der US-Streitkräfte in Vietnam hatte, weiß niemand genau zu sagen. Entsprechend der *persönlichkeitsverstärkenden* Wirkung von Cannabis werden die Tollkühnen es vermutlich geraucht haben, um noch tollkühner zu werden (lies: um ihre natürliche Angst noch mehr zu verleugnen), und die Ängstlichen, um ihrer Angst nicht ins Auge sehen zu müssen. Eine aggressionsfördernde oder -hemmende Wirkung wird man dem Cannabis allein auch hierbei nicht zuschreiben können. Selbst dem klassischen Bericht über die Rolle der Droge als Gewalttätigkeitselixier wird im Grunde durch dieselbe Quelle widersprochen: Ehe nämlich die Assassinen ihre politischen Morde durchführten, gaukelte man ihnen angeblich, ebenfalls mit Haschisch, die friedliche Stille des Paradieses mit schönen Huris und köstlichen Mahlzeiten vor.
Also: Auf die Aggressionsbereitschaft, und damit auch auf die Entfaltung *krimineller* Energie, wirkt sich Cannabis höchst unterschiedlich aus, je nach Persönlichkeitsstruktur, momentaner Stimmungslage und Umgebung des Konsumenten. Wer viel Geld zur Beschaffung einer teuren Droge braucht und gleichzeitig durch Dauerkonsum arbeitsgestört oder gar -unfähig wurde, der kann sich seinen Stoff logischerweise nur durch kriminelle Handlungen beschaffen. Daran ist aber nicht das Haschisch oder Marihuana schuld, sowenig wie ein Auto schuld an dem Unfall ist, den sein Fahrer verursacht.

Einstiegsdroge für Heroin?
Zum *Umsteige-Effekt* äußert sich Way, wissenschaftlicher Berater des »Federal Bureau of Narcotics and Dangerous Drugs« und Mitglied einer um 1970 am »National Institute of Mental Health« der USA gegründeten Forschergruppe zum experimentellen Studium der Wirkungen von Marihuana. Die Behauptung, Cannabis-Genuß führe automatisch zum Gebrauch stärkerer und zweifellos süchtig machender Substanzen, verweist er ins Reich der Legende: »Diese Behauptung grenzt wirklich ans Lächerliche. Zwar kann man einen zahlenmäßigen Zusammenhang zwischen dem Konsum von Marihuana sowie dem von Heroin und LSD aufzeigen. Aber das heißt nicht, daß Marihuana-Rauchen zum

Gebrauch härterer Drogen verleitet. Die meisten Prostituierten rauchen beispielsweise Tabak, was aber nicht bedeuten muß, daß alle tabakrauchenden Frauen sich zu Prostituierten entwickeln müssen. Die meisten Heroinsüchtigen haben auch geraucht oder Bier getrunken, bevor sie süchtig wurden. Ich bin sicher, daß sich die meisten der gegenwärtigen Marihuana-Raucher nicht zu härteren Drogen *emanzipieren* werden.«

Die Droge Cannabis selbst dürfte sicher nicht zum *Umsteigen* veranlassen – aber der psychische Effekt des Rausches, der ja in hohem Maße von der individuellen Verfassung des Konsumenten abhängt, kann sehr wohl später zum Spritzen von Heroin und ähnlichen echten Rauschgiften verführen. Zahlen, wie sie Bochnik nennt, sind also auch im Lichte der Wayschen Polemik durchaus beachtenswert. »In verschiedenen Untersuchungen, die allerdings sämtlich nicht repräsentativ sind«, so Bochnik, »findet man Umsteiger zwischen 20 und 75 Prozent.« Niemand könne voraussagen, wer die entsprechende psychische Veranlagung zum Mißbrauch von Heroin, Kokain und ähnlichem hat. »Ich habe deswegen meine frühere Toleranz dem Haschisch gegenüber aufgegeben. Selbst wenn nur zehn Prozent oder sogar noch weniger Hascher dazu neigen würden, zu harten Drogen überzugehen, so wäre diese Umsteigerquote nicht erträglich.«

Auch hier muß man natürlich wieder berücksichtigen, daß im Grunde von zwei verschiedenen Drogen die Rede ist: Way meint das (schwächere) Marihuana und Bochnik das in Deutschland übliche (weit stärkere) Haschisch. Immerhin stellte J. C. Munch (1968) fest, daß etwa 90 Prozent der Heroin-Spritzer ihren sozialen Abstieg mit Marihuana eingeleitet haben. P. A. L. Chapple beschrieb 1966 sehr anschaulich, in welcher Form 80 britische Kokain- und Heroinsüchtige von Marihuana auf ihre weit gefährlichere Gewohnheit umstiegen. Fast alle gaben sie den Cannabis-Konsum auf, obwohl sie während einer Übergangsperiode meist beide Drogen nahmen. Als Grund der Gewohnheitsänderung gaben einige offen zu, daß sie schon nach zwei Wochen mit Marihuana nicht mehr zufrieden waren, weil der Rausch nicht die gewünschte Intensität erreichte (»I no longer got so high«). Es muß in diesem Zusammenhang noch einmal auf die Feststellung von S. Agurell verwiesen werden, wonach das THC bei Tierversuchen selbst nach einer Woche noch nicht einmal zur Hälfte den Körper verlassen hat (siehe S. 94).

Unheilbare Schäden?

Eine Droge, die derart lange wirkt – und sich bei entsprechend häufigem Konsum ständig vermehrt (kumuliert, → RA V) –, kann viel Schaden anrichten:

- vielleicht die Leberschäden die M. C. Kew und andere (1969) bei regelmäßigen Marihuana-Rauchern feststellten und auf den Einfluß der Droge zurückführten;
- vielleicht Mißbildungen, wie sie T. V. N. Persaud (1969) und W. F. Geber (1969) bei Versuchen mit trächtigen Mäusen, Ratten, Hasen und Hamstern feststellten, als sie den Tieren (hohe) Dosen, Haschischharz injizierten (weshalb Pillard schwangere Frauen davor warnt, Cannabis zu sich zu nehmen).

1973 berichteten Pharmakologen auf dem »Internationalen Therapiekongreß« in Genf immerhin, daß sich die Anzeichen genetischer Schädigungen selbst bei relativ mäßigem Genuß deutlich mehren. Nach Angaben von Gabriel N. Nahas* von der New Yorker Columbia-Universität können bereits drei Haschisch-Zigaretten pro Woche nach nur drei Jahren die Chromosomen der Konsumenten unheilbar schädigen.

Nahas (1980) hat seine Ergebnisse allerdings vorwiegend in Versuchen mit Ratten gewonnen, die sich nur bedingt – wenn überhaupt – auf Menschen übertragen lassen. (Zur allgemeinen Problematik der Tierversuche; s. → RA V, Schlußteil.)

Die wichtigste Streitfrage in puncto Cannabis, nämlich ob und unter welchen Umständen man es legalisieren (lies: zum Verkauf freigeben) könne, muß jedenfalls einstweilen offenbleiben. Eine Verfassungsbeschwerde, wie sie etwa der Münchner Rechtsanwalt Hermann Messmer Anfang 1970 beim Bundesgerichtshof in Karlsruhe vorlegte, wird erst dann Aussicht auf Erfolg haben, wenn die derzeit in aller Welt anlaufenden Experimente mit Sicherheit geklärt haben, daß Cannabis wirklich so harmlos ist, wie seine Freunde behaupten. Und das erscheint immer unwahrscheinlicher – jedenfalls bei Dauerkonsum.

Daran ändert auch nichts, daß angesehene Wissenschaftler und Künstler am 24. Juli 1967 in der seriösen Londoner *Times* die Gesetzgebung gegen Cannabis als »unmoralisch im Prinzip und in der Praxis nicht funktionierend« bezeichneten und für seine Freigabe plädierten (»... Haschisch, von allen freudenspendenden Drogen die unschädlichste, vor allem weniger schädlich als Alkohol...«).

Oder daß britische Ärzte in einem Leitartikel in der medizinischen Fachzeitschrift *The Lancet* bereits am 9. November 1963 aus den gleichen Gründen aufforderten, »... in Erwägung zu ziehen ... dem Haschisch den gleichen Status zu geben wie dem Alkohol, indem man den Import und Konsum von Haschisch legalisiert ...« Die in unserem Artikel zitierten Experimente und Feldstudien sind fast durchweg nach diesen beiden Veröffentlichungen gemacht worden. Jeder muß selbst entscheiden, was er nun von Cannabis zu halten hat. In den achtziger Jahren werden die Resultate des großzügigen Dreistufenplans des amerikanischen »National Institute of Mental Health« vorliegen, für das im Budget des Gesundheitsministeriums jährlich eine Million Dollar bereitgestellt wurde. Seine erste Stufe: Beschaffung ausreichender Drogenmengen für Experimente. Zweite Stufe: Tierversuche. Dritte Stufe: Humanversuche.

Vor allem bedarf es, neben statistischen Erhebungen (Wormser 1973) und Laborexperimenten (Lemberger et al. 1970), ausführlicher Langzeit-Studien, vor allem von Psychotherapeuten. Erst letztere geben einen anschaulichen Einblick in die Psycho- und Soziodynamik des Drogenkonsums und -mißbrauchs. Limentani (1968) hat eine kurze Marihuana-Skizze geschrieben; ich habe selbst anhand einer umfangreichen Fall-Studie eines jungen Haschisch-Rauchers eine Verlaufsanalyse der Drogenkarriere darzustellen versucht (vom Scheidt 1976/84; s. auch RA III).

* Die Untersuchungen von Nahas sind allerdings umstritten. Gegner werfen ihm vor, daß er seine Versuchstiere mit unsinnig hohen Dosen traktierte – abgesehen davon, daß Tierversuche mit Rauschdrogen höchst problematisch sind, sobald man ihre Ergebnisse auf den Menschen überträgt (→ RA V).

Pro und Contra wechseln ab

Die Ergebnisse der wissenschaftlichen Forschung wie auch die Meinungen der Forscher spiegeln eine wellenförmige Bewegung zwischen »pro« und »contra«, wobei die Tendenz im Lauf der Jahre sich doch deutlich in Richtung »contra«, also »Schädlichkeit« bereits von Marihuana zu verschieben scheint. Dafür einige abschließende Beispiele:

1) Im Mai 1977 erschien in der für ein Fach- wie Laienpublikum bestimmten Zeitschrift *Psychologie heute* ein Sammelreferat von Norman Zinberg. Zinberg, Berater der amerikanischen Drogenbehörde »Drug Abuse Council« und Verfasser mehrerer Studien über Marihuana, stützte sich auf eine Reihe neuer Untersuchungen, vor allem aber auf den *Jamaica Report,* einem – nach seinen Worten – »sorgfältig kontrollierten Experiment, bei dem 30 chronische Marihuana-Konsumenten ... eingehend untersucht wurden«. Das Resümee seines Überblicks endet mit der Bekräftigung eines Zitats eines anderen Drogenexperten, Daniel Freedman: »Niemand kann beschwören, daß Marihuana harmlos ist. Jeder Mensch muß die Frage, ob er es nimmt, für sich entscheiden.« Zinberg schließt dann so: »Je mehr Zeit aber ins Land geht, um so mehr Leute kommen zu der Ansicht, daß Marihuana zu den am geringsten toxischen Drogen der modernen Medizin gehört.« Zinberg mag damit recht haben – aber sind nicht die meisten Drogen der Medizin schon schlimm genug in ihren Folgen, mit Contergan nur als einem besonders krassen Beispiel und sämtlichen jederzeit mißbrauchbaren Tabletten im Gefolge (→ Appetithemmer, → Medikamente, → Schlafmittel, → Weckamine)?

Weit bedenklicher erscheint das Resultat einer 1978 publizierten Studie von Donald Tashkin, Barry Calvarese und Michael Simmons. Sie berichteten auf einem Treffen amerikanischer Lungenfachärzte über Beobachtungen an 74 Marihuana-Rauchern. Deren Lungenfunktionen waren um 25 Prozent beeinträchtigt, und Vergleiche mit Rauchern gewöhnlicher Zigaretten zeigten, daß deren Schäden (bei 16 und mehr Zigaretten) geringer waren (Tashkin 1978).

Ende 1979 endlich faßte die *Medical Tribune* Untersuchungen von Gabriel Nahas zusammen, einem medizinischen Sonderberater der Narkotika-Kommission der Vereinten Nationen. Ihm zufolge weisen Untersuchungen (die zum Teil seit vielen Jahren laufen) folgende Gefährdungen durch Marihuana auf:

- Bestandteile der Droge greifen das genetische Material an, verlangsamen die Zellteilung und hemmen die Bildung von DNS, den Bausteinen der Chromosomen.
- Eine einzige Dosis Marihuana bleibt sogar 30 Tage im Körper (und nicht bloß eine Woche, wie Agurell und Axelrod zunächst annahmen), und der Wirkstoff wird, Nahas zufolge, tatsächlich gespeichert (kumuliert).
- Bei Männern wird die Zeugungsfähigkeit schwer beeinträchtigt: Die Zahl der Spermien verringert sich deutlich, und gleichzeitig vermehren sich, ganz unerwartet, die abnormen Samenzellen.
- Tierversuche lassen vermuten, daß die Wirkungen von Marihuana auf den weiblichen Hormonhaushalt und auf die Babies rauchender Mütter »verheerend« sein müssen; das Sexualforschungsinstitut von Masters und Johnson in St. Louis hat

diese Befunde bei jungen Frauen bestätigen können.

- Robert Heath von der Tulane University in New Orleans konnte bei Rhesusaffen massive Zerstörungen der Gehirnzellen nachweisen, wenn er den Tieren, ihrem Körpergewicht entsprechend, drei Monate lang täglich einen Joint aufzwang. Er fand Veränderungen bei den Synapsen, vergleichbar mit einer Vergiftung durch Tetrachlorkohlenstoff oder bei schwerem Vitamin-B-Mangel. Geschädigt wurde vor allem das Limbische System, wo das Zentrum für das Kurzzeitgedächtnis liegt.

Es erscheint dem psychotherapeutisch geschulten Beobachter noch weitaus problematischer, daß die Persönlichkeitsstruktur der THC-Konsumenten sich bei Dauerkonsum massiv ändert, was bis zum psychischen Verfall ehemals geistig gesunder Menschen reicht. Einige meiner (J.v.Sch.) Klienten, die der Behandlung regelrecht »entglitten« sind und bei härteren Drogen landeten, haben mir dies nachdrücklich und immer auf sehr deprimierende Weise demonstriert.

Im Vergleich, beispielsweise mit Alkohol, ist THC einfach wesentlich intensiver (s. Kasten S. 95) – man merkt den Entzug an seelischer Energie subjektiv noch bis zu einer Woche nach dem Rauschzustand: als Erschöpfung, Müdigkeit, Antriebsschwäche, Wurstigkeitsgefühl (was leicht mit »Entspanntheit« verwechselt wird, zumal wenn man vor dem Rausch neurotisch verspannt war!). Aber: Das Perpetuum mobile gibt es nicht, auch THC erzeugt Energie nicht aus dem Nichts, sondern holt sie daher, wo sie gespeichert ist: im THC-Konsumenten. (Das gilt allerdings auch für alle anderen Drogen → RA III).

7. Legalisierung von Haschisch?

Vor allem in den Vereinigten Staaten, aber auch in Europa, wird aufgrund dieser Sachlage immer wieder diskutiert, ob man Cannabis nicht dem Alkohol gleichstellen und es freigeben solle zum allgemeinen Verkauf, mit entsprechenden Schutzbestimmungen für Jugendliche. Die Frage der Legalisierung wird deshalb so heiß diskutiert, weil immer mehr Menschen die – an sich verbotene – Droge konsumieren.

In der Bundesrepublik wurde bereits eine solche »Cannabis-Reformgesellschaft« gegründet; andere Liberalisierungsverbände gibt es mittlerweile in 18 Ländern in Europa, Amerika, Asien und Australien, und es finden weltweit Konferenzen all dieser Verbände statt (Bux 1980, S. 195).

Es erscheinen (und verschwinden rasch wieder) eigene Zeitschriften mit Titeln wie *Hanf* und *Marihuana,* und das Wissen um Cannabis wird sogar multimedial verführerisch auf einer CD-ROM der Firma Hanfnet ausgebreitet. Dazu werden die typischen head shops eröffnet, wo man das passende Raucherzubehör (gläserne Pfeifen, meditative Musik) angeboten bekommt. Alles scheint kurz vor dem Jahr 2000 so zu werden wie schon einmal, eine Generation zuvor, im kalifornischen Haight Ashbury, das man deshalb in *Hashbury* umtaufte.

In den USA werden neue Sorten kultiviert und – nach dem derzeitigen Stand der Dinge immer noch illegal – offenbar in großem Stil angebaut und vertrieben. Vor allem Kalifornien wurde zu einem bevorzugten Anbaugebiet (Noonan 1980), und die dort erzeugten Mengen einer »Sinsemilla« genannten Marihuana-Sorte scheinen allmählich den früher beliebten mexikanischen und kolumbianischen Sorten den Rang abzulaufen. Große Zigarettenfirmen (deren Umsatz inzwischen stagniert) scheinen hier neue Marktchancen zu wittern und eigene Zuchtversuche anzustellen. Man spricht bereits von einem zukünftigen »Milliarden-Dollar-Geschäft« (Imhof) – keine Utopie, wenn man, Schätzungen des *Time Magazin* zufolge, davon ausgeht, daß vielleicht schon 42 Millionen US-Bürger Marihuana rauchen, mehr oder minder regelmäßig – das entspricht einem Viertel aller Teenager und Erwachsenen. Das *Time Magazin* schätzt den Umsatz an Marihuana und den zugehörigen Produkten (Pfeifen, Zigarettenpapier etc.) bereits auf 25 Milliarden Dollar, was etwa 1,7 Prozent des Bruttosozialprodukts der USA oder dem Dreifachen des dortigen Umsatzes an gewöhnlichen Zigaretten entspricht.

Ein großer Konzern hat sich angeblich sogar schon die gut eingeführte Bezeichnung »Acapulco Gold« für eine mexikanische Marihuana-Sorte schützen lassen. Es könnte also durchaus möglich sein, daß demnächst dieses große Geschäft mit dem Cannabis-Rausch nicht mehr – illegal – die Mafia und verwandte Verbrecherorganisationen machen, sondern – ganz legal – die Organisatoren und Vertreter der Industrie.

Sinsemilla, eine Kreuzung aus samenlosem hawaiianischem Hanf und einer mexikanischen Sorte, hat beste Chancen, zur neuen Freizeitgestaltung der US-Bürger zu werden, mit Produktnamen wie »Humboldt Homegrown« – einem Verschnitt, der in Chicago und New York angeblich schon mit 3.000 Dollar pro Pfund gehandelt wird, derzeit unter der Hand. Die Frage ist ganz einfach: Wie lange kann eine Regierung immer *normaler* werdende Gewohnheiten einer wachsenden Bevölkerungsgruppe ignorieren oder, schlimmer, als *kriminell* bekämpfen?

Eine ganz andere Angelegenheit ist es, zu argumentieren, daß Haschisch ohnehin »harmloser« sei als der verderbliche Alkohol. Mit diesem Argument hat die politische Gruppe der Jungdemokraten in der Bundesrepublik im Herbst 1979 wieder einmal einen Vorstoß unternommen, den Haschisch-Konsum für straffrei zu erklären. Hauptthese war dabei, daß Haschisch, im Gegensatz zu Alkohol, nicht süchtig mache.

Abgesehen davon, daß hier wieder das – weit schwächere – Marihuana mit Haschisch in einen Topf geworfen wird, sprechen doch eine Reihe von schwerwiegenden Punkten gegen solche leichtfertigen Vergleiche von Cannabis und Alkohol (s. Kasten S. 95).

Eine fragwürdige Diskussion

Medizinisch und psychologisch gesehen, ist Haschisch auf jeden Fall gefährlicher als Alkohol; über die Folgen anhaltenden Marihuana-Konsums mag man sich immerhin noch eine Weile streiten. Das Fragwürdige an der ganzen Diskussion ist freilich, weshalb man die angebliche Harmlosigkeit einer Droge diskutiert, deren Vergleichsobjekt (Alkohol) schon mehr als verheerende Auswirkungen hat! Dann sollte man schon so ehrlich sein und sich auf die – politisch in der Tat sinnvolle – Frage konzentrieren, wie man sich am besten verhält, wenn offenkundig ein großer (und stetig größer werdender) Teil der Bevölkerung einfach tut, was ihm in puncto Cannabis beliebt. Beispiele:

- Der Musiker und ehemalige Beatle Paul McCartney wurde im Januar

1980 in Tokio auf dem Flughafen nach seiner Ankunft festgenommen, weil er 220 Gramm Marihuana bei sich hatte, das in Japan mit seiner strengen Drogengesetzgebung verboten ist. Es dauerte nur wenige Wochen, und man beobachtete bei den Jugendlichen Japans ein Ansteigen des Konsums eben dieser Cannabis-Droge, so als wollten sie der älteren Generation ihren Trotz demonstrieren. Ein höchst bedenklicher Trotz, der hier durch ein beliebtes Pop-Idol angeheizt wurde und offensichtlich durch keinerlei Sachkenntnisse der Jugendlichen über die Problematik ihres Verhaltens getrübt zu sein scheint; so als genüge das Verhalten des Vorbilds McCartney, um Marihuana-Rauchen als sinnvoll und unschädlich zu erweisen.

- Aber nicht nur in der Pop-Szene und im Underground einer sich weltweit entwickelnden »alternativen Kultur« werden Cannabis-Verbote mißachtet. Wenige Monate vor dem Beatle wurde, am 24. August 1979, auf Sardinien Rudolf Augstein, der Herausgeber des *Spiegel* verhaftet: Im Gepäck des 56jährigen wurde auf dem Flughafen Olbia 40 Gramm Haschisch gefunden. Der Polizei gegenüber erklärte er, daß er selbst keine Drogen nehme.
- Ebenfalls zum gutbürgerlichen Establishment gehört ein anderer Mann, der wegen Cannabis in den USA aus einem hohen Regierungsamt scheiden mußte. Ausgerechnet der britische Psychiater Peter G. Bourne, den Präsident Carter als »wahrscheinlich besten Rauschgiftexperten der Welt« bezeichnet und zu seinem obersten Drogenberater und Suchtbekämpfer ernannt hatte, stolperte im Sommer 1978 über Marihuana.

  Auf einer Party der Organisation NORML (die sich in den USA für die Legalisierung von Cannabis einsetzt), wurde er beobachtet, wie er selbst »kräftig mithaschte« (*Der Spiegel* Nr. 31, 1978). Wegen eines anderen Delikts angeklagt (er stellte Rezepte über ein streng kontrolliertes, weil süchtig machendes Schlafmittel aus), verteidigte er sich dann mit der – durchaus glaubhaften, von anderen Zeugen immer wieder geäußerten – Behauptung, es komme selbst in den Kreisen der Regierung häufig vor, daß Marihuana geraucht, Medikamente mißbraucht und gelegentlich auch Kokain geschnupft werde.

Ungleiche Gesetzgebung

Bourne trat von seinem Beraterамt zurück, und Präsident Carter erließ ein eindeutiges Edikt, in dem er seine Mitarbeiter anwies, sie hätten die Gesetze zu befolgen wie andere US-Bürger auch. Aber das ist nicht so leicht, denn die inneramerikanische (bundesstaatlich geregelte) Drogengesetzgebung ist sehr unterschiedlich und spiegelt den unsicheren Stand von Wissenschaft und politischem Entscheidungsvermögen, vor allem aber das unbekümmerte Verhalten vieler Bürger wider. In elf US-Staaten sind die einstmals drakonischen Drogengesetze, zumindest in puncto Cannabis, bereits stark entschärft worden, in Alaska ist der persönliche Besitz und Genuß von Marihuana bislang sogar vollkommen straffrei (was dem Geist auch unserer eigenen Drogengesetzgebung nahekommt, die primär gegen die Händler gerichtet ist) – und in Missouri wurde

im selben Zeitraum, als Bournes Marihuana-Eskapaden bekannt wurden, einem Studenten vom Gouverneur die Begnadigung verweigert, den man für den Besitz eines einzigen *Joints* sieben Jahre ins Gefängnis geschickt hatte.
Den Standpunkt amerikanischer Regierungsstellen legte das »National Institute of Law Enforcement« 1977 mit seinem Bericht *Marihuana – a Study of State Policies and Penalties* dar.

Heimliche Legalisierung?
McCartney, Augstein, Bourne und der namenlose Student sind nur vier Exponenten eines Verhaltens, das sich bestimmt nicht mehr mit Drogenaufklärung und polizeilicher Verfolgung kontrollieren oder gar verändern läßt. Cannabis ist in die westliche Kultur eingebrochen. Im toleranten Holland gab ein Diskjockey einmal wöchentlich die Marktpreise für Haschisch bekannt (jeden Samstag um zwei Uhr nachts, auf einem illegalen Privatsender); er war der Sohn einer ehemaligen Ministerin im niederländischen Kabinett. Besitz von Haschisch ist auch in Holland verboten. Aber man handhabt die Durchführung so, daß sie einer »heimlichen Legalisierung« schon ziemlich nahekommt.
Nach Angaben der »Hamburgischen Landesstelle gegen die Suchtgefahren« probiert angeblich schon jeder dritte bundesdeutsche Schüler mal Haschisch (oder Marihuana?). Demnach müßten von den rund 8,5 Millionen Schülern über zwölf Jahren weit über zwei Millionen mindestens schon einmal Haschisch geraucht haben (Rudi 1980)!
Letztendlich muß sich die Frage nach der Legalisierung wohl daran orientieren – und zwar leider jenseits irgendwelcher medizinischer und anderer wissenschaftlicher Bedenken-, ob man die – im Sinne der Volksgesundheit – nicht minder gefährlichen Substanzen Valium, Alkohol und Nikotin jedermann zur freien Verfügung läßt (Rezepte sind leicht zu erhalten und Jugendschutzbestimmungen leicht zu umgehen) und eine andere Substanz, die neue Volksdroge Cannabis, weiterhin unter Strafandrohung und -verfolgung hält. Drogen jeder Art dienen wahrscheinlich in erster Linie der Selbst-Medikation und Selbst-Therapie (was nicht gelingen kann, → RA III und IV). Darf man sie den danach bedürftigen Menschen vorenthalten?
Zusammenfassend läßt sich zur Frage der Legalisierung dies sagen: Da der Gebrauch jedes Nervengiftes schädlich ist und da gleichzeitig wohl die wenigsten Menschen in der Lage sind, sich aufgrund dieser Schädlichkeit dem Angebot der Rauschdrogen völlig zu entziehen (→ Alkohol; die meisten verfrühten Todesopfer fordert einwandfrei das Nikotin, dessen Gefahren jedermann bekannt sein dürften), müßte Cannabis eigentlich verboten bleiben, ja im Grunde gehörten die anderen erwähnten Substanzen (also auch alle in diesem Buch behandelten Rauschdrogen) streng verboten. Aber die gesellschaftliche und politische Realität, die ja leider eine andere Art von Vernunft fordert als die wissenschaftliche Realität, spricht für die Legalisierung zumindest der schwächeren Cannabis-Variante Marihuana (während das wesentlich stärkere Haschisch und schon gar Haschisch-Öl weiterhin streng kontrolliert gehören).
Eine solche Legalisierung wäre nur durchführbar, wenn Marihuana, sinnvollerweise in Zigarettenform, mit entsprechender Kontrolle des THC-Gehalts (und des Gehalts seiner vielen

anderen Wirk- und Schadstoffe!), öffentlich im Handel erhältlich wäre.
Die entsprechend hoch anzusetzenden Steuern müßten zweckgebunden für die Therapie Cannabis-Abhängiger und zur Prophylaxe (Aufklärung etc.) eingesetzt werden.
Sollte nur ein Teil der in Tierversuchen gewonnenen Erkenntnisse sich auch beim Menschen als zutreffend herausstellen, so bedeutete dies: Gelegentlicher Konsum von Marihuana (oder auch Haschisch) ist wahrscheinlich harmlos – Dauerkonsum aber höchst gefährlich. Man kann aber nicht eine Droge für gelegentliches »Naschen« freigeben – und für Dauerkonsum sperren. Also konsequenterweise: striktes Verbot. Von Haschisch. Auch von Marihuana? Zwei Millionen kiffende Schüler zu »Kriminellen« stempeln? Wer will das verantworten? Welcher Politiker wird dieses heiße Eisen anfassen – das an beiden »Enden« heiß ist?
In mir (J.v.Sch.) sträubt sich alles angesichts eines solch schizophrenen Fazits, das sowohl für wie auch gegen eine Legalisierung von Cannabis (Marihuana) spricht. Aber ich kann mich auch nicht der Existenz dieser beiden geschilderten Realitäten entziehen!
Beim heutigen Stand der Dinge mag deshalb dem Ergebnis einer Umfrage aus dem Jahr 1970 mehr Gefühlswert als sachliche Information zukommen. 449 deutsche Fachleute für psychiatrische Probleme wurden unter anderem gefragt: »Wird man 1985 völlig legal sein Haschisch beim Drogisten kaufen können?« Von den Psychiatern bejahten das nur 34 Prozent, bei den Soziologen und Psychologen, die an psychiatrischen Kliniken arbeiten, waren es immerhin 71 Prozent (Pöldinger 1970).

Mag sein, daß sich 2000 wirklich eine Situation wie in Indien herauskristallisiert: Dort ist lediglich das starke Charas (Haschisch) unter staatlicher Kontrolle, während man Bhang (Marihuana) in der Gesetzgebung nicht einmal erwähnt (Ismail in: Wolstenholme).

8. Eine Fülle neuer Literatur

Die Veröffentlichungen über Marihuana und Haschisch, speziell über die Wirkungen auf den Konsumenten im gelegentlichen wie im Dauergebrauch bzw. Mißbrauch, haben aufgrund des steigenden Interesses und der Beunruhigung weiter Bevölkerungskreise sprunghaft zugenommen. Seit dieser Stichwortartikel über »Cannabis« vor über 20 Jahren erstmals geschrieben wurde, erschienen allein im angloamerikanischen Sprachraum mehrere Tausend Aufsätze und Bücher. Wer sich einen ersten Überblick verschaffen möchte, dem seien die beiden Übersichten empfohlen, welche Nathan B. Eddy und Coy W. Waller und Mitarbeiter herausgegeben haben:

- *The Question of Cannabis – Cannabis Bibliography* (Eddy 1965),
- *Marihuana – An Annotaded Bibliography* (Waller u. a. 1976).

Allein der dickleibige Band von Waller und seinem Kollegen enthält 3045 Titel mit kurzen Inhaltsangaben *(abstracts);* mit beiden Werken bekommt man »einen erschöpfenden Überblick über die Literatur zu Marihuana bis zum Jahre 1974« (Waller, S. VII). Dieser Überblick wird laufend ergänzt durch die Monographien *Marihuana Research Findings* (Petersen), die – zweimal jährlich – ebenfalls *abstracts* zum Thema publizieren; sie werden herausgegeben vom »U. S. Department of

Health, Education, and Welfare«, Abt. »National Institute on Drug Abuse«, 5600 Fishers Lane, Rockville (Maryland), 20857. Vergleichbare Übersichten im deutschen Sprachraum sind *Cannabis heute,* veröffentlicht als Vorbereitung der gleichnamigen wissenschaftlichen Tagung der »Deutschen Gesellschaft für Suchtforschung und Suchttherapie e. V.« im Oktober 1979 in Nürnberg (Labudde 1979), und *Haschisch – Konsum und Wirkung,* das 749 Veröffentlichungen Anfang der siebziger Jahre zusammenfaßt (Brigitte Woggon, Psychiatrische Universitätsklinik Zürich).

Das Fazit der Nürnberger Tagung war: Beim heutigen Stand der Forschung könne man noch immer kein klares Urteil über die genauere körperliche Schädlichkeit von Cannabis abgeben. Zu einem ähnlichen – vorläufigen – Urteil kommt der Frankfurter Psychiater Karl-Ludwig Täschner in dem von ihm herausgegebenen Buch *Das Cannabis-Problem,* der 411 Beiträge auswertet.

In die gleiche Richtung tendieren die Ergebnisse von

- *Cannabis and Man – Psychological and Clinical Aspects and Patterns of Use* (Conell und Dorn), das die Referate der dritten »International Cannabis Conference«* vorstellt, und von
- *Cannabis and Culture* (Rubin), mit den Vorträgen des »IXth International Congress of Anthropological and Ethnological Sciences« vom August 1973 in Chicago.

Lester Grinspoon ist in der zweiten Ausgabe seines *Marihuana Reconsidered* (1977) etwas vorsichtiger geworden und räumt ein, daß die Droge Cannabis doch nicht ganz so harmlos ist, wie er in der Erstausgabe von 1971 meinte; sein Verdienst ist es, den Blickwinkel nicht nur auf die medizinischen Aspekte einzuengen (wie es seine Kritiker machen), sondern psychologische und soziale bzw. kulturelle Aspekte mit zu berücksichtigen. Die Neuausgabe enthält auch eine Zusammenfassung der Möglichkeiten, Cannabis als Medikament einzusetzen (s. hierzu auch Cohen und Stillman).

Einen Überblick speziell über die medizinischen Aspekte und mögliche Schädigungen geben Graham (1976), Nahas (1979) und Tinklenberg (1975), wobei das Buch von Nahas wegen seiner Intoleranz gegenüber andersdenkenden Kollegen mit entsprechender Vorsicht zu genießen ist (s. auch weiter oben, Kap. *Unheilbare Schäden?*). Mit derselben Zurückhaltung sollte man auch die Veröffentlichungen *Krieg dem Rauschgift* der »Anti-Drogen-Koalition (ADK)« entgegenbringen, die mit unglaublicher Wut und Fanatismus jeden bekämpft, der für mögliche positive Aspekte von Halluzinogenen ein freundliches Wort übrig hat; diese der »Europäischen Arbeiterpartei (EAP)« nahestehende Gruppierung schreckt auch vor Geschichtsfälschungen großen Stils nicht zurück (Näheres → RA I). Vergleichbare Vorhaltungen muß man natürlich auch der »anderen« Seite machen, die im Überschwang psychedelischer Aufbruchstimmung auch heute noch, wo das Elend des Dauer-Kiffens allmählich sichtbar wird, Anweisungen zum Anbau von Cannabis und Haschisch-Kochbücher auf den Markt bringt, wie der *Volksverlag Linden,* die man mit Recht in den Giftschrank bzw. unter

* Diese »Cannabis-Konferenz« wird alljährlich von der Ciba Foundation in London veranstaltet.

den Ladentisch verbannt; gerade den uninformierten Jugendlichen wird hier eine heile und lustige Drogenwelt vorgegaukelt, die nun ganz gewiß nicht und nirgends existiert. Gemeint sind *Marihuana-Anbau in der Wohnung* von Murphy Stevens, *Der Gras-Garten und Nebukadnezars Traum,* eine Neuauflage des *Haschisch-Kochbuchs* von Hans-Georg Behr (der inzwischen auch ein Buch über den Heroinhandel, *Weltmacht Droge,* veröffentlicht hat; offenbar hat er seine Meinung geändert und ist kritischer geworden). Ein ausgewogenes Urteil geben Joseph Berke und Calvin Hernton in *The Cannabis Experience* ab, einer »interpretierenden Studie der Effekte von Marihuana und Haschisch«.

Mit den Langzeitwirkungen der Droge auf die Persönlichkeit und den Körper befassen sich die Studien von Jess R. Lord, *Marihuana and Personality Change* sowie – jüngeren Datums – *Hashish-Studies of Long-Term Use* von Costas Stefanis und Kollegen. Beide Studien betonen, daß der Dauerkonsum entsprechend gefährlich ist.

Bei Stefanis u. a., die 209 Quellen auswerten, heißt es jedoch: »Haschisch, eine vergleichsweise potente Form von Cannabis, ruft keine nachweisbaren Gehirnschäden hervor, zumindest nicht bei der Anwendung ausgeklügelter (sophisticated) Techniken der Elektroencephalographie, Echoencephalographie und psychologischer Tests. Die Autoren fanden weder für ein organisches Syndrom geistiger Störung *(organic mental syndrome)* noch für ein *amotivational syndrome* bei ihren, der Arbeiterschicht angehörenden Probanden, Beweise.« (S. V) Diese Arbeit von drei Psychiatern, durchgeführt in Griechenland, Jamaica und Costa Rica, wurde herausgegeben vom renommierten »National Institute on Drug Abuse« (NIDA) in Washington D. C. und mit einem Vorwort seines Direktors S. Szara vorgestellt, in dem er sagt: »Die Ergebnisse (dieser Studie) deuten zwar an, daß Marihuana nicht das gefürchtete *Killer-Kraut* ist, wie emotional voreingenommene Berichte uns glauben machen wollen; aber diese Arbeit spricht Haschisch oder Marihuana auch nicht frei davon, gesundheitliche Schäden hervorzurufen.« (S. V)

Es verstärkt sich, aufgrund vielfältiger Beobachtungen in den achtziger Jahren, weiterhin die Auffassung der Forscher (z. B. K. Stosberg und H. J. Lösch in einer neuen deutschen Studie an der Psychiatrischen Universitäts-Klinik Erlangen sowie div. amerikanische Forscher, die Peggy Mann 1987 referierte), daß

- *gelegentlicher* Konsum von Marihuana und Haschisch vergleichsweise *harmlos* ist (für den Jugendlichen, der sich noch voll in seiner seelischen, geistigen und sozialen Entwicklung befindet, sicher weniger harmlos als für einen älteren Erwachsenen mit gefestigter Psyche und sozialem Status);
- dieser *gelegentliche* Konsum aber auch seine Tücken hat, denn eine neurotische Disposition kann – auch beim Erwachsenen – zum Dauer-Konsum führen;
- sich der Verdacht zunehmend verdichtet, daß im Cannabis auch Ingredienzien enthalten sind, die – wie bei Alkohol – auch im *physiologischen* (und nicht nur im psychologischen) Sinne suchtbildend wirken;
- Dauer-Konsum verheerende Folgen für seelische Verfassung, Sozialleben und Nervensystem des Individuums hat und eine große Gefähr-

dung für die Funktion der Kultur und der Gesellschaft als Ganzem darstellt, vor allem, wenn der Konsum freigegeben würde.

Deutlicher läßt sich der derzeitige Stand unseres Wissens über Cannabis wohl nicht beschreiben (s. auch unten *Statistik Cannabis 1997*). Das mag Gegnern wie Befürwortern von Cannabis und seiner Legalisierung zu wenig, zu verwaschen sein. Aber Wissenschaftler, die ernstgenommen werden möchten, sollten sich darüber im klaren sein, daß das letzte Wort eben noch nicht zu sprechen ist. Was die Politiker nicht der Verantwortung enthebt, trotzdem Entscheidungen zu treffen; ob sie richtig oder falsch sind, wird dann die Zukunft zeigen.

Speziell mit den psychischen Erscheinungen des Cannabis-Rausches befaßte sich ausführlich Charles T. Tart in *On Being Stoned – A Psychological Study of Marihuana Intoxication.* Das Buch basiert auf einer Untersuchung von 150 amerikanischen Kiffern, wie sie, subjektiv, ihre Räusche erlebt haben. Auf ähnliche Weise interviewte der Sexualforscher Günter Amendt deutsche Jugendliche zu *Haschisch und Sexualität.* Eine Einzelfallstudie einer »begleitenden Therapie« einer Haschisch-Raucherin, die unter Haschisch-Einfluß eine starke Aktivierung ihrer Sexualität erlebte, legte Hanne-Lore von Canitz mit *Droge und Sexualität* vor. In ihrer wissenschaftlichen Anthologie *The Therapeutic Potential of Marihuana,* herausgegeben von Sidney Cohen und Richard C. Stillman, werden die möglichen Anwendungen der Droge als Medikament untersucht, zum Beispiel in der Augenheilkunde und bei der Psychotherapie von Alkoholikern.

Mit pharmakologischen und biochemischen Fragen befaßt sich Marianne Widman in ihrer Dissertation *Bio*

Gutachten Kielholz

»Der Konsum von Haschisch birgt weder bei akuter Intoxikation noch bei länger dauerndem mäßigem Konsum ein deutliches Gesundheitsrisiko; erhebliche körperliche Schädigungen des Organismus sind selten, soweit das heute beurteilt werden kann. Haschischkonsum kann zu Toleranz und mäßiger psychischer Abhängigkeit führen, doch ist dieses Abhängigkeitspotential und die Fähigkeit, soziale und psychische Folgen zu verursachen, deutlich schwächer im Vergleich zu anderen Drogen, wie Morphin/Heroin, Amphetamin/Kokain, Alkohol/Barbiturate. Körperliche, psychische und soziale Schädigungen werden wahrscheinlicher beim Vorliegen weiterer Risikofaktoren, die nichts mit der Droge Haschisch zu tun haben, aber auch bei steigender Dosierung und Häufigkeit des Konsums. Insofern sind die Risiken beim Gebrauch des Haschischkonzentrats (Haschischöl) höher zu veranschlagen als beim gewöhnlichen Haschischkonsum. Eine auf die Droge zurückzuführende erhebliche Gefahr des Umstiegs von Haschisch auf härtere Drogen ist nicht erwiesen.«

(Zusammenfassung eines gemeinsamen Gutachtens der Psychiatrischen Universitätsklinik Basel und des Sozialpsychiatrischen Dienstes an der Psy-

Transformation and Protein Binding of Cannabinoids. Hochinteressante Detailfragen zur Kulturgeschichte des Haschisch behandeln die folgenden Arbeiten:

- die bereits erwähnte Vortragsammlung *Cannabis and Culture* (Rubin);
- Franz Rosenthal analysierte, wie Haschisch die mittelalterliche Moslem-Gesellschaft beeinflußte;
- Marianne Weber geht in ihrer Züricher Dissertation der Frage nach, wie J. J. Moreau de Tours (1804-1884), der Dichter wie Baudelaire und Gautier kannte und mit ihnen Haschisch rauchte, die Droge in der Psychiatrie einzusetzen versuchte;
- Walter Benjamins eigene Erlebnisse mit der Droge wurden 1972 gesammelt und neu herausgebracht;

(Die erwähnten Bücher sind alle erhältlich über die Bayrische Staatsbibliothek in München.)

Statistik Cannabis 1995

Interessantes neues Zahlenmaterial publizierte schon im Sommer 1980 das *Wall Street Journal.* Demnach werden jährlich allein aus Kolumbien etwa 8000 Tonnen Marihuana in die USA geschmuggelt, angeblich zwei Drittel des nordamerikanischen Konsums. Aber auch das in Kalifornien selbst angebaute, hochgezüchtete Sinsemilla bringt erstaunliche Umsätze: Für 1979 schätzte dieselbe Quelle den (illegalen) Handel auf eine Milliarde Dollar – das entspricht dem Wert der kalifornischen Traubenernte!

In der Februar-Ausgabe 1980 von *Science News* wird berichtet, daß sich hohe Vertreter der »Food and Drug Administration« (FDA) mit den Managern der zehn größten Chemie-Konzerne der USA getroffen hätten, um die kommerzielle Produktion von Tetrahydrocannabinol (THC), also dem reinen Wirkstoff des Cannabis, zu erörtern, eventuell in Tablettenform.

Nun, die Zeit steht nicht still. Das (vorerst noch illegale) Geschäft der international organisierten Drogenhändler (s. hierzu auch → Opiate, S. 303ff.) wächst und gedeiht wie die Cannabis- , Coca- und Mohnpflanzen auf den Feldern und die Designer-Drogen in den heimlichen Küchen- oder auch schon Großlabors des Drogen-Untergrund. Wie erwähnt, wurden allein im Jahr 1992 europaweit 402 Tonnen (!) Cannabis beschlagnahmt, die für den illegalen Verkauf bestimmt waren. Im Jahr darauf waren es – und zwar auch wieder nur in Europa – knapp unter 400 Tonnen und 1994 immerhin noch 358 (wobei dieser Rückgang sicher nur saisonal bedingt gewesen ist).

Diese Zahlen sprechen eine deutliche Sprache, wenn man sich vor Augen hält, daß für einen kräftigen Haschisch-Rausch, je nach Sorte, bereits ein Gramm genügen kann: 400 Tonnen entsprechen rund 400 Millionen Rauschportionen.

Kein Wunder: Man schätzt daß jeder zehnte deutsche Jugendliche kifft – gelegentlich – oder regelmäßig.

Nachtrag 1997

Seit April 1996 ist in Deutschland der Anbau von Hanf wieder erlaubt. Da die Europäische Union sogar satte Prämien für den Hanfanbau zahlt, soll es nun auch deutschen Bauern wieder möglich sein, an dem anspruchslosen Kraut zu verdienen. Aus der Faserpflanze kann man von hochwertigem Papier über Baudämmstoffe bis zu strapazierfähigen Kleidungsstücken vieles herstellen. Der Anbau muß allerdings bei der Bundesanstalt für Landwirtschaft und Ernährung angezeigt werden. Außerdem darf der THC-Gehalt der Pflanze nicht höher als 0,3 Prozent liegen – die Drogensorten haben bis zu acht Prozent.

Herstellung und Besitz von Haschisch und Marihuana sowie der Handel mit diesen Drogen bleiben weiterhin verboten. Inzwischen hat die Diskussion um Cannabis aber einen neuen Höhepunkt erreicht. Im November 1996 hat die schleswig-holsteinische Gesundheitsministerin Heide Moser bekanntgegeben, daß ihr Ministerium eine Erlaubnis zum Verkauf von Cannabis im Rahmen eines Modellversuchs beim Bundesinstitut für Arzneimittel und Medizinprodukte beantragen wird. Damit soll der sogenannte »Haschischbeschluß« des Bundesverfassungsgerichtes aus dem Jahr 1994 umgesetzt werden. Das Urteil regt eine Trennung der Märkte für harte und weiche illegale Drogen an.

Obwohl die Vielzahl der in den letzten Jahren durchgeführten Studien die Gefährlichkeit des Cannabis nicht widerlegen konnten, soll die eingeschränkte Freigabe der Droge jungen Menschen den Weg zu Dealern ersparen. Immerhin rauchen heute zehn Prozent der Jugendlichen Haschisch.

Falls das *Bundesinstitut für Arzneimittel und Medizinprodukte* dem Modellversuch zustimmt, sollen die Details, wie Dauer des Versuchs, Abgabestellen, Abgabe- und Besitzmengen und wissenschaftliche Begleitung ausgearbeitet werden. Diese müssen dann erneut zur Genehmigung vorgelegt werden.

J.V.Sch.

Literatur:

Agurell, S., u. a., »Elimination of Tritium-labelled Cannabinols in the Rat with Special Reference to the Development of Tests for the Identification of Cannabis Users«, in: *Biochemical Pharmacology* 18, 1969, S. 1195

Ders., »On the Metabolism of Tritium-labelled Delta-1-Tetrahydrocannabinol in the Rabbit«, in: *Biochemical Pharmacology* 19, 1969, S. 1333

Amendt, G., *Haschisch und Sexualität,* Stuttgart 1974

Angst, J., »Halluzinogen-Abusus«, in: *Schweizerische Medizinische Wochenschrift* 100, 1970, S. 710-715

Andrews, G., und S. Vinkenoog, *The Book of Gras,* New York 1967

Baudelaire, Ch., »Le Haschisch – De l'Idéal artificiel«, in: *La Revue Contemporaine,* 30. Sept. 1858; deutsch: »Die Dichtung vom Haschisch«, in: Baudelaire, Ch., *Die künstlichen Paradiese,* Reinbek 1964

Behr, H. G., *Das Haschisch-Kochbuch,* Darmstadt 1970

Ders., *Weltmacht Droge,* Düsseldorf 1980

Ders., Leserbrief in der *Südd. Zeitung* vom 6. April 1992: »Rauschkraut in bayerischen Bauernpfeifen«

Benjamin, W., *Über Haschisch,* Frankfurt a. M. 1972

Behringer, K., »Zur Klinik des Haschischrausches«, in: *Nervenarzt* 7, 1932.

Ders., »Zur Kulturgeschichte der Rauschgifte«, in: *Studium generale* 1948

Berke, J., und C. Hernton, *The Cannabis Experience,* London 1974

Benabud, A., »Psycho-pathological Aspects of the Cannabis Situation in Marocco: Statistical Data for 1956«, in: *Bulletin on Narcotics* 9, 1957, S. 1-15

Beverly, T. H., »Recent Changes in the Patterns of Drug Abuse in London and U. K.«, in: *British Medical Journal* 2, 1965, S. 1284

Bloomquist, E. R., *Marihuana,* Beverly Hills 1968

Bochnik, H. J., »Der Schatten wird länger« (Interview), in: *Der Spiegel* Nr. 33, 1970

Bouquet, J., *Contribution à l'étude du chanvre indien,* Lyon 1912

Bouthol, B., *Le Grand Maître des Assassins (Hasan Ibn Sabbah),* Paris 1936

Bracharz, K., »Kiffers Kino: Hoch-Zeiten des Films«, in: *Sphinx Magazin* Nr. 9, 1980, S. 4–9, Basel

Bromberg, W., und T. C. Rodgers, »Marihuana and Aggressive Crime«, in: *American Journal of Psychiatry* 102 1946, S. 825-827

Bschor, F., Herha, J., und N. Dennemark, *Junge Rauschmittelkonsumenten in Berlin (West),* Berlin 1970

Bux, K., »Polizeiliche Prävention bei der

Bekämpfung der Rauschgiftkriminalität«, in: *Kriminalistik,* Nr. 5, 1980, S. 194-202

Canitz, H.-L. von, *Droge und Sexualität – eine Fallstudie,* München 1973

Carstairs, G. M., *Die zweimal Geborenen,* München 1963

Chapple, P. A. L., »Cannabis, a Toxic and Dangerous Substance. A Study of Eighty Takers«, in: *British Journal of Addiction* 1, 1966, S. 269-282

Charen, S., und L. Perelman, »Personality Studies of Marihuana Addicts«, in: *American Journal of Psychiatry* 102, 1946, S. 674–682

Chopra, R. N., Chopra, G. S., und L. C. Chopra, »Cannabis Sativa in Relation to Mental Deseases and Crime in India«, in: *Indian Journal of Medical Research* 30, 1942, S. 155-171

Clark, L. D., und E. N., Nakashima, »Experimental Studies of Marihuana«, in: *American Journal of Psychiatry* 125, 1968, S. 379-384

Cohen, S., und R. C. Stillman, *The Therapeutic Potential of Marihuana,* New York 1976

Connell, P. H., und N. Dorn (Hrsg.), *Cannabis and Man* (Kongreß London 1974), Edinburgh, London, New York 1974

DuToit, B. M., *Drug Use and South African Students,* Athens/Ohio 1978

Eddy, N. B., *The Question of Cannabis – Cannabis Bibliography,* New York 1965 (United Nations Economic and Social Council, 15. Sep. 1965)

Eliade, M., *Schamanismus und archaische Ekstasetechnik,* Zürich/Stuttgart 1954

Erikson, *Kindheit und Gesellschaft,* 4. Aufl., Stuttgart 1968

Farnsworth, D. L., zitiert nach P. H. Abelson, »LSD and Marihuana«, in: *Science* 159, 1968, S. 1189

Feuerlein, W., *Cannabis heute – Bestandsaufnahme zum Haschischproblem,* Wiesbaden 1980

Freud, S., *Die Traumdeutung* (1900), Ges. Werke Bd. 11/111, Neudruck Frankfurt a. M., 1968, 4. Aufl.

Gautier, Th., »Le Club des Haschischines«, in: *Feuilleton de la Press médicale* so., Juli 1843

Gelpke, R., *Vom Rausch im Orient und Okzident,* Stuttgart, 1966

Geber, W. F., und L. C. Schramm, »Effect of Marihuana Extract on Fetal Hamsters and Rabbits«, in: *Toxicological Applications of Pharmacology* 14, 1969, S. 276 – 282

Geschwinde, Th., *Rauschdrogen,* Berlin 1996

Golowin, S., *Die Magie der verbotenen Märchen,* Hamburg 1973

Goode, E. (Hrsg.), *Marihuana,* New York 1969

Graham, J. D. P., *Cannabis and Health,* London 1976

Grinspoon, L., »Marihuana«, in: *Scientific American,* 221, 1969, S. 17-25

Ders., *Marihuana Reconsidered,* 2. Aufl., Cambridge 1977

Grof, St., *Topographie des Unbewußten,* Stuttgart 1978

Haenel, Th. A., »Kulturgeschichte und heutige Problematik des Haschisch«, in: *Pharmakopsychiatrie / Neuropsychopharmakologie* 3, 1970, S. 89-115

Halm, H., Rezension → Lewis, B., in: *Südd. Zeitung* vom 19. Jan 1990: »Attentat auf die Assassinen«

Herodot, *Historien,* München (o. J.), Kap. 75

Hesse, E., *Rausch-, Schlaf- und Genußgifte,* 3., neubearb. Aufl., Stuttgart 1966

Hesse, H., *Der Steppenwolf,* Frankfurt a. M. 1971

Hodgson, M.G.S., *The Order of the Assassins,* Den Haag 1955

Imhof, E. P., »Es geht um Geld, nicht um die Moral«, in: *Deutsche Zeitung* Nr. 46, 1979

Isbell, H., u. a., »Effects of Delta-9-Tetra-hydrocannabinol in Man«, in: *Pharmapsychologia* 11, 1967, S. 184-188

Jünger, E., Brief an Albert Hofmann vom 27. 12. 1961, in: Hofmann, A., *LSD – mein Sorgenkind,* Stuttgart 1979, S. 184

Kaempfer, E., *Amoenitatum exoticarum,* 1712

Kalant, O. J., *An Interim Guide to the Cannabis (Marihuana) Literature,* Toronto 1968

Keeler, M. H., »Motivation for Marihuana Use: A Correlate of Adverse Reaction«, in: *American Journal of Psychiatry* 125, 1968, S. 386-390

Keeler, M. H., u. a., »Spontaneon Recurrence of Marihuana Effect«, in: *American Journal of Psychiatry* 125, 1968, S. 384ff.

Kew, M. C., u. a., »Possible Hepatoxity of Cannabis«, in: *The Lancet* 1, 1969, S. 578-579

Kielholz, P., und D. Ladewig, »Über Drogenabhängigkeit bei Jugendlichen«, in: *Deutsche Medizinische Wochenschrift* 95, 1970, S. 101-105

Diess. und A. Uchtenhagen, »Zur Frage der Gesundheitsschädlichkeit des Haschischkonsums«, in: *Schweizerische Rundschau für Medizin* 68, 1979, S. 1687-1693

Kirchgässer, P., *Haschisch und Marihuana, Beobachtung in zwanzig Fällen,* München 1969

Küttner, M., *Psychedelische Handlungselemente in den Märchen der Brüder Grimm,* Wetzlar 1995

Labudde, C. (Hrsg.), *Cannabis heute,* Bielefeld 1979

La Guardia, F. H. (Hrsg.), *The Marihuana Problem in the City of New York,* Lancaster 1944

Lemberger, L., Silberstein, S. D., Axelrod, J.,

und I. J. Kopin, »Marihuana...«, in: *Science* 170, 1970, S. 1320-1322

Lennertz, E., »Zur Frage der anti-sozialen Persönlichkeit jugendlicher Haschisch-Raucher«, in: *Zeitschrift für Sozialpsychologie* 1, 1970, S. 48-56

Leonhardt, R. W. (Hrsg.), *Haschisch-Report,* München 1970

Lewis, B., *Die Assassinen,* Frankfurt a.M. 1989

Limentani, A., »On Drug Dependence: Clinical Appraisals of the Predicaments of Habituation and Addiction to Drugs«, in: *International Journal of Psycho-Analysis* 49, 1968, S. 578-590

Lord, J. R., *Marihuana and Personality,* Lexington/Mass. 1971

Ludlow, F. H., *Der Haschisch-Esser,* Basel 1980

Mader, R., und W. Sluga, »Neue Formen der Sucht unter Jugendlichen«, in: *Wiener Medizinische Wochenschrift* 120, 1970, S. 330

Mann, P., *Hasch – Zerstörung einer Legende,* Frankfurt a. M. 1987

Marcovitz, E., und H. J. Myers, »The Marihuana Addict in the Army«, in: *War Medicine* 6, 1944, S. 382-391

»Marihuana ist gefährlicher als bisher angenommen«, in: *Medical Tribune,* zuerst in: *Psychologie heute,* Feb. 1980 (Magazin-Teil)

McGothlin, W. H., und L. J. West, »The Marihuana Problem: An Overview«, in: *American Journal of Psychiatry* 125, 1968, 370-378

Mechoulam, R., und Y. Gaoni, »A Total Synthesis of d1-Delta-Tetrahydrocannabinol, the Active Constituent of Hashish«, in: *Journal of the American Chemical Society* 87, 1965, S. 3273-3275

Mellenthin, K., *Polizeiliche Möglichkeiten der Prävention* (unveröffentlichtes Manuskript 1979)

Mezzrow, M., *Really the Blues,* New York 1956

Moraes, A. O., »The Crimogenic Action of Cannabis (Marihuana) and Narcotics«, in: *Bulletin on Narcotics* 16, 1964, S. 23-28

Moreau de Tours, J.-J., *Du Haschisch et de l'Aliénation mentale,* Paris 1845

Munch, J. C., »The Toxicity of Cannabis Sativa (Marihuana)«, in: *Current Medical Digest* 35, 1968, S. 692-697

Nahas, G. G., Vortrag auf dem Internationalen Therapiekongreß in Genf, Sep. 1973 zitiert nach: *Praxiskurier* Nr. 11, 1974

Ders., *Keep off the Gras – a Scientfic Inquiery into the Biological Effects of Marihuana,* Oxford, New York 1979

Ders., »Haschisch – eine harte Droge«, in: *Kampf dem Rauschgift,* Heft 2, Wiesbaden 1980, S. 38-47

Naranjo, C., *Die Reise zum Ich,* Frankfurt a. M. 1979

National Institute of Law Enforcement (Hrsg.), *Marihuana – a Study of State Policies and Penalties,* Washington D. C. 1977

Noonan, D., »Marihuanaland«, in: *Tages-Anzeiger Magazin,* Zürich, Nr. 13, 1980

Persaud, T. V. N., und A. C. Ellington, »Teratogenic Activity of Cannabis Resin«, in: *The Lancet* 2, 1968, S. 406

Petersen, R. C. (Hrsg.), *Marihuana Research Findings,* 5. Band, Washington D. C. 1978

Pillard, R. C., »Marihuana«, in: *The New England Journal of Medicine* 283, 1970, S. 294-303

Reclus, zitiert nach K. Beringer, »Zur Kulturgeschichte der Rauschgifte«, in: *Studium generale,* 1948

Reininger, W., »Haschisch«, in: *Ciba* 71, 1955, S. 2346-2372

Rosenthal, F., *The Herb – Hashish versus Medieval Muslim Society,* Leiden 1971

Rubin, V. (Hrsg.), *Cannabis and Culture,* The Hague 1975

Rudi, W., »Jetzt rauchen schon Kinder mit 13 Hasch«, in: *Welt* vom 25. 5. 1980

Scheidt, J. vom, *Der falsche Weg zum Selbst – Studien zur Drogenkarriere,* München 1976

Ders., *Hilfen für das Unbewußte – esoterische Wege der Selbsterfahrung,* München 1980

Schmidbauer, W., *Selbsterfahrung in der Gruppe,* München 1977

Seger, I., *Knaurs Buch der modernen Soziologie,* München 1970

Smith, D. E., *The New Social Drug – Cultural, Medical and Legal Perspectives on Marihuana,* Englewood Cliffs 1970

Solomon, D., *The Marihuana Papers,* New York 1966

Soueif, M. I., »Hashish Consumption in Egypt with Special Reference to Psychosocial Aspects«, in: *Bulletin on Narcotics* 19, 1967, S. 1-12

Steckel, R., *Bewußtseinserweiternde Drogen,* Berlin 1969

Stefanis, C. (Hrsg.), *Hashish Studies of Longterm Use,* New York 1977

Stosberg, K. und H. J. Lösch, zit. nach Schwab, D., »Haschischrauch ist voller Tücke«, in: *Südd. Zeitung* vom 12. Febr. 1987

Stringaris, M. G., *Die Haschischsucht,* Berlin 1939, 2. überarbeitete Aufl. Berlin 1972

Täschner, K. L., *Das Cannabis Problem,* Frankfurt a. M. 1979

Tart, Ch. T., *On Being Stoned – a Psychological Study of Marihuana Intoxication,* Palo Alto/California 1971

Tashkin, D., Calvarese, B., und M. Simmons (zit. n.: *Tages-Anzeiger,* Zürich, vom 17. 5. 1978: »Rauchen von Haschisch schädigt die Lunge erheblich«)

Taylor, B., »Haschisch-Visionen«, in: Reavis, E. (Hrsg.), *Rauschgiftesser erzählen,* Frankfurt a.M. 1967
Thorwald, J., *Macht und Geheimnis der frühen Ärzte,* München 1962
Tinklenberg, J. B., *Marihuana and Health Hazards,* New York 1975
Vandenberg, Ph., *Das Geheimnis der Orakel,* München 1979
Waller, C. W., *The National Marihuana Programme: First Annual Report 1969* (Veröffentlichung des »National Institute of Mental Health« der USA)
Ders., Johnson, J. J., Buelke, J., und C. Turner (Hrsg.), *Marihuana* (Bibliographie), London 1976 (Research Institute of Pharmaceutical Sciences, University of Mississippi)
Wanke, K., u. a., »Jugend und Rauschmittel. Prävention, Therapie und Rehabilitation«, in: *Rehabilitation* 23, 1970, S. 1-5
Way, E. L., »Marihuana: Erst erforschen, dann legalisieren« (Interview), in: *Praxis-Kurier* 41, 1970
Wayne, E. (Hrsg.), *Cannabis. Report by the Advisory Committee on Drug Dependence,* London 1968
Weber, M., *J. J. Moreau de Tours (1804-1884) und die experimentelle und therapeutische Verwendung von Haschisch in der Psychiatrie,* Zürich 1971
Weil, A. T., u. a., »Clinicial and Psychological Effects of Marihuana in Man«, in *Science* 162, 1968, S. 1234-1242; deutsch: »Marihuana: Klinische und psychologische Wirkungen beim Menschen«, in: Leonhardt, a.a.O.
Widman, M., *Bio Transformation and Protein Binding of Cannabinoids,* Uppsala 1975
Wissmann, H. v., *Unter deutscher Flagge quer durch Afrika von West nach Ost,* Berlin 1901
Woggon, B., *Haschisch-Konsum und Wirkung,* Berlin 1974
Wolff, P. O., *Marihuana in Latin America, the Threat it Constitutes,* Washington 1949
Wolstenholme, G. E. W., und J. Knight (Hrsg.), *Hashish: Its Chemistry and Pharmacology,* London 1965
Wormser, R., *Drogenkonsum und soziales Verhalten bei Schülern,* München 1973
Young, W. M. (Hrsg.), *Report of the Indian Hemp Drug Commission,* Simla 1894; deutsch: »Der indische Hanfdrogen-Report« (stark gekürzte Version), in: Leonhardt, a.a.O.
Zinberg, N., »Marihuana – wie gefährlich ist es wirklich?«, in: *Psychologie heute,* Mai 1977, S. 26-34

Captagon
→ Weckamine

Chandu
(Rauchopium) → Opiate

Channa
→ Kanna

Chloroform
→ Lösungsmittel

Coca
→ Kokain

Codein
(→ Kodein) → Opiate

Coffein
→ Genuß-Drogen

Cohoba

(Parieá, Niopo)
Vom Fuß der Anden bis zum Karibischen Meer kennen südamerikanische Indios eine Rauschdroge, die sie aus den Samen und Blättern einer Mimosenart mit dem botanischen Namen Piptadenia peregrina zubereiten. Cohoba (Synonyme: Parieá, Niopo) soll den Berauschten furchtlos und unempfindlich gegen Schmerzen machen. Es wird in religiösen Zeremonien verwendet; Medizinmänner benützen es, um Trancezustände zu erzielen, in denen sie Kontakt mit dem Geisterreich aufnehmen; unter Cohoba-Einfluß peitschen sich bei den Initiationszeremonien junge Männer mit Tapirhautriemen.
Cohoba wird geschnupft oder gekaut, da die Magen-Darm-Passage offenbar das wirksame Prinzip zerstört. Bei diesem handelt es sich um → Bufotenin.
Der LSD-Forscher Albert Hofmann, der auch diese Droge untersucht hat, schrieb 1955 in einem Brief an Ernst Jünger: »Die Samen (der Mimose) werden verrieben, vergoren und dann mit dem Mehl gebrannter Schneckenscha-

len vermischt. Dieses Pulver wird von den Indios mit Hilfe eines hohlen, gabelförmigen Vogelknochens geschnupft ...« (1979, S. 178f.).
Der Jesuitenpater Gumilla, der den Orinoco im 18. Jahrhundert bereiste, berichtete: »Die Otomacos schnupften das Pulver, bevor sie in den Kampf mit den Caribes gingen ... Diese Droge raubte ihnen komplett den Verstand und sie griffen wütend zu den Waffen. Und wenn die Frauen nicht so geschickt wären, sie zurückzuhalten und festzubinden, so würden sie täglich grausame Verwüstungen anrichten. Es ist ein schreckliches Laster ...«
Bei Bufotenin und vielen anderen von Naturvölkern verwendeten Halluzinogen (→ Banisteriopsis caapi, → Epéna, → Nachtschatten-Drogen, → Schnupfdrogen, Toloachi, Tonga) fällt auf, daß der erwünschte – halluzinogene und/ oder erregende – Effekt fast immer sehr stark von körperlichen (vegetativen) Symptomen begleitet wird. Diese subjektiv unangenehmen Erscheinungen erstaunen den europäischen Betrachter zunächst. Er erwartet, daß die sogenannten Primitiven, ebenso wie der Drogenkonsument in seiner Kultur, vor allem aus hedonistischen Gründen ihren psychischen Zustand zu verändern suchen.
Ein Überblick über die oben zitierten Stichworte zeigt, daß diese Ansicht falsch ist. Der Primitive nimmt Cohoba und andere Drogen, um bestimmte (im weitesten Sinne) religiöse Ziele zu erreichen, um etwa als Schamane rasch ins Geisterreich zu gelangen und mit den Ahnengeistern Kontakt aufzunehmen. Die Rauschdrogen spielen eine wichtige Rolle in gemeinschaftlichen religiösen Riten, ja sie können eine neue Religion begründen (Peyote-Kult der »Native American Church«, → Meskalin). Da in den archaischen Religionen vielfach die Natur beseelt gesehen wird, fügen sich die Rauschdrogen – mächtige, hilfreiche Pflanzengeister – viel zwangloser in die geistige Welt des Primitiven ein, als das bei den »künstlichen Paradiesen« des Zivilisationsmenschen der Fall ist (→ RA I).
(S. auch das Stichwort über → Schnupfdrogen)

W. S.

Literatur:
Cohen, S., *The Beyond Within,* New York 1968
Efron, D. H. (Hrsg.), *Ethnopharmacologic Search for Psychoactive Drugs,* Washington 1967
Gumilla, P. J., *El Orinoco Ilustrado,* 1741 (zit. n. Hofmann, 1979)
Hofmann, A., *LSD – mein Sorgenkind,* Stuttgart 1979
Schmidbauer, W., »Schamanismus und Psychotherapie«, in: *Psychologische Rundschau 20,* 1969, S. 29

Cola-Nuß
→ Genuß-Drogen

Crack
(Rock)

Geschichte
In der Mitte der achtziger Jahre tauchte, zunächst in den USA, dann auch in Europa, eine neue Rauschdroge auf, die von der Erzeugungsart her den Designer-Drogen verwandt ist: Crack, eine Substanz, die wie kleine beigefarbene Salzbröckchen aussieht. Sie wird – ähnlich wie Cannabis – meist geraucht, kann aber auch gegessen oder gespritzt werden. Das Ausgangsprodukt ist Kokain. Es handelt sich, genaugenommen, um ein »gestrecktes« Kokain, das man mit Zusätzen vermischt hat, um eine größere Menge

für denselben Preis auf dem Schwarzmarkt anbieten zu können.
Die Grundsubstanz Kokain-Base wird mit Backpulver und Wasser aufgekocht; der Vorgang dauert etwa acht Minuten.
Interessanterweise findet durch diese Streckung, die eigentlich auf Kosten der Wirksamkeit gehen müßte, eine Verstärkung der kokaintypischen Wirkung statt, die Crack zum vielleicht verheerendsten Rauschmittel der Gegenwart werden ließ, und zwar innerhalb weniger Jahre. Das ganze Kokain-Geschäft hat sich dadurch verändert: Der Preis für ein Gramm Kokain – die typische Menge für einen *Sniff* – fiel in den USA zwischen 1982 und 1985 von 125 auf 75 Dollar.
Angeblich gab es bereits um 1980 an der Westküste eine crackähnliche Substanz, »Rock« genannt. 1983 wurden dann erstmals in Los Angeles Proben des heute bekannten »Crack« bei einer Polizei-Razzia entdeckt und analysiert. Bald darauf wurde den Behörden bewußt, daß hier die schnellste Ausbreitung einer gefährlichen Drogenmode zu beobachten war, die es bisher gab.
Der Name wird abgeleitet von dem eigenartigen knisternden Geräusch (engl. »to crackle«), das der Stoff beim Rauchen produziert.
Die billige Herstellung von Crack (nur der Grundstoff Kokain ist teuer, alle anderen Zutaten sind preiswert und jedermann leicht zugänglich) hatte innerhalb kürzester Zeit eine Crack-Szene entstehen lassen, mit Schwerpunkt in Kalifornien und an der Ostküste, vor allem in New York. Es bildete sich eine regelrechte Subkultur, mit eigenen »Crack-Houses«, die sich meist als Spielsalon oder ähnliche harmlos erscheinende Etablissements tarnen.
Die Rechercheure der »National Cocaine Hotline« schätzen, daß durch Crack in Nordamerika die Zahl der Kokain-Konsumenten auf 22 Millionen gestiegen ist.
Von den USA drang die neue Drogenseuche bald auch in die Bundesrepublik vor: Schon im Herbst 1986 wurde in Köln das erste Underground-Labor von der Polizei ausgehoben.
Aufgrund seines niedrigen Preises ist Crack vor allem bei den Mittellosen und den Jugendlichen so beliebt geworden. Aber auch in den »besseren Kreisen«, zum Beispiel bei gestreßten Börsen-Maklern, bei Managern und bei den technischen Intelligenzberufen, wurde der »Schnellmacher« rasch begehrt.
Ein 32jähriger Computer-Programmierer aus Westchester gab 2000 Dollar wöchentlich für Crack aus, und acht weitere Kollegen seines Zwölf-Mann-Büros machten mit.
Ein Rechtsanwalt aus San Francisco, um die vierzig, brachte es am Ende seiner Abhängigkeit sogar auf 1000 Dollar pro Tag! »Irgendwo auf dem Weg verlor er seine Frau, seine zwei Kinder und sein Haus«, schrieb ein US-Magazin Mitte 1986 in einer aufsehenerregenden Titelgeschichte über Crack, deren Schlußbilanz lautete, die neue Modedroge sei »gefährlicher als die Seuchen des Mittelalters«.
Der Münchner Liedermacher Konstantin Wecker gab nach seiner Festnahme 1995 an, er habe für 1,6 Kilogramm Kokain (das er zu Crack aufkochte und dann rauchte) einen Grammpreis von 100 Mark bezahlt – also rund 160.000 Mark insgesamt, und zwar innerhalb eines halben Jahres.

Wirkung
Das Katastrophale an dieser Entwicklung ist ein Effekt, den zwar jede Dro-

ge zeigt, der aber bei Crack aufgrund spezieller, noch wenig geklärter Ursachen besonders verheerend wirkt: Die Abhängigkeit von der Substanz kann sehr rasch eintreten, manchmal schon nach der ersten Dosis. Man vermutet als Ursache eine enorme Sensibilisierung der betreffenden Gehirnareale. Vermehrter Kokain- oder Crack-Konsum unterbricht die fein abgestimmte Balance der drei Neurotransmitter Norephedrin, Dopamin und Epinephrin. Die Droge veranlaßt bestimmte Gehirnzellen, diese drei Substanzen stoßartig abzugeben und produziert auf diese Weise den typischen Kokain-»Rush«.

Schon nach zehn Sekunden erreichen beim Crack-Rauchen die ersten Kokain-Moleküle das Gehirn. (Damit ist Crack-Rauchen sehr dem Rauchen von *Freebase* verwandt, einer kaum älteren, aber wesentlich teureren Drogenmode: Kokainpaste wird mittels Ether auf seine reinste Form konzentriert, dann getrocknet und geraucht.)

Drei stecknadelkopfgroße Bröckchen der Droge, die kaum länger als eine halbe Stunde wirken und je fünf Dollar kosten, sind möglicherweise schon der Einstieg in eine Crack-Abhängigkeit. Die anfängliche Anregung und die vermeintliche Konzentrationssteigerung weichen einem dramatischen Verfall, der genau diese Eigenschaften besonders in Mitleidenschaft zieht.

Lungenentzündung, Bluthochdruck, Appetitlosigkeit, Hautjucken sowie paranoide und schizophrenieähnliche Zustände sind als Folgeerscheinungen beschrieben worden.

Medizinische Hilfe besteht aus Sofortmaßnahmen (Aufhalten des körperlichen Verfalls, u. a. infolge Vitaminmangels und Unterernährung) und Versuchen der Sanierung im physischen wie im psychosozialen Bereich (Psychotherapie, sozialtherapeutische Hilfe durch Streetworker etc.).

Ein anschauliches Bild des Zerfalls eines crack-abhängigen Mannes beschreibt in Tagebuchform Ray Shells Roman *Vereist*.

Die Aussichten auf Heilerfolge gelten speziell im psychosozialen Bereich als noch geringer als bei verwandten Drogen (insbesondere Heroin). Der Grund liegt sowohl in der leichten Verfügbarkeit von Crack, speziell in seinem niedrigen Preis, wie auch in seiner enormen Anfangs- und Einstiegswirkung. Prävention ist, wie stets, das Beste – ist jedoch politisch und damit finanziell am schwierigsten durchführbar. Das überraschende Auftauchen und die seuchenartige Verbreitung von Crack hat schon in den achtziger Jahren die amerikanische Regierung unter Ronald Reagan so alarmiert, daß erstmals ein großangelegtes nationales Programm zur Bekämpfung von Rauschgiften gestartet wurde. Da sich diese, mit Millionenaufwand betriebenen Maßnahmen jedoch, wie üblich, in der Verfolgung der Drogenhändler und der Bestrafung ihrer Opfer erschöpfte, war das Scheitern dieser Art von »Drogenkriegsführung« vorherzusehen.

J.v.Sch.

Literatur:

Anon., »Crack and Crime«, *Newsweek,* 16. Juni 1986

Bean, Ph., *Cocaine and Crack. Supply and Use.* New York 1993

Chatlos, C., *Crack – What You Should Know About the Cocaine Epidemic,* New York 1987

Gold, M., *800-Cocaine,* New York 1984

Meyer, R., »Gesundheitsschäden durch Crack...«, in: *Pharmazeutische Zeitung* 139 (1994) 18 (5.Mai 1994), S. 9-14

Meyer-Larsen, W., »Gefährlich wie die Seuchen des Mittelalters«, in: *Der Spiegel* Nr. 25/1986

Shell, R., *Vereist. Tagebuch eines Crack-Abhängigen,* München 1996

D

Datura
→ Nachtschatten-Drogen
Delysid
→ LSD

Designer-Drogen

Geschichte
Unter Designer-Drogen versteht man eine Gruppe biochemischer Verbindungen unterschiedlichster Zusammensetzung, die hochwirksam und sehr suchtbildend sind. Sie zeichnen sich, wie das → Ecstasy, dadurch aus, daß sie nicht aus natürlichen Grundsubstanzen hergestellt werden, etwa durch

- Konzentration (wie Kokain aus den Coca-Blättern oder hochprozentiger Weinbrand durch Destillation aus niederprozentigem Wein) oder durch
- Manipulation von natürlichen Ausgangsstoffen (Lysergsäure wird zu LSD-25 umgeformt).

Designer-Drogen werden vielmehr gezielt aus Substanzen, deren chemische Wirkungen man bereits kennt oder vermutet, neu kombiniert und wie »am Reißbrett« entworfen (daher der Name: von engl. *to design* = entwerfen). Diese neuen Suchtstoffe sind erst seit wenigen Jahren bekannt. Sie entspringen eindeutig der Spekulation der Hersteller in den illegalen Laboratorien und der Dealer. Mit dem geplanten Suchtpotential solcher Inhaltsstoffe, die billig herzustellen sind und bei einem Abnehmerkreis, der rasch abhängig und damit zur Stammkundschaft regelrecht herangezüchtet wird, können entsprechend hohe Gewinnspannen erzielt werden.
Daß solche gezielte Herstellung überhaupt möglich ist, hat alle überrascht: die Fachleute in Wissenschaft und Therapie ebenso wie die Polizei und die Justizbehörden – und auch die Autoren dieses Handbuchs (→ Zukunftsdrogen).
Im nachhinein kann man allerdings bereits PCP (das in den fünfziger Jahren erfunden wurde und das Anfang der achtziger Jahre als Suchtmittel in Gebrauch kam) als Designer-Droge verstehen. Nachdem PCP *(Angel Dust)* in die Liste der verbotenen Betäubungsmittel aufgenommen wurde, hat man bald darauf PCP-Abkömmlinge hergestellt, um durch die Maschen des Gesetzes schlüpfen zu können; diese Produkte sind jedoch kaum weniger gefährlich als das Original-PCP. Mittlerweile kennt man bereits mehr als 30 PCP-Derivate, die unter verlockenden Namen wie *Magic Mist* und *Monkey Tranquilizer* angeboten werden.
Faßt man den Begriff weit genug, so muß man eigentlich auch LSD-25 bereits zu diesen *entworfenen* Substanzen zählen, weil ja auch nach ihm gezielt geforscht wurde: LSD-25 ist, wie schon die Nummer im Namen besagt, das Produkt des 25. Versuchs in einer

ganzen Reihe von Labor-Experimenten. Hatte jedoch Albert Hoffmann die halluzinogene Wirkung des LSD-25 noch durch Zufall und dann im Selbstexperiment entdeckt, so werden heute sehr bewußt (und offenbar von Könnern ihres chemischen Handwerks) neue Drogen *gebastelt,* vor allem aus der Klasse der Amphetamine.

Den Chemikern kamen dabei wohl nicht nur neue Forschungsergebnisse zugute, sondern auch die gewaltigen Rechnerleistungen bei der Simulation von chemischen Präparaten und Herstellungsprozessen, die sich heute bereits mit vergleichsweise billigen und kleinen (= unauffälligen) Computern bewältigen lassen. Allerdings sollte man die Schwierigkeiten des Drogen-Design auch nicht unterschätzen: Die Methoden der Strukturanalyse, mit denen sich die dreidimensionale Form von körpereigenen Molekülen feststellen läßt, entwickelte sich zwar im vergangenen Jahrzehnt sprunghaft, aber gerade bei komplexeren Strukturen stieß man in den offiziellen Labors rasch an Grenzen, die durch andere, weit aufwendigere Methoden ergänzt werden müssen (Helfrich 1997). Hierbei handelt es sich insbesondere um das *Screening* (bei dem in großen und teueren Automaten einfachere Molekülbausteine synthetisiert und analysiert sowie anschließend zu größeren Einheiten zusammengefügt und getestet werden). Letzteres dürfte jedoch für Underground-Chemiker, selbst wenn sie über umfangreiche Mafia-Gelder verfügen sollten, kaum zu bewältigen sein, weshalb man in dieser Hinsicht keine allzugroßen Befürchtungen hegen sollte. Immerhin: Das explosionsartige Aufkommen von Ecstasy zeigt, daß es auch »quick and dirty« geht.

Zur Herstellung anderer Substanzen, wie dem Halluzinogen DOB (Dimethoxybromamphetamin), braucht man weder hochkomplizierte Apparaturen noch das Talent eines Chemie-Genies; meistens genügen chemische Grundkenntnisse, weshalb unter den illegalen Herstellern nicht zufällig stellungslose Chemiefacharbeiter gefunden wurden.

Relativ einfach herstellen läßt sich auch ein – noch namenloses – Produkt, dessen Ausgangsstoff das häufig benützte Narkosemittel *Fentanyl* ist. »Es kann Jahre dauern, bis man alkoholsüchtig ist«, sagt der Anästhesist Will Spiegelman vom Stanford University Hospital, »aber es bedarf nur eines einzigen Schusses Fentanyl.« Weil Fentanyl schon in kleinsten Dosen hochwirksam ist, geben wenige Gramm in Pulverform viele Dealer-Portionen ab. Aus den 288 Ampullen, die 1986 zum Beispiel aus der Kölner Universitäts-Augenklinik gestohlen wurden, könnte man rund 50.000 Schüsse herstellen. Auch andere Designer-Drogen gehören zur Familie der Amphetamine, der immer neue Spezialitäten hinzugefügt werden. Crack ist wohl weniger eine Designer-Droge als ein weiteres Zufallsprodukt, das beim betrügerischen Strecken (Verdünnen) des Ausgangsprodukts Kokain als noch weit potenteres Suchtgift entdeckt wurde. Gezielt scheint man indeß bei der Schaffung von *Ice* (s. unten S. 131) vorgegangen zu sein.

Die Retorten-Drogen sind nicht zuletzt auch deshalb so attraktiv, weil sie im Inland hergestellt werden können und somit das riskante Schmuggeln über Landesgrenzen entfällt. (Details bei Sahihi 1995)

Die Fachleute beobachten diese Entwicklung mit großer Besorgnis und sprechen bereits von einer »Fünften Welle« des Drogenkonsums durch die Designer-Drogen (nach Haschisch Ende der sechziger LSD Anfang und Heroin Mitte der siebziger und Kokain in den achtziger Jahren). Gene Haislip von der US-amerikanischen Drogenbehörde bezeichnet diese neue Rauschgift-Generation deshalb auch »als die Rauschgift-Version von Tschernobyl: ein Problem, das vor 20 Jahren unvorstellbar war« – mit über 100 Todesfällen im Süden der USA allein 1986. Deshalb hat vor allem die US-Regierung unter Ronald Reagan Mitte der achtziger Jahre erhöhte Anstrengungen unternommen, den Drogenkonsum zu bekämpfen und dem Rauschgift einen landesweiten Krieg erklärt, und die nachfolgenden Regierungen unter dem Republikaner Bush ebenso wie unter dem Demokraten Clinton haben diese Kampagnen fortgesetzt.

Wirkung

Die Wirkung der einzelnen Substanzen hängt sehr vom Ausgangsprodukt ab und von der Art der Droge – Amphetamin-ähnliche Substanzen wirken im Prinzip anders als Halluzinogene. Es scheint jedoch bei den Designer-Drogen so zu sein, daß ihnen drei übergeordnete Wirkungen weitgehend gemeinsam sind:

1. stärkere Wirkung bei kleinerer Dosis,
2. eine Mischung von »Gedanken-Beschleunigung« und halluzinogenen Effekten,
3. rascherer Aufbau einer physiologisch-psychischen Abhängigkeit im klassischen Sinne.

Ice – eine Anmerkung

Die synthetische Droge *Ice,* die 1989/90 wie ein Komet durch den Medienhimmel zog und dann spurlos wieder verschwand, mag als Beispiel dafür gelten, daß Rauschdrogen in einer auf Unterhaltung erpichten Welt manchmal Rollen wie Filmstars spielen. Heroin, Haschisch und Kokain sind gewissermaßen die Super-Stars, zu denen sich von Zeit zu Zeit kleinere hinzugesellen, ihren Auftritt haben und dann wieder untertauchen. *Engelstaub* (→ PCP) war in den siebziger Jahren so ein Sternchen, → Ecstasy könnte es in den neunzigern sein. Ice war es Ende der achtziger – und man hat den Verdacht, daß sein Auftauchen von Behördenleitern und Politikern fast wie bei einer PR-Kampagne eingesetzt wurde:

»Die Drogenkrise ist eine Frage der Autorität«, trompetete Amerikas damaliger Drogenbeauftragter William J. Bennett im Sommer 1989, »denn Drogen zerstören die Moral, die Werte der Nation, den Charakter sowie unsere Beziehungen zueinander und zu Gott.« Was für Bennett diese Krise – aus damaliger Sicht – am entsetzlichsten verkörperte, war Ice.

Die Designer-Droge war ein typischer Abkömmling der seit 1919 in Japan entwickelten Amphetamine. In den sechziger Jahren erschienen sie unter Szene-Namen wie *Speed* und *Crank* auf dem illegalen Markt. Speed galt, weil billig, als so etwas wie das »Kokain des kleinen Mannes«. Ähnlich wie bei dem später aus Kokain gewonnenen → Crack kam es nach einem kurzen Hochgefühl zu depressiven Abstürzen, die sich jedoch gerade noch aushalten ließen.

»Ice dagegen potenziert die Wirkung von Crack und Speed – Euphorie und Depression sind wahre Apokalypsen«, schrieb *Der Spiegel* 1989 und setzte mit einem Zitat des Polizeichefs Henry Lau von Honolulu (auf Hawaii befand sich damals der Transitort der Droge auf ihrem Weg von Japan nach Nordamerika) noch eins drauf: »Es ist eine echte Horror-Story.«

User und Dealer von Ice, die man in Gefängnisse oder psychiatrische Kliniken einlieferte, wurden als »weit gefährlicher« als die ohnehin schon verrufenen Crack-User bezeichnet. »Die drehen total durch, ich habe so etwas noch nie gesehen, Ice-User sind weit, weit gefährlicher als Benutzer von Crack«, assistierte Alma Y. Takata von der hawaiianischen Gesundheitsbehörde. Ihr zufolge leben sie auch weit gefährlicher, denn nach einem bis zu 24 Stunden anhaltenden *high* fielen die Ice-Konsumenten in das schwarze Loch einer doppelt so lange dauernde Depression mit schwersten Nebenerscheinungen: Halluzinationen, Verfolgungswahn, Wahnvorstellungen aller Art. Viele waren nicht mehr fähig, zusammenhängende Gedanken zu äußern, andere zeigten Merkmale paranoider Schizophrenie.

Hergestellt wurde Ice in winzigen Klitschen. Zur Herstellung des Amphetamins brauchte man, wie bei den meisten Designer-Drogen, einfache Chemikalien, die nur ein paar Hundert Dollar kosten. Der Gewinn war entsprechend ein Vielfaches: ein durchsichtiges Beutelchen mit Ice-Kristallen* mit einem einzigen Gramm der Droge kostete 400 Dollar, die Tagespackung mit einem Zehntel Gramm wurde für 50 Dollar verhökert, was für eine ganztägige Hochphase ausreichte.

Der Drogenarzt Alex Stalcup, der in San Francisco ein Zentrum zur Behandlung von Ice-Süchtigen einrichtete, berichtete vom Fall einer jungen Frau, die total abgemagert zu ihm kam und angeblich 21 Tage nicht mehr geschlafen hatte. Das war im Mai 1990. Da hatte der Konsum von Ice in den USA schon leicht abgenommen. »Doch das wird wiederkommen«, meinte Stalcup, »Ice ist die Droge der neunziger Jahre. Bisher wissen nur wenige Labors hier in Amerika, wie man Ice herstellt. Wenn sich das geändert hat, wird der Verbrauch rapid zunehmen.«

Offenbar haben sich die anderen besorgten Experten alle getäuscht. Man hat von Ice, das dem *Spiegel* immerhin eine ganze Seite des Magazins wert war, nichts mehr gehört.

Auch der *Stern* befaßte sich bald darauf mit den Designer-Drogen. Vom »Crack des Ostens« war da 1992 (Nr. 23, S. 226) die Rede, von einer »gefährlichen Billigdroge namens *Tscheko,* gebraut in Prager Pervitinküchen«, die man auch in die Bundesrepublik zu schleusen beginne (Nr. 23, S. 226). Aber Ice?

Im Bericht des Internationalen Drogen-Kontrollrats der UNO für das Jahr 1969 wird zwar vor den Designer-Drogen als großer wachsender Gefahr gewarnt und Ecstasy entsprechend gewürdigt. Aber Ice? Das Name wird nicht einmal erwähnt (*Tscheko* übrigens auch nicht).

Jedenfalls kann man aus der Ice-Geschichte lernen, daß nicht unbedingt alles so schlimm kommen muß, wie befürchtet wird – und daß es interessierten Kreisen nicht unlieb zu sein scheint, wenn ab und zu ein neuer Name zur Verfügung steht, um Geldmittel für die eigene Abteilung aufzustocken. Das mag zynisch klingen. Aber auch dies ist eine Seite des Drogenthemas: Nicht nur die Produzen-

* Die Bezeichnung Ice rührt vom Aussehen, das dem winzigen Eissplitter gleicht.

ten und Händler, sondern auch die Drogenfahnder, die Staatsanwälte und Verteidiger, die Drogentherapeuten, die Journalisten und Buchautoren (ja, auch wir) sind Teil einer modernen Industrie, die vielleicht sogar – neben der Computer-Branche – die Wachstumsindustrie schlechthin ist, welche mit den besten Aussichten ins nächste Jahrtausend geht.

J.v.Sch.

Literatur

Anon., »Rauschgift (Fentanyl)«, in: *Der Spiegel* Nr. 48/1986, S. 61
Anon., »Wie ein Peitschenschlag aufs Gehirn«, in: *Der Spiegel* Nr. 26/1987, S. 59
Bennett, W. J., zit. n.: *Der Spiegel* Nr. 39/1989
Reimer, W., »Angst vor der fünften Welle«, in: *Südd. Zeitung* vom 28. Feb 1987
Röttger, C., »Arzneimittel aus der Retorte«, in: *Südd. Zeitung* vom 21. Dez 1992
Sahihi, Arman, *Designer-Drogen*, München 1995
Stalcup, A., zit. n.: *Südd. Zeitung* vom 19. Mai 1990

DMT

(Dimethyltryptamin)

DMT ist ein synthetisches Halluzinogen, das aber auch natürlich vorkommt (→ Epéna) bzw. natürlich vorkommenden Halluzinogenen chemisch außerordentlich ähnlich ist. Es unterscheidet sich von → Bufotenin, dem halluzinogenen Krötensekret und wirksamen Prinzip des → Cohoba-Schnupfpulvers, nur durch eine OH-Gruppe am Indolring. (Die Strukturformeln von Bufotenin, DMT und dem – beiden chemisch sehr ähnlichen – Neurotransmitter Serotonin finden sich in → RA V).

Wirkung

In einer Dosis von 0,7 bis 1,0 Milligramm pro Kilogramm Körpergewicht intramuskulär injiziert, führt DMT bereits nach drei bis fünf Minuten zu einem schlagartig einsetzenden Rausch, der dem durch andere Halluzinogene sehr ähnlich ist (→ LSD). Der DMT-Rausch unterscheidet sich vom LSD-Rausch lediglich durch eine stärkere körperliche Veränderung, vor allem eine gelegentlich massive Blutdrucksteigerung (um bis zu 70 mm Hg) und »extrapyramidale« Bewegungsstörungen, die denen der Parkinson-Krankheit ähneln (fahrige Gesten, Grimassieren, Zuckungen der Glieder, tonische Krämpfe, langsam-gespreizte Bewegungen). Diese Bewegungsstörungen beruhen darauf, daß DMT offensichtlich auch die »basalen Stammganglien« angreift, die im Zwischen- und Mittelhirn liegen und die unwillkürliche Körperhaltung sowie die unwillkürlichen Mitbewegungen der Glieder, etwa beim Gehen, regeln.

Diethyltryptamin (DET), das chemisch analog strukturiert ist wie DMT, aber am Ende seiner Seitenkette zwei Ethylgruppen (C_2H_5 statt CH_3) trägt, wirkt ähnlich wie DMT; das gleiche gilt für Dipropyltryptamin (DPT).

W.S.

Literatur:

Cohen, S., *The Beyond Within*, New York 1968
Leuner, H. C., *Die experimentelle Psychose*, Berlin 1962
Szara, S., »Dimethyltryptamine: Its Metabolism in Man«, in: *Experientia* 12, 1956, S. 441
Szara, S., »The Comparism of the Psychotic Effects of Tryptamine Derivates with the Effects of Mescaline and LSD-25 in Self Experiments«, in: Garattini, S., und V. Ghetti (Hrsg.), *Psychotropic Drugs*, Amsterdam 1957, S. 460

DOB

→ Designer-Drogen

DoM

→ STP

Doping-Mittel

→ Medikamente

E

Ecstasy

(XTC, E-Pillen, MDMA [MDA, MDE])

Man kann sich immer wieder nur wundern, wie sich die Abläufe wiederholen und offenbar jede Generation ihre Wunderdroge hat. 1884–86 begeisterte sich Sigmund Freud für das Kokain – in der 68er Zeit hob Timothy Leary LSD noch weit enthusiastischer auf den Schild – und 1997 schwärmt Brian Harvey, der Leadsänger der britischen Band *East 17* in einem Radiointerview von Ecstasy, es »mache bessere Menschen aus denen, die die Droge schlucken«.

Hinter der Partydroge Ecstasy, kurz auch XTC oder E-Pillen genannt, verbirgt sich eine ganze Gruppe chemischer Verbindungen, die zu den Amphetaminen gerechnet werden. Die wichtigsten Vertreter dieser Gruppe sind MDA (3,4-Methylendioxyamphetamin), MDMA / Ecstasy / XTC / Adam / Cadillac (3,4-Methylendioxy-N-methylamphetamin) sowie MDE / Eve (3,4-Methylendioxy-N- ethylamphetamin).

Geschichte

MDA und MDMA wurden bereits 1910 und 1914, MDE 1980 synthetisiert. Sie sind strenggenommen nicht zu den Designer-Drogen zu rechnen. MDA und MDMA wurden als Appetitzügler getestet und in den sechziger Jahren von Hippies in Kalifornien als *love drug* benutzt. In das Betäubungsmittel-Gesetz aufgenommen wurden

- 1984 MDA (s. Schluß dieses Stichworts),
- 1986 MMDA (s. Schluß dieses Stichworts), und
- 1991 MDE.

In der Schweiz wurde MDMA bis Ende 1994 therapeutisch verwendet.

Mit der Erfindung des Techno (1990 in Deutschland), der auf der amerikanischen House-Music beruht, und der daraus entstehenden Raving Society kamen die Aufputschmittel in die Diskotheken.

Nachdem der Londoner Autor Nicholas Saunders die Droge Ecstasy als Medizin und Wundermittel gepriesen hat, so wie eine Generation zuvor Timothy Leary das LSD, sind die Jugendlichen offenbar überzeugt, daß sie nichts Gefährliches tun. In seinem Buch *E for Ecstasy* will er den »Schauergeschichten« entgegentreten, die angeblich über Ecstasy verbreitet werden. Er rechnet vor, daß das Risiko, am Genuß von Ecstasy einen Schaden davonzutragen, nur 1 zu 3,6 Millionen beträgt. Damit sei es kleiner »als bei einer Fahrt mit der Achterbahn«. Saunders behauptet: »XTC hält fit, macht kreativ und rettet Ehen.«

Music is the only drug?

Patrick Walder, ein Kenner der Szene stellt fest: »Eine drogenfreie Techno-Party ist eine Illusion.« Jeder Kundige

wisse, daß die Raves ohne Drogen spätestens morgens um sechs Uhr zu Ende wären, und das seien sie offensichtlich nicht. Die Parties beginnen am Freitag abend, dauern die ganze Nacht und werden am Samstag abend wiederholt. Ohne Drogen keine Marathonfeier.
In der Tat erfordert es äußerste körperliche Leistung dem Rhythmus der Breakbeats zu folgen. Viele junge Leute geraten beim Tanzen in einen Geschwindigkeitsrausch und schöpfen ihre körperliche Leistungsfähigkeit voll aus. Um nicht schlapp zu machen, besorgen sich viele deshalb Techno-Treibstoff. Das ist kein Problem, da im Umfeld der Diskothek oder zum Teil in den Diskotheken selbst gedealt wird. Wie viele Partygänger und Raver Drogen nehmen, ist nicht genau bekannt. Je nach Veranstaltungsort sollen es zwischen 20 und 70 Prozent sein. Nach kritischer Beobachtung beim *Mayday* in Frankfurt (Dezember 1995) wurde geschätzt, daß ungefähr 50 Prozent unter Drogen standen. Der Konsum der sogenannten Partydrogen findet, losgelöst von der Techno-Szene, zunehmend auch in kleinen privaten Kreisen statt, zum Beispiel bei winterlichen Abfahrten mit dem Snowboard.
Aus Befragungen ergibt sich folgendes Bild: Waren es 1990 gerade mal ein Prozent der 14-20jährigen, die Ecstasy einmal probiert hatten, hatte sich 1995 die Zahl schon verdreifacht. Mit zunehmendem Alter steigt auch der Ecstasy-Konsum. Die Hälfte der User schluckt die Pille einmal in der Woche oder öfter. Als Hochrisikogruppe (laut einer aktuellen Studie etwa 15 Prozent) werden diejenigen eingestuft, die unter Steigerung der Dosis fast täglich Ecstasy konsumieren.
Das Unrechtsbewußtsein unter den Jugendlichen scheint schwach ausgeprägt zu sein. Kaum einer weiß, oder will es wissen, daß Erwerb und Besitz der Droge durch das Betäubungsmittel-Gesetz verboten ist. Die kleinen, bunten Pillen werden nicht als illegale Drogen wahrgenommen. Die neuen Drogenkonsumenten assoziieren das in der »sauberen Pillenform« angebotene Ecstasy mit einem Medikament und vergleichen ihre Drogennutzung mit Doping und nicht mit Drogenkonsum.
Drogen und Medikamente werden nach den gleichen Mustern konsumiert. Der eigene Konsum von Grippe-, Schmerz- und Schlafmitteln (fast ein Drittel der 12–18jährigen greift einmal wöchentlich zu Medikamenten) oder die Beobachtung des Medikamentenkonsums anderer verführt offensichtlich zu der Annahme, Ecstasy-Pillen seien harmlos.
»Synthetische Drogen vermitteln die Illusion, man könne die Wirkung genau kontrollieren. Deshalb passen sie so wunderbar in eine Leistungsgesellschaft, die verlangt, im richtigen Moment fit, dynamisch und gut gestimmt zu sein«, sagt der Bielefelder Soziologe Klaus Hurrelmann.

Biochemische Wirkung
Angriffspunkt der Amphetamin-Derivate im Körper ist das Limbische System des Gehirns, ein Steuerzentrum für Emotionen. Dort sorgen die Drogen dafür, daß der Botenstoff Serotonin freigesetzt wird und länger als üblich an den Schaltstellen zwischen den einzelnen Nerven verweilt. Nach der akuten Freisetzung kommt es zu einer langanhaltenden Verringerung des Transmitters im Gehirn, da gleichzeitig die Neubildung gehemmt wird.

Dies ist der Grund für den Wirkungsabfall bei wiederholter Einnahme.

Psychische Wirkungen
Bis zum 1. Juli 1985 war Ecstasy in den USA frei verkäuflich. Im Prospekt stand damals: »Everything looks beautiful, when you are young and on drugs.« (Alles ist wunderschön, wenn du jung bist und Drogen genommen hast.)
Wissenschaftler bezeichnen MMDA und MDA als Entaktogene. Das sind Stoffe, deren Wirkungen als »im Inneren ein Gefühl erzeugend« zu beschreiben sind. Sie fördern das In-sich-Hineinversenken und damit die Bereitschaft und Fähigkeit, persönliche Probleme zu erkennen und sich mit ihnen auseinanderzusetzen. Sie erzeugen ein *ozeanisches* Gefühl und erhöhen die Kommunikations- und Kontaktfreudigkeit.
Die Jugendlichen suchen, nach ihren eigenen Aussagen, eher das letztere wenn sie sich einen *E-Film* verschaffen, wie sie es nennen.
»Ich beginne zu spüren, daß ich nicht gelinkt wurde, daß meine Tablette kein Aspirin war. Ein leichtes Wärmegefühl um die Magengegend wird langsam zu einem den Körper umfließenden wohligen Gefühl... Das Treiben um mich herum nehme ich wie durch Watte wahr. Die Menschen, die mir gerade noch völlig egal waren, beginne ich sympathisch zu finden, sie sogar zu mögen. Der Alltag ist weit hinter mir...«
Dieser Erfahrung einer Raverin stimmen die meisten zu. Einer spricht von »Gefühlswellen«, die ihn »überglücklich« machen. Das Gefühl von Nähe zu anderen, von Wärme und Verliebtheit würde sich einstellen.
Viele empfinden eine größere Offenheit für andere. Die kosmischen Romanzen sind offenbar so intensiv, daß manche anschließend am liebsten heiraten würden. Aber diese Offenheit, die gesteigerte Sensibilität und Aufmerksamkeit füreinander ist an die Dauer der Drogenwirkung gebunden. In den USA gab es T-Shirts und Stickers mit der Warnung: »Don't get married for six weeks after XTC« (»In den sechs Wochen nach [Genuß von] XTC nicht heiraten«).
Die psychotropen Effekte des MDA wurden von G. Alles in den fünfziger Jahren im Selbstversuch entdeckt. Er erlebte vor allem die gesteigerte Fähigkeit zur Introspektion und Erlebnisbereitschaft. Als visuelle Erscheinungen fielen ihm (eingebildete) Rauchringe um sich herum auf. Er schloß daraus, daß MDA ein Halluzinogen von der Art des → LSD oder → Meskalin sei. Claudio Naranjo, der die subjektiven Wirkungen von MDA und MDMA ausgiebig untersucht hat, widersprach ihm. Bei einem größeren Anteil von MDA in den Ecstasy-Tabletten sind Halluzinationen jedoch möglich und von den Ravern auch erwünscht, denen dann zum Beispiel Hühner aus den Disco-Lüftungsschächten entgegenflattern oder die sich zwischen kopflosen Tänzern wiederfinden.

Gefahren
Von Beobachtungen aus dem eigenen beruflichen Alltag weiß Oliver Bilke von der Poliklinik für Kinder- und Jugendpsychiatrie der Universität Lübeck, daß die anfänglich harmlosen Partyvergnügen in paranoide Psychosen führen können. Er berichtet von einem »jungen Mann, der an schwerstem Verfolgungswahn litt und sich zwei Wochen unter einen Tisch verkrochen hatte«, oder einem Patienten,

der »felsenfest davon überzeugt war, daß alle Außenstehenden seine Gedanken lesen könnten«.

Einen linearen Zusammenhang zwischen der geschluckten Menge und der Wirkungsintensität scheint es allerdings nicht zu geben. »Manche klinken schon nach einer einzigen Pille völlig aus, andere konsumieren regelmäßig ohne Probleme«, bestätigt Bilke.

Ob der langfristige Gebrauch der Amphetamin-Derivate bleibende Hirn- und Nervenschäden verursacht, ist noch nicht sicher erwiesen. Tierversuche an den John Hopkins Medical Institutions in Baltimore legen diesen Verdacht allerdings nahe. Der Leiter der Studie, George Ricaurte, und seine Kollegen berichten im *Journal of Neuroscience,* daß die Droge sowohl bei Ratten wie auch bei Affen wichtige Nervenbahnen im Hirn schädigt. Darüber hinaus wird aber offenbar die Fähigkeit des Organismus, diese Schäden nach Absetzen der Droge zu reparieren, eingeschränkt. 12 bis 18 Monate nach den Drogenversuchen zeigte sich, daß die Nervenfasern entweder gar nicht oder abnorm nachwuchsen.

Eine allergische Reaktion war vermutlich die Ursache für den Leberzerfall bei einer 18jährigen jungen Frau. Während des *Munich Union Rave* hatte sie eine halbe Tablette E und etwas → Speed genommen. Kurz danach ging es ihr nicht gut, und als sich ihr Zustand immer mehr verschlechterte, wurde sie ins Klinikum Rechts der Isar geflogen. Dort erhielt sie innerhalb von 24 Stunden eine neue Leber eingepflanzt.

Besonders tragisch war das Schicksal der 17jährigen Simone aus Ingolstadt. Am Tag vor dem Heiligen Abend 1995 wollte sie mit einigen Bekannten in der Wohnung ihres Freundes feiern. Alle nahmen ein paar Pillen. Simone hat angeblich zuerst eine Tablette genommen und dann »noch zwei nachgelegt«. In der Nacht erbrach sie und wurde bewußtlos. Die Freunde, selber unter Drogen, riefen erst nach mehreren Stunden den Notarzt. Doch es war schon zu spät. Am Abend darauf ist Simone an zentraler Lähmung als Folge einer Drogenüberdosierung gestorben. Die Reaktion ihrer Freunde: »Eigentlich ist sie selber schuld. Sie muß ja gewußt haben, was sie da nimmt.«

Leider stimmt das nicht immer. Die Pillen mit Phantasienamen wie *Smiley, Roadrunner* oder *Kermit* und den Prägungen auf der Vorderseite sind häufig Mischungen aus verschiedenen Rauschgiften. Dabei werden nicht nur die Stoffe der Ecstasy-Gruppe zu Tabletten verpreßt, sondern es werden auch → Speed, → LSD, → Heroin oder Rattengift dazugepanscht, um die Gewinnspanne zu erhöhen oder die Kids auf andere Drogen zu bringen. Ein einziges Party-Smartie kann bereits eine Überdosis enthalten – es ist wie Russisches Roulette. Kaum ein User weiß darüber Bescheid, alle verlassen sich auf ihren persönlich bekannten Dealer: »Ich würde nie von einem Fremden etwas kaufen. Meine Leute drehen mir keinen Scheiß an.«

Doch nicht einmal die Dealer wissen, was die Tabletten enthalten, die sie verkaufen. Konsumenten sollten sich nicht auf die Regel »gleiches Prägemotiv – gleiche Wirkung« verlassen, wie Kai Fischer von der Berliner Organisation Eve&Rave aufklärt. In Laboranalysen zeigte sich, daß nur Tabletten derselben Charge identisch sind. Außerdem fanden die Tester in den illegal gepreßten E-Pillen bis zu zehn Prozent Verunreinigungen.

Abhängig von der Zusammensetzung der E-Pillen sind auch die Nebenwirkungen. Wer Glück hat und wirklich eine MDMA-Pille bekommt, muß trotzdem mit verschiedenartigen Wirkungen im physischen Bereich rechnen. Grundsätzlich kommt es zu einer Erhöhung des Pulses (Tachykardie = Herzrasen mit über 190 Schlägen pro Minute – normal sind 70–80 Schläge) und des Blutdrucks. Die Pupillen vergrößern sich. Sechs von zehn Usern bekommen Spannungen im Kiefer. Die Verkrampfung der Kaumuskulatur kann mit Beißen auf die Zunge und die Wangenschleimhaut verbunden sein. Ein Raver berichtet, daß er sich richtig blutig gebissen hätte. Wegen der zeitweiligen Schmerzunempfindlichkeit während des E-Films stellt man das erst am Ende fest.

Die größte Gefahr ist allerdings die Hyperthermie. Die Droge heizt den Körper auf, exzessives Tanzen führt zu Wasserverlust und Austrocknung des Körpers. In tranceähnlichem Zustand wird das offenbar nicht bemerkt. Manche Nachtclubbesitzer drehen in den Toiletten zudem noch das Wasser ab, um den Verkauf von Getränken zu steigern. Auf diese Weise hat der Körper keine Möglichkeit wieder abzukühlen, die Körpertemperatur steigt auf 40° und mehr an, bei über 42° kommt es zu schweren Störungen im Organismus. So ist die häufigste Todesursache eine Art Hitzschlag.

Psychische Gefahren

Der Rausch klingt nach spätestens vier bis sechs Stunden ab, und damit verschwinden auch die schönen Gefühle, die am Anfang auftreten. »Das geht so langsam verloren, da ist man dann nur noch breit«, sagt eine junge Frau. Die bei vielen danach aufkommende Verstimmung wird nicht selten dadurch vertrieben, daß man *E* nachwirft oder noch andere Drogen nimmt. Sie wollen den E-Film fortsetzen und das künstliche Hoch aufrechterhalten. Ein Raver beschreibt es so: »Zuerst schaffe ich mir eine schönere Realität, indem ich mir irgendwas reinballer übers Wochenende.... um dann am Montag völlig ernüchtert, völlig weltfremd zurückzukehren und festzustellen, daß alles noch schlimmer geworden ist als am Freitag zuvor.«

Hurrelmann fand in einer repräsentativen Jugendstudie heraus, daß es längst nicht mehr die Schwachen, die Frustrierten oder die Aussteiger sind, die den Weg in die Sucht antreten. Es sind gerade die Angepaßten (s. auch die Tabelle im Vorwort auf S. 20), die am Wochenende das ehrgeizige Über-Ich in Urlaub schicken wollen. »Die wollen aus unserer Gesellschaft gar nicht raus. Die wollen nur ein paar Stunden verschwinden, um dann wieder voll dabeizusein.« Ecstasy sei die typische Droge der Arzthelferin, die tagsüber angespannt arbeite und am Wochenende richtig ausflippen wolle.

Der Alltag kann aber auf Dauer mit den Raves nicht mithalten. Szene-Kenner meinen, daß »die Erfahrungen von Rausch und Intensität, wie sie hier gemacht werden können, vor allem dann, wenn sie durch Drogen intensiviert werden, so extrem sind, daß daneben alle anderen Erfahrungen des normalen Lebens allmählich verblassen. Die Partyerfahrungen sind konkurrenzlos.«

Raver empfinden, daß dem E-Film ein *schlechter* Film folgt – Angstzustände, ein Gefühl des Alleinseins, Depressionen – und daß der Bezug zur Realität verlorengeht. Alles andere außer Ecstasy verliert an Wert.

Es mehren sich deshalb die Fälle, in denen junge Leute den Schritt vom Rave zurück in den Alltag nicht mehr schaffen und emotional abstürzen. Im schlimmsten Fall verliert die Zeit zwischen den Wochenenden ihren Sinn, und der Alltag wird zum Alptraum.

Gegenwärtige Situation

Doch selbst bei solchen Problemen im Freundeskreis ändert sich die Einstellung der jugendlichen User selten. Selbst der tragische Tod der Raverin Simone hat keinen Schock ausgelöst. Einer ihrer Bekannten stellt, scheinbar cool, fest: »Das ist eine ganz normale Sache. Daß sie dran gestorben ist, das ist wie beim Autofahren: Leute sterben.«

Die Suche nach dem ultimativen Kick geht weiter.

Mischkonsum ist die Regel. Wenn die Wirkung von Ecstasy nachläßt wird mit → Speed, → LSD, → Alkohol und Tabletten kombiniert. Zumal dann, wenn das erhoffte Glücksgefühl trotz immer höherer Dosen ausbleibt. Der Suchtmediziner Felix Tretter spricht von »Chemie-Zombies, die sich einerseits hochputschen und dann mit Beruhigungstabletten wieder runterholen«. Für jeden Seelenzustand die richtige Tablette aus dem Chemiebaukasten. Und alle glauben, sie hätten das gut im Griff.

Ecstasy-Konsumenten verstünden sich selbst nicht als drogenabhängig, sondern ganz im Gegenteil als besonders sportlich und gesundheitsbewußt, weil sie meist darauf achten, daß sie ihren Drogenkonsum mit Vitaminpillen und reichlich Flüssigkeit kombinieren, meint auch Hurrelmann. Kein 17jähriger Raver wird sich mit den Elendsgestalten vom Fixer-Strich identifizieren, die immer noch als Prototyp des Drogennutzers in vielen Broschüren abgebildet werden.

Dieser Bewußtseinswandel wird von Fachleuten allerdings als zweifelhafter Erfolg der Hardliner in der Drogenbekämpfung gewertet, die hauptsächlich auf Strafen und abschreckende Horrorszenarien setzen. Projekte wie Eve&Rave in Berlin akzeptieren dagegen den Drogenkonsum und versuchen den Konsumenten auf anderen Wegen zu helfen. Sie und auch die Drogenberatung *drobs* in Hannover bieten, teilweise in den Diskotheken, Schnelltests der E-Pillen an, die Rückschlüsse auf die Inhaltsstoffe zulassen. Die Tests sagen allerdings nichts über Reinheit und Konzentration der Wirkstoffe aus. Somit ist die Sicherheit trügerisch, das Risiko kaum gemindert. Dies gilt besonders deshalb, weil sich das Problem der Verunreinigungen angesichts der explodierenden Nachfrage noch verschärfen wird. Neben den relativ reinen Stoffen aus niederländischen Untergrundlabors kommt zunehmend gepanschtes Material aus den osteuropäischen Staaten wie Polen, Tschechien oder der Slowakei auf den Schwarzmarkt.

Die rechtlichen Vorschriften in der Bundesrepublik lassen solche Tests nicht zu; sie werden derzeit in einer juristischen Grauzone praktiziert. Die Einwände der Kritik: Der Schnelltest bringt keine Sicherheit, die Ergebnisse könnten im Gegenteil von den Usern als Garantieerklärung für einen risikolosen Konsum angesehen werden. Der Konsument wiegt sich in einer Scheinsicherheit. Die Befürworter des Safer-Use-Ansatzes werden ganz allgemein verdächtigt, für eine schleichende Legalisierung von Ecstasy zu plädieren und eine Anleitung zu seinem Konsum zu liefern.

Unbeeinflußt von dem politischen Hin und Her steigt der Drogenkonsum weiter. Trotz Abnahme des Heroin-Konsums und weniger Drogentoten gibt es keine Entwarnung.

Die Zahl der polizeilich erstmals auffälligen Konsumenten von Drogen überhaupt (einschließlich Designer-Drogen, aber ohne Alkohol) ist 1995 um 4,9 Prozent gestiegen, von 14.412 auf 15.230. Die Zahl der sichergestellten Ecstasy-Einheiten stieg bundesweit in den letzten Jahren um 488 Prozent auf 380.858. Die Suchtberater stehen entsprechend hilflos vor den Problemen.

Erfolgversprechender könnten Aufklärungsprojekte sein, die aus der Szene selbst kommen. Die *Love-Parade* 1996 in Berlin, Deutschlands größter Straßen-Rave, wurde als drogenfrei propagiert, und auch in München tanzten am Pfingstsamstag desselben Jahres ungefähr hunderttausend auf der Straße unter dem Slogan: »Music is the only drug.« Die *Save-Party-People* in Frankfurt und die *Mind-Zone* in München wollen den Jugendlichen, die noch keine Drogen nehmen, den Rücken stärken mit dem Motto: »Ich nehme kein E und bin stolz darauf!«

M.Sc.

Literatur:

Gottschling, C., Vernier, R. und A. Wolfdgruber, »Ecstasy – wie gefährlich ist die Glückspille? In: *Focus* Nr. 24 vom 10. Juni 1996, 69–76

Grill, A., »Mit Ecstasy auf Traumreise und Horror-Trip«, zit. n.: *Südd. Zeitung* vom 30. Mai 1996

Haas, M., »Mordsspaß mit der Glückspille«, zit. n.: *Südd. Zeitung* vom 20. Feb. 1996

Kovar, K.-A., »Drogen in der Szene: Cannabis, Arzneistoffe und Ecstasy«. In *Pharmazeutische Zeitung* Nr. 12 vom 25. Mai 1996, S. 9–15

N.N., »Wie Verliebtsein«, zit. n.: *Der Spiegel* Nr. 39/1993, S. 106–110

N.N., »Ecstasy bei Jugendlichen im Kommen«, zit. n.: *Südd. Zeitung* vom 14. Feb. 1996

Rabes, M. und W. Harm (Hrsg.), *Ecstasy,* Reinbek 1997

Rehm, W., *Techno, Parties, Drogen* (Aufklärungsschrift der AOK 1996)

Saunders, N., *Ecstasy,* Zürich 1994

Endogene Morphine

→ Endorphine

Endorphine

(Endogene Morphine, Opioid-Peptide, Enkephaline)

Geschichte

Berichte von Menschen in Todesnähe oder unter anderen extremen Bedingungen (z.B. bei ungewöhnlichen körperlichen Anstrengungen wie bei einem Marathonlauf) hatten schon des längeren den Verdacht erweckt, daß der menschliche Körper selbst in der Lage sein könnte, eine Art »Rauschdroge« zu erzeugen. Diese wären dann die physiologische Ursache für gewisse Erscheinungen, die sich als »Halluzinationen« oder »halluzinationsähnliche Zustände« bezeichnen ließen – so etwa die eigenartigen intensiven Lichterscheinungen, von denen Beinahe-Gestorbene berichtet haben.

Es gelang der Forschung jedoch erst Ende der siebziger Jahre, im Organismus solche opiatähnliche Stoffe nachzuweisen; man bezeichnet sie als Opioid-Peptide oder endogene Morphine. Aus einer Zusammenziehung der letzteren Bezeichnung entstand dann das Kunstwort Endorphine, das sich weitgehend eingebürgert hat.

Die andere Bezeichnung *Enkephaline* bezieht sich auf die Tatsache, daß das Gehirn (griech. = *enkephalon*) diese Substanzen selbst produziert.

Wirkung
Die Endorphine besetzen im Nervensystem die gleichen biochemischen Bindestellen wie die suchterzeugenden Drogen des Schlafmohns (→ Opiate). Es wird angenommen, daß ihre Funktion den Organismus bei Verletzungen und extremem Schock vor einer Überflutung durch Schmerzempfindungen schützen soll. Zu den neuen Erkenntnissen gehört jetzt auch die Einsicht, daß die biologische Funktion dieser Endorphine weit über das hinausgeht, was zur Eindämmung von Schmerzempfindungen nötig ist – sie umfaßt möglicherweise auch die Auslösung aller triebhaften Begierden wie sexuelle Lust, Aggression und Narzißmus. In einem Überblick von Albert Herz und Jane Dum vom Max-Planck-Institut für Psychiatrie in München über den derzeitigen Wissensstand heißt es, die Endorphine erzeugten nach ihrer Verabreichung im Experiment nicht nur eine Dämpfung des Schmerzempfindens, sondern nähmen auch nachhaltig Einfluß auf eine Großzahl physiologischer Abläufe, u. a. die Atmung, den Blutdruck, die Darmtätigkeit und die Wärmeregulation. Als zu eng hat sich die Auffassung erwiesen, diese Substanzen seien auch verbunden mit der Anregung von Durst und Hunger oder mit der seelisch-körperlichen Bewältigung von Streß-Situationen.

Insbesondere das *Beta-Endorphin,* das man in den gefühls- und triebregulierenden Arealen des Zwischenhirns nachweisen konnte und das auch die Hirnanhangsdrüse in den Blutkreislauf abgibt, soll die treibende Kraft tierischen und menschlichen Verlangens sein.

Vielleicht aktiviert sogar jede Situation, die den Anreiz einer Wunscherfüllung birgt, das Beta-Endorphin-System. (Details bei Zehentbauer 1996) Generell scheint es so zu sein, daß Endorphine die »Feineinstellung der Motivationslage« steuern, etwa in dem Sinn, daß Angenehmes als noch angenehmer erscheint, alles Unangenehme jedoch als weniger unangenehm. Genau das bringt diese faszinierenden Wirkstoffe jedoch in die unmittelbare Nähe der Rauschdrogen, speziell der Opiate.

Auch die euphorischen Zustände, die gelegentlich beim Heilfasten (Fasten-Euphorie) auftreten, wurden mit Endorphinen in Zusammenhang gebracht. Möglicherweise ist sogar an jeder Situation, in der man »gut drauf ist«, eine Endorphin-Ausschüttung beteiligt. Darauf weist auch die Beobachtung hin, daß Medikamente zur Aufhellung von schwermütigen Zuständen (Antidepressiva), die Endorphin-Bindestellen im Gehirn vermehrten. Deshalb werden Versuche unternommen, mit einem speziellen, nicht suchterzeugenden Opiat-Abkömmling bislang unheilbare Depressionen doch noch einer Behandlung zuzuführen.

Auch das Umgekehrte könnte gelten: Ein Mangel an Endorphinen könnte für depressive Zustände verantwortlich sein. Das könnte die – ebenfalls typischen – Fasten-Tiefs erklären. Es ist außerdem spekuliert worden, daß der typische Abfall des Endorphin-Spiegels um das Zehnfache (!) innerhalb von 24 Stunden nach einer Entbindung in hohem Maß zur Entstehung von Wochenbett-Depressionen beitragen könnte (Hopson 1988).

Auf recht schwachen Füßen steht jedoch die Argumentation, daß auch mystische Erfahrungen (wie sie beispielsweise Raymond Moody in den Berichten vieler reanimierter Beinahe-Gestorbener über »Jenseits-Erfahrungen« fand) lediglich die Folge rauschähnlicher Endorphin-Wirkungen seien, also »nichts weiter als Halluzinationen«. Dazu müßte dann erst einmal die Frage geklärt werden, woher das Gehirn diese typischen – und aus vielen Kulturen überlieferten (etwa im »Tibetanischen Totenbuch«, s. Glenn H. Mullin) Bilder und Szenen denn bezieht. Denn sie müssen ja erst einmal wahrgenommen worden sein – ehe sie sich in den Überlieferungen der Völker und ihrer Religionen niederschlugen.

Entsprechend müßte man dann auch abklären, wieweit Endorphine bei der Traumtätigkeit des menschlichen Gehirns beteiligt sind.

J.v.Sch.

Literatur

Herz, A. und J. Dum, in: Interdisciplinary Science Reviews Nr. 2/1987, zit. n.: *Süddeutsche Zeitung* vom 20. Aug. 1987

Hopson, J. L., »Endorphine: Stimmungs-Macher und Schmerzkiller«, in: *Psychologie heute* Dez 1988

Moody, R. A., *Leben nach dem Tod,* Reinbek 1977

Mullin, G. H., *Die Schwelle zum Tod – Sterben, Tod und Leben nach dem tibetischen Glauben,* Köln 1987

Zehentbauer, J., *Körpereigene Drogen,* Zürich 1996 / 5. Aufl.

Engelstaub

→ PCP

Enkephaline

→ Endorphine

Epéna

Die Waika-Indianer, urtümliche Pflanzer im Amazonasgebiet, die in rund 200 Menschen umfassenden Gruppen ein halbnomadisches Leben führen, stellen aus der Rinde eines Baums mit dem botanischen Namen *Virola callophylloidea* ein halluzinogenes Schnupfpulver her. Der Baum wird geschält, die Rindeninnenseite mit einem Messer abgekratzt, das Pulver erst an der Sonne und dann über einem Feuer getrocknet. Vor Gebrauch wird das Schnupfpulver mit der Asche der Rinde eines zweiten, bis heute noch nicht identifizierten Baumes gemischt. Die normale Dosis beträgt einen Teelöffel der Rauschdroge pro Nasenloch.

Die ersten Symptome sind nach Berichten von Waika-Informanten, die Georg Seitz sammelte, heftiges Kopfweh und Übelkeit, die meist zu sofortigem Erbrechen führen (ein typisches Beispiel für zentral erregten Brechreiz über das »Brechzentrum« im Hirnstamm, da Epéna ja geschnupft wird). Nach etwa drei Minuten steht der Berauschte auf und beginnt zunächst torkelnd, dann immer schneller und sicherer zu tanzen und monoton zu singen. In kurzen Abständen erhebt er die Arme und wendet sich mit gellendem Schrei dem nahen Gebirge zu. Er spricht mit den *Häkuli,* den großen Geistermännern, die im Himmel wohnen. Epéna »macht ihn so groß, daß er sie sehen kann«.

Epéna liefert ein Beispiel für die Plastizität der durch Halluzinogene bewirkten Visionen. Daniel, ein von Seitz beobachteter Waika-Indio, der die Missionsschule besucht hatte, sah unter dem Einfluß des halluzinogenen Schnupfpulvers Engel und unterhielt sich mit ihnen. Die Makropsie – man erlebt sich als Riese in einer gigantischen Welt oder auch in einer Welt von Zwergen – gehört zu den geläufigen Erlebnissen unter Halluzinogen-Einfluß. Einer der Autoren (W. S.) hat sich selbst unter Meskalin-Einfluß zwingend als langarmigen, behaarten

Riesen erlebt, der – das Gesicht ungefähr in Höhe der Baumwipfel – dahinschreitet. Gordon Wasson glaubt, daß die Riesen und Zwerge unserer Märchen aus solchen Rauschgifterlebnissen entstanden.
Der schwedische Toxikologe Bo Holmstedt hat Tryptamin-Derivate als aktive Komponenten des Epéna-Schnupfpulvers identifiziert (→ DMT, → RA V). Interessant ist noch, daß Seitz den (subjektiven) Eindruck hatte, die Waikas würden Epéna öfter für *trips* als zu religiösen oder schamanistischen Zwecken (um etwa die *Häkuli* bei einer Krankheit zu befragen) nehmen. Sucht und körperliche Abhängigkeit beziehungsweise körperliche Schäden durch die Droge wurden nicht beobachtet. Otto Zerries, vom Frankfurter Frobenius-Institut, hat das Lasha-Fest der Waika-Indianer beschrieben, bei dem das Schnupfen vom Epéna eine zentrale Rolle spielt. Hans Becher berichtet, daß Epéna bei der Namengebung der Kinder beiderlei Geschlechts nach Vollendung des dritten Lebensjahres bei den Stämmen der Surära und Pakidäi verwendet wird: »Der aus dem Tier- oder Pflanzenreich stammende Name wird dem Vater anläßlich seiner im Schnupfpulverrausch durchgeführten Gebete von den gigantischen Tier- oder Pflanzengeistern genannt«. (1960, 5. 64)
(S. auch das Stichwort über → Schnupfdrogen)

W.S.

Literatur:
Becher, H., »Die Surära und Pakidäi – zwei Yanonami-Stämme in Nordwest-Brasilien«, in: *Mitteilungen aus dem Museum für Völkerkunde Hamburg XXVI,* Hamburg 1960
Holmstedt, B., »Tryptamine Derivates in Epéna, an Intoxicating Snuff Used by Some South American Indian Tribes«, in: *Archive of International Pharmacodynamics* 156, 1965, S. 285-305
Schultes, R. E., »A New Narcotic Snuff from the Northwest Amazon«, in: *Botanical Museum Leaflets, Harvard University* 16, 1954, S. 241-260
Seitz, J. G., »Einige Bemerkungen zur Anwendung und Wirkungsweise des Epéna-Schnupfpulvers der Waika-Indianer«, in: *Etnologiska Studier* (Etnografiska Museet, Göteborg) Nr. 26, 1965, S. 117-132
Ders., »Epéna, The Hallucinogenic Snuff of the Waika-Indians«, in: Efron, D. H. (Hrsg.), *Ethnopharmacologic Search for Psychoactive Drugs,* Washington 1967
Wassén, S., »The Use of Some Specific Kinds of South American Indian Snuff and Related Paraphernalia«, in: *Etnologiska Studier* (Etnografiska Museet, Göteborg) Nr. 26, 1965, S. 1-116 (dort findet man auch eine ausführliche Bibliographie weiterführender Literatur)
Wurdack, J. J., »Indian Narcotics in Southern Venezuela«, in: *The Gardenjournal,* 8,4, New York 1958, S. 116-118
Zerries, O., »Das Lasha-Fest der Waika-Indianer«, in: *Die Umschau* 21, 1955, S. 662-665

Ephedrin

→ Weckamine

ET

(= Ergotamin-Tartrat)

ET, die Kurzform von Ergotamin-Tartrat, ist keine eigentliche Rauschdroge. Sie wird hier erwähnt, weil sie zumindest im Drogenhandel eine zentrale Rolle zu spielen beginnt. Wer ET besitzt, kann – mit entsprechenden Hilfsmitteln – selbst → LSD-25 herstellen.
Der Verkauf von ET unterliegt heute strengen gesetzlichen Einschränkungen. Aber auch früher war der Wirkstoff nicht unverarbeitet und nur gegen Rezept in der Apotheke erhältlich. Deshalb haben sich Underground-Laboratorien, ähnlich wie die Heroin-La-

bors der verschiedenen Connections (→ Opiate), auf die Verarbeitung dieser Ausgangssubstanz für LSD-25 spezialisiert.

Solche Transaktionen großen Stils wurden der deutschen Öffentlichkeit erstmals Ende 1978 bekannt, als bei einem Prozeß in Frankfurt ein ehemaliger Drogenhändler aussagte, den die amerikanische Rauschgiftbehörde »Drug Enforcement Agency« (DEA) bei einer Razzia festgenommen und *umgedreht,* d.h. als einen ihrer eigenen Agenten angeworben hatte.

ET dient der pharmazeutischen Industrie als Wirkstoff in Kopfschmerzmitteln und gynäkologischen Präparaten. Als die Firma Sandoz, nach Albert Hofmanns Rezept, noch LSD-25 herstellte, war es auch dafür der Grundstoff.

In Frankfurt waren im September 1978 die beiden US-Bürger William E. Backhus und Hadley C. Watson angeklagt, wobei Backhus als letzter Chef einer Bande galt, die sich eine Lücke in den deutschen Arzneimittel-Bestimmungen zunutze machte und die USA mit, aus dem legal erworbenen ET, synthetisiertem LSD im geschätzten Gesamtwert von einer halben Milliarde Mark überschwemmten (*Stuttgarter Zeitung* vom 30. 11. 1978).

Als Hofmann Anfang der dreißiger Jahre begann, mit Lysergsäure zu experimentieren (ohne zu wissen, was er dabei 1938 entdecken würde), arbeitete er zunächst mit Ergotamin, dann mit dem chemisch eng verwandten Ergotoxin. Letzteres, ein Gemisch von mehreren Alkaloiden, benützte Hofmann, um Lysergsäure-Verbindungen herzustellen, deren 25. dann jenes Präparat wurde, das heute als → LSD-25 bekannt ist.

In seinen Lebenserinnerungen betont Hofmann, wie problematisch – und oftmals gefährlich – der Versuch sei, LSD im Heim-Labor selbst herzustellen: »Der Grund, warum LSD-Präparate des Schwarzhandels meistens weniger als die angegebene Menge und oft gar kein LSD enthalten, liegt, wenn es sich nicht um absichtliche Fälschung handelt, in der großen Zersetzlichkeit dieser Substanz. LSD ist sehr luft- und lichtempfindlich ... Die Behauptung, LSD sei leicht herzustellen und jeder Chemiestudent sei in einem halbwegs gut eingerichteten Laboratorium dazu in der Lage, ist falsch. Wohl sind Synthesevorschriften publiziert worden und jedermann zugänglich. Anhand dieser detaillierten Angaben kann ein Chemiker – wenn er über reine Lysergsäure verfügt, die früher frei im Handel war, deren Besitz heute aber den gleichen gesetzlichen Bestimmungen unterliegt wie LSD – die Synthese durchführen. Aber für die Isolierung von LSD aus der Reaktionslösung in reiner, kristallierter Form und für die Herstellung von haltbaren Präparaten bedarf es dann wegen der erwähnten großen Zersetzlichkeit dieser Substanz besonderer Einrichtungen und nicht leicht zu erwerbender spezieller Erfahrung.« (S. 83)

J.v.Sch.

Literatur:

Hofmann, A., *LSD – mein Sorgenkind,* Stuttgart 1979

Ether (ältere Schreibweise Äther)

Geschichte

Wahrscheinlich haben die Alchimisten zum erstenmal Ether hergestellt. Ende des 14. Jahrhunderts gewann ihn der Mönch Basilius Valentinus, indem er Alkohol und Schwefelsäure destillierte; er nannte diese Verbindung gelindertes Vitriolöl. Wie man Ether produziert, wurde 1734 von Grosse und Duhamel veröffentlicht; die Formel ermittelte Gay Lussac. Während Ether heute nur noch selten als Rauschgift verwendet wird und auch seine medizinische Bedeutung als Narkosemittel zurückgeht, ist er bereits lange vor der Entdeckung seiner narkotischen Wirkung als Droge verwendet worden. Um 1830 wurden *Ether-Parties* in Boston und Philadelphia veranstaltet. Als unter dem Einfluß der ersten Temperenzler der Kampf gegen → Alkohol einsetzte, gingen manche Befürworter der Mäßigkeit – darunter auch Pastoren – so weit, Ether als Alkoholersatz zu empfehlen. In Irland begannen nach der Prohibitionskampagne von 1840 die Wirte Ether auszuschenken. Manche Iren sollen bis zu 40 Gläser mit je acht bis 15 Gramm Ether am Tag konsumiert haben; in Draperstown und Cookstone konnte man vor Etherdämpfen in den Kneipen kaum atmen. Nach den Markttagen scheuten sich die Bauern, ihre Pfeifen im Abteil anzuzünden, weil sie Angst hatten, eine Explosion auszulösen. Ende des 19. Jahrhunderts griff das Ethertrinken auf Norwegen und Deutschland über. Louis Lewin berichtet, daß 1897 in der Stadt Memel 8580 Liter Ether verkauft worden seien; berauschte Bauern peitschten ihre Pferde heimwärts, während ihren Wagen ein starker Ethergeruch nachwehte.

Sobald Ether in den Apotheken nicht mehr ohne Kontrolle abgegeben wurde, wichen manche Konsumenten auf Hoffmannstropfen aus. Es handelt sich um eine von dem Arzt Friedrich Hoffmann (1660 bis 1742) zuerst empfohlene Mischung von drei Teilen Ether und einem Teil Alkohol (15 Tropfen auf Zucker), die Ohnmächtige wiederbeleben sollte. Jean-Luc Bellanger zitiert den Fall einer süchtigen Frau, die in wenigen Jahren 30.000 Goldmark für Hoffmannstropfen ausgab.

In Deutschland wurde die erste Ethernarkose im Jahr 1849 in Erlangen angewandt. Eingeführt hat sie Johann Ferdinand Heyfelder, ein Professor für Chirurgie und Augenheilkunde. Noch im selben Jahr veröffentliche Heyfelder seine Beobachtungen an über 100 Patienten.

Chemie und Wirkung

Ethylether ($C_2H_5 . O . C_2H_5$) ist eine klare, farblose, leicht bewegliche und charakteristisch riechende Flüssigkeit, die bei 35 °C verdampft und sich sehr leicht entzündet. Man kann sie im Verhältnis eins zu zehn mit Wasser und in jedem Verhältnis mit Alkohol mischen. Medizinisch wendet man hochgereinigten Ether (heute oft mit anderen Narkotika kombiniert) in einer Konzentration von drei bis vier Volumenprozent in der Atemluft an.

Ether betäubt zunächst die Gehirnrinde, das »Organ des Bewußtseins«, er schaltet die Schmerzempfindung aus und hemmt die Reflexe der Muskulatur (was bei chirurgischen Operationen sehr günstig ist). Erst sehr hohe Dosen lähmen das Atemzentrum und führen dadurch zum Tod.

Diese Wirkung »von oben nach unten«, von der Gehirnrinde zu den lebenswichtigen Steuerzentren im Hirnstamm, kennzeichnet alle medizinischen Narkosemittel. Andrerseits macht die in betäubenden Dosen atemlähmende Wirkung beispielsweise das Morphium (→ Opiate) als Narkosemittel völlig ungeeignet: Das Be-

wußtsein erlischt zusammen mit der Atemfunktion. Kreislauf und Herz werden durch Ether nur wenig beeinflußt; die Schleimhäute reizt er ziemlich stark. Nach einer Ethernarkose tritt oft ein Kater mit Übelkeit und Erbrechen auf. Das Wirkungsbild des Ethers gleicht dem des Alkohols, doch setzt der betäubende Effekt viel rascher ein. Da auch Ether zunächst (über eine Unterdrückung der hemmenden Einflüsse der Großhirnrinde) erregend zu wirken scheint und zugleich die Selbstkritik stark einschränkt, führt er oft zu einer Euphorie, in der die eigene geistige Leistungsfähigkeit weit überschätzt wird. Guy de Maupassant schildert den Etherrausch:
»Das war nicht Traum wie mit Haschisch, das waren nicht die ein wenig krankhaften Visionen wie mit Opium, es war eine wunderbare Schärfe des Verstandes, eine neue Art zu sehen, zu urteilen, die Dinge des Lebens einzuschätzen, und die Gewißheit, das absolute Bewußtsein, daß diese Art zu leben die wahre sei.«

Mißbrauch und Sucht
Ethermißbrauch führt zunächst zu quälenden körperlichen Symptomen. Die Nasen- und Rachenschleimhaut wird chronisch gereizt, wenn man den Ether inhaliert. Trinkt ihn der Konsument, dann leidet er bald an einer schweren Gastritis mit Appetitlosigkeit und Magenschmerzen. Wegen dieser schweren lokalen Reizerscheinungen gehört die Ethersucht auch zu den seltenen Formen der Toxikomanie. Immerhin sind vereinzelt Fälle beschrieben worden, in denen Süchtige die Dosis steigerten und schließlich auf einen Tagesverbrauch von 100 Gramm kamen. Joël hat in den zwanziger Jahren noch vier Fälle von Ethersucht in Berlin beschrieben. Einer der Kranken trieb sich, das getränkte Taschentuch vor dem Mund, in halbdelirantem Zustand in der Stadt herum und tätigte Einkäufe, an die er sich später nicht erinnern konnte. Die Ethersüchtigen waren sehr heruntergekommen und an die Betäubung durch das Narkotikum stark fixiert. Entziehungssymptome scheinen aber nicht aufzutreten.

W.S.

Literatur:
Bellanger, J.-L., *La stupéfiante Histoire de la Drogue dans le Monde,* Paris 1963
Joël, E., *Die Behandlung der Giftsuchten,* Leipzig 1923
Kilian, H., und Weese, H., *Die Narkose,* Stuttgart 1954

F

Fentanyl
→ Designer-Drogen

Fliegenpilz
(Amanita muscaria)

In vielen Pilzbüchern und selbst noch in medizinischen Lehrbüchern über Toxikologie (Giftkunde) kann man lesen, der Fliegenpilz Amanita muscaria sei ein gefährlicher Giftpilz. Das für seine Toxizität verantwortliche Alkaloid sei das Muskarin, eine der aktivsten »parasympathikomimetischen« Substanzen, die es gibt. Muskarin erregt den parasympathischen Teil des vegetativen Nervensystems, erhöht den Tonus des Magen-Darm-Kanals, erweitert die Gefäße (gerötete Hautfarbe), verengt die Pupillen und führt zu heftigem Speichelfluß. Der Vergiftete ist stark erregt und kann tobsüchtig werden. Gegenspieler der Effekte des Muskarins ist ein anderes Alkaloid: das Atropin (→ RA V).
Diese bisherige Ansicht über die Giftigkeit des Fliegenpilzes kann heute nicht mehr in vollem Umfang aufrechterhalten werden. Der Zürcher Pharmakologe Peter G. Waser, der 1954 zusammen mit Konrad Eugster Muskarin erstmals in chemisch reiner, kristalliner Form isolierte, zweifelt daran, ob man es für die psychotoxischen Effekte des Pilzes verantwortlich machen kann. Muskarin wird nämlich durch die Darmwand kaum aufgenommen. Außerdem enthält der Fliegenpilz viel zu wenig davon, um ernstliche Vergiftungen auszulösen.
Die Zürcher Forscher haben im Fliegenpilz drei weitere, bisher unbekannte chemische Substanzen gefunden: Ibotensäure, Muscimol und Muscazon. Das Halluzinogen → Bufotenin ließ sich nur in Spuren nachweisen. Für die berauschenden Wirkungen des Fliegenpilzes ist es wohl kaum verantwortlich. Möglicherweise enthält *Amanita muscaria* weitere bisher noch unbekannte psychoaktive Stoffe. Aber auch der Effekt des Muscimol, den Waser in Selbstversuchen erforschte, kann einen Teil seines Wirkungsbildes erklären. Obschon Muscimol nicht so intensive Halluzinationen auslöst wie etwa → LSD, sind seine Wirkungen doch beträchtlich: Es verändert Raum- und Zeitvorstellung, Wahrnehmung, Sprache und Denken. Die Umwelt wird illusionär verkannt. Louis Lewin hat beschrieben, wie Fliegenpilz-Berauschte eine winzige Pfütze für einen See hielten oder mit grotesken Sprüngen über ganz niedrige Hindernisse hinwegsetzten.
Diesen (psychischen) Mechanismus des Wachsens oder Schrumpfens durch Einwirkung von Pilzen hat auf amüsante Weise der britische Mathematiker Lewis Carroll in seinem Märchen *Alice im Wunderland* dichterisch verarbeitet.

Genau wie beim Fliegenpilz (Muscimol) ist beides möglich, wie die Raupe der Alice erklärt: »Von der einen Seite wirst du größer und von der anderen kleiner.« – »Eine Seite wovon? Und die andere Seite wovon?« dachte Alice im stillen. – »Vom Pilz«, sagte die Raupe ... und war im nächsten Augenblick verschwunden ...« (Carroll, S. 53).
Waser hat Muscimol mit Wasser getrunken und über seine Erlebnisse nach verschieden hohen Dosen berichtet:
1. Fünf Milligramm führten nur zu einem Gefühl der Schläfrigkeit.
2. Zehn Milligramm führten zu Schläfrigkeit, schwerfälligen Bewegungen (Ataxie) und gehobener Stimmung. Die geistige Leistungsfähigkeit war eher stimuliert; Geschmacks- und Farbenempfindungen schienen leicht verändert. Nach drei Stunden klang die Wirkung völlig ab.
3. 15 Milligramm führten nach 40 Minuten zu einer ausgesprochenen Intoxikation mit starker Gangstörung (Waser konnte nicht mehr mit geschlossenen Augen gehen) und unartikuliertem Sprechen. Echobilder von Szenen, die schon einige Minuten vergangen waren, drängten sich ihm auf. Besonders störten ihn aber Krämpfe einzelner Muskelgruppen. Der »erfrischende« Effekt war geringer als der von zehn Milligramm.
Alle modernen Untersucher stimmen darin überein, daß *Amanita muscaria* (im Gegensatz zu *Amanita phalloides,* dem tödlichen Knollenblätterpilz) nicht sehr giftig ist. Auch die populäre Etymologie, wonach man den Namen »Fliegenpilz« von einer Verwendung als Fliegengift ableiten müsse, ist falsch. Wenn man nämlich experimentell prüft, was mit einer Fliege geschieht, die von Milch getrunken hat, in der Fliegenpilze eingeweicht wurden, beobachtet man, daß sie nur scheintot wird. Sie fällt zwar nach kurzen Flugversuchen betäubt nieder, erhebt sich aber nach einiger Zeit gesund wieder.

Die Droge und ihre Verwendung
Mit seinem hochroten, weißgetupften Hut gehört *Amanita muscaria* zu den bekanntesten Pilzen; er ist Symbol der Freude (»Glückspilz«) – wohl eine Anspielung auf seine psychotropen Effekte. Der Pilz entwickelt sich aus einer rundlichen Knolle (er gehört zu den Wulstlingen, also den *Amanitaceae*). Anfänglich wird der Hut von einer weißen Haut bedeckt, die sich später in einzelne Warzenfelder auflöst. Quer durchschnitten, zeigt er unter der Huthaut eine kräftig zitronengelbe, sehr charakteristische Linie. Das schneeweiße Fleisch hat keinen besonderen Geschmack oder Geruch.
Der Fliegenpilz wächst in Europa und Asien bis nach Sibirien. Er bevorzugt siliziumhaltige Böden und steht mit Vorliebe unter Nadelbäumen. Waser gibt seine Giftigkeit im rohen Zustand (durch Kochen oder Braten werden die psychoaktiven Stoffe zerstört) mit folgendem Stufenschema an:

- Ein bis vier mittelgroße Pilze führen zu Dösigkeit, Übelkeit, Schwindel und Schläfrigkeit. Dazu können Euphorie und ein Gefühl der Schwerelosigkeit, vielleicht auch farbige Visionen auftreten.
- Fünf bis zehn Pilze lösen eine deutliche Vergiftung mit muskulären Zuckungen, Verwirrtheit, Erregungszuständen und lebhaften Halluzinationen aus, an die sich ein traumreicher Schlaf anschließt.
- Über zehn Pilze können tödlich sein, obschon es keinen exakt doku-

mentierten Fall einer tödlichen Vergiftung gibt, bei der Fliegenpilze allein die Ursache waren.

Regelmäßig als Rauschdroge verwendet werden Fliegenpilze heute nur noch in Sibirien, vor allem von den Kamtschadalen, Korjaken, Tschuktschen und Jukagiren. Der Brauch wird immer seltener, da ihn die Regierung für unerwünscht hält und durch entsprechende Propaganda bekämpft; wahrscheinlich noch wirksamer als die Gegenpropaganda (aber auf lange Sicht verderblicher) ist der Ersatz von *Amanita* durch Wodka.

Die Fliegenpilze werden meist im Sommer gesammelt und roh, in der Regel etwas welk, gegessen. Gelegentlich weicht man sie auch fünf bis sechs Tage in Wasser ein und trinkt den Aufguß, möglicherweise durch den Saft der Rauschbeere *(Vaccinium uliginosum)* oder des Weidenröschens *(Epilobium angustifolium)*, gelegentlich auch durch Wodka ergänzt. Der mythische Zusammenhang, in den man hier wie bei allen Naturvölkern den Rauschgiftkonsum stellt, ist einfach. Die Pilze werden als Zwerge personifiziert, die im Besitz der Drogen allmächtig gelten. (Erwähnt seien hier die Schriften von Carlos Castaneda, der – im Zusammenhang mit Peyote – von der Droge als einem manchmal gefährlichen, Verbündeten spricht.) Nur Männer nehmen den Pilz.

Ohne direkten Beweis, allein aus dem Wirkungsbild des Muskarins (das zu Tobsucht führen kann, aber, wie man heute weiß, nicht in nennenswerten Mengen vom Körper aufgenommen wird), hat man versucht, Amanita-Intoxikationen für die Raserei der altskandinavischen Berserker verantwortlich zu machen. Nach den Berichten der Sagas haben diese vor Kampfeswut »in ihre Schilde gebissen und waren gegen Eisen und Feuer fest«, worunter man nicht unbedingt magische Unverwundbarkeit verstehen muß, sondern möglicherweise nur eine Trance, welche sie die Wunden und die Hitze der Flammen nicht spüren ließ, wie man es bis heute in ekstatischen Kulten findet.

Wer die heutigen Resultate hinsichtlich der psychischen Effekte von *Amanita muscaria* kennt, wird die Berserker nicht mehr unter dem Einfluß des Fliegenpilzes sehen (obschon sicher auch das Wirkungsbild von Amanita muscaria durch autosuggestive Einflüsse, etwa »der Pilz macht mich zum Berserker«, stark verändert werden könnte). Immerhin stimmen die ethnographischen und die experimentellen Berichte darin überein, daß das allgemeine und erste Symptom nach Fliegenpilzgenuß eine vom normalen Schlaf deutlich unterschiedene Dösigkeit ist, die rund 15 bis 20 Minuten nach dem Genuß einsetzt und einige Stunden dauert. Nur wenige Versuchspersonen überwinden dieses stuporöse Stadium. Sie erleben dann eine gewaltige Euphorie, die etwa drei bis vier Stunden anhält. Der bekannte Ethnomykologe Gordon Wasson, der in Japan Fliegenpilze aß, hat bei einem Selbstversuch nur eine gehobene Stimmung und dann einen zweistündigen Schlaf festgestellt. Nur bei einer der drei Versuchspersonen, einem bedeutenden japanischen Mykologen, war die Reaktion sehr positiv. Er geriet in Verzückung, begann zwanghaft hymnisch zu sprechen, etwa drei Stunden lang. Besonders auffällig war, daß er Menschen, die keine drei Schritte von ihm entfernt standen, mit der ganzen Kraft seiner Lungen anschrie.

Mit keiner anderen Rauschdroge teilt

Amanita muscaria schließlich die Eigenschaft, daß seine wirksamen Stoffe weitgehend unverändert in den Urin übergehen. In Sibirien ist es üblich, geringe Dosen des teuren Rauschmittels (angeblich sollen die Korjaken einen Pilz für ein Rentier eingetauscht haben) dadurch zu strecken, daß man den Urin sammelt und trinkt. Da die halluzinogenen Substanzen aber nicht unbegrenzt dem Abbau im Körper widerstehen, kann man dieses Verfahren nicht beliebig oft wiederholen.

Die religiöse Bedeutung des Fliegenpilzes
Wie in England die *flics* waren im Mittelalter Fliegen auch in Deutschland ein Symbol für den Wahnsinn. Der Besessene des Mittelalters war von Fliegen befallen; Beelzebub galt als *Herr der Fliegen.* Dieser Glaube findet sich im gesamten nördlichen Eurasien. In Rußland, Dänemark, Deutschland und England bedeutet die Fliege Wahnsinn; eine populäre Bezeichnung für den Fliegenpilz ist *Narrenschwamm.*
Es scheint möglich, daß die vielfach nachdrücklich betonte Giftigkeit des Fliegenpilzes ebenso Folge der Unterdrückung eines Fliegenpilz-Kultes aus religiösen Gründen war, wie man etwa das weitverbreitete Vorurteil gegen Pferdefleisch aus einer Unterdrückung germanischer Kulte, in denen Pferde geschlachtet und sakramental verspeist wurden, erklären kann.
Gordon Wasson, der zusammen mit dem französischen Mykologen Roger Heim auch die halluzinogenen Pilze Mexikos wiederentdeckte (→ Psilocybin), hat sich wohl am gründlichsten mit der sakramentalen Bedeutung des Fliegenpilzes beschäftigt. Er glaubt, daß das bisher rätselhafte Soma der arischen Einwanderer nach Indien nichts anderes als *Amanita muscaria* war. Lange Zeit ist die Identität von Soma eines der größten Rätsel für Mythologen und Psychopharmakologen zugleich gewesen. Nach dem Bericht der ayurvedischen Texte mußten die Götter ihren Mit-Gott Soma erschlagen, um das erste Opfer einzuführen. Das Pressen des Soma, eine kultische Wiederholung dieser Tötung (obschon wohl auch hier der Ritus älter ist als seine mythische Erklärung), ergab einen Trank, der den Göttern Unsterblichkeit, den Menschen aber Visionen verschaffte, die ziemlich eindeutig dafür sprechen, daß Soma ein Halluzinogen war.
Diesen Kult brachten die Arier mit sich, als sie vor etwa 3500 Jahren von Norden her in das Tal des Indus einströmten. Die Hymnen, welche Priester zu Ehren des verherrlichten Soma sangen, der die Menschen den Göttern gleich machte, sind im *Rig-Veda* erhalten:

»Der Trank hat mich fortgerissen wie ein stürmischer Wind ...
Das Denken hat sich mir dargeboten, wie eine Kuh ihrem kleinen Liebling ...
Die eine Hälfte meines Ichs läßt die beiden Welten hinter sich ...
Ich habe an Größe diesen Himmel und diese Erde übertroffen ...
Ich merke, daß ich Soma getrunken habe.«

(Hymne X,119)

Lange Zeit haben Religionswissenschaftler und Botaniker gerätselt, welche Pflanze sich hinter Soma verbirgt. Die Zubereitung schien gegen das geläufigste Halluzinogen Indiens (die verschiedenen → Cannabis-Zubereitungen Bhang, Charas oder Ganja) zu sprechen. Da Soma ausgepreßt und noch am selben Tag getrunken werden muß, kann es sich auch nicht um Wein oder ein anderes alkoholisches Getränk gehandelt haben, geschweige denn um Mohnsaft (→ Opiate). Von den Epheu-Arten, dem wilden Wein und den *Asklepiadeen (Asclepias acida),* welche als Soma identifiziert wurden, sind keine halluzinogenen Wirkungen bekannt.

120 Hymnen sind allein über Soma gedichtet worden. »Ist es möglich«, fragt Gordon Wasson, »daß so viel über eine Pflanze geschrieben werden konnte, ohne daß Aufschluß über ihre Identität gegeben wurde? Wie großartig, wenn die Dichter-Priester alle aufschlußreichen Beschreibungen, alle anschaulichen Metaphern bewußt unterdrückt hätten, damit der geschulte Leser unserer Tage die Pflanze nicht identifizieren kann! Aber nichts dergleichen geschah. Tatsächlich hat sich nämlich bisher nur kein ethnobotanisch geschulter Forscher, der sich für psychotrope Pflanzen interessiert, zu einer genauen Überprüfung der Texte bereitgefunden.«

Wasson hat mit bemerkenswerter Genauigkeit sämtliche Hinweise gesammelt und nach eingehender Überprüfung am Ende herausgefunden, daß Soma höchstwahrscheinlich mit *Amanita muscaria* identisch ist. Auf Grund linguistischer Überlegungen* nimmt Wasson an, daß die Sibirer die Sitte des Fliegenpilzgenusses von den Ariern übernommen haben. Während aber in Indien und im restlichen Europa der sakramentale Genuß des Halluzinogens bald aufhörte, hat er sich im entlegenen Ostsibirien noch lange gehalten. Um die gleiche Droge scheint es sich bei dem, ebenfalls noch nicht näher identifizierten, *huoma* der alten Perser gehandelt zu haben; gegen seine Verwendung hat sich Zarathustra stark gemacht (Frye 1971).

Robert Graves vermutet, daß *Amanita muscarzia* auch bei griechischen Mysterienkulten – jenen des Dionysos und vor allem in den eleusinischen Mysterien – eine Rolle spielte. Einer der Autoren (W. S. 1968) hat eine Reihe von Einwänden gegen diese Hypothese vorgebracht. Doch auch er betont, daß psychoaktive Drogen eine sehr große und oft übersehene Bedeutung in archaischen Religionen hatten (→ Sakrale Drogen RA I).

W.S.

* Bei fast allen sibirischen Fliegenpilzessern kann die entsprechende Bezeichnung auf die Wortwurzel pong zurückgeführt werden, die mit dem griechischen spongos (Schwamm) verwandt ist.

Literatur:

Castaneda, C., *Die Lehren des Don Juan,* Frankfurt a. M. 1974

Carroll, L., *Alice im Wunderland,* (1865), Frankfurt a. M. 1970

Die Arbeiten von P. G. Waser und G. Wasson sind enthalten in:

Efron, D. H. (Hrsg.), *Ethnopharmacologic Search for Psychoactiv Drugs,* New York 1967

Frye, R. N., Artikel »Zarathustra«, in: *Die Großen der Weltgeschichte,* Bd. 1, München 1971

Graves, R., *Steps,* London 1958

Haas, H., *Pilze Mitteleuropas,* Stuttgart 1966

Heim, R., und Wasson, G., *Les champignons hallucinogènes du Mexique,* Paris 1958

Pavlovna, V., und Wasson, G., *Mushrooms, Russia and History,* New York 1957

Schmidbauer, W., »Halluzinogene in Eleusis«, in: *Antaios* 10, 1968, S. 18

Weiner, M., »Berserker. Die Unbesiegbaren im Bärenfell«, in: *p.m.magazin* Nr. 4/1996

Flugsalben

→ Hexensalben

Fluctin

→ Medikamente

G

Genuß-Drogen

Selbst in der Fachliteratur werden *Rauschdrogen* und Genußmittel säuberlich voneinander getrennt. Bereits im Titel des bekannten Lehrbuches von K. Möller kommt das zum Ausdruck: *Rauschgifte und Genußmittel.* Dies liegt offenkundig darin begründet, daß Alkohol und Haschisch andere Wirkungen haben als Kakao und Tabak.
Aber ist der Unterschied wirklich so gravierend? Mit Ausnahme des Kakao, der wahrscheinlich wirklich harmlos ist (außer Verstopfung braucht der Dauerkonsument nichts von dieser schmackhaften Substanz zu fürchten), sind zumindest die Hauptwirkstoffe von Tee, Kaffee und Tabak ziemlich gefährlich, jedenfalls bei längerem Mißbrauch.
Hier, im *Handbuch der Rauschdrogen,* finden sie mit Recht ihren Platz, weil sie suchtbildend und bei Dauergebrauch gesundheitsschädigend sind. Ein Zahlenvergleich mag dies veranschaulichen. Jedes Jahr sterben in Deutschland an den direkten oder laut *Jahrbuch Sucht 95* indirekten (Langzeit-)Wirkungen

- des Heroins rund 2.000 Menschen,
- des Alkohols und des Nikotins (vor allem: Zigaretten) rund 130.000.

Einer etwas älteren Untersuchung in den USA zufolge war die Relation dort in den siebziger Jahren 1: 10: 100 (Heroin: 4.000 / Alkohol: 40.000 / Nikotin: 400.000).
Das Nikotin gehört also ohne Frage hierher, zumindest was seine Schädlichkeit infolge Sucht betrifft. Aber es sei hier auch noch eine weitere These angeboten, die von regelrechten Genuß-*Drogen* zu sprechen oder sogar von Giften – wie Erich Hesse im Titel seines Lehrbuchs *Rausch-, Schlaf- und Genußgifte.*

Der Mini-Rausch
Wer zum erstenmal in seinem Leben oder nach längerer Abstinenz eine Zigarette »auf Lunge« raucht wird feststellen, daß die Wirkung sehr intensiv ist. Schwindelgefühl, leichte Benommenheit, ja sogar eine Art Verwirrtheit kann auftreten. Desgleichen lassen sich eine milde Euphorie, Blutandrang im Kopf und verwandte Zustände beobachten. Allerdings hält all dies nur wenige Minuten an. Und die Wirkungen sind auch vergleichsweise schwach, wenn man beispielsweise einen Haschisch-Rausch als Maßstab nimmt. Aber darauf kommt es gar nicht so sehr an. Grundsätzlich kann man bei nahezu allen Genuß-Drogen einen solchen *Mini-Rauschzustand* feststellen, vor allem beim Kaffee (Coffein) und beim Tabak (Nikotin). Man könnte also sagen, daß ein Zigarettenraucher sich mit jedem tiefen Lungenzug (anders ist die Wirkung wesentlich schwächer) ein wenig antörnt, nicht

anders als der Kiffer mit seinem *joint*. Eine Zigarette rauchen hieße demnach also: sich eine Kette von Mini-Räuschen zu verschaffen.

Die Gewöhnung sorgt dafür, daß davon bald nichts mehr bewußt wird, daß nur noch der eher grobe Eindruck von Beruhigung und/oder Anregung wahrgenommen wird (beide Zustände werden paradoxerweise oft gleichzeitig vom Nikotin hervorgerufen, durch Stimulation verschiedener Gehirnzentren).

Louis Lewin spricht in seinem Standardwerk *Phantastica* im Untertitel von »betäubenden« und »erregenden« Genußmitteln und schließt Kaffee, Tee, Kakao und Betel ausdrücklich mit ein.

Anders als bei den Gewürzen, die ja – auch wenn sie noch so intensive Geschmackswirkung entfalten – stets nur verhältnismäßig oberflächlich und kurzzeitig wirken und lediglich Beiwerk zu anderen Genüssen sind, geht es bei den ausgesprochenen Genuß-Drogen stets um die jeweilige Substanz und ihre »in die Tiefe« reichenden Effekte selbst; sie mag dann zusätzlich noch gewürzt sein (z.B. chinesisch-indischer Tee mit Bergamott-Öl zu der Sorte »Earl Grey«).

Auch den Wein, in kleinen Mengen genossen, könnte man im Grunde zu den Genuß-Drogen rechnen – aber seine verheerenden Wirkungen als Rauschmittel bei anhaltendem Konsum verweisen ihn auf einen entsprechenden eigenen Platz (→ Alkohol).

Wir folgen der Einteilung von Hesse (1971), wenn wir folgende Genuß-Drogen unterscheiden:

1. die Purin-Drogen (Kaffee, schwarzer Tee, Maté, Guaranà, Kola, Kakao)
2. die Betelnuß
3. den Tabak (Nikotin)
4. Aus Gründen der Aktualität haben wir noch als weitere Rubrik *Red Bull* angeführt. Dieses Fitneß-Getränk soll stellvertretend stehen für ähnliche Produkte (zu denen man auch Modedrogen wie → Ecstasy zählen könnte), die in Zukunft auf den Markt drängen dürften, weil sie dem Zeitgefühl speziell von Jugendlichen und jungen Erwachsenen entsprechen, die zwar angepaßt bleiben wollen – aber mehr Leistung und Genuß erzwingen möchten, als ihre natürliche Konstitution normalerweise hergibt.*

1. Die Purin-Drogen

Obgleich sie botanisch nicht miteinander verwandt sind und auf verschiedenen Kontinenten gedeihen, produzieren bestimmte Pflanzen dieselben Wirkstoffe: die Purin-Abkömmlinge Coffein, Theophyllin, Theobromin und Adenin. Der Kaffee- und Teestrauch, die Ilex-Arten (Maté wird aus ihnen gewonnen), die *Paullinia-Liane* (die die Guaranà-Paste liefert), der Kola-Baum und der Kakao-Baum verkörpern so eine Eigenart innerhalb der Botanik, die sich vergleichen läßt mit den Lysergsäure-Derivaten (→ LSD, → Ololiuqui, → Psilocybin und Coramin) und den Harmin-Alkaloiden (→ Banisteriopsis caapi, → Harmalin und → Ibogain).

»Dabei ist es interessant zu sehen, wie vor langer Zeit menschliche Suchin-

---

* Geschichtlich kann man diese Entwicklung, läßt man Kaffee und Tee einmal außer acht, mit der Einführung des *Coca Cola* im Jahr 1886 beginnen lassen (das ursprünglich außer der → Kolanuß tatsächlich → Kokain enthalten hat). Davon werden jährlich fünf Milliarden Flaschen verkauft.

stinkte aus der verwirrenden Fülle von Pflanzen jene Arten aufspürten, welche als Purinträger zu Genußzwecken in Frage kommen, wie er fand, wann welche Blätter, Früchte und Samen ihren höchsten Nutzwert besitzen und welche Aufbereitung die Droge am besten aromatisiert.«

Die Entdeckung der Fermentierungsmethoden (zum Beispiel durch Rösten oder Gären) ist »eine um so erstaunlichere Leistung, als die Verarbeitungsprozesse bei den einzelnen Pflanzen ganz verschieden sind«. (Hesse, S. 150 f)

a. Kaffee

Die Heimat des Kaffeestrauchs soll das abessinische Hochland sein. Im Mittelalter gelangte der Kaffee in den Jemen (wo man den Mokka kreierte) und nach Arabien; Mekka-Pilger brachten ihn wahrscheinlich in die gesamte mohammedanische Welt, dann auch nach Europa.

Der Siegeszug war nicht ohne Rückfälle. Zeitweilig wurde das Genußmittel heftig bekämpft, ehe es in orientalischen »Schulen der Weisheit« und im Wiener Kaffeehaus eine Art Höhepunkt der Kultur markierte. Die medizinische Fachwelt sagte in ihren Gutachten dem aufputschenden Getränk schon bald den Kampf an. Im Jahr 1679 schreibt ein Anonymus an der medizinischen Fakultät der Universität in Marseille:

»Die verbrannten Partikelchen, die er im Überfluß mit sich führt, besitzen eine so stürmische Kraft, daß sie, wenn sie ins Blut dringen, die ganze Lymphe mit sich reißen und die Nieren austrocknen. Ferner bedrohen sie das Gehirn; nachdem sie seine Flüssigkeit, seine Windungen ausgedörrt haben, halten sie sämtliche Körperporen offen und verhindern so, daß die schlafbringenden, tierischen Kräfte zum Gehirn emporsteigen. Die im Kaffee enthaltene Asche verursacht durch diese Eigenschaften so hartnäckige Wachzustände, daß der Nervensaft eintrocknet, wo es unmöglich ist, ihn zu ersetzen, tritt allgemeine Erschlaffung ein, Paralyse und Impotenz. Und durch das Sauerwerden des Blutes, das bereits so schwach wurde wie ein Flußbett im Hochsommer, werden sämtliche Körperteile saft-entblößt und der ganze Körper verfällt der schrecklichsten Magerkeit.« (Zit. n. Schivelbusch 1980, S. 54 f.) Darob besorgte Regenten ließen, beispielsweise in Istanbul, die Kaffeetrinker verprügeln, ihnen die Zunge herausreißen – oder sie gar in Kaffeesäcke einnähen und ins Meer werfen. Aber das Coffein, das man wegen seiner stimulierenden Wirkung als eine Art mildes → Weckamin ansehen darf, war stärker.

Irgendwann erkannten die Regierungen dann auch, daß es sinnvoller sei, die Droge als Genußmittel zu legalisieren und durch kräftige Besteuerung dem Staatssäckel zusätzliche Einnahmen zu verschaffen, z.B. in der Bundesrepublik 1994: 2,27 Milliarden Mark.

Die wichtigsten Anbaugebiete sind heute Lateinamerika (Brasilien, Costa Rica, Guatemala, Honduras, Nicaragua), Afrika (Abessinien, Kamerun, Kenia) und Asien (Hawaii, Indien, Java, Sumatra).

Die Welternte an Kaffee betrug 1994: 5,43 Millionen Tonnen.

Erst wenn die Kaffeebohnen geröstet werden, sind sie genießbar und entfalten ihr kräftiges Aroma. Der wichtigste Wirkstoff ist das Coffein (= 1.3.7-Trimethylxanthin); es wurde 1819 von F. F. Runge entdeckt. Es bildet seidenglänzende Kristalle, die bei 1800 °C sublimieren, bei 2350°C schmelzen, mäßig löslich in kaltem, aber gut löslich in heißem Wasser sind (daher das Aufbrühen). Es ist ein Krampfgift, das im menschlichen Kreislauf sehr unterschiedliche Wirkungen hat. An der Peripherie erweitert es die Arterien des Gehirns, der Nieren, der Lungen und des Herzens und fördert die Durchblutung dieser Organe (deshalb kann Kaffee gegen leichte Kopfschmerzen helfen und regt die Blasenfunktion an). Zentral reizt es das vasomotorische Zentrum und führt zu einer Steigerung des Blutdrucks.

In Mengen von mehr als einem Gramm wirkt Coffein als Gift; mehr als zehn Gramm sollen tödlich sein, doch ist bislang noch kein Fall von letaler Coffein-Vergiftung bekannt (Kotschenreuther 1978, S. 168).

Ausführlichere Informationen zur Biochemie und Physiologie des Kaffees findet man bei Hesse (1971, Teil IV, 3).

Das wichtigste ist natürlich die psychische Wirkung. Sie reicht von der milden Anregung, die die »Gedanken schärft«, bis hin zur Aufputschung, bei der das Denken fahrig und zusammenhanglos wird, ähnlich wie bei einem Amphetamin. (Man vergleiche auch die Wirkung von → Kath.)

Das Geschäft mit dem Kaffee ist fest in der Hand internationaler Konzerne, die gerade in den Produktionsländern über führende Familien (die häufig auch die Regierung mitbestimmen oder sogar stellen – s. den Somoza-Clan in Nicaragua bis zu seiner Entmachtung 1979) den Anbau und die Preise diktieren. Wenn sich die Anbauer diesem Diktat entziehen möchten, kann dies fatale Folgen haben. Albert Hofmann berichtet von einer Mexiko-Reise, daß man den Präsidenten einer der Provinzen ermordete und verstümmelte, weil er durch Ausschaltung des Zwischenhandels den Kaffeepreis für die produzierenden Indios günstiger gestalten wollte.

Bereits bei dieser so harmlosen Droge findet man also ein Muster, das dann bei den eigentlichen Rauschgiften sich, wenngleich wesentlich verschärft, wiederholt. Nur ist das ganze komplexe Spiel von Produzenten, Händlern, Veredlern, Konsumenten und – Steuern kassierenden – Regierungen im vorliegenden Fall ganz legal.

Was sagt die moderne Medizin über die langfristigen Folgen und Gefahren des Kaffeegenusses? Interessanterweise bestätigt sie in einem gewissen Sinne, was schon die damals als Ignoranten verschrienen Gutachter vergangener Jahrhunderte behaupteten: Man hüte sich vor diesem Zeug! Die unmittelbar wahrzunehmenden Folgen von Kaffeemißbrauch sind Schlafstörungen und Zustände allgemeiner Nervosität sowie zunehmende Schmerzen in der Herzgegend und unregelmäßiger Puls. In einem Selbstversuch trank Lewin jeden Tag zwölf Tassen starken Kaffees; er mußte das Experiment nach zwei Wochen abbrechen, weil ihn quälende Schlaflosigkeit, Ohrensausen und Sehstörungen mit Einschränkungen des Sehfeldes heimsuchten.

Die Schlafstörungen sind deshalb so bedenklich, weil sie zum entsprechenden Ge- und Mißbrauch von → Schlafmitteln führen: Dann beginnt das gefährliche Wechselspiel von Aufputschen (durch das Coffein) und Betäuben (durch Barbiturat oder Methaqualon), das sich bald selbständig macht.

Bohnenkaffee und seine Wirkungen wurden inzwischen allein seit 1950 in mehr als 2500 Studien untersucht. Er verlor dabei einiges von seinem länge-

re Zeit ganz guten Ruf. Neben den Schlafstörungen fallen besonders Gallenkoliken und Magengeschwüre sowie eine Verstärkung der Herzinfarktanfälligkeit ins Gewicht.
Allerdings betont David Robertson, Leiter eines Ärzteteams in Nashville, der sich an der Vanderbilt-Universität mit den Wirkungen des Coffeins auf den menschlichen Stoffwechsel befaßte: Zwei bis drei Tassen täglich dürften der Gesundheit nicht schaden. Offenbar gewöhne sich der Organismus auch an größere Mengen – aber Patienten mit Herzrhythmusstörungen gleich welcher Ursache sollen sich nach seiner Ansicht vor Kaffee hüten (Robertson 1980).
Die Frage nach einer möglichen (physischen) Coffeinsucht konnte bisher nicht bejaht werden. Aber der englische Wissenschaftler John Timson (1980) von der Universität Manchester erinnert an die möglichen Schäden durch die Röststoffe im Kaffee.
Solche Schadstoffe sind übrigens auch im »coffein-freien« Kaffee enthalten; diesem wirft man zudem vor, daß beim Auswaschen des Coffeins (mit Benzoesäure) zusätzliche Schadstoffe entstehen, die noch weit gefährlicher seien als das Coffein selbst. Es war natürlich in einem gewissen Sinn Augenwischerei, daß Kaffee, aufgrund des Lebensmittelgesetzes (§ 4, Ziffer 3, Verordnung über Kaffee vom 10. Juni 1930), als »coffein-frei« bezeichnet werden durfte, selbst wenn er noch 0,03 Prozent Coffein enthält. Normaler Kaffee hat 0,96 bis 2,10 Prozent Coffein. Heute müssen diese Produkte als »entcoffeiniert« gekennzeichnet sein.
Als einer der größten Kaffeesäufer, anders kann man ihn nicht nennen, galt Honoré de Balzac (1799–1850). Um seine riesigen Schulden abzutragen, in die er sich durch gewagte finanzielle Abenteuer gestürzt hatte, schuftete der Schriftsteller schließlich bis zu 20 Stunden am Tag, beim Schein von Kerzen bis spät in die Nacht, wachgehalten von sirupähnlichem, schwarzem, überstarkem Kaffee, den er kannenweise buchstäblich in sich hineinschüttete. Einer seiner Biographen hat ausgerechnet, daß er im Lauf seines Arbeitslebens von 30 Jahren 50.000 Tassen davon zu sich nahm! In den letzten Lebensjahren, als seine überstrapazierte Phantasie ihn mehr und mehr im Stich ließ, versuchte er, mit Opium auszugleichen, was das Coffein und der sonstige Raubbau an Auszehrung seiner Gesundheit bewirkt hatte. Aber das verschlimmerte die Situation natürlich nur noch (vom Scheidt 1977, S. 212).
Mit der spannenden Kulturgeschichte dieser und der anderen Genuß-Drogen hat sich ausführlich Wolfgang Schivelbusch befaßt, in seinem zudem prächtig illustrierten Buch *Das Paradies, der Geschmack und die Vernunft* (1980). Er weist darauf hin, daß sich mit der Einführung von Tee, Kaffee und Schokolade/Kakao im 17. Jahrhundert die »Genuß-Welten« in zwei Lager spalteten:

- das bürgerlich-protestantisch-geschäftsmäßige
- das feudal-luxurierend-drohnenhaft-katholische.

»Macht der Kaffee ruckartig wach für den Arbeitstag, so kultiviert die Schokolade eher jenen Zwischenzustand von Liegen und Sitzen, den die zeitgenössischen Abbildungen wiedergeben: das allmorgendliche Erwachen einer untätigen Klasse zum gepflegten Nichtstun« (S. 99). Hochinteressant auch die Beobachtung von Schivelbusch, daß der Kaffee in Europa einen

drastischen Bedeutungswandel erfuhr, vom zunächst »öffentlichen zum häuslichen« Getränk, das erst später in die Privatsphäre gelangte:
»In seiner öffentlich-heroischen Phase, dem Kaffeehaus, wirkt der Kaffee als eine energisch verändernde, neue Wirklichkeiten schaffende Macht. Als er ins Bürgerhaus abwandert, um Frühstücks- und Nachmittagsgetränk zu werden, wird er passiv, tendenziell idyllisch. Er symbolisiert nicht mehr ausschließlich den dynamischen Bereich von frühbürgerlicher Öffentlichkeit, Politik, Literatur, Geschäftsleben, sondern zunehmend steht er für häusliche Gemütlichkeit.« (1980, S. 78)

b. Tee
Der (schwarze) Tee wird gerne unterschätzt, wird für »schwächer« gehalten als der Kaffeesud. Dies gilt nur bedingt. Ob es sich um eine Tasse Kaffee oder Tee handelt: Sie enthält immer etwa 100 bis 150 Milligramm Coffein (Maté-Tee etwa die Hälfte). Gießt man den Tee kräftig auf, so wie die Holländer, kommt er dem Kaffee in der Wirkung sehr nahe und ruft wie dieser Schlaflosigkeit, Nervosität und Herzstörungen hervor. Die Inder kochen den (bereits erhitzten) Tee kurz mit Milch auf, was ihn milder macht.
Ernst Jünger (1948) unterscheidet vor allem die Wirkung auf die Psyche: »Der Tee ist meiner Ansicht nach ein Phantasticum, der Kaffee ein Energeticum – daher besitzt der Tee auch einen ungleich höheren musischen Rang. Ich merke beim Kaffee, daß er das feine Gitter von Licht und Schatten zerstört, die fruchtbaren Zweifel, die während der Niederschrift eines Satzes auftauchen. Man überfährt seine Hemmungen. Am Tee dagegen ranken sich die Gedanken genuin empor.«
Aber solche Einschätzungen werden immer sehr subjektiv ausfallen und sind auch sehr zeitgebunden. Das reicht bis in die Fachliteratur, etwa wenn Ernst Freiherr von Bibra in seiner Monographie *Die Narkotischen Genußmittel und der Mensch* (1855) Kaffee wie Tee den »Narkotika« zurechnet. Dieser Begriff ist heute praktisch nur noch für die → Opiate und den → Alkohol reserviert.
Der Tee (eigentlich: die Tee) stammt aus dem Grenzgebiet zwischen Indien und China, daher sein weiblicher, botanischer Name: *thea sinensis.* Seine Stammpflanze, *thea assamica,* schießt in der Heimat Assam bis zu 20 Meter hoch und bildet dort ganze Wälder. Die kultivierte kleinere Version wächst als Strauch oder Bäumchen mit immergrünen Blättern. In China wird sie seit dem sechsten Jahrhundert n. Chr. in größerem Umfang als Genuß-Droge benützt; gekannt hat man sie dort jedoch schon mindestens seit dem dritten Jahrtausend v. Chr.
Die Bedeutung des Tee als geistig anregendes, *nicht* berauschendes Getränk, das deshalb in den patriarchalen Hochkulturen als besonders hochwertig angesehen wurde und wird, schlägt sich nieder in Legenden und Ritualen. Bodhidarma, ein Jüngling Buddhas, wurde während nächtlicher Meditationen vom Schlaf übermannt. Da er dieser menschlichen Schwäche nicht ein weiteres Mal nachgeben wollte, schnitt sich der Heilige die Augenlider ab. Dort, wo sie auf die Erde fielen, schlugen sie Wurzeln und brachten sogleich einen Strauch mit grünen Blättern hervor. Als Bodhidarma am nächsten Morgen staunend davon kostete, wurde er plötzlich hellwach. Er hatte die Kraft des Tees entdeckt. Im Japanischen bezeichnen noch heute dasselbe

Wort und Schriftzeichen sowohl *Augenlid* als auch *Tee.* (Adrian 1970, S. 12)
Chinas Dichter nannten ihr Nationalgetränk später den »Schaum von flüssiger Jade«. So wie Wein zum spirituellen Symbol des Christentums wurde, wuchs den Buddhisten der Tee ans Herz. Der japanische Zen-Philosoph Daisetz T. Suzuki sagt dementsprechend:
»Es ist mir oft der Gedanke gekommen, den Tee-Kult mit dem Leben des gläubigen Buddhisten zu vergleichen, da so viele gemeinsame Züge sie verbinden. Tee hält den Geist frisch und wach, hat aber nichts Berauschendes. Er besitzt Eigenschaften, die von Gelehrten und Mönchen ihrer Lebensweise entsprechend besonders geschätzt werden müssen. Es liegt im Wesen der Sache, daß man sich in den buddhistischen Klöstern des Tees in großem Umfange bediente, und daß er zuerst durch die Mönche in Japan eingeführt worden ist.« (Suzuki 1978)
So wie die Indios in Peru Wegstrecken anhand gekauter Coca-Blätter messen (cocaden, →Kokain), so benützen die Tibeter die Tasse Tee als Maß: Drei Tassen entsprechen etwa acht Kilometern.
Das bis zu drei Stunden dauernde komplizierte Tee-Ritual, das die Japaner im Geiste des Zen zelebrieren, beschreibt aus eigener Erfahrung Horst Hammitzsch in seinem reizvollen Bändchen *Cha-Do – der Tee-Weg* (1958); weitere Details zur Kulturgeschichte findet man bei Hans G. Adrian (1970) und Wolfgang Schivelbusch (1980).
Letzterer weist auch auf die enorme politische Bedeutung hin, die dem Teehandel zukam. Der englische Teehandel, praktisch ein Weltmonopol, lag nahezu ausschließlich in den Händen der Ostindischen Gesellschaft, die man als einen Staat im englischen Staate bezeichnet hat (S. 92). Die Araber hatten den Tee um das Jahr 800 ins Abendland gebracht, wahrscheinlich von Indien her. Erst im 17. Jahrhundert findet man jedoch in der europäischen Literatur genauere Beschreibungen der Droge und ihrer Wirkungen.
Heute sind Hauptanbaugebiete Indien, Ceylon, Japan, China, Indonesien, Thailand und Burma. Gepflückt werden nicht die ausgewachsenen Teeblätter, sondern die Blattknospen der eingerollten, noch kaum entfalteten Blättchen. Man läßt sie zunächst welken, dann wird das derart weich gewordene Material von Hand oder maschinell gerollt. Während einer zwei- bis achtstündigen Gärung fermentieren die Wirkstoffe, und der Tee erhält seine Aromastoffe. Am Ende enthält das fertige Handelsprodukt etwa drei bis fünf Prozent Coffein, daneben noch Adenin, geringe Mengen von Theobromin und Theophyllin sowie ein ätherisches Öl. Die Welternte an Tee betrug 1994: 2,63 Millionen Tonnen. Die Einnahmen an Tee-Steuer in der Bundesrepublik betrugen 1993 sechs Millionen Mark (danach abgeschafft).
Obgleich Tee manchmal mehr Coffein enthält als Kaffee, ist seine Wirkung milder. Die Gerbstoffe, die beim Aufkochen frei werden, verzögern die Aufnahme des Coffeins durch den Magen. Die Schäden, die sich durch übermäßigen Teekonsum einstellen, gleichen denen des Kaffeemißbrauchs.

c. Maté

Die Heimat des Stechpalmengewächses *Ilex paraguariensis,* das die Yerba Maté liefert, liegt in Paraguay, in den Urwäldern des mittleren Paranä-Flusses. Dieses dem schwarzen Tee ähnliche Getränk konnte sich – trotz Versuchen in den fünfziger Jahren – bei uns nicht durchsetzen und ist nach wie vor auf Südamerika beschränkt.

Die Blätter und dünnen Zweige des Mate-Baumes, der unserer Birke ähnelt, werden gesammelt, wenn im März die Früchte reifen. Man zerbricht das gewonnene Material und röstet es über offenen Feuern so lange, bis die Epidermis der Blätter unter hörbarem Knistern und Prasseln aufbricht. Dann wird es getrocknet, zerstampft und – unter Lufzufuhr – einer mehrmonatigen Lagerung unterworfen, während der der Maté fermentiert.

Yerba Mate hat etwa 1,2 Prozent Coffein. Entsprechendes Material von wildwachsenden Bäumen enthält sogar zwischen 1,50 und 1,75 Prozent Coffein.

1962 wurden 128.000 Tonnen geerntet. (Hesse 1971, S. 164 f.)

d. Guaranà

Dieses Genußmittel wird im Amazonasgebiet und südlich davon sehr geschätzt. Man gewinnt es aus der Liane *Paullinia Cupana.* Sie wird von den Mauhé-Indianern an Stecklingen gezogen, ähnlich wie Weinreben.

Man röstete die von der Fruchtschale befreiten Samen wie Maté oder Kaffeebohnen, zerkleinert sie und zerreibt das Produkt mit Mandiokamehl und Wasser zu einem Brei. Dieser wird geformt, an der Sonne getrocknet und dann nochmals geröstet, bis er eine dunkelbraune bis schwarze Farbe hat. So entsteht die *Pasta Guaranà.*

Die Samen der Liane enthalten bis zu fünf Prozent Coffein.

Es ist nicht genau bekannt, wie groß die Produktion aus wildwachsenden und kultivierten Lianen ausfällt; man schätzt sie auf wenig mehr als 30 Tonnen pro Jahr.

Die Indios verwenden die Paste als Stimulans (dafür setzt man es auch bei Soldaten in Südamerika ein) und als Aphrodisiakum sowie als Naturheilmittel bei Durchfall (wegen des hohen Gehalts an Gerbstoffen).

Auch hier führt Mißbrauch zu Schlaflosigkeit und Nervosität.

Die jährliche Produktion an reinem Coffein wird weltweit auf 75.000 Tonnen geschätzt (Hesse 1971, S. 165), wobei der Löwenanteil auf Kaffee und Tee entfällt, entsprechend geringe Mengen auf Maté und die anderen Purin-Drogen. Der prozentuale Gehalt der verschiedenen Gewächse an Coffein sieht so aus:

Gewächs	*Coffein (in %)*
Kaffee	bis zu 2,40
»coffeinfreier« Kaffee	bis 0,03
Tee	3,00–5,00
Maté	0,80–1,75
Guaranà	bis 5,00 (ungeröstet)
Kola	bis 3,00
Kakao	0,05–0,36

e. Kola

Der Kola-Baum wächst im tropischen Afrika, in Liberia, Kamerun und an der Goldküste. Er wird sechs bis 15 Meter hoch und gedeiht nur in feuchtem und heißem Klima, am besten im Schatten der Baumriesen des Urwalds, weil er nur wenig Belichtung verträgt.

Man unterscheidet Arten mit weißen und mit roten Samen. Diese werden bis zu 25 Gramm schwer und sind enthalten in Früchten, die bis zu 17 Kilogramm schwer werden .

Diese fälschlich »Kola-Nüsse« genannten Samen werden gewaschen und in der Sonne getrocknet. Ihr Coffeingehalt beträgt ein bis zwei, manchmal auch drei Prozent.

Die Schwarzen kauen die frisch geernteten Samen und haben damit eine Art Ersatz für den seltenen und kostspieligeren Alkohol, gibt Hesse an (1971, S. 165). Im Kulturleben der Eingeborenen spielen die *Nüsse* eine zentrale Rolle; sie dienen als Amulett, Opfergabe, Münze, Steuermittel, Braut- und Hochzeitsgabe sowie als Grabbeilage.

Die Weltproduktion schätzt man auf jährlich 20.000 Tonnen. Berühmt geworden ist die Kola-Nuß durch das Getränk, das ihr die eine Hälfte seines Namens verdankt: Coca-Cola. Diese »coffeinhaltige Limonade« (so der Firmenaufdruck) bezieht ihre stimulierende Wirkung aus dem afrikanischen Gewächs. Kokain hat sie zu Anfang tatsächlich einmal enthalten, als man dieses gefährliche Rauschgift noch für harmlos hielt (→ Kokain); aber seit 1903 wird den Coca-Blättern mit Lösungsmitteln das Kokain selbst entzogen, lediglich die typischen Aromastoffe des Coca bleiben erhalten. Das »Coca« im Markenzeichen hat man beibehalten – vielleicht um damit weiter an unterschwellige Rauschbedürfnisse der Konsumenten zu appellieren?

Bei genügenden Mengen reicht das Coffein aus, eine entsprechende euphorisch-nervöse Stimmung zu erzeugen; der Autor (J.v.Sch.) erlebte als Student auf einer Party nach etwa einem Liter Coca-Cola, rasch getrunken, einen fast rauschähnlichen Zustand.

f. Kakao

Die Kakaobohne gewinnt man vom Baum *Theobroma cacao Linné,* der vor allem in Mittel- und Südamerika wächst. Er wird vier bis acht Meter hoch. Seine Blüten, aus denen gurkenartige Früchte entstehen, wachsen direkt am Stamm oder den Ästen. Bei der Ernte spaltet man diese Früchte und unterwirft die Bohnen mit der sie umgebenden schleimigen *Pulpa* einem Prozeß der Gärung und Oxidation. Dabei bräunt sich das Ganze und bekommt seine Aromastoffe.

Der Coffeingehalt ist sehr gering (0,05 bis 0,36 Prozent), wichtiger sind die 1,5 bis 2,0 Prozent Theobromin, das man bei der medizinischen Therapie von Angina pectoris gelegentlich einsetzt.

Für eine gewisse Aufregung hat eine amerikanische Studie gesorgt, wonach Schokolade drei dem im Haschisch wirksamen THC ähnliche Stoffe enthalten soll, der für eine suchtmäßige Gewöhnung an das süße Produkte verantwortlich sein soll, darunter eine *Anandamid* genannte Substanz. Es wird wohl noch weiterer Untersuchungen bedürfen, bis die Zeitungen mit Recht behaupten können: »Schokolade wirkt wie Haschisch« (*Südd. Zeitung* vom 22. Aug. 1996).

Am wichtigsten ist natürlich das Kakaopulver. Zusammen mit Kakaobut-

ter, Zucker und Gewürzen stellt man daraus die Schokolade her.
Schokolade nannte man übrigens früher das Getränk selbst, das heute Kakao heißt. Das Wort ist eine Verballhornung des aztekischen *chocolatl*. Die Azteken bauten den Kakao bereits im Mittelalter an; die Bohnen dienten ihnen als Nahrungs- und Zahlungsmittel.
Noch heute wird *chocolatl,* wie bereits in den Berichten alter Chroniken geschildert, getrunken, wenn der curandero die heiligen Pilze Teonanacatl (→ Psilocybin) ißt, um mit den Göttern ins Gespräch zu kommen. Albert Hofmann schildert in seinen Erinnerungen eine solche Zeremonie, die er bei der Heilerin Maria Sabina erlebte (1979, S. 163).
Die Welternte an Kakao betrug 1994 etwa 2,56 Millionen Tonnen.

2. *Die Betelnuß*

Betel kauen die Inder seit mindestens 1500 Jahren. Der Brauch ist auch an der Ostküste Afrikas und auf den polynesischen Inseln bekannt.
Die Substanz ist enthalten in der *Areca-Nuß,* die auf einer Palme der Küstengebiete Ostasiens wächst, der *Areca catechu Linné*. Die sechs bis sieben Zentimeter langen eiförmigen Früchte werden von ihrer faserigen Umhüllung befreit und dann gekaut; bevorzugt werden die noch nicht ganz reifen Früchte, offenbar, weil sie weicher sind und nicht so viel *Arecolin* enthalten.
Arecolin ist ein basisches Alkaloid, eine ölige, geruchsfreie Flüssigkeit. Es handelt sich um ein Gift, das das parasympathische Nervensystem anregt; dieses kontrolliert (fördernd) die Magen-Darm-Muskulatur und den Schließmuskel sowie sämtliche drüsigen Organe, und es gibt an das Herz hemmende Impulse ab. Entsprechend seine Wirkungen:
Es regt das Nervensystem zugleich an und beruhigt es. Die seelischen Effekte sind denen des Tabaks (Nikotin, s. u.) sehr ähnlich. Betel ist scheinbar ein unentbehrliches Genußmittel für Arme und Reiche, für Männer wie Frauen. Wer jene Länder bereist, sieht diese (Un-)Sitte überall; vor allem der rötliche Speichel (eingefärbt vom Gerbstoff des Betel) fällt einem bald auf und erschreckt zunächst, weil man meint, daß diese Menschen krank sind und Blut spucken.
Kotschenreuther spricht von mehr als 200 Millionen Betelkauern (1980, S. 165).
Der typische Betelbissen enthält eine Betelnuß und etwas Kalk, die in ein Betelblatt eingewickelt werden. (Man vergleiche die Sitte des Coca-Kauens, → Kokain).
Hesse verzeichnet aus Thailand, daß dort ein täglicher Genuß von zwölf Nüssen keineswegs selten sei (1971, S. 168).
Der erwähnte Kalkzusatz, etwa ein halbes Gramm pro Bissen, wirkt durch seine alkalische Reaktion im Mund leicht ätzend. Er setzt das Arecolin als Base frei und führt zu einer chemischen Umsetzung, die den Bissen aromatisiert. Wer die Substanz nicht gewöhnt ist, erlebt ähnliche Symptome einer Vergiftung wie bei den ersten Zigaretten: Schwindel, Brechreiz, kalter Schweiß, allgemeines Unwohlsein. Erst nach einer gewissen Gewöhnung stellt sich die zugleich stimulierende und dämpfende Wirkung zuverlässig ein. Dabei bleibt das Bewußtsein voll erhalten.

Bei chronischem Mißbrauch (Sucht wird in jenen Ländern oft beobachtet) wird das Gebiß massiv geschädigt, die Zähne lockern sich, übelriechende Zahnsteinablagerung und tiefschwarze Verfärbung der Mundschleimhäute und der Zunge treten auf. Es kommt im Mund-Rachen-Bereich zu Geschwüren, Tumoren, Krebsbildung.

Durch die ständige Beeinflussung des Parasympathikus werden auch die inneren Organe, der Magen-Darm-Trakt und das Herz entsprechend in Mitleidenschaft gezogen. Louis Lewin bemerkt allerdings, und zwar ausdrücklich zum gemäßigten Betelkauen: »Mit einem unerklärlichen Instinkt haben gerade Ostasiens Völker dieses tonisierende Mittel als Schutz gegen eine Schädigung seitens ihrer Nahrung ausfindig gemacht. Die nicht stickstoffhaltigen Nahrungsmittel, etwa mit Ausnahme der Brotfrucht und einigen Bohnenarten, überwiegen in ihrer Ernährung. Das Entstehen eines Übermaßes von sauren Zersetzungsprodukten derselben im Magen mit allen ihren Folgen sollte bei der dauernden Gleichmäßigkeit dieser Nahrungsmittel baldige Folge sein. Dem wirkt der alkalische Betelbissensaft als säuretilgendes und astringierendes, die Magenschleimhaut festigendes Mittel entgegen, und man kann jenem Ausspruch unbedingt zustimmen, daß kaum ein für diesen Zweck gegebenes Rezept besser das Gewünschte erfüllen würde...« (1927)

3. Der Tabak (Nikotin)

Nikotin wirkt anregend und zugleich beruhigend. Das ist zumindest vordergründig des Rätsels Lösung, weshalb es so viele Raucher, also Nikotinsüchtige, gibt: 1976 gaben die deutschen Raucher 15,33 Milliarden Mark für ihren blauen Dunst aus. 1995 waren es bereits 32,7 Milliarden Mark!

Die Wirkungen des Rauchens sind von der Stimmungslage abhängig. Wenn der Raucher erregt ist, beruhigt ihn das Nikotin; ist er niedergedrückt, stimuliert es ihn. Mindestens ebenso wichtig sind aber offenbar Nebeneffekte:

- Das Hantieren mit Zigarette oder Pfeife.
- Die Zigarre als Statussymbol (eine teure Havanna kann sich nicht jeder leisten – das etwas verruchte Flair einer Al Capone aber will sich nicht jeder leisten).
- Die intensive Reizung der Lungenflügel durch die Rauchpartikel (»Lungenbrötchen«).
- Der »Geschmack von Freiheit und Abenteuer«, der »Duft der großen weiten Welt«, Cowboy-Romantik und die große Sehnsucht nach der endlosen Freiheit »über den Wolken« (der Zigarette?), die die Firmen den Konsumenten ihrer Zigaretten unaufhörlich versprechen.

Herkunft und Geschichte

Der Tabak gehört zu den Nachtschattengewächsen; es gibt etwa 60 Arten der Solanaceen-Gattung *Nicotiana.* Sie gedeihen am besten in den subtropischen Gegenden Ostasiens und des westlichen Amerika. Die meisten dienen als Zierpflanzen – nur drei Arten werden großflächig angebaut und zu Tabakwaren verarbeitet: *Nicotiana tabacum, N. latissima* und *N. rustica.*

Das wirksame Alkaloid Nikotin entsteht erst während des Wachstums der Pflanzen und nimmt allmählich an Konzentration zu; in den Samen ist es noch nicht enthalten.

Man erntet die ganzen Stauden oder

nur die Blätter, die man dann trocknet, bis sie gelb sind. Dann lagert man sie mehrere Monate und feuchtet sie gelegentlich mit Tabaklauge an, wobei sie fermentieren und den typischen würzigen Geruch bekommen.
Die Zusammensetzung des Rauchs hängt von einer Reihe Faktoren ab: Herkunft der Tabakblätter, ihre Zubereitung, Rauchgeschwindigkeit, Art des mitverbrannten Papiers, Art des benutzten Filters.
»Der Rauch besteht aus einer gasförmigen und einer dispergierten Phase, welche beim Abkühlen zu kleinsten Teilchen kondensiert. In der Gasphase des Rauches wurden bisher mit Sicherheit über 500 verschiedene Substanzen nachgewiesen, davon etwa 230 identifiziert.« (Hesse 1971, S. 142)
Als Kolumbus 1492 in Kuba an Land ging, war der Tabak dort längst ein allgemein verbreitetes Genußmittel. Gonzales de Oviedo y Valdez, ein Freund des Amerika-Entdeckers und Aufseher in den westindischen Goldschmelzen, berichtet:
»Die Indianer üben unter anderen Lastern ein sehr schädliches, das darin besteht, eine Art Rauch zwecks Betäubung in sich aufzunehmen, den sie *Tabaco* nennen. Die Kaziken nehmen hierzu ein gegabeltes Rohr in Form eines Ypsilon, geben die beiden Gabelenden in die Nasenlöcher und das Rohr in ein angezündetes Kraut. In dieser Weise ziehen sie dann den entstehenden Rauch ein-, zwei-, drei-, viermal ein, soviel sie eben vertragen können, bis sie bewußtlos werden und wie berauscht auf der Erde hingestreckt in einen schweren und tiefen Schlaf verfallen.« Schon früher war der – dort *Yetl* genannte – Tabak für die Azteken und Tolteken ein heiliges Kraut, ähnlich wie der *Coca* (→ Kokain) für die peruanischen Inkas. Die Göttin Cihuacoatl hatte sie ihnen, der Legende nach, vom Himmel gebracht; die Regenwolken waren für sie der Rauch, den der Regengott Tlaloc aus seiner Pfeife oder den zu einer überlangen Zigarre gerollten Tabakblättern ausstieß. Für die Mayas waren es die Balam, die Götter der vier Winde, die sich dem Rauchen widmeten. Wenn sie Feuer schlugen, um sich ihre Tabagos anzuzünden, entluden sich über der Welt heftige Gewitterstürme.
Heute wird Tabak in aller Welt auf die verschiedensten Arten genossen. Man raucht, schnupft und kaut ihn. Ostafrikanische Lastenträger füllten sich einst die Tabakbrühe in die Nasenlöcher und verschlossen diese dann mit Wäscheklammern, um nichts von dem kostbaren Sud zu verschwenden. Die angehenden Medizinmänner in Peru, Ecuador und Guyana mußten bei ihrem Initiationsritual Tabakwasser trinken, um ihre Tauglichkeit für den zukünftigen Beruf unter Beweis zu stellen: in Anbetracht der Giftigkeit oral eingenommenen Nikotins eine ziemlich gefährliche Angelegenheit. Die Novizen erfuhren dabei halluzinatorische Zustände, Bewußtlosigkeit und – wenn sie Unglück hatten, also »nicht geeignet« waren – einen tödlichen Kollaps (Kotschenreuther, S. 146).
Es ist hochinteressant zu sehen, daß ein andersartiger kultureller Kontext (eventuell auch andere, rassenbedingte Konstitution?) die Wirkung einer Droge offenbar drastisch beeinflussen kann. Ein europäischer Zigaretten- oder Zigarrenraucher unserer Tage wird kaum Halluzinationen bekommen!
Es ist bekannt, daß Angehörige der brasilianischen Sekten Macumba und Candomblé, denen sich vor allem die

christianisierten Nachfahren verschleppter Negersklaven aus Afrika anschließen, ähnliche starke Wirkungen auf Nikotin zeigen. Viele der Anhänger sind Frauen, vor allem die geistigen Führer: Bei den üblichen spiritistischen Sitzungen verfallen »... manche in Zuckungen, öffnen sich das Haar, wirbeln die Köpfe und beginnen die halbtierischen Schreie auszustoßen, die beweisen daß der Heilige in sie gefahren ist. Immer mehr gleicht das Bild einem Hexensabbat: Die meisten Frauen haben dicke Zigarren in der Hand, deren Rauch sie im Tanz gierig einsaugen...«

Das Nikotin fördert offensichtlich, wie bei den indianischen Medizinmännern, die Trance, ja ruft vielleicht sogar halluzinatorische Zustände hervor. Die gezähmten Mini-Räusche, die der aufgeklärte Zeitgenosse unserer Tage – der Manager oder die Schülerin – erlebt, sind nur ein matter Abglanz.

Die Aufnahme der als heidnisch verschrienen Genuß-Droge im Europa der anbrechenden Renaissance war zunächst sehr zwiespältig. Ein regelrechter Märtyrer des Krauts war der Spanier Rodrigo de Jerez, ein Begleiter des Kolumbus. Als der Seefahrer in seiner Heimatstadt auf der Straße rauchte, empfanden es seine Mitbürger als ausgesprochen gotteslästerlich, daß er mit einer »rauchenden Nase wie die Schornsteine von Häusern« umherstolzierte. Sie hielten Jerez für vom Teufel besessen und lieferten ihn der Inquisition aus, die ihn einkerkerte. Er wurde erst wieder freigelassen, nachdem sich das Tabakrauchen in Spanien allmählich durchgesetzt hatte.

Die medizinische Fakultät einer holländischen Universität verkündete 1590, daß das Rauchen nicht etwa die Lungen, sondern das Gehirn schwärze – und im Lüneburgischen bedrohte man noch 1691 die Untertanen, die sich dem »liderlichen Werk des Tabaktrinken« hingaben, mit der Todesstrafe (Kotschenreuther, S. 147). Die Bürger von Berlin gingen für ihr Recht, in der Öffentlichkeit rauchen zu dürfen, 1848 während der März-Revolution sogar auf die Barrikaden. Genauer: Als man ihnen dieses Recht zugestand, ließen sie willig von ihrem revolutionären Aufbegehren ab.

Heute ist speziell das Zigarettenrauchen zur Suchtgewohnheit schlechthin geworden. Die Altersstufe, in der man damit anfängt, sinkt immer tiefer, vor allem, seitdem man den Unsinn begangen hat, in Schulen »Rauchzimmer« einzurichten, in der trügerischen Hoffnung, damit das Laster einzugrenzen. Inzwischen rauchen in der Bundesrepublik bereits eine halbe Million Jugendliche vor dem 16. Lebensjahr regelmäßig (Mensen 1974). Aus einer Dokumentation des Bayerischen Innenministeriums geht hervor, daß sogar bereits ein Viertel aller Zwölfjährigen schon einmal Zigaretten probiert hat; bei den 14- bis 15jährigen ist es auch schon fast die Hälfte – und ab 16 sind es genausoviel wie in der rauchenden Erwachsenenbevölkerung, nämlich 60 Prozent (Fischer und Roberts 1980, S. 124).

Was schon bei den Älteren höchst bedenklich ist, kann sich für junge Raucher, bei Dauerkonsum, noch weit fataler auswirken (nach Tröger 1980):

- Hat ein heute 50jähriger Raucher gegenüber dem Nichtraucher ein um 40 Prozent erhöhtes Risiko, an den Auswirkungen der Zigarettenschäden (s. u.) zu sterben, wenn er nach dem 30. Lebensjahr zu rauchen begonnen hat, steigt dieses Todesrisiko um 200 (!) Prozent, wenn so ein 50jähriger Raucher sich das Rauchen schon vor dem 15. Lebensjahr angewöhnte. Lag der Rauchbeginn zwischen dem 15. und 19. Jahr, liegt das Risiko immer noch 150 Prozent über dem des Nichtrauchers.

- Hiermit ist das gesamte Ausmaß der Konsequenzen des Frühbeginns aber noch nicht zu Ende. Raucher, die vor ihrem 15. Lebensjahr anfingen, sterben viermal häufiger an Lungenkrebs als andere, die erst mit 25 Jahren und später mit dem Rauchen begannen.
- Am schlimmsten sieht es mit den Chancen einer Regeneration aus. Für gewöhnlich haben alle Exraucher eine gute Chance, eines Tages die Gefährdung ihrer Gesundheit aus der aktiven Raucherzeit zu vergessen, weil ihr Risiko dann auf das von Leuten herabsinkt, die nie geraucht haben. *Nicht so die jugendlichen Raucher! Auch wenn sie später mit dem Rauchen wieder aufhören sollten, werden sie doch stets ein um mindestens 30 Prozent höheres Risiko mit sich schleppen, an den Folgen ihrer Sucht zu erkranken und zu sterben.*

Die Ursachen hierfür sind noch nicht genau erforscht. »Man vermutet, daß der jugendliche Organismus sehr viel empfindlicher reagiert als der des Erwachsenen, und zwar in dem Sinn, daß Körperzellen durch die Inhaltsstoffe des Zigarettenrauches auf Dauer geschädigt werden.« (Tröger) Eine repräsentative Umfrage mit 10.000 Fragebogen der Forschungsstelle für präventive Onkologie in Mannheim, der die obigen Angaben entstammen, ergab, daß es offenbar keineswegs mehr so ist, wie früher immer behauptet wurde: daß die Kinder und Jugendlichen aus Opposition gegen die Eltern und aus Trotz zu den Zigaretten greifen – dies geschehe inzwischen vielmehr in *Nachahmung* des elterlichen Verhaltens (das nicht von schlechtem Gewissen, sondern vom Genuß des Rauchens geprägt sei). Und bereits acht Prozent der Eltern Zwölfjähriger seien damit einverstanden, daß ihr Kind zur Zigarette greift, bei den 15jährigen erhöhe sich dieses Einverständnis der Erwachsenen auf über 15 Prozent (bei den Mädchen) bzw. über 26 Prozent (bei den Jungen).

Wie sehen die Risiken des Rauchens bei den Erwachsenen selbst aus?

Wirkungen und Risiken des Rauchens

Gelegentlicher Rauchgenuß ist offensichtlich harmlos. Problematisch ist, Tausenden von Untersuchungen zufolge, lediglich der suchtmäßige Mißbrauch. Nicht Halluzinationen und Bewußtlosigkeit, Trance oder Selbstvergessenheit sind dabei das Ziel, wie bei den Entdeckern der Drogen, sondern das Aufrechterhalten eines leicht erhöhten nervösen Pegels einerseits (der subjektiv als größere Wachheit und Konzentration erlebt wird) und eine leichte Dämpfung der Unruhe, die der gestreßte Alltag mit sich bringen kann, andererseits. Aus dem ekstatischen Gift von Naturvölkern wurde die gezähmte, jederzeit verfügbare, eben *nicht* berauschende Genuß-Droge.

Bei ihrer Zähmung tauschte sie freilich die Gefahr des plötzlich Überwältigtwerdens ein gegen eine schleichende Gefährdung, die sich für immer mehr Menschen als lebensbedrohend erweist. Nicht der Kollaps des Zauberadepten im Einweihungsritual ist zu befürchten, sondern Lungenkrebs, Lungenemphysem, Arteriosklerose und verwandte Zivilisationsschäden, bei denen das (vorwiegend Zigaretten-) Rauchen zwar nicht alleinige Ursache ist, aber immerhin massive Beihilfe zur Selbstschädigung. Außer den Autoabgasen in der Großstadt dürfte es kein Zivilisationsgift geben, das der Mensch sich selbst und anderen im vollen Bewußtsein seiner potentiellen Folgen so freigiebig zumutet.

Nikotin und Teer sind dabei nur zwei von vielen gefährlichen Substanzen, die der Raucher mit jedem Lungenzug inhaliert. Inzwischen sind mindestens 4.000 solcher Substanzen bekannt, darunter Schwermetalle wie das hochgiftige Cadmium; dann – nicht minder problematisch – Blausäure, Ammoniak, Arsen und Formaldehyd; manche Schätzungen sprechen sogar von an die 10.000 Schadstoffen. Das ist nachzulesen in einer ganzseitigen Anzeige der Zigarettenindustrie in Tageszeitungen, die im selben Atemzug unverfroren das Leichtrauchen propagiert (bei dem es sich um reine Augenwischerei handelt) und so ganz nebenbei feststellt: »Starke Raucher (zwanzig Zigaretten und mehr pro Tag) erreichen eine Kohlenmonoxyd-Blutfarbstoffsättigung bis 22 Prozent: das heißt, daß mehr als ein Fünftel des Blutes nicht mehr in der Lage ist, Sauerstoff zu binden und zu transportieren. Ein solcher Sauerstoffmangel im Blut kommt bei einer CO-Konzentration von zehn Prozent dem Verlust von etwa einem halben Liter Blut gleich!« (Südd. Zeitung vom 17. 7. 1980)

Die leider zutreffende Horrorgeschichte geht weiter, im selben sachlich-wissenschaftlichen Ton: »Wenn nicht pausenlos weitergeraucht wird, zersetzt sich das CO-Hämoglobin nach etwa vier Stunden bzw. wird verdrängt – aber etwa nur zur Hälfte. Bei starken Rauchern besteht diese Chance jedoch kaum. Folge: Ständige Sauerstoffknappheit für Herz und Hirn, eine Verlangsamung der Reaktionen. Gefährlich wird dieser Sauerstoffmangel für Menschen mit einem Herzinfarkt oder einer Herz- und Kreislaufschwäche: Wer dann weiterraucht und sich zusätzlich mit CO belastet, gefährdet unmittelbar sein Leben...«

Herz- und Kreislaufkrankheiten stehen aber – wie sich jeder Gesundheitsstatistik entnehmen läßt – bereits an dritter Stelle der tödlichen Zivilisationskrankheiten, betreffen Millionen von Menschen. Auch diesen Menschen bietet die Zigarettenindustrie mit ihren lockenden Sprüchen eben jene Tagesration (20 Stück) an, die nach ihren eigenen Angaben den »starken Raucher« charakterisiert, der diesen besonderen Risiken ausgesetzt wird. Es ist der pure Hohn, wenn diese wissenschaftlich verbrämte Werbekampagne anläßlich des »Internationalen Jahres des Nichtrauchers 1980« sich hinter einer dubiosen Institution versteckt, die sich WHA – »World Health Associates« nennt – in bewußter und plumper Anlehnung an die »WHO, die World Health Organisation«.

Prof. F. Trendelenburg, Lungenspezialist, errechnete 1977 in einer Untersuchung in der *Münchner Medizinischen Wochenschrift,* daß jede gerauchte Zigarette das Leben des Konsumenten um eine Viertelstunde verkürze; bei Inhalation von täglich 20 Zigaretten lagern sich im Verlauf von 20 Jahren in den Lungen und Bronchien rund sechs Kilogramm Staubpartikel ab, die keineswegs alle abgebaut werden können.

Der Verband der Niedergelassenen Ärzte in Deutschland (NAV) verlangte deshalb, daß Raucher bei ihrer Krankenversicherung entsprechende Risikozuschläge zahlen. Damit die Nichtraucher ihre Schäden nicht mitbezahlen müssen (Südd. Zeitung vom 25. 6. 1980).

Auch Passivrauchen schadet
Die immer wieder aufgestellte und umstrittene Behauptung, daß auch der Nichtraucher gefährdet sei, wenn er von einem Raucher »eingenebelt« wird, konnte bewiesen werden. James R. White veröffentlichte 1980 eine Studie an insgesamt 2.100 Menschen, Rauchern und Nichtrauchern.
400 der Nichtraucher hatten zu Hause oder am Arbeitsplatz keinen Kontakt mit Rauchern; weitere 400 rauchten selbst nicht, lebten aber seit mindestens 20 Jahren mit Rauchern zusammen; die übrigen rauchten selbst seit zwei Jahrzehnten, mit unterschiedlichem Zigarettenkonsum.
Die Befunde mehrerer Lungenfunktionstests ergaben: Am schlechtesten kamen die (starken) Raucher selbst weg, am besten die Nichtraucher ohne Belastung durch aktive Raucher. Jene, die seit Jahren passiv mitrauchten, weil jemand in ihrer nächsten Umgebung »qualmte«, hatten vergleichsweise schlechte Werte in der Mittellage, die denen von leichten Rauchern ähnlich waren. Whites Fazit, das dem gesunden Menschenverstand schon immer klar gewesen sein dürfte: »Chronisches Passivrauchen, ob zu Hause oder am Arbeitsplatz, ist schädlich, weil es die Funktion der Atemwege deutlich verschlechtert.«
Amerikanischen Studien zufolge gehen allein in den USA jährlich 3.700 Fälle von Lungenkrebs und 37.000 tödliche Herzinfarkte auf die indirekte Inhalation des Tabakrauchs zurück. Ein Passivraucher hat – auch wenn das Wirkungsgefüge der Gefährdung sehr komplex und noch nicht restlos geklärt ist – ein 20 bis 40 Prozent höhe-

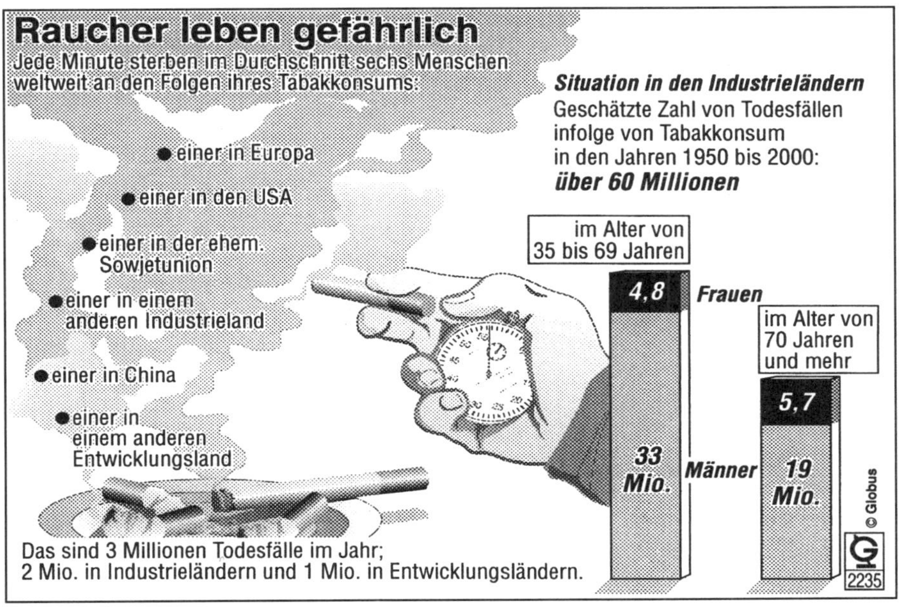

res Risiko, an Lungenkrebs oder einem Herzinfarkt zu erkranken als jemand, der das Rauchen meidet (Wormer 1996).

Auch dies ist einer der Gründe, weshalb in den USA nicht nur Privatleute, zum Beispiel die Hinterbliebenen von an Lungenkrebs gestorbenen Rauchern, sondern vermehrt Behörden gegen die Tabakindustrie vor Gericht ziehen. Die großen Konzerne, für die mehrstellige Milliardengewinne auf dem Spiel stehen, wehren sich erbittert, und bislang waren allenfalls minmale Erfolge der Opfer zu erzielen. Doch das könnte sich ändern, seit gerichtsnotorisch wurde, daß die Zigarettenhersteller die Ergbnisse von eigenen Studien unterschlagen haben, wonach z.B. Nikotin offenbar doch ähnlich süchtig macht wie Alkohol oder Heroin. Und zwar körperlich süchtig – und nicht nur psychisch (was ja jeder Raucher längst weiß). Das war lange vehement bestritten worden mit dem Argument: nicht »wissenschaftlich bewiesen«.

Im Dezember 1996 wurde bekannt, daß der Bundesstaat Florida die rechtliche Handhabe geschaffen hat, die Zigarettenindustrie im Rahmen einer Verbandsklage offiziell zu belangen. Florida will von den Firmen zunächst jene geschätzten 1,2 Milliarden Mark zurückhaben, die seit Juli 1994 jährlich für die Behandlung von Rauchern ausgegeben wurden und noch immer werden.

Der zuständige Staatsanwalt hat sicher nicht übertrieben, als er von der Klage meinte: »Das wird die Erde erschüttern.« Jedenfalls dann, wenn Florida Recht erhält und andere Institutionen und Privatleute sich an diesen juristischen Erfolg anhängen.

Tiefenpsychologische Aspekte des Rauchens

Neben den vordergründigen, jedermann leicht einsichtigen Ursachen, die das Rauchen bei breiten Schichten der Bevölkerung und in allen Altersklassen so beliebt machen, sei abschließend noch auf einen weniger leicht verständlichen, aber nicht minder wichtigen Aspekt verwiesen.

Der amerikanische Psychoanalytiker Eli Marcovitz (1969) sieht als die Hauptfunktion des Zigarettenrauchens den zeitweiligen Ausgleich einer »inneren Leere« seelischer Natur durch die beizende Wirkung der Rauchpartikel in den Lungen. Die pharmakopsychische Wirkung des Nikotins habe demgegenüber eine mehr zweitrangige Wirkung.

Macht man sich klar, daß die Lungenbläschen insgesamt – ausgebreitet – eine Fläche von an die 90 Quadratmetern bedecken und daß über diese riesige Austauschfläche des menschlichen Körpers mit seiner Umgebung täglich rund 10.000 Liter Atemluft strömen, so verwundert diese These nicht mehr so sehr.

Hierzu paßt, daß der Volksmund die Zigarette gerne als »Lungenbrötchen« bezeichnet (oder als »Sargnagel«!).

Zustände von innerer Leere, typisches Kennzeichen einer Depression, plagen aber immer mehr Menschen, auch schon in jüngeren Jahren. So ließe sich erklären, weshalb trotz Wissens um die Gefahren immer mehr Menschen suchtmäßig zur Zigarette greifen. Sie können gar nicht anders. Weil sie sonst des massiven Mangels an innerer Substanz gewahr würden – und diese Erfahrung halten nur wenige Menschen aus. Man könnte sagen, daß – tiefenpsychologisch betrachtet – das Rauchen einen Defekt in der Persönlichkeitsstruktur ausfüllt. Das hat es wohl mit jedem Drogenkonsum gemeinsam. Zu Mißbrauch und Sucht kommt es schließlich, wenn dieser Defekt nicht irgendwann verheilt. Und das ist nur sehr schwer zu bewerkstelligen (Näheres → RA III).

Eine Bemerkung des passionierten Zigarrenrauchers Sigmund Freud, dem man sicher keinen Mangel an Ich-Stärke nachsagen kann, mag diesen Defekt und seine Auswirkungen etwas beleuchten. Am 19. April 1894 schrieb er an seinen Freund Wilhelm Fließ:
»Ich habe seit drei Wochen nichts Warmes mehr zwischen den Lippen gehabt und kann heute bereits andere ohne Neid rauchen sehen, mir auch wieder Leben und Arbeit ohne diesen Beitrag vorstellen. Lange ist es nicht her, daß ich so weit bin, auch war das Elend der Abstinenz von einer ungeahnten Größe...«
Freud hatte das Rauchen zeitweilig aus gesundheitlichen Gründen einstellen müssen; die Abstinenz hielt freilich nicht lange vor, und sein Rückfall trug wahrscheinlich zu jenem Kieferleiden bei, das ihn gegen Ende seines Lebens viele Jahre lang quälte, mit unzähligen operativen Eingriffen und entsetzlichen Schmerzen.
Aber die Sucht ist allemal stärker. Es ist noch nicht so lange her, daß Kriegsgefangene ihre letzte Habe, den Ehering und sogar die tägliche Essensration für etwas »Warmes zwischen den Lippen« hergaben, für die eine oder andere Zigarette, ja sogar für abgerauchte Kippen. Ob und wieweit Nikotingenuß den Konsum von Rauschdrogen vorbereitet bzw. fördert, ist noch umstritten (Kleiner).
Die Raucherentwöhnung ist eine enorm schwierige – und selten erfolgreiche – Angelegenheit. Sie wird damit zum Paradigma für jede Suchttherapie überhaupt (→ RA IV).

4. Red Bull

Dieses als Muntermacher angepriesene und speziell in den Discotheken der Techno- und Rave-Szene (s. hierzu auch →Ecstasy) verkaufte Getränk enthält zwei Wirkstoffe, die sich wahrscheinlich synergistisch verstärken (ähnlich wie bei den eine Weile üblichen Kombinationen von Coffein und Ephedrin):

- Coffein (s. oben → 1. Purin-Drogen, a. Kaffee)
- Taurin.

Taurin ist ein Oxydationsprodukt der Aminosäure Cystein. Diese gewinnt man aus Lungen und Fleischextrakt von Ochsen – und in diesem Zusammenhang sollte man unbedingt auch an BSE* denken! Der so entstandenen, dem Cholesterin verwandten Taurocolsäure wird eine Sulfonsäure-Gruppe angehängt, wodurch die dem Pervitin nahestehende 2-Amino-Ethan-Sulfonsäure entsteht.

Abschließende Bemerkung
In diesem Handbuch werden Substanzen behandelt, die – im Hinblick auf

---

* BSE (Bovine Spongiforme Encephalopathy), mediendeutsch als *Rinderwahnsinn* bezeichnet, gilt als Verursacher der gefährlichen Creutzfeldt-Jakob-Krankheit (CJK); sie ist gekennzeichnet durch eine von Rindern *(bovin)* verbreitete schwammartige *(spongiforme)* Erweichung des Gehirns *(encephalon)*. Von Schafkadavern gelangte die Seuche in Form von Tiermehl in die Nahrungskette und wurde auf Rinder übertragen (inzwischen hat man BSE auch bei Hühnern nachgewiesen), von wo aus sie offenbar auch Menschen infiziert. Da Taurin ein Konzentrat von Rindfleisch ist, sollte man die Gefahr von BSE-Übertragung auf diesem Weg nicht außer acht lassen!

den einzelnen Betroffenen – weit schlimmere Verwüstungen als die Genuß-Drogen anrichten, seelischer wie körperlicher Natur. Heroin. Kokain. Der Alkohol. Sicher auch der Haschisch. Aber aufs Ganze gesehen, dürften Coffein und Nikotin größere Schäden anrichten.

75.000 Tonnen Coffein, so lasen wir, nimmt die Menschheit jährlich in Getränken zu sich. Und fast fünf Millionen Tonnen Tabak mit entsprechenden Nikotinmengen raucht sie. Die volkswirtschaftlichen Schäden, die beide Substanzen anrichten, dürften jene 800 Milliarden Dollar wahrscheinlich bei weitem übertreffen, auf die man das jährliche Weltvolumen der illegal verschobenen Rauschgifte Heroin, Kokain und Cannabis schätzt. Nimmt man die Droge Nr. 1, den Alkohol, hinzu, dann geht diese nüchterne Rechnung sicher spielend auf.

Für Deutschland allein schätzt man jedenfalls die volkswirtschaftlichen Schäden, welche die 2,5 Millionen Alkoholiker verursachen, auf 30 bis 80 Milliarden Mark und die der Raucher sogar auf 90 Milliarden! (DHS 1995)

Wohl niemand macht sich Illusionen darüber, was geschähe, wenn durch den Eingriff irgendeiner höheren Macht über Nacht alle diese *kleinen Helfer* und Sorgenbrecher sich in Nichts auflösen würden. Die gesamte Zivilisation würde wahrscheinlich zusammenbrechen. Jedenfalls für eine geraume Weile.

J.v.Sch.

Literatur:

Adrian, H. G., *Lieben Sie Tee? Eine kleine Teekunde,* Bremen 1970 (Privatdruck der Fa. Paul Schrader & Co.)

Bibra, E. von, *Die Narkotischen Genußmittel und der Mensch,* Nürnberg 1855

Deutsche Hauptstelle gegen Suchtgefahren (DHS) (Hrsg.), *Jahrbuch Sucht 95,* Hamm 1995

Fischer, C. und Roberts, Th., *Süchtig – die gefährliche Illusion,* München 1980

Freud, S. (1894), in: Ders., *Aus den Anfängen der Psychoanalyse,* Frankfurt a. M. 1950

Hammitzsch, H., *Cha-Do – der Tee-Weg,* München-Planegg 1958

Hesse, E., *Rausch-, Schlaf- und Genußgifte,* 4. Aufl., Stuttgart 1971

Hofmann, A., *LSD – mein Sorgenkind,* Stuttgart 1979

Jünger, E. (1948), Brief an Albert Hofmann, zit. n.: Hofmann, A. 1979

Kleiner, D., »Nikotingenuß als Einstieg zu Rauschdrogen?«, in: *Suchtgefahren,* Heft 5, 1979, S. 259-262

Kotschenreuther, H., *Das Reich der Drogen und Gifte,* Frankfurt a. M. 1978

Lewin, L., *Phantastica – die betäubenden und erregenden Genußmittel* (1927), unveränderter Neudruck, Linden 1980

Markovitz, E., »On the Nature of Addiction to Cigarettes«, in: *Journal of the American Psychoanalytic-Association* 17, 1969, S. 1074-1096

Mensen, H., »Demaskierung der Zigarettenwerbung: Kurpfuscherei unter Pervertierung tiefenpsychologischer Erkenntnisse«, in: *Medical Tribune* 9, 1974 S. 11

Møller, K., (Hrsg.), *Rauschgifte und Genußmittel,* Basel 1951

Oviedo y Valdez, G. de, zit. n.: Kotschenreuther, S. 146

Raffalt, R., »Reise im Widerspruch«, in: *Gehört – gelesen* 11, 1964, S. 1347 ff.

Robertson, D., zit. n.: *Der Spiegel* Nr. 6, 1978

Scheidt, J. vom, »Honoré de Balzac – Traum und Wirklichkeit«, in: Popp, G., (Hrsg.), *Die Großen der Welt,* Bd. 2, Würzburg 1977

Schivelbusch, W., *Das Paradies, der Geschmack und die Vernunft – eine Geschichte der Genußmittel,* München 1980

Stat. Bundesamt, zit. n.: *Südd. Zeitung* vom 25. Jan. 96 (»Mehr Zigaretten und weniger Zigarillos«)

Suzuki, D. T., zit. n.: Kotschenreuther 1978, S. 170

Timson, J., zit n.: *Südd. Zeitung* vom 30. 8. 1978 (»Kaffee – ein Genuß ohne Reue?«)

Treichler, H. P., »Süße Droge aus den Alpen – Die Geschichte der Schweizer Schokolade«, in: *Weltwoche* (Zürich) Nr. 35, 1980, S. 45

Trendelenburg, F., zit. n.: *Südd. Zeitung* vom 23. März 1977 (»Jede Zigarette verkürzt das Leben um eine Viertelstunde«)

Tröger, J., »Wenn Kinder rauchen«, in: *Südd. Zeitung* vom 21. März 1980

White, J. R., zit. n.: *Südd. Zeitung* vom 8. Mai 1980 (»Passivrauchen schadet doch«)

Wormer, H., »Vom Qualm in der Umgebung«, in: *Südd. Zeitung* vom 7. Feb. 1996

H

Harmalin

Geschichte
Harmalin ist das – vielleicht wichtigste – Alkaloid der Samen der wildwachsenden Steppenraute *Peganum harmala,* die in Zentralasien und Syrien beheimatet ist, heute aber auch an den Mittelmeerküsten Afrikas, Europas und des Nahen Ostens wächst sowie in Persien, Afghanistan und Nordtibet. Der Same wird schon seit Jahrhunderten zu medizinischen Zwecken eingesetzt, so von Indien bis Persien als Brechmittel, Präparat gegen Würmer, Antiseptikum und nicht zuletzt wegen seiner berauschenden Effekte.
Ebenso wie Harmin wird Harmalin auch von der Liane → *Banisteriopsis caapi* produziert.

Wirkung
Die Wirkungen des Harmalins hat vor allem Claudio Naranjo im Rahmen psychotherapeutischer Experimente untersucht: »Eine im Jahr 1964 durchgeführte Untersuchung der subjektiven Wirkungen von Harmalin an Freiwilligen, die nichts von der Wirkung der Droge wußten, führte zu dem überraschenden Ergebnis, daß sich der Inhalt ihrer Visionen weitgehend glich, darüber hinaus aber auch mit denen der Indianer deckte. Am häufigsten traten in diesen dreißig Sitzungen Tiere in den (Rausch-)Träumen auf, Tiger, Vögel, sogar dunkelhäutige fliegende Menschen oder der Tod; die Probanden sahen kreisförmige Muster, die Assoziationen von Zentren, einer Quelle oder einer Achse wachriefen.«
Naranjo weist darauf hin, daß es sich bei den unter Harmalinwirkung ins Bewußtsein tretenden transpersonalen Erfahrungen (→ RA III) und ihrer Symbolik »um eine Art Jungscher Archetypen handelt und daß solche Reaktionen für Harmalin kennzeichnend sind« (S. 132).
Naranjo hat außerdem noch die psychoaktiven Eigenschaften dreier weiterer neuer Substanzen ausgiebig erforscht: → Ibogaïn, → MDA und → MMDA. Alle vier unterscheiden sich nach seiner Auffassung und Erfahrung deutlich von den bislang bekannten starken Halluzinogenen oder Psychodelica, wie → Meskalin, → LSD-25 und → Psilocybin, indem sie »keine Halluzinationen und auch nicht die tiefgreifenden zerstörerischen Wirkungen auf den Geist hervorrufen« (Grof).
Naranjo verwendet in seinem Buch *Die Reise zum Ich* statt dessen den Ausdruck »empfindungssteigernde« bzw. »imaginationssteigernde« Droge. Harmalin ordnet er, wie → Ibogaïn, dem imaginationssteigernden Bereich zu.

Gefahren
Spezielle Gefahren sind nicht bekannt.

J.v.Sch.

Literatur:
Grof, C., »Vorwort« zu: Naranjo, C., 1979
Naranjo, C., *Die Reise zum Ich – Psychotherapie mit heilenden Drogen* (1973), dt., Frankfurt a. M. 1979
Ders., »Harmin«, in: Holmstedt, B., *Ethnopharmacological Search for Psychoactive Drugs*, Washington 1967

Harmin
→ Banisteriopsis caapi
Haschisch
→ Cannabis
Heilige Pflanzen
→ Sakrale Drogen
Heroin
→ Opiate

Hexensalben

In der europäischen Kultur hat sich die religiöse Funktion von Rauschdrogen wohl am längsten in den magischen Praktiken der Hexen erhalten. Die geschichtlich nicht zu leugnende Tatsache des Hexenglaubens (dem bis heute in manchen Gegenden Deutschlands, wie etwa der Lüneburger Heide, ein Drittel der Bevölkerung anhängt) und der Hexenverfolgungen ist sehr verschieden interpretiert worden. Während Psychiater (z.B. Franz Alexander, der hier auf namhafte Ärzte wie Paracelsus und Johann Weyer zurückgreifen kann) in den Visionen der Hexen Ausgeburten von Geisteskrankheiten (Schizophrenie, hysterisch-pseudologische Neurosen) sehen, haben Historiker und Religionswissenschaftler darauf hingewiesen, daß im Kult der Hexen – der »schwarzen Messe«, dem Tanz um den phallischen Ziegenbock, dem Fruchtbarkeitszauber der weißen und dem Unfruchtbarkeitszauber der schwarzen Magie – Elemente heidnischer Kulte überlebt haben. Die britische Volkskundlerin Margaret Murray hat diese Ansicht wohl am besten begründet *(The God of the Witches)*.
Obschon sich die Vertreter der ärztlich-psychiatrischen und der historisch-volkskundlichen Hypothese bisher noch nicht einig geworden sind, ist es durchaus möglich, beide Standpunkte miteinander zu versöhnen. Der Wahninhalt eines Geisteskranken ist ja niemals von seiner sozialen Situation unabhängig. Im Gegenteil: Er spiegelt diese, oft sehr drastisch verzerrt und vergröbert, wider. Wenn sich etwa ein schizophrenes Mädchen, das unter einer tyrannisch-emotionalen Mutter leidet, von »den Nazis« verfolgt glaubt und sich auf genaueres Befragen herausstellt, daß die Mutter tatsächlich in der Partei war. So werden auch vielfach im Mittelalter Geisteskranke die magischen Vorstellungen aufgegriffen und ausgebaut haben, die im Hintergrund der offiziellen Religion weiterlebten. Der Kult »Satans« – des vom Christentum verteufelten, alten Fruchtbarkeitsgottes, des bocksfüßigen Pan oder des Dionysos und seiner Satyrn – entsprang nicht ihrer Phantasie. Doch viele angebliche »Hexen« mögen nur in der Phantasie an ihm teilgenommen haben.
Da hier der Raum fehlt, diese »pluralistische« Erklärung der europäischen Hexenkulte und -verfolgungen ausführlich darzustellen, muß eine kurze Liste der für den Drogengebrauch in dieser religiösen Subkultur relevanten Züge genügen:
1. Die meisten Hexen waren Frauen. In einer patriarchalischen Gesellschaft, die im Weib ein Werkzeug Satans sah (so die Verfasser des *Hexenhammers*), zogen sie die trieb- und leib-

freundlichen Lehren des Hexenkultes besonders stark an.

2. Psychisch besonders belastete Frauen, welche das vom Christentum geforderte Maß an Triebverdrängung nicht oder nur mit großer Mühe erbringen konnten, erwiesen sich als besonders gefährdet. Ihr Glaube an den »Teufel«, das heißt an das Gegenbild der leibfeindlichen Kultur, war aber mit heftigen Schuldgefühlen verbunden. Wenn es zu einer Psychose kam, mag eine ausgiebige Selbstbezichtigung dieses Schuldgefühl beschwichtigt haben.

3. Die Gerichtspraktiken der Inquisition – Folter und stundenlange Verhöre – wirkten im Sinn einer *Gehirnwäsche,* nach der der Betroffene nicht nur alles zugibt, was man von ihm verlangt, sondern auch selbst glaubt, diese Schandtaten vollbracht zu haben.

4. Die Vertreter der Inquisition projizierten ihre eigene, verdrängte Sexualität in ihre Opfer und bekämpften sie in ihnen, was ihnen eine Abwehr der verbotenen Impulse und zugleich sadistische Befriedigung erlaubte. (Die »Hexe« wurde entkleidet, ihre Schamhaare wurden abrasiert, ihr Körper mit Nadeln zerstochen, um Satansmale zu finden.)

5. In den Hexenkulten überlebte ein uraltes Wissen um Rauschdrogen, das nicht nur an die Fruchtbarkeitskulte der frühen Ackerbauern anknüpfte, sondern unmittelbar an die bei vielen Naturvölkern beschriebenen *Reisen ins Geisterreich* des Schamanen. Wie jede Religion wandelte sich auch die der Hexen unter dem Einfluß sozialer und politischer Umwälzungen: Sie nahm Elemente des Fruchtbarkeitskultes, der dionysischen Orgien und schließlich verzerrte, in ihr Gegenteil verkehrte Züge der christlichen Religion auf (»schwarze Messe«, deren Höhepunkt ein analer Koitus vor dem Altar war).

6. Für die Wurzeln der Hexenkulte in altsteinzeitlichen religiösen Mythen spricht ihr Kalender, der nicht dem Ackerbau, sondern dem Fortpflanzungsrhythmus der wilden Tiere entspricht (2. Februar, Vorabend des 1. Mai und des 1. November, der 1. August). Steinzeitliche Höhlenbilder zeigen Szenen, die deutlich an die den Hexen zugeschriebenen Praktiken erinnern.

Historische Zeugnisse

»Hat der Angeklagte irgendwelches Fett an sich, so ist dies ein Indiz für die Folter, selbst wenn er keine Gründe für solches Fett angeben kann, denn man weiß, daß die Zauberer sich solcher Drogen bedienen«, sagte Jean Bodin in seinen Instruktionen für Richter, die mit der Hexerei zu tun hatten.

Der Philosoph und Astronom Pietro Gassendi traf einmal auf einen Mann, der beschuldigt war, an Hexensabbaten teilzunehmen; er befreite ihn unter der Bedingung, daß er ihm sein Geheimnis verrate. Der Hexer nahm eine Kugel Arznei und bot dem Philosophen eine ähnliche an. Dann fiel er in tiefen Schlaf und fragte ihn nach seinem Erwachen, wie denn Gassendi »der Bock empfangen habe«. Gassendi hatte die Droge aber nicht genommen; später probierte er sie an einem Hund aus, der sogleich einschlief.

Am genauesten ist vielleicht der Bericht des Neapolitaners Giovanni Battista Porta, der in seiner *Magia naturalis* erzählt, wie er eine Hexe dazu brachte, in seiner Gegenwart ihren ganzen Körper mit Salbe einzureiben. Sie fiel in einen tiefen Schlaf, woraus sie selbst mit Schlägen nicht erweckt

werden konnte. »Als die Kraft der Salbe nachließ, erwachte sie und erzählte uns wirre Ideen: Sie sei über Meer und Berge geflogen. Alles, was sie sagte, war erlogen ...«
Die botanisch sehr erfahrenen Ärzte des Mittelalters wußten ziemlich gut, welche Pflanzen solche Visionen auslösen konnten. Immer wieder werden die Nachtschattengewächse in diesem Zusammenhang genannt: Tollkirsche, Bilsenkraut, Stechapfel, Mandragora. Opium, Cannabis-Extrakte, gelegentlich auch Schierling, Taumellolch und Kanthariden (*Spanische Fliegen*, ein viel gepriesenes, aber bereits in geringfügig überhöhter Dosis lebensgefährliches Aphrodisiakum) ergänzen sie. Hieronymus Cardanus erwähnt eine Salbe aus Samen von Taumellolch *(Lolium temulentum L.)*, Bilsenkraut *(Hyoscamus niger L.)*, Schierling *(Conium maculatum L.)*, vom roten und schwarzen Mohn *(Papaver rhoeas L.)*, vom Portulak *(Portulaca oleracea L.)*, vier Teile von jedem, von Tollkirsche *(Atropa belladonna L.)* einen Teil. Man bereite aus diesen Samen ein Öl und gebe zu jeder Unze (28 g) ein Skrupel (1,2 g) Opium. Die wirksame Dosis beträgt anderthalb Skrupel (1,8 g) dieses Öls; wie Cardanus behauptet, wird man zumindest zwei Tage betäubt sein.
Während Cardanus' Rezept im ganzen recht vernünftig scheint – die Beigabe von Schierling mag freilich das Risiko implizieren, daß der Berauschte nicht mehr aus dem Schlaf erwacht –, fährt Stanislas de Guaita in seinem *Eluctuarium satanicum* (Teufelsmus) ein erheblich schwereres pharmakologisches Geschütz auf. Jacques Bergier hat in der Zeitschrift *Planéte* einmal diese Formel aufgegriffen. Man mischt ein Mus aus: drei Gramm Önanthol (das aus destilliertem Rizinusöl gewonnen wird und die Formel $C_7H_{14}O$ hat), 50 Gramm Opiumextrakt, 30 Gramm Extrakt aus schwarzer Betelnuß (offenbar Betelnuß von *Datura metel,* einer Stechapfelart), sechs Gramm Extrakt aus Fünffingerkraut, 15 Gramm Extrakt aus Tollkirsche, 15 Gramm Extrakt aus Bilsenkraut, 15 Gramm Extrakt aus dem großen Schierling, 250 Gramm fetten Extrakt aus indischem Hanf (also Haschisch), fünf Gramm Extrakt aus *Spanischen Fliegen,* mit Traganthgummi und Puderzucker. Das Ganze reicht für elf *Reisen.* Auch bei diesem Rezept handelt es sich offensichtlich um ein Mittel, das oral genommen werden muß.
Es ist übrigens nicht unbedingt berechtigt, dieser sogenannten Latwerge zuzuschreiben, daß sie den Konsumenten »unweigerlich eher ins Leichenhaus als zum Sabbat bringt« (Jean Brau). Dazu müßte man die Konzentration der verwendeten Extrakte genau kennen. Die Dosierungen scheinen freilich recht hoch, selbst wenn man bedenkt, daß sie auf elf einzelne Gaben verteilt werden (fast 250 g Haschisch, wobei freilich zu fragen ist, wieviel Hanfharz in dem »fetten Extrakt« enthalten sein mag). Die Latwerge de Guaitas scheint, wenn man einmal das Dosierproblem außer acht läßt (das heute nicht mehr gelöst werden kann), einen interessanten Synergismus zu verwirklichen: Schierling und die Nachtschattendrogen sorgen für Betäubung, das Haschisch für die Visionen und die Kanthariden für den erotischen Teil des Hexensabbats. Offensichtlich wollte man nichts auslassen.

Moderne Studien
»Es kann keinem Zweifel unterliegen, daß die narkotische Hexensalbe ihr Opfer nicht nur betäubte, sondern

dasselbe den ganzen schönen Traum von der Luftfahrt, vom festlichen Gelage, von Tanz und Liebe so sinnfällig erleben ließ, daß es nach dem Wiedererwachen von der Wirklichkeit des Geträumten überzeugt war. Die Hexensalbe stellte in dieser Weise ein Berauschungs- und Genußmittel des armen Volkes dar, dem kostspieligere Genüsse versagt waren ... Bemerkenswert ist die vielfach auftauchende Vorstellung der Verwandlung in Tiergestalt durch die Salbe. Die deutschen Hexen glaubten sich in Katzen, Hasen, Eulen, Gänse und andere Tiere verwandelt ... Außer den Solanazeen* enthielten manche Hexensalben auch Akonit**. Gerade durch diesen Zusatz, mit seinen die Nervenenden in der Haut erregenden, dann lähmenden Alkaloiden, konnte die Autosuggestion der Tierverwandlung, des aus dem Körper emporwachsenden Haar- oder Federkleides, entstehen, wie wir heute ähnliche, von der Haut ausgehende Sinnestäuschungen bei den Kokainisten beobachten.«

Dieser Darstellung des Bonner Pharmakologen H. Fühner ist nicht viel hinzuzufügen. Bei den Hexensalben kann man denselben Prozeß beobachten wie auch bei vielen anderen Halluzinogenen (→ LSD). Durch die Ablösung von der Realität, welche der Rausch herbeiführt, wird die Suggestibilität enorm gesteigert. Die Hexe, welche nackt und zuckend auf ihrem Strohsack lag, den Körper glänzend von der angeblich aus Kröten- oder Säuglingsfett bereiteten Salbe, erlebte den Mythos, an den sie glaubte: den Flug zum »Sabbat«, das Zusammentreffen mit anderen Hexen, die Orgie mit Männern, die sie sexuell begehrte, die Begegnung mit Satan. Ob es neben diesen Visionen auch echte kultische Zusammentreffen gab, spielt für den Vorgang an sich keine Rolle. Ob das Modell für eine Erfahrung mündlich überliefert oder einmal konkret miterlebt wurde – in beiden Fällen kann sie visionär, durch die Rauschdroge unterstützt, noch einmal lebendig werden.

Die Macht entsprechender Autosuggestionen zeigen die Selbstversuche mancher Volkskundler mit Hexensalben. Am bekanntesten ist der Versuch von Will-Erich Peuckert geworden, der 1960 eine Salbe nach dem von Giambattista Porta in der *Magia naturalis* (1568) angegebenen Rezept zubereitete und – zusammen mit einem Freund – die Salbe auf Stirn und Achselhöhlen strich. Beide verfielen in einen rauschähnlichen Schlaf, aus dem sie mit bohrenden Kopfschmerzen und ausgetrocknetem Mund (das letzte ein typisches Symptom der Atropin-Wirkung) erwachten. Peuckert berichtet:

»Wir hatten wilde Träume. Vor meinen Augen tanzten zunächst grauenhaft verzerrte Gesichter. Dann plötzlich hatte ich das Gefühl, als flöge ich meilenweit durch die Luft. Der Flug wurde wiederholt durch tiefe Stürze unterbrochen. In der Schlußphase ... das Bild eines orgiastischen Festes mit grotesken sinnlichen Ausschweifungen.«

Peuckert und sein Freund kannten die Berichte der Hexen sehr gut. Daß die skeptischen Wissenschaftler ziemlich genau dasselbe erlebten wie die abergläubischen Frauen des Mittelalters, zeigt deutlich, wie hier der Effekt der Rauschdroge und die autosuggestiv wirkende Erwartungshaltung zusammenwirkten. Auch ein anderer Experimentator, Siegbert Ferckel, »schwebte

* Nachtschatten-Drogen.
** Alkaloid des Eisenhuts, Aconitum napellus.

mit großer Geschwindigkeit aufwärts«. Und er berichtet weiter: »Es wurde hell, und durch einen rosa Schleier erkannte ich verschwommen, daß ich über der Stadt schwebte ...«
Die Vorstellung, daß durch eine Hexensalbe Menschen in Tiere verwandelt werden könnten, findet sich übrigens schon in der Antike. Im *Goldenen Esel,* einem Roman des Apuleius (zweites Jahrhundert n. Chr.), wird Lucius zum Esel und muß es lange Zeit bleiben, weil er das Gegenmittel nicht rechtzeitig nimmt. Den Bericht Homers über die Verwandlung der Gefährten des Odysseus in Schweine (vor der Odysseus selbst durch das noch nicht identifizierte Kraut *Moly* geschützt war) könnte man in einen ähnlichen Zusammenhang stellen (→ Nachtschatten-Drogen).

W. S.

Über die Hexen und ihre – überlieferten oder gemutmaßten – Bräuche ist viel geschrieben worden, insbesondere in unseren Tagen im Zeichen der Frauenbewegung, die eine Rückbesinnung auf vergessene weibliche (matriarchale) Traditionen mit sich brachte (s.u.a. Firestone; Schreier). Es kann kein Zweifel mehr daran bestehen, daß diesen Frauenbünden eine bislang völlig unterschätzte Rolle zukam, die viele Jahrhunderte im Schatten der dominierenden »Männerbünde« der patriarchalen Gesellschaft standen (Bornemann).
So hat offenbar noch bis weit ins späte Mittelalter im französisch-spanischen Grenzbereich eine ausgesprochen matriarchale Kultur bestanden, in der hochentwickeltes Wissen über Heil- und natürlich auch Rauschpflanzen bestanden haben muß. Diese These vertrat bereits im 19. Jahrhundert der französische Historiker Henri Michelet; er wird darin bestätigt in den Arbeiten seines späteren bayrischen Kollegen Anton Mayer-Pfannholz, der darauf hinwies, daß die Hexenprozesse eine Degenerationserscheinung waren: Die katholische Kirche jener Tage begann allmählich eine eigene Volksseelsorge zu entwickeln, welche die althergebrachten schamanistisch-magischen seelsorgerischen Praktiken der *weisen Frauen* oder *Hexen* nach und nach überflüssig machten, ja, bald zur unliebsamen, verfolgenswürdigen »ketzerischen Konkurrenz« werden ließen (Amery 1980). Eine Wiederentdeckung dieses frühen Wissens beschreibt die Ärztin Rosemary L. Rodewald, die auf Hawaii »magische Reisen« (ohne Drogen, nur mit Hilfe von Selbsthypnose und Imagination) mit Frauen durchführte, die unter schweren Menstruationsstörungen litten und auf diese Weise, die an heute noch bei Naturvölkern übliche schamanistische Praktiken erinnert, ihre Körper (wieder-)entdeckten und damit ihre Fähigkeiten zur Selbstheilung mobilisieren konnten. Rauschdrogen können solche Exkursionen in die Innenwelt drastisch fördern und wurden folglich mit hoher Wahrscheinlichkeit, in Form der Hexensalben, auch als Unterstützung von Heilbehandlungen eingesetzt – so wie heutzutage Claudio Naranjo → Harmalin, Ibogaïn, → MDA und → MMDA einsetzt oder Stanislav Grof einige Jahre → LSD-25.
Das Wissen dieser Frauen zu rekonstruieren haben Hans-Peter Duerr und Harold A. Hansen versucht. Ersterer mehr philosophisch und tiefenpsychologisch *(Traumzeit),* während Hansen in seinem *Hexengarten* jene Kräuter ansieht, die die heilkundigen Hexen zu medizinischen wie zu religiös-ritu-

ellen und wohl auch hedonistischen Zwecken in ihren Hexensalben anwendeten. Der Däne verweist darauf, daß man nicht nur die ablehnenden und verteufelnden offiziellen Berichte jener Zeit beachten dürfe, schon gar nicht die der Hexenverfolger, sondern auch die Inhalte und die Symbolik der Mythen und Märchen analysieren und verstehen müsse, in denen oft viel mehr Wahrheit über die damaligen Verhältnisse verborgen sei.

Eine weitere erwähnenswerte Studie ist *Magie der verbotenen Märchen* des Schweizer Mythen- und Sagenforschers Sergius Golowin, in der es, so der Untertitel, um »Hexendrogen und Feenkräuter« geht; Golowin argumentiert manchmal zu spekulativ, aber er führt doch eine Fülle wichtiger Tatsachen an.

Michael Küttner hat ähnliche Forschungen durchgeführt und 1995 in seiner lesenswerten Dissertation *Psychedelische Handlungselemente in den Märchen der Brüder Grimm* veröffentlicht. In diesem Zusammenhang weist er auf viele volkskundliche Überlieferungen hin, welche die Hexen und ihre Salben sowie psychedelische Pilze und Kräuter als sehr reale Aspekte von Märchen darstellen, wodurch sich manches in einem ganz anderen, verständlichen Zusammenhang zeigt und gar nicht mehr so *märchenhaft* (speziell die Geschichte von Hänsel und Gretel und der bösen Hexe sei hier erwähnt).

1959 hat Wilhelm Mrsich, wie vor ihm bereits Peuckert und Ferckel, Hexensalben an sich selbst erprobt und ihre Wirkung beschrieben. Und schon in den vierziger Jahren hat Gustav Schenk mit → Nachtschatten-Drogen experimentiert und in *Schatten der Nacht* dokumentiert:

»Die Haare sahen in der Vergiftung, so könnten wir kühn sagen, die Haut bekam Augen, mit den Fingern hörten wir, die Nase schmeckte, tausend, abertausend neue Möglichkeiten wachten in uns auf, die wir nicht nur allein über die Erde tragen. Begabungen, Eigenschaften, physische und psychische Erbschaften ungezählter Geschlechter, lange Ketten von lebendigen Wesen, die vor uns über den Planeten schritten, die wachten in uns auf, und wir trugen sie mit uns ...«

Das erinnert sehr an die Berichte über transpersonale Erfahrungen (→ RA III), die Stanislav Grof aus Tausenden von therapeutischen LSD-Sitzungen übermittelt hat (1978, Kap. 5).

Eine »gute Hexe«, im Sinne der Heilerin, ist sicher auch die in der altmexikanischen Tradition stehende Curandera Maria Sabina gewesen, die Roger Heim, R. Gordon Wasson und Albert Hofmann in die Geheimnisse der halluzinogenen Zauberpilze Teonanacatl (→ Psilocybin) einführte. Der Journalist Alvaro Estrada (1980) hat sie kurz vor ihrem Tod interviewt und ihr Leben erzählt (s. auch Hofmann 1979, Kap. 10).

Besessenheit und Exorzismus

Es seien abschließend noch einige Nebengedanken zum Thema »Hexen« bzw. »Hexensalben« angeführt. In unseren Tagen einer wissenschaftlichen Weltbetrachtung, die alles rational erklären und verstehen möchte, wird das Hexenphänomen gerne psychiatrisch »aufgelöst« bzw. psychotischen und/oder Drogenwirkungen plus hysterischen Massenphänomenen, Vorurteilen, Projektionen zugeschrieben, wie oben ausgeführt.

Nun lief vor einigen Jahren ein Film des amerikanischen Regisseurs William Friedkin, *Der Exorzist.* Er behandelt das tragische Schicksal eines jungen Mädchens am Beginn der Pubertät, das plötzlich von einem Dämon in Besitz genommen wird und die schauerlichsten Manifestationen zeigt: Reden in fremden, ihm unbekannten Sprachen; Poltergeistphänomene (ihr Bett beginnt mit ihr zu schweben); Dermographismus (auf ihrem Bauch erscheint die Schrift »help me«); Entfaltung übermenschlicher Kräfte; Telepathie.

Zwei Priester versuchen – nachdem »88 Ärzte« sich vergeblich bemüht haben, das Mädchen mit Mitteln ihrer Wissenschaften zu heilen – den bösen Geist mit Hilfe eines Exorzismus, nach den Regeln des *Rituale Romanum,* auszutreiben. Beide kommen dabei um (der Dämon fährt offensichtlich in den jüngeren Geistlichen Karras), aber das Mädchen gesundet.

Es handelt sich, bei genauerer Betrachtung, um ein typisches Hexen-Phänomen. Was bei Friedkin vielleicht spektakulär und – nach den Spielregeln des Horrorfilms – überzeichnet erscheint und dem Autor beim ersten Betrachten vor etwa sechs Jahren auch so erschien, ist jedoch gar nicht mehr so unglaubhaft. Die Forschungsergebnisse der Parapsychologie lassen annehmen, daß alle der geschilderten Phänomene heute als einigermaßen gesichert gelten dürfen (Bozzano; Blumhardt; Moser).

Jean Starobinski, ein französischer Psychiater, hat drei klassische Fälle von Besessenheit und Exorzismus analysiert und mit dem heutigen Wissen interpretiert.

Neuere Super-Drogen, wie das in den USA grasierende → PCP zeigen nun, daß es Rauschgifte gibt, die ausgesprochen satanische, dämonische Vorstellungen und Kräfte zu wecken vermögen. Auch auf Horror-Trips mit → LSD-25 kommt es schon einmal zu Begegnungen mit dem buchstäblich Bösen. Liegt es da nicht nahe, anzunehmen, daß die Hexensalben nicht nur schöne erotische Phantasien weckten oder den Heilkundigen* und ihren Patienten zu besserer Selbsterkenntnis verhalfen – sondern immer wieder auch Kanäle zu »dunklen« Bereichen öffneten, durch die dann Kräfte einströmten, die sich nur mit Vorstellungen der Transpersonalen Psychologie (→ RA III) deuten lassen. Und die auch paranormale Effekte ermöglichten, welche den Zeitgenossen des Mittelalters mit Recht eine Höllenangst machten und zur Verfolgung solcher Praktiken führten? Diese Überlegungen mögen weithergeholt erscheinen, aber sie sollten doch nicht völlig außer acht gelassen werden. Nachdenklich muß in diesem Zusammenhang auch stimmen, daß man die inzwischen 18jährige Linda Blair, die kindliche Hauptdarstellerin des *Exorzist,* Ende 1977 unter der Beschuldigung festnahm, sie habe zusammen mit zwei Freunden Kokain im Wert von – umgerechnet – sechs Millionen Mark gehandelt ... (*Südd. Zeitung* vom 22. 12. 1977)

Auch das »verborgene Wunderkraut«, das vor Jahrtausenden in der Überlieferung des Gilgamesch-Epos erwähnt wird (und mit hoher Wahrscheinlichkeit eine Rauschpflanze war) hatte ja bereits dieses Doppelantlitz von Heil und Unheil:

»Das Kraut sieht aus wie ein Stechdorn

---

* Mit solchen ungewöhnlichen, medizinisch nicht erklärbaren Heilkünsten befaßt sich der Band *Paranormale Heilung* (Resch 1977). Besonders eindrucksvoll darin die biophysikalische Deutung durch den Quantenphysiker Burkhard Heim (»Der Elementarprozeß des Lebens«).

und wächst tief unten im Meere ... Wenn du dies Kraut in die Hände bekommst und davon ißt, so wirst du ewige Jugend und Leben finden.«
Aber bewacht wird das Kraut, mit dem Gilgamesch den verstorbenen Freund Enkidu von den Toten zurückholen möchte, von gefährlichen Naturkräften. Und als es schon in seinem Besitz ist und er sich beim Bad in einem Teich erholt, »roch eine Schlange den Duft des Krautes; sie schlich sich heran und nahm das Kraut. Sie warf ihre Haut ab und verjüngte sich.« (Burckhardt, S. 61 f.)
Und Gilgamesch weint über den Verlust, nachdem er die Schlange vorher verflucht hat.

J. v. Sch.

Literatur:
Alexander, F., und S. Selesnik, *Geschichte der Psychiatrie,* Konstanz 1969
Amery, C. (persönliche Mitteilung vom 18. 9. 1980)
Bergier, J., »Lumières sur la magie«, in: *Planète* Nr. 16, Paris 1964
Bodin, J., *Instructions aux juges en fait de sorcellerie,* Paris 1580
Bornemann, E., *Das Patriarchat,* Frankfurt a.M. 1975, Kap. 11
Bozzano, E. *Übersinnliche Erscheinungen bei Naturvölkern* (1948), unveränd. Neudruck Freiburg i. Br. 1975
Brau, J. L., *L'Histoire de la drogue,* Paris 1968
Burckhardt, G. (Hrsg.), *Gilgamesch,* Wiesbaden 1955
Duerr, H.-P., *Traumzeit,* Frankfurt a. M. 1978
Estrada, A., *Maria Sabina – Botin der heiligen Pilze,* München 1980
Ferckel, S., »›Hexensalbe‹ und ihre Wirkung«, in: *Kosmos* 50, 1954, S. 414
Firestone, Sh., *Frauenbefreiung und sexuelle Revolution,* Frankfurt a. M. 1975
Führer, H., »Solanazeen als Berauschungsmittel«, in: *Archiv für experimentelle Pathologie und Pharmakologie* 111, 1925, S. 281
Golowin, S., *Magie der verbotenen Märchen – von Hexendrogen und Feenkräutern,* 3. Aufl., Hamburg 1979
Grof, St., *Topographie des Unbewußten,* Stuttgart 1978
Hansen, H. A., *Der Hexengarten,* München 1980
Heim, B., »Der Elementarprozeß des Lebens«, in: Resch 1977 (eigenständige Publikation im Druck, ca. 1980)
Hofmann, A., – *LSD – mein Sorgenkind,* Stuttgart 1979
Küttner, M., *Psychedelische Handlungselemente in den Märchen der Brüder Grimm,* Wetzlar 1995
Marzell, H., *Zauberpflanzen – Hexentränke,* Stuttgart 1964
Michaelis, E., »Der Heilungs- und Dämonenkampf J. Chr. Blumhardts«, in: Bitter, W. (Hrsg.), *Magie und Wunder in der Heilkunde,* Stuttgart 1959
Moser, F., *Spuk* (1950), Neudruck Frankfurt a. M. 1980
Mrsich, W., »Erfahrungen mit Hexen und Hexensalben«, in: *Unter dem Pflaster liegt der Strand,* Bd. 5, 1978
Murray, M., *The God of the Witches,* London 1928
Naranjo, C., *Die Reise zum Ich,* Frankfurt a. M. 1979
Pennethorne, H., *Witchcraft,* London 1960
Porta, G., *Magia naturalis,* 1568
Richter, E., »Der nacherlebte Hexensabbat. Zu Will-Erich Peuckerts Selbstversuch mit Hexensalben«, in: *Forschungsfragen unserer Zeit 7,* 1960, S. 97
Rodewald, R. L., *Magie, Heilen und Menstruation,* München 1978
Schenk, G., *Schatten der Nacht,* Stuttgart 1939
Schreier, J., *Göttinnen,* (1968), München 1978
Schmidbauer, W., »Die magische Mandragora«, in: *Antaios* 10, 1968, S. 274
Starobinkski, J., *Besessenheit und Exorzismus,* München 1973

Ibogaïn

Geschichte
Im Kongo wächst die Pflanze *Iboga tabernanthe.* Aus ihren Wurzeln lassen sich zwölf Alkaloide isolieren, deren kräftigstes – in psychoaktiver Hinsicht – das Ibogaïn ist. Es ist eng mit dem → Harmalin und Harmin (→ Banisteriopsis caapi) verwandt und zeichnet sich chemisch durch das Vorhandensein eines Indolrings aus (→ RA V).
Die afrikanischen Eingeborenen des Kongo benützten es bei Gottesgerichten. Ähnlich wird berichtet, daß die Schwarzen in Gabun es den Adepten gaben, die sich um Zulassung zu einem der dortigen Geheimbünde bewarben:
»Man gibt ihnen das Iboga. Wenn sie dann weiße Vögel sehen, werden sie in die Bruderschaft aufgenommen, andernfalls abgewiesen.« (Schweitzer)
Auch als Stimulans wurde das Mittel benutzt, wie viele andere Rauschdrogen, wobei auch hier typisch ist, daß kleinere Mengen lediglich aktivierend wirken, ähnlich den gekauten Coca-Blättern (→ Kokain), während größere Dosen lebhafte halluzinogene Effekte (Illusionen) auslösen können.

Wirkung
Das erstgenannte Phänomen machten sich französische Mediziner schon vor Jahrzehnten zunutze; es zeigte sich, daß Ibogaïn ein Inhibitor (Hemmstoff) für Monoaminoxidase (MAO) ist. Das erklärt seine Eigenschaften, Depressionen »aufzuhellen«, die man heute mit Antidepressiva nach der Art des Tofranil erzielt. Nach Naranjo ist es deshalb »das erste Antidepressivum dieser Art der Schulmedizin« (S. 179).
Mit dem zweiten Effekt befaßte sich Naranjo selbst ausführlich, und in seiner Nachfolge wandten es eine Reihe von Psychotherapeuten an, vor allem in Südamerika, wo die Drogengesetzgebung in diesem Bereich nicht so restriktiv ist wie in den USA und Europa. Naranjo, der sich auf etwa 100 solcher Behandlungen beruft, die er entweder selbst durchführte oder über Kollegen kennenlernte, schreibt:
»Was die physischen Wirkungen betrifft, verursachen weder Ibogaïn noch Harmala-Alkaloide eine Pupillenerweiterung oder ein Ansteigen des Blutdrucks, wie bei den LSD-ähnlichen Halluzinogenen oder den Amphetaminderivaten MDA und MMDA. Auch ähnelt das Ibogaïn dem Harmalin insofern, als es öfter als alle anderen psychoaktiven Chemikalien, Alkohol ausgenommen, Gleichgewichtsstörungen und Erbrechen hervorruft.« (S. 180)
Man verabreicht die Droge den Patienten deshalb bei leerem Magen und sorgt auch dafür, daß die Behandlung im Liegen vor sich geht, zumindest in den ersten Stunden.
Die ideale Dosierung wird mit drei bis

fünf Milligramm pro Kilo Körpergewicht angegeben. Wird die Substanz durch den Mund in einer Gelatinekapsel eingenommen, passiert sie also erst den Magen, zeigen sich die ersten Symptome nach 45 bis 60 Minuten. Sie können acht bis zwölf Stunden anhalten; manche Patienten erzählen von subjektiven Nachwirkungen noch nach 24 Stunden (20%), 36 Stunden (15%) und sogar noch länger (5%). Aber der Übergang zur Normalsituation gelingt doch den meisten leicht.

Naranjo bezeichnet Ibogaïn und → Harmalin sowie → MDA und → MMDA als Drogen eigener Art, die sich von den Halluzinogenen → LSD-25 und → Meskalin dadurch unterscheiden, daß sie keine ausgesprochenen Halluzinationen hervorrufen. Während er MDA und MMDA »empfindungssteigernd« nennt, ordnet er Ibogaïn und Harmalin »imaginationssteigernde« Eigenschaften zu. Bei den beiden letztgenannten Drogen kommen typischerweise in den erzeugten Wachträumen archetypische Inhalte und Tiere am häufigsten vor; Handlungsabläufe sind oft gekennzeichnet durch zerstörerische oder sexuelle Elemente.

Aber: »Ibogaïn ruft weniger visuell-symbolische Erfahrungen hervor als Harmalin. Bei keiner anderen Droge habe ich so häufig Wutausbrüche erlebt wie unter der Wirkung von Ibogaïn. Auch bei Harmalin-Erfahrungen ist Aggression ein häufiges Thema, doch dort findet sie nur in visuellen Symbolen Ausdruck ... Bei Ibogaïn wird der Zorn nicht auf die gegenwärtige Situation des Patienten projiziert (*übertragen* im psychoanalytischen Sinn, würde ich sagen), vielmehr auf Personen oder Situationen der Vergangenheit, und zwar auf die Person, durch den er ursprünglich erregt wurde. Dies steht im Einklang mit der allgemeinen Tendenz des unter Ibogaïn stehenden Analysanden, sich in Reminiszenzen und Phantasien seiner Kinderzeit zu ergehen.« (Naranjo, S. 181)

Noch einmal eine Steigerung erfährt die Aggressivität bei einer anderen synthetischen Droge: → PCP.

Typische Symbolbilder, die das Alkaloid auslöst, sind Brunnen, Röhren und Sumpftiere:

»Es hat mich überrascht, wie häufig unter Ibogaïnwirkung das Bild einer Röhre auftritt, und so möchte ich meine Auffassung weiter vermitteln, daß sie generell einen *Eingang* darstellt und damit wertvolle Aufschlüsse für ein mögliches Vorgehen« bei der Therapie gibt. (S. 223)

Gefahren

Besondere Gefahren sind nicht bekannt.

J.v.Sch.

Literatur:
Naranjo, C., *Die Reise zum Ich – Psychotherapie mit heilenden Drogen,* Frankfurt a. M. 1979
Schweitzer, N., *Revue métaphysique* 1951 (zit. n.: Michaux, H., *Turbulenz im Unendlichen,* Frankfurt a. M. 1971, S. 78)

Ice

→ Designer-Drogen

K

Kaffee
→Genuß-Drogen

Kanna
(Channa)

In Afrika sind Halluzinogene nur sehr selten bei »Primitiven« gefunden worden. Alkohol ist in der Form von Bier schon seit langer Zeit bekannt. In jüngster Zeit wurde vielfach → Cannabis angebaut, doch seine Verwendung ist, vor allem unter den Schwarzen, nicht ursprünglich. Die afrikanischen Jäger und Sammler (Pygmäen, Buschmänner, Hadza) kennen nicht einmal den Alkohol.
Die einzige halluzinogene Droge der Ureinwohner Afrikas ist das Kanna oder Channa, welches die Hottentotten in Südafrika nach den Berichten der alten Forschungsreisenden kauten. Leider ist die Identifikation der Droge nie gelungen. Der Brauch ist unter dem Einfluß der kulturellen Veränderungen schon lange erloschen. Ein 225 Jahre alter Bericht schildert den Kanna-Effekt: »Ihre tierischen Neigungen erwachten, ihre Augen blinkten, ihre Gesichter zeigten Lachen und jähe Lust. Tausende von ergötzlichen Vorstellungen erschienen ihnen, eine vergnügte Stimmung bemächtigte sich ihrer, die es ihnen erlaubte, sich an den einfachsten Scherzen zu erfreuen.« Dieses Wirkungsbild würde sehr gut zu Haschisch (→ Cannabis) passen, und tatsächlich hat man eine Zeitlang Kanna als Cannabis sativa identifiziert. Heute, unter dem Eindruck zahlreicher Hinweise auf die sekundäre Rolle des Cannabis-Konsums im südlichen Afrika, neigen manche Ethnobotaniker zu der Ansicht, daß es sich um verschiedene Arten von *Mesembryanthemum* (Eiskrautgewächse) handelte. Die in *Mesembryanthemum tortuosum* enthaltenen Alkaloide haben aber im Tierversuch bisher nur lähmende Effekte (bis zum Atemstillstand) gezeigt. Völlig geklärt ist die Identität von Kanna noch nicht.

W. S.

Literatur:
Efron, D. H., *Ethnopharmacologic Search for Psychoactive Drugs,* Washington 1967

Kath
(Qat)

Der Kath-Tee beziehungsweise das Kauen der Blätter und Blattschossen von *Catha edulis* ist in Abessinien und im Jemen weit verbreitet. Die Pflanze gedeiht nur in den kühlen, hochgelegenen Tälern Nordostafrikas. Obschon der Kath-Tee eher eine → Genuß-Droge als ein Rauschmittel ist, steht er im Übergangsfeld zwischen beiden. Pharmakologisch besonders interessant ist die nahe Verwandtschaft seiner Wirksubstanz, des Cathins, mit den → Weckaminen. Kath wurde um das Jahr 1300 zum erstenmal erwähnt, ist also älter als der Kaffee, dessen anregende Eigenschaften er übertrifft. Da die Pflanze, wenn sie gelagert wird, einen Teil ihrer Wirksamkeit verliert, bringt man sie meist nachts aus hochgelegenen Bergtälern nach Aden, Tigre, Hodeida und Harar.

»Wenn in der jemenitischen Hauptstadt Sana am sehr frühen Nachmittag die Büros und Ämter bis zum nächsten Morgen schließen und die Händler in den Hauptstraßen die Rolläden wieder rasselnd herunterlassen, trägt fast jeder, der noch auf den Straßen zu sehen ist, plötzlich eine dicke Backe zur Schau: der Verkehrspolizist, der auf dem Freiheitsplatz apathisch den abflauenden Verkehr regelt, der Lastenträger ... Die dicke Backe hat mit der ältesten jemenitischen Freizeitbeschäftigung zu tun, dem Qat-Kauen, das jährlich Millionen von Arbeitsstunden kostet, Arbeitslust und Produktivität lähmt und zum größten Entwicklungsproblem in diesem abgeschiedenen Bergland im Südwesten der arabischen Halbinsel geworden ist.«

Der Journalist Carl E. Buchalla, der diesen Bericht gibt, beschreibt anschaulich das Elend des volksweiten Kath-Mißbrauchs, das ein Beispiel dafür ist, wie ein ganzes Land durch Drogenmißbrauch verändert werden kann. Der Jemen war einst die Kornkammer der arabischen Halbinsel. In Marib, der Hauptstadt ihres Reiches, residierte einst die Königin von Saaba, von hier zog sie mit ihren Elefanten über die Weihrauchstraße zu König Salomo. Der Jemen war berühmt als Land des Kaffees; nach der Hafenstadt Mocha ist der Mokka benannt worden.

Schuld am Niedergang des Landes sind sicher vor allem der lange Bürgerkrieg zwischen dem (royalistischen) Norden und dem (marxistischen) Süden, dazu noch anhaltende Dürreperioden und eine archaische Verwaltungsstruktur – und nicht zuletzt die grünen Blätter des Kath-Baumes. Sie sind auch der Grund für den vergleichsweise hohen Verschleiß an Personen- und Lastkraftwagen auf den kurvenreichen Pisten des Jemen. Die »Euphorie, die ein ganzes Volk lähmt« (Buchalla) führt dazu, daß die Fahrer ihre Chauffierkünste überschätzen und Unfälle bauen.

Seit 1974 ist der Export des klassischen Anbauprodukts Kaffee um 80 Prozent zurückgegangen – und der Kath-Anbau um 60 Prozent gestiegen. Die Droge wird aber kaum exportiert, bringt also nicht die dringend benötigten Devisen, sondern wird fast ausschließlich im eigenen Land konsumiert. Guter Kath ist teuer. Eine Tagesration kostet je nach Jahreszeit und Qualität (also: Cathin-Gehalt) – umgerechnet zwischen sechs und 30 Mark. Damit frißt dieses Laster etwa die Hälfte eines durchschnittlichen Tagesverdienstes im Jemen auf. Und das angesichts einer galloppierenden Inflation mit ebenfalls steil angestiegenen Löhnen.

Das Kath-Dilemma ist doppelt fatal, weil es zusätzlich noch zu einer Steigerung des Alkoholkonsums geführt hat. Besonders der Whisky-Schmuggel nahm zu, seit die Kath-Kauer festgestellt haben, daß die Lethargie und Apathie am Ende eines Kath-Trips durch Alkohol wieder aufgehoben werden kann.

Die Regierung hofft darauf, daß die Steigerung des Bildungsstandards das

Problem lösen hilft. 75 Prozent der Bevölkerung sind noch Analphabeten, aber die jungen Leute, die Schulen besuchen oder im Ausland studiert haben, reduzieren offensichtlich ihren Kath-Konsum.
Diese Situation sieht wie ein – seitenverkehrtes – Spiegelbild der Probleme in den westlichen Industrienationen aus, wo Haschisch und Marihuana immer mehr jüngere Angehörige gerade der gut ausgebildeten Schicht mit guten Berufschancen dazu bringen, Leistungsehrgeiz abzubauen, was dann in psychiatrischen Gutachten als *amotivational syndrome* zu Buche schlägt (→ Cannabis). Das scheint mit dem die Phantasie eher stimulierenden Effekt des Cathins zusammenzuhängen, mit dem verglichen Cannabis mehr beruhigend wirkt.

Wirkung
Die Wirkung gleicht jener der → Weckamine: Müdigkeit verschwindet, Euphorie und schwache Erregung stellen sich ein, körperliche Arbeit und Reden werden leichter, das Hungergefühl wird zurückgedrängt. Kath war bei abessinischen Kriegern auf nächtlichen Überfällen und bei ausgedehnten Botenläufen sehr beliebt (ähnlich wie Coca in Bolivien, → Kokain). Mißbrauch ist nicht selten; es kommt dann zu Schlaflosigkeit, Nervosität, Herzrasen.
»Der Dauergebrauch – im Jemen die Regel – greift die Magenschleimhäute an, führt zu Appetitlosigkeit, Impotenz und Verstopfung; kein Wunder, daß Laxative zu den Verkaufsschlagern der jemenitischen Apotheken gehören.« (Buchalla)
Seine Wirkung entfaltet der Kath am besten, wenn er möglichst frisch ist. Es werden nur die Blätter gekaut, die am frühen Morgen desselben Tages gepflückt wurden. Die Kenner schätzen besonders die jungen Blättchen, die auf traditionelle Weise zum Frischhalten kunstvoll in saftige Bananenblätter gewickelt werden. »Mit einem glücklichen und zufriedenen Lächeln, die Qat-Ration unter dem Arm, geht der Jemenite nach Hause, um sich für die nächsten vier Stunden selbstvergessen dem Qat-Genuß hinzugeben.«

Chemisches Prinzip
Wie der Pharmakologe Peter Kalix von der Universität Genf feststellte, enthalten 100 Gramm frischer Kath-Blätter 120 mg Cathin, 36 mg Cathinon und acht mg Norephedrin (pers. Mitteilung). Das wichtigste Alkaloid, Cathin, ist als d-Nor-Isoephedrin identifiziert worden. Es ist mit dem Weckamin Amphetamin eng verwandt, wirkt aber sechsmal schwächer als Benzedrin oder Pervitin.

W.Sch. /J.v.Sch.

Literatur:
Buchalla, C. E., »Euphorie, die ein ganzes Volk lähmt«, in: *Südd. Zeitung* vom 12. 6. 1980
Hesse, H., *Rausch-, Schlaf- und Genußgifte,* Stuttgart 1966
Kalix, P., Persönliche Mitteilung vom 19. März 1990
Ders. und O. Braenden, »Pharmacological Aspects of the Chewing of Khat Leaves«, in: *Pharmacological Reviews* 1985, S. 149
Møller, K. O. (Hrsg.), *Rauschgifte und Genußmittel,* Basel 1951

Kawa-Kawa

Schon die ersten Reisenden in der Südsee (z. B. James Cook) berichten von Kawa-Kawa (oder Kava), dem nationalen Getränk vieler Eingeborener der pazifischen Inselwelt. Kawa ist so eng mit der polynesischen Kultur verknüpft, daß die Ethnologen überall dort, wo es verbreitet ist, polynesische Einflüsse annehmen. Da es meist in religiösen Zeremonien getrunken wurde oder zumindest eng mit ihnen verknüpft war, haben die Missionare auf manchen Inseln diese Sitte bekämpft – in der Regel mit einem Teilerfolg, der um so »besser« war, je mehr die Polynesier den von den Weißen importierten Schnaps schätzen lernten.

Kawa wird hergestellt, indem man die Wurzel des vielfach angebauten *Piper methysticum* (Rauschpfeffer) reinigt, schält und in kleine Stücke schneidet. Früher wurde sie stets durch Kauen zubereitet. Jungfrauen (seltener Knaben oder ältere Frauen) kauten die Wurzelstücke zu einem feinfasrigen Brei, der in eine Schale gespuckt, mit wenig Wasser verdünnt und in einer stark zeremonialisierten, gemeinsamen Sitzung streng nach dem Rang der einzelnen Häuptlinge und Haushaltsvorstände verteilt wurde. Heute wird Kawa meist mit einem Stößel in einem Mörser zerrieben und mit Wasser aufgeschwemmt. Diese Zubereitung soll aber schwächer sein. Wahrscheinlich schließen die Enzyme im Speichel die Wirkstoffe besser auf.
Kawa steht an der Grenze zwischen →Genuß-Droge und Rauschmittel. Es löst keine Halluzinationen, aber in hohen Dosen Euphorie und ruhige, friedliche Träumerei aus. Aggressivität, Gereiztheit und nörgelnde Stimmung, die beim Alkoholrausch so geläufig sind, treten nie auf. Die ersten Berichterstatter bezeugten, daß Kawa die Beine lähme. Der Ethnologe Lowell D. Holmes, der jüngst selbst Kawa auf Samoa trank, glaubt nicht daran. Wahrscheinlich war die den frühen Beobachtern ungewohnte Hockhaltung für diese »Lähmungen« verantwortlich. Holmes beurteilt Kawa als erfrischendes Getränk mit der Farbe von Milchkaffee, das die Zunge etwas taub macht. Offensichtlich hat Holmes aber eine schwächere Kawa-Zubereitung untersucht. Ein anderer Ethnologe, D. Charleton Gajdusek, beobachtete auf einer Insel der Neuen Hebriden (Tongariki), daß dort Kawa als Rauschdroge völlig außerhalb jeder Zeremonie (die in der differenzierten samoanischen Gesellschaft unerläßlich ist) getrunken wird. Alt und jung, Männer und Frauen, trinken hier Kawa, das ausnahmslos durch Kauen zubereitet wird. Während Louis Lewin, der den Kawa-Rausch als erster Toxikologe untersuchte, die leichte Euphorie, Anregung und Gesprächigkeit nach Kawa-Genuß beschrieb, beobachtete Gajdusek auf Tongariki eine ganz andere Symptomatik, die wieder deutlich den kulturellen Einfluß auf die Effekte psychotroper Drogen zeigt. Man trinkt Kawa allein, legt sich dann hin und verharrt stundenlang in ruhiger, euphorischer Träumerei, die Gajdusek nur gelegentlich durch (höchst unwillig aufgenommene) Blutdruckmessungen unterbrach. Sie ergaben kaum einen Unterschied zum normalen Zustand.

Chemisches Prinzip
Der Freiburger Pharmakologe Hans J. Meyer hat sechs aus der Wurzel von *Piper methysticum* isolierter Alpha-Pyrone im Tierexperiment geprüft. Die Unterschiede zwischen ihnen erwiesen sich größtenteils als quantitativ.

Wirkung
Pharmakologisch lassen sich entspannende und krampfmildernde Effekte

nachweisen. Kawa stimuliert in kleinen Dosen, führt in mittleren zu einer Euphorie, die bei noch höheren Gaben in einen stuporösen Zustand übergeht. Diese Effekte macht sich ein in den sechziger Jahren entwickeltes Medikament (Handelsname: Kavaform) zunutze, das vor allem in der Altersmedizin eingesetzt wird. Psychologische Tests konnten im Doppelblindversuch (→ RA V) objektiv zeigen, daß Kavain Stimmung und Antrieb verbessert.

Gefahren

Die Risiken durch Kawa-Genuß sind offensichtlich sehr gering. Er soll manchmal zu einer seelischen Abhängigkeit führen, doch kommt das nach dem Urteil der Ethnographen sehr selten vor. Die von den Weißen importierten alkoholischen Getränke sind in dieser Beziehung jedenfalls gefährlicher. Körperliche Entziehungssymptome sind noch nicht beschrieben worden.

W.S.

Literatur:

Verschiedene Arbeiten von H. J. Meyer (Pharmakologie von Kawa), L. D. Holmes und D. Ch. Gajdusek (Ethnographie) sind erschienen in:

Efron, D. H. (Hrsg.), *Ethnopharmacologic Search for Psychoactive Drugs,* Washington 1967

Hun, N., u. a., »Klinische Prüfung des Geriatrikums Kavaform, Doppelblindversuche«, in: *Münchner Medizinische Wochenschrift 109,* 1967, S. 2197

Schliak, H., »Kavain bei Alterserkrankungen«, in: *Hippokrates 38,* 1967, S. 26

Ketamine

→ PCP

Kodein

→ Opiate

Kokain

Wegen seiner suchtbildenden Wirkung ist Kokain eines der gefährlichsten Rauschgifte, welches die Medizin außer Morphium und Heroin (→ Opiate) kennt. Es ist ein Extrakt aus den Blättern des Coca-Strauches *(Erythroxylon coca).* Die mehrere Meter hohe Pflanze wächst im tropischen Südamerika und auf den indonesischen Inseln (Malaysia). Wie beim Hanf (→ Cannabis) hängt die Konzentration des Wirkstoffs stark von der mittleren Tagestemperatur während der Reifezeit ab. Eine maximale Kokainausbeute wird erzielt, wenn sich die Temperatur gleichmäßig zwischen 15 und 20°C bewegt. Am besten gedeiht der Strauch in feuchtwarmen Gebirgslagen, 600 bis 1.800 Meter über dem Meeresspiegel. Geerntet wird viermal jährlich.

Coca-Strauch

1. Der Coca-Strauch

Den Strauch erkennt man leicht an seinen spatelförmigen, ausgesprochen zarten Blättern und an den fein gebüschelten, leicht gelblichen Blüten, aus denen sich kleine scharlachrote Steinfrüchte bilden. Der botanische Name Erythroxylon (*erythros = rot, xylon =* Holz) leitet sich von der fleischroten Rinde ab, die fast allen 200 Arten dieser Pflanzenfamilie eigen ist.

Nach der Ernte werden die Coca-Blätter auf der *matupampa,* einem gestampften Lehmboden, zum Trocknen gelagert. Sie behalten dabei ihre kräftig grüne Farbe. Später verschnürt man sie, wie Tabak, in Säcke oder Ballen. Zum Genuß nimmt der Indio eines der Blätter, entfernt die Rippen und rollt den Rest im Mund zu einer Kugel. Dann taucht er das mit Speichel angefeuchtete Bällchen in ein wenig Kalklösung. Das Ganze wird gekaut, bis fast nichts übrigbleibt.

Durchschnittlich wird viermal täglich Coca gekaut; eine solche Kauperiode, in Peru *Coqueada* genannt, dauert etwa zwei Stunden. Die einheimische Bezeichnung ist so fest eingebürgert, daß gewisse Wegstrecken oder die Dauer bestimmter Arbeiten in Coqueaden angegeben werden. (Näheres über den Kau-Akt bei Gantzer et al. 1975, S. 9).

Nach Wagner vereinigen die Coca-Blätter in idealer Weise die Wirkungen dreier anderer Drogen. Sie wirken stimulierend und leistungssteigernd wie der → Kawa-Trank, euphorisieren wie das Opium (→ Opiate) und rufen schließlich Rauschzustände ähnlich denen beim Genuß des Peyotl-Kaktus (→ Meskalin) hervor.

2. Geschichte der Droge

Grabfunde belegen, daß schon in vorchristlicher Zeit im Nordosten Südamerikas Coca in Gebrauch war. Diese Anbaugebiete lagen im Bereich des heutigen Kolumbien und Venezuela bei den Arhuaco-Indianern in den Tälern der Zuflüsse zum Rio Cauca, Orinoco und Rio Negro (Bühler 1946). Andere Stämme, die aus Mittelamerika nachdrängten, zwangen die Arhuaco, nach Süden auszuweichen; so gelangte die Coca zu anderen Stämmen.

Coca-Sträucher sollen sogar vor 5.000 Jahren schon an den Anden-Abhängen von Ecuador gepflanzt worden sein. Aus der Chorrera-Periode, so benannt nach einem Grabungsplatz am Rio Guayas, fand man Überreste von Siedlungen, zu deren Requisiten u. a. Behälter mit pulverisiertem Kalk gehören, wie sie beim Coca-Kauen gebräuchlich sind (*Der Spiegel,* Nr. 50/1975, S. 173).

In Peru fand man erst wesentlich später, in Gräbern der vorkeramischen Zeit (bis etwa 1.500 v. Chr.), Coca-Blätter als Grabbeigaben.

Ein Geschenk der Götter

Bereits vor der Eroberung Perus durch die spanischen Horden des Conquistadoren Francisco Pizarro in den Jahren 1531 bis 1533 war das Coca-Kauen bei den Eingeborenen des Inka-Reichs verbreitet. Ihre Götterstatuen trugen Coca-Pflanzen in den Händen. Die Blätter des Strauches galten als Glücksbringer und wurden von den Priestern in den Tempeln wie Weihrauch verbrannt. Allerdings wurde zu jener Zeit die Droge nur im Rahmen des religiösen Rituals und nur von auserwählten Persönlichkeiten der Führungskaste (Inkas) verwendet, keineswegs als Ge-

nußmittel der breiten Masse. Der Sage nach wurde den Menschen das Zauberkraut von Manko Kapak, dem »Sohn der Sonne«, übergeben, der in grauer Vorzeit vom Titicacasee herab gestiegen kam. Die göttliche Gabe sollte »den Betrübten erheitern, dem Müden und Erschöpften neue Kräfte bringen und den Hungrigen sättigen«.
Den Conquistador Auguste Zärate beeindruckte, daß die Indios nicht Gold oder Silber als Zahlungsmittel benützten, hinter denen die spanischen Horden her waren, sondern die Blättchen des Coca-Busches. Erstaunt berichtete er seinem König 1555 nach Spanien: »Die Indios in den Minen können 36 Stunden unter Tage bleiben, ohne zu schlafen und zu essen.«
Die Spanier verboten zunächst, wie immer in solchen Fällen, den heimischen Kult und stellten den Abbau und das Kauen von Coca-Blättern unter Strafe. Ein kirchliches Konzil in Lima ächtete Mitte des 16. Jahrhunderts den Kult um den Strauch als ein »unnützes, verderbliches, zum Aberglauben verführendes Ding und Blendwerk des Teufels«. Der Brauch ließ sich jedoch nicht unterdrücken. So machten die Eroberer aus der Unsitte der anderen eine Tugend für sich selbst und besteuerten die Coca-Ernten entsprechend hoch. Gleichzeitig wurde die Inka-Religion zerstört. Das führte in der Folgezeit dazu, daß das Coca-Kauen häufig hedonistischen Zwecken diente. Hunderttausende süchtiger Indios reden heute eine beredte Sprache. Eine wichtige Rolle spielt auch, daß Coca-Kauen den Hunger vertreibt und deshalb vor allem bei den Ärmsten beliebt ist. Allerdings muß man klar trennen zwischen dem Mißbrauch (Kokainismus) und dem Gebrauch (Cocaismus), wobei letzterer überwiegen dürfte.
Eine Studiengruppe wies 1975 darauf hin (Gantzer, S. 26), daß es – im Gegensatz zu schlecht informierten anderen Quellen – nach ihren eigenen Recherchen in Peru in diesem Land etwa »eine Million Coqueros gibt, die im Jahr etwa 10 Millionen kg Coca konsumieren, d. h. daß ein Coquero durchschnittlich ca. 28 g Coca pro Tag kaut. Wenn man davon ausgeht, daß beim Kauen ca. 0,5% Cocain extrahiert werden ..., dann liegt die durchschnittlich aufgenommene Menge Cocain pro Coquero und Tag bei etwa 0,14 g.«
1980 schätzten die peruanischen Behörden die Zahl der Coqueros bereits auf 2,8 Millionen. Von den 30.000 Tonnen Coca-Blättern, die das Land jährlich erzeugt, kauen die Indios im Lande etwa 4.000 Tonnen selbst. 1.000 Tonnen kauft die Firma Coca Cola, um Aromastoffe (nicht: Kokain) für ihre Limonade zu gewinnen. 60 Tonnen verarbeitet die pharmazeutische Industrie zu Medikamenten, und der Rest wird zu Kokain verarbeitet und außer Landes geschmuggelt, vor allem in die USA.
Die Regierung der Vereinigten Staaten übte so lange Druck auf Peru aus, daß man dort ein großangelegtes Vernichtungsprogramm startete. Am Ende dieser »Verde Mar« (Grünes Meer) genannten Kampagne sollten nur noch die Lieferanten des staatlichen Unternehmens »Enaco« Coca-Sträucher anbauen dürfen.
Man zerstörte damit allerdings gleichzeitig die Existenz von 30.000 Kleinbauern, was nicht ohne Widerstände verlief , noch dazu, wo Coca ein wichtiger Bestandteil der Indio-Kultur ist: Wenn sich zwei Freunde treffen, schenken sie sich als erstes gegenseitig Coca-Blätter, etwa wie man bei uns einem Gast ein Glas Wein zur Begrüßung anbietet.

Vor einem Jahrzehnt war die Situation noch genau umgekehrt; da konsumierte man an Ort und Stelle 90 Prozent der Ernte und exportierte (und schmuggelte) lediglich zehn Prozent. Die Drogendetektive von »Verde Mar« entdeckten – und vernichteten – beleuchtete Landepisten im Urwald, Privatflugzeuge zum Schmuggeln und schwer bewachte illegale Laboratorien, in denen aus den Coca-Blättern an Ort und Stelle reines Kokain-Pulver gewonnen wurde. Das Geschäft mit der immer begehrteren Droge brachte allein 1979 zwei Milliarden Dollar ein, so schätzt man.

Die Kokain-Mafia reicht bis in die höchsten Kreise der peruanischen Gesellschaft: Am 12. März 1980 wurde der Luftwaffengeneral a. D. Frank Tweddle, ehemals Direktor der staatlichen Fluggesellschaft Aero Peru, auf dem Flughafen von Lima mit 5,3 Kilogramm reinem Kokain in seinem Koffer festgenommen.

Im benachbarten Bolivien ist die Situation noch extremer. Auch hier spielt das Militär eine führende Rolle im Rauschgiftgeschäft. Einer der Hauptdrahtzieher der einheimischen Dealer ist wahrscheinlich der Luftwaffenoberst Ariel Coca (er heißt wirklich so), der nach dem blutigen Putsch vom Sommer 1980 ausgerechnet zum Erziehungsminister des Landes ernannt wurde. In einem Fall, bei dem es um 300 Kilo Kokain ging, die man in einem Privatflugzeug sicherstellte, führte die Spur zu dem Obristen Luis Acre, der Innenminister mit nahezu unbeschränkter Machtbefugnis über den Sicherheitsdienst des Militärs und den Polizeiapparat war – eine ideale Position für einen Rauschgifthändler!

Amerikanische Stellen schätzten den Wert der Kokain-Verkäufe aus Bolivien auf eine halbe Milliarde Dollar. »Damit setzt die Drogen-Mafia des Andenstaates etwa so viel um wie der ganze Zinnbergbau des Landes« (Kassebeer). Etwa die Hälfte der 30.000 Kilogramm Kokain, die 1979 in die Vereinigten Staaten geschmuggelt wurden, stammte aus Bolivien. So verwundert es nicht, daß die Carter-Regierung ihre Zusammenarbeit mit den bolivianischen Behörden in der Rauschgiftbekämpfung einstellte, nachdem die größten Dealer sich durch Waffengewalt an die Spitze des Staates gesetzt hatten. Ein Sprecher des Außenministeriums begründete dies so: »Die vielfältigen Behauptungen über die Verbindung der gegenwärtigen Regierung mit Kokain-Händlern lassen eine erfolgreiche Zusammenarbeit nicht mehr erwarten.« (*Südd. Zeitung* vom 16. 8. 1980)

So deutlich wurden derartige Zusammenhänge wohl noch nie ausgesprochen.

Die erste Kokain-Welle

Die chemische Isolierung des Kokains gelang 1860 durch Niemann. Einer der ersten, der es ernsthaft auf seine medizinische Brauchbarkeit untersuchte, war Sigmund Freud. Er vermutete u. a., daß man es zur örtlichen Betäubung bei Operationen benützen könnte. Er baute zwar seine Entdeckung nicht weiter aus (das besorgte sein Kollege Carl Koller), beschäftigte sich jedoch mit einer völlig anderen Eigenschaft der Droge: ihrer *euphorisierenden* Wirkung. Wie heute viele Haschisch-Raucher ihre Droge, nahm er kleine Dosen Kokain wie ein Medikament zu sich und konnte so eigene (leichte) neurotische Beschwerden dämpfen. Freuds Verteidigung der Droge und das Missionieren für ihre Verwendung sind,

nebenbei, typisch für das, was fast ein Jahrhundert später die LSD- und Haschisch-Freunde betreiben werden.
Wir wissen inzwischen, daß Freud einem großen Irrtum unterlag, als er sich so begeisterte. Er selbst wurde von seinem (allerdings sehr maßvollen) Kokain-Konsum durch den tragischen Tod seines Freundes Fleischl geheilt, der 1891 u. a. an extremen Überdosen Kokain zugrunde ging – die Freud ihm empfohlen hatte, damit er von seiner Morphium-Sucht loskomme!
Ab 1886 lösten zahlreiche Fälle von Kokainismus in Deutschland heftige Bestürzung aus. Bald wandte sich die gesamte wissenschaftliche Welt gegen den Konsum der Droge. Für Freud hatte die Bekanntschaft mit dem Kokain vermutlich eine viel tiefer reichende Bedeutung: Wie die ersten Deutungsbeispiele seines wohl berühmtesten und für ihn selbst wichtigsten Werkes* *Die Traumdeutung* beweisen, beschäftigte die Droge ihn noch ein Jahrzehnt, nachdem er sie nicht mehr nahm; es ist nachvollziehbar, daß die Kokain-Euphorie ihm den Zugang zum eigenen Unbewußten aufschloß (mehr hierzu in vom Scheidt 1973).
Die große Kokain-Welle Ende des 19. Jahrhunderts fand zu Beginn des Ersten Weltkriegs eine Neuauflage in Frankreich. In den Nachtklubs und Cafés von Paris wurde die Modedroge so gehandelt und gefeiert wie später das Haschisch in den Schwabinger und Berliner Beat-Schuppen. Manche französischen und deutschen Jagdflieger stopften sich die Nasenlöcher mit dem weißen Pulver *(Schnee)* voll, ehe sie zum Feindflug aufstiegen. Nach dem Krieg, in den *Roaring Twenties,* spielte Kokain in der deutschen Unterwelt eine große Rolle. Aber auch unter Intellektuellen und Künstlern war es sehr verbreitet. In Brasilien bildeten sich eigene Süchtigen-Klubs, die *Chichingas.* Und in den USA trieb man die Sache auf die Spitze mit den *speedballs,* einer Mischung aus Kokain und Heroin, der wohl teuflischsten Mixtur,** die Menschen erfanden.
Wenn die Droge heute, außer unter den Coca kauenden Indios Südamerikas, inzwischen weltweit eine dem Heroin vergleichbare Rolle spielt, so liegt das nicht gerade am Verfall des Preises. Ein Kilogramm Kokain-Hydrochlorid kostete vor einem Jahrzehnt im Schwarzhandel 3.000 DM, also ein Gramm etwa drei DM. Nachdem der Süchtige seine Anfangsdosis von 0,1 Gramm rasch auf 10 bis 15, ja sogar 30 Gramm täglich steigert, war der Kokainismus schon damals ein teures Vergnügen. (Als Betäubungsmittel wurde Kokain längst von anderen, ungefährlicheren Substanzen verdrängt.) 1995 hat der Liedermacher Konstantin Wecker seine Karriere nicht nur finanziell ruiniert, als er in wenigen Monaten (bei einem Grammpreis von an die hundert Mark) für 1,6 Kilo Kokain weit über 100.000 Mark hinblätterte.
In den USA scheint gelegentlicher Kokain-Konsum schon so normal zu sein wie das gelegentliche Kiffen bei unseren Jugendlichen; in »besseren Kreisen« gilt es immer als schick, ein kleines silbernes Löffelchen zum Aufnehmen des weißen Pulvers bei sich zu tragen. Machte man sich 1987 in der

---

* Freud begann am 24. Juli 1895 mit der Deutung des ersten im Buch behandelten eigenen Traum von »Irmas Injektion« seine Selbstanalyse, die ihm den Weg zur Schöpfung der Psychoanalyse als Forschungsinstrument und therapeutischer Methode bahnte.

** Noch verrückter soll allerdings der *Frisco speed ball* sein, der neben Kokain und Heroin noch LSD enthält (Lingemann, 1969)

BRD schon große Sorgen, weil 296 Kilogramm Kokain sichergestellt wurden – so rechnet man inzwischen mit Tonnen und Milliarden-Umsätzen (s. auch unten im Kasten).
Zieht man die Zahlen früherer Jahre zum Vergleich heran (s. Statistik), kann man die Bedenken führender Drogenfahnder begreifen:

- »... befürchte ich als neuen gefährlichen Trend den Kokainkonsum. Hier kann in Zukunft der *Kokser,* der sich mit *Schnee* aus Südamerika in den Wahnsinn schnupft, erwartet werden. Sollte diese neue Entwicklung bei uns voll durchschlagen, würde eine neue Variante des Rauschgiftproblems dadurch entstehen, daß der Kokainismus seine Opfer nicht nur in den Kreisen Minderjähriger oder Heranwachsender findet. Die Geschehnisse in den USA zeigen als Zielgruppe für das Kokain vielmehr Künstlerkreise und Angehörige des gehobenen Mittelstandes.« (Bux 1980, S. 194)
- »Haschisch blieb mengenmäßig das dominierende Rauschgift in der Szene«, stellt Klaus Mellenthin (1979, S. 4) fest. Aber:
- »Die seit längerem befürchtete *Kokainwelle* hat die Antestphase offensichtlich überschritten. Das Rauschgift-Problem wird damit um eine völlig neue Komponente bereichert. So ist nicht zu erwarten, daß das Kokain mit eingeführten Rauschgiften konkurriert und das Rauschgiftangebot auch nur partiell reduziert. Vielmehr muß davon ausgegangen werden, daß mit dem Kokain das Straßenangebot der traditionellen Szene erweitert und andrerseits ein völlig neuer Konsumentenkreis ›erschlossen‹ wird. Ist bei Haschisch, LSD und den Opiaten der Probier- und Neugierdekonsum oder Direkteinstieg unter Erwachsenen bisher relativ selten geblieben, so dürfte dies beim Kokain nicht mehr der Fall sein.« (S. 6)

Jahr	*Kilogramm Kokain*
1970	0,04
1975	1,0
1980	22
1985	165
1990	2474
1991	963
1992	1332
1993	1051
1994	767
1995	1846
1996	1373

Kokain-Sicherstellungen von 1970 bis 1995 (Quelle: Bundeskriminalamt 1997). Man kann davon ausgehen, daß die tatsächlich illegal gehandelte Menge das bis zu Zehnfache beträgt.

Dem läßt sich (1997) nur hinzufügen: Die Bedenken der Warner haben sich mehr als bestätigt. Für eine Kokain-Mode, gerade unter den Intellektuellen, spricht, daß da und dort Artikel und Bücher erscheinen, die dezidiert auf die angeblich harmlosen Wirkungen der Droge hinweisen, wenn sie »richtig« genommen wird. Man hat dabei, auch bei kritischer Einstellung, Schwierigkeiten, abzuwägen, welche Argumente letzten Endes die stichhaltigeren sind – gerade weil solide wissenschaftliche Befunde kaum vorliegen. Eine der Publikationen, die vernünftig positive wie negative Gesichtspunkte abzuwägen suchen, ist Richard Ashleys *Cocaine – Its History, Uses and Effects* (1974). Ashley weist vor allem darauf hin, daß es viele unbewiesene Behauptungen über Kokain (und Coca) gibt.

Man muß allerdings genau prüfen, wieweit hier nicht, ähnlich wie bei Marihuana/Haschisch (→ Cannabis) Effekte von natürlich gewachsenem Pflanzenprodukt (Coca-Blätter) und synthetisch hochkonzentriertem Laborstoff (reines Kokain) von Ashley vermischt und verwechselt werden! Nicht zu Unrecht betont er aber, daß, wie bei dem totalen Alkoholverbot (Prohibition, → Alkohol), die Kriminalisierung des Kokains zu allerlei Sekundäreffekten führt: Erpressung, Betrug, Urkundenfälschung, Diebstähle, Raubüberfälle, Hehlerei usw. Solange Schmuggler und Schwarzhändler den Vertrieb der Droge kontrollieren, sorgt schon allein der Preisanstieg zwischen Hersteller und Endabnehmer für unnötige soziale und psychische Nebenwirkungen.

Es wird allerdings (vom Scheidt 1976) zu bedenken gegeben, daß jede Rauschdroge, also auch das Kokain, für den Konsumenten die Funktion hat, einen Defekt in seiner Persönlichkeitsstruktur auszugleichen; nicht nur beim Drogenabhängigen, sondern auch schon beim Gelegenheitskonsumenten. Dafür spricht beispielsweise auch die Rolle, welche das Coca-Kauen heute noch in der Volkskultur der Peruaner in ländlichen Gegenden spielt, wo es nicht als Fluchtmittel benützt wird (wie bei den verelendeten Bevölkerungsteilen in den städtischen Slums), sondern als integrierendes Mittel beim geselligen Beisammensein. Gantzer, Kasischke und Losno (1975) zitieren einen katholischen Missionar, der in 4.000 m Höhe in der Nähe der Stadt Carhuamayo zehn Indianergemeinden als Pfarrer betreut. Er behauptet, in den Ortschaften in der Nähe der Hauptstraße mit guten Handelsmöglichkeiten sei der Coca-Konsum, mit Anstieg des Lebensstandards, zurückgegangen. Hingegen werde in den abgelegenen Gemeinden, die sehr schwere Lebensbedingungen aufwiesen, noch immer sehr viel Coca gekaut.

Auch in Orten, wo man Coca nur noch selten kaut, werde sie bei Totenwachen, die bis zu fünf Tage dauern, in großen Mengen genommen, um sich munter zu halten. Außerdem werfe man noch die Coca-Blätter, um daraus das Schicksal zu lesen.

»Die Coca war und ist ein psychisches und physisches Hilfsmittel für die Indios, sich über schwerste Unterdrückung und Notlagen hinwegzuretten. Sie ist noch etwas ihnen Eigenes; der gemeinsame Gebrauch, sei es kultisch-rituell, sei es als Genußmittel, vermittelt ein Zusammengehörigkeitsgefühl und ein Gefühl der Stärke« (Gantzer et al. 1975, S. 50).

Noch immer wirft der *Yatiri,* der Wahrsager, drei Coca-Blätter nach und nach auf den Boden und ersieht aus ihrer Farbe und Lage die Zukunft. Und der kranke Indio sucht mit einem Coca-Opfer den Schutz der *Pachamama,* der »Mutter Erde«. Aber die uralten Riten sind längst mit christlichem Glaubensgut vermengt: Am Aschermittwoch, dem letzten und wildesten Festtag des Karnevals, ziehen die Einheimischen tanzend den Kalvarienberg hinauf und streuen an der letzten Station Coca-Blätter um das Kreuz mit dem Heiland.

Heute verurteilt die Kirche diese heidnischen Anteile nicht mehr, ja der Erzbischof von Cuzco ist sogar Mitglied eines »Komitees zur Verteidigung und Erforschung des Coca-Blattes«, um den bedrängten Bauern beizustehen, die nicht unter der Tatsache leiden sollen, daß die von ihnen angebaute Pflanze im fernen Nordamerika und Europa als Kokain mißbraucht wird.

Raul Jeri, peruanischer Polizeiarzt im Generalsrang, spricht allerdings nur verächtlich vom »Mythos der Coca« und ist überzeugt davon, daß das Kauen der Blätter lediglich die Arbeitsfähigkeit und Intelligenz der Indios einschränkt (zit. n. *Der Spiegel* Nr. 21, 1980).

Durch 77.348 Welten fliegen ...

Im Coca-Cola, das mit seinem Namen vermutlich unterschwellig an geheime Rauschwünsche der Verbraucher appellieren soll, ist seit 1903 kein Kokain enthalten. Vor der Herstellung des Coca-Extrakts wird jetzt den Blättern mit Lösungsmitteln das Kokain entzogen. Die anregende Wirkung wird ausschließlich durch das Coffein der Kola-Nuß hervorgerufen (→ Genuß-Drogen).

In die Literatur hat die Droge verschiedentlich Eingang gefunden. So schrieb 1859 der italienische Gelehrte Mantegazza:

»Von zwei Kokablättern als Flügeln getragen, flog ich durch 77.348 Welten, eine immer prächtiger als die andere. Gott ist ungerecht, daß er es so eingerichtet hat, daß der Mensch leben kann, ohne immer Koka zu kauen. Ich ziehe ein Leben mit Koka einem Leben von einer Million Jahrhunderten ohne Koka vor.«

Die Eigenschaft, daß Kokain auf die höheren Gehirnzentren zuerst wirkt, machte sich der englische Schriftsteller Conan Doyle (1859–1930) zunutze. Sein Romanheld Sherlock Holmes, Detektiv mit psychologischem Spürsinn und überragendem Intellekt ist wohl der berühmteste »Kokainist« der Welt geworden – allerdings aufgrund einer Fiktion, denn die Droge vermag objektiv die Denkfähigkeit keineswegs zu steigern (siehe unten).

Nicholas Meyer hat in einem Kriminalroman *(Kein Koks für Sherlock Holmes),* der auch erfolgreich verfilmt wurde, den – fiktiven – Holmes und den – realen – Freud zusammengespannt; er läßt den Londoner Detektiv beim Wiener Seelenarzt Heilung von seinem Kokainismus suchen, was nach allerlei Verwicklungen auch gelingt.

Von ganz anderer Art, nämlich bitter und anklagend und damit das Problem sicher viel genauer kennzeichnend, ist ein Bestseller der zwanziger Jahre, der Ende 1979 von einem Münchner Verlag wieder aufgelegt wurde: *Kokain,* von dem – selbst einmal kokainabhängigen – italienischen Journalisten Pitigrilli (Pseudonym). In jener Zeit entstand auch das schnoddrige Wort »Kokolores« (für die Symptome des Koksers), der Maler Otto Dix stellte *Die Koksgräfin* realistisch-verkommen dar, und ein anderer Literat aus dem Dix-Umkreis, Walter Rheiner, schrieb eine Novelle »über das fatale Wort, das mich langsam zerhackt: Ko-ka-in« (neu: Berlin 1979). Ein unvergessener Gassenhauer tönte »Mutter, der Mann mit dem Koks ist da...« Und Gottfried Benn schrieb sein berühmtes Gedicht »Kokain«.

Kokain

Den Ich-Zerfall, den süßen, tiefersehnten,
den gibst du mir: schon ist die Kehle rauh,
schon ist der fremde Klang an unerwähnten
Gebilden meines Ichs am Unterbau.

Nicht mehr am Schwerte, das der Mutter Scheide
entsprang, um da und dort ein Werk zu tun,
und stählern schlägt –: gesunken in die Heide,
wo Hügel kaum enthüllter Formen ruhn!

Ein laues Glatt, ein kleines Etwas, Eben –
und nun entsteigt für Hauche eines Wehns
das Ur, geballt, Nicht-seine beben
Hirnschauer mürbesten Vorübergehns.

Zersprengtes Ich – o aufgetrunkene Schwäre –
verwehte Fieber – süß zerborstene Wehr –:
verströme, o verströme du – gebäre
blutbäuchig das Entformte her.

Gottfried Benn (1917)

Jean Cocteau beschrieb in *Le Grand Ecart* (1923) die Erlebnisse eines Selbstmörders, der sich eine Überdosis Kokain einverleibt. Max Brods Annerl (1937) sinkt durch eine Kokain-Sucht in eine erbarmungswürdige Existenz ab.

Hans Fallada, Morphinist und Alkoholiker, zollte auch dem Kokain seinen Tribut; er sprach vom »kleinen Tod«, den er mit seiner Freundin Ulla Losch immer wieder in diesen Räuschen suchte – und fand.

Später sangen J. J. Cale (»Cocaine«) und Dillinger (»Cocaine in My Brain«), was das Gift anrichtet, und erreichten mit ihren Aussagen ein vor allem junges Publikum in Millionengröße – ob es auch die abschreckenden Aussagen hört und nicht nur das Faszinosum des in Musik und Text umgesetzten Rausches?

Äußerst interessant ist eine Studie über Robert Louis Stevenson (1850–1894). Nach einer Analyse des amerikanischen Ärztes Myron G. Schultz (1971) soll der weltberühmte englische Autor im Herbst 1885 Kokain als Medikament gegen seinen chronischen Katarrh erhalten haben. Die Droge wurde damals in der medizinischen Welt als Wundermittel gegen alle möglichen Krankheiten gefeiert, und just zu jener Zeit erschien auch in der britischen Ärzteschrift *The Lancet* ein sehr positiver Artikel über die Wirkungen des Alkaloids. Schultz vermutet nun, daß Stevenson unter dem Einfluß dieser Droge sein bekanntestes Werk *Dr. Jekyll and Mr. Hyde* schrieb. Und zwar verfaßte er zwei Versionen des Buches innerhalb von sechs Tagen, eine unglaubliche Leistung, vor allem, nachdem er vorher lange Zeit äußerst unproduktiv gewesen war. Sowohl dieser physische und psychische Gewaltakt (der sehr für die Wirkung von Kokain spricht) als auch die Handlung des Romans sprechen für die aufgestellte Hypothese: Der Held der Erzählung verwandelt sich unter dem Einfluß eines Pulvers (!) über Nacht aus einem angenehmen, gütigen Zeitgenossen in einen bösartigen Unhold, der Menschen tötet. In dieser Verwandlung ist sehr plastisch der charakterzerstörende Effekt des Kokains bei anhaltendem Mißbrauch wiedergegeben.

Schultz betont allerdings, daß Stevenson die Droge offenbar unwissentlich nahm, wahrscheinlich wirklich nur als von seinem Hausarzt verschriebenes Medikament, und daß der Autor es nur während dieser kurzen Episode, in der der Roman entstand, bekam. Ähnlich wie bei Freud war das Alkaloid also nur ein – wenngleich machtvoller – Anreger der blockierten Kreativität.

Als 1928 der Komponist Richard Strauss sich einer Nasenscheidewand-Operation unterziehen mußte, widerfuhr ihm – ähnlich absichtslos – Vergleichbares wie Stevenson. Zur örtlichen Vorbetäubung schob man ihm in einer Frankfurter Klinik fünf Minuten lang zwei mit Kokain getränkte Wattebäuschchen in die Nasenlöcher, wie sein HNO-Arzt Hans Leicher 1978 in einer Fachzeitschrift mitteilte. Leicher besuchte den Patienten zwei Stunden nach der Operation und fand »den Boden des Krankenzimmers und die Bettdecke mit frisch geschriebenen Notenblättern bedeckt«. Strauss sagte ihm, »das Zeug« habe ihn »ganz munter gemacht« und zwei Arien für seine Oper *Arabella* angeregt, an der er damals gerade arbeitete: »Aber der Richtige, wenn's einen für mich gibt« und »Und du wirst mein Gebieter sein«. Der Komponist meinte zu seinem Arzt: »Die Nachwelt wird Sie dafür verantwortlich machen« (*Der Spiegel* Nr. 17, 1978).

Wohl nur um Spekulationen handelt es sich hingegen bei der These, Adolf Hitler habe gegen Ende seines Lebens an »zunehmender Kokainsucht« gelitten und sei von dieser Droge beeinflußt worden: »Giesing schaute noch einmal auf seinen Patienten hinab. Er hatte diesmal bewußt eine stärkere Dosis Kokain verabreicht. Die Frage war nun: Konnte Kokain bei der bestehenden Strychninvergiftung und der daraus folgenden Reflexsteigerung auch als zentrales Nervengift wirken?« (Irving S. 101)

1996 machte der Liedermacher Konstantin Wecker Schlagzeilen, als er wegen des Besitzes größerer Mengen Kokain verurteilt wurde.

3. Chemische und physiologische Wirkung

Reines Kokain kristallisiert in Alkohol zu säulenförmigen (monoklinen) Gebilden. Zur vollständigen Lösung von einem Gramm benötigt man zehn Gramm Alkohol oder 700 Gramm Wasser. Die übliche Art, die Droge zu gebrauchen, ist, sie als Pulver zu schnupfen (*koksen* → RA V) oder sie als wäßrige Lösung zu spritzen. Die zweite Form ist, wie beim Heroin, die gefährlichere.

Die chemische Strukturformel wurde bereits 1898 ermittelt; die synthetische Herstellung gelang 1902 dem späteren Nobelpreisträger Richard Willstätter. Kokain ist ein Methylester des benzoylierten Ekgonins und – über seinen Tropin-Bestandteil – mit den

→ Nachtschatten-Drogen (Wirkstoff Atropin) verwandt. In der Heilkunde wurde früher das salzsaure Kokain benützt (Kokain-Hydrochlorid). Dabei handelt es sich um farb- und geruchlose, bittere Kristalle.

»Unter allen Genußgiften wird wohl das Kokain auf die mannigfaltigste und verschiedenartigste Weise in den Körper aufgenommen«, schreibt Römpp. Die peruanischen Indios beispielsweise vermengen die Coca-Blätter mit etwas Kalk oder Pflanzenasche, die sie in einem besonderen Holzgefäß mit sich führen. Bei der Arbeit oder auf Reisen ist der *chuspa,* der Beutel mit den Blättern, ein unentbehrlicher Begleiter. Bei jeder Pause werden 10 bis 20 Blätter fast ganz verzehrt, nachdem vorher Stiel und Blattrippen weggeworfen wurden. Der Kalkzusatz ist wichtig für die völlige Freisetzung des Alkaloids, von dem der Indio im Verlauf eines Tages etwa ein Zehntel Gramm zu sich nimmt. Er wird dadurch so aufgeputscht, daß er die größten Strapazen durchhält. Der schwedische Ethnograph Erland Nordenskiöld berichtet, daß sein indianischer Begleiter bis zu 30 Kilogramm Gepäck 17 Stunden lang im Dauerlauf durch die Berge schleppte – ohne Coca eine Unmöglichkeit.

Kein Wunder, daß bei strapaziösen Sportveranstaltungen, wie der *Tour de France* oder den Berliner Sechstagerennen, Kokain gelegentlich als Dopingmittel verwendet wurde (ehe die modernen Weckamine aufkamen). C. Gutiérrez-Noriega konnte 1947 nachweisen, daß sich durch Kauen von Coca-Blättern die Arbeitsgeschwindigkeit steigern läßt; allerdings vermindert sich dabei die Genauigkeit (→ Doping in → Medikamente).

Um die Jahrhundertwende kam in Amerika die verbreitetste Anwendungsweise auf: das Schnupfen. Noch rascher wirkt die Droge injiziert. Gelegentlich wird sie auch in Konfekt gegessen oder, in alkoholischen Getränken gelöst, getrunken. Man kann sie schließlich auch, wie Haschisch, rauchen.

Chirurgen und Dentisten haben früher schmerzende Schleimhäute gelegentlich mit Kokain-Lösung eingepinselt oder Watte damit getränkt und in kranke Zähne gepreßt.

Mit dem Blutkreislauf durch den gesamten Körper gespült, wirkt die Droge vor allem auf die Nerven: Sie betäubt die Ganglien und macht sie gegen Reize unempfindlich. Dadurch entstehen die typischen Kokain-Halluzinationen, bei denen der Berauschte meint, ein Heer von Flöhen, Spinnen oder anderen kleinen Tierchen bewege sich unter seiner entsetzlich kribbelnden Haut. Während der Alkohol etwa sechsmal stärker auf das Gehirn als auf das periphere Nervensystem wirkt, ist es beim Kokain genau umgekehrt (daher seine Bedeutung für die Lokalanästhesie).

Gewisse körperliche Wirkungen erinnern an Atropin-Vergiftung oder Schilddrüsen-Überfunktion (Pupillenerweiterung, Hervortreten der Augäpfel, Pulsbeschleunigung, verstärkte Darmbewegungen). Bei Pferden und Hunden kann die Körpertemperatur um bis zu drei Grad Celsius ansteigen. Schwächere Dosen Kokain erregen zunächst wie Alkohol und lähmen später das Zentralnervensystem. Bei größeren Mengen beherrschen die Lähmungen das Erscheinungsbild.

Die betäubende Wirkung machte sich der Berliner Chirurg August Bier 1899 zunutze, als er schwache Lösungen der Droge seinen Patienten direkt in den

Rückenmarkskanal spritzte. Daraufhin wurden alle Körperteile unterhalb der Gürtellinie unempfindlich und konnten operiert werden. Als »Lumbal-Anästhesie« wird eine ähnliche Methode heute noch verwendet.

Die Betäubung erstreckt sich auch auf die Schleimhäute des Magens, wodurch Hunger und Durst schwinden. Appetitlosigkeit und schließlich völlige Auszehrung sind die Folge.

Bei einer Untersuchung am Detroiter Medical Center wurde herausgefunden, daß Kokain offensichtlich die Neigung zu Hirnblutungen fördert. Bei einer Gruppe von 27 Patienten, die mit Symptomen eines Schlaganfalls eingeliefert worden waren (Durchschnittsalter: 37 Jahre), fand man in jedem Fall bei einer Urinprobe Reste von Kokain. Daß die Gefäße bei Kokainschnupfern oder -rauchern leichter platzen und dadurch zu Hirnblutungen mit Schlaganfall-Symptomatik führen, wird auf den durch Kokain ausgelösten plötzlichen Blutdruckanstieg und den erhöhten Puls zurückgeführt (Richard Fessler 1992)

4. *Psychische Wirkung*

Nach Lippert wird die erste Aufnahme von Kokain »häufig von tiefen Angstzuständen begleitet, die auch beim Gewöhnten bisweilen häufig auftreten. Das Schrecklichste an der Angst ist ihre Anonymität, ihre Objektlosigkeit, gegen die man keine Verteidigung aufbauen kann. Es wird daher versucht, sie ... zu konkretisieren. Aus diesem Bedürfnis erwachsen Illusionen und Halluzinationen.« Überhaupt überwiegen bei der ersten Dosis die unangenehmen Wirkungen. Es bedarf deshalb einer ausgesprochenen Verführung durch einen gewohnheitsmäßigen Kokainisten. Erst nach längerer Übung wird der Rauschzustand als Genuß empfunden – dann ist allerdings meist schon die Sucht vorhanden.

Die häufig berichtete Steigerung der sexuellen Lustempfindungen (von älteren Autoren stets auf *perverse* Neigungen beschränkt) wird auf eine Lähmung der anerzogenen Hemmungen zurückgeführt. Erhöhter Bewegungsdrang und Neigung zu unaufhörlichem Reden, verbunden mit stark herabgesetzter Selbstkritik, machen die Droge zu einem *sozialen Gift;* auch hierin liegt eine gewisse Verwandtschaft zum Alkohol. Auf den Höhenflug des ausgesprochen exaltierten, auf die Außenwelt gerichteten Rausches folgt bereits nach etwa einer Stunde ein starker Kater. Man fühlt sich abgespannt, mißmutig und schläfrig wie bei einer Depression. Aus dieser gedrückten Stimmung heraus soll es gelegentlich zum Selbstmord kommen. Am häufigsten allerdings flüchtet man sich in den nächsten Rausch.

Neben den oben erwähnten taktilen Sinnestäuschungen im Hautbereich sind optische Halluzinationen charakteristisch. Besonders häufig werden – ähnlich wie beim Alkoholdelirium – wüste Tiere gesehen, fratzenhafte Fabelwesen oder Schlangen, Ratten, Hunde und dergleichen, die sich auf den Berauschten stürzen oder in einem entsetzlichen Höllenwirbel um ihn herumwimmeln.

Man sollte allerdings nicht übersehen, daß die geschilderten Wirkungen Extremformen sind. Andere Quellen (Ashley 1974, Rhodes 1975) sprechen, bei mäßigen Mengen Kokain, von weit milderen, angenehmeren Zuständen der Euphorie, bei denen Halluzinationen fehlen. Sie gleichen damit den von Freud (1884) verzeichneten Wirkungen. Wie auch bei anderen Drogen ist es letzten Endes also (neben der psychischen Labilität und Gestörtheit des Konsumenten vor dem Genuß) vor allem eine Frage der Dosis, ob der erzielte Zustand eine kühle, angenehme Steigerung des Erlebens und der Leistungsfähigkeit ist oder eine gehetzte Abfolge von Halluzinationen und Verfolgungsideen.

5. Cocaismus und Kokainismus

Wegen seines hohen Preises hat man Kokain auch als das Suchtmittel der Reichen bezeichnet. Im Hauptursprungsgebiet der Coca-Pflanze sind ihm jedoch vor allem die Ärmsten verfallen.
Der Kokainismus entsteht sehr rasch. Wie bei allen Drogenabhängigkeiten steht dahinter zunächst die psychische Gewöhnung, das heißt eine psychische Fehlentwicklung (→ RA III). Nicht jeder ist eine so starke Persönlichkeit wie Freud (der zudem nicht süchtig war) und kommt aus eigener Kraft von dem Mittel wieder los.
Der deutsche Psychiater Hans W. Maier unterscheidet vier Stadien der Sucht:
1. Die augenblickliche Wirkung des Kokains mit oder ohne rauschhaftem Erleben.
2. Chronische Wirkung, häufig mit dauernden Schädigungen des Nervensystems und anderer Körperbereiche.
3. Delirien auch ohne unmittelbaren Kokain-Konsum mit Halluzinationen und Euphorie oder Verfolgungsideen.
4. Der Kokain-Wahnsinn (Intoxikations-Psychose). Ein echtes Kokain-Delirium kann Tage anhalten. Das Bewußtsein ist dabei getrübt, die Umwelt wird wahnhaft verzerrt wahrgenommen. Starke motorische Unruhe kann Anlaß zu Tätlichkeiten geben.
In Europa wurde Kokainismus häufig bei jüngeren Menschen beobachtet. So sollen nach dem Ersten Weltkrieg in Frankreich zahlreiche Studenten gekokst haben.

Eine Moskauer Statistik der zwanziger Jahre gab an, daß 60 bis 90 Prozent der obdachlosen Kinder Sowjetrußlands dem Kokainismus verfallen gewesen seien (Römpp). Die Hälfte der in den dreißiger Jahren in eine Berliner Klinik eingelieferten Kokainisten waren erst 16 bis 25 Jahre alt. In den achtziger Jahren hat die Droge unter den jungen Engländern und Amerikanern wieder eine gewaltige Beliebtheit gefunden. Der in den USA erschienene Untersuchungsbericht *Cocaine (*1977), den das National Institute of Drug Abuse für vier Millionen Dollar erstellen ließ, gibt an, daß mindestens acht Millionen (!) Amerikaner* schon mindestens einmal Kokain geschnupft haben und daß ein gewaltiger Zustrom zu erwarten sei, der nur von den hohen Kosten von etwa 100 Dollar pro Gramm noch gebremst werde.
Der Bericht warnt auch davor, daß dauernde hohe Dosierung zu Ängsten, Depressionen, Schlaflosigkelt, Impotenz, paranoiden Gefühlen und Halluzinationen oder einer »Kokain-Psycho-

* Zum Vergleich: In der BRD rechnete man 1986 mit bis zu 50.000 Kokainsüchtigen. Rechnet man dazu (lt. Geschwinde 1996) die polizeilich festgestellten Erstkonsumenten von Kokain für die zehn Folgejahre in Höhe von rund 30.000 und verdoppelt dies nur wg. der Dunkelziffer (die in Wahrheit viel höher sein dürfte – bis zum Zehnfachen), so kommt man für 1997 gut und gern auf mindestens 100.000 Kokainisten.

se mit begleitender Gewalttätigkeit« führe (Sülberg, S. 36).

Lippert berichtet von einem Süchtigen, der in seinem Zimmer zwischen Schrank und Wand einen Mann »sah«. Er betonte, daß er sich dabei völlig im klaren sei, daß der Zwischenraum zwischen Schrankwand und Mauer nur wenige Zentimeter betrage und dort folglich niemand stehen könnte. Trotzdem wurde er dermaßen von Entsetzen geschüttelt, daß er aus dem Fenster seiner im Erdgeschoß liegenden Wohnung sprang, auf die Straße lief und dort auf eine in voller Fahrt befindliche Trambahn aufsprang. Dabei sagte der Kokainist zu sich selbst, daß sein Handeln »der helle Wahnsinn« sei.

Der Kokainist schläft schlecht, sein Appetit läßt nach, und der kaum vermeidbare soziale Abstieg führt zu sekundären Mangelerscheinungen. Spritzer können, genau wie die Heroinisten, aufgrund unsteriler Nadeln, Geschwüre, Leberentzündungen und eventuell Aids bekommen. Bei einem Drittel aller Kokain-Schnupfer ist, nach Römpp, die Nasenscheidewand durch das Gift zerfressen oder gar ganz durchbrochen; die Nasenlöcher sind von Geschwüren übersät. Es kann zu einer frühzeitigen Vergreisung durch Auszehrung kommen. Das Gefühlsleben stumpft ab. Das Interesse an der Außenwelt zentriert sich nur noch auf die Droge, mit der Konsequenz, daß es zu kriminellen Handlungen kommt.

Der Schweizer Naturforscher Tschudi schildert das Elend der Süchtigen Südamerikas sehr anschaulich. »Alle, die Coca kauen, haben eine höchst unangenehme Ausdünstung, einen übelriechenden Atem, blasse Lippen, grüne stumpfe Zähne und einen ekelhaften schwärzlichen Saum um die Mundwinkel. Man erkennt sie an dem unsicheren Gang, der schlaffen Haut von graugelber Färbung, den hohlen, glanzlosen, von tiefen violettbraunen Kreisen umgebenen Augen, den zitternden Lippen, den unzusammenhängenden Reden und an ihrem stumpfen, apathischen Wesen. Der Charakter ist mißtrauisch, unschlüssig, falsch und heimtückisch.«

Gier nach Reizsteigerung

Noch drastischer (und vielleicht durch dichterische Phantasie nur wenig überzeichnet) nimmt sich eine Schilderung des Arztes Carl Ludwig Schleich aus unserem Jahrhundert aus: »Unendlich viel schwieriger und unter unvergleichlich höheren Qualen ist eine Kokainentziehung möglich als beispielsweise beim Morphium. Zu fest hält der Kokaindämon sein Opfer in seinen Vampirklauen, die Gier nach Reizsteigerung erreicht ungeheure Spannungs- und Qualhöhe, und zwar auf ganz rapidem Wege. Erzeugt schon der einmalige Genuß eine nicht unerhebliche Depression, wird doch oft der schöne Rausch plötzlich unterbrochen von Raserei, Wut- und Krampfanfällen, so sinkt die Lebensenergie des chronischen Kokainsünders in unglaublich kurzer Zeit auf Null herab. Hohle, grünbräunlich umschattete Augen, deren Glanz dahin ist, und auf deren Spiegelfläche die ersten Nebelschleier des Todes flüchtig wallen, die ungeheure Unruhe, Zittern der Glieder, bebende speichelnde Lippen, Zucken des Kinnes, Gähnkrämpfe, der Kopf hilflos auf die Brust gesunken ...« (1920).

Die Lebenserwartung der solchermaßen Geschädigten ist sehr niedrig.

Die plötzliche Entziehung der Droge ergibt seltsamerweise keine ernsthaften Abstinenzerscheinungen. Es treten lediglich starke Angst, Schlaflosigkeit, Herzklopfen, Atemnot und völlige Kraftlosigkeit auf. Wie bei allen Suchten ist die Rückfallgefahr sehr hoch, wenn die Persönlichkeitsstruktur nicht geändert wird (→ RA III, → RA IV).

Vom Kokainismus, bei dem das konzentrierte Gift appliziert wird, muß man den Cocaismus deutlich unterscheiden. Letzterer meint den anhaltenden Konsum der kokainhaltigen Blätter der Coca-Pflanze, den die Coqueros Südamerikas pflegen.

Nach Untersuchungen von Otto Nieschulz (1969, 1971), einem Hamburger Pharmakologen, verliert durch den Mund aufgenommenes Kokain völlig seine euphorisierenden Eigenschaften (die erst zur suchtartigen Abhängigkeit führen). Das Kokain wird während des Kauens zu dem weit harmloseren Ekgonin abgebaut. Was als Wirkung übrigbleibt, ist eine intensive Aktivierung der Gesamtpersönlichkeit und die Dämpfung des Hungergefühls, von denen alle Autoren übereinstimmend berichten.

Nach Angaben von Nieschulz (1973) läßt sich das weitgehend ungiftige Ekgonin leider nicht allgemein verwenden, weil sich aus ihm ziemlich sicher leicht Kokain zurückgewinnen läßt und Drogenabhängige diese Quelle sicher bald anzapfen würden.

Das aus dem Coca-Blatt destillierte Kokain »verhält sich zum Coca-Blatt wie für den Reisenden ein Überschallflugzeug zu einem Esel«, beschreibt der mexikanische Anthropologe Enrique Meyer drastisch den Unterschied.

Gantzer, Kasischke und Losno (1975) haben die bislang wohl fundierteste und kritischste Untersuchung über Coca und Cocaismus verfaßt. Aufgrund eigener Untersuchungen in Peru und detaillierter Analysen der bereits vorliegenden Literatur, so der bisher gründlichsten Studie im Auftrag der Vereinten Nationen (United Nations 1950), kommen sie zu dem Schluß, daß man die Coqueros keinesfalls durchwegs als Süchtige bezeichnen dürfe. Man müsse unterscheiden zwischen den physisch und psychisch heruntergekommenen süchtigen Coca-Kauern, die man vor allem in städtischen Elendsquartieren findet, und den Landbewohnern, die das Coca-Kauen in ihren Lebenszusammenhang integrieren konnten. Im Laufe von mehr als 400 Jahren »hat sich die Coca eine eigene Position als Traditionswert geschaffen: Darin bedeutet Cocagebrauch den Willen zur Erhaltung der Identität« (S. 50).

Diese drei Autoren verstehen den Cocaismus in einem komplexen soziokulturellen und psychologisch-medizinischen Zusammenhang als Reaktion eines erniedrigten Kolonialvolkes auf die anhaltende Bedrohung der individuellen und kollektiven Identität.

6. Statistik Kokain: Unsere vierte Volksdroge?

Es ist keine Frage, daß sich die THC-Substanzen Marihuana und Haschisch (→ Cannabis) nicht nur in den USA, sondern auch bei uns in Europa einen festen Platz neben dem ehemals allein herrschenden Alkohol erobert haben. Illegale Einfuhr großen Stils (→ Cannabis) haben die Cannabis-Produkte inzwischen jedermann verfügbar gemacht, der sie zu haben wünscht, und sie sind damit fraglos zu einer dritten »Volksdroge« geworden nach Alkohol und Morphium. Es gibt seit Ende der siebziger Jahre deutliche Anzeichen dafür, daß Kokain inzwischen ebenfalls in so erheblichem Maße von den Drogenhändlern auf den Markt auch der Bundesrepublik gedrückt wird (nachdem in den USA dafür bereits ein fester Markt etabliert wurde), daß von der Gefahr einer weiteren, vierten Volksdroge, zumindest unter jüngeren Konsumenten, gesprochen wird. Zwar macht die Menge Kokain, die bislang geschnupft und gespritzt wird, nach Schätzungen der Kriminalpolizei lange Zeit nur einen Bruchteil des konsumierten Heroin aus – aber die Menge des beschlagnahmten südamerikanischen Rauschgifts stieg laufend und schnell. Beschlagnahmt wurden 1979 in der BRD 19 Kilogramm; die Dunkelziffer dürfte zehnmal so hohe Werte ergeben (s. auch Statistik S. 191). Inzwischen sind wir bei Tonnenwerten angelangt.

Als empfänglich für Kokain gelten Cannabis- und Tabletten-Konsumenten, denen Heroin als nächster Schritt in der Drogenkarriere noch zu gefährlich vorkommt – und die keine Ahnung zu haben scheinen, wie es um die Risiken von Kokain steht.

Die konfiszierten Mengen werden immer größer. Im Februar 1977 stellte die Stuttgarter Polizei 5 Kilogramm im Schätzwert von 4 Millionen Mark sicher. Im Mai 1978 fand die belgische Polizei im Safe einer Brüsseler Bank 10 Kilogramm. Schon mehrere Male gelang es, durch Festnahmen den Aufbau eines Händlerringes zu stoppen, der die Droge aus Südamerika einschmuggeln und ein deutsches Verteilernetz aufbauen wollte. Man operierte dabei auf seiten der Gangster, vor allem gegenüber jugendlichen Abnehmern, mit dem Argument, Kokain sei ungefährlicher als Heroin, biete aber mehr als Haschisch.

Die Schmuggler sind oft Studenten, hauptsächlich Amerikaner, die glauben, sich schnell und ohne Anstrengung ein paar tausend Dollar verdienen zu können. Welch tödliches Risiko sie dabei auf sich nehmen, zeigt der qualvolle Tod des 22jährigen Allan Christopher McQueen. Es ist üblich, daß das Schmuggelgut, in Plastiksäckchen verschlossen, verschluckt und im Magen transportiert wird. McQueen starb auf dem Flug nach Los Angeles, als drei von 46 geschluckten Beutelchen sich – offenbar von der Magensäure angeätzt – auflösten und seinen Kreislauf mit dem hochkonzentrierten Gift überschwemmten. Nach Angaben der Behörden reisen jedes Jahr Tausende von solchen »Kurieren« von Süd- nach Nordamerika. Dort wird es entweder an den heimischen Markt geliefert oder weiter nach Übersee transportiert. Andere Wege führen direkt von Bolivien, Kolumbien und Peru nach Europa.

Führende Politiker wurden in den USA angeprangert, weil sie angeblich Kokain konsumiert haben. Hamilton Jordan, Stabs-Chef des Weißen Hauses und einer der engsten Vertrauten des amerikanischen Präsidenten Carter (der vehement gegen jeglichen Rauschmittelkonsum eintrat), wurde 1978 angezeigt, weil er angeblich in einer übel beleumdeten Discothek Kokain nahm; das Ermittlungsverfahren wurde jedoch eingestellt.

Während Jordan auf seinem Posten blieb, trat Carters Wahlkampf-Manager Tim Kraft Mitte September 1980 zurück, weil man ihn anschuldigte, 1977 in New Orleans Kokain geschnupft zu haben.

Es ist schwer auszumachen, wieweit hier politische Gegner die Kokain-Welle ausnützen, um Intrigen zu spinnen – oder ob sich der Drogenkonsum nicht wirklich bereits so weit ausgebreitet und als selbstverständlich in bestimmten Kreisen etabliert hat, daß die Vorwürfe stimmen.

Das Auftauchen der neuen Droge →Crack, die aus einer Aufkochung von Kokain mit Backpulver gewonnen wird, läßt vermuten, daß das alte Aufputschmittel Coca auch im 21. Jahrhundert noch für manche Überraschung gut sein dürfte.

J. v. Sch.

Literatur:

Ashley, R., *Cocaine: Its History, Uses and Effects,* London 1974

Bean, Ph., *Cocaine and Crack. Supply and Use.* New York 1993

Benn, G., »Kokain« (1917), in: *Ges. Werke* in 4 Bänden, Bd. 3, Wiesbaden 1968

Brod, M., *Annerl,* Prag 1937

Bux, K., »Polizeiliche Prävention bei der Bekämpfung der Rauschgiftkriminalität«, in: *Kriminalistik* Nr. 5, 1980, S. 194–202

Bühler, A., »Acerca del cultivo y utilizaciön de la planta de la coca«, in: *Actas Ciba* (spanisch) 4, 1946, S. 83–90

Cale, J. J., *»Cocaine«* (Lied), 1976, Philips Nr. 6073 429

Cocteau, J., *Le grand Ecart,* Paris 1923; deutsch: *Der große Sprung,* München 1956

Dillinger, *»Cocaine in my Brain«* (Lied), 1976, Island/Ariola Nr. 11 372

Fessler, R., zit.n. 1992 »Hirnblutungen nach Kokain«, in: *Der Spiegel* Nr. 49 / 1992

Freud, S., »Über Coca«, in: *Heitler's Centralblatt für Therapie,* 1884.

Ders., »Beitrag zur Kenntnis der Cocawirkung«, in: *Wiener medizinische Wochenschrift* 5, 1885 (beide nachgedruckt in: Freud, S., *Schriften über Kokain* (1884–86) Frankfurt a.M. 1996)

Ders., *Brautbriefe,* Frankfurt a. M. 1968

Gantzer, J., Kasischke, H. und R. Losno, *Der Cocagebrauch bei den Andenindianern in Peru.* Hannover 1975 (Druck im Rahmen des Sonderprogramms der Stiftung Studienkreis für Internationale Begegnung und Auslandsstudien (ASA)

Geschwinde, Th., *Rauschdrogen,* Berlin 1996, S. 317–319

Gutierrez-Noriega, C., »Alteraciones mentales producidas por la coca«, in: *Rev. Neuro-Psiquiat.,* Lima 1947

Gutierrez-Noriega, C., und Z. Oritz, *Estudios sobre la coca y la cocaina en el Peru,* Lima 1947

Hargreaves, C., *Snowfields – the War on Cocaine in the Andes,* London 1992

Hoffmann, K.-D., »Von der ›heiligen Inka-Pflanze‹ zur illegalen Droge«, in: *Pharmazeutische Zeitung* Nr. 1 / 1995

Irving, D., *Wie krank war Hitler wirklich?,* München 1980

Jeri, R. (zit. n.: *Der Spiegel* Nr. 21, 1980: »Grünes Meer«)

Jones, E., *Das Leben und Werk von Sigmund Freud,* Bd. I: *Die Entwicklung zur Persönlichkeit und die großen Entdeckungen 1856–1900,* Bern 1960

Kassebeer, F., »Entlarvende Flüche«, in: *Südd. Zeitung* vom 6. 8. 1980

Lingeman, R. R., *Drugs from A to Z,* New York 1968

Lippert, H., *Einführung in die Pharmakopsychologie,* Bern 1959

Maier, H. W., *Der Kokainismus,* Leipzig 1926

Mellenthin, K., »Polizeiliche Möglichkeiten der Prävention« (unveröffentlichtes Manuskript), Vortrag anläßlich der Fachkonferenz der Deutschen Gesellschaft gegen die Suchtgefahren in Fellbach, vom 29. 10. bis 1. 11. 1979

Meyer, E. (zit. n.: *Der Spiegel,* Nr. 21, 1980: »Grünes Meer«)

Meyer, N., *Kein Koks für Sherlock Holmes,* München 1978

Moser, B., und D. Taylor, *The Cocaine-Eaters,* London 1965

Nieschulz, O., »Kokaismus und Kokainismus«, in: *Münchner Medizinische Wochenschrift* 111, 1969, S. 2276-84

Ders., »Psychopharmakologische Untersuchungen über Cocain und Ecgonin«, in: *Arzneimittelforschung/Drug Research* 21, 1971, S. 275–284

Observatoire geopolitique des drogues (Hrsg.), *Der Welt-Drogen-Bericht,* München 1993

Pitigrilli, *Kokain,* München 1979

Rheiner, W., *Kokain und andere Prosa,* Berlin 1979

Rhodes, R., »Koks schreibt man mit ›C‹*«, in: *Playboy* Januar-Heft, München 1975

Römpp, H., *Chemische Zaubertränke,* Stuttgart 1939

Ruppert, R., *Das Koka- und Kokaingeschäft in Bolivien...,* Nürnberg 1990

Sauloy, M. und Y. Le Bonniec, *Tropenschnee. Kokain... Ein Wirtschaftsreport,* Reinbek 1994

Scheidt, J. vom, *Freud und das Kokain,* München 1973

Ders., *Der falsche Weg zum Selbst – Studien zur Drogenkarriere,* München 1976
Schleich, C. L., »Kokainismus«, in: *Gartenlaube* 1920 (zit. n.: Heilmann, W., *Die schönsten Geschichten aus der Gartenlaube,* München 1975)
Schultz, M. G., »The Strange Case of Robert Louis Stevenson«, in: *Journal of the American Medical Association* 216, 1971, S. 90-94
Stevenson, R. L., *The Strange Case of Dr. Jekyll and Mr. Hyde,* London 1886
Stone, N., Fromme, M. und D. Kagan, *Leistungsdroge Kokain,* Weinheim 1990
Sülberg, H., »Kokain – der weiße Riese«, in: *Stern-Magazin* Nr. 22, 1980
United Nations (Hrsg.), »Report of the Commission of Enquiry on the Coca Leaf«, in: *Official Records of the Session of the Economic and Social Council* Session 12, Spec. Suppl. 1, New York 1950, S. 1-167
Wagner, H., *Rauschgift-Drogen,* Berlin 1970
Zárate, A. (zit. n.: *Der Spiegel* Nr. 21, 1980: »Grünes Meer«)

Kola-Nuß

(→ Cola-Nuß) → Genuß-Drogen

L

Librium
→ Schlafmittel
Liebes-Drogen
→ Aphrodisiaka

Lösungsmittel

Eine Reihe von in Industrie und Haushalt verwendeten Lösungsmitteln haben sich als potentielle Rauschdrogen erwiesen. Bekanntgeworden sind vor allem das in den fünfziger Jahren unter amerikanischen und schwedischen Jugendlichen weit verbreitete *glue-sniffing* (Leimschnüffeln) oder *thinner-sniffing* (Lösungsmittelschnüffeln). Dabei werden Klebestoffe, die toluolhaltige, flüchtige Lösungsmittel enthalten, entweder auf Taschentücher geträufelt (die man dann vor Mund und Nase hält) oder in Tüten gegossen und die sich entwickelnden Dämpfe eingeatmet.
Die Jugendlichen haben in ihrem Rausch Größenideen – das Gefühl, *Superman* zu sein – beschrieben. Mit dem Anbruch der *psychedelischen* Ära mit ihren Halluzinogenen (→ Cannabis, → LSD) ging das *glue-sniffing* vorübergehend stark zurück. 1958 wurden beispielsweise in Schweden noch 103 Fälle beobachtet, 1960/61 hingegen lediglich 20. Ende der siebziger Jahre begann sich der gefährliche Brauch dann erneut auszubreiten (s. Schluß dieses Stichworts).
Neben den unten ausführlicher beschriebenen Substanzen werden auch Aceton, Butylacetat, Dichlormethan, Hexan, Xylol, Tetrachlorkohlenstoff (»Tetra«) sowie aliphatische Fluorkohlenwasserstoffe zum Schnüffeln verwendet.
Gefährlich ist vor allem die Benützung der Plastiktüten, weil sie – zu weit über den Kopf gezogen – bei einer rasch einsetzenden Betäubung zu nicht mehr steuerbaren Vergiftungen mit möglicherweise tödlichem Ausgang führen kann.

Chemisches Prinzip der wichtigsten Lösungsmittel
1. *Benzin* besteht aus Kohlenwasserstoffen – vor allem den Paraffinen Hexan und Heptan –, löst sich in Wasser nicht, in Fetten gut. Es wirkt psychopharmakologisch ähnlich wie Ether, aber erheblich schwächer. Früher, als Waschlederhandschuhe noch ein unentbehrlicher Bestandteil der Kleidung waren, soll Benzin von Handschuhwäscherinnen als Rauschmittel verwendet worden sein.
2. *Toluol* ($C_6H_5CH_3$) ist ein mit Benzol (C_6H_6) chemisch eng verwandtes Lösungsmittel, das diesem in seiner Beschaffenheit und seinen Wirkungen sehr ähnlich ist. Der von Malern gebrauchte *thinner* (Verdünner) enthält Toluol.
3. *Trichlorethylen* ($CHCl - CCl_5$) siedet bei 87 °C und wird in der Industrie als

Lösungs-, Reinigungs- und Extraktionsmittel für Fette, Öle, Harze, Lacke und Kautschuk verwendet. Ebenso wie Tetrachlorkohlenstoff kann es zu einer echten Sucht führen, die vor allem früher, als man dieses Risiko in chemischen Betrieben nicht kannte, nicht wenige Arbeiter befiel. Haben sie sich erst einmal an die berauschende Wirkung der Dämpfe dieser leicht flüchtigen Stoffe gewöhnt, so nehmen sie täglich öfter über den Reinigungsbassins einige tiefe Atemzüge. An arbeitsfreien Tagen fühlen sie sich dann müde, sind nervös und unruhig – Entziehungssymptome, die freilich nicht sehr stark ausgeprägt sind. Wechsel des Arbeitsplatzes genügt in solchen Fällen meist als »Therapie«.

4. *Chloroform* oder *Trichlormethan* (CCl_3H) ist eine farblose, süßlich schmeckende und charakteristisch riechende Flüssigkeit, die bei 61,5 °C siedet, aber – im Gegensatz zu den meisten anderen narkotischen Lösungsmitteln – keine brennbaren Dämpfe bildet. Chloroform verliert durch Oxydation schon im Tageslicht einen Teil seiner Wirkung und muß deshalb in undurchsichtigen Flaschen aufbewahrt werden. Man hat es früher in der Medizin als Narkosemittel verwendet, doch erwies sich Chloroform als erheblich giftiger als Ether oder Stickoxydul (Lachgas). Es wird deshalb kaum mehr eingesetzt. Seine »therapeutische Breite« (→ RA V) ist sehr gering, es ist ein Lebergift und hemmt die Herztätigkeit und das Atemzentrum.

Wirkungsbild narkotischer Lösungsmittel

Warum bestimmte Stoffe das Zentralnervensystems (umkehrbar) so lähmen, daß ein Zustand der Bewußtlosigkeit und Schmerzunempfindlichkeit (Narkose) erreicht wird, ist bisher noch unbekannt. Verblüffend – und theoretisch schwer zu erklären – scheint die Tatsache, daß Stoffe von ganz unterschiedlicher chemischer Struktur weitgehend ähnliche Wirkungen haben: Edelgase (Xenon), die chemisch überhaupt nicht reagieren, Alkohole, Ether, halogenhaltige und ungesättigte Kohlenwasserstoffe, Barbiturate. Es ist wenig wahrscheinlich, daß diese Effekte durch denselben Mechanismus erreicht werden. Wahrscheinlich kennt das Gehirn nur eine Antwort – eben die Narkose – auf eine ganze Reihe verschiedener chemischer Reize. Änderungen rein physikalischer Art (wie durch das reaktionsarme Edelgas Xenon) müssen neben eine Hemmung enzymatischer Vorgänge treten, durch welche man die Effekte anderer Narkotika erklärt.

Die vier Stadien der Narkose (medizinisch-pharmakologisch):

1. *Analgesie.* Die Großhirnrinde und damit das »Organ des Bewußtseins« ist teilweise gehemmt, die Schmerzempfindung, aber auch die Selbstkritik und Realitätsorientierung sind vermindert.
2. *Erregung.* Durch die sehr weitgehende Hemmung höherer »bremsender« Einflüsse aus der Großhirnrinde werden niedere motorische Zentren enthemmt. Bei ausgeschaltetem oder sehr reduziertem Bewußtsein herrscht motorische Überaktivität. Dieses »Exzitationsstadium« wird in der modernen, fast immer kombinierten (mehrere Narkosemittel verwendenden) Narkose meist durch eine vorausgehende Gabe von muskelentspannenden Mitteln unterbunden.
3. *Toleranz.* Neben der Großhirnrinde sind auch das Mittelhirn und das

Rückenmark gehemmt. Die Spannung der Körpermuskeln ist vermindert, das Bewußtsein ist ausgeschaltet, aber das Herz schlägt noch, und die Atmung funktioniert weiterhin, da das Narkosemittel die vegetativen Zentren im Hirnstamm noch nicht angegriffen hat.

4. *Paralyse.* Die Spanne vom Toleranzstadium zu diesem nächsten Stadium, der Paralyse, kennzeichnet die »therapeutische Breite« eines Narkosemittels. In diesem Stadium greift die Lähmung auch auf die vegetativen Zentren des Hirnstamms über, Atmung und Kreislauf werden gestört, das Leben des Patienten ist in akuter Gefahr.

Wenn Narkosemittel als Rauschdrogen verwendet werden, dann sucht der Betroffene nur die ersten beiden Stadien zu erreichen. Er strebt die euphorisch getönte »Dösigkeit« bei einer leichten Bewußtseinstrübung an, in der er persönliche Probleme, die ihn im wachen Zustand quälen, nicht mehr wahrnimmt und in der emotionale wie geistige Spannungen eingeebnet werden. Autosuggestionen können, da das realitätsorientierte Bewußtsein nicht mehr sein Veto einlegt, träumerisch verwirklicht werden – der jugendliche Leimschnüffler wird zu Tarzan oder zum mächtigen *Superman* seiner Comics.

E. Schuster und H. Waldmann unterscheiden vier Stadien der Wirkungen von Schnüffelstoffen: Im ersten treten Übelkeit, Wadenschmerzen oder Kopfdruck auf. Im zweiten wird eine gesteigerte Empfänglichkeit für äußere Reize beschrieben, verknüpft mit Wohlbehagen und Gefühl der Schwerelosigkeit, ähnlich dem Alkoholrausch.

Das dritte Stadium ist mit einem oberflächlichen Schlaf vergleichbar, in dem sich geübte Schnüffler bestimmte Tagträume zurechtlegen. Das vierte Stadium ist Bewußtlosigkeit.

Schäden

Fast alle Lösungsmittel sind bei gewohnheitsmäßigem Mißbrauch giftig. Chloroform ist krebserregend, schädigt die Leber und kann, wenn die Dosis zu hoch gewählt wurde, zu Atemlähmung oder wenigstens zu zentralnervösen Abbauerscheinungen (durch kurzzeitigen Sauerstoffmangel im Gehirn) führen. Trichloräthylen-Mißbrauch führt zu Nervenentzündungen, Nervenschmerzen im Gesicht (Trigeminus-Neuralgie) und Herzleiden, die ebenfalls nervös bedingt sind (durch Schäden in der Reizleitung). Bei Jugendlichen, die mehrere Jahre regelmäßig Toluol-Dämpfe eingeatmet haben, sind mehrtägige Delirien (vom Typ des Delirium tremens; → Alkohol) beobachtet worden.

Neben dem Atemstillstand ist beim Einatmen von Schnüffelstoffen auch Herz-Kreislaufversagen als Todesursache beschrieben worden. Verwirrtheitszustände mit Erregungs-, Angst- und Panikreaktionen können auftreten.

Schnüffeln ist oft eine Modeerscheinung in Schulklassen, Jugendheimen und ähnlichen Gruppen, wobei vorzugsweise jüngere Jugendliche (10- bis 15jährige) aus den ärmeren sozialen Schichten betroffen sind. Seltener betroffen, aber mehr gefährdet sind Alleinschnüffler, die nicht in einem Zusammenhang handeln, ihr Verhalten oft längere Zeit fortsetzen und meist seelisch vorgeschädigt sind. Bei ihnen entwickelt sich eine seelische Abhängigkeit, die zur Vorbedingung der körperlichen Folgen des langdauernden Mißbrauchs wird: Leberschäden, Nieren- und Nervenstörungen (Polyneu-

ropathie) und Gehirnschäden mit Gedächtnisausfällen und Antriebsausfällen.
Joyce M. Watson berichtet in einer Studie aus England, daß die Schnüffler inzwischen nicht einmal mehr Schuhputzmittel verschmähen, um zu ihren euphorisierenden Dämpfen zu gelangen. In den USA begann die Unsitte um 1960. In Japan zählte man 1963 über 100 Tote, 1969 sogar schon 161. In Finnland fanden zwischen 1968 und 1971 mindestens zwölf *sniffer* den Drogentod. Vergleichbare Berichte liegen vor aus Kalifornien, Kanada und Schottland. Aus Großbritannien wurden in den sieben Jahren von Januar 1970 bis Januar 1977 45 Opfer chemischer Dämpfe bekannt (zit. n.: *Kriminalistik* Nr. 5, 1980). Einen Ausschnitt der bundesdeutschen Schnüffelszene beleuchten - anhand von 40 Berliner Fällen - H. Altenkirch und H. Schulze von der Neurologischen Klinik der Freien Universität Berlin. Beachtung verdient ihr Hinweis, daß immer öfter schwere toxische Polyneuropathien auftreten, nachdem die Herstellerfirmen von Lösungsmitteln ihre Produkte mit Methyl-Ethyl-Keton (MEK) vergällen. Die Arbeit gibt außerdem einen Überblick über den Stand der Forschung anhand von 17 referierten Arbeiten anderer Wissenschafter.
Für die Bundesrepublik rechnete man 1988 mit etwa 30.000 Schnüfflern.

Während in den hochentwickelten Ländern der Gebrauch von Lösungsmitteln als Rauschgift in den neunziger Jahren zurückgegangen ist und die umweltmedizinischen Informationen auch dazu geführt haben, daß Spanplatten und Anstriche mehr und mehr von giftigen Inhaltsstoffen befreit werden, berichten Reisende aus Entwicklungsländern – vor allem Südamerika – von einer epidemischen Zunahme des »Schnüffelns«. Ausgangsstoff ist meist billiger Kleber (Schusterleim); die Konsumenten sind vor allem die Straßenkinder, welche die rasch wachsenden Großstädte der Entwicklungsländer vor große soziale Probleme stellen. Da die medizinische Versorgung dieser Bevölkerungsgruppe außerordentlich schlecht ist, lassen sich keine genauen Angaben über Erkrankungen und Todesfälle gewinnen. Die Hoffnung, daß die riskante Lösungsmittelsucht aussterben würde, hat sich jedenfalls nicht erfüllt.

W.S. / J.v.Sch.

Literatur:

Altenkirch, H. und Schulze, H., »Schnüffelsucht und Schnüffler-Neuropathie«, in: *Der Nervenarzt* 50, 1979, S. 21-27
Foldes, F. F., u. a., *Narcotics and Narcotic Antagonists,* Springfield 1964
Hesse, E., *Rausch-, Schlaf- und Genußgifte,* Stuttgart 1966
Kilian, H. und Weese, H., *Die Narkose,* Stuttgart 1954
Kuschinsky, G. und Lüllmann, H., *Pharmakologie,* Stuttgart 1966
Laubenthal, F. (Hrsg.), *Sucht und Mißbrauch,* Stuttgart 1964
Lundquist, G., »Erfahrungen in skandinavischen Ländern«, in: Laubenthal, F., a.a.O., S. 453
Schuster, E. und Waldmann, H., *Rauschmittel-Report* (o. f), hrsg. vom Bay. Staatsministerium für Arbeit und Sozialordnung
Watson, J. M. (zit. n.: *Kriminalistik* Nr. 5, 1980)

LSD

(Lysergsäure-Diäthylamid, LSD-25)

1. Geschichte der Droge

Seit Jahrhunderten ist das Mutterkorn bekannt, ein Pilz (Claviceps pupurea), der an Getreideähren schmarotzt und vor allem in feuchten Sommern ganze

Kornfelder verderben kann. Früher warfen die Bauern aus Unwissenheit, Hunger oder Geiz die befallenen Ähren nicht fort. Das Mutterkorn geriet ins Brot und führte zu epidemischen Vergiftungen, die in den alten Chroniken als *Ignis sacer* (heiliges Feuer) oder *Gottesrache, Antonius-Feuer* beziehungsweise *St.-Martialis-Feuer* beschrieben werden.

Die Psychologin Linda Caporeal hat 1976 in *Science* die These aufgestellt, daß auch die merkwürdigen Hexenprozesse von Salem/Massachussetts eine Folge dieses Antonius-Feuers (also der Mutterkorn-Droge) gewesen seien: Ende 1691 wurden in jenem Städtchen plötzlich acht junge Frauen von einer unerklärlichen Krankheit gepeinigt, die sich durch seltsames Verhalten, Sprachstörungen, unkontrollierte Körperbewegungen und Gesten sowie epilepsieartige Anfälle auszeichneten. Arthur Miller hat in seinem Theaterstück *Die Hexenjagd* minutiös beschrieben, wie der Stadtrat diese Frauen als verhext erklären ließ und im September desselben Jahres insgesamt neunzehn Männer und Frauen wegen Hexerei hängen und eine Frau steinigen ließ (Miller erwähnt allerdings die Mutterkorn-Hypothese nicht).

Der letzte historisch belegte Fall einer Mutterkorn-Epidemie ereignete sich in den Jahren 1926/27 in Südrußland. Hingegen handelte es sich bei der Massenvergiftung in der südfranzösischen Stadt Pont-St. Ésprit im Jahre 1961, die in vielen Veröffentlichungen als LSD-Psychose durch Getreideverunreinigungen mit *Claviceps purpurea* gedeutet wurde, nicht um Ergotismus, sondern um eine Vergiftung durch eine organische Quecksilberverbindung. Es wurde damals zur Desinfektion von Saatgutgetreide verwendet (Hofmann 1979, S. 18). Dieses Malheur kann auch Neugierigen passieren, die sich Windensamen besorgen, um einen Trank nach Art des → Ololiuqui herzustellen!

Die Mutterkornvergiftung (Ergotismus) äußert sich vor allem in Krämpfen und Durchblutungsstörungen. Die befallenen Gliedmaßen sind *brandig* (daher wohl auch die Bezeichnung Antonius-*Feuer*), da die Mutterkorn-Alkaloide die Blutgefäße zusammenziehen und die nicht mehr durchbluteten Glieder tiefschwarz mumifiziert werden. Weitere Symptome des Ergotismus sind geistige Veränderungen (durch gestörte Gehirndurchblutung) und Fehlgeburten (ein Mutterkorn-Alkaloid, Ergotin, wird nach der Geburt verwendet, damit der Uterus besser kontrahiert).

Claviceps purpurea ist eine kleine chemische Fabrik. Neben Ergotin enthält er eine ganze Reihe anderer Alkaloide, von denen noch mindestens eines medizinisch viel verwendet wird: Ergotamin, ein Medikament gegen Migräne. Bereits 1938 fügte der Chef des Naturstoffe-Labors der großen pharmazeutischen Firma Sandoz in Basel, Dr. Albert Hofmann, eine Diethylamid-Gruppe zu einem weiteren Stoff im Mutterkorn, der Lysergsäure. Aber erst 1943 entdeckte er durch einen Zufall, daß d-Lysergsäure-Diethylamid-tartrat psychische Prozesse umfassend verändert. Am 16. April 1943 mußte Hofmann nämlich sein Labor verlassen, weil er sich plötzlich ruhelos und wie betäubt fühlte. Zu Hause angekommen, versank Hofmann in einen Zustand, in dem ihn das helle Tageslicht sehr störte. Bei geschlossenen Augen hatte er phantastische Visionen, kaleidoskopartige Bilder in intensiven Farben. Nach zwei Stunden ließen die

Symptome nach, und Hofmann überlegte, welcher Stoff für seinen Zustand verantwortlich gewesen sei. Er kam zu dem Resultat, daß er nur mit LSD gearbeitet hatte, aber unmöglich nennenswerte Mengen dieser Substanz aufgenommen haben konnte. Hofmann nahm deshalb 0,25 Milligramm LSD (wie sich später herausstellte, das Zehnfache der wirksamen Dosis). Die Folge war ein schwerer, höchst eigenartiger Rausch (siehe unten).

Der zweite LSD-Rausch der Welt

19.IV./16.20: 0,5 cc. von $^1/_2$-promilliger wässeriger Tartrat-Lösg. v. Diäthylamid peroral = 0.25 mg Tartrat. Mit ca. 10 cc. W. verdünnt geschmacklos einzunehmen.
17.00: Beginnender Schwindel, Angstgefühl, Sehstörungen, Lähmungen, Lachreiz.
Ergänzung am 21.IV.: Mit Velo nach Hause. Von 18– ca. 20 Uhr schwerste Krise. (S. Spezialbericht)
Die letzten Worte konnte ich nur noch mit großer Mühe niederschreiben. Schon jetzt war es mir klar, daß Lysergsäure-diäthylamid die Ursache des merkwürdigen Erlebnisses vom vergangenen Freitag gewesen war, denn die Veränderungen der Empfindungen und des Erlebens waren von gleicher Art wie damals, nur viel tiefgehender. Ich konnte nur noch mit größter Anstrengung verständlich sprechen und bat meine Laborantin, die über den Selbstversuch orientiert war, mich nach Hause zu begleiten. Schon auf dem Heimweg mit dem Fahrrad – ein Auto war im Augenblick nicht verfügbar, Autos waren während der Kriegszeit nur wenigen Privilegierten vorbehalten –, nahm mein Zustand bedrohliche Formen an. Alles in meinem Gesichtsfeld schwankte und war verzerrt wie in einem gekrümmten Spiegel. Auch hatte ich das Gefühl, mit dem Fahrrad nicht vom Fleck zu kommen. Indessen sagte mir später meine Assistentin, wir seien sehr schnell gefahren. Schließlich doch noch heil zu Hause angelangt, war ich gerade noch fähig, meine Begleiterin zu bitten, unseren Hausarzt anzurufen und bei den Nachbarn nach Milch zu fragen.
Trotz meines rauschartigen Verwirrtheitszustandes konnte ich für kurze Augenblicke klar und zweckgerichtet denken – Milch als unspezifisches Entgiftungsmittel.
Schwindel und Ohnmachtsgefühl wurden zeitweise so stark, daß ich mich nicht mehr aufrecht halten konnte und mich auf ein Sofa hinlegen mußte. Meine Umgebung hatte sich nun in beängstigender Weise verwandelt. Alles im Raum drehte sich, und die vertrauten Gegenstände und Möbelstücke nahmen groteske, meist bedrohliche Formen an. Sie waren in dauernder Bewegung, wie belebt, wie von innerer Unruhe erfüllt. Die Nachbarsfrau, die mir Milch brachte – ich trank im Verlaufe des Abends mehr als zwei Liter –, erkannte ich kaum mehr. Das war nicht mehr Frau R., sondern eine bösartige, heimtückische Hexe mit einer farbigen Fratze. Aber schlimmer als diese Verwandlungen der Außenwelt ins Groteske waren die Veränderungen, die ich in mir selbst, an meinem inneren

Wesen, verspürte. Alle Anstrengungen meines Willens, den Zerfall der äußeren Welt und die Auflösung meines Ich aufzuhalten, schienen vergeblich. Ein Dämon war in mich eingedrungen und hatte von meinem Körper, von meinen Sinnen und von meiner Seele Besitz ergriffen. Ich sprang auf und schrie, um mich von ihm zu befreien, sank dann aber wieder machtlos auf das Sofa. Die Substanz, mit der ich hatte experimentieren wollen, hatte mich besiegt. Sie war der Dämon, der höhnisch über meinen Willen triumphierte. Eine furchtbare Angst, wahnsinnig geworden zu sein, packte mich. Ich war in eine andere Welt geraten, in andere Räume mit anderer Zeit. Mein Körper schien mir gefühllos, leblos, fremd. Lag ich im Sterben? War das der Übergang? Zeitweise glaubte ich außerhalb meines Körpers zu sein und erkannte dann klar, wie ein außenstehender Beobachter, die ganze Tragik meiner Lage. Sterben ohne Abschied von meiner Familie – meine Frau war mit unseren drei Kindern an diesem Tag zu ihren Eltern nach Luzern gefahren. Ob sie jemals verstehen würde, daß ich nicht leichtsinnig, verantwortungslos, sondern äußerst vorsichtig experimentiert hatte, und daß ein solcher Ausgang in keiner Weise vorauszusehen war? Nicht nur, daß eine junge Familie vorzeitig ihren Vater verlieren sollte, auch der Gedanke, meine Arbeit als Forschungschemiker, die mir so viel bedeutete, mitten in fruchtbarer, zukunftsreicher Entwicklung unvollendet abbrechen zu müssen, steigerte meine Angst und Verzweiflung. Dazwischen tauchte voll bitterer Ironie die Überlegung auf, daß eben dieses Lysergsäure-diäthylamid, das ich in die Welt gesetzt hatte, mich nun zwang, sie vorzeitig zu verlassen.

Der Höhepunkt meines verzweifelten Zustandes war bereits überschritten, als der Arzt eintraf. Meine Laborantin klärte ihn über meinen Selbstversuch auf, da ich selbst noch nicht fähig war, einen zusammenhängenden Satz zu formulieren. Nachdem ich ihn auf meinen vermeintlich tödlich bedrohten körperlichen Zustand hinzuweisen versucht hatte, schüttelte er ratlos den Kopf, da er außer extrem weiten Pupillen keinerlei abnorme Symptome feststellen konnte. Puls, Blutdruck und Atmung waren normal. Er verabfolgte daher keine Medikamente, trug mich ins Schlafzimmer und wachte an meinem Bett. Langsam kam ich nun wieder aus einer unheimlich fremdartigen Welt zurück in die vertraute Alltagswirklichkeit. Der Schrecken wich und machte einem Gefühl des Glücks und der Dankbarkeit Platz, je mehr normales Fühlen und Denken zurückkehrten, und die Gewißheit wuchs, daß ich der Gefahr des Wahnsinns endgültig entronnen war.

Jetzt begann ich allmählich das unerhörte Farben- und Formenspiel zu genießen, das hinter meinen geschlossenen Augen andauerte. Kaleidoskopartig sich verändernd drangen bunte, phantastische Gebilde auf mich ein, in Kreisen und Spiralen sich öffnend und wieder schließend, in Farbfontänen zersprühend, sich neu ordnend und kreuzend, in ständigem Fluß. Besonders merkwürdig war, wie alle akustischen Wahrnehmungen, etwa das Geräusch einer Türklinke oder eines vorbeifahrenden Autos, sich in optische Empfindungen verwandelten. Jeder Laut erzeugte ein in Form und Farbe entsprechendes, lebendig wechselndes Bild. ...

Albert Hofmann (1943)

LSD, das einige Jahre später unter dem Handelsnamen Delysid von Sandoz auf den Markt gebracht wurde, ist in seinem Effekt und in seinem Werdegang Prototyp einer neuen Rauschdroge, der man mit den herkömmlichen Kategorien – Euphorie, Mißbrauch und Sucht – nicht mehr beikommt. Da es schon in winzigen Dosen seelische Vorgänge einschneidend verändert, hielt man es zunächst für ein wertvolles Instrument psychiatrischer Forschung. Der Zustand unter LSD-Einfluß glich einer »experimentellen Geisteskrankheit« – Halluzinationen, Veränderungen des Zeitsinns, Überschwemmt werden von einer bisher unbewußten Bilderwelt sind Symptome, die auch bei der Schizophrenie auftreten können. Die Dekade von 1950 bis 1960 war weitgehend von der Analyse dieser »experimentellen Psychose« bestimmt. Allmählich aber erkannte man, daß LSD nicht nur seelische Vorgänge krankhaft umwandelt, sondern vielfach auch einzigartige Erlebnisse bewirkt – das Gefühl mystischer Einheit mit dem All, Visionen von religiöser Intensität, ein radikal neues Selbstbild. Aus der *psychotomimetischen* – Geisteskrankheiten nachahmenden – Wirkung, die man LSD zuschrieb, wurde die *psychedelische,* bewußtseinserweiternde Funktion. Zunehmend wurde LSD in der Psychotherapie eingesetzt (siehe unten). Dann aber – seit 1961 ein vorher wenig bekannter Psychologie-Dozent an der Harvard-Universität, Dr. Timothy Leary, LSD in den Mittelpunkt einer neuen Religion stellte – geriet die Droge in den Strudel einer Kontroverse, die heute noch nicht abgeschlossen ist. Je weiter sein *wilder* Gebrauch um sich griff, um so einschränkender wurde die Gesetzgebung, bis 1966 die Hersteller-Firma Sandoz die Produktion einstellte und viele Staaten LSD gesetzlich als gefährliches Rauschgift charakterisierten (es fällt in Deutschland unter das *Opium-Gesetz*). Diese Kontroverse wird noch eingehend behandelt (→ unten *LSD und Psychotherapie, LSD und Religion, Gefahren durch LSD*). Sie hat jedenfalls in den letzten Jahren die LSD-Forschung zunehmend beeinträchtigt.

2. Chemische und physiologische Wirkung

Lysergsäure-diethylamid heißt mit vollem chemischem Namen d-Lysergsäure-Diethylamid-tartrat. Die gelegentlich benützte Abkürzung LSD-25 besagt, daß es der 25. in einer Reihe analoger Stoffe war, die in den Sandoz-Laboratorien synthetisiert wurden. Die Bezeichnungen *Säure* (*acid* im amerikanischen Jargon) oder *Lysergsäure* sind unzutreffend, da Lysergsäure ohne die Diethylamid-Gruppe keine nennenswerten psychotropen Effekte hat. Zur chemischen Struktur von LSD und ihrer Verwandtschaft mit anderen Indolen → RA V. Erst geraume Zeit nach der Synthese von LSD entdeckte man, daß eine seit langer Zeit von mexikanischen Indianern zu magisch-religiösen Zwecken verwendete Droge, → Ololiuqui, Lysergsäure-Amid enthält, ein hundertmal schwächeres Halluzinogen als LSD, das ebenfalls Hofmann in den Sandoz-Laboratorien zum ersten Mal chemisch rein darstellte. Pharmakologische Tierexperimente* mit LSD sind ziemlich arm an Resultaten geblieben. Pupillenerweite-

* Zur Problematik von Tierversuchen → RA V.

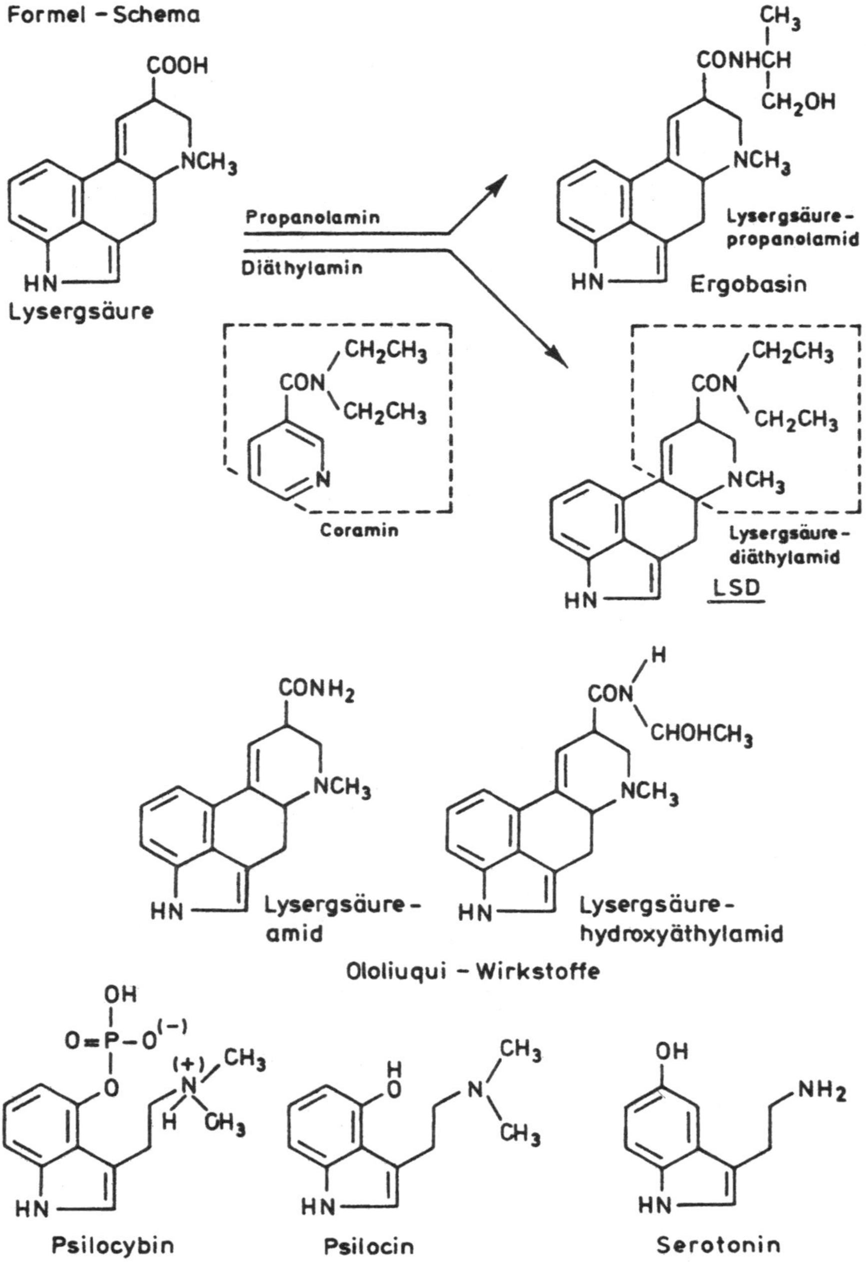

Strukturformel des LSD-25 und der ihm chemisch verwandten Substanzen (nach: A. Hofmann 1979, S. 231)

rung und Pilo-Erektion (gesträubte Haare, entspricht der menschlichen *Gänsehaut*) ließen sich nachweisen. Katzen, die enorme Dosen vertragen (25 mcg/kg Körpergewicht), wurden liebenswürdig gegenüber Mäusen, Spinnen bauten perfektere Netze (während → Meskalin ihre Netzbaukunst beeinträchtigt), ein Elefant starb an einer Dosis, die – gemessen an seinem Körpergewicht – nicht einmal besonders hoch war (etwa 300 mg). Betrachtet man die pharmakologische Wirkung von LSD beim Menschen, so verwundert zunächst die winzige Dosis, welche genügt, um das Erleben acht bis zwölf Stunden so stark zu verändern. Es werden im Durchschnitt nur 100 Mikrogramm (mcg, µg, Gamma) benötigt – das sind nur 0,1 Milligramm. Ein Gramm LSD würde genügen, um jeden Menschen einer kleinen Stadt mit 10.000 Einwohnern auf eine LSD-*Reise* zu schicken. Die therapeutische Breite (→ RA V) von LSD ist sehr groß; 3.000 Mikrogramm (= drei Milligramm) sind vielfach ohne nachteilige Folgen vertragen worden. Vor Jahren haben kanadische Psychiater, Stanley P. Barron und seine Mitarbeiter, über einen LSD-Händler berichtet, der 40.000 Mikrogramm verschluckte, weil er eine Polizeikontrolle fürchtete. Eine heftige Psychose mit Verwirrtheit und Halluzinationen folgte, die nach drei Tagen ohne weitere Nachwirkungen abklang. Allerdings sind die heute in der Regel in Waschküchenlabors hergestellten Mengen von LSD nicht immer rein, so daß der Betreffende wohl nur die Hälfte (20 mg) reines LSD konsumiert hatte.

Oral genommen, beginnt LSD nach rund 45 Minuten zu wirken. Intravenös injiziert, setzt der Effekt nach wenigen Minuten ein. Angesichts der winzigen Dosen (man kann 100 *mcg* kaum mit bloßem Auge sehen) ist es erstaunlich, daß nur ein kleiner Bruchteil dieser Gabe die Blut-Hirn-Schranke passiert und ins Gehirn dringt. Injiziert man LSD unmittelbar in die Rückenmarksflüssigkeit, dann genügt ein Zehntel der sonst verwendeten Dosis, um dieselbe Symptomatik auszulösen. Von oral eingenommenem LSD gerät beim Menschen nur sehr wenig ins Gehirn, was man mit radioaktiv markiertem LSD nachweisen kann; der Rest wird zunächst in Leber und Nieren transportiert und innerhalb von acht bis zwölf Stunden ausgeschieden. Die Annahme, daß LSD nur eine Reaktionskette in Gang setzt und gar nicht mehr im Körper anwesend sein muß, wenn die psychischen Effekte einen Höhepunkt erreichen hat sich bisher nicht bestätigt. Offensichtlich wirkt LSD vor allem auf das Stamm- und Zwischenhirn, in erster Linie auf das *Limbische System* und das *Retikuläre System*. Diese Gehirnzentren steuern die emotionalen Reaktionen auf Sinnesreize und beeinflussen offensichtlich auch die Auswahl der Informationen, die uns durch unsere Sinne übermittelt werden. Darüber hinaus sind im Hirnstamm und im Zwischenhirn auch Gangliengruppen lokalisiert, welche viele Lebensvorgänge lenken – Atmung, Kreislauf, Herzschlag, Darmbewegungen, Hautdurchblutung. LSD beeinflußt diese vegetativen Zentren nicht stark, aber merklich. Die Pupillen sind erweitert (daher kann helles Licht unerträglich werden), gelegentlich kommt Übelkeit mit Erbrechen vor und zeigt, daß LSD das Brechzentrum im Stammhirn reizt. Auftretende Kältegefühle erweisen, daß es auch die für die Wärmeregulation des Körpers verantwortlichen

Jahr	*LSD-Trips (Stück)*
1970	178925
1971	89281
1972	52272
1973	77207
1974	61407
1975	50855
1976	60952
1977	14300
1978	33328
1979	38132
1980	28881
1990	14332
1995	71069
1996	67082

LSD-Sicherstellungen von 1970 bis Mitte 1980 (nach: *Kriminalstatisik* Nr. 5, 1980, S. 199). Es fällt auf, daß nach dem Höhepunkt 1970 die Zahlen deutlich abnehmen. Man kann jedoch davon ausgehen, daß die tatsächlich illegal gehandelte Menge das bis zu Zehnfache ausmacht.

Illegal gehandelt wird inzwischen auch das Ausgangsprodukt der LSD-Synthese, → ET.

Hirnzentren beeinflußt. Man nimmt an, daß LSD seine Wirkung über die Verdrängung von Serotonin an den synaptischen Membranen entfaltet – offenbar greift es an jenen Proteinen im Gehirn an, die das Serotonin bilden (dieses Protein hat eine starke Affinität zu LSD).

Pharmakologisch interessant ist schließlich noch die Gewöhnung an LSD, im pharmakologischen Sinne, (→ RA V), die ziemlich rasch einsetzt. Wer mehrere Tage nacheinander LSD in konstanter Dosis nimmt, verspürt bereits am dritten Tag keine Wirkung mehr. Er muß die Dosis steigern oder einige Tage abwarten, bis die Sensibilität wiederhergestellt ist. Besonders auffällig ist, daß hier eine Kreuztoleranz zwischen chemisch so unterschiedlich strukturierten Stoffen wie LSD, → Psilocybin, Meskalin und anderen Halluzinogenen besteht; nur bei → Cannabis ist es anders. Wer an Psilocybin gewöhnt ist, verspürt auch von normalen Dosen LSD oder Meskalin keine einschneidenden psychischen Effekte mehr. Diese erworbene, sich auf eine ganze Gruppe von Rauschdrogen beziehende Toleranz erlaubt auch, ihre psychischen Effekte nebeneinanderzustellen. Da diese bei LSD am gründlichsten erforscht sind, werden wir sie hier besonders aufmerksam betrachten. Mit hoher Wahrscheinlichkeit werden durch andere Halluzinogene dieselben Wirkungen erzielt (sie können auch, *blind* genommen, von Versuchspersonen nicht zuverlässig unterschieden werden). Offensichtlich wirken alle indolähnlichen (→ RA V) Halluzinogene ähnlich auf den Gehirnstoffwechsel. Dafür sprechen nicht nur die Analogien in ihrem Wirkungsbild auf die Psyche, sondern auch die Kreuztoleranz und die Tatsache, daß chemisch völlig anders strukturierte Halluzinogene (Ditran; → RA V) nicht unter diese Kreuztoleranz fallen. Besonders verblüffend ist schließlich noch, daß Brom-LSD – ein Stoff ohne jede psychotrope Eigenschaft, jedoch chemisch sehr nahe mit LSD verwandt (nur ein Brom-Atom wird dem LSD-Molekül hinzugefügt) – ebenfalls eine Toleranz für LSD bewirkt. Wer einige Tage lang Brom-LSD nimmt, verspürt von LSD keine oder eine sehr abgeschwächte psychische Wirkung.

Die bekanntesten LSD-Variationen

Ursprünglich wurde LSD-25 von der Schweizer Firma Sandoz, in Form kleiner blauer Pillen, unter dem Markennamen »Delysid« verkauft. Internationale Vorwürfe führten dazu, daß das Medikament im April 1966 aus dem Verkehr gezogen wurde und heute nur noch an einige wenige Forschungsunternehmen abgegeben wird. Seither haben Underground-Laboratorien eine Fülle eigener LSD-Produkte auf den Schwarzmarkt gebracht, mit sehr unterschiedlicher (und oft unzuverlässiger) Wirkung und mit entsprechend grellen Bezeichnungen:

Blue Cheer: der Trip mit der längsten Wirkung (bis zu drei Tage), kam – in Form lila-weißer Kapseln – aus den USA und ist in Deutschland nur kurz 1970 beobachtet worden
CZ-74: → Delysid in gelöster Form; wurde zur Verkürzung der Wirkungsentfaltung gespritzt (heute nicht mehr in der *Roten Liste* aufgeführt, war dort – als experimentelles Präparat – wahrscheinlich auch nie enthalten)
Delysid: Handelsname der Firma Sandoz für das von A. Hofmann entwickelte LSD-25
Grünkreuzer: wie der *Rotkreuzer* (s. unten) ein Zuckertrip
Happy Faces: Phantasiename (engl. »Glückliche Gesichter«) eines Underground-Produkts
Mini-Trips: Trägersubstanzen winzigen Formats (z.B. Gelatine), auf die LSD-Lösung aufgeträufelt wurde und die wegen ihrer geringen Größe leicht zu schmuggeln sind, beispielsweise in Gefängnisse
Orange Sunshine: ein von T. Leary angepriesenes Produkt der illegalen Laboratorien seiner »Brotherhood of Eternal Love«
Peace Trips: (engl. »Friedenstrips«) Phantasiename eines Underground-Produkts
Purple Haze: LSD-Variation, die wahrscheinlich nach einem Rock-Song des Drogen konsumierenden und an ihnen zugrunde gegangenen schwarzen Musikers Jimi Hendrix benannt ist

Rotkreuzer: ein relativ starker Trip, der 1968/69 in Deutschland beobachtet und wahrscheinlich in der BRD selbst hergestellt wurde; er wurde in auf Zuckerstücke aufgeträufelter Form angeboten und war – wegen der Licht- und Luftempfindlichkeit von LSD – nur kurz nach der Herstellung wirksam. Er war – frisch hergestellt – stark genug, daß zwei Personen gemeinsam, mit je einer Hälfte, »verreisen« konnten; benannt wurde er nach dem roten Kreuz, das auf die Silberpapierverpackung gemalt war
Strawberry: (engl. »Erdbeere«) wahrscheinlich benannt nach dem Lied »Strawberry Fields Forever« (Feb. 1967) der Beatles, in dem psychedelische Musikeffekte auf die damalige Begeisterung der britischen Gruppe für Halluzinogene anspielen
Sunshine Explosion: Phantasiename eines besonders kräftigen Produkts, dessen Bezeichnung die Herkunft aus einem der Leary'schen »Brotherhood of Eternal Love« nahestehenden Labor vermuten läßt, genau wie *Orange Sunshine* (s. oben) und
Yellow Sunshine (s. *Orange Sunshine*)

(zusammengestellt u. a. nach Angaben des *Drogen-Glossar* – Bialecki u. a. 1971)

3. Psychische Wirkungen

Wie bei jeder Droge gibt es auch bei LSD grundsätzlich zwei Wege, psychische Veränderungen zu untersuchen: Man kann dem Berauschten bestimmte Leistungen abverlangen und diese mit seinen Leistungen im normalen Zustand vergleichen, oder man kann ihn seine subjektiven Veränderungen aufzeichnen lassen – entweder nach dem Rausch oder besser während des Rausches selbst (indem er sie etwa auf Tonband spricht). Beide Wege, der objektive wie der subjektive, sind in der LSD-Forschung beschritten worden. Die Resultate sind so vielfältig und widerspruchsvoll, daß man sie in vielen Bänden diskutieren könnte. Wir beschränken uns hier auf die gesicherten Daten (wobei solche Sicherheit stets relativ ist), über die sich die meisten an LSD und verwandten Halluzinogenen interessierten Psychiater und Psychologen einig sind.
Stanislav Grof, der die psychischen Wirkungen des LSD wohl am gründlichsten erforscht hat, betont, daß es kein konstantes Wirkungsbild gibt, weder im Vergleich verschiedener Menschen noch – intrapersonell – bei verschiedenen Räuschen derselben Person. Nach der Analyse »von über 3.800 Aufzeichnungen aus LSD-Sitzungen hatte ich nicht ein einziges Symptom gefunden, das eine absolut sichere Komponente aller Sitzungen gewesen wäre und deshalb als wirklich unveränderbar betrachtet werden konnte«. (S. 47) Dies gilt sogar für optische Erlebnisse, die völlig fehlen können, wenngleich dies äußerst selten vorkommt.
Fast alle Menschen, die einmal ein Halluzinogen genommen haben, werden als erstes Merkmal psychischer

Veränderung die gesteigerte Brillanz der Farben beschreiben. Alle Wahrnehmungen sind intensiver, leuchtender; die Farben satter. Doch als Allen Edwards und Sidney Cohen die Schwellenwerte der Farbempfindung objektiv feststellten, zeigte sich, daß LSD-Berauschte Farben nicht besser *sehen,* sondern sie nur intensiver empfinden. Die Sinne werden nicht geschärft; im Gegenteil. Diese Diskrepanz zwischen objektiven und subjektiven Befunden geht noch weiter. Obschon manche LSD-Berauschte glauben, die Welträtsel lägen vor ihnen wie ein offenes Buch, ist ihre geistige Spannkraft – gemessen durch Intelligenztests – durchweg vermindert (wohl deshalb, weil der Berauschte dem langweiligen, Konzentration erfordernden Test nichts abgewinnen kann). Man hat die schöpferischen Fähigkeiten einer Gruppe von Studenten vor und nach LSD-Gaben gemessen. Die Testwerte änderten sich nicht. Doch fast alle Versuchspersonen waren überzeugt, ihre Kreativität sei durch die Erfahrung mit der Droge gesteigert worden.

In München hat Richard Hartmann eine Reihe von Malern unter LSD-Einfluß arbeiten lassen. Fast durchweg waren die Bilder in ihrer formalen Qualität erheblich schlechter als Bilder derselben Maler in nicht berauschtem Zustand. Keine Unterschiede fanden sich bei Malern, die ungegenständliche Richtungen vertraten. Die Qualität ihrer Bilder ist freilich nicht nachprüfbar, da ein verbindlicher Maßstab fehlt.

Pseudo-Halluzinationen

Die durch LSD ausgelösten Halluzinationen sind eigentlich nur Pseudohalluzinationen, wenn man dem strengen psychiatrischen Sprachgebrauch folgt: Die Versuchspersonen wissen fast immer, daß diese Eindrücke nicht wirklich sind. A. W. Stoll, der als einer der ersten LSD-Experimente unternahm, fand folgende Veränderungen der Wahrnehmung, die von elementaren bis zu vollausgebildeten Trugbildern reichen. Sie werden im allgemeinen nur mit geschlossenen Augen oder in einem abgedunkelten Raum gesehen:

- Flackern, Flirren, Glitzern, Sprühen, Fließen von Farben und Funken.
- Grüne und rote Nebel, Farbstreifen, Flecke, Strahlen und Schlieren. Bunte Kreise, Ellipsen, rasende Strudel, Spiralen und Gitter, Netze, Farbquellen, glänzende Bläschen, Ornamente und Arabesken.
- Buchstaben, Spinnennetze, Zweige, Schneeflocken, Holzmasern, Steinschliffe, Schnitzereien.
- Benzolringe (»als Chemiker sehe ich wohl überall Benzolringe«), Schmetterlinge, Pfauengefieder, Dünenlandschaften, Dächermeere, Fratzen und Masken, Buddhas, Blütenkelche.

Die Halluzinationen sind auch stimmungsabhängig: Bei Euphorie treten die Farben Rot, Gelb und Hellgrün, bei Depression blaue und dunkelgrüne Töne in den Vordergrund. Sie werden in der Regel mit kritischer Distanz betrachtet.

Auch der delirierende Alkoholiker oder der Fieberkranke kann solche Halluzinationen haben. Doch während seine Bewußtseinsklarheit in der Regel stark herabgesetzt ist, bleibt sie unter normalen Dosen von LSD und anderen Halluzinogenen erhalten. (Näheres zum Begriff der *Halluzination* → Cannabis)

Als gemeinsamen Nenner der psychischen Wirkung aller bisher bekannten

Veränderungen bei	Modellpsychose, verursacht durch LSD	Akute katatone Erregung (schizophrene Reaktion)	Akutes Delirium (Vergiftungspsychose)
1. Wahrnehmung	Illusionen, häufig intensivierte Wahrnehmung. Pseudohalluzinationen. Halluzinationen, vor allem visueller Natur. Andere Halluzinationen sind selten.	Illusionen, selten intensivierte Wahrnehmung. Halluzinationen, vor allem akustischer Natur, aber auch visuelle. Andere Sinneshalluzinationen sind selten.	Illusionen. Halluzinationen, vor allem visueller Natur. Andere Sinneshalluzinationen sind selten.
2. Erkenntnisprozeß	Beeinträchtigung der Kritikfähigkeit und des abstrakten Denkens in Situationen, wo Probleme praktisch gelöst werden müssen. Blockierung Beziehungsdenken. Wahnvorstellungen. Gestörte Gedankenbildung.	Beträchtliche Beeinträchtigung der Kritikfähigkeit und des akstrakten Denkens. Blockierung, Verwendung von Metaphern. Beziehungsdenken. Bizarre Wahnvorstellungen. Gestörte Gedankenbildung.	Beeinträchtigung von Kritikfähigkeit, Gedächtnis, Orientierung und abstraktem Denken. Beziehungsdenken. Wahnvorstellugen sind weniger bizarr, eher »vertraute« Konfabulationen.
3. Affekte	Angst, Depression oder gehobene Stimmung, Ekstase. Unkontrolliertes Lachen oder Weinen.	Angst, Schrecken. Selten Euphorie oder Ekstase. Mutismus, unpassende Stimmungen, Stupor.	Angst, Furchtsamkeit, Verblüfftheit. Selten Euphorie.
4. Verhalten	Passiv, selten unruhig und überaktiv.	Gestikulierend, grimmassierend, zerstörerisch, zurückgezogen. Automatische Bewegungsabläufe, Negativismus, Feindseligkeit.	Aufgeregt, furchtsam, unruhig, stupurös, hyperaktiv.

Veränderungen bei	Modellpsychose, verursacht durch LSD	Akute katatone Erregung (schizophrene Reaktion)	Akutes Delirium (Vergiftungspsychose)
5. Haltung	Leichter Tremor. Leichte Unsicherheit.	Völlige Unbeweglichkeit. Aufundabgehen wie ein »gefangenes Tier«. Einnehmen von starren Posen.	Zitternd. Abgehackte Bewegungen. Unsicherer Gang, Aaxie (Verlust der Bewegungskontrolle bei erhaltener Muskelkraft.
6. Bewußtsein	Verhältnismäßig klar.	Verhältnismäßig klar, aber festgelegt auf bestimmte Konzepte.	Unklar, konfus. Wechselt von Stunde zu Stunde.
7. Realitätsprüfung	Leicht oder gemäßigt beeinträchtigt.	Stark beeinträchtigt.	Stark beeinträchtigt.
8. Sprache	Blockiert, zögernd, manchmal unbeeinträchtigt.	Zusammenziehen, Alliterationen (Sprechen in Stabreimen), Blockierungen, Echolalie, klangliche Assoziationen.	Verwaschen, blockiert.
9. Ich-Grenzen	Depersonalisation. Derealisation.	Depersonalisation. Derealisation.	Depersonalisation.

Vergleich von LSD-Rausch und echten psychotischen Störungen (aus: Sidney Cohen, *The Beyond Within,* New York 1968)

Halluzinogene kann man annehmen, daß sie die Stabilität unserer inneren Welt aufheben und die normalerweise strenge Konstanz unserer Wahrnehmungen *entstalten*. Alle Eindrücke werden plötzlich wieder neu und einzigartig – der Anblick einer Blume, eines Schuhs oder einer Teetasse kann zu einer mystischen Offenbarung werden, wie es auch gelegentlich in den Berichten über östliche Meditationsübungen beschrieben ist. Unsere Sinne dienen nicht mehr der Wirklichkeit, sondern die Wirklichkeit dient unseren Sinnen. Man dünkt sich riesengroß oder zwergenhaft → Fliegenpilz, man reist durch Raum und Zeit, die Grenzen der persönlichen Identität sind ebenso aufgehoben wie jene zwischen Bild und Begriff, Traum und Wirklichkeit, zwischen Hören, Schmecken und Riechen. Die strenge Folge unserer Auseinandersetzungen mit der Umwelt von außen nach innen ist durchbrochen. Die Regelprozesse, welche die Beständigkeit unserer Wahrnehmungen gewährleisten, funktionieren nicht mehr. Wenn man im normalen Zustand seine Hand auf die Augen zu bewegt, bleibt sie immer gleich groß, obschon sich das Format ihres Bildes auf der Netzhaut verdoppelt, ja vervierfacht. Hat man ein Halluzinogen genommen, so wächst die Hand, je mehr man sie seinem Auge nähert. Dreht man sie, so sieht man kuriose, knollige Formen, entfernt man sie, so wird sie winzig klein. Unter dem Einfluß des Halluzinogens erkennt man schlagartig, daß der Mensch normalerweise seine Umwelt nicht in ihrem ganzen Reichtum, in ihrer verwirrenden Schönheit, in ihrer beunruhigenden Unbeständigkeit wahrnimmt, sondern daß uns unsere Sinne nur einen kleinen, begrenzten und zweckmäßigen Ausschnitt sämtlicher Daten übermitteln, die sie empfangen.

Filter werden geschwächt

Die Welt soll uns nicht *gefallen,* wir sollen uns nicht mystisch eins mit ihr fühlen oder entzückt ihren phantastischen Reichtum betrachten, sondern wir sollen in ihr *überleben*. In unserer Wahrnehmung wirkt das unbarmherzige Gesetz der Evolution durch Selektion. Die Halluzinogene zeigen uns das, während wir es sonst nicht merken, da die Kontroll- und Konstanzprozesse unbewußt ablaufen, um uns volle Konzentration auf die wenigen, nach ihrer Bedeutung für unsere Orientierung ausgewählten Eindrücke zu gestatten, welche wir aufnehmen, wenn wir »recht bei Sinnen« sind. Unter LSD erkennt man, daß unser Erleben dauernd *gefiltert* und auf einen kontinuierlichen Strom eingeengt wird, der unser Ich-Bewußtsein verkörpert. Im Rausch aber hört unsere Wahrnehmung auf, Instrument der Orientierung zu sein; sie wird zum Ding an sich, das in sich selbst bedeutungsvoll ist. Die Bremslichter eines vor einem fahrenden Autos können nicht nur ein Warnsignal sein, sondern auch als Bild der Schönheit faszinieren – (wie ich es unter Meskalin-Einfluß erlebt habe). Doch daß man sie als Bremssignale sieht, läßt einen im Verkehr überleben.

Unsere normale Selbstkontrolle basiert auf diesen Filtern, die unser Erleben einengen. Es gibt aber auch krankhafte Formen der Selbstkontrolle, durch die das Erleben erheblich stärker eingeengt wird, als es für eine optimale Auseinandersetzung mit der Umwelt erforderlich ist. Man nennt solche krankhaften Formen der Selbstkontrolle vielfach psychische Abwehrmechanismen oder

Reaktionsbildungen, gelegentlich auch einfach Gewohnheiten.

Im Grunde handelt es sich immer um ähnliche Vorgänge. Bestimmte Verhaltensweisen eines Kindes werden von der Umwelt so heftig mißbilligt, daß sie nicht nur kontrolliert, sondern völlig gelähmt werden. Ein Kind, das jedesmal, wenn es einen eigenen Willen äußert, verprügelt wird oder – was es subjektiv als ebenso drohend empfindet – fürchten muß, dadurch die Liebe der Mutter zu verlieren, wird sämtliche Wünsche, die den Forderungen der Familiengruppe widersprechen, nicht nur kontrollieren, wenn es beobachtet wird. Es macht sich diese Kontrolle vielmehr so zu eigen, daß es die unerwünschten Impulse aus seinem Bewußtsein auslöscht. Die das Erleben auf einen brauchbaren Ausschnitt einengenden Filter werden in diesem Fall also um einige Größen enger eingestellt. Sie richten sich ja nicht nur gegen die dem Gehirn von der Außenwelt zufließenden Informationen, sondern auch gegen die innerseelischen Informationen, ob es sich nun um das *Körperschema* (im LSD-Rausch kann man sich plötzlich als Riese oder als Zwerg erleben, die Arme können sich ins Unendliche verlängern usw.), um die Wahrnehmung der eigenen Muskelempfindungen oder aber auch um unterdrückte sexuelle und andere Wünsche handelt. Jeder Mensch wird durch die Normen seiner Gruppe – der Familie und der Sozietät – zurechtgemodelt. Auch diese Normen können sich unter LSD-Einfluß auflösen, das heißt die typischen Filter, welche durch sie in unser Erleben eingebaut worden sind. Dieser Prozeß kann sehr verschiedene Konsequenzen haben. Er kann den Betroffenen enorm erleichtern, da er sich vielleicht das erstemal in seinem Leben von der Diktatur verinnerlichter familiärer und gesellschaftlicher Normen befreit fühlt. Er kann ihn aber auch ungeheuer erschrecken und ihm heftige Angst einflößen *(bad trip)*, da er ein, womöglich mühsam zwischen Wünschen und ihrer Kontrolle geschaffenes, seelisches Gleichgewicht gefährdet.

In mancher Hinsicht ermöglicht LSD eine Rückkehr zu einem kindlichen Zustand der Bewußtseinsorganisation (der aber von einem erwachsenen Ich erlebt und beurteilt wird). Wie dem Kind ist auch dem Berauschten alles neu und einzigartig – vielleicht wird ihm Schokolade wieder so gut schmecken, wie ihm die erste Kostprobe schmeckte, die er als Kind bekam. Wie das Kind kann auch er unter Umständen seine Affekte nur mangelhaft kontrollieren. Und wie das Kind ist er schließlich stark von seiner Umwelt abhängig: Eine freundliche, stützende Umgebung ist das beste Mittel gegen einen *bad trip*.

Die Rückkehr (Regression sagt der Psychoanalytiker; → RA III) zu einem archaischen Zustand der Bewußtseinsorganisation hat aber noch eine weitere Konsequenz: Das LSD-Erlebnis ist sehr stark abhängig von den Erwartungen, die der Betroffene in es setzt, und von den Suggestionen, die er von seiner Umwelt empfängt. Als die Psychiater noch glaubten, durch LSD würden künstliche Psychosen ausgelöst, erlebten die Versuchspersonen im Experiment eine kurzdauernde Geisteskrankheit.* Sie distanzierten sich von den *verrückten* Erlebnissen und empfanden

---

* Interessant ist in diesem Zusammenhang die Beobachtung, daß Schizophrene im LSD-Rausch sehr wohl zwischen den Rauschhalluzinationen und ihren eigenen, psychotischen Sinnestäuschungen zu unterscheiden vermögen!

Sternvogel

acid-Bombe fegt mein Gehirn
schleudert Trümmerwerk
Lebenswerk abgrundweit:
Feuerräder der Milchstraßen

dein Herz zählt sie
Sandkörner – so rinnen Sterne
durch deiner Hand Finger:
warm und winzig

auf dem Schaumkamm
der Wogen wiegst du dich
deine Arme tasten über:
den Grund der Meere

Menschen gegen Raum und Zeit
im Rauchfang hängt ihre
Einsamkeit – Sternvogel:
spinnt den metallenen Traum

geworfener Stein gräbt in
Himmelsschwärzesonnenfunkel
seine Rückkehr zur Erde:
Abschied von Utopia

Uli Sch. (1980)

nur selten besondere Lustgefühle oder mystische Offenbarungen, weil sie keine erwarteten (diese Regel ist nicht ohne Ausnahmen). Als die psychedelische Ära anbrach und LSD in Erwartung religiösen Erlebens unter dem Klang tibetanischer Tempelmusik genommen wurde, waren mystische Erlebnisse die Regel und experimentelle Psychosen eine seltene Ausnahme. Wer von LSD erwartet, es sei ein Aphrodisiakum, wird nicht enttäuscht werden; wer diesem Aspekt keine besondere Aufmerksamkeit schenkt, wird kaum je eine erotisierende Wirkung beobachten. Diese Plastizität gilt allerdings nur für die subjektiven Effekte von LSD. Die objektivierbaren Wirkungen – etwa die Verschlechterung der Intelligenzleistung im Test – haben sich als relativ beständig erwiesen.

Noch ein Ausschnitt aus einem Selbstbericht, Versuchsperson ist ein Versicherungskaufmann; in seinem Zustand überwiegt das halluzinatorische Element:

»Einige wundervoll vielfarbige geometrische Muster, leuchtendes Feuerwerk. Und sie kommen und gehen tausendmal jede Sekunde. Aber da ist etwas Komisches mit ihnen: Das spielt sich 20.000 Meilen unter dem Meer ab ... stell dir eine schnurgerade natürliche Höhle vor, und du hast es. Nur daß diese Höhle eine riesige, urtümliche Vagina ist. Es ist nicht die Vagina von irgendeiner Frau, die jemals lebte. Es ist ihrer Dimension nach die Vagina schlechthin, eine Höhle, aber eine Höhle, deren Wände aus einem pulsierenden, pochenden, vaginalen Material bestehen – dekoriert, wenn du willst, mit Hunderten von Brüsten. Aus dieser vaginalen Höhle fließt unaufhörlich ein klebriges, beigefarbiges, plastilinähnliches Material. Wunder an schöpferischer Leistung entstehen, während dieses Material austritt. Es ist eine völlig unkontrollierte Selbst-Schöpfung: vollkommene Kunst, doch ohne Künstler. Diese Kunst erschafft das Plastilin-Material aus sich selbst, während es aus der vaginalen Höhle strömt, es wird zähflüssig und dünn, gewinnt das Aussehen von Elfenbein und formt sich endlos wie tausendund eine Statue. Anfänglich hat diese

Gruppe von Statuen eine deutlich hinduistische Aura, das gesamte Pantheon von Hindu-Gottheiten, von Göttern und Göttinnen fließt sanft vorbei, eine nicht endende Prozession. Dann ändert sich das Bekenntnis, und die exquisiten Elfenbein-Formen werden zu einer Sammlung von Buddhas und Bodhisattwas. Jetzt verläßt Indien die Szene und wird ersetzt durch Statuen von reicher persischer Zeichnung, so, als seien sie soeben von persischen Vasen und Gefäßen herabgestiegen und hätten sich hundertfach vergrößert, wären geschmolzen und nun gegossen in der jetzt elfenbeinfarbigen, plastischen Substanz, die immer noch endlos aus der gigantischen Vagina-Höhle fließt. Persien tritt zurück, und jetzt sehe ich die Schöpfungen als große Kopien der Gestalten in Michelangelos Gemälden in der Sixtinischen Kapelle. Ich fühle mich weder als Maler noch als Bildhauer, doch indem ich fühle, daß die Kunstfertigkeit die des plastischen Materials selbst ist, nicht meine eigene, habe ich ein warmes inneres Gefühl großer Schöpferkraft. Ich fühle, ich übertreffe Michelangelo und Leonardo da Vinci zusammen...« (zitiert nach Cohen).

Einen ausführlichen und eindrucksvollen Selbsterfahrungsbericht, auch in sprachlicher Hinsicht, hat Georg Jappe gegeben. Mit mehr Vorsicht zu genießen sind die wesentlich unkritischeren Berichte, die die amerikanische Journalistin Constance A. Newland schon zu Beginn der LSD-Begeisterung in den sechziger Jahren in ihrem damaligen Bestseller *Me, Myself and I (Abenteuer im Unbewußten)* verfaßt hat; dennoch ist ihr Buch, neben Jappes Report, das wohl lesenswerteste Dokument dieser Art (wenn man Grofs wissenschaftliche Arbeit *Topographie des Unbewußten* einmal außer acht läßt).

4. Menschenversuche mit LSD

Eine besonders unrühmliche Rolle hat LSD bei einer Reihe von Experimenten gespielt, die der amerikanische Geheimdienst CIA und die US Army an – in der Regel – ahnungslosen Personen vornahm. Es handelte sich vor allem um Soldaten, aber auch um Zivilpersonen, denen die hochwirksame Droge unbemerkt mit irgendwelchen harmlos aussehenden Flüssigkeiten verabreicht wurde. Die unfreiwilligen Versuchspersonen zeigten die typischen Reaktionen des LSD-Rausches, die jedoch in einer Reihe von Fällen schon deshalb besonders schlimm ausfielen, weil die betreffenden Menschen nicht wußten, was mit ihnen geschah.

Die geheimen Experimente galten lange Zeit nur als Gerüchte, bis diese Dienststellen durch eine Reihe von Prozessen gezwungen wurde, aufgrund des US-amerikanischen »Gesetzes zur Informationsfreiheit« die Versuchsprotokolle offenzulegen. Ein besonders krasser Fall war der des ehemaligen Soldaten James Thornwell, der die amerikanische Regierung 1979 auf umgerechnet 20 Millionen Mark Schadenersatz verklagte. Er behauptete, vor siebzehn Jahren von der Armee ohne sein Wissen und seine Einwilligung zu solchen Experimenten mißbraucht worden zu sein. Damals wurde LSD bei einer »Operation Dritte Chance« getestet, offenbar zu Zwecken der psychologischen und biochemischen Kriegsführung. In der Klageschrift hieß es, daß Thornwell offensichtlich benützt wurde, um die Fähigkeit des LSD, Geständnisse von Gefangenen leichter zugänglich zu machen, zu erproben. Seit jener Zeit sei er »ein sozialer und emotionaler Krüppel« erklärte Thornwell.

Besonderes Aufsehen erregte der Fall jenes Dr. Olson, dem man, ebenfalls ohne sein Wissen, bei Drogenexperimenten der US Army, in den fünfziger Jahren LSD verabreichte. In seiner Verwirrung sprang er aus dem Fenster und brachte sich so um. Seiner Familie war diese Tat damals unerklärlich – erst fünfzehn Jahre später, als die Geheimakten über jene Experimente publiziert wurden, wurde der wahre Zusammenhang bekannt, worauf der damalige Präsident, Gerald Ford, den Hinterbliebenen öffentlich das Bedauern der Nation ausdrückte (Hofmann 1979, S. 78). (s. auch → Wahrheits-Seren, → Zukunftsdrogen)

Von ganz anderer Art sind die LSD-Experimente, die man inzwischen, mit Einwilligung der Betroffenen, mit Sterbenden unternommen hat und noch immer unternimmt. Vor allem der tschechische Psychiater Stanislav Grof und seine Frau Joan Halifax haben sich auf diesem Gebiet verdient gemacht. Die bisherigen Erfahrungen wurden zusammenfassend unter dem Titel *The Human Encounter with Death* veröffentlicht (Grof und Halifax 1977, deutsch 1980).

5. LSD in der Psychotherapie

Aus den oben skizzierten psychologischen Wirkungen von LSD läßt sich unschwer ableiten, warum man versuchte, das neue Halluzinogen psychotherapeutisch zu verwenden. In einer Psychotherapie handelt es sich in der Regel darum, einem Menschen, der erkannt hat, daß sein gegenwärtiges Leben ihm unerträgliche Spannungen abverlangt, zu helfen, sich besser an sich selbst und an seine Lebensumstände anzupassen. Dem neurotisch Kranken gelingt es nicht, diese Anpassung aus eigener Kraft zu leisten, da er an unbewußten Konflikten leidet und die Ursache seiner schmerzlich erlebten Symptome (unbegründete Ängste, zwanghafte Gedanken, Depressionen, körperlich nicht begründbare Schmerzen) nicht kennt (so die psychoanalytische Auffassung); er vermag es nicht, eingeschliffene, fehlgelaufene Lernprozesse aus eigener Initiative zu korrigieren, da er nicht über die entsprechenden Techniken der Verhaltensänderung orientiert ist (so die lerntheoretische bzw. verhaltenstherapeutische Auffassung).

Immer soll die Psychotherapie alte, ungeeignete Lernvorgänge auflösen und rückgängig machen. Ob das durch Einsicht – wie in der Psychotherapie – oder durch elementare Lernprozesse (Konditionierung, operantes Lernen) – wie in der Verhaltenstherapie – geschieht, ist im Hinblick auf die Verwendung von LSD nicht entscheidend. Denn der Effekt des Halluzinogens kann sowohl in tiefenpsychologischen als auch in lerntheoretischen Formeln interpretiert werden. LSD eröffnet, psychoanalytisch gesehen, einen breiten Zugang zum Unbewußten. Da der Berauschte seine Vorstellungen weniger kontrolliert und überwacht, werden unbewußte Konflikte schneller aktualisiert. Sie müssen nicht mehr, wie in der traditionellen Psychoanalyse, aus freien Einfällen und Träumen erschlossen werden, sondern treten im LSD-Rausch bildhaft in das Bewußtsein des Kranken. Sie können ihn erschrecken; aber die Konfrontation mit ihnen kann ihn

auch persönlich ein Stück weiterbringen. Über normale Selbstkontrolle und -kritik hinaus behelligen sich viele Menschen dauernd durch Vorwürfe, die ihnen durch anerzogene, verinnerlichte Normen auferlegt werden (ihr Über-Ich). Sobald sie ihr imaginäres Ideal der Perfektion nicht erreichen, bestrafen und quälen sie sich selbst, finden keine Ruhe und verfallen in Depressionen.
Unbegründete, aber tief in das plastische Gemüt eines Kindes eingehämmerte Ideen können so ein ganzes Leben verbittern (»Sexualität ist schmutzig«, »Selbstbefriedigung führt zu Irrsinn«). Wenn solche starren Dressate durch ein Halluzinogen einmal völlig zerstört werden, behält der Betroffene möglicherweise auch noch nachher eine neue, ungewohnte Distanz zu diesen *selbstverständlichen* moralischen Urteilen. Zugleich können Situationen in seiner Vergangenheit, seiner Kindheit, aktiviert werden, in denen seine momentane neurotische Krankheit wurzelt. Und schließlich wird er auch unter dem LSD-Einfluß sehr viel stärker den (bewußten oder unbewußten) Suggestionen seines Therapeuten gehorchen und finden, was ihn dieser finden heißt. Mit Recht hat Sidney Cohen darauf hingewiesen, daß Patienten in einer LSD-Psychotherapie das wissenschaftliche Credo ihres Therapeuten bestätigen: Bei einem Freudianer taucht der Ödipuskomplex auf, bei einem Anhänger Jungs ein von Archetypen markierter Individuationsprozeß, bei einem Verhaltenstherapeuten womöglich fehlgelaufene Konditionierungen.
Grof betont, daß dies keine prinzipiellen Widersprüche sind, sondern lediglich ein Hinweis darauf, wie vielschichtig die Psyche beschaffen ist und wie vielfältig deshalb die Möglichkeiten seien, Zugang zu ihr zu erhalten.

Gewaltige Erschütterungen
Der Münchner Psychoanalytiker Hans Kilian führte Anfang der sechziger Jahre Therapien mit Unterstützung durch LSD und CZ-74 durch. Er betonte: »Patienten, die die klassische Psychiatrie als konstitutionell gefühlsarm bezeichnet hätte, bekommen eine Art Durchbruch von starken Emotionen. Ein Alkoholiker erlebt z.B., daß das Bedürfnis, das eigentlich hinter seiner Trunksucht steht, ein Bedürfnis nach Gefühlswärme ist; und er erlebt es mit solcher Intensität, daß ihm das Trinken nachher nicht mehr genügt.«
Auch wer in einer Psychotherapie vor allem die Korrektur eingeschliffener, aber ungünstiger bedingter Reflexe sieht, kann sich von LSD Unterstützung erwarten. Man kann die experimentelle Psychose oder das psychedelische Erlebnis nämlich in eine Reihe mit jenen gewaltigen emotionalen Erschütterungen stellen, die urplötzlich eine ganze Reihe von bedingten Reflexen – Elementen der Neurose – auslöschen. Die erste entsprechende Beobachtung stammt von Pawlow selbst: Als ein Hochwasser die Käfige in seinem Labor überschwemmte und die dressierten Tiere mit knapper Not überlebten, hatten sie alles Gelernte *vergessen*.
Andrerseits kann LSD eine Psychotherapie auch behindern, ja scheitern lassen. Der Kranke kann erwarten, daß das Mittel alles und er nichts leisten muß. Erkennt der Therapeut, von der Wirksamkeit der Droge überzeugt, diese Gefahr nicht, wird er keinen Erfolg erzielen, sondern allenfalls eine psychische Abhängigkeit von LSD. Der Kranke kann auf den plötzlichen

Durchbruch unbewußten Materials, auf die Auflösung seiner bisherigen Filter, auf den Zusammenbruch ungünstiger, aber ihm vertrauter Konditionierungen mit Panik, Angst oder einer längeren Psychose reagieren. Solche Fälle sind selten, aber sie traten oft genug auf, um ernstliche Zweifel daran zu wecken, ob die potentielle Gefahr durch LSD in der Psychotherapie nicht großer sei als sein möglicher Nutzen. (Man vergl. hierzu jedoch die Ergebnisse der Studien von Grof am Ende dieses Stichworts.)

Cohen, der in einer Fragebogenstudie 25.000 LSD-Experimente an 5.000 Menschen auswerten konnte, hat *eine* länger dauernde Psychose unter 550 Kranken gefunden. Bei den wegen psychischer Stabilität zu wissenschaftlichen Experimenten ausgewählten Personen wurden praktisch nie Geisteskrankheiten ausgelöst. Selbstmordversuche zählen mit einem auf 830 Patienten zu den seltenen Risiken. Vollzogene Selbstmorde mit einem Kranken auf 2.500 Kranke wiegen aber schwer, obschon sie noch seltener sind. Seit LSD als Rauschdroge ohne ärztliche Überwachung genommen wird, häufen sich solche Zwischenfälle (siehe unten).

Noch eine andere Gruppe von Zwischenfällen tritt laut Cohen nicht ganz selten auf: Psychiater und Psychotherapeuten, die LSD verwenden, erleiden offensichtlich besonders oft Nervenzusammenbrüche, psychotische Reaktionen, manchmal mit Größenwahn, manchmal mit Depressionen und Selbstmord. Man kann das vielleicht daraus erklären, daß Psychotherapeuten, die mit ihren Erfolgen nicht zufrieden sind (weil sie nicht besonders für Psychotherapie begabt sind, weil sie zuviel von sich verlangen oder aus beiden Gründen), besonders gern zu neuen Mitteln und damit auch zu LSD greifen. Diese Erfolglosen sind gleichzeitig eine Risiko-Gruppe mit Neigung zu psychischen Zusammenbrüchen.

Die bisherigen Erfahrungen mit LSD als unterstützendem Mittel in der Psychotherapie lassen sich wie folgt zusammenfassen:

1. LSD-Erfahrungen sind, wenn überhaupt, nur dann therapeutisch wirksam, wenn sie sorgfältig überwacht werden. Der Therapeut muß den Kranken gut kennen, ein Vertrauensverhältnis sollte bereits aufgebaut sein. Die Eindrücke im LSD-Rausch müssen nachträglich besprochen und in die Persönlichkeit des Kranken eingeordnet werden.
2. Patienten mit Neigungen zu depressiven und paranoischen Reaktionen, Grenzfälle zur Geisteskrankheit oder gesundete Geisteskranke sind auszuschließen.
3. Die Gefahr psychischer Gewöhnung an LSD muß beachtet werden; solchermaßen gefährdete Kranke sind ebenfalls auszuschließen.
4. Die bisherigen Resultate der Forschung sprechen dagegen, daß der schwierige und mühsame Prozeß des Neu-Lernens in einer Psychotherapie durch LSD nennenswert verkürzt wird. Doch fördert LSD möglicherweise die Einsicht in die eigene Krankheit und damit den Wunsch, sich zu ändern.
5. Der Therapeut sollte die LSD-Effekte aus persönlicher Erfahrung (Selbstversuch) kennen.

Probleme unkontrollierter Selbstbehandlung

Ein endgültiger Beweis, daß LSD und andere Halluzinogene therapeutisch wertvoll sind, ist bisher noch nicht erbracht; ebensowenig kann man schon sagen, daß ihnen dieser Wert fehlt. Die bisherigen Studien weisen (vor allem, wenn sie von überzeugten Anhängern des Psychedelismus stammen) erhebliche Mängel auf. Kontrollgruppen fehlen, die nicht mit LSD behandelt, aber sonst ähnlich intensiv betreut wurden (wie bei der angeblichen Heilung rückfälliger Sträflinge durch Psilocybin, die von Richard Alpert und Timothy Leary viel zitiert wird). Die Nachkontrolle ist zu kurz und oft nicht durch einen vom Therapeuten (der enthusiastische Hoffnung in den Wert seiner neuen Methode setzt) unabhängigen Forscher durchgeführt. Wegen des publizistisch vielfach mit großer Unkenntnis ausgeschlachteten *wilden* LSD-Konsums, der in Amerika seit 1961, in Deutschland erst seit 1966 einsetzte, wird LSD heute kaum mehr psychotherapeutisch verwendet. Die Schauergeschichten in der Presse über »Rauschgiftparties mit LSD« oder »Höllenfahrten durch LSD« beeinflussen naturgemäß auch die Erlebnisse des neurotisch Kranken, der die Droge nimmt. Hanscarl Leuner, einer der ersten Psychotherapeuten Deutschlands, der LSD verwendete, empfahl deshalb 1968 in *Der Nervenarzt,* auf publizistisch weniger belastete Halluzinogene mit analoger Wirkung auszuweichen, vor allem auf Psilocybin.

Aus den geschilderten Problemen der Psychotherapie mit LSD geht auch hervor, daß unkontrollierte Selbstbehandlung gefährlich ist, jedenfalls die Risiken den möglichen Gewinn übersteigen. Es gehört mehr als LSD dazu, um den »Spielcharakter unserer Zivilisation zu durchschauen« (Timothy Leary). Die Tatsache, daß LSD in der Subkultur *(underground)* vorwiegend in Gruppen genommen wird, bedeutet nur einen relativen Schutz. Die gegenseitige Analyse innerhalb dieser Gruppen führt nicht selten zu gesteigerter Häufigkeit neurotischer und psychotischer Zusammenbrüche, wie das Schicksal mancher Kommunen gezeigt hat (Reiche 1968). Die Halluzinogene lösen nicht nur unerwünschte familiäre oder gesellschaftliche Reaktionsbildungen (Konditionierungen) auf, sondern können auch erwünschte, für das seelische Gleichgewicht unerläßliche Abwehrmechanismen gefährden. Selten werden, vor allem unter Jugendlichen, die Kameraden des von einem *bad trip* Heimgesuchten das Wissen und die Reife haben, solche Störungen abzufangen.

1979 hat Hofmann, 73jährig, seine Erfahrungen mit der Droge rückblickend zusammengefaßt: »In der Möglichkeit, die auf das mystische Erleben einer tieferen Wirklichkeit ausgerichtete Meditation von der stofflichen Seite her zu unterstützen«, führte er bei der Vorstellung des Buches *LSD – mein Sorgenkind* aus, »sehe ich die eigentliche Bedeutung von LSD«. Und in einem Interview (Schweizer 1979) ergänzte er noch und hob sich dabei deutlich von LSD-Befürwortern wie Timothy Leary (s. unten) ab:

»Durch einen seinem Wirkungscharakter nicht entsprechenden leichtsinnigen Gebrauch, durch die Verwechslung in der Drogenszene von LSD mit einem Genußmittel, kam es zu all jenen Unglücksfällen und Katastrophen, die dem LSD bei vielen den Ruf einer Satansdroge eingebracht haben ... Besondere innere und äußere Vorbereitungen sind notwendig, damit ein LSD-Versuch ein sinnvolles Erlebnis werden kann. Falsche und mißbräuchliche Anwendung haben LSD für mich zu einem rechten Sorgenkind werden

lassen.« Seinen letzten *trip* hat Hofmann 1972 mit dem Schriftsteller Ernst Jünger unternommen: »Weitere *trips* hätten mir nichts gebracht. Ich wurde auf meinem Weg bestätigt.«
Zwei bekannte Therapeuten, die LSD weiterhin in seinem Sinne anwenden, sind Stanislav Grof *(Topographie des Unbewußten)* und Claudio Naranjo *(Die Reise zum Ich),* der auch noch weitere Halluzinogene in ihren psychischen Wirkungen untersucht hat. (→ Harmalin, → Ibogain, → MDA, → MMDA)

6. Mystik und Religion

Die ursprünglich religiöse Bedeutung zahlreicher Rauschdrogen ist bekannt (→ Banisteriopsis caapi, → Epéna, → Fliegenpilz, → Hexensalben, → Meskalin, → Nachtschatten-Drogen, → Ololiuqui, → Psilocybin).
In LSD haben wir das einzigartige Beispiel einer umgekehrten Entwicklung. Während in der Regel die Rauschdrogen aus dem magisch-religiösen Kontext herausgenommen, wissenschaftlich erforscht und zielbewußt zu viel begrenzteren Zwecken (Morphium als schmerzstillendes Mittel, Meskalin als Psychotomimetikum, Skopolamin zur Beruhigung Geisteskranker) eingesetzt werden, kam es beim LSD zu einem gegenläufigen Prozeß.
Als erster hat wohl Aldous Huxley, der die auf Meditation und der Suche nach innerer Erleuchtung gründende Lehre des Zen-Buddhismus in Amerika populär machte, die Halluzinogene als *Zeitraffer* des mühsamen Weges zu *Satori,* der inneren Helle des Gläubigen, beschrieben. (*Nes-Zen* nannte Arthur Koestler geringschätzig das LSD.) Auch der Begriff der »Bewußtseinserweiterung« ist eigentlich eher religiös als psychologisch aufzufassen. Eine Erweiterung des Bewußtseins, im Sinne einer Vermehrung der gleichzeitig wahrgenommenen Bewußtseinsinhalte, ist nicht möglich. Es können höchstens neue Eindrücke erlebt werden, die nicht unser Bewußtsein, sondern unser Wissen um uns selbst erweitern – im besten Falle. Aber auch dann sagen uns die Halluzinogene, auch im religiösen Bereich, nichts revolutionär Neues. Sie können nur grell beleuchten, was sonst schattenhaft ist, und kaum wahrgenommenen, abstrakten und unterdrückten Schemen plastisches Leben und sinnliche Kraft verleihen. Charles Baudelaire, der als einer der ersten die »künstlichen Paradiese« betrat, ohne seine Kritikfähigkeit am Eingang abzuliefern, hat das sehr deutlich gesehen. Er schildert den Rausch als Traum: »Der Mensch hat träumen wollen, der Traum wird über den Menschen Herr sein, doch dieser Traum wird deutlich der Sohn seines Vaters sein.«
Die Verwandlung von LSD aus einem Halluzinogen, mit dem experimentelle Psychosen ausgelöst wurden, zu einem Sakrament, das in kultischen Zusammenkünften genommen und unter Hinweis auf die Religionsfreiheit verteidigt wird, setzte 1961 ein. Ihr Protagonist war der ehemalige Harvard-Dozent für Psychologie, Timothy Leary, der damals entlassen wurde, weil er seine Lehrpflichten vernachlässigte (nicht wegen seiner Akzentuierung des LSD-Erlebnisses als chemisch induzierter Mystik).
1962 erschienen die ersten Berichte über durch Psilocybin in einem Doppelblindversuch (→ RA V) induzierte *mystische* Erlebnisse während eines Karfreitags-Gottesdienstes in Harvard (Pahnke). Wie man aufgrund der psy-

chischen Effekte der Halluzinogene erwarten kann, steigert sich unter ihrem Einfluß eine ursprünglich religiöse Haltung möglicherweise zu mystischer Intensität. Daß das nur gelingt, wenn die Einstellung positiv ist, erweist der Selbstversuch R. C. Zaehners, der – als philosophischer Gegner Aldous Huxleys – Meskalin nahm und ein völlig unmystisches »Universum der Farce« erlebte.

Die Berichte über mystische Erlebnisse durch LSD und andere Halluzinogene beweisen also eher die (von allen Forschern betonte) gesteigerte Suggestibilität als eine spezifisch *religiöse* Wirkung. Es ist ohne weiteres vorstellbar, daß ein tief religiöser Mensch, dem man – mit oder ohne sein Wissen – vor einem feierlichen Gottesdienst ein Halluzinogen gibt, eine mystische Offenbarung erfährt. Doch wird manchem bei dieser Vorstellung unbehaglich zumute: Gerade weil wir über die Neurophysiologie der Rauschdrogen soviel besser Bescheid wissen als die Peyote-Esser der »Native American Church« (→ Meskalin), können wir nicht mehr glauben, daß uns das Mana des Peyote zur unmittelbaren Schau Gottes führt. Es scheint, daß uns die Frucht des Baumes der Erkenntnis nicht nur aus dem irdischen Paradies vertrieben, sondern vielen von uns auch den ungetrübten Genuß der künstlichen Paradiese unmöglich gemacht hat.

Wiedergeburt des Dionysos?

Theodore Lidz und Albert Rothenberg haben den von Leary begründeten *Psychedelismus,* der in einer Reihe religiöser Organisationen mit wechselndem Namen (zuletzt »League of Spiritual Discovery«, abgekürzt LSD) praktiziert wurde und wird, mit einer »Wiedergeburt des Dionysos« verglichen. Dieser Vergleich kann aus verschiedenen Gründen nicht überzeugen, die in der ganz anderen religionsgeschichtlichen Position des Dionysos (er wurde unter die olympischen Götter aufgenommen), aber auch in sozialen Unterschieden wurzeln: Dionysos als Gott des Weins fügte sich harmonisch in die Produktionsformen einer einfachen, agrarischen Gesellschaft ein, ganz im Gegensatz zu LSD. Die Anhänger des Psychedelismus sind in mancher Hinsicht Opfer jener gesellschaftlichen Konditionierungen und jenes »falschen Bewußtseins«, das sie bekämpfen. Sie ersetzen die soziale Manipulation durch die psychochemische und glauben, sie dadurch zu transzendieren.

Leary, der 1996 im Alter von 75 Jahren starb, stufte sich selbst als »Hoher Priester« und als »Inkarnation von Jesus Christus« ein, der LSD den anderen Menschen gewissermaßen als → Sakrale Droge zur Erweiterung ihres *eingeschränkten* Bewußtseins brachte. Doch zwischen den Mänaden des Dionysos, die in den Bergen Griechenlands ihre rasenden Tänze zelebrierten, und den psychedelischen *light shows* Learys, die er in städtischen Kinos gegen Eintrittsgeld abhielt, besteht ein himmelweiter Unterschied.

LSD und verwandte Halluzinogene werden vor allem von jungen Leuten genommen, die vor der Aufgabe stehen, ihre eigene Identität zu finden und sich von ihrer Familie zu lösen. LSD nimmt ihnen scheinbar die Mühe ab, einen eigenen Weg zu finden, ihr Wissen nutzbar zu machen und sich für – oder auch gegen – die Lebensform zu entscheiden, welche ihnen die Umwelt anbietet. Die Identität, die durch die Droge gewonnen wird, bleibt aber vielfach mit ihr verknüpft. Sie ist nur unter dem Einfluß der Droge real, welche die Selbstkritik auszulöschen vermag. Je mehr die Vertreter der psychedelischen Religion versprechen, desto größer wird diese Gefahr für jene Jugendlichen, welche ihnen Glauben schenken. Diese Einwände richten sich weniger gegen den Versuch, durch den Konsum eines Halluzinogens Aufschluß über seelische Grenzzustände zu gewinnen, als gegen ihre unkritische Empfehlung als »Vitamin für die Gehirnrinde« – ein neurophysiologisch wie psychologisch gesehen gleich unsinniger Anspruch. Halluzinogene können es ebenso erschweren, die eigene Identität zu finden, wie sie es im günstigen Fall erleichtern mögen.

Märtyrer – oder Super-Dealer?
Die Entlassung aus Harvard und juristisch höchst fragwürdige Abschreckungsurteile (30 Jahre Gefängnis wegen des Besitzes von Marihuana, 1966 in Laredo/Texas) haben Leary den Ruf eines Märtyrers der Psychedelischen Bewegung eingebracht, welchen er nicht ungern zu akzeptieren schien und den er in bestimmten Kreisen (die man als »politisch links und drogenbejahend« bezeichnen könnte) noch heute hat. Eine linksradikale Untergrundorganisation, die »Weathermen«, verhalf ihm 1971 zur Flucht aus dem kalifornischen Gefängnis. Im Schweizer Asyl traf er sich mit Albert Hofmann, der seinen zwiespältigen Eindruck von dem Amerikaner in seinen Lebenserinnerungen festgehalten hat:
»Diese persönliche Begegnung mit Leary hinterließ bei mir den Eindruck einer liebenswürdigen Persönlichkeit, die von ihrer Sendung überzeugt ist, die ihre Ansichten auch scherzend, doch kompromißlos vertritt, die, durchdrungen vom Glauben an die Wunderwirkungen der psychedelischen Drogen und dem daraus resultierenden Optimismus, recht hoch in den Wolken schwebt und dazu neigt, praktische Schwierigkeiten, unerfreuliche Tatsachen und Gefahren zu unterschätzen oder gar zu übersehen.« (S. 90)
Nach diesem Treffen im September 1971 begegneten sich die beiden Schlüsselfiguren der LSD-Geschichte noch einmal im Februar 1972:
»Leary schien verändert. Er wirkte fahrig und zerstreut ...«
Im selben Jahr wurde Leary in Afghanistan, auf dem Flugplatz von Kabul, von Agenten des amerikanischen Geheimdienstes verhaftet und nach Kalifornien ins Gefängnis überführt. In einem großangelegten Prozeß in San Francisco stellte sich heraus, daß die von Leary geleitete, religiös verbrämte »Brotherhood of Eternal Love«, angeblich eine gemeinnützige Institution, »einer der größten bekanntgewordenen Rauschgift-Produktions- und Verteilungsapparate, Leary der PR-Agent für ein gigantisches Geschäft« war (*Der Spiegel* Nr. 39, 1974). Den polizeilichen Ermittlungen zufolge schmuggelte diese »Bruderschaft der Liebe« eine Zeitlang wöchentlich Haschisch und Marihuana im Wert von 4,3 Millionen Dollar in die USA; Lagerbestände für knapp 8 Millionen Dollar wurden sichergestellt. Als die US-Bundespolizei im Januar 1973 die größten Labors der »Brotherhood« in St. Louis schloß, stellte sie dort 50.000 fertiggepreßte LSD-Tabletten und Pulver für weitere 14 Millionen Stück sicher. Diese Produktion wurde, zum Teil durch die Rockerbande »Hell's Angels«, in allen

Teilen der USA sowie 20 nichtamerikanischen Staaten abgesetzt, »neben etwa 100 anderen Rauschmitteln wie Peyote und Kokain vor allem hochwertige LSD-Pillen mit dem Markennamen *Orange Sunshine,* die Timothy Leary anpries«.

Während man Leary eine Besessenheit und Überzeugung von den positiven Folgen seiner Drogen-Kampagne nicht absprechen kann, ging es seinen Mitstreitern manchmal um ganz anderes. Der Millionär William Mellon Hitchcok, der Leary nach dessen Entlassung von der Harvard-Dozentur finanziell unterstützte, bekannte nach seiner eigenen Festnahme freimütig: »Es hat mir Spaß gemacht, dem Establishment eins in die Fresse zu hauen!«

Leary wurde in der Folge dieser Ermittlungen zu 15 Jahren Gefängnis verurteilt. Seine Bereitschaft, die illegalen Beziehungen aufzudecken und sich von der Drogenverherrlichung loszusagen, war offenbar von Erfolg gekrönt. Er wurde schon im Frühjahr 1976 freigelassen.

»Von seinen Freunden vernahm ich, er beschäftige sich nun mit psychologischen Problemen der Weltraumfahrt und mit der Erforschung der kosmischen Entsprechungen des menschlichen Nervensystems im interstellaren Raum, also mit Problemen, deren Studium ihm von seiten der Behörden wohl keine Schwierigkeiten mehr einbringen wird.« (Hofmann, S. 91) Als in den achtziger Jahren die Computer immer populärer wurden, hängte Leary sich als einer der ersten auch an diesen neuen Trend und wurde einer der prominentesten Propagandisten der *Denkmaschinen* als Instrument der Bewußtseinserweiterung, diesmal ohne Drogen. Wobei äußerst interessant ist, wie er mit nahezu denselben Phrasen und Begriffen die – angeblichen – Wirkungen der Rechenmaschinen pries, die er in den beiden Jahrzehnten zuvor für das LSD und die psychedelischen Trips benützt hatte. Als er 1996 starb, war er schon wieder auf einem anderen Trip: Er hoffte, seinen Körper mit Hilfe der futuristischen Technologie des Cryogenik solange bei Tiefsttemperaturen einfrieren zu lassen, bis in einer späteren Generation neue medizinische Techniken verfügbar wären, mit denen man seinen kranken und gealterten Körper auftauen und regenerieren könne.

Vielleicht zeigt sich in dieser letzten Technikgläubigkeit, was Learys eigentlicher Irrglaube war: daß irgendeine Methode, gleich ob halluzinogene Droge oder Computer oder Cryogenik samt künftiger Supermedizin irgendeinen positiven Effekt auf das menschliche Bewußtsein haben könnte – wo doch alle bisherigen Kulturen, die sich seit Jahrtausenden mit der Erforschung des Bewußtseins und des Unbewußten befaßt haben, sich – bei allen Unterschieden – hierin einig sind: daß nur Leben in der Welt und Verarbeiten dieser Erlebnisse Bewußtsein zu erweitern vermag.

LSD-Trips oder Haschisch-Räusche können tatsächlich erstaunliche Einblicke in die Innenwelt eröffnen, das ist gar keine Frage. Aber dann beginnt der eigentlich Heil-*Trip* erst: wenn der drogeninduzierte Rauschzustand vorbei ist. Das ist das Wesen jeder Psychotherapie, auch jener therapeutischen Methoden, die sich des LSD und anderer Halluzinogene als Hilfsmittel bedienen. Die Droge ist stets nur das Hilfsmittel – niemals die Therapie selbst. Letzteres meinte aber nicht nur Leary irrigerweise, sondern seine ganze von ihm angeturnte Gemeinde.

Es ist, um einen naheliegenden Vergleich zu bemühen, ähnlich wie mit einer Reise in ein fremdes Land. Nicht die Vorbereitung, so wichtig dies auch ist, bringt das Ergebnis, nicht das Zusammenstellen des Gepäcks und das Studieren der Landkarten, sondern es ist die Reise durch das fremde Terrain, die den Reisenden verändert. Jeder Halluzinogen-Trip kann immer nur Reisevorbereitung sind. Aber das ist den wahren Leary-Gläubigen nicht zu vermitteln.

Wenn auch Sigmund Freud ein Mann anderen geistigen Kalibers gewesen sein dürfte als Timothy Leary, so sind gewisse Parallelen ihres Werdegangs im Zusammenhang mit einer Droge doch verblüffend. Ähnlich wie Leary sich für LSD begeisterte, setzte Freud sich für die Verbreitung des → Kokains ein, ehe er selbst zu der Erkenntnis kam, welche verderbliche Rolle er da spielte. Freud entdeckte bald darauf die Psychoanalyse, und viele Anzeichen deuten darauf hin, daß die eigenen Kokainerfahrungen – keine Räusche mit Halluzinationen, sondern weit mildere Euphorien – ihm das eigene Unbewußte aufschlossen und das Verständnis der Träume erleichterten.

(Man kann immer wieder nur staunend bemerken, wie sich die Abläufe wiederholen: 1884–86 begeisterte sich Sigmund Freud für das → Kokain – in der 68er Zeit hob Timothy Leary LSD noch weit enthusiastischer auf den Schild – und 1997 schwärmt Brian Harvey, der Leadsänger der britischen Band *East 17* in einem Radiointerview von → Ecstasy, es »macht bessere Menschen aus denen, die die Droge schlucken«.)

Leary beschränkte sich nach seinen LSD-Abenteuern und Gefängnisaufenthalten erst einmal darauf, einen Science-fiction-Roman zu schreiben: *Was will die Frau?* (1980). Er dokumentierte damit, wie eng der Trend zu den Rauschdrogen und der ziemlich gleichzeitig einsetzende Boom der SF-Bücher und -Filme miteinander verwandt sind (→ auch RA I und RA II). Interessanterweise speist sich die SF-Vorstellung vom Cyberspace* der achtziger Jahre, die Anfang der neunziger durch die Internet-Begeisterung der Computer-Fans verstärkt wurde, aus ähnlichen Quellen wie die psychedelische Begeisterung in den sechzigern und siebzigern.

7. Gefahren durch LSD

Die Postulate der LSD-Religion, das Halluzinogen sei ein Sakrament, keine Rauschdroge, und es habe die menschliche Evolution sprunghaft vorangetrieben, tragen sicher einen Teil der Verantwortung für die Verwendung von LSD als Rauschgift im herkömmlichen Sinn. Seit es in Fernsehen und Presse als harmlos, aber hochwirksam, als Lösung aller Entfremdung, jeder existenziellen Krise und persönlichen Unzufriedenheit gepriesen wurde, stieg der Gebrauch von LSD sprunghaft an.

---

* Die Bezeichnung »Cyberspace« führte 1984 der SF-Autor William Gibson in seinem Roman *Neuromancer* ein (dt. unter dem selben Titel 1987). Obgleich Gibson jede Beeinflussung durch Halluzinogene abstreitet, sind seine Schilderungen der Abenteuer von Menschen, die ins Innere des elektronischen (Pseudo-) Bewußtseins von hochkomplexen Computern vordringen und – Geistern ähnlich – durch die Datennetze surfen, den Schilderungen von LSD- oder Haschisch-Räuschen verblüffend ähnlich. Kein Wunder, daß Timothy Leary diesen Roman schwärmerisch als »Neues Testament« des 21. Jahrhunderts bezeichnete.

Nicht mehr geistige Erleuchtung wurde angestrebt, sondern einfach Vergessen, *dropping out,* das *Herausfallenlassen* aus einer unbefriedigenden Existenz, ein Rausch, der das Leben leichter, die Liebe schöner und die Hemmungen geringer machen soll.

Leary und seine Anhänger werfen den Psychiatern, die über *bad trips* berichten, vor, durch diese Erzählungen würden negative Reaktionen auf LSD erst ausgelöst. Aber hier wird wohl der tatsächliche Zusammenhang umgekehrt. Sobald durch den *wilden,* nicht mehr psychologisch und ärztlich überwachten LSD-Konsum *bad trips* häufiger wurden, mehrten sich auch die entsprechenden, warnenden Berichte.

Eine Reihe unheilvoller Entwicklungen setzte ein. LSD wurde zum *acid-test,* zu einer Art Mutprobe. Man renommierte mit den Dosen, die der einzelne *acid-head** konsumiert habe, und mischte schließlich das Halluzinogen sogar Uninteressierten in den Cocktail. Man kann die potentiellen Schäden durch LSD in vier Gruppen einteilen:

a) *Körperliche Gefahren.* Es sind Chromosomenbrüche in Körperzellen und Mißbildungen von Kindern beschrieben worden, deren Mütter während der Schwangerschaft LSD genommen hatten. In beiden Fällen reichen die Beweise (noch?) nicht aus. Sicher löst LSD, wenn überhaupt, nur sehr selten Mißbildungen oder Erbschäden aus. Dennoch mahnen die vorliegenden Resultate zur Vorsicht.

b) *Psychische Gefahren vom Soforttyp.* Das geläufigste Risiko ist der *bad trip,* ein akuter Angstanfall, in dem der (versprochene oder erwartete) LSD-Himmel zur Hölle wird. Der Berauschte sieht sich von wilden Tieren oder menschlichen Verfolgern, Teufeln, Folterknechten bedroht. Seine Realitätsorientierung kann zusammenbrechen; eine kurzdauernde, psychoseähnliche Reaktion ist die Folge. Der *bad trip* kann entweder spontan oder durch ärztliche Hilfe abklingen (ein wirksames Gegenmittel ist Chlorpromazin = Megaphen oder ein anderes Neuroleptikum). Klingt die negative Reaktion nicht ab, kann eine länger dauernde, psychotische Phase folgen. Der Betroffene verhält sich wie ein Geisteskranker (in der Regel analog einem Fall paranoisch-halluzinatorischer Schizophrenie) und muß in eine Nervenklinik eingeliefert werden. Solche psychotischen Reaktionen treten meist nur bei dazu veranlagten Menschen auf, deren psychische Struktur durch belastende Kindheitserlebnisse und möglicherweise auch Erbfaktoren disponiert ist.

Allerdings ist es praktisch unmöglich, vorauszusagen, daß bei einem bestimmten Menschen eine solche psychotische Reaktion mit absoluter Sicherheit *nicht* auftreten wird.

Schließlich sind gelegentlich Unfälle durch einen LSD-Rausch vorgekommen – vor allem im Verlauf eines *bad trip.* Da es sich um auffällige Ereignisse handelt, werden sie immer wieder zitiert, scheinen also viel häufiger zu sein, als sie es tatsächlich sind. Die größte Gefahr sind Selbstmordversuche – etwa durch Sprung aus dem Fenster, weil der Berauschte glaubt, er könne fliegen. Ein Student im LSD-Rausch stellte sich einem heranrasenden Auto entgegen und rief »Halt!« – er war sofort tot. Da LSD im Körper nur sehr schwierig nachzuweisen ist,

---

* Wörtlich: *Säurekopf,* für Lysergsäure-Benützer

könnten manche *unerklärlichen* Verkehrsunfälle auf sein Konto zu buchen sein. Autofahren unter Halluzinogen-Einfluß ist – auch wenn man die Symptome zu kontrollieren meint – leichtsinnig und lebensgefährlich.

Zu den Gefahren, die nicht eigentlich dem LSD, wohl aber seinem Mißbrauch in der Subkultur anzulasten sind, gehören Vergiftungen durch unreines oder mit anderen Drogen gemischtes Material.

c) *Nachhall-Psychose (flashback).* Hierbei handelt es sich um einen – meist mit intensiven Angst- und Desorientierungserlebnissen verbundenen – Rauschzustand, der Wochen und Monate nach dem eigentlichen LSD-Rausch auftreten kann und auf den Betroffenen wie ein regelrechter psychotischer Schub wirkt. In einer vorzüglichen Studie haben Helmut Waldmann und Heinz Ewald Hasse die verschiedenen Erscheinungsformen und Ursachen dieser Nachhall-Psychosen untersucht (Waldmann 1974).

Grof beobachtete solche *Rückblenden* in frühere Rauschzustände auch bei therapeutischen LSD-Sitzungen und führt sie zurück auf das Auftreten von Problemen ähnlicher Natur wie jene, »die in der letzten Sitzung ungelöst blieben« (S. 115).

d) *Gefahren bei chronischem Konsum.* LSD ist kein Suchtgift. Körperliche Abhängigkeit tritt nicht auf, Entziehungserscheinungen fehlen. Die meisten medizinisch-psychiatrischen Studien an chronischen LSD-Konsumenten haben den Schönheitsfehler, daß sie sich nur auf, nach höchst einseitigen Kriterien ausgewählte, Stichproben beziehen: auf die nach einem *bad trip* in eine Klinik eingelieferten LSD-Verbraucher. Man kann aber die Folgen wiederholter LSD-Reisen ebensowenig aus den *bad trips* erschließen, wie man aus Flugzeugabstürzen die Konstruktion dieser Maschinen ermitteln darf.

Zwanzig Konsumenten geben Auskunft

Barron und seine Mitarbeiter haben in einer 1970 publizierten Arbeit versucht, eine bessere Ausgangsbasis zu gewinnen. Sie annoncierten in einer Underground-Zeitung und gewannen schließlich 20 Informanten, die bis dahin mindestens achtmal LSD genommen und noch nie wegen eines *bad trip* einen Nervenarzt hatten aufsuchen müssen.

Die Befragten stammten fast durchweg aus der Mittelklasse. Konflikte mit den Eltern und schon seit früher Kindheit schwer gestörte Eltern-Kind-Beziehungen fanden sich fast regelmäßig, als man sie nach ihrer Lebensgeschichte befragte. 15 der 20 befragten Versuchspersonen haßten ihre Eltern – entweder ein Elternteil oder beide. Bei keinem Dauerkonsumenten (12 Männer und 8 Frauen, darunter 7 Studenten, 11 Angestellte, 2 Arbeitslose) war LSD die erste Rauschdroge, mit der sie experimentiert hatten. Sie alle hatten vorher andere Drogen benützt, in der Regel Marihuana. Auch neben LSD nahmen sie zur Zeit der Befragung noch andere Drogen: Marihuana und (vier Fünftel von ihnen) Amphetamine.

Die Hälfte hatte auch Heroin probiert, doch war keiner süchtig geworden. Während des LSD-Rausches benutzten 18 von 20 Marihuana, um sich zu entspannen.

Unter den Motiven für den LSD-Konsum überwog Streben nach Einsicht (12) gegenüber Neugier (7). Später wurde LSD vor allem genommen, weil es die Bereitschaft für Sinneseindrücke erhöhe. Die angebliche Steigerung der sexuellen Ansprechbarkeit durch LSD wurde kaum genannt und wenn ja, dann nur als sekundäres Motiv. Die Zahl der *trips* schwankte stark: von acht bis 250. Sie lag im Mittel bei 40, die sich auf rund zwei Jahre verteilten. Die verwendeten Dosen ließen sich nicht exakt ermitteln; die 300 bis 600 *street mikes* (Straßen-Mikrogramm), welche im allgemeinen genommen wurden, dürften etwa 150 bis 300 Mikrogramm reinem LSD entsprochen haben.

Die LSD-Welle scheint inzwischen abgeebbt zu sein. Bereits Barron fand schon 1970, daß 14 der Befragten früher LSD viel öfter genommen hatten; zwei hatten überhaupt aufgehört, und nur zwei hatten es in letzter Zeit häufiger genommen. Psychologisch wurden die chronischen LSD-Konsumenten als aggressive Individuen beurteilt, die Schwierigkeiten hätten, zu sich selbst zu finden. Es gab dabei zwei Untergruppen: die überzeugten Hippies, welche glaubten, durch LSD seien alle ihre Probleme gelöst, und die mehr neurotischen Personen, die ihre Schwierigkeiten noch klar erkannten. Die psychiatrischen Diagnosen lauteten nur bei drei Befragten »ohne Befund«. Bei den 17 übrigen wurden Charakter- und Persönlichkeits-Störungen festgestellt. Fast alle hatten berufliche und/oder familiäre Probleme, vor allem Kontaktschwierigkeiten. Obschon viele behaupteten, LSD habe ihre künstlerische Leistungsfähigkeit oder ihre Selbsterkenntnis vertieft, fand sich dafür kein Beweis. Die psychiatrischen Symptome im Sinn der Charakter- und Verhaltensstörungen hatten allerdings schon vor dem LSD-Konsum bestanden. Der Halluzinogen-Konsum war eher ihr Symptom als ihre Ursache: Er verkörpert einen chemischen Abwehrmechanismus, der davor bewahrt, sich mit seinen psychischen Problemen auseinanderzusetzen. Der unmittelbare Schaden scheint trotz des ausgedehnten Konsums von oft schlecht gereinigtem LSD gering: ein *Umsteigen* auf Suchtgifte ließ sich nicht nachweisen.* Doch hat sich LSD auch in keinem Fall als nützlich erwiesen. Es deckte die psychischen Probleme zu, statt sie zu lösen.

8. Die Studien von Stanislav Grof

Obgleich Stanislav Grof seine Experimente und theoretischen Überlegungen in der Arbeit mit Hunderten seelisch Kranker, also in psychotherapeutischen Sitzungen, durchführte, sollen seine Forschungsergebnisse hier in einem eigenen Kapitel referiert werden. Der Grund ist, daß seine Studien weit über den Bereich der Therapie hinaus Bedeutung erlangt haben.

Bereits in den fünfziger Jahren existierte im Fachbereich der medizinischen Fakultät der Karls-Universität in Prag ein Programm zur Erforschung der LSD-Wirkungen und ihrer Anwendbarkeit für die Psychotherapie. Die Leitung des Projekts hatte Georg Roubicek, der das Präparat in der tschechischen Psychiatrie einführte.

Bei ihm lernte Grof 1955 LSD als Volontär kennen, während er Experimente beobachtete und Versuchspersonen interviewte. 1956 hatte er seine

---

* Dieses Umsteigen mag bei LSD-Konsumenten, die in Nervenkliniken kommen, öfter vorliegen, da die Häufigkeit von *bad trips* und besonders gravierende Konflikte – die ihrerseits nach noch wirksamerer Betäubung, wie sie die Opiate bieten, verlangen – miteinander zusammenhängen dürften.

erste eigene LSD-Sitzung: »Diese Erfahrung bestärkte mein bereits vorhandenes Interesse für psychedelische Drogen in solchem Maße, daß daraus meine Lebensarbeit geworden ist.«

Durch die politischen Veränderungen in der ČSSR im Jahr 1968 waren auch die LSD-Forschungen auf psychoanalytischem Hintergrund gefährdet, wie jedes die Freiheit des Individuums betonende und fördernde Unternehmen, und Grof emigrierte in die USA (wo er während eines Stipendiums 1967–69 bereits Kontakte zu anderen LSD-Forschern knüpfen konnte). Im Gefolge der Drogenwelle und der aufkommenden Feindseligkeit auch akademischer Kreise gegen jede Art von Halluzinogenen war es für Grof äußerst schwierig, in Amerika seine Studien weiterzuführen. Insbesondere, seit seine Entdeckungen ihn zu der Erkenntnis brachten, daß die Konzepte und Hypothesen der Psychoanalyse klassischer Prägung nicht ausreichten, um viele der im LSD-Rausch auftretenden Phänomene zu verstehen oder zu erklären – was ihm die Unterstützung auch der (in den USA in der Regel psychoanalytisch ausgebildeten) psychiatrischen Kollegen weitgehend entzogen haben dürfte. Wichtige Impulse gewann Grof bei Freud-Schülern, die sich von der Psychoanalyse wegentwickelt und eigene Konzepte entwickelt hatten, wie der Begründer der Gestalttherapie, Fritz Perls. Bei ihm und anderen Exponenten der *Humanistischen Psychologie,* später vor allem der *Transpersonalen Psychologie* (→ RA III) fand er Bestätigungen für neue, eigene Überlegungen (s. unten).

Das bisher vorliegende bzw. geplante Werk des tschechischen Psychiaters basiert »auf mehr als 2.500 LSD-Sitzungen, die ich selbst durchführte oder an denen ich mehr als fünf Stunden teilnahm. Darüber hinaus hatte ich Zugang zu Aufzeichnungen aus über 1.300 Sitzungen, die von einigen meiner Kollegen in der Tschechoslowakei und in den Vereinigten Staaten geleitet wurden« (S. 45).

Er entdeckte dabei, »daß das Element des Vertrauens die wichtigste Einzelvariable einer erfolgreichen LSD-Therapie war« (S. 42).

Grof hat seine Studien auf fünf Bände angelegt, von denen zwei auch in deutscher Sprache erschienen sind.

Eine Landkarte des Inneren Raumes

Im ersten Band, *Topographie des Unbewußten* (1975, dt. 1978), skizziert Grof die einzelnen Stufen seiner eigenen psychedelischen Forschungsarbeit und konzentriert sich in erster Linie auf das, was er die »Kartographie des inneren Raumes« nennt, also auf die »phänomenologische Beschreibung der verschiedenen Ebenen und Typen von Erfahrungen, die bei psychedelischen Sitzungen in Erscheinung treten« (S. 17). Es sind dies im einzelnen:

a) Abstrakte und ästhetische Erfahrungen
b) Psychodynamische Erfahrungen
c) Perinatale Erfahrungen
d) Transpersonale Erfahrungen.

Zusammengefaßt wird die Bedeutung dieser komplexen Befunde dann in einem eigenen Kapitel über die »mehrdimensionale und mehrschichtige Natur« der LSD-Erfahrung. Der erste Bereich, also die abstrakten und ästhetischen Erfahrungen, deckt sich weitgehend mit dem, was in diesem Stichwort weiter oben bereits beschrieben und auch von anderen Autoren (Leuner, Stoll usw.) schon mitgeteilt wurde.

Desgleichen der zweite Bereich der

»psychodynamischen Erfahrungen«. Hier begibt Grof sich allerdings insofern auf Neuland, als er mit seinem Begriff der COEX-Systeme* über das hinausgeht, was S. Freud mit *Deckerinnerungen* (1899), später Heinz Kohut (1973) als *telescoping* bezeichnete. Gemeint ist folgendes: Wenn ein Patient sich im Traum an ein bestimmtes Erlebnis aus der Vergangenheit erinnert, so zeigt sich häufig, daß diese konkrete Erinnerung weitere (wegen damit verbundener Ängste oder unangenehmer Gefühle verdrängte) Erinnerungen *verdeckt*. Kohut führt aus, daß es – analog – ganze Gruppen von Erinnerungen aus den verschiedensten Lebensabschnitten gibt, die wie die Rohre eines ausziehbaren Teleskopes ineinandergeschoben sind; zusammengehalten werden sie meistens von derselben Gefühlsqualität oder einem all diesen Erinnerungen zugrunde liegenden Konflikt, z.B. mit dem Vater.

Was Grof als COEX-Systeme bezeichnet, führt insofern nochmals einen wichtigen Schritt weiter, als es sich dabei nicht nur um eng umschriebene Einzelerinnerungen, um konkret lokalisierbare Situationen der Vergangenheit handelt, sondern um ganze »spezifische Konstellationen von Erinnerungen, die aus verdichteten Erfahrungen (und damit verbundenen Phantasien) aus verschiedenen Lebensabschnitten des einzelnen bestehen. Die zu einem bestimmten COEX-System gehörenden Erinnerungen haben ein ähnliches Grundthema oder enthalten ähnliche Elemente und sind mit starken Emotionen der gleichen Qualität besetzt. Die tiefsten Schichten dieses Systems stellen lebhafte, farbige Erinnerungen an Erfahrungen aus der ersten Lebenszeit und der frühen Kindheit dar« (S. 67/68).

Weiter führt Grof aus: »Die einzelnen COEX-Systeme haben festen Bezug zu bestimmten Abwehrmechanismen und sind mit spezifischen klinischen Symptomen verknüpft. Die Wechselbeziehungen zwischen den einzelnen Teilen und Aspekten der COEX-Systeme stehen in den meisten Fällen prinzipiell im Einklang mit den Gedanken Freuds; das theoretisch neue Element ist das Konzept des dynamischen Organisationssystems, das die einzelnen Bestandteile zu einer fest umrissenen funktionellen Einheit zusammenfügt. Die Persönlichkeitsstruktur enthält in der Regel eine größere Anzahl von COEX-Systemen.« (S. 68)

Ansatzweise hat solche Gedanken, wie Grof selbst vermerkt, bereits 1962 Hanscarl Leuner vorgetragen, mit seinem Terminus *transphänomenale Steuerungssysteme – tdysts*. Aber sein Konzept stellt doch etwas Eigenes dar und darf als der bislang wichtigste Beitrag der LSD-Forschung zur traditionellen Tiefenpsychologie gelten.

Erinnerungen aus vorgeburtlicher Zeit?

Noch wesentlich weiter von gängigen Konzepten und Vorstellungen entfernt Grof sich mit dem, was er perinatale und transpersonale Erfahrungen nennt. Er meint damit Zustände und lebhafte Wahrnehmungen halluzinatorischer Art (→ Cannabis, S. 99), die sich nicht auf Erlebnisse aus dem realen Leben nach der Geburt des betreffenden Individuums reduzieren lassen.

Grof kann die Frage nicht beantworten, wie es möglich sein soll, daß ein

* COEX-System ist die Abkürzung des amerikanischen, von Grof geschaffenen Terminus »Systems of Condensed Experience« (= Systeme verdichteter Erfahrung).

menschlicher Fötus, der gerade zur Welt kommt, ohne entsprechend strukturiertes Bewußtsein Vorgänge wahrnehmen können soll, die sich in seiner Umgebung *damals* abgespielt haben. Beachtenswerte Hinweise darauf, wie dies dennoch möglich sein könnte, geben Überlegungen von Burkhard Heim und Sir John Eccles (s. Literatur-Angaben). Demnach widerspricht es modernen naturwissenschaftlichen Vorstellungen der Quantenphysik und der Gehirnphysiologie nicht, daß ein übergeordnetes immaterielles Substrat (Bewußtsein) den Körper überdauert bzw. bereits vor dem Entstehen des materiellen Trägers Mensch existiert (s. auch J. E. Charon 1979 und R. Lutz 1980). Jedenfalls ist es in höchstem Maße erstaunlich – und beachtenswert –, was Grof über die Berichte seiner LSD-Patienten sagt, die sich an Vorgänge bei der Geburt (perinatale Erfahrungen) erinnern, oder die gar von Erlebnissen jenseits der eigenen Existenz (transpersonal) sprechen wie:

- zeitliche Bewußtseinserweiterung
- embryonale und fötale Erfahrungen
- Ahnen-Erfahrungen
- kollektive und rassische Erfahrungen
- phylogenetische (evolutionäre) Erfahrungen
- Erfahrungen früherer Inkarnationen
- *out of the body experiences*
- Erfahrungen anderer Universen und Begegnungen mit ihren Bewohnern usw.

Man mag all dies als Spinnereien Berauschter und ausgeflippte Science-fiction-Phantastereien abtun und wieder zur Tagesordnung übergehen. Man kann aber auch daran denken, daß Mystiker und begabte Schriftsteller (z.B. Hermann Hesse mit der Sterbe-Vision in *Klein und Wagner*) längst von solchen Dingen berichtet haben, ehe es LSD-25 überhaupt gab. Eine eigene neue Richtung, die Transpersonale Psychologie, befaßt sich inzwischen damit (s. Castaneda; Lilly; Tart).

Drogen waren schon zu früheren Zeiten Schlüssel zu den inneren Universen. Die Lektüre von Grofs Buch, wie auch von den Folgebänden, empfiehlt sich jedoch besonders für jene, die Sehnsucht danach haben, »Astronauten der Innenwelt« zu werden – weil er eindrücklich auch die Problematik und die Gefahren solcher Unternehmungen beschreibt und darauf hinweist, wie wichtig es ist, zuverlässige *Begleiter* mitzunehmen, und zwar Begleiter, die mehr Erfahrung haben als bloß die eigenen LSD-Trips.

Gespräche mit Sterbenden

Der zweite Band des Grof'schen Opus beschäftigt sich mit dem Einfluß des LSD auf Menschen, deren Sterben – wie bei unheilbaren Krebskranken – mit stärksten Schmerzen und großer Verzweiflung verbunden ist und denen die Droge nicht nur offensichtlich Erleichterung verschafft – sondern auch wichtige Selbsterkenntnis über den Vorgang des Sterbens.

Die Begegnung mit dem Tod schrieb Grof zusammen mit seiner Kollegin und Gefährtin Joan Halifax. Was in *Topographie des Unbewußten* nur erwähnt wird, findet hier ausgiebig Beachtung. Elisabeth Kübler-Ross, die selbst eine der führenden Forscherinnen auf dem Gebiet der Thanatologie ist, schreibt in ihrem Vorwort:

»Alle, die sich für psychosomatische Medizin und ihre Zusammenhänge interessieren ... sollten dieses Buch lesen.« Es handelt sich um »ein Buch ganz besonderer Art – ein Buch, das in die Bibliothek eines jeden gehört, der ernsthaft versucht, jenes Phänomen zu verstehen, das wir Tod nennen.«

Nach Auffassung von Grof und Halifax kann LSD dem Todgeweihten helfen, die Schrecken wie die Seligkeiten des Sterbens besser zu verarbeiten, »auch jenen Zustand, den die alten Religionen Wiedergeburt nannten«.

Aldous Huxley half seiner ersten Frau, das Sterben mit Hilfe von LSD besser zu ertragen, und verarbeitete auch die Krebsschmerzen des eigenen Todes mit der Droge. Es ist wahrscheinlich äußerst müßig, ihnen wie Grof und seinen Patienten vorzuwerfen, sterben könne man doch auch ohne LSD. Die Frage ist ganz einfach, ob es nicht nötig ist, mit solchen drastischen Hilfsmitteln überhaupt wieder den Blick auf die Bedeutung dieses Vorgangs zu richten, uralte Erfahrungen in neuem Licht zu sehen – und damit (wieder) zu verstehen.

Die weiteren drei Bücher von Grof befassen sich im einzelnen mit:

- den praktischen Aspekten der LSD-Therapie
- den heuristischen (die Forschung selbst betreffenden) Aspekten der LSD-Arbeit und ihrer Bedeutung für die Psychologie der Persönlichkeit, die Praxis der Psychotherapie und das Verständnis der menschlichen Kultur
- den philosophischen und spirituellen Dimensionen der LSD-Erfahrung, »unter besonderer Betonung der ontologischen und kosmologischen Fragen. Er wird im einzelnen das erstaunlich konsequente metaphysische System beschreiben, das aus den Experimenten mit psychedelischen Drogen hervorzutreten scheint«.

Bei aller Kühnheit seiner Hypothesen und dem oft sensationellen Charakter seiner Berichte, muß man Grof jedenfalls zugute halten, daß er vorsichtig abwägt und sich vor leichtfertigen Schlußfolgerungen hütet. Und schon gar nicht zieht er voreilige – und für Hunderttausende gefährliche – Schlüsse, wie es Timothy Leary tat, als er die »Politik der Ekstase« pries, allen Politikern der Welt einen LSD-Trip anempfahl, damit sie im Eilverfahren alle Probleme der Welt erkennen (und natürlich im Handumdrehen auch lösen), der sich in seinem mit LSD-Räuschen angeheizten Größenwahn selbst zum *Hohepriester* (so der Titel seiner Autobiographie) der neuen psychedelischen Bewegung hochjubelte und glaubte, damit auch einen schwunghaften Handel mit Halluzinogenen rechtfertigen zu können.

Die Erforschung der psychedelischen Drogen wie LSD und → Meskalin oder → Psilocybin kann nur von ernsthaften und verantwortungsbewußten Forschern wie Stanislav Grof oder Claudio Naranjo betrieben werden, die nicht der Illusion unterliegen, man könnte mit einer Handvoll Lysergsäurediäthylamid in der Wasserversorgung die Ungerechtigkeiten dieses Planeten beseitigen.

9. Die Situation in den neunziger Jahren

Heute riskieren es Wissenschaftler wieder, die alte Fährte aufzunehmen. Am Heffter Research Institute in New Mexico werden Experimente mit Rauschdrogen für eine Vielzahl wissenschaftlicher Zwecke gemacht:

- sie sollen psychische Krankheitsbilder sinnlich und womöglich auch biochemisch nachvollziehbar machen;
- sie sollen Aufschluß über die Wirkung der Drogen geben;
- sie helfen, Hirnfunktionen des Menschen zu entschlüsseln;
- sie können bei psychisch Kranken therapeutisch eingesetzt werden.

Die Beobachtungstechniken sind im Laufe der Jahre verfeinert worden. Neben den Beschreibungen durch die Versuchspersonen gibt es eine Fülle standardisierter Tests und biochemischer Kontrollen. Durch den *PET-Scan* kann mit Hilfe eines radioaktiven Kontrastmittels sichtbar gemacht werden, wo das Hirn bei welcher Gedankenoperation arbeitet.

Der therapeutische Einsatz der Drogen reicht von der Paarbehandlung (bei Paaren, die einander besser verstehen wollen) bis zum Einsatz von LSD bei Suchtkranken.

Eine Gruppe von Schweizer Therapeuten und Ärzten, die Mitte der achtziger Jahre von der Regierung die Erlaubnis bekamen, LSD und MMDA in der Behandlung von Patienten einzusetzen, wurde gestoppt, als einer der 100 Patienten starb. Nachdem sich herausgestellt hatte, daß der Todesfall nicht durch die Halluzinogen-Behandlung verursacht war, konnte die Arbeit weitergeführt werden. Ende 1993 wurden die Experimente allerdings endgültig verboten.

In Deutschland hat die Deutsche Forschungsgesellschaft (DFG) indessen ein Projekt bewilligt, das die Wirkung der Drogen Psilocybin, MDE und Methamphetamin untersucht. Der am Forschungsprojekt beteiligte Pharmakologieprofessor Karl-Artur Kovar hat als einziger Wissenschaftler in Deutschland die Genehmigung der Bundesopiumstelle, psychoaktive Substanzen selbst herzustellen. Mit Hilfe von »Computer Aided Drug Design« kann er auch neue Drogen bauen (vergl. auch → Designer-Drogen).

Ein Ziel des Projektes, in das nur gesunde Testpersonen einbezogen werden, ist es »formalen Denkstörungen« auf die Spur zu kommen.

Wer wissen will, was eine Psychotherapie mit Hilfe von LSD heilsam zutage fördern kann, dem sei die Lektüre des Berichts *Ich bin der SS-Mann* empfohlen. Der israelische Schriftsteller Yehiel De-Nur verbrachte als Häftling Nr. 135633 (Ka-Tzetnik 135633 nennt er sich deshalb als Autor) zwei Jahre in Auschwitz. Noch dreißig Jahre später wurde er von den grauenhaften Erlebnissen verfolgt, von denen ihn eine normale Psychotherapie offenbar nicht zu erlösen vermöchte. Erst die LSD-Therapie bei einem holländischen Psychiater brachte ihm die Hilfe; das Buch ist das Protokoll dieser Seelenreise.

Literatur:

Abrahamson, H. A. (Hrsg.), *The Use of LSD in Psychotherapy,* Indianapolis 1967

Barron, St., u. a., »A Clinical Examination of Chronic LSD Use in the Community«, in: *Comprehensive Psychiatry* 11, 1970, S. 69

Bialecki, J., u. a., *Drogen-Glossar,* Berlin 1971

Blum, R., u. a., *Utopiates. The Use and Users of LSD-25,* New York 1966

Caporeal, L., zit. n.: *Sphinx Magazin* Heft 1, 1977 (»Die Hexendroge von Salem oder: vom Mutterkorn zum LSD«)

Castaneda, C., *Die andere Realität – die Lehren des Don Juan,* Frankfurt a. M. 1972

Charon, J. E., *Der Geist der Materie,* Wien 1979

Cohen, S., *The Beyond Within,* New York 1968

Eccles, J., und H. Zeier, *Gehirn und Geist,* München 1980

Faillace, L. A., u. a., »Hallucinogenic Drugs in the Treatment of Alcoholism: A Two Year Follow-up«, in: *Comprehensive Psychiatry* 11, 1970, S. 51

Freud, S., »Über Deckerinnerungen« (1899), *Gesammelte Werke,* Bd. 1
Gibson, W. *Neuromancer* , New York 1984 (dt. unter dem selben Titel München 1987)
Grof, St., *Topographie des Unbewußten – LSD im Dienst der tiefenpsychologischen Forschung,* Stuttgart 1978
Ders., und J. Halifax, *The Human Encounter with Death,* New York 1977; *dt: Die Begegnung mit dem Tod,* Stuttgart 1980
Harvey, B., zit.n.: *Südd. Zeitung* vom 18. Jan 1997, S. 12, »Leute von heute«
Heim, B., »Der kosmische Erlebnisraum des Menschen«, in: Resch, A. (Hrsg.), *Mystik, Imago mundi Band* 5, Innsbruck 1975
Ders., »Postmortale Zustände«, in: Resch, A. (Hrsg.), *Fortleben nach dem Tod, Imago mundi* Bd. 7, Innsbruck 1980
Hesse, H., *Klein und Wagner* (1919)
Hitchcook, W. M. (zit. n.: *Der Spiegel* Nr. 39, 1980: »Russisches Roulette«, S. 145)
Hoffer, A., »D-lysergic Acid Diethylamide (LSD): A Review of Its Present Status«, in: *Clinical Pharmacological Therapy* 6, 1965, S. 183
Hofmann, A., *LSD – mein Sorgenkind,* Stuttgart 1979
Hollister, L. E., *Chemical Psychoses,* Springfield 1968
Huxley, A., *Himmel und Hölle,* München 1960
Jappe, G., »Nachschrift eines LSD-Rausches«, in: J. vom Scheidt, Hrsg., *Drogenabhängigkeit,* München 1972
Ka-Tzetnik 135633, *Ich bin der SS-Mann,* München 1993
Kilian, H. (zit. n.: J. vom Scheidt 1965 a)
Kohut, H., *Narzißmus,* Frankfurt a. M. 1973
Kovar, K.-A., zit. n.: Tom Schimmeck, »Bahnen ins Bewußtsein«, in: *Die Woche* vom 11. Okt 1996
Kübler-Ross, E., *Interviews mit Sterbenden,* Stuttgart 1978
Kurland A. A., u. a., »Psychedelic Therapy Utilizing LSD in the Treatment of the Alcoholic Patient«, in: *American Journal of Psychiatry* 123, 1967, S. 1202
Leary, T., u. a., *The Psychedelic Experience,* New York 1964
Ders., *Highpriest,* New York 1968
Ders., *Was will die Frau?,* Basel 1980
Leuner, H., *Die experimentelle Psychose,* Berlin 1962
Lidz, Th., und A. Rothenberg, »Psychedelismus: Die Wiedergeburt des Dionysos«, in: *Psyche* 24, 1970, S. 359
Lilly, J., *Das Zentrum des Zyklons,* Frankfurt a. M. 1978
Ludwig A., »Patterns of Hallucinogenic Drug Abuse«, in: *Journal of the American Medical-Association* 191, 1965, S. 92
Lutz, R., »Das neue Weltbild des Physik«, in: *Journal Zukunft,* Heft 1, Weinheim Juli 1980
Masters, R. E. L., u. a., *The Varieties of Psychedelic Experience,* New York 1966
Naranjo, Cl., *Die Reise zum Ich – Psychotherapie mit heilenden Drogen,* Frankfurt a. M. 1979
Pahnke, W., *Drugs and Mysticism* (Dissertation), Harvard 1963
Reiche, R., *Sexualität und Klassenkampf,* Frankfurt 1968
Scheidt, J. vom, »LSD in der Psychotherapie« (Interview mit Hans Kilian), in: *Praxis-Kurier* vom 17. 3. 1965
Ders., »Pforten zur Seele geöffnet«, in: *Praxis-Kurier* vom 17. 3. 1965
Ders., *Die Behandlung Drogenabhängiger,* München 1974
Schimmek, T., zit. n.: *Die Woche,* »Bahnen ins Bewußtsein«, 11.10.1996
Schmidbauer, W., »Halluzinogene in Eleusis?«, in: *Antaios* 10, 1968, S. 38
Schweizer, B., »Ich- und Weltverständnis besser?«, in: *Tages-Anzeiger,* Zürich, vom 9. 10. 1979
Smith, C. M., »A New Adjunct to the Therapy of Alcoholism: The Hallucinogenic Drugs«, in: *Quarterly Journal for the Study of Alcoholism* 19, 1958, S. 406
Solomon, D. (Hrsg.), *LSD, the Consciousness Expanding Drug,* New York 1964
Stoll, W. A., »Lysergsäure-Diäthylamid, ein Phantasticum aus der Mutterkorngruppe«, in: *Archiv für Neurologie und Psychiatrie* 60, 1947, S. 279
Tart, Ch. T., (Hrsg.) *Transpersonale Psychologie,* Freiburg i. Br. 1978
Waldmann, H., und Hasse, H. E., »Verlaufsformen der Nachhall-Psychosen und ihre Bedeutung für die Therapie«, in: Scheidt, J. vom (Hrsg.), *Die Behandlung Drogenabhängiger,* München 1974
Weech, A. A., u. a., »Toward a Rational Approach to Psychedelics«, in: *Comprehensive Psychiatry* 11, 1970, S. 57
Zaehner, R. C., »Ein Universum der Farce«, in: *Mysticism, Sacred and Profane,* Oxford 1957, dt. *Mystik – religiös und profan,* Stuttgart 1960

M

Magic Mushrooms

(C. cyanescens, Balinesische Wunderpilze, Magische Pilze)

Geschichte

Halluzinogenhaltige Pilze sind aus den verschiedensten Weltgegenden und Kulturen als Bestandteil religiöser Zeremonien und hedonistischer Gebräuche bekannt (→ Psilocybin und Fliegenpilz). Durch die Touristenströme, die in den siebziger und achtziger Jahren ihren Weg auch nach Fernost fanden, wurden inzwischen Pilze dieser Art bekannt, die schon seit langem neben Cannabis und Alkohol von den Einheimischen konsumiert werden und von diesen aufgrund ihrer Effekte als außergewöhnlich oder eben »magisch« empfunden und daher als »Magic Mushrooms« (Magische Pilze) bezeichnet werden.

In *Copelandia cyanescens,* so der botanische Name, wurde der höchste in Pilzen bekannte Gehalt an Psylocybin und Psilocin nachgewiesen (Schultes und Hofmann 1980, S. 68f.). Die Pilze wachsen zumeist auf Kuhmist und werden in einigen einheimischen Spezialitäten-Restaurants in Form von Pilzgerichten (Suppen, Pfannkuchen) fast ausschließlich von den Fremden konsumiert. Ritueller Gebrauch scheint bei der einheimischen Bevölkerung – zumindest heute – keine besondere Rolle zu spielen.

Der öffentliche Verkauf der Pilze ist auf Bali beschränkt auf den Ort Kuta.

Es hat den Anschein, daß manche Touristen (nicht zu Unrecht vermutlich den »Hippies« zugerechnet) vor allem zum Genuß der Magic Mushrooms nach Bali reisen, wie einer Studie von S. Wälty zu entnehmen ist.

Wirkung

Die Wirkung ähnelt offenbar sehr der der süd- und mittelamerikanischer »Zauberpilze«, wie dem psilocybinhaltigen Teonanacatl: Man wird in eine märchenhaft-mythische Welt versetzt, die der eines intensiven Haschisch-Rausches nicht unähnlich zu sein scheint.

Die Bewußtseinsveränderung durch die halluzinogenen Effekte hält mehrere Stunden an. D. Leuß rechnet sie deshalb den starken Halluzinogenen zu.

Magische Pilze beim Ötzi?

Als man im September 1991 am Tiroler Hauslabjoch nahe dem Similaun-Gletscher die jungsteinzeitliche Mumie des Ötzi fand, entdeckte man bei ihm zwei Reste einer Pilzart, des Birkenporling. Da man zunächst spekulierte, es habe sich bei diesem vor über 5.000 Jahren gestorbenen Mann – wegen eigenartiger, an Tätowierungen erinnernde Narben – um einen Schamanen gehandelt, kam auch die Idee auf, diese Pilze könnten halluzinogene Eigenschaften enthalten und Teil eines

in der früheren Zeit nicht unüblichen schamanistischen Rituals gewesen sein.
»An wenigen apokryphen Stellen im einschlägigen Schrifttum wird«, bemerkt hierzu Konrad Spindler, Leiter der Ötzi-Forschung an der Innsbrucker Universität, » auf eine vorgebliche halluzinogene Wirkung des Birkenporlings aufmerksam gemacht. Doch ist diese Vermutung bisher weder medizinisch noch pharmakologisch bewiesen worden. Sie darf daher bei den Überlegungen, welche Bedeutung die Baumpilze für den Mann im Eis gehabt haben könnten, nicht herangezogen werden.« (Spindler 1993, S. 133)

J. v. Sch.

Literatur:
Leuß, D., *Drogen – Sucht oder Genuß,* Basel 1980, S. 85
Schultes, R. E. und Hofmann, A., *Pflanzen der Götter. Die magischen Kräfte der Rausch- und Giftgewächse,* Basel 1980
Spindler, K., *Der Mann im Eis,* München 1993
Wälty, S., »Einfluß des Tourismus auf den Drogengebrauch in Kuta, Bali«, in: Völger, G. und K. von Welck, *Rausch und Realität,* Reinbek 1982, Bd. 2, S. 1003-1011

Mandragora

(Alraun, Gold-, Hecken-, Galgen- oder Alraunmännchen, Alruniken)

Geschichte

Das älteste Dokument über die Verwendung der Mandragora als Liebes- und Fruchtbarkeitszauber ist einer der ugaritischen Keilschrifttexte aus Ras Schamra. Er stammt aus dem 14. oder 15. Jahrhundert v. Chr., bezieht sich auf die magischen Vorbereitungen zu einem Fruchtbarkeitsritus und beginnt mit den Worten: »Pflanze Mandragoras in die Erde ...«
Die *dudaim,* welche Jakobs Gattin Rahel Ruben, dem Sohn Leas, wegnahm, um ihre Unfruchtbarkeit zu heilen, wurden von den Alexandrinern, welche die Bibel ins Griechische übersetzten als *mela mandragoron* (Äpfel der Mandragora) übertragen. In seinem Bibelkommentar glaubt James Frazer, daß in einer früheren Version der Erzählung die kinderlose Rahel empfing, weil sie die Äpfel aß, und beweist das durch zahlreiche Parallelen in Mythen und Märchen.
Die Mandragora war jahrtausendelang eng mit erotischer Magie verknüpft. Die griechische Liebesgöttin Aphrodite führte den Beinamen *Mandragoritis, Herrin der Mandragora.* Bis ins 20. Jahrhundert trugen in Griechenland junge Männer Stücke der Mandragora-Wurzel als Liebeszauber. Der amerikanische Volkskundler Frederick Starr hat berichtet, daß noch um die Jahrhundertwende Juden aus Jerusalem einem reichen, aber kinderlosen Geldgeber, der die Rückkehr nach Palästina förderte, eine Mandragora-Wurzel mit ihren besten Wünschen zukommen ließen.
Plinius verlangte, daß man die Mandragora mit einem Schwert umzirkelt, ehe man sie ausgräbt. Später entstand die Sage, die Mandragora schreie so entsetzlich, wenn man sie entwurzle, daß jeder, der diesen Schrei höre, tot umfalle. Daher der beliebte Trick, einen schwarzen Hund an die nahezu ausgegrabene Wurzel zu binden und schnell wegzulaufen. Der Hund will seinem Herrn nach, zieht die Mandragora aus der Erde und stirbt angeblich. Daher ist die Wurzel auch so kostbar – muß nicht jeder, der sie ausgräbt, einen Hund opfern?
Nicht immer freilich handelten die gutgläubigen Käufer eine echte Mandragorawurzel ein. Vielfach waren es

Zaunrüben oder die Wurzelstöcke von ordinärem Schilf, denen geschickte Fälscher die typische, menschenähnliche Form gegeben hatten, indem sie sie zurechtschnitzten und wieder vergruben, bis die Wunden heilten. Einen solchen Quacksalber hat der toskanische Arzt Andrea Matthioli im 16. Jahrhundert kennengelernt und beschrieben. Da die Heilkraft der Mandragora nach der Lehre von den Signaturen* um so größer war, je menschenähnlicher die Wurzel ausfiel, hat man auch im Orient echte Mandragoras ausgegraben, zurechtgeschnitzt und wieder eingegraben, wobei man gelegentlich sogar Getreidekörner unter die Wurzelschale schob, die dann keimten und einen veritablen Bart bildeten. Die täuschend menschenähnlichen Alraune in den alten Kräuterbüchern sind also keine Erfindung.

Sehr oft wurde die Mandragora, die nur in den Mittelmeerländern gedeiht, nicht als Droge, sondern als zauberkräftiges Männchen – als Alraun – verwendet. Ein Alraun, so schreiben die Brüder Grimm in ihren *Deutschen Sagen,* muß in Wein gewaschen und in Seide gekleidet werden. Er kann die Zukunft enthüllen und Geheimnisse verraten, wenn man ihn nur jeden Freitag badet und jeden Monat mit einem frischen weißen Hemd bekleidet. Der glückliche Besitzer wird nie arm sein und viele Kinder haben.

In den Hexenprozessen wurden viele Frauen hingerichtet, nur weil sie einen Alraun hatten und die Wurzelpuppe nachts unter ihr Kopfkissen legten, um prophetische Träume zu erlangen.

* Danach ist jede Pflanze für das Organ gut, dem sie ähnelt, etwa die Leberblume für die Leber, oder das Knabenkraut für den männlichen Hoden.

Selbst Johanna von Orleans wurde in ihrem Hexenprozeß beschuldigt, eine Mandragora auf ihrer Brust getragen zu haben, um unbesiegbar zu sein. Sie leugnete es standhaft, bemerkte aber, sie habe gehört, diese Wesen seien schwer zu erhalten und gefährlich.

Botanische Hinweise und chemisches Prinzip

Mandragora officinalis gehört in die Familie der → Nachtschatten-Gewächse; sie ist eine ausdauernde, stengellose Pflanze mit fleischiger, oft gespaltener Wurzel und großen ovalen oder lanzettförmigen Blättern, violetten oder gelben Blüten und eßbaren Beeren. Sie braucht ein warmes Klima und gedeiht nur südlich der Alpen: in Syrien, Griechenland, Kreta, Sizilien, Spanien und Nordafrika. Chemische Analysen haben erwiesen, daß *Mandragora officinalis* wie viele Nachtschatten-Gewächse die Alkaloide Atropin und Skopolamin enthält, wobei das Skopolamin deutlich überwiegt.

Wirkung

Die betäubenden Effekte der Mandragora scheinen auf den ersten Blick schlecht zu ihrer Wirkung als Liebeszauber zu passen. In Shakespeares *Antonius und Kleopatra* wird sie sogar als Anaphrodisiakum erwähnt. Die sehnsüchtige Königin ruft in Abwesenheit des Geliebten:

»Laßt mich Mandragora trinken, daß ich die leere Spanne Zeit verschlafe, mein Antonius ist fort...« Auch in *Othello* erwähnte Shakespeare die Mandragora neben dem Mohn als »schläfrigen Sirup des Ostens«.

Plinius empfahl Mandragora-Saft als Narkotikum bei chirurgischen Eingriffen. Mandragora war auch ein Bestandteil mancher → Hexensalben.

Wie jede leichte Narkose, mag auch die durch Mandragora zu einer Entspannung und Enthemmung geführt haben, in der erotische (Auto-)Suggestionen wirksam werden. Man darf nicht vergessen, daß die Menschen der Antike und des Mittelalters mit ganz anderen Erwartungsvorstellungen an eine Droge herantraten als der skeptische Pharmakologe unserer Zeit. Im psychischen Bereich können solche Vorstellungen eine entscheidende Rolle spielen. Die durch Skopolamin bedingte Entspannung kann in den nicht einmal so seltenen Fällen helfen, in denen seelisch-körperliche Verkrampfung eine Frau daran hindert, Kinder zu bekommen.

W. S.

Literatur:
Frazer, J. G., *Folklore in the Old Testament,* London 1918
Schmidbauer, W., »Die magische Mandragora«, in: *Antaios* 10, 1968, S. 274

Marihuana

→ Cannabis

MDA

(Methylen-Dioxy-Amphetamin)

In der → Muskatnuß sind die beiden ätherischen Öle Safrol und Myristicin enthalten, die beide psychoaktiv wirken und ziemlich giftig sind. Durch Aminierung läßt sich aus Myristicin das synthetische Präparat → MMDA gewinnen, aus Safrol das den Amphetaminen ebenfalls verwandte MDA (Methylen-Dioxy-Amphetamin).

Geschichte
Beide Substanzen kommen in der Natur nicht vor, man nimmt jedoch an, daß sowohl MDA wie MMDA im menschlichen Körper durch Aminierung ihrer Ursprungskomponenten synthetisiert werden können. Dies wäre wiederum eine Erklärung für die psychischen Wirkungen der Muskatnuß, die schon bei den alten Indern als *mada shaunda* (= »narkotische Frucht«) erwähnt wird und in der ayurvedischen Medizin eine Rolle spielte.

Wirkung
G. Alles entdeckte die psychotropen Effekte des MDA in den fünfziger Jahren zufällig bei einem Selbstversuch, als er 1,5 Milligramm der Substanz zu sich nahm, um seine Wirkung auf den menschlichen Kreislauf zu untersuchen.
Er erlebte vor allem eine gesteigerte Fähigkeit zur Introspektion und Erlebnisbereitschaft. Als visuelle Erscheinungen fielen ihm (eingebildete) Rauchringe um sich herum auf. Er schloß daraus, daß MDA ein Halluzinogen von der Art des → LSD oder → Meskalin sei. Dem widerspricht Claudio Naranjo, der die subjektiven Wirkungen ausgiebig untersucht hat: Von den acht Personen seiner ersten Studie hatte »nicht einer irgendwelche Halluzinationen, Wahrnehmungsverzerrungen, gesteigerte Farbeindrücke oder geistige Visionen. Dennoch empfanden alle ausgeprägte Reaktionen: Steigerung der Fühlfähigkeit, bessere Kommunikationsfähigkeit und gesteigerte Reflexion, was zur Betrachtung der eigenen Probleme oder gesellschaftlicher und menschheitlicher Probleme veranlaßte.« (S. 39) (Später, vor allem bei neurotischen Patienten, kamen jedoch auch visuelle Erscheinungen vor.)
Naranjo nennt das MDA deshalb die

»Droge der Analyse«. Als charakteristisch führt er weiterhin an, daß zwar die – bei jeder Rauschdroge übliche – Regression des Konsumenten in lebensgeschichtlich frühere Ich-Zustände auftrete, daß er sich unter MDA-Einwirkung aber trotz Regression seines gegenwärtigen Selbst stärker bewußt bleibe.
Die von Naranjo durchgeführten MDA-Therapien verlaufen im Prinzip nach dem Modell, das bei → LSD ausführlicher behandelt wird; er meint allerdings, daß sie »die stärksten persönlichkeitsverändernden Wirkungen« von allen Drogentherapien erzielen (S. 41).

Beim Vergleich mit anderen psychoaktiven Drogen charakterisiert Naranjo MDA anhand der beobachteten visionären Erfahrungen folgendermaßen:

- bei LSD bewegt sie sich im Bereich des Transzendenten und Heiligen,
- bei Meskalin im Bereich des Schönen
- bei Harmalin im Bereich der Macht und der Freiheit
- bei MMDA im Bereich liebender Verklärung
- bei MDA beobachtet man »ein gesteigertes Erleben der Ichheit« (S. 75).

Einer der Patienten demonstrierte dies ganz anschaulich, indem er sein Erleben bei Einsetzen der Drogenwirkung freudig so beschrieb:
»Ich war ganz und gar ich selbst ... Ich lachte über diesen Mann, den Mann, der ich war ... Und weiter spürte ich – das war ich!« Und einige Stunden später schrieb er in riesigen Buchstaben: »ICH BIN ICH.«
Verglichen mit → Harmalin und → Ibogaïn sowie → MMDA ruft MDA bei weitem die stärksten verbalen Reaktionen hervor, und »das wiederum macht es gerade für die Gruppentherapie besonders geeignet« (S. 86).
Wie die erwähnten anderen drei Substanzen ist MDA ein *nichtpsychomimetisches Psychedelikum,* d. h., es erweitert zwar das Bewußtsein um neue, vorher im Unbewußten verborgene Bereiche, ruft aber nicht – wie die schwer zu steuernden Drogen LSD und Meskalin oder Psilocybin – ausgeprägte Halluzinationen hervor, ist also nicht »psychosennachahmend« (psychomimetisch). Andererseits ist es stärker als psychoaktive Substanzen von der Art des Skopolamin (→ Nachtschatten-Drogen), Amphetamin (→ Weckamine) oder Pentobarbital (→ Schlafmittel). Harmalin, Ibogaïn, MDA und MMDA wirken, da sie Hemmnisse abbauen und die Erlebnisbereitschaft steigern »als Katalysator oder Gleitmittel« (S. 14).
MDA ordnet Naranjo, zusammen mit MMDA, einer eigenen Untergruppe der »empfindungssteigernden« Mittel zu, während er Harmalin und Ibogaïn »imaginationssteigernd« nennt.

Gefahren
Bei bestimmten Menschen kann MDA toxisch wirken, je nach Dosierung. »In Chile kam es bei der Behandlung mit MDA einmal zur Aphasie, in Kalifornien einmal zum Exitus« (S. 86). Typische Symptome für Vergiftungsreaktionen sind Hautveränderungen, Verwirrtheit und übermäßiges Schwitzen. Solche Symptome hat Naranjo bei Dosierungen von 150 bis 200 Milligramm an etwa zehn Prozent der Behandelten festgestellt.

J. v. Sch.

Literatur:
Alles, G. (zit. n.: Naranjo 1979, S. 39)
Naranjo, C., *Die Reise zum Ich – Psychotherapie mit heilenden Drogen* (1971), dt. Frankfurt a. M. 1979
Ders., »MDA ...«, in: *Psychopharmacology* 5, 1971, S. 103-107

MMDA

(3-Methoxy-4,5,-Methylen-Dioxy-phenil-isopropyl-Amin)

Geschichte

MMDA unterscheidet sich von → MDA lediglich durch das Vorhandensein einer Methoxyl-Gruppe. Es ist eine künstliche Verbindung, die dem ätherischen Öl Myristicin der → Muskatnuß nachgebaut ist.

Der Ähnlichkeit der beiden Substanzen in chemischer Hinsicht entspricht die eng verwandte Wirkung auf das Seelenleben des Menschen.

Wirkung

»Wie MDA gehört auch MMDA einer Kategorie der Rauschdrogen an, die sich von → LSD und → Meskalin, von → Harmalin und → Ibogaïn grundlegend unterscheidet. Im Gegensatz zu der für diese beiden Drogengruppen charakteristischen Erfahrung im Bereich des Überpersonalen und Unbekannten«, schreibt Claudio Naranjo, »führen die gefühlssteigernden Isopropylamine von MDA und MMDA den Betreffenden in personale und vertraute Bereiche, die sich vom Alltag lediglich dadurch unterscheiden, daß sie mit einer weit größeren Intensität erlebt werden.« (S. 88)

Die Gefühlssteigerung kann zwei mögliche Höhepunkte erreichen, einen positiven und einen negativen:

- visionäre (optische) Erlebnisse stellen den »MMDA-Himmel« dar
- die intensive Steigerung des Gefühlslebens ist die »MMDA-Hölle« (S. 109).

Naranjo, der die Droge und ihre Wirkung im Rahmen von psychotherapeutischen Sitzungen und ganzen Therapie-Sequenzen ausgiebig erforscht hat, weist auf das Charakteristikum der starken Gegenwartsbezogenheit (»Die Droge des ewigen Jetzt«, nennt er sie) und ihre Bedeutung für eine bestimmte Art Behandlung hin, nämlich die Gestalttherapie nach Fritz Perls, die überwiegend das *Hier-und-Jetzt* des Patienten betont. »Das MMDA ermöglicht schnelleren Zugang zur verborgenen Erfahrung des Individuums beziehungsweise der aus ihrer Ablehnung resultierenden Leugnung oder Verzerrung.« (S. 130)

Gefahren

Spezielle Gefahren werden – im Gegensatz zu extremen Reaktionen bei manchen MDA-Räuschen – bei MMDA nicht angeführt.

J. v. Sch.

Literatur:
Geschwinde, Th., »Synthetische Halluzinogene«, in *Rauschdrogen – Marktformen und Wirkungsweisen,* Berlin 1996 / 3. Aufl., Kap. 1.24
Naranjo, C., *Die Reise zum Ich,* Frankfurt a. M. 1979, Kap. 3

Medikamente

Nachdem sich die pharmazeutische Industrie aus verständlichen Gründe viele Jahre weigerte, ihre Umsätze zu beziffern, lichtet sich dieses Dunkel allmählich. Die Funde sind erschreckend und stellen (→ Alkohol und → Nikotin ausgenommen) alles in den Schatten, was an *harten* Drogen wie → Heroin und → Kokain konsumiert wird. Dies gilt sowohl für die volkswirtschaftliche Seite wie für die seelischen und körperlichen Folgen: Wer sich die Nerven mit → Appetithemmern ruiniert oder die Nieren mit → Schlafmitteln zerstört, ist nicht weniger arm dran als der Opiatsüchtige auf Entzug oder der Alkoholiker mit der Hirnschädigung eines Korsakow-Syndroms.

Die gängigsten Suchtmedikamente
Der Mechanismus ist einfach: Jede Substanz, die einen unangenehmen Zustand zu bessern vermag, verführt dazu, eben diese Substanz einzunehmen, und zwar immer wieder, sobald der unangenehme Zustand sich einstellt. Anstatt zu fragen: Woher kommen die Spannungszustände oder die Schmerzen? Woher die Schlaflosigkeit?, um dann den eigentlichen Ursachen abzuhelfen.
Auf einer Gesundheitstagung sagte die Soziologin Krista Stosberg aus Erlangen 1977 sinngemäß: Der Patient möchte ein Medikament gegen sein Leiden haben und nicht etwa die Gewohnheit ändern, die zu diesem Leiden führte. Gängiges Beispiel: Der Raucher, den nicht einmal die ersten Schmerzen des *Raucherbeins* und die drohende Amputation dazu bringen können, das Rauchen einzustellen.
Die folgenden Arzneimittelgruppen werden alle in eigenen Stichworten oder weiter unten in diesem Artikel detailliert behandelt, weil sie durch ihre biochemische Wirkung auf Körper und Psyche Spannungs- und Schmerzzustände so nachhaltig beeinflussen, daß der Griff nach diesen »Krücken« sich rasch automatisiert:

- → Beruhigungsmittel (Sedativa, Tranquilizer) bzw. → Schlafmittel
- Schmerzmittel (auch →Opiate)
- Anregungs- bzw. Aufputschmittel (→ Weckamine).

Ebenfalls eigens behandelt werden die Schlankheitsmittel oder → Appetithemmer. Sie dürfen als ganz besonders typisch gelten für Selbstbehandlung mit falschen Mitteln (ein Medikament wird eingesetzt, wo Zurückhaltung beim Essen die einzig sinnvolle Verhaltensweise wäre). Die sich bald einstellenden Verdauungsstörungen werden zudem – ebenfalls falsch – »behandelt« durch Abführmittel, die mindestens so schädlich sind (→ Appetithemmer; Riemann). Und manche dieser als »Schlankheitsmittel« verkauften Präparate wurden von Süchtigen sogar jahrelang unmittelbar als Rauschdrogen benützt, wie das rezeptpflichtige Antiadipositum X-112 (D-Norpseudoephedrin), das Heroinsüchtige als Ersatz für ihre eigentliche Suchtdroge verwendeten (Mallach).
In einer Studie über Mißbrauch und Abhängigkeit von nichtnarkotischen Analgetika (Schmerzmitteln) und Sedativa (Beruhigungsmitteln), die 110 Quellen berücksichtigt, faßt Dieter Ladewig von der Psychiatrischen Universitätsklinik Basel zusammen: »Die den meisten Analgetika eigene stimmungs- und antriebsverändernde Wirkung beinhaltet das Risiko einer Befindlichkeitsmanipulation, die über die primär angestrebte und berechtigte Schmerzbeseitigung hinausgeht.« (S. 212) Dies läßt sich sinngemäß auch von der Wirkung der anderen Arzneimittel-Gruppen sagen.
Ein besonderes Problem ist die Polytoxikomanie: Viele Medikamentenabhängige nehmen mehr als ein Präparat gleichzeitig ein, z.B. abends wegen Schlafstörungen ein kräftiges Methaqualon, am Morgen ein Aufputsch-

mittel, um wach zu werden, zwischendurch vielleicht noch einen Tranquilizer. Besonders in der Kombination mit Alkohol können sich viele Medikamente ausgesprochen negativ auswirken, auch wenn nicht absichtlich beispielsweise → Schlafmittel und Schnaps kombiniert werden, um – wie es in manchen Kreisen Jugendlicher vorkommt – einen kräftigen Rauschzustand hervorzurufen.

Ungewollte Wirkungen dieser Art haben nach Befürchtungen von Wissenschaftlern inzwischen den Alkohol als alleinige Ursache von Autounfällen längst eingeholt: Etwa 15 bis 20 Prozent aller Verkehrsunfälle sollen darauf zurückzuführen sein (*Südd. Zeitung* vom 28. 9. 1979). Eine detaillierte Analyse dieses Problems findet man in einer Arbeit von Gustav Kuschinsky vom Pharmakologischen Institut der Universität Mainz.

Statistik Medikamente

Jeder dritte Deutsche erhält, laut *Kölner Universitäts-Journal* (1995) von seinem Arzt Medikamente verschrieben, die süchtig machen können. Allerdings werden nur 1,8 Prozent der Bevölkerung tatsächlich medikamentenabhängig – Frauen doppelt so oft wie Männer (beim Alkohol ist es übrigens genau umgekehrt: da führen die Männer). Aus diesem Grund – und weil einige Medikamentengruppen unmittelbar als Rauschdrogen mißbraucht werden – sollen die Medikamente in diesem Handbuch in einem eigenen Stichwort behandelt werden.

Karl-Artur Kovar, Präsident der Gesellschaft für Suchtforschung und -therapie an der Universität Tübingen, sagte 1996 in einem Interview, medikamentenabhängig seien in Deutschland »1,4 Millionen Menschen. Noch höher schätzt man die Zahl derer, die zwar nicht abhängig sind, aber doch Arzneimittel mißbräuchlich einnehmen... Man versteht darunter, daß Medikamente über einen längeren Zeitraum eingenommen werden, ohne daß dies medizinisch notwendig wäre.«

So sind zum Beispiel 1994 in der Bundesrepublik 165 Millionen Packungen mit rezeptfreien Schmerzmitteln verkauft worden, 45 Millionen Packungen wurden verordnet. Der Verbrauch an Schmerzmitteln ist so hoch, daß jeder Bundesbürger, vom Kleinkind bis zum Greis, pro Jahr rund 50 Schmerztabletten, -dragees, -zäpfchen verwendet.

Es werden etwa 22.000 verschiedene Arzneimittel angeboten (Schönhöfer). Etwa 14 Millionen Bundesbürger, also jeder sechste, schlucken – laut Bundesverband der Pharmazeutischen Industrie – täglich oder nahezu jeden Tag irgendwelche Medikamente.

Die beiden vom Umsatz her wichtigsten Gruppen sind die Schlafmittel und die Tranquilizer. 1995 wurden laut dem *Arzneimittelreport* (erstellt vom wissenschaftlichen Institut der AOK, WIdO) rund 179 Millionen Packungen Hypnotika und Sedativa verkauft.

Dieser horrend anmutende Gebrauch und Mißbrauch von Medikamenten läßt sich allerdings noch steigern: Französische Ärzte verschreiben rund viermal so viele Beruhigungs- und Schlafmittel wie ihre deutschen Kollegen (Pouchain 1995).

Ungeheurer volkswirtschaftlicher Schaden

Selten lassen sich die Gesamtkosten, die durch Medikamentschädigung entstehen, exakt berechnen. Im Falle des Schlafmittels Contergan schätzt man die Gesamtkosten dieser Katastrophe, die in den fünfziger Jahren begann, auf eine Milliarde Mark (Brumm).

Von den Präparaten, die die Bundesbürger jedes Jahr in ihren 15.000 Apotheken im Wert von mehr als 12 Milliarden Mark einkaufen, wandert ein – nicht leicht zu schätzender Anteil* – sofort oder nach längerer Zeit »auf den Müll« (Wachsmuth). Und das mag sogar noch größere Schäden verhüten: Schätzt man doch, daß Arzneimittelschäden inzwischen 25 Prozent der in den Krankenhäusern behandelten Patienten ausmachen (Lwoff und Klaus). Wenn aber jeder vierte Kranke dadurch in seine mißliche Lage gerät, daß ärztlich verordnete Präparate ihn noch kränker machen, als er es zuvor war, ist es verständlich, daß einsichtige Forscher immer unüberhörbarer verlangen, daß die Flut der Medikamente eingedämmt wird. So sagt der französische Spezialist für pharmakologische Toxikologie Henri Pradal: »Zwei Drittel der gebräuchlichsten Präparate haben überhaupt keine nachweisbare Wirkung« und seien deshalb nutzlos.

Einer Untersuchung der amerikanischen Arzneimittelbehörde FDA zufolge wurden 1978 anderthalb Millionen Amerikaner wegen Krankheiten hospitalisiert, die von Medikamenten verursacht worden waren. Etwa 30 Prozent aller Patienten in US-Kliniken werden von den ihnen dort verabreichten »Heilmitteln« weiter geschädigt, vielfach mit tödlichen oder unheilbaren Folgen: Die Zahl dieser Todesopfer wird auf jährlich 60.000 bis 140.000 geschätzt.

Besonders beeindruckend ist die Feststellung, daß z.B. 1973 während eines einmonatigen Streiks der israelischen Krankenhäuser die Todesziffer unter der israelischen Bevölkerung ihren tiefsten Stand erreichte. Dasselbe geschah 1976 in Bogota, wo während eines Ärztestreiks die Mortalität der Bevölkerung um ein Drittel (35%) sank, und 1978, aus ähnlichem Anlaß, in England (Ruesch, S. 8). 1972 bereits schlug der damalige Präsident Salvador Allende, selbst Arzt, vor, die Fülle der Medikamente drastisch einzuschränken, und zwar auf die wenigen Dutzend Substanzen, die eine von ihm eingesetzte Kommision als jene herausgefunden hatte, die wirklich Heilkraft besitzen. Seine Ermordung verhinderte dieses interessante Experiment.

Die Weltgesundheitsorganisation (WHO) publizierte 1978 eine Liste von nur 200 Medikamenten, die für den Bedarf in allen Ländern der Welt genügen würden – das ist weniger als ein Promille jener 205.000 Präparate, die heute weltweit angeboten werden – vor allem zum Nutzen der pharmazeutischen Industrie.

Verstärker der Suchtgefahr

Die Problematik der Medikamente wurde deshalb an dieser Stelle so ausführlich gewürdigt, weil neben der Bedeutung einiger dieser Stoffe für den unmittelbaren Konsum als Rauschmittel noch etwas gesehen werden muß: Die Bedenkenlosigkeit, mit der weite Bevölkerungskreise Medikamente jeglicher Art buchstäblich konsumieren, ist ein Modell für *jede* Art von Suchtverhalten.

* Rund ein Drittel (26 Prozent) der verschriebenen bzw. gekauften Packungen sind – laut einer Untersuchung der AOK – gar nicht erst geöffnet worden waren. Auf ein Jahr hochgerechnet ergab sich daraus, daß allein in Essen 57 Tonnen (!) Medikamente im Wert von fast zehn Millionen Mark als Müll vernichtet werden (*Der Spiegel* Nr. 48 / 1992).

Schulkindern verabreicht man bereits Tropfen »gegen den Schulstreß« (anstatt die Schule humaner zu gestalten und Streß dort wie zu Hause abzubauen). Die Eltern sind Vorbild für überflüssige Selbstmedikation der Kinder und Jugendlichen. Nach Angaben der Universität Münster nehmen etwa drei Viertel aller Jungen und Mädchen im Alter von 14 bis 19 Jahren Medikamente ein, die nicht einmal vom Arzt verordnet sind, sondern von den Eltern verabreicht oder selbst der elterlichen Hausapotheke entnommen werden (*Selecta* Nr. 21, 1980). Daß dieser Trend in den neunziger Jahren noch zugenommen hat, zeigt ein Kommentar zu einer Tagung in Darmstadt:

»Etwa ein Drittel aller Schüler zwischen zwölf und 17 Jahren nimmt mindestens einmal pro Woche Mittel gegen *Schulstreß* ein – meist auf Drängen der Eltern. 1995 haben deutsche Ärzte ihren 15- bis 19jährigen Patienten fast doppelt so viele Medikamente verschrieben wie 1990. Und 490.000 mal bekamen Kinder unter zwölf im gleichen Jahr Psychopharmaka verordnet.« (*Südd. Zeitung* vom 20. Februar 1997).

Auf einer Tagung in Nürnberg mahnten darüber hinaus Mitarbeiter des Arbeitskreises der Suchtberater diakonischer Beratungsstellen vor der leichtfertigen Verschreibung von Medikamenten. In ihrer Mitteilung hieß es, die Ärzte seien sich allem Anschein nach nicht über die Gefährlichkeit ihres Handelns im klaren, wenn sie zu bereitwillig Rezepte ausstellten. Und an die Adresse der Apotheker richtete sich der Vorwurf, der Verkauf rezeptfreier Medikamente im großen Stil bilde auch eine große Gefährdung labiler Menschen (*Südd. Zeitung* vom 26. 6. 1980).

Jürgen Stössel ist in seinem aufrüttelnden Buch *Psychopharmaka – die verordnete Anpassung* diesem Problem nachgegangen. Die Vereinigung Deutscher Wissenschaftler hat in einem anderen Buch kritisch das Gebaren der pharmazeutischen Industrie durchleuchtet: *Neunmal teurer als Gold* (Friedrich).

Die Bewohner der Bundesrepublik hätten allen Grund, mit Medikamenten besonders vorsichtig zu sein. Ein Mann, der für zwölf Jahre einmal das größte Vorbild der Nation war, hing in höchstem Maße von einer Unzahl Medikamente aller Art ab: Adolf Hitler. Eine »von den Amerikanern aufgestellte Liste weist immerhin achtundzwanzig davon nach« (Irving, S. 134). Unter anderem bekam er von seinem Leibarzt Theo Morell hohe Dosen Strychnin (→ Nachtschatten-Drogen) und anläßlich einer quälenden Nebenhöhlenentzündung Tropfen einer zehnprozentigen Kokainlösung in die Nase durch Dr. Giesing. David Irving spekuliert darüber, ob Hitler dabei war, gegen Ende seines Lebens sogar kokainsüchtig zu werden (alles deutet allerdings auf eine ähnliche Situation wie bei Freud → Kokain). »Auch werden wir nie erfahren, ob und wie Hitlers Strategie und Kriegführung sich geändert hätten, wenn er seine Entscheidungen nicht in euphorischen Trancezuständen getroffen hätte, die von dem hochdosierten Strychnin herrührten...« (S. 135).

Doping

Was Hitler in seinen letzten Lebensjahren tat, um körperlich und seelisch letzte Reserven zu mobilisieren, wird in Sportlerkreisen gemeinhin als Doping bezeichnet (von amerik. *dope* = Aufputschmittel bzw. Rauschgift allgemein).

Früher benützte man gerne → Kokain, später vor allem → Weckamine wie Pervitin, um sich für sportliche Höchstleistungen zu rüsten, z.B. während der berüchtigten »Sechstagerennen« in Berlin. Besonders Radrennfahrer greifen immer noch gerne zu der »chemischen Peitsche« eines Aufputschmittels, obwohl inzwischen strenge Kontrollen eingeführt worden sind (die allerdings immer wieder umgangen werden):
»Alle Großen im Radsport haben geschluckt und gespritzt: Charly Gaul, Ferdi Kübler, Roger Rivière, ... Rudi Altig, Rolf Wolfshohl, Dietrich Thurau, und wie sie alle heißen« (Einfeldt).
Besonders tragisch war der Tod des Engländers Tom Simpson, der am 13. Juli 1967 während der Tour de France am Mont Ventoux starb, vollgepumpt mit Drogen, die ihn die Schwelle von Auszehrung der körperlichen Reserven und physischem wie wohl auch psychischem Schmerz zu weit überschreiten halfen.
Der bereits legendäre französische Star Jacques Anquetil bekannte in einer Serie von *France Dimanche* öffentlich, daß er bei seinen Siegen gedopt war.
Bei einer 14- und einer 15jährigen Schwimmerin wurden bei einem Wettbewerb im Juli 1980 bei Urinproben Spuren das Medikaments *Metandienon* entdeckt, das auf der Doping-Verbotsliste steht. Es handelt sich um ein *anaboles Steroid,* das eine Art Muskelmast bewirkt. Wer sich auf solche Mittel einläßt, muß mit dem körperlichen Ruin einige Jahre später rechnen.
Sportler und Trainer, die solche Mittel befürworten bzw. selbst anwenden, machen sich jedoch nicht nur ihrer eigenen Gesundheit gegenüber in unverantwortlicher Weise schuldig; sie tragen außerdem dazu bei, daß im Sport Standards gesetzt werden, denen ein normaler Mensch nur mit Hilfe von gewöhnlichem Training kaum genügen kann. Zwangsläufig werden deshalb Sportler, die ehrgeizig sind, dazu verführt, ebenfalls Doping-Präparate zu benützen. Sie fördern damit, ohne es bewußt zu wollen, kräftig die allgemeine Bereitschaft zum Medikamentenmißbrauch und zum Drogenkonsum (auch von ausgesprochenen Rauschmitteln »härterer« Art), während doch gerade der Sport jungen Menschen ein Terrain öffnen sollte, das hilft, auf Drogen zu verzichten!
Stephen Fulder berichtet in seinem Buch *The Roots of Being* von einer dem Ginseng verwandten dornigen Kriechpflanze, *Eleutherococcus,* aus der sowjetische Forscher angeblich ein leistungssteigerndes Mittel gewonnen haben, das bereits bei der Olympiade 1980 in Moskau seine Wirkung gezeigt haben soll. Es vermittle »enorme Ausdauer und eine höhere Konzentrationskaft«, auch wenn keine direkte Leistungssteigerung – und damit unmittelbarer Doping-Verdacht – bestehe. Aber wenn es so ein Präparat geben sollte, gehört es unbedingt unter die Doping-Bestimmungen. Wahrscheinlich handelt es sich um eine Art Tranquilizer von der Sorte, die ein besonders schlauer Arzt und Betreuer dem Torwart Klaus Funk von Eintracht Frankfurt als »kleine bläuliche Tablette« verschrieb, die seine Nervosität während der Spiele angeblich behob. Was mag in einem fußballbegeisterten Jugendlichen vorgehen, der in der *Bild-Zeitung* vom 20. September 1980 die entsprechende Schlagzeile liest: »Neu: Die Pille für den Torwart.« Der Mannschaftsarzt meinte, ohne das geheimnisvolle Medikament beim Namen zu nennen: »Es ist kein Doping.

Nichts Verbotenes! Ein Vitaminpräparat zur Konzentrationssteigerung, das ich auch in der Sprechstunde verschreibe ...«
Eben. In der Arztpraxis wird so manches verschrieben, ganz selbstverständlich, was eigentlich auf eine »Doping-Liste für jedermann« gehörte. Weil es den Menschen hilft, immer wieder ihre Grenzen zu überschreiten, sich zu überfordern und nicht ihre wirklichen – nämlich psychosozialen – Ursachen körperlicher Beschwerden zu überdenken. Dazu bedarf es nicht erst der Rauschdrogen vom Kaliber eines Haschisch oder Kokain, denen mit solch leichtsinnigen Rezepten womöglich der Weg bereitet wird.
In Deutschland gibt es seit 1952 strenge Doping-Bestimmungen, die jedes Mittel verbieten, das in der Absicht genommen wird, die (sportliche) Leistung zu steigern. Während der Sportarzt Erich Fischbach, München, 1965 auf dem »1. Internationalen Seminar für Sportmedizin« zwischen *Doping-Giften* (Pervitin, Rauschgifte) und sogenannten *Sportmitteln* (Vitamine, Höhensonne) zu unterscheiden bereit war, lehnten andere Experten eine solche Trennung entschieden ab. Als abschreckendes Beispiel erwähnte er den dänischen Radrenner Christiansen, der während der Olympiade in Rom, vollgepumpt mit Pervitin, am Ziel tot zusammenbrach; es war wie Hohn, daß man ihm die Goldmedaille noch auf den Sarg legte. Ein Gewichtheber aus dem Ostblock mußte mitten im Stemmen von der Bühne getragen werden, weil er – wahrscheinlich mit Strychnin gedopt – einen Krampf bekam.
Als nach der Wiedervereinigung die – längst vermutete – weitverbreitete Doping-Praxis in der Ex-DDR offenbar wurde, führte das, nach anfänglicher Empörung und einigen Eklats durch Disqualifikation prominenter Sportler keineswegs zu einer Reform im deutschen Sportwesen. Bis auf den heutigen Tag ist das Problem der Kontrolle nicht vollständig gelöst.* Und es sieht ganz so aus, als ob kaum jemand von den Verantwortlichen oder den davon profitierenden Sportlern und Sponsoren das überhaupt will. Immer wieder wird von Manipulationen berichtet, zum Beispiel, daß die Ampullen mit den Urinproben von Spitzensportlern heimlich gegen unverfängliche Proben ausgetauscht wurden.
Das hat sogar, analog zur Forderung nach Freigabe aller Rauschdrogen, zu durchaus ernst gemeinten Forderungen geführt, das Doping-Verbot offiziell abzuschaffen (z.B. Andreas Bernard 1996). Das würde zwar alle ehrlichen Sportler, die nur aufgrund ihrer Konstitution und ihres Trainings nach Bestleistungen streben, aus den Wettbewerben ausschließen. Aber es wäre sicher die ehrlichere Politik.
Die gedopten Sportler würde es jedoch Karrieren aussetzen, die immer wieder zu lebenslangen Beeinträchtigen oder gar, teils unter schrecklichen Begleiterscheinungen, zu Todesfällen führen, wie man sie am Schicksal der Leichtathletin Birgit Dressler (1987) oder des Bodybuilders Andreas Münzer (1996) studieren kann.

* Gelöst ist offenbar inzwischen der biochemische Nachweis von Dopingpräparaten in Urinproben mittels ungemein empfindlicher Reagenzien und Apparate. Aber überhaupt nicht gelöst ist, wie erst wieder die Olympiade 1996 in Atlanta zeigte, die Bereitschaft zur Mitarbeit bei den Betroffenen, inklusive ihren Verbänden. Nur so ist verständlich, daß in Atlanta die Doping-Kontrollbögen »Einnahmen von bis zu 32 Mitteln in 48 Stunden« auswiesen (Hartmann 1996).

Jedenfalls ist das Phänomen des Doping keineswegs neu. Auch in früheren Epochen sind, zuvorderst im militärischen Bereich, stimulierende Mittel eingesetzt worden, um Menschen zu Höchstleistungen zu bringen. Das zeigt die Geschichte der Assassinen (→ Cannabis) ebenso wie noch früher das besinnungslose und offenbar schmerzunempfindliche Wüten der Berserker (→ Fliegenpilz). Und so mancher Held wird sich mit einem Glas Wein Mut angetrunken haben, ehe er sich ins Schlachtgetümmel stürzte, wenn sein Organismus die körpereigenen → Endorphine nicht ausreichend produzierte, welche nicht zuletzt für Heldentaten mit verantwortlich sind.

Glück auf Rezept?

Die Industrie wird nicht müde, immer neue Mittel zu entwicklen – und die Menschen werden nicht müde, sie zu kaufen und auszuprobieren. Kaum jemand macht sich ernsthaft die Mühe, den scheinheiligen Warnsatz aus jeder Fernsehwerbung zu befolgen, den inzwischen selbst kleine Kinder auswendig kennen: »Zu Risiken oder Nebenwirkungen befragen Sie Ihren Arzt oder Apotheker.« Er ist genauso verlogen wie die pflichtschuldigst auf den Zigarettenpackungen und -werbeplakaten abgedruckte Warnung des EU-Gesundheitsministers vor den schädlichen Folgen des Rauchens.

Zu Beginn der neunziger Jahre kam in den USA Fluctin (Prozac) auf den Markt und wurde von begeisterten Patienten sofort als Wunderdroge gepriesen, nach dessen Einnahme sie erstmals in ihrem Leben das Gefühl hatten, »ihr wahres Selbst« zu sein. Der Autor des Buches *Glück auf Rezept,* Peter D. Kramer, berichtet von Patienten, denen Fluctin zu einem so veränderten Lebensgefühl verhilft, daß sie das Medikament nicht mehr aufgeben wollen. Die Einnahme dieses Präparats, so heißt es, scheine »in nur wenigen Wochen das zu bewirken, was jahrelange Psychotherapien nur anstreben und oft nur unvollkommen erreichen«.

Das charakterisiert bereits das Suchtpotential, das noch jeder dieser Wunderdrogen zu eigen war. Man tut sich nicht schwer zu spekulieren, wer von dieser tollen Substanz in zehn Jahren noch positiv spricht: Vermutlich niemand.

J.v.Sch.

Literatur:

Bernard, A., »Gedopt sei, was hart macht«, in: *Südd. Zeitung* vom 11.11. 1996

Einfeldt, G. W., »Pille im Urin – schneller Ruin«, in: *Südd. Zeitung* vom 3. 7. 1980

Benkert, O., und H. Hippius, *Psychiatrische Pharmakotherapie,* Berlin/Heidelberg/New York 1974

Brumm, D., »Bei vielen wächst die Verzweiflung«, in: *Südd. Zeitung* vom 24. 12. 1979

Dressler, B., zit. n.: »Tod einer Sportlerin«, in: *Der Spiegel* Nr. 37/1987

Fischer, C., und Th. Roberts, *Süchtig – die gefährliche Illusion,* München 1980

Friedrich, V., A. Hehn, und R. Rosenbrock, *Neunmal teurer als Gold – die Arzneimittelversorgung in der Bundesrepublik,* Reinbek 1977

Fulder, St., *The Roots of Being* (zit. n.: *Südd. Zeitung* vom 25. 8. 1980)

Hartmann, R., »Der Spitzenathlet als wandelndes Arzneimitteldepot«, in: *Südd. Zeitung* vom 10. 10. 1996

Hippius, H., »Zur Situation der Behandlung von Drogenabhängigen«, in: *Krieg dem Rauschgift,* Aug. 1980, S. 16

Irving, D., *Wie krank war Hitler wirklich?,* München 1980

Kölner Universitäts Journal, zit. n.: *Südd. Zeitung* vom 14. Juni 1995

Kovar, K.A., zit. n.: »Gefahr aus der Apotheke«, in: *Südd. Zeitung* vom 25. April 1996

Kramer, P.D., *Glück auf Rezept. Der unheimliche Erfolg der Glückspille Fluctin,* München 1995

Kuschinsky, G., »Medikamente und Straßenverkehr«, in: *Deutsches Ärzteblatt* 73, 1976, S. 1977-1979

Ladewig, D., »Abusus und Abhängigkeit von nicht-narkotischen Analgetika und Sedativa«, in: *Der Nervenarzt* 50, 1979, S. 212-218

Lwoff, A., und W. Klaus (zit. n.: Stiller, H. und M., und I. Weiss, *Tödliche Tests,* München 1979, S. 13)

Mallach, H. J., (zit n.: *Der Spiegel* Nr. 37, 1980: »Pfundig abnehmen«)

Münzer, A., zit. n.: »Tod eines Supermannes«, in: *Der Spiegel* Nr. 17/1996

Ortwein, I. (Hrsg.), *Mensch und Medikament. Die Pharmaindustrie im Spannungsfeld der Gesellschaft,* München 1993

Pradal, H., zit. n.: Ruesch, H., *Die Fälscher der Wissenschaft,* München 1979, S. 66

Pouchain, D., zit. n.: *Der Spiegel* Nr. 17 / 1995, S. 231

Rathscheck, R., zit. n.: *Südd. Zeitung* vom 11. 11. 1977: »Der Pharmamensch«

Riemann, J. F., (zit. n.: *Südd. Zeitung* vom 24. 6. 1980: »Abführmittel zerstören Darmnerven«)

Ruesch, H., *Die Fälscher der Wissenschaft,* München 1979

Scheidt, J. vom, »Für und wider Doping«, in: *Selecta* Nr. 16, 1965 (Referat von Vorträgen, die 1965 während des 1. Internationalen Seminars für Sportmedizin an der Sporthochschule Grünwald bei München gehalten wurden)

Schönhöfer, P. S., (zit. n.: *Selecta* Nr. 21, 1980, S. 2244: »Das Pharma-Angebot durchforsten«)

Schütze, Chr., »Spurlos verflogen: Medikamente für den Müll«, in: *Südd. Zeitung* vom 29. 8. 1980

Spieckermann, K. D., »Fahrlässigkeit oder Manipulation?«, in: *Südd. Zeitung* vom 14. 7. 1980

Stössel, J., *Psychopharmaka – die verordnete Anpassung,* München 1973

Stosberg, K., zit. n.: *Südd. Zeitung* vom 11. 11. 1977: »Der Pharmamensch«

Wachsmuth, I., (Regie), »Medikamente für den Müll«, eine *Sendung der ARD* vom 27. 8. 1980

Meskalin

(Peyote, Lophophora Williamsii)

Der Kaktus Peyote oder Peyotl wird heute botanisch meist als *Lophophora Williamsii* klassifiziert. In der älteren Literatur finden sich botanische Bezeichnungen wie *Anhalonium Lewini* oder *A. Williamsii, Mamillaria Wilhamsii, Echinocactus Lewini.* Einige Zeit glaubte man, daß es zwei Spezies gäbe *(Anhalonium Lewini* und *Williamsii),* doch botanische Forschung zeigte, daß es sich nur um eine Spezies handelt, die einzige der Gattung Lophophora (Mähnenträger).

Das psychoaktive Prinzip des Peyote ist das Alkaloid Meskalin; daneben enthält der Kaktus weitere Alkaloide: Anhalin, Anhalonidin, Carnegin, Pellotin, Hordenin, Lophophorin und andere, die keine psychotropen Wirkungen entfalten.

Geschichte

In seinem Bericht über das von den Spaniern eroberte Mexiko beschrieb Bernardino de Sahagún, ein spanischer Mönch, die bemerkenswerten botanischen Kenntnisse der Ureinwohner und berichtete, sie seien die ersten gewesen, die »eine Wurzel mit dem Namen *peiotl* entdeckten, die in ihrem Haushalt an den Platz von Wein tritt«. Noch ein zweites Mal ist in der um 1560 verfaßten mexikanischen Geschichte Mexikos des Sahagún die Rede von Peyote. Es heißt dort: »Die, welche es essen, sehen Visionen, die entweder entsetzlich oder lächerlich sind; die Vergiftung dauert zwei oder drei Tage und endet dann.«

Die Missionare in Mexiko, welche in wenigen Jahrzehnten mehr durch die Macht des Schwertes als durch Überzeugung die Indianer christianisierten und die einheimischen Religionen zerstörten, wandten sich gegen den magischen Gebrauch des Peyotl. »Bist du ein Wahrsager? Schmückst du die Plätze, wo Idole aufbewahrt werden? Hast du das Blut anderer gesogen? Hast du nächtliche Wanderungen unternommen und Dämonen gerufen, dir zu helfen? Hast du Peyotl getrunken oder ihn anderen zu trinken gegeben, um

Peyote-Kaktus

Geheimnisse zu entdecken, um gestohlene oder verlorene Dinge wiederzufinden?« Diese Fragen stehen in einem Beichtspiegel, den Padre Nicolàs de León verfaßte. Sie zeigen, daß Peyote, wie viele Rauschdrogen bei Naturvölkern, vor allem zu divinatorischen Zwecken verwendet wurde.

Man kann diesen Gebrauch eines Halluzinogens auch durchaus ohne einen Rückgriff auf parapsychologische Fähigkeiten erklären.

Dank der drogen-induzierten Trance (→ RA III) wird jeder Zweifel an der Gültigkeit latenter, im normalen Zustand unbewußter Vorstellungen hinfällig. Erziehung zur Selbstkritik und zum Selbstzweifel gehören zu den Prägungen, welche die meisten Menschen im Lauf ihrer Kindheit erhalten. Betrachtet man die psychischen Wirkungen von Halluzinogenen wie Meskalin, → LSD, → Psilocybin, → Banisteriopsis, so erkennt man, daß sie die automatische Unterdrückung aller für die Realitätsorientierung unwichtigen Reize außer Kraft setzen. Zu diesen für die normale Orientierung nicht nötigen Reizen kann aber durchaus ein leiser Verdacht, ein Schluß aus winzigen Hinweisen (vielleicht auch wirklich ein paranormaler Vorgang) gehören, der im Fall des Orakels, der Suche nach dem sonst nicht Auffindbaren, zur wertvollen Lösung wird. Unter dem Einfluß des Halluzinogens wird dieser Hinweis nun nicht nur gesehen, sondern auch – wegen der erhöhten Suggestibilität – bedingungslos geglaubt. Vor allem in Fällen, in denen eine solche bedingungslose Überzeugung ihrerseits therapeutisch wirksam werden kann, muß sich dieses Verfahren bewähren – etwa wenn ein Medizinmann durch Peyote die Ursache einer Krankheit erfährt und eine magische Kur zu ihrer Behandlung.

Wie solche magischen Verwendungen des Peyote aussahen, kann man dem Bericht Hernando Ruis de Alarcóns (1629) entnehmen: Man trank entweder selbst Peyote oder ließ ihn jemand anderen trinken. Im Rausch erschien dann ein Geist, der sich als der Geist des Peyote zu erkennen gab (Alarcon sagte »Teufel«, wie nicht anders zu erwarten) und die gewünschte Auskunft lieferte. Mit Grimm vermerkt der Spanier, daß die Indios diesen Riten oft mehr Glauben schenken als den Missionaren. Weston La Barre, der neben James Slotkin zu den führenden amerikanischen Autoritäten über die kultische Verwendung von Peyote zählt, hat die Geschichte seiner Verwendung ausführlich beschrieben. In Mexiko weitgehend durch den billigen Agavenwein (Meskal) ersetzt und nur noch bei den Huichol und Tarahumare rituell in Fruchtbarkeitsfesten verwendet, hat ein um den kultischen Genuß von Peyote konzentrierter Ritus in Nordamerika weite Verbreitung gefunden, und zwar unter Indianern, die bis 1870 Peyote nicht kannten, da er in ihren Gebieten gar nicht gedeiht und es zwischen den feindlichen Stämmen kaum Handelskontakte gab. Erst durch die teilweise Zerstörung vieler Stammeskulturen wurden die Reste dieser Stämme fremden Einflüssen zugänglicher; der passiv-ekstatische Peyote-Kult gewann immer mehr Anhänger. Während die Huichol Peyote nur während eines Festes nahmen und sich vorher in langen Zeremonien reinigten, ehe die Männer den Kaktus suchten und ihn zeremoniell mit Pfeilen *erlegten,* glauben die Prärie-Indianer in der Regel, sich durch das Mana – die geistige Kraft – des Peyote etwas vom Mana des *Großen Geistes* anzueignen. Ursprünglich aus den religiösen Traditionen der Indianer entwickelt, hat der Peyote-Kult auch christliche Elemente aufgenommen, die freilich stark abgewandelt wurden.

Warum hat eine halluzinogene Droge wie Peyote soviel Anziehungskraft für die amerikanischen Prärie-Indianer? Die Antwort liegt wohl darin, daß Halluzinationen unter den Präriestämmen seit eh und je eine sehr wichtige Rolle in den Initiations-Zeremonien dieser Stämme spielten. Mit oft grausamen Mitteln – Fasten, Dursten, Nachtwachen, unsinnige Arbeiten (alle Nadeln einer Tanne ausreißen), Selbstmartern – suchten die jungen Männer eine erlösende und befreiende Vision, die ihnen einen Kriegsnamen und einen Schutzgeist verschaffen sollte. Im Peyotismus ersetzen eine gemeinsame Nachtwache und der Genuß des Halluzinogens dieses Fasten und Leiden. Die Teilnehmer an einem kultischen Treffen müssen sich bei den Kiowa und Komantschen (welche als erste kurz vor der Jahrhundertwende den Kult von den Mescalero-Apachen übernahmen und abwandelten) durch ein Bad reinigen und in ihre besten Kleider hüllen. Eine informelle, aber geordnete Zeremonie mit Trommeln, Gesängen, einem *Führer* und einigen Gehilfen bestimmt den Gottesdienst. Slotkin, der selbst ein aktiver Vertreter der »Native American Church« – der wichtigsten Organisation der Peyotisten – wurde, beschreibt, daß jeder einzelne durch Gebet, Kontemplation und den Genuß von Peyote Erleuchtung durch den Großen Geist oder einen seiner vertretenden Geister erreicht, weil er durch den Peyote-Genuß genügend von der Macht dieses Geistes aufnimmt. Die 1914 konstituierte »Native American Church«, welche heute über 200.000 Mitglieder aus rund 50 verschiedenen Stämmen (die wichtigsten: Kiowa, Komantschen, Caddo, Cheyennen, Oto, Pawnee, Seneca, Ute, Seminolen, Creek, Menomini, Schwarzfuß, Iowa, Sioux, Chippewa) umfaßt, hat sich bis heute trotz vielfältiger Widerstände erhalten. Nicht nur die Behörden in den Reservaten wehrten sich gegen den Kult, sondern auch die Missionare und manchmal auch die alteingesessenen Medizinmänner, welche im Peyote, der von den Peyotisten als *All-Heiler* verwendet wird, eine unerwünschte Konkurrenz sahen. Zur Zeit wird der Peyote-Kult der »Native American Church« in zwölf Staaten der Union vertraglich akzeptiert. Fast alle namhaften und für dieses Problem zuständigen amerikanischen Anthropologen (La Barre, McAllester, Slotkin, Stewart, Tax) haben in einem Gutachten festgestellt, daß es sich um keine narkotische, süchtigmachende Droge handelt, Peyote also nicht unter das Rauschgiftgesetz fällt.

Dennoch ist der Peyote-Genuß in einigen Staaten verboten, doch wird das entsprechende Gesetz vielfach nicht angewendet, so daß die juristische Situation höchst verwickelt ist. Obschon Texas (wo die meisten Kakteen wachsen), Arizona und Neumexiko den Transport und Handel mit Peyote verbieten, sind die einzelnen *peyote buttons* in den Navaho-Reservaten für 5 bis 10 Cent erhältlich. In Kalifornien ist Peyote erst 1964, im Anschluß an den Beginn der Hippie-Bewegung, auch für die »Native American Church« verboten worden – eine gesetzliche Maßnahme, die von besonnenen Anthropologen (LaBarre 1964) herb kritisiert worden ist.

(Zur gesetzlichen Stellung von Meskalin in Deutschland → RA I: Es ist lt. *Opium-Gesetz* verboten.)

Die Anthropologen, welche Peyote-Treffen persönlich kennenlernten, halten den kultischen Gebrauch der Droge für eine echte Religion, nicht für einen Vorwand, sich zu berauschen – ein Vorwurf, den man oft von interessierter Seite (Missionare) gegen die Peyotisten hörte. Der Peyotismus hat auch durchaus sozial günstige Folgen: Er ließ fast überall, wo er sich durchsetzte, den Alkoholkonsum stark zurückgehen. Die Vorliebe der Indianer für *Feuerwasser,* die in so vielen populären Romanen beschrieben wird, betraf in der Regel nur demoralisierte Gruppen, deren kulturellen Zusammenhalt die Weißen bereits zerstört hatten. Die Peyote-Anhänger glauben, daß Alkohol und Peyote einander nicht vertragen – sehr im Gegensatz zu mexikanischen Indianern, welche Peyote-Auszüge in den Agavenwein (Meskal) mischen. Auch bei den Prärie-Indianern schließen sich Alkohol und Peyote allerdings nicht gegenseitig aus. LaBarre berichtet, daß einer seiner besten Informanten nach dem Peyote-Gottesdienst am Samstag am darauffolgenden Mittwoch wegen Volltrunkenheit verhaftet wurde.

Botanische Hinweise und chemische Wirkung

Peyote, *Lophophora Williamsii,* ist ein kleiner, rübenförmiger Kaktus, der höchstens die Größe eines mittleren Kürbis erreicht kann. Sein runder Kopf, der allein über die Erdoberfläche tritt und – abgeschnitten und getrocknet – als »Peyote-Knopf« (*peyote button,* früher: *mescal button*) in den Handel kommt, ist von Furchen durchzogen; die Kämme tragen kleine Tuffs oder Pinsel grauweißer Haare. *Lophophora* ist dornenlos; der Name Peyotl wird etymologisch von *peyutel* abgeleitet, worunter die Azteken weiß schimmernde Stoffe verstanden – darunter auch das (ihnen nur zu gut bekannte) Perikard (häutige Hülle des Herzens). Der Terminus *mescal button,* den auch Aldous Huxley noch verwendet, wird von den zuständigen Wissenschaftlern abgelehnt, da Mescal allgemein der in Mexiko aus Agavensaft gebraute Wein beziehungsweise Schnaps ist (Synonym: pulque). Unter *mescal bean* (Meskal-Bohne) verstand man die roten Bohnen von *Sophora secundiflora,* die ebenfalls toxische Alkaloide enthalten (→ Rote Bohnen); sie wurden von manchen Indianern in schamanistischen Ritualen vor dem Peyote verwendet. Die Terminologie wird noch weiter dadurch kompliziert, daß Meskalin, das wirksame Prinzip des Peyote, nach dieser falschen Etymologie *(mescal buttons)* benannt wurde.

Meskalin, mit vollem chemischen Namen Meskalin-3,4,5-Trimethyl-oxyphenyl-Beta-Aminoethan, ist eine bei 35 °C schmelzende Substanz, die in der Regel als kristallines Hydrochlorid in den Handel gebracht wird. Es verteilt sich im Körper ähnlich wie → LSD: Die höchsten Konzentrationen lassen sich (bei der Ratte) in Leber und Nieren messen, die geringsten in Gehirn und Rückenmark, woraus es bereits nach 30 Minuten weitgehend verschwunden ist.

Psychische Wirkungen

Meskalin ist ein typisches Halluzinogen, dessen Effekte auf die Psyche von denen des → LSD nicht unterschieden werden können. Die körperlichen Nebenwirkungen sind vielleicht etwas ausgeprägter, doch hängt das auch mit der Form zusammen, in der Meskalin konsumiert wird: Im Gegensatz zu dem geschmacklosen LSD schmeckt es sehr bitter, allein dieser Geschmack kann, wenn man ihn nicht korrigiert, Übelkeit auslösen. Einer der Autoren (W. S.) hat Meskalin insgesamt dreimal genommen, einmal in schwach konzentrierter Lösung in einem Glas Wasser, worauf ihm heftig übel wurde, ehe die halluzinogene Wirkung einsetzte, und zweimal in hochkonzentrierter Lösung, wobei sich die Übelkeit nicht einstellte. Die Indianer, welche vier bis zwölf *peyote buttons* kauen, spüren den bitteren Geschmack natürlich weit deutlicher. »Es ist schwer, Peyote zu essen«, sagen die Menomini (Slotkin). Bei den Mescalero-Apachen, die vielleicht als erste amerikanische Indianer schon um 1870 das Peyote-Essen von mexikanischen Stämmen übernahmen, gilt es als böser Streich eines feindlichen Medizinmannes, wenn die Adepten der Peyote-Zeremonie erbrechen müssen.

Meskalinrausch

Wenn ich einen Blick zum Fenster geworfen habe und danach zur Wand blicke, die im Schatten liegt, dann projiziert sich auf diese Wand ein großer weißer und graublauer Kachelbelag, der in dem dunklen Zimmer wie ein Knall wirkt und dann ebenso plötzlich verschwindet, wie er auftrat. Nur seine extreme Intensität macht dieses im übrigen bekannte und gewöhnliche Phänomen zu einem Wunder.

...

Licht, Licht, überall. Wie viele Ozeane aus Licht zittern unbemerkt über die Welt hin.

...

Erschöpfung durch Licht!

...

Das Unglaubliche ist geschehen, das, was ich seit meiner Kindheit verzweifelt ersehnt habe, das scheinbar Ausgeschlossene, von dem ich gedacht hatte, daß ich für meine Person es niemals sehen würde, das Unerhörte, das Unerreichbare, das Allzuschöne, das Erhabene, mir bisher Verbotene, hat sich ereignet.

Ich habe Tausende von Göttern gesehen. Ich habe das überwältigend wunderbare Geschenk empfangen. Mir, der ich ohne Glauben bin (ohne den Glauben zu kennen, den ich vielleicht haben könnte), mir sind sie erschienen. Sie waren da, in lebendiger Gegenwart, lebendiger gegenwärtig als irgend etwas, das ich jemals gesehen habe. Und es war unmöglich, und ich wußte es, und doch! Und doch waren sie da, zu Hunderten aufgereiht, immer einer neben dem andern (aber weitere Tausende folgten, kaum wahrnehmbar, und sehr viel mehr als Tausende, eine Unendlichkeit). Da waren sie, diese Gestalten, still, vornehm, in der Luft schwebend kraft einer Levitation, die ganz natürlich erschien, mit sehr leichten Bewegungen, wie von innen her beschwingt, ohne sich von der Stelle zu rühren. Sie, diese göttlichen Personen, und ich, wir allein waren anwesend.

In einem Gefühl wie Dankbarkeit war ich ihnen ergeben.

Aber schließlich, wird man mir sagen, was glaubte ich eigentlich? Ich antworte: Was hatte ich mit Glauben zu schaffen, *wo sie da waren!* Warum hätte ich diskutieren sollen, wo ich ganz erfüllt war? Sie befanden sich nicht in großer Höhe, aber gerade in der Höhe, die nötig ist, um gesehen zu werden und zugleich Distanz zu wahren und von dem Zeugen ihrer Glorie respektiert zu werden, der ihre unvergleichbare Überlegenheit anerkennt. Sie waren ganz natürlich, so natürlich wie die Sonne am Himmel. Ich rührte mich nicht. Ich brauchte mich nicht zu verneigen. Sie standen hoch genug über mir. Das war wirklich, und es war wie zwischen uns vereinbart, kraft eines präexistierenden Einverständnisses. Ich war voll von ihnen. Ich hatte aufgehört halb leer zu sein. Alles war vollkommen. Es gab nichts mehr zu überlegen, zu erwägen, zu kritisieren. Es gab auch nichts mehr zu vergleichen. Meine Horizontale war jetzt eine Vertikale. Ich existiere in der Höhendimension. Ich hatte nicht umsonst gelebt.

Und was das fremde Aussehen angeht? War es denn nicht gut, daß sie, um sich mir darzustellen, als Fremde in Erscheinung traten (Symbol ihres unendlichen und unüberbrückbaren Abstands)? Die einzigen Fremden, denen ich auf meinen langen Reisen wirklich zu begegnen gewünscht hätte!

Wenn jemand Einzelheiten will, also:

Zuerst erschienen sie in einer einzigen unermeßlichen Reihe, im gleichen Augenblick. Danach gab es eine Vielfalt von Reihen, immer eine über die andre erhoben, durch nichts gehalten, obgleich sie ein gewisses Gewicht zu haben schienen. Von unendlich vielen andern gefolgt, so daß ich diesmal – ohne mich über den vermeintlichen Größenwahnsinn zu ärgern – die Geschichte verstehen konnte, die von der Erscheinung der Millionen von Göttern vor dem (endlich erleuchteten) Sakyamuni handelt, Göttern, die zu ihm kamen und ihn rings umgaben.

Warum gleich Millionen, hatte ich sonst immer gedacht, und meine Begeisterung kühlte sich durch diese übertriebene Zahl ab, die ich für ein sicheres Anzeichen der indischen Überheblichkeit hielt. Und nun ist es geschehen, daß sie zu mir, der ich heute wirklich nicht daran dachte, auf nichts gefaßt war und nichts zu glauben glaubte, daß sie zu mir gekommen sind, ebenso unzählig.

(Henri Michaux, 1971)

Meskalin erregt – ähnlich dem LSD – gelegentlich auch unabhängig von seiner Geschmackswirkung das Brechzentrum. Der Kater liegt, wie es Beringer ausdrückt, vor dem Rausch. Nicht zuletzt deshalb ist Meskalin kein Suchtgift (eine Sucht entsteht oft dadurch, daß der Betreffende versucht, durch neue Intoxikation den Kater nach der vorhergehenden zu übertäuben). Das einzige weitere körperliche Symptom ist die Erweiterung der Pupillen; sie verengen sich auch bei Licht nicht mehr, weshalb man es scheut. Die Indianer nehmen Peyote nur nachts.

A. Heffter, der um die Jahrhundertwende Meskalin und die anderen Kakteenalkaloide als erster isolierte (Pellotin 1894, Meskalin, Anhalonin, Anhalonidin und Lophophorin 1896), hat auch als erster einen Meskalin-Rausch erlebt. Er nahm 16,6 Gramm eines alkoholischen Auszugs und beobachtete nach zwei Stunden in einem verdunkelten Zimmer »eine Reihe farbenprächtiger Bilder, die teils Teppichmuster und Mosaiken darstellten, teils aus verschlungenen, sich blitzschnell bewegenden farbigen Bändern bestanden. Es schossen farbige Strahlen von großer Helligkeit über das dunkle Gesichtsfeld, ungefähr wie Feuerwerkskörper, aber mit größerer Geschwindigkeit ... An diese Erscheinungen schloß sich eine Reihe schöner Landschaften, die sich vor allem durch wunderbare Farbeffekte auszeichneten ... Rhythmische Geräusche oder Musik hatten auf die Bilder insofern Einfluß, als sie sich dann im Takt bewegten ... Mehrmals sah ich auf dunklem, glänzendem Grund violette, dicke, verzweigte Wurzeln und Fasern, die stark gefüllten Venen glichen. Häufig gestalteten sie sich zu einem Netz hoher gotischer Gewölbe mit wechselnden Farben ...«

Neben diesen optischen Halluzinationen, die beim Schließen der Augen auftreten und – je nach Versuchsperson – sehr verschiedene Formen annehmen können, ist die Leuchtkraft der Farben, die beobachtet werden, stark gesteigert; die Konstanz der Umwelt wird aufgehoben (die Wände scheinen zu atmen, die Möbel verzerren sich und verwandeln sich in Ungeheuer, die tappende Tänze aufführen, der eigene Körper scheint riesig oder zwergenhaft), der Zeitsinn ist stark beeinträchtigt und die Gefühlslage labilisiert. Grundlose Lachlust kann in panische Angst umschlagen. Kurt Beringer und Aldous Huxley haben beschrieben, wie Meskalin – auch hierin von LSD nicht zu unterscheiden – aus alltäglichen und banalen Wahrnehmungen mystische Offenbarungen macht.

»Du bist so mächtig, und das Majestätische der Dinge ist wegen dir so«, sagte sich Beringer in einem Meskalin-Rausch. »Welch einen Gefallen tun unsere Augen den Dingen, sie schön zu finden«, steht in einem anderen Protokoll. »Ich blickte weiter auf die Blumen, und in ihrem lebendigen Licht schien ich das qualitative Äquivalent des Atmens zu entdecken – aber eines Atmens ohne das wiederholte Zurückkehren zu einem Ausgangspunkt, ohne ein wiederkehrendes Ebben; nur ein wiederholtes Fluten von Schönheit zu erhöhter Schönheit, von tiefer zu immer tieferer Bedeutung. Wörter wie Gnade und Verklärung kamen mir in den Sinn ...« So Aldous Huxley, dessen Buch *The Doors of Perception (Die Pforten der Wahrnehmung)* um ein Meskalin-Erlebnis zentriert ist.

Huxleys Studie, die zu den bekanntesten Arbeiten über Halluzinogene gehört und eine wesentliche Rolle in der psychedelischen Bewegung spielten, verdient einige Anmerkungen. Trotz eines gewissen wissenschaftlichen Anstrichs ist sie in vielen Details unrichtig. (Lysergsäure ist kein Halluzinogen, Meskalin nicht »weniger toxisch als jede andere Substanz im Repertorium der Pharmakologen«, J. S. Slotkin ist keineswegs der einzige weiße Anthropologe, der an Peyote-Zeremonien teilnahm, die Adrenochrom-Theorie der Schizophrenie ist nicht aufrechtzuerhalten, der Meskalin-Rausch gleicht eher einer toxischen Psychose als einer experimentellen Schizophrenie.) Eigenartig an Huxleys Aufzeichnungen ist sein Versuch, biologische und spirituelle Aspekte zu integrieren: Potentiell sei jeder Mensch »Geist als Ganzes«; doch soweit er animalisches Lebewesen sei, müsse er danach trachten, zu überleben und diesen Geist durch das Reduktionsventil des Gehirns und Nervensystems hindurchfließen lassen. »Was am anderen Ende herauskommt, ist ein spärliches Rinnsal der Art von Bewußtsein, die uns hilft, auf der Oberfläche gerade unseres Planeten am Leben zu bleiben.«

Diese Theorie der Halluzinogenwirkung gleicht der *Filter*-Hypothese (→ LSD) nur bis zu einem bestimmten Punkt: Während Huxley glaubt, daß der Zwang zum Überleben ein ursprünglich reich und mystisch ausgestattetes Gehirn einengt (bzw. den *Geist als Ganzes* durch dieses *Reduktionsventil* hindurchtreibt), nehmen die heutigen Wissenschaftler an, daß die geistigen Leistungen des Menschen eben durch den Zwang zum Überleben in der Evolution zustande gekommen sind.* Eine konsequente evolutionstheoretische Betrachtung muß allerdings die Annahme zweifelhaft machen, daß durch ein Halluzinogen irgendeine spirituelle Fähigkeit gefördert werden kann. Wenn unser Bewußtsein ein Produkt der Evolution ist, dann kann man sich schwerlich vorstellen, daß ein so kompliziertes, im Verlauf einiger Millionen Jahre entstandenes System durch chemische Substanzen mit Indol-Grundstruktur zu einem *besseren* Funktionieren gebracht werden kann.

Wenn subjektiv der Eindruck gewonnen wird, daß durch ein Halluzinogen sonst unmögliche psychische Leistungen vollbracht werden (in Huxleys Fall die Erkenntnis der *Istigkeit,* des ursprünglich spirituellen Charakters von Sinneswahrnehmungen), so ist dieses Phänomen negativ, nicht positiv bestimmt (so positiv es subjektiv erlebt wird). Das Halluzinogen fügt nichts hinzu, sondern nimmt etwas fort. Die komplexe Struktur unserer Psyche erlaubt nämlich zahlreiche fehlerhafte Programmierungen, beispielsweise durch ungünstige soziale Einflüsse, familiäre Prägungen und ähnliches. Durch das Halluzinogen werden sämtliche Programme abgeschwächt; also auch die unerwünschten. Wie bei LSD besprochen (S. 224ff.), ist dieser thera-

---

* Eine Ansicht, die nicht nur unserem biologischen Wissen eher entspricht, sondern auch schon von manchen Theologen – etwa Teilhard de Chardin – geteilt wird. Beachtenswert ist allerdings, daß in jüngster Zeit führende Theoretiker verschiedenster Wissenschaftsgebiete sich wieder mehr der von A. Huxley vertretenen Auffassung anschließen, so der Gehirnphysiologe John Eccles (1980), der LSD-Therapeut Stanislav Grof (1978), der Verhaltensforscher W. H. Thorpe (1969) und der Quantenphysiker Burkhard Heim (1981) – s. auch → LSD, Kap. 8, und → RA II, Kap. 9.

peutische Effekt aber fragwürdig, da er allenfalls eine Neuordnung auf einem niedrigeren Niveau erlaubt, falls die gewonnene Einsicht nur passiv genossen und nicht aktiv ausgearbeitet wird (Überwindung der *falschen* Prägungen durch neues Lernen). Ein anderes, seit Huxley von vielen anderen Autoren zugunsten des Halluzinogen-Genusses vertretenes Argument wird ebenfalls in der Meskalin-Arbeit Huxleys zum erstenmal deutlich: die Gegenüberstellung der Halluzinogene, die eine friedliche Schau der eigenen Visionen bedingen, und des aggressiv machenden Suchtgiftes Alkohol. Hier wird eine Alternative postuliert, die realistischere Autoren eher in ein Nebeneinander abwandeln würden. Wenn man Meskalin und LSD verbreitet, würde der Alkoholkonsum nicht unbedingt abnehmen, sondern einem gefährlichen, aber bekannten Rauschgift würde eine noch ziemlich unerforschte Droge zur Seite gestellt (deren Gefahren man heute allerdings schon besser abschätzen kann als Huxley 1954; → LSD).

Die sicher bedauernswerte Tatsache, daß in allen zivilisierten Ländern (auch in den sozialistischen) mehr für (Alkohol-)Trinken und Rauchen ausgegeben wird* als für Unterricht und Erziehung, kann die Erwartungen, im Meskalin ein wirksames Gegenmittel für Alkohol zu finden, nicht steigern. Psychiatrische Erfahrungen sprechen dafür, daß die von den gebildeten Befürwortern der psychedelischen Drogen verheißene Wirkung gegen Alkohol bei den Konsumenten ebensooft versagt, wie sie eintritt. Es bedürfte sicher drakonischer Maßnahmen, um Alkohol durch – beispielsweise – LSD zu ersetzen, obschon die Maßnahme sicher auch ihre guten Seiten hätte (man kann LSD synthetisieren; unzählige Hektar fruchtbaren Ackerbodens, die bisher der Alkohol- und Tabakproduktion dienen, könnten mit Getreide bebaut werden).

Die pauschalen Gesetze gegen Halluzinogene, welche seit 1960 in vielen Ländern erlassen wurden, sind sicher die einfallsloseste, nur der Alkohol-Lobby dienende Antwort auf ein Problem, das Huxley gesehen, aber auch unzulässig vereinfacht hat.

Nach dem Höhepunkt der Kontroverse über Psychedelika bemerkte David Ricks 1963 in der Ausgabe der *Harvard Review* über das Thema »Drogen und Bewußtsein«:

»Man muß gewiß eine außerordentlich starke passive Komponente in seinem Charakter haben, um viel Sinn darin zu finden, den eigenen Höhepunkt in einer Pille zu suchen. Bei dem Rauschgiftkonsumenten ist, ähnlich wie beim Alkoholiker, dieser Optimismus gegenüber einer anderen Welt des erweiterten Bewußtseins oft mit einem tiefen Pessimismus über die Aussichten einer Befriedigung in der Alltagswelt kombiniert ... Diese Passivität und Verzweiflung zu fördern, statt jungen Leuten zu helfen, Mittel zu entwickeln, um sie zu bekämpfen, richtet sich gegen die grundlegenden Werte der Erziehung. Eine Gesellschaft, die intelligente und informierte Menschen zum Rückzug in die Betäubung zwingt, ist nicht gesund.

---

* Die deutsche Statistik besagt, daß 1987 für Alkoholika und Tabakwaren 60 Milliarden DM ausgegeben wurden, für Unterricht und Erziehung wenig mehr als 30 Milliarden DM – 1992 waren es bereits allein für Alkoholika 50 Milliarden. Die Folgen: 130.000 Tote durch diese Substanzen und volkswirtschaftliche Schäden in Höhe von 120 bis 170 Milliarden Mark (Stand: 1994). Der Steuergewinn, der dem gegenüberstand: gerade mal 20 Milliarden.

Viele von uns werden ihnen nicht in ihr illusionäres Utopia folgen mögen; doch die Tatsache, daß sie diesen Rückzug notwendig finden, sollte unseren Seelenfrieden bis in seine tiefsten Wurzeln erschüttern.«
Diesem Kommentar ist wenig hinzuzufügen. Wie LaBarre bemerkt, werden ihn die meisten über Rauschdrogen informierten Wissenschaftler akzeptieren. Verstärkte Verbote, erhöhte Gefängnisstrafen und vermehrtes Personal in den Rauschgiftdezernaten der Polizei sind im Unterschied dazu die einzige Antwort, welche dem Gesetzgeber in vielen Ländern bisher auf diese Probleme eingefallen ist. Man darf sagen, daß diese Antwort nicht viel besser als gar keine ist.

Gefahren
Obschon viele Indianer bereits als Kinder beginnen, Peyote zu essen, sind bisher noch keine schädlichen körperlichen Folgen beschrieben worden. Die sozialen Folgen sind, im ganzen gesehen, eher erfreulich als unerfreulich, trotz der zahlreichen Versuche, die Peyote-Kulte zu verleumden. Peyotisten sind untereinander freundlicher, im allgemeinen mäßiger und friedfertiger als Nicht-Peyotisten. Mag Slotkin, der das feststellt, auch Partei sein – andere Anthropologen widersprechen ihm nicht. Peyote ist, wie alle Halluzinogene, kein Suchtgift. Der Erfolg – oder zumindest die sozial unauffällige Aktivität der »Native American Church« – war eines der wichtigsten Argumente Timothy Learys und Richard Alperts in ihrem Kampf um die Freigabe der Halluzinogene. Ob sich eine ähnliche Glaubensgemeinschaft auch außerhalb der Stammeskulturen in einer Industriegesellschaft aufbauen läßt, scheint zweifelhaft. Doch entschieden ist die Frage keineswegs, da gesetzliche Verbote (die in Kalifornien sogar die Verwendung von Peyote durch die »Native American Church« und die von LSD in wissenschaftlich kontrollierten Experimenten untersagten) entsprechende Versuche Learys und Alperts unterbunden haben.
Die körperlichen Gefahren durch Überdosierung von Peyote beziehungsweise Meskalin sind wenig erforscht. Die von den Indianern konsumierten Peyote-Dosen schwanken außerordentlich. Da jeder *button* aber gekaut werden muß, was einige Zeit beansprucht, wird die maximale Dosis selten überschritten. Manchen Teilnehmern genügen vier *buttons;* andere haben bis zu 20, maximal sogar 80 Stück (anderthalb Pfund der rohen Droge) verzehrt. Im Tierexperiment lähmen extrem hohe Dosen einiger Peyote-Alkaloide das Atemzentrum und führen auf diese Weise zum Tod; zuverlässige Berichte über einen Todesfall beim Menschen liegen nicht vor.
Die psychischen Gefahren sind dieselben wie beim LSD. Es ist in diesem Zusammenhang sehr interessant, daß auch Indianer in dem geschlossenen, stabilisierenden Rahmen der Stammeskultur und trotz des religiösen Kontextes, in dem Peyote genommen wird, über *bad trips* (akute Angstpsychosen) berichten, die vielfach dazu führen, daß weitere Teilnahme an den Peyote-Treffen abgelehnt wird. Wir zitieren zwei Selbstberichte von Indianern nach einem solchen negativen Halluzinogen-Erlebnis. Sie bestätigen wieder, daß Halluzinogen-Effekte sehr stark von der Persönlichkeit des Menschen abhängen, der die Droge nimmt.
»Ich litt sehr«, berichtet Crashing Thunder, ein Winnebago-Indianer.

»Ich legte mich hin, in einer sehr unbequemen Stellung. Nach einer Weile stieg Furcht in mir auf. Ich konnte nicht an diesem Platz bleiben, so ging ich hinaus in die Prärie, aber auch hier plagte mich diese Furcht. Schließlich ging ich zu einer Hütte in der Nähe jener, in der das Peyote-Treffen stattfand, und dort legte ich mich hin. Ich fürchtete, daß ich mir irgend etwas Törichtes antun könnte, wenn ich so allein bliebe, und ich hoffte, daß irgend jemand kommen und mit mir reden würde. Dann kam jemand und redete, aber ich fühlte mich gar nicht besser. Ich ging in die Hütte, wo das Treffen stattfand ... Es war sehr heiß, und ich fühlte mich, als ob ich sterben würde. Ich war sehr durstig, aber ich fürchtete mich davor, um Wasser zu bitten. Ich dachte, daß ich sicher sterben würde. Ich begann zu wanken. Ich starb, und mein Körper wurde durch ein anderes Leben bewegt. Ich begann, mich zu bewegen und Zeichen zu machen. Es war nicht ich selbst, der das tat, und ich konnte es nicht sehen. Zuletzt stand er (der Körper) auf. Die Adlerfedern und die Kürbisse,* sagte er, seien heilig. Sie hatten da auch ein großes Buch. Was dieses Buch enthielt, sah mein Körper auch. Es war die Bibel ... Nicht ich, sondern mein Körper dort hatte das ganze Reden erledigt.«

Solche Fälle von Depersonalisation sind eine häufige Begleiterscheinung des Halluzinogen-Konsums; sie dienen, psychodynamisch gesehen, der Angstabwehr. Halluzinierte, bedrohliche Tiere bestimmen den *bad trip* von Rave, einem weiteren Winnebago-Indianer: »Plötzlich sah ich eine große Schlange. Ich war sehr erschrocken. Dann kam eine andere und kroch über mich. Mein Gott! Woher kommen nur diese Schlangen? Da hinter meinem Rücken schien auch etwas zu sein. So schaute ich mich um und sah eine Schlange, die sich anschickte, mich ganz zu verschlingen. Sie hatte Arme und Beine und einen langen Schwanz. Das Ende dieses Schwanzes war wie ein Speer. O Gott! Ich muß jetzt sicher sterben, dachte ich. Dann schaute ich in eine andere Richtung und sah einen Mann mit Hörnern und langen Nägeln und mit einem Speer in der Hand. Er sprang auf mich los, und ich warf mich auf den Boden. Er verfehlte mich. Dann schaute ich zurück. Diesmal setzte er wieder an, und es schien mir, daß er seinen Speer auf mich richtete. Wieder warf ich mich zu Boden ... Es schien kein Entrinnen zu geben ...«

Diese Berichte zeigen deutlich, daß ungünstige, psychoseähnliche Eindrücke eine ernstliche Gefahr des Halluzinogen-Konsums darstellen. Es gibt keinen religiösen Kontext, der sie – wie Leary fälschlich versichert** – verhindern kann, obschon sie durch bestimmte äußere und innere Faktoren begünstigt oder sehr selten gemacht werden können. Die Lipan, welche als einer der ersten Indianerstämme im Gebiet des Rio Grande, wo sich reiche natürliche Vorkommen von Peyote finden, den Kaktus benützten, haben eine Reihe von Regeln zusammengestellt, die ziemlich genau die Erkenntnisse der modernen Psychologie widerspiegeln:

»Wenn ein Teilnehmer nicht furcht-

* Adlerfedern und Kürbisse sind rituelle Symbole der Indianer.

** »The worst thing that can happen to you after taking an LSD trip is that you will come back no better than you were«, versichern die Gefolgsleute von Leary (»Das Schlimmste, was dir nach einem LSD-Trip passieren kann, ist, daß du nicht besser bist als vorher.«)

sam ist und keine Angst hat, wird er sicher eine gute Zeit haben. Ein Teilnehmer, der Angst hat ..., sieht Dinge, die ihn erschrecken. Was er sieht, ist nicht wirklich, sondern spielt ihm nur einen Streich ... Wenn ein Teilnehmer ehrlich und gut ist, ist es leicht für ihn. Aber wenn einer rauh und schlecht gelaunt ist, wird er große Schwierigkeiten haben, von Peyote zu lernen. Er wird ihn erschrecken und es ihm schwer machen ... Der Häuptling Peyote ist recht hartnäckig. Er sieht, was vor sich geht ... Er ist nur eine Pflanze, aber er kann sehen und verstehen, besser als ein Mensch. Wenn jemand die falschen Gedanken hat, dann muß er aufpassen, oder aber er wird verrückt ...«

Selbst die Unterscheidung zwischen Angstreaktion vom Soforttyp *(bad trip)* und länger dauernder psychotischer Reaktion ist den Lipan-Informanten LaBarres bekannt (→ LSD, S. ###). Sie empfehlen, beim ersten Peyote-Genuß die Gedanken auf etwas Gutes und Erwünschtes zu konzentrieren, das dann auch in den Visionen auftauchen wird. »Gelegentlich hat ein Mann eine Vision, die ihn erschreckt, und er geht hinaus und läuft weg. Aber am nächsten Tag geht es ihm wieder gut. Was ihn erschreckt hat, wird nicht geschehen, außer er denkt immer wieder daran und es erschreckt ihn dauernd ...«

Um Peyotisten auch nach einem negativen Erlebnis in der Kultgemeinde festzuhalten, wird der bad trip in der Regel durch Sündhaftigkeit oder mangelndes Vertrauen in Peyote erklärt.

Gegenwärtige Situation

Die Bedeutung von Meskalin ist seit der Entdeckung von LSD stark durch dieses ähnlich wirkende, aber ungleich potentere Halluzinogen überschattet worden. Trotz der Kreuztoleranz (→ RA V), die darauf hinweist, daß LSD und Meskalin auf ähnlichen metabolischen Wegen das Gehirn beeinflussen (→ LSD), benötigt man für einen LSD-Rausch nur 0,02 bis 0,06 Milligramm, während die durchschnittliche Dosis bei Meskalin 400 bis 600 Milligramm beträgt. LSD ist also 10.000mal wirksamer als Meskalin – die Gründe dafür sind eines der vielen ungelösten Rätsel der Psychopharmakologie.

Auch als Rauschdroge hat Meskalin eine erheblich geringere Breitenwirkung gehabt. Seit 1917 gibt es in Colorado, Utah und Nevada Gesetze, welche den Besitz von Peyote unter Strafe stellen; 1920 folgte Kansas, 1923 Arizona, Montana, South Dakota und North Dakota, 1924 Iowa, 1929 New-Mexico, 1935 Idaho und 1937 Texas. In Arizona und New Mexico wurde das Gesetz aber nie angewandt, in New-Mexico und Montana ist das Gesetz sogar insofern korrigiert worden, als Peyote rituell verwendet werden darf. 1964, im Zuge der Maßnahmen gegen die stark wachsende Hippie-Bewegung, wurde Peyote-Genuß auch in Kalifornien strengstens verboten. Zu den unerfreulichsten Folgen der Kontroverse um die psychedelischen Drogen gehört sicher, daß die pauschale Gesetzgebung neben der Forschung auch die »Native American Church« schwer traf.

1960 wurden bei einem 28jährigen ehemaligen Harvard-Studenten namens Barron Bruchlos bei einer Haussuchung in New York 311 Pfund *peyote buttons* gefunden, die er, völlig legal und mit Stempeln des Ackerbauministeriums versehen, erworben hatte. Obschon ohne rechtliche Grundlage, beschlagnahmte das FBI die Ladung und auch 145 Kapseln mit Peyote-Pulver, die Bruchlos für umgerechnet zwei bis drei DM pro Stück zu verkaufen pflegte. Bruchlos wurde nie angeklagt, aber die Behörde gab auch das beschlagnahmte Peyote nicht wieder heraus.

In Paris soll Meskalin 1938 kurzzeitig als Rauschdroge verwendet worden sein, doch hat es sich wohl nie so verbreitet, daß irgendwelche juristischen oder polizeilichen Maßnahmen nötig wurden. Im Gefolge von Huxley hat Henri Michaux (1956, 1961) die mystischen Effekte von Meskalin literarisch verwertet; Alan Watts und Allen Ginsberg experimentierten neben anderen Drogen auch mit Meskalin.

Weltberühmt wurden inzwischen die Erlebnisse des amerikanischen Anthropologen Carlos Castaneda mit seinem Medizinmann-Guru Don Juan. Zumindest am Beginn seiner Initiation in das indianische mystische Universum spielten einheimische Rauschdrogen eine zentrale Rolle, vor allem Peyote (Castaneda, 1972, 1973). In seinen späteren Berichten (Castaneda 1975, 1976) zieht er allerdings den drogenfreien Zugang zu jener »anderen Wirklichkeit« vor – wobei nicht ganz klar ist, ob er dem allgemeinen, inzwischen eher drogenskeptischen kulturellen Trend folgt oder tatsächlich eine entsprechende seelische Entwicklung durchlaufen hat.

1976 wurde schließlich noch ein dokumentarischer und Tagebuch-Bericht des französischen Surrealisten Antonin Artaud veröffentlicht, worin er seine Peyote-Erlebnisse bei dem mexikanischen Indianerstamm der Tarahumaras in den dreißiger Jahren beschreibt. Seine Schilderungen des Drogenkults haben eine intensive poetische Ausstrahlung und bekunden sein außerordentliches Vermögen, sich in diese archaischen Riten der Indianer hineinzuversetzen.

Neuerdings dürfen die Anhänger der Peyote-Sekte offenbar ihre Riten einigermaßen ungestört durchführen. Noch Anfang 1979 zog ein Strom amerikanischer Indianer aus Arizona, Colorado, New Mexico, Montana, Kalifornien und Oklahoma in die südtexanische Stadt Mirando City, um dort die traditionellen Frühlings-Zeremonien abzuhalten.

Die Beschaffung der Pflanze scheint jedoch, Zeitungsberichten zufolge, immer schwieriger zu werden. Wie Omer T. Stewart, Anthropologe an der University of Colorado und Peyote-Experte, mitteilte, fürchten die Indianer, daß der Peyote-Kaktus ausstirbt. Einige Anhänger der Sekte wollen sich deshalb in Mexiko um neues Peyote bemühen (*Südd. Zeitung* vom 20. 2. 1979).

1993 hat Bill Clinton ein Gesetz unterzeichnet, das den Behörden Eingriffe in die Religionsausübung untersagt. Im zugrundeliegenden konkreten Fall war zwei Indianern aus Oregon das Arbeitslosengeld gestrichen worden, weil sie im Gottesdienst Peyotl gekaut hatten. Das Gerichtsurteil, das dieses Vorgehen gerechtfertigt hatte, war damit aufgehoben.

W. S.

Literatur:

Eine nahezu erschöpfende Bibliographie mit insgesamt fast 2.000 Titeln enthalten die Werke von LaBarre und Slotkin.

Alarcon, da Harnando Ruis, »Tratado de las supersticiones y costumbres gentilicas« (1629), hrsg. in: *Anales de Museo Nacional de Mexico,* Bd. 6, 1898

Artaud, A., *Die Tarahumaras. Revolutionäre Botschaften,* München 1976

Beringer, K., *Der Meskalinrausch. Seine Geschichte und Erscheinungsweise* (1928), Neudruck Berlin 1969

Castaneda, C., *Die andere Realität – die Lehren des Don Juan,* Frankfurt a. M. 1972

Ders., *Eine andere Wirklichkeit – neue Gespräche mit Don Juan,* Frankfurt a. M. 1973

Ders., *Reise nach Ixtlan,* Frankfurt a. M. 1976
Ders., *Der Ring der Kraft – Don Juan in den Städten,* Frankfurt a. M. 1976
Cohen, S., *The Beyond Within,* New York 1968
Eccles, J. C., und H. Zeier, *Gehirn und Geist,* München 1980
Grof, St., *Topographie des Unbewußten,* Stuttgart 1978
Heffter, A., »Über Cacteenalkaloide«, in: *Berichte der Deutschen Chemischen Gesellschaft* 20, 1896, S. 216; 31, 1898, S. 1193; 34, 1901, S. 3004
Heim, B., *Postmortale Zustände?,* Innsbruck 1980
Huxley, A., *Die Pforten der Wahrnehmung,* München 1954
LaBarre, W., *The Peyote Cult,* Hamden 1964
Leon, N. de, *Camino del Cielo,* Mexico 1611
Michaux, H., *Misérable Miracle,* Paris 1956
Ders., *Turbulenz im Unendlichen,* Frankfurt a. M. 1971, S. 78-81
Ders., *Connaissance par les Couffres,* Paris 1961
Ricks, D., »Mushrooms and Mystics: A Caveat. Drugs and the Mind Issue«, in: *Harvard Review* 1, 1963, S. 51
Sahag'n, B. de, *Historia general de las cosas de Nueva España,* Mexiko 1829
Schmidbauer, W., »Zur Psychologie des Orakels«, in: *Psychologische Rundschau* 21, 1970, S. 88
Slotkin, J. S., *The Peyote-Religion,* Glencoe 1956
Teirich, H., »Über eine Meskalinschädigung«, in: *Psyche* 7, 1954, S. 637
Thorpe, W. H., *Der Mensch in der Evolution,* München 1969
SZ, »Amerikas Indianer dürfen weiter Peyotl kauen«, zit. n.: *Südd. Zeitung* vom 18.Nov 93

Methadon
→ Polamidon

Methaqualone
→ Schlafmittel

Morphium *(Morphin)*
→ Opiate

Muscimol
→ Fliegenpilz

Muskatnuß

Die aromatischen Samen von *Myristica fragrans* aus der Familie der *Myristicaceae* (sie stecken in aprikosenähnlichen Früchten) sind ein allgemein bekanntes Gewürz, das vor allem auf Java und in Westindien gewonnen wird.

Geschichte

Ihre psychotoxischen Eigenschaften sind weniger bekannt, obschon bereits 1789 der englische Arzt William Cullen beschrieben hat, wie einer seiner Patienten aus Versehen eine hohe Dosis Muskatnuß nahm und danach zuerst ein angenehmes Wärmegefühl im Magen verspürte (→ RA V und → Alkohol), sodann vom Stuhl kippte und einige Stunden lang entweder nahezu betäubt war oder halluzinierte, seine Umwelt verkannte und wirre Dinge redete. Nach sechs Stunden klang der Zustand ab; Kopfweh und Müdigkeit verschwanden nach einer Nacht.

Der spätere *Black Muslim*-Führer Malcolm X hat durch seine Autobiographie amerikanische Studenten auf Muskat als Rauschdroge aufmerksam gemacht. Er berichtet dort, wie er in einem Gefängnis mehrere Mithäftlinge kennenlernte, die sich ihre *highs* durch in der Küche gestohlenes Muskat verschafften. In einem Glas Wasser aufgeschwemmt, hatte eine Zündholzschachtel voll Muskatpulver »the kick of three or four reefers« – den Effekt von drei oder vier Marihuana-Zigaretten. Auch Jazzmusiker wußten schon früh um die halluzinogenen Effekte des Muskatpulvers; von Charlie *Bird* Parker heißt es in einer Biographie, daß er bei seiner Band Muskatnuß einführte und diese dann täglich etwa acht bis zehn Schächtelchen Muskatpulver konsumierte.

Andrew Weil hat diese literarischen Zeugnisse gesammelt und Personen befragt, die Muskatnuß zu Rauschzwecken konsumierten. Seine besten

Informanten waren Studenten; Ärzte wußten kaum je, daß Muskatnuß auch nichtkulinarischen Zwecken dient.

Wirkung

Weils Studie zeigt deutlich, daß die berauschenden Effekte der Muskatnuß *(nutmeg)* unzuverlässig sind und vielfach von starken vegetativen Nebenwirkungen begleitet werden. Einige Beispiele: Ein Student nahm zwei Teelöffel Muskatpulver in einem Glas Fruchtsaft. Leichte Magenschmerzen folgten, keine Halluzinationen, keine besondere Veränderung des psychischen Zustandes außer einer leichten Euphorie. Nach unruhigem Schlaf folgte am nächsten Morgen ein übler Kater mit starken Kopfschmerzen, Mundtrockenheit und ausgeprägtem Krankheitsgefühl.

Vier Studenten machten einen weiteren Versuch; bei dreien versagte das Mittel völlig; sie spürten nur die unangenehmen Nebeneffekte. Der vierte erlebte eine Art Trance und hatte die lebhafte Illusion, er treibe dahin, wobei seine Glieder vom Körper gelöst schienen.

Offensichtlich hat Muskatnuß zwar als Gewürz, von dem schon wenige Bruchteile eines Gramms herausgeschmeckt werden, eine große therapeutische Breite (→ RA V). Wird sie aber als Rauschdroge verwendet, dann liegen erwünschter und unerwünschter (toxischer) Effekt sehr nahe beisammen (wie etwa auch bei den → Nachtschatten-Drogen). Während eine Reihe von Weils Informanten bei einer Unze (rund 28 g) keine Effekte verspürten, wurde ein Student, der drei Unzen nahm und nachher vier Gläser Bier trank, völlig desorientiert und geriet in einen pathologischen Rausch. Als er aus dem Club, in dem er getrunken hatte, wegen seines unmöglichen Verhaltens hinaus geworfen worden war, kam es zu wahnhaften Sinnestäuschungen. Er wollte mit Gewalt zurück und kam schließlich wegen angeblicher Volltrunkenheit (obschon er kaum 50 ccm reinen Alkohol getrunken hatte) in ein Gefängnis. Dort hielt sein paranoides Denken noch einen Tag an: Er hielt die anderen Gefangenen für Nazis.

Auch bei einem anderen Studenten waren schwere Angstanfälle und Herzrasen (Tachykardie) die einzige Folge eines Eßlöffels voll Muskatpulver; er kann seither nichts mehr essen, was mit dieser Nuß gewürzt wurde.

Positiv reagierte laut Weils Protokollen vor allem eine 42jährige Frau, die sich selbst »exzentrisch« nannte. Sie hatte mehrmals Muskatpulver genommen, allerdings immer nur kleinere Dosen (rund 5 g). Danach erlebte sie eine angenehme Müdigkeit und hatte bei geschlossenen Augen Halluzinationen von Wiesen, Pappeln, blauem Himmel, goldenen Schmuckstücken, tanzenden Sternen. Ihre Küche nahm die Dimensionen einer Kathedrale an; sie selbst dünkte sich ungewöhnlich groß, ein Effekt, der nach dem Genuß vieler Halluzinogene beschrieben wird (→ Epéna, → LSD, → Meskalin und → Psilocybin).

Es ist noch unklar, worauf diese ausgeprägten Schwankungen im Wirkungsbild der Muskatnuß zurückzuführen sind. Sicher spielt die von Alexander T. Shulgin und seinen Mitarbeitern nachgewiesene Tatsache eine Rolle, daß – je nach der geographischen Herkunft des Gewürzes – der Gehalt an Aromastoffen in *Myristica fragrans* außerordentlich stark schwankt. Die wichtigsten dieser Aromastoffe sind Myristicin, Elemicin und Safrol (Strukturformeln bei Efron 1967). Der wichtigste Stoff ist Myristicin; ebenso wie die der beiden anderen ähnelt seine Struktur bekannten Halluzinogenen, etwa dem Meskalin. Die reinen Aromastoffe sind bisher allerdings psychopharmakologisch kaum untersucht worden. Der einzige experimentell gesicherte Befund ist offensichtlich die Tatsache, daß sie den Abbau der biogenen Amine und Neurotransmitter (→ RA V) hemmen.

Mit zwei synthetischen Verbindungen, die aus ätherischen Ölen der Muskatnuß entwickelt wurden, befaßt sich Claudio Naranjo, der sie als Hilfsmittel in der Psychotherapie eingesetzt hat. Aus Safrol läßt sich → MDA herstellen, aus Myristicin → MMDA (s. auch das Stichwort zu → Ecstasy).

W. Sch.

Literatur:

Cullen, W., *A Treatise on the Materia Medica,* London 1789

Efron, D. H. (Hrsg.), *Ethnopharmacologic Search for Psychoactive Drugs,* Washington 1967

Naranjo, C., *Die Reise zum Ich – Psychotherapie mit heilenden Drogen,* Frankfurt a. M. 1979

Shulgin, A. T., u. a., »Pharmacology of Myristica fragrans«, in: *Efron,* a.a.O.

Weil, A. T., »Myristica fragrans«, in: *Efron,* a.a.O.

N

Nachtschatten-Drogen

(Solanazeen-Drogen)

Die botanische Familie der Nachtschattengewächse umfaßt neben Nahrungspflanzen (Kartoffel, Tomate, Paprika, Aubergine) und dem Lieferanten eines der wichtigsten Genußmittel (Tabak) eine ganze Reihe von Rauschdrogen, die allerdings mehr den Historiker dieses Gebietes interessieren als den, der sich mit der gegenwärtigen Situation beschäftigt. Die Solanazeen-Alkaloide spielten in den → Hexensalben eine sehr wichtige Rolle; sie wurden und werden teilweise heute noch in allen fünf Erdteilen als Rauschdroge verwendet. Das ist sicher auch der Grund, weshalb sie in vielen Märchen eine wichtige Rolle spiel(t)en, wie Golowin (1973) und Küttner (1995) überzeugend nachgewiesen haben.

Die Bewohner Schwarzafrikas rauchen die Blätter von *Datura fastuosa,* in Peru kocht man aus den Blättern von *Datura sanguinea* den Tonga genannten Rauschtrank. Die australischen Eingeborenen kauen Pituri, die Blätter einer *Duboisia-Art (Duboisia hopwoodii),* die Indianer in Mexiko benutzen *Datura praecox* und *querafolia,* nordamerikanische Indianer *Datura meteloides.* In Indien und im Iran kennt man *Datura metel* und *Hyoscamus muticus,* in Litauen hat man *Scopolia carnicola-Wurzeln* als »Liebeszauber« benutzt.

Die wichtigsten Gattungen der Nachtschattengewächse, die man als Rauschdrogen verwendet, sind:

- Stechapfel *(Datura)*
- Nachtschatten *(Solanum)*
- Tollkirsche *(Atropa)*
- Bilsenkraut oder Hühnertod *(Hyoscamus)*
- Tollkraut *(Scopolia)*
- Alraun *(Mandragora)*
- *Duboisia* gedeiht nicht in Mitteleuropa und hat infolgedessen keinen deutschen Namen.

Die Solanazeen-Drogen lassen sich in eine Gruppe zusammenfassen, weil ihre wichtigsten Alkaloide durchwegs identisch sind (wenn auch bei den einzelnen Drogen wechselnde Konzentrationen und Zusammensetzung und eventuell noch unbekannte Wirkstoffe das Bild komplizieren).

Chemisches Prinzip

Das wichtigste Solanazeen-Alkaloid ist das *Atropin,* eine bitter schmeckende, in Wasser schwer, in Chloroform leicht lösliche Substanz, die in Prismen kristallisiert. Atropin schmilzt bei einer Temperatur von rund 105 °C. Es wird während der Aufbereitung aus der frischen Pflanze chemisch etwas verändert (1-Hyoscamin wird zu Atropin razemisiert).

Das zweite wichtige Alkaloid der Nachtschattengewächse ist das Skopolamin, welches bis heute in der Medizin als beruhigendes Mittel (mit Morphium kombiniert) angewendet wird.

Noch 1967 hat Rudolf Degkwitz in seinem *Leitfaden Psychopharmakologie* darauf hingewiesen, daß kein zweites Mittel besser geeignet ist, erregte Geisteskranke schonend, aber sofort zu beruhigen (1,5 ml Scophedal intramuskulär injiziert), während die immer noch verwendeten Barbiturate (Luminal) erst viel später wirken und den Kranken durch einen oft tagelangen Kater (Nachwirkungen der Vergiftung) sehr stören. Skopolamin allein ist wegen seiner vegetativen Nebenwirkungen, die durch Morphium unterdrückt werden, nicht geeignet.

Chemisch ist Skopolamin als Ester des Skopons und der Tropasäure mit Atropin eng verwandt.

In *Datura meteloides,* einer Stechapfelart, findet sich das mit Atropin sehr eng verwandte Alkaloid Meteloidin.

Wirkung

Atropin hemmt das an bestimmten Nervenenden freigesetzte Azetylcholin, einen Neurotransmitter, indem es die chemischen Positionen (Rezeptoren) blockiert, auf die der Überträgerstoff von Nervenimpulsen einwirkt. Diese Wirkung erfaßt vor allem das parasympathische Nervensystem, welches als Gegenspieler des Sympathikus wichtige Lebensvorgänge regelt: Verdauung, Speichelsekretion, Herzschlag, Pupillenkontraktionen. Die Körperbewegungen werden durch Atropin nicht gehemmt.

Besonders leicht ablesen läßt sich die Atropin-Wirkung am Auge: Die Pupille erweitert sich. Daher auch der Name Belladonna (ital. *schöne Frau*) für die Tollkirsche *(Atropa belladonna).* Ins Auge geträufelt, erweitert Tollkirschenextrakt die Pupille und macht – freilich auf Kosten der Sehschärfe – schöne, *tief* wirkende Augen. Physiologisch geschieht dabei folgendes: Atropin hemmt die Übertragung der für Pupillen-Kontraktionen verantwortlichen Nervenimpulse, so daß sich die Pupille automatisch erweitert. Zugleich wird die Anpassung der Sehkraft an die Nähe (Akkomodation) verschlechtert, da auch die dafür verantwortlichen Muskeln gelähmt werden. Träufelt man nur ein Milligramm Atropin ins Auge, so bleibt dieser Effekt bis zu einer Woche lang erhalten.

Atropin entfaltet in höheren Dosen (1 bis 2 mg subkutan oder intravenös) eine ausgeprägte Kreislaufwirkung. Da die parasympathisch-bremsenden Einflüsse auf das Herz wegfallen, beginnt es sehr schnell zu schlagen (ca. 150mal pro Minute). Liegt, wie vor allem bei älteren Menschen, eine Koronarsklerose vor oder hat der Betroffene einen Herzinfarkt überstanden, kann das sehr gefährlich sein. Weiterhin wird die Speichelsekretion im Mund gehemmt (trockenes Gefühl im Mund); Spannungszustände im Magen-Darm-Bereich und in der Gallenblase klingen ab.

Skopolamin wirkt auf das vegetative Nervensystem qualitativ genau wie Atropin; quantitativ bestehen erhebliche Unterschiede, da Skopolamin offensichtlich das Zentralnervensystem dämpft, während Atropin es erregt. Da in den meisten Nachtschatten-Drogen beide Alkaloide in wechselnder Mischung enthalten sind, ergibt sich ein variationsreiches Bild, das sich vor allem aus den ganz verschiedenen Wirkungen ablesen läßt, die man der → Mandragora zuschreibt. Dadurch, daß die natürlichen Drogen (also nicht die chemisch reinen, standardisierten Präparate) die wirksamen Alkaloide in stark schwankenden Konzentrationen enthalten, kann sich das Bild noch weiter komplizieren.

Dennoch kann man mit Erich Hesse die Grundzüge der typischen Vergiftung durch Solanazeen als *anticholinergisches* (gegen den Neurotransmitter Azetylcholin gerichtetes) Wirkungsbild zusammenfassen. Es bleibt weitgehend konstant, gleichgültig ob der Berauschte nun drei bis fünf Tollkirschen, den Extrakt von 4 Gramm Belladonnawurzeln, stechapfel- und bilsenkrauthaltigen Tee oder 20 bis 60 Milligramm reines Atropin aufgenommen hat. Zunächst erweitern sich die Pupillen, und die Haut rötet sich. Wegen der quälenden Mundtrockenheit muß der Berauschte dauernd schlucken oder trinken. Sein Herz schlägt sehr schnell, er kann nur verschwommen sehen, ja selbst zeitweilige Blindheit ist möglich. Zu den körperlichen Symptomen treten seelische: Der Berauschte ist – wenn Atropin überwiegt – verwirrt und erregt, er bewegt sich hastig, tanzt oder singt, hat Halluzinationen, in denen oft erotische Elemente hervortreten, unterhält sich lebhaft mit Personen, die nur in seiner Phantasie existieren.

Daß Solanazeen-Drogen verborgene sexuelle Wünsche aktivieren können, zeigt ein von Hesse geschilderter Vorfall: Eine 54jährige Frau schluckte irrtümlich zum Einträufeln in das Auge vorgesehene Atropin-Skopolamin-Tropfen. Sie geriet in einen Rausch, in dem sie nicht nur mit ihrer Zimmerwirtin lesbisch zu verkehren suchte, sondern auch unverblümt deren hinzukommenden Bräutigam dazu einlud. Nachher erinnerte sie sich nicht mehr an diese Vorkommnisse.

Obschon als Gift sehr berüchtigt, sind Tollkirschen und andere atropinhaltige Nachtschattengewächse nicht besonders gefährlich. Die *therapeutische Breite* (→ RA V) von Atropin ist außerordentlich groß; Vergiftungen mit dem 200fachen der wirksamen Dosis sind schon vielfach überlebt worden. Erst wenn die Dosis so hoch ist, daß Atropin auch das Atemzentrum lähmt, droht Lebensgefahr; deshalb ist auch die in manchen → Hexensalben empfohlene Mischung von Solanazeen mit den gleichfalls in hoher Dosis das Atemzentrum lähmenden → Opiaten gefährlich. Während Skopolamin in einer Solanazeen-Droge die Erregungszustände durch Atropin mildert und sie möglicherweise als lebhafte Traumbilder in einem betäubungsähnlichen Schlaf erscheinen läßt (→ Hexensalben), gewährt es keinen Schutz gegen die Atemlähmung durch sehr hohe Atropin-Dosen.

Im Gegensatz zu den zentral erregenden Wirkungen des Atropins führt Skopolamin zu einem halbwachen Zustand, in dem die Willenskraft des Berauschten stark beeinträchtigt scheint. Während Denk- und Sprechfähigkeit erhalten sind, wirkt der Betroffene wie ein Hypnotisierter in tiefer Trance. Er beantwortet Fragen über Sachverhalte, die er sonst geheimhält. Diesen Effekt benützen offenbar manche Rezepte der Volksmedizin, die Solanazeen-Drogen als Liebeszauber empfehlen. In Spanien wiederum mischt man zum gleichen Zweck die Samen des Stechapfels *Datura stramonium* in Likör.

Unter Skopolamin-Einfluß wird der Berauschte erotischen Suggestionen kaum widerstehen können. Aus ähnlichen Gründen ist Skopolamin auch schon als »Wahrheitsserum« verwendet worden, wurde aber später durch Natrium-Pentothal ersetzt. Die Wirkungen der mexikanischen Droge → Ololiuqui wurden früher ebenfalls auf Skopolamin zurückgeführt (Møller 1951), doch hat sich inzwischen herausgestellt, daß Lysergsäure-Derivate in diesem Fall das wirksamere Prinzip darstellen. Doch auch in Mexiko pflegen gewissenlose Don Juans spröde Frauen mit einer Solanazeen-Droge (Toloache, d. i. *Datura tatua L.*) gefügig zu machen. Obschon weder gelähmt noch bewußtlos, läßt das Opfer alles mit sich geschehen. Später ist die Erinnerung an das Vorgefallene verwischt, wobei allerdings schwer zu bestimmen sein dürfte, was vergessen und was verdrängt wird. Die Hexen jedenfalls erinnerten sich an ihre Sabbate.

Der Toloache-Rausch

Einen Versuch mit Toloache-Blättern schildert Victor A. Reko. Da nur sehr wenig Zeugnisse über Solanazeen-Räusche vorliegen (→ Hexensalben), zitieren wir ihn hier in Auszügen. Rekos Gewährsmann schreibt:

»Ich bereitete mir einen Tee, indem ich vier mittelgroße Toloache-Blätter mit heißem Wasser übergoß, und nahm davon vor dem Schlafengehen. Das Resultat war zunächst ein bleierner Schlaf und dann, nach dem Erwachen, ein Zustand von Benommenheit und Verwirrtheit, wie etwa in einem Fieber. Ich wollte Wasser trinken und saugte an meiner Taschenuhr, obwohl mir das Unsinnige meiner Handlung völlig klar war ... Die Trockenheit im Hals und Schlund waren höchst lästig, daneben fühlte ich im Gesicht eine brennende Hitze und hatte die Empfindung, als sei meine Haut auf das äußerste gespannt, so daß nur noch ein kleines Mehr genüge, um sie platzen zu lassen ... Höchst unangenehm war das gesteigerte Tastgefühl. (Auch eine typische Halluzinogen-Wirkung! – W. S.) Meine Zunge stieß wie ein Fremdkörper im Mund überall an, und ich hatte förmlich das Bedürfnis, sie herauszunehmen und wegzulegen ... Mit den Fingern durfte ich keinem Gegenstand nahe kommen, ohne daß mich Ströme von Hitze und Kälte durchflossen. Wenn das Federbett meine Zehen berührte, die sonderbarerweise immer krampfhaft gespreizt auseinander standen, hatte ich geradezu Brechreiz ... Mit meinem neben meinem Bette liegenden Hund wurde ich ungemein zärtlich und bedauerte ihn außerordentlich, daß er alles nur so von unten sehen konnte. Ich lebte mich in diese Idee ein und glaubte bald, es gehöre gar nicht viel dazu, selbst ein Hund zu werden und sich in so einen schwarzen Kerl zu verwandeln. [Man beachte die gesteigerte Autosuggestibilität, ebenfalls ein typisches Zeichen des Halluzinogen-Effektes. – W. S.] Das Unvermögen, klar und scharf zu sehen, war beim Erwachen ... noch am nächsten Tag vorhanden. Ich empfand es, wie wenn mir Fett oder Seife in die Augen gekommen wäre, aber durchaus nicht wie einen Defekt. An eine Atropin-Wirkung dachte ich nicht im entferntesten ... Am nächsten Tage, als ich nach einem wundervollen, erquicklichen Schlaf erwachte, fühlte ich mich etwas verkatert, aber sonst völlig normal ... Der unangenehme Zustand hielt ... ohne Unterbrechung, wie ein richtiger Katzenjammer, bis gegen Abend an ... Die nächste Nacht verbrachte ich unter ziemlich gutem, nur wiederholt durch Zusammenschrecken und Herzklopfen unterbrochenem Schlaf und unruhigen Träumen von erschreckender Greifbarkeit. Noch nie in meinem Leben, soweit ich mich erinnere, habe ich so ungemein plastisch, so klar und deutlich geträumt. Die Pupillen blieben ... noch mehrere Tage unnormal erweitert.«

Tonga-Trinker in Peru

Berichte von Ethnographen über Indianer, die aus rituellen Gründen (Reise ins Geisterreich) Nachtschatten-Drogen nehmen, bestätigen, daß die Solanazeen in der Regel zwar seltsame und neuartige Empfindungen spenden, aber keine Euphorie. Tschudi hat einen Schamanen beschrieben, der Tonga (Abkochung von *Datura sanguinea*) trank.

Seine Augen füllten sich mit Tränen, die Haut wurde fahl, kalter Schweiß bedeckte das Gesicht, die Adern an Hals und Stirn traten hervor. Mit blutunterlaufenen Augen begann der Berauschte krampfhaft zu zucken, sein Puls schlug rasend schnell, Schweiß bedeckte den Körper, Gesicht und Gliedmaßen waren verzerrt. Leises Murmeln wechselte mit gellendem Geschrei, dumpfem Heulen und tiefem Stöhnen. Erst nach Stunden milderten sich diese Symptome; Frauen wuschen den Medizinmann mit kaltem Wasser und betteten ihn bequem. Er schlief ein und erzählte am Abend, erwacht, was er mit den Geistern seiner Ahnen besprochen hatte.

Die unangenehmen Begleitsymptome haben auch dazu geführt, daß die Solanazeen-Drogen eigentlich nur in einem religiösen Rahmen regelmäßig in halluzinogener Dosierung genommen werden. Die Berichte aus Mexiko (Reko), wo angeblich *Datura tatula* (Toloache, s. o.) von manchen Yaqui-Indianern gewohnheitsmäßig geraucht oder gekaut wird,* sind nicht genügend bezeugt. Vor allem bleibt unklar, ob die Solanazee allein oder zusammen mit Alkohol und Hunger einen so unerfreulichen Zustand hervorruft.

Solanazeen im 20. Jahrhundert

Sieht man vom Tabak (→ Genuß-Drogen) einmal ab, so scheinen die Nachtschatten-Gewächse für den modernen Menschen keine Rolle mehr zu spielen. Das Bier mit dem Namen »Pils« enthält heute zur Verstärkung der Alkoholwirkung sicher keine Auszüge aus Bilsenkrautsamen mehr wie im Mittelalter.

Allenfalls die unrühmliche Rolle des Strychnin als verbotenem Doping-Mittel im Sport (→ Medikamente) ist noch erwähnenswert. In einer Studie über Adolf Hitler verweist David Irving darauf, daß »euphorische Trancezustände«, die vom hochdosierten Strychnin herrührten, eventuell sogar Einfluß auf die Kriegsführung nahmen: Hitler hatte es »seit Stalingrad über so lange Zeit hinweg eingenommen...« (S. 135)

Amerikanischen Astronauten gibt man ein skopolaminhaltiges Präparat gegen Gleichgewichtsstörungen. In Form von Wirkstoffpflastern, die hinter das Ohr geklebt werden, wird Skopolamin heute auch gegen Seekrankheit eingesetzt.

Daß Nachtschatten-Drogen (mit Ausnahme des Tabaks, der keine Rauschdroge, sondern ein Genußgift ist) eine Sucht erzeugen, ist noch nicht bewiesen worden. Die Tatsache, daß sie überall dort nicht mehr von den Eingeborenen benutzt werden, wo Alkohol billig zu haben ist, spricht eher dagegen. Wegen der unangenehmen Neben- und Nachwirkungen ist auch die Wahrscheinlichkeit gering, daß die Solanazeen-Drogen einen Platz in dem

* Lebende Leichname sollen die Betäubten genannt werden, die taumelnd und desorientiert durch die Dörfer wanken.

mit Rauschmitteln experimentierenden Underground gewinnen werden.
Ein Hinweis in einem neuen Buch (Hansen, *Der Hexengarten*) auf die Selbstversuche mit Solanazeen, die Gustav Schenk in den dreißiger Jahren machte, kann natürlich Neugierige animieren, es auch mal mit dem einen oder anderen Kräutlein zu versuchen. Er (oder sie) sollte dann jedenfalls über die möglichen Giftwirkungen genau Bescheid wissen.
Daß es Kundige gibt, die nicht nur mit dem eigenen Leib und Seelenleben experimentieren, zeigte ein Vorfall im Juni 1980. Damals schüttete ein Unbekannter Besuchern verschiedener Lokale ein Präparat in den Kaffee, das sich bei der Analyse als Skopolamin entpuppte. Die Vergifteten (es handelte sich um 17 Opfer in Amsterdam und Rotterdam, zu denen sich bald darauf noch einige in Antwerpen und Düsseldorf gesellten) litten unter optischen und akkustischen Halluzinationen und Zuständen allgemeiner Verwirrtheit. Als Antidot gab man Pilocarpin und Coffein. (*Südd. Zeitung* vom 24. 6. 1980)

Literatur:

Bauereiß, E., *Bilsenkraut,* Bad Windsheim (ca. 1994)
Degkwitz, R., *Leitfaden der Psychopharmalogie,* Stuttgart 1967
Fischer, G., *Heilkräuter und Arzneipflanzen,* Ulm 1966
Führer, H., »Solanazeen als Berauschungsmittel«, in: *Archiv für experimentelle Pathologie und Pharmakologie* 111, 1925, S. 281
Golowin, S., *Die Magie der verbotenen Märchen. Von Hexendrogen und Feenkräutern,* Hamburg 1973
Hansen, H. A., *Der Hexengarten,* München 1980
Hesse, E., *Rausch-, Schlaf- und Genußgifte,* Stuttgart 1966
Irving, D., *Wie krank war Hitler wirklich?,* München 1980
Møller, K. O., *Rauschgifte und Genußmittel,* Basel 1951
Koelle, G. B., u. a., *Pharmacology of Cholinergic and Adrenergic Transmission,* Oxford 1965
Küttner, M., *Psychedelische Handlungselemente in den Märchen der Brüder Grimm,* Wetzlar 1995
Reko, V., A., *Magische Gifte,* Stuttgart 1938
Schenk, G., *Schatten der Nacht,* Stuttgart 1939

Nanacatl
→ Psilocybin

Nikotin
→ Genuß-Drogen

Niopo
(→ Cohoba) → Schnupfdrogen

O

Ololiuqui
(Bador, Badoh, Morning Glory, Piule, Purpurwinde)

Geschichte
Francisco Hernandez, der Botaniker und Historiograph Philipps II. von Spanien in Mexiko, bescheibt eine Droge, der er den aztekischen Namen *Ololiuqui* (Rundes Korn) gibt. Wenn die Indianer ihre Götter befragen wollten, so äßen sie die Samen dieser Pflanze, bis sie Visionen sähen. Auch Bernardino de Sahagún erwähnt Ololiuqui; dazu erfährt man aus seiner Chronik Mexikos auch, daß die entsprechende Pflanze bei den Azteken den Namen *Coatl xoxouqui* (Grüne Schlange) trug – eine anschauliche Beschreibung der Windenarten *Rivea corymbosa* oder *Ipomea violacea* (Trichterwinden), die nicht ganz verständlich erscheinen läßt, warum so viele Toxikologen und Anthropologen (Reko, LaBarre) bis in die dreißiger Jahre hinein Samen bestimmter → Stechapfel-Arten *(Datura)* als Ololiuqui identifizierten.

»Die grüne Schlange«, schreibt Sahagún weiter, »bringt ein Korn hervor, das den Namen Ololiuqui trägt. Es berauscht und macht wahnsinnig. Man gibt es den Personen, denen man übelwill, in einem Getränk. Die es trinken, haben Visionen und schauen unerhörte Dinge. Die Zauberer geben es denen zu essen, die sie hassen, um ihnen Übles zu tun.« Als Kaiser Maximilian von Mexiko hingerichtet worden war, wurde seine Gattin, Prinzessin Charlotte von Belgien, wahnsinnig. Es ging das Gerücht, sie sei mit Ololiuqui vergiftet worden (Roger Heim). Psychopharmakologisch gesehen ist ein solches Verbrechen allerdings mehr als unwahrscheinlich, da nur bei disponierten Personen ein Halluzinogen über den *bad trip* hinaus eine psychotische Reaktion auslöst (→ RA III, → LSD).

Chemisches Prinzip
1960 erhielt Albert Hofmann, der Entdecker des → LSD und des → Psilocybins, als Original-Ololiuqui braune und schwarze Samen von Hanfkorngröße.

Die beiden Windenarten *Rivea corymbosa* und *Ipomea violacea* konnten unschwer im Treibhaus gezogen werden. Die chemische Analyse ergab, daß die Samen von *Rivea* 0,01 Prozent und die von *Ipomea* 0,05 Prozent eines Alkaloidgemisches enthielten, die – zum großen Staunen Hofmanns – in ihrer Struktur teilweise dem von ihm fast 20 Jahre vorher synthetisierten Halluzinogen Lysergsäure-Diäthylamid oder LSD glichen. Man hatte nicht erwartet, solche Stoffe auch bei höheren Pflanzen zu finden, da man Lysergsäure bisher nur in primitiven Pilzen angetroffen hatte. Die wichtigsten halluzinogenen Stoffe in Ololiuqui sind d-Lysergsäureamid und das spiegelbildlich aufgebaute d-Isolysergsäureamid sowie Lysergol, alle drei chemisch eng untereinander und mit LSD verwandt, aber in ihrer Wirkung erheblich schwächer.

Wie Hofmann in seinen Lebenserinnerungen mitteilt, war die Entdeckung der Verwandtschaft des Ololiuqui mit seiner wichtigsten Schöpfung, dem LSD-25, »ein fast unglaublicher Befund. Für die Winden habe ich seit jeher eine besondere Liebe gehabt. Es waren die ersten Blumen, die ich in meinem Kindergärtchen selbst gezogen habe. Ihre blauen und roten Kelche gehören zu meinen ersten Kindheitserinnerungen.« (1979, S. 182)

Wirkung

Ololiuqui ist ein typisches Halluzinogen, das allerdings das Bewußtsein mehr trübt als etwa →LSD und →Meskalin. Vielleicht läßt sich darauf, mehr aber noch auf die Kombination mit Alkohol seine Verwendung als Wahrheitsdroge durch die sogenannten *Piuleros* erklären. Diese verwenden einen Ololiuqui-Auszug in Agavenschnaps (Mescal), womit ein Trance-Zustand erzielt wird, in dem der Betroffene – ähnlich wie im Skopolamin-Rausch (→ Nachtschatten-Drogen) – auf eindringliche Fragen willenlos antwortet und möglicherweise Geheimnisse ausplaudert, die er streng hüten möchte. Mexikanische Banditen sollen diese Methode benützt haben, um Gutsbesitzer dazu zu bringen, ihnen das Versteck ihrer Gelder zu verraten; Medizinmänner unter den Indianern suchen mit Hilfe von Ololiuqui verlorene oder gestohlene Gegenstände (→ Banisteriopsis).

Die Rein-Alkaloide von *Rivea* und *Ipomea* sind 20mal weniger wirksam als LSD; die halluzinogene Dosis beim Menschen dürfte 0,4 bis 1 Milligramm betragen. Die rohe Droge wird seit dem Verbot von LSD und anderen Halluzinogenen in vielen Ländern von unternehmungslustigen Hippies selbst gezogen. Die durchschnittliche Dosis schwankt zwischen 50 und 100 Samenkörnern der *Ipomea violacea,* die in der Regel verwendet wird. In den Vereinigten Staaten setzte 1967, als die psychotropen Eigenschaften von *Ipomea (morning glory)* in Underground-Blättern beschrieben wurde, ein Run auf Samengeschäfte ein, deren Bestände in wenigen Wochen ausverkauft waren. In der Subkultur ist es üblich, die Samen zu feinem Mehl zu zerstoßen, dieses in kaltem Wasser einzuweichen und durch ein Tuch zu filtern. Die Flüssigkeit wird dann getrunken. Wer besonders sorgfältig vorgehen will, nimmt destilliertes Wasser.

Wegen der starken Gehaltsschwankungen der wirksamen Alkaloide bei allen pflanzlichen Drogen (je nach Standort, Erntezeit, Düngung usw.), ist die rohe Droge ein sehr unzuverlässiges Rauschmittel. Manchmal tritt, wie bei vielen Halluzinogenen, zu Beginn des Effektes Übelkeit auf.

Gefahren

Reko, dessen Angaben notorisch unzuverlässig sind, berichtet von Dauerschäden durch wiederholten Gebrauch von Ololiuqui. Es ist zu fragen, ob man sie dem Halluzinogen ankreiden darf oder ob nicht vielmehr der Agavenschnaps verantwortlich gemacht werden muß, mit dem Ololiuqui meist zusammen genommen wird. Aber auch andere Autoren weisen auf potentielle Gefahren durch die Purpurwinde hin: Von den sechs bekannten Derivaten der Lysergsäure in Ololiuqui sind nämlich erst fünf völlig identifiziert. Doch auch bei ihnen, noch viel weniger beim sechsten Derivat, kann man das Risiko nicht ausschließen, daß sie – ähnlich wie die Mutterkorn-Alkaloide (→ LSD) – zu Kontraktionen und dem Verschluß kleiner Blutgefäße führen. Die Folge wären, ebenso wie beim Ergotismus, Durchblutungsstörungen bis zum Brand (Gangrän) in Fingern und Zehen. Bisher ist dieses Risiko wiederholten Konsums von Windensamen in hohen Dosen noch nicht bestätigt worden, aber man konnte es auch noch nicht ausschließen.

Eine weitere Warnung muß sich gegen die Gepflogenheit richten, die Samen unbesehen aus Samenhandlungen zu beziehen. Sie sind nämlich oft mit einem giftigen Insektizid behandelt, das seinerseits für manche Vergiftungserscheinungen nach dem Genuß von Ololiuqui (Erbrechen, Mattigkeit, Durchfall) verantwortlich sein mag. Nach den bisherigen verstreuten Berichten haben manche Ololiuqui-Esser unter den amerikanischen Studenten überhaupt nichts gemerkt, während andere die typischen mystischen Erfahrungen eines Halluzinogen-Rausches erlebten.

Die psychischen Risiken sind ähnlich wie die von → LSD. Sidney Cohen berichtet von einem besonders tragischen Fall. Ein junger Mann kaute ausdauernd 300 Ololiuqui-Samen und erlebte acht Stunden lang mit Genuß einen intensiven Rausch mit farbenprächtigen Visionen. Die nächsten 16 Stunden waren von beträchtlichen Zweifeln verdunkelt, ob er es auch schaffen würde, in die gewohnte Realität zurückzukommen. Es gelang, aber drei Wochen später setzte der halluzinogene Rausch wieder ein (*flashback*, → RA III, → LSD). Jetzt wurde der Betroffene langsam nervös und unsicher. Die Angst, verrückt zu werden, begann ihn zu plagen. Eine Woche lang kämpfte er mit wechselndem Erfolg gegen diese Angst und gegen Erlebnisse der Entfremdung, der Losgelöstheit und Irrealität (Depersonalisation). Eines Morgens erwachte er völlig aufgeregt, weil er sich schon wieder aus dem Gleichgewicht geraten fühlte. Er zog sich an, bestieg sein Auto und fuhr mit einer geschätzten Geschwindigkeit von 140 km/h gegen ein Haus.

Da in den subtropischen und tropischen Gebieten der USA Purpurwinden wie Unkraut gedeihen, rechnet man mit erheblichen Problemen, wenngleich die Samen der *morning glory* kein Suchtgift sind. Doch die psychischen und – potentiell – körperlichen Gefahren der Halluzinogene liegen auf einer anderen Ebene (→ LSD). In Mitteleuropa, wo die Purpurwinde kaum gedeiht und ihre Samen wahrscheinlich (wegen des mangelnden Sonneneinfalls) arm an psychotropen Stoffen sind, besteht diese Gefahr nur in abgemilderter Form.

A. Hofmann teilte 1979 mit, daß der Windensamen-Verkauf nach kurzer Zeit wieder abflaute, weil die Drogenkonsumenten keine guten Erfahrungen mit diesem Rauschmittel machten. Die Ololiuqui-Samen, die zerquetscht und mit Wasser, Milch oder einem anderen Getränk eingenommen werden, schmecken sehr schlecht und sind auch nicht magenverträglich. Außerdem hat der wichtigste Wirkstoff, Lysergsäureamid, keine ganz dem LSD-25 vergleichbare Wirkung. Die stimmungshebenden und halluzinogenen Seiten des Effekts sind weniger ausgeprägt, die Gefühle geistiger Leere, der Angst und Depression stärker. Außerdem macht Ololiuqui müde. Aus diesen Gründen, so vermutet Hofmann, hat das Interesse an den Samen der Trichterwinden in der Drogenszene abgenommen.

W. S.

Literatur:
Cohen. S., *The Beyond Within,* New York 1968
Hofmann, A., »Die Wirkstoffe der mexikanischen Zauberdroge Ololiuqui«, in: *Planta medica* 9, 1961, S. 354,
Ders., *LSD – mein Sorgenkind,* Stuttgart 1979
Hofmann, A., und Tscherten H., »Isolierung von Lysergsäurealkaloiden aus der mexikanischen Zauberdroge Ololiuqui, in: *Experientia* 16, 1960, S. 414
LaBarre, W., *The Peyote Cult,* Yale 1938
Reko, V. A., *Magische Gifte,* Stuttgart 1938
Sahagún, B. de, *Historia general de las cosas de Nueva España,* Mexiko 1829

Opiate

Die Opiate sind Wirkstoffe des Schlafmohns (Papaver somniferum); ihre wichtigsten Vertreter sind Opium, Morphium, Heroin und Kodein.

1. Die Pflanze

Die botanische Familie Mohn ist über die ganze Welt verstreut, in mehr als 600 Spielarten verbreitet, aber nur *Papaver somniferum* produziert die begehrten Alkaloide. Unser roter Klatschmohn ist ihm nahe verwandt, enthält jedoch keine der genannten Substanzen. Wie wenig bekannt diese Tatsache ist, zeigen immer wieder irreführende Berichte in den Massenmedien: »Jahrhunderternte von leuchtend roten Feldern« lautete die Überschrift eines Artikels über Rauschgift im Iran (*Südd. Zeitung* vom 12. Juni 1979); da ist zwar korrekt die Rede vom *Papaver somniferum* (Schlafmohn), aber dann geht dem Reporter die Phantasie durch, und er spricht davon, aus den traditionellen Opiumprovinzen Lourestan, Kurdistan und Aserbeidschan wurden »unübersehbare leuchtend rote Felder« gemeldet.

Der Schlafmohn wird bis zu eineinhalb Meter hoch und trägt oben auf dem kahlen Stengel eine weiße, innen meist dunkelviolette Blüte. In den Monaten Juni bis August entsteht daraus eine walnußgroße, eiförmige Kapsel mit einer Strahlenkrone.

Die Kapselwand wird von einem Netz feinster Gefäße und Schläuche durchzogen, die sich prall mit Saft füllen. Sie produzieren die Wirkstoffe des Opiums und seiner Abkömmlinge – allerdings nur während der kurzen Zeit von etwa fünf Tagen. Genaugenom-

Schlafmohn

men ist Opium der eingetrocknete Milchsaft der unreifen Kapseln des Schlafmohns.

In der Erntezeit (für das Opium, nicht die schwarzen Mohnsamen) wird die äußere Kapselwand behutsam mit einem mehrklingigen Spezialmesser angeritzt. Die austretende Mohnmilch verfärbt sich rasch braun und trocknet ein. Man schabt sie anderntags ab und sammelt sie in Gefäßen oder auf Mohnblättern. Pro Kapsel erhält man etwa 0,05 Gramm Rohopium. Hildebert Wagner hat ausgerechnet, daß man für ein Kilogramm gut 20.000 Mohnkapseln auf einem Feld von 400 Quadratmetern abernten muß. Beim derzeitigen Verkaufspreis von 30 Mark entspräche das einem Stundenlohn von rund 15 Pfennig – kein Wunder, daß Opium nur in Ländern angebaut wird, die neben einem günstigen Klima auch billige Arbeitskräfte haben. Hauptlieferanten sind auf dem Balkan Bulgarien, Jugoslawien und die Türkei; im Nahen und Mittleren Osten Persien, Libanon und Afghanistan; im Fernen Osten Indien, Pakistan, Vietnam und China sowie das »Goldene Dreieck« zwischen Burma, Laos und Thailand; in Mittelamerika vor allem Mexiko, in Südamerika Kolumbien.

Rohopium ist eine rötlichbraune Masse von bitterem Geschmack und betäubendem Geruch. Paul Gide hat 1910 beschrieben, wie noch Anfangs des Jahrhunderts das Rohopium in Spezialküchen weiterbereitet wurde. Man zerschnitt die ein bis drei Kilogramm schweren »Kuchen« in kleinere Teile und erhitzte sie in Kupferkesseln. Der Sud wurde gewalkt und zu Fladen geknetet, die man erneut auf 200 °C erhitzte. Nach einigen weiteren Behandlungsstufen ließ man den Teig oxydieren, wodurch er sein Aroma gewann, und schließlich vier bis fünf Monate in Steintrögen fermentieren. Das Endprodukt war Rauchopium, in China auch *Chandu* genannt. Heute wird dieser komplizierte Herstellungsprozeß nur noch in abgelegenen Anbaugebieten durchgeführt.

Das weltweite Verbot des Opiums für nichtärztliche Zwecke (die allerdings weit überwiegen) führte dazu, daß jetzt der Opiumkonsument sein *Chandu* selbst zubereiten muß: Er kocht es in destilliertem Wasser und filtriert dann ab. Nach drei solchen Prozeduren wird das Opium sirupähnlich.

Um den Morphingehalt zu erhöhen, fügt man etwas *Dross* (Opiumabfälle) bei.

Für die Medizin ist vor allem das Morphium von Bedeutung. Es wird in modernen Laboratorien aus dem Rohopium extrahiert.

Eine beträchtliche Menge der Welternte, deren Umfang niemand genau kennt, wandert in illegalen Kanälen über die ganze Erde, nachdem sie in Unterwelt-Laboratorien zu der konzentrierteren Form des Morphiums oder Heroins veredelt wurde. Bei jeder Station in dem wohlorganisierten Verteilernetz steigt der Preis sprunghaft in die Höhe, so daß der Süchtige in London oder New York nicht selten das Tausendfache des ursprünglichen Herstellerpreises bezahlt.

2. Geschichte der Droge

Überreste in der Fledermaus-Höhle von Albanol bei Granada und in Schweizer Pfahlbauten weisen darauf hin, daß der Mohn in Europa mindestens seit 4000 Jahren bekannt ist. Wagner meint, daß man ihn damals in erster Linie wegen seiner ölreichen (opiatfreien!) Samen kultivierte und nicht wegen der narkotisierenden Wirkung des Saftes.

Inzwischen weiß man jedoch (Scott 1969), daß schon vor 6.000 Jahren auf sumerischen Ideogrammen der Mohn als Rauschmittel erwähnt wird. Die Sumerer nannten ihn *Pflanze der Freuden.* Auf unbekannten Wegen gelangte die Kenntnis davon nach Ägypten. Es könnte sein, daß die Priester ihn bei ihren verschiedenen Mysterien-Kulten verwendeten; ähnliches wurde jedoch auch über die Verwendung von Haschisch in Delphi und anderen Heiligtümern der Antike behauptet (→ Cannabis, S. 87). Auf jeden Fall machten sich die Ärzte die betäubende Wirkung des Opiums zunutze und verleibten es ihrem Heilmittelschatz ein. Von ihnen erfuhren die griechischen Mediziner, wie man die Droge zubereitet: Theophrast von Eresos (ca. 370–287 v. Chr.) berichtet darüber.

Die Griechen gaben der Mohnmilch auch ihren bei uns üblichen Namen Opium (von *opos,* d. i. *Saft*). Das Elixier ging alsbald in ihre Sagenwelt ein; so war die Mohnkapsel das Symbol des Schlafgottes Morpheus und des Todesgottes Thanatos. Die Homerischen Helden kannten ihn vermutlich in Form des Freude und Mut spendenden Zaubertrankes *Nepenthes* (→ RA I).

Mit der Eroberung Griechenlands durch Rom gelangte die Droge weiter nach Westen. Cornelius Nepos demonstrierte ihren Giftcharakter, als er seinen Vater mit ihr umbrachte. Andere Römer begingen Selbstmord damit. Vergil spricht vom »Mohn, der mit dem Schlaf der Lethe getränkt«. Andromachus, der Leibarzt Neros, mischte Opium seiner Patentmedizin Theriak bei, die angeblich gegen alle Krankheiten half. 1500 Jahre später erfand Paracelsus, der größte Arzt des Mittelalters, eine ähnliche Wunderarznei, deren Opiumgehalt nicht wenig zu seinem Ruhm beigetragen haben dürfte. Er nannte sie Laudanum und Arkanum.

Schon vorher jedoch, im sechsten und siebenten Jahrhundert, brachten die Araber das Opium (unter dem Namen *afyun*) auf ihren Kriegszügen nach Persien, Indien und China. Wie das Haschisch (→ Cannabis) war ihnen die Mohndroge durch Mohammed nicht untersagt worden, ganz im Gegensatz zum → Alkohol. Dennoch spielte Opium bei ihnen kaum eine Rolle. Lediglich in Persien gelangte es zu einer gewissen Berühmtheit unter islamischer Herrschaft. Mit großer Sprachkraft besangen es einige Dichter. Abu 'l-Qàsem Yazdi gibt in seinem *Traktat für Opiumraucher* (1898) minuziöse Anweisungen für das Zeremoniell, mit dem in Persien unter Eingeweihten das Opiumrauchen zu einer regelrechten Kunst erhoben wurde:

Mindestens eine Stunde, ehe man zu rauchen anfängt, sollen die Vorbereitungen getroffen werden. Der Raum soll sauber und aufgeräumt sein; Kohlenbecken, Samowar, Wasser- und Opiumpfeife, Feuerzange, Teetassen, Tabak und Zucker müssen in reinlichem Zustand und möglichst guter Qualität, jedes an seinem vorbestimmten Platz, griffbereit sein. Ebenso das Opium. Es gilt als verpönt, allein zu rauchen, denn »ist der Raucher allein, steht zu befürchten, daß ihm die Dämonen Gesellschaft leisten«. Ebenso soll man nicht unter Fremden oder Nichtrauchern die Droge zu sich nehmen. Ideal ist ein kleiner, in sich geschlossener Freundeskreis. Zu den wichtigsten Regeln gehört: Anwärmen des porzellanenen Pfeifenkopfs vor Gebrauch; Beendigung des Gesprächs, sobald das Opium brutzelt; ein Gefäß unter den Pfeifenkopf stellen, damit fallende Funken die Raucher nicht beunruhigen oder ablenken. Der Rauch soll möglichst tief eingezogen und möglichst lange in der Lunge behalten, der Rest stoßweise durch die Nase entlassen werden. Die Raucher sollen drei ››Pillen« (je etwa 1 g Opium) hintereinander rauchen, anschließend heißen Tee trinken, Wasserpfeife rauchen, die Augen halb schließen, sich zurücklehnen und »wachträumen« – und dann sollen sie sich möglichst schweigend verhalten und »höchstens auf zehn Worte ein einziges langsam antworten« (nach Gelpke 1966).

Der Opiumkrieg

In China, wo die Droge ihre größte Bedeutung erlangte und wo sie vor allem zum Narkotikum der breiten Masse wurde, rauchte man sie zunächst nicht, sondern aß sie. Zu ihrer Beliebtheit trug sicher nicht wenig bei, daß diese meditative, nach innen gerichtete Form des Rausches der chinesischen Mentalität jener Zeit sehr entgegenkam. Ein noch triftigerer, viel banalerer Grund dürfte jedoch gewesen sein, daß Opium massiv den Appetit dämpft, was bei den häufigen Hungerkatastrophen im Reich der Mitte dem Opium eine besonders traurige Rolle verschaffte. Auch die Chinesen bauten das *Chandu*-Rauchen zu einem ästhetischen Zeremoniell aus, das später in Europa bei Künstlern und Intellektuellen sehr beliebt wurde.

Im Durchschnitt rauchte man 20 bis 40 Pfeifen pro Tag, was einer Dosis von 6 bis 7 Gramm entspricht. Wer 80 bis 100 Pfeifen schaffte, wurde von den Chinesen geradezu ehrfurchtsvoll als *Großer Raucher* tituliert.

Scott führt den Übergang vom Opium-Essen auf das Opium-Rauchen* darauf zurück, daß Kaiser Tsung Cheng seinen Untertanen 1644 das beliebte Tabakrauchen verbot – worauf sie zum *Chandu* griffen. Der Genuß dieser Droge wiederum wurde 1729 verboten. Interessanterweise ging man sehr modern vor, indem man die Händler bestrafte, die Konsumenten jedoch ungeschoren ließ. Obwohl auch in China Mohn angebaut wurde, importierte man – nicht zuletzt wegen der besseren Qualität – große Mengen aus Indien. Vor allem die englischen Kaufleute der East India Company, aber auch Portugiesen und Amerikaner bestritten mit ganzen Flotten das lukrative Geschäft. Man schätzt diese Importe auf insgesamt 20 bis 30 Millionen Mark. Ein kaiserliches Edikt führte dazu, daß Opium zum Politikum wurde. Nachdem der Sonderbeauftragte Lin Tsê-Hsü die barbarischen Handelsherren gezwungen hatte, ihm 1.000 Tonnen (!) Opium auszuhändigen, die er anschließend vernichten ließ, schickte die britische Regierung 10.000 Soldaten. Im Opiumkrieg von 1839 bis 1842 zwangen sie das Riesenreich mit 370 Millionen Einwohnern in die Knie (→ RA I). Die Droge war allerdings nicht der eigentliche Grund, obwohl man das immer wieder kolportiert hat. Genausowenig stimmt es, daß die Briten versuchten, die Chinesen durch Opium systematisch zu verseuchen und gewissermaßen sturmreif zu machen. Der Zwischenfall mit dem Opium war der Regierung in London lediglich ein längst vorhergesehener,

* In Deutschland wird Opium höchst selten geraucht, in der Regel nur von Persern und anderen Ausländern, die diese Gewohnheit aus der Heimat mitgebracht haben (Schreiber, S. 8).

willkommener Anlaß, das chinesische Reich, das sich so lange gegen einen Kontakt mit dem Westen gewehrt hatte, mit Gewalt zu öffnen.

In der Volksrepublik China sind Rauschdrogen streng verpönt. Das hindert bislang die Rotchinesen nicht, einer der wichtigsten Opiumlieferanten der Welt zu sein. Wagner schätzt ihre jährliche Produktion auf 6.000 bis 8.000 Tonnen – bei einer Deviseneinnahme von rund 5 Millionen Mark pro Tonne eine beachtliche Quantität. In der offiziellen Statistik führte 1970 Indien mit jährlich 700 Tonnen, gefolgt von der Türkei mit 300 und der Sowjetunion mit 150 Tonnen, die ausschließlich für medizinische Zwecke bestimmt sind; so hat beispielsweise die US-amerikanische Regierung im Mai 1980 bekanntgegeben, daß die Mindestreserve für Opium als Grundlage zur Herstellung schmerzstillender Mittel auf 60.000 Kilogramm erhöht wird, um selbst im Fall eines Nuklearangriffs die unzähligen Verletzten bei Militär und Zivilbevölkerung versorgen zu können.

Im 19. Jahrhundert hatte der Opium-Konsum längst die europäischen Länder erobert. Vor allem bei den armen Industrie- und Hafenarbeitern Englands und Frankreichs war er weit verbreitet. Thomas de Quincey berichtet darüber: »Drei achtbare Apotheker in London ... sagten mir, ... die Zahl der Opiumesser sei ungeheuer groß ... Als ich einige Jahre später nach Manchester kam, versicherten mir mehrere Baumwollfabrikanten, die Gewohnheit, Opium zu nehmen, bürgere sich in der Arbeiterschaft ein; Samstag nachmittags stapelten sich auf den Ladentischen der Apotheken kleine Päckchen mit je ein oder zwei Gran Opium, die man schon zuvor für den Abend hergerichtet habe. Der Grund dafür sei der kümmerliche Lohn, der den Arbeitern nicht erlaubt, sich Bier oder Schnaps zu kaufen.«

Dichter auf gefährlichen Reisen

Nach Brau gab es um 1840 in Paris und den großen Hafenstädten wie Marseille unzählige, meist heimliche Rauchsalons.

Weniger um sich von der Mühsal und körperlichen Plackerei des Alltags zu erholen, sondern um ihre Phantasie zu bereichern (und wohl auch, um ihre neurotischen Probleme zu dämpfen, → RA III), nahmen einige Schriftsteller die Droge: Edgar Allen Poe, sein französischer Übersetzer Charles Baudelaire (*Ein Opiumesser,* 1860), der englische Dichter Samuel Taylor Coleridge (*Kublai Khan,* 1816), vielleicht auch Novalis (*Hymnen an die Nacht,* 1797).

Ein Opiumrausch

... ich wollte mich konzentrieren, und nur der feine Rauch des Opiums konnte meine Gedanken sammeln und mir Ruhe spenden. Ich rauchte, was mir noch an Opium geblieben war, damit diese wunderwirkende Droge mir alle Hindernisse und Schleier von den Augen nehme, all die aufgetürmten fernen und aschgrauen Erinnerungen vertreibe. Und der Zustand, auf den ich wartete, kam in noch stärkerem Maße als erhofft: Langsam nahmen meine Gedanken eine große Schärfe, eine zarte Reinheit an. Ich fiel in einen Zustand, der halb Schlaf war und halb Ohnmacht.

Dann war mir, als ob eine Last von meiner Brust genommen würde. Mir schien, das Gesetz der Schwere gelte für mich nicht mehr, und frei flog ich hinter meinen Gedanken her, die reich und weit und überdeutlich klar waren. Eine tiefe, unaussprechliche Wollust erfüllte mich. Ich war frei von der Last meines Leibes. Mein ganzes Sein fühlte sich der still in sich dahintreibenden Welt der Pflanzen zugehörig, einem beruhigten Dasein und doch voll zauberisch lieblicher Formen und Farben.

Der Zusammenhalt meiner Gedanken löste sich, und sie mischten sich mit diesen Farben und Gestalten. Ich war in Wellen getaucht von sanftester Zärtlichkeit. Ich konnte das Schlagen meines Herzens hören, das Pochen meiner Pulse spüren. Und all dies war voll tiefer Bedeutsamkeit und erfüllte mich zugleich mit einem unendlichen Entzücken.

Ganz und gar wollte ich mich diesem Schlaf des Vergessens hingeben. Wäre es möglich gewesen, dieses völlige Vergessen, hätte es Dauer haben können, wenn meine Augen, sich schließend, über allen Schlaf hinaus lind ins absolute Nichts eintauchten, und ich das Bewußtsein meiner Existenz nicht mehr verspürte; wenn mein ganzes Sein sich in einen Tintenfleck, in ein Wehen von Musik oder in einen bunten Strahl von Licht auflöste, und diese Wellen, diese Formen bis in unendliche Ferne wüchsen, um still dann zu verblassen bis zur Unkenntlichkeit-dann, ja, dann wäre ich am Ziel all meines Wünschens angelangt.

Nach und nach überkam mich Müdigkeit und Starre. Es war eine angenehme Müdigkeit, wie wenn zarte Wellen von meinem Körper ausgingen. Dann meinte ich, mein Leben beginne nach rückwärts abzulaufen. Nacheinander sah ich Erfahrungen, die längst vergangen, Zustände und Ereignisse von einst, verwischte Erinnerungen, vergessene, an meine Kinderzeit. Nicht bloß, daß ich sie nur sah – handelnd und fühlend nahm ich daran teil. Von Augenblick zu Augenblick wurde ich jünger und noch kindlicher. Dann – plötzlich – wurde alles ungenau und dunkel, und mir schien, mein ganzes Sein hinge an einem dünnen Haken auf dem Grunde eines finsteren und tiefen Brunnens. Dann kam ich von dem Haken los und fiel und fiel, und kein Widerstand verhielt den Sturz – es war ein bodenloser Abgrund im Innersten einer ewig währenden Nacht.

Dann, nach und nach, tauchten lange Folgen unklarer und verwischter Bilder vor meinen Augen auf. Dann sank ich in völliges Vergessen ...

S. Hedayat (1936)

Ein bekannter Opiumkonsument war Honoré de Balzac, der damit seinen gewaltigen Kaffeekonsum auszugleichen suchte.

Alethea Hayter ist in ihrer Studie *Opium and the Romantic Imagination* (1968) sorgfältig der Frage nachgegangen, welchen Einfluß die Mohndroge auf das Schaffen dieser und einiger weiterer Schriftsteller hatte. Sie kommt zu dem Schluß, daß gewisse Metaphern und Situationen bei allen auftauchen (versteinerte Landschaften, menschenfressende Dirnen, Treibsand, eisige Kälte, überschwemmte oder verwehte Tempel, beobachtende Augen, Ausgestoßene). Aber dann stellt sie fest:

»Keines dieser Bilder ist für die Schreibweise Süchtiger eigentümlich,

und keiner der Süchtigen/Autoren verwendet nur diese Bilder und keine anderen; sie bilden jedoch ein erkennbares Muster. Diese ... Autoren waren unterschiedlich begabt und unterschiedlich erfahren, und Opium wirkte auf ihre jeweilige Natur und Fähigkeit und brachte Abweichungen in ihrer Schreibweise hervor.«
Am berühmtesten wurden de Quinceys *Bekenntnisse eines englischen Opiumessers* (1822, 1845), in denen er Himmel wie Hölle seiner Sucht schilderte.
Auch in unserem Jahrhundert reizten das Opium und seine gefährlicheren Abkömmlinge immer wieder die Neugierigen. So berichtete Fernande Olivier, die langjährige Gefährtin von Pablo Picasso, daß der Maler in seinen jungen Jahren die Droge in einem kleinen Kreis von Freunden probierte. Während Picasso nicht süchtig wurde, mußte Jean Cocteau schwer kämpfen, die Droge wieder loszuwerden (1930).
Drei Jahrzehnte später nahm William Burroughs das Thema noch einmal auf und gab in *Junkie* die wohl eindringlichste autobiographische Schilderung der Opiatsucht. Er nahm allerdings nicht mehr allein das relativ schwache Opium. »Opiate habe ich in vielfacher Form genommen«, schreibt er in seiner *Eidesstattlichen Erklärung,* »Morphium, Heroin, Dilaudid, Eukodal ... Ich habe sie geraucht, gegessen, geschnupft, in Venen, Haut und Muskeln injiziert und in den After eingeführt.«
Berühmtes Beispiel eines Morphinisten ist Hans Fallada (*Der tödliche Rausch,* 1955).

Gesetze gegen das Gift
Bereits 1909 wurde in Hongkong angestrebt, die Opiate wegen der hohen Suchtgefährdung überall auf der Welt unter staatliche Kontrolle zu stellen. Man brauchte sie zwar für Heilzwecke, wollte jedoch den Genuß verhindern, der unzählige Menschen nach kurzem, fragwürdigem Glück ins Elend der Sucht stürzt. Jedoch erst nach dem Ersten Weltkrieg konnten diese Bestrebungen in die Tat umbesetzt werden. Für Deutschland regelte das Opium-Gesetz vom 10. Dezember 1929 erstmals den Umgang mit diesen Substanzen. Darin hieß es:
»Mit Freiheitsstrafen bis zu drei Jahren wird bestraft, wer (solche) Stoffe und Zubereitungen ohne die ... vorgeschriebene Erlaubnis einführt, ausführt, gewinnt, herstellt, verarbeitet, Handel mit ihnen treibt, sie erwirbt, abgibt, veräußert oder sonst in den Verkehr bringt, oder sie an nicht genehmigten Örtlichkeiten gewinnt, herstellt, verarbeitet, aufbewahrt, feilhält oder abgibt.« Mit dem letzten Zusatz wird praktisch auch der – nicht ausdrücklich genannte – Besitz strafbar. Dieses Gesetz wurde 1971 abgelöst durch das »Gesetz über den Verkehr mit Betäubungsmitteln« (BTM-Gesetz). Es umfaßt heute alle bekannten Stoffe, die zur psychischen und physischen Abhängigkeit führen, und wird ständig erweitert.
Nach dem Ersten Weltkrieg wurde – besonders in Amerika und im Mittelmeerraum (Ägypten) – Heroin zur regelrechten Volksseuche. Es verdrängte sogar Morphin und Kokain. Um 1925 zahlten viele ägyptische Unternehmer ihren Arbeitern den Wochenlohn in Form von Heroin aus. Heroin-Pillen wurden von den gewissenlosen Händlern mit hochtrabenden Phantasienamen wie *Zauberpferd* oder *Wilder Tiger* angepriesen.
Waren früher jedoch in erster Linie Er-

wachsene Opfer des Heroins und der anderen Opiate, so sind sie in den letzten Jahren zu einer ungeheuren Gefahr für Jugendliche geworden. Immer mehr gehen von den schwächeren → Cannabis-Präparaten auf *O-Tinktur, Berliner Tinke,* Morphium und Heroin über. In England rechnete man schon 1970 mit einer Verdoppelung der Zahl der Fixer alle 18 Monate (Birdwood). 1980 betrug die Schätzung für die USA eine halbe Million Heroinisten. Für die Bundesrepublik rechnete man noch Anfang 1980 mit 40.000 bis 60.000 meist jugendlichen Fixern, zu denen man noch einige Hundert bis Tausend Morphinisten im althergebrachten Sinne (Ärzte, Krankenschwestern, Apotheker usw.) zählte. Diese Zahlen müssen, aufgrund einer sensationellen Feldstudie, wahrscheinlich nahezu verdreifacht werden: Nach einem neuartigen Verfahren untersuchten der Mathematiker Horst Skarabis und der Neurologe Bernd-Michael Becker im Auftrag der Berliner Jugendbehörde sieben Monate lang die Heroin-Szene. Dabei stießen sie auf »ein Potential ganz ungeheurer Art« (Skarabis 1980, S. 55). Statt etwa 3.500 Heroinsüchtiger, wie die zuständigen Behörden und die Polizei angenommen hatte, ermittelte das Team »mit großer Sicherheit« zwischen 5.850 und 6.000 – nahezu doppelt so viele. Der Großteil dieser Fixer stammt, entgegengesetzt der landläufigen Meinung, aus den unteren sozialen Schichten.

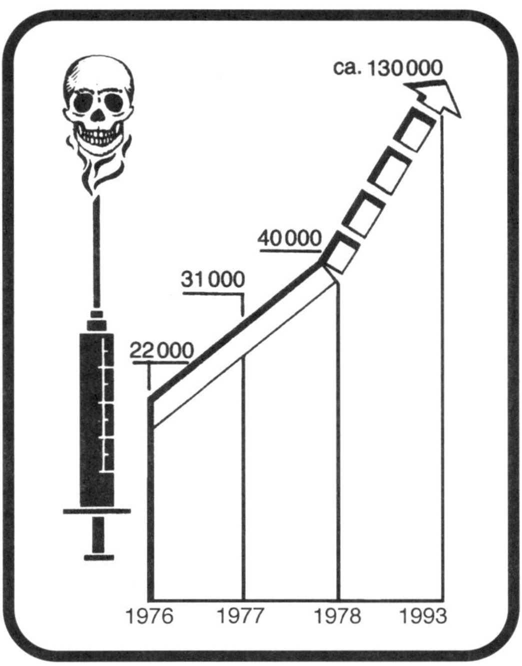

Von 1976 bis 1993 hat sich die Zahl der Opiat-Abhängigen in Deutschland nahezu versechsfacht. Für 1993 schätzt Meinhart H. Zenk (1994) 130.000 Konsumenten dieser harten Drogen, mit rund 2.000 Todesfällen.

Die Hochrechnung von Skarabis und Becker ergab für die Bundesrepublik und Westberlin etwa 150.000 Heroinsüchtige – das Dreifache der bislang offiziell eingeräumten Zahlen (*Der Spiegel* Nr. 24, 1980).

Die Zahlen wandern ständig auf und ab, je nachdem wer wo und wann wie forscht – und nicht selten auch warum – d.h. schon die Fragestellung kann die Ergebnisse der Statistik beeinflussen. Glaubt man den jüngsten uns erreichbaren Zahlen (Zenk 1993), so sollte man mit 130.000 Konsumenten von Opiaten rechnen (wobei unklar ist, wie viele davon man eventuell den Kokainisten zurechnen muß bzw. wie viele Doppel-User sind, also Opiate und Kokain konsumieren).

Der Morphinismus ist, neben dem Alkoholismus und auch dem Cannabis-Konsum (→ S. 91 f.), die verbreitetste Sucht in Deutschland. Vor allem Ärzte, Krankenschwestern und Apotheker verfallen ihr, weil Angehörige der Heilberufe relativ einfach an die Droge gelangen können.

Ein weiteres Opiat, das Kodein, wurde schon 1832 aus dem Mohnsaft isoliert. Im Grunde ist es ein Morphin von etwas anderer chemischer Beschaffenheit, genaugenommen der Monomethyläther des Morphins. Die Wirkung auf den Organismus ist jedoch wesentlich harmloser.

Kodein narkotisiert in geringen Dosen von 20 bis 50 Milligramm das überreizte Hustenzentrum und wird deshalb in einer Reihe von Hustensäften verwendet. Allerdings stehen diese alle unter Rezeptpflicht: Kodein wirkt ebenfalls suchtbildend. Deshalb hat man es am 9. Januar 1934 gleichfalls unter das Opium-Gesetz gestellt.

Dem Kodein chemisch nahe verwandt ist Dextromethorphan, eine Substanz, die durch das Hustenpräparat Romilar eine gewisse Berühmtheit erlangt hat. Anfang der sechziger Jahre wurden in München mitten im Sommer plötzlich große Mengen Romilar-Tabletten, vorwiegend zur Nachtzeit, in den Apotheken verlangt. Es stellte sich heraus, daß bei hohen Dosen (40 bis 60 Pillen) ausgesprochen halluzinogene Effekte auftraten. Wie bei Meskalin häufig der Fall, traten auch hierbei vor dem eigentlichen Rausch starker Brechreiz und Angstgefühle auf.

Einer der Autoren (J.v.Sch.) hat während seines Studiums einmal 30 Dragees geschluckt. Er erlebte dabei starke Sinnestäuschungen im optischen und akustischen Bereich. Bei einem Kinobesuch unter Romilar-Einfluß identifizierte er sich zeitweise völlig mit den Vorgängen auf der Leinwand. So wurden beispielsweise grasfressende Schildkröten gezeigt, und er hatte das verblüffende Gefühl, *selbst* – und zwar als Schildkröte – Gras zu fressen. K. Kryspin-Exner von der psychiatrisch-neurologischen Universitätsklinik Wien berichtete 1970 sogar von Romilar-Trips mit bis zu 100 Pillen, einer nahezu tödlichen Dosis.

Das Mittel wurde in Deutschland inzwischen (1997) aus dem Verkehr gezogen, ist jedoch beispielsweise in Spanien und der Türkei nach wie vor auf dem Markt, wenn auch mit etwas veränderter Zusammensetzung, die dem suchtmäßigen Mißbrauch einen Riegel vorschieben soll.

3. Chemische und physiologische Wirkungen

Im Rohopium sind 25 verschiedene Wirkstoffe (Alkaloide) enthalten, de-

Die wichtigsten Opiate und ihnen verwandte Gifte

afyun: arabische Bezeichnung für Rauchopium
Arkanum: opiumhaltige Wunderarznei des mittelalterlichen Arztes Paracelsus
»Berliner Tinke«: Jargon für ein Gemisch aus Morphium und Essigsäure, ähnlich → Heroin
brown stuff: (hard stuff): → Opium
Chandu: chinesische Bezeichnung für Rauchopium
Dextrometorphan: Romilar
Diacetylmorphin: Heroin
Dolantin: synthetisches Schmerzmittel, das ähnlich wie → Morphin wirkt und ebenfalls süchtig machen kann
Dross: Opiumabfälle, die manchmal zur Anreicherung des → Morphingehalts von Rauchopium benützt wurden
Frisco speed ball: Mischung aus Heroin, Kokain und LSD
»H«: Jargon für Heroin (= Diacetylmorphin): chemische Verbindung von → Morphin und Essigsäure (von griech. *heros* = der Held)
»Heroin Nr. 1«: → Heroin
»Heroin Nr. 2«: Mischung aus Morphium und Heroin
»Heroin Nr. 3«: (Hongkong Rocks): kristallines Heroin mit einem Wirkstoffgehalt von 30 bis 60 Prozent
»Heroin Nr. 4«: (Türkischer Honig): besonders konzentriertes Heroin aus der Türkei, mit bis zu 90 Prozent Wirkstoffgehalt
Hongkong Rocks: → »Heroin Nr. 3«
Kodein: Monomethyläther des Morphins, zentraler Bestandteil bestimmter → Hustensäfte (die wegen Suchtgefahr rezeptpflichtig sind)
Laudanum: Mischung aus Wein und Opium, die getrunken wurde (z.B. im 19. Jahrhundert in England, u. a. von Thomas de Quincey, s. S. 300); ebenfalls Bezeichnung für eine opiumhaltige Arznei des Paracelsus (→ Arkanum)
Jetrium: synthetisches Schmerzmittel wie → Dolantin
Methadon: dem Heroin ähnliches synthetisches Opiat (→ auch Polamidon)
»M«: → Morphin
Morphin: das wichtigste von 25 Alkaloiden des Opiums (von griech. *Morpheus,* Gott des Schlafs)
Morphinbase: → Morphin
morphine powder: englischer Ausdruck für → Morphin
Morphium: chemisch reine Form des → Morphins
Nepenthes: in der *Odyssee* erwähnter Zaubertrank, dessen Wirkstoff wahrscheinlich Opium war
»O«: Jargon für → Opium-Tinktur
Opium: getrockneter Milchsaft des Schlafmohn (→ Rohopium), ein Gemisch von 25 Alkaloiden, deren wichtigste → Morphin und → Kodein sind

Opium-Tinktur: wässerige Lösung von Opium, die gespritzt wird
Polamidon: Handelsname von →Methadon
Rauchopium: (Chandu): oxydiertes und fermentiertes →Rohopium
Rohopium: der eingetrocknete Milchsaft der unreifen Kapseln des (weißen) Schlafmohn *(papaver somniferum)*
Romilar: (Dextrometorphin): Hustenpräparat, das in höherer Dosierung (40 bis 60 Tabletten) ähnlich wie ein Halluzinogen wirkt – wegen seiner Gefährlichkeit nicht mehr im Handel
speed ball: Mischung aus → Heroin und Kokain (auch → Frisco speed ball)
Theriak: opiumhaltige Patentmedizin, die Andromachus, der Leibarzt Neros, verordnete
Tilidin: synthetisches Morphin, Wirkstoff des → Valoron-N
»**Türkischer Honig**«: → »Heroin Nr. 4«
Valoron-N: Handelsname des synthetischen Morphins → Tilidin (suchtgefährdend)
»**Wilder Tiger**« und »**Zauberpferd**«: Heroinpillen der zwanziger Jahre

ren Quantität und Mischungsverhältnis je nach Herkunft schwankt. Der stärkste und zugleich wichtigste Bestandteil ist mit zehn bis zwölf Prozent das Morphin. In seiner reinen Form wird es auch Morphium genannt, nach Morpheus, dem griechischen Gott des Schlafes. Andere Alkaloide sind Narkotin (5-6 %), Kodein (0,15-1 %), Papaverin (0,1-0,4 %) sowie Narcein, Thebain, Laudanosin, Xanthalin, Noscapin.

Das fermentierte Rauchopium enthält mehr Morphin (11,65 statt 6,88 %) und dafür weniger andere Alkaloide (13,77 statt 15,26 %). Die narkotisierende, schmerzstillende Wirkung geht nur von Morphin, Kodein und Thebain aus, die zur weiteren Familie der Morphin-Alkaloide gehören; die anderen nennt man Benzylisochinolin-Alkaloide.

Der Opiat-Rausch wird hauptsächlich vom Morphin verursacht. Aus Tier- und Menschenversuchen weiß man allerdings, daß die anderen Substanzen die Morphinwirkung steigern oder schwächen können. So verfünffacht Narcein die Schmerzstillung. Eine Noscapin-Beigabe setzt die lähmende Wirkung auf das Atemzentrum herab, erhöht aber die Giftigkeit des Morphins bis auf das Sechsfache.

Am stärksten greift Opium, also die Kombination aller Alkaloide, in die biochemischen Prozesse des Körpers ein, wenn es gespritzt wird; Rauchen und Essen folgen gleich danach (→ RA V). Wegen der störenden Nebenwirkungen der übrigen Alkaloide wurde die orale Aufnahme früher jedoch vorgezogen. Erst in jüngster Zeit hat sich, vor allem bei Jugendlichen, das Spritzen von O-Tinktur (Opium-Lösung) eingebürgert.

Hesse hat dargestellt, wie sich die beiden Haupteigenschaften des Opiums, nämlich Schmerzen zu lindern und Krämpfe auszulösen, auf die sechs Hauptalkaloide verteilen. Die Pfeile zeigen an, daß beide Wirkungen genau gegenläufig stärker werden:

zunehmende Schmerz-unempfindlichkeit	↑	Morphin Papaverin Kodein Narkotin Narcein Thebain	↓	zunehmende Krampf-wirkung

Beim Rauchen bleiben zwar trotz Hitzeentwicklung sämtliche wichtigen Alkaloide erhalten, aber da das Morphin von Natur aus am stärksten vertreten ist, überwiegt auch seine narkotisierende Wirkung. Der Raucher gerät in einen Dämmerzustand zwischen Schlafen und Wachen. Traumbilder steigen auf, ohne daß das Bewußtsein völlig verlorengeht. Immer wieder wird auf das Vorherrschen erotischer Phantasien hingewiesen. Es ist jedoch keineswegs sicher, ob das nicht einfach Reaktionen auf sexuelle Frustrationen sind (die ja hinter vielen Fällen von Drogenkonsum stehen; → RA III).
In diesem Dämmerzustand verblassen alle körperlichen und seelischen Beschwerden – der Hauptgrund für die psychische Abhängigkeit, die sich bald einstellt. Nach einigen Stunden schläft man ein. Das Aufwachen ist häufig mit einem scheußlichen Katzenjammer verbunden. Zu Übelkeit und Unruhe treten oft Schuldgefühle und andere seelische Reaktionen.

Gewöhnung und Entzug
Bei häufigerem Gebrauch kommt es, wie bei jeder Droge, zu zunehmender psychischer Gewöhnung (Flucht vor der Wirklichkeit des Alltags), der beim Opium allerdings eine körperliche Gewöhnung parallel läuft: Wird das Opium vorenthalten, so treten typische Entzugserscheinungen auf, die denen eines Morphinisten (siehe unten) ähneln, aber schwächer sind.
Die Opium-Menge, die für einen Rausch benötigt wird, schwankt sehr. Bei zehn Gramm *Chandu,* was Wagner als durchschnittliche Tagesration angibt, nimmt der Raucher rund ein Gramm Morphin auf, wovon allerdings nur 0,2 bis 0,3 Gramm in den Blutkreislauf gelangen; der Rest wird durch die Hitze und andere Zerstörungsprozesse vernichtet. Thomas de Quincey gibt seinen höchsten Tagesverbrauch mit 15 Gramm Opium an (1,5 g Morphin). Andere Quellen berichten von noch höheren Mengen bis zu 40 Gramm. Nach neueren Forschungen (Tremmel 1975) wirken Opiate folgendermaßen im Organismus: Offenbar gibt es im Gehirn bestimmte Chemorezeptoren, welche das – eigentlich körperfremde – Gift bevorzugt anlagern. Die Opiatkonzentration an solchen Opiatrezeptoren ließ sich vor allem im Limbischen System nachweisen, das wie ein Gewebesaum den Hirnstamm umgibt (→ RA V). Hier befindet sich die Amygdalae, ein Hirngebiet, das bei Furcht- und Fluchtreaktionen eine Rolle spielt und in dem Morphium eine Euphorie auszulösen vermag.
Insgesamt läßt sich sagen, daß die Opiatrezeptoren in Gebieten des Gehirns vorkommen, die Leitungswege für Schmerzreize enthalten, womit sich

die schmerzlindernde Wirkung von Opiaten erklären läßt (→ Endorphine). Morphium, das man schwangeren Schafen einspritzt, verringert den Sauerstofftransport zum Foetus, der normales Zellwachstum garantiert; so erklärt man sich, daß heroin- oder opiumsüchtige Mütter leichtgewichtigere und kleinwüchsigere Babies zur Welt bringen.

Sackgasse Valoron
Seitdem man erkannt hat, wie die Opiate in den Körperhaushalt eingreifen, versucht man noch gezielter, Medikamente zu schaffen, die zwar Schmerzen lindern (und darin sind die Opiate noch immer unübertroffen), ohne jedoch die fatalen Nebenwirkungen des Morphiums zu zeigen. Ein Ergebnis dieser Forschungen war das Valoron, das angeblich nicht süchtig machen sollte. Allerdings sind die Drogenabhängigen bald darauf gekommen, daß selbst oral zugeführte Valoron-Tropfen, in entsprechender Dosierung, einen angenehmen Effekt haben und Entzugssymptome zu dämpfen vermögen – was bei nicht wenigen Fixern zu einer (zumindest psychischen) Abhängigkeit von Valoron geführt hat. So konnte bei drei Viertel aller Morphinabhängigen, denen in der toxikologischen Abteilung des Münchner Klinikums Rechts der Isar Urinproben abgenommen wurden, außer Heroin auch Tilidin (die Wirksubstanz des Valoron) nachgewiesen werden. Valoron galt jahrelang als das Ausweichmittel für Heroinabhängige, die sich damit – solange Valoron noch nicht der strengen *Betäubungsmittel-Verschreibungs-Verordnung* unterlag – *clean* (nicht abhängig von Opiaten) fühlen konnten. In München wurden 90 Prozent aller Rezeptfälschungen aus eben diesem Grund angefertigt: um Valoron zu erschleichen.
Dieses zählt zwar seiner chemischen Struktur nach nicht zu den Verwandten des Morphins, kommt aber in seiner Wirkung (ähnlich wie die streng rezeptpflichtigen → Polamidon und Dolantin) einem synthetischen Opiat gleich.
Der Hersteller des problematischen Schmerzmittels sprach auf dem Beipackzettel und in Anzeigen der medizinischen Fachpresse lange davon, daß Abhängigkeit von Valoron »sehr selten« auftrete. Er berief sich dabei auf Tierversuche, die 1970 in den USA an Affen unternommen worden waren, die man morphinabhängig gemacht hatte, die jedoch keine Entzugserscheinungen bei Valoron-Gaben zeigten. Die Erfahrungen, die man bald darauf mit Menschen machte, belegen jedoch wieder einmal, wie fragwürdig solche in Tierexperimenten gewonnene Aussagen für die Humanmedizin – und natürlich vor allem für die gerade bei Drogenfragen so zentrale Humanpsychologie – sind (→ RA V). Der Hamburger Drogentherapeut Hans-Wilhelm Beil allein konnte bereits Mitte 1976 auf 600 ihm bekannte Fälle von Valoron-Mißbrauch verweisen. Die Pharma-Firma Goedecke versuchte zwar Anfang 1976 eine Publikation von Beils aufsehenerregender und folgenreicher Entdeckung in der *Münchner Medizinischen Wochenschrift* zu verhindern, weil erhebliche finanzielle Einbußen des gern verschriebenen Präparats zu befürchten waren – aber vergeblich. Dann konnte der Münchner Toxikologe Max Daunderer bei 21 jugendlichen Fixern eindeutig nachweisen, daß Valoron-Entzug »rein klinisch mit dem Heroin-Entzug identisch ist« (*Der Spiegel* Nr. 36, 1976).

Bald danach ist Valoron allerdings durch Beimischung einer weiteren Substanz (Naloxon) für die Fixer »offenbar völlig unbrauchbar geworden« (zit. n.: *Südd. Zeitung* vom 24. 4. 1980). Ein anderes Produkt dieser Forschungen ist L-Polamidon bzw. Methadon, das jedoch nur oral genommen harmlos ist – sobald man es spritzt, wirkt es ähnlich wie das Heroin, welches ersetzt werden soll (→ Polamidon). Allerdings unterliegt auch dieses, als Schmerzmittel eingesetzte Medikament, dem Betäubungsmittelgesetz.

Morphium und Heroin

Weltweit werden jährlich etwa 12.000 Tonnen Opium gewonnen (Zenk 1994), vor allem im Goldenen Halbmond (Afghanistan, Pakistan, Iran) und im Goldenen Dreieck (Burma, Laos, Thailand). Durch chemische Konzentration gewinnt man daraus Morphinbase und Heroin (rund 1.200 Tonnen jährlich).

Wesentlich stärker als Opium wirkt Morphin (Morphium), das Friedrich Wilhelm Sertürner 1806 erstmals isolieren konnte. Reines Morphin löst die gleichen Körperreaktionen aus wie Opium. Es betäubt Schmerzen, ohne das Bewußtsein völlig auszuschalten, und euphorisiert. Auf der gesunden, unverletzten Hautfläche bleibt es wirkungslos. Es durchdringt jedoch die Schleimhäute und setzt die Reizempfindlichkeit des Nervensystems herab. An verletzten Hautstellen dringt es direkt in den Kreislauf. Deshalb weichten die Süchtigen, vor der Erfindung der Injektionsspritze durch Pravaz im Jahr 1853, die Haut an geeigneten Stellen durch ein blasenziehendes Pflaster auf und applizierten dort das Morphin. Am schnellsten wirkt es jedoch, wenn man es unter die Haut oder in einen Muskel spritzt. Bereits nach einer Viertelstunde erreicht es die inneren Organe und vor allem das Gehirn.

Die Injektionsspritzen entwickelten ursprünglich Ärzte, die glaubten, bei ihren Patienten auf diese Weise eine Sucht verhindern zu können. Während des Deutsch-Französischen Krieges von 1870/71, als man Morphium erstmals in großem Umfang zur Linderung der Wundschmerzen einsetzte, stellte sich diese Annahme als böser Irrtum heraus. Unzählige Soldaten verließen die Feldlazarette als Morphinsüchtige, die sich selber Injektionen gaben.

Noch schlimmer wurde es, als man nach neuen Stoffen suchte, die die schmerzlindernden Eigenschaften des Morphins hatten, ohne – wie man glaubte – süchtig zu machen. Eine dieser Substanzen war das Diacetylmorphin, das durch eine chemische Reaktion von Morphin und Essigsäure entsteht. Aufgrund der – im positiven Sinne – *heroischen* Wirkungen, die man dem Arzneimittel in der ersten Begeisterung zuschrieb, nannte man es Heroin. 1898 wurde es in den Elberfelder Farbenfabriken zum erstenmal hergestellt. Es sollte vor allem Morphinsüchtige von ihrer Abhängigkeit heilen. Wie sich bald zeigte, trieb man dabei den Teufel mit Belzebub aus: Heroin ist das schlimmste Suchtmittel, das man bisher entdeckt hat – und für Händler immer noch das lohnendste.

4. Psychische Wirkungen

Die anfängliche, doch kurzfristige Euphorie des Opiat-Rausches wird von keiner anderen Droge erreicht.

Wie verführerisch diese Euphorie ist,

nämlich verführerisch zum nächsten *Schuß,* mag das Gedicht einer 19jährigen Gymnasiastin demonstrieren. Jenny G. beschreibt darin, wie das Gift sie aus ihrer verkrampften Haltung erlöst, wie in der Entspannung die Welt wieder erträglich wird – weil sie sich auflöst im »Feuer« des Opiats. Die Personifizierung der Droge zum »lieben kleinen Schwesterchen«, das urplötzlich zur »kostbarsten Königin« emporwächst, weist noch auf einen weiteren wichtigen Grund des Drogenkonsums hin: die entsetzliche Einsamkeit, der man durch den Rausch für einige Stunden zu entfliehen glaubt – obwohl man im Grunde nur in den Spiegel der eigenen Seele schaut, wie schon Baudelaire wußte: »Der Mensch hat träumen wollen, der Traum wird über den Menschen Herr sein, doch dieser Traum wird deutlich der Sohn seines Vaters sein« (→ auch RA III).

Liebes kleines Schwesterchen

Liebes kleines Schwesterchen,
du Prinzessin auf der Erbse,
kostbarste Königin,

ich liebe dich,
und nur dich –
du machst mich unabhängig,
du machst mich schmerzunempfindlich
– was sollen die Menschen mir noch?

Deine Wärme durchdringt mich mehr,
hüllt mich ganz ein.
In deinen Fluten fühle ich mich ganz geschützt
vor Kälte und eisernen Ecken,
eingehüllt in ein Häutchen,
dünn, elastisch und zäh, wie das des Eies,
gleite ich auf deinen Wellen dem entgegen,
nach dem ich mich sehne, der Ruhe,
die nur du geben kannst.

In meinen Adern blüht dein Feuer auf,
durchglüht meine Eingeweide
ohne sie zu verbrennen,
entspannt meine verklemmte Seele,
befriedigt die Sehnsüchte meines Herzens.
Auf deinen Schwingen
gleite ich in die Abgründe
meines Geistes, seines Geistes hinein,
im Hintergrund Musik ...

Jenny G. (1973)

De Quincey* schildert das traumhafte Erleben mit den Ausdrucksmöglichkeiten des Dichters in glühenden Farben. Er weist darauf hin, daß Traum und Wirklichkeit immer mehr ineinander übergehen, bis sie schließlich zu einer Einheit verschmelzen. Die Träume selbst nehmen nach anfänglich schönen Visionen allmählich immer unheimlichere Formen an.
»Nacht für Nacht schien ich – nicht metaphorisch, sondern buchstäblich – in Schlünde und sonnenlose Abgründe zu versinken, in Tiefen unter Tiefen, aus denen emporzusteigen es keine Hoffnung gab. Auch wenn ich erwachte, hatte ich oft nicht das Gefühl, emporgestiegen zu sein. Doch will ich hierbei nicht verweilen, denn von der

* De Quincey verwendete eine Mischung von Opium und Wein in unterschiedlichem Verhältnis, die in Anlehnung an Paracelsus *Laudanum* genannt wurde.

Düsternis, welche jenen prachtvollen Schauspielen folgte und die sich am Ende zu einem Dunkel selbstmörderischer Verzweiflung verdichtete, vermögen Worte nicht Kunde zu geben.«
Die Beziehung zur Umwelt wird ebenfalls charakteristisch verändert: »Die Empfindungen des Raumes und der Zeit waren beide mächtig erregt. Gebäude und Landschaften erstanden vor mir in so ungeheuren Größenverhältnissen, wie das natürliche Auge sie nicht fassen kann. Der Raum schwoll an und erreichte unaussprechliche Ausdehnung. Dies aber beunruhigte mich nicht so sehr wie die ungeheure Ausdehnung der Zeit. Zuweilen war es mir, als hätte ich in einer einzigen Nacht 70 oder 100 Jahre lang gelebt. Ja, manchmal hatte ich das Gefühl, als seien tausend Jahre in der Zeit vergangen oder jedenfalls eine Dauer, welche die Grenzen der menschlichen Erfahrung weit übersteigt.«
Und schließlich verweist de Quincey auf die Fähigkeit des Rausches, verschüttete Erlebnisse der Vergangenheit aus dem Gedächtnis zu befreien (→ RA III). »Die unbedeutendsten Erlebnisse meiner Kindheit oder längst vergessene Szenen aus späteren Jahren tauchten oft wieder zu neuem Leben herauf ... Ich glaube ganz sicher, daß so etwas wie Vergessen dem Gedächtnis im Grunde gar nicht möglich ist.«
Eindrücklich hat der Schweizer Psychotherapeut Medard Boss die seelischen Veränderungen beschrieben, welche einer seiner Patienten durch Morphinismus erlitt. Speziell das Zeitempfinden änderte sich erheblich, und zwar auf äußerst unangenehme Weise. Dieser Mann »pflegte zu träumen, er liege schon seit unendlichen Zeiten in einem Kohlebergwerk verschüttet. Es besteht für ihn in diesen Träumen nie die geringste Möglichkeit der Rettung. Am entsetzlichsten ist aber immer das Wissen, er werde auch nicht sterben können. Denn es geschah überhaupt nichts mehr. ›Die Geschichte‹, sagte der Träumer wörtlich, ›geht weder vorwärts noch rückwärts. Es gibt nur noch das ewig gleichbleibende Schmachten.‹« (1953, S. 228)
Boss zitiert dann ein poetisch verdichtetes Rauschprotokoll des Opiumessers de Quincey,* als jener der Droge bereits hoffnungslos verfallen war. Dabei kommt, wie bei dem morphinistischen Patienten, eine ungeheuere und zugleich unheimliche Stimmung des Stillstehens der Zeit zum Ausdruck: »Ich flüchtete in eine Pagode und wurde auf ihrer Kuppel oder in geheimen Kammern jahrhundertelang festgehalten. Ich war der Götze und war der Priester, angebetet wurde ich und als Opfer dargebracht. Vor dem Zorne Brahmas floh ich durch alle Wälder Asiens. Wischnu haßte mich und Schiwa lauerte mir auf. Dann trat ich plötzlich vor Isis und Osiris. Sie klagten mich einer Untat an, die den Ibis und das Krokodil mit Schrecken erfüllt haben. Tausend Jahre lang lag ich bestattet in steinernen Särgen bei Mumie und Sphinx, in enger Grabkammer still im Herzen der ewigen Pyramiden. Ich duldete den giftigen Kuß der Krokodile und lag unter unaussprechlichen, schleimigen Massen im schilfgrünen Urschlamm des Nils« (1822, S. 76).

* Boss nennt als Autor irrtümlich den (allerdings gleichfalls opiatsüchtigen, siehe S. Hayter 1968, Marcovitz 1964) Samuel Taylor Coleridge.

5. Die Opiatsucht

So wichtig Psychologen und Psychotherapeuten die Beschäftigung mit dem Traumleben erachten – für de Quincey waren die nächtlichen Erlebnisse, die er auch ohne direkten Opiumeinfluß hatte, »die unmittelbarste und nächste Ursache« seiner »bittersten Leiden«. Angst vor Persönlichkeitszerstörung, vor Ungeheuern aus dem Unbewußten, vor der Eiseskälte der inneren Regionen oder auch Angst ohne faßbaren Inhalt, die schlimmste aller Ängste, prägten das vom Opium gezeichnete Leben de Quinceys.

Es wird immer wieder betont, daß Opium – im Gegensatz zu seinen Derivaten Morphium und Heroin – relativ unschädlich sei, keine Zerstörungen des Körpers, vor allem des Gehirns, verursache; de Quincey mit seinem immerhin 75 Jahre währenden Leben ist ein Beispiel dafür. Um so quälender sind die seelischen Begleiterscheinungen der Sucht, die der Engländer trefflich zu schildern weiß.

Überhaupt sind autobiographische Berichte Süchtiger die beste Information über dieses körperlich-seelische Leiden. Psychiatrische Studien klammern mit ihrer nüchternen Sprache gerade die erschütternde Selbsterfahrung aus, wie sie eindrucksvoll Hans Fallada berichtet hat. Einen anderen schonungslosen Einblick in die Welt der Morphinisten, die nur noch um die Droge selbst zentriert ist, gibt Heinz Liepmanns nach Tatsachen gestalteter Roman *Der Ausweg* (1966). Ein regelrechter Bestseller wurde der Bericht *Wir Kinder vom Bahnhof Zoo,* in dem die 16jährige Christiane erzählt, wie sie zum Fixen kam und wie sie – nicht zuletzt durch dieses Sich-von-der-Seele-schreiben – den Absprung schaffte. »Mit 12 nahm sie Valium, mit 13 kam sie an Heroin und wurde süchtig. Sie ging in die Schule und nachmittags auf den Strich. Die Mutter merkte nichts.« Mit solch dürren Worten umriß der *Stern* beim Vorabdruck diese erschütternde Lebensbeichte (Christiane F., 1979).

Ursula Dechene wiederum, eine Münchner Psychologin und Schriftstellerin, ging jahrelang den Spuren eines jugendlichen Fixers nach, der von der »Nadel« nicht mehr loskam und schließlich während eines Entziehungsversuchs in einer Kommune an Lungenentzündung und Unterernährung starb. *Der lange Tod des Fixers P.* ist eine Art Dokumentarerzählung, die einfühlend und sorgfältig beschreibend die Stationen von Pierres allmählichem Sterben durch eine tödliche Droge und ein nicht minder tödliches Milieu festhält. In meiner Studie über die Drogenkarriere habe ich einige kürzere Fallskizzen aufgenommen, die ebenfalls das Schicksal junger Fixer näher beleuchten (vom Scheidt 1976).

Bereits eine vier- oder fünfmalige Wiederholung des *fix* (der Injektion) ruft in der Regel starke Suchtsymptome hervor. Der Körper gewöhnt sich rasch an das Gift, so daß – wie auch bei Morphium – der Süchtige bald Dosen von mehr als einem Gramm benötigt, die einen normalen Menschen umbrächten.

Jüngste Ergebnisse der Opiatforschung lassen inzwischen vermuten, daß es unwahrscheinlich ist, »daß bei den durch chronische Opiateinwirkung induzierten Adaptionsvorgängen des Organismus eine veränderte Bindung der Substanz an die Opiatrezeptoren eine wesentliche Rolle spielt. Vielmehr scheint sich die Antwort der Nervenzelle auf die Pharmakon-Rezeptor-Interaktion zu verändern« (Herz und Bläsig, S. 205). Diese Beobachtungen wird man in Zukunft auch bei Heilversuchen berücksichtigen müssen. Ein anderes, außerordentlich wichtiges Phänomen, dem man mehr und mehr Beachtung schenkt, ist der »periodische Suchtanfall (PSA)«. Es handelt sich, nach einer Arbeit von Karl Deissler, um ein Abstinenzphänomen beim Entzug, das als Reaktion auf Toleranzsteigerung auftritt. »Keiner der Süchtigen hatte einen PSA-ähnlichen Zustand vor der ersten Erfahrung mit Drogen je erlebt. Der PSA ist also keine Erlebnisform, die zum ersten Drogengebrauch veranlaßt, sondern durch ihn erst entwickelt wird.« (S. 514)

Der PSA ist den Entzugserscheinungen nicht vergleichbar, er entspricht auch nicht dem Bedürfnis nach dem nächsten Schuß. Auch dem *Flashback* (→ LSD) ist er weder gleich noch ähnlich; der PSA kann aber einem *Flashback* folgen, doch ist diese Verbindung von *Flashback* und PSA selten.

Auflösung der Persönlichkeit

Noch weit stärker als beim traumanregenden Opium herrscht beim Morphium die zunehmende Auflösung der Persönlichkeit im Rausch vor. Dieses Nirwana-Gefühl ist beim Heroin-Spritzer nochmals gesteigert. Für den Drogenhungrigen gibt es nichts Sehnlicheres als den erlösenden *flash* (Blitz), wenn das Heroin in den Kreislauf und anschließend ins Gehirn eintritt und schlagartig die wirklich höllischen Entzugsschmerzen löscht. Denn der Heroinist sucht nicht mehr allein die Euphorie, die Bewußtseinserweiterung, sondern in allererster Linie die Befreiung vom Heroinmangel. Unbeschwert schön und aufregend sind nur die ersten paar Spritzen. Was dann folgt, ist im Grunde genommen eine endlose Flucht vor der Zeit, in der die Wirkung des letzten *fix* nachläßt, in der die Euphorie lediglich eine kurze Verschnaufpause vor den erneuten Schrecknissen der Abstinenzschmerzen darstellt.

Sobald der Morphinspiegel im Blut und Gewebe absinkt, wird der Süchtige reizbar, verstimmt und depressiv. Anfangs kann neuerliche Alkaloidzufuhr diesen Zustand für kurze Zeit korrigieren; nach einigen Wochen fortdauernden Spritzens wird er jedoch zum Dauergefühl. Den psychischen Störungen gesellt sich der körperliche Abbau hinzu:

»... fahles Aussehen, Schweißausbrüche bei geringsten Anlässen, Magen-Darm-Störungen, Hautausschläge, Angina-pectoris-Anfälle, Störungen der Sexualsphäre mit Dys- und Amenorrhoe oder Potenzminderung mit Keimdrüsenschäden, ohne daß Erbschäden bei der Nachkommenschaft auftreten« (Hesse).

Zum körperlich-seelischen Abstieg kommt der intellektuelle. Anfangs bleibt zwar die Verstandestätigkeit, trotz durch den Rausch gestörter Wahrnehmungsfähigkeit, in erstaunlichem Ausmaß intakt. Intellektuelle können trotz jahrelangem Mißbrauch von Opiaten noch bedeutende wissenschaftliche und künstlerische Leistungen vollbringen. Aber die fortlaufende Untergrabung der Konzentrationskraft, Gedächtnisstörungen und schließlich psychotische Zustandsbilder greifen auch in diesem Bereich nach einiger Zeit so massiv ein, daß eine sekundäre Verdummung häufig unvermeidlich ist.

Der soziale Abstieg ist das Resultat. Der Süchtige isoliert sich aus seinen früheren Bezugsgruppen, meidet die früheren Kontakte und schließt sich neuen Kreisen an, in denen die Droge benützt oder – was immer wichtiger für ihn ist – gehandelt wird. Sehr fatal wirkt sich hierbei aus, daß die gesetzliche Situation den Opiat-Süchtigen zum Verbrecher stempelt; zunächst zum kleinen Gesetzesbrecher, der gegen das *BTM-Gesetz* verstößt.

Moralische Entrüstung der früheren Freunde und Bekannten, Schuldgefühle aufgrund der rechtlichen Lage beim Süchtigen selbst und schließlich zunehmende materielle und psychische Not zwingen jedoch den Kranken mehr und mehr auf die schiefe Bahn. Sofern er nicht ausgesprochen wohlhabend ist, muß er bald Rezeptblöcke stehlen, Rezepte fälschen, seine Umwelt durch Lügen täuschen oder sich die Droge durch Apothekeneinbrüche besorgen. Außerdem wird er zum idealen Opfer für Erpressungen. All dies wird durch den zwangsläufigen Umgang mit den meist kriminellen Lieferanten nicht gebessert. Sicher ließe sich durch eine vernünftige Gesetzgebung und durch Bereitstellung besserer Therapiemöglichkeiten diese sekundäre Kriminalisierung und die damit verbundene Verschlechterung der Lage der Opiat-Süchtigen wesentlich verbessern.

Nicht umsonst hat man die Diskriminierung dieses Personenkreises mit der Diskriminierung der Homosexuellen verglichen (Leonhardt 1969).

Schwangere, die morphin- oder heroinsüchtig sind, bringen Kinder zur Welt, die eindeutige Abstinenzsymptome zeigen (Heroin-Babies). Die Neugeborenen müssen deshalb das Alkaloid (noch besser: → Polamidon) zunächst in passender Dosierung bekommen, und dann muß es ihnen behutsam entzogen werden.

Analog zu den Erfahrungen, die man mit → Alkohol, → Haschisch und Coca (→ Kokain) gemacht hat, gibt es in den Heimatländern des Opiums bestimmte Bevölkerungsgruppen, die die Droge in mäßigen Mengen konsumieren, ohne deshalb gleich abhängig zu sein. Sowohl bei den schwer körperlich Arbeitenden wie bei den »Kopf«-Arbeitern dient eine Pfeife Opium nach Feierabend oder während einer Party am Wochenende der Entspannung und Distanzierung von der Arbeitswelt. Nach Berichten aus Thailand, Singapur, Vietnam und ihren Nachbarländern ist diese Art des kontrollierten, gering dosierten Opium-Rauchens heute noch ebenso im Gebrauch wie einstmals im kaiserlichen China. Wie bei anderen Drogen und in anderen Ländern entstehen Probleme auch in diesen Ländern erst dann, wenn der Konsum außer Kontrolle gerät, meist infolge sozialer und psychischer Deprivation. Ein warnendes Beispiel hierfür war die Opiumwelle nach dem Bürgerkrieg in Nordamerika (1861–1865), als vier bis fünf Prozent der Bevölkerung Opiummißbrauch betrieben haben soll – das wäre das Zehnfache der Zahl der Heroinsüchtigen in den heutigen USA! (Kline)

6. Möglichkeiten der Heilung

Bei Neugeborenen scheint die Entziehungskur wenig Schwierigkeiten zu bereiten; wie sich die Droge auf Gehirn und Nervensystem auswirkt, läßt sich dabei erst abschätzen, wenn man genügend solcher Kinder zehn, zwanzig Jahre lang beobachtet hat.

Jugendliche haben erfahrungsgemäß um so bessere Heilungschancen, je jünger sie sind und je früher sie behandelt werden.

Von erwachsenen Morphinisten wird die Entziehung als die reine Hölle bezeichnet, und selbst für die Ärzte, die diese Roßkur überwachen, ist es eine nervenaufreibende Angelegenheit, die Patienten auf diese wirklich entsetzliche Art leiden zu sehen. De Ropp (1964) schildert eine solche Prozedur:
»Etwa zwölf Stunden nach der letzten Dosis Morphium oder Heroin beginnt der Süchtige, unruhig zu werden. Ein Schwächegefühl überkommt ihn, er gähnt, erschauert und schwitzt gleichzeitig, während ihm eine wäßrige Flüssigkeit aus den Augen und durch die Nase rinnt, was ihm vorkommt, als ›liefe heißes Wasser in den Mund empor‹. Für ein paar Stunden fällt er, sich ruhelos wälzend, in einen abnormen Schlaf, den die Süchtigen als ›Gierschlaf‹ bezeichnen. Beim Erwachen, 18 bis 24 Stunden nach Einnehmen der letzten Dosis, betritt er die tieferen Regionen seiner ›persönlichen Hölle‹. Das Gähnen kann so heftig werden, daß er sich die Kiefer verrenkt. Aus der Nase fließt dünner Schleim, die Augen tränen stark. Die Pupillen sind sehr erweitert, die Haare auf der Brust sträuben sich, die Haut selbst ist kalt.« Sie wird zu einer extremen Gänsehaut, welche die Süchtigen Nordamerikas treffend als *cold turkey* (wörtlich kalter Truthahn – wegen der eigenartigen Oberfläche des Kammes dieser Tiere) bezeichnen; der Jargon-Ausdruck wird auch für die Entziehung selbst gebraucht, wenn sie abrupt und nicht durch allmähliche Reduzierung der Dosis durchgeführt wird.
Der Zustand des Kranken verschlimmert sich zusehends, »denn seine Därme beginnen mit unerhörter Gewalt zu arbeiten. Die Magenwände ziehen sich ruckweise stark zusammen und verursachen explosives Erbrechen, wobei oft auch Blut mit austritt. So gewaltig sind die Kontraktionen der Eingeweide, daß der Leib außen ganz geriffelt und knotig aussieht, als seien unter der Haut Schlangen in einen Kampf verwickelt. Die starken Leibschmerzen steigern sich rapid. Der Darm wird immerfort entleert, so daß es bis zu 60 wäßrigen Stuhlgängen am Tag kommen kann.«
36 Stunden nach seiner letzten Dosis ist der Süchtige völlig am Ende. In verzweifelten Versuchen, die Kälteschauer, die seinen Körper quälen, zu mildern, legt er sich sämtliche Decken über, die er finden kann. Der ganze Körper wird von Zuckungen geschüttelt, und seine Füße machen unfreiwillig tretende Bewegungen, für die die Süchtigen den makabren, aber höchst anschaulichen Ausdruck *kicking the habit* (wörtlich: »Die Gewohnheit wegtreten«) geprägt haben.
An Schlaf oder Ruhe ist während der Entziehung nicht zu denken. Schmerzhafte Krämpfe der gesamten Körpermuskulatur werfen den Sterbenskranken unaufhörlich umher. Nicht selten fängt er entsetzlich zu brüllen an. Am Ende dieses Stadiums passiert es nicht selten, daß er sich in seinem eigenen Erbrochenen und seinen eigenen Exkrementen wälzt und völlig vertiert wirkt.
Es darf deshalb nicht verwundern, wenn selbst erfahrene Ärzte (geschweige denn befreundete Helfer bei einem privaten Entwöhnungsversuch) gelegentlich schwach werden, weil sie – nicht zu Unrecht – um das Leben ihres Patienten fürchten. Schon die kleinste Dosis Morphium oder Heroin schaltet die scheußlichen Symptome aus. »Es ist ein dramatisches Erlebnis«, schreibt der amerikanische Drogen-Spezialist Harris Bell, »zu beobachten, wie ein

jammervoller, elender Mensch, sobald ihm etwas Morphium intravenös eingespritzt wurde, eine halbe Stunde später rasiert, sauber, lachend und scherzend vor einem steht.«
An der Grenze zur echten Sucht befand sich der Arzt, dem wir die biographische Skizze im Kasten verdanken. Aufgrund seiner beruflichen Situation konnte er leicht an das Mittel seiner Wahl (das Schmerzmittel Fortral) gelangen. Das Beispiel zeigt anschaulich, wann es noch eine Chance gibt – und daß sie unbedingt genutzt werden muß, bevor der *point of no return* erreicht, d.h. der Persönlichkeitsabbau und die Gewöhnung des Körpers an die Droge zu weit fortgeschritten ist!

Bericht über eine Fortral-Abhängigkeit

Der heute 50jährige Oberarzt einer Anästhesie-Abteilung berichtet:
Während eines Aufenthalts in Berlin habe ich von einem Kollegen, mit dem wir (meine Frau und ich) gelegentlich Haschisch rauchten, gehört, daß Fortral (= Pentazocin) den Trip sehr steigern kann. Ich habe es mir dann einmal gespritzt, aber eigentlich nichts gemerkt, ich war enttäuscht. Ein halbes Jahr später wurde ich Stationsarzt in der Intensivmedizin. Damals gab es einen Skandal um einen Pfleger, der für seine Freundin große Mengen Fortral aus der Klinik geschmuggelt hatte. Ich wurde neugierig und habe es wieder versucht. Diesmal spürte ich, daß ich mich ungefähr eine Stunde nach der Injektion großartig konzentrieren konnte, das dauerte dann vier Stunden und mir fiel wirklich mehr ein als sonst. Ich sollte damals meine Habilitation schreiben und war oft sehr unter Streß oder wie vernagelt. So probierte ich es immer öfter und wurde langsam abhängig, obwohl ich mir das lange nicht eingestand. Im Urlaub nahm ich nie etwas mit, ich spürte dann die ersten beiden Tage den Entzug, habe das aber immer gut ausgehalten und gedacht, ich bin gar nicht wirklich süchtig. Ich war auch viel geschickter als der Pfleger, habe zum Beispiel eingetragen, ich hätte es einem Patienten gespritzt, ihm dann ein anderes Mittel gegeben und die Ampulle eingesteckt. Fortral war damals nicht im Betäubungsmittelgesetz, ich habe mir auch oft Privatrezepte ausgestellt und es gekauft. Allmählich steigerte sich die Dosis, ich brauchte zwei Ampullen, und ich bemerkte auch, daß meine Leistungsfähigkeit gar nicht wirklich stieg, es war nur so, daß ich mich weniger kritisierte und leichter zufrieden war.
Ich war auf dem besten Weg, gemeingefährlich zu werden, als meine Frau entdeckte, was ich tat. Man wird unvorsichtig, läßt Spritzen liegen oder leere Packungen. Sie erschrak sehr und fing an, mich zu kontrollieren. Als das nicht half, drohte sie, es meiner Familie zu erzählen – meiner Mutter, allen. Ich dachte, sie würde es meinem Chef sagen, das war aber gar nicht ihr Plan. Jedenfalls hat mich das so erschreckt, daß ich aufgehört habe. Ich spüre noch ein oder zweimal im Jahr den Wunsch nach einer Spritze, aber ich habe es wirklich aufgegeben, auch deshalb, weil das Mittel kurze Zeit später unter das BTM-Gesetz fiel.

Behutsamer Abbau der Dosierung
Zu dieser drastischen Schilderung de Ropps ist allerdings anzumerken, daß derart massive Entzugserscheinungen auch davon abhängen, welche Erwartungen der Junkie mitbringt, ob er bewußt markiert (um Mitleid zu erregen oder gleich wieder einen Schuß zu erhalten) oder von den Ärzten und Pflegern Schlechtes erwartet bzw. gewöhnt ist. Bei Selbsthilfegruppen wie »Synanon« scheint der Entzug jedenfalls weit harmloser abzulaufen (→ RA IV, Kap. 3). Es dauert nur etwa acht Stunden, bis der Rückfall mit sämtlichen unangenehmen Begleiterscheinungen wiederkommt. Bleiben die Helfer diesmal standhaft, so klingen die Symptome nach einer Woche von alleine ab. Der Entzogene allerdings ist völlig entkräftet, nervös und leidet meist an einem unangenehmen Dickdarm-Katarrh.

Heutzutage wendet man diese radikale Kur – zumindest in Deutschland – kaum noch an. Vor allem wenn hohe Dosen gespritzt wurden, baut man die Dosis behutsam ab. Auf jeden Fall muß die Entziehung von einer entsprechenden medizinischen Betreuung begleitet sein, zu der auch kreislaufstützende Medikamente, Tranquilizer und Vitaminpräparate gehören. Sobald er sich etwas erholt hat, braucht der Patient eine passende Diät, seine Verdauung muß medikamentös reguliert und sein Wasserhaushalt saniert werden.

Große Probleme bereiten auch jene Fixer, die noch verhältnismäßig wenig »drücken« und deshalb kaum Entziehungserscheinungen aufweisen, wenn sie eine Zeitlang keine Opiate mehr erhalten. Bei ihnen steht im Vordergrund die psychische Entwöhnung, was entsprechend intensive psychotherapeutische Betreuung voraussetzt, und zwar ebenfalls möglichst nicht ambulant, sondern stationär, am besten in einer eigens hierfür geschaffenen Klinik unter ständiger ärztlicher und psychologischer Aufsicht. Alles andere ist Selbstbetrug und Augenwischerei!

Alle diese Voraussetzungen sind nicht gegeben, wenn der Süchtige versucht, sich allein oder mit Hilfe von Freunden zu entziehen. Diese Angst vor der offiziellen Entziehung an einer normalen Klinik lohnt sich jedoch nicht – es ist weniger schrecklich, diese Prozedur in einer Klinik und von Fachkräften betreut (die vor allem nicht im entscheidenden Stadium schwach werden) über sich ergehen zu lassen.

Allerdings sind, vor allem bei älteren Süchtigen, die Heilerfolge auch unter günstigen Voraussetzungen zur Zeit noch minimal. Nach Angaben der Berliner Psychotherapeutin Lilian Barth ist »die Erfolgsziffer gleich Null«.

Einer ihrer Patienten selbst sagt: »Unsere Rückfallquote beträgt 99 Prozent.« (*Der Spiegel* 1970) Man hofft, diese entmutigenden Verhältnisse mit neuen Behandlungsmethoden bessern zu können.* In Frage kommen drei weitere Möglichkeiten (→ auch RA IV):
1. Ambulante Entziehung, bei der mit ständig kleineren Dosierungen und unter ärztlicher Aufsicht die Sucht in einer Klinik im Laufe eines Jahres abgebaut wird. Ob sich dieses englische Verfahren besser bewährt als das andere Extrem, bei dem man – wie in Kalifornien – den Patienten während eines

* Optimistische Stimmen sprechen gelegentlich sogar von einer Erfolgsquote von 40 Prozent. Aber brauchbaren Anamnesen, die das Schicksal der Süchtigen lange genug (fünf Jahre mindestens) verfolgen, fehlen.

ganzen Jahres in der geschlossenen Abteilung einer Entziehungsanstalt verwahrt, ist abzuwarten. Die Versuchungen, sich draußen doch mehr als geplant zu spritzen, sind riesengroß, und es gehört eine gewaltige Willenskraft (woran es wegen der geringen Ich-Stärke den Süchtigen meist mangelt) und aufopfernde Betreuung durch die Umgebung (woran es ebenfalls mangelt) dazu, diesen Versuchungen zu widerstehen. Zur Zeit ist England der einzige Staat, der seinen Süchtigen so liberal zu helfen versucht.

2. Völliger Abstinenz und rigoroser Kontrolle durch die anderen Entwöhnungskandidaten sowie durch die bereits entwöhnten »Aufpasser« müssen sich die Mitglieder der amerikanischen »Synanon«-Bewegung unterwerfen. Diese wurde, ähnlich den »Alcoholics Anonymous« (»Anonyme Alkoholiker«), in den USA von ehemals Süchtigen gegründet, die sich auch heute noch – mit geringer Hilfe von außenstehenden Ärzten, Psychologen und Geistlichen – aus eigener Kraft betreuen. Dazu kommt eine an der Verhaltenstherapie und dem »Psychodrama« nach Jacob Moreno orientierte Gruppenarbeit, in der vor allem unverarbeitete und gestaute Aggressionen abgebaut werden, die Hauptursache der der Sucht zugrundeliegenden depressiven Zustände.

Solange die Entzogenen sich im Umkreis dieser neuen Bezugspersonen und ihrer strengen, durch Strafen (Haareabschneiden u. ä.) verschärften Kontrolle befinden, sollen die Erfolge ganz beachtlich sein. Man spricht von bis zu 30 Prozent Heilungen. Allerdings wird bei diesem Verfahren die Droge praktisch nur durch die rigorose Gruppenmoral ersetzt, der Süchtige jedoch nicht im Sinne einer Psychotherapie von Grund auf geändert und psychisch gestärkt. Deshalb nimmt die erneute Gefährdung – und entsprechend die Rückfallquote – beim Verlassen der »Synanon«-Gruppe wieder stark zu (→ RA IV).

3. Um auch den zum gegenwärtigen Zeitpunkt unheilbar Süchtigen wenigstens ein wenig helfen zu können, macht man in den USA und in einigen Bundesländern Deutschlands inzwischen großangelegte Versuche mit dem 1940 in Deutschland hergestellten Medikament Methadon. Es wirkt physiologisch wie Heroin und erspart zunächst einmal die Entziehungsbeschwerden (→ Polamidon).

Fragwürdige Ersatzdrogen

Diese Ersatzdroge vermeidet jedoch den euphorischen Dämmerzustand, der viel zum persönlichen und sozialen Abstieg des Heroinisten beiträgt. Die Patienten werden wieder arbeitsfähig und fühlen sich gesünder. Allerdings macht Methadon seinerseits süchtig, und es ist gut möglich, daß die anfälligen Personen dieses Medikament lebenslang einnehmen müssen, ähnlich wie die Zuckerkranken ihr Insulin. Indessen hofft man, durch intensive psychotherapeutische Nachbetreuung die Abhängigkeit von Methadon allmählich beheben zu können. Das sollte eigentlich leichter sein als ein entsprechender Versuch bei einem Heroinsüchtigen, denn Arbeitsfähigkeit und Wohlbefinden erleichtern den psychischen Heilungsprozeß sehr.

Wissenschaftler haben immer wieder ernste Bedenken gegen die Methadon-Programme erhoben, die – vor allem in den Großstädten der USA – mit großer Intensität vorangetrieben werden. Speziell der kalifornische Medizinsoziologe Henry H. Lennard und der Direktor des New Yorker Rehabilitationszentrums »Phoenix House«, Mitchell S. Rosenthal, haben sehr polemisch dagegen protestiert, daß man mit dem Methadon wiederum nur eine Chemikalie an den Süchtigen verabreiche, anstatt ihm die nötige menschliche Hilfe zu geben (Lennard et al. 1974).

Man schätzt, daß 1997 rund 20.000 Opiatabhängige Methadon als Ersatzdroge nehmen und 30.000 als Substitut Kodein,* das sich inzwischen ebenfalls etablieren konnte (Bühring 1996).

Auf jeden Fall wird man, auch in der Bundesrepublik in wachsendem Ausmaß, für die Behandlung und vor allem für die rechtzeitige Prophylaxe der Opiatsucht weit mehr Mittel einsetzen müssen, in finanzieller Hinsicht genauso wie in personeller. Vor allem das erschreckende Ansteigen der Zahl heroin- und morphiumsüchtiger Jugendlicher fordert das.

7. Die aktuelle Situation

Ende der neunziger Jahre haben sich die Verhältnisse in Deutschland denen in den Vereinigten Staaten sehr genähert – wenn auch nicht bei den absoluten Zahlen, so doch, was die relative Häufigkeit der Opiatsuchten angeht. Zu den einigen Hundert bis Tausend »klassischen« Morphinisten (Ärzte, Apotheker, Krankenpflegepersonal, Schwerverletzte des Weltkriegs), die in der Regel den Gesundheitsbehörden bekannt sind und im kriminalistischen Sinne »nicht auffällig« sind, haben sich seit den siebziger Jahren schätzungsweise 130.000 Heroinsüchtige jüngerer Jahrgänge gesellt (s. Abbildung S. 287). Nach Auskunft des städtischen Drogenbeauftragten Wolfgang Heckmann waren es 1979 in Berlin bereits Hunderte Minderjähriger unter 16 Jahren, die »an der Nadel hängen«. Besonders die unerfahrenen und uninformierten labilen Buben und Mädchen sind es, die auf die Lügen der gewissenlosen Dealer hereinfallen, daß beispielsweise das Schnupfen von Heroin nicht süchtig mache (obwohl gerade die direkte Aufnahme durch die Nasenschleimhäute die Droge besonders rasch ins Gehirn transportiert und besonders intensive Wirkung erzeugt, → auch RA V).

Berüchtigt als Umschlagplatz für Rauschgifte aller Art und Treffpunkt drogenabhängiger Jugendlicher ist der Bahnhof Zoo, wo gleich in der Nähe der »Baby-Strich« ist, auf dem sich die süchtigen Mädchen die hohen Summen für ihr Heroin durch Prostitution verdienen. Ähnliche Anziehungskraft haben die Hauptbahnhöfe von Frankfurt und Hamburg.

Auch die Zahl der Todesopfer ist lange Zeit kontinuierlich gestiegen, die sich in der Bundesrepublik in ihrer Verzweiflung den »Goldenen Schuß« setzten, wie es im makabren Jargon der Drogenszene heißt, wenn ein Süchtiger sich – gewollt oder unbewußt – eine tödliche Überdosis spritzt. Waren es 1970 erst 29 Herointote, 1975 schon 194 und 1987 mehr als das Doppelte davon (442), so stieg die Zahl Anfang der neunziger Jahre auf über 2.000, um sich auf diesem hohen Ni-

* Kodein und das verwandte DHC können bisher (Anfang 1997) mit normalem Rezept in der Apotheke geholt werden und unterliegen deshalb nicht so schwierigen Rahmenbedingungen wie die Methadon-Programme.

veau, wenn auch immer wieder ab- und aufschwankend, zu stabilisieren.*
Das erschreckendste sind die Hintergründe. Im Falle des zwölfjährigen Schwarzen Walter Vandermeer, der Mitte Dezember 1969 im Badezimmer der Elendswohnung seiner Mutter in New York aufgefunden wurde, traten sie offen zutage. Seine sämtlichen Freunde, alle zehn oder elf Jahre alt, wußten, daß Vandermeer Heroin nahm. Sein Tod hat sie, nach den Worten eines Untersuchungsbeamten, »nicht sonderlich beunruhigt. Sie wissen, daß dies zum Tod führen muß, aber das hindert sie nicht daran, Rauschgift zu nehmen. Heroin zu spritzen gilt als männlich, den Tod zu riskieren ist männlich.«
Das Kind Vandermeer war bereits mit zehn Jahren ein ausgeprägter Alkoholiker, mit elf rauchte es Marihuana, mit zwölf fand man es leblos neben zwei leeren Heroinpäckchen und einer Injektionsspritze. Wie in einer Zeitrafferaufnahme zeigt sein kurzes Süchtigen-Leben eine Entwicklung, die bei anderen viel länger dauert, ehe sie zum gleichen Ergebnis führt.
Auch sein familiärer Hintergrund ist typisch für solche Lebensläufe. Vor allem das Fehlen des Vaters** wirkt verheerend. Es führt zu schweren Identifikationsschwierigkeiten und läßt die eigene Männlichkeit schließlich nur noch im Gebrauch einer gefährlichen Droge finden.
Untypisch ist nur das ärmliche Milieu. Inzwischen ist die Sucht nach Heroin und den anderen Opiaten nämlich längst auch in die Mittelklasse und in die begüterteren Kreise vorgedrungen, ist sie längst neben einer *Sucht der Armen* zu einer *Flucht der Reichen* geworden, mit allen dazwischenliegenden sozialen Schattierungen. Denn die psychischen Probleme, die hinter der materiell so unterschiedlichen Fassade verborgen sind, gleichen sich überall (→ RA III).
Ein Einzelfall, der aus dem üblichen Rahmen fällt, aber eine Art Symbol für die grauenhafte Wirklichkeit der Drogenszene sein könnte, ist die Lebensgeschichte des erst acht Jahre alten Jimmy im Schwarzen-Ghetto von Washington. Eine Reporterin der angesehenen *Washington Post* interviewte das Kind:
Als Fünfjähriger bekam er zum ersten Mal eine Heroinspritze, und zwar vom Liebhaber seiner Mutter, einem Dealer. Damit Jimmy der Reporterin seine Geschichte überhaupt erzählen konnte, mußte der »große Freund« ihm erst einmal eine Spritze Heroin geben. Wie sein »Stiefvater«, den er sehr bewundert, möchte der Junge später einmal ebenfalls Dealer werden und ein »angenehmes Leben« haben. Obgleich dieser schreckliche Report von Janet Cooke sich als Fälschung herausstellte und zu einem publizistischen Skandal wurde (die Reporterin mußte den ihr zugesprochenen *Pulitzer-Preis* zurückgeben), sind die einzelnen Details des Falles dennoch ein realistisches Abbild der Fixer-Szene in den USA.

---

* Es muß immer wieder darauf hingewiesen werden, daß diese Statistik der Heroinopfer – so schrecklich sie ist – sich vergleichsweise gering ausnimmt, wenn man sie mit den Opfern der legalen Drogen vergleicht: Auf 2.000 Drogentote kommen in Deutschland 40.000 Alkoholtote und 90.000 Nikotintote! (Hauptstelle gegen die Suchtgefahren, Dezember 1994)

** Näheres zu diesem Problem findet sich in allgemeiner Form bei Alexander Mitscherlich, *Auf dem Weg zur vaterlosen Gesellschaft,* München 1963.

8. Von der »Connection« zum »Ameisenhandel«

Für den Rauschgifthandel ist Heroin neben Kokain das lohnendste Objekt geworden. Zehn Kilogramm Rohopium, die im Vorderen Orient etwa 70 Mark kosteten, wurden in geheimen Laboratorien zu einem Kilogramm Morphium im Wert von 3.000 bis 3.500 Mark verarbeitet. Wenn diese Menge – inzwischen zu Heroin weiterverarbeitet – das Abnehmerland erreichte, kostet das Kilogramm bereits 80.000 bis 100.000 Mark. Wagner schätzte 1970 den Gesamtumsatz an Heroin allein in den USA auf jährlich 350 Millionen Dollar – das waren etwa 1,2 Milliarden Mark. 1980 sprach man bereits von einer Milliarde Dollar und die gesamte Heroin-Szene hatte sich gewaltig verändert. Bisher versorgten große, weltweit verzweigte und straff organisierte Händler-Ringe nach Art der Mafia (»French Connection« u. a., siehe unten) den illegalen Markt mit Opiaten und natürlich auch mit allen anderen profitträchtigen Rauschgiften vom → Kokain und → LSD bis zu den → Weckaminen, in geringerem Umfang mit dem finanziell vergleichsweise uninteressanten → Cannabis (Ausnahme: Haschischöl).

Heute pumpen unzählige Kleinlieferanten (Ameisenhandel) die Szene voll Heroin, teilweise zu ausgesprochen niedrigen Dumping-Preisen. Superintendent Dick Williamson von der Hongkonger Drogenpolizei drückt es so aus: Bisher war der typische internationale Schmuggler »um die zwanzig Jahre alt und wenig ausgebildet. Er sah verloren aus in seinem neuen Anzug, er wollte einen Vetter in Amsterdam oder London besuchen.« Aber neuerdings kann buchstäblich jedermann die Päckchen mit den jedem Dealer und Fixer wohlbekannten Warenzeichen transportieren: »Ein dickbäuchiger Geschäftsmann mit seidigglänzenden, schicken Klamotten, ein Bankier in mittleren Jahren im blauen Anzug und Gucci-Schuhen, ein europäischer Student auf Abenteuerurlaub in Jeans, mit Rucksack und langen Haaren. Es kann ebenso eine junge Mutter sein mit einem sechs Monate alten Baby, der obligatorischen Nuckelflasche und einem Vorrat an Pampers, es kann ein Messebesucher sein oder ein Pilger nach Mekka oder ein Pilger zum Vatikan. Alles schon dagewesen.« (*Der Spiegel* Nr. 35, 1979)

Viele Türken nützen die Chance, aus ihrem Heimatland eine kleine Portion Heroin in die Bundesrepublik zu schmuggeln, wo der »Türkische Honig« (mit einer enorm hohen Konzentration von bis zu 90 Prozent Heroin) dann direkt an die Süchtigen abgegeben wird; das Risiko an der Grenze ertappt zu werden, ist gering.

Die kristalline Version »Hongkong Rocks« (mit 30 bis 60 Prozent Wirkstoffgehalt), die 1978 noch für etwa tausend Mark pro Gramm angeboten wurde, verschleuderte man 1979, nach Angaben der Polizei, für 200 oder gar nur 100 Mark: Der fortlaufend dezentralisierte Markt wies ein hohes Überangebot auf. Allerdings wird selbst bei diesen Niedrigpreisen die Gewinnspanne noch auf bis zu 2.000 Prozent geschätzt!

Der »klassische« Drogenhandel basierte – ähnlich wie der Alkoholschmuggel in der Prohibitionszeit der USA – lange Zeit nur auf gut organisierten Gangsterbanden, »Connections« genannt (und es gibt Anzeichen, die darauf hindeuten, daß sie in Zukunft wei-

ter eine wichtige Rolle auf dem Rauschgiftmarkt spielen werden):
1. Türkisches Opium, aus illegalen und illegal zweckentfremdeten Beständen, wurde in Marseille von korsischen und sardischen Spezialisten zu Heroin veredelt und dann in die USA und über ganz Westeuropa verteilt. 1972 wurde diese »French Connection« von der Polizei, vor allem von amerikanischen Experten, gesprengt und gleichzeitig der Anbau von Schlafmohn in der Türkei – auf politischem Wege (massiver Druck der USA, Hilfsprogramme der UN) – besser kontrolliert.
2. Mit dem Ende des Vietnam-Krieges, als Zehntausende von süchtigen Soldaten in die USA zurückkehrten, folgten ihnen auf dem Fuß die in Familien-Geheimbünden (Triaden) organisierten chinesischen Händler. Sie ließen sich vor allem in Amsterdams unüberschaubarem Chinesenviertel nieder und bauten die »Dutch Connection« auf. Sie belieferten bald auch bis zu 80 Prozent der deutschen Fixer-Szene mit »Hongkong Rocks« und

Jahr	*Heroin (kg)*	*Morphinbase (kg)*	*Rohopium (kg)*
1970	0,494	0,596	34,771
1971	2,938	415,939	61,704
1972	3,708	163,180	47,926
1973	15,429	21,545	50,583
1974	33,005	21,141	16,242
1975	30,958	8,782	4,445
1976	167,150	10,564	15,085
1977	61,134	4,314	19,970
1978	187,304	2,652	4,502
1979	207,331	1,104	17,249
1980	267	keine Angaben	keine Angaben
1985	208	–	–
1986	157	–	–
1987	320	–	–
1988	537	–	–
1989	727	–	–
1990	847	–	–
1991	1595	–	–
1992	1438	–	–
1993	1095	–	–
1994	1590	–	–
1995	933	–	–
1996	898	–	–

Opiat-Sicherstellungen von 1970 bis 1995 (Quelle: Bundeskriminalamt). Schätzungen nehmen an, daß die tatsächlich gehandelten Mengen u. U. zehnmal so hoch sind, wegen der großen Dunkelziffer.

sorgten mit dafür, daß die Bundesrepublik Anfang der 80er Jahre in Europa zum Heroinland Nummer 1 herabstieg, mit etwa 600 Drogentoten im Jahr 1979 und einer heroinbedingten »relativen Mortalitätsrate« (= Sterberate), die in Berlin höher liegen soll als in New York.

3. 1975/76 ergriffen die holländischen Behörden rigorose Maßnahmen, wiesen 1.800 illegale chinesische Einwanderer aus und faßten 150 der großen Händler. Diese Mangelsituation nützten türkische Dealer. Ihre »Turkish Connection« führt – vor allem in vielen Kleinmengen – afghanisches und pakistanisches Heroin nach Europa ein, teilweise auch auf dem Luftweg über Moskau (wo man sie kaum zu behelligen scheint).

4. Parallel dazu entstand in Amerika die »Mexican Connection«, die gewissermaßen die Erbin der – zerstörten – französischen und türkischen Verbindung wurde. Massive Bekämpfung durch Armee-Einheiten und teilweise sogar mit Hilfe von Flugzeugen (die die Felder mit Pflanzenvernichtungsmittel besprühen) konnten bislang wenig dazu beitragen, die »Mexican Connection« auszutrocknen. Nicht einmal der »Operación Condor« gelang das, während der 10.000 mexikanische Soldaten eingesetzt waren und über 700 Verdächtige verhaftet wurden.

5. Eine weitere Schmugglerbande konnte 1979 geortet werden, als man den Besitzer einer Pfeifenfabrik und mehrerer Restaurants festnahm und als Anführer eine 52jährige Frau, die mit einem Türken verheiratet war, ausfindig machte. Diese »Scandinavian Connection schmuggelte vor allem pakistanisches« und afghanisches Rauschgift nach Dänemark.

6. Die weitläufige internationale Verflechtung der Heroinlieferanten demonstriert endlich die »Singapur-Gruppe«, die nach zweijährigen Ermittlungen Ende 1979 in Hamburg vor Gericht gestellt werden konnte. Die Bande wurde von einem chinesischen Restaurant in der Hansestadt gesteuert, hatte 34 Mittäter und Niederlassungen in Kuala Lumpur (Malaysia), Kopenhagen, Bangkok und Amsterdam; nachweislich vertrieb sie mehrere hundert Kilogramm Heroin auf dem ganzen Erdball. Welchen Wert dieser illegalen Ware zugemessen werden kann, läßt sich aus folgendem Beispiel ersehen:

7. Im Februar 1979 stellte die italienische Polizei bei einer Razzia am Stadtrand von Mailand zwei Kilogramm reines Heroin im Wiederverkaufswert von umgerechnet fast 30 Millionen Mark sicher. Vier Personen wurden wegen illegalen Drogen- und Waffenbesitzes festgenommen. Die Tatsache, daß die Behörden vermuten, das Heroin sei mit erpreßten Lösegeldern finanziert worden, ist ein Hinweis auf die Verflechtung dieser Drogenszene (die man, obgleich geographisch naheliegend, nicht mit der New Yorker »Pizza Connection« verwechseln sollte) mit anderen kriminellen Aktivitäten der Unterwelt.

8. Eine besonders gefährliche Kombination von »Connection und Ameisen-Handel« entwickelte sich in den achtziger Jahren, sehr begünstigt durch das ständige Pendeln von Gastarbeitern aus dem Balkan in die Bundesrepublik und zurück. Es wurden Vertriebswege beobachtet, bei denen Anbau des Opium, Verarbeitung und Veredelung zu Heroin, Transport und Schmuggel vom Nahen Osten nach Deutschland sowie der Verkauf in der Hand ein und desselben Familienklans liegen. So wurden im Mai 1980 in Rüs-

selsheim, nahe Frankfurt am Main, in der Wohnung eines 18jährigen kurdischen Türken, zwei Koffer mit 46 Säckchen Heroin »hervorragender Qualität« beschlagnahmt, insgesamt 28 Kilogramm im Schwarzmarktwert von 20 Millionen Mark. Es stellte sich heraus, daß dieser Handelsstrang von einer kurdischen Sippe aufgebaut wurde, die vom Anbau in einer türkischen Provinz bis zum Kleinvertrieb im Rhein-Main-Gebiet alle Stationen kontrolliert (*Südd. Zeitung* vom 19. 5. 1980).

11. All dies ist zum Gutteil Geschichte. Wie überall in der Wirtschaft – und der internationale Drogenhandel gilt inzwischen als die größte Wachstumsbranche der Welt mit dem höchsten Gesamtumsatz (geschätzt: 800 Milliarden Dollar) – wird internationalisiert, konzentriert und globalisiert. Ob es die kolumbianischen Drogen-Kartelle sind oder die chinesischen Triaden, die italo-amerikanische oder die russische Mafia, die japanischen Jakuza* – der Drogenhandel ist, neben Waffenhandel, Glücksspiel, Schutzgelderpressung und Menschenschmuggel, eine ihrer Haupteinnahmequellen. Dieser *Krieg den Drogen* ist wahrscheinlich längst verloren und es ist derzeit sicher zutreffend, daß die Erde *Der Planet der Drogen* ist (so der Titel einer 1996 von Alain Labrousse und Alain Wallon herausgegebenen Studie).

Wie leicht es ist, solche illegalen Handelswege aufzubauen, beweist ein Bericht in der Zeitschrift *Kriminalistik* (Nr. 5, 1980), der schildert, wie ein hoher türkischer Polizeioffizier als Mitglied einer maßgeblichen Verteilerorganisation für Heroin entlarvt wurde (S. 197).

* Aus historischen Gründen ist die Domäne der japanischen Mafia der Handel mit Amphetaminen → Weckamine.

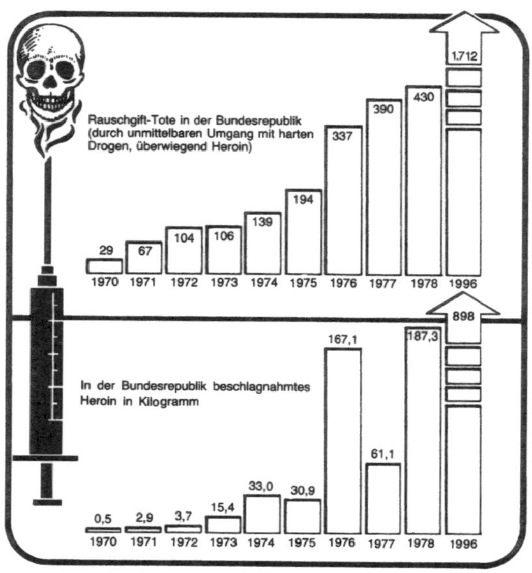

Von 1970–1996 hat sich die Zahl der Heroin-Toten mehr als verfünfzigfacht und die Menge beschlagnahmter Opiate von nahezu Null auf etwa eine Tonne gesteigert (Quelle: Bundeskriminalamt 1997).

Literatur:

Baudelaire, Ch., »Un mangeur d'Opium«, in: *La Revue contemporaine,* 15. und 31. Jan. 1860; dt. in: Baudelaire, Ch., *Die künstlichen Paradiese,* Hamburg 1964
Biener, K., »Jugend und Rauschgift«, in: *Fortschritte der Medizin* 87, 1969, S. 1449 bis 1452
Birdwood, G., »Eine Pille gegen die Krankheiten der Gesellschaft«, in: *Deutsches Ärzteblatt* 1970, S. 322«: 3224
Boss, M., *Der Traum und seine Auslegung,* Bern/Stuttgart 1953
Brau, J. L., *Vom Haschisch zum LSD,* Frankfurt a. M. 1969
Bühringer, G., zit. n.: *Der Spiegel* Nr. 16/1996 (»Leben in der Lücke«)
Burroughs, W. S., *Junkie,* Wiesbaden 1963
Christiane F., *Wir Kinder vom Bahnhof Zoo,* Hamburg 1979
Bux, K., »Polizeiliche Prävention bei der Bekämpfung von Rauschgiftkriminalität«, in: *Kriminalistik* Nr. 5, 1980, S. 194-202
Cocteau, J., *Opium,* Paris 1930, dt. *Opium. Ein Tagebuch,* München 1968
Coleridge, S. T., *Kublai Khan,* London 1816
Dechêne, U., *Der lange Tod des Fixers P.,* München 1974
Deissler, K., »Der periodische Suchtanfall«, in: *Schweizerische Ärztezeitung* Nr. 13, 1977, S. 514–517
Fallada, H., »Der tödliche Rausch. Bericht über das Glück, ein Morphinist zu sein«, in: *Neue Illustrierte* vom 19. Nov. 1955
Gelpke, R., *Vom Rausch im Orient und Okzident,* Stuttgart 1966
Gide, P., zitiert bei Brau, J. L., a.a.O.
Hayter, A., *Opium and the Romantic Imagination,* London 1968
Hedayat, S., »Ein Opiumrausch«, in: Ders., *Die blinde Eule,* Teheran 1936 (zit. n.: Gelpke, R., *Vom Rausch im Orient und Okzident,* Stuttgart 1966, S. 45)
Herz, A., und Bläsig, J., »Die Opiatsucht: Neue Forschungsperspektiven«, in: *Der Nervenarzt* 50, 1979, S. 205-211
Hesse, E., *Rausch-, Schlaf- und Genußgifte,* 3. Aufl., Stuttgart 1966
Holt, E., *The Opium Wars in China,* London 1964
Kline, N. (zit. n.: *Selecta* Nr. 8, 1972: »Konsumieren wir zuviel Arzneien?«)
Kryspin-Exner, K., »Polytoxikomanie bei Jugendlichen«, in: *Pharmakopsychiatrie/Neuro-Psychopharmakologie* 3, 1970, S. 116–122
Labrousse, A. und A. Wallon (Hrsg.), *Der Planet der Drogen ,* Frankfurt a.M. 1996
Lennard, H. L., Epstein, L. J., und Rosenthal, M. S., »Die Methadon-Illusion«, in: Scheidt, 1974.
Leonhardt, R. W., *Wer wirft den ersten Stein?,* München 1969
Liepmann, H., *Der Ausweg,* Reinbek 1966
Lippert, H., *Einführung in die Pharmakopsychologie,* Bern 1959
Manhart, R. M., »Sucht, eine Krankheit mit suizidaler Potenz«, in: *Selecta* Nr. 21, 1980, S. 2190-2201
Marcovitz, E., »Bemoaning the Lost Dream: Coleridge's ›Kublai Khan‹ and Addiction«, in: *International Journal of Psycho-Analysis* 45, 1964, S. 411-425
Nepote, J., Diskussionsbeitrag während des Symposions »Rauschmittel und Süchtigkeit«, Rüschlikon/Zürich, 15./16. Jan. 1970
Novalis, *Hymnen an die Nacht,* 1797
Olivier, F., *Neun Jahre mit Picasso,* München 1959
Quincey, Th. de, *Confessions of an English Opium-Eater,* London 1822, 1845; deutsch: *Bekenntnisse eines englischen Opiumessers,* München 1965
Römpp, H., *Chemische Zaubertränke,* Stuttgart 1939
Ropp, R. S. de, *Bewußtsein und Rausch,* München 1964
Scheidt, J. vom (Hrsg.), *Die Behandlung Drogenabhängiger,* München 1974
Ders., J. vom, *Der falsche Weg zum Selbst – Studien zur Drogenkarriere,* München 1976
Schreiber, M., *Rauschgift* (unveröffentlichtes Manuskript eines Vortrags 1979)
Scott, J. M, *The White Poppy,* London 1969
Skarabis, H., (zit. n.: *Der Spiegel* Nr. 24, 1980: »Die erste Spritze in der großen Pause«)
Stille, W., Göggel, K. H. und B., Kunkel, »Hippie-Hepatitis«, in: *Medizinische Klinik* 65, 1970, S. 993-995
Tremmel, R., »Wirkmechanismus der Droge«, *Süddeutsche Zeitung* vom 24. Oktober 1975
Wagner, H., *Rauschgift-Drogen,* Berlin 1970
Zenk, M., »Über das Opium, das den Schmerz besiegt und die Sucht weckt«, in: *Pharmazeutische Zeitung* Nr. 48 / 1. Dez. 1994
»Todesfälle alarmieren«, in: *Selecta* Nr. 35, 1970
»Hoher Preis. Rauschgift – harte Welle«, in: *Der Spiegel* Nr. 33, 1970

Opioid-Peptide

→ Endorphine

Opium

→ Opiate

O-Tinktur

→ Opiate

PQ

Parieá
(→ Cohoba) → Schnupfdrogen

PCC
→PCP

PCP
(Phencyclidin, Angel Dust, Engelstaub)

Phencyclidin, kurz PCP genannt, wurde in den fünfziger Jahren von der US-Firma Parke, Davis & Company als Schmerzmittel entwickelt. Bereits während der klinischen Tests häuften sich allerdings Berichte über unerwünschte Nebenwirkungen sehr merkwürdiger Art. Schon nach kleinen Dosen PCP wußten damit behandelte Patienten plötzlich nicht mehr, wo »ihr Kopf geblieben« war – und irrten dann, frisch operiert, verzweifelt durch das Krankenhaus, um ihn zu suchen. Andere hielten Krankenschwestern und Ärzte »für Vampire mit drei Meter Flügelspannweite«.

Geschichte
Deshalb zog Parke-Davis das Medikament, das sichtlich wie ein LSD-ähnliches Halluzinogen wirkte, 1965 vom Markt zurück. Es darf seither offiziell nur von Tierärzten benützt werden, vor allem als Beruhigungsmittel (Sernyl, Sernylan) für Schlachtvieh. Bald darauf, im Juni 1967, tauchte es plötzlich in der Drogenszene des Untergrund auf. Die »Blumenkinder« in San Francisco nahmen PCP während eines Rock-Konzerts ein, und kurz darauf mußten sich 30 der Hippies vollkommen ausgeflippt in psychiatrische Hilfe begeben.
Damals dachte man noch, es handle sich um einen Einzelfall, um ein Experiment mit einer der vielen Substanzen, die damals von den jungen Leuten ausprobiert wurden. Doch 1974, bei einem Rock-Festival in Oakland, war PCP, nun unter dem vielversprechenden Straßennamen *Engelstaub (Angel Dust)* wieder in der Szene. Danach breitete es sich schneller aus als je eine Rauschdroge zuvor. Inzwischen wird PCP, »die giftigste aller Substanzen, die je auf der Straße angeboten wurde«, unter den verschiedensten Bezeichnungen in den gesamten USA (schwarz) gehandelt.
Randy Weber, Drogenberater in Chicago, sagt: »PCP ist die am leichtesten erhältliche Droge neben Marihuana und Alkohol.«
Dafür gibt es einige triftige Gründe:

- Die Droge ist wesentlich billiger als Heroin oder LSD (ein Gramm PCP, das für zwei Räusche reicht, kostet etwa 20 Dollar, also ein Drittel weniger als zwei Heroin-Schüsse oder zwei LSD-Trips),
- sie wirkt so schnell wie Heroin und rascher als LSD
- sie wirkt wesentlich intensiver als Marihuana, Haschisch oder gar Alkohol

- sie wirkt länger als Heroin (bis zu 48 Stunden)
- sie kommt vor allem einer offensichtlich weitverbreiteten Sehnsucht nach Horrorerfahrungen und Selbstzerstörung entgegen.

Der Vergleich mit dem Heroin wird in der Literatur gerne benutzt, obgleich die Wirkungen (s. unten) den Vergleich mit → LSD oder Meskalin eigentlich näherlegen. Wahrscheinlich tut man dies, weil die Wirkung doch wesentlich gefährlicher ist als die eines – gelegentlichen – LSD-Trips. PCP läßt sich aus überall erhältlichen Grundsubstanzen leicht selbst herstellen; auch dies ist sicher ein Vorteil gegenüber dem schwer zu synthetisierenden LSD – jedenfalls aus der Sicht der Händler und Konsumenten.
Aus Grundsubstanzen für rund 125 Dollar (Benzol, Kaliumzyanid, Piperidin) kann jeder Chemielaborant PCP im Schwarzhandelswert von 100.000 Dollar herstellen.
Die Dealer locken ihre Kunden mit Phantasienamen wie *Raketentreibstoff, Muskelprotz* und *Bienenfleiß*. Auch *Tödliche Klapperschlange* wurde es genannt, und das nicht von ungefähr. Der am häufigsten benutzte Name *Angel Dust* wird nicht auf besonders angenehme Effekte der Droge zurückgeführt (gerade die werden nämlich selten beobachtet), sondern auf die kalifornische Rocker-Clique der »Hell's Angels«, die PCP angeblich zu Beginn der siebziger Jahre im Untergrund einführten. Seitdem haben, nach Schätzungen des »National Institute on Drug Abuse (NIDA)« in Washington, mindestens fünfeinhalb Millionen Amerikaner PCP probiert,* vor allem Jugendliche und Heranwachsende zwischen 12 und 25 Jahren. Das Mittel rückt damit in die Nähe der → Lösungsmittel, wenn es auch völlig anders wirkt.
Nach Angaben des offiziellen Bulletins der NIDA forderte PCP schon 1978 »wenigstens 200 Todesopfer und mehr als 10.000 Einliefungen in Notfallstationen« (*Drug Abuse Clinical Notes*, Oktober 1979, S. 1).
In der Bundesrepublik wurde die Substanz bisher selten beobachtet, vor allem bei Händlern (zum Selbstgebrauch oder zum Testen an »Stammkunden«) und bei in der BRD stationierten US-Soldaten (die ja auch die Methaqualone als erste auf der deutschen Szene einführten, → Schlafmittel).
Erich Straß, Drogenfahnder beim Bundeskriminalamt, nimmt an, daß PCP auch in Zukunft keine Rolle bei deutschen Konsumenten spielen wird. Sie zögen pflanzliche Gifte wie Heroin oder Haschisch vor und nicht synthetische Produkte; selbst LSD sei nur eine Art Modeerscheinung gewesen, wie der Rückgang der Sicherstellungen auf ein Zehntel zeigt. Die Frage ist nur, ob das so bleibt. Sollte der Heroin-Markt durch die Drogenfahnder einmal nachhaltig trockengelegt werden, wäre es für die Dealer sehr verführerisch, das leicht und billig zu produzierende PCP einzuführen. Wie der → Appetithemmer *X-112* beweist, paßt die Szene sich nur zu bereitwillig Ersatzstoffen an – und »noch wilderen« leichter als milderen.

Einnahmeformen und chemische Zusammensetzung

Eingenommen werden kann PCP auf jede nur erdenkliche Art. Als Pulver

---

* Allein in Los Angeles wurden von 1975–1977 an die 5,1 Millionen Portionen PCP beschlagnahmt – in den ersten beiden Monaten von 1978 waren es dann schon 3,8 Millionen!

(Crystal) wird es wie Kokain oder Heroin geschnupft. In Pillen geformt *(tic-tac)* wird es geschluckt. Mit PCP-Spray kann man Marihuana oder simple Petersilie besprühen und es rauchen *(Hog, Sherman's)*. Rektal läßt es sich in Zäpfchenform einführen. Und schließlich kann man es, aufgelöst, spritzen, was den Rausch am schnellsten herbeiführt.

Der Nachweis, ob jemand PCP genommen hat, ist übrigens relativ einfach, im Gegensatz zu Cannabis. Auch in Deutschland sind Tests bekannt und verfügbar, ein enzymatischer und zwei chemische (von Clarmann).

Daß es so extrem wirkt, ähnlich und doch wieder deutlich anders als vergleichbare Halluzinogene, mag an seiner chemischen Zusammensetzung liegen – wenngleich vielleicht eine neue, tiefverwurzelte, negativistische Einstellung einer ganz neuen Konsumentengeneration die Wirkung zusätzlich »einfärbt« (s. unten). Den Beschreibungen zufolge gleicht das Wirkungsbild am ehesten noch dem → Kokain, mit seiner Mischung aus halluzinogenen und Amphetamin-Effekten, aber es ist eben doch auch wieder »ganz anders«.

Phencyclidin gehört zur Gruppe der Arylcyclohexylamine, die sich chemisch, pharmakologisch und in den erzeugten Verhaltensweisen deutlich von anderen psychoaktiven Substanzen unterscheiden, beispielsweise von den Indol-Strukturen (→ RA V). Es kann wie ein → Weckamin wirken, wie ein dämpfendes Medikament (→ Schlafmittel) oder wie ein Halluzinogen (→ Cannabis, → LSD, → Meskalin, → Psilocybin). Das hängt ab von der konsumierten Menge, der Art der Einnahme und der Konstitution des Konsumenten.

Das NIDA spricht in seinem Bulletin (s. oben) »von einer ganzen Reihe von Chemikalien, die dem PCP ähnlich sind und von denen viele ähnliche psychoaktive Effekte hervorrufen«. Diese verwandten Substanzen sind jedoch bislang nicht in nennenswerten Mengen mißbraucht worden.

Dem PCP vergleichbar ist Ketamin, das in der Human- und Tiermedizin als Betäubungsmittel Eingang gefunden hat und inzwischen auch als Rauschmittel mißbraucht wird. Ketamin ist allerdings schwächer, und der von ihm erzeugte Rausch hält nicht so lange an (Siegel 1978).

Neurochemische Wirkung

Wie bei allen Drogen, ist der erste Rausch auch bei PCP oft angenehm. Auffällig sind Allmachtsphantasien, ähnlich wie bei den → Lösungsmitteln.

Da PCP aus der offiziellen Humanmedizin seit 1965 verschwunden war, gibt es bislang wenig vergleichbare klinische Daten über seine Wirkung auf das Nervensystem. Man nimmt an, daß es bestimmte Neurotransmitter im Gehirn beeinflußt, also die chemischen Botenstoffe, die für den Nachrichtenfluß im Nervensystem sorgen (→ RA V).

Normalerweise dauert ein PCP-Rausch 45 Minuten bis zwei Stunden. Es wurden jedoch auch 48-Stunden-Trips beobachtet, und es gab schon PCP-Konsumenten, die – geheilt – davon berichteten, daß sie erst zwei Jahre nach Absetzen des Gifts wieder richtig sehen und hören konnten. Daraus schließt man, daß sich winzige PCP-Spuren im Gehirn und im Fettgewebe ablagern und von dort aus weiter mikroskopische Mengen an den Organismus abgeben. Inzwischen können sich die Neurophysiologen und Biochemiker die Wirkungen des PCP ein wenig besser erklären. Sie fanden heraus, daß die Droge im zentralen Nevensystem ein regelrechtes neuronisches Gewitter auslöst. Nach einer im britischen Wissenschaftsmagazin *Nature* veröffentlichten Untersuchung

- wirkt PCP direkt auf die Nervenzellen im Hippokampus, jener Gehirnregion, die die Gefühle und das Triebleben beeinflußt und für die Speicherung neuer Informationen mitverantwortlich ist, und
- es hindert das Gehirn daran, zwischen Informationen der Sinnesorgane und seelischen Informationen (Gefühle, Gedanken) klar zu unterscheiden, so daß Außenwelt und Innenwelt sich zu einem unauflöslichen Chaos von Realität und Phantasie vermischen.

Psychische Wirkungen

In dem Roman *Der dunkle Schirm* von Philip K. Dick leidet der Held Jerry unter einer entsetzlichen Wanzenplage. Wie sich bald herausstellt, ist er drogenabhängig, und zwar von einer Substanz mit dem bezeichnenden Namen *Langsamer Tod.* Die Wanzen in der Erzählung stehen natürlich auch symbolisch für die winzigen Geräte der Abhörspezialisten in einem Zukunftsstaat nach Art von Orwells *1984.* Aber es sind auch halluzinierte Wanzen (oder Blattläuse), die durch die Drogeneinwirkung zustande kommen. Das Seltsame ist nur, daß ein Freund von Jerry ebenfalls beginnt, diese Wanzen wahrzunehmen ... Was Dick uns in diesem Science-fiction-Roman vorführt, mit einer → Zukunfts-Droge, die es zur Zeit noch gar nicht gibt, ist im Grunde gar nicht so utopisch. Es wird hier erwähnt, weil *Langsamer Tod* erstaunlich gut die Wirkungen des Phencyclidins beschreibt, insbesondere den unglaublich brutalen Grundtenor dieser Räusche.

Der Student Charlie Innes kratzte sich unter dem Einfluß der Droge die eigenen Augen aus den Höhlen und streckte sie den Polizeibeamten entgegen, die ihn wegen eines Sittlichkeitsdeliktes festgenommen hatten. Andere Phencyclidin-Süchtige sprangen von Hausdächern, hackten sich mit einer Axt die Beine ab und verbluteten, ertränkten sich in Straßenpfützen oder legten sich in aller Seelenruhe auf die Bahnschienen, um sich überfahren zu lassen.

Ein Süchtiger beschrieb die Wirkung so: »Es ist, als sei man von seinem Körper losgelöst.«

Andere Konsumenten von *Engelstaub* berichten über Verfolgungsängste und intensive Halluzinationen, meist schrecklicher Art. Während des Trips erschienen andere Menschen ihnen häufig wie fratzenschneidende Ungeheuer, Autos verwandelten sich in Drachen, Bäume in bedrohliche Riesen – »eine Wahnwelt wie von Hieronymus Bosch« (*Der Spiegel* Nr. 27, 1980).

Erklären läßt sich diese dämonisch eingefärbte Wirkung durch die Kombination der halluzinogenen Effekte mit den schmerzbetäubenden nach Art der → Opiate; das erklärt zumindest die Selbstverstümmelungen, aber auch die Horrorvisionen, die sich ja auch bei Opiat-Mißbrauch allmählich einstellen. Das beweisen Thomas de Quinceys klassische Schilderungen seiner Opiumsucht oder andere Beispiele in Alethea Hayters Studie *Opium and the Romantic Imagination.*

Dauerkonsumenten werden auf ihren bis zu zwei volle Tage dauernden Trips

von Depressionen und Ängsten förmlich geschüttelt. Sie hören seltsame Stimmen oder wirre Musik. Manche halten sich während der intensivsten Phase für den leibhaftigen Teufel. Die seelische Folter entlädt sich unter diesen anhaltenden Spannungszuständen häufig in hemmungsloser Selbstaggression, die bis zur Selbstverstümmelung reichen kann: Wegen der analgetischen Wirkung des PCP werden (zunächst) keine Schmerzen empfunden.
Offenbar tritt rasch eine Gewöhnung ein. Wer nach einer Woche ständigen Drogenkonsums noch eine Wirkung des *Engelstaubs* spüren möchte, muß die tägliche Menge kräftig erhöhen. Die Folgen sind verheerend:
»Wie Roboter, deren Steuerelektronik verrückt spielt, staksen sie rast- und ziellos durch die Gegend, ihre Augäpfel quellen hervor, das Sprechvermögen reduziert sich auf ein unverständliches Grunzen.«
Da die Rauschwirkung rasch süchtig macht, wird bald die nächste Ration eingenommen. Bei der – für normale Menschen – höchst unangenehmen Wirkung erscheint dies unverständlich. Aber genau hier scheint ein wichtiger Schlüssel zum Verständnis nicht nur von PCP, sondern des Drogenkonsums überhaupt zu liegen. Jeder Rausch enthält eine starke Komponente von Todessehnsucht und Selbstzerstörung (→ RA III).
Wenn sich die Welt in Illusionen, Traumbildern und Halluzinationen auflöst, dann stirbt man ein wenig. Die Drogensucht wird immer wieder beschrieben als eine Gratwanderung zwischen Leben und Tod, als »Selbstmord auf Raten«.
Legt man diese Selbstzerstörungskomponente als Maßstab an die Wirkung der verschiedensten Drogen, so kann man gewissermaßen verschiedene Klassen oder Generationen unterscheiden:

- Da ist zunächst der → Alkohol, und zwar in der milderen Form (Wein, Bier), verhältnismäßig nahe ihm verwandt Marihuana (→ Cannabis) und Rauchopium (→ Opiate) sowie die Coca-Blätter (→ Kokain) und der Rauschpfeffer (→ Kawa Kawa), → Kath und einige weitere pflanzliche Drogen. Sie werden ohne spezielle Behandlung (Coca, Kath) oder nur wenig verändert (Wein, Opium) genossen. Entsprechend mild sind die Effekte.
- Als nächstes findet man die Konzentrate: Wein wird destilliert zu Weinbrand, aus den Blättern und Blüten der weiblichen Hanfpflanzen gewinnt man das Haschischharz.
- In einem weiteren Veredlungsprozeß entsteht aus Opium Morphium, aus den Coca-Blättern wird Kokain extrahiert, aus dem Haschischharz das Haschischöl.
- In der vierten Generation findet man dann halbsynthetische Produkte wie (aus Morphinbase) das Heroin oder vollsynthetische wie (aus → ET) das LSD. Mit jeder Generation wird die Wirkung entsprechend intensiver, bei oft nur noch mikroskopischen Mengen – → LSD.
- PCP könnte man als eine fünfte Generation bezeichnen. Es handelt sich um eine vollsynthetische Droge, die sich vor allem dadurch auszeichnet, daß vergleichsweise geringe Mengen extrem negativistische Räusche hervorrufen.

Daß eine solche Horror-Droge sich – zumindest in den USA – so rasch und bei so vielen ausbreiten konnte, spricht dafür, daß es von einer ganz

neuen Menschen-Generation konsumiert wird, einer Generation, der es in erster Linie auf den *thrill,* den Nervenkitzel, und das viel direktere Spiel mit dem Tod, ankommt. Es könnte eine Generation sein, die mehr als andere zuvor fühlt, daß sie nichts mehr zu verlieren hat:
»Wenn du es nimmst und trotzdem überlebst, bist du ein echter Kerl«, lautet ein Motto der PCP-Szene. Das hat man noch bei keiner anderen Droge so deutlich gesagt. Wer sich nicht vorstellen kann, wie die Rauschwelt des *Engelstaubs* aussieht, der kann sich vergleichbare Schreckensvisionen in immer mehr Filmen zu Gemüte führen. *Der Exorzist* gab einen ersten Vorgeschmack (→ Hexensalben), der Science-fiction-Film *Alien* mit den schauerlichen Dekors und Monstren des Schweizer Malers H. R. Giger führt in diese Mentalität ein, desgleichen der – auf makabre Art sehr viel erdnähere – *Cruising* aus dem sadomasochistischen Homosexuellen-Milieu.

Ein Blick in bundesdeutsche Zeitungskioske zeigt, daß PCP-Trips dort längst – sicher ohne direkten Zusammenhang mit der Droge und ihren Wirkungen – vermarktet werden: in unzähligen Horror-Heften.

Das andere Extrem im Spektrum der Drogenwirkungen sind die ruhigstellenden Tabletten, die Tranquilizer und Neuroleptika (→ Medikamente, → Schlafmittel), die als biochemische Zwangsjacken wirken. Beide, die wirklich höllische Droge PCP und die jedes intensivere Gefühl betäubenden Medikamente, haben große Chancen, zu → Zukunfts-Drogen zu werden.

Das Marktforschungsinstitut »Research and Forecast« befragte 1980 erwachsene US-Bürger nach ihrer Reaktion auf die steigende Kriminalitätsrate. Es stellte sich heraus, daß diese den Alltag der Amerikaner bereits nachhaltig verändert. So zieht sich schon jeder zweite der Befragten unauffällig an, um Räuber nicht auf sich aufmerksam zu machen; viele Städter wagen es nicht mehr, Fremden auf der Straße Auskunft zu geben. 40 Prozent haben ständig »große Angst, ermordet, vergewaltigt oder ausgeraubt« zu werden. In den Städten fürchtet sogar jeder zweite, einem Verbrechen zum Opfer zu fallen. Ein Viertel der Amerikaner vermeidet, abends auszugehen oder Freunde zu besuchen (zit. n.: *Der Spiegel* Nr. 40, 1980, S. 281).

Diesen Hintergrund muß man sehen, um zu verstehen, daß eine Droge wie PCP die Konsumenten reizt, auf eine selbstzerstörerische Reise zu gehen, gewissermaßen auf eine »Flucht nach vorn«, während die anderen in wachsendem Maße zu den Tranquilizern greifen.

Steigende Arbeitslosenzahlen, speziell unter den Jugendlichen, und das immer brisanter werdende Problem der Gastarbeiter und ihrer – häufig nur schlecht ausgebildeten – Kinder und Jugendlichen bereitet auch bei uns in Deutschland steigende Kriminalitätsraten vor. Und in deren Gefolge könnte dann PCP eines nicht zu fernen Tages schlagartig den Weg auch zu uns finden. Oder ein dem *Engelstaub* verwandtes Gift. Akustisch hervorragend aufbereitet haben dieses nicht allzuferne Zukunftsgemälde Pink Floyd auf ihrem Album *The Wall,* von dem sicher nicht durch Zufall binnen kürzester Zeit zehn Millionen Exemplare verkauft wurden.

Gefahren

PCP hält offensichtlich, was man → LSD immer nachgesagt hat, was für das Mutterkorn-Derivat aber kaum zutrifft, nämlich daß es den Berauschten:

- zu Verbrechen animiere
- sich selbst zerstören lasse bis zum Suizid
- in eine (toxische) Psychose treibe.

Es wird bereits von Mordfällen unter dem Eindruck sadistischer PCP-Trips berichtet; so erschlug der 17jährige Barry Evans eine alte Frau mit einem Knüppel, legte sich neben die Tote – und konnte sich am nächsten Morgen an nichts mehr erinnern.

100 nachgewiesene Todesfälle, durch selbstmörderische Aktionen im PCP-Rausch, waren die traurige Bilanz von 1977, ein Jahr später wurden 200 Phencyclidin-Opfer bekannt, 1979 immerhin noch 120.*

Noch wesentlich bedenklicher sind allerdings jene Süchtigen, bei denen sich eine Phencyclidin-Psychose entwickelt. Die Ärzte waren gezwungen, diesen neuen Terminus einzuführen, weil sich die Fälle mit typischen Charakteristiken häuften.

Verdacht auf Phencyclidin-Psychose ist dann gegeben, wenn ein Berauschter keine verkleinerten Pupillen zeigt, dafür aber an Ataxie (fehlender Bewegungskoordination) und Nystagmus (Augenzittern) leidet: Dies schließt Stimulantien des Zentralnervensystems (→ Weckamine) und → LSD als Verursacher aus. Übertriebene Reflexe und starke Anspannung unterscheiden die PCP-Vergiftung wiederum von einer Vergiftung durch → Schlafmittel oder → Opiate.

Wie bei allen Drogen treten solche massiven Erscheinungen seltener nach dem Erstgenuß ein, sondern bei regelmäßigem Mißbrauch. PCP-Süchtige wirken, nach einem jähen Stimmungshoch, konfus und hölzern-steif: »Sie tapern herum wie Zombies oder Astronauten auf dem Mond« (Koper). 1977 wurden 4.000 PCP-Konsumenten, die eine Überdosis eingenommen hatten, in Kliniken eingeliefert, 1978 waren es bereits 10.000.

PCP ruft ein Zustandsbild hervor, das dem eines akuten schizophrenen Schubs ähnlich ist. Typische Kennzeichen sind nach einer Aufstellung der *Drug Abuse Clinical Notes* des NIDA (Okt. 1979, S. 3):

- das Fehlen früherer psychiatrischer Auffälligkeiten
- gewalttätiges, aggressives Verhalten
- Verfolgungswahn (Paranoia), Illusionen
- akustische Halluzinationen
- Fehlen einer Reaktion auf Neuroleptika
- Anhalten der Verstörung über zwei bis vier Wochen und länger
- das Erscheinungsbild kann zu einer Fehldiagnose als Schizophrenie führen.

P. V. Luisida und B. Brown haben berichtet, daß ein Viertel ihrer Patienten, die sie ursprünglich wegen PCP-Psychose behandelten, innerhalb eines Jahres mit psychotischen Störungen zurückkamen, *obgleich sie kein PCP mehr genommen hatten!* Es wird vermutet, daß manche Menschen extrem empfindlich auf die Wirkungen des PCP reagieren, entweder aufgrund ihrer speziellen Neurochemie, wegen Schwächen in ihrer Persönlichkeitsstruktur – oder auch wegen beidem zusammen.

Zu diesen seelischen Störungen können sich noch eine Reihe körperlicher Beschwerden gesellen: Magenkrämpfe,

---

* Die genaue Zahl der Selbsttötungen und Morde unter PCP-Einfluß läßt sich nicht einmal schätzen.

Durchfall, blutiges Erbrechen. Diese Reaktionen schreibt Sidney Cohen einer Verunreinigung des PCP zu, dem 1-Piperidin-Cyclohexan-Carbobitril (PCC).

Therapie

Vor allem geht es darum, die (Drogen-)Vorgeschichte des Patienten abzuklären (s. oben). Ein ruhiger, abgedunkelter Raum ist notwendig, um jede Stimulation durch zusätzliche Reize zu vermeiden. Da PCP-Patienten leicht gewalttätig gegen sich selbst und/oder andere werden, empfiehlt sich entsprechende Vorsicht und eventuell Sicherung. Auf jeden Fall muß der Berauschte ständig überwacht werden, dazu seine physiologischen Grundfunktionen (Herzschlag, Atmung), notfalls durch Monitoren.

Man sollte vermeiden, was sich bei Leuten auf LSD- oder Amphetamin-Trip sehr bewährt hat: den PCP-Berauschten von seinem Trip »herunterzureden«. Dies kann seine Angst oder Erregtheit sehr verstärken.

Gewaltanwendung sollte, selbst bei offen aggressiven Patienten, ebenfalls vermieden werden – gleichzeitig sollten aber Hilfskräfte zur Verfügung stehen, um Gewaltausbrüche notfalls kontrollieren zu können.

Phenothiazine (z.B. das Chlorpromazin Megaphen), die sich bei der Dämpfung von Halluzinogenräuschen bewährt haben, sind kontraindiziert: Diese Präparate verstärken die anticholinerge Wirkung des Phencyclidin und vermindern den Blutdruck, was zu entsprechenden Kreislaufkrisen führen kann.

Sollte es nötig werden, einen Erregungszustand zu dämpfen, so hat sich während des akuten PCP-Rausches Haloperidol bewährt (5 mg Haldol intramuskulär, notfalls stündlich spritzen). Wird Diazepam (Valium) gegeben, so sollte man niedrig dosieren, weil diese Präparate die Ausscheidung von PCP beeinflussen und damit die Vergiftungsdauer verlängern könnten.

Zur Behandlung der toxischen Psychose selbst wird wie bei einem schizophrenen Zustandsbild verfahren, unter Berücksichtigung der bereits erwähnten Sonderstellung des PCP-Rausches.

Man sollte damit rechnen, daß noch einige Wochen nach Abschluß der Behandlung des akuten Zustands eine Post-PCP-Depression auftreten kann. Man sollte deshalb mit dem Patienten in Kontakt bleiben, weil die Depression sehr intensiv verlaufen kann und entsprechende Selbsttötungsgefahr besteht. Die Post-PCP-Depression kann sich auch nach Monaten noch zeigen; desgleichen wurden Wahrnehmungsstörungen bis zu zwei Jahre nach dem letzten Phencyclidin-Rausch beobachtet. Es liegt nahe, einen Vergleich zum *Flash-back* (Nachhall-Psychose) zu ziehen, wie er bei → LSD und – seltener – auch schon bei Haschisch (→Cannabis) beobachtet wurde. Es scheint sich jedoch um ein eigenständiges Phänomen zu handeln, das noch wenig untersucht ist.

J.v.Sch.

Literatur

Allen, R. und Young S., »Phencyclidine induced psychosis«, in: *American Journal of Psychiatry* 135,1978, S. 1081-1083

Balster, R. und R. Pross, »Phencyclidine: a Bibliography of Biomedical and Behavioral Research«, in: *Journal of Psychedelic Drugs* 10, 1978, S. 1-15

Benkert, O. und Hippius H., *Psychiatrische Pharmakotherapie,* Berlin/Heidelberg/New York 1974

Bolter, A., Heminger, A., Martin G., und Fry M., »Outpatient Clinical Experience in a Community Drug Abuse Program with

Phencyclidine Abuse«, in: *Clinical Toxicology* 9 (4), 1976, S. 594-600
Burns, S. und Lerner, S., »Causes of Phencyclidine-related Deaths«, in: *Clinical Toxicology*, 12 (4), 1978, S. 463-481
Clarmann, M. von, *Persönliche Mitteilung* am 9. 10. 1980
Cohen, S., »Angel Dust«, in: *Journal of the American Medical Association* 238 (6), 1977, S. 515-516
Dick, Ph., *Der dunkle Schirm,* Bergisch Gladbach 1980
Dorand, R. D., »Phencyclidine Ingestion: Therapy Review«, in: *Southern Medical Journal,* 1977, S. 117-119
Eastman, J. W., und S. N. Cohen, »Hypertensive Crisis and Death Associated with Phencyclidine Poisoning«, in: *Journal of the American Medical Association* 231, 1975, S. 1270-1271
Fauman, M., und B., »The Psychiatric Aspects of Chronic Phencyclidine Use: a Study of Chronic PCP-Users«, in: Petersen, R. und R. Stillman (s. unten)
Giger, H. R., *Gigers Alien,* Basel 1979
Hayter, A., *Opium and the Romantic Imagination,* London 1968
Koper, P. (zit. n.: *Der Spiegel* Nr. 15, 1978: »Tödliche Klapperschlange«)
Luby, E. D., Cohen, B. D., Rosenbaum G., u. a., »Study of a New Schizophrenomimetic Drug, Sernyl«, in: *Archives of Neurology and Psychiatiy* 81, 1959, S. 363-369
Luisada, P., »The Phencyclidine Psychosis: Phenomenology and Treatment«, in: Petersen, R. und Stillman, R. (s. unten)
Petersen, R. und Stillman, R. (Hrsg.), *Phencyclidine (PCP) Abuse: An Appraisal,* National Institute on Drug Abuse Monograph 21. DHEW Publication Nr. (ADM) 78-728, Washington, D. C 1978, U. S. Government Printing Office
Pink Floyd, *The Wall,* New York Nov. 1979 (CBS Nr. 3 C 164 63410/II)
Quincey, Th. de, *Bekenntnisse eines englischen Opiumessers* (1822), dt. Neudruck München 1965
Siegel, R. K., »Phencyclidine and Ketamine Intoxication: a Study of Four Populations of Recreational Users«, in: Petersen, R. und Stillman, R. (s. oben)
Straß, E. (zit. n.: *Der Spiegel* Nr. 27, 1980, S. 179-180)
Weber, R. (zit. n.: *Der Spiegel* Nr. 27, 1980, S. 179-180)
Yesavage, J. und Freman A., »Acute Phencyclidine Intoxication: Psychopathology and Prognosis«, in: *Journal of Clinical Psychiatry* 39, 1978, 664-666

pep pills
→ Weckamine
Pervitin
→ Weckamine
Peyotl (Peyote)
→ Meskalin
Phencyclidin
→ PCP
Piptadenia peregrina
(→ Cohoba) → Schnupfdrogen
Piule
→ Ololiuqui

Polamidon

(L-Polamidon, Methadon)

Deutsche Bezeichnung für Methadon, das in den USA vielfach zur Behandlung von Heroinsucht verwendet wird, weil es länger wirkt, über den Mund aufgenommen werden kann und die Entzugserscheinungen anderer Opiate wirksam bekämpft.

Nach Ansicht von P. S. Schönhöfer und H.-E. Hasse ist eine Polamidon-Dauertherapie nur dann sinnvoll, wenn eine drogenfreie Resozialisierung gescheitert ist. Dabei werden täglich 40 bis 80 Milligramm L-Polamidon gegeben. Nach amerikanischen Statistiken – unter anderem einer Fünf-Jahres-Katamnese von F. R. Gearing – stieg in einer Gruppe von 1.230 untersuchten Süchtigen in einem Methadon-Programm die Zahl der sozial produktiven Mitglieder während des Fünfjahreszeitraums von 36 Prozent auf 72 Prozent, die Zahl der Arbeitslosen nahm von 64 Prozent auf 28 Prozent ab. Von den Süchtigen, die in der Behandlung geblieben und vorher arbeitslos gewesen waren, arbeiteten nach fünf Jahren 75 Prozent.

Weiterhin ist Polamidon empfohlen worden, um Entzugserscheinungen zu

mildern, vor allem, wenn heroinsüchtige Schwangere entzogen werden sollen (der Fötus ist dann ebenfalls heroinabhängig). In diesen Fällen erhält ein heroinsüchtiges Neugeborenes zunächst zehn Tage Morphium und dann – in ausschleichender, d. h. stetig verringerter Dosis – Polamidon.
Im Gegensatz zu den USA, wo schon seit einigen Jahren solche groß angelegte Methadon-Programme abgewickelt werden, zögert man in Europa damit noch – obgleich die steigende Zahl der Drogenabhängigen nach neuen Ansätzen in der Therapie verlangt. In der Bundesrepublik (Schätzung für 1996: ca. 300.000 Heroin-Fixer und fast 2.000 Herointote) konnte man sich bislang nur in wenigen Bundesländern für die amerikanische Methode mit Methadon entscheiden oder sich mit dem englischen Modell anfreunden, bei dem Süchtige sich ihr Opiat in der Apotheke abholen können (was eine gewisse Bremse bei der Kriminalisierung der Drogen-Szene zu sein scheint). Ärzte, die Methadon (Polamidon) auf eigene Faust an Fixer verschreiben, können leicht mit dem BTM-Gesetz in Konflikt kommen.
Wie der Fall eines 46jährigen Arztes und Psychotherapeuten in München zeigte, der sich Ende 1979 vor Gericht verantworten mußte, ist eine solche ambulante Therapie (→ auch RA IV) bei Opiatsüchtigen mittels Polamidon höchst fragwürdig. Wahrscheinlich hätte man den Arzt, dessen Heilversuche stadtbekannt waren, sogar weiter gewähren lassen – schon allein deshalb, weil sonst kaum Therapie für Fixer in nennenswertem Umfang geboten wurde –, wenn nicht ein 23jähriger Patient während des Entzugs mit, von diesem Arzt verschriebenem, Polamidon gestorben wäre, so daß der Staatsanwalt Anklage erheben mußte (Tochtermann, 1978).
Jedenfalls ist das – 1940 in Deutschland erstmals hergestellte – synthetische Opiat sicher nicht das Wundermittel, als das es zunächst, wie stets in solchen Fällen, gepriesen wurde. Der Hersteller, Hoechst, weist zum Beispiel darauf hin, daß »das Präparat die Placentaschranke durchdringt und in die Muttermilch übergeht« (Rote Liste 1980), was die Gefahr mit sich bringt, daß eine Schwangere oder stillende Mutter, die ihre Heroinsucht mit Polamidon abzubauen sucht, eventuell ihr Kind mit dem Präparat schädigt. Die Ersatzdroge vermeidet den euphorischen Dämmerzustand, der viel zum persönlichen und sozialen Abstieg des Heroinisten beiträgt. Aber da Methadon seinerseits süchtig macht, ist es gut möglich, daß die dafür anfälligen Personen das Medikament lebenslang einnehmen müssen, ähnlich wie der Zuckerkranke sein Insulin. Allerdings hofft man, durch intensive psychotherapeutische Nachbetreuung die Abhängigkeit von der Ersatzdroge allmählich doch abbauen zu können.
In jüngster Zeit haben Wissenschaftler sehr ernste Bedenken gegen die Methadon-Programme erhoben, die – vor allem in den Großstädten der USA – mit großer Intensität vorangetrieben werden. Speziell der kalifornische Medizinsoziologe Henry H. Lennard und der Direktor des New Yorker Rehabilitationszentrums »Phoenix House«, Mitchell S. Rosenthal, haben sehr polemisch dagegen protestiert, daß man mit dem Methadon wiederum nur eine Chemikalie an den Süchtigen verabreiche, anstatt ihm die nötige menschliche Hilfe zu geben (Lennard et al. 1974).
Im Herbst 1980 fand an der Rabanus-

Maurus-Akademie in Frankfurt eine Tagung über die Möglichkeiten der Methadon- bzw. Polamidon-Therapie statt. Nach Angaben von Wolfram Keup, dem Leiter der Karl-Bonhoeffer-Klinik in Berlin, gebe es in den USA inzwischen 80.000 regelrechte Methadon-Abhängige, also ausgesprochene Opfer von Therapieversuchen mit dem Heroinersatz. Es habe sich außerdem gezeigt, daß Methadon der Polytoxikomanie den Weg bahne: 40 bis 80 Prozent der Methadon-Versorgten nähmen zusätzlich Barbiturate, → Weckamine – und auch noch Heroin.

Außerdem änderte sich fast nichts an der Kriminalität in der Szene, was man sich von den großzügigen Methadon-Programmen als gesellschaftspolitische Wirkung erhofft hatte; Ladendiebstahl, Kreditbetrug, Autoeinbrüche und Raubüberfälle nahmen um kaum zehn Prozent ab. Hingegen entwickelte sich im Grenzgebiet zwischen den Niederlanden (wo Methadon freigiebig verabreicht wird) und der Bundesrepublik bereits ein reger Schwarzmarkt für Methadon.

Noch eine negative Komponente hob Keup hervor: Der Polamidon-Patient ist, da die Droge nur etwa 16 Stunden wirkt, für eine Therapie entweder zu zittrig oder (nach dem täglichen »Schluck«) zu »satt«. Außerdem werde der Arzt zu einer Art Dealer im weißen Kittel, was die Beziehung Therapeut/Patient vergifte und den Therapeuten zudem in die Rolle eines Schnüfflers und Kontrolleurs der Heroin-Freiheit herabwürdige.

Mehr erhoffe er, Keup, sich von einem anderen Medikament, für dessen Freigabe er sich einsetzt:

Naltrexon, das als Heroinblocker wirkt, ohne die Gratifikationen des Heroins zu vermitteln: Euphorie und Flash. (Mit einer solchen Droge hat sich übrigens auch Johannes Mario Simmel in seinem Roman *Wir heißen euch hoffen* befaßt, wenngleich auf sehr phantastisch ausgeschmückte Art.)

Der amerikanische Drogentherapeut Deissler bringt die Methadon-Diskussion auf diesen Nenner: »Methadon befriedigt nur eine Sucht – die Sucht des Politikers, seinen Wählern etwas Konkretes, politisch leicht Verkäufliches zur Eindämmung der Drogenwelle zu bieten.«

W.S. / J.v.Sch.

Literatur:

Deissler (zit. n.: *Der Spiegel* Nr. 24, 1980: »Die erste Spritze in der großen Pause«, S. 62)

Gearing, F. R., »Methadone Maintenance Treatments Five Years Later – Where Are They Now?«, in: *American Journal of Public Health* 64, 1974, S. 44

Heckmann, W., »Wenn der Dealer einen weißen Kittel trägt«, in: *Psychologie heute,* März 1979, S. 40-44

Keup, W. (zit. n.: *Südd. Zeitung* vom 4. 10. 1980: Bauschmid, E., »Wie hältst Du's mit dem Methadon?«

Ders., »Methadon-(Polamidon-)Verschreibung bei Heroin-Abhängigkeit«, in: *Suchtgefahren* 26, Juni 1980, S. 78-80

Lennard, H. L., Epstein, L. J. und Rosenthal M. S., »Die Methadon-Illusion«, in: Scheidt, J. vom (Hrsg.), *Die Behandlung Drogenabhängiger,* München 1974

Manhart, R. M., »Sucht, eine Krankheit mit suizidaler Potenz«, in: *Selecta* Nr. 21, 1980, S. 2190-2201

Schneider, M., »Methadon-Behandlung – psychologische Bemerkungen zu einer resignierenden Therapie«, in: *Münchener Medizinische Wochenschrift* 115, 1973, S. 1655-1660

Schönhöfer, P. S. und Hasse H. E., »Zur Diskussion der Methadon-Programme in der Bundesrepublik«, in: *Deutsche Medizinische Wochenschrift* 98, 1973, S. 2038

Simmel, *Wir heißen euch hoffen,* München 1980

Tochtermann, E., »Entziehungskur mit ungeeigneten Mitteln?«, in: *Südd. Zeitung* vom 27. 9. 1978

Potenzsteigernde Mittel
→ Aphrodisiaka

Potenzholz
(→ Yohimbin) → Aphrodisiaka

Prozac
→ Medikamente

Psilocybin
(Nanacatl, Teo-Nanacatl, Quahtlananacatl; Varietäten von Psilocybe)

Geschichte
Mexikanische Chroniken, in der Regel aus dem 16. und 17. Jahrhundert, enthalten eine Reihe von Hinweisen auf rituelle und profane Verwendung von Pilzen als Rauschdroge.
»Die Chichimeken«, bemerkt Bernardino de Sahagún, »hatten große Kenntnisse von Pflanzen und Wurzeln und kannten ihre Eigenschaften und Kräfte. Sie selbst entdeckten und benutzten als erste die Wurzel, die sie *peiotl* nennen (→ Meskalin) und die sie sammelten und aßen, um sie zu verwenden wie Wein, und dasselbe taten sie mit Nanacatl, giftigen Pilzen, die einen trunken machen wie Wein.« Später erwähnt Sahagún noch einmal Teo-Nanacatl (Gottes Fleisch), eine Sorte kleiner Pilze, die unter Wiesengras wachsen, einen hohen, dünnen Stiel haben und gerne gegessen werden, weil sie trunken machen. Genauer noch beschreibt Fray Toribio de Benavente (Motolina) in seiner *Historia de los Indios de la Nueva España* (1569) den Genuß und die Wirkungen der Pilze während religiöser Zeremonien:
»Als erstes aß man während des Festes kleine schwarze Pilze, Nanacatl genannt, die einen trunken machen, Visionen und selbst Wollust hervorrufen. Sie aßen sie, ehe der Tag anbrach ... mit Honig, und sobald sie sich durch ihren Einfluß genug erhitzt* fühlten, begannen sie zu tanzen. Andere sangen, wieder andere weinten, weil sie berauscht waren, anderen versagte die Stimme. Diese setzten sich in einen Raum, wo sie in sich wie versunken blieben. Die einen hatten das Gefühl, sie stürben, und weinten in ihren Halluzinationen, andere sahen sich von einem wilden Tier aufgefressen, wieder andere bildeten sich ein, sie nähmen einen Feind im Kampfgetümmel gefangen. Dieser glaubte er sei reich, jener, er hätte eine große Anzahl von Sklaven. Es gab welche, die glaubten, man habe sie beim Ehebruch ertappt und werde ihnen nun den Kopf wegen dieser Missetat zerschmettern oder sie hätten sich irgendwelcher Diebstähle schuldig gemacht, wofür man sie jetzt töten werde ..., und noch tausend andere Visionen. Nachdem der Rausch vorbei war, unterhielten sie sich untereinander über ihre Halluzinationen.« Resoluter als Motolina beschreibt Padre Jacinto de la Serna den »Götzendienst mit den kleinen, gelben Pilzen«, die von Priestern und alten Leuten gesammelt wurden, die eine ganze Nacht neben ihnen im Gebet verharrten und im Morgengrauen, wenn ein leichter Wind zu wehen begann, die Pilze aßen, »denen sie göttliche Eigenschaften zuschrieben, mit denselben Eigenschaften wie → Ololiuqui oder Peyote, da sie, gegessen oder getrunken, die vergiften, welche sie nahmen, sie ihrer Sinne berauben und tausend Irrtümer glauben lassen.«
Besonders interessant an Motolinas

---

* Vermehrter Blutandrang im Gesicht ist eine der ersten Wirkungen nach dem Genuß von Psilocybin, der wirksamen Substanz in Teo-Nanacatl.

Beschreibung ist die Tatsache, daß schon in dem urtümlichen, mexikanischen Kontext die Effekte der halluzinogenen Pilze nicht durchweg lustvoll erlebt wurden. Es gab angstbetonte Begegnungen mit dem Pilz-Gott, in denen die Berauschten von wilden Tieren bedroht, von Feinden verfolgt, in eine Todesangst nach der anderen verfielen.

Ein weiterer Historiograph, Tezozomoc, ein bekehrter Indio, beschreibt in seiner *Crónica Mexicana,* wie bei der Krönung des später von den Spaniern ermordeten Montezuma die Mexikaner fremden Besuchern wilde Pilze *(hongos montesinos)* gaben, worauf die Gäste trunken wurden und wilde Tänze begannen. Diego Duran *(Historia de los Indios)* geht noch weiter ins Detail: Nachdem die üblichen Menschenopfer dargebracht worden waren, aßen alle Teilnehmer an der Krönungszeremonie rohe Pilze *(hongos crudos),* die sie betrunkener machten als viel Wein. In ihrer Ekstase töteten sich viele mit eigener Hand, andere erlebten durch die Macht der halluzinogenen Pilze Visionen und Offenbarungen über die Zukunft.

Der aztekische Pilzkult ist inzwischen im überwiegenden Teil Mexikos erloschen. Früher muß er sogar in anderen Gegenden Amerikas verbreitet gewesen sein. Sein Alter läßt sich nur schätzen; jedenfalls haben ihn die Azteken von erheblich älteren indianischen Kulturen übernommen. Wie S. d. Borhéguy nachgewiesen hat, spielten schon im 13. vorchristlichen Jahrhundert steinerne Bilder in Form von Pilzen eine Rolle in guatemaltekischen Kulten. Danach wäre der Pilzkult weit über 2000 Jahre alt.

Das Verdienst für die erste wissenschaftliche Beschreibung von Teo-Nanacatl gebührt dem amerikanischen Botaniker Richard E. Schultes, der 1939 narkotische Basidiomyceten in Mexiko entdeckte. Doch während Schultes' Entdeckung nur einem engen Kreis von Fachleuten bekannt wurde, erregte die sehr gründliche Erforschung noch bestehender mexikanischer Pilzkulte durch das Ehepaar Valentina Pavlovna und Gordon Richard Wasson mehr Aufsehen. Sie gaben auch den Anstoß dazu, daß die wirksamen Stoffe in Teo-Nanacatl entdeckt wurden. Seit 1953 unternahmen Wasson und seine Frau jedes Jahr während der Regenzeit (in der die Pilze wachsen, das Reisen aber höchst beschwerlich ist) Expeditionen nach Südmexiko. In Dörfern, wo die meisten Indios kein Spanisch sprechen, suchten sie das Vertrauen der Eingeborenen zu erwerben und die Pilze innerhalb der religiösen Zeremonien zu konsumieren. »Unsere Haltung war die demütiger Bittsteller, welche gekommen sind, um die Geheimnisse der heiligen Pilze zu erfahren, um ihrem eigenen Volk zu nützen«, erläutert Wasson den Geist dieser Forschungen.

Bei den Indianern gelten die Pilze als heilig, obschon der alte Name Teo-Nanacatl erloschen ist. Sie werden nicht verkauft, sondern privat überbracht, sorgfältig eingewickelt und stets hinter verschlossenen Türen gegessen. Man spricht nicht öffentlich über sie und »befragt« den Pilz nur, wenn wirklich ernsthafte Gründe vorliegen – etwa eine Krankheit, für die man ein Heilmittel zu erfahren sucht, oder wenn man Nachrichten über den Zustand eines weit verreisten Verwandten erhalten will. Der Pilz, bemerkt Wasson, überbringt »wie die Post Botschaften des Abwesenden, teilt mit, ob er lebt und gesund ist, ob krank oder im Gefängnis, ob er verheiratet ist oder Kinder hat.« Bei den Mixe ißt der Fragende die Pilze allein, ein Freund bleibt bei ihm, der seine Worte in der prophetischen Trance (→ RA I) bezeugen kann. In anderen Religionen fällt diese Rolle einem besonders befähigten Mann oder einer Frau zu, dem *curandero* oder der *curandera* (Heiler bzw. Heilerin), die innerhalb einer komplexen schamanistischen Zeremonie die Pilze essen und die Fragen beantworten, sobald sie in Trance geraten. Der solchermaßen Begabte wird von Gott berufen. Er ergreift diese Tätigkeit, wenn die Pilze, die er ißt, sie ihm anbefehlen.

Es gibt echte *curanderos* und Betrüger, welche die Trance nur heucheln. Eine der beiden echten Heilerinnen, welche die Wassons entdeckten, die Mazatekin Maria Sabina in Huantla de Jiminez, ist geradezu berühmt geworden. René de Solier hat sie in einem Buch geschildert.

Alvaro Estrada hat 1975/76, kurz vor ihrem Tod, Gespräche mit der Heilerin auf Tonband aufgenommen und daraus einen eindrucksvollen Lebensbe-

Mexikanischer Pilzstein, 3.–6. Jh. n. Chr. Höhe ca. 30 cm (Rietberg-Museum Zürich).

richt gestaltet; im Anhang findet man die »schamanischen Gesänge der Maria Sabina«; Albert Hofmann hat ein informatives Vorwort beigesteuert.

Botanische Hinweise und chemische Wirkung

Die heiligen Pilze Mexikos gehören vorwiegend zu der Gattung Psilocybe und sind mit wenigen Ausnahmen vor den Studien Wassons, den auf späteren Reisen der französische Mykologe Roger Heim begleitete, wissenschaftlich nicht bekannt gewesen. Nach ihrem Vorkommen teilen Wasson und Heim sie in folgende Gruppen:

A. Sierra Mazateca:
1. Ps. mexicana Heim
2. Ps. semperviva Heim
3. Ps. caerulescens Murrill var. Mazatecorum Heim
4. Psyungensis Singer & Smith
5. Ps. acutissima Heim
6. Stropharia cubensis Earle
7. Conocybe silinginoides Heim.
B. Abhänge des Popocatepetl, Tal von Mexiko:
8. Ps. Aztecorum Heim.
C. Tenango del Valle:
9. Ps. Wassonii Heim.
D. San Agostin Loxicha in der Sierra costera:
10. Ps. Zapotecorum Heim.
Mixerla in der Region von San Juan Mazatlàn:
11. Ps. Hoogshageni Heim
12. Ps. cordispora Heim
13. Ps. micaeensis Heim.
F. Yaitépec bei Chatino (Sierra costéra):
14. Ps. caerulescens Murril var. nigripes Heim.

Heim und seinem Mitarbeiter Roger Cailleux gelang, nach Paris zurückgekehrt, die Zucht verschiedener Psilocybe-Exemplare, zunächst in sterilen Nährböden, später in Treibhäusern auf Kompost. Mit diesem Rohmaterial konnte ein Team von Sandoz-Chemikern unter Leitung von Albert Hofmann, der bereits → LSD entdeckt und die Wirkstoffe von → Ololiuqui analysiert hatte, auch das wirksame Halluzinogen in den mexikanischen Psilocybe-Arten finden. Es handelt sich um zwei chemisch eng verwandte Stoffe, Psilocybin und Psilocin, die sich voneinander nur dadurch unterscheiden, daß Psilocybin eine Phosphatgruppe enthält, die Psilocin fehlt. Im Effekt besteht kein Unterschied zwischen Psilocybin und Psilocin. Wenig später gelang es Hofmann, Psilocybin (O-Phosphoryl-4-hydroxy-N-dimethyltryptamin) synthetisch herzustellen. Es wurde von Sandoz unter dem Warenzeichen *Indocyn* verkauft. Psilocybin beziehungsweise Psilocin sind eng mit- → Bufotin und → DMT verwandt (die Strukturformel findet sich in RA V).

Psychische Wirkung

In Dosen von acht bis zwölf Milligramm wirkt Psilocybin wie ein typisches Halluzinogen (ausführliche Beschreibung → LSD); doch hält der Effekt erheblich weniger lange an (maximal vier bis sechs Stunden) als der von → LSD oder → Meskalin. Deshalb ist Psilocybin auch sehr viel in der Psychotherapie eingesetzt worden, da seine kürzere Wirkungsdauer den Rausch leichter kontrollierbar macht. Für seinen Wert innerhalb der Psychotherapie gilt grundsätzlich dasselbe wie bei → LSD und → Meskalin, ebenso für seine Bedeutung als Hilfsmittel zu religiös-mystischer Erfahrung.

Wie bei allen Halluzinogenen, wird der Rausch durch die Erwartungen geprägt, die der Berauschte in ihn setzt, und durch die Umwelt, in der er stattfindet (→ RA III). Als Beispiel dafür zitieren wir die Berichte der beiden Männer, die sich besonders um die Entdeckung des Psilocybins verdient gemacht haben. Gordon R. Wasson nahm den Pilz in der verräucherten Hütte einer *curandera,* die mit Hilfe des Halluzinogens durch Raum und Zeit reiste und Fragen an die Geister beantwortete:

»Die heiligen Pilze Mexikos ergreifen den Esser mit unwiderstehlicher Gewalt. Sie führen zu einer vorübergehenden ... Pseudo-Schizophrenie, während der der Körper bleischwer auf der *petate,* der Matte, liegt, während man Notizen macht und Erfahrungen mit dem Nachbarn austauscht, während die Seele zu den Enden der Welt, und tatsächlich zu anderen Existenzebenen davonfliegt ... Ich selbst hatte Halluzinationen. Was ich sah, sah ich klarer als alles, was ich je zuvor gesehen hatte. Zuletzt schaute ich mit dem Auge der Seele, nicht mehr durch die groben Linsen meiner natürlichen Augen ... Alle meine Visionen besaßen eine Qualität der Ursprünglichkeit: Sah ich das Chorgestühl einer ... Kathedrale, so war es nicht schwarz von Alter und Weihrauch, sondern so frisch, als wäre es gerade eben geschnitzt aus der Hand des Meisters gekommen. Die Paläste, Gärten, Meeresküsten und Berge, die ich sah, trugen jenen Ausdruck der Neuheit, der frischen Schönheit, der uns alle gelegentlich wie ein Blitz überfällt ... Es ist ein seltsames Gefühl: Mit der Geschwindigkeit des Gedankens wird man an jeden Ort versetzt, an den man sich wünscht, und man ist dort, ein vom Körper gelöstes Auge, frei im Raum, sehend, ohne gesehen zu werden, unsichtbar, körperlos.«

Wasson erlebte also einen Abglanz der schamanistischen Seelenreise, während Hofmann, der 32 mittelgroße, getrocknete Exemplare von *Psilocybe mexicana* (sie wogen zusammen nur 2,4 g) aß, sich dem Eindruck eines aztekischen Ritus nicht entziehen konnte: »Eine halbe Stunde nach der Einnahme der Pilze begann sich die Außenwelt fremdartig zu verwandeln. Alles nahm einen mexikanischen Charakter an. Weil ich mir voll bewußt war, daß ich aus dem Wissen um die mexikanische Herkunft dieser Pilze mir nun mexikanische Szenerien einbilden könnte, versuchte ich bewußt, meine Umwelt so zu sehen, wie ich sie normalerweise kannte. Alle Anstrengungen des Willens, die Dinge in ihren altvertrauten Formen zu sehen, blieben jedoch erfolglos. Mit offenen oder geschlossenen Augen sah ich nur indianische Motive und Farben. Als der den Versuch überwachende Arzt sich über mich beugte, um den Blutdruck zu kontrollieren, verwandelte er sich in einen aztekischen Opferpriester, und ich wäre nicht erstaunt gewesen, wenn er ein Messer aus Obsidian gezückt hätte. Trotz dem Ernst der Lage erheiterte es mich, wie das alemannische Gesicht meines Kollegen einen rein indianischen Ausdruck angenommen hatte.«

Jahre später hat Hofmann mit seiner Frau und Gordon Wasson die *curandera* Maria Sabina persönlich kennengelernt und an einer Pilzzeremonie teilgenommen. Hofmann selbst trank dabei den Preßsaft von fünf Paar frischen Blättern → Ska Maria Pastora (weil er bei jener Zeremonie mit einer anderen Heilerin unpäßlich gewesen war und nicht teilnehmen konnte), während Maria Sabina die aus der Schweiz mitgebrachten Psilocybin-Pillen einnahm, die Hofmann ihr mitgebracht hatte. Da die Pillen offenbar langsamer wirkten (vielleicht auch etwas anders?), meinte Maria Sabina zunächst, den Pillen »fehle der Geist des Pilzes«.

Hofmann verteilte noch mehr Pillen, der Zeremonie entsprechend paarweise wie sonst bei den Pilzen üblich. »Nach etwa zehn Minuten begann dann auch der Geist der Pille seine Wirkungen zu entfalten, die bis zum Morgengrauen anhielten.« (Hofmann 1979, S. 165)

Der Schweizer Gelehrte erfuhr allerdings auch schlechte Nachrichten: Verärgerte Dorfbewohner, vielleicht auch neidische Kollegen, hatten es Maria Sabina verübelt, daß sie das Geheimnis des Teo-Nanacatl-Kults an Fremde, noch dazu Weiße, verraten hatte – und jenes Haus in Brand gesteckt, das sie zuvor bewohnte und in dem Gordon Wasson seine erste historische Pilz-Sitzung erlebt hatte.

Eine interessante Wirkung des Psilocybin im wissenschaftlichen Versuch beschreibt Frederic Vester (1996): Versuchspersonen konnten einen völlig verstümmelten Text (Teile von Zeilen einer Buchseite wurden sukzessive entfernt) noch rekonstruieren und verstehen, wenn sie unter Drogeneinfluß waren – was nüchternen Probanden unmöglich war. Es scheint so, als würde die Droge etwas in der ungeheuer komplexen Architektur des Gehirn mit seinen 500 Billionen Ganglien, die 15 Milliarden Neuronen verbinden, bewirken, was dem normalen Bewußtsein nicht gelingt.

Gefahren

Körperliche Gefahren durch Psilocybin sind bisher nicht bekanntgeworden; die psychischen Risiken gleichen denen von → LSD. Daß *bad trips* vorkommen, erweisen schon die historischen Berichte über Teo-Nanacatl.

W. S.

Literatur:

Benavente, T. de (gen. Motolina), *Historia de los Indios de la Nueva España,* Madrid 1569

Estrada, A., *Maria Sabina – Botin der heiligen Pilze,* München 1980

Heim, R. und Wasson G., *Les champignons hallucinogènes du Mexique,* Paris 1958

Hofmann, A., »Psychotomimetika. Chemische, pharmakologische und medizinische Aspekte«, in: *Svensk Kemist Tidskrift* 72, 1960, S. 121

Ders., *LSD – mein Sorgenkind,* Stuttgart 1979

Sahagún, B. de, *Historia general de las cosas de Nueva España* (Hrsg. C. M. Bustamente), Mexico 1829/30

Schultes, R. E., »Teonanacatl: The Narcotic Mushroom of the Aztecs«, in: *American Anthropologist* 27, 1940, S. 53

Vester, F., *Denken, Lernen und Vergessen* (1975) München 1996, S. 87 f.

Wasson, G., *The Hallucinogenic Mushrooms of Mexico: an Adventure of Ethnomycological Research* (Transactions of the New York Academy of Sciences), Februar 1959

Wasson, G. R., und V. P., *Mushrooms, Russia and History* (Pantheon), New York 1957

Tezozomoc und Duran wurden zitiert nach: Kingsborough, L. (Hrsg. Kind) *Antiquities of Mexico,* London 1831

Purin-Drogen
→ Genuß-Drogen

purple hearts
→ Weckamine

Purpurwinde
→ Ololiuqui

Qat
→ Kath

Quatlanacatl
→ Psilocybin

R

Rauschpfeffer
→ Kawa-Kawa
Rauschpilze
→ Fliegenpilz, Magic Mushrooms, Psilocybin
Red Bull
→ Genuß-Drogen
Ritalin
→ Weckamine
Romilar
→ Opiate

Rote Bohnen
(Meskal-Bohnen, Colorines, Frijolillo, Coral bean)

Geschichte
In Nordmexiko und bei den Indianern der südlichen Ebenen wurden vor der Jahrhundertwende die Samen von *Sophora secundiflora* rituell verwendet. Sie sollten bei Medizinmännern und während der Initiationszeremonien die Fähigkeit zu religiösen Visionen fördern. Heute hat den Kult der *mescal beans* durchweg der Peyote-Kult ersetzt (→ Meskalin). Peyote wurde noch längere Zeit mit den *mescal beans* verwechselt und übernahm teilweise den Namen (*mescal buttons* wurden früher die abgeschnittenen Köpfe des Peyote-Kaktus *Lophophora williamsii* genannt, → Meskalin).
In Mexiko gelten die Colorines als Liebesmittel; die Prostituierten sollen früher Ketten Roter Bohnen um den Hals getragen haben. Solche Ketten sind auch bei manchen Prärie-Indianern innerhalb der Peyote-Zeremonien üblich. Die Bohnen selbst werden nur noch gelegentlich am Abschluß verwendet – man kocht sie in einem großen Topf, jeder trinkt eine Tasse, erbricht und wird auf diese Weise »gereinigt« (Pawnee). Daß bei den Roten Bohnen psychotrope und toxische Effekte eng beieinanderliegen, zeigt auch eine Legende der Chiricahua-Apachen, in der Koyote, der Trickster (Spaßmacher), den Indianern Rote Bohnen zu essen gibt und ihnen dann, während sie betäubt daliegen, die Haare so zustutzt, wie die Apachen sie bis heute tragen.

Chemie und Wirkung
Sophora secundiflora enthält in Blättern und Samen das Alkaloid Sophorin ($C_{11}H_{12}N_2O$), das chemisch mit Cytisin, dem Alkaloid des Goldregens, identisch ist.
Cytisin ist eine hochtoxische Substanz, deren Effekte jenen von Nikotin gleichen: In geringen Dosen erregt es die Nervenzellen des Vegetativums und das Mark der Nebennieren; in höheren Dosen lähmt es diese Ganglien (durch Dauer-Depolarisierung). Da sich erregende und lähmende Effekte überschneiden, je nachdem, wie sich die Dosis im Körper verteilt und welche Ganglien (sympathische oder parasympathische) betroffen werden,

ist Cytisin therapeutisch ebenso unbrauchbar wie Nikotin. Höhere Dosen führen durch Atemlähmung zum Tode; die kritische Grenze dürfte etwa bei 50 Milligramm liegen. Indianer aus der Nähe von San Antonio berichteten, sie hätten die Bohnen früher als Rauschmittel verwendet, wobei eine halbe Bohne eine toxische Psychose mit Delirium auslöste, während eine ganze bereits einen Mann töten konnte.

Manche ältere Autoren behaupten, die Roten Bohnen seien ein wirksames Aphrodisiakum. Dazu müßte die Dosis sehr genau gewählt werden, da sonst der Betroffene nicht nur zur Liebe, sondern auch zum Leben untauglich werden kann. Durch die Wirkung auf die Ganglien des vegetativen Nervensystems läßt sich immerhin erklären, warum die Roten Bohnen in kleinen Dosen einen leichten Rausch hervorrufen, der in der Regel von heiterer Stimmung begleitet wird, wobei jede – auch die leichteste – Berührung der Haut als Kitzeln empfunden wird (Überregbarkeit peripherer Nervenzellen). Der Beeinflußte bekommt leicht Lachkrämpfe; in einer erotischen Atmosphäre wird er womöglich besonders erregbar, daher der Ruf der Roten Bohnen als Liebeszauber. Man darf diesen Effekt allerdings nicht (wie es Jean Louis Brau tut) den Bohnen aus der Gattung *Erythrina* zuschreiben, die denen von *Sophora* gleichen und auch für Halsketten verwendet werden, aber nicht narkotisch wirken.

Reko hat einen okkulten Nachtklub beschrieben, der 1903 in Oklahoma von sich reden machte: Man pflegte dort Nacktkultur und sexuelle Freiheit; als Abschluß einer Bewirtung wurden Rote Bohnen serviert, die mit Zucker und Vanille zubereitet waren. Leider schweigt Reko über die Dosierung; wenn es mehrere Bohnen pro Person waren, kann es sich kaum um die Spezies von Sophora gehandelt haben, die in San Antonio verwendet wurde.

In Mexiko werden Sophora-Bohnen auch dem Agavenbier *(pulque)* beziehungsweise dem Agavenschnaps *(mescal)* beigemischt. Sie verstärken den narkotisierenden Effekt beträchtlich. In Chinas Hafenstädten dienten die Bohnen, mit alkoholischen Getränken vermischt, dazu, vertrauensselige Matrosen zu betäuben, um sie mühelos ausplündern zu können.

Cytisin, das Sophora-Alkaloid, ist auch das wirksame Prinzip von *Genista canariensis,* einer ursprünglich nur in der Alten Welt beheimateten Ginsterart. Ihre halluzinogene Wirkung wurde aber erst von den experimentierfreudigen Medizinmännern Nordmexikos entdeckt, die auch in einigen anderen nach Amerika importierten Pflanzen (*Salvia divinorum,* den die Mazatec-Indianer rituell benutzen, sowie den Buntnesselarten *Coleus pumila* und *Coleus blumei*) halluzinogene Eigenschaften entdeckten, auf welche man in Europa nie gekommen war. Die hohe soziale Bewertung von Visionen bei den Indianern spielt hier sicher eine wichtige Rolle (→ Meskalin).

W. S.

Literatur:

Brau, J. L., *L'histoire de la drogue,* Paris 1968

Efron, D. H. (Hrsg.), *Ethnopharmacologic Search for Psychoactive Drugs,* Washington 1967

Havard, V., »Drink Plants of the North American Indians«, in: *Torrey Botanical Club Bulletin 23,* 1896, S. 33

LaBarre, W., *The Peyote Cult,* Hamden 1964

Møller, K. P., *Rauschgifte und Genußmittel,* Basel 1951

Reko, V. A., *Magische Gifte,* Stuttgart 1938

Safford, W. E., »Narcotic Plants and Stimulants of the Ancient Americans«, in: *Annuals of the Smithsonian Institute* 1916, S. 387

S

Sakrale Drogen

Die klassischen Drogen, die wir in diesem Handbuch beschreiben, wurden ursprünglich ausnahmslos in einem religiösen Kontext eingenommen, verbunden mit bestimmten Ritualen, die den Kontakt zur Welt der Götter oder zu den Geistern der Ahnen (wieder) herstellen sollten. Wir haben dies in einer Reihe von Stichwörtern (→ Banisteriopsis caapi, Cannabis, Cohoba, Coca bzw. Kokain, Fliegenpilz, Hexensalben, LSD, Meskalin, Psilocybin usw.) sowie in zwei Rahmenartikeln (→ RA I und II) ausführlich dargestellt.

Die Diskussion um Meskalin und LSD, welche zunächst Schriftsteller wie Aldous Huxley und Ernst Jünger in den vierziger und fünfziger Jahren, später der Psychologieprofessor Timothy Leary in den sechziger Jahren in Gang setzten, hat die Möglichkeit eröffnet, religiöse Erfahrungen in einem modernen Kontext zu studieren und diese nicht lediglich als Modell-Psychosen zu diffamieren. Diese Diskussion ist zwar durch das LSD-Verbot enorm erschwert worden, ist aber an sich schon schwierig genug: Wer bewertet wann was wie und warum?

Gordon Wasson, Albert Hofmann und Carl A. P. Ruck haben in einer schmalen, aber sehr gehaltvollen Studie überzeugend aufgezeigt, daß *Der Weg nach Eleusis* (so der Titel) wahrscheinlich *den* Eingeweihten zu tiefen Einsichten in das Wesen der Dinge und seiner selbst führte, der zuvor eine rätselhafte Substanz eingenommen hatte. Diese war der Göttin Demeter heilig, und deshalb handelte es sich vermutlich um den LSD-haltigen *claviceps purpurea,* der am Getreide schmarotzt. Kein Wunder, daß Hoffmann sich immer wieder, wenn auch mehr in vorsichtigen Andeutungen versteckt, in seiner Autobiographie *(LSD – mein Sorgenkind)* Gedanken über die Möglichkeiten eines modernen Kults ähnlicher Art machte.

Wir vergessen gerne, daß die romantischen Dichter (E.T.A. Hoffmann und Novalis allen voran) fast alle Rauschdrogen nahmen, später wieder die *poets maudits* um Charles Baudelaire und Theophile Gautier (→ Cannabis), gefolgt von den Dekadenten des Fin de siècle und des Jugendstil. Sie alle wußten oder ahnten, daß der schöpferische Akt (heute Kreativität genannt) manchmal stockt, daß man dem versiegenden Fluß der Einfälle auf die Sprünge helfen muß. Aber sie spürten auch am eigenen Körper und Seelenleben, daß der alte sakrale Kontext des Drogengebrauchs längst verkommen war zum Ego-Trip des vereinsamten Künstlers und Intellektuellen. In unserem Buch künden viele Beispiele davon, und es waren nicht die Schlechtesten, die an Rauschdrogen zugrunde gegangen sind oder an seiner plattesten Inkarnation: dem Sprit (aus dem der *esprit* sich rasch verflüchtigt, wenn im Unmaß eingenommen).

Festzuhalten ist, daß an der Wurzel aller Religionen das *Fleisch der Götter* steht: der Fliegenpilz, der Coca* als irdische Repräsentanz des Manco Capac, der Wein als Materialisierung des Fruchtbarkeitsgottes Dionysos bei den Griechen und als »Leib des Herrn« bei den frühen Christen oder der Peyote-Kaktus als irdische Form des *Großen Geistes.* Sowohl beim Lotus (als einem Zentrum der buddhistischen Vorstellungen) wie bei der Seerose (die den südamerikanischen Indios heilig war) vermutet man halluzinogene Eigenschaften; dies gilt auch für frühere Varianten des Weins (→ Alkohol).

Heilige Eibenhaine

Und was war mit den Eiben-Hainen unserer Vorfahren? Die Eiben galten den Germanen als heilig: Ullr, der dunkle Gegenspieler Wotans, wohnte in Eiben-Tälern. Der Grund darf nicht zuletzt in einer berauschenden Substanz vermutet werden, welche diese (Nadel-)Bäume im Sommer an heißen Tagen ausströmen. Laub und Samen, jedoch nicht die rote fleischige Hülle der Samen (der Arillus) sind giftig; sie enthalten das Alkaloid Taxin.

Der Medizinprofessor Kukowka aus Greiz, der von der Wirkung der Eiben offenbar nichts wußte, ließ sich an einem schönen Sommertag in seinem Garten unter einer Eibengruppe nieder, um zu lesen. Er mußte jedoch bald von seinem Vorhaben Abstand nehmen, weil sich eigenartige Reaktionen einstellten, die er später dem Taxin der Bäume zuordnete: »Kalter Angstschweiß befiel mich, meine Glieder waren wie gelähmt. Vampire, Kraken, züngelnde Nattern ... krochen immer bedrohlicher heran. Schon wollte ich um Hilfe rufen ... Da wich die schreckliche Beklemmung, eine euphorische, eine unsagbar glückliche Stimmung versetzte mich in ein paradiesisches Traumland. Schwerelos schwebte ich in einem riesigen Zirkuszelt, aus dessen goldener Kuppel wunderbarste Lichteffekte strahlten und himmlische Sphärenmusik ertönte...«

Da andere Menschen viel schwächer oder gar nicht auf das Eibengift reagieren, lag bei Kukowka vielleicht eine extreme Sensibilität für Taxin vor. Aber daß dieses Alkaloid solche Wirkungen entfalten kann, ist gut belegt (Details bei Küttner 1995, Kap. XII).

Ende 1996 gab es in München eine heftige Diskussion um eine Eibe, die an einem Kinderspielplatz stand. Seit 40 Jahren stand sie dort, und niemanden hatte das aufgeregt. Aber plötzlich wollte jemand gleich daneben bauen, die Eibe war im Weg – und flugs wurde entdeckt, wie giftig das Monstrum sei und wie bedrohlich deshalb für die Kinder. Ohne daß sich ernsthafter Widerstand regte, wurde der Baum gefällt. Die germanischen Vorfahren köpften Baumfrevler. Aber was kann man schon gegen Gift einwenden?

Doch was heißt das: giftig? »Alles ist Gift – die Dosis machts, ob's ein tödliches Ding ist oder ein Heilmittel!« wußte schon Paracelsus

Eine Eibe (und nicht, wie es meistens heißt, eine Esche) war vermutlich der heiligste Baum der Nordmänner: die Yggdrasil. Denn erstens sind Eschen nicht immergrün (wie von der Yggdrasil überliefert wird, s. Jordan 1995),

* Die peruanischen Wahrsager verwenden noch heute ein Orakel, bei dem sie beobachten, wie die Coca-Blätter zu Boden fallen, deren Lage anschließend interpretiert wird (Andritzky 1987).

und zweitens enthält die Esche keine Gifte. Wenn die Yggdrasil jedoch halluzinogene Effekte gehabt haben sollte (s. den Hinweis oben auf Seerose und Lotus), dann wird der sakrale Charakter dieses Urbaums und Lebensbaums sofort verständlich. Aber das muß erst noch erforscht werden.

Die Götter ziehen sich zurück

Doch die Wurzeln der sakralen Drogen reichen noch weiter zurück. Um 2.000 v. Chr. heißt es im ägyptischen Text *Die Vernichtung des Menschengeschlechts...* (Brunner-Taut 1965): »Ré, der Sonnengott, der alles sieht und der als der große Ordner die Welt richtet, durchschaute, daß die Menschen böse Pläne gegen ihn im Herzen trugen. Deshalb beschloß er, die Menschen zu vernichten. Als sein feuriges Auge sie beinahe alle getroffen hatte, hielt er inne, um einem Rest das Leben zu bewahren. Er ließ auf dem Schlachtfeld einen Rauschtrank ausgießen, so daß das feurige Auge, das in Gestalt einer Löwin wütete, von ihrem Tun abließ. Dennoch zog sich der Gott, ... von der Weltregierung zurück und begab sich auf den Rücken der Himmelskuh, den Menschen fern; er schuf den Himmel als den Wohnsitz der Götter und setzte eine neue Weltordnung ein. ›Betrübt und betroffen‹ erkannten am anderen Morgen die Menschen, daß der Gott nicht mehr unter ihnen weilte.«

Das ebenfalls 4.000 Jahre alte Epos über den archaischen Helden Gilgamesch und seine Nachtmeerreise handelt von der Suche nach einem Zauberkraut die Rede, mit dem sich der Tod besiegen läßt (es wird allerdings von einer Schlange gefressen, als der Held erschöpft ein Bad nimmt). Und wer weiß, wieviele Jahrtausende noch früher die Indoarier den Soma-Trank kannten (s. die Diskussion im Beitrag über den → Fliegenpilz), und seit wieviel Jahrzehntausenden die Schamanen uralter Völker an der *Zauberliane* in die Welt der Ahnen geklettert sind? Vielleicht ist ja das Märchen vom Gevatter Tod, das so böse und irgendwie unmärchenhaft mit der heimtückischen Ermordung des Arzt-Helden durch den Gevatter endet, gar nicht die ganze Geschichte? Helmut Hark vermerkt zu diesem Märchen, das Ende »wäre in einer anderen Kultur, zum Beispiel einer schamanistischen, der Anfang einer Einweihung in die Geheimnisse der Unterwelt«. Auch in diesem Märchen spielt ein wundersames Heilkraut eine Rolle.*

Was für die Liebesdrogen (→ Aphrodisiaka) und → Zauberdrogen gilt, das gilt sicher analog auch für die sakralen Drogen: In den Märchen und Mythen spiegelt sich ihr magischer, ihr verwandelnder Effekt (und sei es auch nur für die kurzen Stunden eines Rausches). Viele Hinweise auf solche Wirkungen findet man in Sergius Golowin volkskundlichem Buch über Hexendrogen und Feenkräuter *(Die Magie der verbotenen Märchen)* und bei Michael Küttner *(Psychedelische Handlungselemente in den Märchen der Brüder Grimm)*.

Carlo Ginzburg, Historiker in Bologna,

* An anderer Stelle habe ich (J.v.Sch.) das Märchen weitergesponnen und die Reise des Arztes aus der unterirdischen Höhle mit den Tausenden von Lebenslichtern weitergeführt zu einer richtigen Quest – eingedenk der vielfältigen Überlieferungen zur schamanistischen Reise in die Totenwelt, während welcher der Suchende zerstückelt (fragmentiert, würde man in der modernen Terminologie der Selbst-Psychologie sagen) und neu zusammengesetzt, also geheilt wird.

vermutet (1989) im Zusammenhang mit den Hexenkulten (→ Hexensalben), daß es sich hierbei um Überreste schamanistischer Praktiken gehandelt haben könnte, also ebenfalls um die »Jenseitsfahrt« von Lebenden in die Welt der Toten.

Wenn du von diesem Baum issest...

Und war es nicht ein seltsamer, mit unglaublichen Kräften ausgestatteter Apfel, der Adam und Eva im Paradies die Augen öffnete?

»Du sollst essen von allerlei Bäumen im Garten; aber von dem Baum der Erkenntnis des Guten und des Bösen sollst du nicht essen; denn welches Tages du davon issest, wirst du des Todes sterben.« (Genesis 2, 16-17)

Wir wissen nicht mehr, was für ein geheimnisvoller Apfelbaum das war und welche Frucht er wirklich trug. Aber dieser eine lange Satz, den Gott zu seinen Geschöpfen spricht – das ist die Drogenthematik auch unserer Tage, und zwar auf dem allerneuesten Stand: Verheißung unglaublicher Erkenntnisse – und tödliche Gefahr. Und dieser Satz steht ebenfalls, wie beim oben zitierten ägyptischen Text, für den Rückzug der Gottheit aus der irdischen Welt – in diesem Fall werden die Menschen »aus dem Paradies« der urtümlichen Einheit mit der natürlichen Welt vertrieben.

Zeichnungen von Vogelmenschen und surrealen Monstern, die vor etwa 32.000 Jahren in eiszeitliche Höhlen eingekerbt worden sind, geben Hinweise, wie einst Religion und Kunst entstanden sein könnten. Archäologen deuten die Funde in den prähistorischen Grotten bei Chauvet im Rhone-Tal als Stätten schamanistischer Rituale und Kulte. Diese Malereien sind doppelt so alt wie die in den bislang berühmtesten Höhlen von Lascaux und Altamira.

Vergleiche mit ähnlichen Funden in Australien aus jüngster Zeit (1996), die man sogar 100.000 Jahre zurückdatiert, deuten darauf hin, daß es sich hier um Frühformen nicht nur von Schriftzeichen und ältesten Schriften handelt, sondern auch um Urformen von religiösen Praktiken, die eventuell eine Reise zu den Geistern der Ahnen darstellen, wie sie bei schamanistischen Ritualen über die ganze damals besiedelte Erde verbreitet gewesen zu sein scheinen, bei denen auch Rauschdrogen verwendet wurden. Vielleicht ist es nur eine Spekulation von Jean Clottes, dem obersten Custos von Chauvet, und von anderen Archäologen, die auf diesem Gebiet forschen, daß Zustände von Trance, die man speziell für den surrealen beziehungsweise psychedelischen Charakter einiger dieser unterirdischen Gemälde verantwortlich macht, unter dem Einfluß halluzinogener Substanzen entstanden sind und somit ein Hinweis auf allerfrüheste Verwendung sakraler Drogen sind? Holzkohle und Farben wurden, wie moderne Rekonstruktionen des Malprozesses nahelegen, im Mund mit Speichel vermischt und teilweise an die Grottenwände gespuckt:

»Bei den Steinzeitkünstlern mag ein Mineral, das sie als Farbe zerkauten, die Trance noch verstärkt haben: In schwarzen Strichen von Gemälden in Lascaux fanden Chemiker Manganoxid, ein Gift, das Schüttellähmungen, Lachanfälle und Halluzinationen hervorruft.«

Aber vielleicht war alles viel einfacher und verursacht durch pflanzliche Drogen, die von Schamanen überall auf der Welt verwendet wurden (→ Flie-

genpilz, Psilocybin u.a.), die man nach so langer Zeit aber nicht mehr nachweisen kann?
Interessant ist jedenfalls, daß die Forscher in Zusammenhang mit bestimmten Abschnitten dieser Höhlenmalereien ausdrücklich von »psychedelischen Monstern« sprechen und somit auf künstlerische Ausdrucksformen seit den sechziger Jahren verweisen, bei denen insbesondere → Meskalin und → LSD zum Einsatz gekommen sind.

Rituale der Zukunft?
Im Beitrag über → Zukunfts-Drogen werden die eher düsteren Möglichkeiten einer von Drogengebrauch und -mißbrauch bestimmten Menschheit diskutiert. Aber könnte es nicht auch ganz anders kommen, wie Hofmann hofft, und ein von psychedelischen Erfahrungen ausgehender neuer sakraler Kult entstehen, zentriert um Drogen, die wir noch gar nicht uns auszumalen in der Lage sind? In manchen nächtlichen REM-Phasen, wie man heute naturwissenschaftlich nüchtern die Träume bezeichnet, können wir Einblicke in Dimensionen menschlichen Seins gewinnen, die sich vielleicht nur mittels Drogen weiter erschließen lassen. Wie es dann allerdings weitergeht, das ist eine andere Frage. An zwei historischen Beispielen sei es angedeutet:

- Der indische Soma-Kult wurde irgendwann in früher Geschichte vom Yoga abgelöst, der *Unsterblichkeit und Freiheit* (so der Titel von Mircea Eliades Werk) auf ganz andere Weise verheißt als die Rauschdrogen: nämlich streng, nüchtern, diszipliniert, asketisch (»Ohne Fleiß kein Preis«, könnte man es auf den Punkt bringen). Das ist etwas ganz anderes als das müde Dahindämmern ausflippender Junkies auf einem guten oder schlechten *trip.*
- Dieser erstaunlichen Entwicklung sehr verwandt ist der Weg, den vor ziemlich genau hundert Jahren (am 24. Juli 1895) Sigmund Freud begann, als er seinen ersten Traum von »Irmas Injektion« deutete, der den Beginn seiner Selbstanalyse markiert und ihn zur Psychonanalyse führte. Von dieser kann man, wie von Freud selbst, halten, was man will; aber es steht außer Diskussion, daß kaum jemand außer Albert Einstein unsere moderne Welt so tiefgreifend umzugestalten half. Auch am Anfang dieses spirituellen Weges (in einem allerdings eher modern nüchternen Verständnis) standen Erfahrungen mit einer Rauschdroge: Drei Jahre lang hatte Freud Kokain genommen, von 1884 bis 1886.* Ein Jahrzehnt später stiegen die Erinnerungen an diese Drogenzeit in mehr als einem Dutzend Träumen in ihm wieder hoch und zwangen ihn, jene früheren Erfahrungen zu verarbeiten.

Freud hätte sich bestimmt vehement dagegen gewehrt, seinen Cocain-Konsum in Zusammenhang mit einer sakralen Droge zu sehen. Vom Ergebnis her trifft es jedoch zu: Das Alkaloid gab seinem Leben eine neue, völlig andere Richtung, und aus dem Arzt üblichen Zuschnitts, der er sonst vielleicht geworden wäre, wurde ein eminent

* Freilich ohne über die Droge zu wissen, was wir heute wissen: daß sie nämlich auch ein übles Suchtgift ist. Freud erlebte damals mehr das, was ein Inka beim Kauen der Coca-Blätter erlebt haben mag: eine milde Euphorie (wenn auch mit tiefgreifenden kreativen Nachwirkungen, wie seine Träume zehn Jahre später deutlich zeigen – s. vom Scheidt 1973).

kreativer Kulturschöpfer. Als solcher verschaffte er seinen Patienten und Schülern in aller Welt (auf zehn bis 15 Millionen hat man sie bis heute geschätzt) zwar nicht unbedingt Unsterblichkeit – aber ein Stück neuer Freiheit und Tiefe der Existenz ganz gewiß.

Was ist das Sakrale?

Abschließend sollte noch die Frage gestellt werden, was denn dieses Sakrale eigentlich ist, das solche halluzinogenen Drogen zugänglich machen? Sind es wirklich nur Halluzinationen im psychiatrischen Sinne, also subjektive Sinnestäuschungen? Oder handelt es sich um innerpsychische – bzw. transpersonale Wirklichkeit(en), die dem modernen Menschen verlorengegangen sind (und die wohl auch den Menschen früherer Epochen bereits abhandengekommen waren, weshalb ja die Herbeiführung ekstatischer Zustände mittels Rauschdrogen überhaupt erst notwendig wurde!).

Sowohl der biblische Mythos von der »Vertreibung aus dem Paradies« wie der erwähnte altägyptische Mythos vom Wüten des Gottes Ré gegen die Menschen und seinem anschließenden Rückzug in den Himmel legen die Vermutung nahe, daß in – gar nicht zu ferner – historischer Zeit etwas geschehen sein muß, das die Welt der Götter und der Menschen für immer voneinander trennte, die zuvor vereint waren. Parallelen zu Geschehnissen, die jeder Mensch in den frühen Lebensjahren durchmacht und die man als den »Verlust des Paradieses der Kindheit« treffend charakterisiert, legen nahe, daß dies mit dem Erwachsenwerden zu tun hat.

Fragt sich nur, ob dieser »Verlust der Kindheit« (bzw. der sakralen Welt der Gottheit) für alle Zeiten hingenommen werden muß und der Mensch zum reduzierten Vegetieren in einer – buchstäblich – nüchternen Welt verdammt bleiben muß – oder ob nicht bestimmte Drogen irgendwann in einer künftigen humaneren Kultur wieder eine Vermittlerrolle spielen können. Eine Vermittlerrolle, wohlgemerkt, denn ständiger Gebrauch welcher Droge auch immer ist nahezu naturgesetzlich mit intrapsychischen und sozialen Veränderung verknüpft, die jedes wie auch immer geartete *Paradies* rasch zur *Hölle* werden lassen.

Über all dies ist schon viel geschrieben und diskutiert worden (auch in diesem *Handbuch* an anderen Stellen: → LSD, RA III und IV), mit am tiefschürfendsten, wenn auch einseitig areligiös, von Sigmund Freud (1927, 1933).

Ich werde jedenfalls nie vergessen, was mir ein Klient in der Drogenberatung von einem (vergleichsweise schwachen) LSD-Erlebnis berichtete. Er spielte mit einem Freund auf einer Wiese Ball, blickte zufällig in die Sonne, erstarrte und rief verzückt aus: »Ich habe den Buddha in mir gefunden!« Womit er ausdrücken wollte, daß er in diesem Augenblick von einer tiefen, lange vermißten inneren Ruhe erfüllt wurde. Diese Ruhe verschwand nach dem Drogenerlebnis rasch wieder. Aber sie war einmal erlebt worden und diente ihm von da an als eine Art Zielvorstellung, auf die er – ohne LSD wohlgemerkt – im Rahmen einer Psychoanalyse hinzuarbeiten begann.

Die Frage ist nur, wie eine solche Wiedereinführung sakraler Drogen aussehen könnte. Das Beispiel Timothy Learys mit seiner LSD-Kirche (→ LSD) demonstriert, wie es sicher nicht geht: Es funktioniert nicht *gegen* eine Kultur, die andere, leichter zu handhabende und weniger tief stimulierende Substanzen wie den Alkohol bevorzugt. Darüberhinaus fehlt einfach in der modernen Instustriegesellschaft die soziokulturelle Struktur, die im Zeitalter des Schamanismus für die Vermittlung von Traditionen und Settings sorgte, in denen die Drogenerfahrung geleitet und interpretiert wurde. Mit der Selbsternennung von Gurus, wie Leary es versuchte, ist es offensichtlich nicht getan; ja es wurde nicht einmal die kontrollierte Verwendung von LSD im Rahmen von Psychotherapie über mehr als einige wenige Jahre geduldet, wie Stanislav Grof sie versuchte. Da muß erst wieder über die Jahrhunderte etwas wachsen, und zwar nicht gegen die Umgebung, sondern mit ihr.

Einstweilen sieht es ganz im Gegenteil so aus, daß die viel schlimmeren *harten* Drogen wie Heroin und Kokain, aber auch das Massenelend des Alkoholismus leichter toleriert werden als irgendeine neue Subkultur, welche die heilsame Verwendung der einstigen (oder erst noch zu entwickelnden) sakralen Drogen beinhaltet. Aber das kann sich ja ändern.

Ob dies allerdings in Form alter Rituale durchgeführt werden kann, wie es 1994 mit dem »psychoaktiven Schamanentrank Ayahuasca aus dem südamerikanischen Regenwald« (so der Bericht von David Luczyn darüber) irgendwo in Europa geschah, geradezu verschwörerisch an einem geheimgehaltenen Ort, das halte ich für fraglich. Ein Geheimnis ist sicher nötig, wenn es um solche tiefgreifenden Erfahrungen geht; auch das Geschehen während einer Psychoanalyse hat seine Elemente, die besser geheimgehalten werden, um ihre heilsame Wirkung nicht zu zerstören (ganz abgesehen davon, daß sie mit Worten oft gar nicht zu vermitteln sind). Aber außerhalb geltender Gesetze sollte sich so etwas nicht abspielen – da sind *bad trips* mit ihren paranoiden Elementen geradezu vorprogrammiert.

J. v. Sch.

Literatur:

Andritzky, W., »Das Koka-Orakel«, in: *Esotera* Nr. 3/1987, S. 51-57

Bauer, W. (Hrsg.), *Fliegenpilz – Fleisch der Götter,* (o.J.)

Brunner-Taut, E., *Altägyptische Märchen* (1965), zit. n.: *Kindlers Literaturlexikon,* München 1974, S. 9886

Clottes, J., zit. n.: *Spiegel* Nr. 50 / 1996, S. 198 (»Geisterzeichen aus der Tiefe«)

Eliade, M., *Unsterblichkeit und Freiheit,* Zürich 1960

Estrada, A., *Maria Sabina. Botin der heiligen Pilze,* München 1980

Freud, S., »Die Zukunft einer Illusion« (1927), in: *G.W.* XIV, Frankfurt a.M. 1968

Ders., »Das Unbehagen in der Kultur« (1930), in: *G.W.* XIV, Frankfurt a.M. 1968

Ginzburg, C., *Hexensabbat. Entzifferung einer nächtlichen Geschichte,* Berlin 1989

Golowin, S., *Die Magie der verbotenen Märchen. Von Hexendrogen und Feenkräutern,* Hamburg 1973

Hark, H., *Der Gevatter Tod. Ein Pate fürs Leben,* Zürich 1986, S. 106

Hofmann, A., *LSD mein Sorgenkind,* Stuttgart 1979

Jordan, R., *Die Eiben,* Bad Windsheim 1995

Küttner, M. *Psychedelische Handlungselemente in den Märchen der Brüder Grimm,* Wetzlar 1995

Luczyn, D., »Reise zum Geist des Waldes«, in: *Esotera* Nr. 5 / 1994

Scheidt, J. vom, *Freud und das Kokain,* München 1973

Ders., *Wie es mit dem Gevatter Tod weiterging* (Privatdruck München 1997)

Wasson, G., Ruck, C. und A. Hofmann, *Der Weg nach Eleusis. Das Geheimnis der Mysterien,* Frankfurt a.M. 1984

Salbei

→ Ska Maria Pastora

Schlafmittel

Viele Rauschdrogen wurden zunächst als Schlafmittel verwandt: → Opium, → Haschisch und die → Nachtschatten-Drogen sind die bekanntesten von ihnen. Auch Alkohol, vor allem Bier, gilt vielfach als wirksames Schlafmittel. Da Euphorie, hemmende Wirkung auf die Großhirnrinde und Schlaf eng zusammenhängen, verwundert es nicht, wenn umgekehrt Schlafmittel als Rauschdrogen mißbraucht worden sind, sehr oft in Kombination mit anderen psychoaktiven Stoffen (z. B. → Weckaminen).

Geschichte
Das älteste synthetische Schlafmittel ist das Chloralhydrat, 1832 von Justus von Liebig entdeckt, aber erst 1869 von Liebreich in die Behandlung von Schlafstörungen eingeführt. Zu legendärem Ruhm gelangte das erste Schlafmittel auf Barbitursäurebasis, Veronal (kristalline Diäthylbarbitursäure). Joseph von Mering, sein Entdecker, schlief auf einer Erholungsreise nach Italien ein und erwachte erst, als der Schaffner »Verona« rief. In diesem Augenblick nahm der Handelsname für ein Präparat Gestalt an, das lange Zeit in Romanen und Filmen eine wichtige Rolle spielte. Veronal wurde 1903 synthetisiert; eine lange Reihe verbesserter Barbiturate und anderer Schlafmittel schloß sich an.

Chemische Wirkung
Da zwar sämtliche bisher bekannten Schlafmittel mißbraucht worden sind, aber lange Zeit Barbiturat-Mißbrauch die bei weitem häufigste Form darstellte, werden hier nur die Schlafmittel auf Barbitursäurebasis ausführlicher besprochen.* Für die übrigen mag eine Liste genügen, die auch die chemischen Ausgangsstoffe und Handelsnamen wiedergibt:

1. Alkohole (Amylenhydrat, Chloralose): sehr selten verwendet.
2. Aldehyde (Chloralhydrat): veraltet, war aber früher ein typisches Suchtgift, das zu schweren Nervenschäden führte.
3. Bromierte Harnstoffe, Carbamide (Adalin, Bromural, Sedormid): Sedormid wird heute wegen seiner Nebenwirkungen (Blutschäden) nicht mehr verwendet.
4. Urethan (Ethylurethan): selten verwendet.
5. Sulfone (Sulfonal, Trional).
6. Piperidine (Doriden, Noludar, Persedon): Sie wirken qualitativ wie Barbiturate. Mit ihnen verwandt ist Thalidomid (Contergan), das zu Nervenentzündungen und den berüchtigten Mißbildungen von Kindern geführt hat, deren Mütter zu Beginn der Schwangerschaft das Präparat genommen hatten. Noludar, das im Gegensatz zu den meisten anderen Schlafmitteln längere Zeit nicht rezeptpflichtig war, mußte wegen zunehmenden Mißbrauchs (vor allem in Kombination mit Alkohol) unter Rezeptpflicht gestellt werden.
7. Chinazolinone (Biosedon, Revonal).
8. Benzodiazepine (Mogadan): Der

* Im Verlauf der achtziger Jahre haben die Tranquilizer – Valium, Librium, Nobrium usw. den Barbituraten den Rang abgelaufen, da diese Beruhigungsmittel inzwischen auch als Schlafhilfen verschrieben wurden. Dies weist nachhaltig auf die Tatsache hin, daß Schlafstörungen in der überwiegenden Zahl der Fälle eine Folge psychosozialer Unstimmigkeiten und Konflikte sind. Einer Untersuchung des *drogenreport* zufolge sollen speziell die bromierten Harnstoffe seit ihrer Unterstellung unter die Verschreibungspflicht als Suchtstoffe fast bedeutungslos geworden sein.

Benzodiazepin-Gruppe gehören auch die höchst erfolgreichen Tranquilizer (Beruhigungsmittel, »Glückspillen«) Librium und Valium an, die – ebenso wie die Tranquilizer auf Meprobamat-Basis (Miltaun, Cyrpon, Aneural) – zu Gewöhnung und Sucht führen können. Die eindringliche Schilderung einer Valiumsucht findet man in dem autobiographischen Roman *Ich tanze so schnell ich kann* von Barbara Gordon (1980). Verschiedentlich wurden schon »Valium-Trips« beobachtet, d. h. Drogenkonsumenten machten sich die paradoxe Erscheinung zunutze, daß eine Überdosis dieses Beruhigungsmittels rauschähnliche Zustände hervorrufen kann, die recht gefährliche psychopathologische Folgen haben.

9. Methaqualone (s. Schluß dieses Stichwort-Artikels)

10. Barbiturate: Die zahlreichen Substanzen auf Barbitursäure-Basis gehören gewiß zu den erfolgreichsten Medikamenten, die es gibt. 1948 wurden in den Vereinigten Staaten rund 300 Tonnen Barbiturate verbraucht. Es gibt mehr als 1.000 verschiedene Derivate, die pharmakologisch geprüft wurden. Durch verschiedene Seitenketten, die man an drei Stellen des Barbitursäure-Moleküls »anhängt« (substituiert), hat man lang wirkende, kurz und ultrakurz wirkende Barbiturate herstellen können, wobei in der Regel die lang wirkenden Barbiturate älter sind als die kurz wirkenden.

Ein lang wirkendes Barbiturat, wie das erste seiner Art, das Veronal, führt notwendig zu einem »Kater«. Da am Morgen nach dem künstlich erzwungenen Schlaf noch 80 bis 90 Prozent der Wirkstoffe im Organismus sind, fühlt sich der Betroffene schlapp und müde. Er sucht sich mit Kaffee auf die Beine zu bringen oder greift gar zu einem aufputschenden Mittel (→ Weckamine). Da er dann am Abend schlecht einschlafen kann und wieder zu dem Schlafmittel greift, kann bald ein Teufelskreis in Gang kommen, der zu einer kombinierten Weckamin-Schlafmittel-Sucht führt. Um den »Kater« zu bekämpfen, hat man Barbiturate entwickelt, die viel schneller abgebaut werden (Zusammenstellung unten).

Nach wiederholter Zufuhr werden die meisten Barbiturate schneller abgebaut als beim ersten Mal. Sie haben die für ihren Abbau nötigen körpereigenen Stoffe zu vermehrter Aktivität angeregt (Enzyminduktion). Wir stellen hier die wichtigeren Barbiturate nach ihrer Wirkungsdauer zusammen:

1. *Ultralang:* Barbital (Veronal, Medinal), dessen Konzentration im Organismus nur um ungefähr 15 bis 20 Prozent pro Tag fällt (daher auch die Gefahr einer Kumulation, → RA V). Mittlere Dosis: 0,25 bis 0,50 Gramm.
2. *Lang:* Phenobarbital (Luminal, Phenaemal) und Methylphenobarbital (Prominal). Mittlere Dosis: 0,1 bis 0,2 Gramm.
3. *Mittellang:* (Durchschlafmittel): Heptabarbital (Medomin), Cyclobarbital (Phanodorm) und Aprobarbital (Numal), die alle in Dosen zwischen 0,1 und 0,2 Gramm wirken, sowie Butallylonal (Pernocton), von dem 0,2 bis 0,3 Gramm gegeben werden.
4. *Kurz wirkend:* Hexobarbital (Evipan), von dem 0,25 bis 0,5 Gramm gegeben werden. Es wird binnen weniger Stunden ausgeschieden, ist also ein Einschlaf-, kein Durchschlafmittel. Etwas länger hält der Effekt von Pentobarbital (Nembutal, Neodorm) an, das bereits in einer Dosis von 0,1 Gramm zur Wirkung kommt.

Das Barbital ist inzwischen dem Betäubungsmittel-Gesetz unterstellt, viele der anderen aufgeführten Präparate sind nicht meht im Handel.

Wirkung der Barbiturate
Die Unterschiede zwischen den einzelnen Derivaten sind rein quantitativ. Jedes Barbiturat wirkt zuerst beruhigend, führt bei höheren Gaben zum Schlaf und bei sehr hohen zu einer Narkose. Der durch Barbiturate ausgelöste Schlaf hat verkürzte REM-Phasen (Traumphasen), die Schlafqualität ist also vermindert. Eine ständige Unterdrückung des REM-Schlafes führt zu psychischen Störungen. Wie dieser Effekt physiologisch zustande kommt, ist trotz intensiver Forschungen noch unbekannt.

Gewöhnung und Sucht
Schlafstörungen können sehr verschiedene Ursachen haben; ausgesprochen körperliche sind aber sehr selten. Die *Enzephalitis lethargica economo,* eine Gehirnhautentzündung, die zu hartnäckiger Schläfrigkeit führt, tritt heute fast nirgends mehr auf. Bei alten Leuten kann mangelnde Gehirndurchblutung nächtliche Unruhe auslösen. Sie begehen aber einen großen Fehler, sich selbst – ohne ärztliche Konsultation – ein Schlafmittel zu verordnen, da viele Hypnotika den Blutdruck senken und die innere Unruhe bis zu Verwirrtheit und Desorientierung steigern können. Gehirntumoren und eine Gehirnerschütterung sowie heftige körperliche Schmerzen sind weitere Ursachen von Schlaflosigkeit aus dem körperlichen Bereich.
Eine zweite Gruppe von Ursachen der Schlaflosigkeit sind ungünstige Umweltbedingungen: unbequeme Betten, Lärm, spätes Essen mit viel Kaffee- oder Tabak-Konsum, Wohnen an einer Hauptverkehrsstraße. In dieser Gruppe von Ursachen macht sich aber bereits die Komponente der psychischen Verarbeitung bemerkbar. Viele Menschen werden auch an der verkehrsreichsten Kreuzung schlafen, während andere schon das Geräusch einer Wasserspülung hochschreckt oder ein tropfender Wasserhahn zur Verzweiflung treibt. Die Selektion bestimmter Reize während des Schlafs ist oft beobachtet worden. Der Maschinist eines Schiffes schläft im Maschinenlärm und erwacht, wenn die Maschine stillsteht; der Arzt im Bett überhört den Verkehrslärm, erwacht aber, wenn das Telefon läutet; die Mutter schläft, wenn draußen geschrien wird, erwacht aber, sobald sich ihr Kind meldet.
Sicherlich die häufigsten Ursachen von Schlaflosigkeit sind seelische Konflikte, welche die psychische Spannung so erhöhen, daß die Entspannung, welche den Schlaf herbeiführen kann, nicht mehr gelingt. Wenn die Rauschgiftkommission der Weltgesundheitsorganisation 1962 den zunehmenden Schlafmittelmißbrauch eine ernstliche Gefahr nannte, so ist das hauptsächlich darauf zurückzuführen, daß die Schlafmittelkonsumenten, psychologisch gesehen, oft neurotische Störungen haben, die ihrerseits wiederum die Gefahr von Mißbrauch und Sucht erhöhen. Viele Menschen, die überzeugt sind, ohne Schlafmittel nicht einschlafen zu können, steigern im Lauf der Zeit die verwendeten Dosen nicht und wechseln auf Anraten ihres Arztes gelegentlich das Medikament, um sich nicht daran zu gewöhnen. Andere aber lernen, über die schlafanstoßende Wirkung ihres Hypnotikums hinaus, andere Effekte schätzen. Sie merken, daß es ihre psychischen Spannungen mildert,

Konflikte durch eine angenehme Dösigkeit übertönt und sie sogar aufmuntert und anregt.
Dieser paradoxe Effekt von Barbituraten und anderen Schlafmitteln ist nicht selten beobachtet worden. Die Tatsache, daß ein einschläferndes Mittel bestimmte Menschen anregt und euphorisch macht, ist nicht so widersinnig, wie man meinen möchte. Barbiturate wirken bei manchen Tieren erregend, Narkotika haben in niedriger Dosis ebenfalls solche Effekte (Erregungsstadium, → Lösungsmittel). Es gibt also zwei Gründe, warum Barbiturate mißbraucht werden. Entweder wird die konfliktdämmende Dösigkeit und Beruhigung unabhängig vom Einschlafen gesucht, oder das Schlafmittel wirkt nicht mehr beruhigend, sondern stimulierend-euphorisierend. Möglicherweise ist diese Wirkungsumkehr in (ererbten?) Besonderheiten des Stoffwechsels der betreffenden Menschen begründet.

Gefahren durch Barbiturate
Man muß hier die akute Vergiftung durch Schlafmittel von der chronischen durch dauernden Mißbrauch unterscheiden. Akute Barbiturat-Vergiftungen kommen oft vor, da sie immer noch die häufigste Form des Selbstmordversuchs darstellen. Die Symptome entsprechen der einer Barbiturat-Narkose, die über das Toleranzstadium hinausgeht: Bewußtlosigkeit, Atemhemmung und – wenn die Dosis genügend groß war und Hilfe nicht rechtzeitig eintrifft – Tod durch Kreislaufversagen. Durch energische Therapie und Intensivpflege (künstliche Beatmung mit Sauerstoff, Schockbekämpfung, künstliche Niere, um im Blut kreisendes Barbiturat auszuschalten) kann heute die früher in der Regel tödliche Barbiturat-Vergiftung sehr oft erfolgreich behandelt werden; die Sterblichkeit ist in den letzten 20 Jahren auf ein Zehntel gesunken. Innerhalb des chronischen Mißbrauchs von Barbituraten muß man zwischen der reinen Gewöhnung an das Schlafmittel bei Menschen, die jede Nacht hohe Dosen brauchen, um einzuschlafen, und der echten Sucht unterscheiden. Die Gewöhnung ist relativ harmlos. In der Regel genügt vernünftige Aufklärung, verbunden mit Umstellung auf andere Mittel oder dem Erlernen psychischer Methoden, Schlaf zu finden (z.B. Autogenes Training), um die schlechte Gewohnheit abzustellen. Bei der Barbituratsucht ist das erheblich schwieriger. Die Betroffenen nehmen Barbiturate, oft in enormen Dosen, auch tagsüber und bekämpfen die Zeichen der zentralen Hemmung (Sprachstörungen, unsicherer Gang) mit Weckmitteln (→ Weckamine). Sie müssen eine regelrechte Entziehungskur durchmachen, wobei sehr wichtig ist, daß das Barbiturat langsam vermindert wird. Unterbricht man nämlich seine Zufuhr abrupt, können heftige epileptische Krämpfe und Kollapszustände auftreten.
Zeichen der Barbituratsucht sind Gangstörungen (gestörte Koordination der Muskeln), Händezittern, Lidflattern, übermäßiges Schwitzen. Psychisch wird der Süchtige reizbar und möglicherweise jähzornig; Interesse und Antriebe sind eingeengt. Selten kommt es zu einem »Delirium tremens«, das sich nicht von dem nach Alkohol-Mißbrauch unterscheiden läßt.

Eine neue Gefahr: die Methaqualone
Sinngemäß gilt das, was über die Gefahren der Barbiturate gesagt worden

ist, auch für eine andere Gruppe von Schlafmitteln, die Methaqualone (das wohl bekannteste und bei Drogenkonsumenten beliebteste trug den Markennamen Mandrax). Ursprünglich hatte man große Hoffnungen in diese neuen Präparate gesetzt, vor allem glaubte man, die Suchtgefahr und die Nervenschädigungen bei Dauergebrauch gemeistert zu haben. Dies hat sich jedoch als Irrtum erwiesen: Nicht wenige Jugendliche haben entdeckt, daß eine Überdosis dieses Schlafmittels paradoxerweise eine Art Euphorie zu erzeugen vermag, die dann immer wieder gesucht wird, bis sich eine ausgesprochene Abhängigkeit entwickelt hat.

In seiner Studie *Methaqualon-Mißbrauch – ein ernstes Problem* beschrieb Günther Stille, Professor am »Institut für Arzneimittel« des Bundesgesundheitsamtes, bereits 1976 Wirkung und Gefahren dieser Gruppe von über 50 Präparaten.

Die schlaffördernde Wirkung von Methaqualon wurde zufällig bei der Suche nach einem Medikament gegen Malaria entdeckt. Schon früh kamen ernste Warnungen, und zwar aus Japan, wo ein Forscher namens Kato über 176 Fälle von Methaqualon-Abhängigkeit berichtete; das waren 42 Prozent aller Drogenabhängigen in den erfaßten Kliniken. In den USA wurden von September 1972 bis Januar 1973 durch das »Drug Abuse Warning Network« schon 1.440 Fälle bekannt. Als Gründe für den Mißbrauch wurden an erster Stelle »Suche nach euphorischer Stimmungshebung« und »Überwindung von Traurigkeit« genannt. Der Mißbrauch von Methaqualon in der Bundesrepublik ging deutlich von dort stationierten amerikanischen Soldaten aus, die diese Gewohnheit aus ihrer Heimat mitbrachten.

Sehr beliebt ist es bei den Junkies, Methaqualon-Tabletten zusammen mit Wein oder anderen alkoholischen Getränken einzunehmen (»Mandrax mit Steinhäger«) – gerade diese Kombination zweier Nervengifte ist jedoch Ursache einer Reihe fataler körperlicher Störungen, vom Kopfschmerz über geschwollene Zunge bis hin zu vorübergehendem *losing my mind* (Verlust des Verstandes), dazu noch Neuritiden und andere Nervenschäden als Folge längeren Mißbrauchs, ganz abgesehen von den psychischen und sozialen Begleiterscheinungen einer regelrechten Abhängigkeit. Stille faßt seine Beobachtungen so zusammen:

»Mit Methaqualon, Bestandteil vieler gebräuchlicher Schlafmittel, gibt es ein neues Problem beim Arzneimittelmißbrauch. Neben der schlafinduzierenden Wirkung werden Wirkungen auf die Befindlichkeit beschrieben, die am ehesten noch denen von Marihuana vergleichbar sind. Der Mißbrauch kann zu Toleranzbildung führen, und nicht selten kommt es auch zu akuten und chronischen Vergiftungen, bei den in der Drogenszene verwandten hohen Dosierungen. Die Ärzte sollten sich bereits bei der Verschreibung dieser Gefahren bewußt sein.« (Stille 1976, S. 959; dort findet man auch eine Liste mit 52 Methaqualon-haltigen Spezialitäten).

Methaqualon ist heute dem Betäubungsmittel-Gesetz unterstellt. Damit ist die Substanz als Arzneimittel bedeutungslos geworden.

Die Probleme werden immer größer

Noch 1980 wurde eine Anfrage des Autors (J.v.Sch.) an das »Institut für Arzneimittel« des Bundesgesundheitsamtes in Berlin nach neuen Zahlen über den Medikamentenmißbrauch bzw. die pharmazeutische Produktion von Schlafmitteln, Tranquilizern und Schmerzmitteln vom zuständigen Experten folgendermaßen beantwortet: »Es tut mir leid, daß ich Ihnen auf Anfrage keine befriedigende Antwort geben kann. Daten über Gebrauch und Mißbrauch von Schlafmitteln, Schmerzmitteln usw. existieren bei uns nicht. Sie könnten diese praktisch nur über die Hersteller und die Industrieverbände erhalten. Im allgemeinen werden die Zahlen aber wohl gehütet.«

Inzwischen liegen Zahlen (wenn auch meist nur als Schätzungen) auf dem Tisch. Jeder dritte Deutsche erhält, laut *Kölner Universitäts-Journal* (1995), von seinem Arzt Medikamente verschrieben, die süchtig machen können. Allerdings werden nur 1,8 Prozent der Bevölkerung tatsächlich medikamentenabhängig – Frauen doppelt so oft wie Männer (beim Alkohol ist es übrigens genau umgekehrt: da führen die Männer).

Karl-Artur Kovar, Präsident der Gesellschaft für Suchtforschung und -therapie an der Universität Tübingen, sagte 1996 in einem Interview, medikamentabhängig seien in Deutschland »1,4 Millionen Menschen. Noch höher schätzt man die Zahl derer, die zwar nicht abhängig sind, aber doch Arzneimittel mißbräuchlich einnehmen... Man versteht darunter, daß Medikamente über einen längeren Zeitraum eingenommen werden, ohne daß dies medizinisch notwendig wäre.«

Schlafmittel und die ihnen sehr verwandten Beruhigungstabletten sind bei diesem Gebrauch und Mißbrauch mit über der Hälfte beteiligt: Der »Bundesverband der Innungskrankenkassen« (IKK) schätzte sie 1993 für die Bundesrepublik auf 850.000 (Gesamtzahl der Medikamentenabhängigen: 1,4 Millionen).

Der Gesamtverbrauch von süchtig machenden Medikamenten betrug laut *Jahrbuch Sucht 95* der Deutschen Hauptstelle gegen Suchtgefahren im selben Zeitraum 68 Milliarden Dosen, vor allem Tabletten. Die direkten und indirekten Folgen sind verheerend:

- Autofahrer, die Schlaftabletten oder Tranquilizer (Beruhigungsmittel) einnehmen, sind vier- bis fünfmal so häufig in Verkehrsunfälle verwickelt wie Personen, die keine Medikamente einnehmen. Prof. Ian Oswald von der Universität Edinburgh, der dies während einer Konferenz des Weltverbandes der Psychiater mitteilte, nimmt an, daß diese gesteigerte Unfallgefahr daher rührt, daß dieser Personenkreis ohnehin »seelisch unstabil« sei (nach *Frankf. Allg. Zeitung* vom 15. 11. 1979).
- Schlafmittel aus der Gruppe der Benzodiazepine (s. oben), zum Beispiel Mogadan, setzen einen Teufelskreis in Gang. Wie Forscher der Pennsylvania State University entdeckten, wirken diese Präparate zunächst wunschgemäß schlaffördernd. Aber sobald der Patient sie absetzt, können Entzugssymptome auftreten, die sich in verstärkten Schlafstörungen, psychischer Labilität bis hin zu Krämpfen auswirken. Das führt zu einer erneuten Einnahme und kann Anlaß zur Entwicklung einer Abhängigkeit sein.
- Zwei englische Ärzte (Model und Berry) warnten Ende 1974 in der Fachzeitschrift *The Lancet* (S. 869), daß Librium bereits bei der üblichen Dosierung (zwei Kapseln à 10 Milligramm täglich) den Steuerungsmechanismus der Atmung im

Gehirn stark beeinträchtigt. Noch nicht veröffentlichte Arbeiten derselben Forscher deuten darauf hin, daß auch Valium und Nobrium, die zur gleichen Gruppe von Medikamenten gehören, dieselben Nebeneffekte nach sich ziehen.

- Die Teilnehmer eines interdisziplinären Symposions in Rüdesheim haben im April 1980 schwere Vorwürfe gegen die Politik der deutschen pharmazeutischen Industrie erhoben, wichtige Informationen über Wirkungen und – speziell schädliche – Nebenwirkungen ihrer Produkte bewußt zu verschleiern. Bei dieser Tagung »Medizin im Jahre 2000«, die die nordwürttembergische Bezirksärztekammer veranstaltete, wurden insbesondere die Hersteller des Beruhigungsmittels Valium, die Hoffmann La Roche AG, angegriffen, weil sie wichtige Erkenntnisse über diesen Tranquilizer zurückhalte, der damals auf der Rangliste der Verschreibungen in der BRD immerhin den zwölften Platz einnahm. Obgleich es auf dem Beipackzettel und in der Werbung heiße, die Verträglichkeit sei »gut« und es trete keine Schädigung der Leber ein, empfiehlt die Firma in den USA bei längerer Anwendung von Valium periodische Untersuchungen der Leberfunktion und des Blutbildes. Aufgrund amerikanischer Studien sei ebenfalls »ein erhöhtes Risiko fötaler Mißbildungen nach Valiumgebrauch während der Schwangerschaft zumindest nicht auszuschließen«, sagte Eberhard Greiser von der Abteilung für Medizinische Statistik und Epidemiologie des Diabetes-Forschungsinstituts der Universität Düsseldorf (zit. n.: *Südd. Zeitung* vom 10. 4. 1980).
- Der Pharmakologe Norbert Kemper hat, zusammen mit zwei Kollegen, in der Göttinger Psychiatrischen Universitätsklinik eine aufsehenerregende Studie über suchtförmige Entwicklungen bei Einnahme von Tranquilizern erstellt. Dieser Arbeit zufolge kommen derartige Entgleisungen viel häufiger vor, als man bis dahin vermutete. Ins Schußfeld der Kritik gerieten insbesondere Beruhigungstabletten vom Typ der Benzodiazepine, die als besonders gut verträglich galten: Valium, Tavor, Adumbran, Praxiten, Lexotanil, Tranxilium und ein halbes Dutzend weiterer Psychopharmaka.
  »Ihr Suchtpotential«, so die drei Forscher, werde von den Experten teils »negiert, teils als geringfügig eingeschätzt« (Kemper 1980). In der gesamten Bundesrepublik wurden von 1960 bis 1977 nur 98 Benzodiazepin-Abhängigkeiten bekannt, also nicht einmal sechs pro Jahr. Allein in den drei Jahren von 1978 bis 1980 mußten jedoch nur in der Göttinger Universitätsklinik 173 Patienten stationär betreut werden, die nach den vielgerühmten – und viel verkauften – *happy pill*s süchtig geworden waren!
- Schließlich sei noch auf eine alarmierende Beobachtung in den USA hingewiesen. Demnach starben dort 1978 bereits doppelt so viele Menschen an den Folgen von Schlafmittelmißbrauch wie an Heroin. Die Gesundheitsbehörden in Washington haben ein »Projekt Schlaf« ins Leben berufen, dessen Ziel es ist, den Verbrauch an Schlafmitteln innerhalb von drei Jahren auf ein Zehntel des derzeitigen Standes herabzudrücken. (→ auch Medikamente) W.S. / J.v.Sch.

Literatur:
Battegay, R. R., »Sucht nach Abusus von Doriden«, in: *Praxis* 1957, S. 991
Bresser, P. H., u. a., »Das klinische Bild der chronischen Intoxikation mit Schlaf-, Beruhigungs- und Schmerzmitteln«, in: *Medizinische Welt* 17, 1962, S. 971
Bundesverband der Innungskrankenkassen (IKK), zit. n.: *Südd. Zeitung* vom 2. Dez 1993
Degkwitz, R., *Leitfaden der Psychopharmakologie,* Stuttgart 1967
Deutsche Hauptstelle gegen Suchtgefahren (Hrsg.), *Jahrbuch Sucht 95,* zit. n.: *Südd. Zeitung* vom 14. Dez 1994
Engelmeier, M. P., »Schlafstörungen und ihre Behandlung«, in: *Deutsche medizinische Wochenschrift* 90, 1965, S. 1182
Geert-Jorgensen, E., »Schlafmittel als Rauschgifte«, in: Møller, K. O., *Rauschgifte und Genußmittel,* Basel 1951, S. 269 ff.
Gordon, B., *Ich tanze so schnell ich kann,* München 1980
Hesse, E., *Rausch-, Schlaf- und Genußgifte,* Stuttgart 1966
Kemper, N., (zit. n.: *Deutsche Medizinische Wochenschrift* und *Der Spiegel* Nr. 50, 8. 12. 1980, S. 208: »Sucht nach Seelentrost«)
Kuschinsky, G., und H. Lüllmann, *Pharmakologie,* Stuttgart 1987
Stille, G., »Methaqualon-Mißbrauch. – ein ernstes Problem«, in: *Deutsches Ärzteblatt – ärztliche Mitteilungen* 73, 1976, S. 959-962

Schlankheitsmittel
→ Appetithemmer
Schmerzmittel
→ Medikamente, → Opiate
Schnüffelstoffe
→ Lösungsmittel

Schnupfdrogen

Die schriftlosen Kulturen sind durch den Bevölkerungsdruck einer globalen Durchsetzung der Industriegesellschaft auch in bisher unzugänglichen Gebieten, wie den Wüsten Südafrikas, den Dschungeln von Neu-Guinea oder von Amazonien mehr und mehr bedroht. In einem Wettlauf mit der Zeit versuchen heute neben den Anthropologen und Ethnologen auch Spezialwissenschaftler, z.B. Pharmakologen und Botaniker, das große Wissen dieser Kulturen um Pflanzenstoffe zu bewahren. Vor allem die Indianer in Südamerika scheinen außerordentlich komplexe Kenntnisse über psychotrope Möglichkeiten ihrer Pflanzenwelt zu besitzen. Einiges davon ist in diesem Handbuch unter den Stichworten (→ Banisteriopis caapi, → Cohoba, → Epena, → Meskalin und → Muskatnuß beschrieben worden. In diesem Artikel sollen vor allem die rituellen Hintergründe und die Kombinationen unterschiedlicher Wirkstoffe zusammengefaßt werden.

Geschichte
Bereits Kolumbus' Bruder Fernando Colon hat im Bericht über die zweite Reise des Entdeckers die Schnupfriten der aruakanischen Taíno auf Haiti beschrieben. »In diesem Haus haben sie ein schön gestaltetes Tablett, rund wie ein Talerstück, auf dem ein Pulver ist... dann stecken sie ein Rohr aus zwei Zweigen in die Nase, mit dem sie das Pulver schnupfen. Die Worte, die sie sprechen, versteht keiner unserer Leute; mit diesem Pulver geraten sie außer sich und werden wie betrunken.« (Colon)
Auch der von Kolumbus mit Forschungen über die Bräuche der Indianer in den großen Antillen beauftragte Mönch Ramón Pané berichtete von solchen Riten. Das Schnupfpulver war heilig; es ermöglichte dem Häuptling in Trance, die Zukunft vorherzusehen, Kontakt mit den *Cemis* herzustellen und so z.B. einen Feldzug zu führen oder ihn zu unterlassen. Cemis sind dabei sowohl Ritualstatuen, wie wir sie heute in den Museen finden, wie auch die dargestellten Götter selbst. Mytho-

logisch sieht dieser Glaube so aus, daß sich Priester in Jaguare verwandeln können; in dieser Rolle nehmen sie Kontakt zur übernatürlichen Mächten auf. (Parallelen zum europäischen Glauben an Werwölfe und Berserker sind nicht von der Hand zu weisen; die Verwandlung in ein Tier wird auch im Zusammenhang mit den → Hexensalben beschrieben).

Wie alt diese Tradition ist, läßt sich auch aus der Deutung archäologischer Funde schließen. In die Mauern des Alten Tempels von Chávin de Huatar sind sogenannte Zapfenköpfe eingelassen, die naturalistisch typische Folgen des Schnupfens der Planzenmischung zeigen – starken Schleimfluß, verzerrte Gesichter, hervortretende Augen. Zusätzlich hat man Schnupfutensilien – Tabletts und Röhrchen – gefunden, unter anderem als Grabbeigaben in der Kultur von Tiahuanaco am Titicaca-See. Auch im späteren Inca-Reich wurden unter der Bezeichnung *villca* Halluzinogene beschrieben, die geschnupft oder dem Bier beigemischt wurden. Das alles spricht dafür, daß der Gebrauch halluzinogener Schnupfdrogen in Südamerika überhaupt nicht primitiv war und den Stammeskulturen zuzuordnen ist, sondern auch in den wohlorganisierten, städtischen Gemeinwesen der Hochkulturen nachgewiesen werden kann.

Botanik und Wirkstoffe

Die wichtigsten Pflanzen, aus denen heute in Südamerika Schnupfdrogen gewonnen werden, gehören (mit wenigen Ausnahmen) den Gattungen *Anadenanthea* (Familie: *Leguminosen*) und *Virola* (Familie: *Myristicazeen-Muskatnuß*) an. Anadenanthea sind meist schlanke Bäume mit gefiederten Blättern, die Schoten mit Samen tragen (eine in Europa verbreitete Verwandte ist die Robinie); Virola sind die amerikanischen Verwandten der Muskatnuß, die in über sechzig Arten als kleine bis mittelgroße Bäume in den tropischen Wäldern der neuen Welt verbreitet sind.

Die Yanomami, bei denen der Gebrauch des Schnupfpulvers noch besonders lebendig ist, bereiten die Droge aus *Anadenanthea peregrina* zu, indem sie zerdrückte Samen mit Rindenasche mischen und die Paste auf einer Platte über dem Feuer trockenen, bis sie einen charakteristischen Geruch bemerken. Dann wird sie mit einem Stein pulverisiert und in Behältern aus Holz, Bambus oder Schneckenhäusern aufbewahrt. Um Schnupfpulver aus Virola zu gewinnen, kratzt man die weichen Rindenschichten aus und schwemmt sie mit kaltem Wasser auf; die bräunliche Flüssigkeit wird eingekocht, der Sirup getrocknet, pulverisiert und mit der Rindenasche des wilden Kakaobaums *(Theobroma sp.)* vermischt (Schultes u. Hofmann 1980). Früher wurden diese Stoffe häufig nicht nur geschnupft, sondern als Klistier genommen; die Inka gaben Anadenanthea-Samen in ihr Bier; eine Tupi-Untergruppe am Xing˙ raucht Tabak mit Anadenanthea-Samen und Witoto-Gruppen im peruanischen Grenzgebiet schlucken kleine Pillen aus dem Harz des Virola-Baumes.

Die Wirkstoffe der halluzinogenen Schnupfpulver sind vor allem Tryptaminderivate. Zunächst wurde vor allem das auch in Kröten enthaltene Bufotenin als wirksames Prinzip betrachtet (→ Cohoba); später stellte sich heraus, daß Bufotenin kein Halluzinogen im engeren Sinn ist, weil es zwar vegetative Wirkungen wie eine starke Erregung (Steigerung von Herzfrequenz und Blutdruck) bewirkt, aber die Blut-Hirn-Schranke nicht passiert. Anders Di-methyl-Tryptamin (DMT), das im Labor bereits 1931 synthetisiert wurde, dessen halluzinogene Wirkung jedoch erst 1956 im Zusammenhang mit der durch → LSD angeregten Forschung entdeckt wurde. Dabei ist die Form der Verabreichung sehr wichtig: DMT in einer Dosis von bis zu 1.000 mg oral hat keine Wirkungen auf die Psyche, während Injektionen von 50 mg in die Muskulatur bereits nach drei Minuten Halluzinationen auslösen, die nach etwa zehn Minuten einen Höhepunkt erreichen und nach spätestens einer Stunde wieder abklingen. Durch das Schnupfen wird offensichtlich die Wirkungen der Magensäfte umgangen, das Gift erreicht über die stark durchbluteten Schleimhäute rasch das Gehirn.

DMT bewirkt keine Toleranz und macht auch nicht abhängig. Die Schnupfpulver sind schwerer dosierbar als die Injektion des chemischen Stoffes; offensichtlich reagiert das Vegetativum heftig. Cuiva-Männer in den Hochebenen des kolumbianischen Grenzgebiets zu Venezuela schnupfen fast täglich ein Pulver aus *Anadenanthea peregrina.* Nach einer Prise erbrechen die Konsumenten fast immer, sie haben einen kurzzeitigen, heftigen Schnupfen infolge der Nasenreizung, erweiterte Pupillen, hervortretende Augen. Die Stimmung verändert sich schlagartig, die Konsumenten singen und berichten – ein typischer Effekt von Halluzinogenen (→ Meskalin) – daß die Umwelt farbiger aussieht. Der ersten Phase des Rauschs, in der auch Halluzinationen auftreten können, folgt eine zweite, in der sich die Konsumenten sichtlich beruhigen.

Kulturelle Bedeutung

Der Gebrauch der Halluzinogene ist in den indianischen Kulturen keine Sache von Außenseitern, sondern ein geschätzes kulturelles Mittel, um bestimmte Ziele zu erreichen. Diese hängen vor allem damit zusammen, daß ihn die Heiler (Medizinmänner, Schamanen) benutzen, um Zugang zu einer transzendenten Welt zu gewinnen. Dort bekämpfen sie dann die Ursachen menschlicher Leiden. In dem schamanistischen Weltbild, das die Jägervölker Asiens mit den amerikanischen Indianern teilen, tritt der künftige Schamane nach einem rituellen Tod, der häufig einer Schamanenkrankheit folgt, sein Amt an; auch die hierfür nötigen Ausnahmezustände werden in Südamerika häufig durch die Schnupfdrogen mitbedingt.

Typisch für Halluzinogene ist die kulturelle Ausgestaltung und Deutung des Rauscherlebens. (Opium und Alkohol sind demgegenüber eher Drogen, welche den Rückzug aus sozialen Bindungen fördern.) Die Visionen in Trance werden als kosmische Reise durch die jenseitigen Welten interpretiert, die körperlichen Mißempfindungen unter Umständen als körperlicher »Umbau« des Schamanen, als Tod und Wiedergeburt. In anderen Traditionen verwandelt sich der Schamane durch die Schnupfdroge selbst in ein Tier – meist einen Jaguar –, um in dieser Gestalt andere Zauberer, die sich möglicherweise ebenfalls transformiert haben, zu bekämpfen.

(Weitere Schnupfdrogen sind beschrieben in den Stichworten → Cohoba, → Epéna und → Muskatnuß.)

W.S.

Literatur:

Caspar, F., *Die Tupari. Ein Indianerstamm in Westbrasilien,* Berlin 1975

Colon, F., zit. n.: Reichel-Dolmatoff, Gerardo, *The Shaman and the Jaguar. A Study of Narcotic Drugs among the Indians of Columbia,* Philadelphia 1975
DeSmet,P., *Ritual Enemas and Snuff in the Americas,* Amsterdam 1985
Dobkin De Rios, M., *Hallucinogens. Cross Cultural Perspectives,* Albuquerque 1984
Kapfhammer, W., »Schnupfriten in Südamerika«, in: Helbig, J. (Hrsg.), *Brasilianische Reise 1817-1820. Carl Friedrich Philipp von Martius zum 200. Geburtstag,* München 1994, S.145f.
Reichel-Dolmatoff, Gerardo, *The Shaman and the Jaguar. A Study of Narcotic Drugs among the Indians of Columbia,* Philadelphia 1975
Schultes, R.E., Hofmann,E.A., *Die Pflanzen der Götter,* Bern 1980
Schultes, R.E., Raffauf, R.F., *The Healing Forest. Medicinal and Toxic Plants of the Northwest Amazonia,* Portland 1990

Sernyl

→ PCP, → RA V

Ska Maria Pastora

Geschichte

Im Herbst 1962 unternahmen der Drogenforscher Gordon Wasson (→ Epéna, → Fliegenpilz, → Psilocybin, → RA I) sowie Albert Hofmann, der Entdecker des LSD, und seine Frau eine Expedition nach Mexiko. Sie suchten dabei nach einer dritten Zauberdroge, die die Eingeborenen angeblich neben den bereits bekannten Teo-Nanacatl-Pilzen (→ Psilocybin) und den Samen der Winde → Ololiuqui bei religiös-medizinischen Praktiken anwenden.

Es sollte sich um den Preßsaft einer Pflanze handeln, die auf Mazatekisch (der Sprache in den südlichen Bergen) *Ska Maria Pastora* (»Blätter der Hirtin Maria [Mutter Gottes]«) genannt wird, auf Mexikanisch *hojas de la Pastora* bzw. *hojas de Maria Pastora* heißt.

In seinen Lebenserinnerungen beschreibt Hofmann die schwierige Suche nach diesem Gewächs. Es entpuppte sich als ein Vertreter der Gattung *Salvia,* eine Verwandte des bekannten Wiesensalbeis. »Die Pflanze hat blaue, mit einem weißen Helm gekrönte Blüten, die in einer 20 bis 30 cm langen Rispe angeordnet sind, deren Stiel blau ausläuft.« (S. 158)

Eine alte *curandera* brachte den Forschern ein ganzes Büschel blühender Exemplare, weigerte sich aber, mit den *Hojas* auch die entsprechende Zeremonie nach Art des Pilz-Rituals durchzuführen. Erst kurz vor der Abreise fand sich dann eine andere Heilkundige, Consuela Garcia, zu dem Ritual bereit, allerdings nur unter größter Geheimhaltung: »Niemand vom Dorf sollte uns sehen oder erfahren, daß wir dort empfangen wurden. Offenbar galt es als strafwürdiger Verrat* an heiligem Brauchtum, Fremde, Weiße, daran teilnehmen zu lassen« (S. 159). Die Curandera legte für sich selbst und Wasson je sechs Paar Blätter bereit, für Hofmanns Frau drei Paar (er selbst konnte wegen einer Magenverstimmung nicht teilnehmen). Die Hojas wurden dann zerquetscht, durch ein feines Sieb in einen Becher ausgepreßt und die gefüllten Becher mit dem Blättersaft schließlich mit viel Zeremoniell über brennendem Kopal-Harz geräuchert.

Wirkung

Die Wirkung des sehr bitter schmeckenden Tranks wurde dann im Dunkel der Hütte und der Nacht abgewartet. Nach etwa 20 Minuten sah Frau Hof-

* Aus eben diesem Grund hat man wahrscheinlich der Curandera Maria Sabina, die Wasson, und später Hofmann, an einer Pilz-Zeremonie teilnehmen ließ, das Haus angezündet (Hofmann, S. 162).

mann »merkwürdige hellumrandete Gebilde«; auch Wasson spürte die Wirkung der Droge. Die Europäer mußten der Curandera versichern, daß sie an die Kraft der heiligen Zeremonie glaubten; dann fuhr sie mit ihren Gebeten fort und begann mit der eigentlichen heilerischen Konsultation, die für Wasson aus der Frage nach dem Befinden seiner Tochter im fernen New York bestand, die sich kurz vor einer Entbindung befand. »Er erhielt die beruhigende Auskunft, Mutter und Kind befänden sich wohl.«

Alles in allem wurde die Vermutung bestätigt, daß es sich bei den *Ska Maria Pastora* um halluzinogenhaltige Pflanzen handelt, die von den Indios in der gleichen Art und zum selben Zweck wie die psilocybinhaltigen Pilze angewendet werden. Der Rauschzustand, den Wasson und Hofmanns Frau erlebten, hatte eindeutig halluzinogenen Charakter, war aber »wenig tief und nur von kurzer Dauer« (S. 161).

Die botanische Bestimmung der Pflanzenproben am botanischen Institut der Harvard-Universität in Cambridge/USA durch Carl Epling und Carlos D. Jative ergab, daß es sich in der Tat um eine bis dahin nicht beschriebene Art der Gattung *Salvia* (Salbei) handelt, die von diesen Forschern *Salvia divinorum* genannt wurde.

»Die chemische Untersuchung des Preßsaftes des Zaubersalbeis im Laboratorium blieb ohne Erfolg. Das psychisch wirksame Prinzip dieser Droge scheint eine wenig haltbare Substanz zu sein, denn bei der Prüfung des aus Mexiko mitgebrachten, mit Alkohol konservierten Preßsaftes im Selbstversuch erwies er sich als nicht mehr wirksam.«

Das Problem der Zauberpflanze *Ska Maria Pastora* harrt also, was die chemische Natur der Wirkstoffe angeht, »immer noch der Lösung« (S. 168).

J.v.Sch.

Literatur:
Hofmann, A., *LSD – mein Sorgenkind,* Stuttgart 1979, Kap. 10

Skopolamin
→ Nachtschatten-Drogen

Solanazeen
→ Nachtschatten-Drogen

Sophora secundiflora
→ Rote Bohnen

Speed

(Slang-Ausdruck für Weckamine)

Nach einem dramatischen Mordfall – ein 34jähriger Amerikaner hatte unter Speed-Einfluß seinen Sohn am Rand einer Schnellstraße erstochen und ihm den Kopf abgetrennt – wird in den USA wieder die Abhängigkeit von Weckaminen diskutiert.

Auch in Westdeutschland haben, gemessen an den ertappten Ersttätern, Heroin- und Kokainabhängigkeit 1996 gegenüber 1995 geringfügig abgenommen, während mehr Erstverbraucher von Amphetaminen festgenommen wurden (Hüllinghorst 1996). Mehrere Faktoren begünstigen diese Entwicklung:

1. In der Mittelschicht gelten Weckmittel heute wieder als Zeichen prestigeträchtigen Leistungswillens; in der Techno-Szene als Mutbeweis.

2. Die Grundstoffe sind billig zu erwerben; nach kriminalistischen Schätzungen kann ein halbwegs geschickter Chemiker in einem gut ausgerüsteten Heimlabor aus Grundstoffen zum Preis von 450 Mark Methamphetamin

im Schwarzmarktwert von vielleicht 150.000 Mark herstellen.
3. Grenzüberschreitender Schmuggel mit seinen besonderen Risiken ist nicht notwendig.
Da die Produktion in den Waschküchenlabors oft verunreinigt und in ihrer Dosierung nicht so exakt ist, wie unter den Produktionsbedingungen der Pharma-Industrie selbstverständlich, werden Stoffe, die in Schlankheitspillen und Muntermachern relativ harmlos sind, lebensgefährlich. *Speed kills* war der Slogan, mit dem Anfang der siebziger Jahre die erste Welle des Konsums dieser Droge bekämpft wurde. Während sie lange ein Schattendasein führte, kletterte in den USA die Zahl der Speed-bedingten Todesfälle seit 1992 um 145 Prozent; allein in Phoenix/Arizona starben 1994 122 Menschen an einer Überdosis Speed; 1992 waren es nur 22 gewesen (*Der Spiegel* 11/1996, S.230). Speed-Mißbrauch ist gegenwärtig im Mittleren Westen, der von der Krise der Landwirtschaft am härtesten getroffenen Zone der USA, die häufigste Ursache für psychiatrische Einweisungen; jeder dritte Sträfling in Iowa hat seine Straftat unter Speed begangen.
Wer studieren will, wie sich die Wirkung von Speed (und Halluzinogenen wie → LSD und → PCP) auf die Psyche und das Werk eines Schriftstellers auswirken können, dem sei Lawrence Sutins Biographie des amerikanischen Science-fiction-Autors Philip K. Dick empfohlen *(Göttliche Überfälle)*. Es ist faszinierend zu beobachten, wie die Einflüsse der Droge sich auf Rhythmus, Handlungsstränge, Szenen und Symbole der Romane und Kurzgeschichten auswirken.
Ursprünglicher Anlaß, Speed (Aphetamine) zu nehmen, war bei Dick wohl eine massive Schreibblockade; später gesellten sich dazu intellektuelle Neugier und die Sehnsucht nach existentieller Tiefe.

W.S./M. Sc.

Literatur:
Hüllinghorst, R., zit. n.: »Schnell gekocht«, in *Der Spiegel* Nr. 11/1996, S. 230
Sutin, L., *Philip K. Dick. Göttliche Überfälle* (1989), Frankfurt a.M. 1994

Stechapfel
→ Nachtschatten-Drogen

Steppenraute
→ Banisteriopsis caapi

STP
(2,5-Dimethoxy-4-methylamphetamin)

STP, das manchmal auch DOM oder → Speed genannt wird, ist eine synthetische Rauschdroge, die Grundstrukturen von Amphetamin (→ Weckamine) und →Meskalin verbindet. STP wurde 1967 in Kalifornien von einem Untergrund-Chemiker produziert und als Super-LSD verkauft.

Wirkung
STP ist ein starkes Gift, das über die halluzinogenen Effekte (→ LSD, → Meskalin) hinaus das Bewußtsein im Sinne einer toxischen Psychose mit Verwirrungszuständen und Desorientiertheit verändern kann. Es wirkt noch länger als LSD; der Effekt hält bis zu 72 Stunden an. Akute Angstreaktionen und längere Psychosen sind nach STP erheblich häufiger als nach jedem anderen Halluzinogen.
Besonders alarmierend war nach den ersten Erfahrungen der Ärzte mit STP-Berauschten, daß neuroleptische Medikamente (in der Regel Chlorproma-

zin = Megaphen, Largactil), die einen LSD-Rausch – vor allem einen *bad trip* – in der Regel sofort beenden, den STP-Rausch eher verschlimmern. Sie können zu Atemlähmung, Krämpfen oder extrapyramidalen Symptomen führen. Nebenwirkungen von STP sind Oberbauchschmerzen, Magenbeschwerden, Übelkeit, Gangstörungen, Muskelkrämpfe. Über die genauen Dosen ist nichts bekannt, da STP am Menschen nicht wissenschaftlich untersucht wurde.

W. S.

Literatur:

Snyder, S. H., Faillance, L. A., und L. Hollister, »2,5-Dimethoxy-4-methylamphetamin (STP). A New Halluzinogenic Drug«, in: *Science* 158, 1967, S. 669-670

Strychnin

→ Nachtschatten-Drogen

Sunshine Explosion

→ LSD

TUV

Tabak
→ Genuß-Drogen
Taurin
(→ Red Bull) → Genuß-Drogen
Tee
→ Genuß-Drogen
Telepathin
→ Banisteriopsis caapi
Teo-Nanacatl
→ Psilocybin
Theïn
→ Genuß-Drogen (Tee)
Tollkirsche
→ Nachtschatten-Drogen
Toloache
→ Nachtschatten-Drogen
Tonga
→ Nachtschatten-Drogen
Tranquilizer
→ Schlafmittel

Valoron
→ Opiate
Valium
→ Tranquilizer, → Schlafmittel

W

Wahrheits-Seren

Das älteste Wahrheits-Serum ist vielleicht der → Alkohol. *In vino veritas* hieß es schon bei den Römern: Im Wein ist Wahrheit. Dieselben Eigenschaften, die die Rauschdrogen so besonders geeignet als → Aphrodisiakum und als → Zauber-Droge machen, verhalfen einigen von ihnen auch zu der Rolle eines Wahrheits-Serums: Wenn Ich- und Realitäts-Kontrolle nachlassen – oder zeitweilig sogar verlorengehen –, dann wird unter Umständen Fremden der Zugang zu persönlichen Geheimnissen frei, die für gewöhnlich streng gehütet sind.

Der Einsatz solcher Gifte war – neben dem »hochnotpeinlichen Verhör«, also der Folter – in vielen Kulturen bekannt. Mexikanische *piuleros,* eine Art Stammesältester mit besonderen Funktionen ähnlich dem *curandero* (Heiler), benützen Agavenschnaps, der mit einem Auszug von → Ololiuqui versetzt ist, wenn sie ein Verbrechen aufklären wollen. Ololiuqui trübt das Bewußtsein mehr als → LSD und → Meskalin. Der so in einen Trance-Zustand versetzte Verdächtige wird ausgesprochen willenlos und antwortet auf die eindringlich gestellten Fragen.

Mexikanische Banditen sollen diese Methode angewandt haben, um Gutsbesitzer zum Verrat ihrer Geldverstecke zu bewegen.

Besonders eignen sich jene → Nachtschatten-Drogen als Wahrheits-Seren, die Skopolamin enthalten. Dieses ruft einen halbwachen Zustand hervor, bei dem Willenskraft und Realitätsbewußtsein des Opfers stark beeinträchtigt sind. Während Sprech- und Denkfähigkeit erhalten bleiben, wirkt der Berauschte wie hypnotisiert, in tiefer Trance. In unserem Jahrhundert hat man dann vor allem Natrium-Pentothal zum »Zungenlösen« benützt. Die genannten Eigenschaften von Halluzinogenen haben in jüngster Zeit dazu geführt, daß Geheimdienste verschiedener Länder sie überprüften, zum Teil mit spektakulären – und negativen – Erfolgen.

Besonders die entsprechenden Praktiken des amerikanischen CIA wurden publik, als 1976 ein Gericht den Angehörigen des Chemikers Frank Olson eine Entschädigung von 1,25 Millionen Dollar zusprach und der damalige Präsident, Gerald Ford, den Hinterbliebenen eine offizielle Entschuldigung aussprach.

Olson hatte 1953 eine LSD-Spritze erhalten, als er bei einer Versuchsreihe über die Wirkung von Rauschgiften mitmachte. Zehn Tage später sprang er aus dem Fenster eines Wolkenkratzers in New York. Weitere Fälle, in denen → LSD zu derartigen Versuchen mißbraucht wurde, teilweise ohne Wissen der Beteiligten, wurden 1975 im Zuge der Untersuchungen der Rockefeller-Kommission über die illegalen Tätigkeiten der amerikanischen Geheimdienste bekannt (*Südd. Zeitung* vom 15. 5. 1976).

Wahrheits-Serum für Politiker?
Den ziemlich fragwürdigen Vorschlag, ambitionierte Politiker einer umfassenden psychologischen Test-Batterie und den Wirkungen eines entsprechenden Wahrheits-Serums auszusetzen, wenn sie sich für ein höheres Amt im Staat bewerben, machte 1980 der amerikanische Science-fiction-Autor Joe W. Haldeman. Fragwürdig ist der Vorschlag unter anderem deshalb, weil es wahrscheinlich nie eine Substanz geben wird, die wie ein passender Schlüssel die geheimsten Kammern des Bewußtseins (oder gar des Unbewußten) aufschließen wird, ohne – durch die typisch halluzinogenen Nebeneffekte – die so erhaltene *Wahrheit* zu verzerren. Schließlich spielt ja nicht nur, völlig isoliert, die individuelle Lebensgeschichte eines Menschen eine Rolle und bestimmt, was ihm geheimhaltungswürdig erscheint, sondern auch die Umgebung. Der Übertragung, im psychoanalytischen Sinne, von positiven wie negativen Gefühlen auf die ausfragende Person kommt – wie in einer Psychotherapie – eine ganz zentrale Stellung zu.
Die Wahrheit (und auch sie ist ja immer subjektiv) sagt jemand in einer solchen therapeutischen Situation nur, wenn er das entsprechende Vertrauen hat. Solches Vertrauen aber muß über einen längeren Zeitraum hin entstehen und stetig wachsen, dabei immer wieder überprüft werden können: »Schon sehr früh ... wurde klar, daß das Element des Vertrauens die wichtigste Einzelvariable einer erfolgreichen LSD-Therapie war« (Grof, S. 42).
Genau dies soll aber ein Wahrheits-Serum im Grunde genommen ersparen helfen: langsam wachsendes Vertrauen. Die Droge, welche es auch immer sei, soll gewissermaßen eine psychosoziale (und wohl auch kulturelle) Beziehung zwischen Menschen durch eine biochemische Reaktion ersetzen. So wie der Mensch beschaffen ist, kann das niemals durch eine Droge allein vollbracht werden. Aber der Ausnahmezustand, den Skopolamin oder LSD herbeiführen, die künstliche Schwächung der Persönlichkeit, die man ihrer Abwehrmechanismen beraubt – sie können rücksichtslosen Ausfragern den Weg ein ganzes Stück weit bahnen. Der Unterschied zu einer regelrechten physischen Folter – die man ja durch solche Drogen auf modernere und weniger brutale Weise ersetzen möchte – ist nur graduell.

J.v.Sch.

Literatur:
Grof, St., *Topographie des Unbewußten,* Stuttgart 1978
Haldeman, J. W., »Ein Rezept für Utopia«, in: *Munich Round Up* Nr. 151, München 1950

Weckamine

(Amphetamin = Benzedrin und verwandte Stoffe, pep pills, purple hearts, speed, »Ferientabletten«. *Handelsnamen u. a. Pervitin, Preludin, Elastonon, Eventin, Captagon)*

Geschichte
Amphetamin (= Benzedrin, Elastonon) wurde zuerst 1887 von dem Chemiker Edeleanu synthetisiert, der sich aber nicht für die pharmakologischen und psychoaktiven Eigenschaften des Stoffs interessierte. Die genaue chemische Bezeichnung lautet d-1,1-Phenyl-2-aminopropan, die des chemisch

eng verwandten Methylamphetamins (= Isophen, Pervitin) 1-Phenyl-2-methylaminopropan.
1910 entdeckten die beiden englischen Physiologen Barger und Dale, daß Amphetamin dem Hormon Adrenalin chemisch ähnelt, das in den Nebennieren gebildet wird, ein Gegenspieler des Insulins ist und auf fast alle Organe des Körpers wirkt. Adrenalin erhöht den Blutdruck, läßt das Herz schneller schlagen, hemmt die Darmbewegungen und erweitert die Bronchien. Wenn wir heftig erschrecken, spüren wir anschließend eine ganze Reihe solcher Adrenalinwirkungen. Die ersten Versuche, Amphetamin als Adrenalin-»Ersatz« zu verwenden, schlugen fehl. Seine »periphere« Wirkung, das heißt der Effekt auf die Körperorgane, war gering. Die zentrale Wirkung auf das Gehirn wurde erst erheblich später zufällig entdeckt. Man hatte Amphetamin Tieren gegeben, die narkotisiert wurden, und festgestellt, daß die Narkose dann besonders kurze Zeit dauerte. Amphetamin mußte also eine »weckende«, das heißt das Gehirn erregende Aktivität auslösen, welche dem Adrenalin fehlt. Erste therapeutische Versuche unternahm man deshalb bei der *Enzephalitis lethargica,* einer speziellen Form der Gehirnentzündung, die zu dauernder Schlafsucht führt. Hier half Amphetamin den Kranken, ihr übermäßiges Schlafbedürfnis besser zu beherrschen.
In den dreißiger Jahren setzte eine Reihe psychologischer Studien ein, in denen die seelische Leistungsfähigkeit unter Amphetamin-Einfluß geprüft wurde. Es zeigte sich, daß die Spitzenleistungen nicht deutlich erhöht werden, Amphetamin aber Ermüdung und Schläfrigkeit sehr wirksam bekämpft und darum höhere Dauerleistungen gestattet. Die ersten Signale eines Mißbrauchs sah man 1937, als Studenten der Universität Minnesota, die von dem Weckamin gehört hatten, erprobte Mittel gegen Studienmüdigkeit wie Kaffee und Tee im Stich ließen und sich die begehrten *pep pills* verschafften (amerikan. *pep up* = aufmöbeln, in Schwung bringen).
Damals hörte man auch die ersten Warnungen. Amphetamin und verwandte Stoffe wirken wie die Peitsche auf ein müdes Pferd. Sie führen dazu, daß körperliche Reserven bis zum Zusammenbruch ausgeschöpft werden. Der Konsument unterdrückt gewaltsam die schützende, sein seelisches und körperliches Gleichgewicht erhaltene Müdigkeit. Amphetamine können zur Sucht führen. Sie sind auch eines der bekanntesten Mittel zum Doping beim Sport, die vor allem von Radfahrern und Langstreckenläufern verwendet werden, um jedes Gefühl der Müdigkeit zu unterdrücken und die körperlichen Reserven voll auszuschöpfen. Benzedrin hatte im Zweiten Weltkrieg so etwas wie eine strategische Bedeutung. Es wurde auf beiden Seiten viel verwendet, um Piloten im Einsatz auf langen Strecken wachzuhalten und das verhängnisvolle Einschlafen am Steuer des Flugzeugs zu verhindern.

Die einzelnen Amphetamine
Ist einmal ein pharmakologisch aktives Molekül entdeckt, dann experimentiert man mit geringfügigen Abwandlungen seiner chemischen Struktur, um den Effekt zu verbessern oder neue Effekte zu erzielen. Zwischen Amphetamin (Benzedrin) und Methamphetamin (Pervitin) bestehen keine Wirkungsdifferenzen. Beim Propylhexedrin (Eventin) ist der sogenannte

Phenylrest des Amphetamins durch einen Zyklohexyl-Rest ersetzt; der Effekt gleicht aber ebenfalls dem des Amphetamins. Verknüpft man das Amphetamin-Molekül mit einem anderen anregenden Mittel, dem Theophyllin, so erhält man Captagon, das ähnlich wie Amphetamin wirkt und mit derselben Vorsicht benutzt werden muß (Suchtgefahr!).

Ergänzt man das einfache Methamphetamin-Gerüst zu einem zweiten Ring, so erhält man das Phenmetrazin (Preludin), das früher als »Appetitzügler« bei Schlankheitskuren verwendet wurde, aber ebenfalls eine Euphorie auslöst und deshalb bei anfälligen Menschen zu einer Sucht führen kann. Diese Gefahr scheint bei einem weiteren Appetithemmer, dem Chlorphentermin (Avicol), geringer zu sein, während Methylphenidat (Ritalin) in seinem Wirkungsbild wieder mehr dem Amphetamin gleicht und deshalb ähnlich vorsichtig verwendet werden muß. Da nur Weckamine mit amphetamin-ähnlichen Wirkungen als Rauschdroge benutzt worden sind, werden wir im folgenden vor allem das Wirkungsbild dieses Stoffes schildern.

Den echten Halluzinogenen näher steht eine neue Gruppe von Amphetamin-Derivaten, die in jüngster Zeit synthetisiert und experimentell angewendet wurden: → MDA und → MMDA, welche vor allem der chilenische Therapeut Claudio Naranjo untersucht hat.

Ein weiteres Stimulans ist Ephedrin. Es wirkt nicht so intensiv erregend auf das Zentralnervensystem wie die Amphetamine, kann aber auch zu einer primär seelischen Abhängigkeit führen und ist deshalb verschreibungspflichtig. Ephedrin war in vielen Arzneimitteln enthalten, beispielsweise in Präparaten zur Behandlung von Asthma, Kreislaufstörungen, Grippe, Husten und Schnupfen. Es war also verhältnismäßig einfach zu erhalten.

Gewonnen wird die Substanz aus dem Meerträubchen, *Ephedra vulgaris.* Sie gilt als die älteste überlieferte Anregungsdroge und war schon vor über 5000 Jahren in China als Anti-Asthmatikum geschätzt. Heute weiß man warum: Das Ephedrin mildert oder beseitigt Krämpfe der Bronchialmuskulatur und Entzündungen der Atemwege. Synthetisch gewonnenes Ephedrin ist unter dem Namen *Ephetonin* im Handel; beide Varianten sind suchtbildend.

Amphetamin kann man als eine Art »Super-Ephedrin« betrachten.

In den letzten Jahren sind Kombinationspräparate dieser Art aber fast vollständig aus dem Handel genommen worden.

Psychische Wirkung

Im Gegensatz zu Adrenalin wirkt Amphetamin vorwiegend auf das Gehirn und erst in zweiter Linie auf die Körperorgane. Das Schlafbedürfnis fällt fort, das Gefühl der Müdigkeit wird unterdrückt (weshalb müde Menschen die Amphetamin-Wirkung viel deutlicher spüren als ausgeruhte). Die Denktätigkeit wird beschleunigt bis zur Gedankenflucht, die Initiative erhöht. Unter Amphetamin-Einfluß redet man lieber und ist von der Gültigkeit, ja Originalität des Gesagten überzeugter als sonst. Routinearbeit macht mehr Spaß, Widerwärtigkeiten prallen eher ab, der soziale Kontakt funktioniert besser.

Ein Selbstbericht des deutschen Psychiaters Kurt Schneider zeigt deutlich, daß diesem erhöhten Selbstgefühl und der erlebten Förderung geistiger Leistungen keine entsprechende Mehrleistung gegenübersteht, die einer kritischen Betrachtung standhält. »Unter der Pervitin-Wirkung schrieb ich viel und ausführlich, aber ich mußte am nächsten Tag das meiste wieder streichen. Der Gedankenverlauf zeigte eine wesentliche Verkürzung und war nicht mehr streng logisch. An zwei Abenden verfiel ich in unbegründete Hypothesenbildungen, die am nächsten Tag keiner Kritik standhielten. Die Initiative war vermehrt, gleichzeitig mit einem optimistischen Grundton in den Gefühlen. Ein Brief, den ich einem guten Freund schrieb, wurde mit den Worten beantwortet: ›Ich habe mich über deinen kindlichen Optimismus gefreut.‹«

Nur ein sehr kritischer Geist wird die subjektive Steigerung der Leistungsfähigkeit durch die Weckamine auf seine verminderte Selbstkritik und nicht auf eine tatsächliche Steigerung seiner geistigen Fähigkeiten zurückführen. Das haben vor allem Studenten vor einem Examen oft schmerzlich erfahren müssen. Zwar gelingt es unter Umständen wegen der unterdrückten Schläfrigkeit, mehr Stunden als sonst zu lernen. Doch der Erfolg ist oft nur subjektiv. Dank der Euphorie glaubt der Student, mehr zu beherrschen, als er tatsächlich kann. In der Prüfung wird er unter Amphetamin-Einfluß glauben, flüssig und geistreich zu sprechen und alle Fragen richtig beantwortet zu haben, während der Prüfer einen viel weniger günstigen Eindruck hat, ja den Kandidaten wegen seiner oberflächlichen Einfälle ungünstig beurteilt.

Im übrigen ist jeder Lernprozeß unter dem Einfluß bestimmter Drogen möglicherweise einem – neben anderen – von den kanadischen Psychologen Thomas Storm und William K. Caird untersuchten Phänomen unterworfen. Was gelernt wird, während ein bestimmtes Psychopharmakon auf das Nervensystem einwirkt, kann möglicherweise nur dann erinnert werden, wenn eben dasselbe Pharmakon wieder im Nervensystem vorhanden ist. Ein Student, der mit Hilfe eines Psychopharmakons – etwa eines Weckamins – büffelt, vor der Prüfung aber ein anderes Mittel – etwa einen beruhigenden Tranquilizer – nimmt, wird möglicherweise nichts von dem, was er gelernt hat, im Examen parat haben und unweigerlich durchfallen. Welche der heute verwendeten Psychopharmaka solche Folgen haben, ist allerdings noch nicht genau erforscht. Doch ist die Tatsache des drogenabhängigen Lernens und Vergessens so zweifelsfrei erwiesen, daß man bei jeder psychoaktiven Substanz diesen Verdacht hegen sollte. (Ähnliche Vorgänge können auch erklären, warum es so schwierig ist, einen Rauschzustand nüchtern zu schildern.)

Dosierung

Amphetamin und seine Derivate wirken in Gaben von wenigen Tausendstel Gramm. Pervitin kommt in der Regel in Dosen von drei Milligramm in den Handel; eine solche Tablette genügt, um bei den meisten Menschen Schläfrigkeit zu vertreiben und die zentral erregende Wirkung deutlich zu machen. Höhere Dosen über 20 Milligramm können bei Menschen, die (anders als z.B. der Amphetamin-Süchtige) nicht an den Effekt gewöhnt sind, zu sehr unangenehmen körperlichen Begleiterscheinungen führen, welche die stimulierende Wirkung überschatten: Herzklopfen, Mund-

trockenheit, Kopfweh, Übelkeit mit Erbrechen, innere Unrast und quälende Schlaflosigkeit.
Noch höhere Dosen, die gelegentlich in Selbstmordabsicht genommen werden, führen zu völliger Unrast und zerfahrenem Denken; der Kreislauf kann versagen (Kollaps) oder tiefe Bewußtlosigkeit (Koma) einsetzen. Krämpfe hat man seltener gefunden. Unbehandelt führt eine solche Intoxikation (100 bis 200 mg) in der Regel zum Tode; die heutige Medizin kennt allerdings wirksame Gegenmittel (Barbiturate, Neuroleptika, Ergotamin).

Mißbrauch und Sucht
Bei den Amphetaminen ist die Grenze zwischen Mißbrauch und Sucht nicht leicht zu ziehen, da die körperliche Abhängigkeit schwächer ist als bei den →Opiaten. Eine noch kontrollierte Verwendung von Amphetamin, um die eigene Leistung zu steigern, kann unter ungünstigen Umständen zur Sucht werden, obwohl der Betreffende vorher jahrelang die Dosis konstant halten konnte und auch zwischendurch immer wieder auf das Rauschmittel verzichtete.
Ein Beispiel, das Per F. Hansen zitiert: Ein Student nahm im Verlauf von drei Jahren dreimal je zwei Monate lang täglich 5 bis 10 Milligramm Benzedrin, weil er entweder körperlich hart arbeiten mußte, ohne genügend Schlaf zu finden, oder sich auf ein Examen vorbereitete. Das nächste Jahr sollte er sich wieder auf ein Examen vorbereiten, doch war er diesmal müde und von einer Halsentzündung geschwächt. Jetzt begann er plötzlich die Dosis zu steigern und erreichte rasch 60 Milligramm pro Tag. Er konnte nun nicht mehr auf das Mittel verzichten; er war süchtig geworden. Nach zwei Jahren wurde er durch eine Entziehungskur zumindest vorläufig geheilt.
Eine ausgezeichnete autobiographische Schilderung der Amphetamin-Sucht mit all ihren Begleiterscheinungen und Konsequenzen gibt Birgitta Sternberg in *Süchtig* (1970).
Für die Weckamine gilt dasselbe wie für die meisten Rauschdrogen: Süchtig wird nur, wer dazu disponiert ist. Disponiert ist in der Regel ein Mensch, dem der Effekt des betreffenden Mittels eine psychische Krücke verschafft, die ihm anfänglich dazu verhilft, mit seinen persönlichen Spannungen besser fertig zu werden (im Fall der Amphetamine etwa: neurotische Hemmungen, Bequemlichkeit o. ä.; → RA III). Ein amerikanischer Psychiater hat bei 300 psychisch stabilen Menschen, die während einer Abmagerungskur Amphetamin nahmen, keinen einzigen Fall von Sucht beobachtet, während Versuche an neurotischen Patienten zeigten, daß nahezu alle schon nach wenigen Wochen nicht mehr auf das betreffende Weckamin verzichten wollten. Amphetamine sind insofern typische Suchtmittel, als die Dosis ziemlich rasch und sehr stark gesteigert werden kann – bis zu Mengen, die für nicht Gewöhnte tödlich sind (200 bis 300 mg Pervitin). Die pharmakologische Gewöhnung ist also stark, aber ungleichmäßig. Der Süchtige muß zwar immer höhere Mengen nehmen, um die gewünschte Euphorie zu erzielen, gleichzeitig kann er aber nurmehr sehr schlecht schlafen. Amphetamin-Süchtige haben oft monatelang nur wenige Stunden pro Nacht geschlafen. Auf die Dauer kann das Nervensystem dem permanenten Streß nicht mehr standhalten. Vielfach kommt der Weckamin-Süchtige

in einem Zustand in das Nervenkrankenhaus, der sich kaum von einer akuten Geisteskrankheit (in der Regel einer paranoischen Schizophrenie) unterscheidet. Er leidet unter Wahrnehmungen, fühlt sich von Unbekannten bedroht und verfolgt, hört Stimmen und ist völlig verwirrt.

In weniger schweren Fällen wird die Stimmung dauernd mißmutig und gespannt. Die ursprüngliche Euphorie ist fast völlig verschwunden; selbst große Dosen führen nur dazu, daß der Süchtige sich »erträglich« fühlt. Am Morgen ist der Zustand am schlechtesten (und zu diesem Zeitpunkt werden in den Apotheken die meisten gefälschten Weckamin-Rezepte vorgelegt). Alle Bewegungen scheinen ungeheure Energie zu erfordern – eine Gegenregulation des Körpers auf die dauernde, stimulierende Wirkung des Rauschgiftes. Ein süchtiger Arzt brauchte in diesem Zustand einen halben Tag, um einige Glühbirnen einzuschrauben (Hansen).

Amphetamin galt lange Zeit als »relativ harmlos«, als »weiche Droge«. In einem Grundsatzurteil hat das Basler Appellationsgericht im Mai 1978 einen italienischen Dealer zu drei Jahren Gefängnis und fünfzehn Jahren Verweisung aus der Schweiz verurteilt. Grundlage war ein Gutachten der Basler Psychiatrischen Universitätsklinik gewesen, das auf die enorme Gefährlichkeit von → Speed hinwies, so daß ein vorangegangenes erstinstanzliches Urteil wieder aufgehoben werden konnte, in dem es geheißen hatte, die Auswirkungen von Amphetamin seien »weit weniger erschreckend« als jene des Heroin. Das Appellationsgericht verwies nachdrücklich auf die beabsichtigte Signalwirkung, die es von diesem vergleichsweise strengen Urteil erwarte, denn nur wenn in der Öffentlichkeit nach und nach bekannt werde, daß es sich bei Amphetamin um eine »harte« Droge handle (vor allem wegen der großen Gewöhnungsgefahr und der rasch eintretenden Abhängigkeit von den aufputschenden Effekten), würden auch andere Gerichte den Händlern schwerere Strafen zuerkennen (*Tages-Anzeiger,* Zürich, vom 26. 5. 1978).

Die rechtliche Situation ist gerade bei den Amphetaminen sehr undurchsichtig, weil bestimmte Präparate sich erst nach einer gewissen Zeit als gefährlich erweisen. Ein deutliches Beispiel war Anfang der siebziger Jahre der Streit um AN-1 und Rosimon-Neu. Beide galten zunächst als harmloses Schmerzmittel bzw. Beruhigungsmittel, die unwissende Ärzte gerne wegen der vom Hersteller behaupteten Ungefährlichkeit an vom Schulstreß geplagte, in der Regel aufgrund psychischer Ursachen chronisch erschöpfte Kinder verschrieben. Erst als die Fälle sich häuften, daß schon zehn- bis zwölfjährige Schüler ausgesprochene Zeichen von Amphetamin-Abhängigkeit aufwiesen, wurden AN-1* und Rosimon-Neu Mitte 1972 unter Rezeptpflicht gestellt; während sie vorher frei verkäuflich waren. Heute unterliegen die Amphetamine dem BTM-Gesetz.

Polytoxikomanie

Weckamine spielen vielfach eine Rolle in der sogenannten Polytoxikomanie (→ RA III), dem gleichzeitigen Konsum verschiedener Rauschdrogen. Amphetamin wird etwa von Alkoholikern oder auch Morphiumsüchtigen ver-

* Es gibt derzeit (1997) nur eine einzige medizinische Indikation für AN-1: die Narkolepsie (eine Art anfallsartiger Schlafsucht)

wendet, die sich am Morgen aufputschen wollen (es kann offensichtlich auch die Abstinenzerscheinungen unterdrücken und ist in dieser Beziehung wirksamer als selbst Kokain).
Eine Polytoxikomanie kann auch durch Benzedrin eingeleitet werden. Beispiel: Ein Depressiver bekommt vom Arzt Benzedrin (heute ein Kunstfehler!), wodurch er noch schlechter schläft als bisher. Deshalb nimmt er abends ein Schlafmittel in einer so hohen Dosis, daß er am nächsten Morgen träge erwacht und mehr Benzedrin braucht. Der Kranke gerät in einen Teufelskreis von künstlicher Aufregung und ebenso künstlicher Dämpfung, der den natürlichen Wach-Schlaf-Rhythmus total durcheinanderbringt.
Besonders verheerend scheint eine Kombination von Alkohol und Weckaminen zu wirken. Sie führt offensichtlich häufig zu einem »pathologischen Rausch« (→ Alkohol S. 38), wird aber trotzdem in Nachtlokalen manchmal angeboten.
Große Mengen von Weckaminen werden auf dem Schwarzmarkt gehandelt, da viele Rauschgifthändler entdeckt haben, daß die Amphetamine alle Forderungen an ein Suchtgift erfüllen. Die *pep pills, purple hearts** und wie die populären Bezeichnungen für Weckamin-Tabletten noch lauten mögen, haben vielfach eine unheilvolle Rolle in der Bandenkriminalität Jugendlicher gespielt und spielen sie noch immer. Die Kombination von Weckaminen mit Alkohol kann vielfach sinnlose Aggressivität provozieren. Hansen berichtet, daß ein Benzedrin-Süchtiger, der Alkohol getrunken hatte, mit einer Axt auf seine Eltern losging.

Entwöhnung
Die körperlichen Abstinenzerscheinungen nach Entzug von Amphetaminen sind viel schwächer als die nach einer Opiatsucht. Die Zeichen einer akuten Geisteskrankheit, die vielfach zur Aufnahme in die Klinik und zur Entwöhnung führten, klingen fast immer nach wenigen Tagen, höchstens Wochen ab. Typisch ist später ein enormes Schlafbedürfnis. Oft schläft der Kranke tagelang und später während einiger Monate jede Nacht 12 bis 14 Stunden. Der Schlaf normalisiert sich nur sehr langsam; auch tagsüber ermüdet der Kranke rasch und leidet an Niedergeschlagenheit. Gerade bei solchen Zuständen ist die Gefahr groß, daß er wieder in der stimulierenden Wirkung des Suchtmittels Zuflucht sucht, wenn er nicht dauernd überwacht wird. Zu wünschen ist fast immer die psychotherapeutische Behandlung des Grundleidens, jener neurotischen Persönlichkeitsstruktur, die sich durch das Suchtgift zugleich verriet und selbst auszubessern suchte. Wie schwierig es für den Amphetaminabhängigen ist, aus seiner Sucht auszusteigen, das beschreibt Leon E. A. Berman (1964). Eine von ihm behandelte Patientin konnte während einer mehrjährigen Psychoanalyse die ihrer Abhängigkeit zugrundeliegenden Konflikte mehr und mehr aufarbeiten und entsprechend die Dosis ihres Präparates reduzieren. Schließlich nahm sie zwar kein Amphetamin mehr ein (das ihr früher als pharmakologische Energiequelle gedient hatte, die ihr ermöglichte, in den Konkurrenzsituationen der Arbeitswelt und des Privatlebens als »menschlicher Dynamo« zu funk-

* »Purpurherzen«, so genannt wegen Farbe und Form.

tionieren), trug aber stets eine einzige der Pillen in ihrer Geldbörse bei sich. Erst als es der Frau gelang, auch dieses Symbol ihrer einstigen Sucht aufzugeben, war sie geheilt.

W. S.

Literatur:

Alwall, N., »Frequenz und Dauer der subjektiven Wirkungen von Benzedrin und Pervitin bei hochgradiger Ermüdung«, in: *Acta Medica Scandinavia* 114, 1943, S. 6

Berman, L. E. A., »Die Rolle vom Amphetamin in einem Fall von Hysterie«, in: Scheidt, J. vom (Hrsg.), *Die Behandlung Drogenabhängiger,* München 1974

Bett, W. R., u. a., *Amphetamin in der klinischen Medizin,* Berlin 1956

Bonhoff, G., und Lewrenz H., *Über Weckamine,* Berlin 1954

Kuschinsky, G., und Lüllmann H., *Pharmakologie,* Stuttgart 1987

Møller, K. O., *Rauschgifte und Genußmittel,* Basel 1951, Kap. 10

Naranjo, C., *Die Reise zum Ich – Psychotherapie mit heilenden Drogen,* Frankfurt a. M. 1979

Sternberg, B., *Süchtig,* Hamburg 1970

Weis, B., u. a., »Enhancement of Human Performance by Coffeine and the Amphetamines«, in: *Pharmacological Revue* 14, 1962, S. 1

XYZ

X-112
→Appetithemmer
Yagé (Yayé, Yagein)
→Banisteriopsis caapi
Yohimbin
→Aphrodisiaka

Zauber-Drogen

Kräuter, Tränklein, Salben und Pillen, die auf geheimnisvolle Weise die Welt und die Persönlichkeit verändern, spielen nicht nur in Liebesangelegenheiten eine Rolle (→ Aphrodisiaka). Alle natürlich vorkommenden Halluzinogene, z.B. der → Fliegenpilz und die Samen der Winde → Ololiuqui, die Coca-Blätter (→ Kokain) und Marihuana (→ Cannabis) und viele andere mehr spielten eine zentrale Rolle bei den Ritualen der Naturvölker, werden auch heute noch in den letzten Reservaten als Hilfe für den Schamanen verwendet, wenn er »zu den Ahnengeistern im Jenseits« klettert.

Traum und Wirklichkeit fließen ineinander

Die Eigenschaft der psychoaktiven Substanzen (am detailliertesten beschrieben bei → LSD), die Wahrnehmung zu verändern und neue »innere« Räume und Dimensionen zugänglich zu machen, hat die Menschen früherer Epochen – oder die Angehörigen heute noch existierender urtümlicher Kulturen – vielleicht überhaupt erst auf die Idee gebracht, daß es so etwas wie Zauberei gibt. Das »einfache Gemüt«, also der Mensch mit einem noch wenig intellektuell-rational arbeitenden Bewußtsein (z.B. das kleine Kind) vermag Vorgänge im Inneren seines Bewußtseins und »draußen« in der materiellen Wirklichkeit nicht immer klar voneinander zu unterscheiden: Traum und Tag gehen, manchmal fließend, ineinander über.

Halluzinogene verstärken diese Tendenz; sind sie stark genug, wie das → Meskalin und das → Psilocybin, können sie auch den kritischen Denker vorübergehend dazu bringen, die Welt auch einmal anders zu sehen, ihre magischen Qualitäten zu entdecken.

Mit den Flug- oder → Hexensalben haben auch nüchterne moderne Forscher die Reise zum Blocksberg nachvollziehen können; Stanislav Grof zitiert Dutzende von Berichten seiner Versuchspersonen und Patienten, die die erstaunlichsten Erlebnisse in anderen Räumen und Zeiten hatten, ganz wie die Schamanen. Diese Medizinmänner galten nicht selten als mächtige Zauberer – eben weil sie nicht nur ihre eigenen subjektiven Erlebnisse erzählten, sondern dem staunenden Publikum zu denselben oder ähnlichen Erfahrungen verhelfen konnten. Die Mysterien von Eleusis ließen sich – so vermutet Albert Hofmann – mit Hilfe von (vielleicht) LSD-ähnlichen Substanzen, aus von Mutterkorn-Schmarotzern befallenen Getreidekörnern, an Tausende vermitteln.

Wilhelm Hauff läßt in seinem Märchen vom *Kalif Storch* den Kalifen Chasid aus Bagdad und seinen Großwesir ein rätselhaftes Pulver schnupfen, das Zauberwort »Mutabor!« rufen – und zu Störchen werden. Die Rückverwandlung mißlingt zunächst, weil die beiden das Schlüsselwort vergessen – ein Hinweis darauf, daß der leichtfertige Umgang mit Substanzen dieser Potenz leicht zum Steckenbleiben in einer Persönlichkeitsveränderung (»Psychose«) führen kann. Davon wußte Hauff wahrscheinlich nichts, aber die dichterische Intuition mag ihm zu solchen Erkenntnissen verholfen haben.

Es gibt übrigens tatsächlich so ein zauberisches Schnupfpulver: das Halluzinogen → Epéna der südamerikanischen Indios.

Das Muscimol des → Fliegenpilzes vermag dem Berauschten den nachhaltigen (subjektiven) Eindruck zu vermitteln, er sei riesengroß – oder winzig klein. Lewis Carroll hat in *Alice im Wunderland* – ähnlich intuitiv wie Hauff – die Wirkung solcher Zauberpilze beschrieben.

Gottesurteile

Eine Zauber-Droge ganz besonderer Art ist ein Tee aus dem Pulver, das in vielen Gegenden der Welt aus der Rinde des Baumes *Erythrophloeum guineense* bzw. *judicale* gewonnen wird. Man verabreichte sie bei Gottesurteilen Menschen, die eines schweren Verbrechens beschuldigt waren und – je nach Reaktion auf die massive Vergiftung – ihre Unschuld beweisen konnten. Fiel die Wirkung »positiv« aus (im Rahmen der jeweiligen Kultur und ihrer Werte), hatte die Gottheit gesprochen.

Bei einer Dosis von etwa 30 Gramm, die üblicherweise vom Medizinmann zubereitet wurde, »veranlaßt das Gift Sehstörungen. Alle Gegenstände erscheinen verzerrt oder vergrößert, die Beine fangen an zu zittern, dann folgen Schwindel wie bei schwerer Trunkenheit und Erstickungsgefühl. Wer zu Boden fällt, ist als schuldig gerichtet. Tritt Erbrechen ein, so wird das als Beweis der Unschuld angesehen und die Angelegenheit ist damit entschieden« (Lewin, S. 6).

Ausgesprochen psychotrope Pflanzen, bei denen es während des Gottesurteils durch die Halluzinogenwirkung zu regelrechten Visionen kam, benutzten die südamerikanischen Indios bei ihren Gottesurteilen: die Zauberpilze des Teo-Nanacatl (→ Psilocybin), die Samen der Zauberwinde → Ololiuqui, die Blätter der → Ska Maria Pastora, auch Zaubersalbei genannt. Die derart gewonnene Wahrheit ist natürlich eine sehr subjektive – das gilt auch für jene Rauschdrogen, die man in natürlicher oder synthetischer Form als → Wahrheits-Seren verwendet.

Zauberische Fähigkeiten des Schamanen oder Medizinmannes zeigen sich natürlich auch, wenn er als Arzt auftritt. Die Heilerin Maria Sabina, die Gordon Wasson und Albert Hofmann in die Geheimnisse der mexikanischen Zauberpilze einweihte (→ Psilocybin), hat eindrucksvolle Beispiele dieser Kombination von medizinischer Begabung, Lebenserfahrung und Verstärkung durch ein Halluzinogen geliefert (Hofmann, Kap. 9; Estrada).

Es mag sogar sein, daß Halluzinogene echte hellseherische Fähigkeiten und andere paranormale Kräfte (Telepathie) anzuregen oder zu verstärken mögen (Meek 1980, Resch 1978, vom Scheidt 1972). Das letzte Wort ist da noch nicht gesprochen. Besonders eindrucksvoll ist die Vision, in der Maria Sabina, unter Psilocybin-Einfluß, die später tatsächlich stattfindende Ermordung ihres Sohnes Aurelio voraussah (Estrada, S. 116).

J.v.Sch.

Literatur:

Estrada, A., *Maria Sabina, Botin der heiligen Pilze,* München 1980

Grof, St., *Topographie des Unbewußten – LSD im Dienst der tiefenpsychologischen Forschung,* Stuttgart 1978

Hofmann, A., *LSD – mein Sorgenkind,* Stuttgart 1979

Lewin, L., *Gottesurteile durch Gifte und andere Verfahren, Beiträge zur Giftkunde,* Heft 2, Berlin 1929

Meek, G. W. (Hrsg.), *Heiler und der Heil-Prozeß,* München 1980

Resch, A. (Hrsg.), »Paranormale Heilung«, In: *Imago mundi* Bd. 6, Innsbruck 1978

Scheidt, J. vom, »Drogenrausch und parapsychische Phänomene«, in: *Zeitschrift für Parapsychologie und Grenzgebiete der Psychologie* 14, 1972, S. 244-251

Zigaretten

→ Genuß-Drogen

Zukunfts-Drogen

1. Zukunft der Drogen

Was die Rauschdrogen und den Umgang mit ihnen angeht, lassen sich folgende grundsätzlichen Möglichkeiten denken:

a) Es geht so weiter wie bisher, und immer mehr Menschen nehmen Drogen irgendeiner Art so selbstverständlich wie heute in den meisten Ländern der Welt die klassische Droge →Alkohol. Bis zum Jahr 2.100 könnte es dann in der Tat so weit kommen, daß jeder zweite Bundesbürger (oder gar Erdenbewohner) in irgendeiner Form drogengewöhnt oder drogenabhängig ist (→ Vorwort). Ein jährlicher Zuwachs von derzeit fünf Prozent zeigt, daß die Vorzeichen nachhaltig in diese Richtung weisen.

Das könnte uns ein »dionysisches« Zeitalter bescheren, ein sinnentrunkenes, wie Friedrich Nietzsche es sich ausgemalt hat. Der Philosoph dachte dabei freilich mehr an die Freuden des Weines und anderer vergleichsweise harmloser Rauschmittel. Es könnten auch ganz andere Drogen die Oberhand gewinnen, zum Beispiel das → PCP, das ausgesprochen dämonische Kräfte zu entfesseln scheint.

Oder die ganze Menschheit erliegt der »verordneten Anpassung« (Stössel) der Psychopharmaka und verfällt in eine Art Dämmerschlaf, wird zu lebenden Automaten, die den Befehlen »von oben« einer asketisch-nüchternen Machtelite widerspruchslos gehorchen. Utopische Staatsgebilde dieser Art haben Science-fiction-Autoren bereits beschrieben:

- Herbert W. Franke, ein deutscher Physiker und Kybernetiker, in *Die Glasfalle*
- Ben Bova, ein amerikanischer Journalist, in *Das Drogenparadies* (verfilmt von George Lukas unter dem Titel *THX 1138*)
- der Engländer Aldous Huxley mit seinem Klassiker *Schöne neue Welt*
- die schwedische Lehrerin Karin Boye in *Kallocain.*

In allen vier Büchern geht es um die Rebellion des Individuums gegen die Dumpfheit der Drogeneinflüsse. Es muß nachdenklich stimmen, daß alle vier Autoren, die doch aus sehr unterschiedlichen Kulturkreisen stammen, ihre Helden scheitern lassen. Die Drogen bzw. die »nüchternen« Machteliten, die sie verordnen, siegen.

b) Die Kräfte der Vernunft und der Einsicht – oder auch weit fragwürdigere Kräfte wie die der Verdrängung eigener Wünsche nach Rausch und Vergessenheit und entsprechend fanatische Bekämpfung der Drogen und der Räusche (»Krieg dem Rauschgift« → RA I) – bekommen die Oberhand und läuten ein »Zeitalter der Askese« ein, ein »apollinisches« Zeitalter.

Das muß dann aber keineswegs das Paradies auf Erden sein. George Orwell hat in *1984* totalitäre Staatswesen beschrieben, die ohne Drogen regieren und die dennoch – mit der geisttötenden Kraft ihrer sinnleeren Ideologien, die aber letztendlich wie eine Droge wirken – ganze Völker unterdrücken. Ein Rauschgift nach Art des Morphiums wird dann zur Erlösung für das gequälte Individuum, dem der Machthaber seine Rebellion mit Foltern und Gehirnwäsche heimzahlt:

»Eine Nadel drang in Winstons Arm. Fast im gleichen Augenblick durchflutete eine wonnige wohltuende Wärme seinen ganzen Körper. Der Schmerz war beinahe halbwegs vergessen. Er öffnete die Augen und blickte dankbar zu O'Brien empor...« (S. 232)

Orwells Buch ist eine Mahnung für alle, die meinen, daß sich mit Hilfe von Rauschdrogen die Zukunft zum Himmel auf Erden gestalten würde, gewissermaßen von allein, nur durch die Räusche und die daraus – vielleicht – gewonnenen Einsichten – s. Timothy Learys *Politik der Ekstase*. Die »nüchternen Realisten« warten wahrscheinlich nur darauf, daß genügend Menschen sich derart schwächen, um sie dann – mit oder ohne Drogenhilfe – zu knechten. Was Bova, Franke und Huxley in ihren erwähnten Romanen beschreiben, das nimmt seinen Ausgang da, wo mehr und mehr Menschen sich Drogen oder einfach auch nur dumpf machenden Tranquilizern (→ Schlafmittel) oder »Schmerzen« dämpfen – den → Medikamenten auf Dauer ausliefern.

c) Am wahrscheinlichsten kommt mir (J.v.Sch.) eine Mischform vor, wobei noch die Frage ist, wie weit rauschfreundliche einerseits und rauschverzichtende, rauschablehnende oder gar rauschfeindliche Fraktionen andererseits in der zukünftigen Menschheit miteinander auskommen könnten.

Die »Nüchternen« sehen es nicht gerne, wenn andere ihren hedonistischen Bedürfnissen nachgeben und sich in die Wolken der Haschisch- und Opiumpfeifen zurückziehen. Herrscher vergangener Jahrhunderte haben sogar gegen den Konsum weit harmloserer →Genuß-Drogen drakonische Strafen verhängt, beispielsweise Kaffeetrinker in jene Säcke eingenäht, in denen ihr Lieblingsgetränk transportiert worden war, und im Meer ertränkt. Wer gut funktionierende Arbeiterheere braucht, um eine Leistungs- und Konsumgesellschaft am Laufen zu halten, kann Berauschte nicht gebrauchen, schon gar nicht in größerer Anzahl. Sie stören das System.

d) Außerdem läßt sich noch vorstellen, daß Drogenkonsum, insbesondere der von Halluzinogenen (→ Cannabis, → LSD, → Meskalin, → Psilocybin) eine Art freiwilliges Durchgangs- bzw. Reifungsstadium wird, nach Art der Pubertät oder – wie sich heute immer deutlicher abzeichnet – nach Art des *Single-Seins* (vom Scheidt 1997).

Albert Hofmann hat in seinen Memoiren (Kap. 15) solche Visionen entwor-

fen, in denen er das von ihm entwickelte LSD-25 als sakramentale Droge sieht, wie sie in ähnlicher Weise einmal bei den Mysterien von Eleusis eine zentrale Rolle gespielt haben könnte. Er greift dabei auf Gedankengänge zurück, die Aldous Huxley in seinem letzten Werk, dem Zukunftsroman *Island,* geäußert hat.
Drogengebrauch könnte sich in diesem letztgenannten Zukunftsmodell aber auch als eine Art unfreiwilliger Entwicklungsstörung des modernen Menschen herausbilden, die weite Kreise der Bevölkerung durchmachen (müssen), so wie man als Kind Masern und Keuchhusten durchmacht, um im späteren Leben dagegen immun zu sein. Epidemiologische Beobachtungen sprechen sehr deutlich für einen solchen Verlauf. Wobei man sich allerdings darüber im klaren sein muß, daß viele der heute gebrauchten Drogen lebensgefährliche Eigenschaften haben und zumindest die seelische und soziale Gesundheit nachhaltig gefährden, wenn sie nicht sogar Leib und Leben beeinträchtigen (→ Kokain, → Opiate, → PCP).
Im Juli 1980 erschien im *Journal Zukunft* ein Aufsatz von Peter Schwartz mit dem Titel: »Die Ölkrise und 40 weitere Probleme, die die Welt erschüttern werden.« Als elftes Problem erwähnt der Autor den »Alkoholismus bei Heranwachsenden«. Dieser wird, schon wegen der damit einhergehenden Kriminalität, in der Tat noch zu gewichtigen Schwierigkeiten führen. Aber interessanterweise behandelt Schwartz überhaupt nicht die Gefahr der vielen anderen Rauschdrogen: Haschisch, Kokain, Opiate, PCP ...
Wenn schon in einem solchen, ansonsten gut recherchierten Aufsatz das Drogenproblem nur auf den Alkoholismus reduziert wird – wie sollen dann zum Beispiel Politiker und andere Zukunftsplaner dieses wuchernde »Krebsgeschwür« der Drogen in seinen richtigen Proportionen wahrnehmen?
Die Drogengesellschaft der Zukunft wird, dies nur nebenbei, keineswegs nur von Bösewichten versorgt werden, die ihre »heiße« Ware in Kellerlabors herstellen und in dubiosen Kneipen vertreiben. Der Kampf gegen die Dealer, wie ihn William Friedkins Film *The French Connection* in aller Erbarmungslosigkeit und letztendlich Sinnlosigkeit darstellt, ist inzwischen zu einem Kampf gegen einen Teil eines Berufsstands geworden, der bisher über allen Zweifel erhaben schien und dem nur linksradikale Theoretiker vorwarfen, er versorge die Bevölkerung mit »offiziellen Drogen«: die Apotheker.
In Deutschland mehren sich Fälle, daß Apotheken die Rauschgiftkonsumenten mit rezeptpflichtigen Mitteln versorgen, mit → Opiaten oder opiatähnlichen Substanzen (Medinox, Valoron, Vesparax, X-112), mit Amphetaminen, mit → Schlafmitteln (vor allem Mandrax). Einer Pharmazeutin aus Frankfurt-Preungesheim wies man nach, daß sie an einen ihrer »Kunden« 33.0000 Mandrax-Tabletten abgab – für ein Rezept der »Universität Ankara«, das in Deutschland laut Arzneimittelgesetz gar nicht eingelöst werden darf.
Einen anderen Apotheker ertappten die Fahnder im Frankfurter Bordellmilieu dabei, wie er auf offener Straße 1.200 Mandrax-Tabletten feilbot, nachdem er zuvor schon mehr als 10.000 dieser Pillen ohne Rezept in seiner Apotheke veräußert hatte.
Die Motive sind, wie bei jedem Dealer, »reine Gewinnsucht« (so der damalige Geschäftsführer der Landesapothekerkammer Hessen, Udo Dietrich).

Die Drogengesellschaft wird also von zwei Seiten her aufgebaut:

- Zum einen von den »bösen« Kriminellen und den Gewinnsüchtigen (Kriminelle im »weißen Kragen«), die einfach mal das eine oder andere lohnende Geschäft »mitnehmen«
- zum anderen von der unheiligen Allianz der ganz normalen und »braven« Ärzte und Apotheker, die Tag für Tag, Patient für Patient ihre Zehntausende von Präparate verschreiben und die damit die Menschen daran gewöhnen, daß man mit Tabletten Krankheiten wirklich heilen könnte – was ein Irrtum ist, wie sich immer deutlicher zeigt (→ Medikamente).

Eine verwandte Thematik wird ausführlicher behandelt im Stichwort → Polamidon. Wer meint, Heroinsüchtige durch ein anderes Präparat »heilen« zu können, trägt ebenfalls dazu bei, daß die zukünftige Gesellschaft eine Drogen-Gesellschaft wird. Das Scheitern der Methadon-Programme zeigt indes, daß die Rechnung nicht aufgeht.

Ähnliches tut sich auf dem Sektor der Krebsforschung und -behandlung. Die Untersuchungen konzentrieren sich primär auf neue Medikamente wie Interferon und vernachlässigen völlig, daß bei jeder körperlichen Krankheit die Seele stets mitbeteiligt ist und:

- ernstzunehmende Wissenschaftler wie Ronald Grossarth Maricek auf diese psychischen und sozialen (Mit-)Ursachen bei der Krebsentstehung nachhaltig hinweisen,
- die erschütternde Autobiographie des an Krebs gestorbenen Schweizer Lehrers Fritz Zorn *(Mars)* diese Thesen eindringlich untermauert.

Dennoch huldigt der größte Teil der Krebs-Forscher nach wie vor dem Glauben, Krebs lasse sich mit »Stahl und Strahl« (durch Operationen und Bestrahlungen) und durch Medikamente heilen.

Vielleicht kommt einer dieser »Abergläubischen« eines Tages tatsächlich auf die Idee, Krebskranken nicht nur mittels LSD zu einem besseren Sterben zu verhelfen (Grof und Halifax), sondern Rauschdrogen direkt zur Krebsbehandlung einzusetzen? Es könnte ihm dann allerdings so gehen wie Harry Wintergreen in der Science-fiction-Geschichte von Norman Spinrad (s. Kasten S. 372)

2. Die Schrift an der Wand

Ein beeindruckender Vertreter der asketischen oder »apollinischen« Fraktion war Sigmund Freud. Von seiner Kokain-Episode einmal abgesehen – bei der diese Droge für ihn aber nicht wegen der Räusche genommen wurde, sondern wegen ihrer stimulierenden Effekte –, lehnte der Schöpfer der Psychoanalyse jede Art von künstlicher Bewußtseinsveränderung ab.

Er war und blieb trotz seiner wohl durch den Tabak ausgelösten Krebserkrankung ein starker Raucher. Die Qualen der wiederholten Mundkrebsoperationen suchte er ohne Analgetika zu meistern. Erst in den letzten Lebenstagen, als die Krebswucherung nicht mehr auszuhalten war, bat er seinen Arzt um das erlösende Morphium. Vorher lehnte er alle diese Hilfsmittel vehement ab, weil ihm die Klarheit seines Verstandes und seines Bewußtseins über alles ging. Ähnlich darf man bewerten, was die Rockgruppe Pink Floyd in einem Stück ihres Albums *The Wall* aussagt. Dort singt Roger Waters mit Vehemenz:

»I don't need no arms around me –

I don't need no drugs to calm me – I have seen the writing on the wall...«*
Mit der »Schrift an der Wand« ist das »Mene, Mene, Tekel, Upharsin« gemeint, das Gott dem lasterhaften, unmenschlichen babylonischen König Belsazar vor seinem Untergang in Flammenschrift an die Wand seines Palastes brannte. Es mag erstaunen, daß ausgerechnet Pink Floyd eine solche Warnung vor den Drogen ausspricht. Aber im Gegensatz zu der weitverbreiteten Meinung, daß die Gruppe Halluzinogene nehme, um ihre psychedelische Musik zu schaffen, verzichtet sie ausdrücklich darauf; lediglich der ehemalige Gitarrist Syd Barret nahm einen LSD-Trip nach dem anderen, bis er unfähig wurde, sinnvoll zu spielen und die Gruppe verlassen mußte (Sahner und Veszelits).
Vielleicht sind es Einflüsse dieser Art – die Nüchternheit eines Sigmund Freud und die aufrüttelnden Botschaften der jungen Generation selbst, verkörpert durch Pink Floyd –, die uns eine Drogen-Zukunft doch noch ersparen? Auch negative Trends entwickeln sich ja keineswegs ins Unendliche. Gesellschaftliche Phänomene, auch Epidemien in der Art des Drogenmißbrauchs, scheinen den Gesetzen der Kybernetik zu unterliegen und sich in Form von – wenngleich sehr komplexen – Regelkreisen zu entwickeln (Vester 1980). Solche Feedback-Systeme regulieren sich irgendwann, wenn bestimmte Grenzwerte überschritten werden, von selbst wieder auf ein erträgliches Niveau ein.
Es könnte allerdings auch sein, daß ein solches System zusammenbricht und sich selbst zerstört. Die Rauschdrogen und ihr Gebrauch sind ein gravierendes Beispiel für einen solchen sozialen Regelkreis, der der Kontrolle zu entgleiten droht und uns eine sehr düstere Zukunft bescheren könnte.
Welche Chancen haben Menschen, die ungeliebt auf die Welt kommen, keine Drogen irgendwelcher Art zu nehmen, um sich ihr von Depressionen, Sinnlosigkeitsgefühlen und Langeweile überschattetes Dasein zu erleichtern? Der Bremer Soziologe Gerhard Amendt hat in einer Studie festgestellt, daß nach – vorsichtigen – Schätzungen der Experten jedes dritte Kind, das derzeit in den Industriestaaten westlicher wie östlicher Prägung auf die Welt kommt, unerwünscht ist, daß es wahrscheinlich noch weit mehr sind, wenn nicht sogar die Mehrheit aller jetzt und in Zukunft Geborenen. Der *Homo futurus* (vom Scheidt 1988), der da heranwächst, wird nicht so leicht von Rauschdrogen abzuhalten oder wieder abzubringen sein, auch wenn die »Schrift an der Wand« noch so eindringlich warnt.

3. Die sechs Drogen-Felder

Nach den Trends, die sich heute bereits abzeichnen, lassen sich für die Zukunft sechs »Drogen-Felder« erkennen, in denen Rauschmittel der einen oder anderen Art eine Rolle spielen werden. Es sind höchst unterschiedliche Bereiche, in denen keineswegs immer dieselben Substanzen einen Part übernehmen:

a) Hedonismus

Da ist zunächst der Drogenkonsum, der dem Hedonismus dient, also ein-

* Ich brauche niemand, der mich umarmt – *Ich brauche keine Drogen, die mich beruhigen* – Ich habe die Schrift an der Wand gesehen ...« (*Another Brick in the Wall,* Teil 3)

fach der Befriedigung der »Lust am Rausch« und der – in Grenzen ja durchaus sinnvollen und legitimen – Sehnsucht nach Regression (→ RA III). In jeder Kultur der Vergangenheit (→ RA I) haben Rauschmittel eine solche hedonistische Funktion gehabt – warum sollte es in der Zukunft anders sein? Bedenklich muß nur stimmen, daß der rituelle Kontext, in dem Haschisch und Opium geraucht, Coca-Blätter gekaut und Rauschpfeffer-Sud getrunken wurde, heute nahezu völlig verlorengegangen ist. Lediglich der → Alkohol wird noch in geselligen Runden genossen und in der Kirche, beim Abendmahl, in einem religiösen Kontext eingenommen.

Der Versuch, → LSD als eine neue Droge in sakralem und sozialem Rahmen in großem Stil künstlich einzuführen (Leary), darf als gescheitert betrachtet werden. Desgleichen lassen sich die Kiffer und Kokser-Parties (→ Cannabis, → Kokain) unserer Tage nicht mit dem geselligen Beisammensein kultivierter Dichter vergleichen, wie sie sich im »Club des Haschischins« im Paris des vergangenen Jahrhunderts zusammenfanden, in Gesellschaft eines Charles Baudelaire und Theophile Gautier.

Aber das schließt nicht aus, daß es demnächst eine Droge geben könnte und andere soziale Randbedingungen, in denen etwas derartiges neu entsteht, vielleicht ein »sanftes« LSD, das kürzer wirkt und nicht so tiefe Seelengründe aufrührt, das mehr die sozialen Interessen und die Interaktion in kleinen Gruppen fördert?

Eine der vier Drogen, die Claudio Naranjo erforscht hat, könnte diese Eigenschaften aufweisen: → Harmalin, → Ibogain, → MDA oder → MDMA.

Aber es könnte auch demnächst ein pfiffiger Chemiker eine der anderen traditionellen Rauschdrogen (z.B. Coca oder Cannabis) mit ein paar neuen Seitenketten versehen (→ RA V) oder ein ganz neues Präparat brauen, das ganz spezielle Eigenschaften hat. Unschädlich wird es bei Dauerkonsum ebensowenig sein wie irgendeine andere der in diesem Buch behandelten Drogen. Das liegt einfach im Wesen der Droge begründet: Jedes Rauschmittel ist harmlos bei seltenem Genuß. Und äußerst schädlich bei Mißbrauch.

Zum hedonistischen Drogen-Feld gehören natürlich auch noch die → Aphrodisiaka, bei denen man vielleicht auch noch Neues entdecken wird – oder Altes wieder zugänglich macht. Vielleicht kommt, im Zuge der Frauenemanzipation, eine Renaissance der → Hexensalben? Es hat schon weit merkwürdigere Wiederholungen der Geschichte gegeben.

b) Flucht

Als Flucht-Drogen bieten sich, neben den klassischen Mitteln wie → Alkohol und → Cannabis und den neuzeitlichen »härteren« → Kokain und Heroin inzwischen noch weit gefährlichere Killer-Drogen an, von denen das → PCP nur die erste einer ganzen Gruppe sein dürfte. Die »Flucht in den Rausch« wird hier leicht zur »Flucht ins Jenseits«, zum endgültigen Rückzug aus der Welt.

c) Sterbehilfe

Eine merkwürdige Brücke zwischen den Flucht-Drogen und den gleich noch zu behandelnden Therapie-Drogen stellen jene Präparate dar, die man (vor allem Krebs-) Kranken im letzten und schmerzhaftesten Stadium ihres Leidens gibt. Stanislav Grof und seine Mitarbeiterin Joan Halifax haben das grundlegende Werk über die Möglichkeiten verfaßt, die → LSD hierbei bietet: *Die Begegnung mit dem Tod.* In verschiedenen Projekten, die derzeit laufen, wird untersucht, wieweit Heroin endlich auch einmal eine gute Rolle spielen könnte. Es war ja von den Farbenfabriken Bayer ursprünglich als Hustenmittel angeboten worden, ehe sich seine Suchteigenschaften herausstellten. In der Londoner »Sterbeklinik« und, unter Aufsicht des »National Cancer Institute«, an amerikanischen Krebs-Kliniken untersucht man, ob man Sterbenden hiermit Erleichterung verschafft. Es ist gut vorstellbar, daß man auf diesem Gebiet in Zukunft neue, brauchbare Rauschmittel entwickeln wird, die Schmerzen lindern, ohne das Bewußtsein zu trüben, seitdem man dem »bewußten Sterben« und der Vorbereitung auf den Tod wieder mehr Aufmerksamkeit zu widmen beginnt (Resch).

d) Therapie

Die verschiedensten Drogen und Rauschmittel wurden bereits zur Unterstützung von Psychotherapien eingesetzt, → Weckamine ebenso wie (bei der Narkoanalyse) → Schlafmittel. Vor allem aber das LSD hat hier bedeutende neue Wege erschlossen, speziell in den Forschungen von Stanislav Grof. Claudio Naranjos Studien über die Wirkung von → Harmalin, → Ibogaïn, → MDA und → MMDA verdienen gleichfalls Aufmerksamkeit. Naranjo sagt über die Zukunft von Rauschdrogen in der Therapie:

»Die Drogen, mit denen ich mich... befasse, sind nur einige von vielen, die ... entdeckt oder wiederentdeckt wurden, was darauf schließen läßt, daß wir überhaupt erst am Anfang unserer Möglichkeiten stehen, was den gezielten Einsatz spezifischer, vom Gewohnten abweichender Bewußtseinszustände betrifft.« (S. 19)

e) Militär und Polizei

Das Wesentliche zu diesem Drogen-Feld wird an anderer Stelle, im Stichwort → Wahrheits-Seren, behandelt. In Zukunft werden nicht nur Nervengifte in der chemischen Kriegsführung, neben den atomaren Waffen, eine wichtige Rolle spielen, sondern sicher auch Substanzen nach Art der Rauschmittel. Man wird weiter forschen, um Drogen zu entdecken, die ganz gezielt bestimmte Bewußtseinszustände wie Angst und Verwirrung (beim Gegner) oder Todesmut (bei den eigenen Soldaten) hervorrufen. Durch gezielte Stimulation der dafür zuständigen Gehirnareale könnte dies in gewissem Umfang sogar möglich sein (wenngleich sich Gefühle, Affekte und Triebimpulse sicher nicht so einfach biochemisch und neurologisch darstellen – und entsprechend beeinflussen – lassen, wie manche Wissenschaftler meinen).

→ Alkohol und → Cannabis sind auch hier klassische Vorläufer, wobei an die Berichte über die Assassinen-Sekte erinnert sei, die ja bekanntlich ihren Angehörigen Haschisch gab, um ihre Bereitschaft zu Attentaten zu steigern. Stanislav Grof war nach der Publikation eines kleinen Aufsatzes jedenfalls sehr erstaunt, als er »binnen einiger Wochen buchstäblich Hunderte von Bitten um Nachdruckgenehmigungen von militärischen Zentren aus der ganzen Welt« erhielt. In diesem Artikel hatte Grof davon berichtet, daß das Antidepressivum Niamid die Resistenz gegen die Wirkung von LSD enorm steigert. Aus dem Interesse der Militärs erkannte er, »daß die Anwendung von LSD für andere Zwecke als den der Intensivierung und Beschleunigung der psychotherapeutischen Behandlung ernsthaft in Betracht gezogen wurde« (S. 239).

f) Bewußtseinserweiterung

Der Terminus Bewußtseinserweiterung soll hier stellvertretend für eine ganze Reihe von Phänomenen stehen, denen man seit einigen Jahren – nach allzu langer Vernachlässigung – wieder vermehrt Aufmerksamkeit schenkt (Targ und Puthoff; Tart). Gemeint sind jene Bewußtseinszustände, in denen der Berauschte Zugang zu »anderen Wirklichkeiten« (Castaneda) erhält. Religion, Mystik (→ LSD, → RA I) und Transpersonale Psychologie (→ RA III) sind die Bereiche, die – auch – dadurch erschlossen werden können, daß bestimmte Substanzen, in erster Linie die Halluzinogene, normalerweise verschlossene Zonen des Unbewußten öffnen und die Sinnesorgane bestimmter Filter »berauben«. Einige Science-fiction-Autoren haben sich mit diesen Möglichkeiten ausgiebig befaßt. (s. auch unten »Andere Wirklichkeiten«). Unter den verschiedenen Stichworten (→ Cannabis, → LSD, → Meskalin, → Psilocybin) wird bereits referiert, wie das in früheren Epochen und – heute noch – bei einigen Naturvölkern aussieht, wenn zum Beispiel der sibirische Schamane, unter → Fliegenpilz-Einfluß, ins »Reich der Ahnen und Geister« klettert. Die mexikanische Heilerin Maria Sabina, die Gordon Wasson und Albert Hofmann in den indianischen Pilz-Kult einführte (→ Psilocybin), erzählt, daß sie einmal unter dem Einfluß des Halluzinogens eine Vision hatte, in der sie die – bald darauf tatsächlich erfolgende – Ermordung ihres Sohnes Aurelio prophetisch voraussah (Estrada, S. 116 f.).

Neue Entwicklungen der Drogen-Chemie könnten hier auch interessante parapsychologische bzw. transpersonale Entdeckungen ermöglichen – obwohl Grof (1980) wahrscheinlich, im Zusammenhang mit LSD, hierzu schon das Wesentliche erforscht und mitgeteilt haben könnte (→ LSD, letztes Kapitel).

4. Drogen der Zukunft

In seinen beiden Romanen *Schöne neue Welt* und *Island* schreibt Aldous Huxley eine zentrale Rolle einer Rauschdroge zu. Er nennt sie *Soma,* nach dem Göttertrank, den die Inder in ihren antiken Schriften erwähnen (→ Fliegenpilz), bzw. *moksha.* Dient das Soma in *Schöne neue Welt* primär dazu, die Menschen der Zukunft in einem Zustand problemvergessener Infantilität festzuhalten (ähnlich wie die dort ebenfalls erwähnten »Fühl-Kinos«), so schreibt Huxley der *moksha*-Medizin in *Island* eine ganz andere Funktion zu, die diametral entgegengesetzt ist: Sie soll helfen, das Bewußtsein zu erweitern und den Abschied vom Erdenleben leichter zu ertragen. Deutlich spiegeln sich darin des Autors eigene Erfahrungen mit → Meskalin und, gegen Ende seines Lebens, mit LSD und Psilocybin wider (Hofmann, S. 194), alles gesehen vor dem Hintergrund der buddhistischen Weltanschauung: *moksha* heißt »Erlösung«, »Befreiung«.

1961 hielt Huxley auf dem internationalen Kongreß für Angewandte Psychologie in Kopenhagen einen Vortrag über »Visionary Experience« (»Visionäre Erfahrungen«), wo er diese Form des Erlebens der verbalen und intellektuellen Erfassung der Wirklichkeit als notwendige Ergänzung gegenüberstellte.

In Form von 100 Mikrogramm LSD, intramuskulär gespritzt, erhielt Huxley am Ende seines eigenen Lebens die *moksha*-Medizin dann selbst; sie erlöste ihn von einem schmerzhaften Krebsleiden der Atemwege.

Aber LSD wurde schon 1938 entwickelt, ist nahezu schon eine Droge der Vergangenheit, noch dazu, wo sie als (illegales) Rauschmittel eine immer geringere Rolle spielt. Schon eher eine Zukunfts-Droge ist *Engelstaub* oder → PCP. Namen, die Abkürzungen komplizierter chemischer Verbindungen sind, werden wahrscheinlich auch charakteristisch für die kommenden Drogen und Drogen-Generationen sein, Namen (und Drogen) wie DOM bzw. → STP, → MDA, → MMDA. Seltener einmal Bezeichnungen wie Synhexyl (für synthetisches Cannabinol) oder → Ibogaïn.

Es könnte aber auch sein, daß Neuzüchtungen wie *Sinsemilla* (→ Cannabis) auf einen Drogenmarkt kommen, der Haschisch bzw. Marihuana legalisiert und – wer weiß – irgendwann auch alle möglichen anderen Rauschmittel bzw. -gifte freigeben wird. Weil ohnehin jeder, der möchte, »seine« Drogen bekommt.

Es ist vorstellbar, daß dann eine Entwicklung beginnt, die einen neuen illegalen Markt »füttert«, weil der legale für die Konsumenten, die das Verbotene und den *thrill* suchen, zu »langweilig« wird. Kokain und Heroin könnten dann »harmlos« sein, verglichen mit dem, was kommen wird und mit → PCP vielleicht schon seinen Anfang genommen hat.

Dazu kommt noch etwas: Mohn- und Hanffelder lassen sich (z.B. mit Weltraumsatelliten aus der Luft) verhältnismäßig einfach erkennen und in großem Stil zerstören, der Opium- und der Cannabis-Handel läßt sich entsprechend beeinflussen. Wie aber will man jene Tausende von Minilabors kontrollieren und zerstören, in denen Chemielaboranten aus einfachen Grundsubstanzen Drogen wie PCP, die Designer-Drogen oder was immer in der Zukunft entwickelt werden wird, herstellen? Eher harmlose Zukunfts-Drogen könnten die »Intelligenz-Verstärker« Diapid (eigentlich ein Nasen-Spray), Nootropyl und Noet sein. Nootropyl steigert angeblich die Konzentrations- und Lernfähigkeit (und wirkt nebenbei auch aphrodisiakisch), nicht zuletzt, indem es die neuronale Kommunikation zwischen Stammhirn und Neuhirn beeinflußt.

Über Noet sagte sein Erfinder Alexander Shulgin, nachdem die amerikanische Gesundheitsbehörde das Mittel zunächst nicht freigab: »Das Mittel ist ein ›Gewohnheitsunterdrücker‹. Es entspannt und macht gleichzeitig aufnahmefähig. Ähnlich wie beim LSD scheint man alles, was man unter seinem Einfluß erlebt, zum ersten Mal – aber ohne den mit LSD gekoppelten halluzinogenen Effekt – zu erleben.«

So kann man die Welt auch nach einer gut verlaufenen Therapie-Sitzung oder nach einem erfolgreichen Selbsterfahrungs-Wochenende erleben. Aber wenn sich irgendein Zustand mit einer Droge hervorrufen läßt, wird sich wahrscheinlich immer ein cleverer Fachmann finden, der diese Droge entwickelt, die man schluckt, um den gewünschten Zustand zu erreichen.

Nun wirklich ins Reich der Zukunft und der Utopie gehören einige Drogen, die Science-fiction-Autoren sich ausgedacht haben, die aber – wie so manche SF-Vision – doch eines Tages

Wirklichkeit werden könnte: Oder hätte jemand, dem ein phantasiebegabter Autor 1937 das LSD und die von ihm hervorgerufenen Effekte beschrieb, damit gerechnet, daß ein Jahr später Albert Hofmann in Basel eben diese Substanz erfinden, besser: schaffen würde? In seiner Novelle *Die Lotusesser* beschreibt Stanley G. Weinbaum eine Rasse pflanzenähnlicher Intelligenzen auf dem Nachbarplaneten Venus, die eine irdische Expedition mit der unfaßlichen Tatsache konfrontieren, daß sie – wie Heroinsüchtige – passiv ihr drohendes Ende durch eine andere, kämpferische Gattung von Lebewesen mit weit weniger Intelligenz und Menschenähnlichkeit hinnehmen. Hier geht es nicht so sehr um die Wirkungen einer bestimmten Rauschdroge, sondern um die Mentalität, die durch Drogenkonsum gezüchtet wird: eine Art pflanzliches Bewußtsein.

Eine utopische Rauschdroge spielt eine bedeutende Rolle in Frank Herberts Romanzyklus um den fernen Wüstenplaneten Arakis. Einem der dort lebenden geistigen Führer ermöglicht die *Melange* genannte Substanz prophetische Einblicke in zukünftige Ereignisse.

Norman Spinrad hat in zwei Erzählungen Halluzinogene in den Mittelpunkt utopischer Ereignisse gestellt: *Die letzte Grenze* (s.S. 372) beschreibt, wie der Held unter Drogeneinfluß – im Dauer-Rausch – ins Innere seines eigenen Körpers vordringt, um seine Krebserkrankung zu bekämpfen. *Kein Weg nach Hause* zeigt das Dilemma des Gläubigen, der daran zu zweifeln beginnt, ob das im LSD-Rausch erlebte Sakrament wirklich »echt« ist, im Sinne von: zu Gott führend.

Am Schluß heißt es: »Und die brennende Glut einer schrecklichen mystischen Einsicht füllte McGavins Seele mit Entsetzen, eine grelle Beleuchtung seiner existentiellen Beziehung zur Kirche und zu Gott: Sie konnten nicht beide recht haben, aber sie konnten beide unrecht haben. Außer Gott und Satan existierte nur die Leere.«

In dem Roman *Der dunkle Schirm* von Philip K. Dick spielt eine andere Droge* eine wichtige Rolle. Sinnigerweise wird sie *Langsamer Tod* genannt.

Und Reinmar Cunis behandelt in *Zeitsturm* die Verwirrungen von Gegenwart, Vergangenheit und Zukunft im Bewußtsein eines Menschen, der zuviel Halluzinogene genommen hat. Alle erwähnten Erzählungen sind speziell deshalb interessant, weil sie versuchen, das Milieu, in dem Drogen eine Rolle in der Zukunft spielen könnten, so auszumalen, daß der Mensch unserer Tage es sich ein wenig besser vorstellen kann. Und das kann kein Schade sein, wenn man beispielsweise heute die Konsequenzen der Legalisierung von → Cannabis oder die Bedrohung durch Medikamentenmißbrauch klarer sehen möchte.

---

* Einem Hinweis in Lawrence Sutins Biographie *Philip K. Dick. Göttliche Überfälle* zufolge, machte der amerikanische SF-Autor irrtümlich einmal eine Erfahrung mit → PCP, das ihm auf einer Party als THC gegeben worden war. Dies würde, nebst anderen Drogenerfahrungen Dicks (→ Speed), die eindrucksvolle Beschreibung der Vorgänge in Dicks Roman *Der Dunkle Schirm* erklären.

Carcinoma Angels

Harry Wintergreen ist einer der reichsten und raffiniertesten Männer der Welt. Als er eines Tages krebskrank wird, setzt er sein ganzes Vermögen und seine überragende Intelligenz ein, um sich zu retten. Er nimmt schließlich eine Mischung aus Halluzinogenen, Weckaminen und anderen Drogen und versinkt in einen Rauschzustand wie noch nie ein Mensch vor ihm:

Er streckte eine imaginäre Hand aus und stellte damit ein nur in Gedanken vorhandenes Radio ein, so daß es jetzt nicht mehr die bedeutungslosen Störgeräusche aus dem äußeren Nebenuniversum empfing, sondern für das bisher noch ungenutzte Kurzwellenband seines eigenen Körpers empfänglich wurde – für das innere Hauptuniversum, in das sein Verstand sich aus dem allgemeinen Chaos flüchten wollte.

Er veränderte die Einstellung, paßte sie an, versuchte es immer wieder, ließ nicht locker, kämpfte, drang weiter vor und spürte, daß sein Verstand nur noch von einer atomdünnen Trennschicht aufgehalten wurde. Er versuchte diese Sperre zu durchdringen und stürmte gegen die analoge durchsichtige Membran an, die seinen Verstand von seinem inneren Universum trennte. Diese Membran dehnte und bewegte sich, sie gab nach innen nach, wurde dünner ... und zerriß dann. Wintergreens analoger Körper trat durch die Öffnung und blieb auf der anderen Seite stehen.

Harrison Wintergreen befand sich in seinem eigenen Körper.

Dies war eine Welt des Wunderbaren und des Abstoßenden, des Majestätischen und des Lächerlichen. Wintergreen, der sich in Gedanken vorstellte, sein analoger Körper befinde sich in seinem wirklichen Körper, sah sich inmitten eines weitläufigen Netzwerkes pulsierender Arterien, das einem gigantischen Autobahnnetz glich. Die Analogie kristallisierte sich klarer heraus. Es handelte sich wirklich um eine breite Schnellstraße mit einem Dutzend Fahrspuren, und Wintergreen fuhr auf ihr. Aufgeschwollene Säcke warfen verschiedene Dinge in den regen Verkehr: Hormone, Abfallprodukte, Nährstoffe. Weiße Blutkörperchen rasten wie verrückte Taxis an ihm vorbei. Rote Blutkörperchen fuhren langsam wie gesetzte Familienväter. Der Verkehr wurde gelegentlich schwächer und staute sich dann wieder wie in der Hauptverkehrszeit nach Feierabend. Wintergreen fuhr weiter, beobachtete sorgfältig und suchte und suchte.

Er bog nach links ab, überquerte drei Fahrspuren und fuhr nach rechts auf einen Lymphknoten zu. Und dann sah er es – eine Ansammlung weißer Blutkörperchen, als seien dort zwölf Autos zusammengestoßen, und ein grinsender Motorradfahrer, der auf ihn zuraste.

Schwarz das Motorrad. Schwarz der Lederanzug des Fahrers. Schwarz, tiefschwarz das Gesicht des Fahrers – bis auf die blutrot glühenden Augen. Und auf Brust und Rücken der mattschwarzen Lederjacke in großen scharlachroten Buchstaben eine Aufschrift: *Carcinoma Angels.*

Wintergreen gab mit einem triumphierenden Lächeln auf den Lippen Vollgas und steuerte sein analoges Auto die hypothetische Schnellstraße entlang genau auf den imaginären Motorradfahrer zu, der natürlich eine Krebszelle war ...

Es gelingt Wintergreen, die Krebszellen zu besiegen. Aber – er bleibt in seiner imaginären Körperinnenwelt gefangen ...

(Norman Spinrad 1970)

5. Andere Wirklichkeiten

Es ist ein sehr sinnvoller Zufall daß ausgerechnet die Zukunfts-Drogen den – alphabetischen – Abschluß des Stichwort-Teils dieses Handbuchs der Rauschdrogen darstellen. Und daß der Alkohol, eine der ältesten Rauschdrogen der Welt, seinen Anfang markiert. Die Zukunftswelten der Science-fiction und die Rauschwelten der Halluzinogene haben viel miteinander gemeinsam. Es ist wohl auch kein Zufall, daß beide Gewohnheiten – der Science-fiction-Konsum wie der Drogenkonsum – sich nahezu parallel entwickelt haben. Genau wie es kaum ohne Zusammenhang sein dürfte, daß psychedelische Effekte gerade in SF-Filmen eine wichtige Rolle spielen. Wenn die Helden in Stanley Kubricks *2001 – Odyssee im Weltraum* oder in *Star Trek* in ihren Raumschiffen durchs Universum rasen, werden dem Betrachter psychedelische Effekte in Licht und Ton geboten, die ein LSD-Trip nur schwer überbietet.

Beide – die Science-fiction wie die Räusche – helfen dem Konsumenten, in neue Dimensionen, in buchstäblich neue Welten-Räume und Zeiten vorzustoßen. Natürlich stets nur in der Phantasie.

Das eigentlich Interessante an diesem Doppel-Phänomen ist dabei, daß eine tatsächliche geistige Weiterentwicklung, wie sie von beiden Richtungen behauptet wird, selten stattfindet. Denn eine solche Entwicklung verlangt, daß der Mensch lebt und sich an der Wirklichkeit reibt – nicht, daß er nur im Lehnstuhl zu Hause oder im Kinosessel »andere Wirklichkeiten« vorgegaukelt bekommt, daß er in die Welten des Rausches oder der Zukunft »verreist« – um doch nur am immer wieder selben (geistigen) Ort anzukommen.

»Wenn einer ein Schwachkopf ist, bevor er auf die Reise geht, ist er auch ein Schwachkopf, wenn er wieder zurückkommt.« So endet bezeichnenderweise Dario Fos Drogen-Komödie *Mama hat den besten Shit.*

Die Drogen sowie die Science-fiction sind darüber hinaus beide suchtbildend. Wahrscheinlich, weil diese Erfahrungen »über den Kopf« im Reich der Phantasie zwar eine tiefe Sehnsucht nach dem *Ganz-Anderen* wecken und wachhalten – diese Sehnsucht aber nie zu stillen vermögen: Das kann nur das gelebte Leben, nicht das geschaute.

Franz Werfel hat in seinem *Stern der Ungeborenen* dieses Dilemma ganz klar beschrieben. Sein Zukunftsroman (in dem Drogen keine Rolle spielen) zeigt, wohin es führt, wenn Menschen (der Zukunft) nur noch als reines schauendes Bewußtsein existieren. Es führt zu einem *Milliarden-Jahre-Traum,* wie der englische SF-Autor Brian W. Aldiss seine Geschichte der Science-fiction-Literatur nennt.

Aber Science-fiction ist eben wirklich nur ein Traum, genau wie Räusche nur eine Art »offener« Traum sind (→ RA III). Die eigentliche Sehnsucht ist es ja, die »Mauer« zu durchbrechen, die das Leben, mit dem man nicht zufrieden ist, von dem »wirklichen Leben« trennt, das man sich erhofft. Auf der Platte *The Wall* von Pink Floyd explodiert diese Mauer am Ende – sinnigerweise als Strafe für den Helden, der im Grunde furchtbare Angst vor dem hat, was hinter der Mauer, in der Welt der Freiheit, auf ihn wartet.

Die andere Seite, der Drogenräusche wie der Science-fiction, sollte freilich auch nicht vergessen werden – nämlich daß beide, wie der Schlaftraum, durchaus auch heilende Kräfte mobilisieren können. Vorausgesetzt, man geht richtig mit ihnen um.

J.v.Sch.

Literatur:

Aldiss, B., *Der Milliarden-Jahre-Traum,* (1973/86) Bergisch-Gladbach 1990

Amendt, G., (zit. n.: *Der Spiegel* Nr. 38, 1980: »Ungeliebtes Leben«)

Bova, B., *THX 1138 – Das Drogenparadies,* München 1979

Boye, K., *Kallocain* (1940), dt. München 1978

Castaneda, C., *Eine andere Realität – Die Lehren des Don Juan,* Frankfurt a. M. 1972

Cunis, R., *Zeitsturm,* München 1979

Dick, Ph. K., *Der dunkle Schirm,* Bergisch-Gladbach 1980

Dietrich, U., (zit. n.: *Der Spiegel* Nr. 42, 1980: »Rauschgift: Rauhe Mengen«)

Estrada, A., *Maria Sabina – Botin der heiligen Pilze,* München 1980

Foster, A. D., *Das schwarze Loch,* München-Wien 1980

Franke, H. W., *Die Glasfalle,* München 1962

Friedkin, W. (Regie), *Der Exorzist* (ca. 1974)

Ders., *The French Connection* (ca. 1975)

Ders., *Cruising* (1979)

Grof, St., *Topographie des Unbewußten – LSD im Dienst der tiefenpsychologischen Forschung,* Stuttgart 1978

Ders. und Halifax J., *Begegnung mit dem Tod,* Stuttgart 1980

Grossarth-Maticek, *Krankheit als Biographie – ein medizinsoziologisches Modell der Krebsentstehung und -therapie,* Köln 1979

Herbert, F., *Der Wüstenplanet* (1965), dt. München 1978

Hofmann, A., *LSD – mein Sorgenkind,* Stuttgart 1979

Huxley, A., *Brave New World* (1932), dt. *Schöne neue Welt,* Frankfurt a. M. 1953

Ders., *Die Pforten der Wahrnehmung* (1954), *Himmel und Hölle* (1956), dt. Neuausgabe München 1970

Ders., *Island,* London 1962

Leary, Th., *Politik der Ekstase,* Hamburg 1970

Lucas, G. (Regie), *THX 1138* (gesendet im III. Fernseh-Programm Nord am 5. 2. 1980)

Naranjo, C., *Die Reise zum Ich – Psychotherapie mit heilenden Drogen,* Frankfurt a. M. 1979

Pink Floyd, *The Wall,* New York 1979 (CBS Nr. 3 C 164-634/11)

Orwell, G., *Neunzehnhundertvierundachtzig* (1949), dt. Neuausgabe Frankfurt a. M. 1976

Resch, A. (Hrsg.), *Fortleben nach dem Tode,* Innsbruck 1980

Sahner, P. und Veszelits Th., *Pink Floyd – Elektronischer Rock in Vollendung,* München 1980

Scheidt, J. vom, »Drogenrausch und parapsychische Phänomene«, in: *Zeitschrift für Parapsychologie* ... 14, 1972, Nr. 4, S. 244-251

Ders., *Singles – Alleinsein als Chance des Lebens,* München 1997

Ders., *Homo futurus,* Sendereihe des Bayerischen Rundfunks, 2. Programm, im Oktober/November 1980, speziell Folge 4: »Der Mensch nach Maß« (6. 11. 1980), als Buch: *Im Zeichen einer neuen Zeit,* Freiburg i. Br. 1988.

Schmidbauer, W., »Zur Psychologie des Orakels«, in: *Zeitschrift für Parapsychologie* ... 14, 1974, Nr. 4, S. 222-234

Shulgin, A., (zit. n.: Elsner, C., »Was ist Intelligenz?«, in: *warum!* Nr. 6, Hamburg Juni 1980, S. 39)

Spinrad, N., »Die letzte Grenze«, in: Scheidt, J. vom (Hrsg.), *Das Monster im Park* (1970), 4. Taschenbuch-Auflage München 1980

Ders., »Kein Weg nach Hause«, in: Jeschke, W. (Hrsg.) *Science Fiction Story Reader* Nr. 3, München 1975

Stössel, J., *Psychopharmaka – die verordnete Anpassung,* München 1973

Targ, R. und Puthoff H., *Jeder hat den 6. Sinn,* Köln 1977

Tart, Ch. A. (Hrsg.), *Transpersonale Psychologie,* Freiburg i. Br. 1978

Vester, F., *Neuland des Denkens,* Stuttgart 1980

Weinbaum, St., »Die Lotusesser«, in: Günther, G. (Hrsg.), *Überwindung von Raum und Zeit,* Düsseldorf 1952

Werfel, F., *Stern der Ungeborenen* (1946), Neuausgabe Frankfurt a. M. 1980

Zorn, F., *Mars,* München 1976

Zweiter Teil

Aspekte der Rauschdrogen
– fünf Rahmenartikel

I. Kulturgeschichte
II. Moderne Gesellschaft und Politik
III. Psychologie
IV. Therapie und Rehabilitation
V. Medizin und Pharmakologie

I. Kulturgeschichte

1. Von Anbeginn bis 1900

Frühgeschichte
Hinweise auf Drogengebrauch (Haschisch, Kokain, Nikotin) findet man bereits in Gewebeproben ägyptischer Mumien im Zeitraum von 1.100 vor bis 400 nach Christus (Frohn 1992). Aber der Konsum solcher Substanzen geht noch viel weiter zurück, scheint so alt zu sein wie die Menschheit selbst.
Rauschdrogen haben eine lange Vergangenheit, aber eine kurze Geschichte. Gerade in jüngster Zeit ist die Bedeutung bewußtseinsverändernder Stoffe in den archaischen Kulturen der sogenannten Primitiven neu erkannt worden. Kenntnisse über so wichtige Drogen wie → Meskalin und → Psilocybin verdanken wir Ethnologen, welche die rituelle Verwendung des Peyote-Kaktus oder der magischen Pilze Mexikos beobachteten und die betreffenden Pflanzen chemisch und pharmakologisch untersuchen ließen.
Man tut deshalb gut daran, den Begriffen *Primitive* oder *primitive Kultur* den abschätzigen Nebensinn zu nehmen und in diesen archaischen Gesellschaften jenen natürlichen Reichtum, jenes fundierte, wenngleich mythisch formulierte Wissen um Pflanzen, Tiere und die Psyche des Menschen anzuerkennen, das die modernen Ethnologen uns eindringlich schildern.
Schon früh hat die Forscher das ausgedehnte Wissen um Pflanzen und Tiere überrascht, das selbst die urtümlichsten Menschengruppen besitzen und weitergeben, ehe der Fortschritt der Zivilisation es zunichte macht. Aspirintabletten, hinter denen die ganze materielle Überlegenheit der europäischen Technik steht, laufen den pflanzlichen Heilmitteln ebenso den Rang ab, wie billiger Schnaps die traditionellen, meist weniger schädlichen Rauschdrogen ersetzt. Eine Generation genügt, um die in Jahrtausenden gesammelte Erfahrung einer Kultur zu zerstören. Wie Andreas Lommel beobachtet hat, können australische Eingeborene, die ihre Jugend bei einem weißen Farmer verbrachten, nicht mehr im Busch überleben. Sie wissen nicht

mehr, welche Wurzeln und Knollen eßbar sind und wie man Jagdtiere ohne die weittragenden Waffen des weißen Mannes beschleicht und tötet. Man kann sich vorstellen, daß auf diesem Weg der Akkulturation auch ein großer Teil des archaischen Wissens um psychoaktive Pflanzen verlorengegangen ist.

Die einfachsten Entdeckungen sind stets am bewundernswertesten. Ihre Erfinder werden uns immer unbekannt bleiben. Menschen auf altsteinzeitlichem Niveau – sie entsprechen also (wenn wir die Unsicherheit, die solchen Vergleichen anhaftet, außer acht lassen) unseren Ahnen vor rund 12.000 Jahren – kennen bereits Pfeilgifte und Rauschdrogen. Wie diese Drogen entdeckt wurden, entzieht sich nicht nur unserem Wissen, sondern spottet auch unserer Phantasie. Die Buschmänner bereiten ein Gift, mit dem sie ihre Pfeile salben, aus einer ganz bestimmten Art von Insektenpuppen. Es wirkt langsam, aber sicher. Das angeschossene Tier wird zunächst sich selbst überlassen, damit es nicht zu weit fortläuft, und am nächsten Tag – die archaischen Jäger sind unfehlbare Spurenleser – aufgesucht.

Die südamerikanischen Indianer, deren Pfeilgift Curare eine nicht zu unterschätzende medizinische Bedeutung gewann (es unterbindet etwa die entsetzlichen Krämpfe nach einer Tetanus-Infektion), kennen komplizierte chemische Methoden, um die gewünschte Konzentration herzustellen. Der durch Zerstampfen der Lianenrinde mit Wasser gewonnene Auszug wird stundenlang über kleinem Feuer eingedickt und dann, wenn er seine höchste Dichte erreicht hat, manchmal noch mit Schlangengift versetzt. Wie haben die Indianer diese Methode entdeckt? Wie lernten sie, aus tausend verschiedenen Pflanzen jene eine herauszufinden, die als Pfeilgift dienen konnte, jene, die eßbar war, jene andere, die berauschte?

Anfang oder Abstieg der Religion?

Wir müssen bedenken, daß während mindestens 99 Prozent der menschlichen Evolution unsere Vorfahren als primitive Jäger und Sammler lebten. In dieser Zeit ist die gegenwärtige körperliche und seelische Ausrüstung des Menschen entstanden – seine Intelligenz ebenso wie seine Neigung, in Gruppen zu leben, sein Mangel an instinktiven Verhaltensweisen wie seine Suche nach transzendenter Erfahrung. In dieser Zeit hat der Mensch, eng mit der Natur verbunden, praktisch ohne persönliches Eigentum gelebt, denn für den nomadisierenden Jäger und Sammler ist Besitz nur eines: eine Bürde. Sein Überleben hing davon ab, seine Umwelt genau kennenzulernen und dieses Wissen von Generation zu Generation weiterzugeben. Kenntnis eßbarer Pflanzen gehörte zu den wichtigsten Bestandteilen dieses Wissens. Auf der Suche nach dieser Kenntnis werden unsere Vorfahren auch die Rauschdrogen kennengelernt haben.

Viktor Reko hat berichtet, daß Rinder, die eine bestimmte Pflanze (mexikanischer Name: Chachaquila; botanisch: *Oxytropus Lamberti Pursh*) fressen, in einen Erregungszustand geraten und ihr verfallen. Sie müssen regelrecht entwöhnt werden, da sie sonst über alle Hindernisse hinweg in wilder Jagd zu der Stelle laufen, wo die Pflanze wächst. In der Regel aber kennen Tiere keinen Rausch und streben ihn nicht an. Der Grund dafür liegt darin, daß Drogen auf Tiere ganz anders wirken als auf den Menschen. Während das tierische Verhalten in der Regel instinktiv, also vom Stammhirn her, kontrolliert wird, dienen beim Menschen erlernte Kontrollmechanismen, die man in der Hirnrinde lokalisieren muß, diesem Zweck.

Da diese Kontrollmechanismen immer in sozialen Prozessen erworben werden, gewinnt die Rauschdroge in der Regel ebenfalls eine soziale Bedeutung, und zwar in positiver wie in negativer Hinsicht: positiv im Fall des Schamanen, des religiösen Visionärs, der aus seinem Alltags-Ich heraustritt, um neue spirituelle Erfahrungen zu suchen, negativ im Fall des demoralisierten Süchtigen, der soziale Spielregeln verletzt, weil die Droge sein ganzes Wollen ausfüllt, so daß für andere Absichten kein Platz mehr ist.

Man kann sich zwei grundlegende Bewertungen der Rauschdrogen in der archaischen Gesellschaft vorstellen: Die eine betont ihre transzendentalen Möglichkeiten; die andere geht von einem durchaus neuzeitlichen Mißtrauen gegenüber der Einwirkung des Stofflichen auf das Geistige aus.

Beide Standpunkte sind von Forschern vertreten worden. Man hat in den Rauschdrogen sowohl Ausgangspunkt als auch Verfall der archaischen Religion angenommen. Wir wollen sehen, ob man den Gegensatz zwischen den Standpunkten nicht versöhnen kann.

Das Tier kennt keinen Gott; es kann nicht aus seiner tatsächlichen Erfahrung heraustreten, eine Zukunft vorwegnehmen und eine Vergangenheit mythisch rekonstruieren, wie es in allen Religionen geschieht. Die Intelligenz, die der Mensch – als Nicht-Raubtier, das zum Großwildjäger wurde – im Lauf seiner Evolution erwarb, hat ihn auch aus der unmittelbaren Verklammerung mit seiner Umwelt herausgelöst und ihm die Reflexion ermöglicht. Es ist denkbar, daß die Gottesidee dieser erwachenden Intelligenz folgte. Gordon R. Wasson, der die psychotropen Pilze Mexikos erforschte (→ Psilocybin), glaubt aber, »daß unsere primitivsten Vorfahren bei der Suche nach Nahrung auf unsere psychotropen Pilze stießen – oder auch auf andere Pflanzen mit derselben Eigenschaft –, sie aßen und auf diese Weise das Wunder der Ehrfurcht im Angesicht Gottes kennenlernten«.

Während sonst nur besonders visionär begabte Menschen Zugang zu mystischen Erlebnissen hatten und sich diesen oft mühsam durch Fasten, Isolierung* und Atemübungen bahnen mußten, stand das visionäre Reich Gottes, das die Rauschdrogen vermittelten, jedem offen, der ihr Geheimnis kannte oder dem durch den Priester das Halluzinogen gegeben wurde.

Auf der anderen Seite haben Religionshistoriker in der Auslösung mystischer Erlebnisse durch Rauschdrogen einen verwerflichen Abstieg und eine Profanierung gesehen. In seinem großen Werk über die Vision stellt Ernst Benz kategorisch fest: »Der faktische Unterschied zwischen der echten visionären Erfahrung und der ... neurochemischen Zwangsreaktion ist so abgrundtief, daß eine Identifikation für den Sachkenner von vornherein nicht in Frage kommt.«**

Auch der Religionswissenschaftler Mircea Eliade hat die durch Rauschdrogen induzierte schamanistische Ekstase als Degenerationsform, nicht – wie Wasson – als primären Anstoß zur Suche nach dem Reich Gottes gedeutet.

Die Frage, ob die Rauschdrogen am Anfang der menschlichen Religion standen oder erst später in sie eindrangen, ist nicht nur kaum endgültig zu entscheiden, sondern auch anthropologisch falsch gestellt. Keine Droge vermag einem Menschen etwas zu geben, was nicht bereits latent in ihm vorhanden ist. Andererseits kann sie ihm sehr viel nehmen, wie etwa aus dem Dreischritt der typischen narkotischen Wirkung hervorgeht:

---

* Wie amerikanische Experimente nachwiesen, kann die Beraubung von Sinneseindrücken *(sensory deprivation)* zu Visionen führen, die sich vielfach kaum von den Erlebnissen unter Einfluß eines Halluzinogens (→ LSD) unterscheiden lassen. Die Erfahrungen des Einsiedlers, der sich in eine Höhle zurückzieht, des künftigen Schamanen, der in die Wälder geht, des Yogi, der durch Konzentrationsübungen den sensorischen Zustrom ausschaltet, lassen sich hier auf einen gemeinsamen Nenner bringen.

** Wobei zu fragen wäre, ob Benz ein Sachkenner der Rauschdrogen ist. Er verwechselt Opium mit Haschisch und behauptet unzutreffend, daß Meskalin »langfristige Dauerschäden« hervorrufe, die viel schlimmer seien als die durch Opium.

- Erregung durch Enthemmung tieferer Gehirnzentren,
- Bewußtlosigkeit,
- Lähmung des Atem- und Kreislaufzentrums; schließlich Tod.

Selbst fanatische Anhänger der halluzinogenen, psychedelischen Drogen haben nie behauptet, daß die Rauschdroge auch nur einen einzigen Gedanken *macht* – sie ermöglicht ihn nur, sie führt den Berauschten zu ihm, indem sie Filter und Hemmungen des seelischen Normalzustandes beseitigt, der auf das Überleben des Individuums eingestellt ist.

Während Wasson möglicherweise die Bedeutung der Rauschdrogen überschätzt, kann man den Vertretern der Gegenposition den Vorwurf nicht ersparen, daß sie Vorurteile aus einer technischen Zivilisation, die dazu neigt, den Unterschied zwischen Bewußtsein und Materie besonders zu betonen, auf die primitive Kultur übertragen, in der Pflanzen, Tiere und selbst Steine belebt sind und ein magisch durchtöntes Weltbild bestimmen. Andererseits irrt auch Timothy Leary, wenn er behauptet, daß die Menschen schon immer die Chemie benutzt haben, um spirituelles Erleben zu steigern. Es war nicht die Chemie, sondern die Mythologie – die heiligen Pilze oder der von einem Geist bewohnte Peyote. Daß es heute die Chemie ist, gibt den »künstlichen Paradiesen« der modernen Intellektuellen ihre ganze Fragwürdigkeit und erschwert es ihnen so sehr, die im Rausch versöhnten Gegensätze zwischen Geist und Materie auch in ihrem alltäglichen Leben zu versöhnen.

Trance, Rausch und Erlösung

Das menschliche Bewußtsein ist eng mit der Sprache verknüpft, einem Besitz, der den Menschen radikal vom Tier unterscheidet und dessen Entstehung er wohl dem Zwang verdankt, gemeinsam Großwildjagden organisieren zu müssen (wobei Gruppen, die sich besser verständigen, auch eher überleben). Schon sehr früh muß sich dieses Bewußtsein aber als höchst zwiespältige Errungenschaft erwiesen haben. Es begünstigte zwar die Eroberung der Umwelt und die Produktion von Werkzeugen, ließ aber auch quälenden Ängsten Raum, die mit unerbittlicher Folgerichtigkeit aus der Tatsache entspringen, daß der Mensch, nicht zuletzt durch die Sprache, eine Vergangenheit hat und sich vor der Zukunft fürchten kann.

Lange Zeit war deshalb allen archaischen Religionen eine Tendenz eigen, die man als Suche nach seelischen Ausnahmezuständen, nach einer Ablösung des Bewußtseins von der Realität interpretieren kann. Dadurch wird ein Zustand erreicht, den man Trance oder Ekstase genannt hat. Beides sind keine scharf definierten Begriffe. Trance kommt von lateinisch *transitus,* dem Übergang in eine andere Erlebnisform. Ekstase ist griechischer Herkunft; sie bezeichnet das Außer-sich-Sein. Psychologisch kann man beide als Zustände einer weitgehenden Ablösung von der Realitätsorientierung und einer stark erhöhten Auto- und Fremdsuggestibilität kennzeichnen, wobei allerdings die positiven Seiten der Trance nicht ganz in den Griff zu bekommen sind (enorm erhöhte Muskelstärke, prophetische Sicht, mystische Erlebnisse und Visionen).*

Trance und Ekstase können auf sehr verschiedenen Wegen erreicht werden. Rhythmische Musik und Tanz dürften die älteste Möglichkeit sein, die heute noch beim Trance-Tanz der Buschmänner kollektiv, bei schamanistischen Riten individuell verwendet wird. Ein anderer, oft beschrittener Weg ist jener, den die Rauschdrogen ebnen: von den prophetischen Reisen ins Geisterreich, die Medizinmänner nach dem Genuß heiliger Pilze (→ Psilocybin, → Nachtschatten-Drogen) oder anderer Halluzinogene (→ Banisteriopsis, → Cohoba, → Epéna) antreten, bis zur Ekstase der Mänaden (Rasenden) des griechischen Gottes Dionysos, den Flügen der Hexen zum Tanz um den Bock beim Hexensabbat (dieser Bock ist kein anderer als Dionysos, zu dessen Ehren die Tragödien – »Bocksgesänge« – in Athen aufgeführt wurden) oder den Liebesmählern der frühen Christen, in denen man sich am Blut Christi – dem Wein – berauschte und wartete, bis der Heilige Geist über einen oder mehrere der Anwesenden kam. So ermahnt der Apostel Paulus in einem Brief die Gemeinde zu Ephesus: »Und saufet euch nicht voll Wein, daraus ein unordentlich Wesen folgt, sondern werdet voll Geistes!« (Epheser 5, 18).

Später allerdings hat sich das Christentum von diesen heidnischen (aus den Dionysos-Mysterien übernommenen) Elementen gereinigt. In Trance, Ekstase und wohl auch in jenem Zustand, den die frühen Christen meinten, wenn sie sagten: »der Geist kam über ihn«, wird die in so vielen Religionen verheißene Erlösung augenblicklich verwirklicht und greifbar – ein Vorgeschmack auf die Erlösung im Jenseits. In allen ekstatischen Religionen identifiziert sich der Gläubige mit dem schöpferischen Prinzip des Kultes. Solche Religionen gibt es durchaus in modernen Staaten, vor allem in Südamerika (Voodoo, Macumba, Candomblé, Spiritismus brasilianischer Prägung). Hier eine Schilderung aus dem Jahr 1964:

---

* In einem Aufsatz »Zur Psychologie des Orakels« hat W. Schmidbauer die Trance näher untersucht (*Psychologische Rundschau* 21, 1970, S. 88).

»Unvergeßlich ist mir ein zahnloser, ausgemergelter Neger, der plötzlich vom Herannahen des Gottes, dem er diente, wie von einem Blitz getroffen wurde ... Er stieß einen heulenden Ton aus ... seine Haltung wurde königlich, sein Gesicht glänzte von Schweiß ... aus seinem Mund fuhren Laute, deren er im normalen Leben niemals fähig gewesen wäre. Die übrigen Teilnehmer leisteten sofort Hilfsdienste, nahmen ihm die Jacke ab, zogen ihm die Schuhe aus ... Seine Existenz war ausgelöscht – ein anderer lebte in ihm. Der Sinn des Candomblé ist nicht, sich dem Gotte hinzugeben, sondern Gott zu werden. Der Candomblézeiro wird für eine Weile selbst zu einem übernatürlichen, mit unendlicher Kraft ausgestatteten Wesen. In diesem Zustand gewinnt er nicht nur eine Ahnung, er genießt eine konkrete Erfahrung der Übernatur und somit der eigenen Unsterblichkeit. In der Ekstase wird der Glaube abgelöst durch Gewißheit.«*

Die Profanierung der Drogen

Die gesamte gegenwärtige Problematik der Rauschdrogen, von der des gesellschaftlich erlaubten Alkohols bis zu jener um die verbotenen Drogen, Haschisch, LSD oder Heroin, stammt aus ihrer profanen Verwendung. Der Verlust der Ehrfurcht ging mit dem Mißbrauch Hand in Hand, wobei natürlich auch die psychischen Wirkungen der einzelnen Drogen eine sehr wichtige Rolle spielen. So scheint Opium nur sehr selten zu anderen als hedonistischen Zwecken verwendet worden zu sein, während von Peyote und den mexikanischen Pilzen (→ Meskalin, → Psilocybin) bis in die jüngste Zeit kein Mißbrauch und keine rein hedonistische Verwendung bekannt wurde. (Diese Probleme sind in den jeweiligen Stichworten behandelt worden.)

Sicher bedeutete der Übergang von der Kultur der Jäger und Sammler, die in kleinen, nomadisierenden Gruppen lebten (weil größere Ansammlungen von Menschen die Nahrungsmittel in einem bestimmten Areal zu rasch erschöpften), zu den großen Dörfern und Stadtkulturen der neolithischen Ackerbauern auch einen wesentlichen Umbruch in der Geschichte der Rauschdrogen. Damals mag ihre weltliche Bedeutung stark zugenommen haben, während ihre religiöse Valenz abnahm. Feldstudien haben gezeigt, daß Jäger und

---

* R. Raffalt, »Reise im Widerspruch«, in: *Gehört – Gelesen* 11, 1964, S. 1347; vgl. auch Schmidbauer, W., »Psychohygienische und (gruppen)psychotherapeutische Aspekte primitiver Riten«, in: *Jahrbuch für Psychologie, Psychotherapie und medizinische Anthropologie* 17, 1969, S. 238.

Sammler nur höchstens drei Stunden am Tag arbeiten und sehr selten hungern (das gilt für Tropen und Subtropen, nicht für arktische Jäger wie die Eskimos). Das Leben des Ackerbauern ist bei weitem nicht so mühelos. Zugleich machen aber die Überschüsse an Nahrung, die er anhäufen kann, Arbeitsteilung und komplexere soziale Organisationen mit Handwerkern, Priestern und Soldaten möglich.
Es paßt zu diesem Bild, daß die meisten euphorisierenden und betäubenden Rauschdrogen erst zusammen mit dem Beginn des Ackerbaus in Gebrauch kommen, während Halluzinogene, die dem Schamanen eine Reise ins Geisterreich ermöglichen, schon früher verwendet wurden, ebenso wie die Pfeilgifte urtümlicher Jäger und Sammler. Der Mohn (→ Opiate) ist in Kleinasien wahrscheinlich nicht später kultiviert worden als andere Ackerfrüchte; die alten Ägypter kannten seine narkotisch-euphorisierende Wirkung gut. Opium dürfte auch der wirksame Stoff in dem *Nepenthes* Homers sein, das Helena in den Wein Telemachs mischt, der um seinen Vater Odysseus trauert (*Odyssee* IV, 220-233):

»Kostet einer des Weins, mit dieser Würze gemischet;
dann benetzet den Tag ihm keine Träne die Wangen,
wär ihm auch sein Vater und seine Mutter gestorben ...«

Helena hat den *Nepenthes* von der Ägypterin Polydamna erhalten. Der Mohn selbst ist noch viel älter. Schon sumerische Keilschriftzeichen aus dem dritten Jahrtausend v. Ch. weisen daraufhin, daß er im Zweistromland kultiviert wurde. Opium und Haschisch (→ Cannabis) wurden in ihrer Bedeutung als Tröster des (durch den Ackerbau dem freien, sorglosen, aber arbeitsamen Leben des Jägers und Sammlers entfremdeten) Menschen bald vom Alkohol übertroffen, dessen Siegeszug in aller Welt beispiellos ist. Dionysos eroberte den gesamten Orient mit seinem Thyrsosstab, Mänaden und Satyrn, mit Weinlaub und Epheu bekränzt, in seinem Gefolge.
Es ist bezeichnend, daß die Mythen berichten, wie Dionysos Widerstände niederzukämpfen hatte und es – dank seiner Kraft, die Menschen in Ekstase zu setzen – auch tat. Der König von Theben, der sich ihm widersetzte, wurde von den Mänaden (unter ihnen seine leibliche Mutter) in Stücke gerissen. Noch interessanter aber ist, daß das bestorganisierte Gemeinwesen Griechenlands, Sparta, sich dem Dionysos-Kult offensichtlich widersetzte. Der Mythos, der solche Vorgänge immer im Streit von Personen (Heroen) konzentriert, beschreibt, wie der spartanische König Lykurgos, nur mit einem Ochsenspeer bewaffnet, die trunkene Armee des Dionysos aufrieb.
Nicht mehr dem Mythos, sondern der Geschichte gehört das Schick-

sal der dionysischen Mysterien in einem anderen Gemeinwesen an, das ebenfalls zu den politisch und militärisch am besten organisierten der Welt gehörte: dem alten Rom. Wie ein inschriftlich erhaltener Senatsbeschluß aus dem Jahr 186 v. Chr. besagt, wurden um diese Zeit die Bacchanalien – die ekstatischen Kultfeste des Dionysos – in ganz Italien bei Todesstrafe verboten. In seiner Geschichte Roms hat Titus Livius die Umstände dieses Verbotes geschildert (Buch 39, 8 ff.). Obschon die Zeugen nichts weniger als glaubhaft waren (eine Prostituierte, welche vom Senat später eine lebenslange Pension erhielt, spielte eine Schlüsselrolle), wurden die Anhänger des orgiastischen Kultes überall verfolgt, viele von ihnen hingerichtet, ihre Heiligtümer zerstört. Anlaß (oder wahrscheinlicher: Vorwand) dazu waren sexuelle Orgien im Rahmen der Bacchanalien, angeblich aber auch Morde und Erbschleicherei. Das römische Beispiel ist höchst lehrreich, denn es zeigt, wie sich ein organisiertes, verwaltungstechnisch hochstehendes Gemeinwesen nicht mit ekstatischen Kulten verträgt, sobald diese beginnen, den Rahmen örtlich und zeitlich gebundener Mysterien (wie in Eleusis) zu sprengen. Die Identität der Rauschdroge ist dabei weniger wichtig als der ekstatische Geist, das Herausfallen aus der Realitätsorientierung und damit auch aus den gesellschaftlichen Bindungen. Das gilt für die römischen Bacchanalien ebenso wie für die Hexenkulte des Mittelalters (→ Hexensalben), und es gilt ungebrochen für die »psychedelische« Religion, welche in den sechziger Jahren in Amerika eine Weile soviel Aufsehen erregte (→LSD).

Alkoholische Getränke sind inzwischen in den meisten Gesellschaften integriert worden. Sie gehören, scheint es, zu den Tröstern nicht nur des hart arbeitenden Bauern, sondern auch zu denen des Industriearbeiters und des Managers. Unter Jägern und Sammlern waren sie unbekannt. Eine Vermischung weltlicher und ekstatischer Funktionen der Rauschdroge findet sich in der rätselhaften, historisch nur höchst unvollkommen erforschten Bewegung der Assassinen (Haschischesser), die Josef von Hammer und Silvestre de Sacy zu rekonstruieren suchten (→ Cannabis). In dieser mohammedanischen Sekte wurde die Bindung der einzelnen Mitglieder an das Credo des Ordens dadurch verstärkt, daß sie in einem paradiesischen Garten Haschisch aßen (das Rauchen ist erst viel später aufgekommen) und in Visionen vermeinten, im Reiche Allahs zu sein. Nachher wurde dem Berauschten versichert, seine Visionen würden Wirklichkeit, wenn er sich im Dienst des Ordens bewähre. Diese Bewährung ging bis zum selbstmörderischen Attentat, und obschon die christlichen

Ritterorden (Templer und Johanniter) organisatorisch viel von den Assassinen lernten, hat sich in der französischen Sprache das Wort *assassin* unauflöslich mit *Mörder* verknüpft. Der Orden bestand übrigens nur recht kurze Zeit (von 1090 bis 1257, als ihn die erobernden Mongolen auslöschten). Er war ein interessantes Beispiel für die Möglichkeit, Rauschgiftekstasen in eine funktionierende, aggressive soziale Organisation einzubauen. Die Geschichte ist sehr arm an Beispielen, daß so etwas möglich ist, und vielleicht ist auch der indische Soma-Kult (→ Fliegenpilz) erloschen, weil er die Herrschaft der eingewanderten Arier in Indien gefährdete und ihre Organisation unterminierte, obschon man sich das bei einem so hochritualisierten Rauschgiftgenuß kaum vorstellen kann. Allerdings haben nur die rituellen Hymnen historische Aussagekraft gewonnen; ob man auch im Volk Soma aß, wissen wir nicht.

Ambivalenz und Askese

Es ist paradox genug, daß dieselbe Rauschdroge den sozialen Zusammenhang festigen und ihn zerstören kann; sie kann unentbehrliches Öl im Getriebe einer Sozietät sein, aber auch Sand, der es heißlaufen läßt und zerstört. Sie kann Widersprüche in einer Gesellschaft kraß betonen, aber sie auch zudecken, sie vergolden und verharmlosen. Die erste Funktion wurde dem Haschisch von Vertretern der außerparlamentarischen Opposition zugeschrieben, die zweite hat dieselbe Droge über ein Jahrtausend lang im Orient erfüllt.

Meskalin setzte neben LSD die Bewegung der Hippies in Gang, welche in den sechziger Jahren in den Vereinigten Staaten viele Bürger besorgt machte (obschon ihr Ausmaß und ihre Bedeutung viel geringer waren als die Publizität der fotogenen Aussteiger). Es war andererseits innerhalb der »Native American Church« (→ Peyote) eine Macht, die den sozialen Zusammenhalt und das Gemeinschaftsgefühl erhöht. Innerhalb dieses Panoramas der Widersprüche, welche jede pauschale und endgültige Aussage über den psychischen und sozialen Effekt einer bestimmten Rauschdroge unmöglich erscheinen lassen, ist auch ein historisches Kuriosum erwähnenswert: der Opiumkrieg, in dem ein zivilisierter Staat mit Maschinenwaffen eine alte Kultur zwang, tatenlos ihrer Selbstzerstörung zuzusehen. Von 1830 bis 1842 focht ein britisches Heer mit großem Erfolg auf chinesischem Boden – kein Kunststück gegen eine Armee, die mit Luntenflinten bewaffnet war und deren Oberbefehlshaber (wie der an der Front von Ning-Po) in einem Wettbewerb unter 30 Gelehrten ausgewählt wurde, die ein Siegespoem in Reimen abfassen mußten. Von

1850 bis 1878 stieg die Zahl der Opiumsüchtigen in China von zwei auf zwanzig Millionen; damals erhob sich in Europa keine Stimme, die gegen eine kaltblütige militärische Aggression protestierte, die keinem anderen Zweck diente, als die Belieferung von Millionen von Menschen mit Rauschgift aufrechtzuerhalten.
Als Entschuldigung mag dienen, daß man sich bis zur Jahrhundertwende in Europa nicht über die Gefahren der Rauschdrogen klar war. Erst 1909 wurde in der Konferenz von Schanghai das erstemal klar ausgesprochen, daß die Opiatsucht eine soziale und wirtschaftliche Geißel sei. Die unkritische Verwendung des Morphiums im amerikanischen Sezessionskrieg (1861–65) und im Deutsch-Französischen Krieg von 1870/71 hatte zuerst dazu geführt, daß man das Problem der Sucht erkannte. Noch in *Meyers Konversationslexikon* von 1897 wird Sucht als veraltete medizinische Bezeichnung für Seuche definiert – nichts weiter. Man muß sich auch erinnern, daß Rezeptpflicht und Rauschgiftgesetze, die heute dem Süchtigen das Leben schwermachen, sehr junge Einrichtungen sind. Jeder, der sich einem Apotheker verständlich machte und nicht gerade als Giftmischer galt, konnte alles, was er wollte, aus der Apotheke holen – solange er zahlte. Erst in unserem Jahrhundert hat sich das geändert. Max Weber hat auf die enge Verflechtung der protestantischen – vor allem der puritanischen – Ethik mit dem Kapitalismus und der Industrialisierung hingewiesen. Diese puritanische Ethik, welche die Gesetzgebung vieler Industriestaaten unterschwellig mitbestimmt, hat auch das Verhältnis zum Rausch und zu den Rauschdrogen seit dem 19. Jahrhundert zunehmend geprägt. Diese Ablehnung des Rausches drang dabei von den höheren sozialen Schichten allmählich zu den tieferen, was sich aus der Geschichte des Alkohols – der einzigen Rauschdroge von nennenswerter Breitenwirkung in Europa – ablesen läßt. Überall dort, wo sich die Arbeiter organisierten und durch die Gewerkschaften Macht gewannen, ging der Alkoholismus unter ihnen zurück. Erik Jacobsen hat beschrieben, wie im 18. und 19. Jahrhundert immer die unterdrückten Gesellschaftsschichten Alkohol gewissermaßen als tägliches Brot konsumierten: die irischen Landpächter, die kujonierten Soldaten und Matrosen Großbritanniens, die Industriearbeiter, deren Lohn in der dunkelsten Zeit des Frühkapitalismus vielfach zum Teil direkt an die Wirte ausbezahlt wurde. Als die sozialistische Bewegung stärker wurde, konnte man in vielen Gewerkschaftshäusern lesen:

»Arbeiter, vermeide den Schnaps, stütze nicht das Junkertum.«

In den zwanziger Jahren unseres Jahrhunderts, als Bildungsarbeit bei den Gewerkschaften immer wichtiger wurde, war Alkohol geradezu verpönt. In den Betrieben hieß es auf gewerkschaftlichen Plakaten: »Der denkende Arbeiter trinkt nicht, und der trinkende Arbeiter denkt nicht.«
Zum Janusgesicht der Rauschdrogen scheint zu gehören, daß sie – wie gerade im 19. Jahrhundert klar deutlich wird – denen, die in ihnen den einzig möglichen Ausweg aus einem bedrückenden und erniedrigenden Dasein sehen, ebensogut dienen können wie denen, welche alle Reize kennen und, abgestumpft, nach unbekannten Sensationen Ausschau halten. Vom chinesischen Kuli oder vom ägyptischen Landarbeiter, die Opium oder Haschisch rauchen, um ihren Hunger und ihre Müdigkeit zu vergessen, ist ein weiter Weg zu den luxuriösen Pariser Salons, in denen Baudelaire bei den Treffen des »Club des Haschischins«, zusammen mit Théophile Gautier, Moreau de Tours (dem Psychiater) und F. Boissard, dieselbe Droge nimmt. Und wie weit sind sie alle von dem Schamanen in der archaischen Gesellschaft entfernt, der an einer halluzinogenen Liane »in die Geisterwelt klettert«! (S. auch → Sakrale Drogen)

Noch in einem 1855 in Nürnberg gedruckten Buch *(Die narkotischen Genußmittel und der Mensch)* des Dr. Ernst Freiherr von Bibra wird den Rauschdrogen eine sehr gelassene Haltung entgegengebracht. In diesem Pionier- und Standardwerk der Drogenliteratur heißt es:
»Der Einzelne, welcher zuviel Haschisch genommen hat und nun wütend in den Straßen umherläuft und jeden anfällt, der ihm entgegentritt, verschwindet gegen die Menge derjenigen, welche nach der Mahlzeit durch eine mäßige Dose einige heitere und glückliche Stunden zubringen, und die Anzahl derer, welche durch Coca die schwersten Anstrengungen zu überwinden im Stande sind, ja vielleicht dem Hungertod entrissen wurden, überwiegt bei weitem die wenigen Coqueros, welche durch unmäßigen Gebrauch ihre Gesundheit untergraben haben. Auf gleiche Weise kann nur eine übel angebrachte Heuchelei den sorgenbrechenden Becher des alten Vater Noah verdammen, weil einzelne Trunkenbolde nicht Ziel und Maß zu halten wissen...«
Der charakteristische Wendepunkt in der Sozialgeschichte einer Rauschdroge tritt stets dann ein, wenn am Ende einer Epoche die ursprüngliche Integration der Droge in die jeweilige Kultur zerfällt.
Die peruanischen Indios liefern dafür ein historisch gut belegtes Beispiel: Einstmals wurden Coca-Blätter (→ Kokain) im Rahmen eines

religiösen Zeremoniells oder zur Stimulation der Wahrnehmung beziehungsweise zur Entspannung innerhalb eines fest umrissenen gesellschaftlichen Bezugsrahmens gekaut. Die Spanier zerstörten mit der Inka-Kultur beide Möglichkeiten, nämlich die Droge ritualisiert oder zumindest sozial eingebettet zu gebrauchen. Darüber hinaus verursachten sie durch ihre Gewaltherrschaft so viel Elend, daß der Verzweiflungs-Cocaismus, eine krankhafte Entartungsform, als übles Relikt einer beeindruckenden Hochkultur übrigblieb. Für andere Kulturen läßt sich eine ähnliche Entwicklung zum Negativen hin ebenfalls nachweisen (→ Alkohol, → Cannabis, → Hexensalben, → Ololiuqui, → Opiate).
Wenn es den rauschdrogenfeindlichen Kräften in den USA auch gelingen wird, der »Native American Church« den Peyotl-Kaktus zu verbieten (→ Meskalin), wird man wohl demnächst nur noch bei einigen primitiven Urwaldstämmen in Südamerika und Afrika Beweise dafür finden, daß es möglich ist, eine Rauschdroge und den Drogenrausch überhaupt in einer Kultur zu integrieren.

Die Rauschdrogen im 20. Jahrhundert
Diesem oft in Jahrtausenden gewachsenen rituellen Drogengebrauch stehen seit dem 19. Jahrhundert Versuche von Intellektuellen und Künstlern gegenüber, der einen oder anderen Droge von neuem einen höheren Status als den des reinen hedonistischen Genusses oder der Flucht aus dem bedrückenden Alltag zu geben (→ LSD). Für den Haschisch läßt sich der »Club der Haschischins« anführen, der Mitte des vergangenen Jahrhunderts um Théophile Gautier und Charles Baudelaire entstand (→ Cannabis). Um das Opium zentriert war jener Bohème-Zirkel in Paris, dem Anfang unseres Jahrhunderts auch Pablo Picasso eine Zeitlang angehörte (→ Opiate). Kokain wurde von verschiedenen Gruppen des intellektuellen Deutschlands gebraucht, die sich nach dem Ersten Weltkrieg bildeten; einer von ihnen gehörte der spätere DDR-Kulturminister Johannes R. Becher an.
Von letzterem schreibt Immanuel Birnbaum: »...verschwand er oft in der Toilette des Cafés und kam dann mit ein paar deutlich sichtbaren Einstichen in den Unterarm zurück. Er bekämpfte damals seine desperaten Stimmungen offensichtlich mit Morphiumspritzen.«
Die Schriften von Ernst Jünger und Gottfried Benn spiegeln derartige Integrationsbemühungen deutlich wider. Berühmt geworden ist Benns Kokain-Gedicht »O Nacht!« (→ Kokain) und jene Passage aus *Provoziertes Leben* (1955):
»Es handelt sich um das mythische Kollektiv als Lebensgrund, als

unreflektiertes Existenzgefühl, seine in uns verbliebenen Reste und die sie realisierenden Prozesse. Gegenüber dem aus innerem Besitz sich verwirklichenden Stammesleben der Primitiven, gegenüber dem bildergesättigten Glauben der Asiaten kann es keinem Zweifel unterliegen, daß das, was die denaturierten europäischen Gehirne in ihren Berufsausübungen, Interessenverbänden, Sippenzusammenrottungen, Sommerausflügen und sogenannten Festen an Lebensinhalt realisieren, das Platteste an Konvention und Verbrauchtheit vorstellt, das die geschichtliche Überlieferung kennt ... Vor allem fehlt jede systematische Erziehungsarbeit in der Richtung bewußter Vitalsteigerung, weil es ja eben der Epoche überhaupt an wahren Grundsätzen fehlt. Sonst käme sie darauf, durch den Ausbau visionärer Zustände, etwa durch Meskalin oder Haschisch, der Rasse einen Zustrom von Erkenntnissen oder Geist zu vermitteln, der eine neue schöpferische Periode aus sich entbinden könnte.«

Deutlich wird aus diesem Text sichtbar, daß hier die Rauschdrogen als Patentrezept gegen eine kulturelle und soziale Misere gedacht sind – eine Misere allerdings, die sich für den Kulturpessimisten Benn vielleicht anders ausnimmt, als sie in Wirklichkeit ist. Nicht zuletzt werden dahinter auch entsprechende persönliche Probleme stehen, die für gesellschaftliche Zwänge überempfindlich machen (→ RA III); Biographisches belegt das nicht nur im Fall Benn.

Aldous Huxley gab mit Soma, einer fiktiven synthetischen Droge, dem Rausch eine zentrale Stellung in der utopischen Gesellschaft seiner *Brave New World* (1932), später mit der *moksha*-Medizin noch einmal in seinem letzten Roman *Island* (1962).

Man sollte den Einfluß von Jünger, Benn und Huxley (→ Meskalin), später auch den von Timothy Leary (→ LSD) und den anderen neuen Drogen-Apologeten nicht überschätzen. Für eine Minderheit von Drogenkonsumenten, die mehr oder weniger von ihren Räuschen abhängig sind, haben diese Autoren jedoch die Argumente geliefert, mit denen sie ihre Drogen-Ideologie untermauern können.

Der Kölner Soziologe Erwin K. Scheuch (1970) meint dazu: »Gegenwärtig befindet sich ein Teil der Kunst und ein sehr viel größerer Teil eines sehr einkommensträchtigen Kunstgewerbes wieder einmal in einem romantischen Aufstand gegen die weitgehende Rationalisierung der Umwelt. Und wie in früheren romantischen Abschnitten der Geschichte des Kunstgewerbes und des Literatentums wird diese Abwendung, verständlich als Unfähigkeit gegenüber den Forderungen des Tages, nun zur Tugend erklärt ... Neu ist nur, daß sich diese Phantastereien als *eigentliche Rationalität* ausgeben ...«

So polemisch und einseitig rationalistisch kann man den Sachverhalt wohl nicht darstellen. Berechtigt ist jedoch auf jeden Fall die Kritik an einer romantischen Verherrlichung des Drogenkonsums. Die heutige Realität sieht nämlich wirklich anders aus, als psychedelische Poster, farbenprächtige *trip*-Schilderungen und die einschlägige Pop-Musik glauben machen wollen. Anstelle der Priester, die früher die halluzinogenen Substanzen als Sakrament vermittelten (ähnlich wie im christlichen Abendmahl), sind gut organisierte internationale Gangsterbanden und – als Endglied der Kette – die kleinen *dealer* und *pusher* getreten. Die Rauschdrogen selbst sind zu *Giften* herabgesunken und verdienen diese Bezeichnung aufgrund ihrer verheerenden Wirkungen in den meisten Fällen auch.

1988 schätzte man die Zahl der Heroinsüchtigen in der Bundesrepublik (inklusive Dunkelziffer) bereits auf 100.000 und zählt bereits mehr als 400 Herointote jährlich – kaum ein Jahrzehnt später, 1996, rechnete man bereits, je nach Quelle, mit bis zu 300.000 Abhängigen und in diesem Jahr gab es 1.712 Drogentote!

Die einstmals ungefährlichen Drogen sind nicht zuletzt deshalb zu richtiggehenden Giften geworden, weil die chemische Industrie aus relativ schwachen Pflanzenprodukten (Coca-Blätter, Opium, Marihuana) starke Konzentrate herstellte (Kokain, Morphium, Heroin, Haschisch-Öl).

W.S.

Literatur

s. am Schluß von RA II: Moderne Gesellschaft und Politik

II. Moderne Gesellschaft und Politik

Die Hilflosigkeit der modernen Gesellschaft angesichts der Drogen wird am deutlichsten sichtbar, wo Kriminelle oder Fast-schon-Kriminelle die tiefsten Sehnsüchte von Menschen befriedigen müssen, denen andere Wege zum persönlichen Glück meist von eben dieser modernen Gesellschaft verschlossen oder zumindest nicht zugänglich gemacht werden. Durch entsprechende Gesetze bestraft man überdies die Drogenabhängigen noch für ihre unglückselige Situation – und sei es auch nur durch die massiven Schuldgefühle und Verfolgungsängste, die solche Gesetze hervorrufen.

Gesetze sind keine Therapie

Die Prohibition (→ Alkohol) in den USA der zwanziger Jahre hat unübersehbar klargemacht, daß man den Drogen mit Verboten nicht beikommen kann. Im Gegenteil: Nachweislich wurde nie soviel Alkohol getrunken (heimlich) wie zu jener Zeit in Nordamerika, in den siebziger Jahren im »trockengelegten« Indien und in den neunziger Jahren in der ehemaligen Sowjetunion.

Wie schon weiter vorne gezeigt wurde, kümmerte sich der Staat in den vergangenen Jahrhunderten herzlich wenig darum, mit welchen Drogen seine Untertanen sich berauschten oder gar zugrunde richteten. Um die Jahrhundertwende machten sich die zuständigen Stellen erstmals klar, welchen Sozialschaden das wachsende Heer der Süchtigen neben der individuellen Schädigung und Gefährdung anrichtet.

Hatte man im Fall Alkohol in den Vereinigten Staaten die unsinnige puritanische Gesetzgebung nach 13 Jahren (1933) wieder abgebaut und auf den Jugendschutz beschränkt, so ging man gegen Cannabis genau entgegengesetzt vor: 1925 unterwarf man es während der zweiten Opium-Konferenz des damaligen Völkerbundes der internationalen Kontrolle. Es ist bezeichnend, daß erst Ende der sechziger Jahre eine regelrechte wissenschaftliche Erforschung der Cannabis-Produkte mit modernen Methoden einsetzte, also mehr als 40 Jahre nach dem Verbot.

Den Grundstein für die Drogenbekämpfung legte man mit dem Opium-Abkommen vom 19. Februar 1925. Seither wurde eine endlose Reihe von Zusatzabkommen getroffen, die man auf internationaler Ebene absprach und dann im nationalen Bereich mehr oder minder vollständig zu Gesetzen machte.

Grundsätzlich dürfen alle Drogen, die dem Opiumgesetz unterstehen, nicht frei hergestellt, gehandelt und benützt werden. Wenn überhaupt, darf sie nur ein Arzt als Medikament (Morphium) oder als Zusatz zu einem Medikament (kodeinhaltige Hustensäfte, kokainhaltige Betäubungsmittel) verschreiben. Der Apotheker darf sie nur gegen dieses ärztliche Rezept aushändigen. Beide müssen über die Weitergabe solcher Drogen genauestens Buch führen (*Kokain-Buch,* Gift-Buch) und die Drogen selbst streng verschließen.

Als Mitte der sechziger Jahre → LSD immer häufiger von Nichtbefugten benützt wurde und es nicht länger ein reines Medikament war (LSD-Therapie), nahm man es ebenfalls unter Verschluß. Die USA machten den Anfang, im März 1967 zog die Regierung der Bundesrepublik nach und stellte die bis dahin freie Droge ausdrücklich unter das »Opiumgesetz«.

Anfang 1970 legte der Münchner Rechtsanwalt Hermann Messmer beim Bundesverfassungsgericht für einen Mandanten Beschwerde gegen das Haschischverbot ein. Grundlage seiner Verfassungsbeschwerde war der sogenannte Gleichheitsgrundsatz: Messmers Mandant war wegen Erwerb von Haschisch zum – wie er angab – ausschließlichen Eigengebrauch vom Amtsgericht München zu drei Monaten Gefängnis mit Bewährung verurteilt worden. Das Landgericht hatte die Berufung ebenso verworfen wie das Bayerische Oberste Landesgericht die Revision. Messmer führte beim Bundesgericht ins Feld, daß einige Gutachter Alkohol als gefährlicher als Haschisch bezeichneten – allerdings mit dem Zusatz »... nach den bisherigen Erfahrungen«.

Genau auf diese Einschränkung bezog sich das Bundesgericht bei der Ablehnung der Verfassungsbeschwerde. Die Richter kamen zu dem Ergebnis: »Der Gesetzgeber behandelt nicht wesentlich Gleiches ungleich, wenn er sich beschränkt, das Aufkommen neuer Betäubungsmittel aus fremden Kulturkreisen* zu verhindern, solange nicht eindeutig feststeht, daß die damit verbundenen gesundheitlichen und

---

* An dieser Stelle sei nur erwähnt, daß Marihuana, also die schwächere Hanfdroge, nicht nur den bayrischen Bauern als »starker Toback« keineswegs fremd war; ähnliches dürfte für einheimische Rauschpilze wie den Fliegenpielz gelten.

sozialen Gefahren nicht größer als die des Mißbrauchs von Alkohol sind.«
Auch ohne daß die (noch längst nicht abgeschlossenen) wissenschaftlichen Untersuchungen bereits eindeutige Ergebnisse über die Gefahren von Haschisch beziehungsweise Marihuana lieferten, hat man auf Drängen des Bundesgesundheitsministeriums das Opiumgesetz enorm verschärft: Anstelle der bisherigen Höchststrafe von drei Jahren Gefängnis und/oder einer Geldstrafe trat eine Höchststrafe von bis zu zehn Jahren Gefängnis und/oder eine Geldstrafe. Die Straferhöhung gilt jedoch in erster Linie dem Handel – die bloßen Konsumenten sollen ungeschoren bleiben.
Die im Oktober 1979 von der Bundesregierung vorgelegte Neufassung des Betäubungsmittel-Gesetzes sah noch einmal erhebliche Strafverschärfungen für Drogenhändler und Straferleichterungen für Drogenabhängige vor. Wer sich freiwillig einer Therapie unterzog, sollte zwar die Chance der Straffreiheit (bzw. Bewährung) erhalten, wer vom Elend der Süchtigen profitiert, sollte jedoch mit einer Höchststrafe von fünfzehn statt bisher zehn Jahren rechnen müssen. Es bestand unter den Politikern zunächst keine Einigkeit über das neue Drogengesetz, außer in dem einen Punkt, daß es unbedingt das alte Gesetz mit seinen Mängeln ablösen müsse. Als problematisch galt der vom Innen- wie vom Gesundheitsministerium angestrebte Grundsatz »Therapie statt Strafe« – demgegenüber hielt das Justizministerium an seiner Auffassung fest, daß der Strafanspruch des Staates* gegen drogenabhängige Dealer, die ja bestehende Gesetze verletzen, in jedem Fall aufrechterhalten bleiben müsse.

Anfang 1997 wogte das Für und Wider der Legalisierung von Haschisch/Marihuana und sogar die Freigabe kleiner Mengen Heroin und anderer harter Drogen erneut hoch, es war jedoch bis zum Redaktionsschluß dieser Neuausgabe des *Handbuchs* keine Einigung erzielt worden.
Problematisch ist diese ganze Diskussion vor dem Hintergrund der Realität: Die schädlichen Folgen des Alkoholismus und des Tabakmißbrauchs sind um ein Vielfaches höher als die durch alle anderen Drogen zusammengenommen.

---

* Manche Gerichte sind bereits dazu übergegangen, Dealer, deren »Kunden« an der erworbenen Droge starben, wegen fahrlässiger Tötung anzuklagen (*Kriminalistik* Nr. 5, 1980, S. 230).

	1968	1980	1996
Heroin	1,8 kg	267 kg	898 kg
Cannabis	380 kg	3.200 kg	9.367 kg
Kokain	?	22 kg	1.373 kg

Nach Angaben von Jean Nepote, Generalsekretär der Interpol in Colombe, werden nur etwa zehn Prozent der Schmuggelware beschlagnahmt. Die übrigen neun Zehntel gelangen unbehelligt an den Verbraucher. Neben den großen illegalen Transporten, die mit modernsten Beförderungsmitteln (Schnellboote, Flugzeuge) durchgeführt werden, schlagen inzwischen auch die vielen kleinen Mengen Cannabis und Opiate zu Buch, die im Zeitalter des Massentourismus aus den Anbaugebieten im Nahen Osten und Nordafrika zum persönlichen Gebrauch oder für Bekannte und Freunde mitgebracht werden (→ Opiate, Kap. 8: *»Von der Connection zum Ameisenhandel«*).
Die Folgen von Polizeieinsätzen lassen sich nicht immer genau absehen, und gelegentlich sind sie verheerender als der Zustand, den sie bekämpfen wollen. So gelang es zwar den Rauschgiftbehörden der USA, im Verlauf der *Operation Intercept* Ende 1969 kleinere Mengen Marihuana an der mexikanisch-nordamerikanischen Grenze sicherzustellen. Der große Fischzug mißlang jedoch, weil die Schmuggler längst Wind von der Aktion bekommen hatten und statt des Touristenstroms durch die Grenzstädtchen den Wasserweg entlang der pazifischen Küste bevorzugten. Die unmittelbare Wirkung dieser Aktion war jedoch, daß zunächst einmal der weitgehend unorganisierte Marihuana-Markt an der Ostküste zusammenbrach. Infolgedessen griffen viele Konsumenten, vor allem Jugendliche, auf den – allerdings seit Jahrzehnten wohlorganisierten – Heroin-Markt zurück. Entsprechend schnellte die Zahl der Süchtigen und Toten durch dieses Rauschgift in die Höhe. Ein sicher von keinem gewolltes Resultat, bei dem man den vergleichsweise harmlosen »Teufel Marihuana« mit dem nun wirklich bösartigen »Beelzebub Heroin« austrieb. Wie meist in solchen Fällen müssen also die ohnehin schwer benachteiligten Drogenabhängigen zusätzlich leiden. Dem Drogen-Desaster jedoch ist mit Polizeimaßnahmen und Gesetzen kaum beizukommen.
In Persien, das noch in den sechziger Jahren den Handel von Opium und Haschisch großzügig tolerierte, schaltete man – wohl nicht zuletzt aufgrund massiver Intervention der USA – aufs andere Extrem um. Im September 1970 nahm man im nördlich von Teheran gelege-

nen Hippie-Zentrum Schemiran 145 Haschischraucher fest und stellte sie unter Anklage. Nach dem neuen persischen Rauschgiftgesetz droht jedem, der mehr als zehn Gramm Heroin oder zwei Kilogramm Opium bei sich hat, die Todesstrafe durch Erschießen; auf den Besitz von zehn Gramm Haschisch steht ein Jahr Freiheitsentzug.

Seit der islamischen Revolution und der Vertreibung des Schah durch den Ayatolla Khomeini 1979 hat sich die Situation wieder einmal völlig verändert. Der persische Staat befindet sich offenbar in einem solch desolaten Zustand, daß die kaum kontrollierten Bauern ihre Felder mit Schlafmohn und Hanf fast zu verdoppeln wagten und den internationalen Markt entsprechend hemmungslos mit Opium/Heroin und Haschisch beliefern. Unterstützt werden sie dabei nicht zuletzt durch die islamische Einstellung: Der Koran verbietet den Alkohol und erlaubt die beiden anderen Suchtdrogen, was sich in einem Buch des Ayatolla so liest: »Unrein sind Wein und alle anderen berauschenden Getränke, nicht aber Opium und Haschisch.« (Khomeini 1979)

Der Drogensüchtige als Projektionsfigur

Nicht minder ungeniert produzierten die Bauern im vom Bürgerkrieg geschüttelten Libanon ihre Drogen. Haschisch wurde als »Vogelfutter« deklariert. Er war zum wichtigsten Exportartikel des verarmten Landes geworden (obwohl er in keiner offiziellen Handelsbilanz auftauchte); die Ernte für 1979 an *Rotem Libanesen* wurde auf 700 bis 800 Tonnen geschätzt. Die Landwirte arbeiteten im Schutz von Privatarmeen und wurden von den syrischen Truppen, die im Land stationiert waren, genausowenig belästigt wie von den im Süden wachenden Israelis. Der gigantische Rauschgifthandel diente, einem Bericht des *Stern* über einen großen Prozeß in Emden zufolge, sogar dazu, Waffen und Munition für die christliche Falange-Partei des Libanon zu finanzieren.

Es ist hier nicht der Raum, um auf die soziologischen und politologischen Hintergründe solcher Maßnahmen gegen – oder für – den Drogenkonsum einzugehen. Jedenfalls haben wir in der Bundesrepublik unsere ganz eigene Art, mit dem Problem umzugehen: Im bayerischen Dörfchen Tandern wollte die Münchner Drogenberatungsstelle 1971 eine kleine Modellklinik zur Behandlung süchtiger Jugendlicher einrichten. Nach einer hitzigen Versammlung sprachen sich die Dorfbewohner gegen dieses Experiment aus. Die ablehnende Haltung der Tanderner war nicht zuletzt dadurch zustande gekommen, daß man sie nicht rechtzeitig und umfassend über den medizinischen Charakter dieses Unternehmens aufklärte. Zugleich wurde aber sichtbar, daß der Süchtige zur modernen Projektionsfigur für die allzeit bereitliegenden Vorurteile gegen Minderheiten geworden ist, die man bekanntlich sonst besonders gegen Homosexuelle, Zigeuner, uneheliche Kinder und Geisteskranke richtete.

Als die Rehabilitationseinrichtung »Daytop« 1997 im Münchner Stadtteil Freimann ein ähnliches Projekt für die Nachsorge ehemaliger Drogenabhängiger einrichten wollte, formierte sich sofort eine Gruppe besorgter Bürger, die Unterschriften gegen das Projekt sammelte.

Rasch wittert man bei langhaarigen, bizarr gekleideten Drogensüchtigen Bösartiges, Gewollt-Kriminelles, Abartiges, wo doch in einer solchen Drogenklinik nach amerikanischem Muster (»Free Clinic«) seelisch – und meist auch bereits körperlich – Kranke Hilfe suchen.

Offensichtlich sind die Rauschdrogen, unabhängig von ihrer psychophysischen Wirkung, zu einem sozialen Reizfaktor ersten Ranges geworden. Das haben schon während des Wahlkampfes zu den bayerischen Landtagswahlen 1970 auch die Rechtsradikalen erkannt. Mit längst totgeglaubter Infamie – man kann es wirklich nicht anders nennen – stellte die NPD auf einem ihrer Plakate langhaarige Jugendliche in einer Weise dar, die eindeutig an negative Emotionen der Bevölkerung in bezug auf die Rauschdrogen appellierte.

Allerdings ist die Vorstellung, daß Drogenkonsumenten Verbrecher sind, die mit dem NPD-Plakat ganz eindeutig suggeriert werden sollte (gezückter Dolch und Fahrradkette als typische Straßenkampfsymbole), nicht nur in rechtsradikalen Kreisen verbreitet. Das zeigt deutlich das Ergebnis einer Umfrage der amerikanischen Ärztezeitschrift *Modern Medicine* unter 27.000 US-Ärzten. Während die Mediziner gegenüber den Problemen der Abtreibung und der Homosexualität ausgesprochen liberal reagierten, verhielten sie sich in puncto Marihuana nicht nur ablehnend (84% waren gegen eine Freigabe), sondern begründeten diese Ablehnung ausgesprochen emotional. Donald W. Hastings (1970), der die Studie auswertete, kam zu dem Schluß, daß die Drogen wie für die meisten Bürger auch für Ärzte alles verkörpern, was mit langen Haaren und Hippies zusammenhängt: nämlich Unsauberkeit, Unmoral, Nonkonformismus und dergleichen.

Mit solchen »unsauberen« Geschöpfen muß sich aber eine Gesellschaft schwertun, die so sehr auf Sauberkeit bedacht ist, daß sie sogar das Klopapier parfümiert!

Daß Drogenkonsumenten – und vor allem die Süchtigen, gegen die solche Emotionen gerichtet sind – eigentlich eher als Kranke denn als Kriminelle zu betrachten sind, hat sich offensichtlich auch unter Ärzten noch nicht herumgesprochen. Die soziale Funktion der Rauschdrogen wird wohl nirgends deutlicher als an diesem Beispiel. Hierzu paßt so gar nicht die Tatsache, daß – einem Bericht der Standesorganisation »American Medical Association« zufolge – jährlich zehn Prozent aller amerikanischen Ärzte wegen Alkoholismus vorzeitig aus dem Berufsleben scheiden müssen. Wie die *Deutsche Medizinische Wochenschrift* schon 1976 schrieb, gelten mindestens 17.000 amerikanische Ärzte – etwa sechs Prozent der Gesamtzahl – als alkohol- oder morphiumsüchtig!

Der große Wandel

Drogenkonsumenten und erst recht Süchtige sind selten primär kriminell oder offenkundig verwahrlost. Die Gründe, weshalb sie überhaupt an die Drogen geraten, sind vielfältig und wohl meist neurotischer, das heißt unbewußter Natur (→ RA III). Der Wunsch, sich durch das Medikament »Droge« Erleichterung von depressiven Zuständen und dem Gefühl der Langeweile, Einsamkeit und Sinnlosigkeit zu schaffen, dürfte bei den Ursachen überwiegen.

Wiederum kann man diese Menschen auch nicht als regelrecht krank bezeichnen, wenn sie nicht bereits stark von Opiaten, Amphetaminen, Kokain und dergleichen abhängig sind (→ RA IV).

Wohl eher entwicklungsbedingt ist – vor allem beim Haschischkonsum – die jugendliche Neugier, der Wunsch nach dem Experiment mit der eigenen Persönlichkeit und natürlich das Motiv »Protest«, hinter dem sich – wenn auch in sehr zugespitzter Form – der ewig neue Generationskonflikt verbirgt, jener Konflikt, der bereits um 2.000 v.Chr. in einem Keilschrifttext aus Ur in Chaldäa dem Schreiber große Sorgen machte: »Unsere Jugend ist heruntergekommen und zuchtlos. Die jungen Leute hören nicht mehr auf ihre Eltern. Das Ende ist nahe.«

Will man das enorme Ansteigen des Drogenkonsums vor allem bei den Jugendlichen verstehen, so muß man den großen Denkwandel näher ansehen, der sich in unserer Gesellschaft im Hinblick auf die Rauschdrogen in diesem Jahrhundert vollzogen hat. → LSD möge dafür als Beispiel stehen.

Am 16. April 1943 entdeckte der Basler Chemiker Albert Hofmann bei einem unfreiwilligen Selbstversuch zufällig die Rauschwirkung des synthetischen LSD, das bis etwa 1969 von einer Reihe von Psy-

chotherapeuten als Hilfsmittel bei der Behandlung psychisch Kranker eingesetzt wurde (Leuner 1964, Caldwell 1968, Grof 1978).
Dann geriet LSD, am Rande auch das → Psilocybin, in die Hände des vielseitig interessierten und begabten Intellektuellen Timothy Leary, der in LSD einen geeignete Schlüssel sah, mit dem man verschüttete Innenbereiche der Persönlichkeit (das vielzitierte »Innere Universum«) wieder zugänglich machen kann (→ RA III). Wie ein Buschfeuer verbreitete sich diese faszinierende Möglichkeit unter den Studenten, die zunächst noch unmittelbaren Kontakt zu Leary hatten und durchaus an ernsthafter Selbsterforschung und Bewußtseinserweiterung, wie sie es nannten, interessiert waren. Als jedoch diese Drogen die Neugier für das viel leichter erhältliche und viel einfacher zu konsumierende Marihuana (→ Cannabis) weckten und vor allem Schüler bis herunter zu den Zehn- und Neunjährigen den angenehmen Schauer des Drogenrausches entdeckten, war das Drogenproblem in seiner derzeitigen Form perfekt. Meskalin, LSD und Psilocybin wurden in diesen Kreisen nur noch als eine Art Leckerbissen betrachtet, den man einwarf, wenn man besonders stark angeben wollte oder sich nicht sicher war, ob man nicht etwas Wichtiges verpaßte. Denn in den Zeitungen, Fernsehberichten und Erzählungen der Freunde nahm sich ein Marihuana- oder Haschisch-*trip* meist viel toller aus, als man ihn selbst erlebte.
Für die Kinder, Jugendlichen und Heranwachsenden, die den Rausch aus unbewußten, neurotischen Motiven suchten, kam es praktisch zwangsläufig zur psychischen Abhängigkeit von Cannabis,* und für einen bestimmten Prozentsatz, der nach Angaben verschiedener Untersucher zwischen einem und 75 Prozent schwankt, war wiederum erst der gefährliche Heroin- oder Morphiumrausch befriedigend genug.
Von Selbsterforschung und Bewußtseinserweiterung ist beim heutigen Stand der Dinge nicht mehr viel übriggeblieben. Die Rauschdrogen als Bürgerschreck oder als Möglichkeit, sich mit den Musik-Bands (»Lucy in the Sky with Diamonds« von den Beatles) zu identifizieren, sind die einzigen sozial relevanten Wirkungen geworden. Noch im Februar 1970 konnte Rudolf Gelpke auf einem Symposion in Rüschlikon sagen, er und einige Freunde hätten Anfang der sechziger Jahre den Plan gehabt, die Rauschdrogen nach und nach syste-

---

* Man schätzte 1970, daß rund zehn Prozent chronische Cannabis-Raucher werden (Bochnik 1970). Dies dürfte Anfang der neunziger Jahre kaum anders sein; genaue Zahlen lagen uns jedoch nicht vor.

matisch »an bestimmten Stellen in der westlichen Kultur einzuführen«. Die Mafia hätte das jedoch, »Hand in Hand mit der Polizei«, verhindert, um nicht ihr Drogenmonopol stören zu lassen ...

Es fällt schwer, sich über derartige Pläne ein gerechtes Urteil zu bilden. Wer Gelpkes Buch *Vom Rausch im Orient und Okzident* (1966) oder Learys LSD-Bibel *Politik der Ekstase (1970)* aufmerksam liest, kann sich vielen ihrer Argumente nicht verschließen. So schreibt Gelpke, nachdem er sehr zielsicher und mit der gesteigerten Sensibilität des Drogenkonsumenten* die Schwächen der westlichen Gesellschaft und ihren negativen Einfluß auf die Kulturen des Ostens herauspräpariert hat:

»Umgekehrt werden aber die orientalischen, asiatischen und überhaupt außerordentlichen Existenzformen und geistig-seelischen Leitbilder, mit denen der Westen nun mehr und mehr konfrontiert wird, diesen genauso erschüttern, verwirren und von innen heraus in Frage stellen. Dieser Prozeß ist bereits im Gange. Der langsam, aber stetig anwachsende Einstrom asiatischen ... Lebensgefühls, das Aufeinanderprallen angelsächsischen Puritanismus und afrikanischer Ekstatik in den USA; die immer leidenschaftlicher werdende Kontroverse um die indianischen *magischen Drogen* und deren Verhältnis zu Mystik und Transzendenz einerseits, zu Psychologie und Geisteskrankheiten andererseits: Das alles sind ja nur Symptome dieser der äußeren *Verwestlichung* der Welt nun folgenden *Veröstlichung* des Westens...«

Allerdings verbirgt sich hinter solchen Argumenten bei aller Berechtigung der Kritik immer auch eine gefährliche Portion Irrationalismus und auch Weltflucht.

Leary sprach von der »Molekularen Revolution« durch LSD und Psilocybin und von einer daraus resultierenden »Neurologischen Politik«. Was sich jedoch in manchen modernen Science-fiction-Romanen als interessante Variante zukünftigen Lebens liest, stimmt bei solch apodiktischen – und häufig ausgesprochen pseudowissenschaftlichen – Forderungen höchst skeptisch. Man wird, auch bei Gelpke, das Gefühl nicht los, daß da höchst private Schwierigkeiten auf die Gesellschaft projiziert werden (was ohne Zweifel zu wichtigen Einsichten führen kann), daß aber vor allem ein Lösungsmittel, nämlich der Drogenkonsum, empfohlen wird, das noch viel stärker

* Gelpke 1970 auf einem Drogen-Symposion in Rüschlikon: »Ich habe ungefähr 150 LSD-*trips* genommen und unzählige Male Haschisch geraucht.«

rein privater Natur ist und auch nie etwas anderes sein kann. Denn was einem 60jährigen Psychologie-Dozenten (Leary wurde 1921 geboren) unter Umständen persönlich weiterhilft, ist für einen 15- oder neunjährigen Schüler mit höchster Wahrscheinlichkeit untauglich (→ RA III).
Gewiß warnte Gelpke auf dem Symposion in Rüschlikon davor, daß »Astronauten, die nach innen fliegen, ebenfalls verunglücken können« – aber was hilft das dem Jugendlichen, der zum chronischen Haschisch-Raucher geworden ist und allmählich sozial absteigt, oder dem LSD-Konsumenten, der von einem *horror trip* nicht mehr herunterkommt, oder dem verzweifelten Heroinisten, der das Fixen nicht mehr sein lassen kann?
Ganz abgesehen davon wird die Gesellschaft – indirekt also der Steuerzahler – in erheblichem Maße durch die therapeutischen Hilfsmaßnahmen belastet. Herbert Berger ermittelte mit einigen Kollegen die Kosten der Drogenwelle für die Stadt New York:
»Die Summe, die wir errechneten, erschien uns so gewaltig, daß wir sie mit verschiedenen anderen Methoden überprüften. Alle lieferten sie dieselbe Antwort: Narkotika-Sucht kostet jeden New Yorker pro Jahr 625 Dollar. Darin sind enthalten: die Kosten für das Aufspüren der Süchtigen und der Händler, für ihren Prozeß und den Gefängnisaufenthalt; Wohlfahrtskosten für Süchtige und ihre Angehörigen; und – das ist die größte Summe – der Wert der gestohlenen Güter.«
Man mag einwenden, daß eine andere Gesetzgebung einen Gutteil dieser Kosten sparen helfen würde. Berger hat ein noch besseres Argument: »Doch weder die Zahl der registrierten Süchtigen noch die materiellen Kosten der Sucht erzählen die ganze Geschichte. Der wirklich unermeßliche Preis wird von den bedrohten Leben, den verschwendeten Talenten, den zerstörten Familien und dem Elend bezahlt.«
Auch das sollte man sich vor Augen halten, wenn man wie Gelpke oder Leary argumentiert. Es sind inzwischen wesentlich mehr »Astronauten« geworden, die »auf dem Flug nach innen verunglücken«, als diese Drogen-Apologeten vor einigen Jahren ahnen konnten.
Der Schlagzeuger der englischen Pop-Gruppe *The Who,* Keith Moon, starb im September 1979 an einer Überdosis (nicht näher bezeichneter) Drogen, gerade 31 Jahre alt. Die Rock-Sängerin Janis Joplin, ihr Kollege Jimi Hendrix, zwei Jahrzehnte zuvor der Saxophonist Charlie Parker – sie alle waren Vorbilder einer ganzen Generation, trotzdem (oder auch: weil?) sie am Rauschgift zugrunde gingen. Wenn

der Beatle Paul McCartney in Tokio auf dem Flughafen wegen illegalen Besitzes von 200 Gramm Marihuana verhaftet wird, so hat dies keineswegs eine abschreckende Wirkung, sondern unzählige seiner Anhänger (-innen) werden darauf aufmerksam gemacht, daß es da etwas Besonderes zu probieren gibt – in der Hoffnung, daß diese Experimente einem dem angebeteten Idol näherbringen. Eine Schülerin, die man nach der Verhaftung des Ex-Beatles interviewte, sagte nur: »Was Paul gut findet (das Marihuana), kann so schlecht nicht sein«. Drogenexperten in Tokio räumen deshalb ein, daß die Festnahme McCartneys zwar die Strenge der japanischen Anti-Rauschgift-Gesetze vor Augen geführt habe – aber daß sie auch das Nachlassen des Widerstandes gegen Rauschmittel wohl »eher gefördert als gehemmt« habe.

Ist die Gegen-Kultur gekommen?

Immer wieder wurde von Leuten wie Timothy Leary der Versuch gemacht, eine Gegen-Kultur, eine Anti-Gesellschaft aufzubauen. Dieser *underground* hat eigene Zeitschriften (*IT, Black Dwarf, Scanlan's, mama* u. a.), eigene Musik (Beat, Pop; indische u. a. fernöstliche Kompositionen), eigene Kunst (psychedelische Malerei, manche Bereiche der Pop-art, Op-art u. ä.) und eigene Literatur mit oft erstaunlichen Ergebnissen hervorgebracht (s. unten). Zieht man jedoch, soweit heute schon möglich, ein Fazit aus diesen drei Jahrzehnten Gegen-Kultur, so muß man feststellen, daß sich all das Neue, was da geschaffen wurde, nahezu ausschließlich um die Rauschdrogen zentriert, um ihren Genuß, den Schwarzhandel, die Verfolgung durch die Polizei, das angebliche Mißverstehen des Establishments und ähnliches.

Läßt man die Rauschdrogen weg, so bleibt wenig übrig, allenfalls eine Wiederentdeckung der innersten seelischen Bereiche. Ob das Gros der Drogenkonsumenten damit etwas anfangen kann oder will, sei dahingestellt. Die umfangreichen Erfahrungen aus 100 Jahren Psychotherapie zeigen, daß dazu mehr nötig ist als eine Reihe von *trips*. Diese sind ohnehin nur schwer zu verarbeiten, ihre Inhalte sind nur mühsam in die nichtberauschte Persönlichkeit zu integrieren – wenn man überhaupt die Notwendigkeit einer solchen Integration akzeptiert und sich dieser schwierigen, zeitraubenden und (psychisch) höchst schmerzhaften Arbeit unterzieht.

Man sollte nicht unterschlagen, wie es manche Drogen-Gegner tun, daß Erscheinungen wie das *Living Theatre* dem Theaterleben oder die neue Lebensform der *Kommunen* der Gesellschaft überhaupt neue

Anregungen vermittelt haben. Es sind auch keineswegs alle politisch bzw. gesellschaftskritisch indendierten Kommunen* gescheitert, wie man allenthalben hört, sondern einige haben es geschafft, stabile Gemeinschaften aufzubauen – allerdings ausschließlich durch Verfolgung gemeinsamer Ziele, durch gemeinsame Arbeit und vor allem mit sehr reduziertem oder auch völlig ohne Drogenkonsum (s. Morris und Hess 1980, Holenweger und Mäder 1979).

Burton H. Wolfe hat die Hippie-Bewegung der sechziger Jahre und ihren Drogenmythos eingehend untersucht (1968). Er kommt zu dem Schluß: »Die Hippie-Bewegung mag eine Flucht aus der Realität in eine Welt drogeninduzierter Illusionen gewesen sein. Oder es mag eine Revolution gegen Krieg, Gewalttätigkeit, rassische Vorurteile, Materialismus und Puritanismus gewesen sein. Sie ist in Hunderten von Artikeln und Dutzenden von Fernsehprogrammen so analysiert worden. Aber sie ist mehr als das. Der Hippie ist ein amerikanisches Individuum, das glaubt, daß der *American Way of Life* falsch ist ...«

Die Frage, was man mit diesen meist jungen Hippies, den aus der Gesellschaft Herausgefallenen *(drop-outs)* anfangen soll, bezeichnet er als falsch gestellt. »Die Frage ist nicht, was wir mit den Hippies anfangen sollen, sondern wie wir den Außenseitern, Drogenabhängigen, Weggelaufenen und psychisch Kranken (unter ihnen) helfen können.«

Psychedelische Malerei, Literatur, Musik

Rauschdrogen haben schon im 19. Jahrhundert die Dichter zu farbenprächtigen Ausflügen in die Innenwelt angeregt (→ Cannabis, → Opiate); Alethea Hayter hat dies 1968 ausführlich beschrieben in ihrer Studie über *Opium und die romantische Phantasie.* Auch die Malerei und die Musik mögen damals schon im einen oder anderen Fall vom Haschisch oder vom Opium profitiert haben (obgleich die Einflüsse solcher Drogen auf die Gestaltungskunst stets überschätzt worden sind). Ein noch älteres dichterisches Werk, das Drogeneinfluß zeigt, ist die Novelle vom »Gläsernen Lizentiaten« des Cervantes; nach einer Untersuchung von Eduard von Jan wird der Held der Geschichte deshalb wahnsinnig (er meint, er sei aus Glas, und gibt unter dem Schutz seiner toxischen Psychose sensationelle gesellschaftskritische Äußerungen von sich), weil eine liebestolle Dame

---

* Als Wohngemeinschaften für junge Leute wie als Alters-WGs für Senioren sind ihre soziokulturellen Ableger aus dem Leben der neunziger Jahre nicht mehr wegzudenken!

ihm ein → Aphrodisiakum verabreicht, vielleicht → Ololiuqui oder Peyotl, eventuell auch → Rote Bohnen (Jan, S. 99).
Es blieb dem 20. Jahrhundert vorbehalten, mit dem Psychedelismus eine eigene Richtung entwickelt zu haben, in der speziell die Halluzinogene, allen voran → LSD und → Meskalin, aber auch → Cannabis, zu mächtigen Anregern des Unbewußten wurden. Nirgends ist dies deutlicher zu erkennen als in der psychedelischen Malerei. Nirgends ist aber auch deutlicher zu sehen, wie gefährlich die Gratwanderung zwischen Kunst und Kitsch ist, etwa bei Mati Klarweins berühmt gewordenem *A Grain of Sand.* Beispiele die Fülle findet man in Robert E. L. Masters und Jean Houstons *Psychedelische Kunst* (deutsch 1969). Erwähnenswert ist auch der Film, den der Müncher Galerist und Arzt Richard Hartmann (1974) für das Bayerische Fernsehen drehte (→ LSD), während bekannte Maler wie Arnulf Rainer unter LSD-Einfluß ihre Bilder gestalteten. Inzwischen ist diese »psychedelische Kunst«, wenn man gewisse Anregungen für die phantastische Malerei (etwa bei Ernst Fuchs, Arik Brauer und anderen Malern der Wiener Schule des Phantastischen Realismus sowie des modernen Surrealismus allgemein) einmal außer acht läßt, eigentlich nur noch in den Echos zu erkennen, die sie in der Gebrauchsgrafik hinterlassen hat, vor allem auf den Hüllen von Schallplatten des Jazz und Rock und auf den Umschlägen von Science-fiction-Büchern sowie in den Dekorationen von Science-fiction-Filmen wie *Krieg der Welten, Unheimliche Begegnung der Dritten Art,* in TV-Serien wie *Babylon 5* und in vielen Computerspielen. Wie ein böser Horror-Trip mit → STP oder →PCP durch eine satanische Gegenwelt nehmen sich die Bilder des Schweizer Malers H. R. Giger aus, der auch die Dekors zu dem utopischen Thriller *Alien* entworfen hat, nach seinen eigenen Angaben (1979) allerdings ohne Drogeneinfluß. Ähnlich ist es im Bereich der Musik gegangen.
In den Synthesizer-Kompositionen von Eberhard Schoener und Klaus Schultze *(Kyborg)* und in den Weltraumklängen der Platten von Gruppen wie *Tangerine Dream* und *Eloy* lassen sich die Halluzinogene noch ahnen, obgleich oft nicht feststellbar ist, was da vom LSD oder Haschisch stammt – und was aus der Science-fiction, die in der drogenfreundlichen Subkultur eine immer größere Rolle spielt, gewissermaßen als »literarische Droge« (s. auch das Kapitel »Psychedelische Musik« in *Durch Musik zum Selbst* von Peter Michael Hamel, 1976).
Die wichtigste Domäne der drogeninduzierten Phantasien ist jedoch wie eh und je die Literatur, wobei die Song-Texte vieler moderner

Gruppen (*Pink Floyd, Jethro Tull* etc.) als eine Art Verbindungsglied zwischen Musik und Literatur angesehen werden können. Der Essay »Zwischen Mitternacht und Morgen« von William S. Burroughs ermöglicht dem Leser, am autobiographischen Beispiel eines langjährigen Junkies und Literaten noch einmal all die Stationen eines von den Drogen und ihrer Faszination bestimmten Lebens zu verfolgen. Antonin Artauds *Die Tarahumaras* reflektiert die Erfahrungen des Dichters mit Meskalin/Peyotl, das er bei einem mexikanischen Indianerstamm kennenlernte. Sieht man von den Schriften des anderen französischen Dichters Henri Micheaux (1956, 1961) und von Aldous Huxleys immer wieder genannten Büchern *Die Pforten der Wahrnehmung* und *Zwischen Himmel und Hölle* einmal ab, die ebenfalls Erfahrungen mit Meskalin wiedergeben, so hat die Drogen-Szene eigentlich keine bedeutende Literatur zum Vorschein gebracht. Und weder Artaud noch Micheaux und Huxley kann man, genaugenommen, der Szene zurechnen: Sie haben bestenfalls »hineingeschnuppert« und sich durch den einen oder anderen Trip anregen lassen, um das zu gestalten, was bereits in ihnen versteckt lag und wahrscheinlich im Laufe des späteren Lebens ohnehin zutage gekommen ware.

Am deutlichsten zeigt vielleicht das Theaterstück *Magic Afternoon* von Wolfgang Bauer (1972), was Einsichtige immer schon gewußt haben, zum Beispiel Baudelaire: daß die Drogen nur anregen können, was im Drogenbenützer ohnehin enthalten ist. *Magic Afternoon* ist eben nur insofern ein »psychedelisches Drama«, als es in einer Szene zeigt, wie gekifft wird und wie sich dadurch Menschen verändern; das ist aber im Grunde nichts anderes, als wenn Brendan Behan zeigt, wie der Alkohol seine irischen Protagonisten verändert. Eine neue »literarische Dimension« wird dadurch nicht sichtbar, wie manche Drogen-Literaten gerne glauben machen wollen.

Bleibt noch jene Drogen-Literatur, die sich den Phänomenen speziell des Halluzinogen-Rausches wissenschaftlich beobachtend nähert: die Bücher Carlos Castanedas (1974, 1975, 1976), Stanislav Grofs *Topographie des Unbewußten* (1978), Claudio Naranjos *Die Reise zum Ich* (1979) und der autobiographische Bericht des LSD-Entdeckers Albert Hofmann, *LSD – mein Sorgenkind* (1979). Die Rauschbeschreibungen dieser Autoren bzw. ihrer Versuchspersonen zeigen nachhaltig, daß es inzwischen vor allem so etwas wie eine »psychedelische Wissenschaft« gibt, die die Drogenwirkungen zum Gegenstand hat und dabei immer wieder zu ausgesprochen poetischen Ergebnissen kommt, ganz im Sinne Sigmund Freuds, der sich 1895 einmal etwas verschämt entschuldigte, daß seine Fallstudien leicht »in Novellen ausarten«.

Ansonsten sieht es eher so aus, als sei die den Drogenräuschen der inneren Welt adäquate literarische Form weit mehr die Science-fiction (vom Scheidt 1970, Bialecki 1971), die sich mit ihren Weltraum-Phantasien angeblich dem Äußeren Universum, seinen Schrecken und Schönheiten, zuwendet und – in ihren besten Erzeugnissen (z.B. den Romanen von Philip K. Dick und Ursula K. LeGuin) – tatsächlich kaum zu unterscheiden ist von den Drogen-Trips anderer Autoren. Dieser Eindruck wird bestätigt, wenn man das umfangreiche und sehr informative *Lexikon der Science-fiction-Literatur* (Alpers et. al. 1988) durchblättert, die Essays studiert und die Titel vieler SF-Produkte Revue passieren läßt. In Wahrheit gestalten die SF-Autoren allerdings etwas ganz anderes als Zukunftsfernen und Weltraumtiefen: nämlich die Ängste und Hoffnungen der Gegenwart, die häufig tief im Unbewußten verdrängt liegen und entweder auf dem Wege des schreibenden Phantasierens (Science-fiction) oder – unmittelbarer, aber auch weit gefährlicher – des Drogenrausches freigesetzt werden. Insbesondere die in den achtziger Jahren aufgekommene Richtung der Cyberspace-Romane (beginnend 1984 mit William Gibsons *Neuromancer*) schildert Erlebnisse, welche die Protagonisten angeblich im Inneren von Computernetzen machen, die sich jedoch wie die Halluzinationen eines Kiffers oder LSD-Konsumenten ausnehmen – kein Wunder, daß sich Timothy Leary für sie begeistert hat. (Im Stichwort → Zukunfts-Drogen sind diese Zusammenhänge noch näher ausgeführt.)

Ein – mit zehn Millionen verkauften Exemplaren binnen eines Jahres auch kommerziell gelungenes – Beispiel psychedelischer Anregungen bietet das Album *The Wall* von Pink Floyd. Die Gruppe benützte wahrscheinlich, von ihrem früheren Gitarristen Syd Barrett einmal abgesehen, selten Drogen, hat aber fraglos halluzinogene Effekte zu ihrem Markenzeichen gemacht. Das Durchbrechen der »Mauer« in vielerlei Form, das Leitmotiv von *The Wall,* ist in hohem Maße verwandt dem Bedürfnis des LSD-Trippers, in andere Dimensionen seines Bewußtseins vorzustoßen.

Sensationsmaterial für die Massenmedien

Einstweilen hat sich der großangelegte Versuch der Jugendlichen, sich nach dem Vorbild einiger älterer Idole vom unbefriedigenden Lebensstil der Eltern zu lösen, in erster Linie zu einem großen Geschäft entwickelt, von dem ein gutes Dutzend Industrien profitiert:

Modezentren, Schallplattenfirmen, Werbeagenturen, Posterläden, Hersteller von Stereogeräten und nicht zuletzt Verlage, die Bücher über Rauschdrogen in unterschiedlichster Qualität auf einen informationshungrigen Markt werfen. Das größte Geschäft mit dem Rausch und den Drogen dürften jedoch – vielleicht sogar gleich nach den Schwarzhändlern – die Massenmedien machen. Man ist fast versucht, zu sagen, die Drogenwelle habe die Sexwelle verdrängt. (In beiden Fällen dürfte übrigens der gleiche Grund vorliegen: ein Vakuum an wirklich brauchbarem Wissen plus Sensationsgier.)

Ohne Zweifel hat der Drogenkonsum erst in jenem Stadium den Charakter einer Epidemie angenommen, als Tageszeitungen, Illustrierte und die anderen Massenmedien sich des Themas annahmen und es – in oft ausgesprochen verlogener Form – weidlich ausschlachteten. Noch ausgeprägter als bei der ebenso künstlich angeheizten Sexwelle hat man dabei eine Entwicklung in Gang gebracht, die für die Betroffenen kaum jemals persönlichkeitsfördernd ist, sondern im Gegenteil höchst schädlich sein kann oder es bereits geworden ist.

Ein Musterbeispiel dieser zweifelhaften Publizität lieferte das Nachrichtenmagazin *Der Spiegel*. Am 10. November 1969 wurde »Die Hasch-Welle« noch genüßlich-intellektuell verharmlost; das popige Titelbild zeigte einen wirrhaarigen Hippie, der mit tiefgründigen Augen kräftig an einem *joint* zieht. Das Fazit des Berichts vereinigte alle Weltprobleme gekonnt auf einen Nenner: »Das Jahr 1969 brachte einen Sieg Apollos: Das amerikanische Raumschiff, das nach ihm benannt war, trug zwei Männer auf den Mond. Aber noch im gleichen Jahr, so scheint es, ist Dionysos zum Gegenangriff angetreten.«

Es war doch mehr eine Selbstaggression als ein Gegenangriff, denn neun Monate später, am 10. August 1970, hieß es bereits ernüchtert »Rauschgift – harte Welle«. Da zog man das Fazit mit dem abschreckenden Beispiel eines Haschisch-Rauchers, der »aus Langeweile« zum Spritzen von Jetrium* übergegangen war:

»Zu spät kam dem 17jährigen die Erkenntnis: ›Es hat Spaß gemacht, aber der Preis war zu hoch.‹«

Die Illustrierte *Stern* alarmierte im Herbst 1969 ihre Leser mit der (zumindest damals völlig unsinnigen) Behauptung, jeder zweite Oberschüler über 15 habe schon Haschisch probiert, und jeder dritte

---

* Jetrium ist ein Medikament auf der Basis eines synthetischen Opiats.

rauche es regelmäßig einmal im Monat. Etwa ein halbes Jahr später kolportierte in derselben Illustrierten die Kolumnistin »Sybille« die (Falsch-)Meldung, Herbert von Karajan wolle sein nächstes Konzert unter Einfluß von Haschisch oder LSD einstudieren. Der (höchst unsachlichen) Abschreckung folgte also die (ebenso unsachliche) Verharmlosung in Form von High-Society-Klatsch. Dieses Wechselbad ist typisch für die Art, in der über ein wirklich beunruhigendes Problem, das immerhin einen recht hohen Prozentsatz der jungen Generation betrifft, völlig unreflektiert diskutiert und pseudo-informiert wird.

Der hervorragend gemachte Film *Easy Rider* betreibt im Grunde die gleiche Augenwischerei, während er vorgibt, den Alltag zweier Drogenkonsumenten zu porträtieren, samt *dealing* und jähem Tod. Die Berichterstattung über die Ermordung des Weltstars Sharon Tate und einiger anderer Prominenter durch die Hippie-Kolonie des selbsternannten Welterlösers Charles Manson, hinter der man eine ungeheuerliche Rauschgiftsensation vermutete und zunächst auch einmal lautstark propagierte (obwohl sich gerade dieser Vorwurf als relativ unbedeutend herausstellte), trug ebenfalls kräftig dazu bei, den Drogenrummel noch anzuheizen.

Wenn es schließlich heißt, LSD sei zum Statussymbol Hollywoods geworden (*Cosmopolitan* Nr. 11, 1963) oder alle Beat-Musiker würden so schöne und aufregende Musik schaffen, weil sie permanent *stoned* sind (unter Drogeneinfluß stehen) – verwundert es da noch, daß die häufig sehr unkritischen Jugendlichen, denen es nur noch um den *kick,* den kleinen Wochenend-Trip geht, zu den Drogen greifen? Von Bewußtseinserweiterung oder gar kritischer Selbsterforschung bleibt dann überhaupt nichts mehr übrig.

Ein letztes Beispiel: Marihuana hatten die Beatles schon entdeckt, als sie noch in Hamburg auf der Reeperbahn spielten und kein Mensch sie außerhalb ihres Auftrittslokals kannte. 1967 waren sie weltberühmt, verdienten Millionen und probierten das gerade modisch werdende LSD. »Es war, als ob ich nie zuvor richtig geschmeckt, gesprochen, gesehen, gedacht oder gehört hätte«, berichtete später der Gitarrist George Harrison. »Zum ersten Male in meinem Leben vergaß ich mein Ich« (Davis 1968).

Wie die langen Haare, die bizarre Kleidung und das Gehabe der Beatles, der Rolling Stones und der anderen Beat-Bands wurden von ihren Millionen junger Anhänger auch der solchermaßen gepriesene, in den Liedern entsprechend dargestellte Drogenkonsum nachgeahmt. Mit einem bedeutenden Unterschied: Als zum Beispiel die

Beatles sich von den Drogen lossagten, hatte dies nicht einen Bruchteil jener Publicity, die die Drogenwelle aufschaukeln half!
Verherrlichung und auch andererseits die Verteufelung (die oft ebenso stark wirken kann) der Rauschdrogen durch die Massenmedien tragen einen Großteil der Schuld an den vielen Umsteigern auf die harten Drogen – nicht zuletzt, weil die meist unsachliche Berichterstattung über schöne *trips* und *horror trips* die Konsumenten der milderen Cannabis-Produkte naturgemäß enttäuschen mußte. Nicht umsonst heißt es unter den Leuten, die *in* sind: »Heroin hält, was Haschisch verspricht.« Daß Heroin auch neue, oft tödliche Gefahren bringt – davon ist nicht oder nur am Rande die Rede.
Aber diese zwiespältige Einstellung zum Rausch und seinen Erzeugern ist auf der anderen Seite auch verständlich. Denn so traurig die Folgen des Drogenmißbrauchs in vielen einzelnen Fällen und für die Gesellschaft als Ganzes auch sein mögen: die bizarre Folklore und die aufregenden Geschichten, die sich um die Szene ranken, sind doch auch interessanter Gesprächs- und Lesestoff. Bereits der Slang der Junkies (s. Kasten) spiegelt diese Mischung aus Faszination und makabrer Lust am Scheitern, aus Depression und Aggression wider.
Ende der achtziger Jahre hat man sich an die Drogenmisere gewöhnt. In den Massenmedien sind sie kein spezielles Thema mehr. Das Problem freilich ist größer denn je: eine Verdrängung mit gigantischen Dimensionen.

Der Slang der Drogen-Szene

(Die gängigsten Ausdrücke für die wichtigsten Drogen findet man bei → Cannabis, S. 82, → LSD, S. 215, und → Opiate, S. 289)

acid: wörtl. »Säure«, amerik. Bezeichnung für LSD (Lysergsäure); davon abgeleitet

acid head: wörtl. »Säurekopf«, amerik. Bezeichnung für jemanden, der LSD nimmt

Ameisenhandel: Schmuggel in kleinen Mengen, z.B. durch Touristen und Gastarbeiter

»**An der Nadel hängen**«: süchtig sein, speziell von Opiaten, die gespritzt werden

»**Augen auf Null stellen:**« sterben (infolge Drogenmißbrauchs, speziell durch Heroin)

ausflippen: starken Rauschzustand erleben (speziell durch Halluzinogene wie → LSD oder → Haschisch)

clean: wörtl. »sauber«, amerik. Bezeichnung für den Zustand eines Fixers nach gelungenem körperlichem Entzug, d. h., wenn sein Körper kein Gift mehr enthält und keine Gegengifte (die die Entzugsschmerzen hervorrufen) mehr produziert
cold turkey: starke Gänsehaut, die beim plötzlichen Entzug von → Opiaten entsteht, von daher diese amerik. Bezeichnung für Entzugserscheinungen überhaupt
come down: körperliches und seelisches Mißbehagen beim Nachlassen akuter Drogenwirkung; kommt vor allem bei Weckaminen vor, aber auch bei LSD
Connection: wörtl. »Verbindung«, amerik. Bezeichnung für die Rauschgifthändlerbanden und die von ihnen benützten Wege, z.B. »French Connection«, »Pizza Connection« (→ Opiate, S. 305f.)
dealer: Drogenhändler
»den Drachen jagen«: Bezeichnung für die in Asien übliche Art, Opium in Pfeifen zu rauchen oder Heroin auf Stanniol zu erhitzen und durch ein Röhrchen zu inhalieren
Drogist: einer, der Drogen nimmt, vor allem Opiate
»dröhnen«: Heroin spritzen, genauer: das starke Gefühl beim Einsetzen der Giftwirkung spüren (auch: »der Stoff dröhnt mächtig« – d. h., es handelt sich um eine stark wirkende Droge, meist Heroin)
drücken: s. fixen
fixen: Opiate spritzen; davon *anfixen* im Sinne von: jemanden mit Opiaten bekannt machen
flash: wörtl. »Blitz«, amerik. Bezeichnung für die schlagartig einsetzende Rauschwirkung, wenn – beispielsweise – Heroin direkt in die Vene gespritzt wird
flashback: wörtl. »rückwirkender Blitz«, amerik. Bezeichnung für eine merkwürdige Erscheinung nach manchem LSD-Rausch, wenn – sogar Monate – später auch ohne neuerliche Halluzinogen-Zufuhr ein Rauschzustand eintritt, mit psychoseähnlichen Wahnvorstellungen (wurde auch schon bei Haschischkonsum beobachtet)
»goldener Schuß«: makabre Bezeichnung für die letzte Heroinspritze, die sich ein Süchtiger setzt, freiwillig oder unbewußt (oder infolge falsch kalkulierter Dosis, weil das illegal erstandene Gift zu hochprozentig war)

gun: wörtl. »Kanone«, amerik. Slang für (Opiat)-Spritze
head shop: eigentlich »acid head shop« (→ *acid head*), amerik. Slang für einen Laden, der sich auf den Verkauf von Zubehör für den Drogenkonsum (Haschischpfeifen etc.) spezialisiert hat
high: Bezeichnung für den Zustand des Berauschtseins, vor allem durch ein Halluzinogen der Cannabis-Gruppe
Hit: eine Portion Heroin (aus einem Gramm Heroin erhält man bis zu 20 Hits)
Joint: mit Haschisch oder Marihuana präparierte Zigarette
junk: wörtl. »Dreck, Abfall«, amerik. Bezeichnung für harte Drogen, davon abgeleitet:
Junkie: Drogensüchtiger
horror: akuter Angst- und Spannungszustand durch Halluzinogeneinfluß, in Verbindung mit depressiver Verstimmung
kick: intensive, positiv erlebte Rauschwirkung, insbesondere der oft schlagartig einsetzende Beginn (wahrscheinlich abgeleitet vom »Kickstart« beim Motorradfahren)
»kicking the habit«: wörtlich »die Gewohnheit wegtreten«, amerik. Slang für die Körperbewegungen, die ein Süchtiger beim Entzug infolge der starken Schmerzen vollführt, Bezeichnung für den Vorgang des Entzugs überhaupt
kiffen: Cannabis rauchen (von arab. kif – Cannabis)
koksen: Kokain schnupfen
linken: jemanden betrügen, speziell einen anderen Drogenkonsumenten
needle park: wörtl. »Nadel-Park«, amerik. Slang für einen Treffpunkt von Drogenhändlern und -konsumenten
pusher: wörtl. »Stoßer«, amerik. Slang für Händler harter Drogen
scene: die »Szene«, in der sich das Leben der Drogenabhängigen abspielt
schießen: sich eine harte Droge spritzen (Opiate, Kokain, Amphetamin)
schnüffeln: Lösungsmittel inhalieren und sich so berauschen
shit: wörtl. »Scheiße«, amerik. Slang für Haschisch
sniefen: Slang der Drogen-Szene für das Schnupfen von sehr reinem Heroin
speed: wörtl. »Geschwindigkeit«, amerik. Bezeichnung für Amphetamine (die »schnell« machen)
stoned: wörtl. »wie ein Stein sein«, amerik. Slang für den langsa-

men, sich »schwer« anfühlenden Zustand bei einem starken Haschischrausch
trip: wörtl. »Reise«, amerik. Ausdruck für einen Drogenrausch mittels Halluzinogen (→ LSD, → Cannabis), bei dem man eine »Reise in die Innenwelt« antritt

Eine Perspektive: Neuer Umgang mit dem Tod
In der mythologischen Tradition der meisten Rauschdrogen wird ihre Qualität betont, Leben zu spenden oder zu verlängern. Heute bemühen sich in den Industriegesellschaften Gesetzgeber und Polizei darum, die Bevölkerung vor dem »Rauschgift« zu schützen, das in den Massenmedien häufig als Quelle allen Übels beschrieben wird. Die Idealisierung der Droge ist jedoch Merkmal von Gegen- und Alternativkulturen.
Was hat sich geändert? Wir haben schon darauf hingewiesen, daß der Bezug zur Droge anders ist, wenn Menschen sich durch ihre individuelle Leistung definieren, nicht mehr durch ihre Einbettung in eine Tradition. Eine Kultur, welche die Droge und den Rausch idealisieren kann, wird nicht durch sie bedroht. In der modernen Kultur scheint diese Bedrohung zugenommen zu haben. Das hat viele Ursachen:
1. Die Technik, welche die Anforderungen an die Leistungsdisziplin enorm steigert (eine betrunkener Reiter auf einem nüchternen Pferd ist relativ harmlos; ein betrunkener Autofahrer höchst gefährlich).
2. Die steigende Lebenserwartung führt dazu, daß der Bedarf an euphorisierenden und tröstenden Elixieren zunimmt. Nur Jugend ist »Trunkenheit ohne Wein«; der Alterungsprozeß ist durch Verstimmungen und körperliche Funktionseinbußen charakterisiert, die nach Gegenmitteln verlangen. Psychoaktive Stoffe sind nach Wilhelm Buschs Motto ein Schutz vor Mißstimmungen: »Wer Sorgen hat, hat auch Likör.«
3. Bereits im Tierversuch konsumieren ängstliche Ratten mehr Alkohol, wenn sie Zugang zu dem betäubenden Stoff haben. Die Moderne hat die Menschen aus ihren Gruppen- und Familienbindungen befreit; damit sind auch zahlreiche Strukturen (wie die religiöse Gemeinde, die Zunft, die Großfamilie, die Dorfgemeinschaft) aufgelöst worden, welche dem Individuum Halt boten.
4. Eine weitere Angstquelle liegt darin, daß die psychische Entwick-

lung heute dem Jugendlichen eine Desidentifizierung von den Eltern abverlangt (»Ich muß ganz anders werden als meine Mutter/mein Vater: Ich muß *ich selbst* werden«), was den Aufbau verläßlicher innerer Strukturen erschwert.

Die bisherigen Lösungsversuche des Drogenproblems laufen auf polizeiliche Kontrolle des Handels mit sozial besonders problematischen Giften hinaus. Erst in zweiter Linie wird Therapie angeboten, wobei deutlich ist, daß erfolgreiche Therapie häufig den Halt in einer Gruppe (Modell Selbsthilfegruppe) oder auch eine neue Form menschlicher Bindung enthält. Da diese Vorgehensweise zu einem enormen Aufschwung des organisierten Verbrechens geführt hat und die primär nicht kriminellen Drogenkonsumenten durch erzwungene Nähe zur Handelskriminalität ihrerseits kriminalisiert werden, wird gegenwärtig wieder intensiver darüber diskutiert, die Mafia durch Legalisierung des Drogenhandels und staatlicher Kontrolle auszutrocknen.

Die Legalisierung wird gegenwärtig noch sehr irrational diskutiert. Eine wesentliche Frage scheint ungelöst: die *sanfte* (im Gegensatz zur *harten,* polizeilichen) Kontrolle. Sie verläuft in einer Marktwirtschaft über Angebot und Nachfrage. Die Legalisierungsmodelle sind bisher in das System der Krankenversorgung oder der Sozialfürsorge integriert (Methadon wird unter Auflagen kostenlos abgegeben); es gibt also keinen wirklich freien Markt.

Wir haben keine Erfahrung mit einer Situation, in der an den Apotheken Schilder hängen »Heroin im Sonderangebot – DM 9.90 pro Schuß« oder »Einsteigerpackung Kokain einschl. Meßlöffel und Schnupfröhrchen 49.–« In einer solchen Gesellschaft müßten auch andere Dinge anders sein – beispielsweise das Verhältnis zum Selbstmord.

Suizid war in vielen Ländern früher strafbar; inzwischen ist das die Ausnahme. An kaum einem anderen Ort in der Gesellschaft wird gegenwärtig mehr gelogen und schöngeredet als angesichts des Problems, daß immer mehr pflegebedürftige Menschen zwischen uns, aber vor uns verborgen ein häufig nicht menschenwürdiges Leben führen müssen. Wenn sie sagen, sie wären lieber tot, wird das meist nicht ernst genommen. Der Süchtige, welcher sich selbst tötet, bewahrt die Gesellschaft davor, ihn zu versorgen. Freigabe der Rauschdrogen würde die Lebenserwartung senken. Solche Gedanken sind realistisch, aber sie wirken in einer Gesellschaft, die alle negativen Folgen ihrer Hochtechnologie verleugnen muß, zynisch und würden die Karriere eines Gesundheitspolitikers rasch beenden. Wenn jemand seinen Tod in der Apotheke kaufen kann – einen wirksamen, angenehmen Tod –, dann entsteht eine andere Gesellschaft als die, welche wir kennen.

Der Junkie ist durch sein Handeln auch ein Kritiker an unserem Expertensystem. Er glaubt nicht den Ärzten und Richtern, sondern seinen Kumpels und seiner körperlichen Erfahrung. Weil ihn die Mafia korrekter mit einem Stück Freiheit bedient, geht er zur Mafia. Würde die Apotheke dieselbe Freiheit anbieten, wäre ein großer Teil des ganzen Expertensystems im Gesundheitswesen in Frage gestellt, das auf einen Zwang hinausläuft, am Leben zu bleiben und lebenswichtige Entscheidungen medizinischen Spezialisten anzuvertrauen. Diese sind davon zwangsläufig überfordert, gestehen es aber aus narzißtischen und/oder geschäftlichen Motiven nicht ein.

Kein Mensch kann letztlich die Entscheidung, ob das Leben lebenswert ist, für einen anderen tragen. Die Legalisierung der Drogen würde darauf hinauslaufen, daß Selbstgefährdung kein Grund ist, eine Person zu entmündigen. Wir können uns die Krisen vorstellen, in die Angehörige geraten, wenn sie keinen Anspruch auf Polizeihilfe mehr haben und zusehen müssen, daß ihr Kind, ihr Partner mit seinem Leben spielt. Andererseits ist in solchen Fällen die Familie ohnehin gescheitert. Die Polizei, welche den Drogenkonsumenten verhaftet oder die suizidale Ehefrau in die Psychiatrie bringt, stützt die Illusion, daß nur eine Krankheit die Betreffenden hindert, normal zu funktionieren.

Die entstehende Gesellschaft wäre klarer, härter, sie hätte ein anderes Verhältnis zum Tod und zum Leid. Die kleinen Gruppen – Familien- und Freundeskreise – wären ganz anders gefordert, wenn sie nicht mehr alle Störungen durch den Drogenkonsum in das Medizin- und Polizeisystem delegieren könnten. Da wegen der Kriminalisierung nur der verelendete Drogenkonsum öffentlich wird, der sozial abgesicherte jedoch unsichtbar bleibt, sind uns die negativen Seiten eines Szenarios der Legalisierung viel schneller aus Dutzenden von Film- und Fernsehszenen präsent als die Möglichkeiten, daß Freiheit auch Kreativität und unternehmerisches Handeln ermöglicht. Vielleicht würde in dieser Freiheit ein großes Bündel neuer kultureller Gruppen entstehen, die Drogen gemeinsam konsumieren, die sich gegenseitig in diesem Konsum stützen und damit auch öffentlich werden (s. auch → Sakrale Drogen). Noch hält die moderne Gesellschaft an ihrer Illusion fest, sie könnte mit den polizeilichen und medizinischen Mitteln das Problem in den Griff bekommen. Alle statistischen Daten, die Polizei und Medizin vorlegen, beweisen

das Gegenteil. Wird die Situation von dem Kampf zwischen organisierter Verfolgung und organisierter Kriminalität bestimmt bleiben? Ebenfalls ungeklärt ist die Frage, ob sich ein Land einen radikalen Schritt in Richtung auf Freigabe erlauben kann, ohne fürchten zu müssen, daß seine Infrastruktur unter dem dann einsetzenden Drogentourismus zusammenbricht. Das Drogenproblem gehört in den Kontext der bisher ungelösten Widersprüche der Konsumgesellschaft, in der durch eine industrialisierte Produktion von erwünschten bzw. geduldeten regressiven Reizen (Werbung, Popmusik, Television, Tourismus usw.) eben jene disziplinierenden sozialen Strukturen abgebaut und ausgelöscht werden, welche verhindern, daß Anspruchsdenken und in seiner Folge Kriminalität um sich greifen.
Die Drogenproblematik trifft den Sozialstaat an seinem wundesten Punkt. Der Süchtige schädigt nicht nur sich selbst, sondern auch die Solidargemeinschaft; andererseits ist Sanktionierung gesundheitswidrigen Verhaltens mit der Genußideologie der Konsumgesellschaft unvereinbar, die öffentlich als Freiheitsideologie vermarktet wird. Das Problem würde auch nur verlagert, wenn z.B. der Süchtige aus der Krankenkasse ausgeschlossen wird. Dann fällt er nämlich der Sozialhilfe zur Last.

Drogen und Politik

Manche Gruppen der außerparlamentarischen Opposition (APO) benützten noch 1969 die Rauschdrogen als politisches Argument. Sie empfahlen sogar in einigen Fällen ihren Konsum den Jugendlichen, »damit sie sich rascher von zu Hause emanzipieren können« (Kirchgässer 1970). Stark linksorientierte Gruppen setzten Rauschdrogen als Bürgerschreck ein. Folgerichtig verwendete man sie als Waffe gegen die etablierte ältere Generation. Womit kann man autoritäre Eltern, kann man das reaktionäre Establishment leichter verunsichern als durch die Propagierung von Drogen als Mittel zur Zerstörung der Gesellschaftsordnung?
Es ist hier nicht der Platz, um zu überlegen, welche sozialpolitischen Konsequenzen sich für ein hochorganisiertes gesellschaftliches System wie die Bundesrepublik ergäben, wenn vielleicht fünf Prozent der nachwachsenden Generation durch exzessiven Drogenkonsum ausfallen würden. Man kann jedoch mit gutem Gewissen annehmen, daß es eine echte Katastrophe wäre, denn die Gesellschaft kommt nicht einmal mit ihren 2,5 Prozent Alkoholikern, ihren zwei Prozent Geisteskranken, ihren anderen körperlich oder psychosozial Geschädigten sowie ihren Arbeitsunfähigen und Alten zurecht.

Die intelligenteren APO-Anhänger haben rasch – wie auch die Angehörigen der amerikanischen »Black Panthers« – erkannt, daß die Drogen ihren Zielen nur schädlich sind (»Hasch macht dumm!«). Wer aus der sozialen Wirklichkeit in den Rausch ausweicht oder flieht, kann politisch nicht mehr aktiv sein, kann nicht mehr konstruktiv auf die Veränderung und Verbesserung dieser Wirklichkeit hinarbeiten, vor allem aber nicht mehr die Enttäuschungen und Rückschläge verkraften, die mit jeder Weltverbesserung verbunden sind.

Den Spieß umzudrehen und die Rauschdrogen als »Produkt des Kapitalismus« hinzustellen, wie es der Frankfurter Mediziner und Marxist Hartmut Mörschel (1970) tat, ist nicht nur reichlich fruchtlos, sondern geht auch an den Tatsachen vorbei:

- Die sozialistischen Staaten haben ebenfalls ein Drogenproblem, wenn sie es auch lange besser zu unterdrücken wußten, ist es spätestens nach der Öffnung der Grenzen im Herbst 1989 sichtbar geworden (vom Scheidt 1973; Pritzel 1978; Mück 1979)
- der vermutlich größte Produzent und Lieferant illegalen Rohopiums ist das kommunistische China, das sich als das sozialistischste und antikapitalistischste Land der Welt gebärdet.

Welche Rolle die Politik bei den Rauschdrogen spielt, ließe sich an Dutzenden von Beispielen aufzeigen. So dürfte das Coca-Kauen nicht zuletzt deshalb für einige südamerikanische Regierungen so wenig störend sein, weil sich Drogenkonsumenten wahrscheinlich leichter regieren lassen als Nüchterne, die zur bewaffneten Guerilla stoßen.

Innenpolitisch spielte die Drogen-Gesetzgebung in den USA ganz bestimmt eine wichtige Rolle bei der Bekämpfung der militanten Organisationen der Schwarzen und der linksgerichteten Studenten, die sehr lautstark gegen den Krieg in Vietnam und andere Mißstände protestierten – mit entsprechenden Paragraphen lassen sich bei einer Bevölkerungsgruppe, die für ihren Drogenkonsum bekannt ist, leicht Handhaben für Hausdurchsuchungen und dergleichen finden. (Die Münchner Rock-Gruppe *Sparifankal* hat 1978 – in original bayrischem Dialekt – eine solche Haussuchung in deutschen Landen textlich und musikalisch sehr polemisch-böse beschrieben.)

Außenpolitisch wissen die USA die internationalen Rauschmittelabkommen geschickt zu nützen, um Druck auf die Regierungen von unterentwickelten Ländern auszuüben. Das Beispiel Persien wurde bereits erwähnt; andere Exempel liefern Mexiko und Kolumbien, auf die von Zeit zu Zeit gewaltiger Druck ausgeübt wird, damit sie die

Mohn- und Hanffelder auf ihrem Territorium verbrennen. Der Türkei schließlich sollte, auf Betreiben von rund 100 Abgeordneten des US-Repräsentantenhauses, keine Entwicklungshilfe mehr gewährt werden, solange sie den Anbau von Mohn zur Opium-Gewinnung nicht einstellt. Das gleiche wurde allen anderen Herkunftsländern von Rauschdrogen angedroht (*Süddeutsche Zeitung* vom 11. 7. 1970). Die Motive mögen noch so edel scheinen – auch rein machtpolitische Motive spielen dabei mit, wobei die Drogen jeweils als willkommener Anlaß dienen.

Aber auch die Sowjetunion reitet auf dieser Drogen-Welle mit. Als es 1969 zu den blutigen Grenzzwischenfällen mit China kam, behauptete die Parteizeitung *Prawda,* »rund 500 diensteifrige und durch Heroin angefeuerte Rotgardisten« seien in einen chinesischen Grenzposten eingerückt (*Süddeutsche Zeitung* vom 21. 8. 1969).

Offensichtlich lassen sich die Rauschdrogen zu allem benutzen – zumindest in der Propaganda. Die eminent kulturpolitische Rolle einer Droge für ein ganzes Volk haben Joachim Gantzer und Mitarbeiter untersucht in ihrer Studie *Der Coca-Gebrauch bei den Andenindianern in Peru* (1975). (Näheres → Kokain)

Der Libanon förderte eine Zeitlang ganz offen einen gigantischen Rauschgifthandel, um Waffen und Munition mit Haschisch bezahlen zu können. In Kolumbien bestechen Rauschgiftschmuggler Richter und Polizisten, finanzieren Parteien und einzelne Politiker. Nach Schätzungen der amerikanischen Drogenbekämpfungsbehörde DEA überstieg der Wert des Schmuggelguts – mit 1,2 Milliarden Dollar – allein 1976 den des traditionellen Exportguts einer weit harmloseren Genuß-Droge: Kaffee (*Der Spiegel,* Nr. 28, 1978). Und inzwischen heißt es, daß das südamerikanische Land Rauschgift (Marihuana, Kokain) im Wert von (1978) 30 Milliarden Mark in alle Welt exportiert – das entspräche dem 7,5fachen des gesamten kolumbianischen Staatshaushalts! (*Stern* Nr. 13, 1979). Das Schmuggelgut wird auf der sich neu etablierenden »Columbian Connection« per Schiff oder sogar per Flugzeug in die USA und nach Europa geliefert. Im Juni 1979 ging eine viermotorige DC 4 auf einer kaum befestigten Landstraße bei Baton Rouge/Louisiana nieder; an Bord entdeckte die alarmierte Polizei nicht nur sieben Tonnen feinstes Marihuana, sondern auch noch eine Million Aufputschtabletten (Amphetamine).

Kein Wunder, daß bei solch modernen Schmuggelmethoden auch die Gegenwehr immer aufwendiger (und damit auch teurer) wird: Die amerikanischen Behörden setzen sogar schon Aufklärungssatelliten der NASA ein, die von südamerikanischen Agenten der DEA avisierte Schmuggelschiffe bis zu den Küstengewässern verfolgen, wo sie von der Küstenwache in Empfang genommen werden.

Zweierlei Maß für Gesundheit

Mit welcher Berechtigung – und vor allem mit welcher Begründung – will man die halluzinogenen Substanzen beim heutigen Stand der Wissenschaft (→ Cannabis, → LSD) in einer Gesellschaft verbieten, die jährlich für so eindeutig gefährliche Mittel wie → Alkohol und → Zigaretten

- 83 Milliarden DM ausgibt (Stand: 1996),
- damit 28 Milliarden Mark Steuern* in die Kassen des Staates spült
- und volkswirtschaftliche Schäden in Höhe von bis zu 170 Milliarden Mark produziert (1993: Alkoholkonsum bis zu 80 Mrd., Tabakkonsum rund 90 Mrd. Mark – Quelle: DHS).

Für beide Genußgifte darf in einem ungeheuren Umfang mit den suggestivsten Argumenten geworben werden,

- ungeachtet jener 2,5 Millionen Alkoholsüchtigen, die es in der Bundesrepublik gibt, und der Tatsache, daß bei jedem vierten Verkehrsunfall mit tödlichem Ausgang »Alkohol am Steuer« beteiligt ist,
- ungeachtet jener sprunghaften Zunahme des Lungenkrebses und der Kreislaufschäden, die inzwischen nahezu einhellig dem Zigaretten-Konsum zugeschrieben werden (→ Genuß-Drogen).

Aber: Der Schauspieler Harald Juhnke darf seine Alkoholexzesse inklusive massiver suizidale Selbstgefährdung öffentlich zelebrieren und dabei der Aufmerksamkeit der ganzen Nation gewiß sein, ohne daß vermutlich irgendein Polizist oder Staatsanwalt auch nur die Stirn runzelt. Wenn der Liedermacher Konstantin Wecker Vergleichbares mit Kokain bzw. Crack macht (exzessiven Drogenkonsum und Selbstgefährdung), kommt er in Untersuchungshaft und wird zu zweieinhalb Jahren Gefängnis ohne Bewährung verurteilt.** Und das

---

* Nach Angaben der Deutschen Hauptstelle gegen Suchtgefahren betrugen die Steuereinnahmen 1968 in der BRD für Alkoholika 3,3 Milliarden Mark, für Tabakwaren 6 Milliarden. Fünf Jahre später, 1973, waren es bereits 4,9 bzw. 8,8 Milliarden – und 1987 war man bereits bei 6 plus 14 gleich 20 Milliarden Mark angelangt.

** »Juristen saufen – Sozialwissenschaftler rauchen Gras« – so lautete, salopp zusammengefaßt, das Resultat einer Drogen-Studie, bei der 1996 deutsche Studenten befragt wurden. Problematisch wird es allerdings, wenn diese Jurastudenten später im Amt sind und haschischrauchende Sozialwissenschaftler vor sich auf der Anklagebank haben.

nicht etwa in zwei verschiedenen Jahrhunderten, sondern im selben Jahr 1996!

Ein nicht weniger merkwürdiger Tatbestand ist, daß man praktisch nichts gegen den riesenhaften, weiter kräftig anschwellenden Tabletten-Mißbrauch unternimmt. Zum Beispiel wurden lange Zeit weiter Barbiturate und später Methaqualone (→ Schlafmittel) verschrieben (1984 mehr als 30 Millionen Packungen), obwohl schwere medizinische Bedenken gegen einen Dauergebrauch bestanden (beide Mittel sind 1997 praktisch aus dem Verkehr gezogen). Nicht weniger hemmungslos werden Amphetamine konsumiert, obwohl auch hier große Einwände bestehen (→ Weckamine).

Am beunruhigendsten sieht es mit den Tranquilizern aus. Allein von dem Präparat Valium wurden 1967 mehr als 250 Millionen Tabletten verbraucht, womit es an die vierte Stelle des Medikamenten-Konsums in der Bundesrepublik nach drei Schmerzmitteln rückte. Hans Hippius gab schon 1970 an, daß in der Bundesrepublik jährlich Tranquilizer im Wert von mehr als 45 Millionen DM umgesetzt werden. Der prozentuale Anteil der Tranquilizer am Gesamtumsatz der Psychopharmaka nimmt ständig zu, ja diese Tabletten haben manchmal den Alkohol schon verdrängt.

Als die autoren dieses *Handbuchs* das »Institut für Arzneimittel« des Bundesgesundheitsamtes anschrieben, um neueres Zahlenmaterial zu erhalten, lautete die Antwort des zuständigen Referenten lakonisch:

»Es tut mir leid, daß ich Ihnen auf Ihre Anfrage keine befriedigende Antwort geben kann. Daten über Gebrauch und Mißbrauch von Schlafmitteln, Schmerzmitteln usw. existieren bei uns nicht. Sie könnten diese praktisch nur über die Hersteller und die Industrieverbände erhalten. Im allgemeinen werden die Zahlen aber wohl gehütet« (→ auch Schlafmittel, Medikamente).

Die Werbung ist dementsprechend ausgesprochen aggressiv-manipulierend. In einer für Ärzte bestimmten Information für den Tranquilizer Librium heißt es, analog zur Waschmittelpropaganda: »Das Potential eines Jahrhundert-Moleküls – jetzt optimal nutzbar.« Man erreiche mit dem Medikament »keine Scheinlösung für Probleme, sondern eine Lösung für Scheinprobleme«. Diese Argumentation untermauert genau jene Haltung mancher Ärzte, daß neurotische Probleme gar keine richtigen Probleme seien – als habe Sigmund Freud niemals die seelischen Ursprünge dieser Schwierigkeiten und eine Möglichkeit ihrer Heilung durch Psychotherapie (ohne Medikamente, aber mit großem Zeitaufwand) entdeckt.

Daß man den Patienten mit der Verschreibung solcher Psychopharmaka in keiner Weise hilft, zeigt der umfangreiche Mißbrauch, den sie damit treiben (müssen). Forschungen haben zudem den Verdacht verstärkt, daß anhaltende Verwendung von Psychopharmaka das Herz angreift (Kaltenbach 1970).

Wenn in jeder elterlichen Hausapotheke für die momentane »Lösung« seelischer Probleme ein gutes Dutzend solcher Mittel bereitstehen (Alkohol und Zigaretten mit inbegriffen), so darf es niemanden wundern, wenn die Kinder bedenkenlos zur (Schein-)Lösung ihrer nicht weniger echten und schmerzhaften Probleme zu den ihnen vertraut gewordenen Mitteln, nämlich den Rauschdrogen, greifen.

Eine Fragebogenstudie des Züricher Hygieneforschers K. Bättig bei 307 Studenten hat allerdings ergeben, daß Rauschdrogen weit hinter den üblichen Mitteln zurückstehen. Auch was die Häufigkeit des Konsums angeht, stand Alkohol bei weitem an der Spitze, gefolgt von Schlafmitteln, Tranquilizern, Weckaminen und schließlich Cannabis (in dieser Reihenfolge).

Zur elterlichen Hausapotheke hat sich inzwischen auch eine für die Kinder gesellt. Aufputschmittel nach Art der → Weckamine verschreibt der Hausarzt noch immer dem Schüler, der morgens nicht so recht wach wird – oft ohne es zu wollen. Denn der Hausarzt hat keine Ahnung – oder nimmt immer noch nicht zur Kenntnis –, daß manche Mittel den Amphetaminen verwandt sind und in der Drogen-Szene gerne zum »anturnen« mißbraucht werden. (So waren AN-1 und Rosimon-neu lange sogar frei verkäuflich; erst 1972 wurden sie – gegen den massiven Widerstand der Hersteller – unter Rezeptpflicht gestellt, weil sich herausstellte, daß diese Präparate im Körper wahrscheinlich in ein echtes Amphetamin umgewandelt werden und dann ähnlich wirken.)

Das Zusammenwirken von pharmazeutischer Industrie (die immer neue Medikamente auf den Markt bringt, dessen unerbittlichen Gesetzen sie folgen zu müssen glaubt), Ärzten (die diese Präparate im guten Glauben an ihre angebliche Wirkung und angebliche Harmlosigkeit tonnenweise verschreiben) und Apothekern (die diese Mittel in ebenso gutem Glauben verkaufen) wirkt sich verhängnisvoll aus. Das sei hier nicht am Beispiel von solch offensichtlichen Katastrophen demonstriert wie der von Contergan ausgelösten (dem Schlafmittel, das sich in unzähligen Tierversuchen als harmlos erwies und das dann zu Tausenden von mißgebildeten Kindern führte) und der durch DES/Stilböstrol ausgelösten (das noch die Enkelinnen der

Mütter mit Krebs bestraft, die es ahnungslos zwei Generationen vorher eingenommen hatten).* Mindestens so schlimm erscheinen uns jene Medikamente, mit denen Kinder bereits daran gewöhnt werden, daß mit ihnen Erschöpfung und Streß-Reaktionen, die beide ausgesprochen natürliche und gesunde Reaktionen des Körpers auf Überbelastung darstellen (Vester 1976), angeblich »behandelt« werden können. So hieß es lange in einer Werbebroschüre, welche in Apotheken zu erhalten war, und auf großen reißerisch aufgemachten Werbeplakaten in den Schaufenstern der Apotheken von »teentonic«, dem »einzigen Jugendtonicum mit HPL-Substanz« und der »biologischen Gehirnnahrung«:

»Konzentrationsmangel – Schulstreß – schlechte Noten: Jetzt können Sie Ihrem Kind helfen, seine Leistungsfähigkeit in der Schule entscheidend zu verbessern...«

Wie geschieht das? Die Broschüre erklärt, daß Schulstreß zu Denkblockaden, Erinnerungslücken, Unsicherheit und Nervosität führe, »auch bei normal oder überdurchschnittlich begabten Kindern«. Und dann folgt die ungeheuerliche, weil extrem einseitige, Behauptung:

»Motorische Unruhe, Konzentrationsschwächen, sogar hirnorganische Störungen sind auf eine Überforderung des jungen Gehirns, insbesondere seiner Zellstruktur, zurückzuführen.« Die entsprechenden Mängel und Ausfallerscheinungen, speziell ein Mangel an Phospholipiden, werden natürlich von »teentonic« ausgeglichen. Das mag durchaus der Fall sein. Aber in der raffiniert aufgebauten Argumentation, die sehr anschaulich die physiologischen Folgen von Streß auf das Gehirn beschreibt und zu der rein medikamentösen Lösung hinführt, steht nicht ein einziges Wort davon, daß Streß, und ganz besonders der Schulstreß, in erster Linie ein Resultat seelischer und sozialer Überlastung der Kinder ist. Wen wundert es, daß diese selben Kinder – die schon in jungen Jahren lernen, komplizierte körperlich-seelisch-soziale Zusammenhänge zu einseitig auf Körperliches reduziert zu sehen – wahrscheinlich bald darauf ihre nervöse Unruhe und Unzufriedenheit mit Nikotin und Alkohol »behandeln« und noch ein wenig später denselben Störungen mit noch massiveren Mitteln wie Haschisch und Heroin zu Leibe rücken (buchstäblich: zu Leibe, weil ja für das Seelenleben und das soziale Leben nichts getan wird)!

Was bislang mehr vermutet wurde, als daß man es genau wußte, hat

* Näheres zu Contergan und Stilböstrol findet sich in H. Ruesch, *Nackte Herrscherin* (S. 363 bzw. S. 383), München 1978.

eine Untersuchung der Universität Münster bestätigt: Demnach nehmen drei Viertel aller Jungen und Mädchen im Alter von 14 bis 19 Jahren Medikamente ein, die nicht der Arzt verordnet hat, sondern die die Eltern verabreichten oder die von den Jugendlichen eigenmächtig der – offenbar wohlgefüllten – Hausapotheke entnommen wurden. Für diese Entwicklung werden in erster Linie die Eltern verantwortlich gemacht. Die Kinder bekommen mit, wie die Eltern die Probleme des Alltags durch das Schlucken von Tabletten zu bewältigen suchen: »Greifen die Erwachsenen bei jedem Unwohlsein oder seelischen Verstimmung zur Tablette, so gewinnen die Kinder den Eindruck, dies sei normal und ahmen es nach. Die Jugendlichen werden dadurch nicht nur zur Lebensuntüchtigkeit angeleitet, sondern auch an die Drogenszene herangeführt« (*Selecta* Nr. 21, 1980, S. 2180).

Allerdings machen verschreibungsfreudige Ärzte diese Tendenz zur medikamentösen Konfliktverdrängung leicht. Und Apotheker sind gelegentlich sogar bereit, auch ohne Rezept suchterzeugende, und deshalb verschreibungspflichtige, Tabletten zu verkaufen. Ein Apotheker aus dem bayrischen Erding wurde 1980 zu einer Freiheitsstrafe von neun Monaten (mit drei Jahren Bewährung sowie 25.000 Mark Geldbuße) verurteilt, weil er – genau wie seine mitverurteilte Ehefrau und eine Angestellte – an einige Kunden → Appetithemmer sowie Aufputschmittel und Valium abgab. Eine Frau, die als Zeugin auftrat, gab an, ohne Probleme auf diese Weise ihren täglichen Tablettenkonsum von zuletzt 30 bis 50 Stück gedeckt zu haben. »Die kleine oder die große Packung?«, war nach ihrer Aussage die einzige Frage, die man ihr ab und zu stellte. Das Gericht stellte erschwerend in Rechnung, daß die psychisch sehr gestörte, willensschwache Kundin durch den Apotheker in ihrem Suchtverhalten nicht noch leichtfertig hätte unterstützt werden dürfen – er habe sich damit praktisch der Beihilfe zur Körperverletzung schuldig gemacht (Quast 1980).

Eine Karikatur in der Schweizer *Weltwoche* stellte dieses reibungslose Zusammenspiel von pharmazeutischer Industrie, Ärzten, Apotheker und den nicht minder bereitwillig mitspielenden Patienten-Kunden drastisch in einer Szene dar. Sie zeigte zwei Frauen im Wartezimmer eines Arztes, von denen die eine gerade feststellt: »Ich bin zur Kontrolle hier. Ich nehme zur Zeit überhaupt nichts ein, und das ist mir unheimlich.«

Drogenfahnder haben sogar Apotheker erwischt, die rezeptpflichtige Präparate in großem Stil abgaben. Einen nahm man mitten im

Frankfurter Bordellmilieu fest, als er auf offener Straße 1.200 Tabletten Mandrax feilbot (Loos)!

Rituale des Drogenmißbrauchs?
Dieselbe Gesellschaft, die per Gesetz und polizeilicher Verfolgung den Händlern und Konsumenten der Rauschgifte den Kampf angesagt hat, duldet, ja fördert (weil Arbeitsplätze auf dem Spiel stehen) das Angebot solcher bedenklicher Medikamente – gegen die rein medizinisch und pharmakologisch derzeit natürlich kaum etwas einzuwenden ist, weil sie ja in vielen Tierversuchen* auf ihre Unbedenklichkeit für den Menschen getestet worden sind.
Dieselbe Gesellschaft duldet es auch, daß kosmetische Produkte ungeniert mit dem exotischen Hauch von Rauschgiften werben: Die Französische Firma Yves Saint Laurent hat 1979 eine ganze Gruppe solcher Parfüms, Seifen und Badezusätze mit dem Namen »Opium« angepriesen! In den USA haben sich verschiedene Bürgerinitiativen gegen diese Produktwerbung gewendet, darunter die Organisation chinesischstämmiger Einwanderer, die sich diskrimiert fühlt, weil durch »Opium« eine Gedankenverbindung zu »chinesischen Lasterhöhlen« hergestellt werden könnte.
Dieselbe Gesellschaft, hier exemplifiziert durch die der USA, nimmt es auch mit wenig Aufregung hin (von gelegentlichen Lippenbekenntnissen abgesehen), daß jeder Trinker die Volkswirtschaft pro Jahr 4910 Dollar und jeder Raucher 4590 Dollar kostet, daß Raucher und Trinker die amerikanische Gesellschaft allein 1976 knapp 60 Milliarden Dollar an verlorener Arbeitszeit, ausgefallener Produktion und notwendiger ärztlicher Versorgung gekostet haben (Luce und Schweizer 1978). Und ein deutsches Exempel: Zwölf Prozent aller Arbeitnehmer in der Hamburger Metallindustrie trinken nach Angaben der Unternehmer am Arbeitsplatz und zu Hause so viel Alkohol, daß ihre Leistungsfähigkeit sichtbar beeinträchtigt ist. Die Gewerkschaft hat gegen diesen Vorwurf natürlich protestiert, auch gegen den angeblich auf diese Weise verursachten Schaden von rund 15 Millionen Arbeitsstunden oder 100 Millionen Mark (Siemens 1977). Entsprechende Klagen anderer Berufszweige bis hin zur Beamtenschaft bestätigen solche Vorwürfe freilich. Aber es sind im Grunde Vorwürfe, die niemand recht ernst nimmt, denn was würde passieren, wenn über Nacht Alkoholika und Tabakwaren verschwinden

---

* Zur Problematik der Tierversuche s. RA V, S. 623 f.

würden und die Menschen ihre nervösen Anspannungen und Frustrationen nicht mehr mit Hilfe dieser Pseudo-Medikamente bewältigen bzw. verdrängen könnten? (→ auch Genuß-Drogen)
Die erwachsenen Raucher und Trinker sind die Vorbilder für die jüngeren Jahrgänge, für Schüler und Lehrlinge. Die beiden anderen Volksdrogen Fernsehen* und Autofahren, die verwandte Funktionen haben dürften, was Verdrängung von Frustrationen und Überbrückung langweiliger Zeiten angeht, seien hier nur noch am Rande erwähnt (zur *Droge im Wohnzimmer* s. die Untersuchung von M. Winn, 1979). Es gibt viele Ungereimtheiten, die einem erst bewußt werden, wenn man sich intensiv mit den kulturellen und gesellschaftlichen Hintergründen des Drogenproblems, mit seiner Kulturgeschichte und Soziologie beschäftigt.
In den USA starben 1978 an der Folge von mißbrauchten Schlafmitteln, die es legal (wenngleich oft nur auf Rezept) in jeder Apotheke zu kaufen gibt, doppelt so viele Menschen wie an Heroinmißbrauch – aber Heroin gilt als das gefährlichere Präparat. Für unzählige Medikamente, von oft höchst zweifelhaftem Wert, sowie für Alkoholika und Zigaretten darf unverhohlen geworben werden – aber wer in Büchern oder Zeitschriften »Drogen verherrlicht«, der muß, aufgrund eines geplanten neuen Gesetzentwurfs (Paragraph 28) demnächst vielleicht mit Freiheitsstrafe bis zu drei Jahren oder Geldstrafe rechnen.
Autofahren ist eine gefährliche Angelegenheit, bei der in der Bundesrepublik jedes Jahr rund 10.000 Menschen ums Leben kommen (davon jeder vierte durch »Alkohol am Steuer«) und Hunderttausende verletzt werden, zum Teil schwer. Aber diese Opfer der »Droge Autofahren« (und für viele, gerade jüngere Autofahrer ist es in der Tat eine Art Rauschdroge, bei der sie ein fragwürdiges Gefühl von »Freiheit und Abenteuer« im Geschwindigkeitsrausch austoben) werden hingenommen.
»Etwa zwei bis drei Stangen, also zirka 400 bis 600 Stück Zigaretten, drei Liter Weißwein und acht Flaschen Rotwein in 7-cl-Flaschen ab-

* Zwei bis drei, manchmal sogar vier Stunden täglich verbringen viele deutsche Kinder vor dem Fernseher, der bereits als »elektronischer Babysitter« bezeichnet wurde – das entspricht ziemlich genau der Zeit, die ein kräftiger Alkohol- oder Haschisch-Rausch anhält! Amerikanischen Untersuchungen zufolge (vom Scheidt 1973, S. 204 f.) gibt es in den USA inzwischen unzählige Kinder, die in den prägenden ersten achtzehn Lebensjahren nur 16.000 Stunden in die Schule gehen, aber 20.000 Stunden vor dem Fernseher sitzen!

gefüllt, neun Gläschen gebrannten Wassers, vierzehn gestreßte Tage, drei schlaflose Nächte, ein Migräneanfall und siebzehn Kopfwehtabletten« waren für die Autoren, die Schauspieler und den Regisseur einer Fernsehsendung nötig, die sich ausgerechnet mit dem Thema *Gesundheit* befaßte – Kommentar überflüssig, desgleichen ein weiterer Hinweis dafür, welche Vorbilder da gerade einer Jugend geliefert werden, die man vor den Rauschdrogen bewahren möchte... (*Tages-Anzeiger,* Zürich, vom 12. 4. 1980).

Wenn es »dem Staat«, wenn es »der Gesellschaft« wirklich ernst wäre mit der Bekämpfung des Drogenmißbrauchs – würden dann die oben genannten Beispiele überhaupt heute noch möglich sein, wo man nach neuesten Hochrechnungen befürchten muß, daß infolge der beobachtbaren Trends im Jahr 2100 die Zahl der Süchtigen die der Nichtsüchtigen bereits übersteigen wird?

Man setzt zwar inzwischen sogar Weltraumsatelliten zur Beobachtung von Schmuggelschiffen ein – aber zur Bekämpfung des Terrorismus (der in einem Jahrzehnt weniger Todesopfer forderte als der Rauschgifthandel in einem einzigen Jahr – so ein Drogenfahnder (*Der Spiegel* Nr. 35, 1979, S. 88), wendet man zehnmal soviel Geld und Personal auf wie zur Bekämpfung des Drogenhandels! (Vielleicht weil das Leben prominenter, den Staat repräsentierender Politiker und Wirtschaftsführer schützenswerter ist als das namenloser Kinder, Jugendlicher, Heranwachsender?)

»Wenn Sie Ihre Stereoanlage bei uns kaufen, sparen Sie genügend Geld, um sich vor Freude sinnlos zu betrinken...« – ist die Mentalität dieses Werbespruchs vielleicht repräsentativ für die Mentalität, die wir inzwischen in puncto Freude entwickelt haben? Dann darf es nicht mehr verwundern, daß immer mehr Angehörige gerade der heranwachsenden Generation in den Drogen ihr Heil suchen. Mangels besserer Vorbilder. Es gab bereits einmal ein sehr prominentes Vorbild, einen Politiker, der zum Schluß seines Lebens »zeitweilig 28 verschiedene Mittel« zu sich nahm. Sein Leibarzt mußte, um seine Leistungsfähigkeit künstlich hochzuhalten, »im Laufe der Zeit zu immer stärkeren Mitteln in zusehends kürzeren Abständen greifen, dann aber wiederum Gegenmittel mit sedativer Wirkung verabreichen, um die aufgeputschten Nerven zu beruhigen«, so daß er »einem permanenten Zerreißprozeß ausgesetzt war« (Fest 1973, S. 921). Die Rede ist von Adolf Hitler, dem sogar »zuletzt zunehmende Kokainsucht« (Irving 1980) nachgesagt wird (und man muß ergänzen: Sein »zweiter Mann im Staat«, Hermann Göring, war viele Jahre stark morphiumsüchtig). Fests Fazit:

»Er war ein Mensch, der immer erneut der künstlichen Aufladungen bedurfte: In gewisser Weise ersetzten ihm die Drogen und Medikamente (seines Leibarztes Morell) das alte Stimulans der Massenovation...« (S. 922).

In der rückwirkenden Betrachtung scheint sich hier auf makabre Weise zu bestätigen, was jemand einmal über ganze Völker sagte: daß sie nämlich die Führer hätten, die sie verdienen. Vielleicht präsentiert uns in diesen Tagen, in den neunziger Jahren, das wachsende Heer der Abhängigen vom Alkohol und anderen Rauschgiften eine Art Quittung für Verhaltensweisen, die in den zwanziger, dreißiger und vierziger Jahren Millionen Deutscher ganz normal erschienen? Zumindest für die deutschen Verhältnisse wäre das eine Spekulation, über die sich einmal, in differenzierterer Weise, nachzudenken lohnte.

In diesen weiteren Zusammenhang paßt ganz gut, was der ungarische, heute in den USA lebende Psychiater Thomas S. Szasz in seinem polemischen Buch *Das Ritual der Drogen* 1980 verkündet: daß nämlich die Drogenkonsumenten (speziell solche der Halluzinogene) sich ganz zwanglos einfügten in die lange Reihe der »Sündenböcke« (Homosexuelle, Zigeuner usw.), auf welche große Teile der Gesellschaft nunmehr ihre eigenen Laster (Mißbrauch von Alkoholika, Tabletten aller Art und Genuß-Drogen) projizieren, getreu dem biblischen Vorwurf vom »Balken im eigenen Auge«, den man nicht wahrnimmt, weil einem der »Splitter im Auge des Nächsten« so sehr auffällt.

Ob dies letztendlich der Grund war, weshalb man die Zahl der mit öffentlichen Mitteln geförderten Drogenberatungsstellen in der Bundesrepublik von ursprünglich 118 Anfang der siebziger Jahre, in einer gewissermaßen euphorischen, hoffnungsfrohen Phase, soweit reduzierte, daß es Mitte 1976 nur noch 59 waren? (Wöbcke 1977)

Auf der Suche nach einer anderen Lebensform

Wenn in einer Gesellschaft biochemische Hilfsmittel in einem solchen Umfang benutzt (und vor allem auch benötigt) werden, wie eben gezeigt wurde, dann muß man sich überlegen, woran das liegt und was dagegen zu tun ist. Die Ursachen werden noch eingehend erläutert (→ RA III). Es sind neben individuellen psychischen (meist neurotischen) Problemen auch eine Fülle sozialer Konflikte, die der einzelne in sich selbst und in der Auseinandersetzung mit seiner Umwelt austragen muß. Wenn die Betrachtungsweise nicht einseitig psychologisch oder soziologisch werden soll, muß man beide Aspekte, die natürlich aufs engste miteinander verzahnt sind, berücksichtigen. Man muß jedoch auch die Mißstände von beiden Richtungen her zu beseitigen suchen. Was für die psychischen Konflikte getan werden kann, die gerade beim Drogenkonsum und noch deutlicher beim Drogenmißbrauch offenkundig werden, wird ebenfalls noch ausführlich gesondert behandelt (→ RA IV). Was läßt sich jedoch im sozialen Bereich unternehmen?

Die Antwort ist simpel und kompliziert zugleich. Auf einen Nenner gebracht lautet sie: Die Versäumnisse der Gesellschaft korrigieren.

Etwas paradox wirkt es, daß die sozialen Mißstände deshalb zu so verheerenden Folgen – wie sie Drogenmißbrauch nach sich ziehen kann – führen, weil diese Mißstände es dem einzelnen unmöglich machen, seine Persönlichkeit zu entfalten, seine Identität zu entdecken, seine Innenwelt aufzuschließen.

So gibt es an deutschen Schulen kaum eine einzige Stunde Unterricht in Psychologie, in der man sich gezielt mit dem Unbewußten, den Träumen, mit neurotischen Konflikten und dergleichen auseinandersetzt. Es gibt viel zu wenig Schulpsychologen, die den Schülern in aktuellen Konfliktsituationen helfen könnten. Außerdem steht es mit den psychologischen Kenntnissen – und vor allem der Selbstkenntnis – mancher Pädagogen auch nicht gerade zum besten (s. auch vom Scheidt 1976, Kap. 4).

Wie die Erfahrungen in den USA zeigen, bewirkt Unterricht über Psychologie oder – gezielter – über Drogen und ihre Folgen auch kaum etwas. Ebensowenig wie Sexualkundeunterricht etwas vom Wesen der Sexualität, geschweige denn sinnerfüllter Erotik, zu vermitteln vermag, kann es Belehrungen in der an unseren Schulen üblichen Art gelingen, durch Psychologie-Unterricht etwas vom Wesen der menschlichen Seele oder der zwischenmenschlichen Beziehungen, der Gefühle und Stimmungen zu vermitteln. Dazu müßte erst ein neuer Typ von Schulen geschaffen werden, wie ihn Hartmut von Hentig (1971, 1978), Frederic Vester (1975) und Ivan Illich (1972) fordern und teilweise schon verwirklichen, wie ihn – in weiterem Sinne – Ruth C. Cohn (1975) mit ihrer *Themenzentrierten Interaktion* (TZI) (1975, 1977) und Paulo Freire mit seiner *Erziehung als Praxis der Freiheit* (1973, 1977, 1978) anstreben.

Man braucht sich deshalb nicht zu wundern, wenn die Eltern – die ja aus diesen selben Gründen ebensowenig über ihre Innenwelt erfahren konnten – nicht in der Lage sind, mit ihren Kindern über solche Probleme zu sprechen. In vielen Fällen bricht ja die Kommunikation bereits im engsten Familienkreis völlig zusammen. Der gleiche Mangel an Information und Auseinandersetzung besteht, trotz Sozialkunde-Unterricht, weitgehend im Bereich der sozialen Erfahrung. Kooyman (1970) beschreibt die Situation der Jugendlichen, die zu den Drogen greifen, folgendermaßen:

»Jugendliche können sich nicht mehr für die traditionellen Werte begeistern, die Ideale der Älteren sprechen sie nicht mehr an. Da materieller Wohlstand allgemein geworden ist, ist der Kampf ums Dasein überflüssig geworden. Durch eine nachsichtige Erziehung erlebt die Jugend weniger Enttäuschungen. Die geistige Armut und die Unterdrückung, die in unserer Gesellschaft herrschen, werden nun als frustrierend erlebt. Der Familienverband ist gelockert, Ehescheidungen – und die Angst vor ihnen – nehmen zu. Durch die schnellen Veränderungen auf allen Gebieten wird der Abstand zwischen Eltern und Kindern dermaßen groß, daß eine Identifizierung des Kindes mit seinen Eltern nur noch selten möglich ist. Durch die gewandelte soziopsychische Situation ist die Jugend heute körperlich und geistig schneller erwachsen als früher. Unter anderem durch bessere Ernährung nimmt das Wachstum der Kinder zu. Die Menstruation beginnt heute schon im Grundschulalter. Durch all diese Faktoren wird die gesteigerte Vitalität der Heranwachsenden erklärlich. Mit diesen Tatsachen setzt sich unsere Gesellschaft noch kaum auseinander...«

Die Untersuchungen von J. M. Schwarz und Mitarbeitern (1971) bei Oberschülern in Schleswig-Holstein, K. Wanke (1971) in Hessen, M. Jasinsky (1971) in Hamburg, H. E. Hasse in Bonn (1971, 1972), Marx in Gütersloh (1972), Schmitt et al. (1972) in Baden-Württemberg sowie R. Wormser (1973) in München bestätigen allesamt, daß die jungen Leute aus den gleichen oder sehr ähnlichen Motiven zu Drogen greifen. Neuere, unveröffentlichte Arbeiten lassen allerdings den Schluß zu, daß speziell der Neugierkonsum (vor allem von Haschisch) zurückgeht. Es sind nicht mehr so viele bereit, mit der eigenen Psyche zu experimentieren. Dafür weist einiges darauf hin, daß die klassische westliche Rauschdroge, der → Alkohol, den Platz der »Modedrogen« einzunehmen beginnt, mit → Ecstasy, Heroin und Kokain dichtauf.

Auf ähnliche Sachverhalte weisen die Soziologen Klaus Gerdes und Christian von Wolffersdorff-Ehlert in ihrer empirischen Studie *Drogenscene: Suche nach Gegenwart* hin (1974). Die Ergebnisse ihrer »teilnehmenden Beobachtung der jugendlichen Subkultur« fassen sie, äußerst pessimistisch, so zusammen: »Die Chancen dafür, daß unsere Gesellschaft sich in absehbarer Zukunft dem beschriebenen Konflikt (des Drogenproblems) stellen wird, können realistischerweise wohl nur sehr niedrig eingeschätzt werden: Kaum beginnt das Problem des unglücklichen Lebens im Wohlstand öffentlich bewußt zu werden, wird es (mittels organisierter Zukunftsplanung) schon wieder in den alten Teufelskreis eingefangen: Das unglückliche Leben, das aus der Verschiebung des Glücks in die Zukunft resultiert, soll durch noch mehr Zukunftsplanung kuriert werden ... Die Maschinerie für diese neue Zukunftsverschiebung läuft gerade erst an; es erscheint aussichtslos, sie stoppen zu wollen...« (S. 370). Und ein Jugendlicher, den sie zitieren, bestätigt dies nur mit seiner Aussage: »...es ist nur 'ne Frage, wohin die nächste Generation ausflippt und wohin die übernächste...« (S. 371).

Eine erste Hilfe, die die Gesellschaft anbieten könnte (indem sie entsprechende finanzielle und personelle Mittel zur Verfügung stellt), wären ausreichende – und vor allem ausreichend besetzte – Erziehungs-Beratungsstellen. Man geht sicher nicht fehl in der Annahme, daß die »Drogenberatungsstellen«, die man in den siebziger Jahren in den größeren Städten zögernd zu etablieren begann, im Grunde kaum anderes sind als »Zweigstellen« der bereits existierenden Erziehungs-Beratungsstellen – bei denen bekanntlich Wartezeiten bis zu einem halben Jahr und länger bestehen.

Wie einer der beiden Autoren (J.v.Sch.) aus eigener Erfahrung weiß, ist jede Drogenberatung im Grunde eine Beratung über die üblichen persönlichen Konflikte der meist Jugendlichen, die durch die Rauschdrogen lediglich enorm verschärft worden sind (→ RA III). Wie unter einem Vergrößerungsglas treten sie weit deutlicher sichtbar in Erscheinung – und sind dementsprechend schwieriger zu bearbeiten.

Es sieht ganz so aus, als hätten die Drogenkonsumenten mit den Rauschdrogen nun endlich *das* Druckmittel entdeckt, mit dem sie eine Änderung der untragbaren Situation erzwingen können. Bisher konnten die Jüngeren sich ja überhaupt nicht gegen ihre miserable Situation, gegen den krassen Mangel an Kindergärten, Schulen, Lehrkräften und dergleichen wehren. Nun haben sie offensichtlich den Archimedischen Punkt erreicht, von dem aus sie das Universum der Erwachsenen aus dem bislang so unerschütterlichen Gleichgewicht bringen können.

Wer Rauschdrogen nimmt, signalisiert überdeutlich: Ich habe schon seit geraumer Zeit Probleme gehabt – aber nun *müßt* ihr mir endlich helfen. Man könnte die Drogen-Welle als Versuch einer kollektiven Selbstheilung mit ungeeigneten Mitteln betrachten. Wenn die Verantwortlichen jetzt immer noch nicht begreifen, daß die riesigen

Steuermittel der Überflußgesellschaft sinnvoller als bisher eingesetzt werden müssen, dann kann es gut sein, daß sich eine ganze Generation mit den Drogen auf eine Reise begibt, die ganz anders verläuft, als alle Beteiligten sich gedacht hatten.

Wege nach Utopia
Im Stichwort → Zukunfts-Drogen werden eingehend die Entwicklungslinien untersucht, die sich für eine Gesellschaftsform mit oder ohne Integration der Rauschdrogen ergeben könnten. Während es dort mehr um den Bereich des Utopischen geht, soll in den folgenden Kapiteln dieses RA II analysiert werden, wie es um die Wurzeln dieser Entwicklungslinien in der Gegenwart bestellt ist.

Bewußtseinserweiterung – oder Bewußtseinsverminderung?
Als Aldous Huxley, Timothy Leary und Rudolf Gelpke (um nur drei prominente Vertreter der Halluzinogen-Szene zu nennen) die Rauschdrogen als »Pforten der Wahrnehmung« für eine »Politik der Ekstase« priesen, ging es ihnen um eine sehr noble Sache: um Bewußtseinserweiterung (→ LSD, S. 216ff.). Und zwar um eine Weitung des Horizonts nicht für wenige, für eine auserlesene Elite (wie in Hermann Hesses *Glasperlenspiel*), sondern um Auslotung neuer Tiefen der Persönlichkeit für möglichst viele Menschen. Aber genau wie im politischen Bereich der Aufstand gegen die etablierten Generationen scheiterte, der seine Höhepunkte in den Pariser Mai-Unruhen von 1968 und in den Vietnam-Demonstrationen 1969 in den USA fand, und genau wie Bewußtseinserweiterung im soziopolitischen Bereich zu scheitern schien, so verschwand das Interesse an psychedelischer Selbsterfahrung und drogeninduzierter Persönlichkeitsentwicklung, und die gelegentlich mögliche »Helle« der LSD-Trips wurde abgelöst von der zunehmenden Dumpfheit und schließlich der Hölle der Heroin-Schüsse. Peter Mosler (1977) hat in dem Buch *Was wir wollten, was wir wurden* den chronologischen Ablauf der Studentenrevolte auf dem politischen Sektor beschrieben (bei dem psychologische Aspekte und halluzinogene Drogen wie LSD und Haschisch bunte Farbtupfer waren, nicht viel mehr). Eine vergleichbare Dokumentation der Drogen-Revolte (bei der soziale und politische Aspekte, wenn überhaupt, nur als verbale Kraftakte auftauchten, wie in Learys Buchtitel *Politik der Ekstase*) steht noch aus; wichtige Reminiszenzen findet man bei Alan Watts (1979) und über eine Reihe anderer Publikationen verstreut (z.B. Burroughs 1980).
Das Pendant zum bankraubenden und mordenden Terroristen ist

der apothekenknackende und selbstmordende Heroinist. Und es nimmt nicht mehr wunder, wenn man erfährt, daß einige der bekanntesten Terroristen (zum Beispiel der sich in Stammheim tötende Andreas Baader) sogar selbst der Drogen-Szene angehörten, ehe sie von der Selbstaggression durch Rauschdrogen zur Aggression gegen andere umstiegen. Oder – wenn man so will – vom *thrill* der Nervengifte zum *thrill* der Menschenjagd auf andere und der ständigen Flucht vor der Polizei.

Ein weiteres verwandtes Phänomen, ebenfalls in den siebziger Jahren zu voller Blüte gereift, sind die Jugendreligionen (Haack 1979), die auf verblüffende Weise Elemente des Drogenkults und des Terrorismus miteinander vereinen können: das Ausflippen in andere Bewußtseinszustände, das Unterwerfen unter autoritäre Persönlichkeiten, das Aussteigen aus dem gewohnten gesellschaftlichen Rahmen, die Sehnsucht nach Bewußtseinsänderung und -erweiterung.

Alle drei Tendenzen zeigen jedoch, daß die – meist jüngeren – Menschen, die sich ihnen, mehr oder minder freiwillig, anschließen, nicht das finden, was sie suchen. Auch dem wohlwollenden Beobachter stellen sie sich meistens als eingeengt in ihrer Wahrnehmung und ihrem Bewußtseinszustand dar, und nicht als erweitert, ihrer eigenen subjektiven Erfahrung zum Trotz. Es sei hier nur an den Massenselbstmord von fast tausend Anhängern des Sektenführers Jim Jones im November 1978 in Guayana erinnert (Kilduff und Javers 1979).

Offensichtlich gilt von allen drei »Drogen« – Politik, Rauschmitteln, Religion – dasselbe, was der kluge Paracelsus schon im Mittelalter wußte: Die Menge macht's, ob etwas zum Heilmittel wird oder zum Gift. Wer jedoch, pessimistisch gestimmt, nur die Einengung und das Scheitern revolutionärer Bemühungen im politischen, psychedelischen und religiösen Bereich wahrnimmt, sieht die Lage der Dinge wohl zu einseitig. Der Realist kann auch gegenläufige Tendenzen beobachten, denen es gelingen könnte, ein besseres soziales und – nicht zuletzt – moralisches Klima zu schaffen: Hoffnung statt Hoffnungslosigkeit.

Seit 1968 die »Aktion Roter Punkt« in Hannover stattfand, wo Autofahrer die gegen erhöhte Fahrgeldpreise streikenden Straßenbahnpassagiere kostenlos mitnahmen und das Wort »Bürgerinitiative« überhaupt erst geprägt wurde, sind in der Bundesrepublik Tausende von Bürgerinitiativen entstanden, mit mehreren Millionen von politisch und sozial aktiven Mitarbeitern und Sympathisanten (vom Scheidt 1978, Adressenliste über die Stiftung *Die Mitarbeit,* Bonn).

Neben vielen Gruppen, die gegen Atomkraftwerke und Umweltzerstörung aktiv werden, engagieren sich gut die Hälfte dieser Gruppen im psychosozialen Bereich, z.B. als Laientherapeuten in Nervenkliniken oder als Helfer Behinderter und ausländischer Kinder. Eine ganze Reihe dieser Initiativen wurzelt nicht zuletzt in dem Gedanken der Selbsthilfe, wie sie die Eltern von Drogenabhängigen (→ RA IV) motiviert, die sich zu Selbsthilfegruppen zusammengeschlossen haben und sehr praktisch das Drogenproblem bekämpfen, etwa in der Form privater Beratungsstellen.

Einrichtungen der Behörden wie das »Drug Abuse Warning Network« (Netzwerk zur Warnung vor Drogenmißbrauch) der USA oder Adressenlisten wie »Suchtberatung wo?« (s. Kasten RA IV) der Deutschen Hauptstellen gegen die Suchtgefahren (im Auftrag des Gesundheitsministeriums) sind wichtig, genau wie die internationalen Bemühungen der Vereinten Nationen mit ihrem »United Nations Fund for Drug Abuse Control«. Aber von engagierten Privatleuten getragene Initiativen haben sich noch für jedes Problem, speziell im psychosozialen Bereich, als die sinnvollere und dauerhaftere Lösung erwiesen, vor allem, wenn sie von öffentlicher Seite tatkräftig unterstützt werden, nicht zuletzt finanziell.

Um jedoch das Drogenproblem in seiner Gesamtheit verstehen und vor allem besser bewältigen zu können, muß man die komplexen Zusammenhänge besser erkennen, die – auf vielfältige Weise – Drogenkonsum und -mißbrauch verursachen. Neben einer Reihe individueller psychischer (→ RA III) und bereits erwähnter soziologischer bzw. kulturhistorischer Gründe seien hier noch einige Gedanken angeführt, die zu einem solchen umfassenderen Verständnis beitragen könnten.

Wolfgang Schmidbauer hat in seinem *Homo consumens – der Kult des Überflusses* bereits 1972* eine solche Analyse bereits versucht; für ihn ist der Drogenmißbrauch nur ein Sonderfall des Mißbrauchs, den der Mensch heute mit sich selbst und seiner Welt treibt.

Wer Drogenabhängige und ihre Angehörigen berät (→ RA IV), stößt immer wieder an die Grenzen seiner Kunst, sobald es darum geht, dem ganz auf seine Drogen und Räusche fixierten jungen Menschen (oder auch den resignierten älteren Abhängigen) andere Zielvorstellungen und Werte zu vermitteln, die mit dem kurzen Glück des Rausches wetteifern, ja es sogar überbieten könnten. Wer mit offenen Augen durch unsere Welt geht, der weiß, wieviel Heuchelei hinter

---

* Überarbeitete Neuausgabe 1995 unter dem Titel *Weniger ist manchmal mehr.*

den gängigen Werten steckt. Und junge Menschen sind besonders kritisch gegenüber Konsumstreben und Wachstumsdenken, das einige von ihnen einmal drastisch so karikiert haben: »Ohne Wachstum ist das Leben sinnlos – sagt die Krebszelle« (Spruchband an der Hauswand einer Wohngemeinschaft im Münchner Zentrum).

Rausch- und andere Gifte

Wenn vom »Rauschgift« die Rede ist, empört sich jedermann. Und zu Recht. Rauschgifte zerstören die körperliche und seelische Gesundheit, wenn sie über längere Zeiträume mißbraucht werden.

Bei genauerem Hinsehen, und die tägliche Zeitungslektüre genügt da schon, entpuppt sich das Phänomen Rauschgift freilich als winziger Ausschnitt des sorglosen Umgangs der Menschen mit Giften überhaupt. Das beginnt beim Mißbrauch von → Medikamenten, die auch allesamt Gifte in der einen oder anderen Konzentration enthalten. »Kein zweites Volk der Welt hat seinen Medikamentenverbrauch so grotesk eskaliert wie die Deutschen. Seit dem Jahr 1950 stieg der Pro-Kopf-Konsum auf das Zwanzigfache«, hieß es 1980 in einer Serie des *Spiegel* (Halter), und der Umweltforscher und Biologe Jakob von Uexküll schätzt, daß in den industrialisierten Ländern bereits 50 Prozent aller Krankheiten mittlerweile »iatrogene Leiden« sind, also Krankheiten, die durch Maßnahmen der Ärzte, nicht zuletzt durch Medikamente, hervorgerufen werden. Aber wir vergiften uns noch auf viele andere Arten. *Seveso ist überall* nannten Egmont R. Koch und Fritz Vahrenholdt ihren Bericht über die »chemischen Zeitbomben«, die überall in der Welt ticken. Einige davon seien hier aus dem vielfältigen Angebot der Presse noch hinzugefügt

- Im Herbst 1980 wurde endlich publik, was Experten schon lange vermutet hatten – daß im Kalbfleisch Reste der Östrogene (Krebsverdacht!) enthalten sind, mit denen die Tiere zu – höchst ungesundem – Schnellwachstum angeregt werden. Italien und Frankreich verboten daraufhin eine Zeitlang den Verkauf von Kalbfleisch.
- Im August 1980 gingen in den Weinbergen von Kitzingen drei Millionen Bienen an den dort – verbotenerweise – gespritzten Insektiziden ein.
- Ebenfalls im August 1980 warnte der westfälische Gesundheitsminister vor dem Verzehr von Garten- und Feldfrüchten, die in der Umgebung der Stadt Lengerich gewachsen sind – dort ist der Boden noch immer durch das Schwermetall Thallium verseucht, das einem nahe gelegenen Zementwerk entstammt.

- In Stolberg bei Aachen wurde durch die Behörden ein chemischer Betrieb geschlossen, auf dessen Gelände sich 10.000 Fässer mit grundwassergefährdenden Destillationsschlämmen angesammelt hatten.
- In der Umgebung von Hagen stellte man im Getreide unzulässig hohe Konzentrationen des hochgiftigen Schwermetalls Cadmium fest, das den Klärschlämmen zur Düngung der Felder entstammt. (München hatte kurz zuvor ebenfalls seinen »Cadmium-Skandal«.)
- Der *Öko-Almanach* (Michelsen u. a. 1980) weist auf den weltweit drohenden Wassermangel hin, der nicht nur in der afrikanischen Sahel-Zone Millionen gefährdet, sondern gerade durch Umweltvergiftung auch die Wasserversorgung der Bundesrepublik. Bekanntestes Beispiel: der Rhein, von dem es heißt, er »erholt sich langsam« (*Südd. Zeitung* vom 11. 10. 1980). Mittelmeer und Ostsee hingegen sind bereits »umgekippt« in totale Vergiftung.
- »Die Luftverschmutzung in Schweizer Städten durch Stickstoffdioxyd aus Autoabgasen und Ölfeuerungsanlagen hat die kritische Gefahrenzone überschritten und ist nicht mehr unbedenklich« teilte im September 1980 das Schweizerische Bundesamt für Umweltschutz offiziell mit (*Tagesanzeiger,* Zürich, vom 10. 9. 1980).
- Bodenuntersuchungen haben ergeben, daß eine Zone von etwa 150 Meter Breite rechts und links vielbefahrener Straßen, speziell der Autobahnen, so mit Blei aus den Abgasen verseucht ist, daß dort eigentlich keine Früchte und kein Gemüse mehr angebaut werden dürfte, ja nicht einmal mehr Gras zur Tierfütterung. In der Bundesrepublik ist davon ein Areal betroffen, das insgesamt ungefähr so groß ist wie das ganze Land Luxemburg.
- Selbst Kosmetika sind nicht immer ganz harmlos. Auf einem Fachkongreß in Venedig wurden beispielsweise zwei Stoffe, die in Haarfärbemitteln enthalten sind, als ausgesprochen gefährlich eingestuft: Parafenildiamin und Parafoluidendiamin (*Südd. Zeitung* vom 27. 10. 1980).
- Sogar auf den Packungen eines Geschirrspülmittels (Dish-Lav) heißt es: »Warnung ... beachten. Giftklasse 5 S.«

Mit dem gefährlichsten Gift aller Zeiten konfrontiert uns allerdings die Atomindustrie. Plutonium (sinnigerweise benannt nach Pluto, dem Gott der Unterwelt in der griechischen Mythologie) fällt sogar an, wenn es gelingen sollte, sichere Anlagen zur Wiederaufbereitung zu bauen. Ein Prozent verbleibt, muß »in jedem Fall endgelagert werden«, wie der Atomphysiker Klaus M. Meyer-Abich betont, und wird in der Endlagerung noch 310.000 Jahre radioaktiv strahlen. Ein anderer Wissenschaftler hat Plutonium wegen dieser Eigenschaft deshalb einmal als jenes Element bezeichnet, das weder Gottvater noch Mutter Natur sich zu schaffen trauten – erst der Mensch wagte es. Siehe Tschernobyl!

Ob es sich um den befürchteten *Atomstaat** (Jungk 1977), um *Die Macht der Computer* (Weizenbaum 1977), um die bereits rasant vonstatten gehende *Plünderung unseres Planeten* (Gruhl 1975) oder um das internationale Wettrüsten** mit einem drohenden, auch am Ende des Zweiten Jahrtausends immer noch möglichen atomaren Dritten Weltkrieg handelt – die positiven Zukunftsperspektiven nehmen sich, damit verglichen, ausgesprochen kläglich aus. Und vor allem: Sie sind wesentlich schwerer zu vermitteln, geschweige denn gerade für einen ichschwachen, ungeduldigen, zutiefst verängstigten frustrationsintoleranten (→ RA III) Drogenabhängigen zu verwirklichen!

Es ist gar keine Frage: Wir leben in einer apokalyptischen Phase der Menschheitsentwicklung. Und die tiefen Ängste, von denen nicht nur Drogenabhängige immer wieder überflutet werden, sind keineswegs nur neurotischer oder gar psychotischer Art – sie haben ihre realen Wurzeln in unserer modernen Welt.

Wie soll man einem Hascher oder Fixer, einem Kokser, Schnüffler, Säufer beibringen, daß er seine *Innenwelt-Verschmutzung* (vom Scheidt 1973) bereinigen müsse – wenn er jeden Tag in den Massenmedien neue Umweltkatastrophen geschildert sieht, die ihm demonstrieren, wie sorglos andere mit ihrer – und seiner! – Wirklichkeit umgehen. Ein 18jähriger Valium-Süchtiger hielt mir (J.v.Sch.) einmal nur höhnisch entgegen: »Kümmern Sie sich doch lieber darum, daß das Mittelmeer wieder sauber wird, damit man dort im Sommer baden kann, ohne vergiftet zu werden.«

Und ein 35jähriger kokainvergifteter Süchtiger sagte mir: »Wissen Sie, daß man mit den ganz gewöhnlichen Giften, die ein einzelner Mensch mit sich herumschleppt, drei Kannibalen vergiften könnte?« Ich weiß nicht, ob diese makabre Feststellung so genau stimmt, aber ich weiß, daß wir täglich mit gespritztem Obst und mit hor-

---

* Ludwig Bölkow (1980) rechnet mit einem Bedarf von 20.000 Kernkraftwerken für die gesamte Welt, die entsprechend vor terroristischen Anschlägen usw. geschützt werden müßten.

** Eine Billion Dollar wollte das Pentagon von 1980-1985 allein für die Rüstung der USA ausgeben (*Südd. Zeitung* vom 21. 5. 1980).

mongefüttertem Fleisch traktiert werden – und daß heute in der dritten Generation Frauen an Krebs erkranken, weil ihre Großmütter ahnungslos Diethylstilbestrol (DES) zu sich nahmen, ein Hormon, von dem 75 Prozent aller amerikanischen Rinder zur schnelleren Gewichtszunahme heute noch täglich 20 Milligramm erhalten (die über Schlachtfleisch den Weg in den menschlichen Körper nehmen, s. G. Kersting 1980).

Die Frage von Klaus Traube, *Wachstum oder Askese* (1979), die auch andere immer drängender stellen (Amery 1972, 1976; Michelsen 1980; Altner et al. 1979; Degenhardt 1979; Schumacher 1977; Vester 1978), läßt sich immer eindeutiger nur noch mit einem Votum für eine – sinnvolle – Askese beantworten. Um das zu erkennen, muß man kein »ÖkoPaxe« sein, wie ein Schimpfwort der Wachstumsfanatiker lautet. Ehe nicht ein beachtlicher Teil der Bevölkerung sich gegen die zunehmende Verschmutzung und Zerstörung der Außenwelt und die Bedrohung des Lebens durch Waffen wendet, ehe sich nicht ein neues System ethischer Werte herausbildet und, was noch wichtiger ist, in allen Bereichen des Lebens praktiziert wird, kann niemand annehmen, daß irgendein Süchtiger, schon gar nicht einer der jüngeren Generation, auf seinen Joint oder seine Spritze verzichtet.

Vor mehr als einem halben Jahrhundert veröffentlichte der Biologe Richard Hesse ein kaum beachtetes Büchlein von 36 Seiten Umfang; er beschrieb darin, wie der tierische Körper seine Wachstumsvorgänge steuert – Hesse hätte sich wahrscheinlich in seinen kühnsten Träumen damals nicht ausmalen können, daß der Titel seiner Schrift *Über Grenzen des Wachstums* (1927) einmal nahezu identisch auf einem Bericht des Club of Rome prangen würde, der die Konsequenzen ungesteuerten Wucherns menschlicher Bedürfnisse in unseren Tagen beklagt: *Die Grenzen des Wachstums* (1972).

Nicht einmal die Mitglieder des Club of Rome haben sich aber in ihrem aufrüttelnden Bericht mit den psychosozialen Verwüstungen in der Menschheit auseinandergesetzt, deren auffälligste die Drogensucht in ihren vielfältigen Erscheinungsformen geworden ist. Wenn die Hochrechnungen stimmen, und in den kommenden 110 Jahren, also bis zum Jahr 2100, tatsächlich mehr Mitglieder unserer Gesellschaft Süchtige als Nichtsüchtige sein werden, dann könnte unsere Wachstumsideologie allerdings schon dadurch Schiffbruch erleiden, weil es nicht mehr genügend arbeitsfähige Menschen geben wird, die sich für eine solche Ideologie einspannen lassen. Ein Süchtiger braucht im Idealfall einen anderen hilfsbereiten Menschen, der sich

– bei einer Therapie – um ihn kümmert. Absurderweise wird sich also im Jahr 2100 die eine Hälfte der Bevölkerung, die nicht süchtig ist, um die andere Hälfte kümmern müssen. Wenn man es dann überhaupt noch auf Therapie anlegt.

Sinnträchtiger Nebengedanke: Die Drogen werden genau dann, wenn alles so wie derzeit weiterläuft, die gesamte Kultur bestimmen, wenn die Droge der Wachstumsfetischisten zu Ende geht: Die mit sinnvollem Aufwand ausbeutbaren Weltvorräte an Erdöl werden in 30 bis 40 Jahren nahezu erschöpft sein.

Die erwähnten Gedanken über innere Zusammenhänge von Drogenproblem und Wachstumsdenken mögen sich, in ihrer letzten Konsequenz, noch sehr utopisch negativ ausnehmen. Die Gegenkräfte, die sich in solchen Notzeiten zu regen beginnen, sind dabei allzusehr vernachlässigt. Wenn sich Eltern drogenabhängiger Jugendlicher und Kinder zusammentun und in Selbsterfahrungs- bzw. Selbsthilfegruppen offen miteinander ihre eigene »Wohlstandsverwahrlosung« (z.B. in Form von Arbeitsneurosen und Konsumdenken) diskutieren und nach und nach sogar zu bewältigen lernen, müssen sie nicht immer nur voller Abscheu die Wohlstandsverwahrlosung ihrer eigenen Nachkommen beklagen. Diese Eltern (→ RA IV) beschreiten dann ähnliche Wege wie die vielen Bürger, die sich in Initiativgruppen für die brennenden Probleme der Gegenwart praktisch engagieren.

Das Energieproblem in neuer Sicht

David Riesman und seine Mitarbeiter haben schon vor vier Jahrzehnten die Probleme und Ursachen der *Einsamen Masse* (1958) beschrieben. Der amerikanische Soziologe unterschied dabei zwei menschliche Grundtypen: den »außengeleiteten« und den »innengeleiteten« Menschen:

1. Der Außengeleitete orientiert sich vorwiegend an dem, was »die anderen« denken und sagen und richtet sich in hohem Maße nach den – oft sehr starren und weltfremden – Spielregeln der Gesellschaft.
2. Der Innengeleitete scheint auf den ersten Blick mehr Freiheit der Entscheidung zu haben. Aber auch er richtet sich im Grunde nach – allerdings sehr verinnerlichten – Normen (häufig religiöser Herkunft), die ebenfalls stets in Gefahr stehen, starr und wirklichkeitsfremd zu werden.

Die *Humanistische Psychologie* und die mit ihr sympathisierenden anderen Disziplinen der Humanwissenschaften haben – wohl nicht zufällig im Gefolge von politischer Studentenrevolte und Psyche-

lismus – neue Konzepte und ein neues Menschenbild (Bühler und Klein 1976, Cohn 1975, Maslow 1979, Rogers 1977, vom Scheidt 1980) entworfen, das einen dritten Typus zum Gegenstand hat:
3. Der »selbstgeleitete« Mensch, der sich nach seinen eigenen Bedürfnissen richtet, weil er erkannt hat, daß das Bibelwort »Liebe deinen Nächsten wie dich selbst« diese psychologische Erkenntnis beinhaltet: daß man sich anderen Menschen nur dann offen zuwenden kann, daß menschliche Beziehungen nur sinnvoll werden, wenn man sich selbst einigermaßen kennt und zu akzeptieren gelernt hat. Als Grundwert dieser neuen Richtung könnte man Selbstverwirklichung betrachten.
Es ist hier nicht der Platz, um auf die Konsequenzen dieser Entwicklung – und auch auf ihre möglichen Gefahren eines extremen Narzißmus (Lasch 1980) – näher einzugehen. Wichtig erscheint im Zusammenhang mit dem Drogenproblem, speziell mit dem Halluzinogen-Konsum der psychedelischen Avantgarde der siebziger Jahre, die Beobachtung, daß diese »Astronauten nach innen« ja genau dies ursprünglich gesucht haben: Selbstverwirklichung, Selbsterfahrung, Selbsterforschung, Selbsttherapie. Nur haben sie eben nicht erkannt, daß die einzige Droge, die bei der Selbsterfahrung sinnvoll eingesetzt werden kann, die »Droge Mensch« ist, sei es als einzelner Gesprächspartner oder Therapeut, sei es in Form einer Gruppe (Schmidbauer 1977) (→ RA III, IV).
Wie sich in unseren Tagen zeigt, scheuen junge Menschen und inzwischen – siehe den Bhagwan-Ashram in Poona (Satyananda 1979) – auch solche der mittleren Jahrgänge nicht den weiten Weg nach Indien und zu anderen möglichst fernen Orten ohne Drogen, in der Hoffnung, Selbstentdeckung und Selbstverwirklichung zu finden (Mels 1976) – es ist also keineswegs so, wie oft behauptet wird, daß diese Leute sich nicht gerne für etwas einsetzen würden. Aber das Ziel muß eben sinnvoll erscheinen. Es wird höchste Zeit, daß solche Ziele auch in unserer eigenen Umgebung wieder sichtbar gemacht werden, zuvorderst das gerade vom jungen Menschen angestrebte Ziel Selbstverwirklichung.
Unter diesem Aspekt sei noch einmal die Frage der Wachstums-Ideologie angesprochen. Man kann drei Formen von Energie unterscheiden, jetzt nicht nur im physikalischen Sinn (Vester 1980), sondern allgemeiner. Atomkraftwerke, so versprechen ihre Befürworter, könnten die Menschheit mit beliebig viel Energie versorgen. Aber würde das dadurch mögliche wirtschaftliche und technologische Wachstum (von den zu befürchtenden Umweltschäden ganz abgese-

hen) nicht die Ausrichtung der Menschen auf einen öden Materialismus nur noch weiter verstärken?
Auch die Rauschdrogen spenden eine Art Energie, auf einer mehr biochemischen und psychischen Ebene; deshalb hat man LSD, die potenteste dieser Substanzen, ja auch als »Wasserstoffbombe im Gehirn« bezeichnet. Kein schlechter Vergleich. Denn wie sich zeigt, zerstören alle Drogen, lange genug mißbraucht, die Psyche dessen, der sich ihrer bedient (therapeutische Hilfsfunktionen einmal beiseite gelassen – s. Grof, 1978, und Naranjo 1980).
In den kommenden Generationen geht es darum, eine dritte Energiequelle weiter zu erschließen, mit der der Mensch bislang eigentlich nicht schlecht gefahren ist: die psychische und soziale Energie, welche das menschliche Bewußtsein benutzt – und produziert – und welche menschliche Gemeinschaften am Leben erhält und fördert. Jemand hat einmal gesagt, das menschliche Bewußtsein sei der größte Energie-Transformator im Universum. Angesichts der Verschwendung physikalischer Energie und des Mißbrauchs biochemischer Energie (in den Rauschdrogen) muß der Beweis dafür jetzt noch angetreten werden.

Die »Anti-Drogen-Koalition« (ADK) – eine fragwürdige politische Initiative
Die Art und Weise, wie sich die Politiker hierzulande und auf der ganzen Welt um eine grundlegende Bewältigung des Drogenproblems drücken, kann nur als unglaublich bezeichnet werden. Durch ihre Enthaltsamkeit ermuntern die etablierten und seriösen Parteien fragwürdige Splittergruppen, ihr »Süppchen zu kochen«. Ein abschreckendes Beispiel, wie dies dann aussehen kann, bot die »Anti-Drogen-Koalition«.
Diese eigenartige Gruppe trat erstmals 1979 an die bundesdeutsche Öffentlichkeit, dann immer wieder in den Wahlkämpfen der folgenden Jahre (zuletzt beobachtet 1996). Geschickt aufgemachte Broschüren und Aufkleber mit reißerischen Slogans (»Krieg dem Rauschgift«) signalisieren, daß sich hier endlich jemand um dieses dringende Problem zu kümmern scheint. Aber was wird in diesen Broschüren mitgeteilt?
Das gesamte Material soll offensichtlich dazu dienen, eine primitive Weltverschwörungsthese zu untermauern. Sieht man genauer hin, so könnte diese Idee dem berauschten Hirn eines Kiffers entsprungen sein: Ausgehend von der Tatsache, daß das britische Weltreich im 19. Jahrhundert China in den »Opiumkrieg« verwickelte und dort aus Gewinnsucht wirklich die Opiumsucht regelrecht systema-

tisch züchtete (→ S. 283), wird spekuliert, daß auch der weltweite Rauschgifthandel unserer Tage von einem einzigen Kartell getragen werde – das sich angeblich nahtlos an den Opiumkrieg anschließt! Drahtzieher sollen britische Regierungs- und Geheimdienstkreise sein.

Wer sich ein wenig auskennt, wird dem sofort entgegenhalten, daß es sicher solche Kartelle gibt, daß aber die kolumbianischen und bolivianischen Militärzirkel (die dort den heimischen Drogenhandel kontrollieren) wenig mit der nordamerikanischen Mafia gemeinsam haben und diese wiederum allenfalls lose Kontakte zu den chinesischen Triaden und den europäischen *Connections* hat (→ Opiate). Überhaupt nicht in dieses Verschwörungskonzept paßt die Tatsache, daß der *Ameisenhandel* wahrscheinlich den straff organisierten Handel zu überflügeln beginnt.

Eine entsprechende parlamentarische Anfrage zu solchen Behauptungen der ADK beantwortete Staatssekretär Wolters am 1. August 1980 im Bundestag so:

»Die Programmatik der Anti-Drogen-Koalition gründet sich auf Spekulationen über die Finanzierung des internationalen Rauschgifthandels, für die es nach den der Bundesregierung vorliegenden Informationen keine tragfähigen Beweise gibt.«

Regelrechter Geschichtsfälschung macht sich die ADK schuldig, wenn sie den Politikern der USA unterstellt, sie hätten, gewissermaßen im Auftrag der Drogenhändler, in den zwanziger Jahren die Prohibition eingeführt: »Die Idee hinter der Prohibition war, das organisierte Verbrechen als einen Apparat aufzubauen, der in den Vereinigten Staaten und anderen Ländern auf der Welt tief verwurzelt sein würde.« (Steinberg, S. 17) Daran ist kein Wort war: Die Prohibition wurde durch die Temperenzler-Bewegung mit ihren Millionen abstinenter Mitglieder erzwungen (→ Alkohol).

Genauso verlogen sind Argumente, mit denen man führende Wissenschaftler und Schriftsteller diffamiert. Der Sozialpsychologe Kurt Lewin und das Londoner »Tavistock Institute for Human Relations« werden beschuldigt, die ganze Welt durch Methoden der psychologischen Kriegsführung manipulieren zu wollen und in diesem Zusammenhang vorsätzlich Rauschdrogen vorgesehen zu haben.* Aldous Huxley und George Orwell werden in denselben Topf geworfen – und ihr angeblicher Mentor Herbert George Wells (zusammen mit

* Wer sich über Kurt Lewin und das Tavistock Institute zuverlässig informieren möchte, dem sei ein Aufsatz von Ronald Lippitt empfohlen – s. *Literatur.*

Bertrand Russell) im Hintergrund als einer der maßgeblichen Drahtzieher »entlarvt«. Diese Vorwürfe sind so lächerlich, daß man sie vergessen könnte – wenn mit derartigen Behauptungen nicht gerade jüngeren Menschen ein Geschichtsbild vorgegaukelt würde, das man mit Leichtigkeit neben die Wahnvorstellungen der Nationalsozialisten von der »jüdischen Weltverschwörung« stellen kann, die ja auch für viele Jugendliche und junge Erwachsene zu Glaubensinhalten wurden.

Was Huxley und Orwell angeht und mehr noch ihren geistigen Ahnherrn Wells, so sind sie der ADK offenbar deshalb suspekt, weil sie fortschrittskritisch sind und sich für alternative, weniger materialistische Lebensformen einsetzten. Gerade der Gebrauch der Droge *Soma,* den Huxley in *Schöne neue Welt* beschreibt, sollte die Gefährlichkeit von Drogen für Gesellschaft und Individuum anprangern – die ADK mißbrauchte ein Titelbild dieses Romans, um mit einer entsprechenden Unterschrift (Mletzko, S. 20) zu suggerieren, Huxley habe für den Drogenmißbrauch geworben. Wer sich nicht die Mühe macht, das Buch zu lesen, fällt auf solche Andeutungen leicht herein. Orwell hatte mit Drogen überhaupt nichts im Sinn, als er *1984* schrieb (→ Zukunfts-Drogen) – aber er ist für die Hintermänner der ADK offenbar gefährlich, weil er ein extrem materialistisches Staatssystem beschreibt und damit bloßstellt (für Orwell war das im Jahr 1948, als er seine Gegenutopie schrieb, das sowjetische kommunistische System unter Stalin).

Huxley wird natürlich vor allem wegen seiner Meskalin-Selbstversuche und seiner darüber veröffentlichten Studien angegriffen: *Die Pforten der Wahrnehmung* und *Himmel und Hölle.* Dabei wird völlig übersehen, daß Huxley hier wichtige neue Denkanstöße geliefert hat, die allerdings die materialistischen Grundlagen unserer westlichen Zivilisation in Frage stellen und sie mit der Weltsicht des Ostens, vor allem des Buddhismus, vergleichen (→ Meskalin).

Auch andere Drogenforscher werden von der ADK heftig angegriffen, ja regelrecht auf üble Weise diffamiert, aber ohne daß man irgendwelche qualifizierten Argumente gegen deren Arbeiten anbieten würde. Die Untersuchungen von Hanscarl Leuner und Stanislav Grof (→ LSD) werden nur vehement abgelehnt, ohne daß man ihre wichtigen neuen Einsichten über das menschliche Unbewußte und seine Dynamik zur Kenntnis nimmt. Selbst Albert Hofmann wird – ohne jede handfeste Begründung – unterstellt, daß er gewissermaßen das LSD erfunden habe, um die Moral der Welt zu untergraben (Mletzko).

Daß LSD der Psychotherapie wenn schon keine neue therapeutische Methode geliefert hat, aber sicher ein wichtiges Hilfsinstrument zum Verständnis des Seelenlebens, wird völlig unterschlagen, nach dem Motto: Wer sich mit Rauschdrogen befaßt, ist allein deshalb schon kriminell, zumindest aber in höchstem Maße unmoralisch. Diese Einstellung, die in jedem Artikel der ADK durchschimmert, ist nicht nur völlig unwissenschaftlich und undemokratisch – sie läßt außerdem völlig außer acht, wie unterschiedlich die Wirkungen von → Alkohol, → Cannabis, → LSD, → Meskalin und den → Opiaten sind. Alkohol und → Medikamente werden in ihrer Problematik gar nicht erst mit einbezogen, obgleich sie sicher volkswirtschaftlich und epidemiologisch die weit gefährlicheren Substanzen sind.

Ausgesprochen lächerlich ist die Behauptung der ADK, die Rockmusik sei »erfunden« worden, um den Rauschgiftgenuß zu propagieren. Wahrscheinlich würden noch weit mehr Jugendliche Haschisch rauchen, wenn sie nicht das harmlosere Ventil dieser *ihrer* Musik hätten. Die ADK möchte die Jugend am liebsten zu Mozart und anderen Klassikern zurückführen. Sie läßt völlig außer acht, daß diese Genies einmal die Wertezertrümmerer ihrer Zeit waren; Mozart würde heute wahrscheinlich statt der *Zauberflöte* Rock-Jazz wie *The Wall* (von Pink Floyd) komponieren und Beethoven vielleicht Musik nach Art von Don Cherry oder Penderecki.

Interessant wird die Drogen-Bekämpfung der ADK, wenn man erfährt, wer dahinter steht: Die Ehefrau des amerikanischen Gründers Lyndon LaRouche (der den Unsinn von der Drogen-Verschwörung recherchieren und in *Dope Inc.* veröffentlichen ließ) ist die erste Vorsitzende der »Europäischen Arbeiterpartei«, Helga Zepp-LaRouche. Diese EAP ist die einzige Partei, die ausdrücklich den Ausbau der Atomenergie und des technisch-naturwissenschaftlichen Fortschritts zu ihrer zentralen Doktrin gemacht hat. Der Verlag, der die Broschüren der ADK herausbringt, publiziert auch die Fachzeitschrift *Fusion,* die nichts weiter tut, als den Ausbau der Atomenergie zu propagieren, was die EAP als Teil der internationalen Atomkraft-Lobby ausweist. Wie geht das zusammen mit »Krieg dem Rauschgift«?

Die ADK leugnet jeden Zusammenhang des zunehmenden Drogenmißbrauchs mit sozialen und seelischen Mißständen. Aber ihre Propagandisten scheinen sich noch nie gefragt zu haben, wie es denn kommt, daß sich der Drogenmißbrauch, angefangen beim Alkoholismus, ausgerechnet parallel zur Steigerung der verfügbaren Energien und des (materiellen) naturwissenschaftlich-technischen Fortschritts aufgeschaukelt hat? Noch mehr Energie kann doch da logischerweise bloß heißen: noch mehr Drogenmißbrauch! Weil in einer immer materialistischeren, vom Wohlstand verwöhnten Gesellschaft immer mehr Menschen mit Drogenräuschen das innere Vakuum an geistigen Werten und Zielen ausfüllen müssen. Die Anti-Drogen-Koalition bzw. die Europäische Arbeiterpartei stellen sich mit ihrer Argumentation eindeutig auf jene Seite, die immer weiter und immer mehr den zerstörerischen Modus des Habens und Haben-Wollens propagiert, während die einsichtigen Menschen allmählich begreifen, daß viel wichtiger ein Leben nach dem Modus des Seins für die Zukunft bestimmend sein muß (Fromm 1976). Vielleicht erhielt die EAP deshalb bei der Bundestagswahl 1980 in der gesamten BRD nur 7.781 Stimmen, während ihre ideologischen Gegenspieler in puncto »Fragwürdigkeit der Wachstums-Ideologie« und des Ausbaus der Atomenergie, die Grünen, fast zweiundsiebzigmal besser abschnitten: mit 563.939 Stimmen!

Einer Schätzung der Weltgesundheitsorganisation zufolge (Sartorius) leiden rund 100 Millionen Menschen an Depressionen – ganz bestimmt nicht deshalb, weil es zuwenig (Atom-)Energie auf der Welt gibt! Depressionen, eine zentrale Wurzel für Drogenmißbrauch, sind in keinster Weise an einen bestimmten Lebensstandard oder gar Wohlstand gebunden. Sie lassen sich vielmehr häufig als Zeichen einer seelischen, sozialen und vor allem geistigen Entwurzelung verstehen.

Wenn die ADK solche Zusammenhänge verschweigt – aus Mangel an Wissen oder wider besseres Wissen –, macht sie sich zumindest der Fahrlässigkeit schuldig, einer Fahrlässigkeit und eines Vergehens (s. die erwähnten Fehlinformationen), über das Albert Camus einmal sagte: »Man kann jungen Menschen keine Gewißheiten geben. Man kann ihnen nur versprechen, daß man sie nie belügen wird.«

Die wichtigsten Auskünfte über die – vermutlich rechtsextreme – Europäische Arbeiterpartei gibt ein Artikel in *Der Spiegel* Nr. 39, 1980. Der stramm rechte Kurs der ADK zeigt sich in einer ihrer Broschüren, wenn dort verkündet wird: »Militärisch könnte das Drogenproblem innerhalb eines Monats ohne große Intervention gelöst werden.« (Steinberg, S. 18) Das ist schon heute schlichter Unsinn, weil der Ameisenhandel sich so nicht kontrollieren läßt, und ist es morgen noch mehr, wenn Drogen wie → Ecstasy den Markt beherrschen werden, die jeder Chemielaborant im Kellerlabor billig herstellen kann (→ auch Zukunfts-Drogen). Und die seelischen und sozialen Nöte der Wohlstands- wie der unterentwickelten und hungernden Gesellschaften lassen sich mit Waffengewalt sicher auch nicht lösen.

(Zur Unsinnigkeit einer marktschreierischen Anti-Drogen-Propaganda – »Krieg dem Rauschgift!« –, die erfahrungsgemäß sogar ins Gegenteil umschlägt, s. beispielsweise RA III, Kap. 6)

Wer sich für eine wirklich seriöse politische Diskussion der Drogen-Thematik auf dem aktuellen Stand der Forschung (Mitte bis Ende der neunziger Jahre) interessiert, dem sei die Studie *Das Drogenproblem* von René Renggli und Jakob Tanner empfohlen. Es war sicher auch hilfreich, daß beide Autoren Schweizer sind und – zumindest, was die deutsche Situation angeht – wirklich neutral argumentieren. So verweisen sie beispielsweise auf die Rolle von Kaffee und Tee, die uns heute so vertraut wie sonst etwas sind – und die dennoch im 17. Jahrhundert als kulturfremd mit brutalsten Mitteln (inklusive Todesstrafe) als »kulturfremde« Substanzen bekämpft wurden. Wer sich an die Argumentation gegenüber dem Haschisch erinnert fühlt, erinnert richtig.

Renggli und Tanner zufolge gibt es keine ideale Lösung des Drogenproblems. Aber es gäbe, so schreiben sie, jede Menge guter Gründe dafür, sich gleichermaßen für Prävention und Therapie zu engagieren wie auch politisch sachbezogen zu argumentieren.

Wie absurd und irrational insbesondere die Debatte um die Legalisierung von Haschisch und um einen angemesseneren Umgang mit den Konsumenten harter Drogen wie Heroin ist, zeigt sich daran, daß Zahlen über die tatsächlichen Verhältnisse, insbesondere über die Kosten, von den Politikern und anderen Verantwortlichen nicht zur Kenntnis genommen werden. Als der Bochumer Ökonom Karl-Hans Hartwig und sein Mitarbeiter Ingo Pies 1996 die volkswirtschaftlichen Schäden der von ihnen als gescheitert betrachteten Drogenpolitik bezifferten, kamen sie auf eine Summe von weit über 13 Milliarden Mark (was mit dem Etat des Bundesfamilienministeriums oder des Landwirtschaftsministerium vergleichbar ist – Details im Kasten). Diese Studie wurde vom Auftraggeber, dem hessischen Justizministerer, nicht veröffentlicht. »Vielleicht war ihm das Eisen zu heiß«, meinte Hartwig gegenüber dem *Spiegel*. Die Autoren bekamen lediglich die Genehmigung, das Werk für wissenschaftliche Zwecke in 600 Exemplaren drucken zu lassen – also nahezu unter Ausschluß der Öffentlichkeit!

Prohibition ist nicht nur unnütz, sie schadet

Hartwigs-Rechnung	**Mill. DM**
Um das Heroin-Verbot durchzusetzen – ein Versuch, der nur punktuell gelingt, aber generell scheitert –, entstehen bei der Polizei Kosten:	**480,4**
Sehr viel teurer ist die polizeiliche Verfolgung der Kriminalität, die Süchtige begehen, um Geld für ihren Stoff zu beschaffen:	**1.288,3**
Für ihre Beute erzielen Drogenabhängige beim Hehler nur einen Bruchteil des Wertes. Der Sachschaden, den sie durch ihre Delikte verursachen, beträgt mindestens:	**3.223,2**
Die Arbeit der Justiz zur Aburteilung der Beschaffungskriminalität und der Verstöße gegen das Heroin-Verbot kostet:	**515,7**
Die bestraften Täter verbringen pro Jahr fast 4 Millionen Tage im Gefängnis:	**827,2**
Im Vergleich zur Verfolgung sind die Ausgaben für die Drogenberatung, die Entgiftung im Krankenhaus und die Therapie in Spezialeinrichtungen relativ gering:	**602,4**
Die Investitionen in die Prävention und in die Forschung verschwinden beinahe in der Bilanz:	**25,0**
Im Loch der Subventionen, die in den Herkunftsländern der Drogen Anbau-Alternativen fördern sollen, aber nur zu einer regionalen Verlagerung führen, verflüchtigen sich:	**45,2**
Da jeder Bundesbürger ökonomisch einen Produktivfaktor darstellt, schlagen sich Krankheit und Tod der überwiegend jungen Süchtigen als Wertschöpfungsverlust nieder:	**6.741,1**
Die gesellschaftlichen Gesamtkosten ergeben eine Summe, die in etwa vergleichbar mit dem Etat des Bundesfamilienministeriums oder des Landwirtschaftministeriums ist:	**13.748,5**

Die Bochumer Ökonomen Karl-Hans Hartwig und Ingo Pies stellten 1996 in einer Studie fest, daß der vergebliche Kampf gegen das verbotene Heroin und andere Rauschdrogen die Gesellschaft mehr als 13 Milliarden Mark kostet. Sie kommen zu dem Schluß: »Prohibition ist nicht nur unnütz, sie schadet.« *(Quelle: Der Spiegel 1997)*

Durch Finsternis zu neuen Werten

Der Fixer Pierre, dessen »langen Tod« Ursula Dechene in ihrer Dokumentarerzählung (1974) beschrieb, beschäftigte sich ständig mit dem Tod. Das *Tibetanische Totenbuch* (Dawa-Samdup 1970) war seine Lieblingslektüre und gehört zu den wichtigsten Büchern der Drogen-Szene; Timothy Leary und seine vom LSD faszinierten Kollegen Metzner und Alpert haben die Wirkungen dieses potenten Halluzinogens mit jenen uralten Erfahrungen verglichen, die die tibetischen Lamas im *Totenbuch* aufzeichneten (Leary 1971). Es könnte mehr als nur ein Zufall sein, daß sich in einer Epoche, die das Sterben, den Tod und die Vorstellungen über ein mögliches Weiterleben nach dem Tod und über ein Jenseits völlig verdrängt hatte, die neue Wissenschaft der Thanatologie etabliert (Kübler-Ross 1973, Moody 1977, Osis und Haraldsson 1978, Wiesenhütter 1974) – und daß parallel dazu Tausende von jungen Menschen in aller Welt sich mit tödlichen Rauschdrogen – nahezu systematisch – dem Tod nähern. Sie beschwören in ihren Räuschen Jenseitsvorstellungen herauf und machen sich die *Andere Seite* (Kubin 1909) gegenwärtig, die Innenansicht unserer Wirklichkeit, wie sie nur in Räuschen, Träumen und Visionen (Benz 1969) zugänglich ist – und in den Erlebnissen Sterbender, die kurz vor dem eigentlichen Tod gerettet wurden.

Guido Huber hat 1955 in einem wenig beachteten, längst vergriffenen Büchlein beschrieben, wie er als Chemiestudent infolge einer ungewöhnlich hohen Dosis Ether bei der Betäubung während einer Operation einen jenseitigen »mystischen Raum« erlebte. Seine Erlebnisse decken sich auf verblüffende Weise mit den Schilderungen eines Thomas de Quincey im Opiumrausch und eines Charles Baudelaire im Haschisch-Rausch oder mit den Berichten von Stanislav Grofs Patienten, die sich mittels LSD an frühere Inkarnationen zu erinnern glaubten (Grof 1978, Kap. 5).

In einer Kultur, die im Materialismus zu ersticken droht und mehr dem Todestrieb, der *Nekrophilie* (Fromm 1974), huldigt als den Lebenstrieben, nimmt sich die zunehmende Selbstzerstörung ganzer Bataillone von Drogenabhängigen wie der stumme Protest einer wachsenden Minderheit aus, die sich den traditionellen Werten der modernen Zivilisation nicht mehr verpflichtet fühlt, aber aus eigener Kraft keine lebenswerten neuen Zielvorstellungen und verbindlichen Normen zu entwickeln vermag.

Ich (J.v.Sch.) habe bei Beratungen Drogenabhängiger und ihrer Eltern oft die verhängnisvollen Spuren aufdecken müssen, die die Zeit des Wiederaufbaus nach dem Zweiten Weltkrieg hinterlassen hat:

»Das Haus, das wir gebaut haben, mußten unsere Kinder bezahlen – wir haben ihnen wertvolle Zeit gestohlen, um eine Existenz aufzubauen, die uns heute mehr und mehr fragwürdig erscheint,« formulierte es einmal die Mutter einer Haschisch-Raucherin.
Zumindest in Deutschland ist der grassierende Drogenkonsum sicher auch in erheblichem Maße eine Folge jener Jahre nach dem Zusammenbruch des Dritten Reiches, als man die Chance verpaßte, neue geistige und soziale Werte zu entdecken und zu vermitteln, und sich statt dessen in die Jagd nach materiellen Werten stürzte.
Es nimmt sich wie ein merkwürdiger Zufall aus, daß sogar in den Naturwissenschaften Begriffe eine Rolle zu spielen beginnen, die der Welt der Junkies zu entstammen scheinen. Die Astronomen sind heute fasziniert von den »Schwarzen Löchern«* (Asimov 1979) – und wohl jeder Drogensüchtige kennt und benutzt den Ausdruck »Ich sitze gerade in einem *schwarzen Loch*«, um einen Zustand tiefster Verzweiflung, völliger Sinnlosigkeit und »innerer Leere« zu benennen (→ RA III).
Die Naturwissenschaften, ja auch die Medizin und selbst die Psychoanalyse als immer noch prominenteste Richtung der Tiefenpsychologie vermeiden entweder die Frage nach dem »Sinn des Lebens«, die ja unmittelbar mit der Todes-, Sterbe- und Jenseitsproblematik verknüpft ist, oder streiten überhaupt den Sinn dieser Fragen ab (Eissler 1969, 1980). Der Fixer, der Alkoholiker, der ausflippende LSD-Reisende demonstriert hingegen auf drastische Weise, daß es dieses Fragen gibt, und vor allem: daß neue und sinnhaltige Antworten dringend notwendig sind. Und nicht nur die Drogensüchtigen stellen diese bohrenden Fragen, sondern eigentlich auch alle anderen Süchtigen, die Claudia Fischer und Thomas Roberts (1980 Kap. 5) in ihrem Buch *Süchtig – die gefährliche Illusion* den Drogenabhängigen mit Recht zur Seite stellen: die Spielsucht, die Freßsucht, die Fernsehsucht, die Konsumsucht, die Arbeitssucht ... Inzwischen beginnen sogar Physiker sich mit der Frage neuer, anderer Bewußtseins- und Existenzformen zu befassen (Heim 1975, Goswami 1996), und

* Schwarze Löcher sind Sterne am Ende ihrer Lebensbahn, in denen die Materie noch dichter gepackt ist als in den Weißen Zwergen und Neutronensternen; ein Teelöffel dieser kollabierten Materie würde auf der Erde eine Milliarde Tonnen wiegen. Diese ungeheure Konzentration bewirkt Gravitation von einer Stärke, daß nicht nur das ausgestrahlte Licht zurückgehalten wird (daher die Bezeichnung schwarz), sondern sogar Materie aus der Umgebung dieses Lochs angesaugt wird und verschwindet – niemand weiß, wohin.

Kinder-Spiegel

Um richtig beurteilen zu können, wie die Lage der Kinder und Jugendlichen ist, die durch Drogen gefährdet oder bereits drogenabhängig sind, sollte man einige wichtige statistische Daten kennen:

- In der Bundesrepublik werden pro Jahr eineinhalb Millionen Kinder ins Krankenhaus eingeliefert; bei 80 Prozent von ihnen kommt es zu Verhaltensstörungen vom Bettnässen bis zum Bronchialasthma; die durchschnittliche Aufenthaltsdauer beträgt 21 Tage, verkürzt sich jedoch auf zwölf Tage, wenn die Eltern das Kind täglich besuchen (was offenbar selten geschieht).
- Jährlich kommen 125.000 deutsche Kinder mit Gesundheitsschäden zur Welt, von denen viele vermeidbar wären.
- In der BRD leben 100.000 Kinder, die jünger als sechs Jahre sind, in Heimen und erleiden entsprechende Hospitalismus-Schäden.
- In der BRD fehlen über 100.000 Kinderspielplätze.
- Die Zahl der sexuell mißbrauchten Kinder wurde im Bundesgebiet 1975 auf 100.000 geschätzt, wovon 94 Prozent zwischen sechs und 14 Jahre alt waren und die Täter zu 99 Prozent Männer waren, vorwiegend aus dem Familien-, Freundes- und Verwandtenkreis des Kindes.
- Die Arbeitszeit eines zehn- bis elfjährigen Schülers beträgt rund 47 Stunden pro Woche.
- Ein amerikanischer Vater kümmert sich am Tag durchschnittlich 38 Sekunden um seine Kinder (und ein deutscher Vater?).
- Der Deutsche Kinderschutzbund hat ca. 8.000 Mitglieder, die Tierschutzvereine über eine halbe Million ...

(nach Angaben von »Pro Familia«)

1978 hat sich ein ganzer Kongreß mit Wissenschaftlern der verschiedensten Disziplinen dem Thema *Fortleben nach dem Tod* zugewandt (Resch 1980).

Neue, zögernde Antworten im sozialen und politischen Bereich, wie die Bürgerinitiativ-Bewegung, wurden schon erwähnt. Für den psychosozialen Bereich wichtige neue Zielvorstellungen entwickelt seit einigen Jahren die *Humanistische Psychologie* (Bühler und Allen 1973; Maslow 1973; Sargant 1973; vom Scheidt 1980) und die aus ihr weiterentwickelte *Transpersonale Psychologie* (Tart 1969, 1978). Die dort angestrebte Vorstellung vom selbstgeleiteten Menschen könnte sich als Chance angesichts einer Entwicklung erweisen, von der die Drogen-Welle unserer Tage wahrscheinlich nur die grellste Ansicht zeigt, eine Entwicklung, die Friedrich Nietzsche vor fast einem Jahrhundert prophetisch einmal so benannte: »Die Wüste wächst; weh dem, der Wüsten birgt!«

Nachtrag 1997

Es wäre verführerisch gewesen, diesen soziologisch-kulturgeschichtlichen Rahmenartikel mit einer Fülle neuer Fakten aus den vergangenen neun Jahren »auf den neuesten Stand« zu bringen (soweit sie erhältlich und sinnvoll waren, wurden sie von uns ergänzt). Aber was besagt all diese Zunahme der Tonnen geschmuggelten Heroins, Kokains und Cannabis und der -zig Millionen illegal gehandelten Amphetamin-Tabletten und Designer-Drogen im Vergleich zu den früher in Kilogramm bezifferten Mengen denn anderes, als daß

- viele neue Konsumenten zu dem ohnehin großen Heer der früheren Abhängigen gestoßen sind,
- Sucht als Phänomen also weiter enorm zugenommen hat – denn die Bevölkerungszahl ist zumindest in Mitteleuropa und Nordamerika, den wichtigsten Verbreitungsgebieten, nicht gewachsen.

Falls es zum Beispiel wirklich stimmt, daß in den USA bereits 22 Millionen Menschen mehr oder minder regelmäßig Kokain oder Crack konsumieren, würde dies heißen, daß das bereits zehn Prozent der Bevölkerung sind, Säuglinge und Greise mitgerechnet – die Alkohol-, Marihuana- und Heroin-Konsumenten noch nicht mitgezählt, die größtenteils einer ganz anderen Gruppe angehören!

Eine weitere Zahl sei immerhin noch genannt: Die Drogenbehörde der UNO schätzt, daß der Umsatz der weltweiten Heroin-Mafia und des kolumbianischen Kokain-Syndikats mit ihren sämtlichen Nebenorganisationen inzwischen den Jahresumsatz der größten Firma der Welt (General Motors: 100 Milliarden Dollar) längst weit überflügelt hat.

Ein sehr gut und detailliert recherchierter Bericht des *Spiegel* über die organisierte Drogen-Kriminalität hat im Frühjahr 1988 (Nr. 12) schon im Titel den Sachverhalt ganz nüchtern charakterisiert, indem es einen Drogenfahnder zitierte: »Das ist die Zuwachsbranche schlechthin.«

Was gerne übersehen wird: Das Hauptgeschäft machen noch immer die offiziellen Drogen-Händler – nämlich mit Alkohol, Tabak und wenig hilfreichen, nur die Symptome bekämpfenden Tabletten jedweder Art (Details s. oben). Damit werden allein in der Bundesrepublik, und zwar ganz legal und völlig selbstverständlich, Umsätze von mindestens 100 Milliarden Mark gemacht. Nach den Ursachen – sowohl des legalen wie des illegalen Drogenmißbrauchs – fragt man noch weniger.

Solange aber das erste (die legalen Drogen) nicht nachdrücklicher in Frage gestellt wird und das zweite (Sinnlosigkeit und Perspektivlosigkeit immer größerer Bevölkerungsteile) nicht eindringlicher verändert wird, solange wird die »Zuwachsbranche« weiterwachsen.

J.v.Sch.

Literatur:

Alpers, H. -J., Fuchs, W., Hahn, R. M., und W. Jeschke (Hrsg.), *Lexikon der Science-fiction-Literatur,* Bd. 1 und 2, München 1980
Altner, G., Amery, C., u. a., *Zeit zum Umdenken!,* Reinbek 1979
Amery, C., *Das Ende der Vorsehung,* Reinbek 1974
Ders., *Natur als Politik,* Reinbek 1976
Artaud, A., *Die Tarahumaras,* München 1977
Asimov, I., *Die schwarzen Löcher,* Köln 1979
Bauer, W., *Magic Afternoon,* München 1972
Bauereiß, E. (Hrsg.), *Heimische Pflanzen der Götter,* Jobstgreuth 1994
Benn, G., »Provoziertes Leben«, in: *Gesammelte Werke* Bd. 1, Wiesbaden 1959
Benz, E., *Die Vision,* Stuttgart 1969
Berelson, B., und G. A. Steiner, »Sensory Deprivation«, in: *Menschliches Handeln,* Weinheim 1969, S. 63
Berger, H., Einführung zu: Lingeman, R. R., *Drugs from A to Z: A Dictionary,* New York 1969
Beringer, K., *Der Meskalinrausch. Seine Geschichte und Erscheinungsweise,* Berlin 1927
Bialecki, J., u. a., *Drogenglossar – Ausdrücke und Begriffe der Berliner Drogenscene,* Berlin 1971 (Privatdruck)
Bibra, E. von, *Die narkotischen Genußmittel und der Mensch, (o. O.)* 1855
Birnbaum, I., »Dichter und Anarchist am Schachtisch«, in: *Südd. Zeitung* 1978 (ohne näheres Datum)
Bochnik, H. J., »Der Schatten wird länger« (Interview), in: *Der Spiegel* Nr. 33, 1970
Bölkow, L., »Energie-Systeme der Zukunft«, in: *Grüne Briefe,* 8. Folge, März 1980
Brau, J. L., *L'histoire de la Drogue,* Paris 1968
Bühler, Ch., und M. Allen, *Einführung in die Humanistische Psychologie,* Stuttgart 1974
Burroughs, W. S., *Zwischen Mitternacht und Morgen,* Basel 1980
Bux, K., »Polizeiliche Prävention bei der Bekämpfung der Rauschgiftkriminalität«, in: *Kriminalistik* Nr. 5, 1980, S. 194-202
Caldwell, W. V., *LSD Psychotherapy,* New York 1968
Castaneda, C., *Die Lehren des Don Juan,* Frankfurt a. M. 1974
Ders., *Eine andere Wirklichkeit,* Frankfurt a. M. 1975
Ders., *Reise nach Ixtlan,* Frankfurt a. M. 1976
Ders., *Der zweite Ring der Kraft,* Frankfurt a. M. 1978
Chein, J., u. a., *Narcotics, Delinquency and Social Politics: The Road to H,* London 1964
Cohen, S., *The Beyond Within,* New York 1968
Cohn, R. C., *Von der Psychoanalyse zur Themenzentrierten Interaktion,* Stuttgart 1975
Dies. (Interview durch J. vom Scheidt), *Schule mit mehr Menschlichkeit,* Bayr. Rundfunk, 26. 5. 1977

Coon, C., und R. Harris, *The Release Report on Drug Offenders and the Law,* London 1969
Davis, H., *Alles was du brauchst ist Liebe. Die Story der Beatles,* München 1968
Dawa-Samdup, Lama K., *Das Tibetanische Totenbuch,* Zürich 1970
Dechêne, U., *Der lange Tod des Fixers P.,* München 1974
Degenhardt, D., *Christentum und Ökologie,* Starnberg 1979
Dick, Philip K., *The Three Stigmata of Palmer Eldritch* (1964), dt. *Die drei Stigmata des Palmer Eldritch,* Frankfurt a.M. 1997
Dilling, H., Dorenberg, B., und A. Heigl, *Einrichtungen im Stadt- und Landkreis München auf dem Gebiet der Psychiatrie usw., 4.* Auflage, München September 1997
Dodds, E. R., *The Greek and the Irrational,* Berkeley 1964
Deutsche Hauptstelle gegen Suchtgefahren (hrsg. im Auftrag des Bundesministeriums für Gesundheit): *Suchtberatung – wo?* Hamm 1994
Eissler, K. R., *The Psychiatrist and the Isying Patient,* New York 1955
Ders., »Zur Notlage unserer Zeit«, in: Scheidt, J. vom (Hrsg.), *Psychoanalyse – Selbstdarstellung einer Wissenschaft,* München 1975
Ders., *Todestrieb, Ambivalenz, Narzißmus,* München 1980
Eliade, M., *Schamanismus und archaische Ekstasetechnik,* Stuttgart-Zürich 1957
Fest, J. C., *Hitler,* Frankfurt a. M. 1973
Fischer, C., und Th. Roberts, *Süchtig – die gefährliche Illusion,* München 1980
Freire, P., *Pädagogik der Unterdrückten,* Reinbek 1973
Ders., *Erziehung als Praxis der Freiheit,* Reinbek 1977
Ders. (Interview durch J. vom Scheidt), *Bildung für die Unterdrückten,* Bayr. Rundfunk, 15. 9. 1978
Freud, S., »Studien über Hysterie« (1895), in: *G. W. I,* Frankfurt a. M. 1966
Fromm, E., *Die Anatomie der menschlichen Destruktivität,* Stuttgart 1974
Ders., *Haben oder Sein – Die seelischen Grundlagen einer neuen Gesellschaft,* Stuttgart 1976
Frohn, B., »Schon die alten Ägypter kifften«, in: *Südd. Zeitung* vom 12. Nov 1992
Gantzer, J., Kasischke, H., und R. Losno, *Der Cocagebrauch bei den Andenindianern in Peru,* Hannover 1975 (Druck im Rahmen des Sonderprogramms der Stiftung Studienkreis für Internationale Begegnung und Auslandsstudien [ASA])
Gelpke, R., *Vom Rausch im Orient und Okzident,* Stuttgart 1966
Ders., Vortrag auf dem Symposion *Rauschmittel und Süchtigkeit* (siehe dort)
Gerdes, K., und Chr. von Wolffersdorff-Ehlert, *Drogenscene: Suche nach Gegenwart,* Stuttgart 1974
Gibson, W., *Neuromancer* (1984), dt. München 1987
Giger, H. R., *Giger's Alien,* Basel 1979
Goode, E., *Marihuana,* New York 1969
Goswami, A., *Das bewußte Universum,* Freiburg 1996
Grof, St., *Topographie des Unbewußten,* Stuttgart 1978
Gruhl, H., *Ein Planet wird geplündert,* Frankfurt a. M. 1978
Haack, F.-W., *Jugendreligionen,* München 1979
Hackett, J., *Der Dritte Weltkrieg,* München 1978
Halter, H., »Die Ohnmacht der modernen Medizin«, I. Teil, in: *Der Spiegel* Nr. 34, 1980
Hamburger Akademie für Staatsmedizin, *Alkoholismus und Suchtprobleme in der UdSSR, in Polen, in der ČSSR und in Mitteldeutschland,* Hamburg 1966
Hamel, P. M., *Durch Musik zum Selbst,* 2. Aufl. Bern/München 1976
Hammer-Purgstall, J. V., *Geschichte des Assassinen-Ordens,* Stuttgart 1818
Hardy, E. R., und J. G. Cull, *Drug Language and Lore,* Springfield/lllinois 1975
Hartmann, R. P., *Malerei aus dem Unbewußten – Künstler experimentieren unter LSD,* Köln 1974
Hartwig, K.-H. und I. Pies, *Rationale Drogenpolitik in der Demokratie,* Tübingen 1996 (zit. n. *Der Spiegel* Nr. 5 / 1997, S. 46)
Hasse, H. E., Lungershausen, E., und Weber, H. P., »Drogengebrauch bei Studenten«, in: *Fortschritte der Medizin* 90, 1972, S. 108-111.
Hasse, H. E., Schiefgen, W., und P. S. Schönhofer, »Notfallsituationen bei jugendlichen Drogenkonsumenten«, in: *Deutsche Medizinische Wochenschrift* 96, 1971, S. 449-453
Hastings, D. W., referiert in: *Praxis-Kurier* Nr. 16, 1970 (»Ärzte brechen mit Vorurteilen«)
Hayter, A., *Opium and the Romantic Imagination,* London 1968
Heim, B., »Der kosmische Erlebnisraum des Menschen«, in: Resch, A. (Hrsg.), *Imago Mundi,* Bd. 5, Innsbruck 1975
Hentig, H. von, *Cuernavaca oder: Alternativen zur Schule?,* Stuttgart 1971
Ders. (Interview durch J. vom Scheidt), *Psychologie und Pädagogik,* Bayr. Rundfunk 27. 1. 1978

Hesse, R., *Über Grenzen des Wachstums,* Jena 1927
Hippius, H., referiert in: *Praxis-Kurier* Nr. 5, 1968 (»Für 10 Pfennige Mißbrauch«)
Hofmann, A., *LSD – Mein Sorgenkind,* Stuttgart 1979
Holenweger, T., und W. Mäder (Hrsg.), *Inseln der Zukunft? Selbstverwaltung in der Schweiz,* Zürich 1979
Huber, G., *Akaça – der mystische Raum,* Zürich 1955
Huxley, A., *Brave New World,* London 1932; deutsch: Schöne neue Welt, Frankfurt am Main 1953
Ders., *Die Pforten der Wahrnehmung,* München 1954
Ders., *Himmel und Hölle,* München 1957
Ders., *Island,* London 1962
Illich, I., *Schulen helfen nicht,* Reinbek 1972
Irving, D., *Wie krank war Hitler wirklich?,* München 1980
Jacobsen, E., »Alkohol als soziales Problem«, in: Møller, K. a.a.O., S. 23
Jasinsky, M., »Drogenkonsum Hamburger Schüler«, refer. in: *Berichte und Dokumente aus der Freien und Hansestadt Hamburg,* Nr. 272 vom 30. Aug. 1971
Jünger, E., *Annäherungen,* Stuttgart 1970
Jungk, R., *Der Atomstaat,* München 1977
Kaltenbach, M., referiert in: *Praxis-Kurier* Nr. 47, 1970 (»Psychopharmaka möglicherweise kardiotoxisch«)
Kersting, G., »Schädigung in der 3. Generation«, in: *Südd. Zeitung* vom 10. 4. 1980
Khomeini (Ayatollah) »Principes politiques, philosophiques, sociaux & religieux de l'Ayatollah Khomeiny«, Paris 1979 (zit. n.: *Stern,* Nr. 44, 1979)
Kilduff, M., und R. Javers, *Der Selbstmordkult,* München 1979
Kirchgässer, P., Diskussionsbeitrag auf dem Symposion *Rauschmittel und Süchtigkeit* (siehe dort)
Koch, E. R. und F. Vahrenholdt, *Seveso ist überall,* Frankfurt a. M. 1980
Kooymann, M., »Medizinische Aspekte«, in: Neumann, N. (Hrsg.), *Hasch und andere Trips,* Hamburg 1970
Kubin, A., *Die andere Seite* (1909), München 1962
Kübler-Ross, E., *Interviews mit Sterbenden,* 6. Aufl., Berlin 1973
LaBarre, W., *The Peyote Cult,* Hamden 1964
Lash, Chr., *Das Zeitalter des Narzißmus,* München 1980
Leary, T., *High Priest,* New York 1968
Ders., *Politik der Ekstase,* Hamburg 1970
Leary, Th., Metzner, R., und R. Alpert, *Psychedelische Erfahrungen – Handbuch nach Weisungen des Tibetanischen Totenbuchs,* Weilheim 1971
Lee, R., und I. DeVore (Hrsg.), *Man the Hunter,* Chicago 1968
LeGuin, U. K., *Die Geißel des Himmels,* München 1974
Leuner, H., *Die experimentelle Psychose,* Berlin 1962
Lewin, L., *Phantastica,* Berlin 1927
Lidz, T., und A. Rothenberg, »Psychodelismus: Die Wiedergeburt des Dionysos«, in: *Psyche* 24, 1970, S. 359
Lippitt, R., »Kurt Lewin und die Anfänge der Gruppendynamik«, in: Heigl-Evers, A., und U. Streeck (Hrsg.), *Lewin und die Folgen,* München 1979
Lohrengel, F., *Initiativgruppen in der Bundesrepublik, in Österreich und der Schweiz,* München 1980
Loos, zit. n.: *Der Spiegel* Nr. 42, 1980: »Rauschgift: Rauhe Mengen«
Luce, B. R., und St. D. Schweizer, zit. n.: »Lasterhafter Aderlaß für die Wirtschaft«, in: *Südd. Zeitung* vom 31. 3. 1978
Manhart, R. W., »Sucht – eine Krankheit mit suizidaler Potenz«, in: *Selecta* Nr. 21, 1980, S. 2191-2201
Marx, E., »Stationäre Soziotherapie Drogenabhängiger«, in: *Der Kassenarzt,* Heft 9, Sep. 1972
Maslow, A. A., *Psychologie des Seins,* München 1973
Masters, R. E. L., und J. Houston, *The Varieties of Psychedelic Experience,* New York 1966
Diess., *Psychedelische Kunst,* München 1969
Meadows, D., *Die Grenzen des Wachstums – Bericht des Club of Rome zur Lage der Menschheit,* Stuttgart 1972
Mellenthin, K., »Polizeiliche Möglichkeiten der Prävention«, Vortrag, geh. auf der wissenschaftlich-praktischen *Fachkonferenz der Deutschen Hauptstelle gegen die Suchtgefahr,* Fellbach, 29. 10.-1. 11. 1979

Mels, B. und G., *Deutsche Jugendliche unterwegs von Istanbul nach Kathmandu – unter Berücksichtigung der Drogengefährdung,* Abschlußarbeit der Evangel. Fachhochschule Rheinland-Westfalen-Lippe, Düsseldorf-Kaiserswerth 1976
Meyer-Abich, K. M., »170.000 Jahre – kein großer Unterschied«, Leserbrief in: *Südd. Zeitung* vom 20. 8. 1980
Michelsen, G., Kalberlah, F., und das Freiburger Öko-Institut (Hrsg.), *Der Fischer Öko-Almanach,* Frankfurt a. M. 1980
Mletzko, M., »Rauschgiftpropaganda in Medien und Politik«, in: *Krieg dem Rauschgift,* Wiesbaden März 1980 (Campaigner Publications)
Mörschel, H., Vortrag auf dem Symposion *Rauschmittel und Süchtigkeit* (siehe dort)
Møller, K. O., *Rauschgifte und Genußmittel,* Basel 1951
Moody, R., *Leben nach dem Tod,* Reinbek 1977
Moore, R., *The French Connection – the World's Most Crucial Narcotics Investigation,* London 1969
Morris, D. und K. Hess, *Nachbarschaftshilfe,* Frankfurt a. M. 1980
Mosler, P., *Was wir wollten, was wir wurden – Studentenrevolte zehn Jahre danach,* Reinbek 1977
Mück, H., »Alkoholismus in der DDR«, in: *Deutsches Ärzteblatt* 76, 1979, S. 509-512
Naranjo, C., *Die Reise zum Ich,* Frankfurt a. M. 1979
Nepote, J., Vortrag auf dem Symposion *Rauschmittel und Süchtigkeit* (siehe dort)
O'Callaghan, S., *The Drug Traffic,* London 1967
Osis, K. und E. Haraldsson, *Der Tod – ein neuer Anfang,* Freiburg 1978
Peschel, E. Rh. (Hrsg.), *Intoxication and Literature,* New Haven/Connecticut 1974 (Yale French Studies Nr. 50)
Pritzel, K., »Suchtmittel und Suchtmittelmißbrauch in der DDR«, in: *Berliner Ärzteblatt,* 1978, Heft 9
Quast, S., »Nach dem Rezept fragte der Apotheker nicht«, in: *Südd. Zeitung* vom 22. 5. 1980
Rauschmittel und Süchtigkeit, ein internationales Symposion unter Leitung von Arthur Koestler, veranstaltet von der Gottlieb-Duttweiler-Stiftung in Rüschlikon/Zürich, 15. und 16. Januar 1970
Renggli, R. und J. Tanner, *Das Drogenproblem,* Berlin 1994
Resch, A. (Hrsg.), *Fortleben nach dem Tode, Imago Mundi* Bd. 7, Innsbruck 1980
Riesman, D., *Die einsame Masse,* Hamburg 1958
Rogers, C. R., *Encounter Gruppen,* München 1974
Ruesch, H., *Nackte Herrscherin – Entkleidung der medizinischen Wissenschaft,* München 1978
Sacy, S. de, *Memoires sur la Dynastie des Assassins et sur l'Origine de leur Nom* (Académie des Inscriptions et Belles-Lettres), Paris, 7. Juli 1809
Sargant, S. St., »The Humanistic Approach to Personality«, in: Wolman, B. (Hrsg.), *Handbook of General Psychology,* Englewood Cliffs, New Jersey 1973
Satyananda (Swami), *Ganz entspannt im Hier und Jetzt,* Reinbek 1979
Scheidt, J. vom, »Drogen im Ostblock«, in: *Westermanns Monatsmagazin* Nr. 12 (Dez.) 1973, S. 110: 113
Ders., *Der falsche Weg zum Selbst – Studien zur Drogenkarriere* (1976), Frankfurt a. M. 1984
Ders., »Bürger erfahren sich selbst – zur psychosozialen Seite der Bürgerinitiativen«, in: *Westernanns Monatshefte,* Juni 1978
Ders., »Die psychedelische Literatur«, in: Ders. (Hrsg.), *Das Monster im Park,* München 1970
Ders., *Innenwelt-Verschmutzung* (1973), Neuauflage Frankfurt 1988
Ders., »Humanistische Psychologie«, in: Schiefele, H., und A. Krapp (Hrsg.), *Handlexikon Pädagogische Psychologie,* München 1981
Scheuch, E. K., *Haschisch und LSD als Modedrogen,* Osnabrück 1970
Schmidbauer, W., »Halluzinogene in Eleusis?«, in: *Antaios* 10, 1968, S. 18
Ders., »Schamanismus und Psychotherapie«, in: *Psychologische Rundschau* 20, 1969, S. 29
Ders., *Weniger ist manchmal mehr,* Reinbeck 1995
Ders., *Wie Gruppen uns verändern,* München 1991
Schmitt, L., Stöckel, F., und L. Kaiser, »Drogengebrauch unter Jugendlichen in Baden-Württemberg«, in: *Deutsches Ärzteblatt* 69, 1972, S. 354-357
Schumacher, E. F., *Die Rückkehr zum menschlichen Maß,* Hamburg 1977
Schwarz, J., Bergius, M., Anhegger, O., und K. Birnbaum, »Ergebnisse einer repräsentativen Umfrage über den Gebrauch von Rauschmitteln bei Oberschülern in Schleswig-Holstein«, in: *Das öffentliche Gesundheitswesen* 33, 1971, S. 228-237
Siemers, M., zit. n.: »Getrübter Blick auf die Arbeitsleistung«, in: *Südd. Zeitung* vom 2. 3. 1977

Sparifankal, »Blues fo da permanentn Razzia«, in: *Bayern Rock,* München (ca. 1977)
Steinberg, J., »Die großen Namen im Rauschgiftgeschäft«, in: *Krieg dem Rauschgift,* Wiesbaden März 1980 (Campaigner Publications)
Stumm, R., »Die Unzufriedenen suchen ihre Sprache«, in: *Südd. Zeitung* vom 23. 8. 1980 (Wochenendbeilage)
Sutin, L., *Philip K. Dick. Göttliche Überfälle* (1989), Frankfurt a.M. 1994
Szasz, Th., *Das Ritual der Drogen,* Frankfurt a. M. 1980
Tart, Ch. T. (Hrsg.), *Altered States of Consciousness,* New York 1969
Ders., *Transpersonale Psychologie,* Freiburg 1978
Traube, K., *Wachstum oder Askese?* Reinbek 1979
Uexküll, J. von (zit. n.: Halter, s. oben)
Vega, G. de la, »Die Heroin-Sucht: Ein Abwehrmechanismus«, in: *Dynamische Psychiatrie,* Sonderheft 1, Berlin 1971
Vester, Fr., *Denken, Lernen, Vergessen,* Stuttgart 1975
Ders., *Phänomen Streß,* Stuttgart 1976
Ders., *Unsere Erde – ein vernetztes System,* Stuttgart 1978
Ders., *Neuland des Denkens,* Stuttgart 1980
Wanke, K., *Neue Aspekte zum Suchtproblem, Multifaktorielle Analysen klinischer Erfahrungen mit jungen Drogenkonsumenten* (Habilitationsschrift), Frankfurt am Main, 1971
Wasson, G. R., »The Hallucinogenic Mushrooms of Mexiko«, in: *Transactions of the New York Academy of Sciences,* New York 1968
Watts, A., *Zeit zu leben – Erinnerungen eines »heiligen Barbaren«,* Bern und München 1979
Weizenbaum, J., *Die Macht der Computer und die Ohnmacht der Vernunft,* Frankfurt a. M. 1977
Wetz, R., *Jugendliche und Rauschmittel. Bericht über eine explorative Studie im Stadtgebiet Köln,* Köln 1971
Wiesenhütter, E., *Grundfragen unserer Existenz,* München 1974
Winn, M., *Die Droge im Wohnzimmer,* Reinbek 1979
Wöbcke, M., *Rauschmittelmißbrauch – Prävention und Therapie,* München 1977
Wolfe, B. H., *The Hippies,* New York 1968
Wormser, R., *Drogenkonsum und soziales Verhalten bei Schülern,* München 1973

III. Psychologie

Wer die physiologischen Mechanismen der Suchtentstehung kennt (→ RA V), wird sich nicht wundern, daß ein schwerverletzter Soldat nach einer Reihe von Morphiumspritzen im Lazarett morphiumsüchtig wird. Ursache und Kausalkette, die zur Drogenabhängigkeit führen, sind in diesem Fall gut bekannt.

Wenn wir hören, daß jemand täglich Schnaps trinken muß, liegen die Verhältnisse bereits nicht mehr so offen. Wir verstehen, daß der Betreffende süchtig geworden ist, sobald er – bei entsprechender Veranlagung – die Drogen seinem Körper genügend oft zugeführt hat, denn auch das Trinken kann zu einer körperlichen Drogenabhängigkeit führen. Warum jedoch hat diese Person überhaupt erst mit dem »Schnapsen« angefangen? Niemand hat sie dazu gezwungen (obwohl auch das gelegentlich vorkommt). Hier machen wir erstmals Bekanntschaft mit dem psychologischen Hintergrund des Drogengebrauchs.

Dieser seelische Aspekt gilt heute generell als der wichtigste Faktor bei der Entstehung jenes Teufelskreises, den man früher als Sucht bezeichnete – der jedoch heute Drogenabhängigkeit genannt wird, nachdem man bei der Weltgesundheitsorganisation (WHO) zu dem Ergebnis kam, daß der gemeinsame Nenner aller Suchten die psychische Abhängigkeit ist. Körperliche Abhängigkeit, in Form von Entziehungssymptomen und ähnlichem (→ RA IV), tritt erst in zweiter Linie in Erscheinung und auch nicht bei allen Rauschdrogen.

Wie sieht es jedoch bei einem dritten Abhängigkeitstyp aus, bei dem die körperlichen Merkmale völlig in den Hintergrund treten? Warum raucht ein 13jähriger Junge Haschisch? Warum greift ein 17jähriges Mädchen zu Kokain?

1. Der Drogenrausch

Ehe wir diese Fragen näher untersuchen, soll ein Drogenrausch vorgestellt werden, mit einem angenehmen und einem unangenehmen Teil. Nach dem Genuß einer Überdosis Haschisch hatte der amerikanische Journalist Bayard Taylor folgende Erlebnisse:
»...Augenblicklich fiel das Gefühl der Begrenztheit, die Beschränkung der Sinne auf unser eigenes Fleisch und Blut von mir ab. Die Mauern meines Leibes barsten nach außen und stürzten zusammen; und ohne daran zu denken, welche Gestalt ich nun angenommen hatte – ja, ohne überhaupt noch die Idee der Form schlechthin fassen zu können –, fühlte ich, daß ich über einen riesengroßen Raum hin existierte. Das Blut, das mein Herz weiterpumpte, durcheilte ungezählte Meilen, bevor es in meine Extremitäten gelangte, die Luft, die ich in meine Lungen einsog, weitete sich zu Meeren von klarem Äther aus, und die Rundung meines Schädels spannte sich weiter als das Himmelsgewölbe. In der Höhle, die mein Gehirn barg, gähnten unauslotbare Tiefen von unbeschreiblichem Blau; da zogen Wolken entlang, die der himmlische Wind zusammentrieb, da glühte die Sonnenscheibe. Es war – obwohl ich in diesem Augenblick überhaupt nicht daran dachte –, als ob mir das Geheimnis der Allgegenwart Gottes offenbart würde ...«
Und nun das düstere Gegenstück, der *horror trip:*
»...Ich hatte das Haschischparadies durchmessen und wurde unmittelbar darauf in seine gräßlichste Hölle gestürzt ... Das aufgewühlte Blut stürmte wie ein tosendes Meer durch meinen Körper. Es schoß mir in die Augen, bis ich nicht mehr sehen konnte; es schlug dumpf in meinen Ohren und bebte so stark in meinem Herzen, daß ich befürchtete, die Rippen würden unter seinen Schlägen nachgeben. Ich riß mein Hemd auf, legte meine Hand auf die Brust und versuchte, den Puls zu zählen; doch es gab zwei Herzen, von denen das eine tausend Schläge in der Minute tat und das andere nur langsam und träge klopfte. Ich wähnte, daß meine Kehle bis oben hin mit Blut gefüllt sei und mir das Blut in Strömen aus den Ohren schösse. Ich fühlte, wie es mir warm über Hals und Nacken rann. In tiefer Verzweiflung und dem Wahnsinn nahe, floh ich aus dem Zimmer...«
Es gibt natürlich auch mildere Räusche, nach einigen Gläsern Wein oder nach einer schwachen Haschisch-Zigarette oder stärkere infolge von →LSD, →PCP oder →Meskalin. Grundsätzlich können Taylors

Erlebnisberichte jedoch als Modell für einen Rauschzustand dienen.*

Früher glaubte man, im Rausch würde nur Euphorie gesucht. Dieses griechische Wort bezeichnet einen Zustand des Gehobenseins, des gesteigerten Glücks- und Lebensgefühls, wie er bei krankhaften Zuständen (Manie), bei der mystischen Versenkung oder eben bei Einnahme von Anregungs- bzw. Rauschmitteln (deshalb auch Euphorika genannt) eintritt. Inzwischen ist man von dieser einseitigen Bezeichnung abgekommen und versteht unter einem Rausch jenen Zustand, bei dem der berauschte Mensch einen Ausbruch aus dem Normalen, einen Kontrast zum Alltag, eine Diskontinuität des Erlebens erfährt. Folgerichtig spricht man – bei starken Räuschen – deshalb auch von Ekstase, was ja wörtlich bedeutet: »Aus sich selbst heraustreten.«

Was sich im Rausch verändert

Der Mensch kommt weitgehend frei von angeborenen Verhaltensweisen (Reflexe, Instinkte) auf die Welt. In einem langwierigen Prozeß, der in den hochzivilisierten Ländern oft mehr als 20 Jahre dauert, müssen grundlegende Reaktionsmuster, die Koordination der Sinneswahrnehmung und das Denken gelernt werden. Ebenfalls mühsam erworben werden müssen das Gefühl für den Zeitablauf, Formkonstanz, Dingkonstanz, das Verständnis für soziale Vorgänge, Sitten und Gebräuche und dergleichen mehr. In der Schule schließlich findet der Erwerb jenes riesigen Wissensgutes statt, das im Laufe von Jahrtausenden die Menschheit mühsam der Natur abgerungen hat (Erikson 1968, Muller 1969, Spitz 1967, Werner 1959).

In diese hochkomplizierten Abläufe greifen nun die Rauschdrogen mehr oder minder massiv ein. Grundsätzlich kann man sagen, daß alle Rauschdrogen den Bezug zur Umwelt und damit die Reaktionen auf sie stören. Darauf beruhen sowohl ihre positive (Bewußtseinserweiterung) wie ihre negative Wirkung (Persönlichkeitszerfall). Subjektiv gesehen äußert sich das so, daß die Außenwelt zunehmend unwirklicher, der Kontakt zu ihr labiler wird, während die Innenwelt

---

* Bei dieser Rauschschilderung sollte man sich, wie bei allen anderen Beispielen dieser Art, darüber im klaren sein, daß es sich, ähnlich wie bei Traumtexten, um eine nachträgliche literarische Bearbeitung handelt – und keineswegs um den realen Verlauf einer Rauscherfahrung! Solche Bearbeitung schönt bzw. verstärkt Negatives – und läßt vor allem lange Phasen aus, in denen Verwirrung oder auch schlicht Langeweile herrscht.

(Phantasie, Erinnerungen) stärker in Erscheinung tritt. Das läßt sich schon beim leichten Alkoholschwips beobachten.
Gleichzeitig tritt das rationale, abstrakte Denken in den Hintergrund, während gefühlsmäßige psychische Vorgänge überwiegen. Der Gedankenablauf wird lockerer, das Zeitgefühl verlangsamt oder beschleunigt. Ein kräftiger Haschisch-Rausch vermag bereits die Leuchtkraft von Farben zu erhöhen; → LSD, → Psilocybin und andere stärkere Halluzinogene vermögen Farbänderungen hervorzurufen. Mit zunehmender Intensität des Rausches geht die Formkonstanz der Umwelt verloren. Schließlich schieben sich – meist abwechselnd mit realen Wahrnehmungen – traumhafte Abläufe in den Vordergrund.
Bei den kräftigsten Drogen kommt es zu echten Halluzinationen, das heißt zu Wahrnehmungen, die der Außenwelt zugehörig erscheinen, obwohl sie in Wirklichkeit von innen kommen (s.S. 220ff.).
Kindheitserinnerungen werden wach und können oft zu ganz erstaunlichen Wiederbegegnungen mit sich selbst führen; eine Erfahrung, die man sich bei der Psychotherapie zunutze machen kann (Caldwell, Frederking, Leuner, Newland, vom Scheidt 1976, Grof 1978, Naranjo). Von außen betrachtet, machen alle diese Vorgänge den Eindruck eines Zerfalls der im Laufe des Lebens mühsam erworbenen seelischen Strukturen zugunsten primitiverer, am Anfang der psychischen Entwicklung liegender Wahrnehmungs- und Verhaltensweisen. Man faßt sie zusammen unter dem Begriff der Regression.

Die Regression

Unter Regression versteht man ganz allgemein ein Zurücksinken in seelische Zustände, die der frühen Kindheit angehören, aber auch im erwachsenen Menschen, meist unbewußt, weiterexistieren. Sie können unter entsprechenden Umständen jederzeit wieder wirksam werden. Müdigkeit, Krankheit, Neurosen, Psychosen können Regressionen genauso auslösen wie Rauschdrogen. Solange keine ausgesprochene Drogenabhängigkeit vorliegt, besteht der Unterschied zu den übrigen Regressionsauslösern beim Rausch in der Freiwilligkeit, mit der die Regression herbeigeführt wird. Allerdings ist auch diese Freiwilligkeit oft fragwürdig – sie kann durch unbewußte, meist neurotische Faktoren gesteuert sein. (Näheres zu Regression siehe Alexander, Balint 1960 und 1970, Freud 1900, Frijling-Schreuder, Richter, Loch, Winnicott.)
Was im Sprachgebrauch der Psychoanalytiker zunächst einen eher

negativen Beigeschmack hat, nimmt bei den Drogen-Freunden eine ausgesprochen positive Färbung an. Statt von Regression sprechen sie von Bewußtseinserweiterung, von der Gewinnung neuer Erkenntnisse jenseits des Alltagswissens. Besonders seit Timothy Leary und seine Nachfolger (→ RA I) die Halluzinogene als Schlüssel zur Innenwelt gepriesen haben und die enge Verwandtschaft von Drogenrausch und mystisch-religiösen Erfahrungen herausstellten (Huxley 1954, Gelpke, Steckel, Jünger 1970), hat dieser positive Aspekt der Regression eine wichtige Bedeutung erlangt (→ LSD). Die Rauschfreunde können sich dabei – und sie tun dies auch reichlich – auf die Schriften des Schweizer Psychiaters Carl Gustav Jung berufen. Im Gegensatz zu Sigmund Freud, der die Regression mehr als Rückschritt in der seelischen Entwicklung betrachtete, betont Jung ihren schöpferischen Aspekt (1928, 1944, 1952, 1954). Lesenswert sind auch die einschlägigen Bücher des Jung-Schülers Erich Neumann (1949, 1954, 1956).

Es kann hier nicht diskutiert werden, wie weit mystische Erlebnisse (durch Versenkung, Gebet, Askese, Meditation) und Rauscherlebnisse vergleichbar sind. Der Orientalist und Drogenforscher Rudolf Gelpke zumindest schreibt: »Ich selbst habe mehrere Male, und mit Hilfe verschiedener Drogen, einen Bewußtseinszustand erreicht, von dem ich überzeugt bin, daß er demjenigen, den die Mystiker *Entwerden* und *Vereinigung* nennen, zumindest außerordentlich nahekommt.«

Es kann auch nicht näher eingegangen werden auf die Möglichkeiten, die sich der psychologischen Forschung durch das Drogenexperiment bieten. Wer sich dafür interessiert, mag nachlesen bei Kurt Beringer, Hanscarl Leuner, Stanislav Grof und Claudio Naranjo. Interessante Sammlungen von Selbstversuchen finden sich bei Edward Reavis und Ralph Metzner. Dichterische Berichte geben Charles Baudelaire, William Burroughs, Jean Cocteau, Aldous Huxley, Timothy Leary (1968, 1970) und Thomas de Quincey. Über erstaunliche Möglichkeiten des Meskalins berichtet der Anthropologe Francis Huxley, ein Neffe von Aldous Huxley, in seinem Buch *The Invisibles* über den haitischen Voodoo-Kult. Er schreibt, daß er im Rausch erstmals begriffen habe, was das fremdartige Ritual der Voodoo-Priesterin bedeutet. Ähnliches berichtet der Anthropologe Carlos Castaneda aus Südkalifornien.

In jüngster Zeit wurden verschiedene Versuche gemacht, die Sehnsucht nach Regression zu interpretieren. So spricht der englische Psychoanalytiker Michael Balint (1969) von einem Aufsuchen von

Erlebnissen aus der allerfrühesten Kindheit (primäre Liebe). Aus mehr philosophischer Sicht sieht der Schweizer Psychiater Medard Boss den starken Wunsch des westlichen Menschen, die Subjekt-Objekt-Spaltung zu überwinden (1953, 1957, 1959).

Die Diskussion des Regressionsvorgangs dürfte stark angeregt werden durch die enorme Verbreitung der Rauschdrogen unter den Jugendlichen. Denn nur wenn man diese psychischen Abläufe versteht, kann man die unbewußten Wurzeln der Rausch-Sehnsucht und der Sucht als ihrer Extremform verstehen. Simplifizierend kann man sagen, daß das Gleichgewicht von Innenwelt und Außenwelt heute mehr denn je gestört ist. Vor allem die Eigenschaft der Halluzinogene, unbewußtes Material bewußt machen zu können, hat bei vielen Menschen die Neugier nach der eigenen Innenwelt geweckt, die in einer vorwiegend materiell orientierten Welt offensichtlich nicht richtig befriedigt wird. Die Suche nach Selbsterkenntnis wird so durch die Rauschdrogen zum existentiellen Experiment.

Das Gedicht »Die Hand« von Klaus Lea beschreibt eine solche Entdeckung früher Kindheitserfahrungen während eines LSD-Trips.

Die Hand

die erste Hand die ich sah
aus dem eintönigen Blau
herausgeschlagenes fremdes Wesen
in mein Gesicht

aus dem traurigen Blau
lichtgrün, wasser-orange
feinsinniges Muster

Hand
unschuldig noch doch blutsverletzt
vom Greifen das ist
war oder kommen wird

durchscheinend noch
doch blutsverkrustet
im ersten Erscheinen
beim ersten Erzittern

Hand gegen den Himmel
trostlos Blau
Himmel musterlos!

aber vielgestaltig musterhaft
Hand
gestreckt
in Vielfalt ächzend
geballt

Handmusik Handwink Handhammer

Handgriff ins große Nichts
gegen den Himmel groß
blutige Hand
Hand

(Klaus Lea, 1970)

Primärvorgang

Der Schwächung des Ich im Rausch entspricht eine Minderung der Kritikfähigkeit. Subjektiv mag der Berauschte überzeugt sein, er sei noch immer Herr seiner Sinne – für den außenstehenden Beobachter ergibt sich meist der Eindruck zunehmenden Verlustes des Realitätskontakts. Das rührt nicht zuletzt daher, daß mit wachsender Regression die Innenwelt (häufig mit halluzinatorischen Veränderungen) die Außenwelt überlagert. Dabei werden psychische Prozesse wirksam, wenn nicht vorherrschend, die Sigmund Freud als »Primärvorgang« bezeichnet hat (1900). Es handelt sich um den Einfluß des Es, wie er in Träumen oder auch im schizophrenen Wahn zutage tritt.

Das Andersartige beim Rausch dürfte in erster Linie sein, daß bei diesem das Ich noch relativ stark ist und immer wieder die Es-Inhalte mit ihrer stark triebhaften Färbung unter Kontrolle bringt; wohingegen das Ich im Traum und in der Psychose wesentlich schwächer (oder vielleicht auch nur anders) ist.

Das betonte Interesse des drogenbenützenden *underground* an (vor allem östlichen) Religionen, Parapsychologie (Telepathie, Hellsehen), Hypnose, Okkultem (Schwarze Messen, Schwarze und Weiße Magie, Astrologie) spricht dafür, daß die Drogen eine sehr tiefe Schicht des Unbewußten freilegen, die C. G. Jung als das Kollektive

Unbewußte mit den Archetypen benannt hat (1954). Auch die Vorliebe für utopische Literatur (Science-fiction*, Näheres hierzu s. vom Scheidt 1970, 1972 b, 1976 c) und märchenhafte Motive in der psychedelischen Kunst und der Beatmusik deutet in diese Richtung (vom Scheidt 1970 a).

Spätestens an diesem Punkt erhebt sich jedoch eine sehr wichtige Frage: nämlich wieweit dieses Bewußtsein unbewußter (und oft sehr tief liegender) Inhalte der Psyche nicht gefährlich für den Drogenbenützer ist. So spricht Jung von der »psychischen Inflation«, bei der das Unbewußte übermächtig wird und das Individuum mit seinen Inhalten überschwemmt, bis dieses – im Extremfall – psychotisch wird oder gar sich selbst vernichtet.

Weiterhin warnte Jung davor, daß – neben diesen individuellen Gefahren – »die Annäherung ans Unbewußte zunehmend in soziale Isolierung (führt). Allmählich ergibt sich eine enorme Steigerung der Autonomie der unbewußten Figuren bis zu Aggression und wirklicher Angst ...« (1944).

Jung bezog sich zwar nicht ausdrücklich auf Rauschdrogen bei seiner Warnung; es handelt sich jedoch um analoge Probleme.

2. Das psychoanalytische Persönlichkeitsmodell als Schlüssel zum Verständnis von Rausch und Sucht

Die Dynamik des Rausches läßt sich, vor allem wegen der beteiligten unbewußten Prozesse, gut mit dem von Sigmund Freud entwickelten Persönlichkeitsmodell der Psychoanalyse verständlich machen.

Es, Ich und Über-Ich

Freud unterscheidet zwischen drei seelischen Instanzen: Es, Ich und Über-Ich (siehe Freud 1920, 1923,1924, 1933). Unter dem Es wird die angeborene biologische Substanz (in triebhafter Form als Sexua-

---

* An anderer Stelle (*Das Monster im Park,* Nachwort) hat J.v.S die Auffassung vertreten, daß Drogenerlebnisse und utopische Literatur gemeinsame Wurzeln haben könnten, daß die Science-fiction gewissermaßen die »psychedelische Literatur« sei. Eine gewisse Bestätigung hierfür gibt Paolo Mantegazza, der nicht allein kräftige Kokainräusche erlebte und sich dafür begeisterte (→ Kokain), sondern auch utopische Literatur schrieb, so den Roman *Das Jahr 3000* (deutsch Jena 1897). Sehr direkt kann man diese Zusammenhänge bei dem amerikanischen SF-Autor Philip K. Dick studieren (s. auch die Biographie von Lawrence Sutin).

lität, Aggressivität) verstanden, die der Mensch im Laufe seiner Entwicklung mühsam zu beherrschen lernt. Es ist in etwa gleichzusetzen mit dem Unbewußten (das allerdings noch Teile des Ich und des Über-Ich enthält).

Als Instrument der Triebbeherrschung dient das Ich. Seine Funktionen sind – soweit sie bewußt ablaufen – die Wahrnehmung, die Steuerung der Muskeln, das Denken. Als ein gewisses Maß der Ich-Stärke kann man die Intelligenzhöhe betrachten – nicht umsonst wird deshalb ein Mindestmaß an Intelligenz als Voraussetzung für Drogen-Experimente angesehen.

Dazu kommt noch, als relativ späte Entwicklung, das Über-Ich, gewissermaßen die Summe der kulturellen Vorstellungen, die unser Handeln bestimmen (Gesetze, Moral, Ethik). Man kann es ungefähr mit dem Gewissen der Theologen vergleichen.

Alle diese drei psychischen Instanzen werden in charakteristischer Weise durch die Rauschdrogen beeinflußt. Vermutlich dämpfen sie in einem gewissen Ausmaß den Einfluß des Über-Ich* und setzen andererseits die Es-haften sexuellen und aggressiven Triebkräfte frei, was die triebhaften Ausbrüche bei manchen Rauschformen (etwa beim Alkoholrausch) erklärt.

Bei den stärkeren Drogen scheint es zusätzlich noch zu einer extremen Aufspaltung des Ich zu kommen. Der holländische Analytiker R. LeCoultre bezeichnet die Ich-Spaltung bereits als eine zentrale Erscheinung jeder Neurose. Von da aus läßt sich gut die Anschauung verstehen, die die Drogenabhängigkeit im Rahmen der Psychopathologie zwischen Neurose und Psychose ansiedelt.

Es, Ich und Über-Ich stehen im Verlauf der seelischen Entwicklung jeweils in ganz bestimmten Kräfteverhältnissen zueinander. In der frühen Kindheit überwiegt das Es (die Innenwelt); allmählich formen sich im Umgang mit der Außenwelt, unter Anleitung der Eltern, das Ich und das Über-Ich. Damit gehen typische Phasen der Triebbeherrschung einher. Ausgehend von der oralen Phase (in der die Mundzone dominiert), durchläuft das Kind die anale, die phallische und schließlich die genitale Phase.

Die Psychoanalytiker sehen etwa im Haschisch-Rauchen (wie in jedem Rauchen) eine Regression auf die orale Phase, ordnen dem Spritzen von Heroin eine starke anal-sadistische Komponente (Selbstaggression) zu. Viele Begleitumstände des Drogengebrauchs –

---

* Horrortrips kann man als plötzlich aufkommende, extrem starke Über-Ich-Impulse erklären, die gegen die drohende Auflösung des Ichs gerichtet sind.

und noch mehr des Drogenmißbrauchs – lassen sich nur unter Berücksichtigung dieser unbewußten Dynamik erklären.

Neuere Forschungen (Kohut 1973, 1975 a; Jacobson 1973, Wolf et al 1989) legen mehr Wert auf Konflikte innerhalb der Gesamtpersönlichkeit, dem Selbst. Im Gegensatz zu den eher abstrakten Begriffen Es, Ich und Über-Ich ist mit dem Selbst die psychosomatische Einheit des realen Menschen gemeint. Wie Kohut und Jacobson gezeigt haben, durchläuft das Selbst eine komplizierte Entwicklung, bei der es vor allem um die Integration der narzißtischen Libido geht. (Im Gegesatz zur Objektlibido, die anderen Menschen und Dingen zugewandt wird, ist die narzißtische Libido auf die eigene Person gerichtet.)

Drogenkonsum wird im Rahmen dieser Selbst-Psychologie verstanden als (zum Scheitern verurteilter) Versuch des Users, einen »Defekt in der Struktur des Selbst« (Kohut 1975, S. 144 f.) auszugleichen.

In der Drogenkarriere Süchtiger lassen sich solche »narzißtischen Schädigungen« deutlich nachweisen (vom Scheidt 1976 a, Kap. 2 und 3). Allgemein kann man Drogenkonsum und vor allem den Mißbrauch zu den »narzißtischen Persönlichkeitsstörungen« zählen.

Kohut führt näher aus:

»Ich glaube nicht, daß bei den Süchten jenes Stadium psychischer Reife vorliegt, das für den Prozeß der Übertragung notwendig ist. Übertragungen treten bei einem psychischen Apparat auf, der (mit mehr oder weniger Erfolg) fähig war, sich selbst gegen gewisse infantile Strebungen abzuschirmen. Das wesentliche an der Psyche des Süchtigen ist jedoch nicht der (schlecht gelöste) Konflikt zwischen reifen Strukturen, sondern das Vorhandensein struktureller Defekte...

Das Drogenerlebnis ist (ähnlich den sexuellen Erfahrungen der meisten Perversen) dazu bestimmt, den strukturellen Defekt auszufüllen. Der aus der Kindheit stammende Prototyp dieser Erfahrungen ist folgender: Während eines Entwicklungsstadiums, in dem das Kind eine narzißtisch erlebte andere Person (ein Selbst-Objekt) zur Aufrechterhaltung seines Selbst (seines Selbstwertgefühls) braucht, fehlt dieses Selbst-Objekt. (Dieses Fehlen kann in der Abwesenheit des Selbst-Objekts bestehen oder, was häufiger ist, in der Unfähigkeit des Selbst-Objekts, empathisch auf das Kind zu reagieren.) Das Kind ist also mit dem Verlust der psychischen Struktur konfrontiert (das Selbst-Objekt *ist* zu dieser Zeit die psychische Struktur des Kindes). Um das Selbst-Objekt zu ersetzen – die Empathie des Selbst-Objekts, den Trost des Selbst-Objekts, das Verständnis des Selbst-Objekts –, greift das Kind zur Selbst-Stimulation. Zu diesem Zweck benützt es orale, anale und phallische Masturbation; es benutzt Schmerz, den es sich selbst zufügt (was besser ist, als gar nichts zu fühlen); und es benutzt Phantasien. Mit all diesen Aktivitäten versucht es, das abwesende Selbst-Objekt zu ersetzen und natürlich auch den Mangel an psychischer Struktur zu beheben. (Eine psychische Struktur wurde nicht gebildet, weil der graduelle Verlust des Selbst-Objekts das Mittel ist, durch welches die Struktur aufgebaut wird. Da das Kind das Selbst-Objekt traumatisch verloren hat, wurde keine Struktur gebildet.) Ich glaube, daß die Drogenerfahrung den kindlichen Versuch wiederholt, das Selbst-Objekt (die psychische Struktur) zu ersetzen und dem Gefühl, tot zu sein, entgegenzuwirken, das in Ermangelung des empathischen Milieus auftritt, welches durch das Selbst-Objekt hergestellt worden sein sollte. Phantasien, die vom Kind entwickelt werden (später: durch halluzinogene Drogen geschaffene Phantasien), sind die Mittel, durch die unter diesen Umständen das Selbst-Objekt ersetzt und das Gefühl des Tot-seins bekämpft wird.« (1975 b)

Sexualität, Aggression (Aktivität) und Narzißmus

Besonders interessant zu beobachten ist, wie sich die zentralen menschlichen Antriebe unter dem Einfluß von Rauschdrogen ändern.

Nimmt man für den Beginn des extrauterinen Lebens eine Art Symbiose, eine biologisch-psychische Einheit von Mutter und Kind an (Balint spricht davon, daß das Kind in der Mutterliebe »schwimmt wie der Fisch im Wasser«, womit die Selbstverständlichkeit der Mutterliebe für das Kind betont wird; 1960), so wird die folgende Entwicklung dadurch bestimmt, daß das Kind lernt, allmählich zwischen sich selbst und der Mutter zu unterscheiden und bald auch Liebeskontakte zu anderen Personen herzustellen. Sind diese Kontakte anfänglich noch sehr schwach und werden bei jedem äußeren Anlaß aufgegeben, so kann das Kind etwa ab dem neunten Lebensmonat stabilere Objektbeziehungen aufbauen (Spitz 1967). Während der anal-sadistischen Phase kommt es zu sehr ambivalenten (zwiespältigen) Beziehungen, bei denen Haß und Liebe gleichzeitig auf dieselben Objekte (Personen) gerichtet werden. Über ödipale Phase, Latenzzeit und Vorpubertät kommt es dann zur Pubertät, in der die erwachsene (genitale) Sexualität heranreift (Anna Freud 1968).

Man kann annehmen, daß unter dem Einfluß von Rauschdrogen eine Rückentwicklung stattfindet, bei der nacheinander oder nebeneinander die verschiedenen frühen Formen der sexuellen Beziehung

auftreten können. Im Extremfall könnte der Zustand der primären Liebe (Balint 1969) hergestellt sein, in dem der Berauschte halluzinierend die Beziehung zur ganz frühen Mutter wiedererlebt. Da es sich dabei um präverbale Erlebnisse handelt, werden sie kaum als das erkannt, was sie sind; statt dessen erlebt der Berauschte chaotische Farbmuster, Sphärenmusik und archetypische Visionen. Dazu sind allerdings → LSD, → Psilocybin und ähnlich extreme Drogen nötig. Guter *trip* und *horror trip* ließen sich demnach als Wiederbelebung guter beziehungsweise schlechter Erlebnisse aus der frühesten Kindheit interpretieren. Melanie Klein verwendet dafür die anschaulichen Ausdrücke »gute Brust« und »böse Brust« (der Mutter).
Für die Stichhaltigkeit dieser psychoanalytischen Vorstellungen sprechen unter anderen die Erfahrungen aus der Drogen-Therapie (Newland, Grof). Gleichermaßen kompliziert, wenn nicht noch komplizierter, verläuft die Entwicklung der Aggressionsbeherrschung. Auch dabei führt die Rauschregression zum Zerfall erwachsener Strukturen und zur Wiederbelebung früherer Verhaltensweisen, vor allem zu zunehmender Steuerungslosigkeit.
Ein Sonderfall scheint bei Haschisch/Marihuana vorzuliegen, von dem immer wieder behauptet wird, es dämpfe die Aggressivität (Angst 1970). Abgesehen davon, daß auch gegenteilige Berichte vorliegen, spricht vieles für die Vermutung, daß die Aggressivität hierbei keineswegs verschwindet, sondern vielmehr nach innen gelebt wird. Ganz im Sinne der oben erwähnten Ich-Spaltung spricht die Psychoanalyse dabei von einer Abspaltung der aggressiven Anteile der Persönlichkeit. Im Grunde tritt der gleiche Vorgang ein wie bei einer Depression, die ja ebenfalls als Selbstaggression verstanden wird.
In analoger Weise werden noch andere psychische Funktionen abgebaut, vor allem der soziale Kontakt. Der Rückzug auf die eigene Person schließt dabei nicht aus, daß der Berauschte gleichzeitig subjektiv das Gefühl hat, er verfüge über eine besonders gute Kommunikation mit seinen Mitmenschen.
In ihrer Fallstudie *Droge und Sexualität* beschreibt Hanne-Lore von Canitz die Therapie einer Patientin, deren Sexualität unter Drogeneinfluß enorm stimuliert wurde.
Über die narzißtischen Aspekte wurde weiter oben schon einiges gesagt. Heinz Kohut betrachtet diesen Bereich des Trieblebens als ein seelisches Kraftfeld eigener Prägung, das sich nicht etwa auf die Sexualität reduzieren läßt, wie Freud ursprünglich annahm. Für mich (J.v.Sch.) spiegeln alle drei Triebkräfte die Seinsweisen des Menschen in der Wirklichkeit wider:

- Durch Arbeit (Aktivität) muß er die materielle Außenwelt gestalten und dadurch seinen Lebensunterhalt sichern (sublimierte Aggression).
- Im Zusammenleben mit einem Partner (Erotik) und verschiedenen Bezugsgruppen der Privat- und Arbeitssphäre erfährt er Kontakt, Beziehung und Bindung (sublimierte Sexualität).
- In sich birgt er die immaterielle Innenwelt, die er kennen lernen und gestalten muß (sublimierter Narzißmus).

In Wahrheit durchdringen sich die drei Triebbereiche, müssen beispielsweise auch in Partnerschaften und Gruppen Aggressionen ausgetragen und narzißtische Gratifikationen erfahren werden. Letztendlich kommt es auf die dynamische (lebendige) Balance zwischen diesen Bereichen an. Da unsere Zivilisation die Bewältigung (und Beherrschung) der materiellen Außenwelt, also den aggressiven Aspekt, extrem überbetont, kommen die zwischenmenschlichen Beziehungen und vor allem der Selbstbezug viel zu kurz. Jeder Rausch, jeder Drogenmißbrauch, kann verstanden werden als Versuch, medikamentös den Bezug zu sich selbst, als narzißtische Ganzheitserfahrung, herzustellen (den man, normalerweise, zumindest in der frühen Kindheit einmal positiv erlebt hat: in der Geborgenheit bei Mutter und Vater).

Nach einiger Zeit nimmt aber diese narzißtische Komponente der Drogenerfahrung überhand und sowohl der Bezug zur Arbeitswelt (»Arbeit ist Scheiße, Leistung ist sinnlos...«) als die Beziehungen zu den Mitmenschen beginnen zu leiden. Entsprechend findet eine Inflation innerer Erfahrungen statt, schwindet der Kontakt zur Außenwelt und geht entsprechend die Fähigkeit, diese schöpferisch zu gestalten, verloren.

Jede Therapie (→ RA IV) muß deshalb zum Ziel haben, diese gestörte Balance wieder herzustellen. Sinnvollerweise geschieht das, indem man

1. zunächst die narzißtischen Bedürfnisse akzeptiert (sie sind ja berechtigt: der User »hat sich selbst« nicht, ist auf der Suche nach sich selbst, nach Lebenssinn und deshalb verständlicherweise extrem selbstbezogen), aber dann
2. allmählich die Kontakt- und Bindungsfähigkeit übt (zunächst in der Beziehung zum Therapeuten) und
3. die Freude an – sinnvoller – Arbeit und Leistung wiederentdeckt.

Letzteres wird natürlich enorm erschwert durch unsere Art zu leben und zu arbeiten, die ja weitgehend sinnleer geworden ist – und es deshalb nicht nur dem Drogenabhängigen, sondern weiten Teilen

der Bevölkerung überhaupt schwermacht, Sinn im Leben zu finden (s. auch die Schlußkapitel von → RA II).
Wolfgang Schmidbauer hat wichtige Züge der Narzißmus-Problematik, die insbesondere die Suchtgenese erhellen und die er als »die Destruktivität von Idealen« bezeichnet, in seinem Buch *Alles oder nichts* behandelt: »Wenn das Größen-Selbst die kritischen Funktionen des Ichs umgehen kann, wie es bei Süchtigen oft der Fall ist, dann dienen die wahnhaft großartigen Versprechungen und Beschwörungen, aus der gegenwärtigen Abhängigkeit und dem durch das Suchtmittel wie durch die Untätigkeit in der Realität verursachten Elend herauszukommen, tatsächlich nur noch einer immer tieferen Abhängigkeit. Die Ansprüche an eine Wirklichkeit, die ohne die betäubende Wirkung des Suchtmittels noch erträglich sein könnte, werden so gesteigert, daß die Ausflucht in die Drogenabhängigkeit unausweichlich ist.« (1980, S. 143)

Größen-Selbst, »idealisierte Eltern-Imago«
Typische Rauscherlebnisse, in denen Allmachtsphantasien in den Vordergrund treten (s. auch Taylors Trip-Schilderung weiter oben), lassen darauf schließen, daß der Drogenrausch das Zutagetreten einer bestimmten psychischen Struktur fördert, deren entsprechende bildhafte Darstellung (im Rausch, aber auch im Traum und in künstlerischen Darstellungen) Kohut *Größen-Selbst* (früher: *Grandioses Selbst*) nennt. Der Psychoanalytiker schreibt über dieses grandiose und narzißtisch-exhibitionistische Bild des Selbst:
»Die Bezeichnungen *grandios* und *exhibitionistisch* beziehen sich auf ein breites Spektrum von Erscheinungen, das sich von der egozentrischen Einstellung des Kindes mit seiner ungehemmten Lust an der Bewunderung und von den groben Wahnvorstellungen des Paranoikers und den grob-sexuellen Handlungen des erwachsenen Perversen bis zu den Aspekten der subtilsten, hochgradig zielgehemmten und nichterotischen Befriedigung Erwachsener über sich selbst, ihre Wirkung und ihre Leistungen erstreckt« (1973, S. 43).
Um etwas ähnliches handelt es sich bei der »idealisierten Eltern-Imago«, angesichts derer der Patient sich u. U. nicht grandios und überheblich, sondern unbedeutend und minderwertig vorkommt.
Wichtig für die Therapie ist es, derartige Erlebnisse auf ein normales Maß zurückzuführen (was Verzicht auf die Räusche voraussetzt) und den »Defekt in der Struktur des Selbst« zu heilen (Näheres bei Kohut 1973). Während Kohut und andere Analytiker diese inneren Figuren als Repräsentanten der individuellen Psyche verstehen, eröffnen sich

unter dem Gesichtspunkt der »Transpersonalen Psychologie« andere Verständnismöglichkeiten spiritueller Art (s. unten, Kap. 9).
Wer sich auch ohne Drogeneinfluß eine Vorstellung von den Aspekten und Inhalten des Größen-Selbst und der mächtigen Eltern-Imagos verschaffen möchte, der betrachte sich die erfolgreichen Science-fiction-Filme und -Bücher der letzten Jahre sowie die hervorragend ausgestatteten Bildbände dieses Genres: *Galaktische Fremdwesen* (Frank), *Unter fremden Sonnen* (Holdstock und Edwards) und *Planeten-Story* (Burns und Harrison). Besonders die bösartigen Ausprägungen, von oft ausgesprochen dämonischer Ausstrahlung, begegnen einem in dem Film *Alien* sowie in dem gleichnamigen Bildband des Schweizer Phantastischen Realisten H. R. Giger oder in den Sex-Phantasien von *Great Balls of Fire* (Harrison 1979). Ein Sonderfall sind jene Metallmonster und Raumschiffe der Science-fiction, deren alptraumhafte Ausstattung mit den unglaublichsten Mordinstrumenten und deren gigantische Dimensionen und Geschwindigkeiten wie geronnene Verkörperungen des Größen-Selbst im Zeitalter von Naturwissenschaft und Technik aussehen, dargestellt etwa in den Bildbänden *Mechanismo* (Harrison) und *Raumschiffe von Foss* (Foss 1980).

Weitere Studien von Psychoanalytikern
Sigmund Freud wurde schon früh mit dem Problem der Sucht konfrontiert, nicht zuletzt durch das → Kokain. 1898 schrieb er in seinem Aufsatz »Die Sexualität in der Ätiologie der Neurosen«:
»Genauere Untersuchung weist in der Regel nach, daß ... Narkotika zum Ersatze – direkt oder auf Umwegen – des mangelnden Sexualgenusses bestimmt sind, und wo sich normales Sexualleben nicht mehr herstellen läßt, da darf man den Rückfall des Entwöhnten mit Sicherheit erwarten.« Vor allem Freuds Schüler haben dann aufgrund langjähriger Psychoanalysen Süchtiger (oder auch durch entsprechende Details aus Analysen anderer Patienten) eine Reihe von unbewußten Motiven für die Sehnsucht nach dem Rausch, nach dem Anders-als-normal-sein-Wollen aufgedeckt. Vor allem Edward Glover veröffentlichte eine Reihe von Arbeiten zu diesem Thema (1928, 1931/32, 1932). Im einzelnen werden von den verschiedenen Forschern folgende Merkmale genannt:

- gesteigerte Oralität (Daniels, Fenichel, Freud 1905 und 1917, Rado 1926, Robbins),
- enge Beziehung zur latenten Homosexualität (Abraham 1908, Ferenci 1911, Freud 1905, Hartmann, Tausk),
- erhöhter Narzißmus (A. Kielholz, Simmel 1930 und 1949),

- verdrängte Aggressivität (Abraham 1916, Simmel 1930, Glover 1932, Klein),
- Einfluß des frühödipalen Kernkonflikts (Glover 1932, Klein),
- Bedeutung von unverarbeitetem Ärger (Clancy 1996).

In Anlehnung an Überlegungen von Garcia de la Vega versteht der Berliner Psychoanalytiker Jürgen Götte die Drogensucht als eine eigene Form eines psychischen Abwehrmechanismus.

Der Londoner Analytiker Herbert Rosenfeld schreibt (1960): »In meiner ... Arbeit mit Rauschgiftsüchtigen fand ich, daß Rauschgiftsucht mit manisch-depressiven Zuständen nahe verwandt, aber nicht identisch ist. Der Rauschgiftsüchtige bedient sich der manisch-depressiven Mechanismen, die durch Rauschgift verstärkt und dementsprechend verändert werden. Das Ich des Rauschgiftsüchtigen ist schwach und hat nicht die Kraft, den Schmerz der Depression zu ertragen, deshalb benützt es gern manische Mechanismen. Aber der manische Zustand wird nur mit Hilfe des Rauschgifts erreicht; denn eine gewisse Ich-Stärke ist zur Bildung der Manie erforderlich. Man muß aber die symbolische Bedeutung des Rauschgifts in Betracht ziehen, die sowohl zu den das Rauschgift umgebenden, unbewußten Phantasien und dessen Einverleibung Beziehungen hat, als auch zu der pharmakotoxischen Wirkung, welche die Allmacht der (unbewußten) Impulse und der (psychischen) Mechanismen verstärkt.«

Den Ursprung der manischen Abwehrmechanismen sieht Rosenfeld in der frühesten Kindheit, in den ersten Lebensmonaten. Sie treten auf in einer Phase, die Melanie Klein als paranoid-schizoide Position bezeichnet. Später verändert diese sich zur depressiven Position. Deshalb rechnet Rosenfeld die Vorgänge während des Rausches sowohl den paranoiden als auch den depressiven Angstzuständen als verwandt zu. Es ist deshalb kein Zufall, daß diese Arbeit »Über Rauschgiftsucht« auch in Rosenfelds Buch *Psychotic States* (1965) enthalten ist. Wer sich für die tieferen Hintergründe des Drogenmißbrauchs interessiert, dem sei dieses Buch empfohlen (deutsch 1979).

Gleichermaßen aufschlußreich sind die Arbeiten von Melanie Klein selbst (1962) sowie die bereits erwähnten von Michael Balint (1960, 1969). Sie behandeln eingehend die frühkindlichen Schädigungen, die das Fundament für die späteren Suchtformen legen.

Vor allem von den Schülern Melanie Kleins wird immer wieder die Rolle der ungesteuerten Aggressivität bei den Drogenmißbrauchern betont. Diese sadistischen Impulse werden verdrängt und verursachen dadurch depressive Züge. Der Teufelskreis der Sucht läßt sich

dann dadurch erklären, daß die Melancholie (Gefühl der inneren Leere, Langeweile, Sinnlosigkeit) durch den Rausch in eine künstliche Manie umgewandelt wird. Dadurch wird jedoch der Kontakt mit der äußeren Realität weiter herabgesetzt – die Folge ist eine noch schlechtere Aggressionsverarbeitung, die zu erneuter Depression führt, und so weiter.
Ähnlich muß der verschleierte Selbstmord gesehen werden, der sich hinter mancher, wenn nicht jeder schweren Drogenabhängigkeit mit ihrer unvermeidlichen Selbstzerstörung verbirgt:
»Der depressive Kranke lebt die Wut auf sein eigenes Ich aus. Beim Kind sehen wir auch noch die körperlichen Auswirkungen davon, es zerstört sein Spielzeug, einen Teil von sich selbst; der Erwachsene aber zerstört sein Leben entweder völlig oder er begeht einen andauernden Mord an seinem psychischen Selbst, indem er sich die Lebensfreude zerstört« (Kuiper).
Die Sehnsucht nach dem Irrationalen, die Beschäftigung mit Schwarzer und Weißer Magie, mit Parapsychologie (vom Scheidt 1972 b), Märchen, Science-fiction (vom Scheidt 1970, 1976 c) und psychedelischer Kunst und Musik deuten darauf hin, daß mit fortdauerndem Drogenkonsum der Primärvorgang überhandnimmt. Nicht zuletzt wird das durch die Veränderungen des Traumlebens dokumentiert, so etwa bei den Halluzinogenen durch eine Zunahme des paradoxen Schlafs und damit der Träume.
Ebenfalls bedenklich ist, daß sich gelegentlich die von der Rauschdroge hervorgerufene Regression gewissermaßen selbständig macht. Es kommt zu Entrückungszuständen, die den Betroffenen in völlig nüchternem Zustand, oft noch nach Wochen, regelrecht überfallen *(flashback).*
An psychoanalytischen Arbeiten zum besseren Verständnis der Drogenproblematik und ihres tiefenpsychologischen Hintergrunds seien noch genannt:
- Michael Balint, *Therapeutische Aspekte der Regression;*
- Otto F. Kernberg, *Borderline-Störungen und pathologischer Narzißmus;*
- Bertram D. Lewin, *Das Hochgefühl – zur Psychoanalyse der gehobenen, hypomanischen und manischen Stimmung;*
- Theodore Lidz und A. Rothenberg, *»Psychedelismus: Die Wiedergeburt des Dionysos«* (eine ausführliche kritische Würdigung hierzu gibt Wolfgang Schmidbauer in *»Halluzinogene in Eleusis?«*);
- H. U. Ziolko *»Halluzinationen und Neurose«.*

Eine ausgezeichnete, ausführliche Darstellung des »Suchtproblems

in neuerer psychoanalytischer Sicht« gibt Ernst Lürßen (s. auch den folgenden Kasten: »Schwerpunkte ...«)
Ernst Haas untersucht in seiner fundierten Arbeit *Selbstheilung durch Drogen?* spezielle Fragen jugendlicher User. Als von größter Bedeutung zum Verständnis des Drogenmißbrauchs haben sich inzwischen die Studien des heute in Chicago wirkenden Wiener Psychoanalytikers Heinz Kohut erwiesen, die er vor allem in seinem 1973 erschienenen Buch *Narzißmus* darlegt (s. auch oben).
Drei interessante Fälle aus dem Halluzinogenbereich beschreibt der englische Analytiker A. Limentani.
Aus dem Kreis der »Analytischen Psychologie« um C. G. Jung sei noch Erich Neumann erwähnt. In seinem Buch *Die Große Mutter* behandelt er u. a. die archetypischen Aspekte des Rausches und der Sucht. Er ergänzt damit die mehr medizinisch-psychologische Betrachtungsweise der Freudschen Richtung um mythologisch-kulturgeschichtliche Gesichtspunkte.

Andere therapeutische Ansätze
Die Psychoanalyse ist Therapie und Persönlichkeitsmodell zugleich. Letzteres hat sich für das Verständnis von Rausch und Sucht gut bewährt (s. oben). Hingegen hat sich gezeigt, daß die klassische Psychoanalyse, wie Freud sie ursprünglich entwickelte, für Drogenabhängige selten sinnvoll ist: Die Zweierbeziehung Patient – Therapeut setzt mehr Ich-Stärke und seelisch-soziale Struktur voraus, als User in der Regel besitzen. Andere Methoden haben sich hier besser bewährt, vor allem Therapie-Gruppen. Auch bestimmte Verfahren, die aus der Psychoanalyse abgeleitet und weiterentwickelt wurden, führen erfahrungsgemäß weiter. Zu nennen sind hier die Erlebnistherapien, die unmittelbarer mit den Gefühlen und gestörten Beziehungen zu Menschen arbeiten sowie die narzißtischen Bedürfnisse besser befriedigen und aufarbeiten helfen: Gestalttherapie, Transaktionale Analyse, Bio-Energetik, Yoga (→RA IV).

3. Drogenabhängigkeit (Toxikomanie, Sucht)

Die geschilderten psychischen Veränderungen (s. oben, 1. Kap.), die während des Rausches auftreten können, stellen in der Regel keine Gefahr für den Berauschten dar. Aus der Sicht des Nüchternen haben sie zwar anomalen Charakter, sie sind jedoch nicht als psychopathologisch zu betrachten, weil spätestens nach dem Verschwinden der

Schwerpunkte der Drogen-Problematik aus psychoanalytischer Sicht

1. *Welche psychodynamische Funktion hat das Suchtmittel bzw. der Rausch?* Welche Art von Objekt (Selbst-Objekt) stellt das Mittel (der Zustand) dar?
2. *Wo liegen die Fixierungsstellen in der Libidoentwicklung beim Süchtigen?* Auf welche Phase bzw. Stufe der Libido-Entwicklung regrediert er? Wie sieht die narzißtische Entwicklung aus, wie die aggressive?
3. *Wie sieht die psychische Struktur des Süchtigen aus,* vor allen Dingen im Hinblick auf die Ich-Organisation und deren Abwehr-Funktion? Wie resultiert daraus die besondere Frustrationstoleranz? (S. Rado: Mangelnder Reizschutz; kein genügend kohärentes Selbst – H. Kohut) Wie sehen die Objektbeziehungen aus? (Wie sehen die Selbst-Objekte und die Beziehungen dazu aus?)
4. *Welche Beschaffenheit hat das prämorbide Über-Ich?* Wie sind seine regressiven Veränderungen? Wie sehen die intersystemischen und die intra-systemischen Konflikte (unter besonderer Berücksichtigung der Selbst-Repräsentanz) aus und damit verbunden das Selbstgefühl und die Stimmungslage?
5. *Welche unbewußten Phantasien werden mobilisiert?*
6. *Aus welcher familiären bzw. frühkindlichen Erfahrung/Konstellation ergibt sich die Sucht?*
7. *Wie sieht jeweils der Verlauf der Regression aus?*

(Zusammengestellt nach E. Lürßen, 1978)

Droge aus dem Körper der normale Zustand wieder eintritt (Ausnahme: die *flashbacks,* bei denen oft Wochen nach dem Rausch unvermutet ein rauschähnlicher Zustand den Betreffenden überfallen kann). Man kann sich bis zu diesem Punkt ohne weiteres der Argumentation von Drogen-Apologeten wie Rudolf Gelpe anschließen, die einem gelegentlichen, entsprechend vorbereiteten Rausch eine sehr heilsame Wirkung zuschreiben. Krankhafte Anzeichen sind jedoch gegeben, sobald der Drogenbenützer sich nicht mehr aus Gründen der Neugier oder um Selbsterkenntnis zu erlangen oder um schlicht irgendeinen Genuß zu steigern (Musik, Sexualität), berauscht, sondern weil er die Euphorie der Nüchternheit eines tristen Daseins vorzieht. Die Ursachen sind vielfältiger Natur. Symptomatisch könnte dafür die Aussage des Pop-Idols John Lennon stehen, daß die Beatles 1965 vor der Verleihung des Ordens »Member of the British Empire« durch die Königin so nervös waren, daß sie vorher in der Toilette des Buckingham-Palastes schnell zur Beruhigung eine Haschisch-Zigarette rauchten (*Südd. Ztg.* vom 12. Mai 1970). Dieses »nervös« kann tiefenpsychologisch als Angst interpretiert werden. Und es besteht kein Zweifel daran, daß Haschisch und Marihuana für viele Leute die Funktion eines angstmildernden Medikaments ausüben. So sagt der Londoner Arzt A. Limentani: »Der geschickteste Psychoanalytiker kann sich nicht mit der angstmildernden Kraft des Marihuana messen.«

Krankhafte Sehnsucht nach dem Rausch
Es geht also dem chronischen Drogenbenützer allmählich gar nicht mehr allein um den Rausch, sondern um Lebenshilfe. Dazu mag, vor allem bei den Halluzinogenen, jener eigenartige Effekt beitragen, der wie eine Steigerung der Möglichkeiten der Selbsterkenntnis aussieht. Vor allem bei Vertrautheit mit den einschlägigen psychoanalytischen Theorien werden die auftauchenden Kindheitserinnerungen gerne im Sinne einer zunehmenden Persönlichkeitsreifung verstanden – obwohl die ständige Wiederholung dieser Erlebnisse erfahrungsgemäß das Gegenteil bewirkt. Vor allem die Aufdeckung schmerzhafter Eindrücke und Konflikte (Traumen) kann zu einer überwertigen Beschäftigung mit der Innenwelt des Rausches führen, bei der die realen Probleme der Außenwelt zunehmend an Bedeutung verlieren. Gleichzeitig steigt die Neigung, Konflikte nur noch phantasierend zu bewältigen.
So wird nur noch der erste Teil der antiken Maxime befolgt: »Erkenne dich selbst...« Der zweite, ebenso wichtige: »...und handle danach«, fällt unter den Tisch.

Das Herausfallen aus dem gesellschaftlichen Verband *(dropping out)* führt neben der Einschränkung der unmittelbaren Erwerbsmöglichkeiten bei Schülern, Lehrlingen und Studenten, die mitten in der Ausbildung stehen, dazu, daß sie ihre Talente und Möglichkeiten nicht mehr voll ausschöpfen können; sei es, weil sie die Ausbildung abbrechen, sei es, weil die zunehmende Interesselosigkeit an den Dingen der Außenwelt zu einer Entwertung jeglichen Sachwissens führt.

Anstelle der Aktivität tritt Passivität, die schließlich in Apathie mündet. Jeder neue Rausch, eigentlich als Ausweg gedacht, verstärkt diese Tendenz. Depressive Zustände, oft verschleiert als Müdigkeit, tragen ebenfalls dazu bei, daß erneut die »Flucht in den Rausch« angetreten wird. Die zunächst durchaus akzeptable, weil fruchtbare Abkehr von der Außenwelt wird übertrieben; diese verliert dadurch ihren Realitätscharakter und wird – mangels Gestaltungsmöglichkeiten – zunehmend bedrohlich. Die entstehenden Angstzustände führen zu neuem Drogengebrauch – ein Kreislauf ohne Ende.

Der deutsch-amerikanische Psychologe Kurt Lewin hat eingehend untersucht, wie sich Erfolgs- und Mißerfolgserlebnisse auf die Lebensstrategie auswirken. In Zusammenhang mit dem exzessiven Genuß von Rauschmitteln ist dabei Lewins Begriff des Anspruchsniveaus wichtig. Wer ständig unterhalb des ihm möglichen Niveaus lebt (und dieser Zustand tritt bei jedem Drogenabhängigen nach einiger Zeit ein), verliert allmählich den Sinn für Proportionen und für die eigenen Möglichkeiten; er wird zunehmend frustriert und kann sich schließlich nur noch selbst einreden, daß er ja freiwillig auf all die Chancen verzichtet, die er in Wahrheit aus psychischer (wenn nicht gar schon aus physischer) Schwäche nicht mehr wahrnehmen kann.

Ähnliches gilt für ein überhöhtes Anspruchsniveau, das gerade im Gefolge von rauschinduzierten Größenwahn-Ideen leicht entsteht. Durch das Bauen von Luftschlössern leidet zunehmend der Kontakt zur Realität. Kleine Schritte lohnen sich nicht, große kann der Abhängige nicht bewältigen.

Zusätzliche Gefahren des chronischen Mißbrauchs

Alle positiven Aspekte des Rausches verwandeln sich in negative, sobald der gelegentliche *trip* zur Dauereinrichtung, zum Bedürfnis wird. (Das trifft auch für das als harmlos hingestellte Haschisch zu.)

Die Weltgesundheitsorganisation definierte 1957 die Drogenabhängigkeit *(drug addiction)* so: »Es handelt sich um ein Stadium periodischer oder chronischer Berauschung durch die wiederholte Einnahme einer (natürlichen oder synthetischen) Droge. Zu den typischen Kennzeichen gehören:

- ein überwältigender Wunsch oder das Bedürfnis, den Drogengebrauch fortzusetzen und sich die Droge unter allen Umständen zu verschaffen;
- eine Tendenz, die Dosis zu erhöhen;
- eine psychische und allgemein eine physische Abhängigkeit von den Wirkungen der Droge;

- eine zerstörerische Wirkung auf den einzelnen und die Gesellschaft.

Entsprechend schwächer war die Formulierung für Drogengewöhnung *(drug habituation)*. Ihre Charakteristika sind:

- der Wunsch (aber nicht das unbedingte Bedürfnis), die Droge weiterhin zu gebrauchen, um auch in Zukunft das Gefühl des Wohlbefindens zu genießen, das sie spendet;
- geringe oder keine Tendenz, die Dosis zu erhöhen;
- ein gewisser Grad psychischer Abhängigkeit vom Effekt der Droge, aber keine physische Abhängigkeit und daher auch keine Entzugserscheinungen;
- zerstörerische Wirkung in erster Linie, wenn überhaupt, auf den einzelnen.

1965 hat die WHO ihre ursprüngliche Sucht-Definition abgeändert (Eddy u. a.). Man unterscheidet nun statt *addiction* und *habituation* verschiedene Formen der Drogen-Abhängigkeit *(dependence)*:

- Abhängigkeit vom Opiat-Typ,
- Abhängigkeit vom Cannabis-Typ,
- Abhängigkeit vom Amphetamin-Typ,
- Abhängigkeit vom Alkohol-Typ usw.

Wie die rasante Zunahme des Drogenmißbrauchs unter den Jugendlichen bei näherem Hinsehen zeigt, lassen sich solche klaren Abgrenzungen in verschiedene, fest umrissene Typen nur noch selten durchführen. Der moderne Drogenkonsument ist in der Regel polytoxikoman, d. h., er nimmt sowohl Amphetamine (Captagon, Pervitin) wie Cannabis (Haschisch, Marihuana, synthetisches THC), reine Halluzinogene (LSD, Meskalin, Psilocybin) und in einer Reihe von Fällen auch Opiate (Opium-Tinktur, Morphium, Jetrium, Palvium, Heroin, Polamidon = Methadon); dazu natürlich Alkoholika der verschiedensten Arten; dazu Tranquilizer, Schlaftabletten, Schmerztabletten, Abmagerungstabletten (häufig amphetaminhaltig). Sogar das Nikotin scheint eine gewisse Rolle als »Rauschdroge« zu spielen, auf jeden Fall sind Zigaretten ein wichtiger Schrittmacher für den Drogenkonsum – sie scheinen die psychische Abhängigkeitsstruktur gewissermaßen vorzubereiten.

Das bedeutet jedoch, daß man bald auch mit der neuen WHO-Definition nichts mehr ausrichten wird. Man wird endlich die bisher übliche medizinisch-pharmakologische Betrachtungsweise durch psychologisch-soziologische Aspekte ergänzen müssen. Die Arbeiten von Limentani, Rosenfeld und den Lowenfelds bieten dazu Ansatzpunkte. Die klassischen Beispiele für Drogenabhängigkeit sind Alkohol und Heroin.

Im einzelnen treten folgende negative Wirkungen auf:

1. Die zunächst fruchtbare Introspektion (Meditation, Kontemplation) wird übertrieben. Aus der bewußten Erforschung der Innenwelt wird eine Abkehr von der Außenwelt. Das psychische Gleichgewicht wird gestört. Mag den Drogenbenützer anfänglich das Motiv geleitet haben, ein Gegengewicht zum Materialismus zu finden, so erliegt er jetzt dem anderen Extrem der reinen, artifiziellen Innenschau.
2. Je geringer die Abstände von einem *trip* zum nächsten sind, um so mehr läßt die Kritikfähigkeit (Realitätsprüfung) nach, weil der Kontrast zwischen dem Alltäglichen und dem Außergewöhnlichen (der ja erst die spezielle Rauscherfahrung ermöglicht) abnimmt.
3. Die passive* Haltung, als Gegenstück zur Aktivität des westlichen Menschen, gerät aus ihren gesunden Proportionen und verliert somit ihren Wert. Das Endstadium ist Apathie. Die Aktivität (vor allem der anderen, der Nicht-Junkies) wird ideologisch abgewertet. Die äußere Realität wird zunehmend illusionär-halluzinatorisch bewältigt, wobei eine breite Skala von Tagträumereien über paranoide Wahnideen bis hin zu echten Halluzinationen besteht. Lediglich extreme Einflüsse der Außenwelt (Hunger, Durst, Schmerzen) vermögen noch Reaktionen hervorzurufen.
4. Die Zunahme der Kindheitserinnerungen und vermutlich sogar frühestkindlicher, präverbaler Grunderlebnisse fördert eine Ausrichtung auf die Vergangenheit und stört die Gegenwartswahrnehmung und -bewältigung ebenso wie die Planung der Zukunft (die zunehmend als sinnleer erscheint).
5. Die Sensibilität wird gesteigert – damit wird jedoch auch ein gesundes »dickes Fell« (Ich-Stärke) gegenüber Enttäuschungen abgebaut. Wendungen nach innen und Rückzug aus der zunehmend feindlich empfundenen Umwelt sind die Folge.
6. Angstzustände, wie sie jeder Mensch bewältigen muß, werden überwertig. Vor allem unbewußte, meist stark verdrängte Ängste (Kastrationsangst, frühkindliche Trennungsängste usw.) werden übermächtig, da die normale Form der Angstbewältigung (schöpferische Gestaltung der Außenwelt: Arbeit, Sexualität) gestört ist, wird die Flucht in den Rausch vorgezogen (wobei manche Drogen zudem

* Die Passivität bei der Meditation ohne Drogen ist ein durchaus aktiver Vorgang – allerdings handelt es sich um eine verinnerlichte Aktivität, die nur nach außen hin den Anschein völliger Ruhe erweckt.

noch wie gewisse Psychopharmaka angstdämpfend wirken). Der chronisch Berauschte wird jedoch wiederum vermehrt seinen Ängsten ausgesetzt – ein Teufelskreis, der sich in Extremfällen bis zu Verfolgungswahn und anderen psychotischen Reaktionen steigern kann.

7. Vor allem bei Jugendlichen, die ja heute das Gros der Konsumenten zu stellen scheinen, kann man annehmen, daß die psychische Reifung wenn nicht rückläufig, so doch verlangsamt oder gehemmt wird. Zumindest für das Leben in einer technisch orientierten Zivilisation ist der chronische Haschisch-Raucher nicht mehr geeignet, von den Wirkungen der anderen, härteren Drogen ganz zu schweigen.

8. Die letzte – und wohl die größte – Gefahr des Mißbrauchs auch vergleichsweise harmloser Drogen ist, daß von ihnen auf Heroin u. ä. umgestiegen wird. Der Frankfurter Psychiater Hans Joachim Bochnik schätzt die Zahl der Umsteiger auf 20-75 Prozent (*Der Spiegel* 1970). Eine nicht geringe Rolle dürfte dabei ein unersättliches Bedürfnis nach immer tieferen Räuschen spielen, die bei bestimmten frühkindlichen Schädigungen (orale Frustration oder Verwöhnung) typisch zu sein scheint. Da es kaum jemand geben dürfte, der in der Kindheit keine Mangelerfahrungen hatte, ist jeder bereits durch die Regression des Haschisch-Rausches potentiell gefährdet. Hiermit eng verbunden ist die Tatsache, daß vor allem von Jugendlichen oft haarsträubende Mixturen verschiedenster Drogen neben- oder nacheinander genommen werden (Polytoxikomanie). Dazu kommt noch das leichtsinnige Herumexperimentieren mit selbstgebastelten Drogen, wie sie Schüler und Studenten im häuslichen Kellerlabor brauen und dann im Freundeskreis testen.

Neue Formen der Drogenabhängigkeit

Die leichtsinnige Einstellung zu allen Drogen hat zusammen mit der – trotz Zunahme der Beschlagnahmungen – leichten Beschaffbarkeit der Rauschmittel zu völlig neuen Formen der Sucht geführt. Das Kriegslazarett mit den morphiumsüchtigen Schwerverletzten oder das Slumviertel mit den asozialen Alkoholikern hat seine Rolle fast schon an die Schulen abgegeben.

Wenn ein Journalist, der in esoterischen Zirkeln gelegentlich sein Haschischpfeifchen anzündet, über diese Droge schreibt, wird er gewiß ein anderes Bild zeichnen als der Jugendpsychiater, der heute immer mehr suchtkranke Teenager zu sehen bekommt, die unter anderem auch Haschisch konsumieren. Der Literat wird dazu neigen,

Gefahren zu bagatellisieren, die nur für ihn persönlich keine sind (wie er mehr hofft, als wirklich sicher weiß).

Die Wiener Psychiater R. Mader und W. Sluga meinten zwar 1970, daß 50 Suchtkranke pro Jahr für eine Millionenstadt nicht sehr viel sind; sie nahmen jedoch an, daß die Dunkelziffer der bereits Drogenkranken rund zehnmal höher sei (inzwischen weiß man, daß die neunziger Jahre u. U. sogar eine Verhundertfachung wahrscheinlich machen, wie das Beispiel Berlins zeigt → RA I). Gewandelt hat sich nach ihren Beobachtungen an der Psychiatrisch-neurologischen Universitätsklinik der österreichischen Hauptstadt das typische Erscheinungsbild der Suchtkranken. Vor allem die früher so auffällige Gruppe der Hippies/Gammler gerät immer mehr in den Hintergrund. Die heutigen jungen Drogenkonsumenten sind nicht mobil; sie reisen nicht, pflegen aber Kontakte zu den Gammlern. Meist stammen sie aus den unteren sozialen Schichten, sind labile, leicht verführbare Verwahrloste, die zu den Drogen kommen durch

- das Vorbild der Gammler (oder älterer Mitschüler),
- die Versuchung, mit Rauschgifthandel Geld zu verdienen,
- die Massenmedien.

Vielfach gewinnen sie die Mittel zum Drogenkauf durch Diebstähle. Dadurch kommt es zu einem vorher gänzlich unbekannten Kontakt mit kriminellen Elementen. Im Jahre 1966 noch gehörten alle in Wien erfaßten Fälle jugendlichen Drogenmißbrauchs dem Mittelstand an; schon 1970 kamen vier Fünftel aus einem einfacheren Milieu, wobei der Anteil besonders ungünstiger Familienverhältnisse sehr hoch war. Damit stieg auch der Anteil der (*nicht* wegen Verstößen gegen das Rauschgiftgesetz) Vorbestraften.

Der Psychiater sieht nur sehr selten den stabilen Drogenkonsumenten, der gelegentlich LSD probiert und einige Male mit Freunden zwanglos Haschisch raucht. Der Übergang zum regelrecht süchtigen Jugendlichen ist jedoch fließend. Engpässe in der Haschisch-Versorgung werden nämlich bereits in diesen stabileren Gruppen gelegentlich durch kodeinhaltige Hustenmittel plus Alkohol oder durch die Kombination von koffeinhaltigen Analgetika mit Coca-Cola überbrückt – typische Vorstufen der Polytoxikomanie.

Bei den Fällen aus Wien fällt noch auf, daß die Jugendlichen immer häufiger Intelligenzmängel zeigten. Das mag damit zusammenhängen, daß diese Personen eher in die Kliniken kommen, auch weil sie leichter festgenommen werden. Aber offensichtlich spielt auch ein Element mit, das besonders unerfreulich ist: Die Intelligenzschwachen sind einerseits besonders leicht verführbar, andererseits kennen sie keine Grenzen und unterscheiden – im Gegensatz zu ihren intelligenten Verführern – nicht zwischen gefährlichen und relativ harmlosen Drogen. Außerdem lassen sie sich notfalls leicht als willige Werkzeuge im organisierten Rauschgifthandel einsetzen.

Der Gebrauch entsprechend stärkerer Drogen führt inzwischen auch zu eindeutig psychopathologischen Symptomen. In Wien wurden bereits 1969 beobachtet:

1. hysterieähnliche Erregungszustände (15 Fälle), die in der Regel nach Alkohol/Hustenmittel-Kombinationen auftraten. Dabei zerfallen körperliche Bewegungsabläufe und Sprache: Die Betreffenden bewegen sich viel und rasch, reden aber sehr langsam;
2. Bewußtseinsveränderungen (Delirium, Koma), die vor allem zustande kommen, wenn experimentierfreudige Jugendliche Hustensäfte, hochprozentigen Alkohol, Anti-Parkinson-Mittel, Barbiturate und andere Mixturen ungeklärter Zusammensetzung intravenös injizieren. Man liefert sie oft wegen Selbstmordverdacht ein, während die Befragung später klärt, daß es sich um einen Irrtum (etwa in der Dosis) oder einfach um einen Selbstversuch handelte;
3. psychotische Zustände mit Gedächtnisstörungen, Verfolgungsideen und Halluzinationen, die vor allem durch den Mißbrauch zentral stimulierender Substanzen (→ Weckamine) provoziert werden;
4. Verwirrtheitszustände, die durch die Kombination von Haschisch und Alkohol zustande kommen.

Obwohl diese Schäden in der Regel rasch vorübergehen, ist die Prognose für die Dauer meist ungünstig. Kaum entlassen, kehren die Jugendlichen in die Subkultur zurück und vergessen die Ratschläge, die man ihnen in der Klinik gab. Manche der Patienten sind geradezu Stammkunden, was u. a. von Bochnik bestätigt wird.

Welche bedenkliche – und vor allem schnelle – Entwicklung sich vollzogen hat, wird noch erhellt durch die Tatsache, daß Annemarie Dührssen in ihrem Werk *Psychogene Erkrankungen bei Kindern und Jugendlichen* noch 1965 Stichworte wie Rauschdrogen oder Drogenabhängigkeit beziehungsweise Sucht nicht einmal im Index erwähnt – einfach deshalb, weil dieser Themenkreis bis in die siebziger Jahre in der Jugendpsychiatrie überhaupt noch keine Rolle spielte.

Anna Freud, in England tätig, erwähnt in ihrem Buch über *Wege und Irrwege in der Kinderentwicklung* zwar eine Seite lang die »Süchtigkeit in der Kindheit« – von haschischrauchenden und heroinspritzenden Teenagern sagt sie jedoch nichts. Allerdings beschreibt sie sehr detailliert die seelischen Prozesse, die außer bei den Neurosen – mit denen sie sich in erster Linie beschäftigt – in entsprechend modifizierter Form auch beim Drogenrausch und bei der Drogenabhängigkeit auftreten.

Das stetige Vordringen des Kokains in Künstler- und Managerkreise zeigt – genau wie die Selbstverständlichkeit, mit der in (nicht nur amerikanischen) »besseren Kreisen« inzwischen neben dem Cocktail der *joint* mit Haschisch oder Marihuana gereicht wird –, daß der Drogenkonsum unaufhörlich weiter vordringt, daß die Übergänge immer fließender werden, sowohl was die Gewohnheiten verschiedener Gesellschaftsschichten wie der Altersstufen angeht (Details → RA I und II sowie → Zukunfts-Drogen).

4. Die Persönlichkeitsstruktur von Drogenabhängigen: Zerrüttete Familien und verzögerte Pubertät

Spätestens hier muß die Frage gestellt werden: Für wen sind die Rauschdrogen eigentlich gefährlich? – Wobei vor allem die vorgeblich *harmlosen* gemeint sind (bei Heroin und dergl. erübrigt sich diese Frage von vornherein).

Grundsätzlich muß man sagen, daß sie untauglich sind für Menschen, die sich noch in der Pubertät befinden. Einen gewissen Entwicklungsabschluß sollte selbst der gelegentliche Haschisch-Experimentator haben. Lebenserfahrung, Begabungen und Milieu sollten einigermaßen ausgewogen sein, damit die Rauscherlebnisse nach dem *trip* sinnvoll in die bereits vorhandene psychosoziale Struktur eingebaut werden können.

Einer der wichtigsten Faktoren ist die Intelligenzhöhe. Dieser steuernde Faktor muß ein gewisses Maß erreicht haben, sonst gelingt die Rausch-Integration nur mangelhaft oder überhaupt nicht.

Gefährdet sind Menschen mit latenter psychotischer Veranlagung. Bei einem Präpsychotiker kann der erste Rausch einen schizophrenen Schub beziehungsweise eine entsetzliche Depression auslösen. Bei einem Borderline-Fall kann es zur Fragmentierung mit Verwirrtheitszuständen und Panikattacken kommen. Für einen Zwangsneurotiker dürfte es eine höchst unliebsame, wenn nicht erschütternde Erkenntnis sein, was für starke Affekte aus dem Es-Bereich sein Ich zu überschwemmen vermögen, wenn die psychischen Abwehrmechanismen (Anna Freud 1936) von der Droge außer Kraft gesetzt werden.

Nachdem die wenigsten Menschen sich selbst so gut kennen, daß sie derartige Reaktionen von vornherein ausschließen können, ist also im Prinzip jede Berauschung ein gefährliches Spiel.

Bei Pubertierenden verwirren die Drogen durch die Störung des Außenwelt-Innenwelt-Verhältnisses die ohnehin labile Psyche: In einem Alter, wo der Jugendliche lernen muß, sich in der Außenwelt zu behaupten, wird sein Interesse in hohem Maße auf innerpsychische Vorgänge gerichtet, auf die er – noch dazu aufgrund seiner einseitigen Erziehung – kaum vorbereitet ist. Pop-Idole werden zu Vorbildern einer Gegenkultur, in der es scheinbar genügt, guten Willens zu sein und alles Überlieferte abzulehnen; das bedeutet aber, daß damit auch – bei aller Unzulänglichkeit – wichtige Lebenshilfen weggestoßen werden.

Schon allein die Tatsache, daß viele Jugendliche wahllos ihre Drogen nehmen, daß sie weder den Stoff noch die Anzahl der *trips* zu kontrollieren vermögen, stimmt bedenklich. Paul Kielholz, Psychiater in Basel, hat darüber hinaus in einer großangelegten Studie festgestellt, daß viele Drogenbenützer neurotisch vorbelastet sind. Von 550 Haschisch-Rauchern, die in der Basler Psychiatrischen Universitätsklinik untersucht wurden, waren 120 Jugendliche zwischen 14 und 22 Jahren.

- 52% davon stammten aus zerrütteten Familien,
- 72% lebten in schweren Konfliktsituationen und in Opposition zu ihren Eltern,
- 56% litten an verzögerter oder verlängerter Pubertät,
- nur 26% waren unauffällig.

Kielholz vertritt deshalb die Ansicht: »Chronischer Haschisch-Mißbrauch führt zu Interesseverlust, Versinken in Gleichgültigkeit gegenüber allen Pflichten und Willensschwäche mit starken Verwahrlosungstendenz und sozialem Abstieg.«

Diese negativen Folgen des chronischen Haschisch-Abusus werden auch von anderen Untersuchungen (Buchhard, Bochnik, Bschor) für den bundesdeutschen Raum vermerkt, so wie sie für Griechenland (Stringaris 1939) und den gesamten Orient, Südamerika, Indien und Nordafrika bereits früher festgestellt wurden.

Von 100 Drogenabhängigen, die George E. Valiant von der Bostoner Universität untersuchte, hatte die Hälfte mit 16 schon den Vater verloren, und jeder fünfte hatte keine Mutter mehr – diese Zahlen sind dreimal so hoch wie der nordamerikanische Durchschnitt.

Hans Joachim Bochnik zieht einen Vergleich mit dem Elendsalkoholismus (→ Alkohol) der frühindustriellen Gesellschaft. Heute fehle zwar die Armut als äußerer Anstoß. Er sieht jedoch eine Parallele zur gegenwärtigen Drogenwelle, vor allem in bezug auf Haschisch, »in der ursächlichen Bedeutung von Bindungs- und Haltverlusten. Wir haben jetzt eine Situation, die durch den allgemeinen Autoritätsabbau und Autoritätsprotest der Jugend gekennzeichnet ist. Auf die innere Unsicherheit und Richtungslosigkeit, mit der der Autoritätsschwund erkauft worden ist, trifft nun die Möglichkeit, durch Haschisch eine neue, freilich illusionäre und kurzlebige Form der Geselligkeit zu entwickeln, die Geborgenheit vorspiegelt.«

Eine große Rolle dürfte bei der Motivation der jugendlichen Drogenmißbraucher auch die Identitätskrise spielen, die der amerikanische Psychoanalytiker Erik H. Erikson untersucht hat (1958, 1968, 1970). Isidor Chein vom »Research Center for Human Relations« der New York University veranschaulicht dieses Problem der Süchtigen mit den Worten eines von ihnen: »*Du* bist ein Lehrer. *Du* bist ein Polizist. *Du* bist ein Vater, eine Frau, ein Bürger, ein Wähler, ein Hausbesitzer, eine Hausfrau. *Ich,* ich bin ein *Junkie*. Ein *Junkie* ist eine Person, kein Ding.« Auf diese Weise schafft sich der Süchtige eine Identität und ein Netz sozialer Beziehungen im *underground,* die für ihn eine große persönliche Bedeutung haben. Statistiken zeigen, daß der Drogenabhängige von seiner frühesten Kindheit an in der Regel ein Ausgestoßener, ein Sonderling, Angehöriger einer Minderheit oder schließlich ein Krimineller ist – lange bevor er zu den Drogen greift (Valiant).

Josef Schenk, von 1972–1976 Leiter des Drogenforschungsprojektes am Psychologischen Institut der Universität Würzburg, hat in drei Studien das Verhältnis von Droge und Gesellschaft (1975), den Drogenkonsum und die Drogenabhängigkeit Jugendlicher (1976) und die Persönlichkeit von Usern (1979) untersucht. Besonders in der dritten Arbeit, bei der die Ergebnisse von Befragungen mit psychologischen Test-Batterien aufgeschlüsselt sind, vermitteln wichtige Erkenntnisse bzw. bestätigen andere Analysen. Sein Fazit:

»Mehr noch als die Person scheinen die Umstände über Veränderungen des Konsums zu entscheiden. Sie gilt es in Zukunft stärker zu beachten.« (1979, S. 170)

Dies läuft im Grunde auf einen Zirkelschluß hinaus – denn die Umstände formen ja, von Geburt an, die – genetisch verankerte – Persönlichkeit. Aber das »Gefühl der Sinnlosigkeit und Langeweile« ist ja nicht nur ein Resultat innerer Zustände aus Kindheits- und Jugendtagen, sondern in hohem Maße die Reaktion auf eine als sinnlos und langweilig erlebte Umwelt. Dementsprechend kann – und muß – man bei dieser Umwelt den Hebel der Verbesserung ansetzen. Weil man nicht eine ganze Generation therapieren kann.

Die Drogenkarriere

Ausführliche Studien über den Verlauf des Schicksals von Drogenabhängigen haben Wolfram Keup sowie Helmut Waldmann und Mitarbeiter vorgelegt. Anstelle dieser eher statischen Klassifizierungen habe ich (J.v.Sch.) ein dynamisches Modell der Drogenkarriere vorgeschlagen. Verlaufsanalysen zeigen, daß erste Störungen, die den späteren Drogenkonsum gewissermaßen vorprogrammieren, bereits in der frühen Kindheit des zukünftigen Users auftreten. Im einzelnen unterscheide ich zwischen einer Vorbereitenden Phase, der Einstiegs-Phase und der Verzweiflungs-Phase, wobei zwischen den einzelnen Stadien in der Regel fließende Übergänge zu beobachten sind. Typische Schädigungen (vor allem Verlust des Kontakts zu einer einfühlsamen Bezugsperson, die sich vorher intensiv um das Kind kümmerte, später analoge Verlusterlebnisse) engen Wahrnehmung, Gedächtnis, Aktions- und Reaktionsfähigkeit immer mehr ein. Gleichzeitig wird, lange ehe der erste Drogenrausch erlebt wird, das Gleichgewicht von Außenwelt und Innenwelt zunehmend nach innen verschoben. Die ersten Räusche setzen dann eine eigene Dynamik in Gang, welche vor allem durch eine fortlaufende Entwertung der Außenwelt und ihrer Objekte, eine vorübergehende Überbewertung von (zur Selbst-Spiegelung dienenden) Pseudo-Objekten und vor allem eine Überschätzung sowie Überbesetzung der Innenwelt mit aggressiven und libidinösen Phantasien gekennzeichnet ist. In der Verzweiflung der Schlußphase spielt es dann kaum mehr eine Rolle, ob es direkt zu Suizid-Handlungen kommt oder ob ein allmählicher »Selbstmord auf Raten« durch harte Drogen, etwa Heroin, stattfindet.

Nicht jeder, der einmal Haschisch raucht, Kokain schnupft oder Wein trinkt, durchläuft zwangsläufig diese Karriere bis zum bitteren Ende. Aber es leuchtet ein, daß das Ausmaß der vorweggehenden Schädigungen in Kindheit und Jugend sowie Milieueinflüsse (Ghetto-Situation, schwere Krankheit, ständige Schmerzen) die Sehn-Sucht nach Rauschzuständen in deren Intensität und Häufigkeit bestimmen werden. Als einzelne Schritte der Drogenkarriere kann man unterscheiden:

1. Vorbereitende Phase
1.1 Schädigung in der frühen Kindheit
1.2 Narzißtische Schädigung
1.3 Schädigung in der Pubertät
1.4 Prägendes Intervall

2. Einstiegs-Phase
2.1 Verführung zum Rauscherleben
2.2 Positive Rauscherfahrungen
2.3 Vermeintliche Stärkung des Selbst-Bewußtseins
2.4 Affektive Koppelung von Rausch und rauschvermittelnder Person
2.5 Lösung der äußeren und Verstärkung der inneren Bindungen (an Selbst-Objekte)
3. Verzweiflungs-Phase
3.1 Mißlingen einer (reifen) menschlichen Beziehung
3.2 Totaler Rückzug von den äußeren und verstärkte Hinwendung zu den inneren Objekten
3.3 Weitere Aufwertung der Räusche (Fetischierung)
3.4 Totale Entwertung der Außenwelt und ihrer Objekte
3.5 Kontakt mit dem Selbst nur noch über den Rauschzustand
3.6 Selbst-Vernichtung

Man sieht, daß schon lange vor der Drogenabhängigkeit das Seelenleben des späteren Users mehr und mehr gestört wird. Je früher also eine Wendung in positiver Richtung eintritt (zum Beispiel durch eine Psychotherapie in der Kindheit oder Jugend), um so nachhaltiger kann das Abrutschen in eine Sucht gebremst und schließlich verhindert werden. Heutzutage, wo bereits jedes dritte oder vierte Kind im schulpflichtigen Alter als massiv psychosozial gestört gilt, ist der Zugang zur Drogenkarriere breiter denn je. (Näheres in: vom Scheidt 1984)
14.000 Menschen bringen sich in der Bundesrepublik jedes Jahr um, etwa zehnmal soviel versuchen es und werden rechtzeitig gerettet (Pohlmeier). Dies ist ein Indiz für die weite Verbreitung der depressiven Störungen in der Bevölkerung (→ auch RA IV). Als besonders tragisch erscheint, daß die Zahl der Suizidversuche bei jungen Menschen zwischen 15 und 25 Jahren ständig ansteigt – also bei genau jener Altersgruppe, die auch den Hauptanteil der Drogensüchtigen (speziell der Heroinisten) stellt.
Eine zentrale Ursache, die viele eines Tages in eine Drogenkarriere treibt, hat Gerhard Amendt, Soziologe in Bremen, 1980 in einer Studie aufgezeigt. Nach vorsichtigen Schätzungen ist mindestens jedes dritte Kind, das derzeit in den Industriestaaten westlicher oder östlicher Prägung auf die Welt kommt, unerwünscht – wahrscheinlich sind es, nach Amendt, noch weit mehr, eventuell sogar die Mehrheit. Die Benachteiligung der Unerwünschten beginnt bereits im

Mutterleib; unerwünschte oder erzwungene Schwangerschaft führt bei den Müttern, meist unbewußt, zu Verhaltensweisen, die mit großer Sicherheit die Säuglingssterblichkeit erhöhen und Mißbildungen oder Verhaltensstörungen der Kinder bereits in den ersten Lebensjahren fördern. Später geraten solchen Kinder, weil sie aufgrund ihrer mitgebrachten Belastung, mehr Schwierigkeiten als andere machen, zunehmend in einen Teufelskreis. Weil ihnen die intensive Zuwendung der Mutter (des Vaters meist noch weit mehr) fehlt, verkümmern Kontakt- und Lernfähigkeit, sie versagen in der Schule, werden zu Duckmäusern. Alle diese Momente verstärken die Bereitschaft, mit Drogenwirkungen einem als feindselig und sinnleer erscheinenden Leben zu entfliehen, bis hin zum »Selbstmord auf Raten« durch Heroin oder Alkohol.

Dieses komplexe Gefüge von Ursachen und Wirkungen hat hervorragend die Rockgruppe Pink Floyd auf ihrem Album *The Wall* beschworen, mit Texten und packender Musik. Das Album ist auch psychologisch sehr differenziert und einfühlsam gestaltet – man kann sich schlechterdings keine treffendere Beschreibung des Unterbaus einer Drogenkarriere vorstellen (obgleich auf diese nicht direkt angespielt wird – es geht um die generelle Misere der Welt, in der Drogenkonsum eine Rolle unter anderen spielt):

- da ist die überbesorgte Mutter, die das Kind am liebsten im Babystadium festhalten möchte (»Ooooh Babe, don't leave me now«, klagt sie);
- da ist der »abwesende Vater« (»Daddy's flown across the ocean, leaving just a memory...«);
- da ist eine zerstrittene politische Welt, in der es jederzeit zu einer atomaren Eruption in einem Dritten Weltkrieg kommen kann (»Mother, do you think, they'll drop the bomb...«);
- da sind endlich die vielen Arten von »Mauern«, die Menschen gegeneinander aufrichten und die dem Album seinen Namen gegeben haben.

Aber die Pink Floyd wissen, daß das plötzliche Niederreißen der Mauern (z.B. durch Drogenräusche, könnte man anmerken) auch keine Lösung ist. In einem Prozeß von kafkaesken Formen wird der Ich-Sänger zur schlimmsten Strafe verurteilt, die seine tiefsten Ängste mobilisiert: Die (schützenden wie abwehrenden) Mauern werden niedergerissen (»Tear down the Wall!«). Daß dieses Album den Nerv der Zeit trifft, zeigt sein ungeheurer Erfolg. Im Jahr nach der Veröffentlichung wurden bereits mehr als zehn Millionen Exemplare gekauft!

Langzeit-Effekte der Rauschdrogen

Aber auch mit dem allmählichen Abbau von »Mauern« ist noch nicht alles getan, auch nicht mit dem Beenden einer Drogensucht, die die Persönlichkeit des Users nicht minder einmauerte wie unnahbare Eltern oder eine schulische Erziehung mit toten Inhalten und Idealen (»We don't need no education ... Teacher, leave us kids alone...«, Pink Floyd).

Noch mehr als ein Jahrzehnt nach der letzten Einnahme einer Rauschdroge rühren sich in Träumen oder Phantasien die ehemals aufgewühlten unbewußten Schichten. Einer meiner Klienten träumte 17 Jahre nach seiner ersten Marihuana-Zigarette und 13 nach seiner letzten genau davon: daß ihm jemand einen Joint reicht. Ausführlich analysiert sind diese Langzeit-Effekte in meiner Studie zu Sigmund Freuds Kokain-Experiment (vom Scheidt 1973). Man muß also unterscheiden zwischen drei Drogenwirkungen:

- akuter Rauschzustand,
- Drogenkonsum (gelegentlich) und Drogenabhängigkeit (kontinuierlich),
- unterschwelliges Weiterwirken des aktivierten Unbewußten noch viele Jahre selbst nach geglückter Heilung, auch wenn keine Drogen mehr genommen werden.

Auch dieses dritte Stadium muß eigentlich noch zur Drogenkarriere gerechnet werden!

5. Drogen in der Schule

Identitätsschwierigkeiten sind sicher auch das Grundmotiv des steigenden Drogenkonsums bei Schülern. In einem gewissen Sinne dient dabei als Schrittmacher der Alkohol- und Zigarettenkonsum der Erwachsenen (1996 wurden in der Bundesrepublik rund 33 Milliarden Mark verraucht und 50 vertrunken!) sowie der enorme Verbrauch an Beruhigungs- und Aufputschmitteln. Selbst in der Schule finden letztere vor allem vor Prüfungen in zunehmendem Maße wie selbstverständlich Verwendung. Abgesehen von Großkatastrophen à la Contergan oder DDT, die man heute bei keinem dieser Mittel mit Sicherheit ausschließen kann, führt dieser sorglose Tablettenverbrauch zu einer großen Gefahr:

Die Jugendlichen lernen mehr und mehr, sich auf diese Mittel zu verlassen, und geraten dadurch in den Teufelskreis von → Barbituraten (gegen Schlaflosigkeit) und → Weckaminen (zum Wachwerden), wobei der natürliche Wach-Schlaf-Rhythmus zunehmend durch die Tabletten reguliert wird. Abgesehen davon, daß Barbiturate das Gehirn schädigen und wie die Weckamine süchtig machen, wird dabei völlig außer acht gelassen, daß die zugrunde liegenden Störungen in den meisten Fällen psychischer Natur sind und eigentlich psychotherapeutisch behandelt werden müssen. Zu dieser Unsitte der Pillensteuerung tragen nicht wenig manche Ärzte bei, die diese Mittel am laufenden Band verschreiben, weil die psychologische Betrachtungsweise ihnen noch fremd ist oder sie einfach zu wenig Zeit für ihre Patienten haben, um mit ihnen über deren Schwierigkeiten zu sprechen. Vor allem bei den Schülern wird hier in hohem Maße gesündigt. Oft setzt automatisch ein Lernprozeß ein, demzufolge alle Lebensschwierigkeiten auf pharmakologischem Wege beseitigt werden können.

Der Schritt vom Anregungsmittel vor Prüfungen zur Amphetaminspritze oder von der Schlaftablette zur Haschischpfeife erfolgt auf der vorgeprägten Straße ganz zwanglos – nur ist es häufig eine Einbahnstraße.

Der übliche Jargon trägt noch dazu bei, die Drogen zu verharmlosen: Ob normale Zigaretten oder *hash joint,* beide Male wird von *Rauchen* gesprochen. Die anderen Ausdrücke mit ihrem blumigen, meist liebevollen Grundton zielen in die gleiche Richtung. So wie früher heimlich auf den Toiletten Zigaretten geraucht wurden, raucht man jetzt draußen vor der Schultüre den *joint.* Es ist die Selbstverständlichkeit, mit der diese Verschiebung des Schwergewichts abläuft, die so gefährlich ist. Und es sind nicht nur die Unintelligenten, die den Schuldirektoren Sorgen bereiten. Oft sind es die Schüler mit den besten Noten, die plötzlich schlampig werden, nicht mehr lernen, Schule schwänzen und schließlich überhaupt nicht mehr im Klassenzimmer auftauchen. Die »Große Verweigerung« hat natürlich ihre Berechtigung in vielen Mißständen. Daß sie gerade die Schulen trifft, nimmt nicht wunder, denn hier liegt pädagogisch und gesellschaftspolitisch noch vieles im argen. Um so wichtiger ist eine Aufklärung von Schülern, Eltern und Erziehern, die das Übel an diesen Wurzeln packt und vor allem die Möglichkeit einer Besserung sichtbar macht. Vorab muß jedoch eine Entschärfung des Generationenkonflikts erfolgen.

Hierzu sei kurz das Ergebnis einer amerikanischen Studie erwähnt. J. Thomas Ungerleider und Haskell L. Bowen fanden, daß jene Schulen die größten Schwierigkeiten mit Rauschdrogen hatten, die angaben, überhaupt kein Drogenproblem zu kennen. Wohingegen an den Schulen, die eine regelrechte Aufklärung mit sachlicher Information trieben, relativ wenig Drogenmißbrauch beobachtet wurde. Bewährt hat sich auch die Einrichtung einer neutralen Vertrauensperson (*Ombudsman* nach schwedischem Vorbild), bei der sich die Schüler informieren oder aussprechen können, ohne polizeiliche Nachforschungen befürchten zu müssen.

Wichtige relevante Untersuchungsdaten aus dem deutschen Sprachraum findet man bei V. Hobi, M. Jasinsky, J. Schenk (1976), L. Schmitt, J. Schwarz u. a., R. Wetz und R. Wormser.

6. Sozialpsychologie des Drogenkonsums und -mißbrauchs

Mindestens seit Aristoteles erlebt sich der Mensch bewußt als soziales Wesen *(zoon politikon)*. Kultur ist ohne Zusammenarbeit vieler in Arbeitsgruppen nicht denkbar, und auch die Freizeit spielt sich in weitem Rahmen in Gruppen ab. Die früheste Gruppe ist die Familie, die auch im späteren Leben das Modell für Verhalten in Gruppen abgibt, wenn auch meist, ohne daß der einzelne es noch bewußt wahrnimmt.

Störungen des Kontakts zu Gruppen

Alle Anzeichen sprechen dafür, daß der exzessive Genuß von Rauschdrogen, auch von Haschisch, die Beziehung des Konsumenten zu den Gruppen stört, an denen er teilnimmt. Die Verschiebung des Interesses auf die Innenwelt führt mit der Vernachlässigung der Außenwelt (und dem daraus resultierenden Abbau des Kontakts zu Objekten der Außenwelt) zu einer zunehmenden sozialen Isolierung. Die Wertvorstellungen dieser Bezugsgruppen werden nicht mehr akzeptiert und schließlich abgelehnt (»Scheiß-Establishment!«), während die Beziehung zu anderen Bezugsgruppen (*underground,* Kommunen) neu entsteht. Soweit sich bisher überblicken läßt, haben diese neuen Gruppen jedoch eine ganz andere, ursprünglichere Form, der vielleicht am ehesten jene Familienform gleicht, in der das Kind im Vorschulalter lebt.

Tiefenpsychologisch läßt sich dieser Vorgang so interpretieren, daß diese Gruppen die Rolle einer Mutter* spielen, bei der der einzelne

* Allerdings nicht selten einer tyrannischen Mutter: Wer unter Haschern nicht haschen will, zieht sich bald die Ablehnung der Gruppe zu und wird meist mitleidlos ausgestoßen.

Geborgenheit, Schutz und Bewältigung seiner Ängste sucht (Haschisch und die anderen Rauschdrogen werden von Psychoanalytikern entsprechend als – wenn auch *vergiftete* – Muttermilch interpretiert).

Die Teilnahme an gemeinsamen Ritualen (»den *joint* kreisen lassen«), gleiche Interessen (fernöstliche Religionen und Philosophien, Parapsychologie), gemeinsame Sprache mit eigenen Slang-Ausdrücken, eigene Zeitungen, Läden, Lokale stellen das Bindeglied dar. Ob man freilich bereits von einer eigenen Subkultur sprechen kann, ist noch völlig ungeklärt; dafür sind die Strukturen und Ziele dieser sehr heterogenen Gruppen noch viel zu verschwommen (→ RA II).

Was auffälllt, ist das nahezu völlige Zurücktreten des Leistungsprinzips. Der Hamburger Sozialpsychologe Peter R. Hofstätter stellt dieses als einen der wichtigsten Faktoren jeder menschlichen Gruppe dar. Es sei nur der Zeitfaktor erwähnt, der Zusammenarbeit in einem modernen Sinn erst ermöglicht:

»Scharf rhythmisierte Arbeitslieder sind in den Stammesgesellschaften so häufig anzutreffen, daß auch die Zusatzannahme berechtigt erscheint, der Mensch habe sehr bald die zur Nutzung des Gruppenvorteils erforderliche zeitliche Koordination der Individualanstrengungen entdeckt. Der Punkt ist darum bedeutungsvoll, weil die Gruppe bereits auf diesem sehr einfachen Niveau einer Ordnungsstruktur bedarf, um wirksam zu werden« (Hofstätter).

In einer modernen Industriegesellschaft sind die Arbeitsbedingungen entsprechend verschärft. Damit geht eine wachsende Dehumanisierung der Arbeit einher, die mit Recht kritisiert wird. Der toxische Effekt der Rauschdrogen und in der Folge eine entsprechende Veränderung des Realitätsbezuges der Konsumenten führen jedoch dazu, daß die Grundforderungen der Arbeitsgruppe bald überhaupt nicht mehr erfüllt werden können. Zeitgefühl (Pünktlichkeit), Ordnungsbezüge und schließlich überhaupt die Einsicht in die Notwendigkeit der Arbeit werden abgelehnt einfach deshalb, weil sie so gestört sind, daß der Drogenabhängige ihnen nicht mehr nachkommen kann.

Jedes Gruppenleben, das mehr als nur Geselligkeit und Zeitvertreib ermöglicht, verschwindet deshalb. Diese Effekte nehmen mit der Härte der Droge zu. Am schlimmsten wirken sie sich beim Heroinfixer aus, der am liebsten allein mit seinem Rausch ist und jeglichen Kontakt mit anderen aufgrund seiner Übersensibilität möglichst meidet.

Einen gewissen Widerspruch hierzu bilden die Aussagen von Haschisch-Rauchern, daß die Droge gerade das Zusammengehörigkeitsgefühl und die soziale Kommunikation stärke. »All you need is love«, der Titel eines Beatles-Songs, drückt das sehr klar aus. Nimmt man dazu noch die pazifistischen Bestrebungen der Hippies (*green rebellion, flowerpower* → RA II) und die ohne Zweifel verstärkte Einsicht in die Schwächen der gegenwärtigen gesellschaftlichen Zustände, die der Rausch bewerkstelligen kann, so entsteht das Idealbild einer menschlichen Gemeinschaft.

Die Wirklichkeit sieht anders aus: Wer eine Gruppe chronischer Haschisch-Raucher auf einem gemeinsamen *trip* beobachtet, merkt von Gemeinsamkeit wenig. Die Gespräche sind im Grunde Monologe, die an bestimmten Punkten lose zusammenhängen. Die meiste Zeit ist der Berauschte in seiner eigenen Traumwelt versunken. Das Gefühl der »totalen Kommunikation« mit manchmal telepathieähnlichem Einschlag – das wirklich sehr beeindruckend erlebt wird –, entpuppt sich als weitgehend subjektiv.

Ein letzter nüchterner Einwand ist schließlich, daß die Drogenkonsumenten im Grunde noch keine ihrer Rauscherkenntnisse, so wahr und nützlich sie auch sind, in die Realität umgesetzt haben. Eine Ausnahme bilden einige Beat-Bands und die *underground*-Zeitschriften sowie verschiedene politisch aktive Gruppen. Diese erreichen durch ihre Esoterik jedoch gerade nicht das angestrebte Ziel, nämlich eine Umfunktionierung der tatsächlich menschenfeindlichen Leistungsgesellschaft zu einer humaneren Umwelt.

Ein Experiment scheitert

Eines der interessantesten Gruppenexperimente unserer Tage waren die zwei Jahre der Berliner Kommune 2. Zum Unterschied von anderen Kommunen spielten Rauschdrogen, wie ihr Selbstbericht (Bookhagen u. a.) klarmacht, wenigstens in der Anfangszeit keine Rolle. Erstaunlicherweise heißt es nach dem Scheitern des Experiments:

»Die Situation war bestimmt durch starre, eingefrorene Beziehungen, gegenseitiges Ausweichen und Stagnation auf allen Gebieten. Zu ihrer Überwindung hätte es wahrscheinlich helfen können, andere (nicht sprachlich-intellektuelle) Formen der Kommunikation zu entwickeln. Erst später haben wir erfahren, daß man solche Verhärtungen anders angehen, sich anders aufeinander zubewegen kann. Wir denken etwa an gemeinsames Spielen, Musikhören und Selbermachen oder *gemeinsam bewußtseinserweiternde Drogen einzunehmen* [Hervorhebung J.v.Sch.] ... Auf der anderen Seite sind Gruppen, die regelmäßig Halluzinogene und Opiate nehmen, in der Gefahr, den

Bezug zur gesellschaftlichen Realität allmählich zu verlieren, vor allem wenn sie nicht gezwungen sind, regelmäßig zu arbeiten.« Und: »Nach unseren Beobachtungen ... müssen wir deshalb daran zweifeln, daß diese Form kollektiver Regression therapeutische Wirkung hat, wenn die Gemeinsamkeit auf die Dauer nur in dieser Lebensform besteht. Auf das Märchen, daß Haschischrauchen und Tripsnehmen politisiere, brauchen wir hier nicht einzugehen. Wer vorher unpolitisch ist, wird durch diese Bewußtseinserweiterung nicht politisch. Daß Brutalität und Ausbeutung bei den sogenannten Haschrebellen nicht abgeschafft sind, zeigen die oft fehlende Solidarität (wenn einer nicht vom *trip* runterkommt oder im Knast sitzt) und das Schmarotzertum der *dealer!*« Kein Wunder, daß Gruppen mit ernsthaften politischen Zielen (Teile der Außerparlamentarischen Opposition, die militanten Black Panthers in den USA) jeglichen Drogengebrauch strikt abgelehnt haben.

Die Grundursache, die zum Drogenkonsum führt, ist letzten Endes ebenfalls sozialpsychologischer Natur. Die bereits erwähnten Studien von Kielholz, Bschor und Wanke zeigen mit erschütternder Klarheit, daß die Familien, aus denen die Konsumenten kommen, erheblich gestört sind.

Alexander Mitscherlich hat betont, daß das Bedürfnis nach Daseinserleichtung mit Hilfe von Rauschdrogen universal sei, daß sich jedoch die Auslösung von der physischen Not (Hungerdämpfung durch Opium) zur psychischen Not verschoben hat. Das *Unbehagen an der Wohlstandsgesellschaft* ist der modernste Ausdruck dafür:

»Die jungen Leute lernen diese Leistungsgesellschaft kennen unter gleichzeitiger permanenter Bewußtseinsbelastung: daß ein Krieg in Vietnam stattfindet, in Griechenland gefoltert wird, daß es eine Atombombe gibt und vor allem, daß das ganze Leben permanent überschattet ist von diesen atomaren Zerstörungsmächten. Die erste Generation in der Menschheit, die unter einer permanenten Lebensgefahr lebt, aber nicht nur Lebensgefahr, sondern einer Gefahr der Zerstörung des Lebens auf der Erde überhaupt. Das ist wiederum ein Einfluß, den wir bewußt gar nicht aushalten können. Wir verdrängen dieses Wissen immerzu, aber unbewußt wirkt es. Die Reaktionen, die diese (drogenkonsumierende) Jugend zeigt, sind unbewußte Reaktionen auf unbewußte Belastungen.«

Für »Vietnam« kann man »Tschetschenien« setzen, für »Griechenland« die »Türkei«, für die »Atombombe« den »Rinderwahnsinn« oder »Aids« – Mitscherlichs Beobachtungen stimmen auch dann. Die Folge ist dementsprechend ein Generationskonflikt, wie er in dieser Schärfe und Konsequenz bisher wohl noch nicht existiert hat. Die Oppositionshaltung der kiffenden Jugendlichen ruft andererseits eine entsprechende Ablehnung auf seiten der Erwachsenen hervor, die darin gipfelt, daß viele die *junkies* als Gesamtgruppe ablehnen, daß man sie, typischer Fall einer Minderheiten-Diskriminierung, zu Sündenböcken stempelt, auf die man die eigenen unbewußten Aggressionen projizieren kann. Zum nicht geringen Teil dürften die unbewußten Schuldgefühle der Eltern hierbei eine Rolle spielen, die ja letzten Endes einen Gutteil Verantwortung für das Rauschbedürfnis ihrer Kinder tragen, weil sie die frühkindlichen Entwicklungsstörungen mitverursachen.

Mag sein, daß sich zum vielzitierten Sexualneid der Älteren auch noch eine Art Drogenneid gesellt – denn die Sehnsucht nach Rausch, nach Ekstase teilen alle Menschen. Nur kann der Erwachsene, der mitten im Produktionsräderwerk steht, dieser Sehnsucht nicht so ohne weiteres nachgeben.

Für das Vorhandensein solcher unbewußter Motivationen auf seiten der Erwachsenen spricht nicht zuletzt, daß sie sich dem klassischen Alkoholiker oder Morphinisten gegenüber weitaus toleranter verhalten als gegenüber den eigenen rauschsuchenden Kindern.

Dropping-out führt zu Niveauverlust

Das Aussteigen aus der traditionellen Gesellschaft bringt für den Drogenkonsumenten zwangsläufig einen sozialen Niveauverlust mit sich; entsprechender Lebensstandard außerhalb des Establishments ist unmöglich. Die wenigsten *drop-outs* dürften in der Lage sein, diesen Prozeß rechtzeitig zu stoppen, schon gar nicht, wenn sie der Zeitlosigkeit des Rausches wirklich verfallen. Gedanken an Altersversorgung, Krankheiten, körperlichen Abbau und dergleichen werden von jedem gesunden jungen Menschen aus natürlichen Gründen nicht erwogen. Der Drogenkonsument kann jedoch, anders als sein nüchterner Altersgenosse, kaum mehr den Anschluß an die entsprechenden Gruppen finden. Der Wohlfahrtsstaat läßt ihn, zur Zeit jedenfalls noch, nicht völlig untergehen – aber die Gesamtheit muß die Kosten in Form von Steuern dafür tragen. (Es muß hier allerdings auch wiederholt werden, daß der chronische Drogenmißbraucher krank ist und deshalb ein Anrecht auf diese Hilfe hat, wie der Geisteskranke und der Alkoholiker auch.)

Die soziale Abhängigkeit von den Drogenhändlern sowie die zwangsläufige Bekanntschaft mit den gesellschaftlichen Randzonen führen nicht nur zu sozialer Isolation, sondern bei willensschwäche-

ren Menschen auch zur Kriminalisierung (Apothekeneinbrüche, Rezeptfälschungen, kleinere Diebstähle zur Beschaffung von Geld für Drogen, Erpressung). Auch in der Abkapselung seiner Rauschwelt bleibt der Drogenkonsument ein *zoon politikon,* nur eben jetzt unter negativen Vorzeichen.
Eine der eindringlichsten Schilderungen dieses Milieus gibt ein autobiographischer Bericht von William Burroughs (s. Literatur). In romanhafter Form, aber ebenfalls aufgrund tatsächlicher Begebenheiten, beschreiben Nelson Algren und Heinz Liepmann die Drogenszene. Aus der Sicht des Kriminalbeamten, der Händler ausfindig machen muß, ist sehr aufschlußreich ein Bericht von Gerhard Kürbis und Günter Müller vom Berliner Rauschgiftdezernat.
Inzwischen haben sich viele neue Formen eines mehr gemäßigten Aussteigens aus der ungeliebten Gesellschaft gebildet. Viele Wohngemeinschaften, speziell die Landkommunen, haben stabile Formen des Zusammenlebens entwickelt und sich von Drogen gelöst; weit über eine Million Bürger gehören allein in der Bundesrepublik politisch und sozial aktiven Bürgerinitiativen an oder sympathisieren mit ihnen (vom Scheidt 1976, Lohrengel 1980) und können dort lernen, ihre Lebensumstände aktiver zu gestalten. Ohne diese Möglichkeiten wäre es mit dem Drogenkonsum Ende der achtziger und Anfang der neunziger Jahre wahrscheinlich noch schlimmer bestellt!
Ein letzter sozialpsychologischer Aspekt muß noch erwähnt werden, der bei der wissenschaftlichen Erforschung der Drogenphänomene eine bedeutende Rolle spielt: die Umgebung *(setting),* in der die Experimente und Feldstudien durchgeführt werden. Es leuchtet ein, daß Untersuchungen an Gefängnisinsassen anders ausfallen als solche von Studenten in deren gewohnter Umgebung oder an zwangseingewiesenen Patienten einer Nervenheilanstalt. Der soziale Effekt beeinflußt in hohem Maße die psychischen Reaktionen. Die nüchterne Atmosphäre einer Klinik mit fremden Ärzten wird eher einen *horror trip* hervorrufen als die *Gruppenreise* in einer Kommune – obwohl bei entsprechender Persönlichkeitsstruktur auch genausogut das Gegenteil eintreten kann.

Der Drang zu den Jugend-Sekten
An anderer Stelle (→ RA IV, Kap. 2 und 3) ist ausführlich beschrieben, warum gerade junge Menschen sich in Gruppen zusammenschließen. Aber auch bei Erwachsenen läßt sich ein solcher Trend zu therapeutischen und Selbsterfahrungsgruppen beobachten, den man grundsätzlich nur gutheißen kann – ist doch die dort gesuchte und

erfahrbare Bewußtseins- und Horizonterweiterung nicht nur prinzipiell heilsam, sondern ganz sicher ungefährlich, verglichen mit den Drogenräuschen (die ja gerade Jugendliche gerne als Ersatz für eine intensive Selbsterfahrung über längere Zeiträume hinweg benutzen). Speziell die Jugendsekten, die in den sechziger Jahren, durchaus parallel zum Ansteigen des Drogenkonsums, auch in Europa Fuß faßten, erfüllen offenbar wichtige Grundbedürfnisse des Menschen, deren der junge Mensch noch nicht – wie viele Ältere – entsagt hat (Evans; Haack). Problematisch sind alle diese Sekten:

- weil sie mehr Freiheit und Bewußtseinserweiterung nur vorübergehend bieten und allenfalls die Ablösung vom Elternhaus erleichtern, nicht selten sogar die Lösung von vorangegangenem Drogenkonsum ermöglichen,
- weil sie jedoch infolge altertümlicher rigider Sozialstruktur (Ausrichtung auf einen Guru) dann letztendlich noch mehr Unfreiheit aufzwingen, als vorher erlebt wurde.

Immer noch lesenswert, wenngleich längst Historie durch den Zerfall der Gemeinschaft nach dem Tod Bhagwans, ist der Bericht von Swami Satyananda (= Jörg Andreas Elten) über seinen Aufenthalt im Ashram des Bhagwan Shree Rajneesh im indischen Poona, einer Lebensgemeinschaft auf internationaler Ebene, die man mit dem Aurobindo-Ashram in Pondicherry/Auroville vergleichen könnte, die aber stärker westliche Methoden der Gruppen- und Körpertherapie einbezog.

Ob es sich bei solchen Angeboten um mehr als einen flüchtigen Ersatz für Drogenräusche und verwandte Phänomene handelt, wird sich erst erweisen müssen. Der Gradmesser für eine Beurteilung wird vor allem die Selbständigkeit und größere soziale Reife (Bindungsfähigkeit zu Individuen und Gruppen) sein sowie größere Offenheit gegenüber dem spirituellen Bereich (→ dieser RA III unten, Kap. 9), also all das, was Räusche nur vorübergehend erschließen können, letztendlich aber eher versiegeln.

7. Therapie mit Hilfe von Drogen

Dieses Thema wird ausführlich dargestellt im Stichwort → LSD, so daß sich hier detaillierte Ausführungen erübrigen. Verwiesen sei auch auf → RA IV »Therapie«, handelt es sich doch gerade bei Dauerkonsum von Drogen um eine Form der Selbstmedikation (Haas 1976), bei der letztlich erst in der Therapie des Drogenmißbrauchs

das ursprünglich angestrebte Ziel erreicht wird. Schon mancher machte auf dem Umweg über die Räusche die Erfahrung, daß er/sie eigentlich einer Psychotherapie bedarf, um Selbstverwirklichung zu erlangen.
Grundsätzlich ist zur Drogentherapie zu sagen, daß all das dabei Angestrebte auch ohne Drogen erreichbar ist. LSD-Trips und Räusche mit anderen potenten Halluzinogenen (→ Cannabis, Harmalin, Ibogaïn, MDA, Meskalin, MDMA, Psilocybin) machen ohne Frage innere Zustände, ja ganze innere Universen zugänglich (Grof, Naranjo), aber die schockartige Konfrontation mit dem Unbewußten, mit der »inneren Wirklichkeit«, mit der »anderen Seite« des Lebens verlangt dann anschließend viele Jahre intensiver Auseinandersetzung mit dem im Rausch Erlebten. Sonst bleibt nicht mehr übrig als eine Art Kino-Erinnerung.
Wesentlich langsamer, mehr einer »metaphysischen Osmose« vergleichbar, sind die inneren Erfahrungen, die beispielsweise Gestalttherapie und katathymes Bilderleben zugänglich machen (s. oben Kap. 2, sowie das folgende Kap. 8)

8. Bewußtseinserweiterung ohne Drogen

Spätestens in der Endphase einer Therapie Drogenabhängiger erhebt sich die Frage: Wie lassen sich Erfahrungen, die Rauschzustände fraglos zugänglich machen (→ LSD, wo dies ausführlich dargestellt wird), auch ohne Drogen erreichen?
Räusche, insbesondere Halluzinogenräusche, ermöglichen den Abbau von psychischen und vielleicht sogar physiologischen Grenzen, denen unser Bewußtsein normalerweise unterworfen ist (→ Meskalin). Man kann dies als Bewußtseinserweiterung bezeichnen, ähnlich der in der mystischen Entrückung (der Vergleich dieser verschiedenen Methoden findet sich bei → LSD).
Erfahrungsgemäß wird Bewußtseinserweiterung immer dann möglich, wenn (in der Regel: neurotische) Ängste abgebaut werden und vor allem die Wahrnehmungs- und Denkabläufe verlangsamt werden. Es ist kein Geheimnis, daß wir in einer Kultur leben, die genau das Gegenteil bewirkt und fördert, ja sogar – wenn auch oft unausgesprochen – fordert: Beschleunigung.
Wer zu einem Psychotherapeuten geht, um dort eine Stunde lang sein Leben in Ruhe anzuschauen, »entschleunigt« sich. Dasselbe tut der Mönch, der in der Zurückgezogenheit seiner Klosterzelle medi-

tiert. Auch wer Drogen nimmt, und sei es nur ein entsprechendes Quantum Alkohol, entschleunigt sich.
Viele Drogen dämpfen zudem Angstzustände. Es ist vielen Menschen heute nicht mehr möglich, sich eine Stunde allein in Ruhe irgendwo hinzusetzen und die Augen zu schließen – eine Vorstufe jeder Besinnung und Meditation. Warum? Weil sie Angst haben, mit sich allein zu sein. Sie kennen sich nicht und fürchten sich vor dem Unbekannten, vor dem ungeordneten, weil unbewußten, Chaos im Inneren. Der Psychotherapeut ist eine Stütze bei dieser Innenschau. Der meditierende Mönch ist geistig schon weiter entwickelt und kann diese Innenschau unter Umständen bereits »ohne Stütze« eines spirituellen Lehrers vollziehen.
Es seien hier einige Methoden genannt, die Selbsterfahrung und damit Bewußtseinserweiterung möglich machen, weil sie helfen, das Seelenleben zu entschleunigen; das trägt dann dazu bei, daß nicht mehr der Neuhirn-Computer (der Kopf) dominiert, sondern wieder ganzheitliche Formen des Selbst- und Welterlebens zugänglich werden, zum Beispiel:

- Wahrnehmen, Aufschreiben und meditierendes Betrachten (eventuell auch Malen) eigener Träume (vom Scheidt 1973, 1974 b; zum besseren Verständnis des Träumens: Boss 1953);
- Tagebuchschreiben (Simons), überhaupt Schreiben als Selbsterfahrung und Meditation (vom Scheidt 1989/96), entsprechend
- bewußtes (lautes und langsames!) Lesen von eigenen oder fremden Texten, die einem etwas bedeuten; besonders verwandt der Atmosphäre von Halluzinogenräuschen sind viele Produkte der Science-fiction, gerade ihrer trivialen Produkte wie die Perry-Rhodan-Heftserie, von der inzwischen mehr als 1.800 Folgen erschienen sind (s. zur SF auch Aldiss; Alpers u. a.; vom Scheidt 1980 c);
- intensive künstlerische Arbeit wie Malen, Musizieren (Hamel), Töpfern, insbesondere Mandala-Malen (Argüelles; Jung, Tucci);
- Yoga (van Lysebeth; vom Scheidt 1971 a, 1976 b) und Meditation (Naranjo und Ornstein);
- T'ai Chi (»chinesisches Schattenboxen« – Anders 1977), Taekwan Do, Aikido, Kung Fu und andere spirituell-körperliche Übungssysteme;
- Theaterspielen, insbesondere als Rollenspiel, Soziodrama, Psychodrama (Erdman 1975);
- katathymes Bilderleben (Grünholz; Leuner 1974) und autogenes Training (Schultz)
- Heilfasten (Buchinger; Lützner).

Im angelsächsischen Bereich nennt man diese Verfahren etwas mißverständlich *turning on without drugs* (Hyde; de Ropp) – mißverständlich deshalb, weil gerade die extreme Loslösung von der Welt, die den Rausch kennzeichnet, unterbleibt.
Bei den meisten dieser Verfahren ist es wichtig, eine Anleitung durch einen entsprechend erfahrenen Menschen oder eine Gruppe zu bekommen. Diese gemeinsame Arbeit ist, ähnlich wie bei der Psychotherapie, das tragende Fundament jeder Selbsterfahrung und Bewußtseinserweiterung. Wer nur für sich allein meditiert, verstrickt sich leicht noch tiefer in die Abwehrmechanismen und Unfreiheiten, denen er doch eigentlich entrinnen möchte.

9. Thanatologie und Transpersonale Psychologie

Es besteht kein Zweifel daran, daß die Rauschdrogen vielen Menschen einen Bereich der Innenwelt (wieder) eröffnen, den frühere Generationen als Religion offenbar sehr lebendig unmittelbar erlebt haben. Diese direkte Schau war, nicht zuletzt durch die zunehmende »Verkopfung« unserer Welterfahrung, weitgehend verlorengegangen (s. auch → Sakrale Drogen).
Wenn jemand im LSD-Trip in Kontakt mit Gottheiten, früheren Leben oder Geistern Verstorbener kommt (Grof, Kap. 2), so wird dies, vor allem von den eher biologisch-materialistisch eingestellten Psychiatern, gerne als Halluzination abqualifiziert und wegdiskutiert. Es hat sich jedoch in den siebziger Jahren eine eigene Richtung, die Transpersonale Psychologie, etabliert, die solche Erfahrungen ernst nimmt (Lilly; Tart 1969, 1975).
Es zeigt sich, daß in vielen Wissenschaften ein Paradigmenwechsel (Kuhn) stattfindet, daß sich ein neues Weltbild zu formen beginnt, in dem solche *anderen* Erfahrungen plötzlich nicht mehr unsinnig und unpassend sind, sondern sich mit den Erkenntnissen der modernen Forschung durchaus vertragen. Im einzelnen handelt es sich um folgende Bereiche, die an dieser Stelle natürlich nur gestreift werden können:

- In der Quanten- und Astrophysik haben die Arbeiten von Burkhard Heim (s. Literatur) weitere Weltdimensionen erschlossen, in denen sogar das Überdauern des persönlichen Bewußtseins nach dem Tod denkbar und rational erklärbar wird und sich der »kosmische Erlebnisraum des Menschen« (Heim 1975) öffnet, von dem Mystiker vergangener Epochen und LSD-Berauschte unserer Tage

(Leary) geschwärmt haben – und dafür belächelt wurden. Auch Jean Charon und Fritjof Capra haben die Physik, ähnlich wie Heim, auf neue Fundamente zu stellen versucht (s. auch den Aufsatz »Das neue Weltbild der Physik« von Rüdiger Lutze).

- In der Gehirnphysiologie weisen bahnbrechende Arbeiten von John Eccles *(Gehirn und Geist)* in dieselbe Richtung, desgleichen Hiroshi Motoyamas Arbeit über *Chakra-Physiologie* und Gopi Krishnas Bücher über die – selbst erfahrene – Erweckung der Kundalini-Kraft in den Chakren.*
- Mehr und mehr Psychologen und Psychotherapeuten entdecken, wie wichtig es ist, altes – intuitives – Wissen der Menschheit wiederzuentdecken. Dazu gehören Querverbindungen zur modernen Physik einerseits (Jeff Love, ein amerikanischer Gestalttherapeut, interpretiert in *Die Quantengötter* die jüdische Mystik der Kabbala neu), zur Esoterik und Religion der verschiedensten Kulturen andererseits. Es ist kein Zufall, daß einer der Begründer der Transpersonalen Psychologie, Charles Tart, über die Erfahrungen mit Rauschdrogen und verwandte Bewußtseinszustände (1969) dazu kam, sich mit esoterischen bzw. transpersonalen Denksystemen zu befassen (Tart 1975).
- Einen weiteren Zugang, ebenfalls von den Rauschdrogen her, hat Carlos Castaneda erschlossen, und zwar auf dem Gebiet der Kulturanthropologie.
- Endlich ist noch die Parapsychologie zu nennen. Im Stichwort Psilocybin wird beschrieben, wie die mexikanischen Pilzdrogen offensichtlich prophetische Fähigkeiten hervorrufen oder vielleicht auch nur verstärken (Estrada, S. 116). Diese Gedanken waren vor kurzem noch eher spekulativ und abenteuerlich. Seit jedoch Burkhard Heim und andere Naturwissenschaftler neue Weltmodelle entwickelt haben, die solche paranormalen Phänomene erklären, werden auch manche bisher angezweifelte Leistungen und Erfahrungen glaubwürdig, die mit Rauschdrogen erzielt wurden (Grof, Kap. 2; vom Scheidt 1972 b).

Andere Befunde stammen aus dem Bereich der neuen Wissenschaft

---

* Die Chakren (sanskrit: Blumenräder, Einz.: Chakra) sind zunächst geistige Zentren des menschlichen Bewußtseins, denen sich jedoch physiologische Entsprechungen zuordnen lassen, zum Beispiel das Dritte Auge (mit dem wir nach innen schauen), jenes Wahrnehmungsinstrument unseres Gehirns, das die Erinnerungen und die Phantasie unserer »inneren Bühne« zugänglich macht. (Näheres bei vom Scheidt 1980 b)

Thanatologie und betreffen die Erfahrungen von Menschen, die klinisch tot waren, aber ins Leben zurückgeholt wurden. Was sie aus dem Grenzbereich zwischen Leben und Tod (Moody; Osis und Haraldson; Grof und Halifax) berichten, kann man nicht einfach als Spinnereien abtun. Die alten Überlieferungen, etwa des *Tibetischen Buch der Toten* (Dargyay), finden hier eine verblüffende Bestätigung. Die Drogenforschung hat desgleichen Hinweise geliefert, daß die uralten indischen Lehren von *Karma und Wiedergeburt* (Humphreys) vielleicht gar keine Erfindungen sind, sondern zumindest auf inneren Wahrheiten beruhen: Patienten von Stanislav Grof, die von dieser Philosophie keine Ahnung hatten, erlebten im LSD-Rausch frühere Inkarnationen, die zum Teil sogar nachgeprüft und bestätigt werden konnten (Grof 1978, S. 196; desgl. Bonin). Von anderer Seite, etwa der Hypnoseforschung, wurde solches schon lange behauptet (Challoner; Stevenson).

»Ich glaube, daß für mein persönliches Leben als ein bewußtes Selbst das Gehirn notwendig ist, aber es ist nicht ausreichend«, schreibt der britische Nobelpreisträger und Gehirnforscher Sir John C. Eccles (1980, S. 188); er nimmt an, daß das (menschliche) Bewußtsein etwas dem materiellen Substrat des Gehirn Übergeordnetes ist, das sowohl vor Zeugung und Geburt, also vor der Entstehung eines materiell-biologischen Lebensträgers, des Körpers, existiert und auch dessen Zerstörung und Zerfall, den Tod, überdauert. Sinngemäß argumentiert der Quantenphysiker Burkhard Heim, der in seiner Studie *Postmortale Zustände?* einen rational-logischen Beweis für das Weiterexistieren des Bewußtseins bzw. der Seele nach dem Tod zu liefern versucht (1980).

Heim benutzt eine Metapher von Eccles, in der das (materielose) Bewußtsein eines Menschen mit einem Organisten verglichen wird, der mit Hilfe der »Orgel« des Gehirns die »Symphonie« seines Lebensmusters spielt:

»Die Symphonie ist einmalig, doch kann der Organist sie variiert erneut spielen ... Wesentlich erscheint hier nur, daß die Symphonien als Metaphern für das Leben zwar einmalig und vergänglich sind, nicht dagegen der Organist, der sich an diesen Symphonien immer weiter entfaltet ... Die Lebenssymphonien sollten rechtzeitig möglichst harmonisch klingen; denn jenseits des Grabes begreift man Geist erst, wenn er bedeutend gelebt wurde.« (1980, S. 119)

Warum werden diese Phänomene und Gedanken hier überhaupt erwähnt? Zum einen, weil der Konsum von Drogen den Menschen, der in Rauschzustände gerät, fraglos mit neuen Weltstrukturen und

Dimensionen konfrontiert, die der Menschheit, in manchmal anderer Form, längst bekannt waren und die nur ein extrem materialistisch eingestelltes Denken nicht mehr versteht und schließlich ablehnt. Das Unbehagen an diesem einseitigen Denken hat ja viele Menschen überhaupt erst zum Konsum zumindest der Halluzinogene angeregt.

Zum anderen ist der Drogenrausch nicht nur dem Traumleben verwandt, sondern auch dem Sterben. Viele der Sterbeerfahrungen, von denen Moody oder Osis und Haraldson berichten, wurden auch auf Trip erlebt, zum Beispiel die Begegnung mit Lichtwesen oder das filmartige Ablaufen des Lebenspanoramas. Rausch und Sterben sind sich sehr ähnlich – und die gefährlichen Suchten wie der Heroinismus und der Alkoholismus sind ja in vielen Fällen sogar gleichbedeutend mit einem langsamen Dahinsterben.

Auch von daher ist es also sinnvoll, den Zusammenhang dieser Phänomene einmal zu betrachten.

J.v.Sch.

Literatur:

Abraham, K., »The Psychological Relation between Sexuality and Alcoholism«, in: *International Journal of Psycho-Analysis* 7, 1908

Ders., »The First Pregenital Stage of the Libido«, in: *Selected Papers,* London 1927

Aldiss, B., *Der Milliarden-Jahr-Traum,* Bergisch-Gladbach 1990

Algren, N., *Der Mann mit dem goldenen Arm,* Hamburg 1955

Alpers, H.-J., Fuchs, W., Hahn, R. M., und W, Jeschke (Hrsg.), *Lexikon der Science-fiction-Literatur,* München 1988

Amendt, G. (zit. n.: *Der Spiegel* Nr. 38, 1980: »Ungeliebtes Leben«)

Anders, F., *Das chinesische Schattenboxen: T'ai Chi,* München 1977

Angst, J., »Halluzinogen-Abusus«, in: *Schweizerische medizinische Wochenschrift* 16, 1970

Argüelles, J. und M. (Hrsg.), *Das große Mandala-Buch,* Freiburg i. Br. 1974

Balint, M., *Angstlust und Regression,* Stuttgart 1960

Ders., *Die Urformen der Liebe und die Technik der Psychoanalyse,* Frankfurt a. M. 1969

Ders., *Therapeutische Aspekte der Regression. Die Theorie der Grundstörung,* Stuttgart 1970

Beringer, K., *Der Meskalinrausch. Seine Erscheinungsform und Geschichte* (1927), Neuaufl. Berlin 1970

Bochnik, H. J., »Der Schatten wird länger« (Interview), in: *Der Spiegel* Nr. 33, 1970

Bonin, W. F., »Reinkarnationserlebnisse in der transpersonalen Psychologie und unter Einfluß von Drogen«, in: Resch, A. (s. unten)

Bookhagen, C., u. a., *Kommune 2,* Berlin 1969

Boss, M. *Der Traum und seine Auslegung,* Bern und Stuttgart 1953

Ders., *Psychoanalyse und Daseinsanalytik,* Berg und Stuttgart 1957

Ders., *Indienfahrt eines Psychiaters,* Freiburg 1959

Bron, B., »Ambulante Behandlung und Notfalltherapie bei jugendlichen Drogenabhängigen«, in: *Medizinische Welt* 31, 1980, S. 678-683

Buchinger, O., *Das Heilfasten,* Stuttgart 18 1979

Burns, J. und H. Harrison, *Planeten-Story,* Rastatt 1980

Burroughs, W., *Junkie,* Wiesbaden 1963

Caldwell, W. V., *LSD Psychotherapy,* New York 1968

Canitz, H.-L. von, *Droge und Sexualität,* München 1973

Capra, F., *Der kosmische Reigen,* Bern/München/Wien 1977

Castaneda, C., *The Teachings of Don Juan,* New York 1969
Challoner, H. K., *Das Rad der Wiedergeburt: ein Bericht über frühere Inkarnationen,* München 1976
Charon, J. F., *Der Geist der Materie,* Wien/Hamburg 1979
Chein, J., referiert bei: Gillies, O., »Drug Addiction – Facts and Folklore«, in: *Science-Journal* Nr. 12, 1969
Clancy, J., *Anger and Addiction: Breaking the Relapse Cycle,* Chicago 1996
Cocteau, J., *Opium,* Paris 1930; deutsch: *Opium. Ein Tagebuch,* München 1968
Coon, C., und Rufus Harris, *The Release Report on Drug Offenders and the Law,* London 1969
LeCoultre, R., »Die Ichspaltung als zentrale Neuroseerscheinung«, in: *Psyche 24,* 1970, S. 405-422
Daniels, G., »Turning Points in the Analysis of a Case of Alcoholism«, in: *Psychoanalytic Quarterly,* 1933
Dargyay, E. K. und G. L. (Hrsg.), *Das tibetische Buch der Toten,* Bern/München/Wien 1977
Dührssen, A., *Psychogene Erkrankungen bei Kindern und Jugendlichen,* 5. Aufl., Göttingen 1965
Eccles, J., und H. Zeier, *Gehirn und Geist,* München 1980
Eddy, N. B., Halbach, H., Isbell, H., und M. H. Seevers, »Drug Dependence: Its Significance and Characteristics«, in: *Bulletin of the World Health Organization 32,* 1965, S. 721-733
Erdmann, Z.-M., *Psychodrama,* Düsseldorf 1975
Erikson, E. H., *Der junge Mann Luther,* München 1958
Ders., *Kindheit und Gesellschaft,* 3. Aufl., Stuttgart 1968
Ders., *Jugend und Krise,* Stuttgart 1970
Estrada, A., *Maria Sabina – Botin der heiligen Pilze,* München 1980
Evans, Chr., *Kulte des Irrationalen,* Reinbek 1976
Fenichel, O., »Outline of Clinical Psycho-Analysis«, in: *Psycho-Analytic Quarterly,* 1933
Ferenczi, S., »Alkohol und Neurose«, in: *Jahrbuch für psychoanalytische und psychotherapeutische Forschungen,* 1911
Foss, Chr., *Raumschiffe von Foss,* Rastatt 1980
Frank, A. (Hrsg.), *Galaktische Fremdwesen,* Rastatt 1980
Frederking, W., »Über die Verwendung von Rauschdrogen (Meskalin und Lysergsäurediäthylamid) in der Psychotherapie«, in: *Psyche* 12, 1953, S. 342-364
Freud, A., *Das Ich und die Abwehrmechanismen,* Wien 1936, München 1964
Dies., *Wege und Irrwege in der Kinderentwicklung,* Stuttgart 1968
Freud, S., *Drei Abhandlungen zur Sexualtheorie* (1905), 3. Aufl., Frankfurt a. M. 1969
Ders., »Trauer und Melancholie« (1927), in: *Gesammelte Werke* Bd. 13, 5. Aufl., Frankfurt a. M. 1967
Ders., »Jenseits des Lustprinzips« (1920), in: *Gesammelte Werke* Bd. 10, 4. Aufl., Frankfurt a. M. 1967
Ders., »Das Ich und das Es« (1923), in: ebenda
Ders., »Der Untergang des Ödipuskomplexes« (1924), in: ebenda
Ders., »Die Zerlegung der psychischen Persönlichkeit« (1933), in: *Gesammelte Werke* Bd. 15, 4. Aufl., Frankfurt a. M. 1967
Frijling-Schreuder, E. C. M., »Die Verwendung der Regression im Dienste der Anpassung«, in: *Psyche* 21, 1967
Gelpke, R., *Vom Rausch in Orient und Okzident,* Stuttgart 1966
Giger, H. R., *Giger's Alien,* Basel 1979
Glover, E., »The Etiology of Alcoholism«, in: *Proceedings of the Royal Society of Medicine 21,* 1928, S. 1352
Ders., »The Prevention of Drug Addiction«, in: *British Journal of Inebriety* 29, 1931/32, S. 13-18
Ders., »Common Problems in Psychoanalysis und Anthropology. Drug Kitual and Addiction«, in: *British Journal of Medical Psychology* 12, 1932, S. 109
Ders., »On the Etiology of Drug Addiction«, in: *International Journal of Psycho-Analsis* 13, 1932, S. 298
Ders., »On Drug Addiction«, in: *International Journal of Psycho-Analysis* 31, 1932
Götte, J., »Sucht als Abwehr: eine Fallstudie«, in: Scheidt, J. vom (Hrsg.), *Die Behandlung Drogenabhängiger,* München 1974
Grof, St., *Topographie des Unbewußten – LSD im Dienste der tiefenpsychologischen Forschung,* Stuttgart 1978
Ders. und Halifax, J., *Die Begegnung mit dem Tod,* Stuttgart 1980
Grünholz, G., »Vom LSD zur Selbsthypnose in katathymer Erfahrung, Kunst und Therapie«, in: *Zeitschrift für Psychotherapie und medizinische Psychologie* 21, 1971, S. 74-86

Haack, F., *Jugendreligionen,* München 1979
Haas, E., *Selbstheilung durch Drogen? Zur Psychoanalyse der Drogenabhängigkeit von Jugendlichen,* Frankfurt a.M. 1974
Hamel, P. M., *Durch Musik zum Selbst,* Bern/München 1976
Harrison, H. (Hrsg.), *Great Balls of Fire,* London 1978
Ders. (Hrsg.), *Mechanismo,* Rastatt 1979
Hartmann, H., »Kokainismus und Homosexualität«, in: *Zentralblatt für Neurologie und Psychiatrie* 95, 1925, S. 415
Heim, B. »Der kosmische Erlebnisraum des Menschen«, in: Resch, A. (Hrsg.), *Mystik, Imago mundi* Bd. 5, Innsbruck 1975
Ders., »Vorschlag eines Weges zur einheitlichen Beschreibung der Elementarteilchen«, in: *Zeitschrift für Naturforschung,* Bd. 32 a, 1977, S. 233-243
Ders., »Der Elementarprozeß des Lebens«, in: Resch, A., (Hrsg.) *Imago mundi* Bd. 6, Innsbruck 1978
Ders., *Postmortale Zustände? Die televariante Area integraler Weltstrukturen,* Innsbruck 1980 b
Ders. (Interview durch J. vom Scheidt), *Das Leben nach dem Tod,* Bayer. Rundfunk, 17. 3. 1981
Hippius, H., »Zur Situation der Behandlung von Drogenabhängigen«, in: *Krieg dem Rauschgift,* August 1980, S. 16-20
Hobi, V., *Das Drogenproblem bei Jugendlichen,* Bern/Stuttgart/Wien 1973
Hofstätter, P. R., *Einführung in die Sozialpsychologie,* 3. Aufl., Stuttgart 1963
Holdstock, R. und M. Edwards (Hrsg.), *Unter fremden Sonnen,* Rastatt 1980
Humphrey, Chr., *Karma und Wiedergeburt,* Bern/München 1974
Huxley, A., *Die Pforten der Wahrnehmung,* München 1954
Huxley, F., *The Invisibles,* London 1966
Hyde, A., *Drugs and the Mind,* London 1968
Jacobson, E., *Das Selbst und die Welt der Objekte,* Frankfurt a.M. 1973
Jasinsky, M., »Drogenkonsum Hamburger Schüler«, refer. in: *Berichte und Dokumente aus der Freien und Hansestadt Hamburg,* Nr. 272 vom 30. Aug. 1971
Jung, C. G., *Die Beziehungen zwischen dem Ich und dem Unbewußten* (1928), 7. Aufl., Zürich 1966
Ders., *Psychologie und Alchemie* (1944), 2. Aufl., Zürich 1952
Ders., *Symbole der Wandlung,* Zürich 1952
Ders., *Von den Wurzeln des Bewußtseins. Studien über den Archetypus,* Zürich 1954
Ders., *Mandala – Bilder aus dem Unbewußten,* Olten 1977
Kernberg, O. F., *Borderline-Störungen und pathologischer Narzißmus,* Frankfurt a.M. 1978
Keup, W., »Die Psychopathologie jugendlicher Drogenabhängiger – Ansätze zur Therapie«, in: *Drogen- und Rauschmittelabhängigkeit,* Hamm 1972
Ders., (zit. n.: Bauschmid, E., »Eine Zeitbombe, die in der Kindheit gelegt wird«, in: *Südd. Zeitung* vom 12. 7. 1980)
Kielholz, A., »Trunksucht und Psychoanalyse«, in: *Schweizer Archiv für Neurologie und Psychiatrie* 16, 1925, S. 28
Kielholz, P. und D. Ladewig: »Aktuelle Probleme der Drogenabhängigkeit in der Schweiz«, in: *Pharmakopsychiatrie/Neuropsychopharmakologie 3,* 1970, S. 83 – 89
Kielholz, P. u. a., »Therapie, Katamnese und Prognose der Drogenabhängigkeit«, in: *Deutsche Medizinische Wochenschrift* 101, 1976, S. 521-526
Klein, M., *Das Seelenleben des Kleinkindes,* Stuttgart 1962
Kleiner, D., »Therapie gestern und heute – Erfahrungen für die Zukunft«, in: *Soziale Arbeit 28,* Sept. 1979
Kohut, H., *Narzißmus. Eine Theorie der psychoanalytischen Behandlung narzißtischer Persönlichkeitsstörungen,* Frankfurt a.M. 1973
Ders., »Überlegungen zum Narzißmus und zur narzißtischen Wut«, in: *Psyche* 27, 1973, S. 513-554
Ders., »Die psychoanalytische Behandlung narzißtischer Persönlichkeitsstörungen«, in: Scheidt, J. vom (Hrsg.), *Die Behandlung Drogenabhängiger,* München 1974
Ders., *Die Zukunft der Psychoanalyse,* Frankfurt a. M. 1975
Ders., *Persönl. Mitteilung* vom 3. 2. 1975
Ders., *Die Heilung des Selbst,* Frankfurt a.M. 1979
Krieger, F., »Meine Erfahrungen mit Drogenabhängigen«, in: *Bewährungshilfe* 26, Nr. 4, 1979
Krishna, G., *Kundalini – Entwicklung der geistigen Kraft im Menschen,* Weilheim 1968
Kürbis, G., und G. Müller, »Unter Rauschgifthändlern und -verbrauchern«, in: *Der Kriminalist* Nr. 2, 1970

Kuhn, Th. S., *Die Struktur wissenschaftlicher Revolutionen,* Frankfurt a. M. 1973
Kuiper, P. C., »Die Sucht«, in: *Die seelischen Krankheiten des Menschen,* Stuttgart 1968, S. 247-256
Kutter, P., »Sucht«, in: Loch, W. (Hrsg.), *Die Krankheitslehre der Psychoanalyse,* Stuttgart 1967, S. 199-200
Lea, K., »Über Tun und Lassen«, in: Scheidt, J. vom (Hrsg.), *Die Behandlung Drogenabhängiger,* München 1974
Leary, T., *High Priest,* New York 1968
Ders., *The Politics of Ecstasy,* London 1970; deutsch: *Politik der Ekstase,* Hamburg 1970
Leuner, H., *Die experimentelle Psychose,* Berlin 1964
Ders., *Das katathyme Bilderleben,* Berlin 1974
Lewin, B. D., *Das Hochgefühl,* Frankfurt a.M. 1979
Lidz, T., und A. Rothenberg, »Psychedelismus: Die Wiedergeburt des Dionysos«, in: *Psyche* 24, 1970, S. 359-374
Liepmann, H., *Der Ausweg,* Reinbek 1966
Lilly, J. C., *Das Zentrum des Zyklons,* Frankfurt a.M. 1976
Limentani, A., »On Drug Dependence: Clinical Appraisals of the Predicaments of Habituation and Addiction to Drugs«, in: *International Journal of Psycho-Analysis* 49, 1968, S. 578-590
Lippert, H., *Einführung in die Psychopharmakologie,* Bern 1959
Loch, W., »Regression«, in: *Psyche* 17, 1963, S. 516-545
Lohrengel, F., *Initiativgruppen in der Bundesrepublik ... ,* München 1980
Love, J., *Die Quantengötter,* Düsseldorf 1979
Lowenfeld, H. und Y., »Die permissive Gesellschaft und das Über-Ich«, in: Scheidt, J. vom (Hrsg.), *Drogenabhängigkeit,* München 1972
Lürßen, E., »Das Suchtproblem in neuerer psychoanalytischer Sicht«, in: Eicke, D. (Hrsg.), *Freud und die Folgen,* Teil 1, Zürich 1974 (Kindlers Psychologie des 20. Jahrhunderts, Bd. 3)
Lützner, H., *Wie neugeboren durch Fasten,* München 1976
Lutz, R., »Das neue Weltbild der Physik«, in: *Journal Zukunft,* Juli 1980
Lysebeth, A. von, *Pranayama – die große Kraft des Atems,* Weilheim 1972
Mader, R., und W. Sluga, »Neue Formen der Sucht bei Jugendlichen«, in: *Wiener Medizinische Wochenschrift* 120, 1970, S. 330
Mantegaza, P., *Das Jahr 3000,* Jena 1897
Masters, R. E. L., und J. Houston, *The Varieties of Psychedelich Experience,* New York 1966
Mathiesen, J., *Drogen* (Drogeninformation des Stadtjugendamtes München), München 1970
Metzner, R. (Hrsg.), *The Ecstatic-Adventure,* New York 1968
Mitscherlich, A. und M., *Die Unfähigkeit zu trauern,* München 1967
Mitscherlich, A. (Hrsg.), *Bis hierher und nicht weiter: Ist die menschliche Aggression unbefriedbar?,* München 1969
Ders., »Haschisch-Welle« (Interview), in: *Politik und Zeitgeschehen,* Zweites Deutsches Fernsehen, 7. Dezember 1969
Möller, M. L. *Selbsthilfegruppen,* Reinbek 1978
Moody, R. A., *Leben nach dem Tod,* Reinbek 1977
Motoyama, H. und R. Brown, *Chakra-Physiologie,* Freiburg i. Br. 1980
Muller, P., *Entwicklung des Kindes,* München 1969
Naranjo, C., *Die Reise zum Ich,* Frankfurt a.M. 1979
Ders., und R. E. Ornstein, *Psychologie der Meditation,* Frankfurt a. M. 1976
Neumann, E., *Ursprungsgeschichte des Bewußtseins,* Zürich 1949
Ders., *Kunst und schöpferisches Unbewußtes,* Zürich 1954
Ders., *Die Große Mutter,* Zürich 1956
Neumann, N. (Hrsg.), *Hasch und andere Trips,* Hamburg 1970
Newland, C. A., *Abenteuer im Unbewußten,* München 1964
Osis, K., und E. Haraldson, *Der Tod – ein neuer Anfang,* Freiburg i. Br. 1978
Pink Floyd, *The Wall,* New York 1979
Pöldinger, W., und W. Sutter, referiert nach: *Selecta* Nr. 37, 1970, S. 3268
Pohlmeier, H. (zit. n.: *Südd. Zeitung* vom 6. 10. 1980: »14.000 Selbstmorde pro Jahr«)
Quincey, T. de, *Bekenntnisse eines englischen Opiumessers* (1822), München 1965
Rado, Sandor, »The Psychic Effects of Intoxicants«, in: *International Journal of Psycho-Analysis* 7, 1926, S. 396
Ders., »Die psychischen Wirkungen der Rauschgifte« (1926), Neudruck in: *Psyche* 29, 1975, S. 360-376

Reavis, E., *Rauschgiftesser erzählen,* Frankfurt a.M. 1967

Resch, A. (Hrsg.), *Fortleben nach dem Tode,* Innsbruck 1980

Richter, H. E., »Über Formen der Regression«, in: *Psyche* 11, 1957, S. 275-285

Robbins, B., »Significance of Nutritional Disturbances in the Development of Alcoholism«, in: *Psycho-analytic Review* 22, 1935, S. 53

Rommelspacher, F., »Beobachtungen an Suchtkranken«, in: *Psyche* 7, 1953, S. 185-196

Ropp, R. S. de, *The Master Game,* New York 1969

Rosenfeld, H. A., *Psychotic States,* New York 1965

Ders., »Über Rauschgiftsucht«, in: *Psyche* 14, 1960, S. 481-495 (identisch mit Kap. 7 von *Psychotic States*)

Ders., »Über Rauschgiftsucht«, in: Ders., *Zur Psychoanalyse psychotischer Zustände,* Frankfurt a.M. 1980

Satyanada, Swami (= J. E. Elten), *Ganz entspannt im Hier und Jetzt – Tagebuch über mein Leben mit Bhagwan in Poona,* Reinbek 1979

Scheidt, J. vom, *Der falsche Weg zum Selbst – Studien zur Drogenkarriere,* München 1976 (a)

Ders., *Yoga für Europäer,* München 1976 (b)

Ders., »Liebe und Sexualität in der Science-fiction«, in: Weigand, J. (Hrsg.), *Die triviale Phantasie,* Bonn/Bad Godesberg 1976 (c)

Ders., »Die psychedelische Literatur«, in: Scheidt, J. vom (Hrsg.), *Das Monster im Park,* München 1970

Ders., »Neue Wege aus dem Rauschgift«, in: *Westermanns Monatshefte* Januar 1971, S. 69-73

Ders., »Rauschdrogen und Yoga«, in: Mangoldt, U. von (Hrsg.), *Yoga heute – Hilfe für den Westen,* Weilheim 1971

Ders. (Hrsg.), *Drogenabhängigkeit,* München 1972

Ders., »Descensus ad inferos. Tiefenpsychologische Aspekte der Science-fiction«, in: Barmeyer, E., *Science fiction. Theorie und Geschichte,* München 1972

Ders., »Drogenrausch und parapsychische Phänomene«, in: *Zeitschrift für Parapsychologie und Grenzgebiete der Psychologie* 14, 1972, S. 244-251

Ders., »Sigmund Freud und das Kokain«, in: *Psyche* 27, 1973, S. 385-430. In erweiterter Form als Taschenbuch: *Freud und das Kokain,* München 1973

Ders. (Hrsg.), *Die Behandlung Drogenabhängiger,* München 1974

Ders. (Hrsg.), *Der unbekannte Freud,* München 1974

Ders., »Bürger erfahren sich selbst«, in: *Westermanns Monatshefte* Juni 1978

Ders., *Kreatives Schreiben,* Frankfurt a.M. 1989/96

Ders., *Hilfen für das Unbewußte – esoterische Wege der Selbsterfahrung,* München 1980 (b)

Ders., *Homo futurus,* eine Sendereihe des Bayerischen Rundfunks, Okt. /Nov. 1980

Schenk, J., »Zur Persönlichkeitsstruktur des Haschischkonsumenten«, in: *Wehrpsychologische Untersuchungen* 9, 1974, Heft 1

Ders., *Droge und Gesellschaft,* Berlin 1975

Ders., *Drogenkonsum und Drogenabhängigkeit bei Jugendlichen,* Ulm 1976

Ders., *Die Persönlichkeit des Drogenkonsumenten,* Göttingen 1979

Schmidbauer, W., *Selbsterfahrung in der Gruppe,* München 1977

Ders., *Alles oder nichts – über die Destruktivität von Idealen,* Reinbek 1980

Ders., *Weniger ist manchmal mehr,* Reinbek 1992

Ders., *Jetzt haben, später zahlen. Die seelischen Folgen der Konsumgesellschaft,* Reinbek 1995

Schrappe, O., »Toxikomanie«, Nachdruck aus: *Kindlers Psychologie des 20. Jahrhunderts,* Zürich ca. 1978

Schultz, J. H., *Das autogene Training,* Stuttgart 1966

Schumacher, W., »Bemerkungen zur Theorie des Narzißmus«, in: *Psyche* 24, 1970, S. 1-22

Schwarz, J. u. a., »Rauschmittelgebrauch bei Oberschülern in Schleswig-Holstein«, in: *Monatsschrift für Kinderheilkunde* 119, 1971

Simmel, E., »Zum Problem von Zwang und Sucht«, in: *Berichte über den V. Allgemeinen Ärztlichen Kongreß für Psychotherapie,* 1930

Ders., »Alcoholism and Addiction«, in: *The Yearbook of Psychoanalysis* Bd. 5, 1949

Simons, G. F., *Keeping Your Personal Journal,* New York 1978

Skarabis, H., und B.-M. Becker (zit. n.: *Der Spiegel* Nr. 24, 1980: »Die erste Spritze in der großen Pause«, S. 57)

Spitz, R., *Vom Säugling zum Kleinkind,* Stuttgart 1967

Steckel, R., *Bewußtseinserweiternde Drogen,* Berlin 1969

Stevenson, I., *Reinkarnation,* Freiburg i. Br. 1976
Stille, W., u. a., »Hippie-Hepatitis«, in: *Medizinische Klinik* 65, 1970, S. 993-995
Sutin, L., *Philip K. Dick. Göttliche Überfälle,* (1989) Frankfurt a.M. 1994
Tart, Ch. T. (Hrsg.), *Altered States of Consciousness,* New York 1969
Ders. (Hrsg.), *Transpersonale Psychologie* (1975), dt. Olten 1978
Tausk, V., »Zur Psychologie des alkoholischen Beschäftigungsdelirs«, in: *Internationale Zeitschrift für Psychoanalyse* 3, 1915
Taylor, B. (zit. n.: Reavis, s. oben)
Tucci, G., *Geheimnis des Mandala,* Weilheim 1972
Uchtenhagen, A., *Prognose und Verlauf der Toxikomanien* (unveröffentl. Manuskript), Zürich 1974
Ungerleider, J. T., und H. L. Bowen, »Drug Abuse and the Schools«, in: *American Journal of Psychiatry* 125, 1969, S. 1691-1697
Valiant, G. E., referiert bei Gillies, O., »Drug Addiction – Fact and Folklore«, in: *Science Journal* Nr. 12, 1969
Waldmann, H., Schönhöfer, P. S., und H. E. Hasse, »Vier Stadien in der Entwicklung der Drogenabhängigkeit bei Jugendlichen«, in: *Deutsche Medizinische Wochenschrift* 98, 1973, S. 327-331
Wanke, K., u. a., »Jugend und Rauschmittel. Prävention, Therapie und Rehabilitation«, in: *Rehabilitation* 23, 1970, S. 1-5
Werner, H., *Einführung in die Entwicklungspsychologie,* München 1959
Wolf, E.S., A. Ornstein et al, *Selbstpsychologie. Weiterentwicklungen nach Heinz Kohut,* München 1989
Winnicott, D. W., »Zustände von Entrückung und Regression«, in: *Psyche* 10, 1956, S. 205-215
Ziegler, M. (zit. n.: *Südd. Zeitung* vom 23. 9. 1980: »Mutmaßungen über ein Massenphänomen«)
Ziolko, H. U., »Halluzinationen und Neurose«, in: *Psyche* 24, 1970, S. 40-56

IV. Therapie und Rehabilitation

1. Grundsätzliche Überlegungen

Der versierte Drogenforscher Louis Lewin hat bereits 1929, in seiner Studie über »Banisteria Caapi«, darauf aufmerksam gemacht, »daß in jedem Erdstrich nicht nur ein Rauschmittel, sondern sogar ein bestimmtes, eigenartiges, Verwendung finde« (S. 3). Solange diese Beobachtung ihre Richtigkeit hatte, solange Coca von den Inkas, Kawa-kawa von den Südseeinsulanern und Rauchopium von den Chinesen im Rahmen von Ritualen und kulturellen bzw. religiösen Zeremonien genossen wurde, gab es keine Drogenprobleme. Erst seit eben dieser soziokulturelle Rahmen weggefallen ist, seit sich die Gier des isolierten Süchtigen immer leichter ungehindert durchsetzen kann, gebremst praktisch nur von finanziellen Einschränkungen, müssen wir uns überhaupt Gedanken machen über Fragen der Sucht und speziell der Therapie (→ auch den Anfang von RA I).
Um es vorwegzunehmen: Die Therapie der Drogenabhängigkeit ist das düsterste Kapitel des Drogenproblems. Alle Fachleute sind sich einig, daß eine Entgiftung des Abhängigen allein, ohne fremde Hilfe, bei → Opiaten, → Weckaminen und oft sogar → Alkohol nahezu aussichtslos ist. Bei den übrigen Drogen kommt es letzten Endes darauf an, ob und wie einsichtig der Betroffene ist, damit er den Absprung aus seiner Sucht findet (→ Kokain hat einen besonderen Status, weil es zunächst nicht körperlich abhängig macht, aber in hohem Maße psychisch).
Die weite Verbreitung der Polytoxikomanie, also des Mißbrauchs mehrerer Substanzen nebeneinander oder hintereinander im Wechsel, verstärkt die Probleme. Desgleichen erschwert Erfolge die geringe Zahl der Klinikbetten, Behandlungsstunden und betreuenden Sozialarbeiter. Es gibt zwar Fortbildungen, aber kein anerkanntes Berufsbild eines »Drogentherapeuten«, bzw. »Suchttherapeuten«, wie man inzwischen lieber sagt, obgleich dieses Fachleute schon lange vorschlagen (Kleiner 1979).
Es gibt auch erst wenige Kliniken in Deutschland oder den Nachbarländern, welche für die Behandlung und soziale Wiedereingliede-

rung besonders jugendlicher Süchtiger genügend ausgerüstet sind. Die Kosten für die Einrichtung einer solchen »Modell-Klinik« sind gewaltig: Mehr als zehn Millionen Mark kostete beispielsweise die Klinik im bayerischen Parsberg, die 1980 eröffnet wurde.
In den üblichen Kliniken, speziell den riesigen, ineffizienten Landesnervenheilanstalten, sorgt statt für nur zehn Patienten – ein als ideal betrachtetes Verhältnis – jeder Therapeut für nahezu hundert Patienten. Entsprechend veraltet wie die äußere ist auch die innere Struktur dieser Anstalten, und die Therapievorstellungen sind obsolet (Heinrich).
In diese heillose Situation hinein eskaliert der Drogenkonsum, der Jahr für Jahr schätzungsweise fünf Prozent mehr therapiebedürftige Junkies produziert (Ziegler).
An einer 80-Betten-Klinik in Berlin zählte man
- 1967: keine Drogenpatienten,
- 1968: vier,
- 1969: 35.

Der Anstieg war dann so explosionsartig, daß man in den achtziger Jahren allein für West-Berlin mit 6000 Heroinabhängigen rechnete, denen in der ganzen Stadt insgesamt vielleicht 300 Therapieplätze gegenüberstanden.
Besondere Probleme wirft die »menschenwürdige Versorgung Suchtkranker mit therapieresistenten Endzuständen« (Binder) hervor, also der Umgang mit den unheilbaren Drogenpatienten.
Der bislang herrschende Pessimismus, was die Therapieerfolge angeht, weicht gelegentlich einem leichten Optimismus. So berichteten Paul Kielholz und seine Kollegen von der Psychiatrischen Universitätsklinik Basel über gute Erfolge einer kombinierten »Pharmako-, Milieu- und Gruppentherapie«. Nach rund fünf Jahren ergab die Katamnese, daß von 101 ehemaligen Patienten:
- 63 sich sozial stabilisiert hatten (Arbeitsbewährung, Normalisierung sexueller Probleme, Unterhalten von Freundschaften),
- 36 abstinent geblieben waren,
- 27 periodisch wieder Drogen oder Medikamente nahmen,
- 32 zwischenzeitlich wieder behandlungsbedürftig waren,
- fünf einen »progredienten Verlauf« in Richtung Invalidität aufwiesen. Zehn weitere ehemalige Patienten waren gestorben, 14 konnten für die Untersuchung nicht mehr erreicht werden.

In einer ähnlichen Untersuchung im deutschen Raum (Dittrich u. a.) ergab sich für 80 ehemalige (stationär behandelte) Drogenpatienten durchschnittlich drei Jahre nach ihrer Entlassung, daß
- 17 Patienten (23%) drogenfrei bzw. geheilt sind,

- 21 Patienten (29%) als erfolgreich behandelt gelten dürfen, wenn man noch jene vier hinzunimmt, die mindestens eineinhalb Jahre nach dem letzten Rückfall drogenfrei blieben.

Abschließend schreiben die Therapeuten: »Nach unseren Ergebnissen liegen die quantitativ größten Erfolge sowohl in der Reintegration der Patienten in die Ausbildung oder den Beruf (54 Personen = 74%) und in der weitgehenden Rückkehr in normale soziale Beziehungen (31 Personen = 42%). Genau ein Drittel sämtlicher behandelten Patienten ... ist sowohl in den Beruf integriert und verfügt gleichzeitig über befriedigende soziale Kontakte.« (S. 140)

Freiwilligkeit – oder Zwang?

Der personale, zeitliche und finanzielle Aufwand für diese Erfolge ist allerdings enorm. Der Bewährungshelfer Fritz Krieger hat detailliert beschrieben, wie es ihm dabei in einer vergleichsweise kleinen Gemeinde ging – und wie ihm dabei nicht zuletzt von seiner vorgesetzten Behörde zusätzliche Schwierigkeiten gemacht wurden.

Alle diese Versuche setzen natürlich eines voraus: daß der Abhängige für die Therapie bereit ist. Die Chancen hierfür sind leider sehr gering. Einer Berliner Schätzung zufolge sind höchstens 20 Prozent der Drogenabhängigen überhaupt zu einer Therapie bereit. Diese werde wiederum nur von rund 30 Prozent durchgehalten, so daß praktisch nur etwa sechs Prozent der Abhängigen wieder »sauber« würden (Knuettler).

Entsprechend mehren sich die Vorschläge, mehr oder minder Zwang auszuüben, damit auch die nicht zur Therapie bereiten Süchtigen wenigstens einen Versuch machen, geheilt zu werden. Zwangsmaßnahmen bieten sich an, wo der Drogenabhängige ohnehin staatlichen Zwängen ausgesetzt ist: wenn er als Dealer im Gefängnis einsitzt. Solche »therapeutischen Strafanstalten« sind bereits geplant, so in Baden-Württemberg (Eyrich). Ein entsprechendes Modell hat der Berliner Psychologe Walter Kindermann vorgeschlagen, der darauf hinweist, daß die Anzahl der drogenabhängigen Gefängnisinsassen ohnehin rapide ansteige und es deshalb am sinnvollsten sei, die Drogenabhängigen von den anderen Gefangenen zu trennen.

Es erhebt sich allerdings die Frage, wie sinnvoll solche Maßnahmen überhaupt sind – denn keine Strafanstalt ist letztendlich vor Drogen sicher. Wer also weiter spritzen, koksen oder kiffen will, wird sicher Mittel und Wege finden, dies auch in einer speziellen Therapie-Anstalt zu tun!

Noch radikaler war ein Vorschlag von Wilfried Dogs, dem Chefarzt einer Drogenklinik in Rinteln an der Weser. Dogs schlug »feste Arbeitslager« für therapieunwillige oder -resistente Süchtige vor. Er wurde deshalb heftig angegriffen und an die Seite der Nazis und ihrer Konzentrations- bzw. Arbeitslager gestellt (*Psychologie heute,* Juli 1977). Angeblich sollen ja derartige Einrichtungen in Asien (Hongkong) und Südafrika gute Erfolge haben: Man steckt Süchtige in entsprechende Lager und läßt sie schwerste körperliche Arbeit verrichten, zum Beispiel in Steinbrüchen.

Wenn man bedenkt, wie hoch die Kosten »freiwilliger« Therapien sind (ca. 30.000–50.000 Mark pro Patient*), sind solche Überlegungen für Politiker sicher sehr verlockend. Aber auch Therapeuten sind sich darüber im klaren, daß ohne gewisse Zwänge (z.B. durch Richter, Angehörige, körperliche und seelische Not) kaum jemand eine Droge aufgeben würde. Man bewegt sich hier auf äußerst heiklem Gebiet.

Hippius (1980) weist immerhin auf eine Arbeit von C. D. Kürtz hin, derzufolge die Ergebnisse richterlich angeordneter Langzeit-Therapien nicht ungünstiger sind als die einer freiwilligen Behandlung.

Der erfahrene Drogenarzt Dieter Kleiner sagt zu dieser Thematik: »Ich bin überzeugt, daß wir nur auf dem Wege des *helfenden und heilenden Zwanges* weiterkommen werden. ... Damit ist selbstverständlich keineswegs einem neuen *repressiven Modell* das Wort geredet. Ich trete vielmehr ein für eine aktive, direktive Therapie, die den Klienten aufsucht und nicht wartet, bis er sich eventuell zu Tode gefixt hat.«

Es ist in diesem Zusammenhang interessant, wie beispielsweise ein kommunistisches asiatisches Land mit großen Drogenproblemen umgeht. Vietnam hat ungefähr eine halbe Million Heroinsüchtiger, die zu einem Gutteil ein Erbe des ehemaligen Krieges sind. Süchtige werden dort in spezielle Schulen (wahrscheinlich: Arbeitslager) zur »Wiederherstellung der Würde Rauschgiftsüchtiger« eingewiesen. Ein wichtiges Hilfsmittel ist dabei die Akupunktur. Berichten zufolge gibt es am menschlichen Körper drei Akupunktur-Punkte, deren Nadelung die Entzugserscheinungen in der Anfangsphase lindern hilft.** Später, nach der Entgiftung, gewöhnt man die Patienten – wahrscheinlich mit entsprechendem Nachdruck – an Sport, Abhärtung und reguläre körperliche Arbeit.

---

* Eine Sonderkommission der hessischen Landesregierung setzte als Kosten für die klinische Rehabilitation eines Opiatsüchtigen pro halbes Jahr schon 1971 rund 18.000 Mark an – für eine vollständige Heilung braucht man jedoch drei Jahre und länger (zit. nach *Südd. Zeitung* vom 14. 9. 1971)

** Akupunktur hat sich übrigens auch bei der Raucherentwöhnung bewährt.

Viele Therapieversuche

England, Nordamerika und Skandinavien haben den enormen Zuwachs an behandlungsbedürftigen Jugendlichen (von den Älteren spricht man schon kaum mehr) vorexerziert. Im Jahr 1960 registrierte das britische Innenministerium 98 Heroinsüchtige, Anfang 1970 waren es bereits 2.700 – und 1979 wurden bereits 14.000 Personen wegen Drogenvergehen verurteilt! Die Zahl der Süchtigen mag doppelt so groß sein. US-Experten rechneten schon 1970 mit fast einer halben Million Drogenabhängiger (speziell: Heroinsüchtige) für die nahe Zukunft. Diese Prophezeiung ist Ende der neunziger Jahre längst erfüllt.

Zwischen 1965 und 1969, also in fünf Jahren, starben allein in New York mehr Menschen an Heroinvergiftung als im Straßenverkehr: 2.935 Menschen aller Gesellschaftsschichten und Altersstufen, bis herunter zum Kind. Nach Angaben von Robert Dupont, dem Leiter des Regierungsinstituts gegen den Drogenmißbrauch in Washington, ist besonders alarmierend, daß die Heroinsucht vor allem in den kleinen Städten der USA rapide zunimmt.

Die skandinavischen Länder haben diese Entwicklung nachvollzogen und desgleichen die Bundesrepublik. In West-Deutschland schlüsseln sich die Süchtigen, deren Gesamtzahl man Anfang 1997 auf bis zu 300.000 schätzte (*Südd. Zeitung* vom 18. Feb 1997) so auf:

- 150.000 Heroinsüchtige (Skarabis und Becker),
- rund 50.000 Kokainisten (genaue Zahlen liegen derzeit noch nicht vor; s. Fischer und Roberts, S. 73),
- einige Tausend Schnüffler von Lösungsmitteln (Daten ebenfalls unsicher),
- wahrscheinlich an die Hunderttausend Gelegenheitshascher, (zwei Millionen haben Cannabis angeblich schon einmal probiert), von denen vielleicht zehn Prozent, das entspräche also etwa 10.000, mehr oder minder cannabisabhängig werden dürften,
- 2,5 Millionen Alkoholiker (nach einer Schätzung von 1994) zu denen man noch eine zahlenmäßig nicht erfaßbare, mindestens ebenso große Gruppe Alkoholgefährdeter rechnen muß).*

---

* Speziell diese Zahl gewinnt geradezu apokalyptische Dimensionen, wenn man sie mit der Zahl multipliziert, die ein Alkoholkranker die Volkswirtschaft im Laufe seines Lebens kostet (sowohl durch medizinische Versorgung wie durch Ausfälle an Arbeitsleistung, Steuern etc.): rund eine Million Mark. Multipliziert man diese beiden Zahlen, so kommt man auf die astronomische Summe von 2,5 Billionen Mark !

Ebenso schwer erfaßbar ist die Zahl der Medikamentenabhängigen:*

- allein die Schlafmittel-Konsumenten werden auf 4,2 Millionen geschätzt (Fischer und Roberts, S. 101), von denen unzählige ihr(e) Mittel süchtig einnehmen und damit behandlungsbedürftig sind (Details → die einschlägigen Stichworte in diesem Handbuch sowie Friedrich u. a. 1977, Stössel 1973; neueste Daten, soweit verfügbar, jeweils im *Jahrbuch Sucht* der Deutschen Hauptstelle gegen Suchtgefahren, 1996 1,4 Millionen Süchtige).

Vor diesem Hintergrund muß man die Therapieversuche sehen. Je nach der mißbrauchten Droge gibt es verschiedene Ansatzpunkte. Bei den echt suchtbildenden Mitteln muß zunächst mit ärztlicher Hilfe eine regelrechte Entgiftung vorgenommen werden, sinnvollerweise in der geschlossenen Abteilung einer psychiatrischen Klinik. Außerdem muß bei vielen Drogenmißbrauchern der schlechte körperliche Zustand gebessert werden. Vor allem Heroinfixer werden meist in einem elenden Zustand eingeliefert. Sie sind unterernährt und leiden an Abszessen und Leberentzündung (*Hippie-Hepatitis* infolge schlecht sterilisierter Spritzen). Vor allem die Hepatitis kann zu lebenslanger Schädigung führen (Stille).

Soziale Maßnahmen müssen die stationäre Behandlung unterstützen. Die *nachgehende Fürsorge* muß sich um einen Ausbildungs- oder Arbeitsplatz, menschliche Wohnverhältnisse und eventuell finanzielle Unterstützung kümmern. Auch nach der Krankenhausentlassung ist eine entsprechende medizinisch-psychologische Nachbetreuung nötig. Ohne sie beträgt die Rückfallquote fast 100 Prozent.

Bei den Haschisch-Rauchern entstehen akute Probleme, sobald sie die Kontrolle über die Droge verlieren. Bei ihnen besteht allerdings der Vorteil, daß es kaum Entzugserscheinungen gibt, wenn man die Droge absetzt. Aber auch bei ihnen müßte man im Grunde genommen eine regelrechte Psychotherapie betreiben, denn jeder längere Cannabis-Mißbrauch führt zu allmählichen Persönlichkeitsveränderungen.

Die Psychotherapeuten sind allerdings skeptisch, und zwar bei jeder Art von Drogenabhängigkeit. So herrscht Einigkeit, daß die ambu-

---

* Die genauen Zahlen sind umstritten. Karl-Artur Kovar, Präsident der Gesellschaft für Suchtforschung und -therapie an der Universität Tübingen, sagte 1996 in einem Interview, medikamentenabhängig seien in Deutschland »1,4 Millionen Menschen. Noch höher schätzt man die Zahl derer, die zwar nicht abhängig sind, aber doch Arzneimittel mißbräuchlich einnehmen.«

lante Behandlung in der psychoanalytischen Praxis sehr schwierig ist. Ernst Lürßen nennt als zentrale Ursache:
»Der Patient muß seinen magischen Glauben, daß die toxischen Objekte die zuverlässigsten sind, aufgeben« (S. 862). Dies ist erfahrungsgemäß mit enormen Angstanfällen verbunden und den dazugehörigen Widerständen des Abhängigen (s. unten).
Eine Ausnahme bilden nach den bisherigen Erkenntnissen (Grof 1978) Halluzinogene wie LSD, wenn sie bewußt und unter kompetenter Anleitung zur Behandlung neurotischer und verwandter Strukturen eingesetzt werden. Hier fällt allerdings das Moment der Drogenabhängigkeit nicht ins Gewicht: Die Droge ist dabei ein Medikament und spielt entsprechend auch für das Unbewußte des Patienten eine andere Rolle als beim Süchtigen die jeweilige Suchtdroge (also auch suchtmäßig konsumiertes LSD!).
Mehr als die Einzeltherapie hat sich die Gruppentherapie bewährt. In abgewandelter Form ist sie das Grundprinzip aller institutionalisierten Versuche, Drogenkonsumenten von ihrer Gewohnheit abzubringen. Die »Anonymen Alkoholiker«, »Phoenix House«, »Synanon« und »Release« versuchen dabei, mit oft gutem Erfolg, Ex-Junkies als Laientherapeuten einzusetzen (Details s. übernächstes Kapitel dieses RA IV). Sehr skeptisch hat sich jedoch über solche Selbsthilfegruppen der Hamburger Sozialpädagoge Axel Peters geäußert.
Aufgrund langjähriger eigener Drogenerfahrung mit Haschisch, LSD und Alkohol kommt der Münchner Schriftsteller Klaus Lea zu dem Schluß, daß Therapie des Drogenmißbrauchs im Grunde nur die (sachgemäße) Unterstützung einer Selbsttherapie des Abhängigen sein kann. Sein poetisch komprimierter Bericht *Über Tun und Lassen* (1974) bezieht gerade durch seine Diktion den Leser in jenen komplizierten und ungemein anstrengenden Prozeß ein, der eine echte Auseinandersetzung mit Drogenerfahrungen verlangt. Er will – und vermag dies auch mit hoher Intensität – etwas von den Bewußtseinsabläufen andeuten, die auf mannigfache Art in Gang kommen, wenn man aus einer Abhängigkeit wieder herausmöchte.

Weshalb wird jemand abhängig?
Es gibt eine Fülle von Detailfragen, deren Behandlung den Rahmen dieses *Handbuchs* sprengen würde, die zum Teil auch noch gar nicht ausreichend erforscht sind – und die dennoch wenigstens erwähnt werden sollen. So stellt sich beispielsweise die Frage, weshalb überhaupt jemand drogenabhängig wird. Der amerikanische Psychologe Stanton Peele von der University of Michigan sagt, süchtig werde,

»wer außer den Suchtmitteln keine natürlichen Stützen« mehr im Leben hat. Er belegt dies mit der Beobachtung, daß zwar viele US-Soldaten in Vietnam während des Krieges heroinsüchtig wurden, daß sie aber zu Hause, wieder in ihren Familien integriert, das Rauschgift bald aufgeben konnten – viele zeigten erstaunlicherweise nicht einmal Entzugssymptome (Peele 1979, S. 260). Aus einem ähnlichen Grund – weil sie noch stärker in ihren Familien und ihren ethnischen Traditionen verwurzelt sind – leiden wahrscheinlich auch Gastarbeiter auffallend selten an Alkoholismus oder Abhängigkeit von anderen Drogen. Dies ist zumindest das Resultat einer Studie von Heinz Häfner, dem Leiter des »Zentralinstituts für seelische Gesundheit« in Mannheim.

An anderer Stelle wurde die Problematik der Alleinlebenden behandelt (vom Scheidt 1997) und dabei die These aufgestellt, daß ein Stadium des Single-Seins, eingeschoben zwischen Pubertät und Erwachsensein (mit entsprechender Fähigkeit zu längeren Bindungen), in unserer Zeit bei immer mehr Menschen symptomatisch für die Entwicklung wird. In diesem Stadium sind sie gegen Drogenmißbrauch einigermaßen gefeit, weil sie noch fest in alten Bindungen stehen; die Heilung von einer Drogensucht gelingt relativ leicht, wenn die Rückkehr in solche alten Bindungen bewerkstelligt werden kann. Ganz anders verhält es sich jedoch mit den ausgesprochenen Singles, denen der Rausch, gleich mit welcher Droge, zum Ersatz für solche Bindungen und zum »falschen Weg zum Selbst« (vom Scheidt 1984) geworden ist.

Je mehr vereinsamt der drogenabhängige Single jedoch ist, je mehr isoliert von seinen alten Wurzeln, um so schwieriger, wenn nicht unmöglich, wird die Therapie.

Hierher paßt auch die Beobachtung, die man im Rahmen des »Driburger Modells« machte: Dort stellte sich heraus, daß die alte These keineswegs stimmt, nur stärkster Leidensdruck motiviere Suchtkranke zur Behandlung; vielmehr komme es auf die richtige Motivation zur Therapie an (Manhart, S. 2201). Solche Motivation ist wahrscheinlich gebunden an ein relativ *kohärentes Selbst* (Kohut 1973, 1978), also eine stabile und zugleich elastische Persönlichkeitsstruktur, und diese wiederum setzt entsprechende positive Erfahrungen mit dem Milieu in der Kindheit voraus.

Einsamkeit und emotionale Isolation (mit entsprechender Drogengefährdung) findet man übrigens nicht nur bei den echten Singles, die tatsächlich »allein im eigenen Haushalt leben« (so die offizielle Definition), sondern auch bei Menschen, die ich als Krypto-Singles bezeichnet: Sie sind zwar, nach außen hin, partnerschaftlich eingebunden, sind verheiratet oder in festen Beziehungen liiert – aber psychologisch betrachtet sind sie eigentlich Singles. Das heißt, sie sind sehr narzißtisch auf sich selbst bezogen, benützen den Partner oder die Partnerin mehr als stabilisierendes oder emotional tragendes Element (»wie ein Fisch das Wasser«, hat Michael Balint dies sehr anschaulich charakterisiert) denn als echtes Gegenüber, mit dem ein ständiges Geben und Nehmen stattfindet, ein lebendiger Austausch also, der eine echte Partnerschaft charakterisiert.

So ein Krypto-Single kann im Grunde seines Herzens noch einsamer sein als ein bewußt allein Lebender, weil er oder sie sich selbst unter Umständen etwas vormacht; entsprechend leicht fällt der Griff zur Flasche mit dem tröstenden Alkohol. Dieser kann ja nicht nur – vorübergehend – Sorgen erleichtern (»Wer Sorgen hat, hat auch Likör«), sondern vermag dem Einsamen ein paar Stunden »die Seele zu wärmen« (was in der wenn auch verharmlosenden, aber sehr zutreffenden Wortschöpfung »Conjäckchen« mehr als deutlich zum Ausdruck kommt).

Geradezu eine Berufskrankheit scheint aus diesem Grund bei nicht wenigen Politikern, die unter der Arbeitswoche von ihren Familien isoliert leben, in Bonn der Alkoholismus zu sein, wie mehr oder minder versteckt aus Berichten in den Medien zu entnehmen ist und manchmal sogar drastisch beim Namen genannt wird:

»Kleinert säuft, das weiß jeder. Überhaupt würde man diesen Bonner FDP-Abgeordneten seit vielen Jahren nicht kennen oder zumindest wiedererkennen, würde man ihn nicht als Säufer kennen. Kein Politiker in Bonn, kein Journalist, der nicht mit mindestens einem Dutzend Kleinertschen Alkoholanekdoten aufzuwarten vermöchte...« (Streiflicht der *Süddeutschen Zeitung* vom 13. Dez 1994).

Kommt dann noch die Kumpanei der Berichterstatter mit dem Alkoholkranken dazu, dann wird jemand wie der Schauspieler Harald Juhnke mit seinen Sauftouren oder der Liedermacher Konstantin Wecker mit seinen Crack-Orgien sogar auf der Titelseite von Boulevardblättern und Illustrierten hofiert. Welches psychische Elend, welche Einsamkeit die eigentliche Ursache solcher Exzesse ist, liest man allenfalls noch in einem Nebensatz. Die Show für die Öffentlichkeit ist es, die zählt.

Selbstmord auf Raten

Eine erfolgreiche Motivation zur Therapie und deren Gelingen setzen letztlich aber vor allem voraus, daß der betreffende Mensch überhaupt leben will – und nicht beherrscht wird vom »Grausamen Gott« (Alvarez), der wie ein unwiderstehlicher Sog zum Selbstmord hinzieht.

Für wen der Drogenkonsum schon in jungen Jahren zum »Selbstmord auf Raten« geworden ist, wie es Kai-Uwe Nöhring (S. 4) nennt, für den hat die Aussicht auf mögliche Heilung wenig Reiz. Wenn man bedenkt, daß die Weltgesundheitsorganisation schon 1977 die Zahl der an Depressionen leidenden Menschen auf 100 Millionen schätzte, daß andererseits Depressionen eine zentrale Wurzel des Drogenmißbrauchs (→ RA III) und auch der Auslöser für die wohl meisten Selbstmordversuche und gelungenen Selbstmorde sind, ahnt man ein wenig vom Potential der Suchtgefährdung – und den Motiven, die dahinterstehen. Norman Sartorius von der WHO in Genf meint dazu:

»In einer Zeit, in der mehr und mehr Menschen Verunsicherung ausgesetzt sind, z.B. infolge Entwurzelung, Auflösung der Familien, Vereinsamung in der Masse, ist die (weitere) Zunahme psychischer Störungen, die oft depressiver Natur sein werden, sehr wahrscheinlich.«

Dieser suizidale Aspekt des Drogenmißbrauchs ist vermutlich seine am schwersten verständliche Seite. Besonders die synthetischen Drogen der jüngsten Zeit (→ DOM, → Ecstasy → STP, → PCP) legen den Verdacht nahe, daß hier die These nicht mehr isoliert aufrechtzuerhalten ist, wonach der Genuß oder Dauerkonsum von Rauschmitteln eine Art Selbstmedikation sei, ein Versuch, sich gewissermaßen durch selbstverschriebene »Medikamente« eigenständig zu behandeln und von neurotischen oder psychotischen (schizoiden bzw. depressiven) Störungen (Haas 1974) zu befreien. Wer *Engelstaub* (→ PCP) inhaliert oder injiziert, um auf einen schizophrenieähnlichen Horror-Trip von bis zu 48 Stunden Dauer zu gehen, von dem er weiß, daß er die Hölle auf Erden sein wird – wer dies in Kauf nimmt oder aus vorangegangenen Erfahrungen kennt und trotzdem wieder und immer wieder PCP konsumiert, der kann nur noch ein auf Selbstzerstörung zielender Masochist sein. Heilungsversuche sind hier kaum noch sinnvoll.

Bei den Drogenkonsumenten bzw. -süchtigen, deren Lebenswille und damit Motivation, geheilt zu werden, noch intensiv genug ist, kommt es dann darauf an, wie dieser Balanceakt zwischen »Selbstmordversuch auf Raten« und »Leben wollen«, diese Gratwanderung zwischen verzögertem Sterben und Sich-doch-nicht-Aufgeben aussieht. Davon hängt es dann ab, welche Drogen und in welcher Men-

ge und Häufigkeit genommen werden. Ob eine Übertragungsbeziehung (und welcher Art) zum Therapeuten oder Therapeuten-Team entsteht. Ob es gelingt, Defizite und psychische Verletzungen aufzuarbeiten – oder zu akzeptieren.
Und diese Zusammenhänge wiederum legen (neben Fragen der Finanzierung und der Therapieplätze bzw. der verfügbaren Therapeuten) dann fest, ob eine Behandlung stationär oder ambulant möglich, ob Entgiftung nötig, eine therapeutische Wohngemeinschaft und eine Selbsthilfegruppe sinnvoll ist, ob man den Eltern bzw. Angehörigen Betroffener ein Hilfsangebot machen muß.

2. Ambulante Angebote

Wenn ein Drogenabhängiger noch genügend Herr über sich selbst ist, also beispielsweise eine Zwangseinweisung in eine Nervenklinik durch die Polizei oder den Hausarzt noch nicht nötig ist (wie bei einem tobenden Alkoholiker im Delirium oder bei einem halluzinierenden LSD-Tripper mit einem unerklärlichen *flash-back*), ist zunächst eine ambulante Hilfe angezeigt, entweder bei einem Therapeuten (Psychologe, Sozialarbeiter oder psychiatrischer Arzt mit entsprechender Spezialausbildung in therapeutischen *und* Drogenangelegenheiten) in freier Praxis oder in einer Beratungsstelle. Die Möglichkeiten ambulanter Hilfe sind im Prinzip gut und umfassen ein breites Spektrum. Mißlich ist lediglich die Tatsache, daß es viel zuwenig entsprechend geschulte Fachleute gibt, von ausgesprochenen Drogentherapeuten mit ausreichender (primär durch praktische Tätigkeit erlangter) Ausbildung ganz zu schweigen.
Je nach Alter der Klienten und mißbrauchter Droge ist eine Drogenberatungsstelle eine Kombination aus Erziehungsberatungsstelle, allgemeiner psychologischer Beratungsstelle und eher medizinischer (toxikologischer bzw. psychiatrischer) Fachpraxis. In der Regel handelt es sich um städtische Einrichtungen oder um Dependancen etablierter Institutionen (Caritasverband, Paritätischer Wohlfahrtsverband, Arbeiter-Samariter-Bund, Rotes Kreuz usw.), die meist von einem Team mit Angehörigen verschiedener helfender Berufe betreut werden: Ärzte, Psychologen, Sozialarbeiter in erster Linie.
Es gibt jedoch auch Einzelkämpfer, die, beispielsweise als Arzt oder Psychologe, in eigener Praxis und allein mit Drogenabhängigen arbeiten, wie es einer Autoren (J.v.Sch.) von 1971 bis 1976 tat. Erfahrungsgemäß sind die Frustrationen so groß, daß dies »kaum jemand

länger als drei Jahre durchhält«, wie einmal jemand auf einem Fachkongreß sagte. Ohne ein Team, das einem bei der Verarbeitung dieser Frustrationen hilft, und auch ohne entsprechende Supervision durch erfahrene Kollegen (s. unten) ist solche Einzelkämpfer-Arbeit wenig sinnvoll.

Eine grundsätzliche, noch ungeklärte Frage ist, ob es besser sei, Drogenabhängige neben anderen (z.B. »normal« gestörten) Klienten bzw. Patienten zu betreuen, oder sich als ausgesprochener Drogentherapeut ganz auf die Arbeit mit Süchtigen zu spezialisieren. Die alarmierenden Zuwachsraten (ca. fünf Prozent mehr Süchtige pro Jahr) lassen letzteres geraten erscheinen, weil nicht zuletzt viel spezialisiertes Wissen, etwa um die Wirkung bestimmter Drogen, vonnöten ist.

Der Nachteil: So geht leicht der Blick für die Relation solcher Störungen im Vergleich mit den typischen neurotischen Strukturen, Borderline-Fällen, Psychosen etc. verloren. Ich selbst habe die Erfahrung gemacht, daß sich ein bestimmter Prozentsatz Drogenabhängiger verkraften läßt, aber die Arbeit ausschließlich mit ihnen zu sehr an die seelische Substanz geht – was sich beispielsweise in scheußlichen Alpträumen, ausgesaugt oder zerstückelt zu werden, ausdrückt. Die Depression des Süchtigen, seine ständige Bedrohung durch »Fragmentierung des Selbst« (Kohut 1973) wirkt leicht ansteckend, wenn man sich nicht gelegentlich anderweitig orientieren kann. Die beste Absicherung und psychosoziale Stütze findet man natürlich in der Zusammenarbeit mit Kollegen. Vielleicht ist es deshalb auf Dauer die sinnvollste Lösung, wenn ein ausgesprochener Drogentherapeut im Team mit anderen Therapeuten arbeitet, deren beruflicher Schwerpunkt anders gelagert ist, zum Beispiel bei psychosomatischen Störungen.

Beratung

Der Mensch ist auf vierfache Weise in die Wirklichkeit eingebettet, muß sich entsprechend im Laufe seines Lebens mit vier sehr unterschiedlichen Bereichen auseinandersetzen:

- Er muß durch Arbeit die materielle Außenwelt gestalten und dadurch seinen Lebensunterhalt sichern.
- Er lebt mit anderen Menschen zusammen und muß dementsprechend diese Beziehungen pflegen.
- Er birgt in sich eine immaterielle (seelische) Innenwelt, die er ebenfalls kennen und gestalten muß.
- Er ist ausgerichtet auf einen Bereich, der über die eigene Person und die unmittelbare Umwelt hinausreicht (transpersonaler Bereich).

Je nach Dauer des Drogenkonsums und nach Art der Droge sowie dem Alter und der sozialen Situation des Abhängigen ist die Beziehung zu allen vier Bereichen mehr oder minder gestört, wird beispielsweise Arbeit (Leistung) überhaupt als sinnlos erlebt, können Beziehungen zu anderen Menschen nicht lebendig und energiespendend erfahren werden, ist das eigene Seelenleben fremd, ja unheimlich, und wird deshalb entsprechend verdrängt.
Zum erstgenannten Bereich gehört auch der gesamte Komplex des Geldes. Er ist doppelt gestört, weil ständiger Drogenkonsum nicht nur das Geldverdienen beeinträchtigt, sondern zudem nicht unerhebliche Mengen an Geld kostet; so muß der Abhängige derzeit für einen durchschnittlichen Rausch aufwenden bei:

- Haschisch/Marihuana ca. 10 DM/Gramm,
- LSD ca. 10 DM/Trip,
- Heroin ca. 50 bis 100 DM/Gramm,
- Kokain ca. 100 DM/Gramm (die zum Teil ungewöhnlich niedrigen Angebote von 30 DM/Gramm sind sicher Lockangebote, wenn man die Preise auf dem internationalen Schwarzmarkt vergleicht).

Dem Probierer oder Dauerkonsument bzw. Abhängigen, der eine Beratungsstelle oder einen Therapeuten in seiner allgemeinen Praxis aufsucht, wird in einfachen Fällen bereits geholfen, wenn er/sie sich einmal ohne Vorbehalte aussprechen kann. Oft hilft schon eine vorurteilslose Aufklärung über akute und Dauerwirkung der jeweiligen Droge(n), damit eine notwendige Neuorientierung stattfindet. Meistens ist es aber mit einem einmaligen Beratungsgespräch nicht getan, sondern es muß über längere Zeit hin Gelegenheit zur Information und Aussprache gegeben werden. Dies ist noch keine Therapie.
Eine Beratung sollte dem Ratsuchenden auch klarmachen, wieweit sein Verhältnis zu den vier genannten Bereichen der Arbeit (des Geldes), der mitmenschlichen Beziehungen und zu sich selbst sowie zum Transpersonalen beeinträchtigt ist. Eventuell muß ein Sozialarbeiter akute Probleme finanzieller oder beruflicher Art oder (bei Dealern) juristische Probleme klären helfen. Auch kann es nötig sein, bei akuten Vergiftungen (durch → Alkohol, → Opiate, → Schlafmittel, → Weckamine usw.) einen toxikologisch versierten Arzt oder eine entsprechend spezialisierte Abteilung eines Krankenhauses zu beteiligen; ebenfalls müssen typische Krankheiten, wie Spritzen-Hepatitis und Vitaminmangel durch falsche Ernährung, diagnositiziert und behandelt werden.
Berndt Georg Thamm faßt die Aufgaben der »Psychosozialen Bera-

tung für Drogenmißbraucher« graphisch in einem Dreieck zusammen. In den Mittelpunkt stellt er die »Neubesinnung auf Werte«, das Beratungs-Dreieck wird entsprechend gebildet von den Positionen:

- Techniken des Überlebens sollen vermittelt werden,
- Drogenfreiheit soll angestrebt werden (nicht: Ersetzen harter Drogen wie Heroin durch weiche wie Marihuana oder durch Heroin-Ersatz wie Methadon),
- eine Bindung an das Transzendentale wird empfohlen.

Die sachgemäße Drogenberatung stellt in mehrfacher Hinsicht Weichen für den Klienten oder auch seine besorgten Angehörigen:

- Braucht der Klient zusätzliche Hilfe medizinischer Art (Entgiftung s. Kasten S. 540; medikamentöse Behandlung; körperliche Rehabilitation in einer Klinik – s. auch unten, Kap. 4)?
- Ist eine längere Psychotherapie angezeigt (Einzeltherapie, Gruppentherapie – s. unten, in diesem Kapitel)?
- Muß – bei Strafentlassenen – ein Bewährungshelfer zugezogen werden?
- Muß ein Platz in einer Therapeutischen Gemeinschaft bei drohendem Rückfall besorgt werden (s. unten in diesem Kapitel)?
- Kann eine Selbsthilfegruppe die nötige Umorientierung und psychosoziale Stütze geben (s. unten, Kap. 3)?
- Suchen Eltern oder andere Angehörige (z.B. die Kinder eines Trinkers oder die Frau eines Kokainisten) um Rat nach, und ist es vielleicht nötig, ihnen einen »Elternkreis« zu nennen, wo sie emotionale Unterstützung bekommen (s. unten, in diesem Kapitel)?

Betrachtet man sich diese komplexen und aufwendigen Aufgaben einer sachgemäßen Drogenberatung und hält man demgegenüber die unglaublich große Zahl der möglichen Ansprechpartner (s. oben die Aufschlüsselung der Süchtigen, S. 513), so muß man die derzeitige Situation der Beratungsstellen und der Berater als ausgesprochen desolat bezeichnen. Auf der einen Seite rivalisieren in Großstädten wie München, die relativ gut versorgt sind, die Beratungsstellen der verschiedenen Institutionen miteinander, so daß von politischer Seite Vorwürfe erhoben werden, hier würden »Pfründe« und sogar ganze »Imperien« von Helfern gegründet (Müller-Jentsch); was wiederum, auf lange Sicht, die Finanzierung wichtiger Projekte durch die öffentliche Hand und den Ausbau der Drogenberatung und überhaupt der Drogenhilfe erheblich gefährdet. Andererseits fehlt es gerade in kleineren Kommunen an den notwendigsten Einrichtungen, wie Berichte von Drogenberatern aus solchen Gemeinden zeigen (Krieger).

Manfred Wöbcke wies bereits 1977 darauf hin, daß die Zahl der geförderten Drogenberatungsstellen in der Bundesrepublik von ursprünglich 118 (in einer gewissermaßen euphorischen, hoffnungsvollen Phase) Mitte 1976 auf 59 abgesunken sei. Inzwischen hat sich die Zahl auf erfreuliche 1.280 (Stand 1996) erhöht – aber es ist fraglich, ob sie auch nur annähernd den Bedarf zu erfüllen vermag. Vor allem zwei der wichtigsten Aufgaben der Beratungsstellen ließen sich überhaupt erst dann erfüllen, wenn eine gewisse Sättigung des Angebots vorhanden wäre:

- Vorbeugung durch kontinuierliche Aufklärung, am günstigsten im persönlichen Gespräch in kleinen Gruppen (die öffentliche Massenaufklärung erweist sich meist als Bumerang mit dem genau gegenteiligen Effekt, daß das Interesse an Drogen unnötig stimuliert wird – s. unten, Kap. 4: »Lerntheoretische Gesichtspunkte«).
- Aufspüren und Motivieren bereits Abhängiger in zäher Kleinarbeit, damit mehr als die bislang zehn bis zwanzig Prozent sich einer Therapie unterziehen bzw. überhaupt erst einmal eine Beratungsstelle aufsuchen.

Endlich wäre es noch eine wichtige Aufgabe möglichst vieler Beratungsstellen, sich zusammenzuschließen und fachorientierte politische Arbeit zu betreiben, zum Beispiel die maßgeblichen Politiker darüber aufzuklären, wohin das Drogenproblem sich unaufhaltsam bewegt, mit

- einem geschätzten Zuwachs von jährlich fünf Prozent Abhängiger, was einer Verdopplung alle 20 Jahre entspräche (Ziegler),
- einer Hochrechnung, die annimmt, daß in den nächsten 100 Jahren die Zahl der Süchtigen in der Gesellschaft die der Nichtsüchtigen übertreffen wird, mit den entsprechenden ungeheuerlichen Konsequenzen für alle (s. Vorwort).

Eine andere wichtige sozialpolitische Aufgabe wäre es, die Politiker über den zweifelhaften Sinn der Methadon-Programme zur angeblichen Heilung Heroinsüchtiger aufzuklären (→ Polamidon). Auch diese Aufgabe kann sachgemäß allein von den Fachleuten in den Beratungsstellen durchgeführt werden, die nicht nur über entsprechende theoretische Kompetenz verfügen, sondern auch über die praktische Erfahrung, und die zudem die aktuelle Entwicklung am besten kennen: Polizei-Statistiken über beschlagnahmte Drogenmengen und Festnahmen von Dealern mögen hilfreich sein, aber sie zeigen – schon wegen der Unsicherheit der Dunkelziffer – nur einen Ausschnitt des Problems.

Therapie in der Zweierbeziehung Patient-Therapeut

Der Übergang von der Beratung zur Therapie ist fließend. Viele Drogenberatungsstellen bieten auch entsprechende Therapiemodelle an (Salm). Einigkeit herrscht, daß ambulante Behandlung in einer psychoanalytischen Praxis außerordentlich schwierig ist. Als Grund führt der Londoner Analytiker Herbert Rosenfeld an:

»Ich bin der Ansicht, daß der Süchtige deshalb ein besonders schwer zu behandelnder Patient ist, weil der Analytiker nicht nur einem psychologisch determinierten Zustand, sondern auch einer toxisch bedingten Verwirrung gegenübersteht. Da ein stark berauschter Patient nicht analysierbar ist, muß der Analytiker versuchen, von Anfang der Behandlung an oder sobald er die Sucht im Verlauf der Analyse diagnostiziert hat, das Einnehmen von Rauschgift zu überwachen, und der Patient muß sich zur Einweisung in eine Privatklinik oder Anstalt bereit finden.«

Wann ist eine stationäre Entgiftung nötig?

Nicht nötig:

Bei Halluzinogenen wie dem → LSD-25 entsteht keine physische Abhängigkeit (→ RA V); hier muß nicht entgiftet werden, weil der Körper keine Entzugserscheinungen aufweist, also keinen Nachschub der Droge verlangt (s. auch → Meskalin, → Psilocybin).

Haschisch, in entsprechend geringerem Maße Marihuana (→ Cannabis) macht zwar über eine Enzym-Induktion körperlich abhängig, aber eine stationäre Entgiftung ist meist nicht notwendig.

Ähnlich verhält es sich mit den

Amphetaminen (→ Weckamine), die oft nur milde Entzugssymptome verursachen, und den → Lösungsmitteln (bei denen allerdings im akuten Vergiftungsfall mit drohendem Atemstillstand und/ oder Leberschädigung klinische Hilfe nötig werden kann).

Bei → Kokain genügt eine kurzfristige stationäre Phase.

Unbedingt nötig:

→ Alkohol, → Opiate und → Schlafmittel bewirken bei Mißbrauch eine körperliche Abhängigkeit mit Entzugssymptomatik. Hier muß deshalb eine Entgiftungsphase in einer entsprechend eingerichteten Klinik vorgeschaltet werden, ehe andere therapeutische Maßnahmen greifen können. (Zusammengestellt nach Angaben von Max von Clarmann, Leiter der Abteilung für Toxikologie im Klinikum Rechts der Isar in München – s. auch Bron 1980, S. 680)

Gustav Bychowski, ein erfahrener Analytiker aus New York, warnt ebenfalls vor der Behandlung Drogenabhängiger in der Privatpraxis: »Nur in Ausnahmefällen ist diese möglich und bringt für den Psychiater wie für die Umgebung des Patienten große Belastungen mit sich.« Die Erfahrung (auch meine eigene, J.v.Sch.) hat gezeigt, daß die klassische Psychoanalyse, wie Sigmund Freud sie in der Arbeit mit hysterischen Patienten entwickelte, für die meisten Drogenabhängigen modifiziert werden muß. Da mehr depressive Zustandsbilder vorherrschen (Jacobson), insbesondere aber narzißtische Persönlichkeitsstörungen (Kohut 1973, 1976, 1978; Lasch; Miller) und auch Borderline-Syndromatik (Kernberg), greift das bloß spiegelnde und gelegentlich deutende Gespräch beim Süchtigen nicht.

Bewährt haben sich hingegen die Methoden der von der Psychoanalyse abgeleiteten Erlebnistherapien:

- Gestalttherapie (Perls u. a.; Polster),
- das Psychodrama (Moreno) sowie
- die Transaktionale Analyse (Berne; English).

Diese betonen viel stärker als die Psychoanalyse das »Hier und Jetzt«, also die unmittelbare Bearbeitung der aktuellen Konflikte (zum Beispiel durch kurze Rollenspiele oder die Dramatisierung von Träumen). Auch die Arbeit mit dem Körper, also größere sinnliche Nähe, bewährt sich, zum Beispiel in Form

- der Bioenergetik (Lowen) oder
- des Yoga (vom Scheidt 1976 a).

Zentral ist stets die Frage, wieweit der Klient bereit ist, Vertrauen zu entwickeln und eine Übertragungsbeziehung sich entwickeln zu lassen, in der ungeklärte Konflikte mit den Eltern aus Kindheit und Jugend aufgearbeitet werden können. Wie Heinz Kohut nachgewiesen hat, gibt es bei Drogenabhängigen eine spezielle Form der narzißtischen Übertragung, die entsprechend anders behandelt werden muß als die übliche neurotische Form (Vorwort zu vom Scheidt 1984 b).

Ganz zentral erweist sich für mich auch, den Bereich des Transpersonalen (→ RA III) einzubeziehen, wie es beispielsweise C. G. Jung mit seiner Archetypenlehre versucht hat. Ohne entsprechende Sinnfindung auch außerhalb der eigenen Individualität ist die nötige Neuorientierung des Drogenabhängigen nur Stückwerk: Es genügt nicht, ihm etwas sehr Potentes, die Räusche, wegzunehmen, ohne etwas mindestens so Potentes zugänglich zu machen.

Entsprechend den oben genannten vier Wirklichkeitsbereichen, in die der Mensch eingebettet ist, ist es nötig, die diesen zugeordneten Triebimpulse (im psychoanalytischen Sinne) zu gestalten:

- Aggressivität (aktive Weltgestaltung durch Arbeit),
- Sexualität (durch Beziehungen zu anderen; s. auch die Studie von Hanne-Lore von Canitz),
- Narzißmus (durch – z.B. meditative – Beziehung zum eigenen Selbst; s. hierzu die Arbeiten von Heinz Kohut, insbesondere *Die Heilung des Selbst*).
- Spiritualität.

Welche Abhängigkeit läßt sich ambulant behandeln?
Als Faustregel kann man sagen, daß alle Abhängigkeiten, bei denen vorweg eine Entgiftung nötig ist (s. Kasten S. 524), ambulant nur sehr schwierig, wenn überhaupt zu behandeln sind. Wenn die körperliche Unversehrtheit einmal beeinträchtigt ist, beispielsweise durch die Einstiche beim Opiatspritzen oder durch Zerstörung von Gehirnzellen bei Alkoholmißbrauch, hat die Droge schon in so erheblichem Maße Macht über den Abhängigen gewonnen, daß die vergleichsweise unverbindliche, lose Beziehung am Beginn einer ambulanten Behandlung selten die nötige innere Umstellung schafft, die für eine Psychotherapie unerläßlich ist (s. auch Berman; Limentani; Lürßen; vom Scheidt 1984).
Eine gute Prognose haben Konsumenten von Cannabis und anderen, auch stärkeren Halluzinogenen (LSD, Meskalin), wenn die Persönlichkeit noch nicht zu sehr verändert ist. Hier läßt sich durch Arbeit mit Träumen und anderen, den Gefühls- und Triebbereich direkt ansprechenden Methoden (Meditation, z.B. unterstützt durch Musik; katathymes Bilderleben, Körperarbeit) verhältnismäßig rasch ein Ausgleich für den Verzicht auf die Räusche schaffen.
Auch die Schreibtherapie (Simons) gehört in diesen Bereich. Der Schweizer Psychiater und Ex-Junkie Walter Vogt hat in *Vergessen und Erinnern* eine Chronik seiner Entziehungskur und Therapie vorgelegt, die eindrucksvoll die Schwierigkeiten solcher eigenverantwortlichen Arbeit festhält. Ähnlich gelagert scheint der Fall der Christiane F. zu sein, die sich in ihrem schonungslosen Bericht *Wir Kinder vom Bahnhof Zoo* gewissermaßen von ihrer Heroinsucht freigeschrieben hat.* Aber solche Beispiele sind bei harten Drogen extrem ungewöhnlich, wo doch schon die Chancen einer stationären Therapie (s. unten Kap. 4) sehr gering sind. Immer wieder wird, gerade bei ambulanter Behandlung, auch Sport als therapeutische Hilfe zur Unter-

* Leider wurde sie einige Jahre darauf rückfällig.

stützung der therapeutischen Gespräche empfohlen. Das trifft im Prinzip zu, vor allem, wenn der Klient früher einmal sportlich aktiv war und an vertraute Gewohnheiten anknüpfen kann. Sport allein tut es aber sicher nicht, wie die zunehmende Rauschgiftwelle im amerikanischen Spitzensport zeigt.

Letztendlich ist gerade die ambulante Therapie, ob in der Zweierbeziehung oder (s. unten) in der Gruppe, immer nur eine Hilfe zur Selbsthilfe, zur Selbstheilung. Da sich bereits der Drogenkonsum – auch – als ein solcher Selbstheilungsversuch verstehen läßt (Haas), kann dies gelingen.

Erstaunlich ist, daß ein sehr einfacher Weg der Selbstheilung bisher bei Drogenabhängigen offensichtlich noch nicht versucht wurde, obgleich gerade die zentrale Thematik des Drogenkonsums (»orale Gier« und Abhängigkeit) dies nahelegt: das Heilfasten (Buchinger; Lützner).

Der völlige Verzicht auf feste Nahrung stellt nicht nur ein erstaunliches Gefühl der Autarkie und Selbständigkeit her, dessen es den Drogenabhängigen meist in hohem Maße mangelt, sondern regt auch die »Wendung nach Innen« an. Darüber hinaus wird der Körper gründlich entgiftet und entschlackt. Intensive Träume bieten dann reiches Material für eine Therapie. Allerdings empfiehlt sich das Heilfasten bei Drogenabhängigen wohl eher im Rahmen einer Gruppentherapie.

(Dieser Hinweis auf das Fasten sei als Anregung für Drogentherapeuten verstanden; der Autor verfügt in dieser Hinsicht über keine Erfahrungen mit Süchtigen, dafür über ausgiebige Fasten-Selbsterfahrung.)

Erfolge und Mißerfolge

Ambulante Einzeltherapie kann kürzer oder länger dauern. Der Erfolg bzw. Mißerfolg hängt nicht unbedingt von der Zahl der Therapiestunden ab. Ich erinnere mich aus aktuellem Anlaß an einen Gymnasiasten, der ziemlich tief in Zustände der Sinnlosigkeit, inneren Leere und Langeweile, also einer akuten Depression, geraten war, die er durch ausgiebigen Haschischkonsum auszugleichen suchte. Bereits nach wenigen therapeutischen Sitzungen wurde deutlich, daß die zentrale Ursache des Drogenmißbrauchs das massiv gestörte Verhältnis des Klienten zu seinen Eltern war, insbesondere das zum Vater.

In einem einzigen Gespräch mit Sohn *und* Vater konnte letzterem klargemacht werden, daß es sinnvoll sei, den zukünftigen Erben einmal mit auf eine der Geschäftsreisen zu nehmen und dadurch das Interesse nicht nur am potentiellen Nachfolger, sondern auch an seiner Person zu zeigen, andererseits dem Sohn aber die Arbeitswelt etwas näherzubringen.

Der Vater folgte dem Rat offensichtlich, denn Jahre später, beim Schreiben dieser Zeilen, entdeckte ich eine kleine Notiz in der Tageszeitung, derzufolge der Sohn die Nachfolge des Vaters angetreten hat.

So einfach kann es gehen – geht es aber natürlich in der Regel nicht. Meistens lösen die Drogenräusche massive Regressionen aus (→ RA III), deren Verarbeitung dann eine unter Umständen lebenslange Aufgabe wird, die weit über eine geglückte Therapie hinausreicht. Das gilt nicht nur für die finsteren Tiefen, in die die Opiate den User stürzen, oder für die Höhen des Größenwahns, die Kokain zugänglich macht, sondern auch für die zeitweilige Erweiterung der Wahrnehmung und des ganzen Bewußtseins durch Cannabis und mehr noch durch → LSD-25 und Meskalin.

Ich selbst hatte 1965 in einem LSD-Experiment ein bestimmtes Erlebnis (eine Bronze-Plastik an der mir gegenüberliegenden Wand begann golden zu strahlen, streckte mir die Zunge heraus und schnitt Grimassen). 15 Jahre danach erinnerte ich mich während einer Bahnfahrt plötzlich dieses Drogenerlebnisses und begriff, daß die Deutung, die der das Experiment begleitende Psychoanalytiker mir damals gab (»Diese Grimassen möchten Sie wahrscheinlich mir schneiden...«), nur einen kleinen Teil der ganzen Bedeutung dieses Erlebnisses erfaßte (es betraf ein – hier zu privates – Detail meines Charakters). Noch nach so langer Zeit arbeiten solche Drogenerfahrungen also im Unbewußten weiter und können dann, aus irgendeinem Anlaß, plötzlich zutage treten.*

Einer meiner Klienten, der Mitte der sechziger Jahre ziemlich ausgiebig Haschisch geraucht hatte, berichtete mir ebenfalls mehr als anderthalb Jahrzehnte später, daß er gelegentlich noch von Erlebnissen mit Dealern und verwandten Drogenerfahrungen träume, lange nach – erfolgreichem – Abschluß der Therapie und Drogenfreiheit seit über zehn Jahren: »1964 habe ich meine erste mit Cannabis-Tinktur präparierte Zigarette geraucht – am 4. Juni 1980 träumte ich, daß mir jemand einen Joint gibt!«

---

* Das ist nicht zu verwechseln mit einem *flashback* (→ LSD), bei dem es zu einem akuten *trip*-Zustand ähnlich wie bei dem ursprünglichen Rausch kommen kann (Echo-Effekt).

Detailliert werden solche Nachwirkungen des Drogenkonsums von Sigmund Freud im Rahmen seiner Traum-Selbstanalyse beschrieben: die Kokain-Selbstexperimente, denen er sich ein Jahrzehnt zuvor unterzogen hatte, tauchten ein Jahrzehnt später in einer Reihe von wichtigen Träumen auf, die den ganzen Vorgang der Selbstanalyse im Juli 1895 überhaupt erst in Gang brachten.
Im Grunde genommen stößt der Drogenkonsum den Konsumenten unfreiwillig (bei der LSD-Therapie: freiwillig, s. Grof) auf den *Weg zur Individuation,* wie das die Jung-Schülerin Jolande Jacobi in ihrer Studie gleichen Titels nennt. Es geht dabei immer auch um die Annahme und Verarbeitung der ungelebten Persönlichkeitsanteile, des »Schattens« (Jung), wie dies auf intuitive Weise unübertrefflich Adelbert von Chamisso in seiner Geschichte vom *Peter Schlemihl* beschrieben hat.
In diesen Schatten-Bereich gehört es auch, daß man begreift, wie schädlich – auch im moralischen und ethischen Sinn – der Drogenkonsum letztendlich ist. Wird dies nicht begriffen, geht der Mißbrauch also weiter, sind die Folgen abzusehen. Ich habe so manchen Klienten aus einer vergleichsweise harmlosen Haschischraucherei oder Tablettenschluckerei in Kokain- und vor allem Heroinsucht abrutschen sehen, ohne noch helfen zu können.
Viele Drogenabhängige und Menschen mit verwandter Sinnlosigkeits-Thematik pilgerten nach Indien, vor allem zum Ashram des Bhagwan Rajneesh in Poona, um dort Erlösung zu finden (Satyananda) – aber eine sachgemäße Psychotherapie, die den Körper und die transpersonalen Aspekte mit einbezieht, sollte auch hier zu Hause im Westen erfolgreich sein!

Gruppentherapie

Für die meisten Fälle, die ambulant behandelt werden können, empfiehlt sich weniger die Einzeltherapie (s. oben), sondern, aus den verschiedensten Gründen, die Gruppentherapie.
Der gewichtigste Grund ist der, daß die Gruppensituation als solche bereits viele Elemente enthält, die therapeutisch wirken, ehe überhaupt bestimmte therapeutische Interventionen vorgenommen werden. Das liegt nicht zuletzt daran, daß der Mensch Hunderttausende von Jahren in kleinen Gruppen, den Stämmen der Jäger und Sammler (bestehend aus mehreren Großfamilien mit 25–100 Erwachsenen plus Kindern und Jugendlichen), über die Erde zog und daß diese Gruppensituation nachhaltig sein Gefühlsleben und seine gesamten Bedürfnisse in höchstem Maße geprägt hat (Schmidbauer 1972). Un-

ser modernes Leben kann man damit verglichen als ausgesprochen denaturiert bezeichnen; der zerstörerische Mißbrauch von Drogen läßt sich nicht zuletzt auf diese Denaturierung des Menschen zurückführen!

Hier kann die therapeutische oder Selbsterfahrungsgruppe (Schmidbauer 1979, 1992) also wichtige Defizite ausgleichen. Der Tübinger Psychiater Walter Schulte betont: »Eine wesentliche Stütze kann neben der Vermittlung einer sinnerfüllten Arbeit und zielgerechten Anspannung die Eingliederung in eine *Gruppe* bringen. Auf wen hört der Süchtige am meisten? Doch auf den, welcher in gleicher Abhängigkeit gestanden hat oder bedroht ist, nun aber in verantwortlicher Bindung an andere eine neue Festigkeit gewonnen hat, die wiederum für andere verbindlich wird. Solche Gruppen, oft während klinischer Behandlung geformt, sollten auch nach der Behandlung aufrechterhalten oder besser neu gebildet werden. Sucht läuft auf selbsttätige Ausklammerung aus der Gesellschaft hinaus und wird durch fremdtätige gefördert. Die Chance für die Überwindung ist dann gegeben, wenn kommunikative Möglichkeiten erschlossen werden.«

E. Biniek betonte 1976 in seiner Antrittsvorlesung in Tübingen: »Jugendliche Drogenabhängige können sich Therapie im allgemeinen kaum anders als in der Gruppe vorstellen. Die im Gefolge der Drogenwelle gegründeten zahllosen Selbsthilfegruppen zeigen meines Erachtens nicht nur das Fehlen und Versagen konventioneller Therapieeinrichtungen, sondern eben diesen Wunsch nach einer altersspezifischen, für die Jugendlichen annehmbaren Therapieform an.« (S. 141) Detailliert beschreibt Biniek dann, wie er mit solchen Gruppen arbeitet, wobei er betont, daß »Gruppe und Droge nahezu austauschbare Begriffe« sind (S. 141).

Gute theoretische und praktische Hinweise findet man auch in der Studie *Gruppentherapie bei Suchtkranken* von Dieter Ladewig, Werner Bucher und Christine Glauser (1979).

Eine Methode der Gruppenarbeit, die besonderes Augenmerk verdient, ist die »Themenzentrierte Interaktion (TZI)«, entwickelt von der Psychoanalytikerin Ruth C. Cohn, die dann vor allem gestalttherapeutisch arbeitete und in ihrer Gruppenarbeit bahnbrechend geworden ist. Wesentlich ist, daß es ihr um eine »dynamische Balance« geht zwischen folgenden vier Elementen:

- dem *Ich* des Individuums,
- dem *Wir* der Gruppe (die als Netzwerk zwischenmenschlicher Beziehungen verstanden wird),
- dem *Thema,* das jeder Gruppensitzung den »roten Faden« gibt,

- dem Globus (d. h. der Umwelt, in der das Individuum und die gesamte Gruppe sich jeweils befindet und die sich als Lebenshintergrund bemerkbar macht).

Ruth C. Cohn nennt ihre Methode einen »Ansatz zum Sich-Selbst- und Gruppenleiten« (1979). Detailliert hat sie ihre Methode* (die eigentlich viel mehr eine neue Grundhaltung zum eigenen Leben und zu den Mitmenschen ist) beschrieben in dem Buch *Von der Psychoanalyse zur Themenzentrierten Interaktion* (1975). Gerade weil das Thema jeder Sitzung einen geistigen Mittelpunkt verleiht und damit Struktur stiftet, ist die TZI besonders für die Arbeit mit Drogenabhängigen geeignet, denen es ja vor allem an Struktur fehlt. Die Methode hat sich in den USA gut bewährt (Cohn 1978, persönl. Mitteilung); bei uns scheint ihre Anwendung erst allmählich zu beginnen.

Betreuung »Therapeutischer Ketten« und Nachsorge

Man ist sich in Fachkreisen heute darüber einig, daß zumindest die schweren Fälle, etwa bei Heroinsucht, sehr lange Zeit mit einem besonderen sozialen Netz gehalten werden müssen, das weit über die eigentliche Entgiftung und Psychotherapie hinausreicht. In extremster Form betreiben diese Nachsorge Selbsthilfe-Einrichtungen wie »Synanon« (s. unten, Kap. 3), wo der Junkie allmählich zum Therapeuten für andere Süchtige werden kann und – im Extremfall – sein ganzes Leben in der Geborgenheit seiner Gemeinschaft bleibt; ähnlich ist es bei den »Anonymen Alkoholikern«.

Im Grunde genommen handelt es sich hierbei um »selbstgewählte Familien«, um Lebensgemeinschaften, die das ausgleichen, was einem als Kind und Jugendlicher von der Herkunftsfamilie vorenthalten wurde oder nicht gegeben werden konnte. Dies als Makel bezeichnen zu wollen, als Schwäche, wie dies gelegentlich geschieht, ist genauso töricht, wie Gesünderen Vorwürfe zu machen, sie seien »gruppensüchtig«, wenn sie längere Zeit in Selbsterfahrungs- oder Therapiegruppen bleiben. In Wahrheit ist unsere heutige soziale Welt derart kalt und gefühlskarg, daß wahrscheinlich unsere Zukunft und einzige Überlebenschance überhaupt nur in solchen selbstgewählten Bezugsgruppen besteht.

Nicht der »gruppensüchtige« (besser: gruppenbedürftige) Mensch ist schwach, denn er geht im Grunde nur seinen natürlichsten Bedürf-

---

* Auskunft über die Ausbildung zum TZI-Gruppenleiter und über TZI-Seminare bzw. -Kurse erteilt: WILL International, St. Alban-Rheinweg 11, CH-4006 Basel.

nissen nach (s. Schmidbauer, *Jäger und Sammler*), sondern jene Einzelkämpfer, die glauben, alles aus eigener Kraft bewältigen zu müssen – was ja letztendlich gar nicht geht.
Unter diesen Gesichtspunkten sollte man auch die »Therapeutischen Wohngemeinschaften« ansehen, die allerorten entstehen und vor allem Drogenabhängigen (aber auch sozial entwurzelten Strafentlassenen usw.) eine neue Heimat geben. Einschlägige praktische Erfahrungen schildert das Buch *Vielleicht kommt es auf uns selber an* von Wolfgang Heckmann, in den siebziger Jahren Drogenbeauftragter des Landes Berlin (vergl. auch Möller, *Selbsthilfegruppen,* sowie Casriel). Das Modell einer ganzen »Therapeutischen Kette«, von der solche Wohngemeinschaften ja nur ein – wenngleich der wichtigste – Teil sind, beschreibt Manfred Wöbcke. Bei der Betreuung und Supervision solcher Therapeutischer Ketten und Nachsorge-Einrichtungen kommt Fachleuten, die praktisch in der ambulanten Beratung und/oder Therapie arbeiten, eine besondere Rolle zu: Sie sind weniger negativ vorbelastet als jene Institutionen, die für die Entgiftung und stationäre Behandlung zuständig sind und vom Ex-User entsprechend leicht mit »Zwang« und unangenehmen Erfahrungen identifiziert werden.

»Elternkreise« (Selbsthilfe-Gruppen von Angehörigen Drogenabhängiger)
Wenn ein Familienmitglied drogenabhängig wird (auch von Alkohol und Tabletten), wird unweigerlich die gesamte Familie in Mitleidenschaft gezogen; dafür sorgt schon die Gruppendynamik. Deshalb ist es wichtig, daß nicht nur der Drogenabhängige selbst Hilfe bekommt, sondern auch die Restfamilie.
Am besten sind hierzu Selbsthilfegruppen geeignet, die sich in der Regel ohne professionellen Leiter oder Therapeuten regelmäßig treffen (mindestens alle 14 Tage, sonst entsteht keine tragfähige Gruppe, in der Probleme fundiert bearbeitet werden können). Ein Fachmann sollte aber gelegentlich beigezogen werden, um ein Minimum an professioneller Supervision (s. unten) zu bieten. Hier liegt eine weitere wichtige Aufgabe für Berater und Therapeuten mit ambulanter Praxis – stationäre Einrichtungen, zum Beispiel Suchtkliniken, sind meist weder personell noch von der fachlichen Ausrichtung besonders für solche Aufgaben geeignet, wenngleich die Zusammenarbeit mit ihnen sehr wichtig ist.
Wie ich aus eigener Erfahrung weiß, ist solche Arbeit mit »Elternkreisen« gerade auch für den Fachmann nicht nur sehr informativ (es gibt im Grunde keine besseren Drogen-Fachleute als die Eltern bzw.

Angehörigen von Usern, sobald sie ihre erste Hilflosigkeit überwunden haben – denn niemand steckt tiefer in den entsprechenden Problemen drin), sondern auch ausgesprochen befriedigend. Die existentielle Betroffenheit der Angehörigen ist so groß, daß es zu einer sehr guten, intensiven Zusammenarbeit kommt.

Für Zwecke der Supervision sind besonders Selbsterfahrungs-Wochenenden gut geeignet, am sinnvollsten themenzentriert-interaktionell (TZI nach Ruth C. Cohn, s. oben, »Gruppentherapie«). Der »Elternkreis« selbst sollte mehr die Form einer kontinuierlichen Gruppe haben, bei der man sich einmal pro Woche trifft.

Die erstaunliche Erfahrung aller Beteiligten ist es, daß nach einer ersten Phase der Depression und Resignation die Angehörigen allmählich spüren, daß die Auseinandersetzung mit der Suchtproblematik viele eigene, meist sehr verdrängte Probleme aktiviert und einer – oft viele Jahre anstehenden – Lösung zugänglich macht. Nicht selten handelt es sich um Partnerprobleme der Eltern, um vermiedene Auseinandersetzungen, die man den Kindern ersparen wollte – ohne zu merken, daß man sie mit unterschwellig schwelenden Haß- und Eifersuchtsgefühlen regelrecht mit in eine Sucht hineintrieb.

Regelmäßig stellt sich heraus, daß gerade der jugendliche Drogenkonsument eine Art »schwarzes Schaf« der Familie ist, es schon von früher Kindheit an war. Irgendwann wurde der Sohn oder die Tochter (oder auch der Vater, die Mutter bei vielen Alkohol- bzw. Tablettensuchten) dann zum »identifizierten Patienten«, d. h. zu einer Art Sündenbock, der die – eigentlich die gesamte Familien-Gruppe betreffenden – Spannungen auf sich zog und in sich austrug bzw. gerade nicht austragen konnte. Und deshalb süchtig wurde.

So paradox es klingt: Die akute Sucht eines Familienangehörigen kann zur Chance für eine Gesundung der gesamten Familie werden. Voraussetzung ist allerdings, daß die Nichtsüchtigen sich der Problematik stellen und sie in einem »Elternkreis« (in schwierigeren Fällen, oft auch in der resignativ-depressiven Anfangsphase, in einer Familientherapie) bewältigen lernen.

Selbst wenn das betroffene Familienmitglied drogengeschädigt bleibt, süchtig bleibt, kann die Aufarbeitung der Familienkonflikte eine solche Befreiung bewirken, daß auch der nicht geheilte Süchtige in Zukunft ertragen und als zu bewältigendes Schicksal angenommen wird, ähnlich wie ein körperlich oder geistig behindertes Kind oder ein Kranker, der – beispielsweise wegen einer Zuckerkrankheit – lebenslänglich Insulin spritzen muß.

Der Junkie stellt also auch so etwas wie die Verkörperung des »Schat-

tens« (C. G. Jung) – also der nicht gelebten Seiten des Gruppengeschehens der »braven Bürgerfamilie« – dar, die sich im Grunde jahrelang auf Kosten seiner psychischen und sozialen Gesundheit *saniert* hat. Der Preis ist für alle Beteiligten enorm groß – und oft läßt sich das negative Geschehen, die Sucht, nicht rückgängig machen. Aber man kann lernen, damit zu leben, und sogar einen tieferen Sinn in diesem Geschehen entdecken, der ungeahnte neue Kräfte mobilisiert (Zur speziellen Frage der Co-Abhängigkeit s. Schaef 1986).
Kontaktadressen von »Elternkreisen« und eventuell auch Supervision vermittelt die »Deutsche Hauptstelle gegen die Suchtgefahren« (Westring 2 – 59065 Hamm/Westfalen; Tel. 0 23 81/90 15-0).

Supervision von Drogentherapeuten
Wolfgang Schmidbauer hat in seinem Buch *Die hilflosen Helfer* eine grundlegende Problematik der Arbeit von Ärzten, Psychologen, Sozialarbeitern und anderen Angehörigen der »helfenden Berufe« beschrieben. Viele von ihnen haben ihren Beruf nicht zuletzt deswegen gewählt, weil hinter ihrem Bedürfnis, anderen zu helfen, der starke (und entsprechend stark verdrängte) Wunsch steht, selbst Hilfe zu bekommen*. Oft läßt sich – wie Schmidbauer zeigt – in der Lebensgeschichte die Wurzel eigener kindlicher Hilflosigkeit aufdecken, die im späteren Leben mit einer Attitüde des »starken Helfers« übertüncht wurde.
Diese Diskrepanz von unbewußten und ungelebten Bedürfnissen und bewußtem Verhalten führt leicht zu Depressionen und sogar Suizid, häufig auch zu Sucht:

- Bei Ärzten in der Altersgruppe zwischen 25 und 39 Jahren, also zu Beginn ihrer Karriere, ist die Selbstmordrate viermal höher als in der statistisch vergleichbaren Durchschnittsbevölkerung (9%);
- in den USA müssen jedes Jahr rund zehn Prozent aller Ärzte wegen Alkoholismus vorzeitig aus dem Berufsleben ausscheiden – weil ein Arzt aber »keine Schwächen haben darf«, werden diese alkoholkranken Mediziner, einer Untersuchung der »American Medical Association« zufolge, von ihren Berufskollegen oft bis zum bitteren Ende gedeckt (das gleiche gilt für morphin- und tablettensüchtige Kollegen);
- mindestens 17.000 amerikanische Ärzte – etwa sechs Prozent der Gesamtzahl – sind alkohol- oder drogensüchtig.

---

* Dies wird nicht entkräftet durch die Tatsache, daß der Mensch auch über starke altruistische Tendenzen verfügt (Schmidbauer 1977, 2. Kap.).

Viele Drogentherapeuten sind wahrscheinlich ehemalige Alkoholiker oder Ex-Junkies. Was bei Selbsthilfe-Organisationen wie »Synanon« (s. unten, Kap. 3) ganz bewußt als Methode eingesetzt wird – der erfahrene »Praktiker« soll dem Nochabhängigen helfen, nicht mehr die »alten Tricks« zu benützen –, das findet sich anderweitig im verborgenen. Daraus resultieren dann leicht Probleme. Eines sei hier erwähnt:

Auf Grund eines entsprechend intensiven »Helfer-Syndroms« neigen manche Therapeuten dazu (und zwar oft völlig unbewußt), sich stets mit den schwierigsten Fällen zu befassen. Das sind erfahrungsgemäß Süchtige. Die Depressivität und die Gefühle der Sinnlosigkeit und »inneren Leere« übertragen sich dann, weil sie unbewußt (und vor allem: unbearbeitet) auch im Therapeuten vorhanden sind, zunehmend auf den Helfer. Bis er der eigenen Problematik nicht länger ausweichen kann. In dieser Phase ist der Drogentherapeut im höchsten Maße selbst gefährdet, durch eigenen Drogenkonsum oder durch Suizid.

Eine der gesündesten Reaktionen ist vielleicht noch, daß der Therapeut ganz aus der Arbeit aussteigt. Vielleicht widmen sich deshalb viele Drogenspezialisten nur wenige Jahre dieser aufreibenden Tätigkeit?

Sinnvoll wäre es natürlich, durch eine entsprechende Selbsterfahrung bzw. Lehranalyse solche Probleme abzuklären, *bevor* man mit Süchtigen arbeitet. Die Besucher der psychoanalytischen Lehrinstitute, wo eine solche Selbstklärung zur Ausbildung gehört, werden allerdings schon sehr bald damit vertraut, daß Süchtige psychoanalytisch kaum zu behandeln sind (s. oben) – entfallen somit weitgehend als Drogentherapeuten. Für die anderen, die keine so fundierte Lehranalyse durchlaufen haben, empfiehlt sich unbedingt, laufend in der Supervision bei erfahrenen Kollegen zu stehen oder kontinuierliche Möglichkeit zu klärenden Gesprächen in einem Team zu haben, am sinnvollsten in einer Beratungsstelle.

Drogenberatung – einige wichtige Adressen

Als vorbildlich gelten darf die Situation in München, die hier beispielhaft angeführt sei. Das Verzeichnis der »Einrichtungen im Stadt- und Landkreis München auf dem Gebiet der Psychiatrie usw. ...« (Dorenberg 1997) gibt die Adressen von fünfzehn öffentlichen oder privaten Einrichtungen an, die Beratung über Dro-

genprobleme anbieten, primär aus dem Alkoholbereich, aber in erstaunlichem Umfang auch für die anderen Suchtformen. Hinzu kommen noch Adressen von Einrichtungen zur Behandlung Drogenabhängiger. (Details im immer wieder überarbeiteten Verzeichnis der »Einrichtungen ...«, erhältlich bei der Pressestelle des Bezirks Oberbayern, Maximilianstr. 39, 80538 München, Tel. 0 89/29 40 14).
Einrichtungen im übrigen Bundesgebiet findet man im Verzeichnis »Suchtberatung – Wo?« der *Deutschen Hauptstelle gegen die Suchtgefahren* (PF 1369, 5903 Hamm) und im Beratungsführer der *Deutschen Arbeitsgemeinschaft für Jugend und Eheberatung e.V.*, Neumarkterstr. 84c, 81637 München.

Es gibt kaum etwas Schlimmeres, als allein auf sich gestellt mit vielen Drogenabhängigen konfrontiert zu sein. Im Grunde genommen ist dies sogar ein ausgesprochener Kunstfehler. Immer wieder erfährt man deshalb von Therapeuten, die scheitern – wie jener Münchner Arzt, der seinen heroinsüchtigen Klienten → Polamidon verschrieb und damit rasch zum Geheimtip für alle Süchtigen wurde, ohne zu merken, daß man ihn schamlos ausnützte. Als man endlich ein Berufsverbot erließ, hatte er bereits 180 solcher Problempatienten, von denen dann einer, wie zu erwarten, an einer tödlichen Dosis starb (Tochtermann).

J.v.Sch.

3. Selbsthilfegruppen

Mit Suchtbehandlung befaßte Selbsthilfegruppen sind in den Vereinigten Staaten entstanden. Die erste Organisation waren die Anonymen Alkoholiker (AA), als deren Geburtsdatum der Mai 1935 gilt. Damals war in den USA die Prohibition (→ Alkohol) gerade aufgehoben worden. Schon während der Prohibitionszeit war die Zahl der Alkoholiker sprunghaft angestiegen. Mit dem durch die wirtschaftliche Rezession eingetretenen psychosozialen Elend breiter Bevölkerungsgruppen war eine wirksame Hilfe für die nun offener auftretenden Alkoholiker gesellschaftlich sehr erwünscht. Die schnelle Verbreitung der AA in den westlichen Industriegesellschaften beweist, wie erfolgreich das Selbsthilfekonzept sein kann. Dabei ist ein religiöser Ursprung unverkennbar: Die beiden Gründer, der Börsenmakler William Griffith und der Chirurg Dr. Robert Holbrook (Bill und Bob – die AA nennen einander grundsätzlich beim Vornamen), hatten in New York an einer sogenannten Oxford-Gruppe teilgenommen, die Elemente der christlichen Bußpredigt mit elementaren gruppendynamischen Heilverfahren (öffentliches Bekenntnis und daraus folgende Eingliederung in die Gesellschaft) verband. Frank Buchman, der Gründer dieser Gruppe, war ein lutheranischer Geistlicher, der die Gruppenbeichte weiterentwickelt hatte und davon ausging, daß

- die Menschen Sünder sind,
- sich durch ein Geständnis ändern können und
- verpflichtet sind, andere zu bekehren.

Diese Prinzipien gelten in abgewandelter Form auch für die Anonymen Alkoholiker. Sie gehen – ähnlich wie die christliche Theologie im Konzept der Erbsünde – davon aus, daß es keine geheilten, sondern nur trockene Alkoholiker gibt, die durch ihre Aktivität in der Selbsthilfegruppe ihr Leben ändern konnten, aber in der Gruppe weiterhin mitarbeiten müssen, um diese Veränderung aufrechtzuerhalten.

Die Anonymen Alkoholiker fanden bald heraus, daß Alkoholismus oft mit Partnerproblemen und Familienschwierigkeiten verknüpft ist. Daraus entstanden die sogenannten Familiengruppen: Al-Anon für die Angehörigen, vor allem die Ehefrauen bzw. Ehemänner der Abhängigen, Al-teen und später auch Al-pre-teen für die Kinder aus Alkoholiker-Familien im Teenager- oder im Kindesalter. Der Erfolg einer Alkoholiker-Behandlung bei den AA ist sehr gut, vor allem, wenn die desolaten Ergebnisse einer rein medizinischen Entziehung mit ihm verglichen werden. Diese hat eine Rückfallquote von über 95 Prozent, während von den Alkoholikern, die in einer AA-Gruppe mitarbeiten, mindestens die Hälfte sozial stabil bleibt. Das Hauptproblem liegt eher darin, die Alkoholabhängigen zu einer dauerhaften Teilnahme zu bewegen; nicht alle Alkoholiker können die Weltanschauung der AA akzeptieren. Über konkrete Einzelheiten → Alkohol.

Das Konzept der Gruppenselbsthilfe (Möller 1978) ist für eine Reihe anderer Formen der Drogenabhängigkeit erweitert worden, wobei einige Gruppen ganz ähnlich aufgebaut sind wie die AA, etwa Narcotics Anonymous (Medikamentenabhängigkeit), Gamblers Anonymous (Spielsucht), Overeaters bzw. Fatties Anonymous (Fettsucht).

Gemeinsam ist diesen Selbsthilfegruppen, daß sie *keine* Lebensgemeinschaft aufbauen, die als Alternative zur Gesellschaft dienen kann, welche ja bei allen Suchten Mitverantwortung trägt. Das setzt auch eine relative Stabilität der Gruppenmitglieder voraus, beispielsweise das Durchhaltevermögen, ohne Kontakte mit bereits gefestigten Gruppenmitgliedern eine Woche bis zum nächsten Treffen durchzuhalten. Das gelingt bei Alkoholikern eher, vor allem, weil Alkohol ein gesellschaftlich akzeptiertes Suchtmittel ist und der Alkoholiker daher längst nicht so sehr seine sozialen Bindungen verliert wie der Opiatabhängige. Dasselbe gilt für die Spiel-, Fett- und Medikamentensucht: Alle diese Suchtmittel werden gesellschaftlich geduldet. Daher soll in diesem Zusammenhang der Selbsthilfe von Menschen besondere Aufmerksamkeit geschenkt werden, die von harten Drogen abhängig sind. Der wichtigste Ansatz auf diesem Gebiet ist »Synanon«, das sich seit 1958 krimineller Süchtiger in den USA annimmt und inzwischen auch in einigen deutschen Großstädten Häuser unterhält.*
Einen sehr anschaulichen Bericht über deutsche Synanon-Arbeit gibt Renate Just (1980).

Synanon wurde 1958 von Charles (»Chuck«) E. Dederich gegründet, der damals auf eine sehr bewegte Vergangenheit zurückblickte: ein abgebrochenes Studium, mehrere gescheiterte Karrieren als Manager in der Industrie und Alkoholismus. Im Rahmen der Anonymen Alkoholiker überwand Dederich seine Alkoholabhängigkeit und baute dort seine erste Diskussionsgruppe auf, in der er allmählich als führende Figur hervortrat. Er entwickelte eine ebenso eigenständige wie eigenwillige Methode der Gruppenpsychotherapie. Das Wort »Synanon« für diese Form der Gruppenarbeit wurde von einem Süchtigen geprägt, der in einem Atemzug die beiden Fremdworte *Symposion* und *Seminar* aussprechen wollte und sie zu *Synanon* verkürzte (Yablonsky 1965).
Synanon ist mehr als nur eine neue Technik der Gruppenpsychotherapie. Die Organisation bietet ein gutes Beispiel dafür, wie umfassend die Therapie schwerer Persönlichkeitsstörungen sein muß, um die es in der Behandlung von Drogenabhängigen geht. Der Fixer ist fast immer ein *drop-out,* ein Ausgestoßener, der keine sozialen Bindungen an die Gesellschaft hat, sondern nur sehr unzuverlässige

* Zentrale Kontaktstelle für Deutschland: Synanon International, Bernburger Str. 10, 12167 Berlin – Tel. 0 30-25 00 01-0.

Kontakte zu seinen Kumpeln. Synanon bietet ihm nun eine eigene Gesellschaft, eine Form sozialen Zusammenlebens, die seiner geringen Frustrationstoleranz, seinen Selbstzweifeln, seiner mangelnden Leistungsfähigkeit zunächst entspricht, zugleich aber imstande ist, dieses Defizit allmählich aufzufüllen. So nimmt Synanon dem Süchtigen nicht nur seine Droge – sondern gibt ihm darüber hinaus Sympathie, soziale Bindungen, Bestätigung, Lob. Synanon hat eine eigene Philosophie und eine durchaus unkonventionelle Ethik: in der Organisation ist die rassische Integration voll verwirklicht.

Wer in ein Synanon-Haus aufgenommen werden will, muß zwei Grundgebote erfüllen: Er darf keine Drogen nehmen und keine physische Gewalt anwenden. Die Drogenabstinenz wird zwar nicht objektiv geprüft (etwa durch Urintests), aber durch die »alten« Synanisten überwacht, die als Ex-Süchtige einen scharfen Blick haben für die durch Drogenkonsum hervorgerufenen Veränderungen. Die Entziehung selbst findet ohne jede medikamentöse Unterstützung statt. Das ist bereits ein Teil der »drogenfreien« Ideologie von Synanon, die so weit geht, daß selbst Besucher aus den Häusern gewiesen werden, wenn sie zugeben, daß sie regelmäßig »legale« Psychopharmaka nehmen. Alkohol ist ebenfalls verboten, nur Zigaretten werden akzeptiert.

Ungefähr dreimal pro Woche finden in den Gemeinschaftshäusern die sogenannten »synanons mit kleinem s« statt, d. h. die spezifisch gruppentherapeutischen Sitzungen. Dederichs Methode, die heute in zahlreichen Synanon-Häusern im ganzen Gebiet der Vereinigten Staaten praktiziert wird,* ist eine spezielle Form der »Angriffstherapie« *(attack therapy)*. Das Verhalten des einzelnen Mitglieds innerhalb der Gemeinschaft wird einer schonungslosen Kritik unterzogen; er wird beschimpft und angegriffen, man zerpflückt seine Entschuldigungen und fordert ihn zu rückhaltloser Ehrlichkeit auf, da sie das Grundprinzip der Synanons und die Basis der ganzen Organisation sei, während sich der Süchtige in seinem bisherigen Leben immer belogen habe.

Synanon fordert in der Regel keine Honorare; die Organisation wird durch Spenden erhalten und trägt sich zum Teil auch selbst, weil alle Mitglieder nach ihren Fähigkeiten arbeiten müssen. Wer »draußen« arbeitet, kann für eine längere Übergangsperiode noch im Gemein-

* Schon sechs Jahre nach der Gründung von Synanon gab es fünf dieser Zentren in den USA: Santa Monica, San Francisco, San Diego, Westport/Connecticut und Reno/Nevada.

schaftshaus leben. Viele Süchtige verlassen die Gemeinschaft jedoch nicht mehr; sie finden in ihr einen befriedigenden Rahmen für ihr weiteres Leben, rücken allmählich in der Hierarchie nach oben und gründen vielleicht sogar irgendwo ein neues Gemeinschaftshaus. Seiner Vergangenheit als Industriemanager getreu hat Dederich die Selbsthilfegruppen als Synanon Foundation Inc. mit einer Hierarchie von Direktoren, Abteilungsleitern usw. organisiert.

Diese Tatsache macht es naturgemäß etwas schwierig, die Erfolgsquote von Synanon abzuschätzen, da die Ex-Drogenabhängigen vielfach nicht als »geheilt entlassen« werden, sondern für fünf, zehn, ja zwanzig Jahre in der Organisation bleiben und während dieser Zeit – Therapeuten und Patienten in einem – die gruppentherapeutischen Sitzungen fortführen. Die Ethik Synanons ist eine Form der Selbstverwirklichungs-Religion, wie sie sehr häufig entsteht, wenn die Psychotherapie die Grenzen zum Transzendentalen überschreitet, wie z.B. auch im Werk von Carl Gustav Jung (1932). In der weltanschaulichen Magna Charta von Synanon steht etwa: »Die Kraft, die in ihm (d. h. jedem Menschen) wohnt, ist neu in der Natur, und niemand außer ihm weiß, was es ist, das er leisten kann, noch weiß er es selbst, ehe er es versucht hat ... Ein Mensch ist entspannt und froh, wenn er sein Herz in seine Arbeit gesetzt hat; was er sonst tat oder sagte, wird ihm keinen Frieden geben ... Niemand kann eine Person zu dauerndem, schöpferischen Lernen zwingen. Sie wird nur dann lernen, wenn sie es wirklich will...«*

In dem formellen Morgengebet, das jeden Tag zu Beginn des ersten Treffens gelesen wird, heißt es:

»Bitte, laß mich zuerst und stets mich selbst prüfen. Laß mich anständig und ehrlich sein.
Laß mich Verantwortung suchen und akzeptieren.
Laß mich Vertrauen in mich selbst und meine Mitmenschen haben.
Laß mich eher lieben als geliebt werden.
Laß mich eher geben als empfangen.
Laß mich eher verstehen als verstanden werden.«

Synanon bietet also eine Alternative zu den Konsum- und Leistungsideologien der westlichen Industriegesellschaft. Kulturgeschichtlich gesehen enthält diese Alternative viele Züge einer »primitiven«

---

* Auszug aus *Synanon's Philosophy,* aus der jeden Samstagabend vorgelesen wird (zit. n. Yablonsky 1965, S. 87 f.).

Stammeskultur, also eines in mancher Hinsicht für den Menschen biologisch »richtigen« Milieus (Schmidbauer 1972): relativ kurze Arbeitszeit, eine große Zahl rein menschlicher Kontakte, Betonung schöpferischer Aktivitäten (Musik, bildende Kunst, Theaterspielen, Filmemachen usw.). Es ist sicher kein Zufall, daß in Kalifornien, dem Stammland der Synanon-Bewegung, viele weitere Formen der Gruppenarbeit im Dienste der Selbstverwirklichung entstanden sind: Sensitivitätstraining (Schmidbauer 1973), Encounter-Gruppen (Schutz 1971) und Marathon-Gruppen (Dinges 1971). Teilweise handelt es sich dabei um Synanon-Kopien durch professionelle Gruppenleiter (Psychiater, Psychologen, Soziologen).
Um die konkrete Methodik der Synanon-Arbeit mit Drogenabhängigen zu verdeutlichen, sei hier eine kurze Zusammenfassung der wesentlichen Schritte in der »Synanonisierung« eines Süchtigen gegeben:

Aufnahme
Der Drogenabhängige wird, im Gegensatz zur Prozedur der »karitativen« Institutionen, recht nüchtern, fast abweisend, empfangen. Vor allem gibt man ihm zu verstehen, daß seine Versuche, mit der Menge seines Drogenkonsums zu prunken, sich als »schweren Jungen« hinzustellen, niemanden beeindrucken werden. Weiter macht man ihn mit den Grundregeln der Synanon-Gemeinschaft vertraut und bereitet ihn auf die verbalen Attacken vor, die einen wesentlichen Teil der gruppentherapeutischen Arbeit ausmachen. Wenn ein Süchtiger zum ersten Interview auch nur wenige Minuten zu spät kommt, wird er nicht vorgelassen, sondern auf einen anderen Termin bestellt – auch wenn er tausend Flugmeilen hinter sich hatte. Manchmal wird ein Eintrittshonorar verlangt. In jedem Fall soll der Neuankömmling – im Gegensatz zu seinen bisherigen Zwangsaufenthalten in therapeutischen Institutionen – freiwillig und gern in die Gemeinschaft eintreten. Sowohl die Bekanntschaft mit Ex-Süchtigen, die »sauber« geworden sind, wie auch die schonungslos offene Kommunikation in den Gruppensitzungen verwirren ihn. Außerhalb der Gruppen, in denen Aggressionen verbal ausagiert werden dürfen und sollen, findet er verständnisvolle Freunde; er hat immer – nicht, wie in anderen Kliniken, nur während begrenzter therapeutischer Sitzungen – die Möglichkeit, sich mit psychologisch geschulten Laien-Therapeuten zu unterhalten, nämlich den »älteren« Synanisten.

Entzug

In Synanon geht man davon aus, daß die Entzugssymptome auch des routinierten Fixers zwar sehr unangenehm, aber keineswegs so unerträglich sind wie sie Filme *(Der Mann mit dem goldenen Arm)* oder auch einschlägige Bücher (de Ropp 1964) schildern. Ein Teil der Entzugssymptome ist wohl psychogen. In den staatlichen Nervenkrankenhäusern und Entzugskliniken ist der Süchtige geneigt, sie zu übertreiben, um Medikamente oder auch eine Dosis seines Suchtmittels zu erhalten. Manchmal bekommt er dabei Stoff in einer ganz ungewohnten Reinheit und wird gerade dadurch noch abhängiger. »In Lexington erfuhr ich zuerst, wie stark Drogen sein können. Nie im Leben habe ich so gut gefixt wie dort. Ich war zwei Wochen *high,* und wenn es schlechter wurde, kam der Doktor und gab mir einen neuen Fix« (Lago 1965). Überdies gilt es in der Szene als »schick«, möglichst viel Stoff zu brauchen, um deshalb auch besonders dramatisch unter dem Entzug zu leiden. In Synanon wird durch die Anwesenheit freundlicher Kameraden, welche zwar die Symptome verstehen, sich aber – weil sie sie aus eigener Erfahrung kennen – nicht durch Übertreibungen beeindrucken lassen, die Entziehung sehr erleichtert. Das Vorbild der gesunden, vergnügten Ex-Süchtigen macht dem Neuankömmling den Entschluß zu bleiben leicht. Er liegt auf einer Couch mitten im Gemeinschaftsraum, hat immer wieder Kontakt mit den Mitgliedern, erhält warme Getränke, wird ermuntert. Und vor allem: Er weiß, daß niemand ihn zurückhält, wenn er gehen will. Zu den Spielregeln der Angriffstherapie gehört es manchmal, daß man den Süchtigen geradezu auffordert, sich doch fortzuscheren und wieder auf die Straße zu gehen, wenn er nicht Manns genug sei, sich zu bessern (Yablonsky 1965, S. 202). Andererseits begreift er aber, daß alle diese Angriffe nur darauf abzielen, ihn zu ändern; wenn man sich nicht für ihn interessieren würde, wäre auch das nicht der Mühe wert.

Indoktrination

Noch während des Entzugs wird der Ex-Süchtige mit den »Spielregeln« des Zusammenlebens in der Gemeinschaft vertraut gemacht. Anständiges zwischenmenschliches Verhalten, Freundlichkeit und Wärme werden verlangt; kathartische Äußerung aggressiver Emotionen ist nur während der Synanon-Sitzungen erlaubt. Eine erfolgreiche Indoktrination macht dem Süchtigen klar, daß er sich bisher wie ein kleines Kind benommen hat; sie zeigt ihm, daß Gefängnis oder Tod die einzigen Auswege aus seinem bisherigen Lebensstil sind, wenn er nicht bereit ist, sich zu ändern. Diese Änderung wird ihm gleichzeitig als durchaus möglich hingestellt. Die scharfe Kritik, die oft während der Indoktrination laut wird, dient dem Zweck, den Süchtigen davor zu befreien, noch eine Fassade aufrechtzuerhalten, die er nur mit Hilfe von Drogen tatsächlich ausfüllen konnte. Er begreift, daß Synanon etwas ganz anderes ist als die Krankenhäuser, Entziehungskliniken oder Gefängnisse, die er bisher kennenlernte.

Kontakt mit den Angehörigen
Pathologische Beziehungen zu Familienangehörigen spielen oft eine wichtige Rolle in der Entstehung von Drogenabhängigkeit. Oft fördern die Eltern des Süchtigen den Drogenabusus auf subtile Weise: durch zerstörerische Kritik auf der einen und durch Vorbilder im »legalen« Drogenmißbrauch (Alkohol, Tabletten) auf der anderen Seite.* Eine wesentliche Aufgabe der Synanon-Gemeinschaft ist es, dem Drogenabhängigen die defekten, verbogenen und doppeldeutigen Familienkommunikationen, an die er gewohnt war, durch offene Ausdrucksweisen zu ersetzen, welche eine realistische Bedürfnisbefriedigung gestatten. Da Synanon anfänglich eine Reihe neu hinzugekommener Mitglieder wieder verlor, sobald zum ersten Mal eine frühere Bezugsperson des Süchtigen auftauchte und mit ihm sprach, werden in der Regel solche Besuche verboten, bis der Neuankömmling fest genug verwurzelt ist, so daß ein Rückfall ausgeschlossen scheint. Synanon ist also nur nach einer Seite hin offen. Der Süchtige kann jederzeit gehen (dadurch wird dauernd seine Motivation geprüft), doch seine früheren Bezugspersonen dürfen ihn nicht sehen, da man annimmt, oft zu Recht, daß diese entweder – bewußt oder unbewußt, direkt oder indirekt – seinen Drogenkonsum fördern oder doch zumindest nichts gegen ihn tun können.

Abbau der antisozialen Identität
Der Drogenabhängige sieht sich selbst oft als »harten Burschen, der eine Menge verträgt« und für den die sozialen Normen nicht gelten. Synanon geht gegen diese antisoziale Rolle sehr energisch vor. Jede seiner Äußerungen, wie die typischen Gefängnisgespräche über »er-

---

* Nachdem ihr Sohn zum erstenmal seit 15 Jahren in Synanon sechs Monate lang keine Drogen genommen hatte, besuchte ihn seine Mutter und klagte: »Liebling, komm doch bitte nach Hause, ich sterbe vor Einsamkeit. Ich laß dich kein Heroin nehmen, aber du bekommst alle Pillen, die du willst« (zit. n. Yablonsky, L.: a.a.O. S. 215).

folgreiche« Einbrüche, Betrügereien, sexuelle Großtaten etc. werden scharf mißbilligt.

Neben diese »negativen Verstärker« (s.S. 553) der Identität des kriminellen Süchtigen tritt der absolute Wegfall positiver Verstärker: Niemand respektiert einen Neuankömmling, weil er viel Heroin konsumiert, viele Einbrüche oder kleine Raubüberfälle begangen hat. Selbst die Tatsache, daß er keine Drogen mehr nimmt, wird praktisch nicht beachtet. Hier liegt nämlich ein wesentliches Hindernis für den Entzug »mir zuliebe«. Der Süchtige ist manchmal durchaus fähig, eine Weile auf die Droge zu verzichten, wenn dieser Verzicht genügend verstärkt wird – etwa durch die liebevolle Zuwendung einer Freundin, eines Freundes, eines Therapeuten. Aber sobald er dann bemerkt, daß dieses Lob abnimmt, je länger er »sauber« bleibt, und daß nun neue Forderungen auf ihn zukommen (er soll sich doch wie ein erwachsener Mensch benehmen), wird die Versuchung groß, wieder Drogen zu konsumieren. Er möchte auf diese Weise die Sonderrolle des Kranken zurückgewinnen, der schon dadurch etwas leistet, daß er für eine Zeit auf Drogen verzichtet. In Synanon wird die Drogenabstinenz für selbstverständlich gehalten und dadurch die Rückfallgefahr vermindert. Es geht von Anfang an darum, positives Sozialverhalten aufzubauen, wobei die »beschützte« Arbeit, die Geborgenheit in der Gruppe, die zahlreichen Kontaktmöglichkeiten auf allen Stufen des Entwicklungsprozesses verhindern, daß die therapeutische Potenz eines einzigen Menschen überfordert wird.

Vom Patienten zum Therapeuten

Nachdem die antisoziale Identität des Süchtigen zusammengebrochen ist, kommt es in der Regel zu einer »Honigmond-Periode«, in der er Synanon ganz und gar akzeptiert und behauptet, sich so gut wie nie zu fühlen; innerlich ist er aber noch höchst unsicher und verwundbar. Nur die Fassade hat sich geändert, die früheren emotionalen Probleme bleiben dahinter bestehen. Insgesamt lassen sich drei informelle und nicht an festgelegte Zeiträume gebundene Phasen des Hineinwachsens in Synanon unterscheiden:

A: Der Neuankömmling hat minimale Kontakte mit der Außenwelt, darf nur mit einem erfahrenen Mitglied spazierengehen, wird vor Kontakten mit früheren Bezugspersonen bewahrt.

B: Das Mitglied gilt als genügend stabilisiert, um eigenverantwortlich Kontakte mit der Außenwelt aufzunehmen; meist sind ein bis zwei Jahre des Lebens in Synanon vergangen.

C: Das Mitglied ist »graduiert«, es kann frei entscheiden, ob es in

Synanon bleiben, die Gemeinschaft verlassen oder in ihr wohnen, aber außerhalb arbeiten will. Synanisten mit besonderen Fähigkeiten werden zu Direktoren usw. ernannt.

Synanon ist eher eine Lebensweise als eine Therapieform. Deshalb kann man auch keine Erfolgsquote angeben; festzuhalten bleibt, daß seit 1958, als Dederich mit einigen Freunden die ersten Treffen organisierte, viele hundert Drogenabhängige über fünf Jahre lang (nach dieser Zeit der Rückfallfreiheit nimmt man in der Medizin vielfach eine »klinische Heilung« an) drogenfrei lebten und sich produktiv betätigten. Dieser Erfolg ist besonders ermutigend, da er praktisch ohne jede staatliche Hilfe erreicht wurde. (Dederich begann mit dreißig Dollar Arbeitslosenunterstützung pro Monat.) Synanon wurde durch eigene Arbeit und private Spenden finanziert. Offensichtlich bewährt sich angesichts des Problems der Drogenabhängigkeit auch die Forderung Karl Menningers: *brains, not bricks*.*

Stellt man diesem Weg der Hilfe für Drogenabhängige die hohen Rückfallquoten und das oft völlige Versagen traditioneller Entziehungskuren in psychiatrischen Kliniken gegenüber, dann wird man zugeben müssen, daß die Laienhilfe nicht nur billiger, sondern auch erheblich wirksamer ist.

Auf der anderen Seite ist nicht zu übersehen, daß Synanon nur für einen bestimmten Patientenkreis die richtige Lösung darstellt: für Drogenabhängige, die einen Tiefpunkt ihrer sozialen Laufbahn erreicht haben und deshalb einer quasireligiösen Bekehrung zugänglich sind. Sozial noch stabilisierte Süchtige – wie etwa Ärzte, die opiatabhängig geworden sind – werden sich kaum bereitfinden, als Tellerwäscher bei Synanon anzufangen. Eine weitere Einschränkung des Synanon-tauglichen Patientenkreises bedeuten die hohen Anforderungen, welche an die Motivation der Drogenabhängigen gestellt werden. Sie müssen viele Frustrationen einstecken, darunter auch einen medikamentös nicht abgestützten Entzug. Was für jene heilsam ist, die in Synanon bleiben, kann für die schädlich sein, welche in den ersten Wochen ausscheiden und die nun um diese Chance ärmer sind, dem Teufelskreis der Sucht zu entrinnen. Notwendig wäre es, Therapiemodelle zu konstruieren, die anfänglich weniger hohe Anforderungen an die Motivation der Patienten stellen. Trotz vieler

* »Gehirne sind wichtiger als Mauern«, d. h. bei der Reform einer therapeutischen Institution (im Fall Menningers: eine Nervenklinik) muß man den Akzent auf eine neue Ausbildung und neue Mitarbeiter legen, nicht auf bauliche Veränderungen, wie es vielfach geschieht.

Schwierigkeiten mit den Behörden, die Synanon-Häuser oft nicht in den Wohnvierteln dulden wollten, und einer kritischen Position den starren Leistungsnormen der Industriegesellschaft gegenüber, ist Synanon keineswegs betont gesellschaftskritisch eingestellt.* Die soziale Kritik spricht sich eher in der Praxis aus als in der Theorie, indem man einen weniger leistungsorientierten, mehr auf Kreativität und Selbstverwirklichung ausgerichteten Weg des Zusammenlebens beschreitet, der verbunden ist mit einem gerüttelten Maß an Konsumverzicht. Es kann gut sein, daß diese ideologisch neutrale, unpolitische Position nicht nur dem Zwang zum Überleben in einer kapitalistischen Gesellschaft zuzuschreiben ist, sondern auch dem Bemühen, den Drogenabhängigen keine Rationalisierungen anzubieten. In den Synanons wird den Mitgliedern oft drastisch versichert, selbst wenn ihr Vater sie geprügelt und ihre Mutter sie vernachlässigt hätte, so sei das noch lange kein Grund dafür, sich heute schlecht zu benehmen (psychologische Traumen werden also nicht als Entschuldigung akzeptiert).

Die Gefahr, soziale Rationalisierungen statt effektiver Therapie anzubieten, ist innerhalb von Synanon zweifellos deutlicher erkannt worden als in den verschiedenen Formen der Release-Bewegung (»Release« wurde unter diesem Namen von Caroline Coon in London gegründet und leistete vorwiegend juristische Hilfe bei Rauschgiftdelikten, vor allem bei Verstößen gegen das Haschisch-Verbot). Während Synanon eine Organisation von Ex-Süchtigen ist, die ihre Mitglieder wirklich vom Drogenkonsum abhält, glauben Vertreter von Release offensichtlich immer noch, zwischen »richtigem« und »falschem« Drogenkonsum unterscheiden zu können. Soziales Ziel ist nicht der Drogenabstinente, sondern der *cool user*.** Dieser konsumiert Drogen angeblich überlegt und aus rationalen Motiven und glaubt dabei, dem Leistungs- und Abhängigkeitsprinzip der Konsum-

---

* Das gilt für den größten Teil der Arbeit in Selbstverwirklichungs-Gruppen in den USA. Man versucht eher, eine punktuelle Katharsis familiär und sozial bedingter Konflikte zu verwirklichen oder eine Lebensgemeinschaft außerhalb der Industriegesellschaft aufzubauen, als diese selbst zu reformieren.

** Im *Release-Report* (S. 85 ff.) wird »intelligenter Gebrauch« von Marihuana und Haschisch »harmlos« genannt. Prinzipiell ist »intelligenter Gebrauch« jeder Rauschdroge harmlos, er führt nämlich dazu, überhaupt keine Rauschdroge chronisch zu konsumieren. Die Gefahr solcher Verharmlosungen liegt darin, daß Intelligenz zu den Fähigkeiten gehört, deren Ausbildung und Tragweite jeder Mensch, besonders aber der allen Rationalisierungen zugängliche Drogenkonsument, gröblich zu überschätzen pflegt.

gesellschaft entronnen zu sein. Tatsächlich ist er aber ein Konsument, der seinen Konsum besonders überzeugend rationalisieren und seine Persönlichkeitsstörung verleugnen bzw. projektiv abwehren kann (»Die Gesellschaft ist schuld«). Verborgene Schuldgefühle über diesen permanenten Selbstbetrug werden dann mitunter dadurch abgewehrt, daß man den wirklich kaputten Fixern hilft, denen es ja noch viel dreckiger geht.

Es geht hier nicht darum, Release pauschal zu kritisieren, sondern nur darum, auf mögliche unreflektierte Einstellungen innerhalb der Selbsthilfegruppen hinzuweisen, die diskutiert werden müssen. Ansätze dazu finden sich in dem sehr uneinheitlich konzipierten und kaum auf einen einzigen theoretischen Nenner zu bringenden *Release-Report* ebenfalls (z.B. S. 112; S. 90: »... die Gesellschaft ist schuld! ... Diese Einstellung zu seinen eigenen Schwierigkeiten zeichnet den Jungopa aus. Einen Typ, der noch naß ist, der nach Papa und Mama schreit und gleichzeitig beide für Arschtypen erklärt«).

Die Fixer gehören nicht in Nervenkrankenhäuser, denn »die Anstalten sind gefüllt mit Geisteskranken, Alkoholikern, Sittlichkeitsverbrechern«, heißt es etwa im *Release-Report* (S. 76). Um die eigene Interessengruppe herauszuheben, werden andere diskriminiert. Geisteskranke und Sittlichkeitsverbrecher – diese Nebeneinanderstellung zeigt, wie gründlich das sozialpsychiatrische Denken ist, das im *Release-Report* ausgesprochen wird – sind nicht weniger Opfer einer sozial- und individuell-psychologisch bedingten Störung der Persönlichkeitsentwicklung als die Fixer; ihnen allen wird die herkömmliche Anstaltsbehandlung nicht gerecht.

Sicher ist die Sozialstruktur mitverantwortlich für psychische Krankheiten, aber der Drogenkonsument, ja der psychisch Kranke überhaupt leidet vor allem an verinnerlichten Störungen der Familiengruppe und nicht an aktuellen menschenwidrigen Sozialstrukturen. Revolution ist für ihn keine Therapie; die Therapie kann ihn allenfalls fähig machen, später erfolgreich politische Arbeit zu leisten. Das Wort von der kranken Gesellschaft wird im Mund unkritischer Autoren zur Universalentschuldigung. Es hilft dem Drogenabhängigen, seine elementare soziale Unfähigkeit, seine Regression, sein kindisches Benehmen als sozialen Protest zu rationalisieren. Und zugleich dient eine solche Haltung dazu, die eigene Drogenabhängigkeit zu bemänteln und auch sie in einen Akt des Protests gegen die Konsumgesellschaft umzuformen, während man doch tatsächlich nur das Konsumgut gewechselt hat. Beschönigende Phrasen sind

dann das Endprodukt. »Profitüberkrustet, in die eigenen Normen verklemmt, sind die Produzenten selbst außerstande, durch Verwendung psychedelischer Drogen die vergifteten Schalen ihres Bewußtseins zu sprengen, um jenseits der Turbulenz der befreiten Wahrnehmung die Dimension des reinen psychischen Erlebens und deren Relation zu den geringen Grundbedürfnissen menschlichen Seins zu erfahren ... Uns jedoch können sie nicht davon abhalten, vermittels der gezielten Anwendung von Cannabis, LSD, Meskalin die psychosozialen Determinanten unseres Selbst zu durchdringen, um eine Anschauung zu erhalten von möglichen Varianten zukünftigen Lebens...« (*Release-Report,* S. 77).
Es ist notwendig, auf diese Gefahr hinzuweisen: Selbsthilfegruppen gefährden ihre Existenz, wenn sie keine klare Alternative zum Drogenkonsum bieten, sondern das Idealbild des *cool user* propagieren, das in Wirklichkeit nur ein Konzentrat von Rationalisierungen und Entschuldigungen für eine eigene, unbewältigte Drogenkarriere ist. Selbsthilfegruppen sind ein unentbehrliches, vielleicht sogar das wichtigste Mittel, um den Drogenabhängigen aus seiner tödlichen Einbahnstraße zu befreien. Sie können diese Aufgabe aber wohl nur dann erfüllen, wenn sie eine völlige Umkehr verlangen und nicht Rationalisierungen wie »Opfer der Gesellschaft« oder *cool user* freigebig anbieten.

4. Stationäre Behandlung Drogenabhängiger in Institutionen – lerntheoretische Gesichtspunkte

Für die Lerntheorie gilt wohl noch mehr, was Ebbinghaus über die Psychologie schlechthin sagte: Sie hat eine lange Vergangenheit, aber eine kurze Geschichte (Wertheimer 1971). Mindestens seit es schriftliche Aufzeichnungen gibt, sind Lohn und Strafe – positive und negative Verstärker – die wichtigsten Instrumente, um erwünschtes Verhalten herbeizuführen, unerwünschtes abzustellen. Bereits der römische Arzt Celsus empfahl, seelisch gestörte Menschen anzuketten oder auszupeitschen (vgl. Schmidbauer 1971a). Durch diese rohen Strafmethoden hoffte er, das sozial auffällige Verhalten wieder zum Verschwinden zu bringen. Es ist gut möglich, daß diese Erwartung sich manchmal erfüllte; das Gegenteil dürfte freilich ebensooft der Fall gewesen sein. Wir werden noch auf die Fragwürdigkeit aller Strafmethoden zurückkommen.

Tierexperimente

Die lerntheoretisch begründete Therapie stützt sich vor allem auf aus Tierexperimenten gewonnene Theorien über das Verhalten höherer Organismen. Von zentraler Bedeutung sind zwei elementare Formen des Lernens, die wir hier stark verkürzt und vereinfacht darstellen; sehr viel ausführlichere Beschreibungen bietet die einschlägige Literatur (z.B. Hilgard und Bower 1971).

Der bedingte Reflex (I. P. Pawlow)

Der Organismus wird als System aufgefaßt, das eine Reihe vorgeformter Antworten (Reflexe) auf äußere Reize bereithält. Der Geschmack von Futter im Maul eines Hundes löst die Sekretion von Magensaft aus (unbedingter Reiz = Reflex). Bietet man nun gleichzeitig mit dem Futter ein Glockensignal, dann löst nach mehrmaliger gemeinsamer Darbietung auch das Signal allein die Magensaftabsonderung aus. Ein bedingter Reflex ist entstanden. Dieser ist immer etwas schwächer als die unbedingte Reaktion (weniger Magensaft wird sezerniert) und verschwindet nach einiger Zeit weitgehend, wenn der unbedingte Reiz nicht mehr mit dem bedingten (dem Glockensignal) zusammen geboten wird. Diesen Prozeß nennt man Auslöschung.

Das operante Lernen

Hier reagiert das Versuchstier nicht nur, sondern es agiert, »operiert«. Verhaltensweisen, die Instinkte (vgl. Tinbergen 1952) befriedigen, d. h. »erfolgreich« sind, treten häufiger auf, sie werden »verstärkt«. In der Tierdressur verstärkt man erwünschtes Verhalten durch kleine Futterhappen. Operantes Lernen ist die Grundlage zahlreicher tierischer und menschlicher Gewohnheiten. Vor allem beim Menschen sind neben den primären Verstärkern (Hunger, Durst, Sexualität usw.) sekundäre sehr wichtig, die oft durch Koppelung mit primären Verstärkern entstehen. Gelderwerb ist ein typisches Beispiel für einen solchen sekundären Verstärker – eine Triebbefriedigung in abstracto, die jederzeit in den Zugang zu primären Verstärkern umgesetzt werden kann (denn Essen, Trinken und in mancher Hinsicht auch sexuelle Befriedigung sind »käuflich«).*

---

* Solche sekundären Verstärker spielen schon im Tierexperiment eine Rolle; Affen können darauf dressiert werden, für den Erwerb von Pappmünzen zu »arbeiten« (z.B. wiederholt einen Hebel zu drücken), wenn diese Pappmünzen in einen Automaten passen, der primäre Verstärker – etwa Futter – dafür ausgibt (vgl. Rohracher 1971).

Grenzen der Konditionierungs-Modelle

Selbst tierisches Verhalten kann nicht allein durch die Modelle des klassischen (Pawlow) und des operanten (Thorndike, Hull, Skinner) Konditionierens erschöpfend erklärt werden (Lorenz 1965). Tiere sind keine Reflexmaschinen, die passiv abwarten, bis zum Beispiel ein Beutetier vorbeikommt und die entsprechenden Beutefangreaktionen auslöst. Sie werden spontan aktiv, von innen heraus, und geraten in bestimmte Verhaltensbereitschaften (»Stimmungen«) bzw. suchen im sogenannten »Appetenzverhalten«* (Lorenz 1965) nach Auslösern für die zielbildende Endhandlung, d. h. den primären Verstärker (vergl. Tinbergen 1952).

Bereits bei vielen höheren Tieren werden die Konditionierungsprozesse durch einsichtiges Verhalten ergänzt und überformt. Dabei wird nicht auf dem Weg von Versuch und Irrtum eine zufällig erfolgreiche Reaktion verstärkt, sondern durch Einsicht in die strukturellen Gegebenheiten einer bestimmten Situation. Dafür hier als Beispiel der Versuch mit einem Schimpansen: Drei Kisten stehen in einer Ecke, eine Banane liegt unerreichbar hoch oben, nach einem plötzlichen »Aha-Erlebnis«, das sich im Ausdrucksverhalten des Tiers deutlich zeigt, wird die »richtige« Reaktion vorweggenommen und dann planmäßig ausgeführt; er stellt die Kisten aufeinander, klettert hinauf und erreicht so die Banane (Köhler 1924).

Im menschlichen Verhalten übt die Einsicht als *Super-Lernen,* das die konditionierten Reaktionen überformt und ordnet, einen sehr wesentlichen Einfluß aus. Die Verhaltenstherapie erscheint deshalb vielen humanistisch und geisteswissenschaftlich orientierten Autoren primitiv, mechanistisch und einseitig, was sich in kritischen Formeln wie »Rattenpsychologie«, »Dressurmethoden«, »Psychomechanik« ausdrückt. Es scheint den spezifischen Gegebenheiten menschlichen Lernens zu entsprechen, daß immer angesichts gestörten Verhaltens zunächst die als »höher« erlebten psychischen Prozesse der Einsicht erklärend herangezogen werden; dieses Vorgehen entspricht der hierarchischen Ordnung des Lernens im menschlichen Leben selbst, in dem sehr oft (zumindest beim Erwachsenen) zunächst durch bewußte Einsicht gesteuerte Lernvorgänge später routinisiert und automatisiert werden (etwa beim Autofahren). Aber diese Hierarchie ist keineswegs allgemeingültig. Vor allem in der Kindheit darf man die Bedeutung von Konditionierungsvorgängen

---

* Näheres bei Konrad Lorenz (1965). Der Ausdruck »Appetenzverhalten« stammt von W. Craig (1918).

keineswegs unterschätzen. Und gerade die Betonung der Kindheit, welche seit Freuds Erkenntnissen* für jede Neurosenpsychologie so wichtig geworden ist, kann auch dem eher psychoanalytisch eingestellten Forscher die Beschäftigung mit den Theorien und vor allem den Techniken der Verhaltenstherapie lohnend erscheinen lassen. Während früher das Verhältnis zwischen Verhaltenstherapeuten und Psychoanalytikern sehr polemisch geprägt war (manche Lerntheoretiker sprachen der Psychoanalyse sogar jeden wissenschaftlichen und therapeutischen Sinn ab, so Eysenck und Rachman, 1970), verbreitet sich heute die Einsicht, daß man hier unter sehr verschiedenen, aber im Prinzip wohl gleichberechtigten und auch keineswegs einander notwendig widersprechenden Blickwinkeln das Problem der psychischen Krankheit anvisiert hat; Bachmann 1972, Görres 1972.

Drogenabhängigkeit im Tierversuch

In einer Übersichtsarbeit zum Problem experimentell induzierter Drogenabhängigkeit bei Versuchstieren haben Schuster und Thompson festgestellt, daß verschiedene, auch beim Menschen als Suchtgifte bekannte Drogen bei einer Reihe von Tiergattungen als primäre Verstärker wirksam werden (Schuster 1969). Affen mit einer intravenös liegenden Kanüle injizieren sich spontan durch Hebeldruck Morphin, Kodein, Kokain, Amphetamine, Pentobarbital, Ethanol (= Ethylalkohol) und Koffein (Deneau 1969). Sie »arbeiten« *nicht,* um Nalorphin, Chlorpromazin, Meskalin oder Kochsalzlösung zu erhalten.

Offensichtlich wirken in diesen Fällen die zuerst genannten Rauschdrogen als primäre, positive Verstärker. Sie werden nicht nur vom Menschen als Lustspender erlebt, sondern beeinflussen auch das Verhalten von Tieren. Die Physiologie des Säugetierorganismus ist also so beschaffen, daß man Drogenabhängigkeit als Konstruktionsrisiko höherer Tiere bewerten muß. Interessant dabei ist, daß Halluzinogene (Haschisch bzw. Tetrahydrocannabinol, Meskalin, Psilocybin, LSD-25) bei Versuchstieren offensichtlich keine Abhängigkeit bewirken. Sie verkörpern offensichtlich ein spezifisch menschliches Drogen-Risiko, sind nur für ein mit Sprache und reflektierendem Bewußtsein ausgerüstetes Wesen »Verstärker«. Die Aussagekraft der Tierexperimente ist hinsichtlich des Verhaltens Drogenabhängiger

* Einen guten Überblick der modernen – auch empirischen – Belege für Freuds Konzeption bietet G. Biermann (1969).

naturgemäß begrenzt. Das kann man schon daraus ersehen, daß der menschliche Fixer sich selbst die Nadel in die Vene sticht, während der Affe erst durch eine Kanüle präpariert werden muß, bevor er »süchtig« gemacht werden kann. Auch hier sind einsichtige Lernprozesse beim Menschen zentral. Der Jugendliche liest in den Massenmedien von den tollen Effekten eines Rauschgifts, hört von einem Freund, »Heroin hält, was Haschisch verspricht«, und entschließt sich, diese Formel auf sich selber anzuwenden. Das darf aber nicht darüber täuschen, daß die rasche Gewohnheitsbildung des Drogensuch- und -zufuhrverhaltens in vielen Punkten einer Konditionierung entspricht. (Näheres zu Tierversuchen → RA V)

Verstärkerquellen in der Drogenabhängigkeit
Zunächst ist es notwendig, nach den Verstärkern zu fragen, die Drogenabhängigkeit erzeugen und unterhalten können. D. D. Cahoon und Cynthia C. Crosby haben diesbezüglich versucht, einzelne Formen positiver (Einsetzen eines »belohnenden« Reizes nach einer bestimmten Reaktion) und negativer Verstärkung (Aufhören eines »bestrafenden« Reizes nach einer bestimmten Reaktion) zu klassifizieren (Cahoon 1972).

Positive Verstärkung durch soziale Zuwendung
Das Streben, von einer Gruppe akzeptiert zu werden, gehört möglicherweise zu den biologischen Grundbedürfnissen des Menschen (und fehlt bei kaum einem seelisch gesunden Individuum). Wenn nun in der Kontaktgruppe der Konsum von Rauschdrogen *in* ist, dann wird kritisiert, wer sich diesem Konsum entzieht, aber positiv beurteilt, wer mitmacht. In vielen Gruppen Jugendlicher, vor allem im *underground,* gehört Drogenkonsum zum Lebensstil. Thomas J. Crowley hat darauf hingewiesen, daß solche sekundären sozialen Verstärker in einem bestimmten Fall zu einer Drogen-Epidemie mit einem nachweislich wirkungslosen Mittel führten. Im Zug der sogenannten Mellow-Yellow-Welle rauchten die Hippies in New York getrocknete Bananenschalen und behaupteten, dadurch *high* zu werden* (Crowley 1972). Die Tatsache, daß diese Mode bald abflaute, zeigt allerdings deutlich, daß die Konsumzwänge in einer sozialen Gruppe allein nicht ausreichen, um ein stabiles Drogenkonsumverhalten aufzubauen. Die Bedeutung der sekundären sozialen Verstär-

---

* Crowley betont mehr die unterschiedlichen Verstärker-Qualitäten verschiedener Drogen, ein Thema, mit dem sich auch A. Wikler (1971) befaßt.

ker liegt vorwiegend darin, daß diese in vielen Fällen den ersten Kontakt mit einer Droge vermitteln.

Positive Verstärkung als Primäreffekt des Rauschgifts
Zweifellos werden viele Rauschdrogen als Lustspender erlebt; sie erzeugen eine Euphorie, die bis zum »Gesamtkörperorgasmus« reichen kann (Smith 1969). Ehe andere Verstärker hinzukommen, muß dieser Faktor aber zu keiner stärkeren seelischen Abhängigkeit führen als andere Lustquellen: gutes Essen, ein gutes Buch, schöne Musik, Filme oder Tanzparties. Cahoon und Crosby nehmen an, daß eine Mehrheit der Trinker von Alkoholika oder der Haschisch-Konsumenten nur durch die Verstärker der Gruppen 1 und 2 veranlaßt werden, Rauschdrogen zu konsumieren. Da emotional stabile Menschen vielfach keine Lust empfinden, wenn man ihnen Opiate verabreicht (Cohen 1970), kann man annehmen, daß wahrscheinlich schon beim ersten Schritt zum Konsum von Morphin oder Heroin andere Faktoren im Spiel sind als die reine Lustsuche. Dafür spricht auch, daß die gefixten (d. h. intravenös injizierten) Rauschgifte ihren Effekt erst entfalten, wenn man eine unangenehme Prozedur in Kauf nimmt, nämlich die Injektion selbst. Übrigens klingen bei vielen Fixern die Entzugssymptome zeitweise ab, wenn sie sich eine Leerinjektion geben, was sich nach dem Prinzip des klassischen Konditionierens erklären läßt: Einstichschmerz und Opiateffekt sind so oft zusammen aufgetreten, daß der bedingte Reiz (Stich in die Vene) auch ohne den unbedingten (Opiatzufuhr) die Euphorie auslösen kann, allerdings wohl nicht nachhaltig und intensiv genug, um wirklich über den Entzug hinwegzuhelfen.

Negative Verstärkung durch aversive Reize aus der Umwelt
Bereits Tiere führen jede ihnen mögliche Verhaltensweise aus, wenn sie dadurch einen unangenehmen Reiz (z.B. elektrischen Strom im Käfigboden) ausschalten können. Es überrascht nicht, daß menschliche Drogenabhängige das Rauschgift benutzen, um aversive Reize in ihrer sozialen Umwelt »auszuschalten«; dieser Faktor spielt eine wesentliche Rolle bei den sozialen und historischen Unterschieden im Drogenkonsum. In New York sind mehr als fünfzig Prozent aller Heroinsüchtigen Schwarze, mehr als zwanzig Prozent Puertoricaner und Mexikaner. Das liegt nicht an rassischen Eigentümlichkeiten (in den Südstaaten sind die Schwarzen sehr selten heroinsüchtig), sondern an dem desolaten Leben in den Slums. Die Droge entspricht einem Versuch, das aversive Milieu des Großstadtghettos mit Hilfe ei-

ner Manipulation der subjektiven Schmerzempfindung auszulöschen. In diesem Milieu kann jedes Rauschgift, das einen solchen Lösch-Effekt hat, zum Suchtgift werden, proportional zu eben dieser Wirkung. Nicht zuletzt deshalb sind Barbiturate und Opiate in den Slums besonders beliebt.

Negative Verstärkung durch soziale Folgen des Drogenkonsums
Die Drogenabhängigkeit löscht die Probleme des Konsumenten zeitweise aus, statt sie zu lösen; allmählich wird sie selbst zu seinem größten Problem. Die soziale Umwelt toleriert das unzuverlässige, von Kontroll-Ausfällen heimgesuchte Verhalten des Drogenabhängigen nicht; er verliert seinen Arbeitsplatz, seine Frau verläßt ihn, der Hauswirt kündigt die Wohnung. Dadurch wird die Bindung an die »tröstende«, aversive Stimuli auslöschende Droge noch verstärkt, ein sozialer Teufelskreis, der den der physischen Abhängigkeit (s. unten) ergänzt.

Negative Verstärkung durch innere aversive Reize, die nichts mit dem Drogeneffekt zu tun haben
Nicht nur ein trostloses äußeres Milieu, wie das des Coca-Blätter kauenden indianischen Lastenträgers, des schnapstrinkenden Arbeiters der hochkapitalistischen Epoche, des heroinspritzenden Negers im amerikanischen Slum kann den Drogenkonsum verstärken, sondern auch ein belastendes »inneres Milieu«: heftige physische Schmerzen, Ängste, Depressionen, Müdigkeit, Langeweile. Diese inneren aversiven Stimuli werden in der psychoanalytischen Theorie der Drogenabhängigkeit besonders betont. Orale Frustration (d. h. mangelnde mütterliche Zuwendung) in der frühen Kindheit, Kontakt mit erlebnisunfähigen Eltern, mangelndes »Urvertrauen« (E. H. Erikson 1965) führen zu einer sucht-disponierten Persönlichkeit, die ihre Symptome in einer ruinösen Selbst-Therapie durch die Rauschdrogen zu bewältigen (d. h. zuzudecken) sucht.

Negative Verstärkung, die durch aversive, innere Reize infolge ständigen Drogengebrauchs induziert wird
Unter diese Rubrik fallen die wichtigsten Verstärker des typischen Suchtmittelabusus, nämlich die Entzugssymptome infolge körperlicher Gewöhnung. Diese Entzugssymptome gehören zu den stärksten aversiven Stimuli, die es gibt; ihre motivierende Kraft ist so groß, daß der Süchtige seine besten Freunde verrät, Verbrechen begeht, kurz, vor nichts oder doch fast nichts zurückschreckt, um sich sein Sucht-

mittel zu verschaffen. (Die sekundäre Kriminalisierung des Süchtigen wirkt ihrerseits wieder als Verstärker vom Typ 4, s. S. 554.)

Verstärker des Drogenkonsums: Kritik

Die hier nach Cahoon und Crosby (1972), Crowley (1972), Wikler (1971), und Hoch (1958) zusammengestellte Liste einzelner Verstärker des Drogenkonsums ist unvollständig. Das läßt sich zum Teil auf die behavioristische Optik dieser Autoren zurückführen, in der kaum intellektuelle Motive für den Drogenkonsum gesehen werden – zum Beispiel die Neugier oder der Wunsch, neue seelische Zustände zu erleben (»Bewußtseinserweiterung«); diese Motive spielen in der sogenannten Psychedelischen Bewegung eine große Rolle (→ Erster Teil, LSD). Praktisch ist das aber kein sehr schwerwiegender Nachteil, weil es meist kaum möglich ist zu entscheiden, ob diese intellektuellen oder spirituellen Motive nur Rationalisationen anderer, unbewußter Bedürfnisse darstellen (wie sie etwa unter Typ 5 der Verstärker genannt sind). Ein großer Vorzug der Klassifikation typischer Verstärker ist, daß sie erlaubt, innerhalb der bisher reichlich unkritisch gehandhabten Begriffe von physischer und (oder) psychischer (emotionaler, psychologischer, behavioraler usw.) Abhängigkeit zu differenzieren und klar zu erkennen, daß es keineswegs allein von den chemisch-pharmakologischen Eigenschaften einer bestimmten Rauschdroge abhängt, ob sie nun einem Menschen zum Verhängnis wird oder nicht, sondern einwandfrei auch von den motivierenden Kräften, die in diesem Menschen wirken, sowie von seiner sozialen Situation. Es ist auch unsinnig, »psychische Abhängigkeit« nun einfach als Gegenstück der »physiologischen Abhängigkeit« anzusehen. Selbst die hier aufgestellte Typologie zeigt, daß es mindestens fünf verschiedene Formen dieser psychischen Abhängigkeit gibt. Es ist also notwendig, nicht nur zwischen den einzelnen Rauschdrogen zu unterscheiden (ob sie z.B. zu Gewöhnung, Toleranz und körperlich meßbaren Entzugserscheinungen führen), sondern auch zwischen den einzelnen Konsumenten und ihrer jeweiligen soziokulturellen Situation. Es ist gut möglich, daß bestimmte Drogen nur in einem chronisch aversiv, »strafend« wirkenden Milieu zu Suchtgiften werden. Möglicherweise gilt das sogar für alle Rauschdrogen, wenn man »aversives Milieu« nicht nur auf die äußere, sondern auch auf die innere Situation der Betroffenen anwendet. Ein seelisch gesunder Mensch in einer menschengerechten Gesellschaft wird vielleicht überhaupt nie süchtig.

Lerntheoretische Gesichtspunkte zur Prophylaxe

Vom lerntheoretischen und verhaltenstherapeutischen Standpunkt aus sind die bisherigen Maßnahmen zur Prophylaxe der Drogenabhängigkeit mehr als fragwürdig. Sicher hätte die sogenannte »Rauschgiftwelle« unter den Jugendlichen weit weniger Opfer erreicht, wenn sie nicht durch eine Unzahl mehr oder weniger gut informierter und wohlmeinender Aufklärer immer wieder in düsteren oder leuchtenden Farben geschildert worden wäre. Diese Informationen über Art, Herkunft, Verwendung und Gefahren aller erdenklichen Rauschgifte haben in den meisten Fällen wohl nur als Propaganda gewirkt, Neugier geweckt, einen ersten Kontakt mit den Drogen selbst eingeleitet – nicht zuletzt deshalb, weil es in der von den Massenmedien informierten Welt zu den stärksten sozial motivierenden Kräften gehört (»positive Verstärker«), im Fernsehen zu erscheinen oder doch mit einer Gruppe identifiziert zu werden, die im Fernsehen und auf den Titelblättern der Illustrierten überrepräsentiert ist. Diese Informationen und sozialen Verstärker haben wahrscheinlich in den meisten Fällen jenes Neugierverhalten bei Jugendlichen in Gang gesetzt, das zu einem ersten Kontakt mit Rauschgiften führte. Von anderen motivierenden Faktoren, die wir oben zusammengestellt haben, hing es dann ab, ob diese Kontakte zu einer Drogenkarriere mit sich ausweitendem Konsum und (oder) zu dauernder Abhängigkeit führten.

Die Erfolge der Anti-Drogen-Erziehung sind keineswegs positiver als die der sogenannten »Aufklärung« in den Massenmedien. Die ausgedehntesten Erfahrungen mit entsprechenden propagandistischen Bemühungen konnte man in den Vereinigten Staaten sammeln, wo seit 1960 Millionen ausgegeben wurden, um die Jugendlichen von einer Drogenkarriere abzubringen. Dieses Geld ist nicht nur nutzlos ausgegeben worden, sondern hat möglicherweise sogar zu einem paradoxen Resultat geführt: Der Drogenmißbrauch stieg stark an, seit in einer gigantischen Werbekampagne mit Fernsehspots, Postern und Zeitungsreklame versucht wurde, den Jugendlichen einzuhämmern, sie sollten die Finger vom Rauschgift lassen (Hammond; → A. D. K., S. 440).

In dieser Kampagne wurden lernpsychologische Einsichten viel zuwenig beachtet. Die Werbemanager übersahen, daß man nicht mit den gleichen übertriebenen und unkritischen Behauptungen, mit denen es immerhin möglich sein mag, Produkte zu verkaufen, auch den Kauf eines Produktes verhindern kann, das in mancher Hinsicht für sich selbst wirbt. Die entsprechenden Informationen wurden einmal in den Massenmedien viel zu breit gestreut. Zahlreiche Jugendliche erfuhren erst durch die Anti-Drogen-Propaganda, daß es solche Rauschgifte überhaupt gibt; sie wurden neugierig und zu weiterem Nachforschen angeregt. Bald sahen sie sich mit einer Fülle widersprüchlicher Aussagen konfrontiert – die Drogen wurden bald verteufelt, bald gelobt –, und damit reizte man sie noch mehr zu einem Selbstversuch. Während die Anti-Drogen-Propaganda also die Nicht-Konsumenten zum Konsum hinführte, gelang es ihr nicht, die Konsumenten von ihm abzubringen. Denn sie war meist so unsachlich und tendenziös formuliert, daß jeder einigermaßen intelligente Drogenkonsument ihr zahlreiche Irrtümer, Übertreibungen und Entstellungen nachweisen konnte. Der Protest gegen solche Entstellungen führte liberale Journalisten dazu, auch in Deutschland die sehr realen Gefahren des Drogenkonsums zu bagatellisieren.*

Hammond zitiert ein aufschlußreiches Dokument aus der Szene selbst: »Wenn ich diese Reklamesendungen schon sehe, die unsere Regierung gegen die Drogen macht! Da siehst du ein Gör Hasch rauchen, und dann windet sie sich auf dem Boden und halluziniert und so weiter. Und dann zeigen sie dir dasselbe bei jemand, der LSD schluckt. So probierst du halt einmal Hasch, und siehst, daß es viel schwächer ist als Alkohol. Und du probierst LSD und siehst, daß es zu den schönsten Sachen gehört, die du jemals erlebt hast. Und so merkst du, wieviel Mist man dir immer beigebracht hat ... Diese Reklamen machen mich ganz verrückt. Jedesmal wenn ich sie sehe, möchte ich ein paar Kumpels mehr aufreißen, nur um ihnen zu zeigen, wie man sie angelogen hat« (Hammond 1972, S. 2). In dieser Stellungnahme deutet sich schon die wohl größte Gefahr einer undifferenzierten Anti-Drogen-Propaganda an: Weil manche Warnungen nachweislich übertrieben sind (etwa die, Marihuana sei eine »Killer-Droge«, die zu lebenslanger physischer Abhängigkeit führe) (Salomon 1966), schenkt der Jugendliche endlich auch den sehr berechtigten Warnungen vor zerstörerischen Suchtgiften wie Heroin und Morphin keinen Glauben mehr. Er hat Haschisch einige Male geraucht und kann ohne weiteres wochenlang darauf verzichten – obschon man ihm eine Haschischsucht angekündigt und in den schwärzesten Farben geschildert hat. Warum sollte er dann nicht

* Zum Beispiel R. W. Leonhardt in der *Zeit*. Eigentlich hat deutlich nur die Links-Illustrierte *konkret* ihre einstmalige Haschisch-Freundlichkeit widerrufen: »Genossen – wir haben Scheiße gebaut« (Nr. 20, 1971, S. 8).

auch Heroin spritzen können; vielleicht hat man ihn in diesem Punkt ebenso angelogen?*

Die Anti-Drogen-Propaganda hat übersehen, daß sie selbst ein mächtiger sozialer Verstärker für den Drogenkonsum war und ist. Sie erkannte nicht, daß der wirklich aversive Reiz in diesem Fall darin bestünde, den Drogenkonsum in den Massenmedien einfach nicht zu beachten. Sozial abweichendes Verhalten wird oft deshalb angestrebt, weil es Beachtung und Aufmerksamkeit von seiten der Mitmenschen – auch der sonst Gleichgültigen und Desinteressierten – verschafft. Das vernachlässigte Kind, das mit einer Schere die Vorhänge zerschneidet oder mit Bauklötzen wirft, um endlich die Aufmerksamkeit seiner Mutter zu gewinnen, und der Jugendliche, der Autos knackt, sich einer Rockerbande anschließt oder Drogen nimmt – sie alle suchen durch sozial negativ bewertetes Verhalten zu erreichen, was ihnen bisher versagt blieb oder doch nicht in ausreichendem Maß zuteil wurde: soziale Zuwendung, das Interesse ihrer Beziehungspersonen oder der Mitmenschen schlechthin, auch wenn es Schimpfworte, Strafen, Kritik enthält. Es wäre freilich eine schlechte Therapie, in diesen Fällen nur durch Zuwendungsentzug für das abweichende Verhalten diesen Verstärker zu eliminieren. Man sollte dieses deviante Verhalten nicht zum Anlaß für die Zuwendung oder für die Strafen nehmen, sondern es als Signal werten, daß die sozial positiven Verhaltensweisen des Betroffenen bisher nicht genügend verstärkt worden sind. Gezielte Nichtbeachtung der Verhaltensdevianz, verbunden mit erhöhter Beachtung sozial positiver Verhaltensweisen, kann zu einem raschen Abbau solcher Auffälligkeiten bei Kindern führen (Blöschl 1969).

Überträgt man diese Einsicht auf die Anti-Drogen-Propaganda, so kommt man zu folgendem Schluß Das beste Mittel gegen eine Rauschgiftwelle wäre wohl gewesen, nicht von ihr zu reden, die Drogen und ihre Konsumenten totzuschweigen. Nur die Kontaktpersonen potentiell Drogenabhängiger – Sozialarbeiter, Lehrer, Heimleiter, Ärzte usw. – hätten gründlich informiert und in den elementaren Regeln der Verhaltensanalyse und Verhaltensveränderung unterrichtet werden müssen. Ihnen wäre es dann möglich gewesen, die gewiß erheblich geringere Zahl der gefährdeten, am Beginn einer Drogen-

---

* Aus diesem Grund ist wohl die Zahl der jugendlichen Herointoten in New York sprunghaft angestiegen, als die Regierung durch die »Operation Intercept« den Marihuana-Handel blockierte (der meist von Kleinen *pushern* durchgeführt wurde), während der viel besser organisierte Heroinschmuggel weiterlief.

karriere stehenden Jugendlichen durch gezielte Nichtbeachtung des Drogenkonsums, sachliche Information über seine echten Gefahren und vor allem durch das Aufzeigen positiver Alternativen vor einer selbstzerstörerischen Entwicklung zu bewahren. Statt abschreckender Gruselstories vom kaputten Fixer, die ja nachweislich einen ganz ähnlichen Propagandaeffekt haben wie aufmunternde Literatur, müßte eine lerntheoretisch orientierte Anti-Drogen-Erziehung vor allem darauf abzielen, Alternativen zum Rauschgiftkonsum zu schaffen – Meditation, Yogaübungen, Erlebnis enger Gemeinsamkeit in einer Gruppe, etwa durch Musizieren, Malen, Theater- oder Puppenspiele, Film- oder Videobänder-Produktion. Positive Verstärker anzubieten, das hieße auch den Jugendlichen einen repressionsarmen Raum in speziellen Jugendzentren zu gewähren, wo man nicht kirchlich oder anderweitig organisiert sein muß, um eintreten zu dürfen. In den Beat-Lokalen, die manchmal Drogen-Umschlagplätze sind, wird eben dieses Bedürfnis der Jugendlichen kommerziell ausgeschlachtet.
Da Selbsterkenntnis, Bewußtseinserweiterung, die Suche nach einer eigenen Identität eine wichtige Rolle unter den durch Drogenkonsum erstrebten (aber durch ihn nicht erreichbaren) Zielen spielen, wäre es sicher sehr hilfreich, wenn man in den Schulen (etwa vom neunten Schuljahr an) Psychologie und Erziehungslehre als neues Pflichtfach einführen würde. Freilich sollte es sich nicht um ein neues, theoretisches Fach handeln, sondern um eine gefühls- und personenbezogene Arbeit an eigenen und fremden seelischen Konflikten. Heute lernen unsere Kinder zwar, Wurzeln zu ziehen und die Hauptstadt Boliviens zu nennen, aber auf ihre wichtigste und verantwortlichste Aufgabe im späteren Leben – nämlich die eigenen Kinder richtig zu erziehen – werden sie in keiner Weise vorbereitet.
Jüngere amerikanische Studien haben gezeigt, daß viele bisher beschuldigte Faktoren den tatsächlichen Drogenkonsum Jugendlicher nur in sehr geringem Maß beeinflussen – so die Verführung durch Altersgenossen und die Kenntnis der Drogen und ihrer Bezugsquellen (Hammond 1972). Wohl deshalb, weil beide Faktoren heute schier allgegenwärtig sind: Jeder Jugendliche kennt jemanden, der Drogen nimmt, und weiß auch, wo man hingehen müßte, um Drogen zu bekommen. Der entscheidende Einfluß geht von familiären Faktoren aus, die es nach Studien von Richard Blum (1972) mit hoher Wahrscheinlichkeit gestatten, vorauszusagen, ob ein Jugendlicher an einer Droge hängenbleibt oder nicht. Weniger die Klassenkameraden, Drogenapostel Timothy Leary oder Beatmusik sind dem-

nach für den Drogenkonsum verantwortlich zu machen, als vielmehr bestimmte Züge des Familienlebens, die bisher kaum Eingang in die Drogenerziehungs-Programme fanden. Zu ihnen gehört etwa der elterliche Drogenkonsum (Alkohol, Zigaretten, Tabletten), die Einstellung zur Erziehung, das »Urvertrauen« (Erikson 1965) sowie die Tatsache, ob ein Kind akzeptiert und in seiner Identitätsfindung unterstützt wird oder nicht (Ammon 1970).

Probleme der Drogentherapie

Der klassische Neurotiker erlebt Situationen als angsteinflößend, die eigentlich neutral (etwa das Überqueren von Straßen und freien Plätzen) oder lustbetont (z.B. der Sexualverkehr) sein müßten. In der Regel führen neurotische Symptome – Zwänge, Depressionen, Ängste, Arbeitshemmungen – zu einem deutlichen Leidensdruck. Der Patient will sie loswerden und ist bereit, in der Therapie Mühe und Verzicht auf sich zu nehmen, um dieses Ziel zu erreichen. Die Behandlung der Drogenabhängigkeit wird nun dadurch außerordentlich erschwert, daß hier das Symptom selbst lustvoll erlebt wird. Primär besteht kein Leidensdruck, der den Kranken motiviert, seine Abhängigkeit zu überwinden. Im Gegenteil, der Drogenkonsum erscheint ihm ein unentbehrliches Hilfsmittel, um zugrundeliegende seelische und soziale Schwierigkeiten zu überwinden (die teilweise – siehe oben – durch den Drogenkonsum erst entstanden sind). Deshalb ist die Rückfallquote von Süchtigen, denen man durch eine polizeilich verordnete Entziehungskur lediglich diese Selbst-Therapie wegnimmt, ohne die Verhaltensstörung zu beeinflussen, auch so hoch (nicht selten 95 bis 99 Prozent, s. Hoch und Zubin 1958).
Weil neurotische Symptome den Betroffenen quälen, besteht zumindest in den leichteren Fällen eine deutliche Selbstheilungstendenz. Bereits kleine Besserungen wirken als mächtige Verstärker für weitere Heilungsschritte und führen im glücklichen (selten von Ärzten oder Psychologen beobachteten) Fall dazu, daß Ängste schrittweise abgebaut, Hemmungen und Phobien überwunden werden. (Zu dieser spontanen Selbstheilung vergleiche W. Schmidbauer 1971 b.) Wer sich davor ängstigte, öffentlich zu reden oder zu singen, gewinnt bereits nach einem ersten, einigermaßen erfolgreichen Auftreten soviel Sicherheit, daß er dieses Symptom allmählich überwinden kann. Diese Tendenz zur Spontanheilung ist gering, solange die Symptome der psychischen Störung als lustvoll erlebt werden, was neben der Drogenabhängigkeit etwa auch bei sexuellen Perversionen der Fall sein kann. Erst wenn die so gewonnene Lust bzw. vermiedene Unlust

(lerntheoretisch gesprochen: die positiven und negativen Verstärker) nicht mehr die zerstörerischen Folgen der Sucht für Gesundheit, Familie und soziale Position aufwiegen, kann der Drogenabhängige für eine Therapie motiviert werden. Nach verschiedenen Schätzungen sind es nur rund zehn Prozent aller Opiatabhängigen, die man überhaupt für behandlungswillig halten darf.
Die Verhaltenstherapie geht davon aus, daß die Neurose das Symptom ist (während die Psychoanalyse und die analytisch orientierte Psychotherapie im Symptom nur den Ausdruck eines zugrundeliegenden, unbewußten Konfliktes sehen) und daß dieses Symptom durch Lernen zustande kam, somit auch prinzipiell wieder verlernt werden kann (grundlegende Literatur hierzu: Bandura 1969, Cohen 1972, Wolpe 1958). Wenn die bedingte Angstreaktion bei einer phobischen Neurose etwa nicht von selber wieder verschwindet – wie bedingte Reflexe im Tierexperiment verschwinden, wenn sie nicht mehr regelmäßig verstärkt werden (indem man unbedingte und bedingte Reize gemeinsam anbietet) –, dann liegt das in lerntheoretischer Sicht daran, daß die Neurose durch einen Selbstverstärker unterhalten wird. (Etwas ähnliches meinte Freud mit dem Wiederholungszwang.) Das neurotische System löst eine Meidungsreaktion aus, die immer wieder verstärkt wird, weil sie neurotische Angst bindet (etwa ein Zwang, oder auch das Meiden eines phobisch besetzten Objektes wie Schlangen, weite Plätze, öffentliches Sprechen); auf diese Weise wird verhindert, daß das neurotische Symptom spontan verschwindet.
Dieser Teufelskreis einer dauernd sich selbst verstärkenden neurotischen Symptomatik wird nun in der Verhaltenstherapie durch eine ganze Reihe von Techniken durchbrochen (vergl. London 1970). Während der Neurotiker etwa seinen quälend erlebten Verhaltensdefekt durch Phantasien ausgleicht, in denen er sich selbst das Ideal einer übermenschlichen Vollkommenheit setzt (Harald Schultz-Hencke, 1964, spricht von einem Konflikt zwischen Gehemmtheit und Riesenansprüchen), erfährt er in der Verhaltenstherapie, daß sein »Selbstverstärkungssystem« falsch aufgebaut ist. (Bereits Alfred Adler betonte 1927, daß in jeder Neurose eine Störung des Selbstgefühls vorliegt.) Um Verhalten zu ändern, darf man nicht nach dem Alles-oder-nichts-Prinzip vorgehen, unerreichbare Perfektion von sich fordern, an der man mit Sicherheit scheitern muß, sondern es ist notwendig, in kleinen, systematisch verstärkten und sich selbst verstärkenden Schritten vorzugehen, um neue Verhaltensweisen aufzubauen (wie es in Tierexperimenten mit künstlich »neurotisch« ge-

machten Katzen, Ratten, u. ä. sichtbar wurde, s. Masserman 1943). Eine der am meisten angewendeten Techniken ist die zuerst von Joseph Wolpe verwendete »systematische Desensibilisierung«. Der Patient erlernt zunächst eine Entspannungstechnik (progressive Muskelentspannung nach Jackson; autogenes Training nach J. H. Schultz) und wird dann stufenweise mit den vorher in einer Hierarchie geordneten Angstreizen (vom schwächsten zum stärksten) konfrontiert. Das kann mit nur vorgestellten Auslösern geschehen oder auch mit Abbildungen der Realsituation bzw. in dieser Situation selbst. Geringere Angstreize werden durch die Entspannung, welche der Angst entgegenwirkt, allmählich ausgelöscht; stufenweise wird neues, angstfreies Verhalten aufgebaut. Die schrittweise Vergrößerung seiner Angsttoleranz, verbunden mit dem Erfolgserlebnis der Therapie, ermöglicht es vielfach dem Kranken, dauerhaft mit seinen Ängsten fertig zu werden.
Angesichts lustvoller Symptome soll nun aber ein Reiz, der bisher angenehm war, durch die Assoziation Reiz-Angst unangenehm gemacht werden, um nachteilige soziale Folgen zu verhindern. Auch hier geht die Verhaltenstherapie von tierexperimentell gesicherten Erkenntnissen aus: Man braucht negative Verstärker (aversive Reize), um die Verbindung zwischen Drogenkonsum und Lust, Erleichterung, Entspannung aufzubrechen. Solche aversiven Reize sind etwa faradische Stromstöße (manchmal mißverständlich Elektroschocks genannt; sie haben mit der psychiatrischen Elektroschocktherapie, die einen epileptischen Krampf auslöst, nichts zu tun) oder Medikamente mit sehr unangenehmen Effekten (Emetika wie Apomorphin, Muskelrelaxantien wie Scolin). Entsprechende Therapieverfahren sind schon recht oft mit Alkoholikern und Homosexuellen durchgeführt worden, vielfach mit signifikantem Erfolg (Eysenck und Rachman 1970). Die Erfahrungen mit Fixern sind noch sehr gering. Es muß vorausgeschickt werden, daß kein ernstzunehmender Verhaltenstherapeut einen Patienten behandelt, der nicht freiwillig zu ihm kommt und aus eigener Motivation heraus gesund werden will.

Methoden der Aversionstherapie
Im folgenden sollen die verschiedenen Techniken der Aversionstherapie von Drogenabhängigen an Fallbeispielen aus der Literatur aufgezeigt werden. Ein erster Fall stammt von Joseph Wolpe (1965).
Vor allem wenn er Schwierigkeiten mit seinen Kollegen und Vorgesetzten hatte, injizierte sich sein Patient, ein Arzt, Demerol (= Pethidin, ein Morphinderivat). Da ihm eine dreijährige Psychoanalyse

nicht helfen konnte, konsultierte er endlich telefonisch Wolpe, der über 500 km entfernt wohnte und nach dem ersten persönlichen Kontakt mit dem Kranken diesem einen kleinen Apparat mitgab, mit dem sich der Drogenabhängige immer dann selbst einen schmerzhaften elektrischen Reiz geben sollte, wenn er ein Begehren *(craving)* nach einer Injektion verspürte. Nach einer Woche berichtete der Patient von einem ersten Erfolg, der ihn sehr begeisterte: Zweimal habe er mit Hilfe des Stromstoßes verhindert, daß der Wunsch nach einem »Schuß« unüberwindbar wurde. Selbst als der tragbare Impulsgeber nach nur dreimaliger Applikation eines aversiven Reizes ausfiel, konnte der Patient mehrere Monate lang auf das Opiat verzichten. Endlich erlitt er aber doch einen Rückfall, wohl auch deshalb, weil die Therapie wegen der großen räumlichen Entfernung zwischen Wolpe und dem Patienten nicht weitergeführt werden konnte. Interessant an dieser Kasuistik ist vor allem die Tatsache, daß hier der Patient selbst den Strafreiz auslöste, sobald er einen Wunsch nach dem Rauschgift verspürte. Damit ist der für jede Konditionierung so wesentliche enge zeitliche Zusammenhang zwischen unerwünschtem Verhalten und aversivem Stimulus zwingend gegeben; allerdings ist auch eine sehr gute Motivation des Patienten unbedingt notwendig (die in dem von Wolpe geschilderten Fall zweifellos vorlag).

Eine im Prinzip ähnliche, aber nicht auf selbstaversiven Stimuli basierende Therapietechnik schildert Erwin Lesser (1967) in einem Fallbericht. Diesmal dauerte die Therapie weitaus länger (33 Stunden über viereinhalb Monate). Der Patient, ein 21jähriger Student, stand an der Grenze zwischen gelegentlichem Opiatkonsum und ausgesprochener Drogenabhängigkeit. Er hatte von Kindheit an unter Ängsten und Depressionen gelitten und eine typische Drogenkarriere hinter sich, die ihn bis zu regelmäßigen Morphin-Injektionen geführt hatte. Auch dieser Patient war sehr gut motiviert und recht willensstark. Es war ihm vorher bereits einmal gelungen, seine Abhängigkeit zu überwinden, indem er sich in einem Zimmer einschloß, bis die Entzugssymptome vorbei waren.

Zur Zeit der ersten Kontaktaufnahme injizierte er sich ungefähr zweimal pro Woche Morphin, fürchtete aber, wieder abhängig zu werden. Lesser versuchte zunächst, ein Verhaltenstraining durchzuführen, das Morphin überflüssig machen sollte. Um mit seinen Angstzuständen besser fertig zu werden, sollte der Patient muskuläre Entspannung nach der Technik von Jackson (1938), modifiziert nach Wolpe, lernen. Er arbeitete so gut mit, daß er bereits nach we-

nigen Stunden fähig war, den ganzen Körper auf das konditionierte Signal »relax« hin zu entspannen. Weiterhin erhielt er ein Buch über Selbstbehauptungstraining (Salter 1949), das mit ihm diskutiert wurde. Nach der siebten Stunde konnte er zum ersten Mal im College tanzen gehen. Zweimal boten ihm Freunde Narkotika an; er lehnte jedesmal ab.
Erst während eines Ferienaufenthaltes bei seinen Eltern (da sein Vater einen medizinischen Beruf ausübte, konnte der Klient unschwer an Opiate herankommen) konnte er nach anfänglichem inneren Widerstand nicht länger gegen den Drang ankämpfen; als er wieder ins College zurückkam, schlug er seinen süchtigen Freunden den angebotenen Fix nicht mehr aus. Jetzt beschloß Lesser, den Aufbau positiver Verhaltensweisen durch eine Aversionsbehandlung zu ergänzen. Zunächst wurde das Drogen-Applikations-Verhalten des Patienten analysiert. Er pflegte das Morphin mit Hilfe einer Injektionsnadel und eines Gumminippels zu spritzen. Fünf wichtige Schritte in der Drogenapplikation wurden identifiziert; der Patient mußte sich jeden einzelnen von ihnen klar vorstellen. Wenn er ein deutliches Bild hatte und das dem Therapeuten signalisierte, bekam er einen schmerzhaften elektrischen Schlag am Arm, bis er »Stop« sagte und damit anzeigte, daß auch das Vorstellungsbild verschwunden war. Drei der fünf aversiv behandelten Verhaltenseinheiten wurden nur vorgestellt; zwei von ihnen tatsächlich durchgeführt (Aufheben der Nadel und des Gumminippels). In diesem Fall wurde der Strom erst abgeschaltet, wenn der Patient diese mit Drogenkonsum verbundenen Gegenstände fallen ließ. Insgesamt erhielt er in den ersten Wochen fünfzehn elektrische Schläge pro Therapiesitzung; später ging der Therapeut auf intermittierende Verstärkung über (die vielfach beständigere Resultate ergibt) (Lovibond 1963), so daß nur noch fünf Schocks pro Sitzung gegeben wurden.
Nach der achten Stunde der Aversionstherapie wurde dem Patienten von Freunden ein Morphin-Fix angeboten. Er akzeptierte, merkte aber, daß er keine Lust mehr verspürte wie früher, und beschloß, nun das Fixen ganz aufzugeben. Er begann in seinem College intensiv mitzuarbeiten und machte seine Abschlußprüfung. Die Katamnese umfaßte zur Zeit des Berichts von Lesser zehn Monate, in denen sich keine Rückfallneigung mehr bemerkbar machte; die Besserung des Patienten hielt an.
Stromstöße sind relativ schwache aversive Reize; verschiedene Verhaltenstherapeuten haben deshalb nach anderen negativen Verstärkern gesucht. Ein sehr mächtiger aversiver Reiz ist ausgeprägte Nau-

sea, wie viele Menschen aus eigener Erfahrung wissen, denen einmal nach einer bestimmten Speise schlecht wurde, die sie dann längere Zeit nicht mehr essen, ja nicht einmal riechen können (Reizgeneralisierung). Künstliches Erbrechen kann durch verschiedene Mittel ausgelöst werden, vor allem durch Emetin (das oral genommen wird und nach etwa 20 Minuten wirkt) sowie durch Apomorphin (ein nicht-euphorisierendes Morphinderivat, das injiziert wird und nach rund zehn Minuten wirkt).

M. J. Raymond hat die Technik der Apomorphin-Aversionstherapie bei Alkoholismus, Opiatabhängigkeit und suchtartigem Zigarettenrauchen angewendet (Raymond 1964). In jedem Fall wurde zunächst die Latenzzeit zwischen der subkutanen Injektion von einem zwanzigstel bis einem zehntel Gramm Apomorphin und dem Eintritt von Übelkeit und Erbrechen gemessen, da sie – je nach Konstitution des Probanden – schwanken kann. Kurz bevor der Patient die Nausea empfindet, soll er Alkohol trinken bzw. sich eine Spritze mit dem von ihm bevorzugten Opiat geben. Wichtig ist, daß die Wirkung des Suchtmittels die Übelkeit subjektiv für den Patienten auszulösen scheint und deshalb dauerhaft mit ihr assoziiert wird. Deshalb darf die Dosis etwa von Heroin nicht groß genug sein, um die Nausea zu unterdrücken; in diesem Fall würde ja der Drogenkonsum positiv (und nicht aversiv) erlebt.

Raymond berichtet über eine 30jährige Frau, die seit sechs Jahren Physepton-süchtig war und täglich drei Ampullen (30 mg) brauchte. Nach einer Woche Aversionstherapie (die Physepton-Ampullen wurden dabei ohne ihr Wissen zunehmend durch mit Kochsalzlösung gefüllte ersetzt) wurde sie schwer depressiv und suizidal, so daß Raymond et al. die Aversionstherapie unterbrachen und eine Elektrokrampfbehandlung durchführten, die drei Wochen dauerte.* Nach Abschluß dieser Therapiephase waren die physischen Entzugssymptome (Durchfall, Schweißausbrüche) verschwunden, aber die seelische Abhängigkeit bestand noch weiter; die Patientin gab zu, sie würde sich gern wieder das Opiat injizieren. Jetzt wurde die Aversionstherapie wieder aufgenommen; am dritten Tag zögerte die Kranke, sich noch Injektionen zu geben, am fünften Tag zerbrach sie absichtlich die Nadel. Sieben Wochen später, nachdem ihre familiären Probleme mit ihr besprochen worden waren, konnte die Patientin

* An der Notwendigkeit, die wohl durch das Aversions-Verfahren mitbedingte Depression mit einem so massiven Mittel wie Elektroschockbehandlung anzugehen, wird die ganze Fragwürdigkeit der Aversionsmethoden deutlich.

entlassen werden. Nach zweieinhalb Jahren berichtete sie, sie nähme keine Drogen mehr und fühle sich viel besser als zuvor (Raymond 1964, S. 290).

Ebenfalls mit Apomorphin-Aversionstherapie behandelte Robert Liberman (1967) zwei Patienten. Einer wurde kurz nach der Behandlung rückfällig, obschon er während der Aversions-Sitzungen die Spritze weggeworfen und jeden Wunsch nach einem Fix abgeleugnet hatte, ja sogar fähig war, ohne Begehren fixenden Freunden zuzusehen. Mitverantwortlich für dieses Versagen der Aversionsbehandlung war wohl, daß dem Patienten keine Möglichkeit angeboten wurde, konstruktiver mit seinen heftigen sozialen Ängsten fertig zu werden. Außerdem begegnete er dem Therapeuten mit Mißtrauen, als dieser ihm einmal eine Injektion mit Kochsalzlösung gab, um zu sehen, ob sich ein bedingter Reflex ausgebildet hatte (Injektion → Nausea; der unbedingte Stimulus war das Apomorphin). Zwar wurde dem Kranken schlecht; doch die Übelkeit war erheblich geringer als die durch Apomorphin produzierte. Er brach die Behandlung ab, nahm wieder Heroin und wurde wenig später wegen eines Autodiebstahls verhaftet.

Erfolgreicher war die Behandlung einer 38jährigen Frau, die seit fünf Jahren hohe Dosen von Heroin spritzte, nachdem ihre Ehe gescheitert war. Diese Patientin war sehr stark motiviert, weil sie ihren Beruf als Röntgenassistentin wieder aufnehmen wollte. Schon nach drei aversions-therapeutischen Sitzungen entwickelte sich eine konditionierte emotionale Reaktion; sie konnte ihren Wunsch nach Drogen viel besser kontrollieren und suchte Arbeit in einem Krankenhaus. Nach fünfzehn Sitzungen wurde sie nach Hause entlassen, wo sie wieder Zugang zu Narkotika gehabt hätte. Sie arbeitete erfolgreich und suchte den Therapeuten nur noch gelegentlich auf, um vor Situationen, die sie möglicherweise beanspruchen könnten, die Drogen-Aversion noch einmal zu verstärken. Nach einem Jahr arbeitete sie immer noch erfolgreich und war nicht wieder süchtig geworden (Liberman 1967, S. 231).

Mit noch nachdrücklicheren aversiven Reizen arbeiteten I. G. Thompson und N. H. Rathod (1968). Auch hier ist der spontane Behandlungswunsch des Fixers die Voraussetzung, damit er in das Programm aufgenommen wird. Man betreut ihn zunächst einige Wochen lang ambulant (medizinisch und sozial-fürsorgerisch), um einen ersten Kontakt herzustellen. Es folgt eine einwöchige Entziehungskur. Nach einem weiteren, einwöchigen Intervall darf sich der Patient eine Heroininjektion in der von ihm gewünschten Dosis geben. Sofort nachher wird er interviewt; er soll seine Erlebnisse während des Drogenkonsums, Alternativen zu ihm, Gründe für seinen Wunsch, aufzuhören usw. schildern. Das Interview wird auf Tonband aufgenommen; man schneidet die Teile heraus, in denen am meisten von Drogen geschwärmt wird.

Erst jetzt folgt die Phase der aversiven Konditionierung. Sie sucht ein möglichst getreues Modell der Lebensumstände von Drogenabhängigen zu geben. An manchen Tagen gibt es beispielsweise kein Frühstück (wie ja auch der Fixer nicht mehr regelmäßig ißt). Wer ein Mittagessen bekommt, wird an diesem Tag nicht behandelt. Wer ins Therapiezimmer kommt, wird durch Zufallsauswahl festgelegt. Das Zimmer ist ein mit Postern und ähnlichen Signalen der Szene ausgestatteter Raum. Dem Fixer wird ein Tablett *(Rathod's Roulette)* angeboten, auf dem fünf Spritzen liegen: zwei Placebos, die mit destilliertem Wasser gefüllt sind, zwei mit Scolin, eine mit Heroin.

Diese Versuchsanordnung spiegelt die Unsicherheit des Süchtigen wider, der ja auch nicht weiß, ob er reinen Stoff bekommen hat. Als aversiver Reiz wirkt das Scolin: Sofort nach der Injektion (binnen 10 Sekunden) wird die gesamte willkürliche Muskulatur gelähmt, einschließlich der Atemmuskeln, während das Bewußtsein voll erhalten bleibt. Der Patient steht buchstäblich Todesängste aus. Er muß eine kurze Zeit lang künstlich beatmet werden. Der volle Effekt dauert ungefähr eine Minute; die Nachwirkungen klingen nach einer Viertelstunde vollständig ab. Scolin gehört zu den aversivsten Reizen, die es gibt; manche Fixer können sich schon nach einer Woche keine Injektionen mehr geben, weil sie beim Anblick des *Roulette* anfangen zu zittern. Nach rund zwei Wochen wird die Behandlung abgebrochen.

Grenzen der Aversionstherapie

Die Aversionstherapie läßt sich ethisch nur durch eindeutige Erfolge bzw. das Fehlen einer anderen wirksamen, aber weniger belastenden Methode begründen. Die Freiwilligkeit der Teilnahme selbst ist zwar eine selbstverständliche Voraussetzung, aber keine Rechtfertigung. (Wie freiwillig ist denn der Behandlungswunsch eines von sozialer und physischer Selbstzerstörung bedrohten Menschen?) Wie bereits die skizzierten Fallstudien verraten, ist der Erfolg einer Aversionstherapie primär wenig stabil, solange dem Patienten keine positive Alternative zum Drogenkonsum geboten wird. Ist das nicht der Fall, so verlieren auch die unangenehmsten Strafreize ihren Effekt (Aronson und Carlsmith, 1963; Rachman und Teasdale, 1969) (was der seit

Jahrhunderten bekannte Mißerfolg von Strafen in der Bekämpfung von Verbrechen ja eindeutig zeigt: bekanntlich erhöhen Gefängnisaufenthalte die Rückfallgefahr, statt sie zu senken; Hofmann 1967). Ein weiterer Nachteil der Aversionstherapie liegt im Fehlen einer echten Generalisierung. Der Proband lernt relativ rasch, zwischen Situationen zu unterscheiden, die bestraft werden oder nicht. Der Fixer wird möglicherweise auf oral zugeführte Rauschmittel (Alkohol, Barbiturate) überwechseln. Die Aversionstherapie kann im ungünstigsten Fall sogar die Motivation zum Drogenmißbrauch verstärken, weil sie Angst auslöst, die ihrerseits ein häufiger Anlaß zum Rauschgiftkonsum ist.

Insgesamt wirken die Aversionstechniken wie »Rizinus beim Husten: man traut sich im Moment nicht mehr«, wie Rudolf Cohen sagte (Cohen 1972). Sie führen nur dann zu einem Dauererfolg, wenn dem Patienten nicht allein das krankhafte Verhalten weggenommen wird, sondern man ihm auch ermöglicht, die entstandene Leere auszufüllen. In manchen Fällen kann das außerhalb der Aversionstherapie geschehen: durch eigene Einsicht des Patienten, der sieht, daß es so nicht weitergeht, aber seine Symptome nicht kontrollieren kann; durch soziale Einflüsse, einen neuen, günstigen Arbeitsplatz, einen verständnisvollen Sexualpartner u. a. mehr. Sicherer ist es jedoch in jedem Fall, wenn auch dieser Aufbau positiver Verhaltensweisen im Rahmen der Therapie erfolgt.

Lerntheoretische Aspekte der Chemotherapie

In den letzten Jahren haben sich vor allem in den Vereinigten Staaten die Methadon-Therapieprogramme rascher ausgebreitet als sämtliche anderen Maßnahmen gegen die Opiatsucht (Methadone 1968, Dole 1969). Obschon ihr Effekt immer noch umstritten ist (Lennard et al. 1974), läßt er sich doch lerntheoretisch recht gut erklären und in seiner potentiellen Tragweite abgrenzen. Methadon, ein langwirkendes Narkotikum, wird dem Opiatsüchtigen in so hohen Dosen gegeben, daß er von den handelsüblichen Heroinmengen keinerlei euphorisierenden Effekt mehr verspürt, aber zugleich nicht unter Entzugssymptomen leidet, wenn er einmal pro Tag seine Dosis erhält, die oral zugeführt wird. Methadon eliminiert also einen negativen Verstärker des Heroinkonsums (die Entzugssymptome) und einen positiven (die Euphorie).

Dadurch kann das Drogensuchtverhalten ausgelöscht werden; Heroininjektionen werden durch kein folgendes *high* mehr verstärkt. Ein Nachteil der Methadon-Therapie ist aber, daß sie die sozialen und in-

nerpsychischen negativen Verstärker für den Drogenkonsum (Ängste, Depressionen, soziale Schwierigkeiten u. ä.) nicht auslöschen kann, wenn sie nicht durch ergänzende Psycho- oder Verhaltenstherapie abgestützt wird, welche die Konflikte und Verhaltensstörungen angeht, die erst zum Drogenmißbrauch disponierten. Vor allem weicht der Drogenabhängige dann möglicherweise auf andere Rauschgifte aus, deren primärer Verstärkereffekt durch Methadon nicht annulliert wird. Unter den Teilnehmern der Methadon-Erhaltungs-Programme steigt die Quote des Alkoholmißbrauchs vielfach signifikant an.
Nach einer Studie von Jacob Schut, Philadelphia, über die er auf dem Drogenkongreß in Amsterdam (s. Hammond 1972) berichtete, sinkt der Alkoholkonsum stark ab, sobald ein Drogenabhängiger zu fixen beginnt (bei 92% der Befragten), während unter der Methadon-Therapie nur noch 38% der Patienten wenig Alkohol trinken; der Rest konsumiert mehr als früher (→ auch Erster Teil, Stichwort »Polamidon«).

Das Abstumpfungssyndrom
Ein wichtiges Problem zu Beginn der Therapie der Drogenabhängigkeit – vor allem bei Fixern – ist das sogenannte »Abstumpfungssyndrom«. Wahrnehmungsfähigkeit, Selbstkritik, Konzentration und Orientierung sind erheblich beeinträchtigt. Der sprachliche Ausdruck ist vereinfacht, Interesselosigkeit und mangelnde Betroffenheit zeigen sich auch in den Inhalten spontan gemalter Bilder. In therapeutischen Sitzungen kann es vorkommen, daß der Therapeut betroffen und mitgenommen ist von der Bearbeitung biographischer Inhalte, während der Patient, den es in erster Linie angeht, keine Erinnerung an den Gesprächsinhalt behält und nur angeben kann, daß er ein angenehmes oder unangenehmes *feeling* hatte. Dieses Verhalten tritt in ähnlicher Weise auf, wenn der Patient nicht unmittelbar aus der Drogenszene kommt, sondern – wie es heute immer öfter der Fall ist – vor der Behandlung eine längere Haftstrafe verbüßte. Solange dieses Syndrom besteht, sind psychotherapeutische Gesprächstechniken wenig sinnvoll. Die Verhaltensdefizite müssen erst aufgefüllt werden, beispielsweise durch ein gezieltes Aufmerksamkeits- und Wahrnehmungstraining (etwa in der Form von gemeinsamer Gestaltung des Alltags, Beschäftigungs- oder Musiktherapie). In dieser Zeit sind auch komplizierte Aufnahmerituale, wie sie manchmal vorgenommen werden, wenig bedeutungsvoll. Andererseits drohen Therapieabbrüche, weil der Klient noch gar nicht weiß, daß er

eine Therapie braucht, und noch gar nicht erlebt, daß er Verhaltensprobleme hat. Der Heroinsüchtige verspürt, solange er an Stoff herankommt, keinen Leidensdruck. Er hat Angst, daß ihn die Polizei schnappt, daß er als *dealer* auffliegt oder zuwenig Geld beschaffen kann, um sich Opiate zu besorgen. Weiter fürchtet er die körperlichen Schäden, z.B. die Leberentzündung durch schlecht gereinigte Spritznadeln. Doch daß er seelisch gestört ist, kann er nicht wahrnehmen.

Einige Wochen nach dem Beginn einer Behandlung in einer Drogenklinik oder einer vergleichbaren Einrichtung sind die körperlichen Schäden bereits gemildert, die soziale Bedrohung hat nachgelassen oder wirkt in einer Weise, die nicht für eine Therapie motiviert (wenn der Süchtige etwa eine Therapie als Auflage erhalten hat und sonst in den Knast zurück müßte). Wenn es nun nicht gelingt, die Krankheitseinsicht auf den seelischen Bereich zu erweitern, wird die Behandlung abgebrochen. Nach einer Mitteilung von H. Waldmann (1979) ist das bei Männern häufiger der Fall als bei Frauen. Schlechte Therapiemotivation und Therapieabbrüche sind in allen Einrichtungen zur Behandlung Drogenabhängiger das größte Problem. Nach Waldmann bricht fast die Hälfte der männlichen Patienten die Therapie nach weniger als vier Wochen ab. Bei den Frauen häufen sich die Abbrüche nach mehr als acht Wochen; nur etwa ein Drittel (Frauen) und ein Fünftel (Männer) schließen die Therapie ab.

Die bisher vorwiegend in Einzelfallstudien ohne hinreichende Katamnesen und Kontrollgruppen niedergelegten Daten über die lerntheoretisch begründete Therapie der Drogenabhängigkeit zeigen, daß man es hier mit einem vielversprechenden Ansatz zu tun hat, der einen recht hohen Wirkungsgrad verspricht und keine so großen Ansprüche an Motivation, Intelligenz und Ausdauer des Patienten stellt wie die psychoanalytisch orientierte Psychotherapie. Sicherlich ließe sich der Wirkungsgrad verhaltenstherapeutischer Einzelmaßnahmen verbessern, wenn man sie in ein umfassendes Therapiemodell integrieren würde.

Die Therapie der Drogenabhängigen wird dabei in drei Phasen unterteilt: ambulante Kontaktnahme, stationäre Behandlung und ambulante Nachsorge plus Gruppentherapie. Wichtigste Aufgabe der ambulanten Kontaktnahme ist es, die Patienten für die stationäre Behandlung zu motivieren und Daten zu gewinnen, die für sie relevant sind: Anamnese, Analyse des Drogensuch- und Konsumverhaltens, medizinische Behandlung sekundärer Folgen der Abhängigkeit (Abszesse durch unsterile Spritzen, allgemeine Abwehrschwäche gegen Infektionskrankheiten, Nebenwirkungen unreiner Rauschgifte u. ä. m.), Klärung rechtlicher und beruflicher Probleme (Krankenkasse, Übernahme der Therapiekosten, Arbeitsplatz). Schon während dieser Kontaktphase wird der Patient mit dem Therapieplan genau vertraut gemacht, damit die Behandlung selbst mit einem für beide Seiten verbindlichen und detaillierten »Pakt« begonnen werden kann.

Die Vorphase dauert rund vier Wochen. Die Behandlung selbst wird zunächst durch den Entzug in einer geschlossenen Abteilung eines Krankenhauses eingeleitet. Die Entzugssymptome werden durch Tranquilizer oder Apomorphin in geeigneter Dosis (Amitai 1974) medikamentös erleichtert. Um die Motivation des Patienten ständig zu kontrollieren, gesteht man ihm zu, die Behandlung jederzeit zu unterbrechen. Er darf also auch die geschlossene Abteilung verlassen; andererseits ist es seinen früheren Bekannten, die womöglich noch Drogen nehmen, nicht erlaubt, ihn zu besuchen. Zeitplan und medikamentöse Unterstützung dieser Entzugsphase orientieren sich vorwiegend an Art und Grad der bestehenden Abhängigkeit. (Barbiturate müssen in allmählich ausschleichender Dosis abgebaut werden, während man Opiate und Amphetamine meist vollständig absetzt und die Entzugserscheinungen medikamentös bekämpft.)

Der Entzugsphase folgt eine Dekonditionierungsphase mit Aversionsbehandlung nach den oben geschilderten Methoden mit Stromschlägen, Apomorphin oder Scolin. Auf diese Weise soll verhindert werden, daß der Patient im Entzug ständig an Rauschdrogen denkt und so sein Verhalten durch fortlaufende innere Verstärkung fixiert. Es gibt auch andere Möglichkeiten als aversive Konditionierung, um diese inneren Verstärker abzuschwächen und zu beseitigen. Cautela (1967) hat einige von ihnen beschrieben: Das »Gedankenstoppen«, wobei der Patient trainiert wird, bestimmte Vorstellungsreihen durch ein zunächst vom Therapeuten energisch ausgesprochenes »Stop« zu unterbrechen.

Die »verdeckte Sensibilisierung«, wobei der Patient lernt, durch Vorstellungsübungen gezielt gegen die lustvollen Phantasien über seinen Drogenkonsum anzugehen, indem er sich immer wieder vergegenwärtigt, wie seine negativen Drogenerfahrungen aussahen: *bad trip;** Übelkeit und Angstzustände im Entzug, Krankheiten, die

* *bad trip:* unangenehmes Drogenerlebnis, meist nach Halluzinogen-Konsum. Die Symptomatik gleicht vielfach einer akuten Angstneurose, kann sich aber bis zu psychotischen Reaktionen steigern.

durch Rauschgift schlechter Qualität ausgelöst wurden usw. Wichtig ist auch, daß der einzelne Patient gleich zu Beginn seiner Kontakte mit dem Behandlungsprogramm einen Psychologen oder Arzt zugeteilt bekommt, der ständig mit ihm in Verbindung bleibt, ihm die Aufgabe der einzelnen Therapieschritte erklärt, Fortschritte durch Anerkennung und Lob positiv verstärkt und ihm so den Übergang in die dritte, die Rehabilitationsphase erleichtert.

Diese hat vor allem die Aufgabe, dem Ex-Abhängigen drogenfrei zu geben, was er bisher nur durch seine ruinöse Selbstbehandlung mit Rauschgiften erreichen konnte. Das therapeutische Team bestimmt zunächst einmal die möglicherweise indizierten Formen der Einzeltherapie für jeden einzelnen Patienten. In Betracht kommen an speziell verhaltenstherapeutischen Techniken:

1. Entspannungstraining, etwa nach den Methoden von Jackson (1938) oder J. H. Schultz (1966). Der Patient lernt, sich auf einen bestimmten Auslöser hin (etwa die Wortfolge »ich entspanne mich«) vollständig zu relaxieren und eine parasympatikotone vegetative Umschaltung herzustellen. Dadurch werden leichtere Formen von Angstzuständen und Depressionen gelindert, d. h. ein ähnlicher Effekt erzielt, wie ihn der Drogenabhängige u. a. durch den Rauschgiftkonsum sucht. Selbstentspannung und Yoga oder Meditation sind Alternativen zum Gebrauch der legalen Tranquilizer.

2. Über die Entspannung hinaus können neurotische Symptome eines entzogenen Süchtigen gezielt angegangen werden. Auch dadurch wird die Rückfallgefahr vermindert, da ja der Drogenkonsum meist dazu dient, neurotische Ängste und/oder Depressionen zu beseitigen.

3. Das Selbstsicherheitstraining *(assertive training)* (Salter 1949) ist ein weiterer, wichtiger Weg, um es dem Ex-Abhängigen zu ermöglichen, auf der positiven Seite des Lebens soziale Verstärker zu finden, statt im Drogenkonsum ein trügerisches Selbstgefühl und eine zweifelhafte soziale Identität zu suchen. Es handelt sich hier um den schrittweisen Aufbau selbstsicheren Sozialverhaltens, der heute vielfach in Gruppen durchgeführt wird. (So auch im Sensitivitätstraining und in den *encounter groups*,* allerdings dort nicht unter lerntheoretischem Aspekt.) Der Drogenabhängige leidet sehr oft unter einem negativen Selbstbild, das durch seinen sozialen Abstieg im

---

* Ein Bericht in deutscher Sprache über die *encounter*-Technik, der ihre Ziele ebenso deutlich macht wie ihre Fragwürdigkeit, ist: Shepard, M. und Lee, M.: *Marathon 16*. München 1972.

Gefolge des Drogenkonsums und die ständigen Niederlagen gegen die Versuchung durch die Droge meist noch mehr verdüstert wurde. Im Selbstsicherheitstraining soll er nun schrittweise und im positivverstärkenden Milieu einer Gruppe anderer Ex-Abhängiger ein neues Selbstbewußtsein gewinnen. Da die Gruppe offen ist (jeden Monat wird ein neues Mitglied aufgenommen und ein anderes, das bereits voll berufstätig und sozial neu stabilisiert ist, »abgenabelt«), bildet sich auch eine soziale Hierarchie mit eigenen Verstärkern, da erfahrene Gruppenmitglieder den Neuankömmlingen weitergeben können, was sie selbst gelernt haben.
Soziale Situationen, die den Ex-Abhängigen wieder zurück zum Drogenkonsum treiben könnten, werden in der Gruppe psychodramatisch ausgespielt. Auf diese Weise soll der einzelne widerstandsfähiger gegen Frustrationen werden, die er zur Zeit seiner Drogenabhängigkeit reflektorisch mit einem »Schuß« beantwortete. In der Gruppe wird sowohl geübt, auf alte Auslöser des Drogenkonsums (Frustrationen, Ängste, Depressionen, Minderwertigkeitsgefühle) neue Reaktionen zu lernen (etwa offenen Ausdruck der eigenen Gefühle, Entspannung, Gedankenstoppen), als auch ein Vermeidungsverhalten eingeübt, das den Ex-Abhängigen davor bewahrt, wieder rückfällig zu werden. Dazu gehört auch eine Anti-Drogen-Ideologie, die den völligen Verzicht auf Rauschgift in jeder Form, also auch auf weiche illegale (Haschisch) und legale Suchtmittel (Alkohol) einschließt und die sich in den Gruppen der Anonymen Alkoholiker so gut bewährt hat.*
In der Subkultur, in die fast alle Fixer früher oder später abrutschen, werden die anerkannten Werte der Gesellschaft geradezu wie ein Handschuh umgedreht. Leistung, äußerer Erfolg, soziale Anpassung, ja sogar elementare menschliche Werte wie Zuverlässigkeit, Ehrlichkeit und Treue, die in der Industriegesellschaft positiv verstärkt werden, lehnt man ab oder beachtet sie nicht. Dies hat lerntheoretisch gesehen sehr ähnliche Folgen, nämlich den Abbau dieser Normen, früher als Depravierung des Süchtigen beschrieben. Nahezu alle positiven Verstärker sind um den Erwerb und Konsum von Rauschgift zentriert; wer die dazu nötigen Fertigkeiten am besten beherrscht, wird am höchsten eingeschätzt. In der Resozialisierung, die sich an die Rehabilitation anschließt, muß nun der letzte Schritt zur

* Das Modell der Anonymen Alkoholiker ist auch bereits auf Fixer übertragen worden; den unreflektiert-verhaltenstherapeutischen Charakter dieser Gruppenarbeit kann man etwa ablesen aus Yablonski, L.: *The Tunnel Back: Synanon.* New York 1965.

Überwindung dieser Vergangenheit getan werden. Der Ex-Abhängige muß die Verhaltensweisen, die er im schützenden und bestätigenden Milieu der Therapiegruppe einübte, »draußen« erfolgreich beibehalten: volle Gemeinschaftsfähigkeit, ein stabiles Drogen-Vermeidungsverhalten und eine angemessene Frustrationstoleranz.
Dieser Übergang würde in dem skizzierten Ideal-Modell einer integrierten Verhaltenstherapie der Drogenabhängigkeit durch psychologische Berufsberatung, Unterstützung bei einer eventuell angezeigten Umschulung, Übergangshilfe etwa in Form einer Nachtklinik oder eines »beschützten Arbeitsplatzes« (vor allem als Landkommune) und die Betreuung durch einen Sozialarbeiter erleichtert.*

Suchttherapie in Institutionen
Was als Selbstsicherheitstraining im Rahmen einer lerntheoretisch begründeten Behandlung durchgeführt wird, schlägt eine Brücke zu praktisch allen Formen der Behandlung Drogenabhängiger in Institutionen. Es geht darum, das ausgeprägte Defizit an befriedigenden mitmenschlichen Beziehungen in irgendeiner Form zu beheben. Als von Natur aus soziales Wesen gewinnt der Mensch seine Selbstsicherheit aus seiner Fähigkeit, offen Wünsche in bezug auf andere Menschen zu äußern. Diese emotionale Offenheit wird im Selbstsicherheitstraining ebenso angestrebt, wie etwa in den encounter-Gruppen nach Carl Rogers, im Psychodrama nach Jacob Moreno, in der Gestalttherapie oder in der psychoanalytischen Gruppenpsychotherapie. Erfahrungsgemäß unterscheiden sich die praktischen Methoden in der Psychotherapie erheblich mehr, wenn sie von Anfängern angewendet werden. Länger tätige Therapeuten gleichen sich in der Art ihres Vorgehens einander mehr an, wie der Autor (W.S.) unter anderem in der Leitung einer Balint-Gruppe mit den Therapeuten einer Drogenklinik beobachten konnte.**

---

* Der Personalbedarf einer solchen Modellinstitution ist wegen der Gruppenarbeit nicht einmal übermäßig groß. Neben dem Pflegepersonal für die Behandlungsphase müßten für eine zehnköpfige Gruppe von Drogenabhängigen ein Psychiater, ein Psychologe und ein Sozialarbeiter genügen. Intelligente und stabile Ex-Abhängige sollten in möglichst großem Umfang als Ko-Therapeuten zugezogen werden; die Landkommunen würden sich unter der Leitung eines solchen Ko-Therapeuten selbst tragen.

** Unter Balint-Gruppe versteht man die von dem ungarischen Psychoanalytiker Michael Balint begründete Gruppenarbeit mit Angehörigen eines Helfer-Berufs über die Beziehungsprobleme in dieser Arbeit. Vergleiche auch W. Schmidbauer, *Die hilflosen Helfer,* Hamburg [5]1979.

Die ausgeprägten Entwicklungsdefizite von Drogenabhängigen lassen sich in einer Faustregel zusammenfassen, die für praktische Zwecke gute Dienste leistet, obwohl sie naturgemäß im Einzelfall kritisch angewendet werden muß. Demnach muß vom gegenwärtigen Alter des Klienten die doppelte Zeit seiner Drogenabhängigkeit abgezogen werden, um seinen emotionalen Entwicklungsstand zu erfassen. Klient Karl etwa hat die ersten drei Lebensjahre in einem Heim verbracht. Dann kam er zu den Großeltern. Mit neun Jahren fing er an, Alkohol zu trinken; mit siebzehn begann er zu fixen. Heute ist er zweiundzwanzig, er hat insgesamt vier Jahre Gefängnisaufenthalt hinter sich, von denen er die ersten anderthalb Jahre voll durchgefixt hat. (Ein Hinweis auf die »therapeutischen« Qualitäten von Gefängnisaufenthalten.) Als emotionales Alter kann man nun schätzen: 22 weniger zweimal fünf, also zwölf Jahre. Dazu paßt etwa, daß Karl nach dem Beginn der Heroinsucht aufgehört hat, sexuelle Beziehungen aufzunehmen. Es wäre auch möglich, den Beginn des Alkoholmißbrauchs als Ausgangspunkt anzunehmen – das ergäbe ein emotionales Alter, das noch vor der Geburt liegt. Das zeigt auf der einen Seite die Grenzen von solchen Formeln, auf der anderen aber, wie schwer und früh die Entwicklungsausfälle häufig sind: Der spätere Fixer war oft genug ein unerwünschtes Kind.
Das Grundproblem der Behandlung solcher Menschen liegt darin, daß einerseits die Entwicklungsausfälle so schwer sind, daß eine lange Behandlung in einer therapeutischen Einrichtung unbedingt notwendig ist, weil eine ambulante Psychotherapie den Klienten vollständig überfordert – andererseits aber eine derart langfristige Behandlung in einer Institution den Klienten durch eine Art therapeutischen Hospitalismus bedroht: Einrichtungen, welche Menschen über längere Zeit als etwa ein halbes Jahr »aufbewahren«, werden mehr und mehr nicht zu einer Brücke zurück in das Leben außerhalb der Kliniktür, sondern zu einer Insel, einem Asyl. Gefängnisse und Nervenheilanstalten legen dafür deutlich genug Beweise ab. Die psychiatrischen Krankenhäuser haben immer noch Mühe, sich von dem Bild der Anstalt des letzten Jahrhunderts zu entfernen, in dem die Parias der bürgerlichen Konkurrenzgesellschaft aufbewahrt wurden – Geisteskranke, Geistesschwache, Alkoholiker. Die modernen Psychopharmaka, welche die Symptome von Schizophrenien und Depressionen teilweise unterdrücken können, haben hier einen Wandel geschaffen. Doch ohne nachdrückliche Anstrengungen, die Nervenkranken auch sozial wieder einzugliedern, führt die Behandlung mit seelisch wirksamen Medikamenten allein dazu, daß eine

»Drehtürpsychiatrie« entsteht. Unter der Entlastung vom Druck seines Alltags und der Gabe von Psychopharmaka erholt sich der Kranke in der Klinik. Doch kann er entlassen den Belastungen der gesellschaftlichen Wirklichkeit nicht lange standhalten und kehrt wieder zurück.

Beim Süchtigen ist es nicht viel anders. Die Rückfallquote der reinen Entziehung, verbunden mit der Behandlung durch Psychopharmaka, ist sehr hoch; sie liegt in der Regel über 90 Prozent. Es ist nicht möglich, einem Menschen seine Krücken wegzunehmen, ohne ihn frei gehen zu lehren. Auf die Sucht bezogen: Der Kranke muß lernen, seine Bedürfnisse nach Entspannung, Geborgenheit, Lust auf eine persönlich und sozial unschädliche Weise zu befriedigen. Das schließt ein, daß er lernt, seine mitmenschlichen Beziehungen befriedigender zu gestalten, und dazu ist in dem autoritären Klima einer herkömmlichen Nervenklinik ebensowenig Gelegenheit wie in einem Gefängnis.

Eine neue Welt

Das zentrale Problem der Behandlung Drogenabhängiger liegt darin, daß sie – im Gegensatz zu den »Neurotikern« oder den »Schizophrenen«, aber ähnlich wie die »Kriminellen«* – in einer Subkultur leben, in der Szene, die durch ihre eigenen Treffpunkte und Umgangsformen, eine besondere Musik, Kleidung und spezielle Werte gekennzeichnet ist. Die Behandlung muß nun nicht nur den Süchtigen aus dieser Szene herausholen, sondern auch eine Alternative bieten. Das ist um so schwieriger, je stärker der Betroffene bereits eingebettet war, je weniger Beziehungen und Interessen er außerhalb der Szene hat. Deshalb ist auch eine ambulante Behandlung nach dem Entzug nur dann möglich, wenn der Süchtige nicht in der Drogen-Subkultur lebt, wie es bei sonst angepaßten, opiatsüchtigen Ärzten oder Krankenschwestern der Fall ist. Die Einrichtungen für eine stationäre Behandlung müssen also einerseits eine Alternative zur Drogenszene herstellen, andererseits aber die Rückkehr in die Gesellschaft vorbereiten, wenn die Abhängigkeit von der Droge nicht in

---

* Die Anführungszeichen sollen an dieser Stelle darauf hinweisen, daß die Etikettierung von Menschen in diesem Sinn zum guten Teil die Probleme herstellt, die sie zu erkennen vorgibt: Abstempelungen zu »Geisteskranken« oder »Verbrechern« wirken oft im Sinne einer Prophezeiung, die sich selbst erfüllt. Gefängnisse sind, so gesehen, die Hochschulen der Kriminellen, Nervenkrankenhäuser die Produktionsstätten für Geisteskranke.

eine Abhängigkeit von der therapeutischen Institution umgewandelt werden soll. Gerade in der von Selbsthilfegruppen vertretenen Suchtbehandlung der Anonymen Alkoholiker und der Synanon-Organisation (S. 554) wird verdeutlicht, daß die Behandlung der Drogenabhängigkeit vor der Aufgabe steht, buchstäblich neue Lebensformen zu schaffen. Die Anonymen Alkoholiker gehen davon aus, daß der Alkoholkranke nicht geheilt, sondern nur als »trockener Alkoholiker« in die Gesellschaft eingeordnet werden kann – mit ständigem Kontakt zu seiner Gruppe und mit der ständigen Aufgabe, anderen Alkoholikern zu helfen. Synanon-Häuser unterscheiden sich von herkömmlichen Kliniken dadurch, daß die Behandlung durch Laien durchgeführt wird und die Einordnung in einen funktionierenden Betrieb angestrebt wird: Die Therapie strebt danach, eine Gegen-Szene in den Wohn- und Lebensgemeinschaften von Synanon zu schaffen, die der frühere Süchtige, wenn er will, zeitlebens nicht mehr verlassen muß, in der er arbeiten und leben kann.
Die auf die Behandlung Süchtiger spezialisierten, aber von Psychotherapeuten geleiteten Kliniken arbeiten anders. Sie versuchen, einerseits die Drogenszene auszublenden, andererseits eine seelische Nachentwicklung einzuleiten, welche die Süchtigen befähigt, ohne Drogen in der offenen Gesellschaft zu leben. Diese Auffassung von Therapie ist weniger radikal als die der als Lebensgemeinschaften aufgebauten Selbsthilfeorganisationen; sie setzt daher auch keine so feste Motivation der Süchtigen voraus. Es ist sogar möglich, einen ursprünglich nur durch gerichtliche Auflagen (d. h. durch die Angst vor dem Knast) in die Therapie gebrachten Fixer im Lauf der Behandlung dazu zu bringen, sein bisheriges Leben kritisch zu sehen und eine individuelle, nicht durch die Gruppenmeinung geprägte Lebensform zu finden. Andererseits wird es dann sehr schwierig, die Übergangsphase günstig zu gestalten, wenn der frühere Süchtige die psychotherapeutische Institution verläßt und wieder selbständig wohnen und arbeiten soll. Dieser Übergang sollte durch allmählich zurückgenommene Hilfestellung erleichtert werden, z.B. durch die Aufnahme in eine offene, aber noch therapeutisch geleitete Wohngemeinschaft, so daß der Klient schrittweise mit den Anforderungen seiner Selbständigkeit konfrontiert wird und bei Krisen mit Hilfe rechnen kann.

Homo consumens

Alle hier beschriebenen Methoden in der Therapie von Süchtigen beruhen auf einer Prämisse, die leider viel öfter nicht gegeben als erfüllt ist: dem Therapiewunsch und der Bereitschaft, aktiv an der eigenen Gesundung mitzuarbeiten. Nur rund zehn Prozent aller Drogenabhängigen sind behandlungswillig; die Bedeutung einer umfassenden Prophylaxe kann deshalb kaum hoch genug eingeschätzt werden. Diese Prophylaxe ist weit mehr als die Anti-Drogen-Erziehung, von der wir schon sprachen, oder gar ein Unterricht im weisen Gebrauch legaler Suchtmittel wie Alkohol, Tranquilizer oder Zigaretten. Sie enthält die Forderung nach einer Sanierung der »Innenweltverschmutzung« in den Industriegesellschaften selbst. Diese umfaßt neben einer psychohygienisch orientierten Kindererziehung (um sowohl jenem Urmißtrauen als auch jenen Depressionen und Ängsten vorzubeugen, die im späteren Leben dem Drogenkonsum den Weg bahnen; Schmidbauer 1972) vor allem auch eine Abkehr von Ideologie und Praxis der Konsumgesellschaft,* die der ruinösen Selbstbehandlung mit Rauschgiften den Weg bahnt. Die Konsumideologien finden ihren deutlichsten, aber gewiß nicht ihren einzigen Ausdruck in der Reklame (Schmidbauer 1972 b, S. 77ff.) und in den von Reklame kaum unterscheidbaren Sensationsgeschichten und angeblichen Lebenshilfen der Werbeträger. Sie verheißen Glück, Zufriedenheit und Gesundheit, sie versprechen Jugend und Liebe käuflich zu machen, speisen den Käufer dann aber mit einem Konsumgut ab, das oft gerade zerstört, was die Reklame verspricht. Auf diese Weise wird wirkliche Befriedigung unerreichbar. Eigenleistung, Entwicklung der persönlichen Kreativität, produktive Arbeit, Verzicht, von Tauschinteressen unbelasteter zwischenmenschlicher Kontakt – sie alle werden durch das Trommelfeuer der Konsumideologien als unbedeutend und nichtig hingestellt. Alles, was nicht käuflich ist, verliert an Aufmerksamkeitswert.

In dieser bis heute dem Konsumenten – dem Homo consumens, der heute zunehmend den Homo sapiens ersetzt – weitgehend unbewußten Ideologie der Konsumgesellschaft liegt auch eine sehr wesentliche Teilursache der Drogenabhängigkeit. Von den mächtigen Organisationen der Mafia und anderen Gruppen des organisierten Verbrechens wie von Großkonzernen manipuliert und versorgt zugleich, ist der Drogenabhängige gewissermaßen der Extremfall des Homo consumens. Wie diesem das erlaubte Konsumgut, so ist ihm

---

* Sehr viel ausführlicher sind die Zusammenhänge zwischen Konsumideologien und Drogenkonsum untersucht in Schmidbauer, W.: *Homo consumens*. Stuttgart 1972 (überarb.Taschenbuchausgabe unter dem Titel *Weniger ist manchmal mehr*, Reinbek 1992).

die verbotene Rauschdroge ein noch stärkeres käufliches Mittel, passiv eine innere Leere aufzufüllen, neurotische Selbstzweifel zu stillen, in der Selbst-Manipulation Probleme und Konflikte scheinbar zu bewältigen, die nur durch Eigenleistung, persönliche Mühe, und vor allem durch Verzicht – den Konsumverzicht wie den Verzicht auf Illusionen und infantile Sehnsüchte, in dem Freud das Kernproblem des Neurotikers erkannt hat* – tatsächlich gelöst werden können.
Das Gesundheitsbewußtsein des selbständigen und kritischen Menschen, der ohne wirkliche Notwendigkeit keine Pille schluckt, keinen psychotropen Stoff zu sich nimmt – sei es unreflektiert oder weil er die biologische Vollkommenheit einer in vielen Millionen Jahren entstandenen Struktur, wie es das menschliche Gehirn ist, erkennt und respektiert – wird immer mehr durch ein Konsumbewußtsein ersetzt, in dem nicht nur Kopfschmerzen und Schnupfen, sondern auch Ängste, Depressionen, Langeweile und Weltschmerz schier reflektorisch durch legale und illegale chemische Mittel abgetrieben werden. Die jugendlichen Drogenabhängigen, die glauben, durch ihren Rauschgiftkonsum gegen das Establishment der Konsumgesellschaft zu protestieren, sind einer Illusion zum Opfer gefallen. Tatsächlich spiegeln sie die Ideologien eben dieser Konsumgesellschaft nur allzu getreu wider. Sie haben nur das Konsumgut gewechselt.
Andererseits könnte der Homo consumens gerade im Scheitern des Drogenabhängigen, in seiner ungeheueren Bedürftigkeit nach Therapie in jeder Form, wie in einem vergrößernden Spiegel sein eigenes Bild sehen – und zugleich seine eigene Zukunft. Denn die Tage der Konsumgesellschaft sind nach fundierten Computer-Prognosen bereits gezählt (Meadow 1972, Forrester 1972).

W. S.

---

* »Der Neurotiker wendet sich von der Realität ab, weil er sie ganz oder Teile von ihr unerträglich findet.« Aufgabe der Psychoanalyse ist es in diesem Fall, die Verdrängung unerwünschter bzw. unerträglicher Bestandteile der Realität durch den realistischen, bewußt vollzogenen Verzicht zu ersetzen.

Literatur:
Adler, A., *Menschenkenntnis,* Leipzig 1927
Alvarez, A., *Der grausame Gott – eine Studie über den Selbstmord,* Frankfurt a.M. 1980
Amitai, M., Dickhaut, H. H., und P. Hasenknopf, »Behandlung des Entzug-Syndroms bei Fixern mittels Apomorphin«, in: Scheidt, J. vom 1974 (s. unten)
Ammon, G., *Gruppendynamik der Aggression,* Berlin 1970
Aronson, E., und J. M. Carlsmith, »The Effect of Severity of Threat on the Devaluation of Forbidden Behavior«, in: *Journal of Abnormal and Social Psychology* 66, 1963, S. 584
Bachmann, C. H. (Hrsg.), *Psychoanalyse und Verhaltenstherapie,* Frankfurt 1972
Bandura, A., *Principles of Behavior Modification,* New York 1969
Berman, L. E. A., »Die Rolle von Amphetamin in einem Fall von Hysterie«, in: Scheidt, J. vom 1974 (s. unten)
Berne, E., *Was sagen Sie, nachdem Sie ›Guten Tag‹ gesagt haben?,* München 1975
Biermann, G. (Hrsg.), *Handbuch der Kinderpsychotherapie,* München 1969
Binder, S., »Menschenwürdige Versorgung Suchtkranker mit therapieresistenten Endzuständen«, in: Keup, W. (Hrsg.), *Folgen der Sucht,* Stuttgart 1980, S. 127-135
Biniek, E., »Zur dynamischen Struktur von Drogenabhängigengruppen und ihrer Bedeutung für die Therapie«, Antrittsvorlesung, Tübingen 10. 2. 1976, in: *Suchtgefahren* 22, 1976, S. 141-148
Blöschl, L., *Grundlagen und Methoden der Verhaltenstherapie,* Bern 1969
Blum, R., *Horatio Alger's Children,* New York 1972
Bock, T. (Hrsg.), *Medizin und Sozialarbeit,* Freiburg 1979
Bron, B., »Ambulante Behandlung und Notfalltherapie bei jugendlichen Drogenabhängigen«, in: *Medizinische Welt* 31, 1980, S. 678-683
Buchinger, 0., *Das Heilfasten,* Stuttgart 1979[18]
Cahoon, D. D., und C. C. Crosby, »A Learning Approach to Chronic Drug Use: Sources of Reinforcement«, in: *Behavior Therapy* 3, 1972, S. 64-71
Canitz, H.-L., *Droge und Sexualität – eine Fallstudie,* München 1973
Casriel, D. H., »Gemeinschaften von Drogenabhängigen«, in: Heigl-Evers (s. unten)
Chamisso, A. von, *Peter Schlemihls wundersame Geschichte* (1814), Neudruck Stuttgart 1980
Clarmann, M. von (zit. n.: *Selecta* Nr. 22, 2. Juni 1980; »Drogenprobleme in der Praxis«, S. 2292)
Cohen, J., *Secondary Motivation: Personal Motives,* Chicago 1970 (Eyewitness Series in Psychology)
Cohn, R. C., *Von der Psychoanalyse zur Themenzentrierten Interaktion,* Stuttgart 1975
Dies., »Themenzentrierte Interaktion«, in: Heigl-Evers (s. unten)
Craig, W., »Appetites and Aversions as Constituents of Instincts«, in: *Biological Bulletin* 34, 1918
Crowley, Th. J., »The Reinforcers for Drug Abuse: Why People take Drugs«, In: *Comprehensive Psychiatry* 13, 1972, S. 51-61
Deneau, G., et al., »Self-Administration of Psychoactive Substances by the Monkey«, In: *Psychopharmacologica* 16, 1969, S. 30 ff.
Deutsche Hauptstelle gegen die suchtgefahren (Hrsg.), *Jahrbuch Sucht 97,* Geesthaacht 1996
Diess., Suchtberatung – Wo? *Ambulante Beratungs- und Behandlungsstellen für Suchtkranke und ihre Angehörigen,* Hamm 1994 (wird immer wieder aktualisiert)
Dinges, N. G., und R. G. Weigel, *The Marathon Group: A Preview of Practice and Research,* Beverley Hills 1971
Dittrich, J., Gnerlich, F., Hünnekens, H., Rometsch, W., und B. Thomas, »Erfolg und Mißerfolg bei der stationären Behandlung von Drogenabhängigen«, in: *Suchtgefahren,* 1976 Heft 4, S. 121-140
Dogs, W. (zit. n.: *Psychologie heute,* Juli 1977: »Magazin«)
Dole, V. P., et al., »Methadone Treatment of Randomly Selected Criminal Addicts«, In: *New England Journal of Medicine* 280, 1969, S. 1372 ff.
Dupont, R. (zit. n.: *Südd. Zeitung* vom 18. 3. 1976)
English, F., *Transaktionale Analyse und Skriptanalyse,* Hamburg 1976
Erikson, E. H., *Kindheit und Gesellschaft,* Stuttgart 1965
Eyrich, H. (Interview mit dem baden-württembergischen Justizminister Eyrich in: *Der Spiegel* Nr. 22, 1980, S. 50-64: »Wir müssen jeden Strohhalm ergreifen«)
Eysenck, H. J., und S. Rachman, *Neurosen – Ursachen und Heilmethoden,* Berlin 1970
F., Christiane, *Wir Kinder vom Bahnhof Zoo,* Hamburg 1978
Fischer, C., und Th. Roberts, *Süchtig – die gefährliche Illusion,* München 1980
Forrester, J. W., *Der teuflische Regelkreis,* Stuttgart 1972
Friedrich, V., Hahn, A., und Rolf Rosenbrock, *Neunmal teurer als Gold – die Arzneimittelversorgung in der Bundesrepublik,* Reinbek 1977

Görres, A., in: Bachmann, C. H. (Hrsg.), *Psychoanalyse und Verhaltenstherapie,* Frankfurt a.M. 1972
Grof, St., *Topographie des Unbewußten,* Stuttgart 1978
Haas, E., *Selbstheilung durch Drogen – zur Psychoanalyse der Drogenabhängigkeit von Jugendlichen,* Frankfurt a.M. 1974
Häfner, H. (zit. n.: *Der Spiegel* Nr. 27, 1980: »Gastarbeiter seelisch stabil«)
Hammond, P. G., Vortrag, gehalten anläßlich des internationalen Kongresses *Man and His Mind Changers,* Amsterdam 1972
Heckmann, W. (Hrsg.), *Vielleicht kommt es auf uns selber an?,* Frankfurt a.M. 1980
Heigl-Evers, A. (Hrsg.), *Lewin und die Folgen, Kindlers Psychologie des 20. Jahrhunderts,* Bd. VIII, Zürich 1979
Heinrich, K. (zit. n.: *Praxis-Kurier* Nr. 40, 1970: »Die Psychiater verlassen ihr Ghetto«)
Heuer, R., u. a., *Helft euch selbst! Der Release Report gegen die Sucht,* Hamburg 1971
Hilgard, E. R., und G. H. Bower, *Theorien des Lernens,* Stuttgart 1971
Hippius, H. (Diskussionsbemerkung während des Symposiums *Rauschmittel und Süchigkeit,* Rüschlikon/Zütich, 15. und 16. 1. 1970)
Ders., »Zur Situation der Behandlung von Drogenabhängigen«, in: *Krieg dem Rauschgift,* Wiesbaden August 1980, S. 16-20
Hoch, P. H., und J. Zubin (Hrsg.), *Problems of Addiction and Habituation,* New York 1958
Hofmann, Th., *Jugend im Gefängnis,* München 1967
Jackson, E., *Progressive Relaxation,* Chicago 1938
Jacobi, J., *Der Weg zur Individuation,* Olten 1971
Jacobsen, E., *Depression,* Frankfurt a.M. 1977
Dies., *Das Selbst und die Welt der Objekte,* Frankfurt a.M. 1973
Jung, C. G., *Die Beziehungen der Psychotherapie zur Seelsorge,* Zürich 1932
Ders., *Bewußtes und Unbewußtes,* Frankfurt a.M. 1957
Ders., *Welt der Psyche,* München 1965
Just, R., »Ich habe zwei Jahre Heroin gedrückt, und jetzt ist Schluß«, in: *Zeit-Magazin* vom 28. 3. 1978
Kernberg, O. F., *Borderline-Störungen und pathologischer Narzißmus,* Frankfurt a.M. 1978
Kielholz, P., Hauser, O., Ladewig, D., Balmer, R., Hobi, V., und M. Weismann, »Therapie, Katamnese und Prognose der Drogenabhängigkeit«, in: *Deutsche Medizinische Wochenschrift* 101, 1976. S. 521-526
Kindermann, W., »Behandlung Drogenabhängiger im Justizvollzug«, in: *Monatsschrift für Kriminologie und Strafrechtsreform* 62, 1979, S. 218-227
Kleiner, D., »Therapie gestern und heute – Erfahrungen für die Zukunft«, in: *Soziale Arbeit* 28, Heft 9, Sep. 1979
Knuettler, H. J. (zit. n.: *Südd. Zeitung* vom 3. 10. 1980: »10.000 Berliner Schüler nehmen Drogen«)
Köhler, W., *Intelligenzprüfungen an Menschenaffen,* Berlin 1924
Kohut, H., *Narzismus,* Frankfurt a.M. 1973
Ders., *Die Heilung des Selbst,* Frankfurt a.M. 1978
Kovar, K.A., zit. n.: »Gefahr aus der Apotheke«, in: *Südd. Zeitung* vom 25. April 1996
Krieger, F., »Meine Erfahrungen mit Drogenabhängigen«, in: *Bewährungshilfe* 26, Nr. 4, 1979
Kürtz, Chr. D. (zit. n.: Hippius 1980, s. oben)
Ladewig, D., Bucher, W., und Chr. Glauser, »Gruppentherapie bei Suchtkranken«, in: Heigl-Evers (s. oben)
Lago, F. (Ex-Süchtiger in Synanon, zit. n.: Yablonsky, s. unten, S. 197)
Lasch, Chr., *Das Zeitalter des Narzißmus,* München 1980
Lea, K., »Über Tun und Lassen«, in: Scheidt, J. vom 1974 (s. unten)
Lennard, H. L., Epstein, L. J., und M. S. Rosenthal, »Die Methadon-Illusion«, in: Scheidt, J. vom (Hrsg.), *Die Behandlung Drogenabhängiger,* München 1974
Lenz, R., und R. Kranich (in: Heuer, s. oben)
Lesser, E., »Behavior Therapy with a Narcotics User: A Case Report«, in: *Behavior Research and Therapy* 5, 1967, S. 251
Lewin, L., *Banisteria caapi – ein neues Rauschgift und Heilmittel,* Berlin 1929
Liberman, R., »Aversive Conditioning of Drug Addicts: A Pilot Study«, in: *Behavior Research and Therapy* 5, 1967, S. 253 ff.
Limentani, A., »Drogenabhängigkeit – ein klinischer Bericht«, in: Scheidt. J. vom 1972 (s. unten)

London, P., *Behavior Control,* New York 1970
Lorenz, K., *Über tierisches und menschliches Verhalten. Gesammelte Abhandlungen I und II,* München 1965
Lovibond, S. H., »Intermittent Reinforcement in Behavior Therapy«, in: *Behavior Research and Therapy* 1, 1963, S. 127-132
Lowen, A., *Depression,* München 1978
Ders., *Bio-Energetik,* Reinbek 1979
Ders., *Der Verrat am Köper,* Bern und München 1980
Lürßen, E., »Das Suchtproblem in neuerer psychoanalytischer Sicht«, in: Eicke, D. (Hrsg.), *Freud und die Folgen,* Teil 1, *Kindlers Psychologie des 20. Jahrhunderts,* Bd. II, Zürich 1974
Lützner, H., *Wie neu geboren durch Fasten,* München 1976
Manhart, R. M., »Sucht, eine Krankheit mit suizidaler Potenz«, in: *Selecta* Nr. 21, 1980, S. 2190-2201
Masserman, J. H., *Behavior and Neuroses,* Chicago 1943
Meadows, D. L., *Die Grenzen des Wachstums,* Stuttgart 1972
»Methadone Maintenance Evaluation Committee: Progress Report«, in: *Journal of the American Medical Association* 206, 1968, S. 2712
Miller, A., *Das Drama des begabten Kindes und die Suche nach dem wahren Selbst,* Frankfurt a.M. 1979
Möller, M. L., *Selbsthilfegruppen,* Reinbek 1978
Müller-Jentsch, E., »Rauschgift-Beratung funktioniert schlecht«, in: *Südd. Zeitung* vom 23. 7. 1980
Nöhring, K.-U., »Selbstmordversuche bei Kindern und Jugendlichen«, Vortrag und unveröffentlichtes Manuskript, Hamburg, Juni 1980
Peele, St. (zit. n.: *Der Spiegel* Nr. 49, 1979, S. 256-260: »Lebenslange Aufgabe für den Süchtigen«)
Perls, F. S., Hefferline, R. F., und P. Goodman, *Gestalttherapie,* Bd. I: *Lebensfreude und Persönlichkeitsentfaltung* (1951), dt. Stuttgart 1979
Ders., *Gestalttherapie,* Bd. II: *Wiederbelebung des Selbst* (1951), dt. Stuttgart 1979
Peters, A., »Selbsthilfegruppen Drogenabhängiger – das Ende eines Selbstheilungsversuches? (Sonderdruck ohne nähere Quellenangabe, ca. 1977)
Polster, E. und M., *Gestalttherapie,* München 1975
Rachman, S., und J. Teasdale, *Aversion Therapy and Behavior Disorders,* London 1969
Raymond, M. J., »The Treatment of Addiction by Aversion Conditioning with Apomorphine«, in: *Behavior-Research and Therapy* 1, 1963, S. 127-132
Release-Report (s. Heuer, s. oben)
Rohracher, H., *Einführung in die Psychologie,* Wien 1971
Ropp, R. de, *Bewußtsein und Rausch,* München 1964
Rosenfeld, H. A., »Über Rauschgiftsucht«, in: Ders., *Zur Psychoanalyse psychotischer Zustände,* Frankfurt a.M. 1979
Rudnitzki, G., »Gruppenmethoden der Rehabilitation«, in: Heigl-Evers (s. oben)
Salm, H., *Therapeutische Ansätze bei Jugendlichen, ihre Grenzen und Möglichkeiten – aus der Sicht einer Drogenberatungsstelle,* Privatdruck Heidelberg 1975
Salter, A., *Conditioned Reflex Therapy,* New York 1949
Sartorius, N. (zit. n.: *Selecta* Nr. 19, Mai 1977: »Neurotische Spannungen gelöst«, S. 1858)
Satyananda, Swami (d. i. J. E. Elten), *Ganz entspannt im Hier und Jetzt – Tagebuch über mein Leben mit Bhagwan in Poona,* Reinbek 1979
Schaef, A.W., *Co-Abhängigkeit – die Sucht hinter der Sucht,* (1986) München 1995
Scheidt, J. vom (Hrsg.), *Drogenabhängigkeit,* München 1972
Ders., (Hrsg.), *Die Behandlung Drogenabhängiger,* München 1974
Ders., *Yoga für Europäer,* München 1976
Ders., *Der falsche Weg zum Selbst,* (1976) München 1984
Ders., *Alleinsein als Chance des Lebens,* (1979) Landsberg 1997
Schmidbauer, W., *Jäger und Sammler,* Planegg b. München 1972 c
Ders., *Die Angst vor Nähe,* Reinbek 1985
Ders., *Wie Gruppen uns verändern,* München 1992
Ders., *Die hilflosen Helfer,* Hamburg ^{5}1979
Ders., *Weniger ist manchmal mehr,* (1984) Reinbek 1992
Ders., *Jetzt haben, später zahlen. Die seelischen Folgen der Konsumgesellschaft,* Reinbek 1995
Schultz, J. H., *Das autogene Training,* Stuttgart 1966

Schultz-Hencke, H., *Der gehemmte Mensch,* Stuttgart 1964

Schuster, R. C., und T. Thompson, »Self-Administration of and Behavioral Dependence on Drugs«, in: *Annual Revue of Pharmacology* 9, 1969, S. 483 ff.

Schut, J., Vortrag gehalten anläßlich des internationalen Kongresses *Man and His Mind Changers,* Amsterdam 1972

Schutz, W., *Freude,* Reinbek 1971

Shepherd, M., und M. Lee, *Marathon 16,* München 1972

Simons, G. F., *Keeping Your Personal-Journal,* New York 1978

Skarabis, H., und B.-M. Becker (zit. n.: *Der Spiegel* Nr. 24, 1980: »Die erste Spritze in der großen Pause«, S. 57)

Smith, D. E., »The Characteristics of Dependence in High-dose Methamphetamine Abuse«, in: *International-Journal of Addictions* 4, 1969, S. 453 ff.

Sollmann, U., *Therapie mit Drogenabhängigen,* Gießen 1974

Solomon, D., *The Marihuana Papers,* Indianapolis 1966, S. 242

Stille, W., u. a., »Hippie-Hepatitis«, in: *Medizinische Klinik* 65, 1970, S. 993-995

Stössel, J., *Psychopharmaka – die verordnete Anpassung,* München 1973

Thamm, B. G., »Psychosoziale Beratung für Drogenmißbraucher«, in: *Informationsdienst der »Deutschen Gesellschaft gegen die Suchtgefahren«* 32, 1979, Nr. 3/4

Thompson, I. G., und N. H. Rathod, »Aversion Therapy of Heroin Dependence«, in: *Lancet* 2, 1968, S. 382 ff.

Tinbergen, N., *The Study of Instincts,* Oxford 1952

Tochtermann, E., »Entziehungskur mit ungeeigneten Mitteln«, in: *Südd. Zeitung* vom 27. 9. 1979

Ders., »Für Behandlung Süchtiger nicht geeignet«, in: *Südd. Zeitung* vom 21. 11. 1979

Uchtenhagen, A., *Prognose und Verlauf der Toxikomanie,* ungedrucktes Manuskript, Zürich 1974

Vogt, W., *Erinnern und Vergessen,* Zürich/Köln 1980

Waldmann, H., *Erfahrungen aus einer großstädtischen Drogenklinik,* unveröffentl. Manuskript, München 1979

Ders., »Die Zusammenarbeit des Psychiaters mit dem Sozialarbeiter in der stationären Therapie Suchtkranker«, in: Bock, T. (Hrsg.), *Medizin und Sozialarbeit,* Freiburg 1979

Waldmann, H., und W. Zander, *Zur Therapie der Drogenabhängigkeit,* Göttingen 1975

Wayne, E. (Hrsg.), *The Rehabilitation of Drug Addicts,* London 1968

Wertheimer, M., *Eine kurze Geschichte der Psychologie,* München 1971

Wikler, A., »Some Implications of Conditioning Theory for Problems of Drug Abuse«, in: *Behavioral Science* 16, 1971, S. 92-97

Wöbcke, M., *Rauschmittelmißbrauch – Prävention und Therapie,* München 1977

Wolpe, J., *Psychotherapy by Reciprocal Inhibition,* Stanford 1958

Ders., »Conditioned Inhibition in Drug Addiction«, in: *Behavioral-Research and Therapy* 2, 1965, S. 285 f.

Yablonsky, L., *The Tunnel Back: Synanon,* New York 1965, dt. Stuttgart 1975

Ziegler, M. (zit. n.: *Südd. Zeitung* vom 23. 9. 1980: »Mutmaßungen über ein Massenphänomen«)

V. Medizin (Physiologie) und Psychopharmakologie

Die Psychopharmakologie sucht eine Antwort auf die Frage, warum bestimmte chemische Stoffe psychische Vorgänge so eingreifend verändern können. Eine Flasche Wein, eine Tablette Benzedrin, Bruchteile eines tausendstel Gramms Lysergsäure-Diäthylamid (LSD) genügen, um Erleben und Verhalten eines Menschen radikal zu verändern. Die Natur geht, so scheint es uns, über eine zentrale Eigenschaft unserer Vorstellungen von uns selbst und unserer Umwelt gleichgültig hinweg. Sie kümmert sich nicht darum, daß wir seelische Vorgänge als etwas ganz anderes erleben als materielle Gegenstände.

Dieser Gegensatz zwischen Geist und Materie, den René Descartes zuerst formulierte, als er ein denkendes und ein räumliches Prinzip einander gegenüberstellte *(res cogitans – res extensa),* hat schon viel früher das Denken der Menschen bewegt. Eine mythische Lösung drückt etwa das Bild des Gottes Dionysos aus. Wir können sicher sein, daß die Griechen der Antike ebensogut wie moderne Zecher wußten, daß Wein aus dem gepreßten Saft von Trauben entsteht und eine – je nach Sorte – verschieden gefärbte und unterschiedlich schmeckende Flüssigkeit ist. Doch durch das Zusammentreffen dieser Flüssigkeit mit der menschlichen Psyche entstand ein Gott – eben jener Dionysos oder Bacchus, dessen mythischer Charakter psychopharmakologische Effekte des Weins genau widerspiegelt: Heiterkeit, blinde Raserei und völlige Erschöpfung.

Man weiß, daß LSD lediglich ein Derivat der Lysergsäure ist, die man aus dem Mutterkorn – einem Pilz, der Getreide befällt – gewinnen kann. Und doch hat das Zusammentreffen dieser Chemikalien mit dem menschlichen Gehirn eine lange Reihe sozialer Kettenreaktionen ausgelöst, in denen man mit einigem guten Willen so etwas wie eine Wiedergeburt dionysischer Mysterienkulte sehen kann (→ RA I).

Es gibt eine ganze Reihe von spekulativen Lösungen des Leib-Seele-Problems, die alle entweder auf die Theorie einer Wechselwirkung oder eines Parallelismus hinauslaufen. Gelegentlich wird auch versucht, den in unserem Erleben so deutlichen Unterschied zwischen seelischen und körperlichen Vorgängen als Scheinproblem hinwegzudiskutieren. Die naive Auffassung der Materialisten des 19. Jahrhunderts, die etwa sagten, das Gehirn sondere Gedanken ab wie die Leber Galle, wird heute niemand mehr akzeptieren. Festzuhalten ist, daß körperliche – biochemische und bioelektrische – Veränderungen in den Nervenzellen unseres Gehirns unser Erleben beeinflussen. Auf welchem Weg das geschieht, ist noch völlig unerforscht. Selbst die körperlichen Vorgänge in den Nervenzellen sind in ihrer Feinstruktur noch weitgehend dunkel. Es ist gut möglich, daß die methodischen Ansätze der jungen Wissenschaft Neuropsychopharmakologie hier immer ungenügend bleiben werden. Aber man sollte aufhören, so zu tun, als wüßte man das schon heute.

1. Pharmakologische Grundbegriffe

In der Pharmakologie darf man, wie in anderen Disziplinen auch, ein grobes (molares) von einem feinen (molekularen) methodischen Vorgehen unterscheiden. Das grobe Vorgehen besteht darin, daß man einem Kranken ein bestimmtes Mittel gibt und feststellt, was dieses Mittel ausrichtet. Um die Wirkung besser messen zu können, wird man eine Gruppe behandelter Kranker mit einer nichtbehandelten Kontrollgruppe vergleichen. Der molare Tierversuch ist ähnlich: Eine Substanz, die möglicherweise den Schlaf fördert, wird einer Reihe von Tieren in ansteigender Dosis gegeben; die Verhaltensänderungen der Tiere werden notiert. Wenn man die Resultate graphisch aufzeichnet, erhält man ein erstes Kürzel der Pharmakologie: die Dosis-Wirkungs-Kurve (auch Konzentrations-Wirkungs-Kurve). Dabei werden auf der Abszisse, der Waagerechten, die Reaktionen in Prozent des maximalen Erfolgs (Tiefschlaf) eingetragen, auf der Ordinate die benötigten Mengen der geprüften Substanz.
Eine Abwandlung der Dosis-Wirkungs-Kurve ist die Dosis-Letalitäts-Kurve. Sie veranschaulicht, was der alte Satz des Paracelsus ausdrückt: »Kein Ding ist ohne Gift; die Dosis macht's, ob es ein Gift ist oder nicht.« Ein wichtiger Punkt auf den Dosis-Letalitäts-Kurven ist die sogenannte LD_{50} (Dosis letalis 50%), unter der man die Gabe versteht, bei der jedes zweite der Versuchstiere (50%) stirbt.

a. Therapeutische Breite

Sieht man sich die Dosis-Wirkungs-Kurve und die LD_{50} zusammen an, dann kann man einen weiteren, für die Betrachtung aller aktiven

Stoffe sehr wichtigen Begriff bestimmen: die therapeutische Breite, das ist der Sicherheitsabstand, welcher den erwünschten Effekt vom unerwünschten, im Extremfall tödlichen Effekt trennt. Die therapeutische Breite kann man als Quotienten aus LD_{50} und ED_{50} (der Einzeldosis, die bei 50% der Fälle den maximalen erwünschten Effekt erbringt) berechnen. Allerdings gilt das nur dann, wenn die beiden Kurven annähernd gleich steil verlaufen. Man bemißt die Breite der Wirkung eines Psychopharmakons (zu denen man ja alle Rauschdrogen rechnen muß) in der Regel als den Abstand zwischen optimalem Effekt und ernstlichen Vergiftungserscheinungen, da die LD_{50} immer nur an Tieren ermittelt wird.

b. Wirkungsmechanismus

Man darf sich nicht damit begnügen, daß eine Substanz wirkt (wie es in jenem Gemeinplatz in Molières »Eingebildetem Kranken« heißt: »Opium läßt schlafen, weil in ihm die Schlafkraft ist«), sondern man muß auch fragen, warum bestimmte Stoffe solche Effekte haben. Hier reicht die Psychopharmakologie weit in die Biochemie hinein. Sie ist auf deren Methoden angewiesen und bedient sich ihrer mit zunehmendem Erfolg. Dadurch ist eine ganz neue Wissenschaft entstanden, die Lehre von der Bewegung der Arzneistoffe beziehungsweise der Psycho-Drogen im Organismus (Pharmakokinetik). Wir können hier nur einige ihrer Grundbegriffe skizzieren.

Resorption

Es gibt eine ganze Reihe von Wegen, auf denen Substanzen dem Körper zugeführt werden können. Der älteste ist zweifellos der orale, den die Droge mit der gewöhnlichen Speise teilt. Sie alle werden gegessen oder getrunken: → Alkohol und → LSD, → Meskalin und Rohopium (→ Opiate), Haschisch und → Cannabis-Tinktur, → Kawa-Kawa und die halluzinogenen Pilze Mexikos.
Da sämtliche Stoffe ihre psychoaktiven Wirkungen nur entfalten können, wenn sie über Magen oder Darm in die Blutbahn gelangen, dauert die orale Resorption verhältnismäßig lang. Darüber hinaus gehen vielfach größere oder kleinere Mengen verloren, entweder weil sie durch die Magensekrete (vor allem durch die Salzsäure) verändert oder weil sie mit dem Kot ausgeschieden werden. Von Morphin (→ Opiate) etwa, das – injiziert – sofort wirkt, werden nach oraler Gabe geringere Mengen resorbiert, weshalb der Effekt erst nach 30 bis 60 Minuten eintritt. CZ-74, eine LSD-Lösung (die J.v.Sch. 1965 bei einem therapeutischen Experiment gespritzt bekam) wirkte be-

reits nach wenigen Minuten, während die handelsüblichen, über den Mund zugeführten LSD-Tabletten von Sandoz erst nach 30 bis 40 Minuten spürbar waren.

Die Injektionsspritze ist erst im 19. Jahrhundert entwickelt worden. Doch schon vorher gab es eine Reihe von Methoden, bestimmte Drogen anders als auf oralem Weg zu nehmen. Von diesen ist wohl die Einreibung die älteste. Sie machte es meist notwendig, die betreffenden Mittel mit Fett – als Salbe also – zuzubereiten. Auf die Haut aufgetragen und womöglich noch fest eingerieben, werden die Moleküle des Wirkstoffs durch die Hautgefäße aufgenommen. Vor allem bei stark giftigen Stoffen mit geringer therapeutischer Breite kann die Zubereitung der Salbe vor unerwünschten Vergiftungen schützen. Das mag ein Motiv dafür gewesen sein, daß sich die Hexen des Mittelalters → Nachtschatten-Drogen in Form der sogenannten → Hexensalben zuführten.

Noch besser steuern läßt sich die Resorption gasförmiger Stoffe, die eingeatmet werden. Lange Zeit hat man im Orient die →Cannabis-Droge Haschisch gegessen. Auch → Opium wurde oral genommen. Erst als sich das Tabakrauchen international durchsetzte, wurde die Resorption durch die (sehr reich durchbluteten) Lungenbläschen systematisch verwendet. Sie gestattet dem Raucher, bei Eintritt der gewünschten Wirkungen, sofort aufzuhören, stellt also einen wirksamen Schutz vor Überdosierung dar.* Schließlich werden Rauschdrogen noch geschnupft (→ Kokain) und gekaut (Coca-Blätter). Man kann diese Formen der Resorption zwischen die Inhalation und das Einreiben in die Körperhaut stellen. In beiden Fällen werden die Drogen in engen Kontakt mit der reich durchbluteten und besonders resorptionsfreudigen Schleimhaut der Nasen- beziehungsweise Mundhöhle gebracht.

Medizinisch gesehen, hat jede Methode, Fremdstoffe dem Körper zuzuführen, ihre Vor- und Nachteile. Der orale Weg ist einfach, doch ist die Resorption nicht immer sicher (sie kann durch gleichzeitig gegessene Speisen verändert und verlangsamt werden). Eine Einreibung wird nur bei Stoffen Erfolg haben, welche die Haut und das darunterliegende Fettgewebe leicht passieren. Die Inhalation läßt sich gut steuern, kann aber das empfindliche Gewebe reizen und

* Inzwischen rauchen sogar Heroinsüchtige ihren Stoff, um sich vor Ansteckung mit Aids-infizierten Spritzen zu schützen, und → Crack, die moderne Kokaindroge, wird ebenfalls geraucht – weil sie auf diese Weise schneller und stärker wirkt und zudem die empfindlichen Nasenschleimhäute geschont werden.

schädigen, welches die Bronchien und Lungenbläschen auskleidet. Schnupfen kann die Nasenschleimhaut irritieren; bekannt ist das hartnäckige Nasenbluten der Kokainisten und die durch dauernde Vergiftung vielfach durchlöcherte Nasenscheidewand. Kauen schädigt möglicherweise Mundschleimhaut und Zähne.
Injektionen sind ein recht sicherer Weg, solange man sie mit sorgfältig sterilisierten Nadeln und Spritzen gibt. Sie werden aber lebensgefährlich, sobald der Süchtige aus Unwissenheit oder Gleichgültigkeit diese Vorsichtsmaßregeln vernachlässigt. Von den einigen hundert Kranken, die in New York in den letzten Jahren an Wundstarrkrampf gestorben sind, waren mehr als zwei Drittel Heroinsüchtige, die sich mit schmutzigen Nadeln infiziert hatten. Hartnäckige Furunkolosen, Blutvergiftung und Hepatitis (Leberentzündung) sind einige andere Folgen unsteriler Injektionen (Hippitis ist in Los Angeles zum Kurznamen für die Hippie-Hepatitis geworden). Sie alle werden heute durch das Risiko der HIV-Infektion überschattet. Der *Human Immundeficiency Virus* verursacht Aids nach einer Latenzzeit von einigen Jahren bis über ein Jahrzehnt.

Transport
Ist eine körperfremde Substanz einmal in den Kreislauf gelangt, so reagiert sie in der Regel chemisch mit verschiedenen Bestandteilen des Blutes. Pharmakologisch bedeutsam ist, ob der Fremdstoff unverändert wirkt oder ob erst seine Transportform, etwa nach einer Bindung an das Blutserum, die erwünschten Effekte entfaltet. Wird eine Substanz enteral (durch den Magen-Darm-Trakt) resorbiert, dann passiert sie den Pfortader-Kreislauf und damit die Leber, in der sie bereits verändert werden kann. Wird ein Mittel hingegen perlingual (durch die Mundschleimhaut) oder rektal, durch die Schleimhaut des Enddarms, etwa bei einem Einlauf oder einem Zäpfchen, gegeben, dann passiert es nach der Resorption nicht sofort die Leber.
Falls nun dieser Stoff in der Leber schnell abgebaut wird, kann es erhebliche Unterschiede in der Wirkung geben, je nachdem, ob man den Stoff im Mund zergehen läßt, schnupft oder schluckt.

Verteilung
Wie sich das Pharmakon im Körper verteilt, hängt ebenfalls von vielen Faktoren ab. Die erste von ihnen ist die unterschiedliche Durchblutung einzelner Organe (wobei das Gehirn zu den sehr gut durchbluteten Organen gerechnet werden darf; es verbraucht, gemessen an seinem relativ geringen Gewicht, viel mehr Sauerstoff als

andere Organe). Weiter spielt eine wichtige Rolle die Löslichkeit, vor allem das Verhältnis von Wasser- und Fettlöslichkeit. Manche Stoffe werden selektiv in bestimmten Organen gespeichert. Hier ergibt sich in der Psychopharmakologie die wichtige Möglichkeit, die Verteilung einer Rauschdroge im Gehirn zu ermitteln und sie mit dem Wissen über die Funktion einzelner Zentren des Gehirns zu verbinden.

Endlich hängt die Verteilung einer Substanz im Körper noch davon ab, wie gut sie fähig ist, die Membranen zwischen den Zellen, Zellsystemen und Organen zu durchdringen. Eine Substanz wie die Riesenmoleküle mancher Blutersatzmittel (Dextran) kann den Kreislauf überhaupt nicht verlassen. Andere Mittel können sich im Extrazellulärraum ausbreiten, ja das gesamte Körperwasser durchdringen, wie es etwa Alkohol tut.

Psychoaktiv können nur Stoffe werden, welche fähig sind, die Blut-Hirn-Schranke zu durchdringen.

Elimination

Der Körper verfügt über zwei Hauptwege, Fremdstoffe wieder auszuscheiden: über den Darm und über die Nieren. In den Kot gelangen die Fremdstoffe entweder über die Leber (welche Galle in den Darm absondert) oder über die Darmschleimhaut (wenn man von der Menge einer Substanz absieht, die im Kot ausgeschieden wird, weil sie nicht resorbiert wurde). Weniger wichtig ist die Ausscheidung über den Schweiß, die Muttermilch, den Speichel oder durch Erbrechen. Schließlich werden manche Stoffe – vor allem Narkotika – durch den Gasaustausch in der Lunge eliminiert.

Hier einige Prozesse, durch die Fremdstoffe in der chemischen Fabrik des Körpers abgebaut werden können:

1. durch Aufspaltung und Verbrennung zu Wasser und Kohlendioxyd (so das Psychopharmakon Nr. 1, der → Alkohol);
2. indem spezielle Fermente, die Dekarboxylasen, die Kohlendioxydgruppe organischer Säuren abspalten und sie damit unwirksam machen (Dekarboxylierung);
3. durch Verbindung mit Sauerstoff (Oxydierung) oder Entzug von Sauerstoff (Reduzierung), wodurch etwa die Schlafmittel vom Typ der Barbiturate (→ Schlafmittel), die Barbitursäure-Verbindungen, unwirksam gemacht werden;
4. durch die Lösung in Wasser, entweder spontan oder nach dem Abbau durch Fermente (Lokalanästhetika);
5. durch Koppelung an Säuren, die meist in der Leber abläuft. Mor-

phin, das wichtigste Opium-Alkaloid, wird beispielsweise durch Paarung mit Glucoronsäure abgebaut.

Kumulation

Ein Fremdstoff häuft sich immer dann im Körper an, wenn mehr von ihm zugeführt als ausgeschieden wird. So kann im Prinzip jede Substanz im Organismus kumulieren, wenn sie ihm nur in genügend kurzen Abständen zugeführt wird. Jeder Barbesucher, der sich einen Schwips antrinkt, ist eine Beweis dafür. Von Kumulation aber spricht der Pharmakologe in der Regel nur dann, wenn ein Stoff nicht binnen 24 Stunden nach einer therapeutischen Gabe wieder ausgeschieden ist. Nach neuesten Forschungen trifft das in hohem Maß für → Cannabis zu: Seine Metaboliten konnten noch 14 Tage nach der Einnahme im Stoffwechsel nachgewiesen werden (s.S. 94).
Seymour Antelman von der Universität Pittsburgh konnte in aufsehenerregenden Tierversuchen nachweisen, daß die Wirkung bereits einer einzigen Tablette, speziell von Psychopharmaka, monatelang nachwirkt, vielleicht sogar dauerhaft – so als würde das Gehirn die Wirkung speichern und sich gewissermaßen daran erinnern. Antelman konnte die Langzeitwirkung im Experiment mit über 20 verschiedenen Substanzen nachweisen. Darunter befanden sich Stimulantien, Medikamente gegen Depressionen und gegen Angst. Diese Stoffe wurden nach einer einmaligen Gabe vom Organismus der Versuchstiere normal verarbeitet und – wie sonst auch – ihre Abbaustoffe ausgeschieden. Die Wirkung hielt noch lange an. Wurde derselbe Stoff nach Wochen nochmals gegeben, war die anschließende Langzeitreaktion noch weit ausgeprägter. Es müssen also im Zentralnervensystem Erinnerungsspuren irgendwelcher Art zurückgeblieben sein.
Andere Forscher konnten Antelmans Ergebnisse bestätigen. Insbesondere führte man Versuche mit menschlichen Freiwilligen durch, die Antidepressiva eingenommen hatten. Auch bei ihnen zeigte sich, selbst wenn die Stoffe längst vom Körper abgebaut waren, noch nach zehn Tagen deutliche Wirkungen des Medikaments.
Was diese Versuche für die Bewertung der Wirkung von Rauschdrogen (beispielsweise bei rätselhaften Phänomenen wie dem Echo-Effekt oder *flashback* → LSD) bedeuten und für die Entstehung von Abhängigkeiten, ist noch nicht abzuschätzen.

Addition und Potenzierung

Treffen zwei verschiedene Stoffe im Organismus zusammen, dann können sich ihre Effekte gegenseitig abschwächen, sie können

gleich bleiben und sie können sich addieren beziehungsweise potenzieren. Von Addition spricht man, wenn die Wirkung der Stoffe A plus B jene von A in doppelter Dosis beziehungsweise jene von B in doppelter Dosis erreicht (wobei die Mischung aber z.B. besser verträglich sein kann). Von Potenzierung ist die Rede, wenn die gemeinsame Wirkung stärker ist, als es eine Addition der Einzelwirkungen ergäbe.
Man muß hierbei aber bedenken, daß die Dosis-Wirkungs-Kurve selten linear verläuft. Sehr oft hat man, wenn etwa ein Milligramm bei 15 Prozent der Versuchstiere den erwünschten Erfolg erzielt, mit zwei Milligramm nicht nur bei 30 Prozent, sondern bei 60 Prozent einen Erfolg. Gibt man in diesem Fall nun zu dem einen Milligramm der Substanz A ein Milligramm der Substanz B und erzielt eine Erfolgsquote von 60 Prozent, dann handelt es sich nicht um Potenzierung, sondern um einfache Addition, obschon – vor allem in den Prospekten pharmazeutischer Firmen – hier gern von Potenzierung gesprochen wird.
Gefährlich werden die Folgen von Addition und Potenzierung vor allem im Straßenverkehr, da viele gebräuchliche Psychopharmaka (Schlafmittel, Tranquilizer, aber auch Kopfschmerztabletten) bei gleichzeitigem Alkoholgenuß ihre jeweiligen Effekte addieren. Der Betroffene ist schon nach einem Glas Bier oder Wein betrunken mit allen nachteiligen Folgen für Urteilsfähigkeit und Reaktionsgeschwindigkeit.

Placebo

Placebo heißt »ich werde gefallen«. Gemeint ist damit ein Medikament, das keine wirksamen Stoffe enthält (physiologische Kochsalzlösung zur Injektion; Tabletten aus Mehl, leere Gelatinekapseln). Ein großer Teil aller vor der wissenschaftlichen Ära der Medizin verwendeten Mittel und auch noch ein guter Teil der heute konsumierten Pharmaka (viele homöopathische Medikamente, aber auch zahlreiche andere Mittel, die keine experimentell reproduzierbaren Wirkungen haben), wirken vielleicht als Placebos, das heißt über eine von starken Gefühlen getragene Erwartungshaltung des Patienten an das Medikament. Je auffälliger das Placebo und je suggestiver die Verordnung, desto besser wird es wirken, glaubt der Patient. Daher auch die mittelalterliche Apotheke mit ihren kuriosen Ingredienzien: dem aus 100 verschiedenen Kräutern zubereiteten Allheilmittel Theriak, dem Moos vom Schädel eines Gehenkten, dem Nashorn-Pulver, den zerstoßenen Kröten und Geierschnäbeln.

Günther Clauser hat in einem Versuch gefunden, daß Schlaflosigkeit in 49 Prozent der Fälle durch neutral aussehende Tabletten, 69 Prozent durch einen bitteren roten Schlaftrunk und 81 Prozent durch farbenprächtige Gelatinekapseln behoben werden kann. Alle diese angeblichen Medikamente waren Placebos (Clauser 1967).

c. Doppelter Blindversuch

Da die große Erfolgsquote, die sich in vielen Fällen durch Placebos erzielen läßt, ein sicheres Urteil über die Wirksamkeit von Medikamenten erschwert, hat man zunächst manchen Patienten das Pharmakon, anderen ein Placebo gegeben, ohne ihnen mitzuteilen, was jeweils verordnet war (einfacher Blindversuch). Doch auch hier sind noch Verfälschungen der Resultate durch den suggestiven Einfluß der Persönlichkeit des Arztes denkbar (und auch nachgewiesen worden). So werden heute vor allem psychoaktive* Medikamente durchweg im doppelten Blindversuch geprüft, wobei weder die Ärzte und ihr Hilfspersonal noch die Patienten wissen, wer das Pharmakon und wer das Placebo erhält. Erst nach Abschluß der Versuche wertet man die Resultate nach einem Schlüssel aus, den ein Forscher entwarf, der mit der Durchführung nichts zu tun hatte.

2. *Biochemie psychoaktiver Drogen*

Man kann zwar allgemein feststellen, daß die bewußtseinsverändernde, euphorisierende oder halluzinogene Wirkung der Rauschdrogen auf chemischen Veränderungen im menschlichen Gehirn beruht. Wie diese Veränderungen aber aussehen, darüber weiß man noch sehr wenig.

Sieht man von dem früher in Österreich (vor allem in Tirol) und im Süden der Vereinigten Staaten konsumierten → Arsenik ab, so handelt es sich bei allen Rauschdrogen um organische (d. h. Kohlenstoff-)Verbindungen.

Ihre Strukturformeln weisen zwar gelegentlich Verwandtschaften auf (etwa den Indolring in vielen Halluzinogenen → LSD, → Meskalin, → Psilocybin); doch lassen sich daraus keine verbindlichen Schlüsse ableiten, da ganz anders aufgebaute Stoffe ähnliche Effekte entfalten können. Chemisch gesehen, findet man unter den Rauschdrogen so

* Psychoaktiv nennt man alle Substanzen, die das Seelenleben beeinflussen, in besonders hohem Maße zählen die Rauschdrogen dazu.

verschiedene Substanzen wie Alkohole, Säuren, Basen, Ester, Chlor-, Stickstoff- und Phosphorverbindungen. Man muß annehmen, daß der Gehirnstoffwechsel zahlreiche chemische, physikalisch-chemische und fermentative Angriffsmöglichkeiten bietet.
Dazu kommt, daß – wie bei allen Fremdstoffen – auch bei den Rauschdrogen ungeheure Unterschiede in der individuellen Ansprechbarkeit bestehen. Wir wissen, daß es unter den Menschen verschiedene Charaktere gibt. Daß jeder von uns aber auch eine durchaus individuelle biochemische Persönlichkeit ist, hat man erst in jüngster Zeit erkannt. Ein einfaches Beispiel bietet die Alkoholwirkung. Manche Menschen sind schon nach zwei Gläsern Wein stark angeheitert, während andere eine ganze Flasche leeren können, ohne daß man ihnen die Wirkung anmerkt. Diese Unterschiede in der Ansprechbarkeit können von vielen Faktoren bedingt werden: durch ererbte (genetische) Variationen der Enzym- und Fermentaktivität, durch erworbene Toleranz gegenüber den Alkoholwirkungen, durch unterschiedliche Resorption (Trinken auf nüchternen Magen).
Bei anderen Rauschdrogen sind die Unterschiede noch viel stärker ausgeprägt. Hohe Meskalin-Dosen können ein ganz anderes Wirkungsbild zeigen als geringe, wenn die gesteigerte Wahrnehmungstätigkeit und die Bereitschaft zu Halluzinationen nicht mehr vom Ich kontrolliert werden. Manche Menschen reagieren auf Morphin mit Euphorie; andere werden durch dieselbe Dosis unruhig und nervös. Hier können natürlich auch Placebo-Effekte wirksamer Stoffe eine Rolle spielen – emotionale Erwartungshaltungen, die sich selbst erfüllen. Wer glaubt, daß ihn die Morphininjektion euphorisch macht, wird auch eher euphorisch reagieren als der, der sich vor dem gefährlichen Mittel fürchtet.
Solche autosuggestiven Faktoren können in ihrer Bedeutung gerade bei den Rauschdrogen kaum unterschätzt werden. In vielen älteren Lehrbüchern findet sich etwa die Behauptung, daß Haschisch (Marihuana) aggressiv mache und von Gangstern und Gewaltverbrechern geraucht werde. Heute behaupten viele Haschischfreunde, daß die Cannabis-Droge friedlich mache. Man kann daraus schließen, daß durch die Beeinträchtigung der Realitätsorientierung, welche ja durch alle Rauschdrogen erfolgt, die Autosuggestibilität enorm gesteigert wird. Der Konsument findet in der Droge, was er in ihr sucht. Man muß sich hüten, solche Wirkungen dann der Droge zuzuschreiben.

a. Rezeptoren

Die pharmakologische Rezeptortheorie geht davon aus, daß eine Substanz nur dann auf den Körper wirken kann, wenn sie einen biochemischen Reaktionspartner findet. Dieser Partner, der Rezeptor, muß ganz spezifische Eigenschaften haben, damit sich eine bestimmte Substanz oder Substanzgruppe an ihn binden kann. Dadurch werden dann die biochemischen Reaktionen am Empfangsort verändert. Man kann Rezeptoren, die ja wie das Schloß zum Schlüssel des Pharmakons passen müssen, durch die Eigenschaften der Substanzen charakterisieren, die mit ihnen reagieren. Oft sind solche Rezeptoren Enzyme, Substanzen, welche chemische Reaktionen im Körper katalysieren, das heißt beschleunigen oder überhaupt erst ermöglichen. Wenn nun ein Medikament oder eine Rauschdroge ein solches Enzym als Rezeptor benutzt, dann wird möglicherweise dessen katalysierende Tätigkeit blockiert und dadurch sekundär eine übermäßig große Menge eines aktiven, im Körper selbst produzierten Stoffes freigesetzt, der nicht mehr von dem Enzym abgebaut werden kann. Wir sehen hier, wie kompliziert vielfach die Vorgänge sind, welche sich nach der Zufuhr einer Rauschdroge im Körper abspielen können.

b. Agonisten und Antagonisten

Agonisten (Täter) sind Stoffe, die sich mit dem Rezeptor verbinden und damit die zellulären Verhältnisse ändern. Antagonisten (Widersacher, Gegentäter) verbinden sich mit denselben Rezeptoren, entfalten aber keine Eigeneffekte und ändern das Zellmilieu nicht. Sie können trotzdem einschneidende pharmakologische Wirkungen haben, da sie den Rezeptor blockieren, so daß der Agonist ausgesperrt bleibt und nicht mehr angreifen kann.

Ein Beispiel: Atropin, das wichtigste Alkaloid der Tollkirsche, ist ein Antagonist des Azetylcholin, das motorische und vor allem parasympathische (cholinerge) Nervenimpulse weiterleitet. Atropin konkurriert mit dem Azetylcholin an dessen Rezeptor, zu dem es eine hohe Affinität besitzt (also gut zu ihm paßt), ohne jedoch selbst eine eigene Wirkung zu entfalten. Das Azetylcholin findet gewissermaßen eine verschlossene Tür; die entsprechenden Impulse im vegetativen Nervensystem können nicht mehr übertragen werden. Bestimmte automatisch ablaufende Prozesse des Organismus werden mehr oder weniger gelähmt, andere beschleunigt, da das sympathische (adrenerge) Nervensystem, der Gegenspieler des parasympathischen, jetzt die Oberhand gewinnt.

Durch diesen komplizierten Mechanismus lassen sich manche Effekte der Hexensalben erklären, in denen Bilsenkraut und Stechapfel eine wichtige Rolle spielten. Atropin erweitert die Pupille und führt durch Lähmung der Muskeln, die das Auge akkommodieren, zu Doppeltsehen und verschwommener Wahrnehmung. Die Sekretion der Speicheldrüsen wird gehemmt, das Herz schlägt rascher (weil der dämpfende Einfluß des Parasympathikus fortfällt). Bei schweren Vergiftungen kommt es dann zu Verwirrtheitszuständen und Sinnestäuschungen (→ Nachtschatten-Drogen). Diese ganzen Symptome sind, biochemisch gesehen, kein Zeichen der Eigenwirkung *(intrinsic activity)* des Atropins, sondern resultieren daraus, daß es als Antagonist mit einem körpereigenen Überträger von Nervenerregungen konkurriert.

Im Verhältnis Azetylcholin-Atropin haben wir einen psychopharmakologisch bedeutsamen, kompetitiven oder spezifischen Antagonismus vor uns. Es gibt aber auch noch unspezifische, nichtkompetitive Antagonismen. In solchen Fällen hemmt der Antagonist eine bestimmte Organfunktion so stark, daß kein Agonist mehr wirken kann, obschon die verschiedenen möglichen Agonisten auch verschiedene Rezeptoren haben. So ist es etwa mit hohen Dosen eines Barbiturats (Betäubungs- oder Schlafmittel auf Barbitursäure-Basis) möglich, das Zentralnervensystem so global und unspezifisch zu hemmen, daß kein erregendes Mittel mehr wirksam werden kann – seien es nun Weckamine, Strychnin, Coffein oder Lobelin. Es ist nicht möglich, der Barbituratwirkung auf das Gehirn (und damit der Bewußtlosigkeit nach einer Schlafmittelvergiftung) mit einem der bisher entwickelten Pharmaka zu begegnen.

3. Struktur-Wirkungs-Beziehungen

Ein weiteres Prinzip der molekularen Erklärung von psychopharmakologischen Wirkungen befaßt sich mit der Beziehung zwischen der chemischen Struktur eines Stoffes und seinem Effekt. Es gibt zwei verschiedene Schreibweisen, um die chemische Beschaffenheit einer Substanz auszudrücken: die Brutto- oder Summenformel sowie die Strukturformel.

Die Strukturformel ist wichtiger als die Summenformel, da sie jedem einigermaßen geübten Betrachter einen raschen Überblick über die Natur eines Stoffes vermittelt. Außerdem gibt es vielfach Substanzen, die sich zwar in der Summenformel gleichen, aber pharmakologisch ganz verschieden wirken, weil sich ihre Strukturformeln unterscheiden. Auch für den Laien kann die Betrachtung von Strukturformeln sehr aufschlußreich sein. Wir wollen hier ihre Bedeutung an der Chemie einer neuen, heute die Diskussion um Rauschdrogen beherrschenden Gruppe von Substanzen aufzeigen. Es handelt sich um die Halluzinogene – Substanzen, die unsere Wahrnehmungen eingreifend verändern und zu Trugbildern (Halluzinationen) führen können. Die meisten (aber nicht alle!) Halluzinogene enthalten einen Indolring:

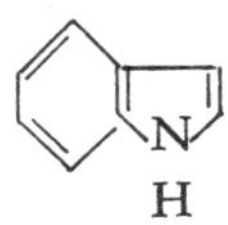

Indolring

Nun sind beileibe nicht alle Indole – Stoffe, welche diesen Indolring enthalten – auch Rauschdrogen. Einer von ihnen, die Aminosäure Tryptophan, gehört zu den unentbehrlichen Bestandteilen unserer Nahrung. Von Tryptophan kann man Serotonin ableiten, das wie Azetylcholin ein wichtiger Neurotransmitter, also ein Überträger von Nervenimpulsen an den Synapsen, den Treffpunkten zweier Nervenenden, ist.

Es ist nun aber sehr interessant, daß viele Halluzinogene Strukturen haben, die der von Serotonin ähnlich sind. Wenn man noch bedenkt, daß Schwankungen in der Serotonin-Konzentration in bestimmten Gehirngebieten offensichtlich mit dem Traumerleben zu tun haben (William C. Dement) und möglicherweise auch bei halluzinierenden Geisteskranken Serotonin-Stoffwechselstörungen auftreten, gelangt man zu höchst faszinierenden Gesichtspunkten (→ LSD):

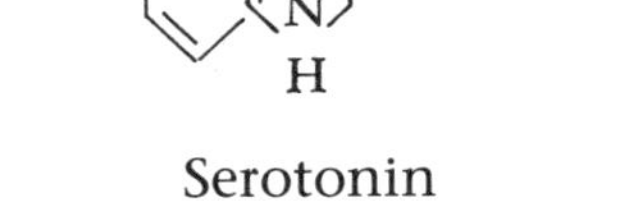

Serotonin

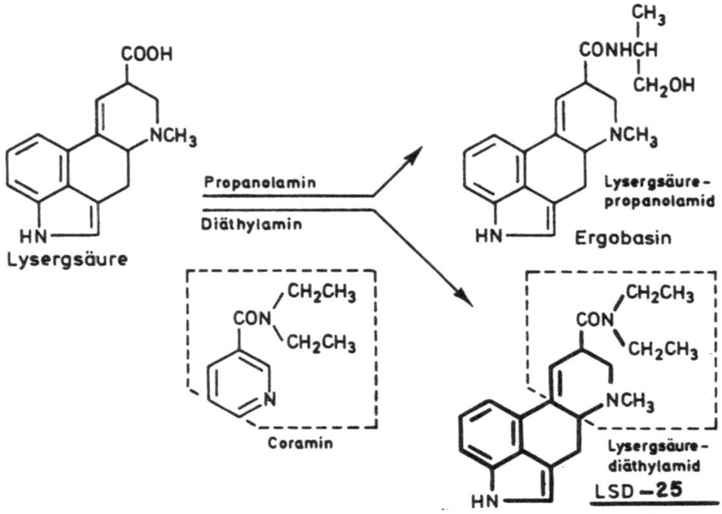

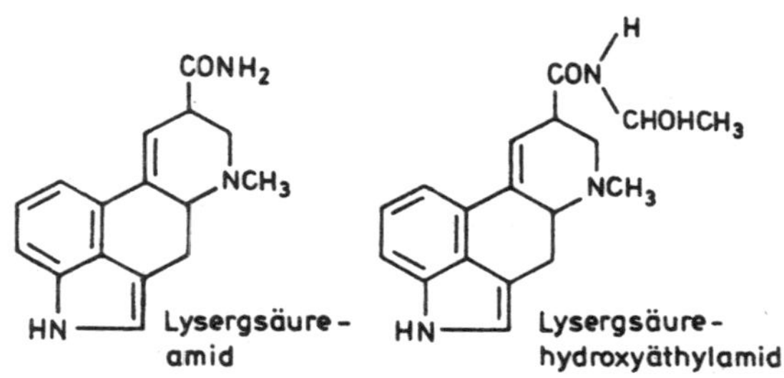

Ololiuqui - Wirkstoffe

Die Strukturformel von LSD-25 und der Wirkstoff des Ololiuqui sind eng miteinander verwandt, mit Lysergsäure als Grundstoff (nach A. Hofmann, 1979, S. 231).

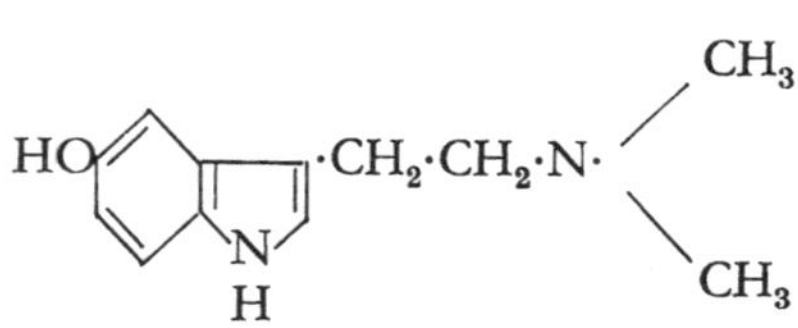

Bufotenin

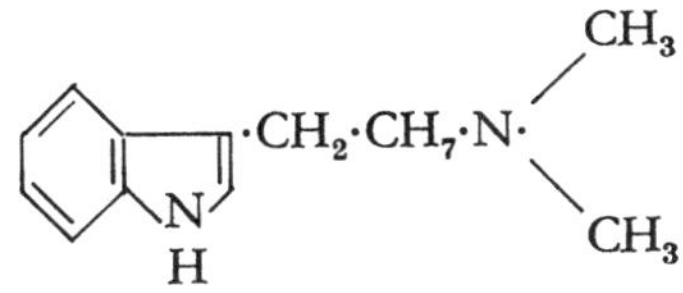

DMT

Wir sehen, daß man nur eine andere Seitenkette an Serotonin anhängen muß, um das Halluzinogen Bufotenin zu erhalten; nimmt man dem Bufotenin eine HO-Gruppe am Indolring weg, dann erhält man das Halluzinogen Dimethyltryptamin (DMT), das in manchen Schnupfpulvern amerikanischer Indianer nachgewiesen wurde. Man hat nun vermutet, daß die Halluzinogene, ähnlich wie Atropin (aber mit Eigenaktivität), mit dem Serotonin an den Synapsen der Gehirn-Nervenzellen konkurrieren. Falls das Halluzinogen genügend Synapsen besetzen könnte, müßten dann bestimmte Denkstörungen resultieren.

Doch so einfach liegen die Dinge sicher nicht. Es gibt nämlich viele Indol-ähnliche Stoffe mit sehr starker Anti-Serotonin-Aktivität, die keineswegs Halluzinationen auslösen können, während es andererseits auch Halluzinogene gibt, die nicht mit Serotonin wetteifern beziehungsweise es hemmen.

Auch die aktiven Bestandteile des schon von den Azteken sakramental genossenen Pilzes *Psilocybe mexicana* (→ Psilocybin und Psilocin) erinnern in ihrer Struktur an Serotonin. Sie enthalten den Indolring und haben auch ähnliche Seitenketten. Vor allem Psilocin ist mit Bufotenin eng verwandt.

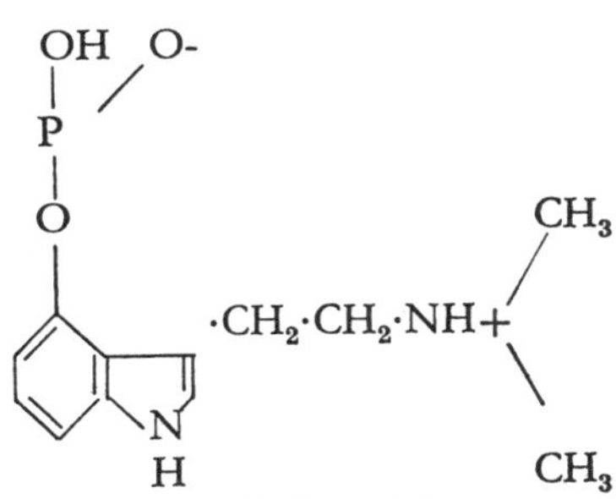

Psilocybin

Das d-Lysergsäure-Diäthylamid-tartrat, welches unter dem Kurznamen LSD bekanntgeworden ist, enthält ebenfalls den Indolring,

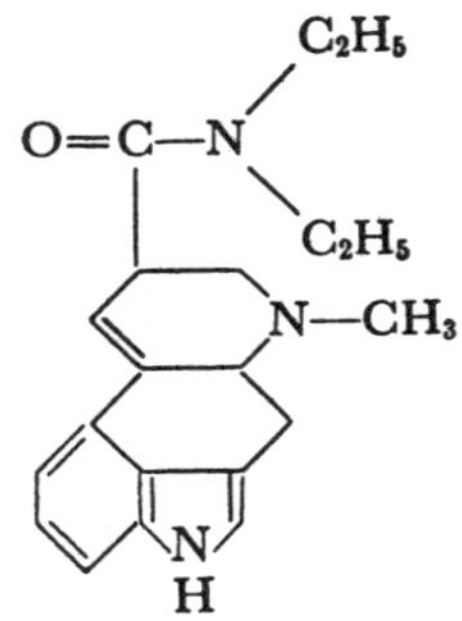

LSD-25

wenn auch etwas versteckt. Es hat auch dieselbe Seitenkette wie Psilocin, DMT und Bufotenin:
Das Molekül des LSD eignet sich besonders gut, um Struktur-Wirkungs-Zusammenhänge zu betrachten. Baut man das Molekül spiegelbildlich mit genau denselben Atomen auf, dann verliert es seine bewußtseinsverändernden Eigenschaften völlig. LSD lenkt einen Strahl polarisierten Lichts nach links ab; die spiegelbildlich aufgebaute Substanz nach rechts. Baut man andererseits in das LSD-Molekül ein einzelnes Brom-Atom ein, so erhält man ein Mittel ohne psychische Effekte, das aber ein starker Serotonin-Antagonist ist.
Kann man nun aus der Strukturähnlichkeit so vieler wichtiger Rauschdrogen zu einem Neurotransmitter gar keine Schlüsse ziehen? Vielleicht hieße das, die Vorsicht übertreiben. Wenn die besprochenen Substanzen nämlich nicht mit Serotonin am Rezeptor konkurrieren, sondern einfach neben ihm wirken, dann ließe sich ihr Effekt genausogut erklären. Zu den typischsten Erlebnissen im LSD- oder Meskalin-Rausch gehört, daß das Bewußtsein von ungeheuer intensiven Wahrnehmungen überschwemmt wird und alle Sinne viel reichere und reichlichere Botschaften übermitteln, als das – zumindest biologisch gesehen – zweckmäßig ist. Tatsächlich wird ja der LSD- oder Meskalinberauschte biologisch weniger leistungsfähig, da ihn eine Fülle ungewohnter Erfahrungen beeindruckt und mitreißt. Man kann daraus schließen, daß uns normalerweise nur ein kleiner, aber zweckmäßiger und konstanter Ausschnitt sämtlicher Sinneseindrücke bewußt wird.
Wenn nun ein Halluzinogen das Gehirn mit Neurotransmittern (Stoffen, die Nervenimpulse übertragen) in ungewohnt hoher Menge überschwemmt, dann kann die Folge sein, daß Gefühle, Bilder

und Gedanken bewußt werden, welche sonst zugunsten einer stabilen Realitätsorientierung unterdrückt werden. Diese Theorie, als Ganzes spekulativ, erklärt doch sowohl die psychologischen Befunde wie auch die (noch recht spärlichen) biochemischen Feststellungen. Wie die Halluzinogene aber als Neurotransmitter wirken, welches Verhältnis sie zu den verschiedenen Gangliensystemen des Gehirns einnehmen und warum schließlich chemisch sehr verschiedene Stoffe ähnlich wirken können, ist bis heute unbekannt.

Für den Leser, der sich den Zustand unter Einfluß eines Halluzinogens sehr aufregend vorstellt, möchte ich noch sagen, daß Fieberträume ihm in ihrer Symptomatik weitgehend gleichen. Auch die Bilderlebnisse im Halbschlaf können dem Halluzinogenrausch recht ähnlich sein, obschon hier wohl nur der die Analogien sieht, der einmal ein Halluzinogen erprobt hat.

Wenn wir nach diesem Versuch einer theoretischen Interpretation der halluzinogenen Wirkung fortfahren, die Struktur von solchen Rauschdrogen zu untersuchen, so kommen wir zu den schwächeren Verwandten des LSD – Lysergsäureamid und Isolysergsäureamid, die beide in den Samen der *morning glory* enthalten sind – Windenarten *(Rivea corymbosa* und *Ipomea violacea),* die wild in den Tropen Amerikas wachsen, aber auch in Europa gedeihen. Die Stoffe sind erheblich schwächer als LSD. Auch das aktive Alkaloid der im Kongo für Gottesgerichte verwendeten Pflanze *Iboga Tabernanthe* (→ Ibogaïn) und das eng mit Ibogaïn verwandte Harmin (das die von Indianern rituell genommene Liane → Banisteriopsis und die Steppenraute *Peganum harmala* enthalten) zeigen den Indolring (auch → Harmalin, → Ibogaïn).

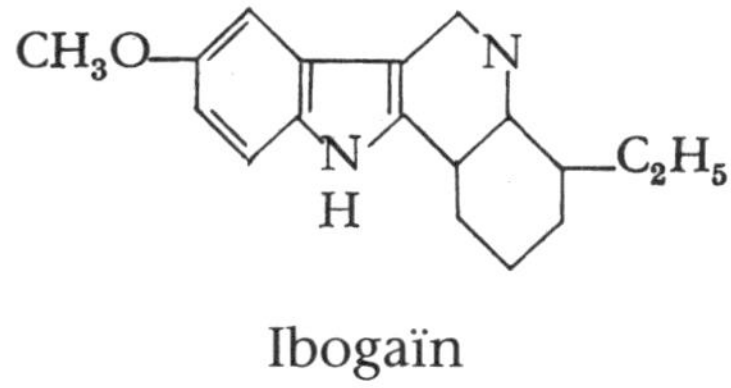

Ibogaïn

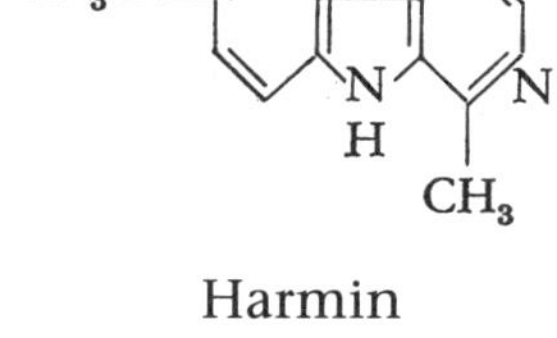

Harmin

Meskalin, das aktivste aller Alkaloide des Peyote-Kaktus, ist kein Indol, man hat es aber ein potentielles Indol genannt (wenn die Seitenkette zu einem Ring geschlossen wäre). Doch da Meskalin auch in einer Nicht-Indol-Form ausgeschieden wird, ist es unwahrscheinlich, daß es im Körper in ein Indol verwandelt wird. Interessant ist hingegen, daß Meskalin chemisch mit einem zweiten wichtigen Neurotransmitter, Adrenalin, eng verwandt ist.

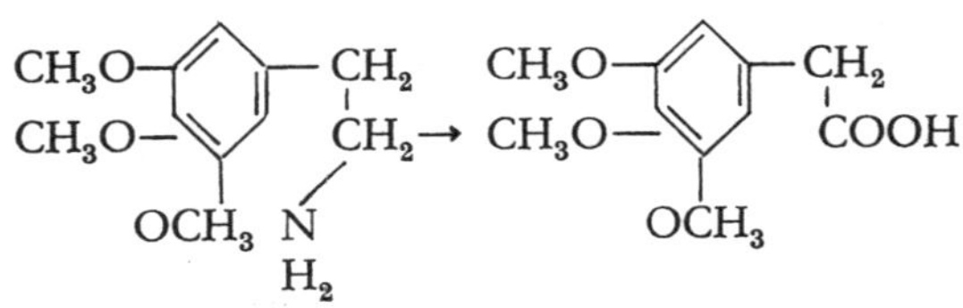

Meskalin Ausscheidungsprodukte

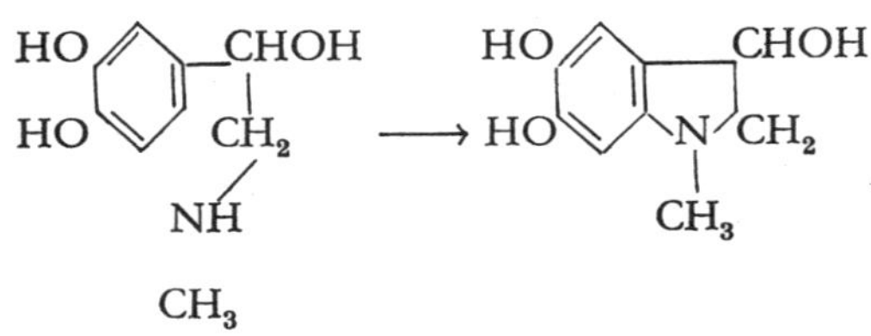

Adrenalin Adrenolutin

Wie Meskalin eine Art künstlicher Geisteskrankheit* hervorrufen kann (denn unter Halluzinationen leiden sonst vor allem Schizophrene), so hat man auch ein Derivat des Adrenalin, Adrenolutin, für bestimmte schizophrene Symptome verantwortlich gemacht. Inzwischen ist die sogenannte Adrenolutin-Hypothese der Schizophrenie wieder weitgehend verlassen worden. Man konnte die Substanz, welche – Gesunden injiziert – Halluzinationen auslöst, nicht regelmäßig bei Geisteskranken nachweisen. Eine rein somatische Genese der Schizophrenie ist zudem unwahrscheinlich (Bateson 1969, Benedetti 1970).

Wenn wir uns erinnern, daß Atropin und Skopolamin, die Grundstoffe vieler Nachtschatten-Rauschdrogen, den dritten wichtigen Neurotransmitter nach Serotonin und Adrenalin, das Azetylcholin,

---

* Zum Vergleich von Halluzinogenrausch und Geisteskrankheit → LSD, S. 224 f.

im Wetteifer miteinander hemmen, dann können wir ein Grundprinzip dieser Gruppe psychoaktiver Substanzen festhalten: Sie beeinflussen offensichtlich das biochemische Geschehen an den Synapsen, den Schaltstellen des Nervensystems.

Schließlich noch zwei Stoffgruppen, welche ebenfalls halluzinogen wirken, aber die Hypothese entkräften, alle Halluzinogene müßten (potentielle) Indole sein:

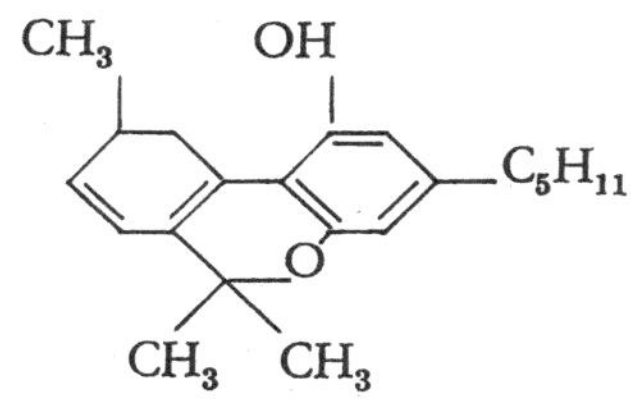

Tetrahydrocannabinol

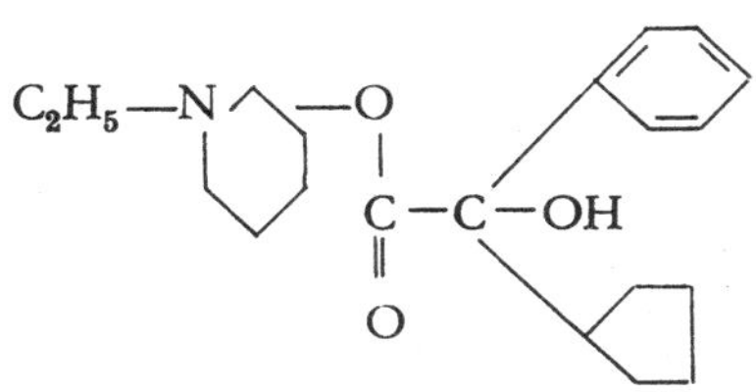

Ditran

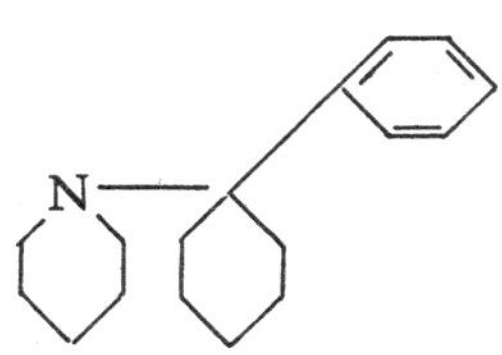

Sernyl

Tetrahydrocannabinol ist das wirksamste der Alkaloide des Hanfs (→ Cannabis), aus dem Haschisch und Marihuana gewonnen werden. Strukturell gleicht es keinem anderen Halluzinogen; dennoch wirkt es ähnlich. Offensichtlich hat unser Gehirn nur eine begrenzte Reihe von Antworten auf die neuroaktiven Substanzen bereit, mit denen es die Menschen bombardieren – Neugierige, Visionäre und Süchtige.

Ditran und Sernyl hingegen sind eher dem Atropin verwandt; sie wirken deutlich halluzinogen. (Bei Atropin sind allerdings nach einer Dosis, die Halluzinationen erzeugen könnte, die körperlichen Begleiterscheinungen durch die peripheren Effekte auf das vegetative Nervensystem so unangenehm, daß man mit ihm nicht systematisch experimentieren kann.) Sidney Cohen, der in Los Angeles viel mit Halluzinogenen experimentiert und ihre Effekte erforscht hat, glaubt, daß Sernyl und Ditran den Azetylcholinstoffwechsel im Gehirn (weniger in den übrigen Körperorganen) beeinflussen. Er erklärt ihre halluzinogenen Effekte durch eine Blockade afferenter, von den Sinnesorganen kommender Reize, wonach – ähnlich wie in den Experimenten mit völliger Isolierung *(sensory deprivation)* – Visionen ausgelöst werden können.

In den Experimenten über die Beraubung von Sinneseindrücken (Vernon 1963) werden die Probanden in dunklen Räumen mit schallschluckender Auskleidung allein gelassen. Schon nach recht kurzer Zeit produziert das Nervensystem selbst die Reize, welche ihm diese Außenwelt versagt. Halluzinationen treten auf – Gesichtstäuschungen, Trugwahrnehmungen, Stimmen, die den Betreffenden beschimpfen, Angstzustände und Depersonalisation (Verlust des Gefühls, »in sich selbst zu sein«). Ein natürliches Experiment mit *sensory deprivation* fand statt, als eine Gruppe von Bergleuten in Lengede verschüttet wurde und erst nach einigen Tagen wieder gerettet werden konnte. Die meisten Eingeschlossenen hatten Halluzinationen. Einer erzählte etwa, er hätte einen Retter getroffen, der ihm auch eine neue Batterie für seine Lampe gegeben habe. Tatsächlich konnte dieser Bergmann eine neue Batterie vorweisen, die er freilich in seiner Tasche getragen hatte.

4. Gebrauch und Mißbrauch

Viele Menschen verbinden das Wort Rauschgift spontan mit Sucht. Diese Assoziation verursacht wohl die heftigen Emotionen, welche die öffentliche Diskussion um solche Mittel begleiten. In der Regel wird sie mit der offen geäußerten oder unterschwelligen Überzeugung verbunden, Rauschgifte würden zu sexueller Enthemmung führen. Nicht nur Laien mißachten vielfach das ziemlich differenzierte Stufenschema, welches die Sachverständigen der Weltgesund-

heitsorganisation (WHO) entworfen haben. Darüber hinaus muß man ausdrücklich festhalten, daß es Unsinn ist, von Rauschgiftsucht schlechthin zu sprechen. Man muß sagen, welche Substanz konsumiert wurde, wie oft es geschah und wie die Folgen aussahen. So gibt es eine Heroin- und Morphinsucht, eine Kokain- und Amphetaminsucht; man findet aber nur sehr selten (wenn überhaupt) eine Haschischsucht. (→ WHO-Definition S. 606)
Eine weitere Frage, die es verdient, ausgiebig diskutiert zu werden, ist die, ob es eine nicht mißbräuchliche Verwendung von Rauschdrogen gibt. Wir wissen, daß der Gesetzgeber in den meisten zivilisierten Ländern überzeugt ist, es sei illegal, wenn ein Mensch danach strebe, sein Bewußtsein zu verändern. Die bestehenden Gesetze lassen nur wenige Ausnahmen zu. In Europa betreffen sie fast durchweg alkoholische Getränke. Alkohol stellt denn auch in den zivilisierten Ländern mehr als zehnmal so viele Süchtige wie sämtliche anderen Rauschdrogen zusammen (1997: rund 2,5 Millionen allein in Deutschland).
Vom rein psychopharmakologischen Standpunkt aus ist es unsinnig, Alkohol als Genußmittel, Marihuana oder LSD aber als Rauschgift einzustufen. Beide sind Rauschdrogen; nur können wir dank der intensiven Forschung über Alkohol bei ihm erheblich besser die Grenze zwischen sozial erträglichem Gebrauch und sozial unerträglichem Mißbrauch ziehen. Und außerdem können wir Alkohol als traditionelles Genußmittel unserer Gesellschaft (und dank der starken Lobby des Gärungsgewerbes) frei kaufen, während ein Student, der sich ein Kilo Haschisch von einer Orientreise mitbringt, als »gefährlicher Rauschgifthändler« hinter Schloß und Riegel kommt.
Wir haben die Wurzeln der heutigen Rauschgiftgesetzgebung in der auf rationale Organisation der Produktion bedachten Ideologie des Bürgertums bereits untersucht (→ RA I). Allgemein muß gesagt werden, daß die totale Prohibition gescheitert ist (s. hierzu auch die Übersicht im Kasten auf S. 445).
Die Tendenz der Gesetzgebung geht heute dahin, Alkohol zu tolerieren, aber durch hohe Steuern den Konsum einzuschränken. Sämtliche anderen Rauschdrogen werden aber abgelehnt und dadurch in die Illegalität gezwungen (wodurch auch ihr psychopharmakologisches Wirkungsbild verändert wird).
Wie eine vergleichende historische Betrachtung der Haltungen gegenüber einzelnen Rauschdrogen in verschiedenen Kulturen zeigt, gibt es keine von gesellschaftlichen und kulturellen Faktoren unabhängige Definition des Mißbrauchs einer Droge (→ RA I). Ganz allge-

mein kann man vielleicht sagen: Mißbrauch einer Rauschdroge liegt vor, wenn sie dem Konsumenten seelisch, körperlich oder sozial mehr schadet als nützt.

Gewohnheitsbildung

Die von der WHO definierte *drug habituation** (s. auch S. 474–483) muß streng von der pharmakologischen Gewöhnung unterschieden werden. Gewohnheitsbildung ist durch folgende vier Punkte charakterisiert:

1. ein Verlangen (aber kein Zwang), ständig ein bestimmtes Mittel einzunehmen, um das Gefühl eines gesteigerten Wohlbefindens zu genießen, welches es verschafft;
2. geringe oder fehlende Neigung, die Dosis zu steigern;
3. ein bestimmter (aber vielfach sehr schwer bestimmbarer) Grad seelischer Abhängigkeit vom Effekt des Mittels, aber Fehlen körperlicher Abhängigkeit *(physical dependence),* Fehlen eines Entzugssyndroms;
4. schädliche Folgen, wenn überhaupt, vorwiegend für den einzelnen.

Unter pharmakologischer Gewöhnung versteht man einen ganz anderen Vorgang, der aber ebenfalls im Zusammenhang mit dem Suchtproblem eine wichtige Rolle spielt. Der menschliche Organismus ist ein dynamisches, nach ständigem Ausgleich (Homöostase) strebendes System. Wird dieses Gleichgewicht längere Zeit nach einer bestimmten Seite verschoben, so setzt eine Gegenregulation ein, welche es wieder herzustellen sucht. So gewinnt durch den dauernden Konsum mancher Rauschdrogen der Organismus die Fähigkeit, immer größere Dosen anscheinend reaktionslos zu vertragen.

Beim Alkoholiker werden die Zellen widerstandsfähiger, da er nach gleichen Konzentrationen im Blut weniger schwere Vergiftungserscheinungen zeigt als der Nichtgewöhnte. Morphinisten, Heroinsüchtige und Kokainisten vertragen Dosen, die für Nichtgewöhnte unbedingt tödlich sind. Es gibt eine ganze Reihe von Faktoren, welche diese pharmakologische Gewöhnung verursachen können. Neben verminderter Resorption (Arsenfestigkeit des Magen-Darm-

---

* Dieser 1957 eingeführte Begriff wurde 1965 abgelöst durch den Ausdruck »Drogenabhängigkeit (vom Cannabis-Typ usw.)«, RA II, S. 493. Aber der ursprüngliche Ausdruck erscheint uns zur Beschreibung dieser Sachverhalte dennoch weiterhin nützlich, vor allem bei der kaum besseren Brauchbarkeit des neuen Terminus bzw. der neuen Definition der Abhängigkeit, die in der medizinisch-pharmakologischen Beschreibung stecken bleibt und die sozialen sowie psychologischen Hintergründe immer noch weitgehend außer acht läßt.

Kanals bei Arsenik-Essern) sind vor allem die für den Abbau vieler körperfremder Stoffe verantwortlichen Xenoenzyme (mikrosomale Enzyme) in der Leber für sie verantwortlich.
Diese Enzyme sind bei allen ausgewachsenen, landlebenden Tieren in den Membranen der glatten Kanäle des endoplasmatischen Reticulums der Leberzellen enthalten. Sie machen vor allem wenig wasserlösliche Moleküle der verschiedensten Art besser wasserlöslich, indem sie ihnen OH-Gruppen anhängen oder sie – wie Morphin – mit Glucuronsäure paaren. (Im Wasser lebende Tiere brauchen solche Enzyme nicht, weil an ihren stark durchbluteten Kiemen dauernd so große Wassermengen vorbeistreichen, daß auch schlecht wasserlösliche Stoffe schließlich abtransportiert werden.) Diese Xenoenzyme können durch dauernde Gabe verschiedener, potentiell suchterzeugender Stoffe vermehrt werden (tierexperimentell und elektronenmikroskopisch ist das vor allem für Barbiturate nachgewiesen). Je mehr Xenoenzyme vorhanden sind, desto schneller wird ein bestimmter Stoff abgebaut, desto rascher klingt die Wirkung ab und desto höher ist die Dosis, welche benötigt wird, um einen gleich starken Effekt zu erzielen. Daneben spielen aber wohl noch andere, zelluläre Faktoren bei der pharmakologischen Gewöhnung mit. Sie sind weitgehend ungeklärt.

Sucht

Die Weltgesundheitsorganisation hat urspünglich folgende Kriterien der Sucht* umrissen:
1. ein überwältigendes Verlangen oder echtes Bedürfnis (Zwang), das Mittel fortgesetzt zu nehmen und es auf jede Weise in die Hände zu bekommen (auch durch kriminelle Mittel: sekundäre Kriminalisierung des Süchtigen);
2. eine Tendenz, die Dosen zu steigern (pharmakologische Gewöhnung);
3. seelische und meist auch körperliche Abhängigkeit von der Wirkung des Mittels, die nach unterbrochenem Konsum zu Abstinenzsymptomen führt;
4. schädliche Folgen für den einzelnen und die Gesellschaft.
Besonders wichtig für die Definition des Süchtigen ist ein Merkmal, das eine recht klare Grenze zwischen gelegentlichem Rauschgiftkonsum und Sucht zu ziehen erlaubt. Der Süchtige nimmt seine Droge

* Toxikomanie; *addiction;* die veränderte WHO-Definition von 1965 – Details s. S. 478.

nicht, um sich besser oder anders als normal zu fühlen, sondern um einen unerträglichen Spannungszustand zu beseitigen. Die rauschgiftfreien Perioden quälen ihn. Nur eine neue Dosis kann diese Qualen dämpfen, auch wenn sie keine Euphorie mehr bringt. Der Normalzustand hat sich gewissermaßen auf der Drogenebene neu konstituiert. Wird sie verlassen, dann ist das, was der Nichtsüchtige als gewöhnlichen Zustand erlebt, für den Süchtigen eine Qual. Bereits de Quincey hat in seinen *Bekenntnissen eines englischen Opiumessers* diesen Zustand beschrieben:
»Das Opium hatte schon lange aufgehört, seine Herrschaft auf den Zauber der Freude zu bauen, und allein durch die Qualen, die jeden Versuch, ihm zu widerstehen, begleiteten, behielt es seine Gewalt.«

Entziehungssymptome
Die Abstinenzsymptome sind offensichtlich ein Resultat der pharmakologischen Gewöhnung. Der Organismus hat seine körpereigenen Regler – vor allem das vegetative Nervensystem – auf die ständige Gegenwart eines erregenden oder narkotischen Giftes eingestellt. Fällt jetzt dieses Gift plötzlich fort, so rächt sich diese Umstellung. Besonders bedrohlich sind die Folgen einer Entziehung von Morphin oder Heroin: Verwirrtheitszustände, entsetzliche Übelkeit, Herzrasen, Ohnmachten zeigen die »Rache des Vegetativums«, den schweren Reizzustand des Körpers, der sich auf das psychophysische Gleichgewicht durch das → Opiat eingestellt hatte.
Dennoch wird man die Entziehungssymptome zu den psychosomatischen Beschwerden rechnen müssen. Sie sind nicht rein körperlich bedingt, sondern seelische und körperliche Faktoren wirken zusammen, können sich ergänzen, aber auch gegenseitig abschwächen. Nur so kann man es erklären, daß Jugendliche, die wegen einer Heroinsucht in eine Klinik kommen und eine Entziehungskur durchmachen, so selten schwere Entziehungssymptome zeigen; vielfach fehlen auch die üblichen leichten Zeichen wie Schweißausbrüche, Schlaflosigkeit, Herzrasen und so weiter. Außerdem versuchen die Jugendlichen normalerweise seltener Narkotika einzuschmuggeln als ältere Süchtige. Das hängt allerdings weniger vom Lebensalter ab als vielmehr von den Jahren des Drogenkonsums; wer schon als Dreizehnjähriger harte Drogen nimmt, wird sich einige Jahre später nicht anders verhalten als ein hartgesottener 30jähriger Junkie. Christiane F. hat das in ihrem autobiographischen Bericht *Wir Kinder vom Bahnhof Zoo* (1978) erschütternd realistisch beschrieben.

Die Schwere der Abstinenzsymptome ist sehr verschieden, je nachdem, welche Form der Sucht vorlag (siehe jeweils unter den Stichworten des Ersten Teils). Allgemein kann man sagen, daß Opiate sehr schwere, Alkohol und Weckamine sowie Kokain relativ leichte Abstinenzsymptome verursachen können, bei Halluzinogenen und Hanf-Drogen fehlen sie in der Regel völlig, so daß man bei diesen Drogen eigentlich nicht von Sucht sprechen darf.

Ursachen der Sucht

Man könnte den toxikologischen Grundsatz von Paracelsus auf das Gebiet der Rauschdrogen transponieren: *Es gibt kein (Psycho-)Pharmakon, das kein Suchtmittel wäre; die Persönlichkeit des Konsumenten macht's, ob es Suchtmittel ist oder nicht.* Von den vielen Menschen, die einmal in ihrem Leben bestimmte Rauschdrogen kennenlernen, bleibt nur eine sehr geringe Zahl an diesen hängen. Selbst bei den schwersten Suchtgiften wie Heroin oder Morphium ist es nicht die Droge, welche den Betroffenen süchtig macht, sondern der Betroffene benutzt die Droge, um (unbewußte) psychische Konflikte zu mildern, Depressionen zu dämpfen, einer belastenden inneren oder äußeren Situation zu entfliehen; erst dadurch wird er süchtig. Genauere psychologische Untersuchungen von Süchtigen haben immer erwiesen, daß es sich um neurotische oder an Charakter- und Verhaltensstörungen (Psychopathien) leidende Menschen handelt. Nur sehr wenige psychisch Gesunde geraten unter den Einfluß eines Suchtgifts, etwa während der Behandlung chronischer, schmerzhafter Leiden. Das ist vor allem heute, da die Ärzte in der Regel die Suchtgefahren genau kennen, höchst selten. Nach dem amerikanischen Bürgerkrieg oder auch noch nach dem Ersten Weltkrieg, als Opiate unbedenklich zur Schmerzstillung über längere Zeit angewandt wurden, sind solche Fälle häufiger gewesen. Das gefährliche Heroin, das als Arzneimittel schon lange nicht mehr benutzt wird, ist nach seiner Herstellung (1898) sogar verwendet worden, um Morphin bei Süchtigen zu ersetzen – auf ärztliches Rezept. Sigmund Freud verschrieb, genauso unwissend-naiv, seinem besten Freund Fleischl Kokain, um ihn von seinem Morphinismus zu heilen (→ Kokain).
Die seelischen Konflikte und inneren Spannungen, welche eine Sucht veranlassen (→ RA III), treten später allerdings völlig hinter den überwältigenden Hunger nach dem Rauschgift zurück. Der Süchtige mag sich noch lange in der Illusion wiegen, »eigentlich *könnte* ich aufhören, doch ich *will* nicht«. Aber längst ist er Sklave geworden, dem es ohne fremde Hilfe und die Entziehung in einer

geschlossenen klinischen Abteilung unmöglich ist aufzuhören. Vielfach erkennt der Süchtige deutlich das Mißverhältnis zwischen dem anfänglichen Unbehagen, dem er zu entfliehen suchte, und den Qualen, die ihm seine Sucht jetzt bereitet. Aber man kann ihn durch gutes Zureden nicht mehr kurieren. Jean Cocteau, der selbst opiumsüchtig war, hat das mit einer Aufforderung an Tristan verglichen, Isolde zu erschlagen, damit er sich später besser fühle.

Das unerfreuliche Bild des Süchtigen, welches Kriminalromane und psychiatrische Lehrbücher zeichnen, die sekundäre Kriminalisierung, welche ihn als Rauschgifthändler, Einbrecher, Dieb und so weiter mit dem Gesetz in Konflikt bringt, seine moralische Verelendung – sie alle kann man nicht als notwendige Folge der psychophysischen Reaktionskette ansehen, welche die Sucht darstellt. Sie resultieren vielmehr aus dem Zusammentreffen dieser Reaktionskette mit den sozialen Normen. Der Süchtige wird, wenn man ihm die legalen Möglichkeiten abschneidet, sich mit seinem Stoff zu versorgen, wegen seiner starken Abhängigkeit versuchen, illegale Quellen zu erschließen. Oft gerät er dadurch, vor allem in den USA, in den Kontakt mit dem organisierten Verbrechen.

Körperliche Folgen
Pharmakologische Gewöhnung bewirkt vielfach eine Änderung physiologischer Abläufe, die den Organismus dauernd schädigen kann. So bleibt etwa auch nach einer überstandenen Schlafmittelsucht der Kreislauf labil. Weitere körperliche Folgen chronischen Konsums der verschiedenen Rauschgifte werden in den speziellen Artikeln erläutert. Allgemein muß noch gesagt werden, daß die körperlichen Schäden in der Regel übertrieben und vor allem höchst undifferenziert dargestellt werden. Genau erforscht sind sie nur beim Alkohol, dessen lebertoxische Effekte bei chronischem Konsum auch ohne jedes Stigma der Sucht verhängnisvoll werden können, oder beim Tabak, der wohl die beliebteste krebserzeugende Substanz unserer Zeit ist und eine lange Reihe anderer Schäden (mit)verursacht, von Durchblutungsstörungen über Arteriosklerose bis zum Herzinfarkt.
Wenn Heroinsüchtige oder Haschischraucher in schlechtem körperlichem Zustand in einer psychiatrischen Klinik aufgenommen werden, wird nur ein sehr kritikloser Betrachter diesen schlechten Zustand sogleich der jeweiligen Rauschdroge anlasten. Erst eine genaue Studie kann klären, ob nicht Infektionen durch unsterile Spritzen, Emährungsmängel, hygienische Mängel durch die allgemeine Wur-

stigkeit des Süchtigen und ähnliches für die körperlichen Schäden verantwortlich sind.

Es gibt Beispiele relativ stabiler Süchtiger (vor allem unter Ärzten und Krankenschwestern, die eine berufliche Risikogruppe sind und einen sehr hohen Prozentsatz der älteren klassischen Opiatsüchtigen stellen), die trotz dauernden Konsums hoher Dosen von Opiaten leistungsfähig und bis ins hohe Alter gesund bleiben. Solche Fälle werden naturgemäß nicht in Nervenkliniken aufgenommen, welche nur den Typus des depravierten Süchtigen kennen. Wenn ein Heroinsüchtiger in den Slums von New York eine Überlebenszeit von rund zwei Jahren hat, nach denen er entweder zwangsweise in eine psychiatrische Klinik eingeliefert wird oder stirbt – dann kann das *auch* an den Lebensbedingungen im Slum liegen. (Zu den seelischen Folgen der Sucht → RA III.)

Gefahr des Umsteigens

Viele Konsumenten von harten, körperliche Abhängigkeit erzeugenden Drogen wie Morphin oder Heroin haben vorher öfter weiche Drogen *(soft drugs)* wie Marihuana versucht. Der Schluß, daß Marihuana das Umsteigen auf die gefährlicheren Suchtgifte induziert, ist aber bisher nicht wissenschaftlich bewiesen (→ Cannabis). Dazu genügt es nämlich nicht, im nachhinein – um das geläufigste Beispiel zu zitieren – Heroinsüchtige zu befragen, ob sie früher auch Marihuana genommen haben, sondern man muß vorwegnehmend an einer möglichst auslesefreien Stichprobe feststellen, wie viele Marihuanaraucher später zu Heroin greifen und ob es nicht andere Merkmale gibt, welche die »Umsteiger« von dem Rest der Gruppe unterscheiden. So ist es möglich, daß ein Jugendlicher seine Konflikte zuerst durch Marihuana lösen möchte und – mit dessen Effekt unzufrieden – später auf Heroin übergeht. Begleitende Faktoren können weiter eine Rolle spielen. Wer einmal die gefährliche Gewohnheit erworben hat, Probleme durch Drogen zuzudecken, wird eher dazu neigen, verschiedene Mittel auszuprobieren, als der total Drogenabstinente.

Da man damit rechnen muß, daß es viele potentiell Süchtige – also Menschen mit psychischen Konflikten, die ihre innere Spannung leidvoll erhöhen – gibt, wird vielfach nur der Mangel an Gelegenheit ein Schutz vor der Sucht sein. Unkenntnis der realen Gefahren, Verführung durch eine ausgesprochen drogenfreundliche Subkultur, Werbung illegaler Händler (»Was, du Schwächling willst Hasch? Ich habe hier was viel Stärkeres, Besseres!«), die an (süchtigen) Stamm-

kunden mehr verdienen als an neugierigen Laufkunden* – diese und viele andere Faktoren wirken zusammen und machen das Problem des »Umsteigens« so schwer lösbar.
Man darf es beim gegenwärtigen Stand des Wissens weder als kriminalpolitische Zwecklüge vom Tisch wischen noch die bisherigen Beweise überschätzen. Vielleicht haben gerade oft völlig unkritische Berichte in den Massenmedien die Unterschiede zwischen den einzelnen Rauschdrogen verwischt, so daß unkritische Jugendliche das »Umsteigen« nicht mehr als solches erkannten – bis der Zug dann schon ab gefahren war.

Diagnose und Therapie
Typische Suchtgifte (Opiate, Kokain, Weckamine) lassen sich im Urin oder Blut gut nachweisen; Halluzinogene (Cannabis-Drogen, LSD) kaum oder gar nicht. Morphin- und Heroinsüchtige erkennt man unschwer an den zahllosen, oft infizierten Einstichen der Injektionsnadel und den bald nach einer Aufnahme in die Klinik mit fehlender Zufuhr der Opiate auftretenden Entzugssymptomen.
Während der Entziehungskur, die eigentlich nur in einer geschlossenen Abteilung eines psychiatrischen Krankenhauses sinnvoll durchgeführt werden kann (Freizügigkeit schadet in der ersten Phase nur dem Kranken), wird das Abstinenzsyndrom durch beruhigende Psychopharmaka (vor allem durch Diazepam – Handelsname »Valium«) und medizinische Überwachung kontrolliert. Nur im äußersten Notfall, wenn die Entziehungssymptome lebensbedrohlich werden, pflegt man dem Kranken wieder etwas von dem Suchtgift zu injizieren.
In den Vereinigen Staaten, wo die Heroinsucht vor besondere Probleme stellt (in Europa wird es langsam eines, obgleich die Morphinsüchtigen überwiegen dürften), ersetzt man das Rauschgift vielfach zuerst durch Methadon (→ Polamidon), das dann langsam entzogen wird.** Nach höchstens zwei Wochen sind in der Regel die schwersten Abstinenzsymptome abgeklungen. Der Süchtige kann wieder auf sein Gift verzichten. Ob er es tatsächlich tut, hängt von

* William Burroughs: »Der Opiathändler verkauft nicht seine Ware an einen Konsumenten, sondern einen Konsumenten an seine Ware.«
** Seit Ende der achtziger Jahre hat man, nach langen Querelen, auch in Deutschland mit Polamidon-Gaben begonnen. Für 1997 schätzt man, daß offiziell rund 20.000 User diese Ersatzdroge erhalten (während rund 30.000 auf das leichter erhältliche → Kodein ausgewichen sind).

der Behandlung des Grundleidens ab – also jener psychischen oder sozialen Belastungen, welche ihn den Ausweg in die Sucht suchen lassen. Wenn der Süchtige nach der Entziehungskur einfach wieder entlassen wird, muß man in der Regel nicht lange auf einen Rückfall warten.

Als therapeutisch besonders nützlich hat sich neben der (sehr teuren) individuellen Psychotherapie die Gruppenpsychotherapie erwiesen. Gruppenpsychotherapeutische Methoden speziell für Süchtige haben die Anonymen Alkoholiker und die Synanon-Gruppen (→ RA IV) in den USA entwickelt.

W. S.

Fragwürdige Tierversuche

Wenn eine pharmazeutische Firma ein neues Präparat auf den Markt bringt, so muß sie zuvor die Unschädlichkeit ihres Produkts für den Menschen nachweisen. Das Arzneimittel-Gesetz verlangt dies. Ehe Medikamente erstmals an Menschen erprobt werden, testet man sie an Versuchstieren. Allein in der Bundesrepublik werden hierzu pro Jahr weit über zehn Millionen Hamster, Ratten, Affen, Schweine und andere Tiere buchstäblich »verbraucht«.

In zunehmendem Maße mehren sich jedoch kritische Stimmen (Kiehnle 1974; von Nussbaum 1977; Pratt 1976; Ryder 1975), die auf die Fragwürdigkeit solcher Tierexperimente hinweisen. Es wird auf die »biologische Schranke« hingewiesen: »Die Annahme der prinzipiellen Gleichheit des Anorganischen und Organischen bzw. der Gleichheit von Mensch und Tier ist ein Dogma. Es fehlt bis heute eine rationale Theorie dieser Beziehung, ihrer Gültigkeit und ihrer Grenzen. Der Tierversuch kann nicht mehr leisten als einen Ansatz zur Bildung von Hypothesen. Diese Hypothesen sind nicht-rationale Vorhersagen. Der Tierversuch erlaubt grundsätzlich keine Wahrscheinlichkeitsaussagen in bezug auf den Menschen« (Hensel 1977).

Bei den wichtigsten Krankheiten (Kreislaufbeschwerden, Herzinfarkt, Diabetes, Leberschäden, Rheuma, Krebs, sämtliche psychischen Leiden) hat sich ohne Ausnahme die Situation trotz Unmengen neuer (durch Tierversuche gefundener und mit Tierversuchen überprüfter) Medikamente fortlaufend verschlechtert – weil der zugrundeliegende Denkansatz nicht stimmt. Wer mit Tieren den Störungen der menschlichen Gesundheit auf die Spur kommen möchte, läßt außer acht, daß Krankheiten neben den sichtbaren körperlichen Symptomen und Ursachen stets auch ihre seelischen und sozialen Symptome und Ursachen haben – wenn man sie sehen will:

»Jeder Laborversuch (Tierversuch), jeder naturwissenschaftliche Parameter, den man anlegt, ist ein Ausblendungsvorgang. Das experimentelle Resultat ist auch Ergebnis einer Manipulation der primären Naturgegebenheiten«, schreibt der theoretische Physiker und Wissenschaftstheoretiker Prof. A. M. Klaus Müller (zit. n.: Stiller 1978, S. 3). Einige Beispiele sollen verdeutlichen, wie grundsätzlich verschieden bestimmte Substanzen auf Mensch und Tier wirken.

- Penicillin ist für Meerschweinchen tödlich, aber Strychnin, für den Menschen tödlich, schadet ihnen ebensowenig wie den Affen.
- Blausäure hat geringe oder keine Wirkung auf Kröten und Pferde, tötet aber Menschen sofort.
- Zitronensäure ist ein Krämpfe erzeugendes Gift für Katzen und Kaninchen, für den Menschen aber harmlos.
- Nach einer Spritze Novalgin, die einem Menschen die Schmerzen nimmt und ihn beruhigt, schäumen Katzen erregt mit Speichel und können so fälschlich den Verdacht auf Tollwut erwecken.

Gerade Rauschdrogen und ihnen verwandte Nervengifte wirken auf Tiere häufig geradezu paradox, während sie, in entsprechender, vergleichbarer Dosierung, dem Menschen zu eher angenehmen Erscheinungen verhelfen:

- Die maximal verträgliche Dosis Skopolamin (→ Nachtschatten-Drogen) beträgt für den Menschen ein Milligramm – für Hunde und Katzen jedoch die 100- bis 300fache Menge.
- Ähnlich wirkt Atropin (→ Nachtschatten-Drogen) auf Pferde und Affen nur schwach, auf Kaninchen, Meerschweinchen und Ratten fast gar nicht.
- Den Schierling (→ Nachtschatten-Drogen) vertragen Mäuse, Ziegen, Schafe und Pferde ohne Mühe – Menschen können daran zugrunde gehen, wie das Beispiel des mit einem Schierlings-Becher hingerichteten Sokrates zeigt.

- Morphium (→ Opiate) ist für eine Katze schon in geringer Dosierungen lebensgefährlich, den Menschen erlöst es von Schmerzen oder verschafft ihm eine angenehme Euphorie.
- Opium bewirkt bei Fröschen Starrkrampf, beim Menschen genau gegenteilig Entspannung.
- Methylalkohol (→ Alkohol), der Menschen erblinden läßt, ist für viele Tierarten harmlos.
- Der → Fliegenpilz ruft bei Menschen Vergiftungserscheinungen hervor, mit Übelkeit und Erbrechen (Todesgefahr scheint nach neuen Forschungen nicht vorzuliegen), während Kaninchen, die sprichwörtlichen Versuchstiere, den Pilz ohne sichtbare Folgen fressen.
- Ein Stachelschwein kann auf einmal so viel Opium schlucken, ohne daß ihm etwas passiert, wie ein Süchtiger in zwei Wochen zu rauchen vermag und – essend – nicht überleben würde.
- Schafe können ungeheure Mengen → Arsen vertragen, das einmal das meistgebrauchte Mittel zur Vergiftung unliebsamer Zeitgenossen war.

Die Beispiele (zit. n.: Stiller 1978, S. 5, und »Ärzte gegen Tierversuche 1979«) ließen sich beliebig fortsetzen. So hilft Milch dem Menschen bei Vergiftungen, ist fast eine Art Allheilmittel, während es bei vergifteten Katzen die Folgen noch verstärkt. Aspirin ist für uns ein Heilmittel, für Katzen hochgiftig. Katzen vertragen problemlos enorme Mengen LSD (25 Mikrogramm pro Kilogramm Körpergewicht), werden dabei aber freundlich gegenüber Mäusen. Spinnen bauen unter LSD-Einfluß perfektere Netze (Menschen reagieren meist verwirrt), während Meskalin den Netzbau beeinträchtigt. Ein Elefant starb an einer Dosis LSD, die – gemessen an seinem Körpergewicht – nicht besonders hoch war (300 Milligramm) – der kanadische Psychiater Stanley P. Barron berichtet hingegen von einem Dealer, der 40 Milligramm, d. h. 40.000 Mikrogramm (also etwa 400 richtige Trips zu je 100 Mikrogramm) schluckte, weil er sich vor einer Polizeikontrolle fürchtete, und der lediglich eine heftige toxische Psychose mit Verwirrtheit und Halluzinationen erlitt, die nach drei Tagen ohne weitere Nachwirkungen abklang. Albert Hofmann weist darauf hin, daß der Mensch auf LSD und Psilocybin »viel empfindlicher reagiert als das Tier« (1979, S. 130).

Nachdem Tierversuche eine so große Rolle spielen, wenn über

Rauschdrogen und ihre Folgen diskutiert wird, sollte man mit der nötigen Skepsis reagieren, wenn man beispielsweise liest, daß

- man schwangere Frauen davor warnen sollte, Cannabis zu sich zu nehmen, weil sich bei Versuchen mit trächtigen Mäusen, Ratten, Hasen und Hamstern herausstellte, daß bei ihren Nachkommen Mißbildungen auftraten, nachdem man ihnen (hohe) Dosen Haschischtinktur injizierte (Persaud und Ellington 1968; Geber und Schramm 1969);
- Morphium, schwangeren Schafen injiziert, den Sauerstofftransport zum Fötus verringert und deshalb Menschenfrauen leichtgewichtigere und kleinere Kinder zur Welt bringen (Tremmel 1975).

In beiden Fällen kann das natürlich der Fall sein. Aber Schafe, Hasen, Ratten und Menschen sind nicht nur in Details, sondern vielmehr noch als physiologisches und psychosomatisches (und zusätzlich noch: soziales) System so verschieden, so durch Welten voneinander getrennt, daß derartige Experimente absurd erscheinen müssen.

J.v.Sch.

Literatur:

»Ärzte gegen Tierversuche« (Hrsg.), *Das Alibi-Gesetz,* München 1979

Antelman, S. zit. n.: Justin Westhoff, »Das Gehirn erinnert sich an Drogen«, in: *Südd. Zeitung* vom 8. Aug. 1988

Bateson, G., u. a., *Schizophrenie und Familie,* Frankfurt a.M. 1969

Benedetti, G., »Schizophrenie«, in: *Dynamische Psychatrie* 3, 1970, S. 38

Bradley, P. B. (Hrsg.), *Neuro-Psychopharmacology,* Amsterdam-London-New York 1963 ff.

Brodie, B. P. (Hrsg.), *Drugs and Enzymes,* Oxford 1964

Büttner, G., und H. Hensel, *Biologische Medizin,* Heidelberg 1977

Cerletti, A., »Über Vorkommen und Bedeutung der Indolstruktur in der Medizin und Biologie«, in: *Fortschritte der Arzneimittelforschung* 2, 1960, S. 227

Clauser, G., *Psychotherapie-Fibel,* Stuttgart 1967

Cohen, S., *The Beyond Within,* New York 1968

Eddy, N. B., Halbach, H. Isbell, H., und M. H. Seevers, »Drug Dependence: Its Significance and Characteristics«, in: *Bulletin of the World Health Organization* 32, 1965, S. 721-733

F., Christiane, *Wir Kinder vom Bahnhof Zoo,* Hamburg 1978

Geber, W. F., und L. C. Schramm, »Effect of Marihuana Extract on Fetal Hamsters and Rabbits«, in: *Toxicological Applications of Pharmacology* 14, 1969, S. 276-282

Heath, R., zit. n.: Nahas, G., »Haschisch – eine harte Droge«, in: *Krieg dem Rauschgift,* Heft 2, Wiesbaden 1980

Hensel, H., »Zur Problematik des Wissenschaftsbegriffs in der Medizin«, in: Büttner, G., und H. Hensel 1977

Hesse, E., *Rausch-, Schlaf- und Genußgifte,* Stuttgart 1966

Hoch, P. H., und J. Zubin (Hrsg.), *Problems of Addiction and Habituation,* New York-London 1958

Hofmann, A., *LSD – mein Sorgenkind,* Stuttgart 1979

Holland, W. C., u. a., *Introduction to Molecular Pharmacology,* New York 1964

Kienle, G., *Arzneimittelunsicherheit und Gesellschaft,* Stuttgart-New York 1974
Kuschinsky, G., und H. Lüllmann, *Kurzes Lehrbuch der Pharmakologie,* Stuttgart 1966
Møller, K. O., *Rauschgifte und Genußmittel,* Basel 1951
Moritz, C. Ph., *Gnothi Sauton (1783 – 1793),* Nachdruck in 10 Bänden, Lindau 1980
Müller, A. M. K., *Wende der Wahrnehmung: Erwägungen zur Grundlagenkrise in Physik, Medizin, Pädagogik und Theologie,* München 1978
Nussbaum, H. von, *Die verordnete Krankheit,* Frankfurt a. M. 1977
Persaud, T. V. N., und A. C. Ellington, »Teratogenic Activity of Cannabis Raisin«, in: *The Lancet* 2, 1968, S. 406
Pratt, D., *Painfull Experiments on Animals,* New York 1976
Ruesch, H., *Nackte Herrscherin – Entkleidung der medizinischen Wissenschaft,* München 1978
Ders., *Die Fälscher der Wissenschaft,* München 1979
Ryder, R., *Villains of Science,* London 1975
Stiller, H., und M., *Tierversuch und Tierexperimentator,* München 1977
Diess., *Gutachten über Tierversuche aus ärztlicher und wissenschaftlicher Sicht,* Hannover 1978
Diess., und I. Weiss, *Tödliche Tests,* München 1979
Tremmel, R., »Wirkmechanismus der Droge«, in: *Südd. Zeitung* vom 24. 10. 1975
Vernon, J., *Inside the Black Room – Studies of Sensory Deprivation (1963),* Harmondsworth/England 1966

Zeittafel Rauschdrogen

Ein chronologisch geordneter Überblick erschließt ganz andere Zusammenhänge eines Wissensgebiets als die alphabetische Anordnung (s. die Stichwörter in Teil Eins) oder die Zusammenfassung nach Spezialthemen (s. die Rahmenartikel in Teil Zwei). Was dem aufmerksamen Leser sofort auffallen dürfte: wie vergleichsweise winzig die Zeitspanne weniger Jahrzehnte ist, die uns am Übergang in ein neues Jahrtausend mit wirklich gigantischen Drogengefahren bewegt – vergleicht man sie mit den Jahrzehntausenden der vorangegangenen Epoche eines primär sakralen Gebrauchs dieser Substanzen. Man kommt besonders beim Studieren der Details rasch zu so tiefgreifenden Fragen wie diesen:

- Ob und in welchem Ausmaß sind Rauschdrogen an der Wurzel *aller* Religionen zu suchen?
- Waren sie dabei nur so etwas wie *Türöffner* in vorher unbekannte Bereiche und halfen somit, Bewußtsein nicht nur zu verändern (was ja jede Rauschdroge in der Tat mehr oder minder tut), sondern selbiges Bewußtsein auch nachhaltig zu bereichern und zu erweitern? (Mehr hierzu im Stichwort → Sakrale Drogen.)
- Oder erfuhren die Menschen der Frühzeit jenes *Ganz Andere* unmittelbar und verloren es durch die Entwicklung zum modernen Menschen, speziell durch die Seßhaftwerdung? Waren bzw. sind die Drogenräusche Versuche, mit vielleicht untauglichen Mitteln, dieses »verlorengegangene Paradies« künstlich zurückzugewinnen?
- Stellen schließlich diese drogeninduzierten, alljährlich bei großen Festen erneuerten, individuellen wie kollektiven Erfahrungen, die der Schamanismus überall auf der Welt kannte, vielleicht sogar notwendige, unverzichtbare Geschehnisse dar, die a. nur schwer (wenn überhaupt) durch die vergleichsweise nüchternen Rituale moderner Religionen (zu denen auch das Christentum und der Islam gezählt werden) und b. schon gar nicht durch die atheistischen *Kulte* des Wissenschaftsbetriebs ersetzt werden können?

Der letzte Eintrag der Zeittafel, pessimistisch in die Zukunft des Jahres 2100 zielend, greift dieselben Fragen unausgesprochen unter völlig anderen Aspekten wieder auf:

- Ist uns mit den sakral genützten, vergleichsweise schwachen Agrar-Drogen (Coca, Cannabis, Opium) der früheren Jahrtausende ein ganz wesentlicher Zugang zu unserer Existenz verlorengegangen, was Millionen und Abermillionen dem Elend der hochpotenten Industrie-Drogen (Kokain, Heroin) nachgerade in die Fänge getrieben hat und noch immer treibt?

Fragt sich schließlich, ob es nicht doch inzwischen andere Wege gibt (wie sie vielleicht nicht zufällig Sigmund Freud nach eigenen Drogenerfahrungen mit Kokain durch die Psychoanalyse zugänglich gemacht hat), ein *Homo futurus* zu werden: also ein Menschen der Zukunft – und vor allem *mit* Zukunft.

1981 hat eine Ausstellung im Rautenstrauch-Joest-Museum zu Köln, die Gisela Völger und Karin von Welck ausgerichtet haben, die Aspekte des Themas »Rausch und Realität« vorbildlich nach allen Richtungen hin ausgeleuchtet. Wer sich damals dort umsah, bekam ganz andere Einblicke als jemand, der nur die aufgeregten Schlagzeilen und Sensations-Clips der Massenmedien zur Kenntnis nimmt. Es ist zu wünschen, daß irgendwann in jeder größeren Stadt eine Dauereinrichtung dieser Art entsteht, die ähnlich vorbildhaft sachlich informiert und warnt zugleich. Wir hoffen, daß diese »Zeittafel«, die unser *Handbuch der Rauschdrogen* abschließt, ähnlich anregt und die Lektüre der jeweiligen speziellen Stichwörter zu den einzelnen Drogen und der Rahmenartikel noch vertiefen hilft.

J.v.Sch.

Urzeit	In der viele Jahrzehntausende dauernden Kultur der »Jäger und Sammler«, die über die ganze Welt verbreitet war, entstehen schamanistische Praktiken, bei denen Rauschdrogen eine wichtige Rolle spielen (→ Fliegenpilz, Hexensalben, Sakrale Drogen, Schnupfdrogen u.a.). Reste dieser Traditionen, samt Drogengebrauch, werden bei den Hexenkulten u.a. nichtchristlichen Gemeinschaften bis weit in die Neuzeit vorgefunden bzw. vermutet.
– 50.000	Die – heutigen – Ureinwohner (Aborigines) wandern in Australien ein (neueste Untersuchungen datieren dies sogar doppelt so weit zurück – Fullagar 1996). Die *Traumzeit* ist für sie ein ebenso wichtiger Bereich wie die

Tagzeit – Hinweis auf eine ansonsten untergegangene Innenwelt, die der moderne Mensch sich nur noch durch Rauschdrogen erschließen kann? Die Aborigines machen sich die Traumzeit immer wieder zugänglich, indem sie entlang der *Songlines* durch das Land wandern und ihre uralten Felsmalereien auffrischen.

Eine noch heute in Australien verwendete archaische Substanz ist die → Nachtschatten-Droge *Pituri*: Die Eingeborenen kauen diese Blätter einer *Duboisia*-Art *(Duboisia hopwoodii).**

– 30.000 In den altsteinzeitlichen Höhlen von Chauvet im Rhône-Tal entstehen Malereien mit als *psychedelisch* bezeichneten Elementen. Archäologen deuten die Funde in den prähistorischen Grotten als Stätten schamanistischer Rituale und Kulte. In den verwendeten Farben, die vermutlich im Mund eingespeichelt wurden, hat man Spuren von Manganoxid nachgewiesen, die Halluzinationen auslösen können (Details → Sakrale Drogen).

– 10.000 In der Jungsteinzeit beginnt die *Neolithische Revolution* (G. Childe), in der über Jahrtausende hinweg Pflanzen und Tiere domestiziert wurden. Es ist zu vermuten, daß auch Rauschdrogen, speziell Wein, Hanf (Haschisch, Marihuana) und Mohn (Opium) schon sehr bald in ihrer Wirkung erkannt und entsprechend genutzt wurden – sowohl zu sakralen wie zu hedonistischen Anlässen.

– 5400 Bereits vor über 6000 Jahren wurde der Wein gekeltert, dessen harzige Reste man 1996 in Tonkrügen im iranischen Zagros-Gebirge fand. Damit lassen sich Anbau und Genuß dieses Alkaloids 2000 Jahre früher datieren als bislang angenommen wurde.

– 3761 ist für die Juden der mythische Zeitpunkt, an dem Gott die Welt schuf. Hier darf man entsprechend auch jene Geschichte mit dem geheimnisvollen *Apfel*baum ansiedeln, von dem gesagt wird: »Du sollst essen von allerlei Bäumen im Garten; aber von dem Baum der Erkenntnis des Guten und des Bösen sollst du nicht essen; denn

* Zugrundegerichtet wurde die Kultur der Aborigines durch eine andere Droge, welche die weißen Eroberer seit dem 18. Jahrhundert einschleppten: den Alkohol.

welches Tages du davon issest, wirst du des Todes sterben.« (Genesis 2, 16-17)
Wir wissen nicht mehr, was für ein Baum das war und welche Frucht er wirklich trug. Aber dieser eine lange Satz, den Gott zu seinen Geschöpfen spricht – das ist die Drogenthematik auch unserer Tage, und zwar auf dem allerneuesten Stand: Verheißung unglaublicher Erkenntnisse – und tödliche Gefahr. Dieser Satz steht ebenfalls für den Rückzug der Gottheit aus der irdischen Welt – in diesem Fall werden die Menschen »aus dem Paradies« der urtümlichen Einheit mit der natürlichen Welt vertrieben.

– 3050 Um diese Zeit stirbt der *Ötzi* (den man fünf Jahrtausende später, im September 1991, nahe dem Similaun-Gletscher als Mumie finden wird). Bei ihm entdeckt man Reste von Lärchen- und Birkenporlingen, denen halluzinogene Eigenschaften zugeschrieben werden (was von Experten wie Spindler jedoch angezweifelt wird).

– 3000 Funde an der Küste von Ecuador lassen auf das Kauen von Coca-Blättern bei den Angehörigen der Valdivia-Kultur schließen (Schefer 1982).

– 3. Jtsd. Tee ist in China bekannt.
Schon vor 5.000 Jahren waren den Chinesen auch die anregenden Wirkungen des Meerträubchens *(Ephedra vulgaris)* vertraut, aus dem man im 20. Jht. Ephedrin gewinnen wird.

– 2737 empfiehlt der chinesische Kaiser Shen-Nung in seinem Arzneimittel-Buch den Haschisch als Heilmittel gegen Verstopfung, Rheuma etc. – scheint aber nichts von seiner berauschenden Wirkung zu wissen (Haschisch wurde, im Gegensatz zu Opium, in dieser Funktion in China nie heimisch). [Haenel vermutet jedoch, daß dieses Buch aus dem 1. Jht. v.d.Ztw. stammt.]

– 2635 In Texten der III. Dynastie der ägyptischen Herrscher wird Bier erwähnt; für die noch ältere Negade-Kultur Ägyptens wird es schon vor 3000 bezeugt.

– 2. Jtsd. Im frühen zweiten Jahrtausend v.d.Ztw. werden in Griechenland die Mysterien von Eleusis begründet. Es wird vermutet, daß in dem dabei verwendeten heiligen Trank eine Art LSD eine Rolle spielte (s. S. 329). Jedenfalls müssen die Eingeweihten etwas ungemein Eindrucksvolles erlebt haben, was sie dazu veranlaßte, während der zwei Jahrtausende, die der Kult bestand, völliges Schweigen über die wesentlichen Details zu bewahren. (Im 4. Jht. n.d.Ztw. gingen die Mysterien zuende.)

Irgendwann in diesem Zeitraum hat sich in Griechenland auch der Kult um Dionysos, den Gott der Ekstase und des Weins, gebildet (der vermutlich ebenfalls auf viel ältere Wurzeln in früher Vorzeit des Schamanismus zurückgeht).

Überreste in einer spanischen Höhle (Albanol) und in Schweizer Pfahlbauten weisen darauf hin, daß der Mohn und damit wohl auch die Verwendung von Opium (als Schmerz- und Genußmittel?) in Europa bekannt ist.

In Sumer beginnt man Bier zu brauen (das Vorkommen von Haschisch und Opium in jener Zeit wird bislang bestritten – die Abbildungen und schriftlichen Überlieferungen sind zu vieldeutig). Gilgamesch begegnet in dem nach ihm benannten Epos neben einem wundersamen Baum der »Weinfrau«, einem göttlichen Geschöpf, das auch als »Wächterin der Unsterblichkeit« bezeichnet wird. Eine bislang ungeklärte Rolle spielt im selben Epos der rätselhafte »Stechdorn«, der Unsterblichkeit verheißt, von Gilgamesch vom Meeresgrund geholt – aber ihm von einer Schlange wieder geraubt wird.

– 1800 Die Kenntnisse über die Gärung werden verfeinert. Die Ägypter entdecken den Sauerteig und lernen, den Gärungsprozeß der Hefezellen zu steuern (Asimov, S. 29).

Um – 1500 bringen die von Norden einwandernden Arier den Soma-Kult nach Indien. Indra, der Herr des Soma, wird als der »kühne trunkene Führer der Götter« bezeichnet. Soma ist der Trank des *Nicht-Todes,* was auf entsprechend eindrucksvolle ekstatische Erlebnisse ähnlich denen von Eleusis schließen läßt (s. o. – 2. Jtsd.). Als Quelle dieses potenten Getränks hat man einen Sud des → Fliegenpilz vermutet.

Das älteste Dokument über die Verwendung der Mandragora als Liebes- und Fruchtbarkeitszauber ist ein ugaritischer Keilschrifttext aus Ras Schamra. Er beginnt mit den Worten: »Pflanze Mandragoras in die Erde ...«

Im –13. Jht. gibt es in Südamerika steinerne Bilder in Form von Pilzen, die auf einen bereits damals existierenden Pilzkult der guatemaltekischen Kulturen hinweisen.

– 9. Jht. König Salomo (965–926) besingt in seinem *Hohelied* die erotisierende Wirkung des Weins (»Ach, seien deine Brüste wie die Trauben des Weinbergs...«). Im *Vierten Buch Moses* verkörpert der Wein eine üppige Lebenskraft; er fließt aus dem Gelobten Land wie ein Fluß, in den der Riese Nephilim Trauben preßt, die so groß wie Menschen sind (Hinweis auf eine halluzinogene Kraft im Wein selbst – oder auf entsprechende Beimischungen?)

Um –800 besingt Homer in der *Odyssee* den Freude und Mut spendenden Zaubertrank Nepenthes (Opium?). Das Abenteuer bei den Lotophagen (gr. *Esser des Lotus*) könnte auf die von Emboden (1982) angesprochenen halluzinogenen Effekte der Lotuspflanze zurückgehen.

Cannabis wird erstmals in einer brahmanischen Schrift erwähnt, mit dem vielsagenden Namen *vijaya* (sanskr. Sieg, Triumph). Die Priesterkaste der Brahmanen propagiert den Konsum der *ganja* genannten Droge zwar nicht, duldet ihn jedoch und lehnt dagegen den Alkohol strikt ab, ähnlich wie später Mohammed (→ 653). Nachdem man seinen Genuß bis weit ins 20. Jht. toleriert, hat man ihn in den 1990er Jahren mehr und mehr mit drastischen Strafen zurückzudrängen versucht.

Im – 7. Jht. wird der Sitz des (viel älteren) griechischen Apollo-Heiligtums nach Delphi verlegt und existiert dort bis ins vierte Jht.n.d.Ztw. Zum einen steht der Kult um den lichten Apollo im Zeichen der Weisheit und Selbsterkenntnis (»Nichts im Übermaß« und »Erkenne dich selbst«, lauten zwei Inschriften – *Persönlichkeitsentfaltung*, wäre ein moderner Ausdruck dafür) – zum anderen verkündet dort die Pythia das Orakel, bei dem ganz andere, dunkle Quellen angezapft werden.

Im September 1975 wird der griechische Archäologe Sotiris Dakaris unter den Ruinen des Totenorakels von Ephyra im Norden Griechenlands zahlreiche Klumpen Haschisch finden. Philipp Vandenberg entwickelt aus diesem und anderen Hinweisen die Theorie, daß die Pythia wie auch andere Hellseherinnen und Prophetinnen der Antike sich der Rauschdroge als Hilfsmittel bedienten, um in Trance zu gelangen, bzw. daß die Priester den Hilfesuchenden Haschisch verabreichten, um ihnen *lebende Leichname*, die von den Decken der Höhlen schwebten, und anderes mehr vorzugaukeln. So interessant diese Theorie sich anhört, so sehr muß man jedoch bezweifeln, ob sie sich wirklich aufrechterhalten läßt. Wahrscheinlich spielte Haschisch oder auch Opium allenfalls beim Niedergang eines solchen Kultes eine Rolle, wenn die natürlichen Fähigkeiten vielleicht nicht mehr ausreichten und mit Drogenräuschen die Phantasie stimuliert werden mußte.

1997 entdeckt jedoch der amerikanische Forscher Jeele de Boer im Gebiet des Tempels geologische Formationen, aus denen Gase (Ethylen, Methan, Schwefelwasserstoff) austreten können, welche das Orakelmedium »in eine Art Rausch versetzt und zu ihren Visionen stimuliert« haben dürften.

Im – 6. Jht. entstehen die *Yoga Sutras* des Patanjali. Der (schon viel früher entstandene) Yoga stellt ein auf Askese, Selbstdisziplin und strengen Übungen beruhendes System dar zur Erlangung von *Unsterblichkeit* und *Freiheit* (so der Titel einer 1955 erscheinenden Studie von Mircea Eliade) mittels Ekstasetechniken, die vermutlich von schamanistischen Praktiken abstammen; sie sind ein Gegengewicht zur drogeninduzierten Ekstase, wie sie im Schamanismus weltweit verbreitet war (s.o.). Es gab jedoch immer auch Formen des indischen Asketismus und Yoga (u.a. im Tantrismus), bei denen Rauschgifte, speziell Haschisch und Datura, eine wichtige Rolle bis auf den heutigen Tag spielen.

– 628 bis – 551 Zarathustra lebt und wirkt in Persien. Ihm werden, zumindest für den Anfang seiner Laufbahn als Religionsstifter, ekstatische Erfahrungen mit schamanistischem Hintergrund zugeschrieben. Diese könnten von Haschisch (mit)verursacht sein; jedenfalls wird dies für seinen Gönner und Beschützer, den Fürsten Vishtaspa bezeugt (Eliade 1978).

Im – 5. Jht kommt der Name Bakchos (für Dionysos) in Griechenland auf. Die Bacchanalien, ausgelassene Feiern zu sei-

nen Ehren, die vermutlich aus Frühlingsfesten hervorgegangenen sind, entwickeln sich zu Trinkgelagen, die mit Tänzen und exzessiven Orgien verbunden sind. Später übernehmen die Römer die Bacchanalien.
In Griechenland wird der Stechapfel heimisch (in Zentraleuropa erst im → 15. Jht. – Küttner, S. 243).

Um – 400 Gautamo Buddha (560 – 480) gründet die nach ihm benannte Religion des Buddhismus. Ihr bekanntestes Symbol wird die Lotusblüte. Das »Om mani padme hum« (sanskr. »Oh du Kleinod in der Lotusblüte«) wird später zum zentralen Mantram des tibetischen Buddhismus. Der Lotus spielt allerdings schon vorher im Hinduismus eine zentrale Rolle, so in der Chakren-Lehre des Yoga. Dort gilt der *Tausendblättrige Lotus,* auch Scheitel-Chakra genannt, als körperlicher Ort der Erleuchtung; eine bemerkenswerte Tatsache, wenn man berücksichtigt, daß – ähnlich wie die Seerose in Südamerika und Ägypten – der Lotus halluzinogene Eigenschaften aufweist (Emboden 1982).

Um – 300 Theophrast von Eresos (320-287) berichtet, daß griechische Ärzte Opium anwenden. Die Griechen gaben – schon zuvor – dem Mohnsaft den auf uns überkommenen Namen (von gr. *opos* = Saft). Das Elixier ging bald in die Sagenwelt ein: die Mohnkapsel wurde Symbol für Morpheus, den Gott der Träume und des Schlafes, und für Thanatos, den Gott des Todes.

– 186 verbietet der römischen Senat die Bacchanalien, weil sie immer wilder gefeiert werden.

Ca. 34 setzt Jesus beim Abendmahl den Wein als Sakrament ein: »Dies ist mein Blut«. Er knüpft dabei, wissentlich oder unwissentlich, an alte Rituale des Osiris- und des Dionysos-Kults an. Daß manche seiner späteren Anhänger der angestrebten Vergeistigung dieser alten Kulte nicht so recht trauen, beweisen Brief des Paulus an die Korinther und die Epheser, in denen er die Gemeinden ermahnt, aus dem Abendmahl keine Besäufnisse zu machen (um wie bei den Mysterien im Rausch einen Blick in die Unsterblichkeit zu werfen?).

Im 1. Jht. erfreuen sich die dionysischen Mysterien in Griechenland noch immer großer Beliebtheit, wie Darstellungen auf griechischen Sarkophagen bezeugen.

398	läßt Aikados, Sohn des Kaisers Theodosius, den Orakeltempel des Apollon von Delphi abreißen (s. – 7. Jhdt.).
Um 500	taucht in Europa in medizinischen Rezepten der *Hanofsamo* auf – während in Ägypten der Mißbrauch von Haschisch schon so weit verbreitet ist, daß man seinen Genuß unter Androhung des Zähneausreißens verbietet.
6. Jht.	In China ist Tee in großem Umfang als Genußdroge in Gebrauch.
653	gibt Kalif Othman den, weitgehend von Mohammed selbst diktierten, *Koran* als heiliges Buch des Islam heraus. In einigen Suren wird der Alkohol verdammt, während Haschisch und Opium zwar nicht empfohlen, aber doch – wie die Praxis in den islamischen Ländern zeigt – toleriert werden. (Es gibt jedoch auch strenge Kommentatoren, die sagen, der Prophet habe mit »Alkohol« auch alle anderen Rauschdrogen gemeint – eine Sache der Auslegung also.)
Um 800	bringen die Araber den Tee nach Europa.
Um 900	schreibt der persische Dichter Rudaki sein Loblied auf den »Wein« (s. S. 38).
Im 10. Jht.	kennt man in Bagdad bereits die Grundstruktur der Erzählungen aus *Tausendundeiner Nacht* (die auf noch ältere persische und indische Wurzeln zurückgehen). Nachtschatten-Drogen, der Haschisch und das Opium spielen nicht nur in vielen dieser Geschichten eine aktive Rolle (zum Beispiel bei Ver- und Entführungen schöner Frauen), sondern scheinen auch für manche märchenhafte Erfahrung der – hinter der fiktiven Schehrezade – namenlos gebliebenen Erzähler verantwortlich zu sein.
Ende des 11. Jht.	bis weit ins 13. Jht. verbreitet im syrischen Raum der Geheimbund der Assassinen (was man auf *Haschischinen* zurückführt) Angst und Schrecken. Haschischvisionen verschaffen der Überlieferung zufolge den in der Festung Alamut trainierten islamischen Attentätern einen anschaulichen Vorgeschmack auf das Paradies, das sie im Todesfall erwarten soll.
Im 12. Jht.	empfiehlt Hildegard von Bingen die Hanfdroge zur lokalen Anwendung bei offenen Wunden und Geschwüren. Zusammen mit Stechapfel und anderen Sub-

stanzen taucht er auch in den → Hexensalben des späten Mittelalters auf.

1330 beginnen in den Pyrenäen (wo es um diese Zeit noch ein Matriarchat gegeben haben soll) die planmäßigen Hexenverfolgungen; sie enden erst Anfang des 19. Jht. (1813 hebt Bayern offiziell die Verfolgung von Hexen auf). Obwohl bei denen, die es wissen wollten, bekannt war, welche Rolle Drogen bei den angeblichen »Flügen der Hexen zum Bocksberg« spielten (→ 1568), wurden Millionen Menschen (vor allem Frauen) aufgrund solcher Berichte – oder auch Gerüchte – bestialisch gefoltert und dem Feuertod überantwortet.

Im 15. Jht. wird der Stechapfel von Asien nach Zentraleuropa importiert (in Griechenland war er vermutlich schon 2.000 Jahre zuvor heimisch – Küttner, S. 243)

1492 Als Kolumbus in Kuba an Land geht, ist der Tabak dort längst ein allgemein verbreitetes Genußmittel. Schon früher war der – dort *Yetl* genannte – Tabak für die Azteken und Tolteken ein heiliges Kraut, ähnlich wie der *Coca* (→ Kokain) für die Inkas.

Mit den Spaniern kommt im Gegenzug der Alkohol nach Amerika, der ganze Indianerkulturen zerstört (wie den Japanern und allen anderen Völkern mongolischer Herkunft fehlt auch den Indianern ein Enzym, das den Alkohol bei den Weißen rasch abbaut).

Wahrscheinlich haben die Alchimisten zum erstenmal Ether hergestellt. Ende des 14. Jahrhunderts gewinnt ihn der Mönch Basilius Valentinus, indem er Alkohol und Schwefelsäure destilliert; er nennt diese Verbindung »gelindertes Vitriolöl«.

Um 1500 erfindet Paracelsus (1493–1541), der große Arzt jener Zeit, seine Wunderarznei *Laudanum* (auch *Arkanum* genannt), zu deren Wirkung der Gehalt an Opium nicht wenig beigetragen haben dürfte.

Der französische Arzt und Schriftsteller FranÁois Rabelais (1494–1553) beschreibt sehr kritisch – und keineswegs »enthusiastisch«, wie man ihm immer wieder nachsagt – die Wirkungen des Haschisch, den er *Kräutlein Pantagruelion* nennt. Damals konnte sich das *Kräutlein* in Europa noch nicht durchsetzen.

1550 Die spanischen Conquistadoren zerstören die Kultur

der Inkas. Auf einem Konzil in Lima verbietet die katholische Kirche 1550 den Coca-Kult der Indios und vernichtet damit auch ihre Religion. Bald darauf muß dies jedoch revidiert werden: die Indios lassen sich nicht total unterdrücken. Die Unterdrücker machen das – aus ihrer Sicht – Beste aus der Situation, indem sie Coca besteuern.

1560 berichtet der spanische Mönch Bernardina de Sahagún von den bemerkenswerten botanischen Kenntnissen der Ureinwohner Mexikos, die eine »Wurzel mit dem Namen *peiotl* entdeckten, die in ihrem Haushalt an den Platz von Wein tritt«. Dieser meskalinhaltige Kaktus ist in Mittelamerika und im Süden der USA weit verbreitet und heute noch bekannt (→ 1914).

1568 teilt Giambattista Porta in seiner *Magia naturalis* das Rezept einer Hexensalbe mit, das er selbst mit einem Freund ausprobiert hat (s.S. 173).

1569 Motolina beschreibt in seiner *Historia de los Indios de la Nueva España* den – schon lange vorher üblichen – Gebrauch halluzinogener Pilze (→ Psilocybin) bei den Eingeborenen Mittelamerikas.

1692 kommt es im nordamerikanischen Städtchen Salem im Staat Massachusetts bei einer Reihe von Frauen zu eigenartigen Verhaltensweisen, aufgrund derer man sie der Hexerei bezichtigt, verhört, zum Tod verurteilt und hinrichtet. Es gibt Wissenschaftler (Caporeal 1977), die vermuten, daß diese armen Geschöpfe unwissentlich das Opfer einer Mutterkornvergiftung wurden, die – ähnlich wie LSD – Halluzinationen hervorruft.

1734 Grosse und Duhamel veröffentlichen, wie man Ether produziert; die Formel ermittelt fast ein Jahrhundert später Louis J. Gay-Lussac (1778–1850).

1773 Englische Kaufleute schmuggeln die erste Ladung indischen Opiums nach China.

1780 beginnt die britische East India Company, in Indien die Opiumproduktion auszubauen. Es werden hohe Gewinne durch den Rauchopiumexport nach China erlöst. Opium wird wichtiges Finanzierungsinstrument des britischen Kolonialhandels.

1806 isoliert Friedrich Wilhelm Sertürner erstmals aus dem Opium ein Morphin. Zusammen mit der → 1864 erfundenen Injektionspritze wird das – nach dem griechischen Schlafgott Morpheus – *Morphium* genannte Alkaloid rasch zum festen Bestandteil des ärztlichen Repertoires. Bis man während des Krieges von → 1870/71 auch die bösartigen Seiten des Schmerzstillers erkennt.

1809 Gründung der Temperenzler-Vereinigung zur Bekämpfung des Alkohols in Saratoga, USA. Erfolg hatte jedoch erst die 1926 gegründete Nachfolgevereinigung »American Temperence Society«.

1819 entdeckt F.F. Runge den Wirkstoff des Coffeins: 1,3,7 Trimethylxanthin.

1822 Mit den *Confessions of an English Opium Eater* von Thomas de Quincey erscheint in London die erste moderne Schilderung von Drogenerfahrungen.

1830 In Boston und Philadelphia werden *Ether-Parties* veranstaltet. Als unter dem Einfluß der ersten Temperenzler der Kampf gegen → Alkohol einsetzt, gehen manche Befürworter der Mäßigkeit – darunter auch Pastoren – so weit, Ether als Alkoholersatz zu empfehlen.

1832 wird das Kodein aus dem Saft des weißen Mohn isoliert. Dieses Morphin wird bald darauf speziell in Hustensäften populär (seit 1934 unter Rezeptpflicht).

Justus von Liebig entdeckt das älteste synthetische Schlafmittel (Vorläufer natürlicher Herkunft waren u.a. das Opium): Chloralhydrat. Es wird aber erst 1869 in die Behandlung von Schlafstörungen eingeführt.

1839–42 Erster Opiumkrieg. Der Versuch der chinesischen Regierung, ihre Untertanen zu schützen und das Opiumrauchen einzuschränken, wird von London mit einer militärischen Intervention beantwortet, weil es den für England gewinnträchtigen Opiumhandel unterbindet; das besiegte China muß seine wichtigsten Häfen für den Handelsverkehr mit Europa öffnen.

1840 In Irland beginnen nach der Prohibitionskampagne die Wirte Ether auszuschenken. Manche Iren sollen bis zu 40 Gläser mit je acht bis 15 Gramm Ether am Tag konsumiert haben; in Draperstown und Cookstone konnte man vor Ätherdämpfen in den Kneipen kaum atmen. Nach den Markttagen scheuten sich die Bauern, ihre Pfeifen im Zugabteil anzuzünden, weil sie Angst hatten, eine Explosion auszulösen.

1847 Ether wird erstmals als Narkosemittel eingesetzt: William T.G. Morton (1819–1868) wendet es beim Zahnziehen an.

1849 Edgar Allan Poe (geb. 1809) stirbt am 7. Oktober, nicht zuletzt infolge seiner Alkohol- und Opiumsucht. Seine Geschichten sind durchweht von den Stimmungen der Drogenerlebnisse und der Paranoia des Süchtigen. Poes persönliches Schicksal ist die typische Karriere eines hochbegabten Künstlers, der die Drogen als untaugliches Mittel der Selbstheilung einsetzt – um letztendlich von ihnen zugrundegerichtet zu werden.

1853 erfindet Pravaz die Injektionspritze. Dadurch wird es möglich, Medikamente (oder auch Suchtdrogen) wie das Morphium direkt in den Blutkreislauf zu befördern.

1856 A. Wood verwendet erstmals die Methode der »subkutanen Injektion« zum Spritzen von Morphium. Die (1853 nach ihrem Erfinder so benannte) Pravaz-Hohlnadelspritze wird zum prestigeträchtigen Statussymbol für die Ärzteschaft.

1856–60 Zweiter Opiumkrieg. England erzwingt die Legalisierung und Besteuerung von Opium in China. Eine (vom Mittelstand getragene) Anti-Opium-Bewegung gewinnt jedoch in den USA und Europa an Einfluß, wo man das Problem der Opiumsucht in seinen bedrohlichen Dimensionen immer deutlicher wahrnimmt.

1859/60 Der Göttinger Chemiker A. Niemann bezeichnet ein (bereits seit 1855 bekanntes) Alkaloid der Coca-Pflanze als Kokain.

1861–65 Während des Bürgerkriegs in Nordamerika werden große Teile der Bevölkerung (die Schätzungen gehen bis fünf Prozent) opiumabhängig.

1869 führt Liebreich das (1832 von J. v. Liebig entdeckte) Chloralhydrat in die Behandlung von Schlafstörungen ein.

1870/71 Während des Deutsch-Französischen Krieges wird *Morphium* erstmals in größerem Umfang als Schmerzstiller eingesetzt, der noch dazu – wie man bis dahin irrtümlich meint – den Vorteil haben soll, nicht süchtig zu machen. Dies stellt sich jedoch rasch als Irrtum heraus, wie Tausende verwundeter Soldaten durch ihre Sucht zeigen.

1872 Wilhelm Busch veröffentlicht seine Bildergeschichte von der *Frommen Helene,* in der sich der klassische Spruch findet: »Wer Sorgen hat, hat auch Likör«.

1874 In London wird auf Initiative von Quäkern die »Society for the Suppression of the Opium Trade« gegründet. Diese baut mit politischen Mitteln (effiziente Lobby) eine Opposition zum britisch-indischen Opiumhandel auf. Auch der in vielen Ländern bei den Unterschichten verbreitete Konsum billiger opiumhaltiger Genuß- und Heilmittel wird kritisiert. Die medizinische Wissenschaft beginnt mit der Entwicklung stoffspezifischer Suchtkonzepte und führt die neuen Begriffe *Morphiumsucht* und *Kokainsucht* ein.

C.R. Wright stellt im St. Mary's Hospial in London zum erstenmal *Diacetylmorphin* (später Heroin genannt) her.

1875 Die erste Strafnorm der westlichen Welt gegen Opium wird in San Francisco etabliert. Sie zielt – eindeutig politisch motiviert – auf das Opiumrauchen chinesischer Gastarbeiter und Einwanderer, die nach Beendigung der großen transkontinentalen Eisenbahnstrecken zur ungeliebten Konkurrenz geworden waren. In den USA formiert sich das sozialpsychologisch wirksame Feindbild einer »gelben Gefahr«.

1884 Sigmund Freud beginnt medizinische Experimene mit der »Wunderdroge« Kokain, von deren verheerenden Eigenschaften als Suchtdroge man damals noch nichts wußte. Er nimmt drei Jahre lang selbst immer wieder das Alkaloid, wird aber nicht süchtig. Ein Jahrzehnt später setzt er sich mit den (unbewußten) psychischen Wirkungen jener Zeit anhand von Träumen auseinander (s. 1895).

Ohne es zu wollen, trägt Freud mit seinen fünf Studien über Coca (die erste ist in einem ausgesprochen enthusiastischen Ton geschrieben) zu einer ersten regelrechten *Kokain-Welle* um die Jahrhundertwende bei.

1885 schreibt Robert Louis Stevenson in rasender Eile die Novelle *Dr. Jekyll und Mr. Hyde,* vernichtet den Text und schreibt ihn anschließend noch einmal. Es wird vermutet (Schultz 1971), daß der Dichter bei der Niederschrift des Textes, der von den bösartigen Wirkungen eines seltsamen »weißen Pulvers« handelt, selbst unter dem Einfluß einer solchen Substanz stand: Sein Arzt hatte ihm eine kokainhaltige Medizin gegen einen lang anhaltenden Nasenkatarrh verschrieben (Details S. 194).

1886 *Coca Cola* kommt auf den Markt. Das – neben Coffein und aromatischen Auszügen der Cola-Nuß – ursprünglich enthaltene Kokain wird ab 1903 nicht mehr verwendet. Mit einem Marktanteil von rund fünf Milliarden Flaschen jährlich (Stand 1996) ist die stimulierende Brause ein Jahrhundert später das vermutlich bekannteste Getränk überhaupt.

1887 Der »Opium Exclusion Act« (1909 ergänzt) verbietet den Chinesen (in China) die Einfuhr von Opium.

Der Chemiker Edeleanu synthetisiert erstmals ein Amphetamin (Benzedrin); aber erst → 1910 entdeckt man seine stimulierende Wirkung und in den 30er Jahren (→ 1937) wird das Suchtpotential sichtbar.

1895 Die britische »Royal Commission on Opium Study« bereist den ganzen Fernen Osten und kommt zum Schluß, das Opiumproblem sei dort nicht schwerwiegender als das Alkoholproblem in England; eine grundsätzliche Änderung der bisherigen Opiumpolitik dränge sich deshalb nicht auf.

Sigmund Freud deutet mit »Irmas Injektion« seinen ersten eigenen Traum, beginnt damit seine – lebenslang fortgeführte – Selbstanalyse und begründet sowohl die wissenschaftliche Arbeit mit Träumen wie auch einen zentralen Aspekt der in jenen Jahren von ihm entwickelten Psychoanalyse. In den neun wichtigsten eigenen Träumen seiner bald darauf (s. 1900) veröffentlichten *Traumdeutung* setzt er sich mit seiner ein Jahrzehnt zuvor durchgeführten Phase des Kokainkonsums auseinander, vor allem mit Schuldgefühlen gegenüber seinem Freund Fleischl, dem er Kokain verschrieb, um ihn von einer Morphiumsucht zu heilen.

1896 isoliert A. Hefter das Meskalin als den Wirkstoff des Peyotl-Kaktus und erlebt als Erster einen Rausch mit dem Alkaloid.

1897 Ende des 19. Jahrhunderts greift das Ethertrinken auf Norwegen und Deutschland über. Louis Lewin berichtet, daß 1897 in der Stadt Memel 8580 Liter Ether ver-

	kauft worden seien; berauschte Bauern peitschen ihre Pferde heimwärts, während ihren Wagen ein starker Ethergeruch nachweht.
	In Meyers *Conversationslexikon* von 1897 wird »Sucht« lediglich als veraltete medizinische Bezeichnung für »Seuche« (von altdt. »siech« für »krank«) geführt – nichts weiter.
	Freud bezeichnet am 22. Dezember in einem Brief an seinen Freund Wilhelm Fließ Masturbation als »die einzige große Gewohnheit, die Ursucht... als deren Ersatz und Ablösung erst die anderen Süchte nach Alkohol, Morphin, Tabak etc. ins Leben treten.« Später wird Freud die Rauschdrogen als eine der Krücken des »Prothesengottes« bezeichnen, ohne die der Mensch nicht leben könne (s. 1930).
1898	H. Dreser erfindet als Mitarbeiter der Elberfelder Farbenfabriken Bayer & Co. erneut das Diacetylmorphin; als Medikament wird dieses mit dem Markennamen Heroin geschützt.
Ende des 19. Jhts.	gibt es eine erste *Kokain-Welle,* ausgelöst u.a. durch die zunächst sehr enthusiastischen Studien von Forschern wie Sigmund Freud (s. 1884). (Weitere *Kokain-Wellen* s. 1914, 70er Jahre, 90er Jahre.)
1900	In den USA läßt sich von nun an eine signifikante Veränderung der Muster des Drogenkonsums beobachten: An die Stelle der sozial integrierten Mittelstandskonsumenten von Morphium rücken desintegrierte, Heroin und Kokain konsumierende Jugendliche in den Großstädten. Die medizinische Diskussion wird von einer repressiven Praxis überlagert: Anstelle der Ärzte sind zunehmend Polizisten und Richter für das Drogenproblem zuständig.
	In jenen Tagen entsteht, zunächst unter den Nachkommen der Negersklaven, der Jazz. Alkohol und Haschisch spielen in dieser Musik-Szene keine geringe Rolle; später kommen Kokain, Heroin und Morphium hinzu (prominente Opfer der Opiate: Charlie Parker, Chet Baker, John Coltrane).
	Freud veröffentlicht seine *Traumdeutung* (s. o. 1884 und 1895).
1903	*Coca Cola* verwendet kein Kokain mehr (das seit der

Markteinführung 1886 enthalten war), behält – aus durchsichtigen Gründen – den Hinweis auf das Alkaloid jedoch im Markennamen. (Ab 1997 gibt es sogar ein coffeinfreies Coke.)

Joseph von Mering synthetisiert das erste Schlafmittel (s. auch 1832 und 1869) auf Barbitursäurebasis und nennt es *Veronal* (s. auch S. 336).

1905 Eine amerikanische Opiumkommission, die ganz Südostasien bereist, kommt im Gegensatz zu ihrer englischen Vorläuferin zu alarmierenden Diagnosen.

1909 Eine Reihe von Ländern streben in Hongkong an, die Opiate wegen der hohen Suchtgefährdung überall auf der Welt unter Kontrolle zu stellen.

Auf Initiative der USA versammelt sich in Schanghai eine Internationale Opiumkommission; diese verabschiedet neun Forderungen, die auf eine Kontrolle und Einschränkung des Handels mit Opium abzielen.

1910 entdecken die beiden englischen Physiologen Barger und Dale, daß das → 1887 entdeckte Amphetamin dem Hormon Adrenalin chemisch ähnlich ist (→ RA V)

1911/12 Im niederländischen Haag beginnt auf Anregung der USA unter dem Präsidium von Bischof Brent die erste Opiumkonferenz, die das Fundament für die Politik der Drogenprohibition des 20. Jahrhunderts legt. Am 23. Januar 1912 verabschieden 13 Teilnehmerstaaten das »Internationale Opium-Abkommen (IOA)« vom Haag, das eine »allmähliche Unterdrückung des Mißbrauchs von Opium, Morphin, Kokain sowie solcher Verarbeitungen und Derivate dieser Stoffe, welche zu ähnlichen Mißbräuchen Anlaß geben können«, beabsichtigt. Das IOA enthält kein materielles Recht, sondern lediglich Empfehlungen. Es stellt indessen den Auftakt zum »symbolischen Kreuzzug gegen die Drogen« dar (so der amerikanische Soziologe J. R. Gusfield).

1913 findet eine weitere Opiumkonferenz im Haag statt, desgleichen 1914.

Jack London veröffentlicht seinen (weitgehend autobiographischen) Roman *John Barleycorn. Alcoholic Memoirs* (dt. *König Alkohol*, Zürich 1925).

1914 In den USA verbietet der »Harrison Narcotic Act« den freien Verkauf von Opiaten und Kokain.

Ebenfalls in den USA konstituiert sich die »Native American Church«, welche heute über 200.000 Mitglieder aus rund 50 verschiedenen Indianerstämmen hat. Ihr religiöser Kult kreist um den sakralen Genuß des Peyotl-Kaktus (mit (Meskalin als Wirkstoff).

MMDA wird als Appetithemmer entwickelt (in den 80er Jahren wird es unter dem Szene-Namen *Ecstasy* in Mode kommen).

1914–18 Zu Beginn des Ersten Weltkriegs kommt es in Frankreich zu einer (zweiten) *Kokain-Welle,* die sich nach Deutschland fortsetzt und später den *Roaring Twenties* (s. 20er Jahre) mit zu ihrem Namen verhilft.

1917 setzen die Temperenzler (s. 1826) in den USA die Prohibition durch. Die Folgen sind jedoch so niederschmetternd (schlechter selbstgebrannter Schnaps tötet Tausende, das organisierte Verbrechen etabliert sich durch Alkoholschmuggel), daß das totale Alkohol-Verbot 1933 wieder aufgehoben wird.

Gottfried Benn verfaßt sein Gedicht »Kokain« (s. S. 194).

20er Jahre Nach dem Ersten Weltkrieg wird – besonders in den Amerikas und im Mittelmeerraum (speziell Ägypten) – Heroin zur regelrechten Volksseuche und verdrängt sogar Morphin und Kokain.

»Mutter, der Mann mit dem *Koks* ist da«, singt Grete Weiser und gibt damit den *Roaring Twenties* so etwas wie ein Leitmotiv – denn diese Zeit bekommt ihre, manchmal bis zum Exzeß überschäumende Wildheit nicht zuletzt vom Kokain.

1920 Aufgrund von Artikel 295 des Versailler Friedensvertrages und ähnlicher Bestimmungen in den Verträgen von St. Germain, Trainon und Neuilly ratifizieren weitere 24 Staaten das »Internationale Opium-Abkommen«.

Die zweite und später die dritte Versammlung des Völkerbunds erarbeiten Aktionspläne zur Verwirklichung des Haager Abkommens. Der Drogengebrauch wird in die Illegalität abgedrängt, kriminelle Syndikate und organisiertes Verbrechertum übernehmen den verbotenen Handel und gelangen auf diese Weise, ähnlich wie im Gefolge der Alkohol-Prohibition in den USA, zu ungeahnter neuer Macht.

1922 schließen sich in Deutschland die in der Suchtkrankenhilfe tätigen Verbände zur »Reichshauptstelle gegen den Alkoholismus« zusammen. (Daraus geht 1947 die »Deutsche Hauptstelle gegen die Suchtgefahren e.V.« hervor.)

1924/25 In Genf werden im Rahmen des Völkerbunds zwei Opiumkonferenzen veranstaltet. England will von seinen kolonialen Opiumproblemen ablenken und weist deshalb mit Nachdruck auf die Alkaloidproduktion vor allem in den Industrieländern (speziell Deutschland und Schweiz) hin. Es werden parallel zwei Konferenzen abgehalten, von denen sich eine primär mit China, die andere mit Europa befaßt. Die USA schlagen vor, Herstellung und ärztliche Anwendung überhaupt zu verbieten, können sich jedoch nicht gegen die französischen und englischen Ärzte durchsetzen, die Heroin als unverzichtbares Schmerzmittel verteidigen. Produktion und Export von Heroin werden jedoch strengen Kontrollen unterworfen. Immer mehr Länder übernehmen jedoch das prinzipielle Heroinverbot der USA.

Verbot und die Kontrolle werden von den echten Betäubungsmitteln auf Cannabis (Marihuana, Haschisch) ausgedehnt.

Um 1925 zahlen viele ägyptische Unternehmer ihren süchtigen Arbeitern den Wochenlohn in Form von Heroin aus.

1927 Mit seinen *Phantastica* publiziert Louis Lewin das erste umfassende Kompendium über die gängigen und exotischen Rauschdrogen, denen er für geraume Zeit mit dem Buchtitel auch den Namen verleiht.

1929 beschließt Deutschland ein eigenes »Opium-Gesetz« (»Mit Freiheitsstrafe bis zu drei Jahren wird bestraft, wer [solche] Stoffe und Zubereitungen ... ohne die ... vorgeschriebene Erlaubnis einführt, ausführt, gewinnt, herstellt, verarbeitet, Handel mit ihnen treibt, sie erwirbt, abgibt...« – s. auch S. 286.)

1930 In den USA wird Marihuana als »Killerdroge« verfemt und verfolgt.

In Paris erscheint Jean Cocteaus autobiographisches Buch *Opium* über seine Erfahrungen mit der Droge.

In *Das Unbehagen in der Kultur* verweist Freud auf die

Unzulänglichkeit des Menschen, die ihn zum »Prothesengott« macht (S. 451) und eben auch zu den Rauschdrogen als einer dieser Prothesen greifen läßt: »Das Leben, wie es uns auferlegt ist, ist zu schwer für uns, es bringt uns zu viel Schmerzen, Enttäuschungen, unlösbare Aufgaben. Um es zu ertragen, können wir der Linderungsmittel nicht entbehren... mächtige Ablenkungen, die uns unser Elend gering schätzen lassen, Ersatzbefriedigungen, die es verringern, Rauschstoffe, die uns für dasselbe unempfindlich machen. Irgend etwas dieser Art ist unerläßlich.« (S. 432)

1931 Die »Limitation Convention« definiert den Begriff Betäubungsmittel sehr viel umfassender als bis dahin. Die legale Weltproduktion von Heroin geht zurück – illegale Produktion und Handel nehmen entsprechend drastisch zu. In der Schweiz zum Beispiel, die zwischen 1925 und 1929 mit zwei Tonnen die Weltrangliste anführt, beträgt die jährliche Herstellung 1934-37 gerade mal noch 34 Kilo.

1932 In *Brave New World* (dt. *Schöne Neue Welt*) gibt Aldous Huxley der Rauschdroge Soma eine zentrale Rolle in der zukünftigen Gesellschaft. Wie die aktuelle Entwicklung zeigt (s.u. 2100), könnte er Recht bekommen.

1933 wird das totale Alkohol-Verbot in den USA angesichts des damit heraufbeschworenen zusätzlichen Elends wieder aufgehoben.

1934 wird Kodein in Deutschland im Rahmen des »Opium-Gesetzes« unter Rezeptpflicht gestellt.

1935 Im Mai werden in den USA die *Anonymen Alkoholiker* gegründet, und zwar von dem Börsenmakler William Griffith und dem Chirurgen Robert Holbrook, kurz Bill und Bob (die AA nennen sich grundsätzlich beim Vornamen). (Details → Alkohol, S. 536)

1936 Ein weiteres Abkommen zur Unterdrückung des unerlaubten Verkehrs mit Betäubungsmitteln weitet die Straftatbestände aus und zielt auf deren Vereinheitlichung ab.

1937 unterzeichnet Roosevelt den »Marihuana Tax Act«, der es den Behörden erlaubt, Handel und Gebrauch von Marihuana mittels brachialer Strafen total zu unterbinden. Amerikanische Studenten entdecken die stimulierende

	Wirkung der *pep pills* (→ Weckamine und Speed) – und ein neues Suchtmittel ist in der Welt.
1938	Der Biochemiker Albert Hofmann synthetisiert bei Sandoz in Basel auf der Basis des Mutterkornschmarotzers *claviceps purpurea* das LSD-25 (Lysergsäurediäthylamid).
Um 1940	wird in Deutschland bei Hoechst das Methadon (heutiger Markenname: Polamidon), ein vollsynthetisches Opiat, als Alternative zum schmerzstillenden Morphium entwickelt (s. auch u. 60er Jahre).
1943	Am 16. April macht Hofmann einen ersten – unfreiwilligen – Selbstversuch mit der neuen Droge LSD. Er gerät in einen höchst eigenartigen Zustand, den er bald darauf in einem zweiten Experiment wiederholt und analysiert (Protokoll s. S. 209).
1944	Unter Federführung des New Yorker Bürgermeisters La Guardia erscheint der nach ihm benannte Report, der erstmals differenziert die Wirkungen von Marihuana untersucht und das vorher gemalte Schreckensbild mit all seinen Verzerrungen (»Mörderkraut«) zurechtrückt.
1945	Adolf Hitler (geb. 1889) bringt sich mit seiner Frau Eva Braun am 30. April um. Gegen Ende seines Lebens war der Diktator von einer Fülle von Drogen und Medikamenten abhängig (s. S. 426). Hermann Göring (geb. 1893, Suizid 1946 im Nürnberger Gefängnis), der »zweite Mann im Staat« bis fast zum Ende des Dritten Reiches, war viele Jahre morphiumsüchtig.
1947	geht aus der 1922 (s.d.) gegründeten »Reichshauptstelle gegen den Alkoholismus« die »Deutsche Hauptstelle gegen die Suchtgefahren e.V.« in Hamm hervor.
1948	Internationales Abkommen über die Kontrolle synthetischer Betäubungsmittel. Die Schweiz, die an einer engen Fassung des Drogenbegriffs festhält, tritt diesem Abkommen nicht bei.
50er Jahre	Parke Davis bringt das Schmerzmittel Phencyclidin, kurz PCP genannt, auf den Markt. Da sehr bald schon von Halluzinationen im Zusammenhang mit seinem Gebrauch berichtet wird, zieht die Firma das Präparat 1965 vom Markt zurück. Aber da hat es sich längst unter dem Szenenamen *Angel Dust* etabliert und spielt bis in die 80er Jahre eine unrühmliche Rolle als das Halluzinogen mit den schrecklichsten Wirkungen.

1950 Hans Fallada beschreibt in seinem Roman *Der Trinker* (1996 kongenial mit Harald Juhnke fürs Fernsehen verfilmt) eindrucksvoll die Drogenkarriere eines Alkoholikers – seine eigene (zu der auch eine letztendlich suizidale Morphiumsucht gehört). In *Der tödliche Rausch* (gedr. 1955) schildert Fallada, auch aus eigenem Erleben, die Opiatsucht.

1951 veröffentlicht der amerikanische Schlagersänger Jackie Brenston »Rocket 88«. Das Lied gilt als »erste Rock´n´-Roll-Platte« (Posener, S. 136). Rock´n´Roll wird zur eigenen Musik der Jugend und gilt als eines der Markenzeichen der in den 50er Jahren, nach dem Koreakrieg, einsetzenden *Jugendrevolte* gegen die überkommenen Traditionen der Elterngeneration. Nicht lange später entsteht der Slogan »Sex and Drugs and Rock´n´Roll«, der auf die nicht unerhebliche Rolle von Rauschdrogen im Rahmen dieser neuen Bewegung hinweist: Viele berühmte Rock-Musiker (Jimi Hendrix, Janis Joplin, Jim Morrison u.a.) kamen durch Drogen frühzeitig um's Leben.

Entstanden ist der Rock´n´Roll aus dem Rhythm´n´-Blues der Schwarzen. Dieser wiederum ist eine Weiterentwicklung des Country Blues der Südstaaten in den Großstädten des Nordens der 50er Jahre mit ihren neuen Arbeitsmöglichkeiten in der Automobil- und Rüstungsindustrie. Sowohl im Country- wie im City-Blues spielt der Alkohol (Moonshine Whiskey), später auch das Kokain und andere Rauschmittel sowie die verschiedenen Formen der Abhängigkeit davon, eine große Rolle.

1952 erscheint Ernst Jüngers Roman *Besuch auf Godenholm,* worin er autobiographisch seine Erfahrungen mit LSD u.a. Rauschdrogen beschreibt.

1953 Im *Protokoll von New York* der Weltgesundheitsbehörde WHO wird die Absicht festgehalten, der Betäubungsmittelhandel sei »an der Wurzel«, d.h. in den Produzentenländern, zu unterbinden.

Der Roman *Junkie* von William S. Burroughs, der autobiographisch seinen langjährigen Kampf gegen die Opiatsucht schildert, erscheint in New York.

Aldous Huxley beginnt seine Selbstexperimente mit

Meskalin, aus denen seine richtungweisende Studie *The Doors of Perception* (1953, dt. *Die Pforten der Wahrnehmung*) entsteht.

1954 nimmt am 5. Juli Elvis Presley seinen Song »That´s All Right (Mama)« auf, mit dem seine Karriere als einer der größten Entertainer der Musikgeschichte beginnt. Präsident Nixon ernennt den *King* aus Popularitätsgründen am 21. Dezember 1970 »zum Agenten der Rauschgift-Fahndungsbehörde«. Aber damit hat er wohl den »Bock zum Gärtner« gemacht, denn gegen Ende seines Lebens (s. 1977) war Presley auf mehrfache Weise drogenabhängig bzw. von Medikamenten ruiniert: Laut den Aufzeichnungen seines Arztes Dr. George Nichopoulos erhielt der Sänger täglich Medikamente in sechs Stufen, u.a. »ein kodeinhaltiges Mittel zur Beruhigung der Atemwege und Amphetamine zur Stimulierung... Unmittelbar vor dem Auftritt eine Mischung aus Coffein und Dexedrin ... als Aufputschmittel sowie das potente Morphinanalogon Dilaudid... unmittelbar nach dem Auftritt... das Opiat Demerol (Dolantin)... Vor dem Einschlafen die Hypnotika Quaalude (Methaqualon) und Placydil..., Amphetamine ... Bei den häufigen Schlafstörungen Quaalude sowie das Barbiturat Amytal...« Alkoholika, Zigaretten und harte Drogen wie Heroin mied der Sänger – obgleich sein Medikamenten-Cocktail mindestens so schädlich war (Posener, S. 126 f.)

1956–65 Stanislav Grof führt in Prag mehr als 3.000 Experimente mit LSD als Therapeutikum durch (s. u. 1975).

1957 R.C. Zaehner stellt in seiner Studie *Mysticism, Sacred and Profane* nachhaltig die Behauptung von Huxley u.a. Drogen-Apologeten infrage, man könne mit Hilfe von Halluzinogenen echte mystische Erfahrungen machen (vergl. hierzu jedoch → LSD Kap. 6, S. 229 und → Sakrale Drogen).

1958 Richard Heim und Gordon Wasson veröffentlichen ihr Buch über die halluzinogenen (psilocybinhaltigen) Zauberpilze Mittelamerikas: *Les champignons hallucinogènes du Mexiko.*

Synanon wird gegründet. Charles (»Chuck«) E. Dederich entwickelte aus seinen Erfahrungen bei den Anonymen Alkoholikern (→ 1935) eine ebenso eigenständige wie eigenwillige Methode der Gruppenpsychotherapie. Die Bezeichnung »Synanon« dafür wurde von einem Süchtigen geprägt, der in einem Atemzug die beiden Fremdworte *Symposion* und *Seminar* aussprechen wollte und sie zu *Synanon* verkürzte (Details → RA IV, »Selbsthilfegruppen«).

Ab den 60er Jahren wird Methadon (s. oben 1940) zunehmend als pharmakologisches Hilfsmittel bei der Bekämpfung der Opiatsucht eingesetzt, bleibt aber nach wie vor umstritten.

1961 Die »Single Convention on Narcotic Drugs« vom 30. März stellt das für die gegenwärtige rechtliche Diskussion der Drogenpolitik maßgebende und wichtigste Abkommen dar. Die Staaten, die diesen Vertrag abgeschlossen haben, verpflichten sich, Gewinnung, Herstellung, Ein- und Ausfuhr sowie Verteilung, Verwendung und Besitz von Suchtstoffen einer umfassenden Kontrolle zu unterwerfen und Verstöße gegen die Bestimmungen des Abkommens »vorbehältlich ihrer Verfassungsordnung« zu sanktionieren.

1962 Hans-Carl Leuner veröffentlicht seine Studie *Die experimentelle Psychose,* worin er den Einsatz von LSD in der Psychotherapie beschreibt.

In seinem Roman *Island* (dt. 1973 *Eiland*) entwirft Huxley auf der Basis eigener früherer Experimente und theoretischer Studien (s. 1953) seine Vision einer utopischen Gesellschaft, in der psychedelische Drogen eine wichtige positive Rolle spielen.

(Wie seine Biographen überliefern, hat John F. Kennedy in diesem Jahr mit seiner Geliebten Mary Pinchot im Weißen Haus Marihuana geraucht [Posener 1991].) [1992 wird Bill Clinton, künftiger Präsident der USA, bei einer Wahlveranstaltung öffentlich zugeben, während seiner Studentenjahre Marihuana geraucht, »aber nicht inhaliert« zu haben.]

1963 Die WHO ersetzt den Begriff der *Toxikomanie* durch jenen der (physischen und psychischen) *Drogenabhängigkeit.*

1964 veröffentlicht die Journalistin Constance Newland unter dem Titel *Myself and I* ihre Erfahrungen mit LSD im Rahmen einer Psychotherapie. Das Buch (dt. *Abenteuer im Unbewußten)* heizt zusammen mit den Schriften von Timothy Leary (s.u.) und anderen LSD-Befürwortern das Interesse an derartigen Experimenten mit Halluzinogenen gewaltig an und förderte die Psychedelische Bewegung, die im Gefolge des allgemeinen Aufbruchs der 68er-Generation entstand.

1965 R. Mechoulam und Y. Gaoni entdecken in Jerusalem den Hauptwirkstoff des Cannabis: Delta-Eins-Tetrahydrocannabinol; zwei Jahre später kann Mechoulam ihn auch synthetisch herstellen.

Parke Davis nimmt PCP (*Angel Dust* – s. 50er Jahre) vom Markt.

The Three Stigmata of Palmer Eldridge (dt. 1997) von Philip K. Dick (s. auch 1977) ist die vielleicht beste Umsetzung psychedelischer Drogenerfahrungen in Form eines Science-Fiction-Romans.

1966 erscheint in Stuttgart Rudolf Gelpkes *Vom Rausch im Orient und Okzident.* Diese Studie des Drogenproblems verunsichert viele Intellektuelle im deutschsprachigen Raum, weil sie erstmals die traditionelle westliche Einstellung (pro Alkohol, contra Opium und Haschisch) mit der genau gegenteiligen des Ostens konfrontiert und nachhaltig hinterfragt.

1968 *High Priest* von Timothy Leary erscheint. Das autobiographische Buch propagiert → LSD als Mittel der Bewußtseinserweiterung und wird rasch zu einer Art Kultbuch des Psychedelismus.

Alathea Hayter veröffentlicht in London ihre Studie *Opium and the Romantic Imagination.*

Die 68er-Bewegung verbindet Gesellschaftskritik mit einem Kulturkampf gegen die dem Alkohol frönenden Bürger. Die halluzinogenen, als bewußtseinserweiternd bzw. *psychedelisch* bezeichneten Drogen spielen eine wichtige Rolle für diese Subkultur, die sich selbst als *Underground* und als Gegenspieler zum spießigen *Establishment* versteht. Es wird nach einem neuen individuellen und kollektiven Selbstverständnis gesucht, bei dem die Halluzinogene wichtige Einstiegs- und Entwicklungshilfe leisten sollen (»Morgens ein *joint* und der Tag ist dein Freund ...«). Von da ausgehend entsteht jedoch international eine Drogenszene neuer Art, die sich durch (pseudo-)wissenschaftliche und ideologische Schriften selbst rechtfertigt. Entsprechend drastisch schlägt das Establishment mit Gesetzen gegen immer neue Substanzen und mit drakonischen Strafen zurück (Leary wird in den USA wegen Marihuana-Rauchens zu 30 Jahren Gefängnis verurteilt).

1969 Agurell, später auch Axelrod weisen nach, daß chemischen Abbauprodukte (Metaboliten) des THC noch bis zu 14 Tage nach dem Rauchen von Cannabis im menschlichen Körper nachweisbar und wirksam sind – ein nachdrücklicher Unterschied zum Alkohol, der schon nach wenigen Stunden wieder abgebaut ist.

Der amerikanische Anthropologe Carlos Castaneda veröffentlicht seine Dissertation *(The Teachings of Don Juan, dt. Die Lehren des Don Juan),* die seine Lehrzeit bei einem Indianerzauberer und seine dort gemachten Halluzinogenerfahrungen, speziell mit Peyote (→ Meskalin), beschreibt. Diese und ein halbes Dutzend weiterer Schriften von ihm machen Unzählige mit diesen Möglichkeiten vertraut und tragen, mit den Büchern von Huxley und Leary, zur Entstehung der Psychedelischen Bewegung bei.

In den USA kommt der Film *Easy Rider* in die Kinos. Er erzählt die Geschichte zweier junger Männer (gespielt von Peter Fonda und Dennis Hopper, der zugleich Regie führte), die durch einen Kokain-Deal zu Geld kommen und auf dem Motorrad quer durch die USA fahren. Dabei wird kräftig Marihuana geraucht (eindrucksvoll die Szene, in der Jack Nicholson, der einen jungen versoffenen Rechtsanwalt spielt, zum Kiffen »bekehrt« wird). Der lakonische Satz »Jeden Morgen ein Joint und der Tag ist dein Freund« wurde für viele junge Leute zu einer Art Schlüssel für persönliche Freiheit. Der Film läßt allerdigs auch keinen Zweifel daran, daß es sich um eine sehr fragwürdige Freiheit handelt: Alle Protagonisten werden auf brutale Art ermordet.

70er Jahre Es wird entdeckt, daß der Körper eigene Opiate zu produzieren vermag, zum Beispiel während extremer körperlicher Anstrengungen wie bei einem Marathonlauf. Diese (Endorphine genannten Substanzen lassen viele menschliche Reaktionen mit und ohne Rauschdrogen verständlicher erscheinen, z. B. die Fasten-Euphorie.

Es kommt, insbesondere in den USA, zu einer (dritten) Welle des Kokain-Mißbrauchs.

Einer Untersuchung in den USA zufolge ist die Relation der Todesopfer von Heroin : Alkohol : Tabak wie 1: 10: 100 (Heroin: 4.000 / Alkohol: 40.000 / Tabak: 400.000).

Anfang der 70er Jahre gibt es in der Bundesrepublik 118 Drogenberatungsstellen (Mitte 1976 sogar nur noch 59 – dafür werden es → 1997 erfreuliche 1.280 sein).

1971 In Deutschland wird das alte »Opium-Gesetz« von → 1929 abgelöst durch das »Gesetz über den Verkehr mit Betäubungsmitteln (BTM-Gesetz)«.

Die »Convention on Psychotropic Substances« unterzieht halluzinogene Substanzen analog zum Einheitsabkommen von 1961 einer rechtlichen Regelung. US-Präsident Nixon erklärt jede Art von Rauschgift (Alkohol wird bezeichnenderweise nicht angeführt) zum »Staatsfeind Nr. 1«.

Dieses *Handbuch der Rauschdrogen* erscheint als erstes Kompendium seiner Art im deutschsprachigen Raum.

1972 Zusatzprotokolle zur »Single Convention« von 1961, die einige Bestimmungen nochmals verschärfen.

1975 Parallel zur Intensivierung dieses »Krieges gegen die Drogen« in den Industrieländern weitet sich der vom organisierten Verbrechen kontrollierte Anbau in den drei wichtigsten Produktionsregionen massiv aus: *Goldenes Dreieck* (zentriert um Thailand), *Goldener Halbmond* (Libanon und angrenzende Länder), Lateinamerika (Kolumbien, Peru usw.).

Es erscheint der erste Band von Stanislav Grofs Studien über LSD (dt. 1978: *Topographie des Unbewußten* – Details hierzu (LSD, s. S. 235).

1977 Posthum erscheinen unter dem Titel *Moksha* (dt. 1983) Aldous Huxleys gesammelte Schriften über seine psychedelischen und visionären Erfahrungen (s. auch 1953 und 1962).

Philip K. Dicks Roman *A Scanner Darkly* (dt. 1980: *Der dunkle Schirm*) verarbeitet in eindrucksvoller Weise die Erlebnisse des Autors mit → LSD, PCP und Speed (s. auch 1965).

Am 16. August stirbt Elvis Presley (s. auch 1954) Der 1990 durch eine Indiskretion bekanntgewordene Autopsiebericht ergibt »vierzehn verschiedene Betäubungs- und Beruhigungsmittel gleichzeitig (aber keine illegalen)« (Posener S. 126).

1978 *Die Kinder vom Bahnhof Zoo,* aufgeschrieben von den Stern-Reportern Kai Hermann und Horst Rieck, protokolliert das desolate Leben der jungen Fixerin Christiane F. Das Buch ist sehr erfolgreich (mehr als 17 Auflagen) und macht zusammen mit dem daraus entstandenen gleichnamigen Film erstmals nachdrücklich auf das neue Elend unzähliger junger Drogensüchtiger aufmerksam – wird aber zugleich problematisches Kultbuch vieler Jugendlicher in ähnlich desolater Situation.
Traumzeit von Hans-Peter Duerr beschreibt die Zusammenhänge von Hexenkult, Drogenwirkung und innerer Realität.

1979 Albert Hofmann zieht in seiner Autobiographie *LSD – mein Sorgenkind* Bilanz über die Karriere des von ihm entwickelten Halluzinogens. Auf der einen Seite ist er ernüchtert bis entsetzt über den Mißbrauch, der damit getrieben wird – auf der anderen Seite hat er Hoffnungen, daß eine aufgeklärtere Gesellschaft die Substanz eines Tages als neue → Sakrale Droge verwenden könnte.

80er Jahre Mitte der 80er Jahre taucht in den USA erstmals → Crack auf. Wegen des günstigen Preises und seiner schnellen Wirkung wird der Kokainabkömmling rasch zur Massendroge der ärmeren Schwarzen.
Ende der 80er Jahre erreichen die internationalen Drogenmärkte ein Umsatzvolumen von 300 bis 500 Milliarden Dollar.

1980 In einem aufsehenerregenden Bericht macht Jean Bernard am Beispiel Frankreichs die enge Verflechtung von Drogen und Gesellschaft deutlich. Demnach sind zwei Millionen Franzosen behandlungsbedürftige Alkoholiker; für drei weitere Millionen bringt der Alkohol schwere gesundheitliche Risiken mit sich (nach Kreislauf- und Krebskrankheiten ist er die dritthäufigste Todesursache). 20.000 bis 30.000 Menschen sterben jährlich allein an Leberzirrhose, Delirium tremens und Nephritis. Bernards Bericht macht aber auch für die meisten Fälle von Mund- und Rachenkrebs, ein Drittel der tödlichen Tuberkulose-Fälle, die Hälfte der Kapitalverbrechen, ein Viertel der Selbsttötungen, ein Drittel der tödlichen Autounfälle und für 15 Prozent der Arbeitsunfälle den Alkohol bzw. seine Trinker verantwortlich.

»Es steht fest, daß bereits eine Teillösung des Alkoholismus-Problems für sich allein genügen würde, die finanziellen Nöte der Sozialversicherung zu lindern«, heißt es in dem Bericht: 20 bis 50 Prozent der Krankenhausbetten seien regelmäßig mit Patienten belegt, deren Leiden sich auf das Trinken zurückführen lassen. Die sozialen Kosten dieser Sucht werden auf »Dutzende von Milliarden Franc pro Jahr« geschätzt. (Details → Alkohol, S. 39)

1981 erscheinen die ersten Studien über die neue Seuche *Aids,* die sich vor allem im Milieu der Drogenabhängigen (durch gemeinsamen Spritzengebrauch) und der Homosexuellen (infolge der oft üblichen Promiskuität) rasend schnell ausbreitet.

1982 Der Schweizer Volkskundler Sergius Golowin macht in seiner Studie *Kult und Brauch der Kräuterpfeife in Europa* auf die früher weite Verbreitung von Hanf, Nachtschattengewächsen u.a. volkstümlichen Rauschmitteln aufmerksam.

1987 Man schätzt die Zahl der Heroinsüchtigen in der Bundesrepublik (inklusive Dunkelziffer) auf 100.000 und zählt mehr als 400 Herointote jährlich (1987 werden offiziell 442 Heroinopfer gemeldet). Zum Vergleich: Im Straßenverkehr sterben rund 10.000 Menschen, davon jeder fünfte durch »Alkohol am Steuer«. (→ 1996: 300.000 Abhängige, 1.712 Herointote und rund 8.000 Verkehrsopfer).

1988 Das Wiener »Abkommen gegen den illegalen Handel mit Betäubungsmitteln« sieht vor, auch den Handel mit und die Finanzierung von Drogen (Geldwäsche) stärker zu problematisieren, zu kriminalisieren und zu kontrollieren.

1989 Durch einen Bundesgerichtsentschluß werden in der Schweiz erstmals die Finanzierung von Drogengeschäften und die Vermittlung ihrer Finanzierung unter Strafe gestellt.

Die Designer-Droge → Ice taucht kometenhaft auf und verschwindet wieder.

90er Jahre In Chicago entsteht die neue musikalische Richtung des Techno, die sich speziell in Deutschland rasch verbreitet und – zusammen mit *House* und anderen Ablegern – rasch zur dominierenden Musik eines Teils der jungen Generation wird. Die Designer-Droge → Ecstasy und andere Aufputschmittel (→ Speed) verstärken die Wirkung und helfen, die körperlich sehr anstrengenden Tanznächte durchzuhalten.

Ende der 90er Jahre wird der Umsatz der internationalen Drogenmärkte bereits auf bis zu 800 Milliarden Dollar geschätzt.

Es kommt zu einer (vierten) *Kokain-Welle,* die inzwischen die ganze Welt erfaßt hat.

Nachdem man den Genuß von Cannabis *(ganja, bhang)* in Indien bis weit ins 20. Jht. tolerierte, versucht man ihn in den 90er Jahren mehr und mehr mit drastischen Strafen zurückzudrängen.

1992 Bill Clinton, der künftige Präsident der USA, gibt während einer Wahlveranstaltung öffentlich zu, während seiner Studentenjahre Marihuana geraucht, »aber nicht inhaliert« zu haben. (Sein Vorbild John F. Kennedy war da diskreter – erst seine Biographen überlieferen, er habe 1962 mit seiner Geliebten Mary Pinchot im Weißen Haus Marihuana geraucht [Posener 1991].)

Eine Untersuchung in der Schweiz (Bonin 1992) ergibt, daß das Drogenproblem (die Alkoholprobleme nicht mitgerechnet) das Land jährlich mindestens 612 Millionen Franken kostet: 312 Millionen für die Bekämpfung und die Linderung der Folgen, 300 Millionen durch volkswirtschaftliche Verluste infolge Krankheit und frühen Tod der Süchtigen. (Entsprechende Zahlen für Deutschland s. unten 1996.)

1993 130.000 Menschen sterben in Deutschland an den Folgen von Alkoholismus und Nikotinsucht (1.738 an Heroin – einer etwas älteren Untersuchung in den USA zufolge war die Relation der Toten dort in den → 70er Jahren 1 : 10 : 100 [Heroin 4.000, Alhohol 40.000, Tabak 400.000]). Die volkswirtschaftlichen Schäden des Alkoholismus werden auf jährlich 30 bis 80 Milliarden Mark beziffert, die durch Tabakkonsum hervorgerufenen Schäden auf 90 Milliarden Mark (*Jahrbuch Sucht 95*).

1994 Ende des Jahres und in der Folgezeit demonstrieren in Peru und den angrenzenden Andenländern immer wieder Tausende von Bauern, die vom Coca-Anbau leben, gegen die Behörden, welche mit Militärgewalt ihre Felder vernichten. Die Regierungen wollen sich den Forderungen der USA beugen, die das Drogenproblem in den Urspungsländern bekämpfen möchten. Hingegen vertreten die Bauern die Meinung, das Problem müsse bei den Konsumenten, also in den USA und anderen Industriestaaten, gelöst werden und nicht auf Kosten ihrer Existenz.

Die Welternte der wichtigsten Genuß-Drogen beträgt 1994 (in Millionen Tonnen): Kaffee 5,43; Tee 2,62 und Kakao 2,56 (neueste Daten, Stand 1997).

Die Steuererträge in Deutschland betrugen 1994 (in Milliarden Mark): Kaffee 2,27; Alkoholika (Branntwein, Bier und Schaumwein) 7,80 und Tabakwaren 20,26 (neueste Daten, Stand 1997). Die Kosten durch direkte und indirekte Schäden, für welche die Gesamtheit der Steuerzahler aufkommen muß, belaufen sich auf ein Vielfaches davon (s. unten 1996, 1997).

1995 33 Milliarden Mark geben die Deutschen für Tabakwaren aus, die Zahl der Tabakkonsumenten schätzt man auf 24 Millionen (37% der Männer und 22 % der Frauen rauchen), von denen jährlich 90.000 frühzeitig sterben. (*Jahrbuch Sucht 95*). Weltweit sterben jährlich schätzungsweise drei Millionen Menschen an den Folgen ihres Tabakkonsums – jede Minute im Durchschnitt sechs. (Quelle: *Globus* 1996)

50 Milliarden Mark geben die Deutschen jedes Jahr für Alkoholika aus, die Zahl der Alkoholsüchtigen schätzt man auf 2,5 Millionen, von denen jährlich 40.000 frühzeitig sterben.

Auf 1,4 Millionen schätzt man die Zahl der Medikamentenabhängigen (Quelle: IKK).

(In diesem Jahr lag die geschätzte Zahl der Konsumenten harter Drogen in Deutschland bei 300.000, davon Schwerstsüchtige rund 150.000. Zahl der Herointoten 1996: 1.565).

1996 werden folgende Drogenmengen beschlagnahmt: Amphetamine 160 kg, Ecstasy 692.397 Konsumeinheiten,

Cannabis 9.367 kg, Heroin 898 kg, Kokain 1.373 kg, LSD 67.082 Konsumeinheiten (Quelle: BKA).

Die Zahl der Drogentoten durch Heroin beträgt 1996 offiziell 1.712 (1988: 400). Zum Vergleich: Im Straßenverkehr sterben jährlich rund 8.000 Menschen (davon jeder fünfte durch »Alkohol am Steuer«), zu denen man rund 4.000 weitere Verkehrstote infolge Abgaswirkungen rechnet.

Der Sachschaden, den Süchtige durch ihre Beschaffungskriminalität verursachen, wird auf mindestens 3,2 Milliarden Mark geschätzt (Hartwig). Dies ist jedoch nur der eine Aspekte der Drogenkriminalität. Wahrscheinlich noch schlimmer ist, daß durch den Drogenhandel die organisierte Kriminalität (Mafia etc.) immer besser in immer weiteren Teilen der Bevölkerung Fuß fassen kann, mit absehbaren verheerenden Wirkungen auf die gesamte Gesellschaft* (wie das aussieht, läßt sich an den Folgen der Prohibition in den USA studieren (→ Alkohol).

Ecstasy verbreitet sich explosionsartig in der Techno-Szene, wird zur Modedroge unter den jungen Leuten und fordert erste Todesopfer.

Als die Bochumer Ökonomen Karl-Hans Hartwig und Ingo Pies die volkswirtschaftlichen Schäden der von ihnen als gescheitert betrachteten Drogenpolitik beziffern, kommen sie auf eine Summe von weit über 13 Milliarden Mark (Details im Kasten auf S. 445 im RA II). Die Autoren kommen zu dem Schluß: »Prohibition ist nicht nur unnütz, sie schadet.« Diese Studie wird vom Auftraggeber, dem hessischen Justizministerium, nicht veröffentlicht. Die Autoren erhalten lediglich die Genehmigung, das Werk für wissenschaftliche Zwecke in 600 Exemplaren drucken zu lassen – also nahezu unter Ausschluß der Öffentlichkeit!

1997 Thomas Wenner, Polizeipräsident von Bochum, äußert einen selten so unverblümt formulierten Verdacht: Er könne sich »sehr gut vorstellen, daß es hinter den Leu-

---

* Der Gesamtwert der als *Geldwäsche* verdächtigen Transaktionen erreichte allein 1995 die Summe von 991 Millionen Mark (*Weltalmanach* 1997, Spalte 196) – das meiste davon dürfte Drogengeld gewesen sein.

ten im Nadelstreifen mit hohen Funktionen dubiose Einflußgrößen [aus der Unterwelt] gibt ... Der Organisierten Kriminalität muß jedes Mittel recht sein, damit alles so bleibt, wie es ist, das ist schließlich eine Erfolgsgarantie.«

Im Februar beleben in Deutschland die SPD, bald darauf auch die Grünen und die FPD die Diskussion um die Legalisierung der weichen Drogen (Marihuana, Haschisch) und auch – unter eingeschränkteren Bedingungen – der harten Drogen Heroin. Der Drogenbeauftragte der Regierung, EduardLintner, weigert sich hingegen gegen jede Aufweichung der traditionell ablehnenden Haltung von CDU und CSU (letztere verficht die extremste Form der Ablehnung).

Die Befürworter einer Legalisierung tun dies nicht zuletzt mit Blick auf die Schweiz und Holland, die großzügige Hilfsprogramme für Süchtige einrichten und auf eine Legalisierung zumindest der weichen Drogen und, in Grenzen, sogar des Heroin hinarbeiten. Als wesentliches Problem wird die Gefahr eines kontinentenweiten Drogen-Tourismus gesehen, wenn nicht möglichst alle Ländern gleichzeitig ihre Gesetzgebung liberalisieren – was eine Utopie sein und lange bleiben dürfte.

Im März fordern die deutschen Autoversicherer eine Senkung der Promillegrenze auf 0,5 Promille, weil bei jedem fünften Verkehrsunfall mit Todesfolge Alkohol im Spiel sei. Jährlich kämen 1.800 Menschen auf diese Weise ums Leben und mehr als 55.000 würden verletzt.

Die »Deutsche Hauptstelle gegen die Suchtgefahren e.V. (DHS)« in Hamm feiert ihren 75jährigen Geburtstag (s. 1922 und 1947).

Gab es Anfang der 70er Jahre in der Bundesrepublik etwas über 100 Drogenberatungsstellen, Mitte 1976 sogar nur noch 59, so sind es inzwischen erfreuliche 1.280.

Im Mai kommt eine neue Spritze auf den Markt, bei der das Medikament nicht mehr durch eine Hohlnadel appliziert, sondern mittels Überdruck direkt unter die Haut gepreßt wird (s. auch 1853 und 1856).

[Zukunftsaspekte]

[2000] Die UNO ernennt den 1. April zum Welt-Drogentag, der in Zukunft alljährlich begangen werden soll, um auf die verheerenden weltweiten Folgen der Rauschgifte aufmerksam zu machen. Sponsor ist die Tabak- und Alkoholindustrie, die davon ablenken möchte, daß eine weitaus größere Zahl von Toten und volkswirtschaftlichen Schäden auf Tabak- und Alkoholkonsum zurückgehen* (s. auch 1996).

[2020] Unter der Liste der zehn häufigsten Todesursachen der Zukunft, die Alan D. Lopez von der WHO und Kollegen 1997 erstellt haben, stehen Herz- und Kreislauferkrankungen sowie Straßenverkehr und Krieg vornean. Letzterer soll von derzeit Rang 16 auf Platz 8 steigen; Aids, heute an 28. Stelle, auf Platz 10.
»Die meisten Menschen aber werden im Jahr 2020 an den Folgen des Tabakgenusses sterben.« (Vieser 1997)

[2100] Es gibt eine Voraussage über die Zukunft unserer Zivilisation, die auf einfachen Hochrechnungen einer in verschiedenen Industrieländern statistisch belegten Entwicklung beruht: Wenn es so weitergeht, dann wird etwa im Jahr 2100 die Zahl der Süchtigen in der Gesellschaft die Zahl der Nichtsüchtigen übertreffen (Details auf S. 8).

Literatur
Asimov, I., *Das Wissen unserer Welt,* (1989) München 1991
Baratta, M. von (Hrsg.), *Fischer Weltalmanach '97,* Frankfurt a.M. 1996
Boer, J. de, »Göttliche Dünste«, zit. n. *Der Spiegel* Nr. 21/1997
Bonin, G., »Die Drogenhölle kommt uns teuer zu stehen«, in *Cash* Nr. 13 vom 27. März 1992
Caporeal, L., zit. n. *Sphinx Magazin* Heft 1, 1977 (»Die Hexendroge von Salem oder: vom Mutterkorn zum LSD«)
Duerr, H.-P., *Traumzeit,* Frankfurt 1978
Eliade, M., *Geschichte der religiösen Ideen,* Bd. I, Freiburg 1978, S. 284
Emboden, W. A., »Pilz oder Seerose? Literarische und bildnerische Zeugnisse von Nympheaea als rituellem Psychotogen in Mittelamerika«, in: Völger und Welck (Hrsg.), s.u., S. 605-616
Freud, S., *Aus den Anfängen der Psychoanalyse. Briefe an Wilhelm Fließ,* (1897) Frankfurt 1950, S. 205
Ders., *Das Unbehagen in der Kultur* (1930), G.W. XIX

---

* Für die Jahre 1950 bis 2000 rechnet man mit über 60 Millionen Todesfällen infolge Tabakkonsums (Quelle: Globus 1996)
** Es handelt sich um den Katalog zu der Ausstellung, die Gisela Völger und Karin von Welck 1981 im Rautenstrauch-Joest-Museum zu Köln ausgerichtet haben.

Deutsche Hauptstelle gegen Suchtgefahren (DHS) (Hrsg.), *Jahrbuch Sucht 95,* Hamm 1995
Fullagar, R., zit. n.: *Der Spiegel* vom 30. Sep 1996, (»Stonehenge der Vorzeit«)
Globus Kartendienst: »Raucher leben gefährlich«, Hamburg 1996
Golowin, S., *Kult und Brauch der Kräuterpfeife in Europa,* Allmendingen 1982
Haenel, Th. A., »Kulturgeschichte und heutige Problematik des Haschisch«, in: *Pharmakopsychiatrie / Neuropsychopharmakologie 3,* 1970, S. 89-115
Hartwig, K.-H. und I. Pies, *Rationale Drogenpolitik in der Demokratie,* Tübingen 1996 (zit. n.: *Der Spiegel* Nr. 5 / 1997, S. 46)
Heim, R. und G. Wasson, *Les champignons hallucinogènes du Mexiko,* Paris 1958
Goetz, H., *Geschichte Indiens,* Stuttgart 1962, S. 28
Innungskrankenkasse (IKK), zit. n.: *Südd. Zeitung* vom 2. Dez. 1993 (»1,4 Millionen von Medikamenten abhängig«)
Küttner, M., *Psychedelische Handlungselemente in den Märchen der Brüder Grimm,* Wetzlar 1995
Lopez, A. D., zit. n. Vieser, H., »So sehen Forscher unsere Zukunft«, in *Bild der Wissenschaft* Nr. 4/1997, S. 61
Posener, A., *John F. Kennedy,* Reinbek 1992, S. 125
Schefer, K.-G., Coca in Südamerika«, in: Völger und Welck (Hrsg.), s.u., S. 758
Schultz, M. G., »The *Strange Case* of Robert Louis Stevenson«, in: *Journal of the American Medical Association* 216, 1971, S. 90-94
Spindler, K., *Der Mann im Eis,* München 1993
Vandenberg, Ph., *Das Geheimnis der Orakel,* München 1979
Völger, G. und K. von Welck (Hrsg.), *Rausch und Realität. Drogen im Kulturvergleich***. Reinbek 1982
Weltalmanach: s. Baratta

Drogenregister

Abführmittel 248
Acapulco Gold 81 f.
Aceton 204
Acid 412
Acetaldehyd 57
Adalin 336
Adenin 153, 158
Adrenalin 70, 352, 354, 602, 635
Adrenolutin 602
Adumbran 342
Afyun 289
Agavenbier 328
Agavenschnaps 278, 328, 351
Agavenwein 257
Akonit 175
Alchornea fluribunda 69
Aldehyde 336
Alkaloid 171, 175, 180 ff., 184, 195 f., 208, 244, 255, 264, 271 f., 278, 288, 290 f., 327, 330, 333, 591, 595, 601 ff., 621, 630-633, 635
Alkohol 9, 16, 18, 22, 28, 37-62, 65, 67, 73 f., 76, 83, 86, 89, 93-101, 107, 111, 113 f., 116, 119, 139, 145 f., 152 f., 157, 168, 170, 180, 182, 192, 195 ff., 206, 242, 247, 249, 258, 263, 268 f., 275, 278, 282, 298, 310, 314, 330, 335 f., 341, 345, 347, 351, 358, 362, 367 f., 373, 384, 387 ff., 393 ff., 397, 406, 413, 419-425, 427, 429, 441, 443, 451, 478 f., 481 f., 484, 488, 509, 515 f., 521, 524, 532 f., 536-539, 543, 557, 560, 565, 568 f., 573, 578, 587, 590, 594, 605, 609 f., 615, 624, 627 f., 630, 634, 638, 640 f., 643-652
Alpha-Pyrone 185
Alraun s. Mandragora
Alruniken s. Mandragora
Amanita Muscaria 76, 147
Ammoniak 166
Amphetamine 70 f., 94 , 131 f., 135, 137, 234, 245 f., 317, 348, 352-358, 364, 399, 412, 420 f., 478, 551, 571, 633, 635, 641, 649
Amylenhydrat 336
Amytal 641
AN-1 357, 421
Anaboles Steroid 252
Analgetika 248, 365, 481
Anandamid 160
Aneural 337
Angel Dust 310 f., 639, 643
Anhalin 255, 261
Anhalonidin 255, 261
Anhydrid 73
Anregungsmittel 490
Anti-Parkinson-Mittel 482
Aphrodisiaka 63-68, 159, 174, 222, 328, 333, 351, 360, 367, 405
Apomorphin 562, 565 f., 571
Appetithemmer 69-72, 112, 248, 311, 354, 423, 636
Aprobarbital 337
Areca-Nuß 161
Arecolin 161
Arkanum 282, 628
Arsen 76, 166, 615
Arsenik 72, 593
Arylcyclohexylamine 312
Arzneimittel 354, 609
Aspidosperma quebrancho-blanco 69
Asthmazigaretten s. Nachtschatten-Drogen
Äther s. Ether
Äthylalkohol 40
Atropa belladonna s. Tollkirsche
Atropin 147, 175, 196, 244, 271 ff., 595 f., 599, 604, 614
Aufputschmittel 248 f., 251 f., 421, 423, 489, 641, 648
Avicol 354
Ayahuaska 75
Azetylcholin 272 f., 595 ff., 602

Badoh 277
Bador 277
Banisterin s. Banisteriopsis caapi
Banisteriopsis caapi 74 ff., 126, 153, 180, 228, 256, 278, 329, 343, 348, 350, 382, 509, 601
Barbital 337
Barbiturate 93, 205, 272, 320, 337 ff., 356, 420, 482, 489 f., 554, 568, 571, 596, 607, 641
Belladonna 64, 272 f.
Benzedrin 184, 352 f., 356, 585, 633
Benzin 204
Benzodiazepine 336, 341 f.
Benzol 204, 311
Berliner Tinke 287, 289
Beruhigungsmittel 93, 248, 310, 337, 341 f., 489, 646
Beta-Endorphin 141

Betäubungsmittel 312, 394, 596, 637 f., 645 ff.
Betel, Betelnuß 153, 161, 174
Bhang 81 f., 117, 150, 648
Bier 275, 284, 314, 344, 592, 622 f., 649
Bilsenkraut 77, 174, 271, 273, 275, 596
Biosedon 336
Blätter der Hirtin Maria s. Ska Maria Pastora
Blausäure 166, 614
Blue Cheer 215
Blue Sky Blond 82
Branntwein 649
Bremer Gerichtsrat 82
Brom 600
Brom-LSD 215
Bromierte Harnstoffe 336
Bromural 336
Brown stuff 289
Bufotenin 28, 76 f., 125 f., 133, 147, 324, 344, 598 ff.
Butallylonal 337
Butylacetat 204

Caapi s. Banisteriopsis caapi
Cadmium 166, 435
Calcium-Acetyl-Homotaurinat 60
Cannabinol 82, 93, 370
Cannabis 16, 66, 72, 78-125, 182, 184, 186, 192, 200 f., 204, 214, 217, 237, 242, 254, 282, 287, 305, 312, 314, 317, 329, 360, 363, 367 ff., 371, 384 f., 389, 393, 395, 400, 404 f., 410, 412 f., 419, 421, 443, 450, 478, 498, 513, 524 f., 528, 548, 588, 591, 603, 611, 616, 620, 624, 637, 643 f., 648, 650
Cannabis sativa var. indica 82
Cannabis-Tinktur 528, 587
Captagon 352, 354, 478
Carbamide 336
Carbobitril 317
Carnegin 255
Catharantus lanceus 68
Cathinon 184
Chachaquila 379
Chandu 281, 283, 289, 291
Channa s. Kanna
Charas 81 f., 117, 150
Chatin 183 f.
Chinazolinone 336
Chloralhydrat 336, 630 f.
Chloroform 42, 205 f.
Chlorphentermin 354
Chlorpromazin 348 f., 551
Claviceps purpurea 208, 329, 639
Coca 121, 184, 187 f., 190. 193, 196, 199 f., 202, 298, 329 f., 367, 388, 509, 620, 628 f., 632
Coca Cola 160, 193, 481, 633 f.
Coca-Blätter 66, 68, 84, 158, 160, 180, 314, 360, 367, 388, 391, 554, 588, 622
Codein s. Opiate
Coffein 65, 152-161, 169 f., 193, 276, 630, 633, 641
Cohoba 76, 125 f., 133, 329, 343 ff., 382
Cola-Nuß s. Kola-Nuß
Colorines 327
Contergan 249, 336, 421, 489
Coral bean 327
Coramin 153
Crack 126 ff., 131, 202, 419, 450, 646
Crystal 312
Curare 378
Cyclobarbital 337
Cyclohexan 317
Cyrpon 337
Cytisin 327 f.
CZ-74 215, 225, 587

Datura metel s. Stechapfel
Datura s. Nachtschatten-Drogen
DDT 489
Dekarboxylasen 590
Delta-Eins-Tetrahydrocannabinol s.Tetrahydrocannabinol
Delysid 215
Demerol 562, 641
DES/Stilböstrol 421, 437
Designer-Drogen 121, 126, 129-133, 140, 240, 370, 450, 647 f.
DET (Diethyltryptamin) 133
Dexedrin 641
Dextran 590
Dextrometorphan 289 f.
Diacetylmorphin 289, 293, 632, 634
Diapid 370
Diäthylamid 207, 277
Diazepam 317, 612
Dichlormethan 204
Dilaudid 286, 641
Ditran 215, 603 f.
DMT (Dimethyltryptamin) 94, 133, 143, 324, 345, 599 f.
DOB (Dimethoxybromamphetamin) 130
Dolantin 289, 292, 641
DOM 348, 370, 518
Doping-Mittel s. Medikamente
Doriden 336
DPT (Dipropyltryptamin) 133
Dross 281, 289
Duboisia Hopwoodii 271, 621
Dunkelbrauner Pakistani 81 f.

Ecstasy 27, 31, 129-132, 134-141, 153, 169, 232, 270, 429, 444, 518, 648 ff.
Eibe 330 f.
Ekgonin 195, 200
Elastonon 352
Elemicin 269
Eleutherococcus 252
Emetin 562, 565
Endogene 140
Endorphine 140, 142, 254, 292, 309, 644
Engelstaub 131, 310, 313 ff., 370
Enkephaline s. Endorphine
Entaktogene 136

Epéna 126, 133, 142, 228, 269, 343, 345, 361, 382
Ephedra vulgaris 622
Ephedrin 169, 354, 622
Ephetonin 354
Ergotamin 207 f., 356
Ergotin 208
Ergotoxin 144
ET (Ergotamin Tartrat) 143 f.
Ethanol 551
Ether 42, 45, 74, 144 ff., 204 f., 447, 628-631, 633
Ethylalkohol 551
Ethylen 625
Ethylether 145
Ethylurethan 336
Eukodal 286
Euphornbien 69
Eventin 352 f.
Evipan 337

Fentanyl s. Designer-Drogen
Fliegenpilz 76, 86, 147-151, 228, 242, 254, 327, 329-333, 346, 360 f., 369, 386, 615, 620, 623
Fluctin 254
Flugsalben 69, 360
Formaldehyd 166
Freebase 128
Frijolillo 327
Frisco speed ball 289 f.

Ganja 81 f., 150, 624, 648
Genuß-Drogen 68, 78, 152-170, 182, 185, 193, 227, 271, 275, 350, 362 f., 418 f., 425, 427, 605
Genußmittel 623, 628, 632
Ginseng 252
Glucoronsäure 591, 607
Gottes Fleisch s. Teo-Nanacatl
Gras 82
Grüner Marokkaner 82
Grüner Türke 81 f.
Grünkreuzer 215
Guarana 68, 159

Haldol 317
Halluzinogene 30, 74, 77, 79, 86, 89, 94, 97 f., 130 f., 133, 136, 142, 147, 150, 171, 175, 181 f., 204, 211, 214 ff., 217, 220, 224-236, 245, 256 f., 259, 262 ff., 269, 278 f., 288, 310, 312 f., 322, 324, 328, 330 ff., 334, 344, 348, 351 f., 354, 360 f., 363, 366, 369 ff., 373, 382, 384, 405, 410, 412 f., 419, 427, 447, 460 ff., 473 f., 476, 478, 498, 503, 515, 524, 526, 587, 593, 597, 599 ff., 603 f., 609, 612, 622, 624, 626, 629, 639, 641 ff., 645 f.
Haloperidol 317
Hanf 78-81, 87, 121, 621
Hanfharz 174
Hanofsamo 87, 627
Happy Faces 215
Happy pills 342
Harmalin 74, 76, 153, 171 f., 176, 180, 228, 246 f., 367 f., 498, 601
Harman 74
Harmin 74 ff., 171, 180, 601
Haschisch 15, 32 f., 39, 65-68, 77-82, 86-104, 106-122, 131, 152, 174, 182, 184, 189-192, 196, 200 f., 253, 282, 298, 300, 310 f., 317, 336, 363 f., 367 f., 370, 377, 384 ff., 388, 390, 394-397, 400 f., 404, 408 ff., 412, 418, 422, 429, 431, 443, 445, 457 f., 468, 476 ff., 481-486, 491 f., 515, 521, 524, 528, 551 f., 557, 573, 587 f., 594, 603, 605, 621-628, 637, 643, 651
Haschisch-Öl 82, 92, 305, 314, 391
Haschischharz 76
Heilige Pflanzen s. Sakrale Drogen
Heilmittel 632
Heptabarbital 337
Heptan 204
Heroin 15, 27, 29 f., 32 f., 39, 41, 61, 65, 71, 102, 109 f., 131, 137, 168, 170, 186, 190, 201, 234, 248, 280, 286 f., 289 f., 292 f., 296, 299, 303-308, 310 ff., 320, 335, 357, 367 f., 370, 383, 391, 395, 397, 410 ff., 418, 422, 425, 429, 445 f., 450, 465, 478 ff., 483, 486, 488, 522, 544, 552 f., 557 f., 565 ff., 608 f., 611, 620, 632, 634, 636 ff., 641, 645, 648, 650 f.
Hexan 204
Hexensalben 69, 77, 88, 172-179, 228, 244, 271, 273 f., 329, 332, 344, 360, 367, 384, 389, 588, 596, 620, 628 f.
Hexobarbital 337
Hirsebier 13
Hog 312
Holzsprit 40
Hongkong Rocks 289, 305 f.
Hongos crudos 322
Hongos montesinos 322
Hordenin 255
Humboldt Homegrown 82
Huoma 151
Hustenmittel 481 f.
Hüttenrausch s. Arsenik
Hypnotika 249, 338, 641

Iboga Tabernanthe 601
Ibogaïn 68, 153, 171, 176, 180 f., 228, 246 f., 367 f., 370, 498, 601
Ibotensäure 147
Ice 130 ff., 181, 647
Indocyn 324
Indol 77, 211, 602 f.
Indol-Alkaloid 68
Insulin 319
Interferon 365
Ipomea violacea 277 f., 601
Isolysergsäureamid 278, 601
Isophen 352

Jetrium 289, 478

Kaffee 152-160, 169, 183, 276, 337, 418, 445, 649
Kakao 152 f., 159 ff., 649
Kaliumzyanid 311
Kanna 182
Kanthariden 174
Kath 155, 182 ff., 314, 326
Kava s. Kawa-Kawa
Kavaform 186
Kawa-Kawa 184 ff., 314, 327, 509, 587
Kenia-Gras 81 f.
Ketamine 186, 312
Kif 82, 84
Kochsalzlösung 551, 565, 592
Kodein 186, 280, 288 ff., 303, 481, 551, 630, 638
Koffein 481, 551, 596
Kohlendioxyd 590
Kokain 25, 28, 61, 66 f., 93, 110, 126 f., 130 f., 158, 160 f., 163, 170, 178, 180, 184, 186-202, 231 f., 248, 251 ff., 286, 288 ff., 298, 305, 314, 329, 333, 335, 357, 360, 364, 367, 370, 377, 383, 389, 391, 395, 399, 412, 414, 418 f., 429, 450, 457, 471, 483, 486, 509, 521, 524, 528, 551, 588, 609, 612, 620, 628, 631 f., 634 ff., 640, 650
Kola 159 f.
Kola-Baum 153
Kola-Nuß 193, 203
Kongo-Gras 81
Kräutlein Pantagruelion 628
Krötenfett 175

Lachgas 42, 205
Largactil 349
Laudanosin 290
Laudanum 282, 289, 628
Lexotanil 342
Liane der Geister (Ayahuasca) 335
Librium 337, 341, 420
Liebesdrogen s. Aphrodisiaka
Linderungsmittel 638
Lobelin 596
Lophophora Williamsii 255, 258, 327
Lophophorin 255, 261
Lösungsmittel 204-207, 311 f., 339, 401, 513, 524
LSD 28, 30, 32, 68, 74, 76 ff., 86, 94, 98 f., 104, 109, 133 f., 136 f., 139, 147, 153, 175, 177, 180, 190 f., 204, 207-241, 245 ff., 256, 259, 261-264, 266, 269, 277 ff., 289, 297, 305, 310 f., 312, 314-317, 324, 326, 329, 333 ff., 345 f., 348 f., 351 f., 360 f., 363, 365-371, 383, 385 f., 390, 394, 399-402, 405 ff., 409 ff., 413, 419, 431, 440, 442 f., 447, 458, 460 f., 468, 478, 481, 497 f., 515, 521, 526, 555, 557, 585, 587, 591, 593, 597, 599, 601, 605, 612, 615, 622, 629, 639-643, 645, 650
LSD-25 29, 67, 129 f., 143 f., 171, 176 f., 181, 207, 211, 215, 278 f., 364, 524, 528, 548, 551, 598, 600, 639
Luminal 272, 337
Lysergol 278
Lysergsäure 144, 207 ff., 211, 262, 274, 277 f., 585, 598 f.
Lysergsäureamid 279, 601
Lysergsäurediäthylamid 639

Magaphen 349
Magic Mist 129
Magic Mushrooms 242, 327
Mandragora 68, 88, 174, 243 ff., 271 f., 623 f.
Mandrax 424
MAO (Monoaminoxidase) 180
Marihuana 32, 65, 78-83, 90 ff., 95-98, 100, 103 ff., 107, 109-117, 119, 121 f. 184, 192, 200, 230, 234, 304, 310, 312, 314, 360, 370, 391, 394, 398, 400 f., 409, 412, 418, 468, 476, 478, 483, 489, 521 f., 524, 594, 603, 605, 611, 621, 637 ff., 642, 644, 648, 651
Maté 158 f.
MDA 134, 136, 171, 176, 180 f., 228, 240, 245 ff., 270, 354, 367 f., 370, 498
MDE 134
MMDA 134, 136, 171, 176, 180 f., 228, 240, 245 ff., 270, 354, 367 f., 370, 498, 636
MDMA s. MMDA
Mechoulam 643
Medikamente 9, 112, 135, 186, 194, 196, 208, 247-255, 275, 293, 310, 312, 315, 319 f., 337 f., 341 ff., 348, 363, 365, 394, 399, 420, 422 ff., 427, 434, 443, 510, 515 f., 518, 542, 575, 591 ff., 634, 639, 641, 651
Medikamente, Psychoaktive 593
Medinal 337
Medinox 364
Medomin 337
Megaphen 233, 317
MEK (Methyl-Ethyl-Keton) 206
Melange 371
Meprobamat 337
Mescal 278
Mescal bean 258
Mescal button 258 f., 327
Mescal s. Agavenschnaps
Meskal 257 f.
Meskal-Bohnen 258 f., 327
Meskalin 64, 68, 74, 77, 94, 97, 136, 171, 181, 187, 213 f., 228 f., 239, 245 ff., 255-269, 278, 311 f., 318, 321, 324, 327 ff., 333, 343, 345, 348, 351, 360, 363, 369, 377, 383, 386, 389 f., 400, 405 f., 442 f., 458, 461, 478, 498, 524, 526, 528, 548, 551, 587, 593 f., 602, 633, 636, 641, 644
Metaboliten 591, 644
Metandienon 252
Meteloidin 272
Methadon 289, 293, 302 f., 318 ff., 414, 478, 522, 568 f., 612
Methamphetamin 240, 347, 352, 354

Methan 625
Methanol 40
Methaqualone 337, 340, 420, 641
Methylalkohol 40, 53, 615
Methylamphetamin 352
Methylphenidat 354
Methylphenobarbital 337
Miltaun 337
Mitragyna stipulosa 69
Mogadan 336, 341
Mohn 621, 623
Mohnpflanzen 121
Moksha-Medizin 369 f., 390
Monkey Tranquilizer 129
Monomethyläther 288
Morning Glory 277 ff., 601
Morphin 108, 140, 281, 286, 288-293, 551, 553, 557, 563 f., 587, 590 f., 594, 607 f., 611, 629 f., 634 ff.
Morphinanalogon 641
Morphinbase 289
Morphine Powder 289
Morphium 41, 65, 145, 186, 199 f., 228, 270 f., 280 f., 286, 289 f., 292 f., 296 f., 299 f., 305, 314, 319, 363, 365, 391, 394, 478, 609, 615 f., 630 f., 634
Muscazon 147
Muscimol 147, 361
Muskarin 147, 149
Muskatnuß 245, 247, 268 ff., 343 ff.
Mutterkorn s. Claviceps pupurea
Mutterkorn-Präparat 67
Mutterkorn-Schmarotzer s. Claviceps purpurea
Myristica fragans 268 f.
Myristicin 245, 247, 269 f.

Nacacatl s. Psilocybin
Nachtschatten-Drogen 64, 68 f., 88, 126, 174 f., 176 f., 196, 228, 246, 251, 269, 271-276, 336, 347-351, 382, 588, 596, 614, 621, 625, 627
Nalorphin 551
Naloxon 41, 293
Naltrexon 60, 320
Narcein 290 f.
Narkosemittel 631
Narkotika 93, 339, 402, 471, 564, 566, 568, 590, 608
Narkotin 290 f.
Natrium-Pentothal 273, 351
Nembutal 337
Neodorm 337
Nepalese 83
Nepenthes 282, 289
Netherweed 83
Neuroleptika 233, 315 f., 356
Niamid 368
Nikotin 116, 152 f., 161 f., 164, 166, 168, 170, 247, 327 f., 377, 422, 478
Niopo s. Cohoba
Nobrium 342
Noet 370
Noludar 336
Nootropyl 370
Norephedrin 184
Norpseudoephedrin 71, 248
Noscapin 290 f.
Novalgin 614
Numal 337
Nutmeg 269

O-Tinktur 287, 290, 309, 478
Ololiuqui 64, 153, 208, 211, 228, 273, 277-280, 321, 324, 326, 346, 351, 360 f., 389, 405, 598
Önanthol 174
Opiate 18, 28 f., 65, 72, 121, 141, 144 f., 151, 157, 186 f., 248, 273, 280-309, 314, 318, 327, 343, 350, 364, 384, 389, 395, 399, 404, 410 f., 441, 443, 478, 509, 521, 524, 554, 563 f., 570 f., 587, 608 f., 611 f., 615, 635, 639, 641, 644
Opioid-Peptide 140, 309
Opium 65, 72, 86 f., 156, 174, 187, 280-286, 289 ff., 293, 297 f., 306 f., 309, 314, 336, 345, 367, 370, 383 f., 388, 391, 394-397, 404, 424, 587 f., 591, 615, 620-635, 643
Orange Sunshine 215 f., 231

Palvium 478
Papaver somniferum 280, 290
Papaverin 290 f.
Parafenildiamin 435
Parafoluidendiamin 435
Pariéa s. Cohoba
Pasta Guaranà 159
Paullinia Cupana 68, 159
Paullinia-Liane 153
PCC s. PCP
PCP 28, 72, 76, 131, 178, 181, 186, 310-318, 348, 362, 364, 367, 373, 405, 458, 518, 639, 643, 645
Peace Trips 215
Peganun harmala 601
Peiotl s. Peyotl
Pellotin 255, 261
Penicellin 614
Pentazocin 300
Pentobarbital 246, 337, 551
Pep pills 353, 358, 639
Pernocton 337
Persedon 336
Pervitin 184, 252 f., 352 f., 355 f., 478
Pethidin 562
Peyote 149, 231, 255-261, 264-267, 318, 321, 327, 377, 383, 386, 602, 644
Peyote button 258 f.
Peyotl 64, 255, 258, 267, 318, 321 f., 405 f., 629
Phanodorm 337
Phenaemal 337
Phencyclidin 310, 312, 316, 318, 639

Phenobarbital 337
Phenothiazine 317
Pilocarpin 276
Pilze, Halluzinogene 587
Piperidin 311, 317, 336
Piptadenia peregrina s. Cohoba
Pituri 621
Piule 277
Plutonium 435
Polamidon 76, 289 f., 292 f., 302, 310, 365, 478, 523, 536, 569, 612, 639
Portulak 174
Pot 83
Potenzholz s. Yohibin s. Aphrodisiaka
Potenzsteigernde Mittel s. Aphrodisiaka
Praxiten 342
Preludin 352, 354
Prominal 337
Propylhexedrin 352
Prozac 254
Psilocin 242, 324, 599 f.
Psilocybin 68, 94, 150, 153, 161, 177, 214, 227 f., 239 f., 256, 269, 277, 312, 321-327, 329, 333, 346, 350, 360-363, 369, 377, 379 f., 382 f., 400 f., 460, 468, 478, 498, 501, 524, 551, 593, 599, 615, 629
Psychedelika 171, 263
Psychopharmaka 421, 480, 575 f., 591 f.
Psychopharmakon 590
Psychotomimetikum 228
Pulque s. Agavenbier
Purin-Drogen 153, 169
Purple Haze 215
Purple hearth 326, 352, 358
Purpurwinde 277 ff., 326

Qat 326
Quaalude 641
Quahtlananacatl 321

Rauchopium 281, 289 f., 314, 509
Rauschpfeffer 314, 327
Rauwolfia-Alkaloid 68
Red Bull 153, 169
Reserpin 68
Revonal 336
Riamba 89
Ritalin 70, 327, 354
Rivea corymbosa 277, 601
Rizinusöl 174
Rohopium 281, 289 f., 587
Romilar 72, 288 ff., 327
Rosimon-Neu 357, 421
Rote Bohnen 64, 68, 327, 347, 405
Rote Libanese 81, 83, 397
Rotkreuzer 215 f.

Safrol 245, 269 f.
Sakrale Drogen 88, 230, 329-335, 388, 415, 500, 619 ff., 641, 646
Salbei 335, 347, 594
Schaumwein 649
Schierling 77, 174, 614
Schimmelafghan 83
Schlafmittel 9, 112, 155, 246, 248 f., 311 f., 316, 336-343, 350, 363 f., 368, 420 f., 425, 521, 524, 590, 592, 596, 630, 635
Schlafmohn 280 f., 289 f., 306
Schlankheitsmittel 70, 248
Schmerzmittel 248 f., 289, 292 f., 300, 310, 420, 623, 637, 639
Schnee 190 f.
Schnüffelstoffe s. Lösungsmittel
Schnupfdrogen 126, 143, 343-346, 361
Schokolade 160 f., 221
Schwarzer Afghane 81
Schwefelsäure 628
Schwefelwasserstoff 625
Scolin 562, 567, 571
Scophedal 272
Scopolia carnicola 68, 271
Sedativa 248 f.
Sedormid 336
Sernyl 310, 346, 603 f.
Serotonin 94, 99, 135, 214, 597, 599 f., 602
Shit 83
Sinsemilla 83, 113 f., 121, 370
Ska Maria Pastora 325, 335, 346 f., 361
Skopolamin 228, 244 ff., 271-274, 276, 347, 351, 602, 614
Solanazeen s. Nachtschatten-Drogen
Soma 86, 150 f., 331, 333, 369, 386, 390, 442, 623, 638
Sophora secundiflora 259, 259, 327, 347
Sophorin 327
Spanische Fliegen 174
Speed 131, 137, 139, 347 f., 352, 357, 412, 639, 645, 648
Speed ball 190, 190
Stechapfel 88, 174, 271 ff., 277, 348, 596, 626 ff.
Steppenraute 74, 348
Stickoxydul 205
STP 94, 348, 370, 405, 518
Strawberry 216
Strychnin 251, 253, 275, 349, 596, 614
Sulfonal 336
Sulfone 336
Sunshine Explosion 216, 349
Synhexyl 83, 103, 370

Tabak 110, 152, 161 ff., 187, 271, 275, 282, 344, 350, 365, 451, 610, 628, 634, 645, 648, 652
Tabletten 139, 423, 543
Taumellolch 174
Taurin 169, 350
Tavor 342
Tee 83, 152 f., 157 ff., 273, 283, 350, 445, 627, 649
Telepathin 350
Teo-Nanacatl 177, 242, 321 f., 326, 346, 350, 361
Teonanacatl-Pilze 68

Tetrachlorkohlenstoff (Tetra) 204 f.
Tetrahydrocannabinol 83, 551, 603, 643
Thalidomid 336
Thallium 434
THC (Synthetisches) 478
THC 78, 80, 83, 93-99, 103, 110, 113, 121, 200, 644
Thebain 290 f.
Thein 350
Theobromin 158, 160
Theophyllin 153, 158, 354
Theriak 290, 592
Tic-tac 312
Tilidin 290, 292
Tofranil 180
Tollkirsche 271, 273, 350, 595
Tollkraut 126, 271, 274 f., 350
Toloache 274 f.
Toluol 204, 206
Tonga 126, 350
Traganthgummi 174
Tranquilizer 98, 248 f., 252, 315, 337, 341 f., 350, 355, 363, 421, 478, 571 f., 578, 592
Tranxilium 342
Trichlormethan 205
Trichterwinde 277
Trimezhylxanthin 630
Trional 336
Tropin 195
Tryptamin 143
Tryptophan 597
Tscheko 132
Türkischer Honig 289 f., 305

Urethan 336

Valium 116, 296, 317, 337, 242, 350, 423, 612
Valoron 350, 364
Valoron-N 290, 292 f.
Veronal 336 f., 635
Vesparax 364
Virola 344

Wahrheits-Seren 224, 273, 351 f., 361, 368
Weckamine 70, 112, 154, 183 f., 196, 246, 248, 305, 312, 316, 320, 326 f., 336 f., 339, 347, 352-359, 368, 420 f., 482, 489 f., 509, 521, 524, 596, 609, 612, 639
Wein 254, 289, 314, 330, 397, 413, 425, 458, 486, 585, 592, 621, 623 f., 626
Weißglas s. Arsenik
Wilder Tiger 286, 290
Wunderpilze, Balinesische 242

X-112 71 f., 248, 311, 360, 364
Xanthalin 290
Xenon 205
XTC 134
Xylol 204

Yagé (Yayé Yagein) s. Banisteriopsis caapi
Yellow Sunshine 216
Yetl 628
Yohimbin 68 f.
Yohimbin s. Aphrodisiaka

Zauberdrogen 331, 351, 361 f.
Zauberpferd 286, 290
Zauberpilze 240, 361, 641
Zaubersalbei 361
Zigaretten 165, 362, 419, 421, 425, 478, 490, 528, 539, 560, 578, 641
Zitronensäure 614
Zukunfts-Drogen 72, 129, 224, 313, 315, 362-375, 407, 431, 442, 444, 483
Zumba vital 64

Sachregister

Abbau der Dosierung 301
Abhängigkeit 28, 128, 186, 248, 354, 356 ff., 526, 530, 553, 560, 576 f., 606 f.
Abmagerungstabletten 478
Aborigines 54 f., 621
Abstinenz 302
Abstinenzbewegung 53
Abstinenzerscheinung 104, 358, 297
Abstinenzsymptom 73, 298, 608
Abstinenzsyndrom 612
Abstumpfungssyndrom 569
Abwehrmechanismen 220, 227, 352, 442, 483, 500
Acid-head 233, 410, 412
Addition 591 f.
Adipositas 70
Adrenolutin-Hyphotese 602
Aggression 99, 181, 302, 410, 432, 464, 467
Aggressionsbeherrschung 468
Aggressionsbereitschaft 109
Aggressivität 358, 465, 468, 472, 526
Agonisten 595 f.
Agrar-Drogen 620
Agrarische Gesellschaften 22
Aids 8, 589, 647, 652
Aikido 499
Akkomodation 272
Aktivität 353, 469, 477
Akupuntur 512
Alkaloidproduktion 637
Alkohol und Gesellschaft 52
Alkohol-Kolonialismus 53, 55
-Länder 38, 39, 53 f.
-Unfälle 57
-Verbote 53, 638
Alkoholdehydrogenase 57 f.
Alkoholembryopathie 50
Alkoholersatz 145
Alkoholgefährdete 513
Alkoholhalluzinose 52
Alkoholiker 9, 14, 41, 45-49, 52, 55 f., 59, 170, 225, 357, 416, 419, 448, 450, 480, 495, 513, 519, 536 ff., 562, 592, 606, 640, 646, 649
Alkoholikertherapie 60, 537
Alkoholismus 22, 39, 42, 47, 50-56, 61 f., 90, 258, 263, 288, 335, 364, 387, 395, 399, 443, 503, 516 f., 534, 537, 565, 648, 647
Alkoholkonsum 39, 47, 50, 52-57, 61, 489, 652
Alkoholkonzentration 40, 43, 45
Alkoholmißbrauch 39, 50 f., 526, 575
Alkoholproblem 55, 648
Alkoholpsychose 50, 52
Alkoholrausch 37, 43, 56, 101, 185, 465
Alkoholschäden 47
Alkoholtherapie 50, 59
Alkoholvergiftung 40, 100
Alkoholversuch 44
Alkoholwahn 52
Altersmedizin 186
Altsteinzeitliche Kulturen 22
Ambivalenz 386
Ambulante Behandlung 524, 526, 576
Ambulante Entziehung 301
Ambulante Kontaktnahme 519, 570
Ambulante Therapie 527
»Ameisenhandel« 305, 307, 396, 410, 441, 444
Amphetamin-Tabletten 450
Amphetaminspritze 490
Amphetaminsucht 605
Amygdalae 291
Analgesie 205
Analyse der Drogensucht 570
Analytischen Psychologie 474
Anbau-Alternativen 446
Angepaßte 14 f.
Angina pectoris 160
Angriffstherapie 539
Angst-Ängste 71, 197, 200, 348, 368, 413, 476 f., 479, 498 f., 515, 554, 560, 562 f., 572 f., 591
Angstfreies Verhalten 562
Anpassung 13, 224
Anregung 153
Anregungsdroge 354
Anspruchsdenken 416, 477
Antabus 60
Antagonist 595 f.
Anti-Craving-Stoffe 60
Anti-Drogen-Erziehung 556, 559, 578,
Anti-Drogen-Ideologie 573
Anti-Drogen-Propaganda 445, 557 f.
Anti-Opium-Bewegung 631
Antidepressiva 591
Antisoziale Identität 543
Antonius-Feuer 208
Apathie 100, 107, 477, 479
»Apollonisches Zeitalter« 363
Apomorphin-Aversionstherapie 565 f.

Apotheken 89, 319, 364, 414 f.
Apothekeneinbrüche 298
Apotheker 364 f., 387, 394, 421, 423
Appetitlosigkeit 128, 184, 197
Appetitzügler 354
Arbeit 469, 479, 492, 521, 560
»Arbeitslager« 512
Archaische Kultur 377, 379
Archaische Religion 126, 379, 381
Archetypen 171, 464, 468
Archetypenlehre 525
Archetypischer Aspekt Sucht/Rausch 474
Arsenikesser 73
Arsenikvergiftung 73
Arterien 155
Arteriosklerose 165
Arzneimittelschäden 250
Ärzte 365, 490, 534
Askese 386
Assertive training 572
Ästhetische Erfahrung 236
Asthma 354
Astrologie 463
Astrophysik 500
Ataxie 148, 316
Atemhemmung 339
Atemlähmung 206, 328, 349
Atemnot 200
Atmung 141, 145, 206
Atomenergie 443
Atomkraftwerke 439
Atropin Vergiftung 196
Attack therapy 539
Aufklärung 16, 556
Auflösung der Familie 518
Auflösung der Persönlichkeit 297
Aufputschen 155
Ausbeutung 494
Ausscheidungsprodukt 602
Außengeleitete 438
Außenwelt 99, 428, 459, 460, 462 f., 465, 469, 476, 477, 479, 484, 500, 520
Außerparlamentarische Opposition 494
Autarkie 527
Autofahren/-fahrer 341, 425
Autogenes Training 339, 499, 562
Autoritätsabbau 485
Autoritätsprotest 485
Autosuggestibilität 382, 594
Autosuggestion 206, 245
Autounfälle 647
Aversiontherapie 562, 564-568, 571
Aversive Konditionierung 567, 571
Aversive Reize 553 ff.,558, 562, 564, 566 f.
»Aversives Milieu« 555
Ayurveda 86
Azteken 258, 277, 322, 325

»Baby-Strich« 303
Bacchanalien 385
Bad-trip 75, 104, 221, 227, 233 f., 264 ff., 277, 326, 335, 349, 571
Bandenkriminalität 358
Barbiturate-Mißbrauch 336
Barbituratsucht 339
Bauchspeicheldrüse 50
Beatmusik 464
Befindlichkeitsmanipulation 248
Behandlung 519, 574
Belastung, psychische 613
Belastung, soziale 613
Beratung 520, 524
Beratungsgespräch 521
Beratungsstelle 521
Berliner Kommune 493
Beschaffungskriminalität 446, 650
Besessenheit 177 f.
Betäubungsmittel-Gesetz 286, 298, 319, 337 f., 340, 357, 395
Betäubungsmittel-Verschreibungs-Verordnung 292
Betäubungsmittelhandel 640
Betreuung 531
Bewegungsstörung 133
Bewegungsverweigerer 10
Bewußtheit 94
Bewußtlosigkeit 165, 205, 339, 381
Bewußtsein 45 f., 145 f., 246, 348, 352, 360, 369, 381, 440, 464, 502, 528, 600. 605, 619
Bewußtseinserweiterung 90, 228, 369, 400, 409, 431, 459, 461, 497, 500, 555, 559, 643
Bewußtseinsform 448
Bewußtseinsorganisation 221
Bewußtseinsverändernde Stoffe 377
Bewußtseinsveränderung 242, 432, 482
Bewußtseinsverminderung 431 f.
Bewußtseinszustände 368, 432, 501
Beziehung 487, 520
Bindungsfähigkeit 469
Biochemie psychoaktiver Drogen 593
Biochemische Reaktion 352
Biochemische Wirkung 135
Biochemische Kriegführung 223
Bioenergetik 474, 525
Biogene Amine 270
Blut 612
Blut-Hirn-Schranke 590
Blutandrang 152
Blutdruck 45, 133, 141, 155, 197
Blutgefäße 45, 73
Bluthochdruck 128
Borderline-Fall 483
Borderline-Syndromatik 525
Brahmane 86
Brand (Gangrän) 279
Brechreiz 142
Broken home 105
Brutalität 494
BSE 169
BTM s. Betäubungsmittel-Gesetz
Buddhismus 442, 626
Bundeswehr 39
Bürgerinitiative 432, 449, 496
Buschmänner 378

Candomblé 163, 382
Cannabis-Droge 594
-Forschung 108
-Genuß 109
-Kommission 108
-Konsum 102, 104, 106, 110, 288
-Literatur 117-121
-Mißbrauch 30, 107, 514
-Pflanze 80
-Produkt 82 f., 92, 101, 108, 393
-Psychose 106
-Rausch 101, 104, 114, 120
-Reformgesellschaft 113
-Studie 101
-Trip 97
-Verbot 115
-Zigarette 103
Cannabisabhängig 513
Chakren 501, 626
Charakterstörung 609
Chemie 381
Chemischer Abwehrmechanismus 235
Chemische Droge 10
Chemische Kriegführung 368
Chemische Wirkung 145, 336
Chemische Zusammensetzung 311
Chemotherapie 568
Chichingas 190
Chiricahua-Apachen 327
Christentum 37, 382, 619
Chromosomenbrüche 233
Chronischer Konsum 234
Chronischer Mißbrauch 477
Chuspa 196
Clean 411
Coca-Anbau 649
-Kauen 187 f., 192, 200, 417
-Konsum 192
-Kult 629
-Sträucher 187
Cocaismus 188, 198, 200
COEX-System 237
Cold turkey 299, 411
Come down 411
Computer 231
Computer Aided Drug Design 240
Computerspieler 405
Connection 305 ff., 396, 411, 418, 441
Cool user 546, 548
Coqueda 187
Coqueros 200
Crack-Abhängigkeit 128
-Rauchen 128
-Szene 127
Curandera 323, 325, 346 f.
Cyberspace-Romane 407

Dämpfe 204
Darm 590
Darm-Magen-Muskulatur 161
Darmtätigkeit 141
Dauergebrauch 420
Dauerkonsum 119, 165, 497
Dealer 29, 391, 411, 494, 570
Deckerinnerung 237
Dekonditionierungsphase 571
Delirium 482
Delirium tremens 39, 51 ff., 197, 339, 646
Denaturierung 530
Denkfähigkeit 351
Denkstörung 240
Denktätigkeit 354, 498
Dependance 478
Depersonalisation 265, 279
Depravierung 573
Depression 12 f., 47 f., 99, 131 f., 141, 168, 180, 197 ff., 217, 225 f., 279, 314, 366, 410, 444, 468, 472, 483, 518, 520, 527, 533, 554, 560, 572 f., 591, 609
Depressive Zustände 477
Designer 370
Destillationsschlämme 435
Destruktivität 18
Deutsch-Französischer Krieg 631
Diagnose 612
»Die Grünen« 444
Diebstähle 481
Dionysische Mysterien 37, 385
Dionysisches Zeitalter 362
Dipsomanie 48
Disulfiram 60
Doping 251-254, 275, 353
Doping-Gift 253
Dopingmittel 196
Doppel-User 288
Doppelblindversuch 103, 593
Dosis-Wirkungs-Kurve 586, 592
Dosissteigerung 108
Dritte Welt 53 ff.
Dritter Weltkrieg 436, 488
Drogen 25, 416, 428, 438
Drogen-Bekämpfung 443
»Drogen-Felder« 366
Drogen-Generation 370
-Gesetzgebung 417
-Ideologie 390
-Kriminalität 450
-Revolte 431
-Thematik 445
-Verschwörung 443
Drogenabhängige 319, 393, 395, 433, 436, 446 f., 483, 486, 492, 511, 515, 519 f., 525, 527, 531 f., 538, 561 f., 569, 574 f., 578 f.,
Drogenabhängigkeit 198, 457, 460, 465, 470, 473 f., 477-480, 482 f., 485, 487, 509, 514 f., 537, 547, 554, 560, 563, 642
Drogenabhängigkeit im Tierversuch 551
Drogenabstinenz 539
Drogenapplikation 564
Drogenaufklärung 116
Drogenbekämpfung 394
Drogenbenützer 464, 476
Drogenberatung 446, 522, 535

Drogenberatungsstellen 427, 430, 519, 523 f., 645, 651
Drogendebatte 17
Drogenerfahrung 93, 335, 467, 515, 528, 620
Drogenerlebnis 34, 466
Drogenerziehungs-Programme 560
Drogenexperiment 224, 461
Drogenforschung 502
Drogenfreie Ideologie 539
Drogenfreiheit 522
Drogengebrauch 333, 364, 457, 465, 477, 494, 620
Drogengefahr 619
Drogengesellschaft 364 f.
Drogengesetzgebung 115, 180
Drogengewöhnung 478
Drogenhandel 16, 305, 441, 650
Drogenhändler 395 f., 451
Drogenhilfe 522
Drogenkarriere 296, 466, 486-489, 556, 558 f., 563, 640
Drogenklinik 398
Drogenkonsum 15 f., 105, 111, 131, 140, 202, 294, 314, 363, 366,371 f., 391, 399, 401, 408 f., 415 f., 428, 433, 448, 466, 473, 483, 485 f., 488 f., 491, 494, 496 f., 510, 518, 521, 527, 529, 535, 548, 553, 557, 563, 569, 571 f., 634
Drogenkonsument 126, 135, 398 f., 403, 414 f., 417, 427, 430 481, 493, 495 f., 515, 518, 547, 557
Drogenkriminalität 650
Drogenkult 432
Drogenliteratur 29, 32, 406
Drogenmarkt 646, 648
Drogenmißbrauch 29, 106, 111, 333, 366, 410, 424, 426, 428, 433, 442 ff., 451, 466, 469, 472, 474, 478, 481, 491, 495, 497, 514, 516, 518, 527, 556, 568 f.
Drogenmythos 404
Drogenneid 495
Drogenpatient 510
Drogenpolitik 445, 650
Drogenproblem 364, 414, 416 f., 425, 430, 433, 438 ff., 444 f., 490, 509, 512, 523, 634, 643, 648 f.
Drogenproblematik 473, 475
Drogenprohibition 635
Drogenrausch 373, 389, 400, 407, 444, 458, 461, 483, 486, 497, 503, 528, 619
Drogensucht 314, 437, 472, 489
Drogensüchtige 397 f., 448, 518
Drogensuchtverhalten 568
Drogenszene 303 f., 307, 310, 319, 340, 406, 421, 423, 432, 577, 643
Drogentherapeut 509, 519 f., 527, 534 f.
Drogentherapie 246, 468, 498, 560
Drogentote 391
Drogentourismus 416, 651
Drogenvergehen 513
Drogenwelle 236, 408, 418, 430, 484
Drogenwirkung 246, 489
Drogist 411
Dröhnen 411
Drop out 404, 495, 538
Dropping out 233, 476, 495
Dross (Opiumabfälle) 281
Drug addiction 477
Drug habituation 478, 606
Durchblutung 155
Durchblutungsstörungen 279
Durchfall 73, 159, 317
Durst 479

E-Film 136, 138
Earl Grey 153
Ecstasy-Konsument 139
Ego-Trip 329
Einbrüche 13
Eingeweihte 329
Einnahmeform 311
Einnehmen von Rauschgift 524
Einreibung 588
Einsamkeit 516 f.
Einstiegs-Phase 486 f.
Einstiegsdroge 15, 109
Einstiegswirkung 128
Einweisung 524
Einzeltherapie 529
Ekstase 79, 322, 382, 384, 459, 495, 623
Ekstatische Geist 385
Ekstatische Kult 385
Ekstatische Religion 382
Eltern 25 f., 416, 423, 428, 439, 447, 484, 489, 495, 518, 525, 527, 532 f.
Eltern-Imago 470 f.
Elternkreis 532 ff.
Emotionale Isolation 516
Encounter-Gruppe 541, 572, 574
Endogene 104
Energie 440, 443 f.
Energieproblem 438
Entgiftung 11, 59 ff., 446, 509, 514, 519, 524, 526, 531
Enthemmung 43, 46, 245
Entspannung 13, 100, 245, 614
Entspannungstechnik 562
Entspannungstraining 572
Entwertung 487
Entwicklungsdefizit 575
Entwicklungsstörung 364
Entwöhnung 358
Entwurzelung 518
Entziehung 299, 301, 539, 576
Entziehungserscheinung 234, 301
Entziehungskur 339, 566, 613
Entziehungssymptom 48, 146, 186, 205, 457, 608
Entzug 542
Entzugserscheinung 102, 291, 297, 318, 514, 524, 555
Entzugsphase 571
Entzugsschmerzen 297

Entzugssymptom 108, 292, 341, 524, 553 f., 568, 571, 612
Enzym 595, 607
Enzyminduktion 337, 524
Epidemiologische Beobachtung 364
Epileptiker 46, 50
Erbrechen 317, 356, 361
Ergotismus 208, 279
Erlebnisbereitschaft 245 f.
Erlebnistherapie 474
Ernüchterungsmedikament 41
Erotik 65, 469
Erotische Magie 243
Erotische Phantasien 291
Erpressung 192
Erregung 205, 381
Erregungstadium 42 f.
Ersatzbefriedigung 13
Ersatzdroge 302 f., 319
Ersatzstoffe 311
Erster Weltkrieg 19, 286, 609
Erwartungen 221, 324
Erziehungslehre 559
Es 463-466
Es-Bereich 483
Esoterik 493, 501
Establishment 416, 643 f.
Ether-Party 630
Ethermißbrauch 146
Ethernarkose 145 f.
Ethersucht 146
Euphorie 70, 131, 146, 149, 152, 184 ff., 197, 211, 217, 269, 275, 291, 293, 297, 320, 340, 354-357, 459, 476, 553, 594, 615
Evolution 262
Existenzform 448
Exogene Psychose 104
Experimentelle Psychose 222, 225, 228
Expertensystem 415
Exsorzismus 177 f.
Extrapyramidales Symptom 349

Fahrlässigkeit 444
Familie 221, 415, 481, 483 f., 491, 494, 533, 560,
Familiengruppe 537, 547
Farben 245,261, 460
Fasten 72
Fasten-Euphorie 644
Feedback-System 366
Fermentierungsmethoden 154
Fetischierung 487
Fettsucht 537 f.
Filter-Hypothese 262
Finanzierung 522
Fix (Injektion) 296 f.
Fixer 9, 14 f., 287, 292 f., 296, 301, 319, 402, 411, 436, 448, 538, 547, 553, 562, 564, 567 ff., 575, 577
Flash 297, 320
Flashback 104, 234, 279, 297, 317, 411, 473, 475, 519, 591
Flowerpower 493
Flucht-Drogen 367
Form sozialen Zusammenlebens 539
Fortral-Abhängigkeit 300
Fortschritt 443
Fragmentierung des Selbst 520
Frauenbewegung 176, 367
Freigabe 395, 414, 416
Freiheit 415, 497,
Freizeit 491
Fremdsuggestibilität 382
Freßgier 70
Fruchtbarkeitsfest 257
Fruchtbarkeitskult 86, 173
Fruchtbarkeitszauber 243
Frühkindliche Schädigung 472
Frustration 107, 425, 520, 573

Gallenkolik 155
Ganglien 196, 327 f.
Gangstörungen 349
Gastritis 146
Geborgenheit 492
Gebrauchsgrafik 405
Gedächtnisstörung 297, 482
Gedankenablauf 460
Gefühlsintensität 97, 247
Gegenkultur 403, 484
Gegenwartsbezogenheit 247
Gegenwartswahrnehmung 479
Geheimbünde 180
Gehirn 73, 94, 100, 353 f., 589 ff., 596, 604
Gehirnentzündung 353
Gehirnerschütterung 338
Gehirnphysiologie 501
Gehirnrinde 145
Gehirnstoffwechsel 594
Gehirnsystem 298
Gehirntumor 338
Gehirnzelle 42
Gehirnzentren 193, 381
Geisteskranke 172, 416
Geisteskrankheiten 102, 226, 357 f.
Geldwäsche 647
Gelegenheitshascher 513
Generation 494
Generationskonflikt 399, 490, 494
Genuß 475, 477
Genuß-Drogen 649
Genußgifte 419
Genußideologie 416
Gesamtpersönlichkeit 466
Geschlechtsakt 66 f.
Gesellschaft 416, 424, 426 ff., 430, 444, 496, 646, 650
Gesellschaften, primitive 13
Gesellschaftlicher Abstieg 103
Gestalttherapie 236, 247, 474, 498, 525, 574
Gesundheit 419, 426
Gewalttätigkeitselixier 109
Gewerkschaft 424
Gewohnheitsbildung 606

Gewöhnung 19, 28, 213, 339, 555
Gift 45, 434
Giftgkeit 148
Glaspfeife 81
Gleichgewichtsstörung 275
»Goldene Schuß« 303, 411
Good-Trip 104
Gottesgericht 180
Gottesidee 379
Gottesrache 208
Gottesurteil 361
Große Geist 330
Größen-Selbst 470 f.
Großhirnrinde 205, 336
Gruppe 491 f., 494 ff., 500, 527, 530, 559, 573
Gruppenarbeit 302, 530, 541
Gruppenbeichte 537
Gruppenexperiment 493
Gruppenleben 492
Gruppenpsychotherapie 538, 574, 613, 642
Gruppentherapie 246, 515, 527, 529
Gun 412

Halbsynthetische Produkte 314
Halluzination 51, 94, 97, 132, 136, 140, 142, 147, 165, 181, 185, 196 ff,, 211, 245 f., 257, 261, 269, 273, 276, 313 f., 316, 321, 325, 334, 345, 407, 460, 479, 482, 500, 594 f., 599, 602, 604, 629, 639
Halluzinogen-Konsum 75, 439
Halluzinogener Effekt 407
Halluzinogenrausch 498, 601
Hals und Lunge 100
Hanf-Kommission 101
Hanfanbau 89
Hanffelder 418
Hanfpflanzen 81, 84, 94
Hanfrausch 87
Hanfsamen 87
Harte Droge 357
Harz 81
Hasch-Hunde 81
Hascher 436
Haschisch-Experimentator 483
-Genuß 105
-Kater 100
-Konsum 105, 114, 120, 399, 527
-Konsument 106, 553
-Literatur 121
-Mißbrauch 484
-Platte 81
-Psychose 100 f., 107
-Psychotiker 106
-Rauchen 105, 465, 494
-Raucher 408, 448, 480, 484, 492 f., 514, 529
-Rausch 99, 121, 231, 460
-Report 102
-Sorten 101
-Trip 400
-Verbot 394, 546
-Versorgung 481
-Zigaretten 111
Haschischbeschluß 122
Haschischkonzentrat 120
Haschischmißbrauch 107
Haschischpfeife 490
Haschischsucht 605
Haschischwelle 408
Hash joint 490
Hausapotheke 421
Hausarzt 421
Hautjucken 128
Head shop 412
Hedonismus 366 f., 383, 389
Hehler 446
Hehlerei 192
Heil-Trip 231
Heiler 177, 345
Heilfasten 141, 499, 527
Heilige Pilze 325, 381 f.
Heiliges Feuer 208
Heilkunde 196
Heilkundige 178
Heilungschance 298
Heilversuch 297, 319
Heilzweck 286
Heißhunger 97
»Helfer Syndroms« 535
Heranwachsen 311, 400
Herkunft und Geschichte 162
Heroin-Baby 298
-Fixer 319, 492, 514
-Konsum 140
-Konsument 450
-Mafia 450
-Markt 311, 396
-Schüsse 431
-Spritzer 297
-Verbot 446
Heroinhandel 15
Heroininjektion 568
Heroinismus 503
Heroinist 302, 319, 402, 432
Heroinmißbrauch 15, 425
Heroinrausch 400
Heroinsucht 513, 526, 529, 531, 575, 605
Heroinsüchtige 13, 303, 365, 391, 512 f., 523, 570, 606, 611 f., 647
Herointote 647, 649 f.
Heroinvergiftung 513
Heroische Wirkung 293
Herz 50
Herz-Kreislaufversagen 206
Herzinfarkt 71, 156, 168
Herzklopfen 200, 355
Herzkrankheit 166, 652
Herzleiden 206
Herzrasen 138
Herzstörung 157
Hexe 172 f., 175 ff., 382, 588
Hexenkult 172 f., 332, 385, 620, 646
Hexenprozeß 176, 208, 244
Hexensabbat 174

Hexenverfolgung 628
Hexerei 629
High 412
High-Gefühl 103
Hippie-Bewegung 266, 404
Hippie-Hepatitis 514
Hippie 278, 310, 386, 398, 481, 493, 552
Hippokampus 313
Hirnblutung 197
Hirnrinde 101
Hirnstamm 97, 206
Hirnstrombild 46
Hirnverletzte 46
Hit 412
HIV-Infektion 589
Hoffmannstropfen 145
Höhlenmalerei 332 f.
Homo consumens 577 ff.
Homöostase 606
Homosexualität 471
Horror-Droge 314
Horror-Trip 93, 104, 178, 402, 405, 410, 458, 468, 496, 518
Horrorerfahrungen 311
Horrorvision 313
Humanistische Psychologie 236, 438, 450
Humanpsychologie 292
Hunger 184, 188, 479
Hustenpräparat 288
Hustenzentrum 288
Hyperthermie 138
Hypnose 463
Hypnoseforschung 502

»Iatrogene Leiden« 434
Ich 463-466, 470, 473, 530
-Bewußtsein 220
-Kontrolle 351
-Spaltung 465, 468
-Stärke 465, 472, 474, 479
Identität 18, 220, 229 f., 428, 559
Identitätsfindung 560
Identitätskrise 485
Ideologie 84
Illegale Drogen 59
Illegalität 605
Illusionen 197, 314
Imagination 176
Immunsystem 57
Impotenz 52, 184, 198
Indianer 22, 66, 68, 163, 171, 211, 257 ff., 261, 264, 267, 271, 275, 277, 322, 328, 343, 345, 378, 599, 601
Indianische Kultur 345
Individualität 525
Individuation 529
Individuelle Ansprechbarkeit 594
Individuelle Erfahrung 619
Indoktrination 542
Indolring 74, 180, 133, 593, 597, 599, 601
Industrialisierung 19, 387
Industrie-Drogen 620
Industriegesellschaft 12 f., 23 f., 264, 335, 413, 492, 540, 573, 578
Industriestaaten 487, 652
Infantilität 369
Inhalation 588
Initiation 267
Initiations-Zeremonie 257, 327
Initiative 354, 433
Injektion 345, 589
Injektionsspritze 587, 631
Inkarnation 447
Innengeleitet 438
Innenschau 499
Innenwelt 99, 428, 459, 461 ff., 465, 469, 476, 479, 484, 486, 491, 500, 520, 621
Innenweltverschmutzung 15
Innere Erfahrung 498
Inquisition 173
Insektizide 434
Institution 574
Integrierte Verhaltenstherapie 574
Intellektuelle 190, 192, 297, 329, 389
Intelligenz 379, 465, 483
Intelligenz-Verstärker 370
Interaktion 367
Internationale Drogenhandel 308
Intoxikation 261
Introspektion 245, 479
Irrationalismus 401, 473
Islam 619
Isolation 68
Isolierung 604

Jägerkulturen 22
Jamaica Report 112
Jazz 634
Jenseits-Erfahrung 141 f.
Jenseitsproblematik 448
Jenseitsvorstellung 447
Joint 81, 106, 116, 153, 412, 437, 483, 492, 528
Jugend 486, 525
Jugend-Sekten 496
Jugendalkoholismus 55
Jugendliche 25-28, 32 f., 40, 99, 105, 107 f., 113, 115, 119, 122, 135 f., 153, 164 f., 204, 206, 227, 230, 249, 251, 287, 290, 298, 303, 311, 315, 340, 358, 399 f., 402, 407, 409, 416, 423, 426, 429 f., 438, 449, 478, 480 ff., 484 f., 495, 497, 513, 530, 552, 556 f., 559, 608, 611, 634
Jugendpsychiatrie 482
Jugendreligion 432
Jugendrevolte 640
Jugendzentren 559
Junkie 18, 22, 301, 333, 340, 415, 448, 485, 495, 510, 531, 533

Kaffeegenuß 155
Kaffeemißbrauch 155
Kalkzusatz 161
Kältegefühl 213

Kaninchen-Augen 99
Kapitalismus 387, 417
Kapitalverbrechen 646 f.
Karma 502
Kastrationsangst 479
Katamnese 510, 564
Katathymes Bilderleben 498 f., 526
Kater 42, 94, 197, 261, 269, 272, 337
Kauen 196, 589
Kick 409, 412
Kicking the habit 299
Kiffen 190, 412, 511
Kiffer 93
Kiffer-Konsument 407
Kiffer-Party 367
»Killer-Droge« 367, 557, 637
Killerdrinks 54
Kind 449, 488, 491, 495
Kindererziehung 578
Kindheit 460, 465, 486, 525
Kindheitserinnerung 460, 476, 479
Kitsch 405
Klatschmohn 280
Klebstoff 204
Klistier 344
Koffeinsucht 156
Kohärentes Selbst 516
Kokain-Delirium 198
  -Euphorie 190
  -Experiment 489
  -Konsum 128, 190, 198
  -Konsument 127
  -Mißbrauch 645
  -Psychose 198 f.
  -Schnupfen 199
  -Selbstexperiment 529
  -Syndikat 450
  -Verkauf 189
  -Wahnsinn 198
  -Welle 190, 201 f., 632, 634, 636, 648
Kokainentziehung 199
Kokainismus 188, 190 f., 193, 198, 200, 633
Kokainist 197, 199, 288, 513, 606
Kokainsucht 529, 605, 632
Koksen 191, 195, 412, 511
Kokser 436
Kokser-Party 367
Kollektive Erfahrung 619
Koma 356, 482
Kommune 403 f., 491, 496
Kommunikation 493
Kommunikationsfähigkeit 245
Kommunikative Möglichkeit 530
Konditionierung 229, 552 f., 563
Konditionierungs-Modelle 550
Konflikt 224, 525
Konkurrenzdenken 100
Konsum 13, 610
Konsument 555
Konsumgesellschaft 18 f., 23 ff., 30, 363, 416, 546 f.,578 f.
Konsumsideologie 540
Konsumverhalten 570
Kontakt 543
Kontaktfähigkeit 469, 488
Kontemplation 479
Kontrollmechanismen 379
Konzentrationsfähigkeit 102, 370
Konzentrationskraft 297
Konzentrationsschwächen 422
Kopfschmerz 340, 356
Koran 397
Koreakrieg 640
Körperarbeit 526
Körperliche Abhängigkeit 457, 524
Körperliche Folge 610
Körperliche Gefahr 233
Körperschema 221
Korsakowasche Krankheit 51 f.
Kosmetika 424, 435
Kosten 402
Kraftlosigkeit 200
Krämpfe 349
Krampfgift 155
Krampfwirkung 290 f.
Krankenversorgung 414
Krankheit 460
Krankheitseinsicht 15
Kreativität 195, 217, 329
Krebsart 50
Krebsbehandlung 365
Krebsforschung 365
Krebskranke 365
Krebsrisiko 100
Kreislauf 100, 206, 245, 356, 477
Kreislauferkrankungen 166, 652
Kreislaufschäden 419
Kreislaufstörungen 354
Kreislaufversagen 339
Kreislaufwirkung 272
Kreuztoleranz 214 f., 266
Krieg 20, 417
Kriminalisierung 15 ff., 298, 319, 415, 496, 555, 607, 610
Kriminalität 11, 102, 108, 364, 416, 446
Kriminelle 365
Kritik 555
Kritikfähigkeit 98, 463, 479
Kröten 76 f., 175
Krypto-Singles 516 f.
Kultur 389, 413, 491
Kulturanthropologie 501
Kulturelle Misere 390
Kulturgeschichte 377-391, 425
Kumulation 591
Kung Fu 499
Kunst 332, 390, 403, 405
Künstler 190 f., 329, 389, 483
Künstlerische Arbeit 499

La-Guardia-Bericht 101 f., 104
Labilität 44
Lähmung 196, 206, 381
Laientherapeut 433, 515

Langeweile 336, 485, 554
Langzeit-Effekte 489
Langzeitreaktion 591
Langzeitwirkung 57, 591
Latenzzeit 467
Latwerge 174
Lebenserwartung 413
Lebensform 427, 577
Lebensgemeinschaft 531, 577
Lebenshilfe 476
Lebensinn 469
Lebensunterhalt 520
Leber 50, 206, 342, 589 f., 607
Leberentzündung 514
Leberschäden 56, 71, 110
Leberzerfall 137
Leberzirrhose 39, 54, 646
Legalisierung 113, 116 f., 395, 414 f., 445, 651
Lehranalyse 535
Lehrlinge 476
Leib-Seele-Problem 585
Leidensdruck 15, 516, 560, 570
Leimschnüffeln 204
Leistungsanspruch 100
Leistungsdisziplin 413
Leistungsfähigkeit 43, 107, 146, 148, 198, 235, 353, 422, 424, 469
Leistungsforderung 17
Leistungsgesellschaft 13, 135, 363, 493 f.
Leistungsideologie 540
Leistungskonkurrenz 12
Leistungsprinzip 492
Leistungstendenz 25
Leistungswillen 347
Lernfähigkeit 370, 488
Lernprozeß 224, 355, 490, 552
Lerntheoretisch 568, 570, 574
Lerntheoretischer Standpunkt 548, 556
Lesen 499
»Liebeszauber« 68, 243, 271, 273, 328
Liebeszauberdrogen 69
Limbisches System 46, 94, 113, 135, 291
Literatur 403-406
Living Theatre 403
Lokalanästhesie 196, 590
Losing my mind 340
Löslichkeit 590
Lotus 330 f., 626
LSD-Arbeit 239
-Einfluß 225
-Erfahrung 226, 236, 239
-Erlebnis 221
-Experiment 226, 528
-Forschung 216
-Kirche 334
-Konsum 227, 233 f.
-Konsument 407
-Rausch 133, 209, 221, 233, 236, 502, 600
-Reise 234
-Religion 232
-Sicherstellung 214
-Therapie 99, 239, 352, 529
-Trip 97, 231, 239, 311, 462, 498, 500
-Trip-Welle 235
-Tripper 519
Luftverschmutzung 435
Lumbal-Anästhesie 197
Lungenbläschen 168
Lungenemphysem 165
Lungenentzündung 128
Lungenkrebs 165, 168, 419
Lust 562
Lustempfindung 197
Lustsuche 553

Macumba 163, 382
Magen 197
Magen-Darm-Trakt 50
Magenbeschwerden 73, 349
Magengeschwüre 156
Magenkrämpfe 316
Makropsie 142
Manager 483
Manie 459, 473
Manisch-depressive Zustände 472
Manische Mechanismen 472
Manische Zustände 106
Marathon-Gruppe 541
Märchen 473
Marihuana Tax Act 90
-Genuß 105
-Haschen 78
-Konsum 109, 114
-Konsument 112, 450
-Literatur 117
-Markt 396
-Rauchen 78, 109 f., 112
-Zigarette 106, 489
Massenmedien 407 f., 410, 413, 436, 481, 552, 556 ff., 612, 620
Massentourismus 396
Masturbation 467
Materialismus 440, 447, 479
Materie 381
Mazatec-Indianer 328
Medikamentenabhängige 248, 514, 649
Medikamentenabhängigkeit 537
Medikamentenkonsum 135
Medikamentenmißbrauch 252, 340 ff.
Medikamentensucht 538
Medikamentenverbrauch 434
Medikamentschädigung 249
Meditation 228, 479, 499, 526, 559, 572
Meditationsübungen 220
Medizin (Physiologie) 585-617
Medizin 86, 415, 448
Medizinkosten 10
Medizinmänner 278, 327, 345, 360 f., 382
Melancholie 473
Mellw-Yellow-Welle 552
Menstruationsstörung 176
Mentalität 371
Merkfähigkeit 102

Mescalero-Apachen 257, 259
Meskalin-Selbstversuche 442
Meskalinrausch 261 f., 600
Methadon-Programm 523, 568 f.
Milieueinflüsse 486
Militär 189, 368
Militärzirkel 441
Mind-Zone 140
Minderheiten-Diskriminierung 495
Minderwertigkeitsgefühl 573
Mini-Rausch 152 f., 164
Mini-Trip 215
Mißbildung 110, 233, 336, 342, 488
Mißbrauch 211, 234, 248, 339 f., 353, 356, 367, 383, 434, 480, 529 f., 604 ff.
Mißstände 428
Mißtrauen 379
Mitmenschliche Beziehung 521
Mittelstand 191, 481
Modedrogen 429, 650
Modellklinik 397, 510
Modellpsychose 99, 329
Moderne Gesellschaft und Politik 393-455
Mohnfelder 418
Mönch 498 f.
Morphinderivat 562
Morphininjektion 594
Morphinismus 61, 295
Morphinist 296, 299, 303, 495, 606
Morphinspiegel 297
Morphinsucht 605
Morphinsüchtige 612
Morphiumrausch 400
Morphiumsucht 632
Morphiumsüchtige 357
Mortalität 250
Motivation 516 ff., 523, 563, 571, 577
Müdigkeit 353, 460, 477, 554
Mundkrebs 646
Mundtrockenheit 273, 355 f.
Musik 403-406, 475
Muskelarbeit 45
Muskelkrämpfe 349
Muskulatur 100
Mutter 468, 491
Mutterkornvergiftung 629
Mysterien von Eleusis 360, 364
Mysterienkult 29, 151, 282, 385
Mystik 149, 228, 369
Mystische Offenbarung 261
Mystisches Erlebnis 222, 229, 380, 461
Mythologie 381

Nachgehende Fürsorge 514
Nachhall-Psychose 234
Nachsorge 531
Nachsorge-Einrichtung 532
Nachtschattengewächse 162, 647
Narkose 338, 353
Narkosemittel 42, 145, 205 f.
Narzißmus 439, 467, 470 f., 526
Narzißtische Ganzheitserfahrung 469
Narzißtische Libido 466
Narzißtische Persönlichkeitsstörung 525
Narzißtische Schädigung 486
Narzißtischer Aspekt 468
Narzißtisches Bedürfnis 469, 474
Nasenscheidewand 199
Nasenschleimhaut 146
Naturvölker 256
Naturwissenschaft 448
Nausea 564 ff.
Needle park 412
Negade-Kultur 622
Neigung 606
Nekrophilie 447
Neolithische Revolution 621
Nephritis 39
Nervenbahnen 137
Nervenentzündung 73, 206, 336
Nervengift 368, 614
Nervenschädigung 340
Nervensystem 40, 50, 293, 298, 312 f., 355 f., 604
Nervensystem, peripheres 196
Nervensystem, parasympathisches 272
Nervensystem, vegetatives 272, 604, 608
Nervenzelle 327
Nervenzusammenbruch 71, 226
Nervosität 100,157, 159
Neubesinnung auf Werte 522
Neugeborene 319
Neugierkonsum 429
Neugierverhalten 556
Neuhirn 42, 370
Neurochemie 316
Neurochemische Wirkung 312
Neuropsychopharmakologie 586
Neuropsyologie 229
Neurose 460, 465, 561
Neurotische Fehlhaltung 103
Neurotische Störung 518
Neurotisches Symptom 572
Neurotizismus 105
Neurotransmitter 270, 272, 312, 597, 600 ff.
Nichtraucher 167
Nieren 590
Nikotinsucht 648
Nirwana-Gefühl 297
Niveauverlust 495
Norm 221
Not 298
Nüchternheit 476
Nystagmus 316

Objektbeziehung 467
Ödipale Phase 467
Ödipuskomplex 225
Offene Gesellschaft 577
Offene Wohngemeinschaft 577
Okkult 463
Ombudsman s. Vertrauensperson
Operantes Lernen 549
Opiat-Mißbrauch 313

Opiat-Rausch 293
Opiatabhängigkeit 565
Opiatforschung 296
Opiatkonsum 563
Opiatrezeptor 291, 296
Opiatspritzen 526
Opiatsucht 286, 296, 358, 387, 568, 640, 642
Opiatsüchtige 298, 319, 568
Opium-Essen 283
-Gesetz 211, 258, 286, 288, 386, 637 f., 645
-Konsum 284
-Rauchen 283, 298
Opiumkonferenz 393, 635, 637
Opiumkrieg 283, 386, 440 f., 630 f.
Opiummißbrauch 298
Opiumpolitik 633
Opiumrausch 282, 284 f., 632
Opiumsucht 440
Opiumsüchtige 387
Opiumwelle 298
Orale Frustration 554
Orale Phase 465
Orale Resorption 587
Oralität 471
Ordnungsbezüge 492
Organismus 606, 610
Östrogene 434
Ötzi 242 f., 622
Oxydierung 590

Paradigmenwechsel 500
Paralyse 206
Paralysis agitans 75
Paranoia 316
Paranoide Gefühle 198
Paranoide Psychose 136
Paranoide Schizophrenie 132
Paranoides Symptom 104
Parapsychologie 463, 473, 492, 501
Parapsychologische Fähigkeit 256
Parkinson-Krankheit 75, 133
Partnerschaft 517
Partnerschwierigkeiten 67
Passivität 477
Passivraucher 167
Pathologischer Rausch 46, 269, 358
PCP-Patient 317
-Psychose 316
-Rausch 316 f.
-Süchtige 316
-Szene 315
-Trip 315 f.
-Vergiftung 316
Perinatale Erfahrung 236, 238
Persönliche Spannung 356
Persönlichkeit 99, 352, 428, 431, 485, 526
Persönlichkeitsentfaltung 79
Persönlichkeitsentwicklung 547
Persönlichkeitsmodell 464, 474
Persönlichkeitsreifung 476
Persönlichkeitsstörung 105, 466
Persönlichkeitsstruktur 192, 316, 358, 483, 496, 516
Persönlichkeitsveränderung 100, 514
Persönlichkeitszerfall 459
PET-Scan 240
Peyote-Auszüge 258
-Erlebnis 267
-Essen 259
-Genuß 258, 266
-Kult 126, 257 f., 264, 327,
-Sekte 267
-Treffen 265
-Zeremonie 259, 262, 327
Peyotismus 257 f.
Peyotist 266
Peyotl-Kaktus 68, 633, 636
Pfeilgift 378
Phantasie 97, 284, 373, 405, 467, 472, 489, 561
Phantastischer Realismus 405
Pharmakokinetik 587
Pharmakologische Gewöhnung 356, 606 ff., 610
Pharmakologische Grundbegriffe 586
Pharmakon 595
Pharmakon-Rezeptor-Interaktion 296 f.
Pharmazeutische Industrie 72
Phencyclidin-Psychose 316
Physical dependence 606
Physik 501
Physikalische Energie 440
Physische Abhängigkeit 477, 555
Physische Not 494
Physische Schwäche 477
Pillensteuerung 490
Pilz-Gott 322
Pilz-Kult 322, 369, 624
Pilz-Ritual 346
Pilzdrogen 501
Pilze 242, 321-325
Pilzstein 323
Pilzzeremonie 325
Pituri 271
Piuleros 351
Placebo 592 f.
Plastiktüte 204
Plutonium 435 f.
Polamidon-Patient 320
Politik 416, 432
Polizei 368, 396, 415
Polytoxikoman 478
Polytoxikomanie 248, 480 f., 509
Positive Verhaltensweise 564, 568
Post coke blues 67
Post-PCP-Depression 317
Potenz 64 f.
Potenzholz 69
Potenzierung 591 f.
Prägendes Intervall 486
Präpsychotiker 483
Prävention 128, 445
Präverbale Erlebnis 468

Primärvorgang 463
Primitive 377
Primitive Kultur 12, 381, 377
Produktionsregionen 645
Profanierung 383
Progression 22 f., 25
Prohibition 52 f., 192, 393, 441, 446, 536, 605, 650
Projektionsfigur 397 f.
Prophylaxe 117, 303, 556, 578
PSA (Periodischer Suchtanfall) 297
Pseudo-Halluzination 217
Psyche 215, 262
Psychedelische Ära 222
Psychedelische Begeisterung 232
Psychedelische Bewegung 230, 555, 643 f.
Psychedelische Drogen 642
Psychedelische Drogenerfahrung 643
Psychedelische Effekte 373
Psychedelische Erfahrung 333
Psychedelische Funktion 211
Psychedelische Kunst 464, 473
Psychedelische Malerei 403 ff.
Psychedelische Musik 405, 473
Psychedelische Selbsterfahrung 431
»Psychedelisches Drama« 406
»Psychedelisches Wissen« 406
Psychedelismus 227, 229, 405, 438 f., 643
Psychiater 233
Psychiatrie 225
Psychiatrische Studie 296
Psychische Abhängigkeit 292, 457, 477, 555
Psychische Effekte 386
Psychische Energie 440
Psychische Entwöhnung 301
Psychische Gefahr 138, 233, 264
Psychische Gewöhnung 198, 291
»Psychische Inflation« 464
Psychische Konflikt 428, 609
Psychische Labilität 98
Psychische Schwäche 477
Psychische Spannung 338
Psychische Störung 518
Psychische Struktur 466 f.
Psychische Veränderung 216 f.
Psychische Wirkung 136, 259, 293, 313, 324, 354, 383
Psychisches Elend 494, 517
Psychitomimetische Wirkung 211
Psycho-Pharmakon 587
Psychoaktive Pflanze 378
Psychoaktiver Effekt 312
Psychoanalyse 236, 333, 358, 448, 464, 468, 474, 525, 561, 633
Psychoanalytiker 460
Psychoanalytisches Persönlichkeitsmodell 464
Psychodelische Bewegung 239, 262
Psychodelische Drogen 266
Psychodelische Religion 385
Psychodelische Sitzung 236
Psychodrama 302, 525, 574
Psychologie 265, 428, 457-508, 559
Psychologische Kriegführung 223, 441
Psychomotorische Unruhe 106
Psychopathien 609
Psychopathologie 465
Psychopathologisches Symptom 482
Psychopharmaka 251, 612
Psychopharmakologie 266, 585-617
Psychopharmakon 355
Psychose 226, 348, 460 f., 465
Psychosomatische Leiden 86
Psychosoziale Beratung 521 f.
Psychosoziale Struktur 483
Psychotherapeut 226
Psychotherapeutische Betreuung 301
Psychotherapeutische Nachbetreuung 302
Psychotherapie 75, 86, 98, 211, 224-227, 231, 240, 324, 335, 352, 368, 403, 420, 443, 460, 487, 498, 514, 529, 531, 561, 570, 575
Psychotische Reaktion 233
Psychotische Störung 518
Psychotisches Zustandsbild 297
Psychotoxische Eigenschaft 268
Psychotrope Pflanze 361
Psychotrope Pilze 379 f.
Pubertät 363, 467, 483 f., 486
Pupille 272 f., 596
Purin-Drogen 159
Purinträger 154
Puritanische Ethik 387
Pusher 391, 412

Quanten 500

Rachenkrebs 646
Rachenschleimhaut 146
Rathod's Roulette 567
Rationalisierung 16, 390
Raubüberfälle 13
Rauchen 10, 164, 263, 424 f.,490, 588
Raucher 162, 165-168, 263, 424 f., 490, 588
Raucherentwöhnung 169
Rauchgenuß 165
Rausch 13, 17, 20, 25, 28, 163, 197, 220, 233, 295, 314, 321, 324, 328, 381, 387, 408, 410, 434, 447, 459, 463 f., 469, 471, 474, 476 f., 480, 486, 492 f., 495, 498, 503, 526, 620
Rausch-Integration 483
Rauschbedürfnis 495
Rauschbeschreibung 406
Rauschdrogen 13 f., 16, 30, 33, 125 f., 131, 140 f., 149, 151, 172 f., 175 f., 180, 192, 204, 206, 211, 214, 226, 228, 232, 239, 246-249, 256, 264, 266-269, 271, 310, 321, 329, 332 ff., 348, 351, 354, 356 f., 361, 364, 366 ff., 373, 377-616, 619-652
Rauscherfahrung 487
Rauscherkenntnis 493
Rauscherleben 345, 487
Rauscherlebnis 461, 470, 483
Rauschgift 13, 155, 211, 363, 434, 569, 604, 612
Rauschgiftdelikt 546

Rauschgiftgeschäft 189
Rauschgiftgesetz 387
Rauschgiftgesetzgebung 605
Rauschgifthandel 305, 397, 426, 441, 481 f.
Rauschgiftkonsum 149, 607
Rauschgiftkonsument 364
Rauschgiftmarkt 306
Rauschgiftproblem 191
Rauschgiftsucht 472, 605
Rauschgiftwelle 527, 556
Rauschmittel 13, 15, 22, 250, 252, 282, 312, 328, 362, 366 ff., 370, 432, 477, 509
Rauschmittelkonsum 32
Rauschtrank 271
Rauschwelt 496
Rauschzustand 347, 459, 489, 498, 502
Rave-Szene 169
Raver 135, 138 f.
Reaktion 103 f.
Reaktionsbildung 221, 227
Realität 381, 391, 473, 477, 493 f., 620
Realität-Kontrolle 351
Realitätsbewußtsein 351
Realitätskontakt 463
Realitätsorientierung 233, 256, 382, 385
Reduzierung 590
Reflexion 245
Regression 12, 22 f., 25, 221, 246, 367, 460, 463, 465, 468, 473, 480, 494, 528, 547
Rehabilitation 509-583
Release 547
Release-Bewegung 546
Release-Report 547 f.
Religion 228, 332, 369, 378, 380, 432, 463, 492, 500 f., 619
Religiöse Bedeutung des Fliegenpilzes 150
Repressives Modell 512
Resignation 533
Resorption 587 ff., 606
Resozialisierung 318, 573
Retikuläres System 94, 213
Retorten-Drogen 130
Rezepte fälschen 298
Rezeptor 272, 595 f.
Rezeptpflicht 387, 421
Rheuma 622
Rituale 492, 509
Ritualstatuen 343
Ritueller Kontext 367
Roaring Twenties 636
Rock 'n' Roll 640
Rockmusik 443
Romilar-Trip 288
Röststoff 156
Rote Liste 319
Rückfallquote 560, 576
Rückzug 487

Sakraler Kontext 329
Sakrament 391
Säufer 436
Säuglingssterblichkeit 488
Save-Party-People 140
Schadstoff 156
Schamane 17, 126, 173, 275, 331, 345, 360 f., 369, 379, 384, 388
Schamanische Ekstase 87
Schamanismus 332, 335, 619, 625
Schamanistische Seelenreise 325
Schamanistisches Ritual 259, 332
Schießen 412
Schilddrüsen-Überfunktion 196
Schizophrene-Symptome 602
Schizophrenie 211, 316
Schlaf 338
Schlafbedürfnis 354, 358
Schlaflosigkeit 157, 159, 198, 200, 356
Schlafmittel-Konsument 514
Schlafmittelmißbrauch 338
Schläfrigkeit 148, 355
Schlafstörung 155 f., 338, 631
Schlafsucht 353
Schlaftabletten 478, 490
Schlaftraum 374
Schlankheitskur 354
Schlechte Ernährung 103
Schmerz 479
Schmerzempfindung 141, 145
Schmerzempfindung, subjektive 554
Schmerzstillung 290
Schmerztabletten 478
Schmerzunempfindlichkeit 290 f.
Schmuggelgut 91
Schniffelszene 207
Schnüffeln 204, 206, 412
Schnüffler 206, 436, 513
Schnupfdrogen 620
Schnupfen 196, 345, 354
Schnupfpulver 142, 345
Schnupfriten 343
Schnupfutensilien 344
Schreiben 499
Schreibtherapie 526
Schuldgefühle 298
Schule 480, 489 f.
Schüler 476, 490
Schulstreß 251, 357
Schuß 294
Schutz 492
Schwarze Magie 463, 473
Schwarze Messe 463
Schwindel 361
Science-fiction 232, 238, 313, 315, 352, 362, 365, 369 f., 373, 401, 405, 407, 464, 471, 473, 499
Screening 130
Seekrankheit 275
Seelenleben 422, 499
Seelische Begleiterscheinung 296
Seelische Mißstände 443
Seelische Realität 97
Seerose 330 f., 626
Sehstörungen 361
Selbst-Objekte 487

Selbst-Stimulation 467
Selbstaggression 408, 432, 468
Selbstanalyse 529, 633
Selbständigkeit 497, 527
Selbstbehandlung 226
Selbstbehauptungstraining 564
Selbstbewußtsein 487, 573
Selbstbezug 469
Selbsterfahrung 79, 296, 439, 499 f., 535
Selbsterfahrungesbericht 223
Selbsterfahrungsgruppe 438, 496, 530
Selbsterforschung 400, 409, 439
Selbsterkenntnis 235, 238, 428, 462, 475 f., 559
Selbstgebrauch 311
Selbstgefährdung 415
Selbstheilung 176, 527, 560
Selbsthilfe 433
Selbsthilfe-Einrichtung 531
Selbsthilfe-Organisation 62, 577
Selbsthilfegruppe 301, 414, 433, 438, 515, 519, 530, 532, 536 ff., 547 f., 577
Selbsthypnose 176
Selbstkontrolle 220, 225
Selbstkritik 44, 197, 230, 256, 355
Selbstmedikation 251, 497, 518
Selbstmord 197, 233, 282, 314, 316, 414, 473, 486, 488, 517 f., 534 f.
Selbstmordversuche 226, 487, 518
Selbstobjekt 466 f.
Selbstsicherheitstraining 572 ff.
Selbststörung 518
Selbsttherapie 99, 439, 515, 554, 560
Selbstverstärkungssystem 561
Selbstverstümmelung 313 f.
Selbstversuche 461, 482, 557
Selbstverwirklichung 439, 498, 541
Selbstverwirklichungs-Religion 540
Selbstzerstörung 311, 314, 447, 473, 487
Sensibilität 330, 401, 479
Sensitivitätstraining 541, 572
Sensory deprivation 604
Setting s. Umgebung
Sexualität 65, 67, 69, 428, 464 f., 467, 475, 479, 526
Sexualkundeunterricht 428
Sexualneid 495
Sexuelle Drogenerfahrung 65 f.
Sexuelle Wünsche 273
Sexwelle 408
Single 516 f.
Sinnestäuschung 197, 288
Sinneswahrnehmung 101
Sinnlosigkeit 366, 485
Skizzieren 587
Slang der Drogen-Szene 410-413, 492
Slum 480, 553 f., 611
Sniffer 207, 412
Soft drugs 611
Solidarität 494
Soma-Kult 623
Sozial abweichendes Verhalten 558
Sozial positive Verhaltensweise 558
Soziale Bindung 18
Soziale Energie 440
Soziale Funktion 399
Soziale Isolierung 491, 495
Soziale Misere 390
Soziale Mißstände 443
Soziale Norm 610
Soziale Reife 497
Soziale Spielregel 379
Soziale Überlastung 422
Soziale Zuwendung 552
Sozialer Druck 103
Sozialer Effekt 386
Sozialer Kontakt 468
Sozialer Prozeß 379
Sozialer Regelkreis 366
Soziales Gift 197
Soziales Netz 531
Sozialfürsorge 414
Sozialgeschichte einer Rauschdroge 388
Sozialistische Staaten 417
Sozialpsychologie 491
Sozialpsychologischer Aspekte 496
Sozialstaat 416
Sozialstruktur 497, 547
Soziokulturell 509, 555
Soziologie 425
Speed Kills 348
Speed-Mißbrauch 348
Speichelsekretion 272
Speicherung 94
Spezialpfeife 81
Sphärenmusik 468
Spielsucht 537 f.
Spiritismus 382
Spiritualität 526
Spirituelle Erfahrung 379
Spirituelle Fähigkeit 262
Spiritueller Bereich 497
Spirituelles Element 17
Sport 526 f.
Sportmittel 253
Sprache 381
Sprechfähigkeit 351
Spritze 437, 511
Spritzen-Hepatitis 521
St-Martialis-Feuer 208
Stammhirn 370
Stationäre Behandlung 526, 548
Statistik Cannabis 121
Sterbehilfe 367
Sterbeklinik 368
Sterben 239, 447, 503
Sterbende 238, 447
Sterbeproblematik 448
Stimulans 93, 159
Stimulierender Effekt 365
Stoffwechsel 591
Stoned 412
Strafrecht 16
Strafreiz 563, 567

Strafverfolgung 11
Straßenverkehr 43, 652
Streß 251, 356, 422
Stromstöße 564
Struktur-Wirkungs-Beziehung 596
Strukturähnlichkeit 600
Strukturformel 596 f.
Studenten 476, 496
Studentenrevolte 431, 438
Subkultur 15, 172, 227, 234, 278, 335, 405, 429, 482, 492, 573, 576, 611, 643
Sublimierte Aggression 469
Sublimierte Sexualität 469
Sublimierter Narzißmus 469
Sucht 17 f., 28, 104, 211, 356, 387, 450, 457, 462, 464, 474, 480, 482, 509, 530, 534, 607 f., 610
Suchtdrogen 248
Suchtgefahr 12, 42, 250, 340, 354
Suchtgefährdung 518
Suchtgenese 470
Suchtgewohnheit 164
Suchtgift 13, 22, 61, 261, 263 f., 611 f.
Süchtige 379, 398 f., 416, 426, 437, 446, 471, 485, 510, 512 f., 515, 520, 523 f., 539, 576 f., 609 f.
Suchtkonzepte 632
Suchtmedikamente 248
Suchtmittel 356, 358
Suchtmittelabusus 554
Suchtpotential 254, 342
Suchtproblem 473
Suchtproblematik 533
Suchtstoffe 129, 642
Suchtsymptome 296
Suchttherapeut 509
Suchttherapie 574
Suggestibilität 44, 175, 229, 256
Suggestion 221, 225
Suizid/-versuch s. Selbstmord
Summenformel 596
Super-Lernen 550
Supervision 520, 532-535
Surrealismus 405
Symptom 561 f.
Synanonisierung« 541-546
Synapsen 599, 603
Syndrom 569
Synthetische Drogen 135, 518
Synthetische Rauschdrogen 76
Systematische Desensibilisierung 562

T'ai Chi (Chinesisches Schattenboxen) 499
Tabakgeschädigte 10
Tabakindustrie 168
Tabakkonsum 652
Tabakkonsument 649
Tabakmißbrauch 395
Tabakwaren 649
Tabletten-Konsument 201
Tabletten-Mißbrauch 420
Tablettenschlucker 11, 529
Tablettenverbrauch 489
Tachykardie 269
Taekwan Do 499
Taurocolsäure 169
Technik 413
Techno 134, 648, 650
Techno-Szene 135, 347
Teehandel 158
Teer 166
Telepathie 361 f.
Telescoping 237
Teo-Nanacatl-Kult 326
Terrorismus 432
Terrorist 431 f.
Tetrachlorkohlenstoff 113
Thanatologie 238, 500, 447, 502
THC-Gehalt 122
THC-Rausch 103
Theaterspielen 499
Thema 530
Therapeut 521
Therapeutikum 45
Therapeutische Ansätze 474
Therapeutische Breite 273, 586 f.
Therapeutische Gruppen 496
Therapeutische Strafanstalt 511
Therapeutische Wohngemeinschaft 519, 532, 577
Therapie 117, 160, 235, 317, 320, 368, 393, 395, 414, 438, 445, 468 ff., 474, 497 f., 509-583, 612
Therapie der Drogenabhängigen 570
Therapie-Drogen 367
Therapie-Gruppe 474
Therapieabbrüche 570
Therapieeinrichtung 11
Therapieerfolg 510
Therapiekosten 571
Therapiemodelle 524
Therapiemöglichkeit 298
Therapiemotivation 570
Therapieplan 571
Therapieplätze 510
Therapieversuch 513 f.
Therapiewunsch 578
Thrill 315, 370, 432
Tiefenpsychologischer Aspekte des Rauchens 168
Tier 74, 379
Tierversuch 75, 110, 112, 117, 137, 264, 292, 413, 421, 424, 549-552, 561, 586, 591, 613 ff.
Tod 413, 415, 447
Todesmut 368
Todesopfer durch Heroin 303 f., 391
Todesopfer von PCP 311
Todesproblematik 448
Todessehnsucht 314
Toleranz 205, 297, 555
Toloache-Rausch 274
Tonga-Trinker 275

Totenwache 102
Toxikologie 147
Toxikomanie 146, 474, 642
Toxische Psychose 262, 317
Tradition 620
Trance 273, 275, 323, 332, 343, 345, 351, 381 f.
Transaktionale Analyse 474, 525
Transmitter 135
Transpersonale 521, 525
Transpersonale Erfahrung 171, 177, 236 ff.
Transpersonale Psychologie 178, 236, 238, 369, 450, 471, 500 f.
Transpersonale Wirklichkeit 334
Transpersonaler Bereich 520
Transport 589
Transzendental 522
Transzendentale Möglichkeit 379
Traum 373, 447, 499, 526 f.
Traum-Selbstanalyse 529
Traumbild 314
Traumwelt 97, 493
Traumzeit 620 f.
Triebbeherrschung 465
Triebimpuls 525
Triebkontrolle 46
Triebleben 468
Trinken 263, 457
Trinker 10, 39, 46 ff., 50, 59 ff., 263, 424 f., 457, 553
Trinker-Lizenz 54
Trinkerleber 56
Trip 33, 98, 228, 313, 317, 333, 403, 410, 413, 468, 477, 479, 483 f., 493 f., 503
»Trockener Alkoholiker« 577
Tuberkulose 646
Turning on without drugs 500
TZI (Themenzentrierte Interaktion) 530 f., 533

Übelkeit 349, 356
Über-Ich 464 ff.
Überbewertung 486
Überdosis 303
Übergewicht 70, 72
Überleben 522
Übersensibilität 492
Übertragung 352
Übertragungsbeziehung 525
Umgebung 496
Umsteigen 102, 110, 612
Umsteigerquote 110
Umstieg-Effekt 109
Umwelt 378, 381, 427, 485, 493, 520, 554
Umweltbedingung 338
Umweltkatastrophe 436
Umweltverschmutzung 15
Unangepaßt 14 f.
Unbewußte 30, 98 f., 352, 405, 428, 463 ff., 489, 498, 515
Underground 227, 276, 403, 463, 485, 491, 552, 643
Underground-Laboratorien 215
Unfähigkeit 390
Unfallgefahr 341
Unfreiheit 500
Urin 150, 612
Urkundenfälschung 192
»Urvertrauen« 554, 560
US-Soldaten 311, 516
User 466, 469, 474, 485 ff., 489, 528
Utopia 431, 370

Valdivia-Kultur 622
Valiumsucht 337
Vasomotorisches Zentrum 155
Vater 527 f.
Vegetative Nebenwirkung 269
Vegetatives Zentrum 101
Verbrechen 316
Verdauungsstörung 248
Verde Mar 188 f.
»Verdekte Sensibilisierung« 571
Verdrängung 16, 410, 425
Vereinsamung 67 f., 518
Verelendung 610
Verfolgung 416
Verfolgungsangst 313
Verfolgungsidee 482
Verfolgungswahn 132, 480
Vergiftung 234, 339, 521, 524
Vergiftungsreaktionen 246
Vergreisung 199
Verhaltensanalyse 558
Verhaltensdefizit 569
Verhaltensdevianz 558
Verhaltensproblem 570
Verhaltensstörung 488, 560, 609
Verhaltenstherapeut 225
Verhaltenstherapeutischer Standpunkt 556
Verhaltenstherapie 302, 550 f., 561 f.
Verhaltenstraining 563
Verhaltensveränderung 558
Verhaltensweise 221, 459
Verkehrsunfall 249, 419
»Verkopfung« 500
Verlangen 606 f.
Vermeidungsverhalten 573
Vermittlerrolle 334
Vernichtungsprogramm 188
Vernunft 363
»Verordnete Anpassung« 362
Verschmutzung 437
Verstandestätigkeit 297
Verstärker 573
Verstärker des Drogenkonsums 555
Verstärker, negative 561, 569
Verstärker, positive 559, 561, 573
Verstärker, soziale 558, 572
Verstärkerquellen 552
Verstärkung, negative 553 f.
Verstärkung, positive 552 f.
Verteilung 589 f.

Vertrauen 352
Vertrauensperson 491
Verunreinigung 139
Verwahrloste 481
Verwahrlosungstendenz 484
Verwirrtheitszustände 482
Verzweiflungs-Cocainismus 389
Verzweiflungs-Phase 487
Vielesser 10
Vietnam-Krieg 39, 306, 417, 516
Vinhnu-Fest 86
Vision 245, 263, 266, 294, 321, 325, 327 f., 361, 363, 447, 604
Vitaminmangel 41, 102, 521
Vitaminstoffwechsel 51
Völkerbund 636 f.
Volksdroge 201
Volkskultur-Peru 192
Vollsynthetisches Produkt 314
Voodoo 382, 461
Vorbereitende Phase 486
Vorbeugung 523
Vorbild 426
Vorpubertät 467
Vorurteil 398

Wach-Schlaf-Rhythmus 490
Wachstums-Ideologie 439
Wachstumsdenken 438
Wachträume 180
Wahnvorstellung 132
Wahrheit 352, 361
»Wahrheitsserum« 273
Wahrnehmung 77, 217, 220, 360, 432, 460, 465, 499, 528
Wahrnehmungsabläufe 498
Wahrnehmungsfähigkeit 297
Wahrnehmungsstörung 317
Wahrnehmungsverzerrung 245
Waika-Indianer 142 f.
Wärmegefühl 268
Wärmeregulation 141
Wärmeverlust 45
Waschküchenlabor 348
Wassermangel 435
Weiche Droge 357
Weiße Magie 463, 473
Weiterexistieren des Bewußtseins 502
Welt-Drogentag 652
Weltanschauung 84
Weltbild 500
Weltmodell 501
Weltraumsatellit 426
Weltstruktur 502
Wendung nach Innen 527
Werbung 420
Wertvorstellung 491
Widersprüche 386
Wiederaufbau 447
Wiedereingliederung 509 f.
Wiedergeburt 502
Wiener Schule 405
Willenskraft 302, 351
Willensschwäche 107
Windenarten 277 f., 280
Windensamen 279
Wir 530
Wirklichkeit 220, 373
Wohlfahrtsstaat 495
Wohlstandsdroge 56, 90
Wohlstandsgesellschaft 494
Wohngemeinschaft 496
Wunderdroge 254
Wundschmerz 293

Xenoenzyme 607

Yaqui-Indianer 275
Yatiri 193
Yoga 474, 499, 525, 572, 625 f.
Yogaübungen 559

Zauberei 360
Zauberliane 74, 331
Zeitempfinden 295
Zeitfaktor 492
Zeitgefühl 102, 460, 492
Zeitlosigkeit 495
Zeitraffer 228
Zeitsinn 261
Zen-Buddhismus 228
Zentralisation 20 ff.
Zentralnervensystem 196, 205, 272, 354, 591, 596
Zeremonien 509
Zerstörung des Lebens 494
Zeugungsfähigkeit 112
Zigarettenkonsum 489
Zigarettenrauchen 565
Zigarrenraucher 169
Zivilisation 442, 652
Zuckerkranke 50
Zukunft 366, 369 f., 479, 619 f.
Zukunftsmodell 364
Zukunftsperspektive 436
Zukunftsplanung 430
Zusammenbruch 353
Zusammenbruch des Dritten Reich 448
Zusammengehörigkeitsgefühl 493
Zwänge 560
Zwangsmaßnahme 511
Zwangsneurotiker 483
Zweierbeziehung 524, 524
Zweiter Weltkrieg 353, 447
Zwischenmenschliche Beziehung 469

Namenregister

AA (Anonyme Alkoholiker) 59, 63, 302, 515, 531, 536 ff., 573, 577, 613, 638, 641
Abraham 471 f.
Abu'l-Qàsem Yazdi 282
Acre, Luis 189
ADK (Anti-Drogen-Koalition) 29, 118, 440 f., 443 f.
Adler, Alfred 561
Adrian, H. G. 158
Agurell, S. 94, 110, 112, 644
Aikados 627
Alarcón, Hernando Ruis de 256
Aldiss, Brian W. 373, 499
Alexander, Franz 172
Algren, Nelson 496
Allen, M. 450
Allende, Salvador 250
Alles, G. 136, 245
Alpers 407, 499
Alpert, Richard 227, 264, 447
Alte vom Berg 66, 88
Altenkirch, H. 207
Altig, Rudi 252
Altner 437
Alvarez, A. 518
AMA (American Medical Association) 534, 399
Amendt, Gerhard 366, 487
Amendt, Günter 65, 120
American Temperence Society 52 f., 630
Amery, C. 176, 437
Amitai, M. 571
Ammon, G. 560
Anders 499
Andromachus 282, 290
Angst, J. 107, 468
Anquetil, Jaques 252
Antelman, Seymour 591
Aphrodite 243
APO 416 f.
Apollo 408, 624, 627
Apuleius 176
Arbeiter-Samariter-Bund 519
Argos 76
Argüelles, J. u. M. 499
Aristoteles 491
Aronson 567
Artaud, Antonin 267, 406
Ashley, Richard 192, 197
Asimov, Isaak 448, 623
Assassinen 66, 88, 109, 254, 368, 385 f., 627
Augstein, Rudolf 115 f.
Aurelio 362, 369
Axelrod, J. 94, 112, 644

Baader, Andreas 432
Bacchus 585
Bachmann, C. H. 551
Backhus, William E. 144
Baker, Chet 634
Balam (Götter der vier Winde) 163
Balint, Alexander 460
Balint, Michael 461, 467 f., 472 f., 517, 574
Balzac, Honoré de 156, 285
Bandura 561
Barger 353, 635
Barret, Syd 366, 407
Barron, Stanley P. 213, 234 f., 615
Barry 341
Barth, Lilian 301
Bateson, G. 602
Bättig, K. 421
Baudelaire, Charles 68, 89, 104, 121, 228, 284, 294, 329, 367, 388, 406, 447
Bauer, Wolfgang 406
Bayer & Co. 368, 634
Beatles 216, 409 f., 476, 493
Becher, Hans 143
Becher, Johannes R. 389
Becker, Bernd-Michael 287 f., 513
Beethoven, Ludwig van 443
Behan, Brendan 406
Behr, Hans-Georg 93, 119
Beil, Hans-Wilhelm 292
Bell, Harris 299
Bellanger, Jean-Luc 145
Belsazar (König) 366
Benabud, A. 106
Benavente, Fray Toribio de 321
Benedetti, G. 602
Benn, Gottfried 194, 389 f., 636
Bennett, William J. 131
Benz, Ernst 380, 447
Berger, Herbert 402
Bergier, Jacques 174
Beringer, Kurt 261, 461
Berke, Joseph 119
Bernam, Leon E. A. 358, 526
Bernard, Andreas 253
Bernard, Jean 38 f., 646

Bernays, Martha 66
Bhagwan Shree Rajneesh 497, 529
Bialecki 407
Bibra, Ernst Freiherr von 157, 388
Bier, August 196
Bilke, Oliver 136 f.
Binder, S. 510
Biniek, E. 530
Birdwood 287
Birnbaum, Immanuel 389
Black Panthers 417, 494
Blair, Linda 178
Blaues Kreuz in Deutschland e. V. 62
Bloomquist, E. R. 102
Blöschl 558
Blum, Richard 559
Blumhardt 178
Bochnik, Hans Joachim 108, 110, 480, 482. 484
Bodhidarma 157
Bodin, Jean 173
Boer, Jeele de 625
Boissard, F. 388
Bonin 502, 648
Borhéguy, S. de 322
Bornemann, E. 176
Bosch, Hieronymus 313
Boss, Medard 295, 462, 499
Boubuet, J. 109
Bourne, Peter G. 115 f.
Bouthol, B. 88
Bova, Ben 362 f.
Bowen, Haskell L. 490
Bower 549
Boye, Karin 362
Bozzano 178
Brau, Jean Louis 174, 328
Brauer, Arik 405
Braun, Eva 639
Brenston, Jackie 640
Bromberg, W. 109
Bron 524
Brotherhood of Eternal Love 230
Brown, B. 316
Bruchlos, Barron 266 f.
Brumm 250
Bschor, Friedrich 108, 484, 494
Buchalla, Carl E. 183 f.
Bucher, Werner 530
Buchhard 484
Buchinger 499, 527
Buchman, Frank 537
Buddha 157, 217, 223, 334, , 626
Bühler, Ch. 187, 439, 450
Burckhardt 500
Burgeaud (Marschall) 109
Burns 471
Burroughs, B. 431, 461
Burroughs, William S. 286, 406, 496, 640
Busch, Wilhelm 43, 413, 632
Bush, Georg 131
Busse, Hermann 87
Bux, K. 191
Bychowski, Gustav 525

Cahoon, D. D. 552 f., 555
Cailleux, Roger 324
Caird, William K. 355
Caldwell, W. V. 400, 460
Cale, J. J. 194
Calvarese, Barry 112
Camus, Albert 444
Canitz, Hannelore von 65, 120, 468, 526
Capone, Al 162
Caporeal, Linda 208, 629
Capote, Truman 58
Capra, Fritjof 501
Cardanus, Hieronymus 174
Caritasverband 519
Carlsmith 567
Carroll, Lewis 147 f., 361
Carter, Jimmy 115, 189, 201
Casriel 532
Castaneda, Carlos 149, 238, 267, 369, 406, 501, 644
Cautele 571
Cervantes, Saavedra Miguel de 64, 404
Challoner 502
Chamisso, Adelbert von 529
Chapple, P. A. L. 110
Charen, S. 109
Charlotte von Belgien 277
Charon, Jean 238, 501
Chauvet, Custos von 332
Chein, Isidor 485
Childe, G. 621
Chopra, S. 108
Christiansen 253
CIA 223, 351
Cihuacoatl (Göttin) 163
Clancy 472
Clark, Lincoln 104
Clarmann, Max von 312, 524
Clauser, Günther 593
Clinton, Bill 131, 267, 642, 648
Clottes, Jean 332
Club des Haschischins 88, 367, 388 f.
Club of Rome 437
Coca, Ariel 189
Cocteau, Jean 194, 286, 461, 610, 637
Cohen, Rudolf 568
Cohen, Sydney 118, 120, 217, 219, 223, 225 f., 279, 317, 561, 604
Cohn, Ruth C. 428, 430 f., 439, 533
Coleridge, Samuel Taylor 284
Colon, Fernando 343
Coltrane, John 634
Convention on Psychotropic Substances 645
Cook, James B. 184
Cooke, Janet 304
Coon, Caroline 546
Covey, Dave 55
Crashing Thunder 264
Crosby, Cynthia C. 552 f., 555

Crowley, Thomas J. 552, 555
Cullen, William 268
Cunis, Reinmar 371

Da Vinci, Leonardo 10, 223
Dakaris, Sotiris 624
Dale 353, 635
Daniels 142, 471
Dargyay 502
Daunderer, Max 292
Davis 409
Dawa-Samdup, L. K. 447
De-Nur, Yehiel 240
DEA »Drug Enforcement Agency« 144, 418
Dechene, Ursula 296, 447
Dederich, Charles E. 39, 538 ff., 545, 641
Degenhardt 437
Degkwitz, Rudolf 272
Deissler, Karl 297, 320
Delgado, Jose 46
Dement, William C. 597
Deneau 551
Dennemark, Nils 108
Derenberg 535
Desai, Morarji 54
Descartes, René 585
Deutsche Arbeitsgemeinschaft Selbsthilfegruppen e. V. 62
Deutsche Hauptstelle gegen die Suchtgefahren (DHS) 40, 62, 534, 536, 637, 639, 651
Deutsche Arbeitsgemeinschaft für Jugend und Eheberatung e. V. 536
Deutschen Gesellschaft für Suchtforschung und Suchttherapie e. V. 118
Dick, Philip K. 313, 348, 371, 407, 643, 645
Dietrich, Udo 364
Dillinger 194
Dinges 541
Dionysos 172, 229 f., 382, 384 f., 408, 585, 623, 625
Dittrich, J. 510
Dix, Otto 193
Dogs, Wilfried 511
Dokaris, Sotiris 87
Dole 568
Don Cherry 443
Don Juan 267, 274
Doyle, Conan 193
Dreser, H. 634
Dressler, Birgit 253
Drobs 139
Drug Abuse Clinical Notes 311, 316
Drug Abuse Council 112
Drug Abuse Warning Network 340, 433
Duerr, Hans-Peter 176, 646
Duhamel 145, 629
Dührssen, Annemarie 482
Dum, Jane 141
Dupont, Robert 512
Duran, Diego 322

EAP »Europäischen Arbeitrpartei« 118, 443 f.
Eccels, John 238, 501 f.
Eddy, Nathan B. 117, 478
Edeleanu 352, 633
Edwards, Allen 217, 471
Edwards, Griffith 54
Einfeldt 252
Einstein, Albert 333
Eleusis (Mysterien) 622 f.
Eliade, Mircea 87, 333, 380, 625
Ellington 616
Eloy 405
Emboden 626
Epheser 382
Ephyra 87
Epling, Carl 347
Erdman, Z.-M. 499
Erikson, Erik H. 459, 485, 554, 560
Estrada, Alvaro 177, 323, 361 f., 369, 501
Eugster, K. 147
Evans, Barry 316, 497
Eve & Rave 137, 139
Eyrich, H. 511
Eysenck, H. J. 551, 562

Fallada, Hans 58, 194, 286, 296, 640
Faulkner, William 58
Faust, Volker 56
FBI 266
FDA »Food and Drug Administration« 121, 250
Federal Bureau of Narcotics and Dangerous Drugs 109
Fenichel, O. 471
Ferckel, Siegbert 175
Ferenczi, S. 471
Fessler, Richard 197
Firestone, Sh. 176
Fischbach, Erich 253
Fischer, Claudia 164, 448, 513 f.
Fischer, Kai 137
Fitzgerald, Francis Scott 58
Fleischl-Marxow, E. von 609, 633
Fließ, Wilhelm 169, 634
Fo, Dario 373
Fonda, Peter 644
Ford, Gerald 224, 351
Forrester 579
Foss, Chr. 471
Frank, A. 471
Franke, Herbert W. 362 f.
Frazer, James 243
Frederking, W. 460
Free Clinic 398
Freedman, Daniel 112
Freire, Paulo 428
Freud, Anna 467, 482 f.
Freud, Sigmund 11, 43, 66, 97, 134, 169, 189, 190, 195, 198, 232, 237, 251, 333 f., 365 f., 406, 420, 460 f., 463 f., 468, 471, 474, 489, 529, 551, 561, 579, 609, 620, 632 ff.
Fried-Mandera 71
Friedkin, William 177 f., 364

Friedrich, V. 251, 514
Frijling-Schreuder 460
Fromm, Erich 444, 447
Frye, R. N. 151
Fuchs, Ernst 405
Führer, H. 175
Fulder, Stephen 252
Fullagar, R. 620
Funk, Klaus 252

Gajdusek, Charleton D. 185
Gandhi, Indira 54
Gantzer, Joachim 192, 200, 418
Gantzer, S. 188
Gaoni, Y. 94, 643
Garcia, Consuela 346
Gassendi, Pietro 173
Gaul, Charly 252
Gautier, Théophile 85, 89, 121, 329, 367, 388
Gay-Lussac, Louis J. 629
Gearing, F. R. 318
Geber, W. F. 110, 616
Gelpke, Rudolf 29, 65, 87 f., 283, 401 f., 431, 461, 475, 643
Gerdes, Klaus 429
Gesellschaft für Psychosomatische Therapie (GPT) 62
Gibson, William 232, 407
Gide, Paul 281
Giesing 251
Giger, H. R. 315, 405, 471
Gilgamesch 178 f., 331, 623
Ginsberg, Allen 267
Ginzburg, Carlo 331
Glauser, Christine 530
Glover, Edward 471 f.
Goedecke 292
Goethe, Johann Wolfgang von 42
Golowin, Sergius 69, 177, 271, 331, 647
Gordon, Barbara 337
Göring, Hermann 426, 639
Görres, A. 551
Goswani 448
Götte, Jürgen 472
Graham, J. D. P. 118
Graves, Robert 21, 151
Greiser, Eberhard 342
Griffith, William 537, 638
Grimm, Gebrüder 177, 244, 256
Grinspoon, Lester 118
Grof, Stanislaw 30, 67, 76, 78, 98 f., 171, 176 f., 216, 223-226, 228, 234-239, 335, 352, 360, 365, 367 ff., 400, 406, 440, 442, 447, 460 f., 468, 498, 500 ff., 515, 529, 641, 645
Grossarth-Maricek, Ronald 365
Grosse 145, 629
Gruhl 436
Grünholz 499
Guaita, Stanislas de 174
Gucci 305
Gumilla 126
Gusfield, J. R. 635
Gutiérrez-Noriega, C. 196
Guttempler-Orden 62

Haack 432, 497
Haag 41
Haas, Ernst 474, 497, 518
Haenel, Thomas A. 83
Häfner, Heinz 516
Haislip, Gene 131
Haldeman, Joe W. 352
Halifax, Joan 224, 238 f., 365, 367, 502
Hamel, Peter Michael 405, 499
Hammer, Josef von 385
Hammitzsch, H. 158
Hammond, P. G. 556 f., 559, 569
Hansen, Harold A. 176
Hansen, Per F. 356 f.
Haraldson, E. 447, 502 f.
Hark, Helmut 331
Harrison Narcotic Act 635
Harrison, George 409
Harrison, H. 471
Hartmann, Richard 217, 405, 471
Hartwig, Karl-Hans 445 f., 650
Harvey, Brian 134, 232
Hasan Ibn Sabbah 88
Hasse, Ewald 234
Hasse, H. E. 318, 429
Hastings, Donald W. 398
Hauff, Wilhelm 361
Hayter, Alethea 285, 313, 404, 643
Heath, Robert 113
Heckmann, Wolfgang 303, 532
Hedayat, S. 285
Hefter, A. 261, 633
Heim, Richard 641
Heim, Burkhard 238, 324, 448, 500 ff.
Heim, Roger 150, 177, 277
Heinrich, K. 510
Helena 384
Helfrich 130
Hell's Angel 311
Hemingway, Ernest 58
Hendrix, Jimi 215, 402, 640
Hensel 613
Hentig, Hartmut von 428
Herbert, Frank 371
Herodot 87
Herha, Jan 108
Herhaus, Ernst 58
Hermann, Kai 646
Hernández, Francisco 64, 277
Hernton, Calvin 119
Herschbach, Peter 47
Herz, Albert 141
Hess 404
Hesse, Erich 43, 106, 152 f., 155, 159 ff., 163, 273, 290, 397
Hesse, Hermann 81, 238, 431
Hesse, Richard 437
Heyfelder, Johann Ferdinand 145

Hide 500
Hildegard von Bingen 87, 627, 549
Hippius, Hans 420, 512
Hitchcok, William Mellon 231
Hitler, Adolf 195, 251, 275, 426, 639
Hobi, V. 491
Hoch, P. H. 555, 560
Hodgson, M. G. S. 88
Hoechst AG 319, 639
Hoffmann, Albert 130
Hoffmann, E. T. A. 58, 329
Hoffmann, Friedrich 145
Hofmann LaRoche AG 342
Hofmann, Albert 28 f., 67, 125, 144, 155, 161, 177, 208 ff., 215, 224, 227 f., 230 f., 242, 277-280, 324 ff., 329, 344, 346, 360 f., 363, 369, 371, 399, 406, 568, 598, 615, 639, 646
Hofstätter, Peter R. 492
Holbrook, Robert 537, 638
Holdstock 471
Holenweger 404
Holmes, Lowell D. 185
Holmstedt, Bo 143
Homer 37, 176, 384, 624
Hömes, Jonathan 59, 61 f.
Hopper, Dennis 644
Hopson 141
Houston, J. 405
Huber, Guido 447
Hull 550
Hüllinhorst 347
Humphrey 502
Hurrelmann, Klaus 135, 138 f.
Huxley, Aldous 29, 228 f., 239, 258, 261 ff., 267, 329, 362 ff., 369 f., 390, 406, 431, 441 f., 461, 638, 640 ff., 644 f.

Illich, Ivan 9 f., 428
Indra (Soma) 623
Innes, Charlie 313
Institut für Arzneimittelforschung 420
IOA (Internationales Opium-Abkommen) 635 f.
Irving, David 251, 275
Irving, S. 195, 251
Isis 295
Ismail 86

Jackson, E. 562 f., 572
Jacobi, Jolande 529
Jacobsen, Erik 43 f., 387
Jacobson 466, 525
Jakuza 308
Jan, Eduard von 64, 404 f.
Jappe, Georg 223
Jasinsky, M. 429, 491
Jative, Carlos D. 347
Javers 432
Jeffcoate, William 41
Jellinek, E. M. 47, 49
Jerez, Rodrigo de 164
Jeri, Raul 193
Jesus 626
Jethro Tull 406
Johanna von Orleans 244
Johnson 112
Jones, Jim 432
Joplin, Janis 402, 640
Jordan, Hamilton 201, 330
Jugari, Jack 55
Juhnke, Harald 419, 517, 640
Jung, C. G. 461, 463 f., 474, 499, 525, 529, 534, 540
Jünger, Ernst 18, 79, 125, 157, 228, 329, 389 f., 640
Jungk, Robert 436
Just, Renate 538

Kaempfer, E. 86
Kalamba Mukenge 89
Kalant, Oriana Josseau 93, 101
Kali (Göttin) 86
Kalix, Peter 184
Kaltenbach, M. 421
Kapak, Manko 188
Karajan, Herbert von 409
Kasischke, H. 192, 200
Kastan, S. 81
Kato 340
Kaye 41
Keeler, Martin H. 104
Kemper, Norbert 342
Kennedy, John F. 642, 648
Kernberg, O. F. 525
Kersting, G. 437
Keup, Wolfram 320, 486
Kew, M. C. 110
Khomeini (Ayatolla) 397
Kiehnle 613
Kielholz, Paul 108, 471, 484, 494, 510
Kilduff 432
Kilian, Hans 225
Kirchgässer, Peter 104, 416
Klarwein, Mati 405
Klaus 250
Klein, Melanie 439, 468, 472
Kleiner, Dieter 169, 509, 512
Kleinert 517
Knuettler, H. J. 511
Koch, Egmont R. 434
Koch-Grünberg, Th. 74
Koestler, Arthur 228
Köhler, W. 550
Kohut, Heinz 237, 466, 468, 470, 474 f., 516, 520, 525 f.
Koller, Carl 189
Kolumbus 89, 163 f., 343, 628
Kooyman, M. 429
Koper 316
Korsakow 51
Kotschenreuther 155, 161, 164
Kovar, Karl-Artur 240, 249, 341
Kraft, Tim 201
Kramer, Peter D. 254

Kretschmer, Ernst 40
Krieger, Fritz 511, 522
Krishna, Gopi 501
Kryspin-Exner, K. 288
Kubin, A. 447
Kübler, Ferdi 252
Kübler-Ross, Elisabeth 238
Kubrick, Stanley 373
Kuhn, Th. 500
Kuiper, P. C. 473
Kukowka 330
Kürbis, Gerhard 496
Kürtz, C. D. 512
Kuschinsky, Gustav 249
Küttner, Michael 69, 271, 330 f.
Küttner, S. 626, 628

La Guardia (Bürgermeister) 639
LaBarre, Weston 257 f., 264, 266, 277
Labrusse, Alain 308
Labudde, C. 118
Ladewig, Dieter 248, 530
Lago 542
LaRouche, Lyndon 443
Lasch 439, 525
Lau, Henry 131
Lea, Klaus 462, 515
League of Spiritual Discovery 229
Leary, Timothy 29, 67, 90, 134, 211, 215, 227-233, 239, 264 f., 329, 334 f., 363, 367, 381, 390, 400-403, 431, 447, 461, 501, 559, 642 ff.
LeCoultre, R. 465
LeGuin, Ursula K. 407
Leicher, Hans 195
Lemberger, L. 111
Lennard, Henry H. 303, 319, 568
Lennertz, Erich 105 f.
Lennon, John 476
León, Nicolàs de 256
Leonhardt, Rudolf Walter 102, 298
Lesser, Erwin 563 f.
Leuner, Hanscarl 75 f., 227, 236 f., 400, 442, 460 f., 499, 642
Leuß, D. 242
Lewin, Bertam D. 473
Lewin, Kurt 441, 447
Lewin, Louis 43, 74 f., 145, 147, 153, 155, 162, 185, 361, 509, 633, 637
Lewis, Bernhard 88
Liberman, Robert 566
Lidz, Theodore 229, 473
Liebel, Bernd 50
Liebig, Justus von 336, 630 f.
Liebreich, O. 631
Liepmann, Heinz 296, 496
Lilly, J. C. 238, 500
Limentani, A. 111, 474, 476, 478, 526
Limitation Convention 638
Linter, Eduard 651
Lippert, H. 197, 199
Liszt, Franz von 11
Loch, W. 460
Lohrengel 496
Lomml, Andreas 377
London, Jack 58, 561, 635
Loos 424
Lopez, Alan D. 652
Lord, Jess R. 119
Lorenz, Konrad 550
Lösch, H. J. 119
Losch, Ulla 194
Losno, R. 192, 200
Love, Jeff 501
Lovibond 564
Lowen, A. 525
Lowenfeld, H. u. Y. 478
Luce, B. R. 424
Lucius 176
Luczyn, David 335
Ludlow, Fitz Hugh 81
Luisida, P. V. 316
Lukas, George 362
Lürßen, Ernst 474 f., 515, 526
Lussac, Gay 145
Lutz, R. 238
Lutze, Rüdiger 501
Lützner, H. 499, 527
Lwoff 250
Lykurgos (König) 384
Lysebeth van 499

Mäder 404
Mader, R. 107, 481
Mafia 189, 308, 401, 414 f., 441, 578, 650
Maier, Hans W. 198
Malcolm X 268
Mallach, Hans Joachim 71
Mänaden 382, 384
Manhart, R. M. 516
Mann, Karl 61
Mann, Peggy 119
Manson, Charles 409
Mantegazza, P. 193
Marcovitz, Eli 109, 168
Marihuana Tax Act 638
Marx, Karl 429
Maslow, A. A. 439, 450
Masserman, J. H. 562
Masters, Robert E. L. 112, 405
Matthioli, Andrea 244
Maupassant, Guy de 146
Maximilian (Kaiser von Mexico) 277
Mayer-Pfannholz, Anton 176
McAllister 258
McCartney, Paul 114 ff., 403
McGavin 371
McGlothlin, William H. 106 f.
McQuenn, Christopher 201
Meadow 579
Mechoulam, R. 94, 643
Meek 362
Mellenthin, Klaus 191
Mels, B. 439

Menninger, Karl 545
Mensen 164
Mering, Joseph von 336, 635
Messner, Hermann 111, 394
Metzner, Ralph 447, 461
Meyer, Enrique 200
Meyer, Hans J. 185
Meyer, Nicholas 193
Meyer-Abich, Klaus M. 435
Mezzrow, Mezz 90
Micheaux, Henri 260, 267, 406
Michelangelo 223
Michelet, Henri 176
Michelsen, G. 435, 437
Miller, Arthur 58, 208, 525
Mithridates, König von Pontos 73
Mitscherlich, Alexander 494
Mletzko, S. 442
Model 341
Mohammed 282, 624, 627
Möller, K. 152, 532, 537
Montezuma 322
Moody, Raymond 141, 502 f.
Moon, Keith 402
Mörchel, Hartmut 417
Morell, Theo 251, 427
Moreno, Jacob 302, 574
Morpheus 282, 290, 626, 630
Morris 404
Morrison, Jim 640
Morton, William T. G. 631
Moser, Heide 122, 178
Moses 624
Mosler, Peter 431
Motoyama, Hiroshi 501
Mozart, Wolfgang Amadeus 443
Mrsich, Wilhelm 177
Mück, H. 417
Muller, P. 459
Müller, A. M. Klaus 614
Müller, Günter 496
Müller-Ebeling, Claudia 69
Müller-Jentsch 522
Mullin, Glenn H. 142
Munch, J. C. 110
Münzer, Andreas 253
Murray, Margaret 172
Myers, H. J. 109

Nahas, Gabriel N. 111 f.
Nakashima, Edwin 104
Napoleon 88
Naranjo, Claudio 30, 76, 88, 98 f., 136, 171, 176, 180 f., 228, 239, 245 ff., 270, 354, 367 f., 406, 440, 460 f., 498 f.
NASA 418
National Cancer Institute 368
National Institute of Law Enforcement 116
National Institute of Mental Health 109 f.
Native American Church 229, 257 f., 264, 266, 386, 389, 636
Nehberg, Rüdiger 55
Nelson, J. E. 103
Nephilim 624
Nepos, Cornelius 282
Nepote, Jean 396
Nero 282, 290
Nerval, Gerard de 89
Neuloh, Otto 70
Neumann, Erich 461, 474
Newland, Constance A. 223, 460, 468, 642
Nicholson, Jack 644
Nichopoulos, George 641
NIDA »National Institute on Drug Abuse« 118 f., 198, 311 f., 316
Niemann, A. 189, 631
Nieschulz, Otto 200
Nietzsche, Friedrich 362, 450
Nixon, Richard 641, 645
Noah 388
Nöhring, Kai-Uwe 518
Noonan, D. 113
Nordenskiöld, Erland 196
Norman 58
Novalis 284, 329
Nussbaum 613

O'Neill, Eugene 58
Odysseus 176
Olivier, Fernande 286
Olson, Frank 224, 351
Opium Exclusion Act 633
Ornstein, P. 499
Orwell, George 313, 363, 441 f.
Osiris 295
Osis, K. 447, 502 f.
Ostindische Gesellschaft 158, 283, 629
Oswald, Ian 341
Othman (Kalif) 627

Pahnke 228
Pan 172
Pané, Ramón 343
Paracelsus 172, 282, 289, 330, 586, 609, 628
Paritätischer Wohlfahrtsverband 519
Park, Dave & Co. 310, 639, 643
Parker, Charlie 268, 402, 634
Pasolini, Pier Paolo 65
Patanjali 625
Paulus 37, 382, 626
Pavlovna, Valentina 322
Pawlow, I. P. 225, 550
Pedal, Knut-Ingomar 71
Peele, Stanton 515 f.
Penderecki, Krzysztof 443
Perelman, L. 109
Perls, Fritz 236, 247, 525
Persaud, V. N. 110, 616
Peters, Axel 515
Petersen, R. C. 117
Peuckert, Willi-Erich 175
Philipp II. 64, 277
Phoenix House 303, 319, 515
Picasso, Pablo 286, 389

Pies, Ingo 445 f., 650
Pillard, R. C. 90, 105, 110
Pinchot, Mary 642, 648
Pink Floyd 315, 365 f., 373, 406 f., 443, 448 f.
Pitigrilli 193
Pizarro, Francisco 187
Plank, Arno 11
Plinius 243 f.
Pluto 435
Poe, Edgar Allen 284, 631
Pohlmeier 487
Polo, Marco 88
Polster, E. u. M. 525
Porta, Giovanni Battista 173, 175, 629
Posener, S. 640 ff. 648
Pradal, Henri 250
Pratt 613
Pravaz 293, 631
Presley, Elvis 641, 645
Pritzel, K. 417
Pro Familia 449
Puthoff 369

Quast, S. 423
Quencey, Thomas de 284, 286, 289, 291, 294ff., 313, 447, 461, 608, 630

Rabelais, François 88, 628
Rachman, S. 551, 562, 567
Rado, S. 471, 475
Rainer, Arnulf 405
Rathod, N. H. 566
Rätsch, Christian 69
Raymond, M. J. 565 f.
Reagan, Ronald 128, 131
Reavis, Edward 461
Recaurte, George 137
Reclus, E. 86
Reiche 227
Reichshauptstelle gegen den Alkoholismus 637
Reko, Victor A. 274, 277 f., 328, 379
Remarque, Erich Maria 18
Renggli, René 445
Resch, A. 362, 368
Research and Forecast 315
Research Center for Human Relation 485
Rheiner, Walter 194
Rhodes 197
Richter 460, 512
Ricks, David 263
Rieck, Horst 646
Riemann, F. 70
Riesman, David 438
Rimbaud, Arthur 89
Riviäre, Roger 252
Robbins 471
Roberts, Thomas 164, 448, 513 f.
Robertson, David 156
»Rocket 88« 640
Rodaja, Tomás 64
Rodewald, Rosemary L. 176
Rodgers, T. C. 109
Rogers, Carl 439, 574
Rolling Stones 409
Römpp, H. 196, 198 f.
Roosevelt, Franklin Delano 638
Ropp, R. de 299, 301, 500, 542
Rosenfeld, Herbert 472, 478, 524
Rosenthal, Franz 121
Rosenthal, Mitchell S. 303, 319
Rotes Kreuz 519
Rothenberg, Albert 229, 473
Roubicek, Georg 235
Royal Commission on Opium Study 633
Ruben, Rahel 243
Rubin, V. 118, 121
Ruck, Carl A. P. 320
Rudaki 38, 58, 627
Rudi, W. 115
Runge, F. F. 154, 630
Russell, Bertrand 442
Ryder 613

Sabina, Apolonia 68
Sabina, Aurora 68
Sabina, Maria 68, 161, 177, 323-326, 329, 361 f., 369
Sacy, Silvestre de 385
Sahagún, Bernardino de 255, 277, 321, 629
Sahner, P. 366
Saint Laurent, Yves 424
Salm 524
Salomo (König) 183 , 624
Salter 564, 572
Sandoz AG 208, 211, 215, 324, 588, 639
Sargant, S. S. 450
Sartorius, Norman 444, 518
Satyananda, Swami 439, 497, 529
Saunders, Nicholas 134
Schaef 534
Schefer 622
Schenk, Gustav 39, 177, 276
Schenk, J. 491
Scheuch, Erwin K. 390
Schivelbusch, Wolfgang 156, 158
Schiwa 295
Schleich, Carl Ludwig 199
Schlemihl, Peter 529
Schmidbauer, Wolfgang 433, 439, 473, 529 f., 532, 534, 541, 548, 560, 578
Schmitt, C. 429
Schmitt, L. 491
Schneider, Kurt 354
Schoener, Eberhard 405
Schönhöfer, P. S. 249, 318
Schramm 616
Schreier 176
Schuckit, Marc A. 47
Schulenberg, Monika 31
Schulte, Walter 530
Schultes, Richard E. 28, 242, 322, 344
Schultz, Myron G. 194 f., 632
Schulz, J. H. 499, 562, 572

Schulz-Hencke, Harald 561
Schulze, H. 207
Schulze, Klaus 405
Schumacher 437
Schuster, E. 206, 551
Schut, Jacob 569
Schutz 541
Schwartz, Peter 364
Schwarz, J. M. 429, 491
Schweitzer 180
Schweizer, S. D. 227, 424
Scott, J. M. 282 f.
Seitz, Georg 142
Serna, Jacinto de la 321
Sertürner, Friedrich Wilhelm 293, 629
Shakespeare 64, 244
Sheldon, William 45
Shell, Ray 128
Shen-Nung (Kaiser) 84, 622
Sherlock Holmes 193
Shulgin, Alexander T. 269, 370
Siegel 312
Siemens 424
Simmel, Johannes Mario 320, 471 f.
Simmons, Michael 112
Simons, G. F. 499, 526
Simpson, Tom 252
Sinanon Foundation Inc. 540
Single Convention on Narcotic Drugs 642
Skarabis, Horst 287 f., 513
Skinner 550
Slotkin, James 257 ff., 262
Slotkin, Mag 264
Sluga, W. 107, 481
Smith 553
Society for the Suppression of the Opium Trade 632
Solier, René de 323
Solomon 557
Sonneck, Gernot 47
Spiegelman, Will 130
Spindler, Konrad 243, 622
Spinrad, Norman 365, 371 f.
Spitz, R. 459, 467
Stalcup, Alex 132
Stalin, Josef 442
Starr, Frederick 243
Steckel, R. 461
Stefanis, Costas 119
Steinberg, S. 441, 444
Sternberg, Birgitta 356
Stevens, Murphy 119
Stevenson, Robert Louis 194 f., 502, 632
Stewart, O. T. 258, 267
Stille, Günther 340
Stiller, H. u. M. 614 f.
Stillman, R. C. 118, 120
Stoll, A. W. 217, 236
Storm, Thomas 355
Stosberg, Krista 119, 248
Stössel, Jürgen 251, 514
Straß, Erich 311
Strauss, Richard 195
Strik, Werner 56
Stringaris, M. G. 101, 484
Sülberg, S. 67, 199
Sutin, Lawrence 348
Suzuki, Daisetz T. 158
Synanon 301, 515, 531, 535, 538-546, 577, 613, 641 f.
Szara, S. 119
Szasz, Thomas S. 427

Takata, Alma Y. 132
Tangerine Dream 405
Tanner, Jakob 445
Targ 369
Tart, Charles T. 120, 238, 450, 500 f.
Täschner, Karl-Ludwig 118
Tashkin, Donald 112
Tausk, V. 471
Tavistock Institute for Human Relations 441
Tax 258
Taylor, Bayard 90, 458, 470
Teasdale 567
Telemach 384
Temperenzler 630, 636
Teuteberg, Hans 70
Tezozomoc 322
Thamm, Berndt Georg 521
Thanatos 282, 626
The Who 402
Theodosius (Kaiser) 627
Theophrast von Eresos 282, 626
Thomas, J. 490
Thompson, I. G. 551, 566
Thorndike 550
Thornwell, James 223 f.
Thorwald, J. 87
Thurau, Dietrich 252
Timson, John 156
Tinbergen, N. 549 f.
Tinklenberg, J. B. 118
Titus Livius 385
Tlalóc (Regengott) 76, 163
Tochtermann, 319, 536
Tours, Moreau de 88, 99, 121, 388
Traube, Klaus 437
Tremmel 291, 616
Trendelenburg, F. 166
Tretter, Felix 139
Triaden 306, 308, 441
Tröger 164 f.
Tschudi, J. J. 199, 275
Tse-Hsü, Lin 283
Tsung Cheng (Kaiser) 283
Tucci 499
Tweddle, D. Frank 189

U. S. Department of Health Education and Welfare 118
Uexküll, Jakob von 434

United Nation Fund for Drug Abuse Control 433
UNO 450, 652

Vahrenholdt, Fritz 434
Valdez, Gonzales de Oviedo y 163
Valentinus, Basilius 144, 628
Valiant, George F. 484 f.
Vandenberg, Philipp 87, 624
Vandermeer, Walter 304
Verband der Fachkliniken für Abhängigkeitskranke 62
Verband der Fachkrankenhäuser für Suchtkranke 62
Vergil 282
Vester, Frederic 326, 422, 428, 437, 439
Veszelits, T. 366
Vieser 652
Villa, Pancho 109
Villavicendo 75
Vishtaspa (Fürst) 625
Vogt, Walter 526
Völger, Gisela 620

Wachsmuth 250
Wagner, Hildebert 281, 284, 291, 305
Walder, Patrick 134
Waldmann, Helmut 206, 234, 486, 570
Waller, Coy W. 81, 117
Wallon, Alain 308
Wanke, K. 429, 494
Warner 192
Waser, Peter G. 147 f.
Washington, George 89
Wasson, Gordon R. 143, 149 ff., 177, 322-326, 346 f., 361, 369, 379, 381, 641
Waters, Roger 365
Watson, Hadley C. 144
Watson, Joyce M. 207
Watts, Alan 267, 431
Way, E. Leong 108 ff.
»Weathermen« 230
Weber, Marianne 121
Weber, Max 387
Weber, Randy 310
Wecker, Konstantin 127, 190, 195, 419, 517
Weil, Andrew 268 f.
Weinbaum, Stanley G. 371
Weisner, Grete 636
Weizenbaum, J. 436
Welck, Karin von 620
Wells, George 441 f.
Wenner, Thomas 650
Werfel, Franz 373
Werner, H. 459
Wertheimer, M. 548
West, Louis J. 107
Wetz, R. 491
Weyer, Johann 172
WHA »World Health Associates« 166
White, James R. 167
WHO (Weltgesundheitsorganisation) 86, 90, 166, 250, 444, 457, 477 f., 518, 605 ff., 640, 642, 652
Widmann, Marianne 120
Wiesenhütter, E. 447
Williamson, Dick 305
Willstätter, Richard 195
Winn, M. 425
Winnicott 460
Wintergreen, Harry 365, 372
Wischnu 295
Wissmann, H. 89
Wittmaack, Ludwig 87
Wöbcke, Manfred 427, 523, 532
Woggon, Brigitte 118
Wolf 466
Wolfe, Barton H. 404
Wolff, P. O. 109
Wolffersdorff-Ehlert, Christian von 429
Wolfshohl, Rolf 252
Wolpe, Joseph 561 ff.
Wolters 441
Wood, A. 631
Wormer 168
Wormser, R. 111, 429, 491
Wotan 330
Wright, C. R. 632

Yablonsky 538, 542
Yggdrasil 330 f.

Zaehner, R. C. 229, 641
Zärate, Auguste 188
Zarathustra 151, 625
Zepp-LaRouche, Helga 443
Zerries, Otto 143
Ziegler, Herbert 40, 510
Zinberg, Norman 103, 112
Ziolko, H. U. 473
Zorn, Fritz 365
Zubin 560

Dr. Jürgen vom Scheidt, geboren 1940, studierte Psychologie sowie Philosophie, Soziologie und Psychopathologie. Von 1970 bis 1971 Mitarbeit beim Aufbau der ersten Münchner Drogenberatungsstelle, danach Beratung und Therapie Drogenabhängiger in eigener Praxis. 1976 Promotion als Diplompsychologe mit der Arbeit »Der falsche Weg zum Selbst – Studien zur Drogenkarriere«. Ausbildung zum Gruppenleiter in »Themenzentrierter Interaktion (TZI)«. In den siebziger Jahren Arbeit mit Alleinlebenden und erste Schreibseminare, aus denen in Zusammenarbeit mit seiner Frau Ruth Zenhäuser das Institut für Angewandte Kreativitätspsychologie entstand. Dieses bildet u.a. Leiter von Schreibseminaren aus und bietet ein spezielles Coaching für schreibende Berufe an. Jürgen vom Scheidt lebt in München. Zahlreiche Fachpublikationen und Buchveröffentlichungen.

Dr. Wolfgang Schmidbauer, geboren 1941 in München, aufgewachsen in Passau und Feldafing am Starnberger See. Studium der Psychologie, Pädagogik, Kulturanthropologie und Psychopathologie in München und Florenz. Promotion 1968 über »Mythos und Psychologie«. Tätigkeit als Medizinjournalist und freier Schriftsteller in Deutschland und Italien. Ausbildung zum Psychoanalytiker. Gründung eines Instituts für analytische Gruppendynamik. 1976 bis 1982 Lehrbeauftragter für klinische Psychologie (mit dem Schwerpunkt Selbsterfahrung in helfenden Berufen) an der Ludwig-Maximilians-Universität München. 1986 Gastprofessur für Psychoanalyse an der Gesamthochschule Kassel. Gegenwärtig lebt Wolfgang Schmidbauer in München; er arbeitet als Schriftsteller und Psychotherapeut sowie Lehranalytiker und Supervisor.
Neben zahlreichen Publikationen in Fachzeitschriften hat Wolfgang Schmidbauer über zwanzig Bücher veröffentlicht, vor allem Sachbücher, unter diesen mehrere Bestseller. Übersetzungen in neun Sprachen.